高等医学院校康复治疗学专业教材

Occupational Therapy
Clinical Applications

临床作业疗法学

（第二版）

● 陈小梅　主编

高等医学院校康复治疗学专业教材

Occupational Therapy
Clinical Application

临床作业疗法学
（第二版）

● 陈小梅 主编

高等医学院校康复治疗学专业教材（第二版）组织委员会与编写委员会名单

组织委员会

顾　　　问　吕兆丰
主 任 委 员　李建军
常务副主任　董　浩　线福华
副主任委员　王晓民　高文柱　张　通　梁万年　励建安
委　　　员　李义庭　付　丽　张凤仁　杨祖福　陆学一
　　　　　　　马小蕊　刘　祯　李洪霞

编写委员会

学术顾问　卓大宏　周士枋　南登昆　吴宗耀
主　　审　纪树荣　王宁华
主　　编　李建军
副 主 编　董　浩　张　通　张凤仁
编　　委（以姓氏笔画为序）
　　　　　江钟立　刘克敏　刘　璇　纪树荣　华桂茹
　　　　　朱　平　乔志恒　李建军　李胜利　陈立嘉
　　　　　陈小梅　陈之罡　张　琦　金　宁　赵辉三
　　　　　恽晓平　贺丹军　桑德春　敖丽娟　付克礼

办公室主任　杨祖福　　**副主任**　李洪霞

《临床作业疗法学》(第二版)编委会名单

主　　编　　陈小梅　　中国康复研究中心
副 主 编　　顾　越　　中国康复研究中心
　　　　　　黄富表　　首都医科大学康复医学院
编　　委
　　　　　　山路博文　日本广岛国际大学
　　　　　　刘　璇　　首都医科大学康复医学院
　　　　　　陆晓晰　　首都医科大学康复医学院
　　　　　　曹丽辉　　中国康复研究中心
　　　　　　闫晓梅　　首都医科大学康复医学院
　　　　　　吴　葵　　首都医科大学康复医学院
　　　　　　张　冬　　首都医科大学康复医学院
　　　　　　陈小梅　　中国康复研究中心
　　　　　　顾　越　　中国康复研究中心
　　　　　　黄富表　　首都医科大学康复医学院
第一版编委
　　　　　　王　刚　　王　彤　　王蓓蓓　　陈立嘉　　陈　旗
　　　　　　陈小梅　　陈彤红　　陆廷仁　　李　林　　邱贵生
　　　　　　张　勤　　顾　越　　郭铁成　　窦祖林　　陈立嘉
　　　　　　燕铁斌　　戴　玲

高等医学院校康复治疗学专业教材
再版序言

  高等医学院校康复治疗学专业教材第一版是由首都医科大学康复医学院和南京医科大学第一临床学院联合组织编写，一大批具有丰富临床和教学经验、有高度责任感、有开创精神的老教授和康复医学工作者参与了教材的创建工作。本套教材填补了我国这一领域的空白，满足了教与学的需要，为推动康复治疗学专业快速发展做出了巨大贡献。

  经过自2002年以来的各届学生使用后，根据教学反馈信息、康复医学的发展趋势和教育教学改革的要求，首都医科大学康复医学院又组织在临床教学、科研、医疗第一线的中青年教授、学者，尤其以康复治疗学专业一线的专家为主，继承和发扬老一辈的优良传统，借鉴国内外康复医学教育教学的经验和成果，对本套教材进行修订和改编，力争使修订后的第二版教材瞄准未来康复医学发展方向，参照国际PT和OT教育标准，以培养高素质康复治疗专业人才为目标，以满足教与学的需求为基本点，在阐述康复治疗学理论知识和专业技能的同时，紧密结合临床实践，加强了教材建设改革和创新的力度，形成了具有中国特色的康复治疗学专业教材体系。

  二版教材的修订和编写特点如下：

  ● 在对教师和学生广泛与深入调研的基础上，总结和汲取了第一版教材的编写经验和成果，尤其对一些不足之处进行了大量的修改和完善，充分体现了教材的科学性、权威性与创新性，并考虑其在全国范围的代表性与在本土的适用性。

  ● 第二版教材坚持了"三基（基本理论、基本知识、基本技能）、五性（思想性、科学性、启发性、先进性、适用性）和三特定（特定对象、特定要求、特定限制）"的原则，以"三基"为重心，以临床应用为重点、以创新能力为培养目标，在继承和发扬第一版教材优点的基础上，保留经典且注重知识的更新，删除了陈旧内容，增补了新理论、新知识和新技术。

  ● 第二版教材的内容抓住了关键，突出了重点，展示了学科发展和教育教学改革的最新成果，体现了培养高素质康复治疗学专业人才的目的。因其层次分明，逻辑性强，结构严谨，图文并茂，并且做到了五个准确——论点准确、概念准确、名词术语和单位符号准确、语言文字准确、数据准确且材料来源可靠，所以属于现阶段的精品教材。

  ● 第二版教材共计19种，根据康复治疗学专业要求，新增《职业关联活动学》1种。

1.《康复医学导论》由李建军教授主编,主要介绍康复与康复医学的基本概念、基础理论知识、康复医学的基本方法、康复医疗服务体系、康复专业人员教育和培养,以及残疾人康复事业等相关问题,是学习康复医学的入门教材。

2.《人体发育学》由江钟立教授主编,是国内第一部以新的视角论述人体发育与康复治疗理论的专著。

3.《运动学》由刘克敏主任医师和敖丽娟教授主编,是康复治疗理论的基础教材,内容包括:生物力学、正常人体运动学、运动障碍学、运动生理学、运动生化学、运动心理学。

4.《物理疗法与作业疗法概论》由桑德春主任医师主编,主要介绍物理疗法和作业疗法的发生、发展过程,与之有关的基本概念、基本理论、基本特点及学习、运用的基本方法。

5.《康复疗法评定学》由恽晓平教授主编,全书系统介绍康复评定学概念及理论、相关基础知识、评定原理、评定所需仪器设备和方法,以及临床结果分析,理论与临床操作相结合,兼顾学科新进展,是国内外首部,也是唯一一部全面、详尽论述康复评定理论与实践的专业著作。

6.《运动疗法技术学》由纪树荣教授主编,是国内第一部运动疗法技术学专著,详细介绍运动疗法技术的基本理论、常用的各种治疗技术及其在实际工作中的应用方法。

7.《临床运动疗法学》由张琦副教授主编,根据国际上运动疗法发展的新理念,结合国内运动疗法及其临床应用编写而成,是国内目前内容最全面的临床运动疗法学教材。

8.《文体疗法学》由金宁主任技师主编,主要介绍利用体育、娱乐项目对患者进行治疗的方法,是PT和OT的补充和延伸,也是国内第一部文体康复治疗的专著。

9.《理疗学》由乔志恒教授和华桂茹教授主编,内容包括物理疗法概论、各种电疗法、光疗法(含激光)、超声疗法、磁场疗法、温热疗法、水疗法和生物反馈疗法等。

10.《基础作业学》由陈立嘉主任医师主编,主要介绍现代作业疗法的基本理论、基本技术和基本方法,也是第一部此领域的专著。

11.《临床作业疗法学》由陈小梅主编,国内和日本多位具有丰富作业疗法教学和临床治疗经验的专家共同撰写,涵盖了作业疗法的基本理论、评定和治疗方法等内容,并系统地介绍了脑卒中、脊髓损伤、周围神经损伤、骨科及精神障碍等不同疾患的康复特点和作业治疗方法,内容全面,具有很强的实用性。

12.《日常生活技能与环境改造》由刘璇副主任技师主编,是我国国内有关残疾人日常生活动作训练,以及患者住房和周围环境的无障碍改造的第一部专著。

13.《康复心理学》由贺丹军主任医师主编,从残疾人的角度入手,论述其心理特征及康复治疗手段对康复对象心理的影响,将心理治疗的理论和技术运用于心理康复,是国内第一部康复心理学方面的专著。

14.《假肢与矫形器学》由赵辉三主任医师主编,内容包括:与假肢装配有关的截肢,截肢者康复的新观念、新方法,常用假肢、矫形器及其他残疾人辅具的品种特点、临床应用和装配适合性检验方法。

15.《中国传统康复治疗学》由陈之罡主任医师主编,内容主要包括中国传统医学的基本理论、基本知识,以及在临床中常用且比较成熟的中国传统康复治疗方法。

16.《言语治疗学》由李胜利教授主编,借鉴国际言语康复的现代理论和技术,结合国内言语康复的实践经验编写而成,是国内第一部内容最全面的言语治疗学教材。

17.《物理疗法与作业疗法研究》由刘克敏主任医师主编,是国内第一部指导PT、OT专业人员进行临床研究的教材,侧重于基本概念和实例分析,实用性强。

18.《社区康复学》由付克礼研究员主编,是PT、OT合用的教材,分上、中、下三篇。上篇主要介绍社区康复的最新理论、在社区开展的实践活动和社区康复管理知识;中篇主要介绍社区实用的物理疗法技术和常见病残的物理治疗方法;下篇主要介绍社区实用的作业疗法技术和常见病残的作业治疗方法。

19.《职业关联活动学》由吴葵主编,主要介绍恢复和提高残疾人职业能力的理论和实践方法。

在本套教材的修订编写过程中,各位编写者都本着精益求精、求实创新的原则,力争达到精品教材的水准。但是,由于编写时间有限,加之出自多人之手,难免出现不当之处,欢迎广大读者提出宝贵的意见和建议,以便三版时修订。

本套教材的编写得到日本国际协力事业团(JICA)的大力支持,谨致谢忱。

高等医学院校
康复治疗学专业教材编委会
2011年6月

《临床作业疗法学》
再版前言

作业疗法作为康复医学这一新兴学科中的重要专业之一，在康复医学中占有举足轻重的位置，随着康复医学事业在我国的蓬勃发展，特别是国家提出到2015年实现残疾人"人人享有康复服务"的目标，对作业疗法学科在理论和技术上都提出了更高的要求，康复治疗专业人才培养就显得更加重要、更加紧迫。

作业疗法是指作业治疗师利用有选择的、有目的性的作业和活动来促进患者功能和能力的恢复，使之更好地回归家庭生活和重返社会，享受高质量的生活。本书作为高等医学院校康复治疗学专业系列教材之一，主要为培训康复治疗专业的教学所用，同时亦可作为其他临床康复工作者的参考用书。

本书涉及作业疗法临床的多方面内容，共分为17章，分别从作业疗法的定义、种类、对象、基本理论和发展、评定、治疗方法以及各种临床常见疾病的概况、诊断、功能障碍特点、作业疗法评定以及作业治疗等全方位地介绍作业疗法专业人员所需掌握的基本知识和实践技能。

本书再版编写过程中力争达到既要有可靠的理论依据、较强的可操作性，又能紧密结合当前作业疗法的前沿，同时对很多涉及作业疗法临床常用的方法和技术演示照片进行了重新统一拍摄。本书的大部分编写人员是在临床从事作业疗法工作多年的作业治疗师，所有编委都曾在香港、日本等地留学多年，有着扎实的理论基础及丰富的临床经验。

在教材编写过程中，由于时间仓促，涉及范围较广，加之国内作业疗法发展同国外相比尚缺乏经验，所以难免出现一些不足之处，敬请使用本教材的各位教师、学生和同行提出宝贵意见，以利于再版时修订完善。

本书编写过程中，得到了日本广岛国际大学山路博文教授的支持和帮助，各位编委完全利用业余时间完成书稿，另外王丽华、刘萍、何斌、张超、邢亮等同志也参与了本书的编写，在此谨表示衷心的感谢！

陈小梅
2012年3月

目　　录

第一章　绪论 ………………………………………………………………………… 1
　第一节　作业疗法的基本概念及发展简史 …………………………………… 1
　　一、作业疗法的基本概念 ……………………………………………………… 1
　　二、作业疗法的起源——将活动作为治疗方法 ……………………………… 2
　　三、作业疗法的创始人 ………………………………………………………… 3
　　四、作业疗法的发展 …………………………………………………………… 3
　　五、我国作业疗法的进程 ……………………………………………………… 4
　第二节　作业疗法分类 ………………………………………………………… 5
　　一、按作业活动名称分类 ……………………………………………………… 5
　　二、按作业活动对象分类 ……………………………………………………… 6
　　三、按治疗目的和作用分类 …………………………………………………… 6
　　四、按疾病的类别分类 ………………………………………………………… 6
　　五、按实际应用分类 …………………………………………………………… 7
　第三节　作业疗法对象 ………………………………………………………… 7
　　一、广义上的作业疗法对象 …………………………………………………… 7
　　二、特殊的或主要的服务对象 ………………………………………………… 7
　第四节　作业疗法师的职责和主要工作内容 ………………………………… 8
　　一、作业疗法师的职责与作用 ………………………………………………… 8
　　二、作业疗法师的工作内容 …………………………………………………… 8
　第五节　作业疗法的基本理论 ………………………………………………… 9
　　一、作业活动在作业疗法中的意义 …………………………………………… 9
　　二、作业疗法基本理论 ………………………………………………………… 10
　第六节　作业疗法的目的、特点和服务内容 ………………………………… 16
　　一、作业疗法的目的 …………………………………………………………… 17
　　二、作业疗法的特点 …………………………………………………………… 17
　　三、作业疗法的服务内容 ……………………………………………………… 17
　第七节　作业疗法的循证实践 ………………………………………………… 19
　　一、循证实践的内容和步骤 …………………………………………………… 19
　　二、循证实践模式图 …………………………………………………………… 19

第二章 作业疗法功能评定 …… 21
第一节 概述 …… 21
一、目的 …… 21
二、方法 …… 22
三、工作方式、步骤 …… 22
四、意义 …… 22
第二节 作业评定 …… 25
一、作业评定与物理评定的区别 …… 25
二、作业评定的内容 …… 25
三、作业技能评定 …… 26
四、作业能力评定 …… 35
五、环境评定 …… 44

第三章 作业疗法的原则和技术 …… 53
第一节 选择治疗手段和措施的原则 …… 53
一、选择的作业活动应与康复目标相一致 …… 53
二、根据患者的愿望和兴趣选择作业活动 …… 54
三、选择患者能够在80%的程度上完成的作业活动 …… 54
四、考虑局部效果的同时要注意对全身功能的影响 …… 54
五、作业治疗活动的选择需考虑患者所处的环境条件 …… 55
六、选择合理的作业治疗量 …… 55
第二节 作业疗法治疗技术分类 …… 56
一、按照作业功能分类的治疗技术 …… 57
二、按照作业技能分类的治疗技术 …… 64
第三节 作业治疗常用用具及辅助设备 …… 68
一、作业疗法的常用治疗用具 …… 68
二、自助具的应用 …… 69
三、矫形器和其他辅助器具的应用 …… 76
第四节 不同障碍的作业治疗原则 …… 77
一、身体障碍的作业治疗原则 …… 77
二、发育障碍的作业治疗原则 …… 78
三、老年人的作业治疗原则 …… 79
四、精神障碍患者的作业治疗原则 …… 80

第四章 脑卒中的康复 …… 82
第一节 概述 …… 82
一、脑卒中的解剖与生理 …… 82

二、脑卒中的病因 …… 83
　　三、临床常见的脑卒中类型 …… 83
　　四、临床诊断要点 …… 84
　第二节　功能障碍特点 …… 85
　　一、运动功能障碍 …… 86
　　二、感觉障碍 …… 88
　　三、语言和吞咽功能障碍 …… 89
　　四、视觉和知觉障碍 …… 89
　　五、认知障碍 …… 89
　　六、日常生活能力降低 …… 89
　　七、心理和社会影响 …… 89
　　八、继发障碍 …… 90
　第三节　功能评定 …… 90
　　一、日常生活能力评定 …… 90
　　二、身心机能评定 …… 91
　　三、其他评定 …… 93
　　四、脑卒中患者预后的预测 …… 93
　第四节　作业治疗 …… 97
　　一、治疗目的 …… 97
　　二、治疗方法 …… 97
　　三、其他治疗措施 …… 133

第五章　颅脑损伤的康复 …… 134
　第一节　概述 …… 134
　　一、颅脑损伤的分类 …… 134
　　二、颅脑损伤的诊断 …… 135
　第二节　功能障碍的特点 …… 136
　　一、运动功能障碍 …… 136
　　二、感知觉障碍 …… 136
　　三、认知障碍 …… 138
　　四、性格、情绪和器质性精神障碍 …… 140
　　五、脑神经损伤 …… 141
　　六、社会心理障碍 …… 142
　第三节　功能评定 …… 142
　　一、颅脑损伤严重程度的分级 …… 142
　　二、感知觉障碍的评定 …… 145
　　三、运动、情感、言语和吞咽障碍的评定 …… 145

四、日常生活能力的评定 …………………………………………………… 145
　　五、预后的预测 ………………………………………………………………… 145
　　六、颅脑损伤结局的评定 …………………………………………………… 146
　第四节　作业治疗 …………………………………………………………………… 147
　　一、治疗目的 …………………………………………………………………… 147
　　二、治疗方法 …………………………………………………………………… 147
　　三、其他治疗措施 …………………………………………………………… 167

第六章　发育障碍的作业疗法 …………………………………………………… 169
　第一节　正常小儿的运动发育 ……………………………………………………… 169
　　一、姿势和移动的发育 ……………………………………………………… 169
　　二、手眼运动的发育 ………………………………………………………… 171
　　三、认知机能的发育 ………………………………………………………… 172
　　四、游戏的发育 ……………………………………………………………… 173
　第二节　脑性瘫痪概述 ……………………………………………………………… 175
　　一、流行病学 ………………………………………………………………… 175
　　二、病因 ……………………………………………………………………… 176
　　三、脑性瘫痪的分类 ………………………………………………………… 176
　　四、诊断与鉴别诊断 ………………………………………………………… 176
　第三节　脑性瘫痪功能障碍的特点 ………………………………………………… 177
　　一、运动发育异常 …………………………………………………………… 177
　　二、异常的运动模式 ………………………………………………………… 177
　　三、缺乏知觉、感觉运动体验 ……………………………………………… 178
　　四、智力低下 ………………………………………………………………… 178
　　五、言语、听力障碍 ………………………………………………………… 178
　　六、视功能障碍 ……………………………………………………………… 178
　　七、日常生活能力低下 ……………………………………………………… 179
　　八、缺乏社会生活的体验 …………………………………………………… 179
　第四节　脑性瘫痪的功能评定 ……………………………………………………… 179
　　一、作业疗法评定的一般项目 ……………………………………………… 179
　　二、运动功能的评定 ………………………………………………………… 184
　　三、反射的评定 ……………………………………………………………… 190
　　四、感知觉的评定 …………………………………………………………… 191
　　五、游戏的评定 ……………………………………………………………… 192
　　六、日常生活活动评定 ……………………………………………………… 193
　　七、脑性瘫痪严重程度的分级 ……………………………………………… 204
　　八、智力障碍的评定 ………………………………………………………… 204
　　九、其他方面的评定 ………………………………………………………… 205

第五节 脑性瘫痪的作业治疗 205
一、治疗目的 205
二、治疗的基本理论 205
三、治疗方法 208
四、其他治疗措施 237

第六节 广泛性发育障碍 239
一、精神发育迟滞 239
二、孤独症 241

第七节 神经肌疾患 264
一、DUCHENNE型进行性肌营养不良 264
二、福山型先天性肌营养不良 267

第七章 脊髓损伤的康复 269
第一节 概述 269
一、脊髓损伤的分类 270
二、临床表现及诊断 271

第二节 功能障碍的特点 272
一、运动障碍 272
二、感觉障碍 274
三、呼吸功能障碍 276
四、排尿障碍 276
五、性功能障碍 276
六、自主神经功能紊乱 276
七、体温调节障碍 277
八、心理障碍 277

第三节 功能评定 277
一、损伤水平的确定 277
二、完全与不完全损伤的确定 279
三、损伤完全程度的分类 280
四、ADL评定 280
五、神经源性膀胱的功能评定 289
六、运动、感觉、心肺等功能的评定 289
七、脊髓损伤水平与预后的关系 290

第四节 作业治疗 291
一、OT的作用 291
二、评定 292
三、治疗 297

四、注意事项 ··· 315
　　五、脊髓损伤患者并发症的处理 ··· 316
　　六、其他治疗措施 ··· 319

第八章　退行性神经病变的康复 ··· 321
第一节　帕金森病的康复 ··· 321
　　一、概述 ··· 321
　　二、功能障碍的特点 ·· 322
　　三、评定 ··· 324
　　四、作业治疗 ·· 327
　　五、其他治疗措施 ··· 337
第二节　运动神经元病的康复 ·· 337
　　一、概述 ··· 337
　　二、功能障碍的特点 ·· 341
　　三、作业疗法的评定 ·· 342
　　四、作业疗法治疗 ··· 344
　　五、其他治疗措施 ··· 348

第九章　周围神经病损的康复 ·· 349
第一节　概述 ·· 349
　　一、病理变化 ·· 349
　　二、常见功能障碍 ··· 351
　　三、治疗 ··· 352
第二节　周围神经损伤的康复 ·· 352
　　一、概述 ··· 352
　　二、功能评定 ·· 353
　　三、作业治疗 ·· 356
　　四、其他治疗措施 ··· 360
第三节　面神经炎的康复 ··· 360
　　一、概述 ··· 360
　　二、功能评定 ·· 361
　　三、预后 ··· 363
　　四、鉴别 ··· 363
　　五、作业治疗 ·· 363
　　六、其他治疗 ·· 364
第四节　格林－巴利综合征的康复 ·· 365
　　一、概述 ··· 365
　　二、症状 ··· 366

三、功能评定 ·· 367
　　四、作业治疗 ·· 367

第十章　四肢骨折的康复 ·· 372
第一节　骨折的康复 ·· 372
　　一、概述 ·· 372
　　二、功能评定 ·· 374
　　三、作业治疗 ·· 375
　　四、作业治疗的辅助设备 ·· 382
第二节　手外伤的康复 ·· 387
　　一、概述 ·· 387
　　二、手康复治疗的程序 ·· 388
　　三、手康复作业治疗的历史 ·· 388
　　四、手康复作业治疗的原则 ·· 389
　　五、手功能的评估 ·· 389
　　六、手外伤的治疗 ·· 395
　　七、手外伤患者的职业康复 ·· 403

第十一章　骨关节病的康复 ·· 405
第一节　类风湿性关节炎的作业治疗 ·· 405
　　一、概述 ·· 405
　　二、功能障碍的特点 ·· 406
　　三、评估 ·· 407
　　四、作业治疗 ·· 410
　　五、其他治疗 ·· 416
第二节　颈椎病的康复 ·· 417
　　一、概述 ·· 417
　　二、功能障碍 ·· 418
　　三、功能评定 ·· 420
　　四、作业治疗 ·· 421
　　五、其他治疗措施 ·· 424
第三节　肩周炎的康复 ·· 427
　　一、概述 ·· 427
　　二、功能障碍的特点 ·· 428
　　三、功能评定 ·· 429
　　四、作业治疗 ·· 430
　　五、其他治疗措施 ·· 432

第四节　腰腿痛的康复 ·· 434
　一、概述 ·· 434
　二、功能障碍的特点 ·· 435
　三、功能评定 ·· 435
　四、作业治疗 ·· 437
　五、腰腿痛预防 ··· 439
　六、其他治疗措施 ·· 440
第五节　髋、膝人工关节置换术后的康复 ················ 441
　一、概述 ·· 441
　二、功能障碍的特点 ·· 444
　三、功能评定 ·· 444
　四、作业治疗 ·· 446

第十二章　截肢和假肢的康复 ·································· 453
第一节　概述 ·· 453
　一、概念 ·· 453
　二、截肢 ·· 453
　三、假肢 ·· 455
　四、假肢装配对截肢的要求 ·································· 463
　五、截肢后康复的工作方式和程序 ······················· 463
第二节　功能障碍的特点 ·· 464
　一、截肢平面愈高，致残率愈高 ···························· 464
　二、截肢平面愈高，使用假肢的难度愈大 ············· 466
　三、截肢后功能障碍较恒定 ·································· 466
第三节　功能评定 ·· 466
　一、装配假肢前的评定 ··· 466
　二、装配假肢后的评定 ··· 469
第四节　作业治疗 ·· 472
　一、装配假肢前训练 ··· 472
　二、装配索控式假手后功能训练 ·························· 476
　三、装配肌电假手后功能训练 ······························ 480
　四、下肢截肢的作业治疗 ····································· 481

第十三章　心血管疾病的康复 ·································· 483
第一节　概述 ·· 483
　一、冠心病 ·· 483
　二、高血压病 ·· 484

三、充血性心力衰竭 ……………………………………………………… 485
第二节　功能障碍的特点 …………………………………………………… 486
　　一、症状限制患者活动能力 ……………………………………………… 487
　　二、制动限制患者功能活动 ……………………………………………… 487
　　三、容易疲劳 ……………………………………………………………… 487
　　四、心功能减退 …………………………………………………………… 487
　　五、心理障碍 ……………………………………………………………… 488
第三节　功能评定 …………………………………………………………… 488
　　一、临床各项检查和运动功能评定 ……………………………………… 488
　　二、作业能力评定 ………………………………………………………… 490
第四节　作业治疗 …………………………………………………………… 496
　　一、治疗的分期和目的 …………………………………………………… 496
　　二、Ⅰ期康复作业治疗方法 ……………………………………………… 497
　　三、Ⅱ期康复作业治疗方法 ……………………………………………… 501
　　四、Ⅲ期康复作业治疗方法 ……………………………………………… 505
　　五、作业疗法实施风险管理 ……………………………………………… 510
　　六、其他治疗措施 ………………………………………………………… 511

第十四章　呼吸系统疾病的康复 …………………………………………… 513
第一节　概述 ………………………………………………………………… 513
　　一、病因和病理基础 ……………………………………………………… 513
　　二、临床表现和诊断标准 ………………………………………………… 514
第二节　功能障碍的特点 …………………………………………………… 516
　　一、有效呼吸减低 ………………………………………………………… 516
　　二、形成病理性呼吸模式 ………………………………………………… 516
　　三、呼吸肌无力 …………………………………………………………… 517
　　四、能耗增加和活动能力减退 …………………………………………… 517
　　五、心理变化 ……………………………………………………………… 517
第三节　作业评定 …………………………………………………………… 517
　　一、医学评价 ……………………………………………………………… 517
　　二、信息收集 ……………………………………………………………… 518
　　三、ADL评定 ……………………………………………………………… 519
　　四、生活质量(QOL)的评定 ……………………………………………… 519
第四节　作业治疗 …………………………………………………………… 519
　　一、治疗目标 ……………………………………………………………… 519
　　二、治疗基础 ……………………………………………………………… 520
　　三、治疗选择 ……………………………………………………………… 520

四、治疗方法 ………………………………………………………… 521
　　五、其他治疗措施 ……………………………………………………… 527

第十五章　精神疾病的康复 ………………………………………………… 529
第一节　概述 ……………………………………………………………… 530
　　一、精神障碍的分类 …………………………………………………… 530
　　二、精神障碍的特征 …………………………………………………… 530
第二节　精神障碍作业疗法 ……………………………………………… 531
　　一、精神障碍作业疗法的历史 ………………………………………… 531
　　二、精神障碍作业疗法的理论 ………………………………………… 532
　　三、精神疾病治疗中经常采用的治疗模式与治疗构造模式 ………… 533
　　四、作业疗法的作用和治疗原则 ……………………………………… 538
　　五、作业疗法的主要目的 ……………………………………………… 539
　　六、作业疗法采用的技术方法 ………………………………………… 539
　　七、精神障碍作业疗法中常用的作业活动 …………………………… 539
　　八、作业疗法流程 ……………………………………………………… 540
　　九、作业治疗师的期待目标 …………………………………………… 540
第三节　精神障碍作业疗法的构造和形态 ……………………………… 541
　　一、精神障碍作业疗法的构造和要素 ………………………………… 541
　　二、对象者——主体 …………………………………………………… 541
　　三、作业、作业活动 …………………………………………………… 543
第四节　精神障碍作业疗法各论 ………………………………………… 546
　　一、精神分裂症 ………………………………………………………… 546
　　二、抑郁症 ……………………………………………………………… 552
　　三、躁抑综合征 ………………………………………………………… 553
　　四、人格障碍 …………………………………………………………… 557
　　五、摄食障碍 …………………………………………………………… 560
　　六、惊恐症 ……………………………………………………………… 562
　　七、酒精依赖性精神障碍 ……………………………………………… 563
　　八、认知症 ……………………………………………………………… 563

第十六章　烧伤的康复 ……………………………………………………… 565
第一节　概述 ……………………………………………………………… 565
　　一、烧伤的临床鉴别 …………………………………………………… 565
　　二、功能障碍的特点 …………………………………………………… 566
第二节　功能评定 ………………………………………………………… 567
　　一、烧伤深度 …………………………………………………………… 567

二、烧伤面积 …………………………………………………………………… 568
三、烧伤严重程度 ………………………………………………………………… 571
四、ADL 的评定 ………………………………………………………………… 571
第三节 作业治疗 …………………………………………………………………… 571
一、急救期 ………………………………………………………………………… 571
二、急性期 ………………………………………………………………………… 572
三、康复期 ………………………………………………………………………… 577
四、手部烧伤的特殊性 …………………………………………………………… 589
五、职业前评定与训练 …………………………………………………………… 590
六、病例分析 ……………………………………………………………………… 591
七、常用压力衣的制作 …………………………………………………………… 594

第十七章 其他疾患的康复 …………………………………………………………… 606
第一节 肿瘤的康复 ………………………………………………………………… 606
一、概述 …………………………………………………………………………… 606
二、肿瘤的治疗 …………………………………………………………………… 617
三、肿瘤的康复治疗 ……………………………………………………………… 618
第二节 骨质疏松症的康复 ………………………………………………………… 624
一、概述 …………………………………………………………………………… 624
二、发病原因 ……………………………………………………………………… 625
三、分类 …………………………………………………………………………… 627
四、发病机制 ……………………………………………………………………… 627
五、临床表现 ……………………………………………………………………… 628
六、临床治疗 ……………………………………………………………………… 629
七、康复评定 ……………………………………………………………………… 629
八、作业治疗 ……………………………………………………………………… 629
九、其他治疗措施 ………………………………………………………………… 631
第三节 获得性免疫缺陷综合征康复 ……………………………………………… 632
一、概述 …………………………………………………………………………… 632
二、临床表现 ……………………………………………………………………… 633
三、临床症状的特点 ……………………………………………………………… 633
四、四期症状 ……………………………………………………………………… 634
五、艾滋病的特殊性 ……………………………………………………………… 635
六、康复评定 ……………………………………………………………………… 636
七、作业治疗 ……………………………………………………………………… 636

主要参考文献 ………………………………………………………………………………… 639

第一章 绪 论

学习目标
一、了解作业疗法的概念及发展历史
二、了解作业功能模式（OFM）的内容
三、掌握 WFOT 作业疗法的定义
四、掌握作业疗法师的职责和作用

作业疗法中的作业是与人类"生存"紧密相关的，即通过作业手段使残障者能够尽可能获得像正常人一样的生存能力。作业疗法包括作业学和支持援助论两个方面，作业学由基础作业学、作业残障学、作业治疗学三部分组成。作业疗法的工作内容主要包括四个方面：与正常人行为（包括生物方面、心理方面、社会方面、文化方面等）有关的作业；与残障者行为（包括生物方面、心理方面、社会方面、文化方面等）有关的作业；与残障治疗有关的知识和技术；为需要支持援助的人提供专业知识及技术服务等。通过对患者进行全面系统的指导，使之最终能像正常人或接近正常人一样地生活，回归家庭、社会。

第一节 作业疗法的基本概念及发展简史

什么是作业疗法？作业疗法的概念和定义是什么？目前国际上各个国家根据本国的特点及专业的发展阶段，有不同版本的表述。世界作业疗法师协会（World Federation of Occupational Therapists，WFOT）对作业疗法提出的最新定义为：作业疗法是通过作业活动来促进健康和幸福的一种以患者为中心的保健专业。其主要目的是使患者参与到日常生活活动中。作业疗法师取得这一成果是通过与患者个人或群体一起工作来提高他们所希望、需要做的工作的能力，或者通过变换工种或改善环境来更好地支持和帮助他们参加工作。

一、作业疗法的基本概念

作业疗法（occupational therapy，OT），最早是由美国医生 George Edward Barton 于 1914 年提出来的。"occupational"一词源于它的名词"occupation"，美国作业疗法协会定义"occupation"就是每天的生活活动（AOTA，2002，P.610），在作业疗法范畴译为职业、作业或者工作，"therapy"则译为治疗或疗法。

当一名患者作业能力的障碍比疾病或者损伤引起的身体机能障碍更严重时，治疗师应该知道他们要怎样去帮助患者。第一，他们要掌握关于诊断的疾患所造成的身体结构或者功能方面受限的专业知识；第二，他们需要具有专业的职业技能来保证进行评定和治疗作业能力障碍，而不仅是针对身体机能障碍；第三，他们应该知道如何利用源于理论基础的实践来安排治疗的进行，而作业疗法的治疗是基于各种实践的理论模式。

作业功能模式（Occupational Functioning Model，OFM）是目前与美国作业疗法协会（AOTA）中作业疗法实践框架（Occupational Therapy Practice Framework，OTPF）(AOTA，2002）以及世界卫生组织的国际功能、残疾和健康分类（International Classification of Functioning, Disability and Health，ICF）(WHO，2001）密切相关的一种理论模式。作业功能模式与世界卫生组织的国际功能、残疾和健康分类的相互对应关系如下（表1-1-1)：

表1-1-1　OFM与ICF相互对应关系表

作业功能模式（OFM）	ICF
自我能效和自尊	没有对应概念
生活角色的满意度： ＊自我维持 ＊自我发展 ＊自我提升	参与：具体到一种生活情景；个人社会功能的本质和延伸；具有不同背景的残疾或者残损患者之间的相互影响
完成生活角色中的任务 活动和习惯的形成 具备完成活动的能力和技巧	活动：个人独立执行一项工作或者动作；个体功能水平的现状及发展；在各种复杂情况下个人的所有表现
优势的能力 基本能力 解剖结构	身体结构、心理和生理功能
环境和背景：作业活动发生的社会环境，包括自然的和后天形成的物质环境、工具、潜能、社会关系、文化背景和时间。	环境因素：个人生活的全部背景，既包括外在的环境因素，也包括内在的个人因素；环境因素包括全部身体的、社会的和态度的层面

二、作业疗法的起源——将活动作为治疗方法

作业疗法最早是建立在通过有目的的作业活动来预防或改善身体和精神功能障碍的理念之上的。在十八九世纪，初期的作业活动，主要起源于争取对精神病患者的人道主义权利和治疗的探索之中。Hippocrates、Galan和Aesculapius的著作中最先提出了将功能训练、作业活动和参与作为重要的治疗因素。几个世纪后，欧洲一些治疗精神疾病的内科医生为所收治的病人建立了"工作疗法"（work therapy）。他们注意到在监禁期间要求完成工作任务时那些低产阶级患者比上层阶级患者要恢复得更快。18世纪法国内科医生Phillipe和英国的Tuke家族将身体活动和生产性活动称为"道德治疗"（moral treatment）。道德治疗也是作业疗法的哲学根源。

随后，作业活动对健康的重要性的观点传到美洲殖民地。第一家具有部分相关设备并且提供了纺织车轮、毛织品和亚麻等材料以供患者使用的医院在大英帝国的北美殖民地建

立起来。19世纪末20世纪初，直到疾病和无菌微生物学理论引进后，人们认识到传统医学的疗法往往弊大于利，而提倡以教育、规律锻炼、着装改革和饮食控制以及一些特殊的疗法（例如水疗）等方法来促进健康，由此，作业（occupation）才真正作为一种疗法出现在美国。

三、作业疗法的创始人

20世纪初，许多领域的人才几乎同时开始实践并推动将作业活动作为一种疗法。1914年，美国医生Gorge Edward Barton正式将其命名为"作业疗法"（Occupation Therapy），这一名称被广泛接受，并且沿用至今。

1917年，George组织了其他四位志同道合之士（William Rush Dunton, Eleanor Clarke Slagle, Susan Tracy, Isabel Newton）成立了"国立作业疗法促进学会"（National Society for the Promotion of Occupational Therapy），并于1923年正式更名为"美国作业疗法协会"（American Occupational Therapy Association, AOTA），这一名称一直沿用至今。

四、作业疗法的发展

1918年的第一次世界大战造成了许多残疾人，而经济的复苏需要大量劳动力，残疾人的再就业成了大问题。因此康复的概念及重要性开始被人们认识。对这部分人群的治疗不仅仅局限于改善因战争所致的肢体功能障碍，而且还要考虑提高就业及满足社会需要所必须的技能，于是治疗方法、内容和手段就不断得到丰富和发展。最早将作业疗法应用于战争伤员康复的国家是加拿大，之后是美国、英国。

就像人类在成长过程中的每一阶段必须适应各种环境和挑战一样，很多专业都得到了提升和发展，在作业疗法实践的历史中一些重要的历史时期对专业和参与者起到重要的影响，主要围绕着两次世界大战以及其间一段时间。

在第一次世界大战期间，作业疗法工作者在战争前线附近设立医院，为救治的伤残军人开展木工、编织、打字、玩具制作等手工艺训练。这些训练在治疗神经、精神疾患中取得了很好的效果，但由于当时从事这项工作的所有人员均为女性，而且作业疗法被认为是护士工作的一部分，她们的工作必须在医生的监督下进行，而战后所有工作的重点都放在了重建上，作业疗法的工作也因此受到极大的限制，大多数转为在家庭内完成。尽管如此，第一次世界大战仍然推动了作业疗法的发展，并在作业治疗的对象方面——从过去仅仅注重精神疾病患者，逐步扩展到注重肢体功能障碍的患者——起到了积极的作用。

第一次世界大战之后，作业疗法的发展进入一个快速成长时期（Gutman, 1995），当时从事具有辅助治疗工作的是一些妇女，她们的目的是为因战争导致精神疾病或者是与战争有关的损伤患者提供服务。作业疗法的建立主要是针对患者的身体机能和心理需要进行一些经过精心选择的手工艺活动。

康复也是随着第二次世界大战逐渐被人们所认识，虽然当时帮助那些功能障碍的人成为有贡献和有用的人的理念明显要比治疗作坊（workshop）的建立早得多，但是康复的历史与它的发展紧密联系，不是通过作业活动进行治疗而是为了康复。在Berkowitz的书中就曾有这样的记载，作为一名空军军医的Howard Rusk接到的命令是："最大限度地缩短患者在医院的停留时间并且尽可能地重返前线"（Berkowitz，1981）。

第二次世界大战以后，由于医学知识的快速进步、药物新品种的出现、医学护理的改善，伤残者的需求被社会广泛认知，特别是随着康复医学的兴起、全面康复概念的提出，作业疗法进入了飞速发展阶段，作业疗法的教育也进入初步实施阶段，在一些国家相继建立了作业疗法学校，出版了作业疗法专著和杂志，例如 *Maryland Psychiatric Quarterly*、*Archives of Occupational Therapy*（后更名为 *Occupational Therapy in Rehabilitation*），作业疗法的教育得到了稳步的发展。其治疗对象由过去的骨科疾病扩展到脊髓损伤、风湿病、中枢神经系统疾病等；治疗手段也有了提高，不仅限于作业活动，还引入了自助具及家务劳动指导、室外活动指导及职业前评定、训练等，还开发了新的治疗方法，包括渐进性抗阻运动、神经肌肉促通技术、支具的制作等。

国际残疾人康复协会为促进世界各国康复事业的发展，1952年成立了"世界作业疗法师协会"（World Federation of Occupational Therapists，WFOT）。起初有十个创始国参加，分别是美国、加拿大、英国、澳大利亚、丹麦、南非、瑞典、新西兰、以色列、印度。WFOT是作业疗法师和作业疗法国际化代表的关键，也是推动作业疗法发展的国际官方组织。1959年WFOT加入世界卫生组织（WHO），目前已发展成为有69个成员国参与的联合协会。WFOT属于非政府组织，其目的是：努力发展作业疗法师的教育；决定作业疗法师的国际最低标准；进行作业疗法部门的组织化指导；组织各国作业疗法相关资料的展示和交流；进行与作业疗法有关的期刊、书籍等的发行。1959年WFOT得到了世界卫生组织的支持和帮助，并将作业疗法向世界各国推广，建立了各国进行作业疗法的条例，具体内容是：作业疗法必须由国家最高权力机关（卫生部、教育部或医学组织团体）管理，得到WHO的指导；作业疗法要在本部门的最高责任者的领导、协调下进行工作；开创者的兴趣、热情、意愿应得到支持和鼓励；将来要努力建立作业疗法教育机关。各国要定期向WHO和WFOT报告，WHO派遣顾问指导工作。作为WFOT加盟国的义务是：按照WFOT的标准及条款完成工作；有年度报告义务；建立一所及以上满足WFOT教育最低标准的作业疗法培训学校。

20世纪60年代以后，由于社会的进步、医疗技术的发展，康复的对象发生了很大的变化，由最开始的主要针对精神疾患，到战后的伤残疾患，开始向心脏病、脑卒中、外伤、类风湿、先天畸形等慢性疾病方面转化。治疗的重点也从关注患者疾病有关的缺陷转变为追求获得与发挥患者最大个人能力。工作模式也逐步开始从医院走向社区，并积极参与防治残疾的发生和健康的维护。同一时期，作业疗法的科学性研究也达到兴旺时期，教育也被纳入康复内容中，确立了作业疗法在学术界的地位，并且在内科、外科、老年科及儿科等多个学科、各种人群中被广泛应用。

五、我国作业疗法的进程

我国古代早已有关于通过作业活动来治疗疾病的记载，我们所熟知的"八段锦"、"五禽戏"、"太极拳"等就是强身健体最好的例证。新中国成立后，在一些精神病医院、疗养院或综合医院的体疗室，不同程度地开展了一些作业治疗。例如：陶艺、编织、园艺、游戏、娱乐等作业活动。随着上世纪70年代末现代康复医学理念在我国的兴起和引入，作业疗法逐渐在我国得以发展。

作业疗法在我国进行是根据世界作业治疗师协会的有关章程，参照美国、日本、加拿大等国家的操作方法开展的工作，各级拥有康复科或康复中心的医院均实施作业疗法，应用于偏瘫、截瘫、脑瘫、截肢以及内科、外科疾病的治疗过程中。我国相继成立了中华医学会物理医学与康复医学会、中国残疾人康复协会、中国康复医学会、中国民政系统康复医学研究会、中国医师学会康复医师分会及各省市的康复医学会等团体，这些机构对制定作业疗法的相关制度及操作规程，起到了十分重要的促进作用。在中国大陆，《中华物理医学与康复杂志》、《中国康复》、《中国康复理论与实践》、《中国康复医学杂志》、《中国临床康复》等专业杂志，有力地促进了作业疗法理论和知识的传播与发展。

作业疗法教学方面也取得了进展，目前国内已有多所大学院校设立了作业疗法的本、专科课程。以首都医科大学附属中国康复研究中心康复医学院为代表的医学院校于2006年7月率先获得了世界作业疗法师联合会（WFOT）的作业疗法的课程认证，实现了国内作业疗法课程标准与国际接轨。但是，目前作业疗法仍有待大力发展，无论是从业人员的数量、专业教育，还是技术水平，与国际先进水平相比都还存在着相当大的差距。如何借鉴国外有益的先进经验并结合我国的实际国情，发展具有中国特色的作业疗法，是国内作业疗法工作人员的当务之急。

第二节 作业疗法分类

作业疗法的种类繁多，过去一些国家主要将其分为木工、编织、黏土三大类。随着康复医学的不断发展和完善，一些新的内容不断被引入到作业活动之中，在第一版教科书中已经列举了如下的分类方法，不再进行赘述，本次修订增加了按疾病类别进行的分类。常见的有如下分类方法：

一、按作业活动名称分类

1. 木工（工艺）制作
2. 纸黏土作业
3. 手工艺活动
4. 皮革工艺
5. 游戏
6. 编（钩）织
7. 日常生活活动
8. 金属工艺
9. 书法、绘画、园艺
10. 陶艺
11. 电器组装及维修
12. 认知作业

13. 电脑操作技能

二、按作业活动对象分类

1. 身体障碍的作业疗法（physical dysfunction occupational therapy），如改善肢体的活动能力，根据障碍的性质、范围、程度，有针对性地进行经过选择的、适当的作业活动，以达到扩大关节活动范围、强化肌力、改善运动的协调性和精细动作活动能力，特别是提高肌肉运动的耐久能力。

2. 心理性作业疗法（psychological occupational therapy）用于治疗由于疾病或损伤而导致的心理障碍，通过改善患者的精神状态和情绪，使其能够主动配合临床治疗和康复治疗，故亦称其为"支持性作业疗法"（supportive occupational therapy）。因为此疗法使用的方法是进行轻松有趣的消遣性活动，故这类疗法又可以称作"消遣疗法"（diversional therapy）。主要目的在于提高患者的自信心和心理的成就感。

3. 精神疾患作业疗法（psychiatric occupational therapy）主要是治疗精神分裂症等精神疾病患者，在生活技能、心理和行为、社交和职业上进行训练，使其能适应出院后在家庭和社会的生活、学习、劳动和社交环境。

4. 儿童作业疗法（pediatrics occupational therapy）用于治疗发育障碍或其他残疾的儿童患者，通过专门设计的训练、游戏、文娱活动、集体（小组）活动等，促进感觉运动技巧的发展，掌握日常生活活动技能，提高生活自理能力。在治疗中应重视发挥父母的作用，重视应用各种矫形及辅助器具；因为喜爱玩具是每个儿童的天性，治疗师尤其要重视使用玩具、游戏作为治疗手段或者载体。

5. 老年人作业疗法（geriatric occupational therapy）主要针对老年病患者，进行日常生活的教育和训练，教会使用辅助器具和实用性技巧，以代偿和弥补运动、视听等功能的缺陷，对记忆力、定向力衰退的患者进行认知功能训练，并使用消遣疗法促进心理精神卫生，改善社会生活能力。

三、按治疗目的和作用分类

1. 减轻疼痛的作业
2. 增强肌力的作业
3. 增强耐力的作业
4. 提高协调能力的作业
5. 改善关节活动范围的作业
6. 调节精神和转移注意力的作业
7. 改善整体功能的作业

四、按疾病的类别分类

1. 身体障碍的作业疗法
2. 精神障碍的作业疗法
3. 发育障碍的作业疗法

五、按实际应用分类

1. 维持日常生活能力所必需的基本作业。这类作业包括：更衣、进食、个人卫生、转移或移乘动作等诸方面内容。其目的在于维持日常生活的基本需求。

2. 贡献性的作业活动。通过作业治疗生产出有用的产品（有价值的成品或者活动），最终提高患者的社会认同感。这类活动主要包括：手工艺制作（例如：编织、泥塑、陶艺制作、金属工艺、扎染、刺绣等），园艺活动（比如：花卉种植、盆栽、整修庭院等），退休后职业探索（例如：照顾家人、看护小孩等）。其目的在于获得并应用一定的技能。

3. 消遣性作业活动或文娱活动。利用业余时间，可以是独立进行也可以是小组形式开展，进行各种运动，如游戏、弹琴、下棋、书法、绘画等。目的在于充分利用闲暇时间，转移注意力，丰富生活活动内容，有益于身心健康。

4. 矫形器和假肢训练。这是一项特殊的作业活动，即在穿戴矫形器或假肢前后进行的各种作业治疗。其目的在于熟练掌握穿戴方法和充分利用这些矫形器或假肢，来完成生活和工作中的不同任务。

第三节 作业疗法对象

作业疗法是康复医学的重要组成部分，其应用范围非常广泛。

一、广义上的作业疗法对象

从广义上说适合康复的各种疾患均为其治疗对象。概括地说包括三个方面的问题，即生物的、心理的和社会的问题。生物学问题是指医学上所讲的疾病、创伤、功能失调等；心理问题包括定向力、自知力、控制力、判断力缺乏及注意力不集中等情况；社会问题包括不适应环境变化、人际关系差、社会交往能力差、缺乏社区意识等。一般认为，作业疗法不能完全消除生物学问题的原因，不能逆转其结局，但可改善所产生的功能障碍。上述三个问题不是孤立的，而是相互影响的。

随着康复医学和作业疗法专业的发展，作业疗法的服务范围不断扩大，已经从以往的医院、福利设施、养老设施扩大到社区甚至家庭。

二、特殊的或主要的服务对象

作业疗法又具有一些特殊的或主要的服务对象，如下列病种：

1. 神经科疾病　脑卒中、脑外伤、脊髓损伤、神经肌肉疾病、周围神经病变、中枢神经系统退行性病变、帕金森病、老年性痴呆等。
2. 骨科疾病　骨折、截肢、手外伤、腰腿痛、关节疾患等。
3. 外科疾病　外科手术后瘢痕、烧伤后瘢痕及关节挛缩、变形、功能受限等。
4. 儿科疾病　脑性瘫痪、发育迟缓、小儿麻痹后遗症、精神发育迟滞、肌营养不良等。

5. **内科疾病** 冠心病、心肌梗死、慢性阻塞性肺疾病、糖尿病、类风湿性关节炎等。

6. **精神科疾病** 精神分裂症、器质性精神病、情感性精神病等。

随着医疗水平和生活水平的提高，高龄者和由于不良生活习惯引起的疾患也逐渐成为作业疗法的服务对象。

第四节 作业疗法师的职责和主要工作内容

WFOT指出：作业疗法师必须具备医学、社交行为、心理学、社会心理学和作业学方面的渊博知识，以使自己具备与个体、小组或者团体合作所需的态度、技术和知识。他们能够和所有的人一起工作，包括由于健康状况所致的身体结构和功能受损的患者，也包括那些由于社会和文化差异而被社会排斥在外的少数群体成员。

作业疗法认为对于活动的"参与"即受个体的身体状况、认知能力、作业种类、物质环境、社会环境、文化背景、个人态度和法律等因素的支持，同时也会受到这些因素的限制。因此，作业疗法实践侧重于使个体改变自身、作业、环境或者这些因素的集合从而提高作业参与能力。作业疗法在公共场所、私人场所等各种场合都能进行，例如患者住所、学校、工作单位、保健中心、福利院、康复中心和医院等。作业疗法的开展过程中需要患者的积极参与。

作业疗法师的工作对象涵盖了各个年龄段的身体机能和社会心理领域的患者。工作地点可能是在医院、诊所、日间（康复）中心、患者住所、特殊学校等。还有很多作业疗法师是以指导者或者咨询者的身份在自己开设的诊所内从事作业疗法工作。

在患者的康复过程中体现的是以患者为中心的团队合作方式完成的，团队由康复医师、PT、OT、ST、心理、社会、护理等领域的人员组成，作业疗法师则是康复治疗小组（Team）的成员之一，并具体实施作业疗法的各项工作，其主要工作内容是依据康复医师的处方，并根据患者功能障碍的评定结果，制定治疗的近期和远期目标、选择适合的作业疗法方法手段，实施科学合理的作业治疗。

一、作业疗法师的职责与作用

1. **教育训练者（educator and trainer）** 教导患者学习自我照顾，日常生活活动训练，发挥健侧的代偿功能，矫正患侧障碍。

2. **治疗师（therapist）** 帮助患者恢复身体功能的治疗，加强关节的活动性及肌肉的力量，改善和提高运动的协调性和灵活性。

3. **指导师（teacher）** 指导患者及家属配合治疗以及在出院返家后的继续治疗工作。

4. **职业评定者（vocational evaluator）** 探寻患者的职业潜能以及患者的工作能力、耐力、习性及适应的情况，以提供资料给职业治疗师作为参考，为患者选择最合适的职业。

二、作业疗法师的工作内容

1. **评价（Assessment）**

评价是贯穿治疗始终的一种方法，治疗师判定一个人在意外或疾病发生以前的生活角色和工作，以及他所期望的康复后期生活。作业疗法的过程是基于初期和反复的评价之上的。作业疗法师和患者共同就患者日常生活活动中个人和环境中的有利因素和不利因素进行探寻，从而找出解决的方法。

评价包括使用标准化的流程、面接、在不同的场面进行观察和询问患者生命中重要的人等。

2. 制定目标（Planning）

评价结果是制定目标的基础，治疗目标包括长期目标和短期目标。目标应当符合患者所处的阶段、习惯、角色、生活方式、个人喜好和环境等方面的要求。

3. 干预（Intervention）

干预的重点放在以患者为主的项目和环境改造方面。其设计理念是使患者较轻松地完成每天的任务，并且能够很好地适应他们的工作、居住和社交环境。例如教会患者新的技术和提供装置从而能增强他们的独立性，减少环境障碍和提供资源帮助他们减轻压力。

4. 合作（Cooperation）

作业疗法师要充分认识到团队工作的重要性。与其他专业人士、患者家属、护工和志愿者之间的合作和相互协调对患者全面康复的实现具有重要意义。

第五节　作业疗法的基本理论

作业疗法与人类的成长发育有十分密切的关系，作业疗法的涉及对象范围非常广泛，包括了各个年龄段的躯体、心理及社会问题。作业疗法中采用何种活动内容，需要根据接受治疗者的运动功能、智能情况、兴趣爱好、社会活动能力、人际关系、周围环境等多种因素来决定，并且要与人的发育过程相吻合。同一种障碍发生在不同人的不同发育阶段或不同时期，所采取的治疗方法和训练内容是不一样的，这是由所处发育阶段、时期所应具备不同的能力来决定的。这就需要作业治疗师熟练掌握人类生长发育的过程和所处不同时期的特点，从容对待各种患者，保证他们得到理想而合理的治疗。

从发育学的观点看，人的感觉、运动、认知、心理、社会及文化都有一个发育的过程，且这一过程是循序渐进的。一般认为发育是有规律的：

1. 从头到足的规律（肌肉的发育、控制、协调都是从头到足，先是头，之后是躯干，最后是下肢）。
2. 从近端到远端的规律（先协调控制靠近脊柱的肌肉，然后控制远离脊柱的肌肉）。
3. 从粗大到精细的规律（先控制大肌群，后控制小肌群）。
4. 从一般到特殊的规律（先是全身运动，后分化为特殊运动）。

作业治疗师应掌握这些规律，并正确地应用于指导治疗。

一、作业活动在作业疗法中的意义

作业疗法主要是通过各种作业活动来对患者进行干预的。活动时提高适应能力和参与能力，它贯穿于人生的始终，渗透于工作、生活、学习、娱乐等方方面面。

在作业疗法的参考书中经常可以发现"目的性活动"（purposeful activity）一词，美国作业疗法协会资料显示：目的性活动是人类有目的性活动的总括，人们可以通过参与作业活动来实现治疗目标，但这些活动本身并不能为人类提供具有核心价值和意义的场所（AOTA，2002）。作业疗法所使用的活动包括现实生活中必须的日常生活技能、工作、职业活动、家务劳动、教育、社会活动等。通过活动，患者可获得各种体验、掌握许多技能，为回归家庭和社会奠定坚实的基础。

二、作业疗法基本理论

在疾病或者受伤并导致功能障碍后，患者的作业能力也存在障碍，作业疗法师怎样才能知道如何对这些患者进行治疗？首先，治疗师要掌握临床所诊断的疾患对患者身体结构和功能的影响以及可能对完成作业活动能力的限制，并且要知道目前治疗这一障碍的研究结果——循证实践（the evidence base of practice，EBP）。其次，治疗师必须能够对这些患者进行专业的评定和治疗。最后，他们要知道治疗的构成——实践的理论基础。

作业疗法的构成或过程是在不同理论模式的实践中发现的。作业疗法实践模式是将患者的人际关系、生活环境、作业活动和生活质量理论化，从而指导评定和干预。如何对作业活动和目的性作业活动加以定义、说明作业活动对于人的生活重要性的原因，如何定义作业、有目的的作业活动、治疗性作业活动是有目的和意义的，产生怎样的作用？这些对于理解作业活动无疑会起到十分重要的作用。

早期的作业疗法强调以技术为重点，而非以理论基础为指导。随着社会的进步、医学的发展和健康的需求，从20世纪80年代开始，人们逐渐认识到必须将作业疗法临床治疗的实践经验进行总结，促进作业疗法理论和研究的发展，只有这样才能给临床提供因人而异并且可行的治疗方案，并利用理论去指导临床的实际操作和解决实际问题。但就目前而言，作业疗法的理论体系尚处于探寻、分析、比较、完善和统一阶段。

下面就国际上较为流行的几种作业疗法模式进行介绍，这些模式被认为是作业疗法的理论基础，还有待于在未来的作业疗法实践中进一步完善和发展。

（一）发育模式

这一模式首先由 Lela A. Lorerns 博士在1970年提出。他通过自己多年的实践经验总结出：

1. 人类在神经生理学、神经心理学等方面的发育以及在特定时代的社会语言、日常生活动作、社会文化技能等方面的发育都是同步的。
2. 人类的发育遵循顺序性的、渐进的、累积的和可以预见的原则。
3. 人类各方面（横向和纵向）的发育，必须具备良好的人际关系。
4. 这些能力通常都是在发育过程中自然地学会。
5. 后天的家庭、社会及公共组织的影响，也有助于人的成长过程。

作业治疗师的工作对象是发育迟滞或障碍者，患者需要改变自己的生活状态，而作业治疗师则提供改变的条件。

（二）作业活动模式

该模式在20世纪70~80年代由 Mary Reilly 倡导并提出，它包括三个主要的方面，即分析、发展和学习掌握。其基础是早期的作业疗法理论、精神分析理论和发育的理论。作业活动模式可以通过多种途径，用于干预颅脑损伤等病后的认知和感知功能障碍者，也可以作为选择各种作业活动方法的基础。该理论认为：

1. 人们通过学习角色的心理社会需要而与社会整合。
2. 患病后可能丧失某些技能，但可以通过重新学习再次获得。
3. 技巧的适应是渐进的，与其他技巧的适应同时进行并相互影响；适应是连续的，开始时自觉地学习和行动，以后逐渐养成习惯。
4. 多数的适应是在与不断增长的环境的实际交流中产生，从而开发出现实需要的技巧。

（三）人－作业模式

该模式由 Gary Kielhofner 发表于 1997 年的论文报告中。他将人类作业系统分为意志、习惯性、行为三个层次。根据 GST 法则，意志是最高层次，行为是最低层次。意志层次是由个人的归属感、兴趣、价值三个部分组成。习惯性的层次将行动的方式和作用进行分类。行为层次由行为的基本能力——技能构成，它受另外两个系统层次的支配。其理论基础是：

1. 对人类来说，没有有意义的作业，就没有健康而言。人的多数行为是人与环境交互作用过程中环境回报和强化的结果。
2. 人类通过使用由精神和意志赋予了活力的双手，可以对自己的健康状态产生影响，即作业可以构成人类的健康，而且还可以作为健康的手段。

以上这两点强调作业是人类健康不可缺少的基本活动，是治愈过程。治疗的过程实际上是设置学习的目的、目标和达到目标的方法。

3. 为使作业疗法成为达到目的的一种手段，必须将目的本身的特征具体化。

（四）精神动力模式

其倡导者 Gail Fidler 自 1942 年涉足作业疗法领域以来，就始终坚持一个信念，那就是："设计或策划一个有目的的活动是作业疗法治疗过程的核心"。该模式研究个性和动机的形成原因，以帮助促进个体获得自知与成熟。它认为：此类患者的行为动机是不自知的或是由于过去不良的经验、病态人格、缺乏经验、缺乏技巧、精神疾病、对现实的不正确理解，使患者不能正确认识和表达自己的需要和愿望，不能与他人构成一定的联系。

她的精神动力模式所提倡的活动侧重于个人的身体、神经行为学、认知、心理、社会文化性等方面，并同时把有目的性的活动和人类结合起来，以适应个人的需求作为重点，使之具有更加广泛的意义。

在治疗上是以精神分析理论为基础的，治疗师应注意把活动与患者的关系等组合起来加以利用，要适应患者所在社会文化环境的需要和价值观。

（五）感觉统合模式

20 世纪 60 年代，A. Jean Ayres 博士在经过长期研究后总结提出的"知觉运动发育顺序假说"基础上提出该模式。她认为：人类的发育包含 4 个不同层面，首先是从触觉、固有觉、视觉的统合开始的，它是第 2 个层面运动的基础，而第 3 个层面视空间知觉和运动能力，又是通过运动的策划能力进化而来的，第 4 层面的学习能力和概念能力的基础在于第 3 层面的正常发育。

Ayres 认为，对于感觉系统的正常发育产生影响的时期大致可分为 4 个阶段，这 4 个阶段基本上相当于婴儿期、幼儿期、学龄前期和学龄期。

该模式的特点为：不是直接诊疗具体的日常动作等每项能力障碍，而是针对能力障碍的原因再学习的过程；从各种感觉系统的整合过程来评定整合障碍的原因；研发出了以南加州感觉统合检查为主的检查工具，使诊断与治疗紧密联系在一起；这种治疗模式适用范围较广泛。

感觉统合模式的主要对象是有学习障碍的儿童，其治疗顺序大致分为如下几个步骤：
1. 调整感觉输入；
2. 促进姿势反应；
3. 促进运动策划；
4. 双侧整合；
5. 视空间、形态知觉、听觉——言语能力的促进。

（六）运动控制模式

这一控制模式是应用于中枢神经损伤患者的一种治疗理念。训练有 4 种方法（Rood；Bobath；Brunnstrom；Kabat，Knott and Voss），各种感觉运动和神经恢复手段都被包含在这一模式之中。

此模式的基本观点是：人的感觉、知觉、认识、思想、情绪、行为及社会与文化方面都有一个发育的过程。它们的发生、发展与成熟都有生物学因素和环境因素的影响，有一个质变与量变的过程。在此模式中，通过应用神经生理学机制抑制异常的肌张力及姿势反射，并诱发正常的运动反应。

（七）康复模式

该模式的基本观点是：问题的产生，是由于疾病或损伤使患者丧失了某些功能，不能通过其他方法恢复时，可以指导患者重新学习并掌握的技巧予以代偿，甚至通过环境改造或利用他人帮助以使患者达到最高的独立水平。患者成为康复小组（Team）中的核心，治疗师通过提供适当的训练方式和装备，并通过调整患者周围的环境和社会条件，以帮助他们重新回归社会，享受有意义的生活。

康复模式包括：
1. 学习并训练使用自助具；
2. 更衣技术；
3. 家居环境改造；
4. 移动工具的运用；
5. 家庭教育；
6. 休闲、娱乐活动；
7. 自理教育与训练；
8. 轮椅技能训练；
9. 能量保持技术。

康复模式通常与生物力学模式、运动控制模式联合使用，以提高和加强感觉、运动以及认知功能的恢复。

（八）生物力学模式

此模式的观点认为功能障碍是运动范围、肌力、耐久力的障碍，并从运动学、动力学和医学出发，为患者提供运动学的机械力学原理。该模式是根据运动学和动力学等力学原理应用直接的运动方法，如杠杆、扭矩等，来改善患者的运动功能障碍。

生物力学模式评定项目主要涉及关节活动范围、肌力测定、耐久力检查和感觉检查。

（九）作业功能模式

作业功能模式（OFM）指导对有身体功能障碍的患者进行评价和治疗，从而使他们能够完成作业活动。OFM 源于临床实践。最初的观点认为那些能够扮演好自己在生活中角色的人会感受到自我效能（self-efficacy）、自尊（self-esteem）和生活满足感（life satisfaction）。部分研究支持能力和满足感有关这一观点（Robinson-Smith, Johnston & Allen, 2000）。例如，在年岁较大的成年人中发现实际表现能够强化功效（Resnik, 1998）。作业活动的能力发挥了患者的特性（Cristinansen, 1999; Toal-Sullivan&Henderson, 2004）。作业功能模式的治疗目标是通过在恢复自我表现或者指导他人的角色中获得满足感。

OFM 的一个假设是指根据现有的功能和能力（例如力量、感知力、获取信息的能力）完成自我角色和日常活动的能力。这一等级构成提出低水平的功能和能力，例如力量和耐力与高水平地完成日常活动和任务有关。这一构成已有研究支持（Dijkers, 1997, 1999; Geerzen et al., 1998; Sveen et al., 1999）。Dijkers 指出，低层次的功能和能力与高水平的任务和角色之间的关系并不是直接的，仅有一种特殊的能力，例如力量，并不能保证能够完成指定的活动或任务，同样的，能够完成一个简单的活动并不表示能够完成角色扮演。能力是由很多功能结合在一起发展而来的，而成功地完成一项活动需要多种能力。当某种功能或能力受损后，作业功能障碍并不一定就表现出来，可能会适应性地由其他功能和能力代偿来完成活动。

关于低层次的功能和能力与高层次的活动、任务和角色之间的复杂关系还有待研究（Trombly, 1993, 1995）。

OFM 的另一假设是：令人满意的作业机能仅发生在个体处于特定的环境和背景之中时。真正的作业机能不会凭空产生或者在一个受控制的情形下，例如诊所里；作业机能是患者与物体、场所和环境之间成功的相互交流。为了重新获得丧失的能力，尽管一开始的时候会控制特定的活动和作业的环境，但是直到患者找到适合自己的独特环境时治疗才会停止。

在作业功能模式中，作业有两层含义：作业既是目标（Occupational-as-end）又是方法（Occupation-as-means）（Trombly, 1995）。作业是目标相当于 OFM 中的患者通过任何技能、能力、习惯等来完成的功能目标。作业是方法是指在另一方面作业是用来治疗残疾患者的一种治疗方法和技能。

作业功能模式的结构如图 1-5-1 所示。

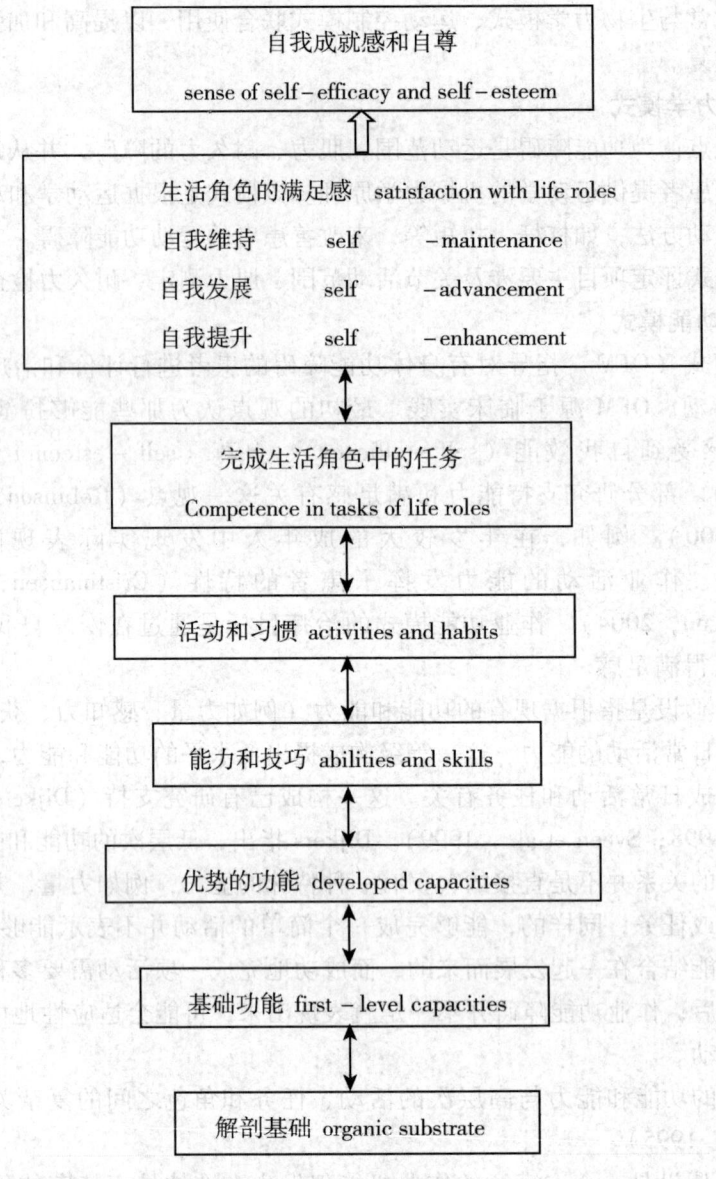

图1-5-1 作业功能模式（OFM）

1. 自我成就感和自尊（sense of self-efficacy and self-esteem）

作业疗法的目的是提高患者参与活动和完成任务的能力，使患者产生自我成就感和自我尊重的感觉。

2. 生活角色的满足（satisfaction with life roles）

能够掌握自己的生活意味着能够从自己的生活角色中获得满足感，履行角色是有贡献性的独立生活的重要组成部分（Hallett，1994）。Reilly（1962）强调职业角色的分类应根据性别和年龄分为四大类，即学龄前儿童、学生、家庭主妇或临时工、退休者。作业疗法实践框架（Occupational Therapy Practice Framework，OTPF）使用"作业领域"（areas of occupation）而不是作业角色，并且将这些领域分为日常生活活动（ADL）、工具性日常生活活动（IADL）、教育、工作、游戏、休闲活动和社会参与。Trombly于1993年将作业功能模式中的角色分为三个方面：自我维持（self-maintance）、自我发展（self-advancement）和自我提升（self-enhancement）。

3. 完成生活角色中的任务（competency in tasks of life roles）

1）角色（Roles）是由很多任务组成的。例如，家庭主妇这一角色包括准备食物、服务、打扫房间、洗衣服和装饰房间等多种任务。同一角色的这些任务也会因人而异。这些任务的价值在相同的情形下也会根据不同人的特点而有所不同，并且可能因治疗师所认为的对患者最重要的方面的不同而不同。因为每个人都有不同的价值观，在某一特定的角色中，每个人都是根据自己所认为的对获得工作满足感至关重要的方面来定义自己的角色。治疗师不能主观臆断这些特定任务对患者的角色扮演重要或者不重要。

2）任务（Tasks）是由很多相关的活动组成，也是将作业（活动）作为治疗手段的提高。也就是说，任务是指无论在有或者没有辅助技术的帮助下，能够在较少提示或者特定环境条件下完成活动。

4. 活动和习惯（activities and habits）

在作业功能模式中，活动（activities）是指组成任务的具有目标指向性的行为小单元。活动将能力和技巧在功能条件上联系到一起。例如，园艺爱好者的一项任务是消灭害虫，而构成这项任务的活动包括下诱饵、播撒颗粒状杀虫剂、摇匀并喷洒液体以及从植物身上取下害虫等。然而，这些活动中每一项又是由很多小的行为单元构成，例如打开包装、将颗粒状的杀虫剂倒入播撒器皿中等。有些活动，例如从植物身上取下害虫等需要集中注意力，其他不需要集中注意力的活动则称之为习惯（habits）。习惯是指在一般情形下和熟悉的环境中人们不需要高度集中注意力就能完成的一系列动作顺序。Wallenberg & Jonsson 指出：身体障碍扰乱了习惯，这时就需要集中注意力来完成日常生活中最简单的动作，很多有这种经历的患者都体会到这增加了疲劳感。作业疗法帮助患者维持或者重新学习的习惯，摒弃那些不能够适应的习惯，以及根据患者变化后的能力和才能发掘新的习惯。作业疗法实践框架（OTPF）中和习惯相近的术语是操作模式（performance patterns）。

活动和习惯是通过作业习得的，也就是所谓的"任务指向性训练"（task-specific training）。在任务指向性训练中，功能性的和有意义的活动将会反复训练，在必要的情况下，可以运用辅助技术、适应性方法或者环境改造等使活动能够完成。

5. 能力和技巧（abilities and skills）

活动依赖于很多基础能力。一个人如果具有很多高度细化发展的能力，就会在各种活动中都能表现得很熟练。一项能力是指个体接受新任务时所具备的一种普遍的特性。例如，肌力或者记忆力。作业功能模式将能力和技巧分为六大类：运动（motor）、感觉（sensory）、认知（cognitive）、感知觉（perceptual）、社会精神（socioemotional）和心肺功能（cardiorespiratory）。例如，记忆、解决问题和集中注意力等就是成功完成活动所需的一些认知能力。有些动作，例如拾取（reaching）、弯腰、抓握、捏握、操控、拉和推等都是构成很多活动所需的运动能力。作业疗法实践框架中将这些"操作技巧"（performance skills）具体分为三个部分：运动（motor）、程序（process）和交流／相互作用（communication／interaction）。

在作业功能模式中，能力被看作是先天才能与后天获得技能的结合。技巧是指在各种情形下运用一定程度的毅力和有效的方法来完成目标（Hinggins，1991）。要完成上面所提到的园艺中下诱饵这一动作，患者需要一些例如协调性、灵活性和阅读说明书等方面的能力，同时也需要具备能够将先天才能转化成所需要的技巧性动作的能力。进一步详细的作业分析可以用来改善能力和技巧中的缺陷。在不同的环境下，不断重复完成那些需要患者所不具备的能力和技巧的作业活动，患者能够获得更高水平的能力和技巧。治疗师可以通过变换环境鼓励患者更好地去学习。

6. 优势的功能（developed capacities）

优势的功能反映了对基础功能更成熟、更自主的整合运用能力。例如，要提高灵活性，人们需要独立使用手指、逐步放松、捏握等能力，而这些优势的功能又源于反射性抓握和自然放松等基础功能。这一整合随着人的正常成长能够自然获得。在治疗中，作为手段的作业（occupational-as-means）就是用来提高这些能力的。通过不断重复一些有选择性的作业，一些更成熟、多样化的治疗需求逐步出现。尽管这些看似既包括了OFM中的优势功能，也涵盖了基础功能和解剖结构，但它在作业疗法实践框架（OTPF）中相近的术语是个体因素（client factors）。

7. 基础功能（first-level capacities）

基础功能是指建立在解剖基础之上的运动、认知、感知觉和精神生活的功能基础。在运动方面，基础功能是原始的视觉、感觉和运动系统的反射性应答，包括反射性抓握、反射性伸展、原始的伸展、踢和上台阶等。这就是Bruner所提出的构成所有主动运动的"子程序"（subroutines）。能够从特定的感知觉环境中做出有用的、非反射性应答即为认知和感知觉。婴儿对人脸的着迷即为社会精神领域中的基础功能。

8. 解剖基础（organic substrate）

解剖基础是指运动、认知、视知觉和精神的结构和生理基础，包括新生儿的最原始的中枢神经系统（central nervous system，CNS）组织，以及所有的骨骼、肌肉、感觉和运动神经、心脏、肺和皮肤等组织。中枢神经系统组织在损伤或疾病后重新启用并修复。如果没有解剖基础，那么治疗将没有意义。如果所有的解剖基础均具备，那么我们可以通过技术将其发展称为基础功能，这就是所谓的"促进成熟"（augmented maturation）。

尽管作业疗法的基本理论还在不断地探寻、发展和完善，但应看到，目前还没有任何理论能够运用于患者的每一方面。因此，治疗师必须充分理解所用理论的适应情况和优缺点，选择最适合患者的治疗模式，将理论有效、灵活地运用于临床治疗。

第六节　作业疗法的目的、特点和服务内容

作业疗法师是围绕患者构成的康复团队中的重要成员，它有着长期的发展历史，具备独立的理论基础和科学的治疗体系，在患者的身体机能恢复、精神机能改善、提高日常生活中的适应能力以及就业、回归家庭、回归社会的康复过程中，担负着重要的作用。

一、作业疗法的目的

1. 维持现有功能，最大限度发挥残存的功能。
2. 提高日常生活活动的自理能力。
3. 为患者设计及制作与日常生活活动相关的各种辅助用具。
4. 提供患者职业前技能训练。
5. 强化患者的自信心，辅助心理治疗。

二、作业疗法的特点

1. 重视精神和躯体两方面的障碍。
2. 以许多作业活动为治疗、训练的手段。
3. 以调动被治疗者的自身潜能为出发点。
4. 按照被治疗者的实际情况及需求，提出治疗方案，充分利用促进身心康复的各种辅助和代偿方法与手段。

三、作业疗法的服务内容

作业疗法的服务内容和范围包括对康复对象的直接服务、间接服务和与之相关的其他工作三个方面。

（一）直接服务

1. 评定与制定治疗计划　评定指治疗师与康复对象进行交谈、观察、测量，将相关信息进行总结、归纳，最后得到整体判断的过程。其中还包括解决康复对象存在的问题点和对治疗中的危险因素的管理。在完成评定的基础上，治疗师要制定作业治疗的目标（包括近期目标和远期目标）和具体的治疗计划。近期目标指经过一段时间（通常是4周）的作业治疗和训练，在某些问题上可能达到的康复效果；远期目标应是在院康复治疗结束或出院时所达到的效果，也就是康复对象通过作业治疗可能达到的最佳状态。而治疗计划是为了完成上述目标所要采取的技术手段和整体安排。

2. 解释说明、指导教育及提供援助　为了便于康复对象理解和配合治疗，在实施治疗前，治疗师要向康复对象说明治疗的目的，解释所要采取的手段，提出需要注意的问题。这就需要治疗师提供大量的信息，以便让康复对象从中选择，自己做出决定。在获得康复对象的同意后进行治疗的过程中，仍需要根据具体情况，随时进行解释、说明与指导。在对康复对象的指导教育与解释说明的同时，也要向其家属和与其相关的人员，如工作中的领导、同事、学校的班主任等进行指导教育。对患者出院后的指导，还需要获得患者家属的理解。尤其需要指导家属对重度患者出院后进行辅助护理的方法。

3. 治疗　作业疗法的手段包括治疗师的手法治疗，利用各种治疗器械的治疗，各种游戏用品、作业活动用具和日常生活活动能力训练用具的作业治疗活动等方法。这些方法从不同的侧面改善身体和精神方面的障碍，达到治疗目的。手法治疗有诱发运动出现、缓解肌紧张、扩大关节活动范围、缓解疼痛等多种方法；治疗用器械有站立台、OT桌、砂板磨、滚筒、木钉盘、手指功能训练器、握力器、训练床、矫形镜、认知功能训练用具等；治疗游戏有各种球类、棋类、套圈等；作业活动用具有马赛克、木工、编织、书法、绘画、皮工等工艺用的工具和材料；日常生活活动能力训练用具有坐便器、淋浴器、炊事用具及材料、扫除用具、电话、电视、电脑、洗衣机等。

4. 辅助用具的调整和环境改造的建议　辅助用具包括矫形器、假肢、轮椅、拐杖、夹板及自助具等，是患者直接附着身体使用或接触身体的物品。治疗师可以根据患者肢体的具体情况进行大小、形状等方面的调整，以便更适合患者使用。另外在交付患者使用之前，要验证其安全性和实用性。环境改造包括房屋改造、职业场所及其他环境的调整。环境改造的建议是指在评定患者残疾及残存功能的基础上，调查患者的住宅及使用的设施情况，判断住宅及设施是否适用于轮椅、特制床、升降设施等康复及福利器械，而后提出适合患者生活的环境改造建议。常见的改造有：对住宅中的浴室与厕所加设扶手、推拉门，去除走廊和房间的台阶等。

（二）间接服务

1. 会议

包括与相关治疗科室联合举办的评定会和专业的病历讨论会。

（1）评定会　康复评定会是康复流程中一个很重要的环节，通过评定会可以掌握患者存在的问题点、确定康复目标、制定治疗计划，有利于康复治疗小组中各成员的相互了解和合作，保证康复治疗的顺利进行。评定会由康复医师主持，在以前的参考书中描述医师在 Team 小组的职责是康复成员的领导者（Leader），但现在根据职责的特点和性质已将医师的称谓由领导者转换成协调者（Coordinator）。评定会需要康复治疗小组全体成员参加，如物理治疗师（PT）、作业治疗师（OT）、言语治疗师（ST）、心理治疗师（Psychologist）、假肢与矫形器师（P&O）和社会工作者（SW）、康复护士（RN）等。

作业治疗师参加评定会议的具体任务和时间是：康复初期阶段（入院到 1 个月）进行评定，总结归纳存在的问题及制定康复目标和计划；在中期（治疗开始 1 到 2 个月后）评定会上，报告治疗经过，指出出现改善的部分和仍存在的问题，提出下一步治疗的计划与建议；末期（出院前）评定时，应总结在院康复治疗的整个过程、障碍改善的情况，提出出院后进一步康复训练的方法和建议。

（2）专业研讨会　由作业疗法师参加，对病例进行专业讨论、评定，并检查治疗方案是否合适，从而制定出更适合患者的治疗计划的专业性会议。

2. 工作记录

即诊疗记录、病历记载，包括治疗师对患者检查测定的结果、对障碍的评定、康复目标（长期、短期）、治疗方案、治疗经过及病人的反应等，同时应注意患者隐私的保密问题。诊疗记录至少应保存 5 年，通常这些记录存放于 OT 科室内部，并不进入到医院的大病历，病历只保存初中末三期评定的结果。

3. 器械的保养及卫生管理

常规保养中，最重要的是保证器械的安全性。卫生管理指对治疗环境的清洁、消毒，防止院内交叉感染，应急药品的配备及制定康复仪器、设备使用的操作规程等。在目前很多医院都实行了保洁工作的社会化，因此更应同保洁公司明确保洁的职责范围。仪器设备的管理及保养应配备专职人员，并制定相应的使用规程。

（三）其他工作

1. 教育与研究

作为专业性的职业，应涉及包括临床治疗、教育与研究在内的三个方面。教育主要针对作业疗法专业的学生，也可对相关职业者进行教育；研究主要指对治疗方法的开发，应注重将基础研究成果向临床使用方面进行转化，为开创更高效率的治疗方法而进行必要的调查和试验。

2. 运营管理

主要是指科室的行政与业务管理。既对取得作业疗法师资格者进行相关法规与伦理道德准则的监督管理，加强对作业疗法师扩展技术与知识范围的继续教育，还要对科室整体运营所需的人、材、物进行有效的管理，特别是对低值易耗物品等进行科学的管理，确保康复治疗有序进行。

作业疗法科的人员编制，要根据患者人数、设备的配备情况决定。一般情况下，两名作业疗法师及两名作业疗法助理或实习生，每日承担大约30名患者的治疗，每个工作单元是45分钟，每日有7~8个治疗时间段。

第七节　作业疗法的循证实践

临床分析是一个较为灵活的过程，同时也受到患者和治疗师的性格特点、经验和背景的影响。例如，一个主要治疗老年患者的中年治疗师和一个具有相当经验但主要治疗年轻患者的治疗师，在治疗一个80岁的骨盆骨折的患者时，可能会有不同的评定结论和治疗计划。临床决定由许多因素构成，包括医生的个人专长、患者的背景和兴趣以及研究结论等。而循证实践减少了临床分析过程中个人和环境偏见的影响。

一、循证实践的内容和步骤

循证实践（evidence-based practice，EBP）是指在给每一位患者做临床治疗决定时有意识地、明确地、合理地利用现有的最有力证据。它将个人临床经验和最可靠的临床证据融合起来。循证实践包括方法和思维过程（mindset）两方面，其方法由如下七个步骤构成：

（1）提出临床问题；

（2）收集最佳证据（包括评价过程中发现的、文献和基础研究中的系统回顾的证据）；

（3）评估所收集证据的效度和临床可行性；

（4）整合所发现的证据；

（5）和患者及家属就评价和治疗中发现的证据进行交流；

（6）将证据应用到实践中去；

（7）监督、评估并记录结果。

二、循证实践模式图

循证实践实施的模式如图所示（图1-7-1）：

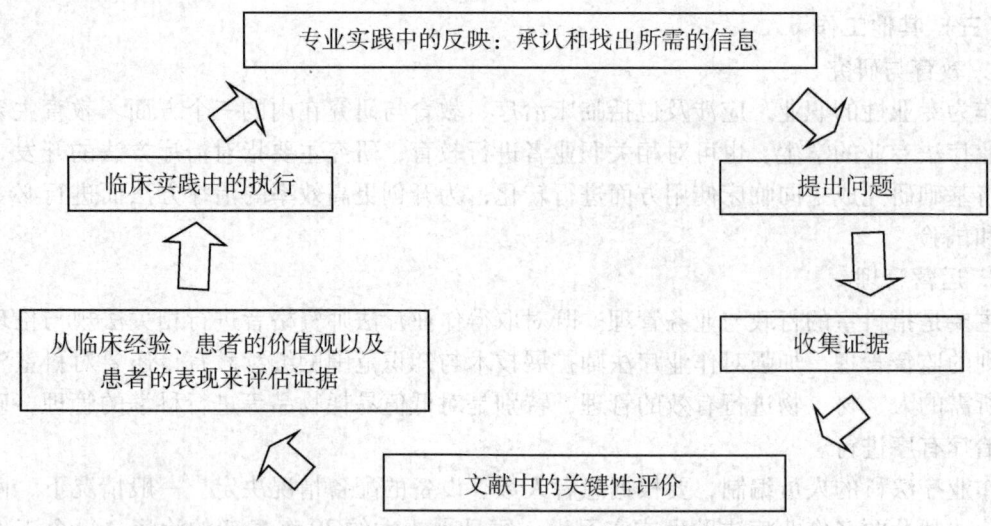

图 1-7-1 循证实践实施的模式图

除了以上的一套方法之外，循证实践也反映了治疗师提供服务时的思维和行为习惯。尽管循证实践越来越多地在文献中被加以强调，但它也许还没有完全融入到日常的作业疗法实践中。治疗师并没有将自己融入到临床试验中去，而一些精心设计的研究课题倾向于不切实际的雷同，没有找出很多典型的患者身上存在的容易混淆的问题或者残疾情况。治疗师没有足够的时间以及对研究的理解有困难等原因阻碍了他们使用证据来证明实践操作的正确性。Dubouloz et al. 指出很多治疗师将重点放在了从临床经验或者向他人咨询中获取理论知识而不是查找文献。他们依靠已有的经验和患者的反馈来做出决定，并用研究来证实操作的有效性和可行性。

作业疗法专业的领导者们指出，除了用一些较熟悉的证据资源来指导治疗计划外，作业疗法师还要关注国际上的保健研究以及运用这些研究中的新发现和新进展。这就需要每个治疗师要遵守本专业的道德准则，充分了解并告知患者治疗的本质、风险和可能的结果。一旦形成了有证可循的思维模式，作业疗法师就能够解释他们使用特定的评定和干预手段的理由，并使患者、家属和支付医疗费用的人或机构能够对是否要选择进行作业治疗做出明确的决定。

（王刚　顾越）

思考题

1. 作业治疗师的职责和作用是什么？
2. 作业疗法的特点是什么？
3. 简述什么是人类作业模式？
4. "作业疗法"一词最早是由谁提出的？在作业疗法范畴 occupation 的含义是什么？
5. WFOT 对作业疗法的定义是什么？

第二章 作业疗法功能评定

> **学习目标**
> 一、了解作业疗法功能评定的概念
> 二、熟悉作业疗法评定的内容
> 三、掌握作业技能评定和作业能力评定的具体内容

第一节 概 述

在康复医学实践中，Evaluation 和 Assessment 是两个不同的概念。Evaluation 是指为制定、修改治疗计划和制定出院计划所进行的信息采集、分析以及解释数据和资料的一个连续过程，是检查者在收集资料的基础上对障碍进行综合判定的过程。Assessment 则是指在 Evaluation 过程中所采用的具体检查或测量项目和方法，是对具体障碍特征的定性、定量评估。

康复评定（rehabilitation evaluation）是收集评定对象的病史和相关资料，并提出假设、实施检查和测量，对结果进行比较、综合、分析解释，最后形成结论和障碍诊断的过程。

作业疗法中的功能评定是一个获取患者作业能力信息、发现存在的问题、提出治疗目标和计划的过程。在作业疗法发展早期，由于缺少完整的理论体系和评定方法，常忽略作业能力的评定或用临床医疗评定方法来代替，随着作业疗法的发展和完善，人们对作业治疗中患者作业能力（occupational ability）、目标活动（purposeful activities）、作业角色（occupational role）、作业表现（occupational performance）的分析和评定逐渐加以重视，形成了相对独立的作业疗法评定体系，它与临床评定、物理治疗等其他评定紧密相关，同等重要，不可分割，是康复评定中非常重要的组成部分之一。

一、目的

评定贯穿于治疗的始终。

初期评定的目的是：找出患者存在的问题，为制定训练目标和计划提供依据。

中期评定的目的是：判断疗效，针对患者的功能状态调整治疗方案。

末期评定的目的是：判断患者整个康复过程的效果，并为指导患者出院后的继续康复训练提供依据。

二、方法

1. 观察法是凭借观察者的感觉器官或其他辅助工具,对患者进行有目的、有计划地考察的一种方法。此方法简便易行,通过与患者的交谈或在患者进行一些活动时,观察患者的各种反应、行为等。

2. 调查法是以提出问题的形式收集被检查者相关资料的一种方法。调查的方式可以分为问卷法和谈话法。问卷法以书面形式收集资料,是康复评定常用的方法。

3. 量表法是运用标准化的量表对患者的功能进行测定的方法。康复评定常用的是等级量表法和总结量表法。等级量表是将功能按照某种标准排成顺序,故又称"顺序测量"。例如,Lovett 肌力检查法从异常到正常将肌力分为 0、1、2、3、4、5 级。总结量表法又称"累加性量表",其内容由一系列技能或功能活动组成,根据被试者的表现,对每一项技能或功能活动进行评分。如 Fugl – Meyer 肢体运动功能评定、Barthel 日常活动动作能力指数评定等。

4. 仪器测量法是借助于各种仪器设备对被试者的某一生物或功能性的变量(如关节活动范围、最大耗氧量、握力等)进行实际、客观的直接测量而获得绝对的量化记录的方法。这一方法能够将某种功能状况精确地量化,不仅能够得出客观数据,而且能探究障碍发生的原因。该法主要用于器官或系统损伤引起的功能障碍检查,如关节活动度测量、等速运动肌力测定、静态与动态平衡功能评定、步态分析、心肺运动负荷测验等。

5. 视觉模拟尺法 是通过使用一条标有刻度的直线(长度为 10cm、15cm 或 20cm)来定量评定某种障碍或症状的一种方法。直线的两端点标明为某种症状的两个极端表现。以疼痛为例,左端点为"无痛",右端点为"非常痛",中间区域为从无痛到非常痛的疼痛程度过渡情况。要求被试者根据自觉症状的程度在直线范围内进行选择,然后测量检查者测量"零点"至被试者所选择点之间的距离。视觉模拟尺法可用于各种症状或障碍的评定,是一种用途很广的评定方法。

三、工作方式、步骤

作业疗法评定的工作流程包括:收集、归纳分析资料,做出诊断和制定治疗计划。在收集资料时,首先对患者的作业活动能力进行评定;在此基础上展开对于影响作业活动的各种因素,包括躯体因素、精神因素以及各种环境因素的评定;通过全面检查,发现哪些日常生活活动受到影响,找出原因,进而提出针对性的治疗计划。

作业疗法评定的工作流程如图所示(图 2 – 1 – 1):

四、意义

(一) 反应机体的综合功能和作业能力

通过作业评定,能够获取患者的综合功能(如随意运动能力、精细动作能力、平衡功能、高级脑机能、感觉功能、肌力和肌张力、关节活动范围、心肺等多系统功能)。同时,通过日常生活动作评定、就业能力评定、环境评定等,可以反应出患者的作业能力。

(二) 了解功能障碍的程度对作业能力的影响

各种疾病、损伤等导致患者功能损伤的严重程度不一,通过作业评定,可以了解患者

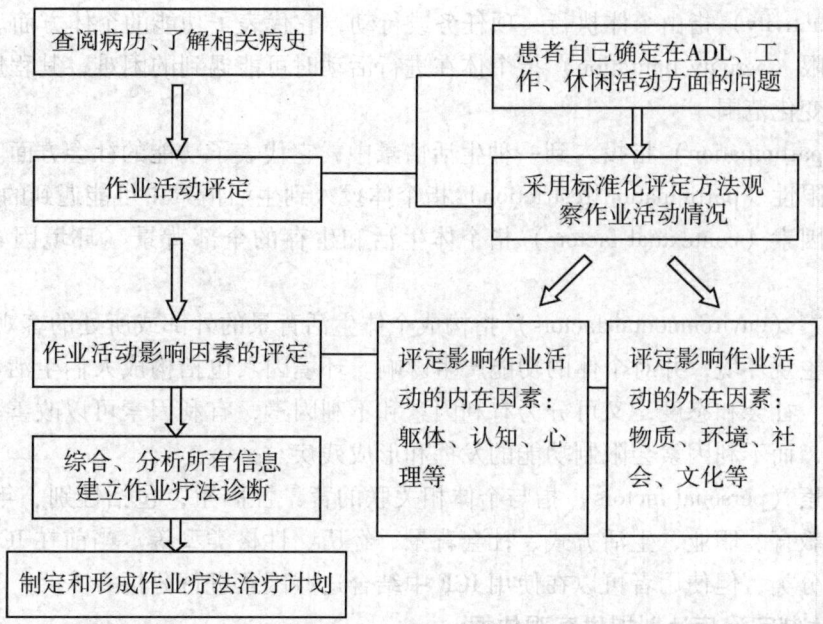

图 2-1-1 作业疗法临床决策的思维方法及评定流程图

在哪方面的作业能力存在缺陷，以及功能障碍严重程度对作业能力的影响，获取患者在进行作业活动时，身心各方面受影响的程度。

目前国际上采用WHO于2001年10月发布的"国际功能、残疾和健康分类"（International Classification of Founctioning, Disability and Health，简称ICF）对患者的作业能力进行分析。ICF是一个研究健康状况对人的功能的影响的框架。它通过健康状况或疾病的诊断，以及所进行的作业功能评定，分析出这些障碍对作业能力（包括身体结构和功能、活动、参与三个方面）的影响，并找出影响作业能力的因素（包括环境因素和个人因素）。ICF的理论模式如图所示（图2-1-2）：

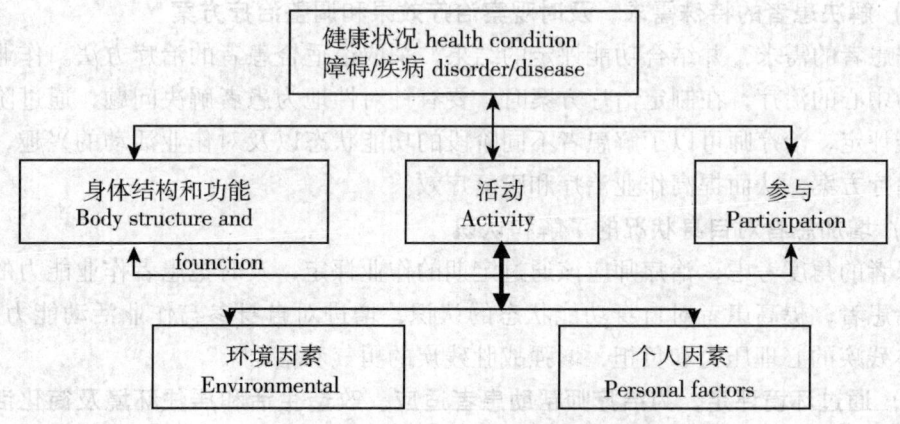

图 2-1-2 ICF 理论模式图

身体功能（body function）指身体各系统的生理功能（包括心理功能）。

身体结构（body structure）指身体的解剖部位，如器官、肢体及其组成成分。

活动（activity）指由个体执行一项任务或行动，它代表了功能的个体方面。

活动受限（activity limitation）指个体在进行活动时可能遇到的困难，其程度可以从轻微到严重的变化范围。

参与（participation）指投入到一种生活情景中，它代表了功能的社会方面。

参与局限性（participation restriction）指个体投入到生活情景中可能遇到的困难情况。

背景性因素（contextual factors）指个体生活和生存的全部背景（环境因素和个人因素）。

环境因素（environmental factors）指构成个体生活背景的外部或所处的客观物质环境、社会环境及主观环境，并对个体的功能产生影响。环境因素包括构成人们生活和指导人们生活的自然、社会和态度；又可分为有利因素和不利因素，有利因素可以改善功能或降低残疾的程度，而不利因素会限制功能的发挥和形成残疾。

个人因素（personal factors）指与个体相关联的背景性因素，包括性别、年龄、种族、健康情况、教育、职业、生活方式、社会背景、经历、性格类型等。当前在ICF中不对个人因素进行分类，但使用者可以在使用ICF中结合这些因素进行分析。

（三）为制定治疗计划提供客观依据

对作业对象的评定、作业活动的分析、作业环境的评定所获取的信息和资料，是选择和制定合理而有效的治疗目标和治疗方法的基础，有助于评定者制定出更为全面的治疗计划，便于发现患者的主要问题，哪些方面需要帮助，谁能够提供帮助等，也有利于早期发现问题。

系统和全面的评定，有利于康复治疗团队内的相互交流，也为其他治疗计划的制定提供了依据。

（四）动态观察功能障碍的发展变化和预后

通过动态作业评定，可以观察患者功能障碍的发展和变化，及时发现作业治疗中存在的问题，帮助治疗师客观、全面地了解患者的功能状态，预测患者的功能恢复的预后。

（五）解决患者的特殊需求，及时观察治疗效果和调整治疗方案

依据患者的需求，并结合功能评定的结果，采取最适合患者的治疗方法。作业治疗是以患者为中心的治疗，在制定治疗方案时，要有针对性地为患者解决问题，通过阶段性的作业功能评定，治疗师可以了解患者不同阶段的功能状态以及对作业活动的兴趣，并能及时调整治疗方案，从而提高作业治疗和康复疗效。

（六）增加患者对自身状况的了解和认识

从患者的角度考虑，治疗师应该通过定期的作业评定，及时把患者作业能力的改善情况反馈给患者，提高患者对自身功能状态的认识，增进对自身参与作业活动能力的了解，消除身体残疾的心理压力和负担，增强战胜残疾的勇气和信心。

（七）通过环境评定，为治疗师帮助患者适应、改造生活和居住环境及简化活动程序提供依据

不同的环境条件对患者作业活动产生很大的影响，而不同的患者所需的适合的环境也是有区别的。在必要的时候，作业治疗师需要帮助患者适应、改造环境。为此，需要提供环境评定所获得的资料和信息。

（八）促进学科发展和社会对残疾的重视

通过系统的作业评定，可以获得大量信息和资料，帮助医务人员进行综合分析和研究，比较各种治疗的效果，探索新的评定和治疗手段，寻找疾病和功能障碍发生、发展、控制的规律，从而推动康复医学的发展，完善作业评定于治疗体系。对社会而言，对残疾者进行生活能力、就业能力、环境条件等评定，了解残疾者对社会的需求程度，以增强社会对残疾者提供帮助的力度，为残疾人的社会康复创造条件。

第二节 作业评定

作业评定包括治疗前评定、治疗期间定期评定和治疗后评定。作业疗法师必须充分了解不同疾患、残疾的功能障碍的特点，具备各类疾患和残疾的原因、病程及其预后的知识，熟悉各种评定内容、方法及适用范围，合理地选择适合该类患者和功能障碍的评定方法，从而在最短的时间内，最高效率地进行评定工作，最大限度地了解和掌握患者的全面情况，为进一步开展康复治疗打下良好基础。

一、作业评定与物理评定的区别

作业评定是作业疗法的主要内容之一，相关的精确评定是制定治疗计划的基础。作业评定是建立在临床和运动功能评定基础上的，作业评定的内容（见表2-2-1）有其特殊性，反映专业特点。

表2-2-1 物理评定与作业评定的比较

项目	物理评定	作业评定
评定意义	系统/器官水平的评定——发现身体功能障碍的部位及程度	个体、社会水平的评定——发现功能障碍对个体活动和社会交往的影响及程度
评定人员	临床医生、PT为主	OT、护士为主
评定场所	医院、物理治疗室	作业治疗室、实际场所
评定内容	侧重作业技能的评定，包括各种感觉运动、认知和心理能力的评定	侧重ADL、就业能力、创造性或工作性活动、娱乐、环境评定

二、作业评定的内容

作业评定包括三大方面的内容，即作业技能评定、作业能力评定和环境评定。每一方面的内容包含若干具体的评价项目：

（一）作业技能评定

1. 运动能力评定　运动能力是作业能力的基础，无论是物理疗法还是作业疗法都需要进行运动能力的评定。主要包括：

（1）关节活动度评定　主动和被动的关节活动度测量

（2）肌力评定　徒手肌力评定和等速肌力评定

（3）耐力评定　心肺运动试验

(4) 肌张力评定　改良 Ashworth 分级
(5) 协调控制能力评定　指鼻试验等
(6) 平衡能力评定　Berg 平衡量表等
(7) 神经反射评定　各项反射检查
(8) 综合运动功能评定　Fugl – Meyer 评定、Brunnstrom 功能分级、上田敏偏瘫功能分级等

2. 感觉能力评定　包括痛觉、温度觉、触觉、压觉、本体感觉、前庭感觉、视觉、听觉、嗅觉、味觉、复合觉（图形辨别觉、两点辨别觉、立体觉等）。

3. 认知能力评定　主要包括定向力、注意力、记忆力、抽象思维能力、学习能力等。

(二) 作业能力评定

1. 日常生活活动（Activity of Daily Living，ADL）能力评定　包括基本或躯体的 ADL（basic or physical ADL，BADL or PADL），如进食、洗漱修饰、如厕、穿衣、洗澡、转移、性生活、表达等；工具性 ADL（instrumental ADL），如打扫卫生、整理衣物、做饭、购物、理财、房屋维护、外出交通、照顾他人等

2. 娱乐和兴趣评定
3. 生活质量评定
4. 职业能力评定

(三) 环境评定

1. 家庭环境评定
2. 社区环境评定
3. 工作环境评定

三、作业技能评定

运动能力和感觉能力的评定详见《康复疗法评定学》。本章重点介绍几项作业疗法中常用的认知功能评定。

(一) 简易精神状态评定量表（Mini – Mental Status Examination，MMSE）

该量表主要用于神经系统疾病患者早期进行性痴呆的筛选，共有 30 项，分别对认知功能中的时间定向、地点定向、瞬时记忆、计算能力、短时记忆、命名、复述、执行能力、理解能力、语言能力、空间结构能力等进行粗略的检查。详细介绍如下（表 2 – 2 – 2）：

表 2 – 2 – 2　简易精神状态检查量表（MMSE）

序号	检查内容	初期评定 年　月　日	中期评定 年　月　日	末期评定 年　月　日
1	今年的年份？	1，0	1，0	1，0
	现在是什么季节？	1，0	1，0	1，0
	现在是几月份	1，0	1，0	1，0
	今天是几号？	1，0	1，0	1，0
	今天星期几？	1，0	1，0	1，0

续表

序号	检查内容	初期评定 年 月 日	中期评定 年 月 日	末期评定 年 月 日
2	咱们现在在哪个城市？	1，0	1，0	1，0
	咱们现在在哪个区？	1，0	1，0	1，0
	咱们现在是在什么地方？	1，0	1，0	1，0
	咱们现在是在哪个医院？	1，0	1，0	1，0
	这里是第几层楼？	1，0	1，0	1，0
3	现在我告诉您三种东西，在我说完后，请您重复一遍这三种东西是什么。请记住这三种东西，过一会儿我还要问您：树、钟、汽车	3，2，1，0	3，2，1，0	3，2，1，0
4	100－7＝？　连续减五次	5，4，3，2，1，0	5，4，3，2，1，0	5，4，3，2，1，0
5	现在请您说出我刚才让您记住的那三种东西	3，2，1，0	3，2，1，0	3，2，1，0
6	（出示手表）这个东西叫什么？	1，0	1，0	1，0
	（出示铅笔）这个东西叫什么？	1，0	1，0	1，0
7	请您跟着我说："四十四只石狮子。"	1，0	1，0	1，0
8	我给您一张纸，请按我说的去做，现在开始："用右手拿着这张纸（1分），用两只手将它对折起来（1分），放在您的左腿上（1分）。"	3，2，1，0	3，2，1，0	3，2，1，0
9	（出示写有"请闭上您的眼睛"的卡片）请您念一下这句话，并按上面的意思去做	1，0	1，0	1，0
10	请您给我写一个完整的句子（要有主语、谓语，而且要有意义）	1，0	1，0	1，0
11	（出示图案）请您照样把它画下来	1，0	1，0	1，0
	总　分			
	评定者			

评分标准：满分30分。正常标准：文盲≥17分，小学≥20分，中学（包括中专）≥22分，大学（包括大专）≥24分。

（二） GCS（Glasgow Coma Scale）国际常用分类

1974年英国Glasgow神经科学研究所南方医院神经外科Teasdale和Jennett制定了一个昏迷计分表，用以测定脑损伤的程度并预测预后，并于1976年再次修订为格拉斯高昏迷分级法（Glasgow Coma Scale，GCS）。该项检查在睁眼、言语和运动三方面来评定颅脑损伤患者的意识状态。详见下表（表2-2-3）：

表2-2-3　格拉斯高昏迷分级法（Glasgow Coma Scale，GCS）检查表

观察项目	反应	得分
睁眼（E）	自发性睁眼	4
	听见呼唤睁眼	3
	疼痛刺激睁眼	2
	任何情况下都不能睁眼	1
语言反应（V）	能充分判断认识时间、地点、场所	5
	会话混乱	4
	言语混乱	3
	发语不能理解	2
	完全没有反应	1
运动（M）	能根据命令做出相应的判断	6
	能确认疼痛部位	5
	有逃避反应	4
	上肢异常性屈曲	3
	上肢伸展	2
	完全没有反应	1

此表最高得分15分，表示为正常状态。如颅脑损伤在6小时的GCS积分低于5分，属严重颅脑损伤；低于8分者，为重度损伤；9~12分者，为中度损伤；13~15分，为轻度损伤。积分小于8分，预后不良；伤后6小时内"睁眼"项计分小于3者（除外面颌部及眼受损者），伤后6个月会有40%~50%患者死亡或变为植物人；伤后72小时"最佳运动反应"项仅1~2分者，死亡或变为植物人的可能性很高。

（三）洛文斯顿认知功能评定（Loewenstein occupational therapy cognitive assessment，简称LOTCA）

LOTCA是以色列耶路撒冷希伯来大学N. Katz博士和Loewenstein康复医院L. Rahmani心理博士于1974年提出的，最先应用于脑损伤后患者认知功能的评定。其操作简便，应用方便可靠，通过了信度和效度检验，目前已扩展到其他脑部疾患的认知功能评定。

现在国内使用的是LOTCA英文第二版的翻译版本，其检查内容分为4大类：定向检查、知觉检查、视运动组织检查和思维动作检查。可用于评定脑血管病、脑外伤及中枢神经系统发育障碍等原因引起的认知功能障碍。

LOTCA检查耗时30~40分钟，整个测验可分2~3次完成。检查的物品有：指导及评分标准1册；4种颜色的积木20块；100孔塑料插板1块；塑料插钉15个；测试图片48

张；塑料形板 22 块（6 种形状 4 种颜色）；拼图板 1 套（一分为九）；检查用图册 1 本；生活用品若干。具体检查内容和评分标准如下表（表 2-2-4、表 2-2-5）：

表 2-2-4　LOTCA 测定量表内容

	测试类别	方法
定向	1. 地点定向	问患者当时所在地点、城市、家庭住址、入院前逗留之处
	2. 空间定向	问患者星期几、月份、年份、季节，不看钟表估计当时时间，住院有多久
视知觉	3. 物体识别	让患者通过命名、理解、近似配对、相同配对来识别 8 种日常用品的图片：椅子、茶壶、手表、钥匙、鞋、自行车、剪刀、眼镜
	4. 几何图形识别	让患者通过命名、理解、近似配对、相同配对来辨认 8 个不同形状的几何图形：正方形、三角形、圆形、长方形、菱形、半圆形、梯形和六边形
	5. 图形重叠识别	让患者辨认香蕉、苹果、梨以及钳子、锯子、锄头三者重叠在一起的图形
	6. 物品一致性辨别	让患者辨别从特殊角度拍摄到的 4 幅物品的照片：汽车、铁锤、电话和餐叉。给出小汽车的前挡风玻璃、电话的后面、叉的侧面、锤子的侧面
空间知觉	7. 身体方向	让患者先后伸出右手、左脚；用手触摸对侧的耳朵、大腿
	8. 与周围物体的空间关系	让患者指出房间内前、后、左、右 4 个不同方向上的 4 个不同物体
	9. 图片中的空间关系	给患者看一幅图片，然后说出图片中人物前、后、左、右的物体名称
动作运用	10. 动作模仿	让患者模仿评定者的动作
	11. 物品使用	让患者示范如何使用 4 组物体：梳子、剪刀和纸、信封和纸、铅笔和橡皮
	12. 象征性动作	让患者模拟刷牙、用钥匙开门、用餐刀切面包、打电话等动作
视运动组织	13. 临摹几何图形	让患者临摹圆形、三角形、菱形、正方体和一个复合图形
	14. 复绘二维图形	让患者按照给定的图案绘出几何图形，包括一个圆形、一个矩形（正方形）、两个三角形以及一些相关的形状
	15. 插孔拼图	让患者按照给定的图案，用插钉在塑料插板上插出相应的图形
	16. 彩色方块拼图	让患者按照给定的图案，用彩色方块拼出相应的立体图形
	17. 无色方块拼图	让患者按照给定的图案，用无色方块拼出相应的立体图形，并说出需要多少个方块
	18. 碎图复原	让患者按照给定的图案，用 9 块图案碎片拼出一个彩色蝴蝶
	19. 画钟面	让患者在一张画有一个圆形的纸上面画出钟面，注明数字，并标出长短针指在 10：15 上

续表

测试类别		方法
思维操作	20. 物品分类	让患者根据提供的 14 种物品（帆船、直升飞机、飞机、自行车、轮船、火车、小汽车、锤子、剪刀、针、螺丝刀、锄头、耙子），按不同的原则分类，并命名
	21. Riska 无组织图形分类	让患者将 3 种不同的颜色（深褐色、浅褐色、奶油色）和 3 种不同的形状（箭头、椭圆、1/4 扇形）的塑料片（共 18 块）按一定的意图（如颜色或形状）分类
	22. Riska 有组织图形分类	与 21 相仿，所不同的是患者按照评定者出示的分类方法对 18 块塑料片进行分类
	23. 图片排序 A	给患者 5 张顺序打乱但内容有联系的图片，让患者排成合乎逻辑的顺序，并描述故事情节
	24. 图片排序 B	给患者另外 6 张顺序打乱但内容有联系的图片，让患者排成合乎逻辑的顺序，并描述故事情节
	25. 几何图形排序推理	给患者看一组按一定规律变化的几何图形，让患者按照图形的排列规律，继续排列下去
	26. 逻辑问题	让患者看 4 个逻辑文图（每次看 1 题），然后回答
注意力及专注力		根据整个评定过程中患者的注意力及专注力情况评分

表 2-2-5 LOTCA 结果记录

测验	分测验	评分 低　　　　高	备注
定向	1. 地点定向	1 2 3 4 5 6 7 8	
	2. 空间定向	1 2 3 4 5 6 7 8	
视知觉	3. 物体识别	1 2 3 4	
	4. 几何图形识别	1 2 3 4	
	5. 图形重叠识别	1 2 3 4	
	6. 物品一致性辨别	1 2 3 4	
空间知觉	7. 身体方向	1 2 3 4	
	8. 与周围物体的空间关系	1 2 3 4	
	9. 图片中的空间关系	1 2 3 4	
动作运用	10. 动作模仿	1 2 3 4	
	11. 物品使用	1 2 3 4	
	12. 象征性动作	1 2 3 4	

续表

测验	分测验	评分 低　　　　高	备注
视运动组织	13. 临摹几何图形	1　2　3　4	时间
	14. 复绘二维图形	1　2　3　4	
	15. 插孔拼图	1　2　3　4	
	16. 彩色方块拼图	1　2　3　4	
	17. 无色方块拼图	1　2　3　4	
	18. 碎图复原	1　2　3　4	
	19. 画钟面	1　2　3　4	
思维操作	20. 物品分类	1　2　3　4　5	
	21. Riska 无组织图形分类	1　2　3　4　5	
	22. Riska 有组织图形分类	1　2　3　4　5	
	23. 图片排序 A	1　2　3　4	
	24. 图片排序 B	1　2　3　4	
	25. 几何图形排序推理	1　2　3　4	
	26. 逻辑问题	1　2　3　4	
注意力及专注力			
评定所需时间：	评定过程完成：	一次完成：　　　2 次或以上完成：	

LOTCA 评定中还缺少注意力、记忆功能的评定，需采用其他量表进行评定，详见本节相关部分。

（四）Rey – Osterrieth 复杂图形记忆测验

该测验是通过几何图形自由回忆形成视觉再现，用来测验被试者视觉记忆能力。首先被试者按要求临摹图案，然后在临摹后 10~30 分钟，让被试者根据记忆自由地将图案重画出来。根据再现的完整性、准确性、布局、计划性、画面干净与否、对称性等多种因素进行评定。该检查所用的图形如图所示（图 2 – 2 – 1）：

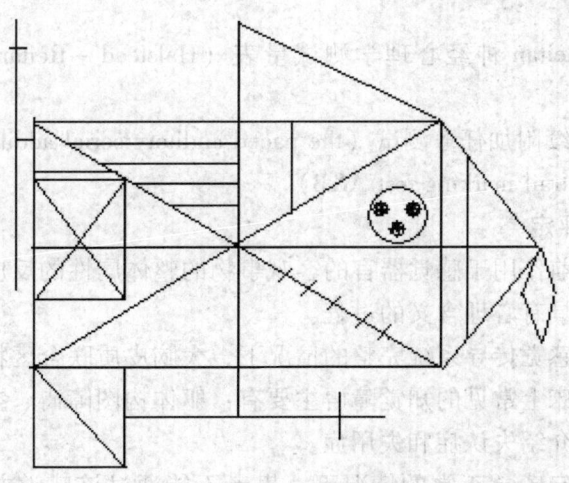

图 2 – 2 – 1　Rey – Osterrieth 复杂图形记忆测验检查图

（五）注意力评定

注意（attention）是指心理努力地集中和聚焦，是心理活动指向一个符合当前活动需要的特定刺激，同时忽略或抑制无关刺激的能力。由于注意力是所有意识作业的基础，因此，没有纯粹的检查注意的方法。在不同程度上注意受运动、知觉、认知行为的影响。这里主要介绍反应时检查、划销试验。

1. 反应时检查　反应时间又称"反应时"，指刺激作用于机体后到明显的反应开始时所需要的时间，即刺激与反应之间的时距。检查测量时，给被试者以单一的刺激，要求其在感受到刺激时尽可能快地对刺激做出反应。检查者预先向被试者交代刺激是什么以及他要做的反应是什么。计时器记录从刺激呈现到被试者的反应开始时的时间间隔。可根据情况选择听觉反应时或视觉反应时的测定。

2. 划删试验　是注意持久性检查常用的方法，给患者一支笔，要求其以最快的速度准确地划去指定数字或字母。如要求患者划去下列字母中的"A"和"C"。

QIEABAEINDIAONAISDCLAIFLKDVICALIDAIOQLIBAOOWQEOWMQNPERTSATGFJKIM
NAEFAFANCIEWOBADFIENALDSINVALDFKAJOIWEFRDASNGLGJIAFNADSLFJAIDSNVAKD
FUQIOEWRFNDKSAVNALIDUFQOIQLNQDIFAONFALKSIFUOIANFODIAOSNVOAIUFALKNSF
LIAUOIEJFADSNVOIAUFRQALIEOQHFHALIDFULKXNVKAFLZAOQJLIAUERZLDIUFQORJLS
KUFCAJIEFUQAJOIWQOEINFZASJFOIANFCAOIJFAQIJ

患者操作完毕后，分别统计正确划删数字与错误划删数字，并记录划删时间。根据下列公式，计算患者的注意持久性或稳定性指数并作为治疗前后自身比较的指标。

注意的持久性指数 =（总查阅字数/划删时间）{（正确划删数字 − 错误划删数字）/应划删数字}。

除了上述两种常用方法，注意力评定还有其他方法：

（1）日常注意力测验（test of everyday attention，TEA）

（2）William 数字顺背及逆背测验（William's digit span test forward & backward）

（3）神经行为认知状态测试（the neurobehavioral status examination，NCSE），现更名为 Cognistat

（4）Halstead – Reitan 神经心理学测试量表（Halstead – Reitan neuropsychological test battery，HRNTB）

（5）步调听觉连续附加任务测试（the paced auditory serial addition task，PAST）

（6）配对测试（trail marking test A&B）

（六）知觉功能评定

知觉是人脑对当前作用于感觉器官的客观事物的整体属性的反应。知觉过程是接纳感觉输入并将之转换为具有心理含义的过程。

知觉障碍是指在感觉传导系统完整的情况下，大脑皮质联合区特定区域对感觉刺激的理解和整合障碍。临床上常见的知觉障碍主要有：躯体构图障碍、空间关系障碍、失认症及失用症。这里重点介绍失认症和失用症。

失认症是指在特定感觉正常的情况下，患者不能通过该感觉方式认识以往熟悉的事物，但仍可以利用其他感觉途径对其识别的一类症状。失认症中发病率最高的为单侧忽略、疾病失认和 Gerstman 综合征（包括左右失认、手指失认、失写、失算）。

失用症是指在没有运动、感觉及协调性障碍的情况下，由于脑损伤不能按指令完成以往所能完成的有目的的动作，是后天习得的运动障碍。它又分为意念性失用、意念运动性失用。

以下介绍几种常见的知觉障碍的评定：

1. 单侧忽略（unilateral neglect）评定

单侧忽略是指对脑损害部位对侧一半身体和空间内物体不能辨认。有些教科书也称为"半侧忽略或者单侧视不注意"，病灶常发生在顶叶、丘脑。常用如下方法评定：

（1）Albert 划删测验（如图 2-2-2 所示）：在一张 26cm×20cm 的白纸上，有 40 条线段，每条长 2.5cm，线条排列貌似随机，实质则分为 7 纵行，中间一纵行有 4 条，其余每行有 6 条线段，分别分布在中间的两行。要求患者划删所看到的线段，最后分析未被划删的线条数目及偏向。根据 Levine 评定法，如果仅划去右 1/3 空间或更少的线条为重度；如划去右 1/3 而中间 1/3 有漏划，左 1/3 均漏划为中度；仅左 1/3 漏划的为轻度。也可以划删字母、数字、符号，或将一段文章中的某个同样的字用红笔圈起来，如所有的"是"字。

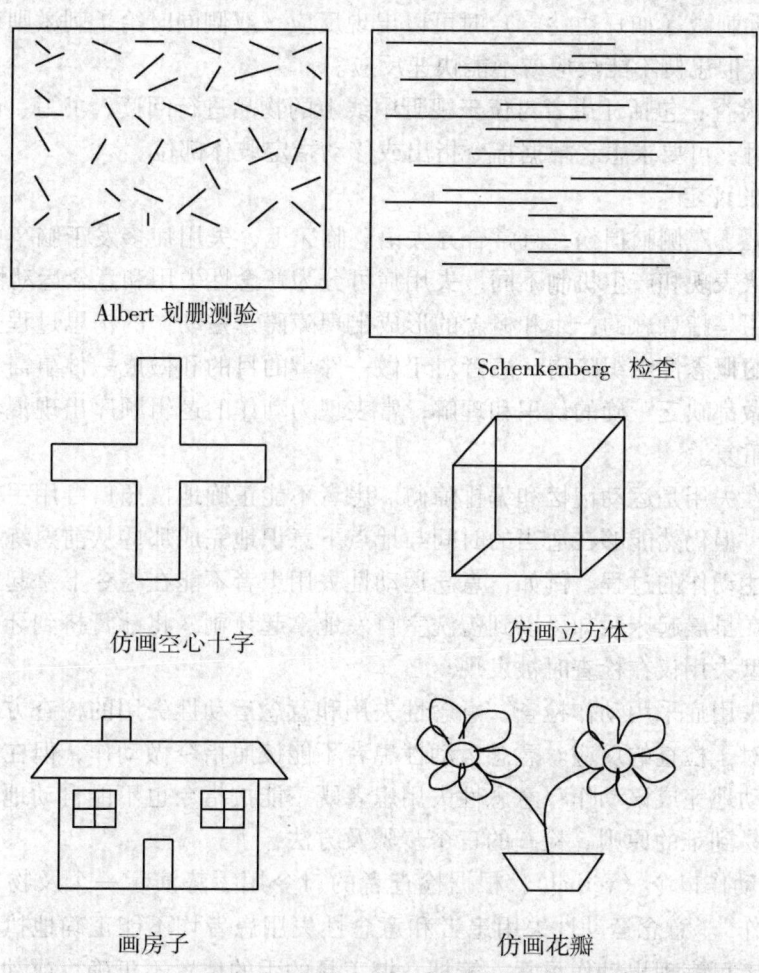

图 2-2-2 常见的知觉障碍评定图

（2）线段二等分测验：一般多采用 Schenkenberg 检查图（如图 2-2-2 所示）。在一张白纸上，平行排列三组水平线段，每组含 6 条线段，长度分别为 10cm、12cm、14cm、16cm、18cm、20cm，最上端及最下端各有一条 15cm 的线段作为示范作用，不作为统计结果。患者挺胸坐立，嘱其用笔将每条线段在其中点处做一标记，等分为二。要求患者注意每条线段，尽量不要遗漏。每条线段上只能画一个标记。最后算出平均偏离百分数。切分点偏移距离超出全长 10%，或与正常组对照，偏离大于 3 个标准差者为异常。左侧忽略者，切分点常向右偏移。临床比例观察显示，切分点偏离与线段的长度有关，线段愈长，左侧单侧忽略症患者所做的切分点愈偏向右。

（3）画图检测：仿画空心十字、仿画立方体、仿画花瓣（如图 2-2-2 所示）。所提供的示范样本可用平面图、立体图及实物，一般多用事先准备好的空心十字、立方体、花瓣等平面图，给患者铅笔和白纸来模仿画出，根据患者完成情况予以评定是否有半侧空间失认。也可通过画房子、钟表盘等来检查。

（4）双侧同时刺激检查：首先进行单侧感觉（视觉、听觉、触觉）刺激反应检查，然后双侧同时给予刺激，观察患者的反应。单侧忽略症状较轻或出于恢复阶段时，仅给损伤灶对侧以感觉刺激（如耳边铃声）时可以出现反应，双侧同时给予刺激则表现出刺激损伤灶同侧有反应但患侧不能反应或不能快速反应。

（5）功能检查：包括让患者对位于视野中线上的物品进行阅读、书写、命名等。检查一侧肢体忽略时，可要求患者根据指令指出或移动指定肢体部位。

2. 失用症的评定

失用症多见于左侧脑损伤，且常合并失语。临床上，失用症多发于脑卒中患者和痴呆患者。根据症状表现和产生机制不同，失用症可分为意念性失用和意念运动性失用。

意念性失用是指意念的产生和概念的形成出现障碍，是动作的构思过程受到破坏而导致的复杂动作的概念性组织障碍。患者对于做一件事的目的和做成一件事需要做什么、怎样做和用什么做都缺乏正确的认识和理解，常表现为动作的逻辑顺序出现混乱，或某一个动作被省略、重复。

意念运动性失用是运动记忆和编排障碍。患者不能正确地按照口令用手势演示或模仿使用某种工具，但仍然能够在适当的时间与地点下意识地完成那些从前熟练操作的技能型动作并能够描述动作的过程。例如，意念运动性失用患者不能在指令下拿起牙刷或启动刷牙动作，但是在早晨起床后却可以到盥洗室自发地拿起牙刷，将牙膏挤到牙刷上，然后刷牙。意念运动型失用仅在检查时被发现。

判断有无失用症采用动作检查。意念性失用和意念运动性失用的检查方法相同，关键是要鉴别患者对于检查的反应。意念运动性患者不能按照指令做动作，但在恰当的时间和地点就能够自动地完成该动作；意念性失用患者既不能按指令也不能自动地完成动作，检查时应遵循从易到难的原则。检查的三个步骤及方法：

（1）执行动作口令（verbal）：根据检查者的口令用手势演示一个及物动作，如"做一个刷牙的动作"。意念运动性失用患者和意念性失用患者均不能正确地执行口令。意念运动性失用患者可表现出动作重复、笨拙，握工具的手的位置不正确，或动作在错误的水平面上进行，或目标放置位置错误，或运动不正确、用身体的某一部分代替使用工具。如果要求患者假装做刷牙的动作。患者不会假装手持牙刷而是用手指代替牙刷做刷牙的动作。提示患者丧失了从事该运动的相关知识。意念性失用患者表现出动作步骤错误。当检查者要求患者"假设你手里有一把钥匙，用它把门打开"时，肢体失用患者可能会前后摆动手腕而不是转动手腕，或先旋转手腕再做插钥匙的动作。

（2）视觉性动作模仿（visual）：失用症常与失语症并存，因此对于严重失语症患者而言，可以采用模仿检查者手的动作的方法。检查者示范动作，要求患者模仿。此外，检查者示范各种姿势和肢体运动，要求患者模仿。意念运动性失用患者不能正确模仿他人的动作或手势。意念性失用患者则可以很好地模仿。

（3）触觉性事物操作（tactile）：意念性失用患者可以很好地模仿各种运动，但不能正确地选择和使用工具，所以，实际应用检查很有必要。检查可从单一步骤的简单动作到多步骤的复杂动作。例如，从端茶杯的简单动作到沏一壶茶的复杂动作。检查者也可以给患者一把钥匙，牙膏和牙刷，信封、信纸、邮票和胶水等进行实际操作。意念运动性失用症患者使用实物后，动作准确性明显提高。意念性失用患者可表现为动作顺序错乱或物品（工具）挑选和使用错误。

另外还有 Goodglass 检查法：这一检查有助于判断意念运动性失用所累及的身体部位。其动作检查包括以下三个方面：

1）口腔-面颌：咳嗽、嗅味、吹灭火柴、用吸管饮水、鼓腮；

2）肢体：挥手再见、用手示意"过来"、食指放在嘴唇边示意安静、举手行礼、示意"停止"、刷牙、刮胡子、锤钉子、锯木板、使用螺丝刀；

3）全身：拳击手的姿势、打高尔夫球的姿势、正步走、铲雪的动作、起立，原地转两圈，然后坐下。

四、作业能力评定

（一）日常生活活动能力（ADL）评定

日常生活活动（activities of daily living，ADL）的概念由 Sidney Katz 于 1963 年提出，指一个人为了满足日常生活的需要每天所进行的必要活动。ADL 分为基础性日常生活活动（basic activities of daily living，BADL）和工具性日常生活活动（instrumental activities of daily living，IADL）。

BADL 是指人为维持最基本的生存、生活所必须的每日反复进行的活动，包括自理活动和功能性移动两类。自理活动包括进食、梳妆、洗漱、洗澡、如厕、穿衣等，功能性移动包括翻身、从床上坐起、转移、行走、驱动轮椅、上下楼梯等。

IADL 是指人为维持独立生活所必须的一些活动，包括使用电话、购物、做饭、家务处理、洗衣、服药、使用交通工具、处理突发事件以及在社区内的休闲活动等，这些活动常需要使用一些工具才能完成。

BADL 的评定对象为住院患者，而 IADL 评定则多用于生活在社区中的伤残者及老人。下表（表2-2-6）列出了各种 BADL 和 IADL 评定量表中所包含的项目。

表 2-2-6 BADL 和 IADL 评定所含项目

BADL				IADL	
自理活动		功能性移动活动			
进食	从碗里取食	床上移动	移动体位	做饭	使用器皿餐具
	用杯子、吸管喝水		翻身		使用炉灶
	切食物		坐起	打扫卫生	
	使用餐具	移动	床	财务	找零钱、存取钱、记账
	咬断和咀嚼		椅	购物	食品、衣物、日常用品
	吞咽		浴盆		找电话号码
卫生	刷牙、梳头、剃须、化妆		淋浴室	打电话	拨号
	修剪指甲		小汽车		留言
洗澡	上身（手、脸、上肢、躯干）		坐		记录留言
	下身（臀部、大腿、小腿、脚）		站	服药	开药瓶
穿衣	上身（内衣、前开襟、套头衫）	行走	平地		按医嘱服药
	下身（内裤长裤、裙子、袜子、鞋、矫形器/假肢）		斜坡	洗衣	洗衣服
			台阶		熨衣服
	助听器/眼镜		楼梯	时间安排	计划
如厕	穿脱衣、清洁、冲洗厕所		进出公寓		组织
	控制排便		过马路		准时赴约
交流	理解口语、理解书面语	社区活动	去车站	交通	开车
	理解手语				搭乘交通工具
	表达基本需要（说、写、手势）				

ADL 的评定可以通过直接和间接评定进行。直接评定要求患者自己逐一完成每项活动，询问患者不能完成的理由，观察患者完成活动的情况，询问使用辅助器对活动的影响。间接评定可以从家人和患者周围的人那里获取患者完成活动的信息，通过电话或书信获取患者完成活动的信息，通过康复医疗小组讨论获取患者完成活动的信息。

这里介绍几种常用的 ADL 评定方法：

1. 改良 Barthel 指数（MBI）

Barthel 指数最早由美国 Florence Mahoney 和 Dorothy Barthel 于 20 世纪 50 年代中期设计并应用于临床。Barthel 指数评定简单，可信度和灵敏度均较高，是目前临床和研究中应用最多最广的一种 ADL 评价方法。该方法于 1987 年进行了修订，目前广泛使用的是改良的 Barthel 指数（modified Barthel index，MBI）。该量表共 10 项内容（见表 2-2-7），总分为 100 分，得分越高，独立性越强，依赖性越小。若达到 100 分，并不意味着患者能够完全独立生活，他也许不能烹饪、料理家务或与人接触，但他不需要照顾，可以自理。

表 2-2-7　MBI 的内容及评分标准

项目	评分标准			
	独立	较少依赖	中等依赖	完全依赖
1. 进食	10	5	2.5	0
2. 如厕	10	5	2.5	0
3. 梳洗修饰	5	2.5	1.25	0
4. 洗澡	5	2.5	1.25	0
5. 更衣	10	5	2.5	0
6. 体位转移	15	7.5	3.75	0
7. 行走（步行或用轮椅）	15	7.5	3.75	0
8. 上下楼梯	10		5	0
9. 小便控制	10（无失禁）	5(失禁 1~2 次/天)		0(失禁≥3 次/天)
10. 大便控制	10（无失禁）	5(失禁 1~2 次/天)		0

总分 60 分以上提示被检查者生活基本可以自理；

60~40 分者生活需要帮助；

40~20 分者生活需要很大帮助；

20 分以下者生活完全需要帮助。

Barthel 指数 40 分以上者康复治疗的疗效最值得期待。

2. 功能独立性测量（functional independence measurement，FIM）

FIM 是 1983 年美国物理医学与康复学会提出的医学康复统一数据系统中的重要内容，它不仅评定躯体功能，还包括言语、认知和社交功能，是近年来提出的一种能更为全面、客观地反映残疾者日常生活活动能力的评定方法。FIM 在反映残疾水平或需要帮助的量的方式上比 Barthel 指数更详细、精确、敏感，是分析判断康复疗效的一个有力指标。它不仅评价由于运动功能损伤而致的 ADL 能力障碍，而且也评价认知功能障碍对日常生活的影响。在美国，它已被作为衡量医院医疗管理水平与医疗质量的一个客观指标。FIM 是医疗康复中唯一建立了康复医学统一数据库系统（UDSRM）的测量残疾程度的方法。

3. 评定内容

FIM 评定内容包括 6 个方面，共 18 项，分别为 13 项运动性 ADL 和 5 项认知性 ADL（见表 2-2-8）。

表2-2-8 FIM评定内容

Ⅰ自理活动	1. 进食；2. 梳洗修饰；3. 洗澡；4. 穿上身衣；5. 穿下身衣；6. 入厕
Ⅱ括约肌控制	7. 排尿管理；8. 排便管理
Ⅲ转移	9. 床椅间转移；10. 转移至厕所；11. 转移至浴盆或淋浴室
Ⅳ行进	12. 步行/轮椅；13. 上下楼梯
Ⅴ交流	14. 理解；15. 表达
Ⅵ认知	16. 社会交往；17. 解决问题；18. 记忆

4. 评分标准

评分采用7分制，即每一项最高分为7分，最低分为1分。满分126分，最低分18分。得分的高低是根据病人独立的程度、对辅助具或辅助设备的需求程度以及他人给予帮助的量为依据。（表2-2-9）：

表2-2-9 FIM评分标准

	无需帮助
7分：完全独立	1. 不需要考虑安全问题
	2. 在合理的时间内完成
	3. 不需要修改、使用辅助用具
6分：有条件的独立	1. 需考虑安全保证的问题
	2. 需要比正常长的时间
	3. 需用辅助用具
需他人帮助（依赖），有条件的依赖：患者付出≥50%的努力，根据所需的辅助水平评出5，4，3分	
5分：监护或准备	1. 需要帮助者，但不必给予身体接触的帮助
	2. 需要帮助者做准备工作
	3. 需要帮助者的督促、提示
4分：最小量接触性辅助	1. 所需要的帮助不多于轻接触
	2. 自己付出≥75%的努力
3分：中量辅助	1. 所需要的辅助＞轻触
	2. 自己付出50%~75%的努力
完全依赖：患者付出＜50%的努力，需要最大量的和完全的辅助，或者不能进行	
2分：最大量辅助。或者付出＜50%的努力，但至少有25%	
1分：完全辅助。或者付出＜25%的努力，或活动根本不能进行	

5. 结果判定（表 2-2-10）：

表 2-2-10 FIM 量表结果判定

得分	独立程度
126 分	完全独立
108~125 分	基本独立
90~107	极轻度的依赖或有条件的独立
72~89 分	轻度依赖
54~71 分	中度依赖
36~53 分	重度依赖
19~35 分	极重度依赖
18 分	完全依赖

（二）功能活动问卷（functional activities questionnaire，FAQ）

1982 年由 Pfeffer 提出，1984 年进行了修订（见表 2-2-11）。该问卷原用于研究老年人的独立性和轻度老年性痴呆。评分标准为：

0 分——正常或从未做过，但能做；

1 分——困难，但能单独完成或从未做过；

2 分——需要帮助；

3 分——完全依赖他人。

分数越高，障碍越重。正常标准为低于 5 分；≥5 分为异常，患者在家庭和社区中不可能独立。

表 2-2-11 功能活动问卷（FAQ）

项目	正常或从未做过，但能做（0 分）	困难，但可单独完成或从未做（1 分）	需要帮助（2 分）	完全依赖他人（3 分）
1. 每月平衡收支的能力，算账的能力				
2. 患者的工作能力				
3. 能否到商店买衣服、杂货和家庭用品				
4. 有无爱好，会不会下棋和打扑克				
5. 会不会做简单的事，如点炉子、泡菜等				
6. 会不会准备饭菜				
7. 能否了解最近发生的事情（时事）				
8. 能否参加讨论和了解电视、书和杂志内容				
9. 能否记住约会时间、家庭节日和吃药				
10. 能否拜访邻居，自己乘公共汽车				

(三) 生活质量 (quality of life, QOL) 评定

WHO 于 1997 年对 QOL 下的定义为：在不同的文化背景及价值体系中，生活的个体对他们的目标、愿望、标准以及与自身相关的事物的生存状况的认识体验。QOL 分为客观 QOL 和主观 QOL。上田敏（日本）将 QOL 分为生命质量、生活质量及人生质量 3 个层次，并加上主观 QOL，把 QOL 共分为 4 个层面。（如图 2-2-3）

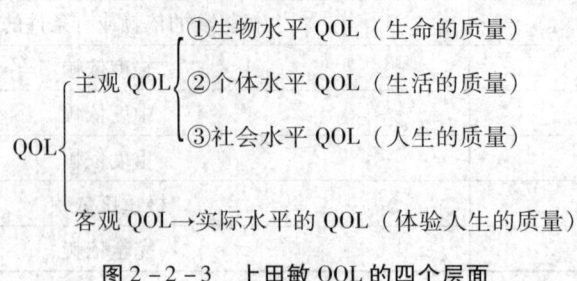

图 2-2-3　上田敏 QOL 的四个层面

QOL 常用的评定方法有：

1. WHO/QOL-26 世界卫生组织生活质量测定简表 (WHOQOL-BRIEF)

由世界卫生组织制定，22 个国家共同参与，于 1997 年完成。该量表适用于不同文化背景的、具有多种文字的评定量表。包括 5 个领域 26 个项目（躯体、心理、社会、环境及综合）。分为 1~5 个等级，26 项中，根据内容或程度备选答案分为"很不满~很满意"、"很差~很好"等判定标准。（量表内容见 P45 附表 1）

2. 简表 SF-36 (Short Form-36)

此表是在 1988 年由美国波士顿健康研究所研制开发的，是国际上以健康作为重点的综合评定量表。包括 8 个领域 36 个项目（躯体功能 10 项，心理健康 5 项，日常活动功能 4 项，日常精神活动功能 3 项，身体疼痛 2 项，总体健康 6 项，活力 4 项，社会活动功能 2 项），评定分为 5 个等级。每个领域的最大可能评分为 100 分，最小为 0 分，8 个领域评分之和为综合分数，得分越高代表的功能损害越轻，QOL 越好。（具体评定内容见 P47 附表 2）

3. 生活满意指数量表 A (life satisfaction index A, LISA)

LISA 是一种常用的主观的生活质量评定方法。评定时，让患者仔细阅读 20 个项目，然后再在每项右方的"同意"、"不同意"和其他栏中，在符合自己意见的分数上做出记号，如对第一题表示同意则在其右方同意栏下"2 分"处做一记号，其余相同。满分 20 分，正常者为 ≥12 分，评分越高生活质量越佳。（具体内容见 P48 附表 3）

(四) 社会能力评定

本章主要介绍 Frenchay 活动指数评定方法。其评定内容有 6 大类，各类具有各自的评定标准，最低分为 0 分，最高分为 47 分。根据评分结果，可将社会生活能力做出下述的区分：47 分——完全正常；30~44 分——接近正常；15~29 分——中度障碍；1~14 分——严重障碍；0 分——完全丧失。（见表 2-2-12）

表 2-2-12 Frenchay 活动指数评定法

评定内容			评分标准			
			0 分	1 分	2 分	3 分
在最近3个月	I	1. 做饭	不能	<1 次/周	1~2 次/周	几乎每天
		2. 梳洗				
		3. 洗衣				
		4. 轻度家务活				
	II	5. 重度家务活	不能	1~2 次/3 个月	3~12 次/3 个月	至少每周一次
		6. 当地商场购物				
		7. 偶尔社交活动				
		8. 外出散步>15 分钟				
		9. 能进行喜爱的活动				
		10. 开车或坐车旅行				
最近6个月	III	11. 旅游/开车或骑车	不能	1~2 次/6 个月	3~12 次/6 个月	至少每周一次
	IV	12. 整理花园	不能	轻度的	中度的	全部的
		13. 家庭/汽车卫生				
	V	14. 读书	不能	6 个月 1 次	<1 次/2 周	>1 次/2 周
	VI	15. 上班	不能	10 小时/周	10~30 小时/周	>30 小时/周

(五) 职业能力评定

职业是个体在社会活动中的重要部分，人们通过从事职业中的各项活动，不仅体现其在社会活动中的地位和价值，而且反映其生命的意义和目的。职业涉及个人、社会、经济 3 个方面，角色和职位的统一，能使个体发挥个人才能，履行社会角色，获得合理的经济报酬。

职业的选择应遵循的原则有：①个别差异的原则：从个体的角度来探讨职业行为，个人的需求、能力、兴趣、价值观、人格等因素均在考虑范围之内；②强调个人特征与职业特征相匹配，强调以个人内在动机为核心，从发展的观点来研究个体职业行为；③劳动社会学原则：倾向于研究作用于个人职业选择与职业发展中的社会环境因素，强调个人所处的家庭与社会环境等外在因素的作用。

职业能力的评定包括：

1. 就业前的初步评定

(1) 根据个性取向选择职业 应做到个性、需要、兴趣、态度、价值观与职业匹配。

(2) 根据能力选择职业 职业活动中所需要的能力，称职业能力。一般能力是指在各种职业活动中都须具备的基本能力，保证人们顺利有效地掌握职业知识与职业技能。特殊能力是指为某种职业活动所必需，在特定职业活动中表现出来的能力的总合，表现在与人交往能力、工作技能、智力水平、工作时的举止行为等 4 大技能。如教师的语言表达能力、财会人员的计算能力、驾驶员的操作能力等。

(3) 根据工作的强度选择职业　职业工种的内容决定工作量，在开始作业评定时，应根据患者的实际能力选择相应强度的工种。

(4) 根据职业工种选择职业。

2. 评定方法

(1) 职业评定　采用美国劳工部主持建立的 JEVS 工种范例系统 (jewish employment and vocational service work sample system)，其设计融合了各种工作的技能特点。工种范围共有 26 种，工作特点包括：操纵、分配、受控、检验和绘图等。该系统是在实际的工作环境中评定，需用 6~7 天才能完成。JEVS 系统要求高度精确。该系统对委托人潜力的估价全面而彻底。TOWER (testing orientation and work evaluation inrehabilitation) 系统，由纽约伤残人协会建立，共有 93 种工作范例，可以合起来评定 14 种职业训练范围。例如：办公室工作、绘图、制作珠宝首饰、邮递、缝纫和组装。它是一种全面的工作评定系统，提供真实的工作环境以评价和分析职业潜力。完成的时间视所用测验项目的多少而定，可以长达 3 个星期。

(2) 以往能力和工作行为评定

1) 庇护车间 (sheltered workshop)：该车间环境是用以进行"长期"就业前评定的，可以不执行一般就业规定。庇护车间签有详细的合同，应在特定的时间之内完成，为特定的顾客生产特定的产品。

2) 工作站：比庇护车间更先进。这种个别安排的工作期一般为 1 个月，但视工作环境和残疾状况，也可以再延长一些。工作站必须设立监察人员与评价员的联系，便于得到反馈信息。

(3) 能力测试　通过各种有效的测试工具，对患者的职业素质进行测量和鉴定。包括：

1) 职业身体素质：包括力量、平衡、弯腰、跪立、下蹲和爬行、伸展手臂用手操作或皮肤感知、口头表达、视力听力控制协调等 8 个方面。

2) 职业能力倾向：测试患者从事特定职业必须具备的能力，包括：智力、言语表达能力、计算能力、空间能力、形体感、文书事务能力、动作协调能力、手指灵活性、手工灵巧性、手眼足配合能力、颜色辨别能力等。

3) 职业个性特征：包括职业兴趣与人格特征。职业兴趣是指劳动者对某种类型的工作或活动，由于关注或被吸引而能够专心致志的工作倾向；人格特征指劳动者个人比较稳定的性格品质。两者可通过相关的心理测验量表来测定。

4) 教育与工作经历。

3. 评定内容

(1) 功能评定调查表　由 Crewe N. W. 和 Athelstan G. T. 拟定，该表是较全面的功能状态评定表，可以了解残疾者就业能力的受损和残存情况。（具体内容见 P49 附表 4）

职业能力损伤级别评定如下：

0~5 分：职业能力无明显损伤；

6~31 分：职业能力轻度受损；

32~62 分：职业能力中度受损；

63~93分：职业能力严重受损。

需要说明的是，凡"3"分的项目均须列出，并根据这些项目的特征，指明需要这些方面的功能、条件的职业。

（2）智力方面评定　职业决策测验 WAIS（用于高级职员）、特殊能力检验（运动技能——明尼苏达操作速度测验；机械能力——Bennett 机械理解测验、文书能力测验、美术能力测验、音乐能力测验）、多项能力和兴趣测验（Kuder 职业兴趣调查）、其他（专业、成就、个性）。

（3）体能方面评定　评定患者所能承受的劳动强度，具体如下（见表2-2-13）：

表2-2-13　劳动强度与力量的关系

重量/力量 (kg)	携、推、拉、移动物体的频度		
	偶尔（工作日的1/3以下）	频繁（工作日的1/3~2/3）	恒定（工作日的2/3以上）
微不足道	坐位	坐位	轻
4	坐位	轻	中
8	轻	中	重
10	中	重	极重
20	中	重	极重
40	重	极重	极重
>40	极重	极重	极重

（六）劳动能力评定

常用方法是微塔法（micro tower，MT），主要对协调能力、手指精确运动功能、认知能力等10项能力进行评定（见表2-2-14）。其中，东方人各分项测验的内容和参数的正常值如表2-2-15所示。

表2-2-14　微塔法的评定内容

所评定的能力	作业名称
运动神经协调能力	拧瓶盖、装箱、给瓶子加盖并装入箱子中
手和手指正确操作能力	插小金属棒和夹子；电线连接
空间判断能力	看图纸
正确理解和判断图的能力	描图
事务处理能力	查看邮政编码
正确处理文字、数字资料的能力	库存物品的核对；卡片分类；分捡邮件
计算能力	数钱
正确处理数字及数字运算的能力	算钱
语言能力	对招聘广告的理解
读、写、理解文字及语言的能力	传话、留言的处理

表 2-2-15　微塔法的评定内容及正常值

评定项目	作业内容	评分依据	最高分	平均值 ± 标准差
1. 拧瓶盖、装箱	把48个瓶盖拧开,并装进大纸箱内	2分30秒内正确拧好和装入箱内的瓶数	48	35.5 ± 9.87
2. 插小金属棒和夹子	在插孔和插槽内插入小金属棒和夹子	5分钟内正确插入的数目	180	127.1 ± 31.94
3. 电线连接	用剥线钳剥出电线头连接在螺丝上用螺丝刀拧紧	9分30秒内正确连接妥当的数目	60	38.6 ± 12.84
4. 看懂图纸	按三角法看图,记下物品尺寸	15分钟内看完,回答提问正确	24	23 ± 2.16
5. 描图	用"T"尺、三角板、圆规按样本描图	45分钟内的描绘质量	32	28.6 ± 4.7
6. 查邮政编码	从邮编手册中查出指定地区的邮编	30分钟内正确完成的答案	60	37.3 ± 12.25
7. 库存物核对	将有错误的记录与正确的对照,并改正	15分钟内查核、改正的数量	80	53.5 ± 18.10
8. 卡片分类	将卡片按字母和数字的序列排好	25分钟内正确排妥的组数	15	11.4 ± 3.41
9. 分捡邮件	将邮件分发到指定单位的信箱中	5分钟内正确分发数	50	44.6 ± 7.49
10. 找钱	用心算该收的款和该找的钱	10分钟内正确解答数	10	8.7 ± 1.93
11. 算工钱	由出工账单中计算应得的工钱	按2、2.5、3、5、6分钟计算正确的数目	91	67.6 ± 16.14
12. 对招聘广告的理解	看广告条文回答提问	30分钟内回答正确的数目	30	24.4 ± 4.25
13. 传话	听电话录音后传话	30分钟内正确传递的数目	111	95 ± 13.21

五、环境评定（environmental assessment）

患者出院后回归家庭和社会生活，能否真正独立，能否参加社会活动，除了身体因素外，环境也是重要的影响因素。家庭环境、工作环境和社区环境中，建筑物的结构设计、可利用的空间、公共服务与公共交通以及安全问题等，都可能成为阻碍患者日常生活活动的消极因素。因此，在计划出院前，作业疗法师需要根据残疾者的具体情况与需求，对患者的家庭居住环境、工作和社区环境进行系统评定。

（一）环境评定的定义

按照残疾人自身的功能水平，对其即将回归的环境进行实地考察、分析，找出影响其日常生活活动的因素，并提出修改方案，最大程度地提高患者的独立生活能力。

（二）环境评定的目的

1. 了解残疾者在家庭、社区以及工作环境中的功能水平，安全性以及舒适和方便程度；

2. 找出影响功能活动的环境障碍因素；

3. 针对不同的环境障碍，为患者、家属、雇主甚至政府有关部门提供符合实际的解决方案；

4. 评定患者是否需要使用适应性辅助用具或设备；

5. 协助患者和家属为出院做准备。

（三）评定方法

问卷调查或实地考察完成。问卷调查主要是通过患者或家属回答提问来预测患者在将要回归的生活或工作环境中从事各种日常活动可能会遇到的情况，了解有哪些环境障碍。实地考察是亲眼观察患者在实际生活环境中进行各种活动的表现，确保评定结果的真实性和可靠性。

（四）各种环境的评定

环境的评定包括三方面：家庭环境评定、工作环境评定和社区环境评定。（具体的评定项目及标准详见《康复疗法评定学》的"环境评定"一章）

附表 1　世界卫生组织生活质量测定量表简表 WHO/QOL – 26

请您一定回答所有问题，如果某个问题不能肯定回答，就选择最接近您自己真实感觉的那个答案。所有问题都请您按照自己的标准、愿望或者自己的感觉来回答。注意所有问题都只是您最近两周内的情况。
（1）（G1）您怎样评价您的生活质量？ ①很差　　　②差　　　③不好也不差　　　④好　　　⑤好
（2）（G4）您对自己的健康状况满意吗？ ①很不满意　　　②不满意　　　③既满意也不满意　　　④满意　　　⑤很满意
下面的问题是关于两周来您经历某些事情的感觉
（3）（F1.4）您觉得疼痛妨碍您去做自己需要做的事情吗？ ①根本不妨碍　　　②很少妨碍　　　③有妨碍（一般）　　　④比较妨碍　　　⑤极妨碍
（4）（F11.3）您需要医疗的帮助进行日常生活吗？ ①根本不需要　　　②很少需要　　　③需要（一般）　　　④比较需要　　　⑤极需要
（5）（F4.1）您觉得生活有乐趣吗？ ①根本没乐趣　　　②很少有乐趣　　　③有乐趣（一般）　　　④比较有乐趣　　　⑤极有乐趣
（6）（F24.2）您觉得自己的生活有意义吗？ ①根本没有意义　　　②很少有意义　　　③有意义（一般）　　　④比较有意义　　　⑤极有意义
（7）（F5.3）您能集中精力吗？ ①根本不能　　　②很少能　　　③能（一般）　　　④比较能　　　⑤极能

续表

(8)（F16.1）日常生活中您感觉安全吗？	
①根本不安全　②很少安全　③安全（一般）　④比较安全　⑤极安全	
(9)（F22.1）您的生活环境对健康好吗？	
①根本不好　②很少好　③好（一般）　④比较好　⑤极好	
(10)（F2.1）你有充沛的精力去应付日常生活吗？	
①根本没精力　②很少有精力　③有精力（一般）　④多数有精力　⑤完全有精力	
(11)（F7.1）您认为自己的外形过得去吗？	
①根本过不去　②很少过得去　③过得去（一般）　④多数过得去　⑤完全过得去	
(12)（F18.1）您的钱够用吗？	
①根本不够用　②很少够用　③够用（一般）　④多数够用　⑤完全够用	
(13)（F20.1）在日常生活中您需要的信息都齐备吗？	
①根本不齐备　②很少齐备　③齐备（一般）　④多数齐备　⑤完全齐备	
(14)（F21.1）您有机会进行休闲活动吗？	
①根本没机会　②很少有机会　③有机会（一般）　④多数有机会　⑤完全有机会	
下面的问题是关于两周来您对自己日常生活各个方面的满意度	
(15)（F9.1）您行动的能力如何？	
①很差　②差　③不好也不差　④好　⑤很好	
(16)（F3.3）您对自己的睡眠情况满意吗？	
①很不满意　②不满意　③既满意也不满意　④满意　⑤很满意	
(17)（F10.3）您对自己日常生活的能力满意吗？	
①很不满意　②不满意　③既满意也不满意　④满意　⑤很满意	
(18)（F12.4）您对自己的工作能力满意吗？	
①很不满意　②不满意　③既满意也不满意　④满意　⑤很满意	
(19)（F6.3）您对自己满意吗？	
①很不满意　②不满意　③既满意也不满意　④满意　⑤很满意	
(20)（F13.3）您对自己的人际关系满意吗？	
①很不满意　②不满意　③既满意也不满意　④满意　⑤很满意	
(21)（F15.3）您对自己的性生活满意吗？	
①很不满意　②不满意　③既满意也不满意　④满意　⑤很满意	
(22)（F14.4）您对自己从朋友那里得到的支持满意吗？	
①很不满意　②不满意　③既满意也不满意　④满意　⑤很满意	
(23)（F17.3）您对自己居住的条件满意吗？	
①很不满意　②不满意　③既满意也不满意　④满意　⑤很满意	

续表

(24)（F19.3）您对得到卫生保健服务的方便程度满意吗？ ①很不满意　　②不满意　　③既满意也不满意　　④满意　　⑤很满意
(25)（F23.3）您对自己的交通情况满意吗？ ①很不满意　　②不满意　　③既满意也不满意　　④满意　　⑤很满意
下面的问题是关于两周来您经历某些事情的频繁程度
(26)（F8.1）您有消极感受吗？（如情绪低落、绝望、焦虑、忧郁） ①没有　　②偶尔有　　③时有时无　　④经常有　　⑤总是有
此外，还有三个问题，序号被列在 WHO/QOL-101~103:
(101) 家庭摩擦影响您的生活吗？ ①根本不影响　　②很少影响　　③影响（一般）　　④有比较大的影响　　⑤有极大影响
(102) 您的食欲怎么样？ ①很差　　②差　　③不好也不差　　④好　　⑤很好
(103) 如果让您综合以上各方面（生理健康、心理健康、社会关系、周围环境等方面）给自己的生活质量打分，应该打多少分？（满分为 100 分）
您是在别人的帮助下填完这份调查表的吗？ 　　　　　是　　　　否
您花了多长时间来填完这份调查表？（　　）分钟
您对本问卷有何建议：

附表2　SF-36 的 8 个领域及各项问题

项目名称	问题的内容
躯体功能 <10> (physical function, PF)	进行激烈的活动
	进行适度的活动
	拿起少量重物
	上几级楼梯
	上一级楼梯
	弯腰、屈膝
	走 1000 米以上
	走几百米
	走 100 米
	自己洗澡、穿衣

续表

项目名称	问题的内容
心理健康 <5> (mental health, MH)	有相当程度的神经质
	什么都不想干、情绪低落
	虽有情绪低落, 但比较稳定
	情绪低落处于抑郁状态
	心情好
角色-躯体功能 <4> (role-physical function, RP)	工作: 减少了一般工作时间
	工作: 不能进行一般工作
	工作: 有工作内容减少的现象
	工作: 对于一般的工作感到困难
角色-情绪功能 <3> (role-emotional function, RE)	工作: 一般的工作时间减少了
	工作: 不想减少工作时间
	工作: 不能集中时间工作
躯体疼痛 <2> (body pain, BP)	身体疼痛的程度
	疼痛总是妨碍工作
总体健康观念 <5> (general health perception)	对现在健康状态的评定
	与一年前相比现在的健康状态
	易生病
	与别人一样健康
	对自己的健康状况感到担忧
活力 <4> (vitality, VT)	很有精神
	充满活力
	确实很累
	感觉很累
社会活动功能 <2> (social function, SF)	身体或心理的原因妨碍与亲友的交往
	身体或心理的原因妨碍与亲友的交往时间

附表 3 生活满意指数 A (life satisfaction index A, LISA)

项目	同意	不同意	其他
1. 当我年纪变大时, 事情似乎会比我想象的要好些	2	0	1
2. 在生活中, 和大多数我熟悉的人相比, 我已得到较多的休息时间	2	2	
3. 这是我生活中最消沉的时间	2	0	1
4. 我现在和我年轻的时候一样快活	2	0	1
5. 我以后的生活将比现在更快活	2	0	1
6. 这是我生活中最佳的几年	2	0	1

续表

项目	同意	不同意	其他
7. 我做的大多数事情都是恼人和单调的	0	2	1
8. 我希望将来发生使我感兴趣和愉快的事情	2	0	1
9. 我所做的事情和以往的一样使我感兴趣	2	0	1
10. 我觉得自己衰老和有些疲劳	0	2	1
11. 我感到我年纪已大，但它不会使我烦恼	2	0	1
12. 当我回首往事时，我相当满意	2	0	1
13. 即使我能够，我也不会改变我过去的生活	2	0	1
14. 和我年龄相当的人相比，在生活中我已做了许多愚蠢的决定	0	2	1
15. 和其他与我同年龄的人相比，我的外貌很好	2	0	1
16. 我已做出从现在起一个月或一年以后要做的事情	2	0	1
17. 当我回首人生往事时，我没有获得大多数我所想要的重要东西	0	2	1
18. 和其他人相比，我常常沮丧	0	2	1
19. 我已得到很多生活中我所希望的愉快的事情	2	0	1
20. 不管怎么说，大多数普通人都变得越来越坏而不是好些	0	2	1

附表4　功能评定调查表

调查内容	0分	1分	2分	3分
1. 视	无显著损伤	在需要敏锐视力的操作中有困难	损伤的程度足以干扰阅读、驾车等主要活动	视力全部或几乎全部丧失
2. 听	无显著损伤	会话和用电话时有些困难	能借助唇读进行面对面的会话，但不能用电话，不能听见某些环境中有关的声音（如铃声等）	极度难听懂或聋，不能理解任何言语
3. 言语	无显著损伤	言语易被人理解，但音质或言语方式不悦耳；或说话时特别费力才能使他人听懂	言语难以理解，往往需重复	言语不能被他人理解
4. 行走或活动	无显著损伤	速度或距离不如常人，若用轮椅，可独立驱动和转移而无需他人帮助	只能在平地上步行短的距离，若在轮椅上，也不能独立转移，但用电动轮椅至少能不用帮助驱动100m左右	无行走的可能，若在轮椅中，在他人的帮助下能走100m左右
5. 上肢功能	无显著损伤	一侧上肢完全或部分丧失功能，另一侧上肢完好	双侧上肢至少在某种范围内丧失功能或健侧上肢有严重的功能丧失	任一上肢没有有用的功能

续表

调查内容	0 分	1 分	2 分	3 分
6. 手功能	无显著损伤	不能进行大多数需要精细灵巧性、速度和协调性的作业	严重损伤，但用或不用辅助具或假肢仍能进行书写和进食等 ADL 活动	几乎没有或完全没有手功能
7. 协调	无显著损伤	手眼协调和粗大运动协调均有一些损伤，但主要功能仍完好	手眼和粗大运动协调性显著损伤	几乎没有能力去控制和协调运动
8. 头的控制	无显著损伤	保持和确立头的位置有困难，在定向、平衡、外观上可有小问题	控制或旋转头部有困难，由于不能控制可轻度妨碍注视	由于缺乏控制，严重地干扰或妨碍阅读时的注视和谈话时与对方保持眼的接触
9. 用力能力	无显著损伤	在需要极度用力的职业中（如用力上举或大量步行等）有某些困难，但在中度用力时可以接受	在任何类型的职业中，甚至只需中等的体力也不能进行	即使是坐和轻度用手工作的职业都可能是对患者体力方面的苛求
10. 耐力	无显著损伤	安排阶段休息可以全天工作	能半天工作	每日工作不能超过 1～2 小时
11. 运动速度	无显著损伤	移动比平均速度慢	移动极慢，需要速度的竞争性职业完全不能进行	运动极度迟滞
12. 学习能力	无显著损伤	能学习复杂的就业技能，但速度不正常	通过特殊的训练，能掌握相当复杂的概念和操作	只能学习极简单的作业并且只有通过充分的时间和重复才能完成
13. 判断	无显著损伤	有时做出不恰当的判断，不费时间去考虑替代方案或行为的后果	经常做出仓促和不明智的决定，往往显示出不适合的行为或选择	由于愚蠢或冲动性行为的结果，可能危及自己或他人
14. 坚持性	无显著损伤	注意广度或集中于作业或概念上的能力变化大，有时不能坚持到完成他所负责的作业	注意广度有限，缺乏集中，为使之坚持一种活动需要大量的监督	注意广度极有限，没有持续的监督不能坚持进行作业
15. 知觉组	无显著损伤	其知觉组织是指不能进行任何需要精细分辨的作业，但无明显行为损伤的证据	偶尔表现出空间失定向（迷路或在粗大知觉问题上有困难）	行为上证实有极度的知觉畸变（如粗大空间失定向，撞到墙上，不能鉴别物体）
16. 记忆	无显著损伤	偶尔因记忆缺陷造成一些困难	记忆缺陷显著干扰新的学习、指示和通知，必须频繁地重复才能让受试者记住	错乱、失定向、记忆几乎丧失

续表

调查内容	0分	1分	2分	3分
17. 语言能力	无显著损伤	语言能力轻到中度损伤，若听觉受损，能用唇读和言语交流	交流有严重困难，限于说单个词或短语，或用非发音交流形式表达简单的概念，若听觉受损，用符号语言有效，但不能用唇读或说	表达性交流近乎不可能
18. 阅读写作能力	无显著损伤	由于文化背景或教育缺乏，阅读书写有困难	阅读、书写有困难	功能上类似文盲
19. 行为和康复目标的一致性	无显著损伤	行为和康复目标表现不一致	口头上同意康复目标，但往往并不遵循合适的动作	行为往往与康复目标相抵触
20. 对能力和受限的准确感知	无显著损伤	对于由于残疾的结果而引起的职业能力的变化有错误的理解（如排除掉太多的就业可能性，或否认一些限制的意义）	不现实地理解其就业能力（如排除所有的就业可能，或否认重要的限制）	拒绝接受或显著歪曲理解其受限，关于其残疾，经常提供其他虚假的、引人入歧途的或极为不合适的讯息
21. 和人们相互作用的有效性	无显著损伤	在社会交往中有些笨拙或口齿不清	缺乏在社会中有效交往所必需的技巧	明显的攻击性、退缩性、防御性、怪异或不合适的行为，常伤害个人交往
22. 个人的吸引力	无显著损伤	个人外表或卫生在某些方面是不吸引人的，但能为家人所忍受	在个人外表或卫生方面有极严重的问题，难以被他人甚至家人所接受	在个人外表或卫生方面，有极严重的问题，很可能被他人所拒绝
23. 由于治疗或医疗问题的缺勤	无显著损伤	由于医学监督、治疗或复发，每月有1～2日的请假	平均每周需要有1日请假以接受医学监督或治疗	由于需要几个阶段的住院，必须经常缺勤
24. 状态的稳定	无显著损伤	若由饮食、治疗或训练控制则稳定	状态可能缓慢地进展，或其过程难以预料，并且可导致功能的进一步丧失	状态在可以预见的将来很可能显著恶化
25. 技能	无显著损伤	没有可以利用的为工作特需的技能，但具有一般的技能，使之能转换到其他一些工作岗位上去	可以转换工作岗位的技能没有多少，由于残疾或其他一些因素，工作特需的技能大部分无用	一般的技能也没多少
26. 工作习惯	无显著损伤	工作习惯有缺陷（如不守时、仪表不恰当、没有合适的阅读方法等），但愿意和能够学习这些技能，而且十分容易	工作习惯有缺陷，在受雇之前可能需要进行工作调整	工作习惯上有严重的缺陷，似乎没有可能通过工作调整训练来改善

续表

调查内容	0分	1分	2分	3分
27. 工作历史	无显著损伤	由于年轻或其他理由，没有或几乎没有大多数雇主可以接受的工作经验	工作历史中有诸如经常拖拉或经常由于失业而变换工作	可有5年的失业期，可用的工作资料贫乏
28. 雇主的可接受性	无显著损伤	身体上或历史上的一些特征可能干扰某些雇主对雇员的接受	尽管对行为没有干扰（如已控制住的癫痫，有严重复发性的精神病史等），但历史上有极少被雇主和公众接受的	目前和新近的特征不能避免使该患者不被大多数可能的雇主所接受（如新近犯罪史、不能控制的癫痫等）
29. 工作机会	无显著损伤	受雇机会有些受限制（如由于交通问题、地理位置问题、环境状态为雇主不能接受等）	受雇机会显著受限，几乎没有什么合适的工作	受雇机会极度受限，可能只能居留在乡下或生活在工作机会很少的农村
30. 经济上的妨碍	无显著损伤	受雇的可能性受到经济上的限制（雇员可能要求异常高的薪金或难以找到的特殊情况）	由于可能丧失受益，工作选择十分受限（可能会考虑非全天或低收入的工作，以便继续从他处得益）	由于会导致目前得到的好处（财政上医疗保险的，或伺候人员等）的丧失，所有可能性都不能提供比这更好的工作
31. 社会支援系统	无显著损伤	无或几乎没有支持系统可以利用	当时的支援系统与康复目标相违背	支持系统的工作明显地对抗康复的行为

（王彤　陈立嘉　陈旗　顾越）

思考题

1. 简述作业评定的内容。
2. 简述国际上常用的几种日常生活活动能力评定方法。
3. 功能独立性评定（FIM评定）的具体内容和评分标准是什么？

第三章 作业疗法的原则和技术

学习目标
一、了解作业疗法的治疗原则
二、了解日常生活活动技能训练、环境改造技术等
三、理解感觉技能训练、运动技能训练、认知技能训练、吞咽技能训练、心理技能训练等相关技术
四、熟悉工作和职业技能训练、手工艺治疗、压力治疗、开具轮椅处方等
五、熟悉作业治疗量的选择（包括作业活动的选择和作业活动强度的选择）
六、掌握作业疗法中常用的自助具及其使用方法

作业疗法着眼于患者的实际生活能力，也就是如何将各种机能有效地应用于日常生活中，从而提高患者的生活水平和质量。

能够作为治疗手段应用于患者的作业活动数不胜数，各种作业活动都各自具备不同的特点和对身体、精神机能的要求，而患者因不同疾患所造成的身体机能水平各异，个体的生活环境、文化程度、性格、爱好等也都有特点，所以应在对患者的身体、精神水平等充分地进行评定的基础上，结合患者本人的愿望和需求、家庭状况等诸多因素设定适合每位患者的康复目标，再根据不同作业活动的性质、特点，选择最有利于患者达到康复目标的作业治疗方法和手段。

第一节 选择治疗手段和措施的原则

在选择治疗手段时，既要考虑患者的机体障碍程度、身体机能水平，还要通过对作业活动的分析，充分了解各种活动的特点和性质，以便选择最有效的、最适合患者的作业治疗方法，促进康复目标的实现。在选择治疗手段时应遵循以下原则：

一、选择的作业活动应与康复目标相一致

（1）恢复原来具备的功能　通过安排患者进行适当的作业活动，改善机体的功能障碍，帮助患者恢复或部分恢复丧失了的功能，达到在日常生活、工作和休闲活动等方面的完全自理或基本自理。因此应强调患侧肢体在日常生活中的参与，治疗师针对患者的功能

障碍设计各种作业活动，通过增强肌力、扩大关节活动范围、改善运动模式等来提高患者完成作业的能力。对于不能完全恢复的功能障碍，治疗应尽可能维持现有功能，再充分利用患者的残存功能，借助辅助用具或进行环境改造来提高患者完成作业活动的能力，达到日常生活、工作和休闲活动等方面的自理或部分自理。

（2）获得新功能　一些残疾儿童，在尚未具有某些功能时就已产生残疾，康复训练的目标就是帮助这些患儿获得应有的功能。训练应根据从抬头→翻身→爬→坐→跪→站→走的发育顺序进行，结合患儿的年龄、障碍特点、认知功能水平、肌张力、家庭等方面选择作业治疗活动。儿童生活技能获得的正常顺序一般是进食、修饰、大小便控制、转移、卸装、着装、沐浴，康复训练也应尽量按此顺序进行。

（3）发挥代偿功能　对于不可逆转的残疾进程或一些难以恢复的功能障碍，作业治疗可以通过调整生活方式、进行代偿训练等方法，达到使患者最大程度地生活自理的目的。例如指导类风湿性关节炎患者学会根据身体情况，利用减轻负重或使用辅助工具的方法，达到保护关节和节约能量的目的。偏瘫后利手变化为废用手的时候，可以通过进行利手交换训练，利用健手进行进食和书写等日常生活活动。由于糖尿病造成双下肢截肢的患者，仍然可以坐在轮椅上继续进行喜欢的园艺活动。

二、根据患者的愿望和兴趣选择作业活动

治疗中不仅要考虑治疗目的及患者的能力，而且患者的愿望和要求，也是治疗师选择治疗方法的主要考虑因素之一。治疗师应根据患者的身份、地位、观念、潜力以及文化与社会背景综合判断患者的愿望和要求，决定治疗目标和方法，要充分调动患者的主观能动性和参与意识，注重心理治疗在作业治疗中的作用，取得患者在治疗中的最大配合。如果让患者完成一件令其感兴趣的陶艺、烹饪、绘画作业，就有可能充分调动患者的主观能动性，激发机体内在潜能，这对患者的功能改善非常有益。

三、选择患者能够在80%的程度上完成的作业活动

每个患者损伤程度不同，存在着个体差异，在制定作业治疗方案时，应根据患者的具体情况，选择患者能够完成80%以上的作业活动，随着患者作业能力的提高逐渐增加作业难点和度。此外，要注意分析患者不能完成作业是对患者的能力要求过高，还是主观上努力不够，针对问题采取对策。

四、考虑局部效果的同时要注意对全身功能的影响

作业治疗既要考虑治疗的局部效果，也要重视治疗的整体作用。以木工作业活动为例，当以增大肘关节活动度为目的时，可在规定时间内选择拉锯、挥动锤子及用刨子刮木板等作业，以改善肘关节活动范围和提高肘关节周围肌肉的力量。如果要通过局部作业活动达到改善全身状态的治疗效果，可以设计让患者在上述活动中完成制作板凳的成品作业，这种治疗可以看成是一种整体作业活动，患者在治疗中除了提高上肢力量和关节活动外，还提高了身体耐力和高级脑功能等全身综合能力。因此，在注意作业治疗的局部作用时还要注重作业治疗的全身作用。

五、作业治疗活动的选择需考虑患者所处的环境条件

根据患者的残疾和环境评定，采取相应的作业治疗，训练患者适应所处的生活环境，同时进行适当的环境改建，方便患者的生活自理。例如，对于截瘫患者，要训练其能够从床上转移至椅或轮椅或坐便器上，学会控制轮椅上坡、进门、过坎、转弯等；同时对住宅和相应设施也要进行必要的改建，如将床、椅高度降低，做到室内无障碍，门加宽，卫生间加扶手等。

六、选择合理的作业治疗量

作业治疗要求治疗师在康复医师指导下开出作业治疗处方。这同医师开具药物处方一样，在制订作业治疗处方时，必须掌握合适的作业治疗量。同一作业项目，有做家务、穿衣、走路、拉锯等作业，有用锤、用辅助具的作业，有用刨子的作业，每种作业、每种活动都对患者的负荷程度有要求。同样是以上肢伸展为目的的打砂纸磨光、推锯、推车等作业，每个作业都有不同的活动强度。因此，患者个体情况不同，选择的作业治疗量就不一样。应根据患者身体的耐力情况，选择患者能够承受的作业活动强度、时间和频率。除此之外，还要考虑作业治疗体位、用具等多方面因素。

（一）作业活动内容的选择

选择作业项目，应遵循作业治疗的原则，根据每个患者功能状态和作业治疗的目标，从多种作业治疗技术中选择合适的作业项目。例如，为改善患者手精细协调活动能力，可以从日常活动训练、文体/娱乐治疗、职业治疗、园艺治疗、工艺治疗等作业活动中选择。练习用勺或筷子进食、系扣子或鞋带、拾米粒、穿珠子、拧螺丝帽、搭积木、捏橡皮泥、玩牌、编织手套等作业，以改善其手的精细协调活动能力。

（二）作业活动强度的选择

通常所选择的作业活动的强度，决定了患者是否能够完成此项作业内容达到治疗目的。治疗师可以通过改变作业的方式、作业活动所需材料的质地和尺寸、完成作业的体位等方法将作业活动的强度进行分级，由易到难，使患者的功能水平不断提高，最终达到康复目标。在选择时，不仅要考虑治疗局部的活动强度，还要考虑对全身所能承受的负荷强度。一般认为作业活动的强度可以通过以下因素调节：

（1）增加重量　通常采用两种方法来增加阻力：一是利用滑轮增加重量，例如常见的手指功能训练器，利用滑轮增加重锤来调节重量；二是增加患者肢体的负重，例如在直接将不同重量的沙袋固定于腕关节上的状态下，进行木钉盘的摆放运动。

（2）利用杠杆原理　杠杆原理也称"杠杆平衡条件"，要使杠杆平衡，作用在杠杆上的两个力的大小跟它们的力臂成反比，即阻力臂越长，克服阻力使杠杆达到平衡所需要的动力就越大，也就越费力。相反阻力臂越短就越省力。这个原理经常应用在作业活动设计中。例如增加肩关节前屈的肌力时，在肘关节负重就比在腕关节负重省力。在铜板作业中，锤柄的长度不同或持锤时握柄的部位不同力量的消耗也不同。

（3）改变物品的尺寸或形状　安排患者进行木钉摆放运动时，根据患者的障碍情况，木钉可以大到需全手抓握，也可以小到需用指尖捏才能拾起。陶艺作业中，搓粗的泥条和

搓细的泥条对手部精细动作的要求不同。

（4）改变作业用材料的质地或种类　同一作业活动，即使使用相同的工具，也会因使用材料的质地、种类不同其作业强度也各不相同。雕刻时随着纸、皮革和木板等雕刻材料的质地逐渐变硬，对手部肌力的要求也逐步提高。在木工打磨作业活动中，使用粗粒砂纸就比使用细粒砂纸的阻力要大；拉锯作业时，使用的材料不同如杨木、松木、枣木等，其硬度不同阻力也有所区别。

（5）改变患者的体位　患者可以采取仰卧位、俯卧位、长坐位、椅坐位、跪位和立位来进行作业活动，不同体位对肢体关节和肌肉的作用不同，治疗师应根据患者的情况选择相应的体位。坐位套圈训练了肩关节的屈曲和坐位平衡，立位套圈时在训练肩关节屈曲的同时促进了立位平衡和患侧下肢的负重。

（6）改变工作台面的高度和物品的定位　工作台面的高度和倾斜的角度以及物品摆放位置的变化与患者肢体位置有密切关系，而且是决定作业强度的重要因素。将木钉盘悬挂在墙面上需要肩关节的屈曲和肘关节的伸展。偏瘫患者在进行桌面擦拭运动时，工作台面向上倾斜的角度越大，肩关节屈曲的角度越大，对患肢分离运动控制的要求也越高。

（7）改变作业方式　作业方式不同会引出不同类型的运动。进行棋类游戏活动时可以训练手指的捏力，如图3-1-1所示，改变持棋子的方法则练习了手指的伸肌；图3-1-2所示，将木钉盘放在斜板上增强了伸肘功能的训练；图3-1-3所示，利用夹子移动木钉增强了捏力。

（8）增加弹簧和橡皮筋　弹簧和橡皮筋的应用通过提供阻力增强肌力，辅助力量弱的肌肉收缩，通过牵拉肌肉或软组织扩大被动关节活动度。提供阻力时，橡皮筋的弹力方向与被治疗肌肉收缩的方向相反。辅助力量弱的肌肉收缩时，弹力方向与肌肉收缩方向一致。

（9）改变作业持续时间和频率　作业持续时间和频率也直接影响作业的强度。轻强度的作业活动如桌面擦拭，持续的时间过长同样会使作业强度增加导致患者感觉疲劳。作业治疗中作业时间长短与休息时间如何配合，应结合患者实际情况制订。

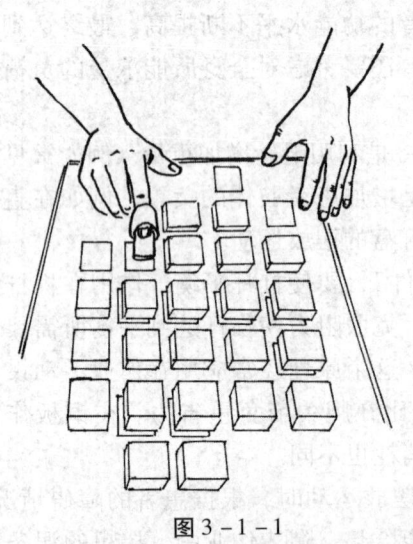

图3-1-1

图3-1-2

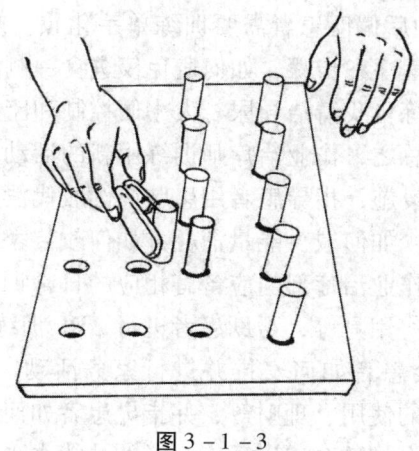

图3-1-3

第二节 作业疗法治疗技术分类

作业疗法治疗技术包含内容的范围十分广泛，能够应用于作业治疗的活动种类丰富多彩，如果将作业治疗活动技术进行分类，可以按照作业的功能分类，通常包括自我照顾性作业，工作、生产性作业和娱乐休闲性作业；也可以按照作业所需的技能分类，包括感觉、运动、认知、吞咽和心理技能等方面的作业。

一、按照作业功能分类的治疗技术

（一）日常生活活动技能训练

日常生活活动（activity of daily living，ADL）是指一个人为了满足日常生活的需要，每天所进行的必要活动，分为基础性日常生活活动（basic activity of daily living，BADL）和工具性或手段性日常生活活动（instrumental activity of daily living，IADL）。日常生活活动能力对每个人都是至关重要的，对正常人来说这种能力是极为普通的，而对于残疾人来说，由于功能障碍，会造成部分的或全部的日常生活活动能力的丧失。残疾的程度愈大，对日常生活活动能力的影响就愈大。

日常生活活动训练的目的是为了使患者无论是在家庭还是社会生活中，都能够不依赖他人而独立生活。当患者经过努力能完成这些动作时，在心理上就可以建立起独立生活的信念，从而对康复治疗充满信心，最后取得治疗的成功。日常生活活动技能训练成功与否，取决于患者的主观愿望与客观条件，取决于家庭成员的理解与配合，取决于医护人员指导与支持。作业治疗师应细致、全面评价患者的功能、能力、愿望，明确他们是怎样进行日常生活的，能做多少日常活动，难于完成的是哪些项目，功能障碍的程度如何，在确定其问题点和治疗目标后，有针对性地进行治疗。日常生活活动技能主要包括基本日常活动、家务活动和文娱活动。

1. 日常生活活动（ADL）训练　包括如穿衣物、准备食品和使用餐具进食、个人卫生（洗漱、沐浴、化妆整容、修甲）、用厕、移动（体位转换、床椅转移、坐站转换、步行、上下楼梯等)。如脑卒中后偏瘫患者需要训练单手化妆、剃胡须和穿衣裤等；颅脑损伤患者训练洗脸、刷牙等的程序和步骤，如何避免仅进食一侧的食物；髋关节置换患者训练洗澡、坐厕；截瘫患者训练自我清洁导尿、大小便控制和床椅转移；双上肢瘫痪的患者练习用辅助具帮助进食等。总之，作业治疗师训练用新的活动方式、方法，或应用辅助器具的帮助和使用合适的家用设施，指导患者用患肢或健肢代偿完成日常生活活动；并指导患者在日常活动中如何省力，如何减少能量消耗，如何改装家用设备，如何使用自助具以达到生活能力的完全自理。作业治疗部门应备有相应的日常训练设施，如洗漱具、进餐用具、坐便器、转移用具、厨房用具等，帮助患者进行 ADL 训练。

2. 家务活动训练　教会患者如何安排并进行家务活动，如烹饪、洗衣、熨烫衣服、购物、居室清洁、家用电器的使用、理财等，并指导患者如何省力以减少家务活动的能量消耗，如何进行房屋或家用设施的改造以适应患者的功能水平，如何利用代偿的方法或借助辅助器具进行家务活动，使患者尽量达到家务活动的自理。

3. 文娱和游戏治疗　健康生活来源于身体、精神心理和社会三方面的和谐统一。作业治疗中文娱和游戏的价值正是这三方面有机结合的体现。通过文娱和游戏活动，不仅可以提高患者的全身耐力、改善肢体的协调性，还可以调节情绪、放松精神、消除抑郁、陶冶情操、发展患者的兴趣，并且通过有选择的集体游戏和活动，提高患者的参与和交往能力。常用的文娱项目有唱歌、棋牌、绘画、球类活动等。

(二) 工作和职业技能训练

1. 教育　如果患者是学生，就要积极创造机会使患者重返校园。除了在课堂上所需的如坐位平衡、移动、手指精细动作、注意力、理解力等能力外，还要考虑学生参加郊游、学生劳动、课外活动等活动的需求。

2. 工作和职业技能　工作和职业技能训练（work and vocational skills therapy）是作业治疗中的一个重要治疗内容。作业治疗师在确定治疗方案之前，除应了解患者的功能、能力以外，还应结合职业咨询和职业前评定以及患者的意愿，在此基础上选择和确定合适的治疗方法，组织患者在专人指导下参加适当的工作和生产劳动，以转移患者注意力，调整精神和心理状态。

选择适合自身情况的基本劳动和工作技巧，如木工、纺织、车缝、金工、皮工、黏土、制陶、机电装配与维修、办公室作业（打字、资料分类归档）等，作为恢复工作前或就业前的训练，应根据患者的年龄、性别、技能、专长、兴趣、目前身体的功能状况及预后、就业的可能性，是否需要改变工种或恢复伤病前的工作等，向患者提供有关就业的意见和建议，并选择有关作业活动对患者进行训练，以帮助其恢复基本的劳动和工作技巧，从而达到改善和提高其功能，促进回归社会的功效。在正式从事职业工作前，先进行体能、技能、心理等方面的训练，为患者顺利就业创造条件。

工作和职业技能训练的方法多种多样，较为实用的有：

(1) 动手操作：指导患者进行实际操作，边讲解边示范，患者通过听、看和模仿操作获得技能。

(2) 模拟训练：在模拟的生产环境中训练。

(3) 生产实习：患者在实际生产场地，按照生产部门规定的产品质量、数量和实际操作规程进行训练。

(4) 模块式技能训练：这种方法是国际劳工组织开发出来的一种较为先进的培训模式，简称为 MES (models of employable skills)。这种训练方法旨在以最短的时间、最快的速度培养出优秀的技术人才。它的培训课程、教学大纲和教材基于对每一个工种、任务和技能的深刻分析，严格按照工作规范，开发成不同培训模块，形成一个积木组合式的教学形式，具有教学灵活、应用性和针对性强的特点。

(三) 利用手工艺制作活动的治疗技术

作业治疗师经常通过指导患者进行手工艺制作（如陶艺、马赛克工艺、皮革工艺等）开展治疗活动，这些活动在改善患者躯体功能障碍的同时，还能起到宣泄情绪、提高注意力和缓解精神紧张等心理方面的治疗作用。由于指导的主要目的不在于掌握一门制作技术，而是通过活动达到治疗的目的，也就是改善患者的某项功能或能力的障碍，因此要根据患者的年龄、性别、兴趣、心理和精神状态、社会背景等条件，结合患者的躯体功能障碍选择活动项目，以获得预期的效果。以下重点介绍几种经常应用于作业治疗的工艺活动。

1. 皮革工艺　皮革制品在人们的日常生活中随处可见，用皮革制成的文具盒、眼镜盒、钱包、钥匙包等日常生活用品图案新颖，美观大方又有实用价值，极易引起患者产生兴趣。这项作业活动比较容易学习，而且可以根据制作物品的大小与制作的难易度进行分级，是一项不论男女老幼均可从事的作业活动。

(1) 治疗作用：皮革作业可以对患者的身心两方面起到治疗作用。通过皮革作业不仅可以增强上肢肌力和坐位耐久力，改善手-眼协调性和手指精细动作能力，维持和扩大关节活动范围，还可以提高患者的注意力，培养创造力，缓解精神紧张。

(2) 工具和材料：皮革工艺所需的工具包括橡胶面的操作垫板、木锤、裁皮革用刀、刻刀、染料盘、打孔器、皮革工艺的图案书、海绵、纱布、笔（着色和刷黏合剂用）、带各种花纹和图案的模具、穿皮条用针、剪刀。所需材料为牛皮、皮条、染料、搭扣、铆钉等。

(3) 制作方法：下面以制作钱包为例介绍皮革工艺的制作过程。

1) 选择图案：可以选择皮革工艺参考书上的图案，也可以根据自己的喜好设计简单的图案。

2) 复制样纸：确定好图案后，将透明纸置于图纸之上，将图案拓画下来即可。需注意的是只需将图案的大体轮廓拓下来，现成的花纹和图案部分不需要拓，之后使用专用的图案模具打制便可。

3) 裁剪皮革：按照所选图案的尺寸在皮革材料上设定标记，然后用裁剪皮革的专用刀具将原材料进行裁剪。

4) 将样纸临摹到皮革上：用海绵沾水后轻轻地涂抹在皮革上，使皮革的表面湿润。待皮革略微变色之后，再用压痕器沿着图案线条一边描图一边用力向下压，使图案清楚地显现在皮革上。

5) 刻印：将皮革置于橡胶面的操作垫板上，首先用刻刀沿着已经临摹好的图案线条将皮革割开，再使用模具和专用木槌按照图案敲出立体感。模具使用过程中应尽量与皮革平行放置，防止由于模具的倾斜而造成图案的印痕深浅不均。另外对每一个模具的敲击力度也应该尽量保持一致才能使图案美观。

6）染色：完成刻印工序后就要进行着色处理的步骤了，一定按照先浅色后深色的顺序进行。

7）上光：待染色工序完成并已确实风干后方可上防脱色以及防水涂料。

8）缝边：用打孔器在距离皮革边缘约4mm的地方均匀地进行打孔，最后用事先准备好的皮条来完成边缝的"缝合"操作。

(4) 注意事项：运动失调和随意运动严重障碍的患者不适宜进行此项作业活动，在作业过程中应格外注意裁剪皮革用刀等工具使用的危险因素和管理。

2. 铜板作业　铜板工艺品是用于装饰墙壁的艺术品，这一工艺活动在欧洲拥有比较悠久的历史。通过铜板制作工艺可以制作出的作品种类较为丰富，也便于作业进行者发挥创意，制作出自己喜爱的制品。该作业活动更适合男性患者，由于制作简单，对于上肢功能恢复具有良好的效果，同时还能有效地改善心理状态，是作业疗法中常用的作业活动。

(1) 治疗作用：可以增强上肢的肌力，维持和扩大关节活动范围，改善手-眼协调性，还可以提高患者的注意力，培养创造力，通过敲打作业有助于宣泄攻击性。

(2) 工具和材料：铜板作业所需的工具包括金工用剪刀、锥子、木锤、厚绒布垫、纸、笔、复写纸、图案参考书。所需材料为铜板（约0.3mm）、木板、氧化剂、砂纸等。

(3) 制作方法：①选择或者自己创作图案，并将图描到纸样上。②根据图案的大小用金属专用剪刀裁剪适当规格的铜板材料。③将选择或创作的图案复制到铜板上。④铜板放在绒布垫上，然后沿图案线条将平底的金属棒垂直置于铜板上，用木锤或铁锤沿描线敲打，使图案部分突出。⑤在图案的部分完成以后，由于铜板的各个部位所受到的力量并不是非常均衡，所以铜板的边角部分有时会翘起来，这时可以用平面木锤轻轻敲打翘起的部分，使铜板变得平整。⑥根据喜好，可以将凹陷的部分用蜡遮盖，保留铜板的本色，将突出的图案部分着色；也可以用氧化剂将铜板氧化变为黑色，再用铁砂纸将突出的图案部分的黑色打磨掉变为金黄色。⑦将作品装入特制的镜框或直接固定于木板上。

(4) 注意事项：铜板裁剪后边缘锐利应防止被割伤，工具如锤子和剪刀等要注意保管和使用安全，作业过程中会产生噪音，要选择合适的作业场所并在桌面上垫绒布垫子以免影响他人。

3. 绘画活动　绘画活动是人类最早的艺术形式之一，是人类在生产劳动过程中，利用笔、墨、颜料、纸、布等绘画工具和材料，通过线条、明暗、色调、透视及构图等方法，进行创作表现社会生活的过程。绘画活动需要掌握用正确的方法观察事物，结合大脑进行分析，再通过手表现出来。

(1) 治疗作用：力求通过绘画创作过程，提高患者精神集中力，改善手、眼协调性，稳定情绪以及丰富生活体验和促进与他人的交往、适应社会的能力。绘画的形式也是多种多样，因人而异、因目的不同而分别进行选择。偏瘫的患者可以采用以下任意一种方式进行训练。

(2) 绘画方式：①涂色：在原有的图案上着色，可以采用彩色铅笔、蜡笔、水笔、水彩颜料等任何画笔，依照图书上的颜色涂色，也可以根据个人的爱好选择颜色。图案的繁简程度，需要根据患者的功能水平来选择和确定。②拓画：同样可以任意选择线条的粗细和图案的繁简程度。另外,使用毛笔进行拓画的难度大大高于使用铅笔进行操作,毛笔的运用对腕关节的稳定性有极高的要求。③临摹:较适合单人治疗活动。④速写:采用小组活动的方式,比较便于患者之间的交流。⑤素描:对作品完成度的要求伸缩性比较大,需要极大的耐心和韧性。⑥创作:最能够表现创作者内心活动的方法,除单人创作之外,也可以应用于小组活动。

(3) 工具和材料:绘画用纸(各种规格)、笔类(铅笔、彩色铅笔、水彩笔、毛笔等)、橡皮、圆规、直尺、小刀、颜料、容器、画板、定画液、美术参考书等。

(4) 活动过程及注意事项(以涂色为例):①准备轮廓线条图以及彩色水笔或铅笔。②指导患者按照自己的爱好,将图涂上适当的颜色。根据需要,也可以指示患者按照要求涂色。③可以选择一种图案复制后多次进行涂色训练,并记录每次创作的日期,以便于今后进行比较;也可以选择多种图案,按照先易后难的顺序进行涂色。注意在初期不宜选择过于复杂的图案。④以小组的形式进行活动时,必须事先做好充分的准备工作,绘画用具必须准备人手一份。

4. 刺绣工艺 刺绣是利用针和丝线在绸、布上作画的一种民间工艺。传统的产品有著名的苏绣、湘绣、蜀绣等。现在,利用传统刺绣的手法,采用单纯的图案,利用毛线进行刺绣,制作出粗犷、质朴的作品也不少见。

(1) 治疗作用:在刺绣尤其是进行传统的精细的刺绣过程中,要求精神高度的集中,并且需要在作业过程中始终保持这种状态。另外,对姿势的保持能力、肩关节的稳定性、手指的精细动作等身体功能也有较高的要求。作业疗法就是利用刺绣工艺活动的这些特点,将其应用于偏瘫患者的作业治疗中,力求提高和改善患者的各种功能。

(2) 材料和用具:绣花针、绣花绷子、纸、铅笔、皮尺、剪刀、粉饼、复写纸、参考书籍和图案、布(各色棉布、绸布或者各色粗布)、各色绣花线等。

(3) 制作过程和注意事项:①首先确定制作作品的用途以及规格。②确定图案和绣线的颜色。③在准备绣花的部位用绣花绷子绷紧绣布,从背面开始进针,按顺序刺绣,直至全部绣完。④根据训练的目的,使用健侧手或者患侧手进行刺绣。如果是以改善患手的精细动作为主要目的,使用健侧手把持绣花绷子;以训练患侧手作为辅助手为目的的时候,应注意用患侧手平稳地把持绣花绷子;而以休闲娱乐为主要治疗目的的时候,治疗者应设法制作固定绣花绷子的辅助器械。⑤绣制完毕以后,需清洗台布,注意将被污染的部分和图案的痕迹洗涤干净并熨烫平整。⑥刺绣的部分应始终位于绣花绷子的中央部分,刺绣过程中,应按照作业进度随时调节。⑦注意绣线不要拉得过紧,避免绣布出现皱褶。⑧一次取线的长度不宜超过80cm,过长容易打结,过短会遗留过多的疙瘩。

5. 绳编工艺 绳编工艺有着悠久的历史,通过对线、绳的编结可以制作出各种装饰品。进行绳编工艺不需要特定的场地,没有污染和噪音,是一种易于开展的作业活动。

(1) 治疗作用:进行绳编可以增强坐位平衡能力和坐位耐久力,改善双手以及手–眼协调性,提高手指精细动作能力,在心理方面可以培养患者的创造力,提高注意力,缓解精神紧张。

(2) 工具和材料:绳编所需的工具包括薄板、图钉、剪刀、卷尺、钩针、透明胶带、夹子、参考书籍,所需材料为可用于编结的各种线、绳等。

（3）制作方法：在进行编结之前有必要先学会一些基本结法（如同心结），因为作品多由这些基本花样连接而成。下面以制作杯垫为例介绍绳编的制作过程。①准备36条50cm、2条60cm长的单色中粗棉线绳。②将36条50cm长的棉线绳并排摆在木板上，2条60cm长的棉绳分别放置在两端，棉线绳的顶端用夹子或图钉固定。③编结起头的部分，将处于一端的长棉绳横向拉起，从相邻的棉绳开始，依次在长的棉绳上编结。④编结花样部分，以4条棉绳为一组，每组以中间两条为芯，编结外侧两条。编结时应用力均匀，避免因线绳过紧或过松而影响作品效果。⑤第一行编结完毕后开始编结第二行，编花结时花样要相互交错，即应以第一行两个相邻花样外侧的棉绳为芯，用分别与其相邻的棉绳编结，以此类推。⑥编结结束收边时，采用起头部分的编结方法，将剩余较长的一侧棉绳当作"芯"横向拉起，将其他棉绳在其上按顺序分别编结。⑦最后将两侧残留的棉绳用剪刀裁剪整齐。

（4）注意事项：编织过程中有时会产生细小的绒毛刺激患者呼吸道，因此对于有呼吸系统疾患的患者应谨慎使用此项作业活动。有感觉障碍的患者要注意图钉和剪刀等的使用安全。

6. 剪纸工艺　剪纸是用剪刀或刻刀，将纸镂空一部分之后而形成一幅图画、图案或文字的过程，又称为刻纸、窗花和剪画。剪纸工艺活动既可以单纯制作剪纸，也可以将剪纸作品应用于其他作品上，或者进行套色处理，都会使剪纸独具风格。例如，贺年卡上如果加上自己创作的剪纸作品，会令人耳目一新。

（1）治疗作用：通过剪纸活动，既可对患侧手进行辅助手的训练，也可以通过患侧手对剪刀的操作进行手灵巧性训练，同时也可使患者注意力和耐久力等功能得以改善。

（2）工具和材料：纸、剪刀、参考图书等。

（3）注意事项：剪纸工艺活动应遵循从易到难，从简单到复杂的原则；应结合患者的实际情况，挑选有治疗价值的图案进行；因为必须使用锋利的刀具，故应注意安全，避免皮肉损伤，使用结束后妥善保管。

7. 纸工艺　人们利用纸张经过巧妙的构思和发挥无限的想象，能够制作出丰富多彩的纸制工艺品。

（1）治疗作用：可提高脊髓损伤患者上肢尤其是手部的各种功能，以及精细操作的能力。

（2）工具和材料：除了基本材料纸张（稍厚的纸）以外，一般还需要：铅笔、橡皮、直尺、圆规、剪刀、胶棒、镊子、水彩、图案参考书籍等工具。

（3）制作过程：作业治疗经常利用纸卷制成各种工艺品的作业活动。具体方法就是先将整张的纸卷成细卷筒状，再利用这些纸卷经过拼、搭、砌，黏合成各种形状的作品，用这种方法制作出的楼阁亭台惟妙惟肖，极具装饰效果。纸卷制作过程中，不需要特殊的场地和设备，不会产生噪音和污染，使用的材料简单，十分便于各种患者采用。过程包括：①首先设计图形，尽可能画出设计图，标出每个部位以及每个色调需要的纸卷数目，并确定作品规格，根据作品大小决定纸卷的直径和长度。②制作纸卷。将纸斜向放置，从一角开始向对角线方向卷，直至将对角完全卷起，然后用胶棒涂抹固定。③将所需要数目的纸卷制作完毕后，统一涂色，需将纸卷一周均匀涂抹。根据情况也可以完成结构拼接后，再对外观进行整体涂色。④纸卷完全干燥以后，用剪刀或者裁纸刀，按照所需要的长度将纸卷剪断，并将边缘修剪整齐。⑤按照图案将纸卷黏合成型。

（4）注意事项：①制作完成的纸卷需要一定的硬度，避免纸卷表面出现凹陷。因此，卷的时候，需要将纸拉紧，或将纸卷放在手中反复向卷的方向搓。②制作同一作品纸卷的时候，使用的纸张最好类型相同、规格相等，并且应掌握相同的力度，这样才能确保纸卷的直径相当，制作出的作品美观、整齐。③可以利用牙签、雪糕内芯等材料，按照纸卷工艺的技法进行制作，木制材料能够使作品更加逼真、精致。

8. 园艺 有条件的康复设施可以开展园艺作业。园艺是指种植蔬菜、花卉、果树等的技术。人们将一粒种子通过播种、施肥、浇水等一系列作业后，能够获得鲜花和丰硕果实的奖赏。从治疗角度分析，从事园艺活动具有改善精神功能和身体功能两方面的功效。一方面，园艺活动以在户外活动为主，有利于放松心情，通过种植花果树木、观赏植物及蔬菜类，在收获季节会给人们带来极大的满足感和成功感。每日必须从事的栽培工作，有助于帮助患者养成有规律的生活和工作习惯，培养责任心。另一方面，从事园艺活动时，需要充分的身体耐力、协调的身体功能和全身各个关节的良好的运动能力，对于各种工具的使用也是极好的实践机会。在医院可以充分利用花坛等空地，为患者开辟一块园地，或者在病房的阳台、平台上，开设患者专用的场所。

（四）压力治疗

压力治疗是指采用一定的压力作用于人体体表，以预防或抑制皮肤疤痕增生，防止肢体肿胀的治疗方法。压力治疗临床应用包括压力衣、压力垫和支托架。常用的压力衣类型包括压力面罩、压力背心、压力手套、压力袜等，根据疤痕的位置和治疗目的加以选择。压力垫通常与压力衣配合使用，使用压力垫的目的：一是填充凹陷部位，一些凹面如腋窝在穿压力衣后仍很难获得压力，用相应的压力垫将凹面填充使其变成平面或凸面以得到适当的压力；二是减小疤痕表面的曲度，有些部位如前臂在穿上压力袖后，两侧所受的压力远远大于掌侧和背侧，通过在掌侧和背侧增加压力垫以将其曲率半径变小从而增加压力；三是建立曲度以集中压力在所需要的部位，如果在肢体上只有一处小范围的疤痕，可以在这处疤痕上加上压力垫，让其变成一个高出周围的凸面，从而获得更多的压力。支托架常用于配合压力衣的使用，保留身体某部位的外形或轮廓，对抗可导致畸形的力量。

（五）开具轮椅处方

轮椅是康复中的重要工具。患者由于步行能力降低或丧失而依赖轮椅作为代步工具。作业治疗师从轮椅的安全性、患者的操控能力、舒适性、使用地点等方面综合考虑为患者提供轮椅处方。轮椅处方的内容包括座高、座宽、座深、轮椅扶手的高度、靠背的高度、脚托的高度等。

（六）环境改造技术

当患者因为残疾不同程度影响了他的独立活动时，必要的环境改造可以减轻患者的残疾程度，提高其生活自理能力。根据瘫痪或其他功能障碍的情况，为患者提供有关出院后住宅条件的咨询（包括进出通路、房屋建筑布局、设备等），提出必要的装修意见。如对残疾者的房屋进行改建，将入门台阶改为斜坡，增加入口宽度以利于轮椅出入，去掉房内的门槛，厕所不用浴缸，墙壁上装好扶手，降低厨房工作台面高度等。四肢瘫患者可以利用环境控制系统控制室内电灯、电话、电视、洗衣机、床、椅、收音机等用具。住在高层的患者想办法调到底层以方便外出活动。

二、按照作业技能分类的治疗技术

（一）感觉技能训练

感知觉训练（sensory and perceptual training）包括：对周围及中枢神经系统损害患者进行浅感觉、实体觉（stereognosis）、运动觉、感觉运动觉的训练。感觉训练的主要方法包括感觉再教育、脱敏疗法和代偿疗法。

1. **感觉再教育** 对于周围神经损伤患者的感觉再教育，早期患者的训练重点是将刺激的视觉反应与感觉反应相对应。当能够感觉到固定的触觉并能将之很好地定位后，就可以开始通过触觉来分辨物品的训练。对于脑卒中后患者的感觉再教育，强调将感觉功能与运动功能的再教育结合在一起进行，鼓励在早期就进行有目的的大量的感觉和运动训练，如双手进行上举运动。

2. **脱敏疗法** 最初可以用夹板或衬垫对敏感部位进行保护，随着治疗取得进展逐步去除保护性用具。对敏感皮肤的刺激分为五个级别。级别1：音叉、石蜡、按摩。级别2：电池震动器、加大力度的按摩、铅笔顶端的橡皮按压产生的触觉。级别3：电震动器、质地辨别。级别4：电震动器、物品辨别。级别5：工作和日常生活动作。当患者对当前级别的刺激没有疼痛反应后可进入下一个级别。

3. **代偿疗法** 经常的体位变换可以避免持续的低强度压力对肢体尤其是对骨突出部位造成的损害。远离过冷和过热的危险因素。避免皮肤和物品间的反复运动和摩擦。教会保护性感觉缺失的患者注意对水泡、割伤、挫伤部位的保护以避免感染。感觉障碍的代偿技术还包括用其他感官来替代，如用视觉代偿以避免接触锋利的物品而受伤。

（二）运动技能训练

1. **改善肌力和肌张力的训练** 利用作业活动或对作业活动进行改造，如利用木工、铜板、砂磨板等作业活动，为患者提供抗阻、抗重的主动运动。使用锤子改善上肢肌力；使用面团、泥团训练手握力；使用硬币训练捏力；采用神经肌肉促进技术中的本体促进技术、皮肤感觉促进技术、Bobath技术、Brunnstrom技术调整肌张力，如选择接近日常活动的洗脸、梳头、穿袜等对角螺旋性运动，改善和调整肢体肌张力；采用不同的反射性抑制体位调整肌张力，如仰卧位下伸肌张力增高，俯卧位下屈肌张力增高；利用不同的反射性模式抑制肌肉痉挛，诱发软弱无力的肌肉收缩，以保证各项作业治疗的顺利进行。例如，偏瘫患者在进行手工作业前，先对患侧上肢进行挤压、牵伸及感觉刺激，使痉挛的肌肉充分放松，无力肌肉兴奋性明显提高后，再完成布置的手工作业。骨折和偏瘫造成一侧上肢功能障碍者可以训练单手操作完成系扣、系鞋带、穿脱衣裤，用非优势侧手书写、开锁、拍球、捏泥、开门等，都可以预防肌肉萎缩。

2. **维持关节活动度的训练** 利用桌面推拉滚筒运动或擦拭运动以及不同高度的木钉盘的摆放、抛气球等作业活动，充分改善上肢的活动范围，尽可能鼓励患者通过完成日常活动，来维持和改善关节活动度。

3. **运动协调性和灵巧度的训练** 包括粗大运动协调功能训练，如翻身、抬头、坐卧转换、坐站转换、上下楼梯、步行活动，提高患者躯体和肢体的综合协调控制能力。精细协调活动训练，可以利用洗碗、捡米粒、编织、木刻、嵌镶等作业活动，充分改善眼－手协调和灵巧度。利用拼图、插板、搭积木等游戏提高视觉运动整合能力。让患者在两条平行线之间画一条直线，逐渐减小平行线的间隔，如由 3cm 逐渐减至 1cm，以训练上肢精细协调控制能力，或练习用筷子或钳子持物等。

4. 平衡训练　平衡能力关系到患者坐位或站位的静态、自动态和动态身体的平衡和稳定，是保证患者进行各种手工作业、日常步行、穿衣等活动的基本条件。作业治疗师可以配合物理治疗师进行平衡功能训练，利用巴氏球保持患者坐位平衡，鼓励患者坐在桌前双手静置于桌面上保持静态平衡，或完成简单的手工作业活动；早期进行双上肢的日常活动，如穿衣、洗漱等活动；让患者坐或站在床边利用单手或双手伸向不同方向取物，或进行木钉盘摆放作业；利用套圈作业和抛气球游戏训练患者的坐位或站位 2 级平衡训练；可选择一些娱乐或体育活动，如跳集体舞、拍球、蹦床、骑马、水中步行等活动，都能提高平衡能力。

5. 身体移动能力训练　如何恢复乃至提高患者的移动能力是康复治疗的一个主要目标，要提高患者的生活自理和社会参与能力就需要患者能在所处的环境中进行身体的移动。例如，床上的移动，从床移动到卫生间以便于使用洗手池或马桶，或是移动到便利店、剧院和工作等场所。

进行移动训练时治疗师必须清楚不同的患者在进行日常生活活动时都有自己的方式或自己的习惯，每个患者都会面临各自不同的问题；因此，治疗师要认真听取患者的想法和意见，有针对性地进行改造，并应用一些辅助设备帮助他们提高移动能力。

身体的移动需要患者具备一定的躯体功能，如，肌力、身体的协调性和关节活动范围等。患者可能存在不止一个方面的障碍，例如，风湿性关节炎的患者可能存在关节活动范围的问题。同时还有肌力较弱和疲劳的问题；脊髓损伤的患者可能感觉功能减退，同时还有肌肉无力或瘫痪的问题，患者的功能在一方面或几方面存在障碍时，辅助设备和代偿技术的应用可以提高患者生活自理能力。

障碍可能会在不同的环境中对不同的移动能力产生影响，如脑卒中偏瘫的患者可能需要轮椅来进行户外的移动，但在居室中只需要拐杖来辅助行走。

训练的第一个阶段是达到在医院或其他康复设施内的独立移动。第二个阶段是达到在家和社区内的独立移动，治疗师要把患者实际的家庭环境也就是患者将要回归的环境因素考虑在内，环境包括居室、院子、小区和社会即患者工作学习的环境，作业治疗师应对患者实际的生活环境进行评价，并给出出院后的建议，这样才能把康复的效果延续。

身体移动训练包括卧位下在床上的翻身、左右移动，床上的坐起、躺下，坐位下的前后左右移动，轮椅与床、便器、椅子、汽车等之间的转移等。患者在作业治疗师的指导下，训练完成以上各种转移，最终实现独立转移目标。独立转移包含两个意义：一是靠患者自身能力的恢复实现独立转移；二是自身能力有损害，但借助某种辅助装置和操作技能使其独立完成转移。独立转移的基本原则：首先是治疗师帮助患者转移时其指令必须清楚；整个转移过程中必须保持平衡；学习独立转移的时机要适当，太早则患者因失败而失去信心，太晚则因依赖而失去兴趣；应当教会患者利用体重转移，如利用倾斜力和翻滚力以增加起身的动量。其次，需转移的两个平面之间高度尽可能相等而且稳定，两个平面应尽可能靠近，其间以转移板连接；轮椅转移时必须先制动；有几种方法可供选择时，以最安全容易的为最好。如果患者不能达到独立转移，则训练其实现辅助下转移。辅助下转移的原则是辅助者与患者之间互相信任。辅助者知道患者有什么缺陷，体力和认知如何，需要何种方式和多少力度的辅助。患者预先告知辅助者自己习惯的转移方式，转移时辅助者与患者应当互相支持，协同用力。辅助者需要相当的技巧而不能单独依靠体力，辅助时主要依靠下肢力量。因此，通常辅助者两腿分开与肩同宽并一前一后，髋膝可以微屈，但腰背及头颈必须伸直，旋转时避免用腰而用足的力量。转移前必须准备好必要的设施与空间，使转移过程中无障碍；辅助者必先注意衣着，尤其应避免穿着鞋底易滑的鞋，衣着要方便活动，注意防止头发和戒指掠过或牵扯患者。辅助者必须了解自己的体力和技能，没有把握时不要单独行事；应先使患者了解转移的目的和方法，处于最好的起始位置，并已排空大小便，转移中不会发生大小便失控。辅助者应当使自己的指令明确地被接受，与患者有语言文化差异时尤应注意。这里介绍几个常用的移动技术。

（1）仰卧位至（床）端坐位：颈7损伤的患者不利用任何辅助器具完成从仰卧位至（床）端坐位的体位变换。①用肩胛和肩部肌肉的力量移动到肘支撑位。②用一侧肘关节支撑保持平衡，用另一侧的肱三头肌将躯干的上部撑起，再用保持平衡侧的肱三头肌支撑将躯干完全撑起于长坐位。③将一只手支撑于身后保持平衡，用另一只手将腿移向床边。④当移动至床边时，将身体倾斜用一只手支撑在轮椅座上保持平衡，用另一只手将靠近床沿的腿移至床下。⑤再将另一条腿移至床下。⑥现在已处于（床）端坐位，准备好转移至轮椅。

（2）轮椅至床的转移：下肢瘫痪的患者独立进行从轮椅至床的转移。①患者将轮椅尽量靠近床边与床平行并刹车固定，将左侧的扶手移开。②将转移板置于轮椅和床之间的缝隙上，防止身体与轮子的磕碰损伤皮肤。③患者将身体重心倾斜向左侧保持平衡，用右侧上肢支撑将臀部从轮椅移至床上。④在床边稳定住平衡。⑤右手支撑在轮椅座上，用左手将左腿抬起。⑥将左腿放置于床上。⑦将腿摆直。⑧重复以上步骤，将另一条腿放到床上，记住保持平衡是独立完成转移动作的关键。

（3）辅助下轮椅至床的转移：辅助下从轮椅至床的转移动作包括如下步骤。①将患者的臀部向前移动至全部轮椅作为面积的前2/3处，这主要是为避免在转移的过程中与后轮发生碰撞损伤皮肤。②将患者身体向前倾斜使患者的头部依靠在辅助者的右侧大腿上。如果条件允许，患者可将左手放在轮胎上给予适当辅助。辅助者用自己的腿保持患者的腿于相对稳定的姿势。③辅助者用上肢和腿的力量将患者轻拉向前，抬起患者的臀部并转向床的方向。④患者的重量如果被充分向前转移了，因此全部过程几乎不用向上提的力量。

6. 实用步行训练　作业治疗中的步行训练与物理训练中的步行训练侧重点不同。物理治疗中的步行训练，主要强调下肢具备行走能力的各组肌群和关节活动范围的训练以及步态训练；作业治疗中的步行训练，强调实用步行能力训练，训练患者能在有效时间、距离内安全行走，指导患者适应不同的地面、不同的环境、障碍物等，保证患者最终能步行穿过街道、商场、车站、闹市、公园、工作场所等。这种步行能力的训练，实际上要求患者具有综合活动技能。

7. 增强全身耐力的训练　原则为少负荷，多重复。根据患者的状况、兴趣安排或较容易、简单或较难、复杂的作业活动。

8. 神经生理学疗法　神经生理学疗法包括 Brunnstrom 疗法、Bobath 疗法、本体感觉性神经肌肉易化技术（PNF）、Rood 疗法等。

（三）认知技能训练

认知技能训练（cognitive training）包括注意力、定向力、记忆力、问题解决能力等方面的训练。

1. 注意力训练　注意是对事物的一种选择性反应。根据参与的器官不同可以分为听觉注意和视觉注意等。注意力的训练要求患者保持一段时间的注意力并逐渐延长注意的时间和范围。例如治疗师以每秒一个的速度给患者念随机排列的数字，从两个开始，每念完一系列让患者重复一次，一直进行到患者不能重复为止。或者要求患者用铅笔从汉语拼音字母如 DTEWCVBYUNDFTVC 中删去治疗师指定的字母"T"，成功后增加难度，纸上同时出现大写和小写字母，让患者从更多的字母中删去指定的字母。

2. 记忆能力训练　记忆是过去感知过、体验过和做过的事情在大脑中留下的痕迹，是过去的经验在人脑中的反应，包括短期记忆和长期记忆、简单记忆和复杂记忆等。复述是记忆训练中常用的方法，它要求患者无声或大声重复要记住的信息，复述的内容可选择数字、名字、词汇等，随着记忆的进步逐步增加难度。记忆训练中还可以通过启发、诱导帮助患者回忆一天做过的事情或制造令人难忘的联想来加强记忆。当语言性记忆较差时鼓励用形象记忆。

3. 问题解决能力的训练　训练患者对不同物品或事物进行分类，如食品（鸡蛋、面包、牛肉、苹果、白菜等）、衣物（衬衫、裤子、袜子、鞋、手套等）、学习用具（铅笔、橡皮、尺子等），再从粗分类到细分类，如将食品进一步细分为肉类、蔬菜、水果等。向患者出示有共同点的物品或词组，如猫-狗、杨树-柳树、床-衣柜等，让患者回答每一对物品的共同之处，学会找出不同事物之间的关联。经常向患者提出一些如"迷路了怎么办"、"出门回来发现忘记带钥匙怎么办"等问题，治疗师观察患者表现并提供不同的帮助，包括需解决问题的步骤分解、给予提示等，帮助患者提高分析、解决问题和处理问题的能力。

4. 定向能力训练　让患者反复练习从一个地点走到另一个地点，如从病房到治疗室，从治疗室到食堂，路线的设计要从简单的直行到复杂的转弯，从近距离到远距离。如果定向障碍与空间关系障碍有关，应先重点治疗更为基础的空间关系障碍。

更多认知技能的训练内容参考认知障碍的作业疗法。

（四）吞咽技能训练

国外的吞咽技能训练常常是由语言治疗师和作业治疗师来完成。治疗前常规进行动态食管钡餐造影，将患者整个吞咽过程动态拍摄下来，分析吞咽困难发生的时期和部位，指导治疗师制定训练方案。除影像诊断外尚应进行正常反射（呕反射和咳嗽）、异常反射（咬合反射、吸吮、吞咽）、饮水试验和头、颌、舌的控制等评定。吞咽障碍的训练主要是控制吞咽过程中食物团的流动和防止误吸。包括吞咽器官运动训练、感觉促进综合训练和摄食直接训练，进食时尽量要求患者取坐位。

（五）心理技能训练

残疾人的心理变化一般经历震惊、否认、抑郁、承认和适应等阶段，作业治疗中非常注重对患者心理技能的训练，治疗师不仅通过在治疗过程中与患者的交谈，帮助患者树立战胜残疾、重返社会的信心，更通过安排不同的作业活动调整患者的心态和情绪，使患者从伤后的震惊、否认阶段过渡到适应阶段。训练中患者可以通过摔打胶泥发泄内心的愤怒和不满；可以通过绘画表达心中的思念和愿望；可以通过完成一项简单作业重拾信心和勇气；可以通过帮助他人完成作业而重新发现自身价值。

第三节 作业治疗常用用具及辅助设备

一、作业疗法的常用治疗用具

（一）感觉运动技能训练用器械

站立台、滚筒、木钉盘、手指功能训练器、握力计、治疗泥、砂板磨及磨具、功率自行车、姿势矫正镜、哑铃、训练床、作业训练专用桌和椅子、姿势矫正椅、儿童玩具、手指阶梯、分指板、支撑架（push up 器）、站床、治疗球、训练用假肢等。

（二）高级脑功能训练用具

卡片、课本、训练用计算机程序等。用于认知功能训练的用具有卡片、课本、训练用计算机程序、计算机游戏等，用于语言功能训练的用具有语言板、打字机、录音机、语言交流机等。

（三）治疗用游戏用品

各种球类，如篮球、排球、乒乓球；各种棋牌类，如象棋、跳棋、围棋、军棋、扑克、麻将、套圈等。

（四）作业活动用具

皮革、铜板、马赛克、绳编、木工、织布、陶艺、刺绣、书法绘画、雕刻等工艺的用具、材料和参考书籍。

（五）日常生活活动训练用具

餐具、梳子、洗漱用具、各种训练用电器开关、各种训练用水龙头扳手等。

（六）自助具和矫形器

各种日常生活活动用自助具、手夹板制作工具及材料、各种上肢用矫形器。

（七）职业前训练用器械

打字机、毛衣编织机等。

作业疗法的业务范围较广，所需治疗用具品种也较多，有条件的康复设施中可以配备一些先进的设备，比如设立日常生活训练区域，包括可调的厨房、浴室、卫生间等设备，除了可以进行实际训练外，还可以为患者进行房屋改造提供参考数据。还有环境控制系统，用来训练提高重度肢体残疾如高位颈损的四肢瘫患者的日常生活能力。随着人们生活水平的提高，残疾人的出行也受到关注，模拟驾驶系统可以帮助肢体障碍患者进行驾驶技能的训练。

二、自助具的应用

自助具（self help devices or self help aids）是为了最大限度地提高患者的日常生活能力而设计制作，用来加强其减弱或代偿其已丧失的功能，用以辅助患者完成自理、工作或休闲娱乐等活动的一类专门器具。自助具本身结构简单，不需借助外界能源，它可以在原有工具的基础上进行改造，也可以是为患者专门设计的专用工具。自助具的使用不仅是一种积极的治疗手段，而且还有助于患者树立重返社会的信心。

（一）选用和制作原则

治疗师根据患者的需要，选择自助具并指导患者正确使用。选用以实用、经济、可靠为原则，可以利用患者现有的生活用具和日常生活用具，适当加以改造就可以制作成简单的自助具，例如，将进食的勺子加长、加粗或将把柄折弯便于患者进食使用。选用和制作应遵循的原则如下：

1. 达到改善患者日常生活活动自理目的。
2. 简便、易学，容易制作。
3. 美观、轻便、坚固、耐用、舒适。
4. 使用材料对患者无损害，容易清洁。
5. 价格便宜，购买方便，容易维修。
6. 大小、松紧可调，便于多人使用。

（二）种类

1. 进食类自助具

（1）叉、匙、筷子类自助具

1）把手加长的叉、匙：适用于肩、肘关节活动受限，够不到碟、碗或嘴的患者。

2）把手加粗的叉、匙：适用于手指屈曲受限或者握力较弱的患者。加粗的把手易于患者把持并增加了把持的稳定性。（图3-3-1）

3）把手弯曲的叉、匙：适用于腕、手控制差，叉或匙与碗碟或嘴之间无法达到合适角度的患者，故改变叉、匙的角度以满足需要。（图3-3-2）

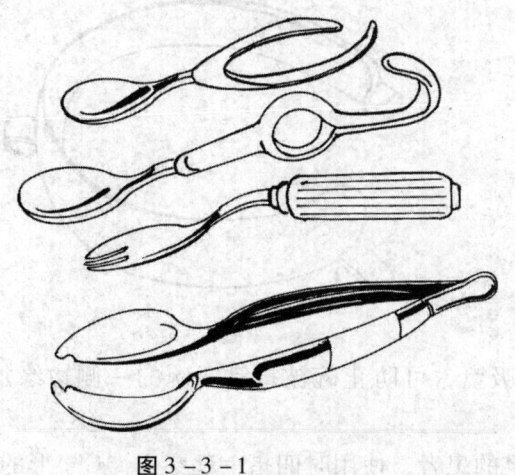

图3-3-1

图3-3-2

4）多功能叉、匙：尖端可当叉后部可当匙用，避免了患者频繁更换叉、匙的麻烦。

5）带有"C"形把手的叉、匙：适用于手指抓握功能差不能握住叉、匙柄的患者，用时四指一起穿入"C"形的中空部分。

6）插在万能袖带内的叉、匙：同样适用于手指抓握功能差不能握住叉、匙柄的患者，利用万能袖带将叉、匙固定在掌心。

7）腕关节背伸位固定夹板与万能袖带的配合应用：适用于腕关节和手指抓握功能同时低下的患者。（图3-3-3）

8）上端加装弹簧的筷子：在筷子的上端加装弹簧片，松手后由于弹簧片的张力而使筷子自动分开，适用于手指屈肌肌力存在而伸肌无力或力弱不能自行释放筷子的患者。（图3-3-4）

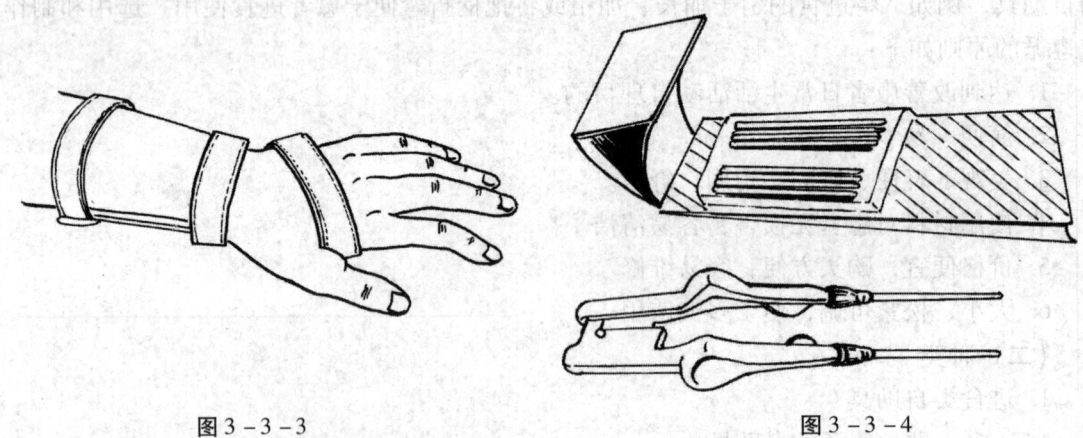

图3-3-3　　　　　　　　　　图3-3-4

(2) 碟盘、碗和杯子类自助具

1）分隔凹陷式碟子：可将盘中的菜分开，其边缘深陷而且接近垂直，这样用匙盛取时食物不易被弄出碟外。适用于只能用一只手持匙进食的患者。

2）碟挡以及一端侧沿加高的碟子：其作用为防止食物被患者推出碟外。（图3-3-5，图3-3-6）

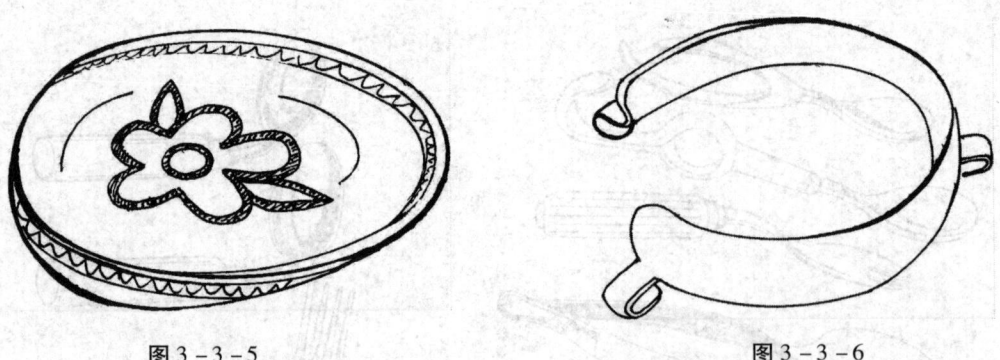

图3-3-5　　　　　　　　　　图3-3-6

3）带负压吸盘的碗：碗底部装有负压吸盘，可防止碗被推动。碗的一侧边缘加高，可防止食物被弄出碗外。

4）有"C"把的杯子：适用于握力不足的患者，使用时四指一起穿入"C"形的中空部分。

5)有"T"形把的杯子：同样适用于握力较差的患者，将中、环指分别置于"T"形把水平横梁的上下，夹住即可拿起杯子。

6)带吸管夹及吸管的杯子：吸管夹固定于杯的边缘，吸管从夹中穿过，吸管的长度和形态可以根据患者的需要调整，适用于无法持杯的患者。

7)盖上带吸口的杯子：适用于上肢有震颤或协调性低下的患者。

(3) 特殊类型的刀具：手指力弱，不能以示指掌面下压刀背切物时，只好借助整个手和臂的力量来进行切割，此类刀在厨房切菜时亦可使用。

1)倒"T"形锯刀：利用因垂直而增大的压力和呈锯状的刀刃来克服切割的困难。

2)"工"形摇切刀：不仅可以利用下压的力量，还可以利用向两边摇动的力量进行切割。

3)"L"形刀：可以用手握住刀柄进行摇动。（图3-3-7)

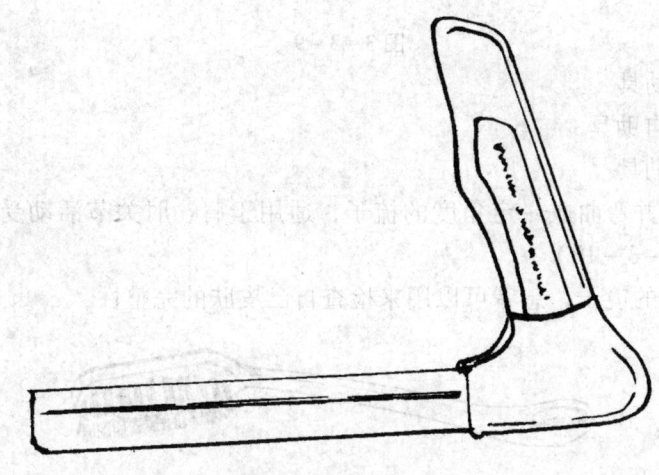

图3-3-7

4)锯刀：可利用手和臂的力量以及刀刃呈锯状的优势克服切割的困难。

2. 穿衣类自助具

(1) 穿衣棒：棒端有"L"形钩，可把要穿的衣服拉上来，也可把要脱的衣服推下去。

(2) 系扣器：由钢丝环和手柄构成，使用时用手持柄，先将钢丝环穿过钮孔后套住纽扣，再将钢丝环带着纽扣从纽孔中拉出，最后将钢丝环与纽扣脱开，扣纽扣动作即完成。（图3-3-8)

图3-3-8

(3) 拉锁环：为一穿入拉锁孔内的环，患者将手指伸入环内即可拉动拉锁。适用于手指抓捏功能不佳的患者。

(4) 穿袜自助具：为一弹性塑料片，下窄上宽，宽口缘系有两根带子，使用时将袜子由窄口向宽口方向套住塑料片，脚从宽口处穿入，待脚进入袜子后将塑料片拉出即完成穿袜动作。（图3-3-9）

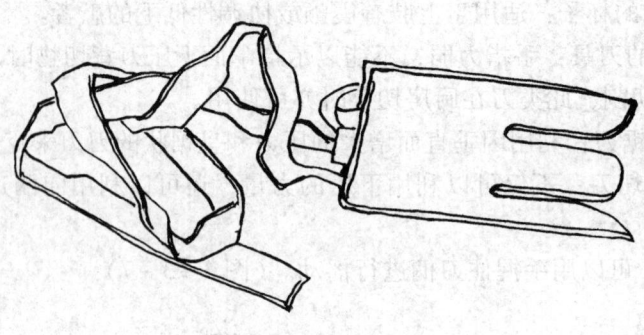

图3-3-9

(5) 系鞋带自助具

3. 梳洗修饰类自助具

(1) 镜梳类自助具

1) 有延长手柄并弯曲成一定角度的梳子，适用于肩、肘关节活动受限，手不能够到头部的患者。（图3-3-10）

2) 有延长把手的镜子，患者可以用来检查自己皮肤的完整性。

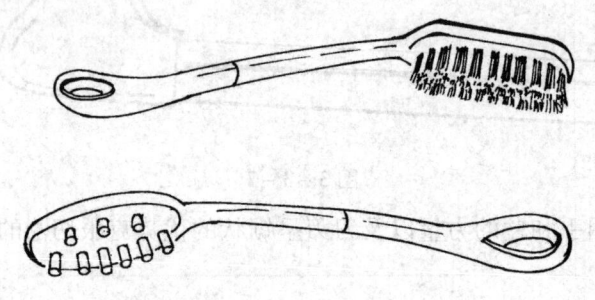

图3-3-10

3) 用蛇形管制成把柄并在柄上配有"C"形夹的镜子，易于患者抓握，角度也可以根据患者需要而调整。

4) 插在万能袖带内的梳子：适用于手指抓握功能差不能握住梳子的患者。

(2) 清洁卫生自助具

1) 插在万能袖带内的牙刷：适用于手指抓握功能差不能握住牙刷的患者。

2) 有底座的指甲刀：适用于不能完成手指对掌或对掌力量弱的患者，利用手掌或腕关节按压指甲刀来完成剪指甲的动作。底座用吸盘固定于桌子上。（图3-3-11）

3) 带有"C"形把手的电动剃须刀：适用于手指抓握功能差，不能稳固握住剃须刀的患者。

4) 取物自助具　适用于不能下床或离不开轮椅等移动有困难的患者。常用的取物器

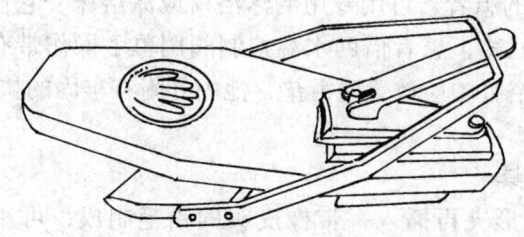

图 3-3-11

一端为扳机式控制把手,另一端为叉状的夹子,扣动控制把手时,另一端的夹子即闭合,可以抓取需要的物品,长度依患者需要选择。(图3-3-12)

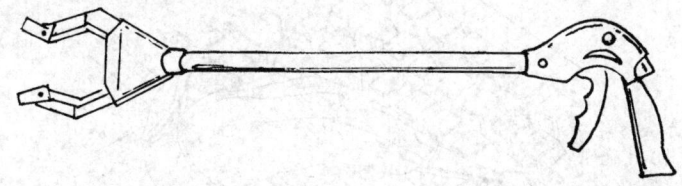

图 3-3-12

4. 如厕类自助具

(1)肛门刺激器,排便功能障碍时用手持此器刺激肛门引起排便,其顶部插有肛门栓子。

(2)卫生纸挟持器,是特制的金属夹子,以便上肢活动功能差的患者,可挟持卫生纸进行会阴部的清洁。

(3)易开式尿管钳,利用杠杆原理,用较少的力就可开放尿管。

(4)助起式便器,下肢力弱或年老体弱患者久坐后难以站起,用此便器站起时,可用两上肢按压竖在便器两侧的横杠,坐圈即抬起,有助于患者站起和离开便器。

5. 入浴类自助具

(1)"U"形擦背刷,是带有延长手柄和角度的海绵擦或刷,用于刷擦难于刷到的后背部。(图3-3-13)

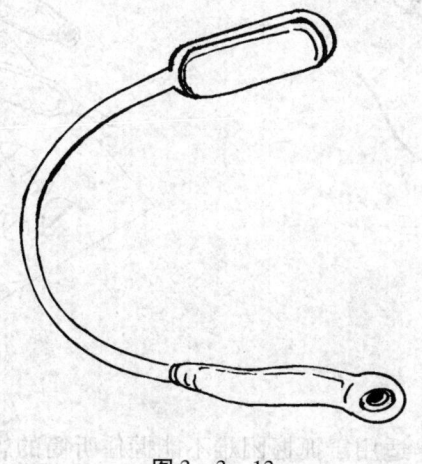

图 3-3-13

（2）对于沐浴困难的患者，可用专用的沐浴椅或沐浴床，它们用塑料和不锈钢制成，坐板中间有孔或制成栅栏式，患者借助水温控制阀用单手操作带有软管的笼头自己沐浴。如果没有专用沐浴椅，浴缸中应放置防滑垫，池内外附有牢固的扶手。

（3）淋浴用轮椅。

6. 阅读书写类自助具

（1）翻页器：由 C 形夹再插入一带橡皮头的铅笔制成，可用腕关节控制翻动书页。手功能不灵活翻书困难的患者，可在食指上套半截橡皮指套有助于翻书。

（2）打字自助器：手指运动不灵活或手指无力时利用"C"形夹插入带橡皮头的铅笔制成。（图3-3-14）

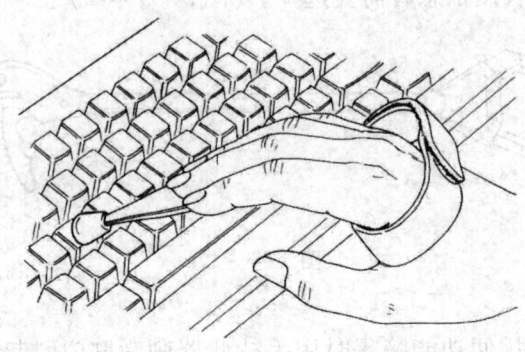

图3-3-14

（3）用乒乓球加粗的笔。

（4）可塑材料制成的握笔器，分别将笔、拇指和食指插入相应的孔内。（图3-3-15）

（5）易于保持手指对掌位的握笔器。（图3-3-16）

（6）床上阅读架：是从床两侧向上支撑于卧床患者目视前方的、可以夹持书本的架子，以便卧床患者阅读；患者还可以带上一种菱形眼镜，供长期卧床不起的患者阅读用，这些患者双目仰视天花板，难于看书和电视，此镜通过棱镜折射原理，可以让患者看到放于床脚侧的电视等物。

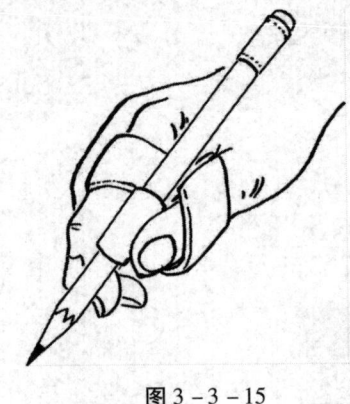

图3-3-15

图3-3-16

7. 通讯类自助具

（1）带C形夹的电话　适用于抓握困难不能握住听筒的患者。

（2）由蛇形管支撑的话筒。

（3）拨号器：适用于因手指不灵活导致拨号码困难的患者。

8. 厨房用自助具

（1）特制切菜板，带有竖直向上的钉子，用于固定蔬菜如土豆、洋葱等，其边缘有的还加装有直角形挡板，防止蔬菜滑出。（图3-3-17）

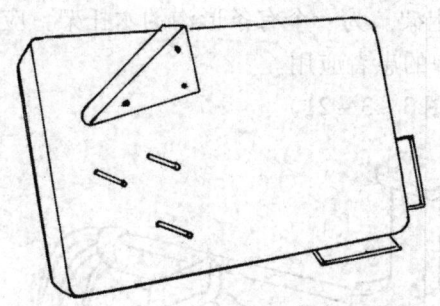

图 3-3-17

（2）固定在洗涤槽壁上的刷子，适用于仅一手有功能的患者。将带负压吸盘的刷子固定在洗涤槽壁上，用一只手就可以很方便地完成清洗土豆、黄瓜和其他水果的动作。（图3-3-18）

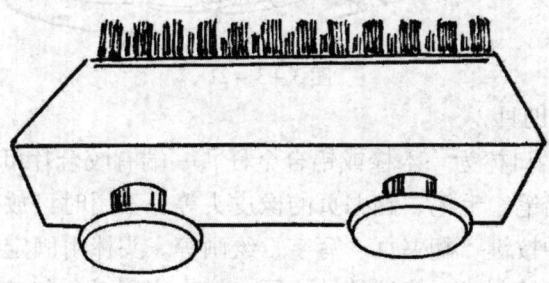

图 3-3-18

（3）开瓶盖器，上下均为防滑垫，适用于握力减弱的患者（如周围神经损伤、SCI 等患者）（图3-3-19）

（4）锅柄固定器：防止搅拌时锅的移动。（图3-3-20）

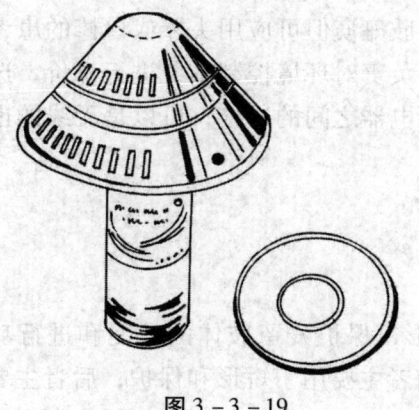

图 3-3-19

图 3-3-20

（5）倒水器

9. 移动类自助具

（1）转移板　由硬的材料如木头或玻璃纤维制成，转移过程中架在两转移面之间。

（2）绳梯　固定在床尾的绳制梯子，辅助由仰卧位至坐位的体位变化。

10. 文娱类自助具

（1）常见的为纸牌固定架。为一个有条形沟的木托架，应用时将纸牌插在沟中，适用于手握力差、不能持扑克牌的患者应用。

（2）园艺用自助具（图3-3-21）

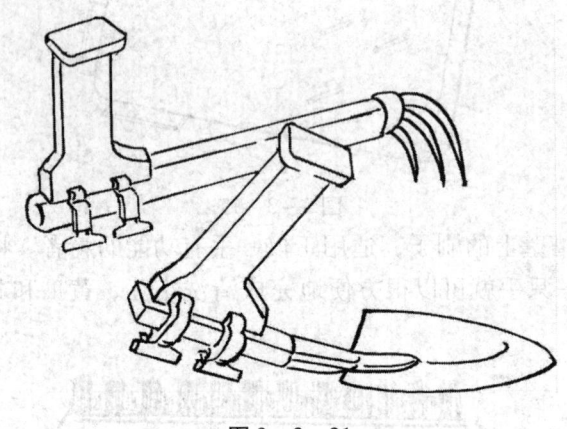

图3-3-21

11. 四肢瘫常用自助具

（1）口棒与头棒：口棒为一木棒或铝合金杆，一端有咬合片可用口咬住，一端为可更换的多个接插件，如铅笔、毛笔、翻书页的橡皮头等，不用时可放在架子上。四肢瘫患者可以利用口棒触动各种按键、翻书页、写字、绘画等。头棒由固定于头部的环状固定箍中伸出、并指向前下方的棒制成，棒端的结构同口棒，应用对象与口棒类似，惟独操作时不用口而用头。

（2）环境控制系统（environmental control system，ECS）是一个帮助重度残疾患者选择性控制和使用家用电器或其他设备的中央控制系统，可以利用手指、口棒、呼吸（通过一根吸管）、声音等方式，触动各种按纽，对周围环境中的电灯、电话、收音机、电视、电动门、电动床、电动窗帘等进行控制，适用于四肢瘫痪但可应用头棒或口棒的患者，或手指功能很差、仅能触动按键的患者。作业治疗师负责对环境控制系统进行评价、选择和对患者进行训练。在环境控制系统中，触点与终端电器之间的连接，可以是无线的也可以是有线的。

三、矫形器和其他辅助器具的应用

（一）矫形器

矫形器主要用于预防、矫治肢体和躯干的畸形，保护残留肢体的功能和进行功能补偿。矫形器分为固定式和功能性矫形器两大类。前者主要用于矫形和保护，后者主要是发挥残留肢体的功能。上肢常用的有指间关节伸展矫形器、欧本海姆夹板、托马斯夹板、手屈曲或伸展功能夹板等。躯干有脊柱侧弯矫正支具。下肢有长腿支具、短腿支具、踝支具等。

（二）辅助器具

1. 保持站立姿式的辅助器具　直立床分手动和电动两种，可使患者被动地从水平位变为不同的垂直位。站立台是一种木制高桌，可以辅助截瘫者保持站立位，同时在桌上做些活动，用于身体的固定或平衡不够稳定的患者，借此既能进行双下肢负重，又可进行双上肢的作业活动。

2. 上肢悬吊架　利用头上方的悬吊或弹簧的弹性，冲消重力对上肢重量的影响，使难以活动的上肢易于活动和易于进行训练。

3. 个人转移辅助器具　有手杖（1点式、2点式、3点式）、腋杖、助行器（交替式、抬起式、前轮式等）、助行架、各种不同类型的轮椅（普通轮椅、电动轮椅、偏瘫轮椅等）。

4. 搬运机　利用机械升降设备将患者托起搬运到不同的地方，这样既可以减轻患者和治疗师的负担，也方便治疗。常用的搬运机有移动式搬运机和落地式搬运机，目前有一种挂壁式搬运机，搬运机可沿房顶的轨道，将患者移动到需要去的地方。

第四节　不同障碍的作业治疗原则

一、身体障碍的作业治疗原则

身体障碍的作业疗法应涵盖基本能力、应用能力以及社会适应能力这三个水平上的评价和治疗（训练、指导）。对应这三个能力水平的顺序，评价这个时期的患者，把握患者存在的问题点（消极方面）和残存－潜在能力（积极方面），实施治疗（训练、指导）以及其他援助活动。

（一）基本能力

身体运动能力：肌力（最大肌力－肌肉耐久力）、关节活动度、肌张力、手眼协调性、精细动作、运动模式、反射、全身耐久性、其他。

感觉－知觉：浅感觉、深感觉、复合感觉、异常感觉、视觉、听觉、味觉、嗅觉、其他。

高级脑机能：认知－行为能力（失用－失认、判断力等）、智力（记忆力、抽象的思考能力等）、其他。

心理方面：积极性、集中力、情绪稳定性、其他。

（二）应用能力

动作能力：上肢动作能力（速度、力量、姿势）、与上肢动作能力相关的颈部－体干－下肢动作能力、双手动作、单手动作、精细动作、自助具－假肢－支具的适配、其他。

日常生活能力：食事、更衣、排泄、入浴、整容、起居、移动、其他。
交流能力：写字（嘴部文字处理机、其他的交流工具）、电话、电脑（电子邮件、因特网等）、传真、其他。
生活关联能力：家务（烹饪、洗衣、扫除、缝纫、购物、其他）、育儿、利用交通工具、驾驶、生活习惯、室外活动、其他。
心理能力：现实检讨能力、问题解决能力、疾病的接受、学习能力、心理耐受性、其他。

（三）社会适应能力

身体方面：作业遂行能力（正确性、速度、作业耐久性等）、自助具-假肢-支具的适配、其他康复相关仪器的适用性、其他。
生活维持管理方面：健康、安全、金钱、其他。
心理方面：兴趣、爱好、生活的价值、余暇活动、QOL（生活质量的满意度）、其他。
社会方面：与人关系（家属、康复相关人员、朋友、邻居、同事及相关人员等）、任务遂行能力、生活圈扩大能力（利用公共机构、社会资源等）、生活环境（房屋、上下班、设备等）、其他。

二、发育障碍的作业治疗原则

发育障碍的作业治疗是：①直接影响障碍儿；②影响双亲、家庭以及社区；③与其他的关联职种和相关机构的合作或者会诊。这三个内容随着障碍儿的治疗经过的变化而进行互相转换。

（一）直接影响障碍儿

以发育期（婴儿期）的小孩作为治疗对象的作业疗法，要在考虑各个年龄阶段（从新生儿期到青年期）发育情况的基础上，从急性期到恢复期，再到自立期，这个恢复过程中设定作业目标。

而且在实施作业疗法的时候，必须考虑以下三点：

（1）明确患者的问题所在，通过进行各种评价了解患者进行作业疗法后的变化。不仅仅是标准化的特定的检查，还要注意观察患者在日常中的玩耍和生活情况。

（2）根据评价的结果，制定并实施合适的治疗计划。根据患者的情况，在各种治疗理论和治疗手法当中，选择最适合患者的方法。

（3）为了更好地进行作业疗法，要实践职业伦理和职场管理（记录报告等）。

（二）影响双亲、家庭以及社区

小儿作业疗法的对象是发育期的儿童，具有与成人不一样的情况。小儿作业疗法最重要的一点是母子关系、家属关系以及与社区的关系。虽然这些关系随患者的年龄和障碍情况有所不同，但是对患者自身的成长和发育来说，环境都起着很大的作用。在这种情况下，与其作业治疗师单方面进行作业治疗，不如与监护人和其他相关职种的人员一起合作，朝着同一个目标进行努力。

（三）与其他的关联职种和相关机构的合作或者会诊

与成人康复一样，小儿康复的理念也是团队合作（Team Work）。从障碍发生开始很长的一段时间内，除了与医学康复专业人员相关之外，还与教育、社会以及职业康复人员紧密相连。因此，作业治疗师的职责不光是进行作业治疗，还有与其他职种进行合作和相谈的职能。在这个职能中，作业治疗师不是对障碍儿进行直接介入，而是对其他的职种进行作业疗法专业知识的指导，或者是相谈，间接地帮助患者进行训练和指导。

随着社区服务的扩大，作业治疗师这个职能也越来越重要，特别是在与福利机构以及教育设施相关人员之间的合作、咨询和指导方面。

三、老年人的作业治疗原则

老年障碍者的作业疗法有别于其他障碍者，必须考虑老年障碍者的特点。预防老年障碍者长期卧床和认知障碍的发生或加重，维持其现有的身体机能和日常生活活动能力。所以作业治疗师介入治疗时，首先要对老年障碍者进行全身状态的调整，其次是对其日常生活活动能力进行保持或改善及物理环境的调整等。

（一）全身状态的调整

进行全身状态调整的主要对象是有废用性征候和自主活动意欲低下的老年障碍者。

所谓废用性症候群是指人体的各个系统由于长时间不使用而带来的一些征候。最明显的就是由于长期卧床而产生的肌肉、骨关节机能、心肺功能及免疫功能等的低下。所以预防废用性症候群与防止长时间的卧床是预防改善老年障碍的基础。

作业治疗师对老年障碍者实施援助，首先要使老年障碍者的生活规律化，其次是要维持老年障碍者的运动机能。

对于有认知障碍的老年障碍者，进行运动机能维持性活动时要考虑以下几点：

（1）动作简单。

（2）每天要有相同内容，使障碍者能够进行反复记忆，直到障碍者能主动完成这一课题（如对每日、每月的安排）为止。

（3）选用适当的道具。

（4）集中时间不宜过长，一般在 20 分钟左右最为安全。

另外，散步等外出活动也能达到维持运动机能的目的。比如，买东西、到社区等设施进行各种社交性活动都可以提高老年障碍者的兴趣，有益于维持老年障碍者的日常生活活动能力。

（二）日常生活活动的作业疗法

老年障碍者的日常生活活动是作业治疗的主要任务，日常生活活动是老年人每一天生活的主体，作业治疗师要根据障碍者的希望与要求提供相应的支援，使他们在日常生活活动上尽可能地自立，维护他们的权利、自由与尊严。

1. 基本日常生活活动的维持

作业治疗师在防止障碍者的机能障碍加重和废用性征候群的基础上，还要积极地进行机能障碍的改善与活动场所物理环境的准备与改善。对于基本日常生活活动中的食事、排泄、更衣、入浴、器具、移动等要尽可能给予最小限度的借助与疏通，最大限度地发挥老年障碍者的能力，其中包括日常生活上的安全性对策。

2. 应用性日常生活活动能力

应用性生活活动包括的范围比较广,但老年人要保持生活上的自立以下几点是必不可少的。

(1) 家事:主要包括烹调、洗衣、扫除、清除垃圾等。

(2) 居住环境的维护:包括房间的管理,家具与电器的使用与维护,以及庭院和自家周围的环境的维护与管理。

(3) 食物与日用品的购买:包括出行能力,对物品、地点与时间的认知能力以及计算能力等。

(4) 金钱的管理:包括自身携带的零用钱以及银行的存取钱的活动能力。

(5) 防灾与防范:使用火的能力,对欺骗行为的防范以及紧急避难的能力。

(6) 电话的使用:包括对电话的操作方法与理解和表述的能力。

(三) 环境的调整

环境的调整主要是为了让环境能够适应障碍者的生活方式而进行的对环境的改造与调整。同时还要符合最大程度地发挥障碍者的能力的原则。作业治疗师在此既要向老年障碍者提供福祉器具的使用方法,也要向障碍者提供环境的准备与调整方案。

现在经常会出现的是老年障碍者频频在家中摔倒造成骨折或是脑外伤的事故,所以家庭环境的调整首先要考虑的是老年障碍者的安全问题。

一般老年人生活的环境要考虑预防摔倒,这就需要在居住环境进行改造时添加安全保护的因素。比如,在住宅内消除台阶,通道要宽敞明亮,地面上使用防滑垫,在墙上安装扶手等。对于有认知障碍的老人,生活中常用的空间与场所要使用各种色彩进行区分,有必要时要随时随地提供提示语言及文字。

四、精神障碍患者的作业治疗原则

对于精神障碍患者,作业疗法的主要目的是:协助、训练及支持精神功能碍者恢复生活、工作和信心,参与有意义的活动以及积极地适应和融入生活环境,从而回归家庭和社会。治疗前,治疗师需要测试评定患者的问题,根据患者存在的问题,来制定治疗目标并计划具体的治疗方法。治疗时,根据患者的功能障碍的具体情况,经作业治疗师分析后,运用各种作业和治疗工具,如手工艺、园艺、烹饪、文书工作和文娱活动,以达到治疗及训练的目标。在作业疗法专业的信念中,尤其注重及尊重个体在评定及治疗过程中的愿望、选择及需要。

(一) 作业活动

音乐欣赏、合唱、编织、绘画、书法、运动、外出散步、园艺、围棋、皮革工艺、卡拉OK、烹饪、聊天、跳舞、木工、电脑、麻将等。

(二) 作业活动的特征、意义

提高反省现实的能力、改善精神功能、提升与人交往的能力、改进对自己的评价、提高自尊心、增强耐久力和集中力。

(三) 导入方法

作业疗法的导入要根据患者的病情来决定是否适用。针对患者的情况,在考虑目的、难易度、时间、空间、与人关系等方面的同时，提供多种作业活动。

　　精神障碍的作业疗法基于各种理论，通过个别训练以及集体活动，向患者提供日常的作业活动，使其精神功能实现恢复，提高其社会适应能力和与人交往的能力。

（王彤　王刚　黄富表　陈小梅）

思考题
1. 作业疗法的治疗原则包括哪些方面？
2. 如何进行作业治疗量的选择？
3. 选用和制作自助具应遵循哪些原则？

第四章 脑卒中的康复

学习目标
一、了解脑卒中后对功能预后的预测
二、熟悉脑卒中功能评定的内容与方法
三、掌握脑卒中各期的治疗目的和治疗方法
四、掌握脑卒中患者日常生活动作指导的方法
五、掌握脑卒中后常见并发症的临床表现和治疗原则

脑卒中是常见病、多发病,以发病率高、死亡率高、致残率高为特点。中国发病率约为2‰,约40%的患者会遗留中度残疾,15%~30%的患者会留下重度残疾。残疾主要为运动功能障碍,也会出现语言、认知、心理障碍等问题,如果发病后处理不当,还有导致废用综合征和误用综合征的危险。

近年来,脑卒中发病率呈上升趋势,而发病年龄呈下降趋势,而且随着医学的不断发展,死亡率逐步下降,造成残疾的比率和残疾的人数增加,给家庭和社会带来沉重负担,已经成为严重的社会问题。

通过开展针对脑卒中患者的各种康复活动,不仅能够有效地减轻患者的身体残疾程度,提高身体机能水平,而且有利于减少精神和心理方面的负面影响,最大限度地获得日常生活活动能力,在患者、家属和康复医疗团队的共同努力下,能够使患者在遗留残疾的状态下,享受最高质量的生活。

第一节 概 述

脑卒中(stroke)又称"中风"、"脑血管意外",通常指包括脑出血、脑梗死、蛛网膜下腔出血在内的一组急性疾病。世界卫生组织(WHO)对脑卒中的定义是:一种源于血管的急性神经性障碍,其症状和体征与脑的受损部位相一致。

一、脑卒中的解剖与生理

脑是高级神经中枢,是人体最重要的器官,血液供应十分丰富。脑的重量虽然只占体重的2%~3%,但安静时心脏每搏输出量的1/5进入脑,约750ml,其中220~225ml由基底动脉流入,其余流经颈内动脉。成年人平均脑血流量为55ml/〔100g脑组织·分(min)〕。实际上脑血流分布并不均匀,白质脑血流量为14~25ml/(100g·min),大脑皮质为 77～138ml/（100g·min）。脑血流量还随体位、活动、年龄的不同而变化。人脑组织利用了全身氧耗量的 20%～25%，葡萄糖的 75%。脑组织的氧、葡萄糖和糖原贮备甚微，一旦完全阻断血流，6 秒钟内神经元代谢将会受到影响，10～15 秒内意识丧失，2 分钟脑电活动停止，几分钟内能量代谢和离子平衡紊乱，这样持续 5～10 分钟以上，细胞就会发生不可逆损害。所以，脑血流供应正常是保持脑功能正常和结构完整的首要条件。

脑血流供应来自两个动脉系统：颈内动脉系统和椎基底动脉系统。颈内动脉系统供应额叶、颞叶、顶叶和基底节等大脑半球前 3/5 部分的血流，故又称前循环。椎基底动脉系统主要供应脑后部的 2/5，包括脑干、小脑、大脑半球后部以及部分间脑，故又称后循环。两大动脉系统的分支大体分为二类：一类为穿通支，又称深支或中央支、旁中央支；另一类为皮层支或旋支。供应壳核、丘脑、内囊部分的中央支及供应桥脑的旁中央支是高血压性脑出血和脑梗死的好发部位。

虽然颈内动脉系统与椎基底动脉系统是两个独立的供血系统，但彼此之间还是存在着广泛的侧支循环，其中最重要的是脑底动脉环（Willi 环）。两侧大脑前动脉由一短的前交通动脉互相连接，两侧颈内动脉和大脑后动脉各由一后交通动脉连接起来，共同组成脑底动脉环。

脑底动脉环可发生多种先天变异，有可能使侧支循环不能迅速有效地发挥作用，这是发生脑梗死的重要影响因素之一。

二、脑卒中的病因

脑卒中的病因较多，其主要病理过程是在血管壁病变的基础上，加上血液成分及/或血流动力学改变，造成缺血性或出血性卒中。

血管壁病变是大多数脑血管疾病发生的基础，所以称为脑"血管"病。其主要原因有：

高血压脑小动脉硬化，脑动脉粥样硬化，先天性发育异常和遗传性疾病，各种感染和非感染性动、静脉炎，以及中毒、肿瘤等。血液成分改变包括：血液黏稠度增高、凝血或纤溶系统功能障碍。血流动力学因素为高血压或低血压、心脏功能不全、血容量不足等。

由此可见，高血压是脑卒中的主要和基本病因，脑动脉粥样硬化是脑卒中的重要病因，脑动脉硬化是脑卒中的主要病理基础。

三、临床常见的脑卒中类型

1. 蛛网膜下腔出血

老年人的蛛网膜下腔出血有相当的比例是由高血压导致脑表面小动脉硬化、血管壁变薄或微动脉瘤破裂引起的。

2. 脑出血

目前国内外普遍认为，自发性脑出血中绝大多数为高血压性脑出血，高血压是其主要病因，而脑出血的比例在我国约占脑卒中的 21%～48%。

3. 脑梗死
(1) 动脉硬化性脑梗死
(2) 脑栓塞
(3) 腔隙性梗死
(4) 出血性梗死
(5) 无症状性梗死
(6) 其他
(7) 原因未明

四、临床诊断要点

中华医学会汇总的各类脑血管意外的诊断要点如下（见表4-1-1）：

表4-1-1 脑卒中的诊断要点

疾 病	诊 断 标 准
缺血性脑血管疾病 脑血栓形成	1. 常见于安静状态下发病 2. 大多数无明显头痛呕吐 3. 发病较缓慢，多逐渐进展或呈阶段性进展，多与脑动脉粥样硬化有关，也可见于动脉炎、血液病等 4. 一般发病后1~2天内意识清楚或轻度障碍 5. 有颈内动脉系统和/或椎基底动脉系统症状和体征 6. 腰穿脑脊液一般不含血 7. 鉴别诊断困难时，如有条件可做CT或MRI等检查
脑梗死 动脉粥样硬化 血栓性脑梗死	1. 常于安静状态下发病 2. 大多数无明显头痛和呕吐 3. 发病可较缓慢，多逐渐进展，或呈阶段性进行，多与脑动脉粥样硬化有关，也可见于动脉炎、血液病等 4. 一般发病后1~2天内意识清楚或轻度障碍 5. 有颈内动脉系统和/或椎基底动脉系统症状和体征 6. 腰穿脑脊液一般不应含血 7. 鉴别诊断困难时，如有条件可做MRI或CT检查
腔隙性梗死	1. 发病多由高血压动脉硬化引起，呈急性或亚急性起病 2. 多无意识障碍 3. 腰穿脑脊液无红细胞 4. 临床表现都不严重，较常见的为纯感觉性卒中、纯运动性轻偏瘫、共济失调性轻偏瘫、构音不全-手笨拙综合征或感觉运动性卒中等 5. 有条件时应进行CT或MRI检查

续表

疾 病	诊 断 标 准
出血性脑血管疾病 脑出血	好发部位为壳核、丘脑、尾状核头部、中脑、桥脑、小脑、皮质小白质（脑叶）、脑室及其他，主要是高血压性脑出血，也包括其他病因的非外伤性脑内出血。高血压性脑出血诊断要点如下： 1. 常于体力活动或情绪激动时发病 2. 发作时常有反复呕吐、头痛和血压升高 3. 病情进展迅速，常出现意识障碍、偏瘫和其他神经系统局灶症状 4. 多有高血压病史 5. 腰穿脑脊液多含血和压力增高（其中 20% 左右可不含血） 6. 脑超声波检查多有中线波移动 7. 鉴别诊断有困难者，若有条件可做 CT 检查
蛛网膜下腔出血	主要为先天性脑动脉瘤破裂、脑血管畸形和脑动脉硬化出血等引起 1. 发病急骤 2. 常伴剧烈头痛、呕吐 3. 一般意识清楚或有意识障碍，可伴有精神症状 4. 多有脑膜刺激征，少数可伴有脑神经及轻偏瘫等局灶体征 5. 腰穿脑脊液呈血性 6. 脑血管造影可帮助明确病因 7. 有条件时可进行 CT 或 MRI 检查

第二节 功能障碍特点

脑卒中后所出现的功能障碍根据受损部位不同，其临床表现也各有特点。

大脑半球病变时的主要临床表现有：精神人格障碍；记忆、定向、计算障碍；失认、失用等高级脑机能的障碍。背侧丘脑病变多见对侧身体的感觉障碍、自发性感觉障碍和疼痛等。小脑病变常出现小脑性共济失调，如姿势和步态的异常、协调性障碍、语言障碍等。

通常在早期出现相应肢体和/或面部肌肉的弛缓性瘫痪，大约在一至两个星期以后，肌张力逐渐增高。即使在早期被动关节活动范围正常，但随着肌张力的增高，主动关节活动范围也将逐渐受限，并出现异常的运动模式，这种异常的运动模式是由于脑卒中后神经系统受损，肢体的屈肌和伸肌出现一种在进化过程中保留下来的类似于两栖类动物运动姿势的原始模式。在大部分患者中表现为：上肢以屈肌共同运动为主，下肢以伸肌共同运动为主，最后直至出现肢体的挛缩和变形。（见表 4-2-1）

表4-2-1 脑卒中后肢体异常的运动模式

部位	异常运动模式	部位	异常运动模式
上肢		下肢	
肩胛带	后缩、肩带下垂	髋关节	伸展、内收、内旋
肩关节	外展、外旋	膝关节	伸展
肘关节	屈曲	踝关节	跖屈、内翻
前臂	旋后（旋前）	足趾	跖屈
腕关节	掌屈伴有一定尺侧偏		
手指	屈曲，拇指屈曲、内收		

一、运动功能障碍

1. 肌肉无力

脑卒中所致肌肉无力实质上是中枢性瘫痪，在发病早期因脊髓休克而表现为弛缓性偏瘫，病侧肢体随意运动障碍，伴有明显的肌张力低下，随着脊髓休克的恢复，肌张力逐渐增高，呈痉挛性偏瘫，同时伴有异常运动模式。

2. 肌肉痉挛

脑卒中的肢体运动瘫痪在发生和恢复过程中，几乎都出现病侧肢体肌张力增高或痉挛，通常同时伴有随意运动障碍，这也是中枢性瘫痪的特征之一。

3. 异常运动

由于发生脑卒中后受到肌紧张的变化和异常反射等因素的影响，主动运动时会出现屈肌和伸肌运动的不协调和主动肌、拮抗肌及协同肌运动的不协调。在不同的恢复阶段，会出现不同的异常运动模式，常见的有联合反应、协同运动和异常姿势反射。

（1）联合反应：指身体的某部分拟做随意运动时，其他相关联的部分下意识地产生不能随意控制的肌肉收缩和运动的现象。比如，健侧用力伸展肘关节时，病侧胸大肌出现收缩。这种反应可以利用在康复初期运动迟缓阶段，应用于诱发主动运动的康复训练。

（2）协同运动：常见于刚刚出现随意运动的时期，表现为上肢或下肢肢体的各个关节难以出现独立的分离运动，而是以一定模式出现协同运动。

上肢屈肌协同运动模式：肩胛骨上举、后撤；肩关节外展、外旋；肘关节屈曲；前臂旋后；腕关节屈曲；手指屈曲、内收，尤以拇指明显。

下肢屈肌协同运动模式：骨盆上抬、后撤；髋关节屈曲、外展、外旋；膝关节屈曲；踝关节背屈、内翻；足趾伸展。

上肢伸肌协同运动模式：肩胛骨前方突出、下降；肩关节内收、内旋；肘关节伸展；前臂旋前；腕关节伸展；手指屈曲、内收。

下肢伸肌协同运动模式：髋关节伸展、内收、内旋；膝关节伸展；踝关节底屈伴内翻；足趾屈曲。

（3）不自主运动：脑损伤累及锥体外系时常出现不自主运动，如偏侧舞蹈症、手足徐动症和帕金森综合征等。

（4）共济失调：脑卒中所致共济失调有多种表现形式，主要有如下几种：感觉型共济失调、小脑型共济失调（肢体性共济失调、躯干性共济失调）、大脑型共济失调、前庭迷路型共济失调。

4. 异常步态

发生脑卒中后常见异常步态有如下几种：偏瘫步态、共济失调性步态、锥体外系疾病步态。

5. 运动功能障碍的恢复过程

临床上普遍应用 Brunstrom 总结归纳的脑卒中后肢体运动功能恢复的6个阶段。

第一阶段：无随意运动。

第二阶段：出现联合反应，肢体近端额可出现少许随意运动或轻度痉挛。

第三阶段：出现由部分随意运动发起的协同运动，上肢为屈肌协同运动，下肢为伸肌协同运动，痉挛可达高峰。

第四阶段：开始脱离协同运动，出现分离运动，痉挛开始减轻。

第五阶段：协同运动基本消失，分离运动更加充分，表现为各关节独立运动能力更强，痉挛明显减轻。

第六阶段：痉挛基本消失，协调及技巧性运动接近正常。

6. 临床症状与损伤部位的关系

脑卒中后出现的运动功能障碍，取决于病变的血管和由此所产生的受损部位（见表4-2-2）。

表4-2-2 脑卒中后常见功能障碍与病变部位及有关动脉损伤的关系

功能障碍	病变部位	支配血管
1. 单瘫（下肢）	对侧运动皮质	大脑前动脉
2. 偏瘫	对侧皮质运动区、脑干、内囊后支	大脑中动脉主干或皮质分支或椎基底动脉
3. 交叉性瘫	脑干	椎基底动脉
4. 四肢瘫	两侧大脑半球、脑干	椎基底动脉、两侧颈内动脉系
5. 偏身感觉缺失或减退	对侧皮质感觉区、内囊后支、丘脑、脑干	脑中动脉主干或其皮质以及深分支、大脑后动脉或椎基底动脉
6. 深感觉丧失	对侧皮质感觉区、内囊后支、丘脑、脑干	大脑中动脉皮质支、深支、大脑后动脉或椎基底动脉
7. 实体觉丧失	对侧顶叶或丘脑皮质束损伤	大脑中动脉主干或其皮质分支
8. 体像障碍	顶叶，特别是次侧	大脑中动脉主干或其皮质分支
9. 视觉失认	主侧半球枕叶	大脑后动脉
10. 视觉失定向力	主侧半球枕叶	大脑后动脉
11. 一侧性空间失认（单侧忽视）	次侧顶叶	大脑中动脉、大脑后动脉
12. 双侧性空间失认（Gerstmann）综合征	主侧顶叶后部与颞叶交界处	大脑中动脉主干或皮质支
13. 共济失调	小脑中脚、小脑下脚、对侧额颞叶	椎基底动脉、大脑中动脉皮质支

续表

功能障碍	病变部位	支配血管
14. 同向性偏盲标	对侧颞叶、顶叶深部视放射（多为象限偏盲）、枕叶距状裂、两侧纹区皮质	大脑中动脉主干或其皮质分支、大脑后动脉后皮质分支
15. 运动性失语	主侧额下回后部（Broca 区）	大脑中动脉主干或其皮质分支
16. 感觉性失语	主侧颞上回后部（Wernicke 区）	大脑中动脉主干或其皮质分支
17. 传导性失语	缘上回皮质	大脑中动脉
18. 命名性失语	主侧颞中回后部或颞枕交界处	大脑中动脉
19. 经皮质运动性失语	主侧半球额叶 Broca 区的前部或上部	大脑中动脉
20. 经皮质感觉性失语	主侧脑后顶部、颞或颞顶分水岭，颞顶结合区	大脑后动脉或大脑后中动脉边缘带
21. 失读、失写症	主侧顶叶后部角回、缘上回	大脑中动脉
22. 失读症	主侧角回	大脑中或后动脉
23. 失写症	主侧缘上回或颞下后部	大脑中动脉
24. 意念性失用	主侧顶叶	大脑中动脉
25. 意念运动性失用	主侧顶叶	大脑中动脉
26. 运动性失用	额叶中央前回皮质或运动前区皮质	大脑中动脉
27. 结构性失用	任一侧顶、枕叶交界处	大脑中动脉
28. 穿衣失用	次侧顶叶或枕叶	大脑中动脉
29. 步行失用	次侧顶叶	大脑中动脉
30. 精神障碍	由顶到枕结合部的半球皮质特别是额叶、颞叶	大脑前动脉、大脑中动脉
31. 两眼同向侧视障碍	额中回后端刺激时两眼向病灶侧侧视，损伤时视向病灶侧	大脑中动脉、基底动脉
32. 癫痫发作	额叶及颞叶为主的刺激和病损	大脑中动脉
33. 排尿、排便功能的障碍	旁中央小叶、顶叶	大脑前动脉
34. 假性延髓麻痹	半球与脑干双侧皮质脊髓和皮质延髓束损伤时	大脑中动脉、椎基底动脉支及深支、椎基底动脉
35. 第 7 到第 12 对脑神经功能障碍	脑干、对侧皮质脊髓或皮质延髓束损伤可引起第 7 到第 12 对脑神经麻痹	大脑中动脉皮质

二、感觉障碍

感觉障碍是脑卒中的主要临床表现之一，在脑卒中的诊断和康复疗效评定方面起到重要作用。

脑卒中后常见的感觉障碍的临床表现有：脑干型感觉障碍、丘脑性感觉障碍、内囊型感觉障碍、皮质型感觉障碍等。

包括浅感觉（痛、温、触觉）、本体感觉、立体觉的丧失（见表 4-2-2）。感觉的缺失将影响到信息的传入，从而影响运动功能以及运动功能障碍的恢复，而且两侧的整合功能也受到感觉缺失的影响。

三、语言和吞咽功能障碍

脑卒中患者中的一部分会产生失语症、构音障碍、吞咽障碍。

失语症：是由于大脑功能受损所引起的语言功能丧失或受损，表现是失去语言机能或语言机能不能发挥的状态。

构音障碍：是由于神经病变、与言语有关的肌肉麻痹、收缩力减弱或运动不协调所致的言语障碍。

吞咽困难：是由于下颌、双唇、软腭、舌、食道上括约肌或食道功能受损所致的进食障碍。

四、视觉和知觉障碍

主要表现为复视、偏盲、忽视，观念性、观念运动性等失用症以及失认症。如常见的半侧忽视，表现为患者不能看见左或右侧的物品，或患者仅能读书报的半边文章等现象。（详见表4-2-1和第五章第二节）

五、认知障碍

认知是人在对客观事物的认识过程中，对感觉输入信息的获取、编码、操作、提取和使用的过程，是输入和输出之间发生的内部心理过程，包括知觉、注意、记忆、思维等。

认知功能障碍是脑卒中发生后出现的神经生理学症状，在脑卒中的康复过程中，认知功能损害是妨碍患者肢体功能与日常生活活动能力改善和提高的主要因素。

患者独立生活能力的恢复程度或预后，与他所能接受学习和行为中所需要的信息及其构成有关。由于语言的表达和理解障碍，患者多有抽象思维的障碍，其程度取决于患者听觉、视觉、触觉的残存功能。通过听、读、模仿、示范来学习，与这些功能有关的感觉障碍，会妨碍学习的效果。除了思维外，由于病变的部位、患者的年龄等因素，患者还可能出现其他方面的认知障碍。（具体可参见本书第五章第二节）

六、日常生活能力降低

由于认知、语言、肢体等功能的障碍，造成患者日常生活能力的降低。如右侧大脑半球病变，对其欲望、知觉、判断、感觉整合区域影响较大；而左大脑半球病变，患者往往会出现患肢失认、视觉和感觉的忽视或否认，运动和空间关系概念的扭曲，运动行为概念的丧失，缺乏向上的欲望，而这些障碍远较其运动障碍对其日常生活的影响大。全面准确地分析造成日常生活能力降低的因素，在改善功能的同时，及时正确地指导患者提高和改善日常生活自理程度，将有助于患者的康复。

七、心理和社会影响

人类的思维、情感、意志-行为等都有赖于各条设计精确的神经网络的参与和调整，脑卒中患者脑部的损伤、水肿、有毒物质的释放、远隔功能抑制以及细胞死亡引起轴束退变，许多存活的轴束不能正常地传导，使原有的神经联结受到一定的破坏，使已习惯化的系统化的思维、情绪、意志－行为管理的高级模式关闭，原有的初级神经环路重现或被启用。另外由于脑组织受损，大脑皮层兴奋性容易扩散，皮层对皮层下中枢的控制能力减弱，对思维、情绪、意志－行为的调节能力降低，使脑卒中患者在思维方式、情绪控制能力、行为方式上表现出与其他疾患不同的临床特征。

脑卒中是一种突发性疾病，其造成的各方面障碍不仅造成患者的功能障碍，而且也给其家庭以及社会带来许多负面的影响。往往使者感到自己失去了曾经拥有的一切，容易出现不稳定情绪，临床上可见脑卒中后抑郁（post stroke depression，PSD）。根据统计，脑卒中后抑郁发病率约为30%～65%，以左大脑半球前部病变患者为多见。患者往往表现为情绪抑郁、满脸愁容、悲观失望、动作迟缓、失眠等现象，处于抑郁状态的患者，难以对康复治疗活动产生足够的主动性和积极性，极大地影响康复效果。

八、继发障碍

常见的脑卒中继发障碍有：肩手综合征、肩痛、肩关节半脱位、关节挛缩、骨质疏松症、深静脉血栓形成、直立性低血压、尿便障碍等。

第三节　功能评定

通过对脑卒中患者进行功能评定，能够确定患者功能障碍的性质、特点和程度，以便制定科学的康复治疗计划，判断康复治疗效果。阶段性的评定对患者的康复进程具有指导意义，有利于监测患者的功能变化，治疗师根据定期进行的评定结果随时修改康复计划，确保康复治疗的优质、高效。

作业疗法是一种以身心功能障碍所导致的各种活动障碍为焦点进行治疗的方法，因此作业疗法所涉及的内容包括患者的躯体功能与心理功能等各个方面，其评定的内容包括：运动、感觉、知觉、认知、心理、日常生活活动、社会交往、功能独立性等；同时，评定过程中还应充分关注患者在生活、工作、社会活动的环境中所遇到的障碍，必要时应对其所在生活、工作环境和设施情况做详细的调查了解，从而找出不利于患者生活的环境问题以及探讨对环境进行改造的可能性。

一、日常生活能力评定

对患者日常生活能力的评定，最好是通过观察或者实际操作来进行，而避免通过提问的方式进行，因为患者主观认为可以完成和实际能否完成情况之间可能存在差异。另外，患者在训练室等特定的环境中一些可以完成的日常生活动作，有可能在家里难以完成。例如，患者在训练室里可以独立完成穿脱衣服的动作，但是却不能做到从凌乱的衣橱里找出需要的衣服，或者不能根据天气变化选择恰当的衣服。

国际上有若干针对日常生活动作评定的方法和常用的表格，包括：

在躯体的ADL方面，Barthel指数，称为MBI（modified Barthel index），它除能评定

PADL 外，还能够预测今后的恢复程度，该量表总分为 100 分，60 分为是否能独立的分界点。100 分以下~60 分以上为轻度残疾；60~41 分为中度残疾，需大量帮助；40~20 分为重度残疾；低于 20 分为完全残疾。

在工具性 ADL 方面，有功能活动问卷（FAQ），评定后分数越高说明障碍越重，正常标准为低于 5 分，≥5 分为异常。

功能独立性测定（FIM）量表，适用于需要全面评定 PADL 和 IADL 的时候。

二、身心功能评定

（一）姿势控制

对姿势控制的认识和训练是偏瘫患者治疗的重要组成部分，因为姿势控制是基础，是完成日常生活动作的最基本的能力。例如穿袜子等更衣动作、床与轮椅之间的转移动作、家务活动、玩纸牌等游戏活动，都需要在稳定地控制姿势的前提下完成。通常偏瘫患者躯干控制能力减弱、主动的姿势调整受到限制，需要更多的主观努力来维持直立的姿势，因此导致完成目的性活动能力的降低。在完成具有挑战性的活动时，偏瘫患者经常依靠代偿策略来帮助维持稳定性，例如利用健侧上肢支撑来帮助维持坐位平衡时，就无法利用双手完成进食动作。

姿势控制能力既可以用量表来评定，如 Berg 平衡量表；也可以通过观察日常生活活动如更衣、转移和入浴等动作的过程进行评定。确定患者姿势控制的能力是评定偏瘫患者功能水平的开始，躯干控制能力直接影响肢体活动的控制能力，控制能力受限的时候会增加跌倒的危险性，坐位和立位的耐久力也会下降，直接影响患者身体机能水平的发挥。

（二）上肢机能

1. **感觉知觉的评定** 上肢和手部动作的完成与感觉知觉功能密切相关，如果是重度感觉障碍，不仅影响患者运动功能的恢复，而且手的功能性使用也会在很大程度上受到影响。感觉的评定需要患者具备一定的认知能力和能对多种刺激做出反应的能力，因此对于存在失语症、意识模糊和其他认知障碍的患者进行感觉评定比较困难。通常在进行感觉检查之前，需要确定患者理解和交流的能力水平，确认"是"于"否"的表达方式。比如，除利用语言表达之外，表达性失语的患者能够通过点头、做手势、在纸上画或书写等方式对测试做出应答。在不能用标准的程序进行评定时，需要通过观察患者对测试的反应获得信息。在临床上，进行的感觉检查内容主要包括触觉、痛觉、温度觉、振动觉、位置觉、运动觉、两点辨别觉、立体觉等。

2. **机械和生理方面的评定** 影响偏瘫后上肢运动功能的主要因素包括被动关节活动范围受限、关节排列不齐、异常的肌张力和疼痛。通过与患者面谈和阅读病历可以帮助治疗师确定这些问题是否由于中风造成。因为肢体关节被动活动范围受限与个体的解剖学、生活方式或其他疾病（如关节炎或关节损伤等）存在直接关系。中风后由于肌肉无力或痉挛所致关节突然的、长时间的固定也可以直接导致关节活动范围受限。关节长时间地处于刻板的姿势而缺乏对抗的运动会导致短缩，最终是肌肉、肌腱和韧带的挛缩。继发于循环障碍的水肿和肌肉活动丧失进一步限制关节的被动活动，特别是在手部表现明显。通常，不需要用量角器测量被动活动范围，而在以扩大关节活动范围为治疗目的的时候，如消除肘关节的屈曲挛缩，需要严格测量关节活动度。对偏瘫患者更有意义的评定是患侧和健侧上肢关节活动范围之间的比较，以确定应有的关节活动范围的基准。

肩关节半脱位或盂肱关节排列不齐，可能是由于冈上肌和三角肌无力时，上肢自身的重量将肱骨向下拉，或者是由于肩胛带周围的肌肉无力使关节盂窝向下旋转造成的。

肩关节半脱位可以通过触诊确定：在躯干固定的状态下，患侧上肢自然垂于身体侧方，检查者触摸肩峰与肱骨头之间的空隙，结果用肩峰与肱骨头之间的空隙可以容纳几个手指表示，如1横指。

肩关节半脱位是否导致疼痛仍然存在争论，其他可能导致偏瘫患者肩关节疼痛的原因包括痉挛、挛缩、软组织损伤、肩袖撕裂等。

异常肌张力是运动障碍的一个常见的组成部分，也与活动受限和疼痛有关。对于肌张力的评定方法有定性的方法和定量的方法。定性的方法主要是通过观察被动运动对患者的关节和患者的随意运动进行评定。定量的方法，目前临床上常用的是改良的 Ashworth 量表。

3. 随意运动的评定　每个偏瘫患者的运动模式都是不同的，随着时间的推移运动模式的变化或者愈发明显，或者逐渐减少，因此在恢复的整个过程中需要反复地进行再评定。评定患侧上肢运动控制时需要注意以下几个方面：

- 患者肢体的运动是反射性的还是随意性的？例如：当平衡被破坏时，虽然患侧上肢肘关节出现主动伸展（平衡反应）和当打哈欠时肘关节出现屈曲（联合反应），但需要确定在要求患者屈曲或伸展肘关节时能否主动完成。
- 近端部分（颈、躯干、肩、髋）能否根据需要为远端部分的运动提供稳定的支持？例如：当试图运动上肢时患者不能维持平衡，或只有在躯干明显地侧屈和肩胛带过度的上抬时才能将患侧上肢抬起。
- 能够抗重力独立完成随意运动，还是需要在定位、支持或易化等辅助措施下才能完成随意运动？例如：患者只能在去除重力的水平面上利用肘关节屈曲将手送到嘴边。
- 随意运动是在分离运动还是在联带运动模式下完成的？例如：患者是在肩关节外展、肘关节屈曲、躯干屈曲的模式下去够桌面上的物品，还是用更有效率的肩关节屈曲、肘关节伸展的模式来完成这个动作。
- 能否以实用性的速度和精确性进行交互运动（完成单个关节主动肌/拮抗肌连续运动的能力）？例如：患者不能完成刷牙动作所必要的快速的交替运动，或者不能完成用必要的流畅的、连贯性的肘关节伸展－屈曲－伸展的模式来握住杯子、喝水，再将杯子放回到桌子上去这一系列动作，但是可以完成它们的分解动作。

常用的评定方法包括 Bobath 法、Brunnstrom 法、上田敏法、Fugl – Meyer 评定法。Bobath 评定法侧重于姿势反射，其重点是检查姿势反射的改变；Brunnstrom 评定法强调脑卒中偏瘫恢复的六个阶段，其检查方法是以这六个阶段为基础设计的；上田敏评定法是在 Brunnstrom 法的基础上，将 Brunnstrom 的六个阶段细分为十二个阶段，其本质上是相同的；Fugl – Meyer 评定法是由 Fugl – Meyer 及其合作者于 1975 年发表的一种累加积分量表，专门用于脑卒中偏瘫的评测，该评测法包含了三个组成部分，即运动及平衡、感觉和关节活动度及疼痛，总分为 226 分，其中运动方面占 100 分。

4. 肌力和耐力的评定 肌力降低会限制偏瘫患者的功能恢复，临床上判断肌肉无力的程度可以用从仅比正常肌力稍减弱到完全不能引起肌肉活动等来表示。用肌力评定来监测偏瘫患者的恢复受到质疑，因为周围性瘫痪的恢复是一个肌力由小到大的量变的过程，即运动功能随肌力的增加呈直线性的恢复过程，而中枢性瘫痪的恢复是一个运动模式改变的质变的过程，即运动功能在随肌力增加的同时还随运动的质量呈曲线性的恢复过程。

耐力减弱表现为完成维持一定时间的、具有实用性的运动或活动的能力减弱，是偏瘫患者完成活动的一个重要限制因素，因为它影响患者参与运动、活动乃至于康复的能力。耐力减弱可以是由于移动肢体造成的劳累所导致的身体或精神疲劳的结果，也可以是心脏或呼吸系统疾患造成的结果。

5. 功能性活动的评定 对偏瘫侧的上肢进行功能性应用的评定是非常重要的。因为日常生活能力的评定可以明确患者在完成日常生活动作中（包括工具性 ADL）存在的问题，但是不能精确地反映患者使用患侧上肢完成活动的能力。同样，通过肢体随意运动机能的评定（如 Bobath 法、Brunnstrom 法、Fugl-Meyer），可以掌握患者偏瘫侧上肢的功能状态，却不能对其在日常生活中的应用情况进行评定。常用的评定功能性活动的方法包括 Action Research Arm Test、Frenchay Arm Test、Functional Test for the Hemiplegic/Paretic Upper Extremity。

三、其他评定

1. 视觉功能 视觉系统是中枢和周围神经系统的综合体，因此，脑部任何类型或程度的损伤都可能会影响到视觉系统的功能。与中风有关的最常见的视觉障碍是同侧性偏盲。一个左侧同侧性偏盲的患者右眼鼻侧和左眼颞侧的视野会减小或缺失。

2. 精神机能

（1）智力功能：临床上通过阅读病历、观察与患者面谈时患者的表情和态度、分析对于问题的回答内容（计算能力、记忆力等）等可以对智力水平进行评定。客观的检查有标准化的韦氏成人智力检查（Wechsler Adult Intelligence Scale – Third Edition；WAIS – Ⅲ），简单的检查有修订版长谷川简易智力评定量表（Hasegawa Dementia Scale – Revised；HDS – R）以及简易精神状态检查量表（Mini – Mental State Examination；MMSE）。

（2）认知功能：一般在面谈以及观察日常生活活动的过程中能够发现认知功能障碍，治疗师需要总结患者异常的行为，并针对这些问题进行改善性的治疗。在检查之前，首先要了解与患者相关的医学信息、教育背景、家庭构成、职业等个人信息，还要了解患者有无智力和觉醒水平的低下。认知功能障碍的筛选性检查包括：图形、花等的临摹，人物的临摹，线段二等分测验，划消测验，模仿动作等。如有需要还可以进行标准化的检查如洛文斯顿作业疗法用认知评定成套测验（LOTCA）。

四、脑卒中患者预后的预测

脑卒中患者的预后与许多因素有关，预测的方法亦有多种，在临床实际运用中，应结合患者的实际情况和需求综合、全面地进行判断。一般认为，脑卒中后运动功能恢复的时间基本上是在 3 个月以内，在最初几周恢复最快，经验表明脑卒中患者瘫痪肢体的运动能力和步行能力在发病6个月后得到改善的可能性减小，但是语言、认知、家务及工作技能在两年内都还有进一步恢复的可能。恢复的顺序一般为先身体近端后身体远端。世界卫生组织资料显示，脑卒中患者经康复后，第一年约80%~90%的患者可恢复步行，60%的患者日常生活可完全自理，20%的患者需部分帮助，15%的患者需要较多的帮助，5%的患者需要完全帮助，约30%在工作年龄的患者可以恢复工作。

（一）影响脑卒中偏瘫恢复和预后的主要因素

脑卒中发生后，患者的临床表现即便存在相似情况，而预后可能也会有很大不同。通过大量对脑卒中预后预测的研究，明确了一些对预后有负面影响的因素，如果患者具有这些因素，则相对预后可能较差。当然不排除个体差异的因素。

影响预后的主要因素如下（表4-3-1）：

表4-3-1 影响脑卒中预后和康复的因素

有利因素	不利因素
1. 年轻	1. 年龄大
2. 轻偏瘫或单纯运动性偏瘫	2. 严重的、持续的弛缓性瘫痪
3. 无感觉障碍或知觉障碍	3. 严重的感觉障碍或知觉丧失
4. 反射迅速恢复	4. 明显的感受性言语障碍或完全性失语
5. 随意运动有些恢复	5. 严重的认知障碍或痴呆
6. 能控制小便	6. 二便失禁
7. 无言语困难	7. 明显的抑郁症
8. 认知功能完好或损害甚少	8. 既往有全身性疾病，特别是心脏病
9. 无明显复发性疾病	9. 缺乏家庭支持
10. 无抑郁或抑郁对治疗反应良好	10. 以前发生过脑卒中
11. 家庭支持	

（二）症状与预后的关系

脑卒中患者的一些临床症状与预后的关系如下（表4-3-2）：

表4-3-2 症状与预后的关系

1. 弛缓性瘫痪 当一侧肢体持续弛缓性瘫痪无反射达4~5日，往往不能再恢复正常的功能；若腱反射的恢复不伴有随意运动的恢复，有价值的运动功能恢复较差。
2. 痉挛性瘫痪肢体的痉挛通常在发病后1~3周变得明显，其预后一般比弛缓性瘫痪好，但在出现一些随意运动之前不能最后确定。
3. 单独出现感觉缺失的情况比较少见，但位置觉损害合并运动功能障碍，常明显限制功能恢复。
4. 表达性失语一般情况下预后良好，可以恢复。
5. 感觉性失语预后差。因为病人不能理解，训练难度加大，效果不明显。
6. 完全性失语预后差。
7. 书写困难预后取决于患者能否易于用正常的非优势手写字。
8. 构音障碍是言语的运用障碍，一般预后优良。
9. 吞咽困难一般能够有所改善。
10. 同侧偏盲可减轻，但为永久性。
11. 假性延髓麻痹很少恢复。

(三) 上肢功能预后的预测

脑卒中患者最终残疾的程度，与病变的部位、梗死的范围和出血的量有密切关系，而患病后开始康复的时机和采用的方法是否得当、患者本身要求康复的欲望和参与治疗训练的态度如何，是能否获得最佳康复效果的决定性因素。

1. 手功能恢复的预测　由于大部分患者偏瘫手功能的恢复在病后3个月以内，3个月以后恢复较为困难，所以早期正确地评估手的功能状况，有利于指导治疗。偏瘫后手功能的预后预测方法如下（表4-3-3）：

表4-3-3　脑卒中偏瘫后手功能恢复的预测

手指能在全ROM内完成协调屈伸的时间	手功能恢复程度
发病当天就能完成	几乎全部可以恢复为实用手
发病后1个月之内完成	大部分恢复为实用手，小部分为辅助手
发病后1~3个月之间能完成	小部分恢复为辅助手，多数为废用手
发病后3个月仍不能完成	多为废用手

另外，在发病后4个月内，还可用下面的公式来预测手功能。如果恢复到实用手，需符合下式：$N/(3+3m/4) \geq 1$。式中N为Brunnstrom分级，m为发病后的月数，m的条件为$0.5 \leq m \leq 4$。从此式可知，4个月内如恢复不到BrunnstromⅥ级，将不可能恢复为实用手，其原因是以m=4代入上式时，如N不等于6，上式即不可能等于1。判断将来是否为废用手可用$N/(1+3m/4) \leq 1$的公式，其中m的条件为$1 \leq m \leq 4$。从此式可知，若4个月内恢复不到BrunnstromⅣ级，即可判定为废用手，因为从公式中可知，m=4时，若N不到Ⅳ级，该式即进入小于1的条件。

2. 上肢功能预后的预测　按发病时上肢Brunnstrom分级推测6个月后上肢的功能（见表4-3-4）。

4-3-4　从发病时上肢的Brunnstrom分级预测6个月后的恢复

发病时Brunnstrom级别	6个月后各Brunnstrom级别所占的%				
	Ⅰ及Ⅱ	Ⅲ	Ⅳ	Ⅴ	Ⅵ
Ⅰ及Ⅱ	30.18	49.05	5.66	5.66	9.45
Ⅲ	0	12.90	12.90	19.35	54.85
Ⅳ	0	0	0	6.75	93.75
Ⅴ	0	0	0	0	100
Ⅵ	0	0	0	0	100

3. 下肢功能预后的预测　步行是下肢最主要的功能。有关治疗和功能性步行的标准，具体到偏瘫患者，社区内功能性步行能力应符合：①5分钟内走350米；②步行效率=（步行速度/步行3分钟后的心率）×100%，应>30%；③安全；④不用笨重的助行器；⑤可在家庭周围的社区内采购、上公园、散步、就诊，而无需他人帮助。在室内能行走，但步行耐力和速度达不到上述之①及②标准者，属于家庭性步行类。为判断能否获得功能性步行，可采用美国Rancho Los Amigos医学中心提出的直立控制试验（upright control

test，UCT）来评定，3项均达不到强级者，将来难以有良好的功能步行。（具体方法见表4-3-5。简单的预测步行能力的办法见表4-3-6。）

表4-3-5　直立控制试验

1. 屈髋
   助手：站于患者健侧在股骨大转子处扶住患者
   试者：让患者站直，尽可能快地将病膝屈向胸部（越快越好）
   评定：强——屈髋大于60°，且10秒内能完成3次
   　　　中——屈髋在30°~60°间，10秒内能做3次
   　　　弱——屈髋在30°以下，10秒内能做3次
2. 伸髋
   助手：蹲在患者的患腿后方，一手握住患侧股骨前方，另一手握住患侧胫骨前方，使患侧膝关节保持中立位、踝关节保持稳定
   试者：站在患者患侧，用手扶住患者上肢或手，先指示患者用双腿站立，然后抬起健腿，仅用患腿站立
   评定：强——能够最大范围伸展髋关节或保持髋关节伸展状态
   　　　中——不能最大范围地伸展髋关节，但能控制躯干不再前倾；或虽然出现躯干前后摇动，但不会倾倒；或者出现髋关节过伸展
   　　　弱——出现髋关节不受控制的屈曲或者不能保持站立
3. 伸踝
   助手：位于患者健侧支持躯干伸直
   试者：蹲在患腿后方，保持患侧膝关节于中立位，指示患者用双腿站立。然后让患者抬起健腿，使患侧单腿站立，进而指示患者足跟离地，用足前部支撑全身
   评定：强——能患侧单腿站立，并能按命令足跟离地，用足前部支撑全身
   　　　弱——不能

表4-3-6　脑卒中偏瘫后步行恢复预测法

发病初期仰卧位可完成的试验	将来步行恢复的可能性（%）			
	独立步行	辅助下步行	可以步行（共）	不能步行（共）
1. 悬空屈伸膝：在仰卧位伸展下肢、患侧髋关节屈曲45°±状态下，膝关节在10°~45°之间反复伸屈	60~70	20~30	90	10
2. 主动直腿抬高：仰卧位下，做患侧直腿抬高动作	44~55	35~45	90	10
3. 保持膝立位：仰卧位下，90°±屈膝状态下，保持下肢立于床面上，不向左右偏倒	25~35	55~65	90	10
4. 上述1、2、3项试验均不能进行	33	33	60	33

另外，也可以通过发病时的Brunnstrom分级（对照表4-4-7），推测6个月后的恢复状况。

表 4-4-7　从发病时下肢的 Brunnstrom 分级预测 6 个月后的恢复

发病时 Brunnstrom 级别	6 个月后各 Brunnstrom 级别所占的%				
	Ⅰ及Ⅱ	Ⅲ	Ⅳ	Ⅴ	Ⅵ
Ⅰ及Ⅱ	27.27	34.09	20.45	4.54	13.65
Ⅲ	0	17.94	24.32	10.81	46.93
Ⅳ	0	0	0	7.14	92.86
Ⅴ	0	0	0	0	100
Ⅵ	0	0	0	0	100

第四节　作业治疗

脑卒中患者一般在发病后立即去医院或者诊疗所接受治疗，部分综合医院在院内设有康复训练部门，在发病初期就可以开始进行康复治疗。而更多的情况是在经过急性期治疗、病人状态稳定后，才转入康复专科医院，接受正规的康复治疗。无论何种情况，都需要在早期开始进行康复训练。

典型的脑卒中患者住院期间康复的主要训练项目包括：

针对 ROM 等的基础训练；

坐位、立位、步行等的基本动作训练；

瘫痪侧上肢功能训练；

日常生活活动（ADL）训练；

高级脑功能障碍的对应治疗；

回归家庭的准备训练等。

作业疗法的内容涉及很多方面，首先是利用具体的作业活动进行提高上肢功能的治疗，进行以身边处理动作为中心（包括完成这些动作所必需的姿势控制和智力活动等）的治疗。其次，需要预测将残存的功能障碍，活动能力障碍的程度，并从早期开始进行以提高 ADL 自理能力为目标的各种活动，最初可以将系列动作分解进行训练，同时还可以应用自助具、进行家庭环境改造的指导和帮助等。另外，还需要配合进行必要的以心理、社会技能、职业前评价和训练为目的的治疗。

一、治疗目的

针对脑卒中患者进行作业治疗的主要目的在于通过患者参与作业治疗活动，改善和维持身体、心理两大方面的功能，使患者最大限度地获得生活自理，最终回归家庭，重返社会，享受高质量的生活。

二、治疗方法

为了达到上述目标，作业治疗必须根据患者自身的特点，制定行之有效的治疗方案，而在制定具体的治疗方案和措施的时候，必须考虑以下几个方面的因素：患者发病的时间，目前所处的恢复阶段，患者的年龄，运动、感觉、认知功能等，合并症，家庭、社会、经济等方面，等等。治疗方案中的基础部分，应该包括促进患者正常姿势反射和运动、抑制异常的反射及异常的运动模式的内容，鼓励患者使用患侧手。确定了治疗措施以后，应及时让患者的家属以及其他专业尤其是护理人员了解其内容，并介绍和指导他们采用正确的方法对患者进行有效的监督和指导，尽可能地应用到日常生活中。

脑卒中恢复的阶段不同，治疗的主要目标会有所不同，治疗方法也会有不同的特点，治疗者必须根据患者的现状、不断变化和进展的情况，及时进行评定并随时调整治疗方案和治疗措施。

（一）急性期的治疗措施

大量临床康复实践表明，早期康复有助于改善脑卒中患者受损的功能，减轻障碍的程度，有利于提高其生活质量；因此，通常主张一旦患者生命体征稳定48小时后，在病情不再进一步进展的情况下及时开始实施康复措施。这一时期的治疗主要为预防并发症和继发性障碍的出现，并为今后的康复训练打基础、做准备。急性期作业疗法的目标是早期离床、基本动作的改善、上肢功能恢复、认知功能改善、患者发病后的心理支持等。

发病早期，由于患者非特异性的所有的机能都发生下降，所以，在设计作业活动时不仅要考虑个别机能的恢复问题，还要考虑开展围绕提高患者整体的活动性的治疗活动。

急性期的主要治疗目的和方法是：①预防由于身体丧失运动而引起的患侧上肢的肿胀和疼痛的发生，预防肌肉短缩。②特别关注患侧上肢，预防忽视患侧肢体而引起的身体模式的固定化。③促进随意运动的恢复，将正确的运动模式作为一种运动感觉向患者输入。④提高患者的中枢觉醒水平具体治疗措施包括：

1. 预防关节挛缩和变形。

中风后由于肢体长时间地不活动，所以会导致关节挛缩和粘连，还可能会引起疼痛甚至影响功能恢复。一旦发生关节挛缩，恢复起来并不容易，改善关节挛缩需要时间同时会伴有疼痛，如果出现一些特殊的情况，还有必要使用矫形器或进行手术，以致给患者带来更大的痛苦和负担。因此预防挛缩的发生十分重要，预防措施包括体位摆放，定时进行体位变换和关节活动度的训练。具体如下：

（1）体位摆放：患者在卧床期间，无论有无意识障碍，都一定要将肢体保持在正确的位置，否则患者的肌张力可能会增高，还可能会引发肌肉短缩、关节挛缩等继发功能障碍。为预防这些继发障碍，患者必须保持正确的体位，且适时进行体位变换以将功能损害降到最小限度，也为日后的功能训练打好基础。对于伴有严重意识障碍的患者，应避免强迫其处于某种体位，体位变换的时间也要相应缩短。

1）患侧卧位（图4-4-1）：患侧卧位是所有体位中最重要的体位，从初期就可开始采用。由于患者的体重压在患侧身体上，有利于增加对患侧身体的感觉刺激输入；由于整个患侧身体被动伸张，从而有利于减轻痉挛；另外，健侧手被解放出来可以自由活动和使用。采取此体位时应注意以下几点：

头：头部应利用枕头充分支撑。

躯干：稍向后方旋转，后背用枕头充分支撑。

上肢：患侧上肢肩胛骨前伸，肩关节屈曲与躯干的角度不小于90°，肘关节伸展，前臂旋后，腕关节置于床沿保持被动背伸。健侧上肢可以放在身体上方或后边的枕头上。

下肢：下肢呈迈步位。患侧下肢髋关节伸展，膝关节轻度屈曲。健侧下肢髋、膝关节屈曲并用枕头在下面支撑。

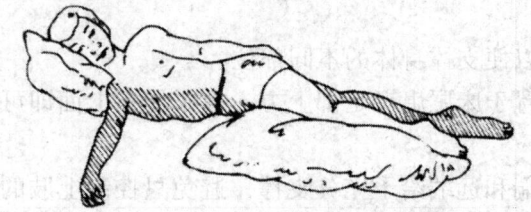 

图4-4-1 患侧卧位时的正确体位　　　　图4-4-2 健侧卧位时的正确体位

2）健侧卧位（图4-4-2）：

头：头部利用枕头支撑。

躯干：躯干侧卧与床面呈直角。

上肢：患侧上肢利用枕头支撑在患者的前面，肩胛骨前伸，肩关节前屈约90°~100°，肘关节、腕关节和手指伸展，掌心向下。健侧上肢放在患者感觉舒适的任意位置。

下肢：患侧下肢向前稍屈髋、屈膝，并完全由枕头支撑。注意避免使足部悬在枕头边缘而引起内翻。健侧下肢平放在床上，伸髋，微屈膝。

3）仰卧位（图4-4-3）：仰卧位仅作为与其他卧位的交替或过渡时使用。因为这种体位会受到紧张性颈反射和紧张性迷路反射的影响，异常反射活动最强，并且长时间采取这种体位还容易造成骶尾部、足跟外侧和外踝处发生压疮。所以应该避免长时间采用仰卧位。

头：头部利用枕头支撑，面部转向患侧。

患侧上肢：在患侧肩胛骨下和上肢下方各放置一个枕头，以防止患侧肩胛骨的后撤，并使上肢处于高于心脏水平的位置，肘关节伸展，前臂旋后，腕关节背伸，手指伸展位。

患侧下肢：在患侧骨盆下方和患侧大腿的外侧各放置一个枕头，使骨盆向前和防止髋关节外旋。

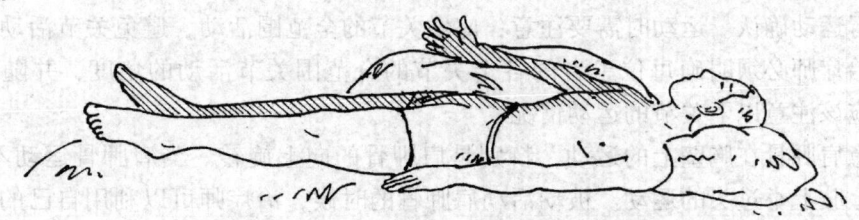

图4-4-3 仰卧位时的正确体位

4）体位摆放时的注意事项：

①床垫不宜太软，床应放平，床头不宜抬高。

②床上的正确体位摆放是治疗措施的一部分，必须确保实施，并随时进行检查和调整，还要根据患者的具体情况采取一些特殊手段。比如可以让患者手掌握住一个小毛巾卷以防止手指屈曲挛缩，这时需要注意毛巾卷是否会刺激手掌引起抓握反射，出现时患侧手

就不宜放置任何物品；足底部应避免放置任何东西，使其呈自然放置状态，但是对于需长期卧床或是迟缓性瘫痪的患者，有必要使用足底板等，使踝关节保持在90°屈曲位，防止造成尖足畸形；仰卧位时双下肢自然伸展，但对于有膝反张的患者可以在膝关节的下方放置一个小枕头，使膝关节呈轻度屈曲状态。

③如需穿戴休息位支具来保持腕关节背伸的时候，必须经常检查，避免支具妨碍感觉的输入，限制主动运动和导致伸肌腱短缩。

④需要准备一些不同大小和形状的枕头，以便支撑身体的不同部位。

⑤为防止足下垂，可以制作一个金属框架置于床尾患者足部上方，被子搭在上面即可避免直接压在患足上引起足下垂。

⑥在体位摆放过程中，应分别对上肢的近端和远端给予充分支撑，避免只控制上肢的远端而忽略近端。

（2）定时的体位变换：由于一个人长时间处于一种体位会造成继发障碍，因此患者的体位必须定时变换，尤其是在急性期。这项工作主要由护士负责，作业疗法师给予配合。原则上要求每2~3小时变换一次体位，以后当患者能自己翻身和在床上移动时，间隔的时间可以适当延长，直到患者在清醒时或感到不舒服时能自己改变体位。

（3）关节活动度的训练：在保持正确体位的同时，需要积极采取保持和扩大关节活动度的训练，这样能够有效地预防四肢肌肉和韧带短缩造成的关节挛缩。而且在功能恢复训练的早期，关节活动度训练对于运动感觉的学习和随意运动的诱发都是很重要的。

长期卧床很容易引起关节挛缩，上肢的易发关节和运动方向如下所列：

肩关节：内收、内旋

肘关节：屈曲

前　臂：旋前

腕关节：屈曲

手　指：屈曲

在患病初期，患者尚未出现主动运动的情况下，治疗师应该积极地为患者做所有关节各个方向的被动运动，必要时需要到患者病床旁进行以被动运动和辅助主动运动为主的关节活动，这样的关节运动一般每天进行两次，每次15分钟，运动时指示患者眼睛追随运动方向进行运动确认。运动时需要注意：应做关节的全范围活动，避免关节活动度逐渐缩小。因此治疗师必须明确每位患者的各个关节的全范围关节活动的角度，并随时观察变化，尤其应该注意以下关节的运动情况：

①注意肩胛骨在胸壁上的运动，特别是肩胛骨的向上旋转。当肩胛骨运动不明显时，避免进行上肢上举过头的运动。被动活动肩胛骨的时候，治疗师可以利用自己的腋下夹住患者的前臂，用手握住患者的上臂，诱导上肢的肘部伸展、肩关节外旋，用另一只手扶住患者肩胛骨脊柱侧边缘，然后缓慢地有节奏地向上向前向下活动患者的肩胛骨。

②肩关节充分外展的前提是肱骨的外旋，因为肱骨外旋使肱骨大结节可以从肩峰后方通过。

在进行关节活动度的训练中应遵循以下几项原则：

• 活动须缓慢、轻柔地进行，因为快速运动会增加关节强直的危险，过度用力容易造成关节脱位或其他损伤，还有可能产生疼痛。
- 活动从近端关节开始，所有关节、所有运动方向各运动 3~5 次，每日训练两次。
- 活动时要固定近端关节活动远端关节，不能跨越数个关节固定肢体的远端。
- 被动活动结束后，注意维持患者良肢位。
- 注意鼓励和指导患者用正确的方法进行自我关节活动训练。如患者仰卧在床上，双手交叉握在一起，患侧拇指在最上面，肘关节伸直，进行肩关节屈曲伸展的运动（图 4-4-4）；另外可以做肩关节 90°屈曲位下，向健侧方向做肩关节水平内收的运动，带动患侧肩胛骨充分前伸。

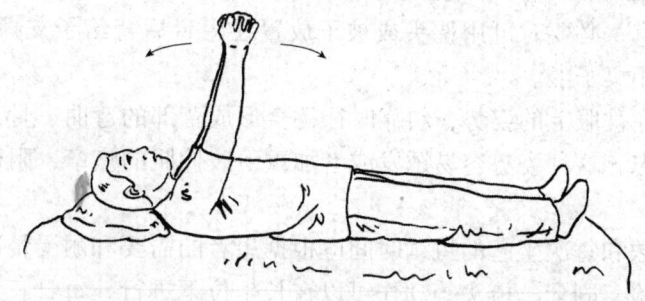

图 4-4-4 肩关节的屈伸运动

2. **皮肤护理** 大约有 14.5% 的脑卒中患者存在皮肤压痛压伤情况。尤其是处于昏迷不醒、营养不良、过于肥胖或大小便失禁状态的患者，或者存在严重麻痹或肌肉痉挛的患者，容易发生这种情况。OT 师可以通过以下几点来帮助患者保持皮肤健康：

（1）提示患者随时保持正确的床上体位、坐位姿势，定时进行体位变换。
（2）应用正确的转移、移动技术，减少对皮肤的刺激，避免过度的皮肤摩擦。
（3）为患者选择轮椅和进行改造提出合理化建议。
（4）对患者和护理人员进行保护皮肤的指导。
（5）注意皮肤受压的征兆（如压扁、发红、水疱、擦伤、溃疡），尤其注意骨骼突出处，并提醒护士和医疗人员随时给予适当的处理。

3. **预防和纠正单侧忽视和视野缺损** 临床上经常可以看到脑卒中患者患侧忽视的现象，比如患侧上肢像不是自己身体的一部分一样被随意甩在一旁，很容易造成患侧肢体及关节的损伤，对未来的功能恢复也极为不利。因此，治疗者应随时提醒患者关注自己患病一侧的身体。另外，以下措施也对防止和改善患侧忽视有效。

（1）鼓励患者转动头部，用眼睛扫视环境。
（2）治疗者或家属在对患者进行治疗或护理的时候，应尽量从患侧接近患者，增加患者关注和认知自身患侧的机会。
（3）在日常生活中，应注意始终将患侧上肢置于患者自己的视野之内，而且尽量保持与健侧相同的肢位。例如：在进食的时候，即使不能使用患侧手，也应把患侧上肢放在桌面上。坐在椅子上的时候，患手应放在自己的大腿上，治疗者必须随时提醒患者，在患侧手从腿上滑落的时候，利用自己的健手将患侧手放回大腿上面。
（4）多做健侧手带动患侧手及上肢的自助性活动。

4. **坐位训练** 当患者生命体征稳定 48 小时，并且能够与人进行交流沟通后，就可以在主治医生的指示下开始进行坐位训练。在患者可以耐受的时间内反复取坐位，从床上的长坐位开始，逐渐过渡到床上的端坐位和轮椅坐位。

正确的坐姿要求骨盆提供稳定的支持，背部保持伸直。这种姿势可以解放上肢，并且可以让患者在水平位下观察到周围的环境。由于患者身体各部的肌紧张程度分布不均匀，患者常会表现为头颈和躯干向患侧侧屈、骨盆倾斜的姿势，这种姿势容易引起部分肌肉过度疲劳，而且会逐渐失去平衡甚至跌倒，治疗师必须随时纠正患者的不良坐姿。正确坐姿的原则是两侧身体对称。

（1）床上长坐位（图4-4-5）：采取床上长坐位时必须保持髋关节90°屈曲，双下肢自然伸展，背部伸直，必要时可用枕头或被子放置在患者后背给予支撑，头部无需支持。双上肢放在前方的小桌子上。

避免身体斜靠在被服上的姿势，斜靠时往往会形成背部的弯曲、骨盆向后方倾斜、髋关节处于半伸展状态，这种姿势容易诱发或者加重下肢伸肌的痉挛，阻碍下肢运动功能的恢复。

每天坐起的次数和每次坐起的持续时间应根据患者的需要和耐受情况而定。例如，每日清晨起床后的洗脸、刷牙、梳头等动作可以在长坐位下进行，每日三餐的时间也可以采取长坐位。初期如果患者感觉疲劳，可在进食的过程中，随时调整患者的姿势。床上长坐位能够稳定、持久维持后，可逐步采取床边端坐位（双下肢自膝部向下垂于床缘）和轮椅坐位。

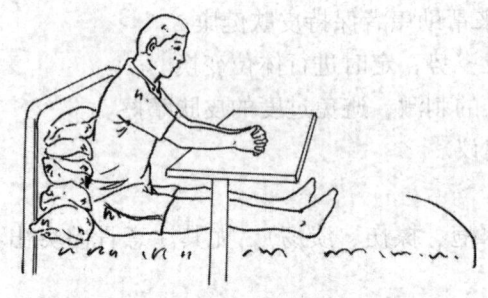 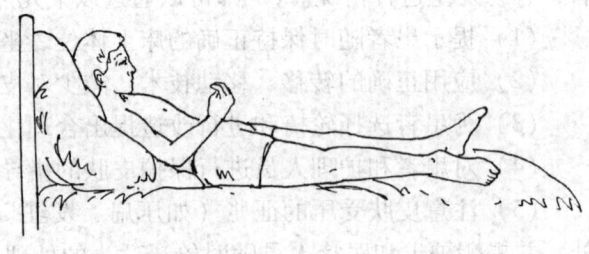

图4-4-5 床上长坐位的正确姿势　　　　图4-4-6 不正确的床上长坐位坐姿

（2）轮椅坐位：首先应选用适合患者身材的轮椅，必要时可利用海绵垫来调整轮椅的高度和宽度，使患者坐在轮椅上时，髋、膝、踝关节都能保持在90°屈曲位，背部伸展靠在椅背上，如果轮椅靠背过软使躯干过度屈曲，就应在其背后放置一块背板，帮助患者保持背部伸直的坐位。在患侧大腿的外侧放置海绵块以防止髋关节外展和外旋（图4-4-7）。当采取这种体位时，患者很少有向坐位下滑和半卧在轮椅上的倾向（图4-4-8）为了使上肢处于一个良好的姿势，建议患者使用轮椅桌（图4-4-9），将双上肢置于桌面上。轮椅桌的主要作用有：

1）能够给患侧上肢以足够的支持，还能在轮椅桌上进行进食和其他简单的作业活动等。

2）能够使患侧肩胛充分向前，抑制患侧上肢的屈肌痉挛。

3）防止手部浮肿。

4）将双上肢放在轮椅桌上，使患侧上肢处在患者的视野之内，有利于避免患侧忽视的现象出现。

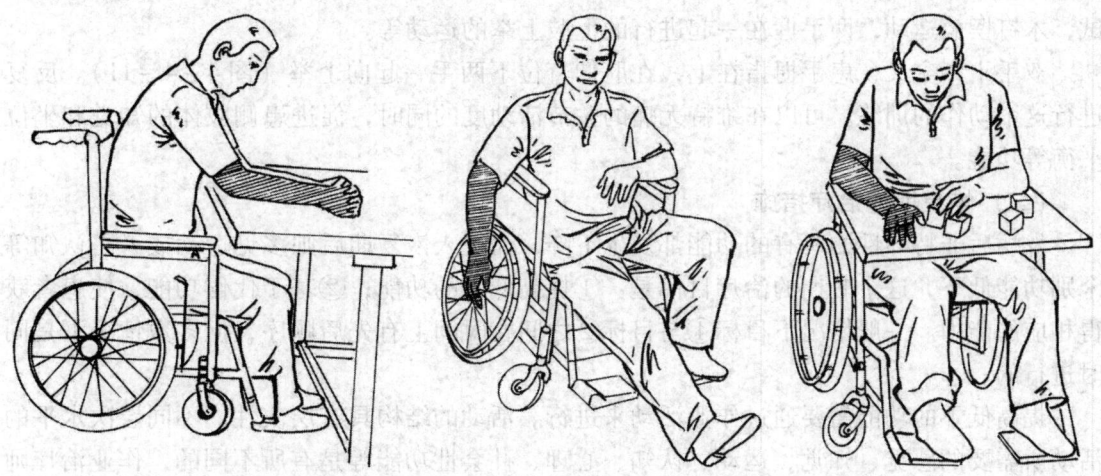

图4-4-7 正确的轮椅坐姿　　　图4-4-8 不正确的轮椅坐姿　　　图4-4-9 轮椅桌

能简单地装卸，并且不妨碍轮椅行驶。将双上肢放在桌面上保持坐位姿势，可以预防手的浮肿。还可以在桌面上进行简单的作业活动。

（3）正确的椅坐位：左右两肩和躯干对称，背部伸直，髋、膝、踝关节保持90°屈曲，为避免髋关节外展和外旋，应将双脚分开与肩同宽，将双膝并拢。双上肢置于身前的桌面上。（图4-4-10）

 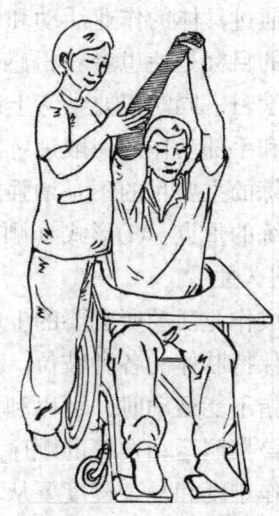

图4-4-10 正确的椅坐位　　　　　　　图4-4-11 双上肢的上举

5. **身边动作训练**　要求患者能自己完成的动作尽量自己完成。尽可能地早期用健侧手自己完成进食和梳洗等动作。进食是自立度较高的ADL动作，OT师可以通过改造进食用具如将勺柄加粗，增加碟挡、防滑垫，或通过调节桌子的高度来提高患者进食动作的独立性；如果在辅助下可以保持床上坐位的话，可以使用便携式座便器完成大小便的排泄动作；在此阶段还可以指导患者进行穿脱衣服的训练。总之，要尽可能让患者做能够独立完成的动作。

6. **治疗性作业活动**　以提高患者的活动性、预防患侧上肢的肿胀和患侧忽视以及身体姿势的固定等为目标，进行要求患者的肢体和精神都参与的活动，例如，简单的智力测试，木钉摆放运动，两手握在一起进行的上肢上举的运动等。

双手十指交叉，患手拇指在上，在肘伸直位下两手一起向上举（图4-4-11）。反复进行这个动作的训练。可以在维持无痛的关节活动度的同时，促进患侧肢体的知觉和坐位平衡等功能。

（二）恢复期的治疗措施

发病后非特异性的所有的功能都发生下降，而进入恢复期后则多见运动或者是认知等个别功能低下，这个时期的治疗目标是：①提高低下的功能；②基于代偿功能，使患者获得相应的能力。一般情况下目标①与目标②之间在时间上有先后顺序，但多数情况下是同时进行的。

提高低下的功能需要通过作业活动来进行。活动的结构具有层次性，不同层次水平的活动所需要的感觉、知觉、运动、认知、心理、社会性功能等是有所不同的，作业治疗师需要分析作业活动的过程，掌握患者功能低下的程度，考虑应该采取什么措施。在选择作业活动的时候，应考虑到最好采用略高于患者现有的功能水平、完成时略感难度的作业活动，这样的活动比较有利于提高患者低下的功能。

1. 感觉运动功能（上肢和手的动作）偏瘫侧上肢的功能恢复一般从上肢的近端开始，但是由于病灶部位的原因，也有一部分患者是从远端开始恢复的。一般情况下会经过：发病后的迟缓性瘫痪；出现痉挛；痉挛加重，出现共同运动；痉挛减轻，出现分离运动等恢复过程，通过具体的作业活动和作业场面的操作以及练习等，提高患者上肢和手的控制能力。治疗的目标是使患者获得感觉运动系统的协调性（coordination），这个过程就是广义上的运动学习，同时还要参考上肢运动发育顺序。

上肢和手部动作的一般训练原则：

• 训练的主要目的不是增强肌力，而是以改善运动模式为主要目的的。

• 训练的重点：①形式（顺序，模式）；②准确性；③速度；④适应性（场面的变化等）；⑤耐久性。

• 完成作业活动所必要的上肢运动是从近端关节开始向远端关节转移，并且在运动中还要能够保持肢体的各种肢位。

• 手指不能运动时，可以利用训练用矫形器。

• 应该按照运动发育的顺序来选择作业活动。

• 动作难度和复杂程度要从单纯到复杂：①要素动作的运动模式从简单到复杂（从联带运动到分离运动）；②从连续动作到同时动作；③完成动作所需时间从短到长；④从平面的动作到空间的动作；⑤移动的距离从短到长；⑥从不需要手眼协调到需要手眼协调。

（1）关节活动度训练：无论是急性期还是恢复期，关节活动范围的维持工作都非常重要。

尤其需要从发病早期就开始进行关节活动度训练，积极预防关节活动受限。在尚未出现随意运动、患手还处于废用手水平的阶段，为防止今后出现更衣动作、手的卫生管理困难等情况，也必须进行维持关节活动度的训练。

能够达到维持、扩大关节活动范围目的的作业活动有桌面擦拭运动、砂板磨训练、体

操棒训练。(图 4-4-12~17)

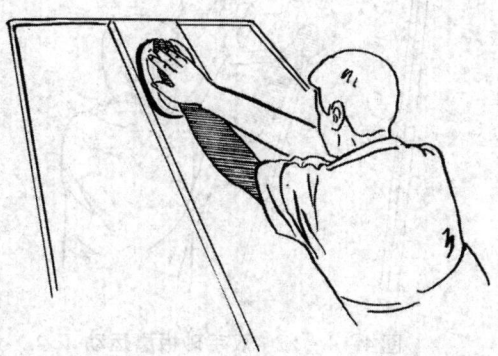

图 4-4-12 桌面擦拭运动（辅助的主动运动）

将患手固定于分指板中，使拇指外展、手指伸展，同时将健手放在患手的手背上，两手同时做向上推然后再向下拉的运动。

图 4-4-13 桌面擦拭运动（主动运动）

可以利用分指板或者折叠的毛巾进行桌面上的擦拭运动，促进肩和肘的主动运动。要注意躯干的代偿运动以及异常的运动模式。

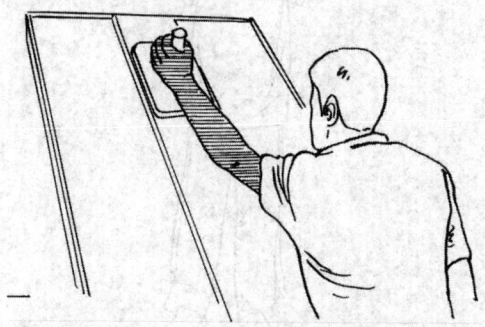

图 4-4-14 单手砂板磨运动

抓握单手用砂板磨的手柄，有的需要前臂旋前位、有的需要前臂中立位，一般情况是初期采用前臂旋前位抓握，逐渐过渡到前臂中立位抓握。活动过程中要注意避免躯干的过度代偿运动。

图 4-4-15 双手砂板磨运动

在使用双手用砂板磨时，要注意双上肢的对称性，斜板的角度一般在 0~55°的范围内，在可能的角度下，反复做向上推和向下拉的交替运动。双手用砂板磨有横位和竖位之分。根据患者恢复的阶段不同设计不同的动作，桌面擦拭运动不仅是前臂由旋前位→中立位→旋后位的变化，砂板磨倾斜的角度也可以发生变化，还可以设法给砂板磨增加一定的阻力。

图 4-4-16 各种砂板磨磨具

为了促进前臂和手的分离运动，有多种抓握形式的砂板磨可以供利用。

图 4-4-17 棒体操

双手握住棒，在充分的范围内进行肩、肘、前臂、腕关节的运动。可以牵拉短缩的肌肉和促进建立分离运动模式。

（2）基本动作训练：随着患者病情进入恢复期，临床上绝大部分患者或多或少都会出现不同程度的痉挛和联合反应，如果不及时给予抑制，会相继出现病态的肢位、姿势及异常的运动模式，极大地影响机体功能的恢复。针对进入痉挛期的患者进行治疗时应注意以下几方面：①在训练过程中应注意让患者放松和休息，避免急速的、过度用力的动作。②在患侧上肢痉挛比较明显的阶段，避免做对手的抓握功能要求较高的动作。③避免过度使用健侧手，过度使用健侧手或健侧过度用力的时候，会加重患侧肢体的痉挛程度，影响患侧肢体的功能恢复，针对痉挛可采用牵拉、挤压、快速摩擦等方法来降低患侧上肢的张力，如利用负重练习或在负重状态下进行作业活动，能够有效地降低患侧上肢的痉挛程度。

瘫痪侧上肢运动障碍的特征是：患者欲使用患手时就会调动上肢所有的力量，从而使肌肉紧张性增高，出现共同运动模式。因此，作业疗法师必须设法打破这种共同运动模式，在异常运动模式被固定之前，从初期就开始将正确的运动模式作为一种感觉信息输入到患者大脑当中，逐步确立各关节的分离运动。进行分离运动训练时应该注意：避免选择过于复杂的动作和活动；按照从近端关节到远端关节的顺序进行训练。因为，如果没有近端关节——肩关节良好的分离运动和控制能力，就无法发挥远端关节的功能，即使远端关节——手的操作能力再强，也无法充分应用。针对共同运动进行治疗的最终目的，就是使远端关节不受近端关节运动和位置的影响，能够自如地操作和活动。

生活中的很多活动都是由一系列动作组合而成的，最初患者很难完成一系列的连续动作，所以在最初的治疗中，需要治疗师将活动进行动作分解，并指导患者逐一进行练习，最终实现完成连续动作的目标。物体的搬运、移动、操作是一种肩、肘、腕关节的多关节、多组合，同时包括使用躯干和下肢运动的复杂运动。训练就是指导患者利用正确的运动模式完成动作，并且通过具体操作获得实用性。上肢和手的动作中包含很多动作要素，其中5个基本要素是：①将手伸向目的物（reach）；②抓握（grasp）；③运送（move）④定位（position）；⑤松开（release）。

1）上肢动作：针对上肢的功能训练有许多作业活动可以选择，如滚筒运动、套圈运动、木钉摆放运动、患侧负重训练等，治疗师必须根据患者恢复的阶段，选择最适合的作业活动，进行有针对性的进行训练（图4-4-18～30）。

图4-4-18 滚筒运动（左侧偏瘫）

患者双手十指交叉，患侧拇指在上，腕关节置于滚筒上方，在健侧上肢带动下完成肩关节屈曲、肘关节伸展和肩关节伸展、肘关节屈曲交替的运动。

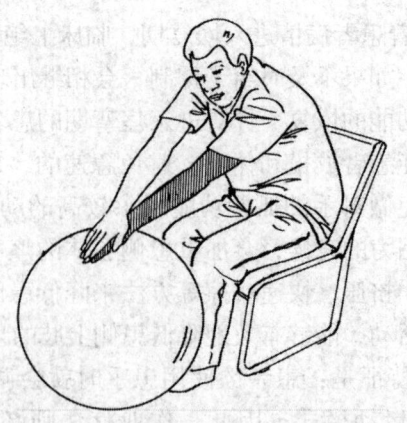

图 4-4-19 床边推大治疗球（左侧偏瘫）

患侧手在健侧手的带动下将大治疗球推向健侧。增加躯干的旋转，促进患侧肩胛的运动和对患侧躯干进行牵拉。

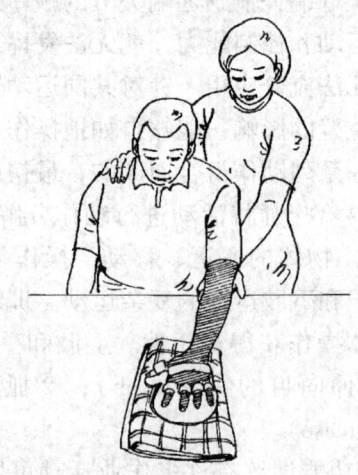

图 4-4-20 分指板（左侧偏瘫）

使用底部铺有毛巾的分指板，给予前臂和手一定的支撑。初期对运动方向以及作为轴的关节加以固定，辅助保持肘的伸直。

图 4-4-21 物品摆放运动（左侧偏瘫）

患者取坐位，将物品摆放在患者身前的地板上。这种向下的取物模式促进了肩关节的屈曲和肘关节的伸展，随着患者运动控制的改善，逐步将物品摆放的位置升高。

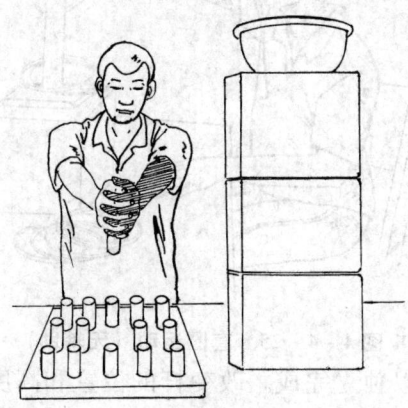

图 4-4-22　木钉摆放运动（左侧偏瘫）

　　患者双手十指交叉，患侧拇指在上，用两手的掌部握住木钉转运和移动，以促进上肢的上举和躯干的平衡。

图 4-4-23　套圈运动（左侧偏瘫）

　　患者双手十指交叉，患侧拇指在上，用健侧手的拇指和食指抓住圈套到杆上。

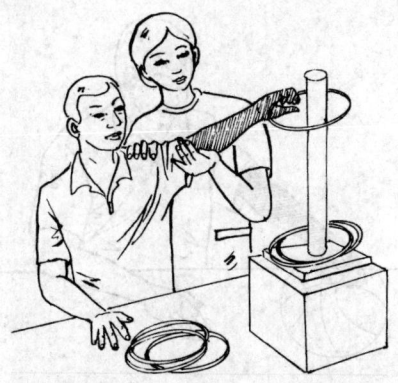

图 4-4-24　套圈运动（治疗师辅助）

　　为了不引起肩胛骨后撤、肩外展、肘屈曲等，治疗师在患者的肩和肘部给予辅助，辅助量根据运动模式的情况逐渐减少，促进正确运动模式的学习。

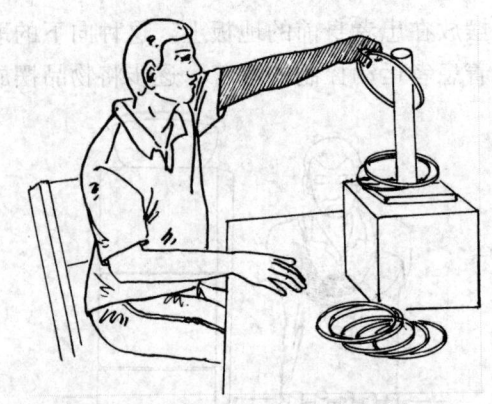

图 4-4-25 套圈运动（无辅助）

减少辅助量直至患者可以独立完成。改变杆的位置和高度，以提高肩关节的适应性，从肘伸展前臂旋前的模式变化到肘伸展前臂旋后的模式。

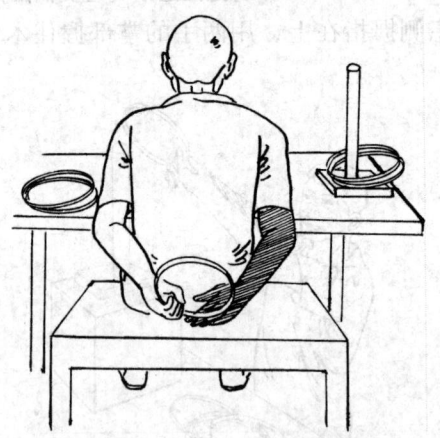

图 4-4-26 背部传递

患侧手持圈，在后背的中部将圈从患侧手交到健侧手后套入杆中。也可以从相反的方向进行。这个动作有利于促进肩伸展、肘屈曲、前臂旋前的运动模式。

图 4-4-27 扶球运动

患侧手扶在身体正前方的篮球上，患侧肘关节伸展，使患者尽可能的维持这个姿势。可以通过调整篮球的位置增加活动的难度。

图 4-4-28　患侧负重（肘关节屈曲位）

患侧肘关节屈曲，利用前臂支撑。

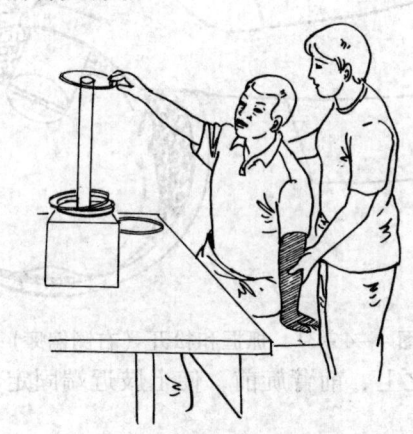

图 4-4-29　患侧上肢伸展位负重（坐位）

患侧上肢在肩关节外展、外旋，肘关节伸展、前臂旋后、腕背伸、手指伸直位下进行负重训练。伴随套圈等动作，增加躯干的左右移动和旋转运动。

图 4-4-30　患侧上肢伸展位负重（立位）

为了促进肘伸展的控制,还可以用手掌在墙壁上进行支撑。患者面对墙壁,患手抵住墙壁使肩关节90°屈曲,肘关节伸展。

2)手部动作:手指一旦出现随意运动就应立即开始进行抓和捏的训练。练习时应考虑以下因素:①物体的形状;②规格大小;③重量;④空间位置等。在手部动作训练过程中,为了能够确保上肢稳定,从初期开始,在相当长的一段时间内,需要对患肢的近端给予辅助,通过对上肢近端的支持,从而使患者不必为此过度用力,有利于手部运动功能的发挥。之后逐步减少辅助的量。临床上训练手的抓握能力的活动项目很多,几乎日常生活中所有的动作都与手的操作有关系。因此,只要设计合理,所有的日常活动、文体娱乐活动都可以应用于手的功能训练上来。(图4-4-31~36)

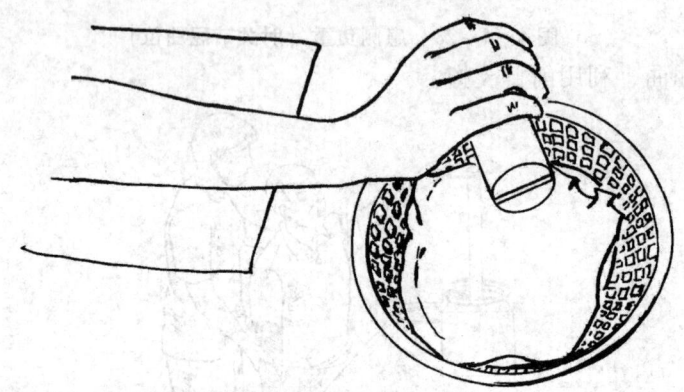

图4-4-31　抓握和松开(右侧偏瘫)

将上肢置于立方形物体之上,前臂旋前,使上肢近端固定,练习在腕关节背伸时伸展手指。

图4-4-32　木钉摆放运动(大)(左侧偏瘫)

练习用指腹进行抓握、移动、放置、松开等一连串的动作,帮助患者控制肩部和前臂,使患者不必过度用力。

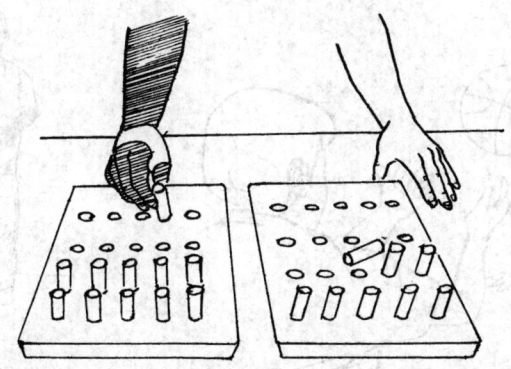

图4-4-33　木钉摆放运动（小）（右侧偏瘫）

因为物体变小，容易引起拇指屈曲，必要的时候可以佩戴着拇指对掌矫形器，以在矫正运动姿势的同时达到训练目的。

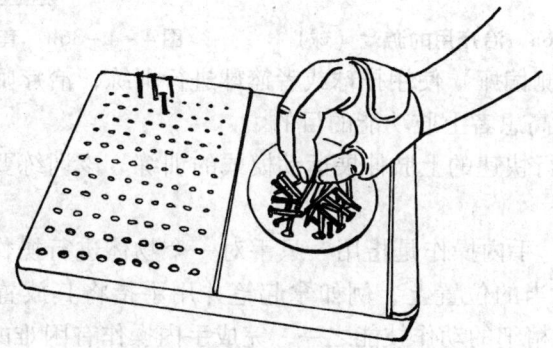

图4-4-34　插入铁钉（右侧偏瘫）

将插在铁钉盘中的铁钉拔起来，在向另一个铁钉盘的孔中插入的时候，要求将铁钉在手中旋转方向，达到促进手指分离运动的目的。

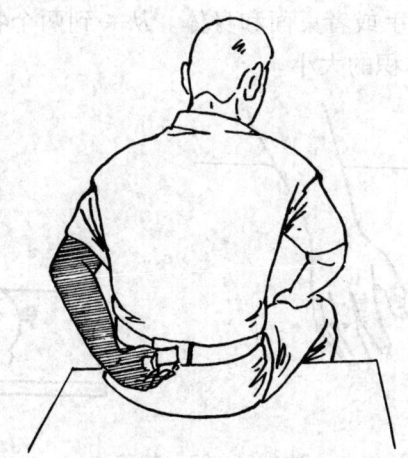

图4-4-35　手转向背部（左侧偏瘫）

使用带有尼龙搭扣的腰带，利用健侧手将桌上的小方块粘到背部中央部腰带的尼龙搭扣上，再利用患侧手将这个小方块取下后放回桌面上。可同时进行相反方向的训练。能够达到促进肩伸展、肘屈曲、前臂旋后的组合运动模式的目的。

图4-4-36a 治疗用的游戏（球）　　　　图4-4-36b 套圈训练（右侧偏瘫）

a 抛接球训练（右侧偏瘫） 使用排球或者篮球进行训练，治疗师投球时注意调整球的速度和方向，以达到提高患者上肢功能的目的。

b 将目标固定，进行快速的上肢伸展运动模式的训练。该训练要求患者具有一定的立位平衡、步行等能力。

3）手内操作技术：手内操作是指用一只手对一个物体进行操作。在活动中用手指和拇指将物体放置在最适当的位置上，例如拿起笔并用手指将其放置到最适宜写字的位置上。手内操作是最复杂精细的动作技能之一，完成手内操作有困难的患者会影响日常生活活动的质量和速度，甚至无法完成。手内操作技术是由 Exner 提出的，虽然它的定义并没有被广为接受，但其分类可以为治疗师设计作业活动提供思路。

①转移（transfer）：将手里的物体从手指处移向手掌心或者从手掌心移回手指处（如图4-4-37）。不借助另一只手或者桌面和身体。从一到两个物体开始，逐渐增加物体的数量，当然这也取决于物体体积的大小。

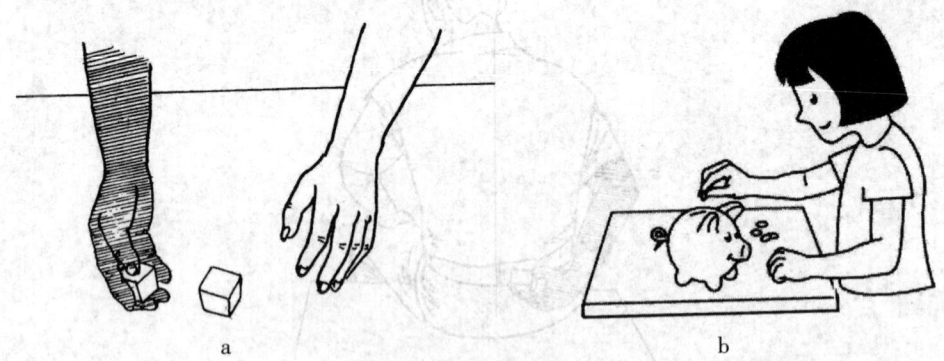

图4-4-37 转移

a 物体从手指处移向手掌心　让患者用一只手的拇指和指定手指拿起积木并放到手掌上，通常是用小指和无名指压住将物体握在掌心，然后再去拿另一个积木。

b 物体从手掌心移向手指处　让患者先在手掌中握住数枚硬币，然后再把硬币一枚一枚放入到存钱罐中。

②平移（shift）：发生在拇指和食指桡侧指腹之间的运动，使物体在指间直线移动（如图4-4-38）。

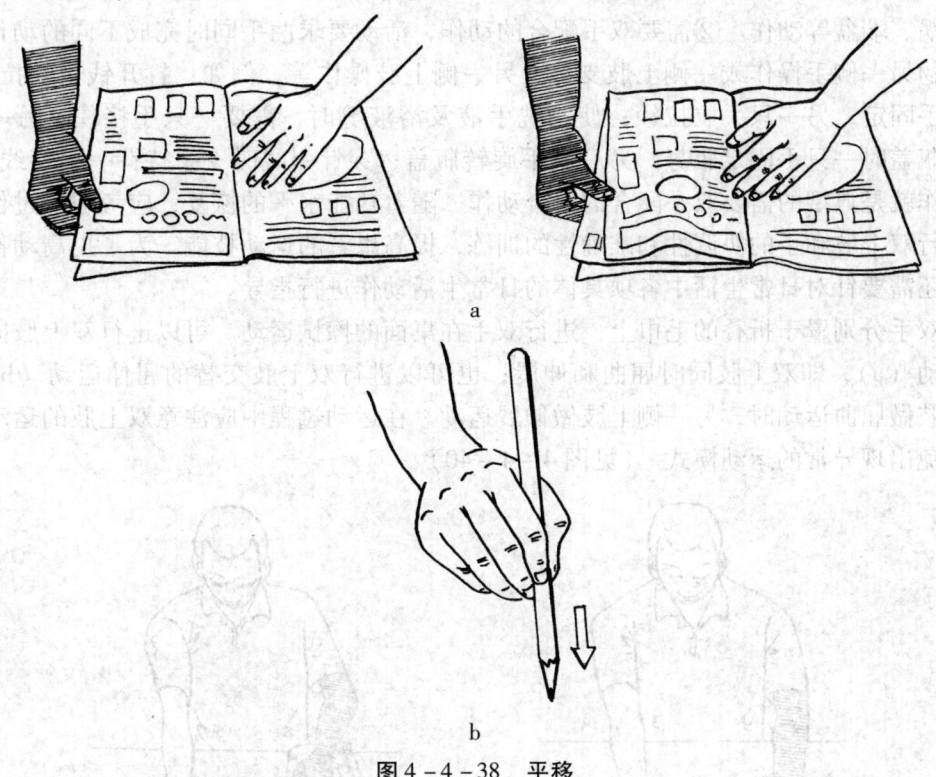

图4-4-38 平移

a 用指尖将两张纸分开。
b 握住笔的中间，然后试着让手指在笔杆上上下移动。

③旋转（rotation）：通过拇指和桡侧手指的运动使物体在拇指指腹和其他手指指腹之间转动或滚动（如图4-4-39）。

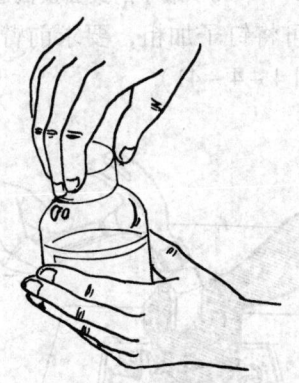

图4-4-39 旋转

a 简单旋转 用手指旋转拧开瓶盖。
b 复杂旋转 握住带橡皮头的铅笔，让患者书写自己的名字，然后将铅笔翻转方向，再用橡皮将写的字擦掉。

（3）组合动作：在日常生活中经常需要两侧上肢和手的配合使用，包括：①两侧上肢和手的同时使用，动作要求两侧手对称、同步地进行活动，如日常生活中的抱大纸盒子、端双耳锅、端盆等动作。②需要双手配合的动作，活动要求两手同时完成不同的动作——单手持物另一侧手操作或一侧上肢支撑，另一侧上肢操作等，例如：打开钱包的拉锁时，需要一手固定，另一只手拉拉锁；使用洗手液及浴液等时，需要一只手接住，另一手挤压；开瓶盖时一只手固定瓶身，另一只手旋转瓶盖；穿针引线时一手持针一手穿线等等，这些动作就是典型的需要双手配合的组合动作。随着功能水平的恢复，应考虑通过作业活动，进行双上肢和手的协调性和准确性的训练，提高患者的运动技能。为了提高动作的实用性，还需要针对日常生活中各项具体的日常生活动作进行指导。

将双手分别置于折叠的毛巾上，进行双手在桌面的擦拭运动。可以进行双上肢同步的屈伸运动（a），即双上肢同时屈曲和伸展；也可以进行双上肢交替的屈伸运动（b），即一侧上肢做屈曲运动时，另一侧上肢做伸展运动。在运动过程中应注意双上肢的运动要对称和避免出现异常的运动模式。（见图4-4-40）

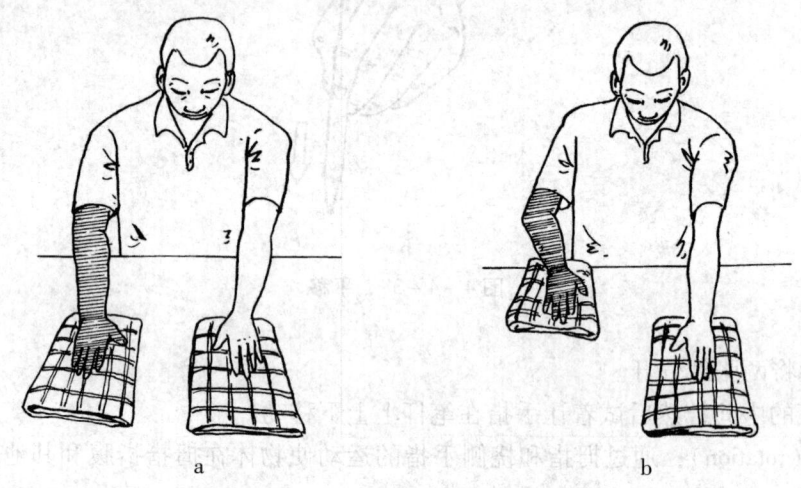

图4-4-40　双手的桌面擦拭运动

铜板作业：为了方便抓握，可将钉子加粗，要求前臂保持中立位。促进双手的协调运动和患手的抓握保持能力。（见图4-4-41）

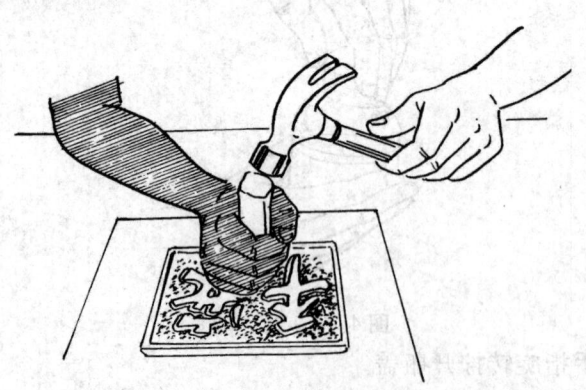

图4-4-41　铜板作业

也可根据治疗需要，用健侧手握住钉子，患侧手使用木槌。敲打木槌的时候，避免引起肩和肘部的代偿运动。

编织作业（右侧偏瘫）：双手协调运动。患侧手指固定住毛线，配合健侧手的操作移动、调节毛线的位置。（见图4-4-42）

也可根据患者情况用拇指和食指的指尖将毛线捏住并提起，将其从另一根毛线上套过。可以根据毛线的粗细和松紧的程度调整活动的难度。

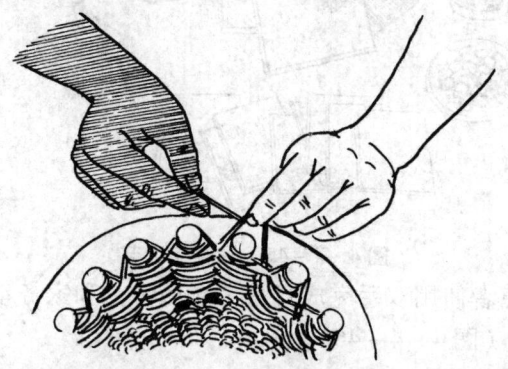

图4-4-42 编织作业

画线训练：使用容易抓握的粗杆水笔，进行画横线和竖线的训练。必要时可以利用握笔的辅助用具。（见图4-4-43）

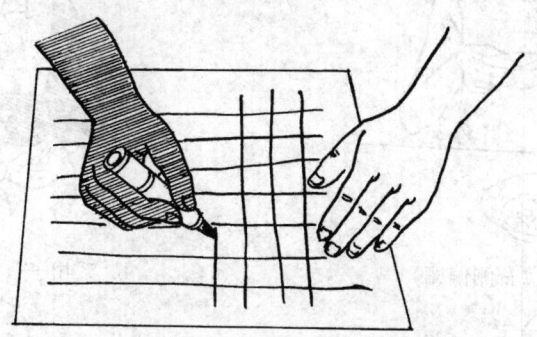

图4-4-43 画线训练（右侧偏瘫）

碎纸贴图：用手指捏住撕碎的纸并将其贴在模型上。该动作训练要求患者具备手指的精巧性和手眼协调性。（见图4-4-44）

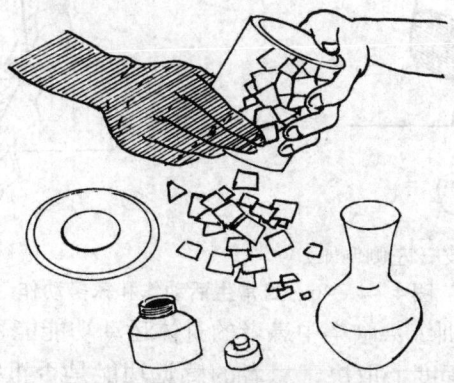

图4-4-44 碎纸贴图作业

马赛克工艺：制作底样，夹断马赛克瓷片，将其贴在相应的位置上的作业。该训练包含对多种功能的训练，同时能够有效地促进知觉运动功能的提高。（图4-4-45）

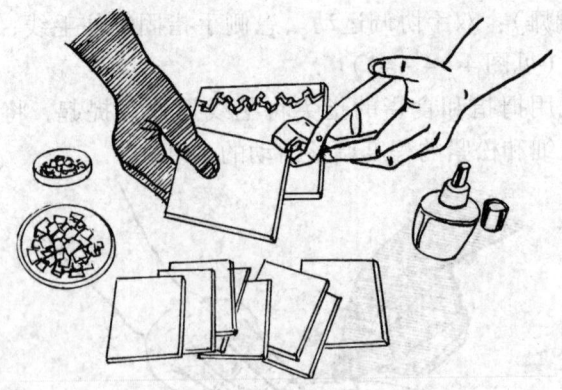

图4-4-45 马赛克工艺

日常生活和家务：患者使用双手完成日常生活动作，和家务动作如进食、更衣、烹饪等，促进双手的协调性。（图4-4-46）

a. 吃饭（右侧偏瘫）

b. 系扣子（右侧偏瘫）

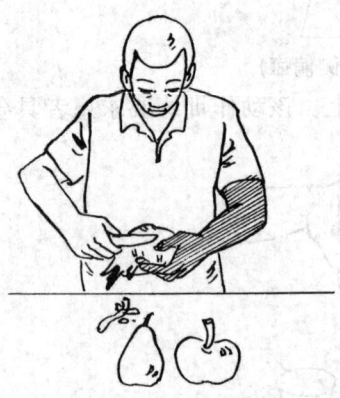

c. 削蔬菜、水果皮（左侧偏瘫）

d. 端碗（左侧偏瘫）

图4-4-46 日常生活动作和家务动作

（4）感觉障碍的恢复训练：脑卒中患者的身体运动功能能否恢复，各种治疗方法能否收到满意的疗效，在很大程度上取决于患者的感觉功能是否正常。感觉障碍尤其是触觉、运动位置觉的障碍妨碍运动功能的正常发挥。感觉功能出现问题时，由于缺乏正常的感觉反馈，患者很难正常地调节、控制自己的运动，致使丧失双手的协调运动，而且在运动过程中，患侧手很容易磕磕碰碰，由此引起擦伤等外伤，使患者认为患肢是"累赘"，越发对其忽视甚至放弃，从而严重影响运动功能的恢复。由此可见，感觉功能和运动功能密切相关。因此，在训练的过程中，感觉训练和运动训练不能截然分开，必须建立感觉-运动训练一体化的概念。另外，由于患者感觉的丧失和非敏感性，无形中增大了造成皮肤烫伤、创伤等的危险性，在日常生活中，除了要加以注意以外，还要让患者学会用视觉代偿感觉的方法。

1）感觉训练的原则

a. 纠正肌紧张使其正常化，抑制异常姿势和病理性运动模式。

b. 避免由于施加感觉刺激而引起的痉挛加重。

c. 可以选择多种类的刺激方式，但每一种刺激或者同一个动作需要反复、多次而且长期地进行。

d. 根据感觉障碍的程度，选择适当的训练用具和训练方法。

e. 感觉训练要由易到难，由简单到复杂，循序渐进。

2）感觉训练的方法

a. 利用坐位时患侧上肢负重的方法，达到同时训练运动功能和感觉功能的目的。在支撑手掌的下面，可以替换放置一些手感、质地不同的材料。例如：绒布、棉垫、木板、砂纸等，这些材料可以给予手掌不同的刺激。另外，也可在健侧进行其他操作时，将患侧上肢放置在一个能够对皮肤表浅感觉产生刺激的位置，如果患肢放在桌面上，那么桌面上可以铺垫一层绒毯等质地、硬度不等的材料，或者利用一个大的容器，里面放入米粒、黄豆、细沙、小石子等颗粒状物，患肢置于其中可以感觉到不同的刺激。

b. 木钉盘活动也可以充分运用在感觉训练方面。将制作的一些木块、木棒的四周分别缠绕一层不同的材料，如丝绸、纱布、海绵等（见图4-4-47）。还可以利用各种材质、规格不同的球类，如乒乓球、网球、高尔夫球等，以及对棋类游戏的棋子进行加工等，让患者抓握、抚摸，感受不同的刺激。总之，生活中可以接触到的各种物体的刺激，都可以应用于治疗。

c. 患侧手掌手指伸展地平放在桌面上，向各方向滑动，会对手掌产生摩擦刺激。为便于手掌的滑动，可以在桌面上撒一些滑石粉。

d. 在一个平阔的容器内放入细沙，指导患者用手指在细沙上写字或者随意画一些图案，如此多次反复。容器内还可以根据患者的需要选择性地放入米粒、豆粒等。

e. 辨别物体的练习：最初从练习辨别物体的一个特点开始入手，如单纯辨别比较物体的大小、轻重、软硬、形状等。具体方法是：遮住患者视线，给患者提供需要辨别的物体进行分辨。例如：给患者一块方积木和一个球，或者一个电池和一块海绵，指示患者分辨其形状或者重量。治疗者可以通过调整辨别物体的相似程度，来灵活掌握作业活动的难易程度。这项活动难度较大的内容是：遮住视线后，要求患者通过触觉来判断物体的名称。这个内容本身也可以从易到难分成几个阶段，最初选择一些日常生活中十分常见的、特征比较明显的物体，如塑料水杯、乒乓球拍、书本等，然而过渡到电池、铅笔、小药瓶一类小的物品，最后选择钥匙、曲别针、硬币等比较精细的物品。难度更大的一项作业，是将各种物品放在一个口袋中,指导患者根据治疗者的要求,从袋中寻找并取出所要求的物品(图4-4-48)。

图4-4-47　　　　　　　　　图4-4-48　练习从袋中取出指定的物品

2. 认知功能　日常生活中的很多作业活动,在完成的过程中都需要语言的处理、注意力、记忆力等各项功能,因此,如果存在认知功能障碍,虽然可以完成单独的每个动作,但是不一定能完成某种作业活动。训练往往从步骤少的、自由度低的简单活动到步骤多的、自由度高的复杂活动,促进活动完成能力的提高。治疗师可以考虑按照以下的顺序进行活动的选择:

①活动从简单到复杂。

②注意力集中的时间从短到长。

③对象物从一个到多个。

④从习惯了的活动到新的活动。

(1) 重度障碍　重度失语症、中枢觉醒水平以及认知功能明显低下的患者,在做一些习惯性的日常生活动作时也会出现混乱,使活动无法进行下去。在进行训练的时候,要利用步骤少、注意集中时间短、简单的活动进行训练。

正六面体的每个面都有三种形状的孔,将合适形状的方块放入盒中的训练。顺序是:①针对一个面的三种形状,寻找适合的方块将其放入盒中;②转动箱子,露出下一个面,重复①的动作,但是与①相比,方块的数量更多;③继续转动箱子进行训练。(图4-4-49)

图4-4-49　智力训练盒

（2）中度障碍　每个分解动作都能够完成，但是需要将几个动作结合到一起，按照一定的顺序组合起来的时候会出现困难。训练时从完成所需时间短、简单的作业开始进行，选择患者感兴趣的、关心程度高的活动以增加患者的主动性，从而促进注意力的集中和持续的时间。

马赛克训练：将马赛克瓷片剪成适当的大小和形状，组合在一起做拼画训练。①在板上画上简单的图形并将其分割成方形的格子②在图上涂上颜色③使用圆形和方形的马赛克瓷片根据活动要求粘在方块内。

（3）轻度障碍　对于可以独立完成日常生活动作，但是在新的环境下容易出现混乱、活动的适应性和独立性欠缺的患者，应多进行作业步骤多、自由度高的复杂活动的练习。根据患者的具体情况进行活动的选择、计划和实施，从而提高完成作业的能力。

烹饪作业可分为准备、烹饪、收拾整理等三个部分。"准备"是决定菜谱，估计用料量，购物等；"烹饪"包括解冻、洗菜、切菜、加热等；"收拾整理"包含器具和食具的清洗、干燥、收纳等。可以进行包括整个过程的训练，也可以根据情况选择其中一部分进行训练。（见图4-4-50）

图4-4-50　烹饪作业

3. 日常生活技能　日常生活技能训练是脑卒中患者作业治疗中的一个重要组成部分，也是康复治疗小组中作业治疗最与众不同的特色之一。患者能够重新建立生活的信心，积极参与康复治疗，往往就是从获得最简单的生活技能开始的，而且日常生活活动能力也是决定患者能否回归家庭、回归社会的重要因素。因此，日常生活技能的训练绝不是可有可无的，治疗师一定要给与足够的重视。

（1）身边处理动作：生活自理是康复治疗的主要目的之一。从急性期开始就要正确地对待，尽早地进行日常生活自理的指导。训练应从两个方面进行考虑。①在日常生活的环境下进行练习。②调整日常生活环境，尽量地改造居住环境和利用辅助器具，帮助患者最大限度地生活自理。

在运动、认知等功能障碍比较严重的情况下，很难利用与发病前同样的方法完成各个动作，因此有必要进行辅助。通过在训练室的练习和与生活场面的练习相结合的方法，使患者获得习惯化的动作是非常重要的。在训练和指导中要注意以下几点：

- 病房护士、患者家属和作业疗法师等相关人员要采取相同的方法进行指导。
- 在患者活动过程中遇到困难时应及时给予适当的辅助，使其能够完成该动作，从而体会到成就感。逐渐减少辅助量，促进患者的自理。
- 给患者足够的时间来完成动作。
- 预测出院后的生活场景，尽可能用能够持续使用的方法对患者进行指导。
- 在需要进行辅助的情况下，应指导患者家属用正确的方法进行辅助，以便患者回归家庭后仍然能够获得正确的辅助。
- 为促进患者回归家庭，有必要及早开始进行家居改造。

1) 床上翻身动作：翻身能够刺激全身的反应和活动，具有重要的治疗意义。

A 向健侧翻身：指导患者双手十指交叉，使患侧拇指在上，肩关节90°屈曲、肘关节伸展，健侧足插入患足下方，通过上肢左右摆动数次后，与下肢配合同时向健侧翻转。必要的时候，治疗者在患者的骨盆部位给予辅助。

B 向患侧翻身：指导患者双手十指交叉，使患侧拇指在上，肩关节90°屈曲、肘关节伸展，患者抬起健侧下肢，配合上肢向左右摆动数次后，借助惯性翻向患侧，而不应鼓励患者抓住床边缘把自己拉过去。治疗师应将手放在患者患侧膝上，促进患侧下肢的外旋。在其翻身的过程中，在患侧肩部给予支持。

2) 床边起坐：一般应从患侧开始进行床边坐起，开始时将患侧下肢置于床边外，使膝关节屈曲，然后，将健手向前横过身体，在患侧用手推床，同时旋转躯干，并摆动健腿坐起。治疗师将一只手放在患者健侧肩部向下压，另一只手位于髂嵴部，给予适当的辅助。

3) 起立动作：以从普通椅子上站起为例说明。首先患者应将臀部前移，将重心放在椅子的前三分之二处，将双足向后移，足跟位于膝关节的稍后方，双手十指交叉患侧拇指在上，双上肢充分前伸，带动躯干充分前倾，重心前移，髋关节、膝关节进一步屈曲，双下肢均匀负重完成起立动作。

4) 更衣动作：进行更衣训练时，需要观察患者实际的更衣过程，了解和发现问题所在，进行针对性的训练。指导患者按照正确的穿脱衣服的顺序和方法完成穿脱衣服动作。更衣动作的正确顺序是穿衣时先穿患侧再穿健侧，脱衣时先脱健侧再脱患侧。常见的辅助具和改造方法有：首先应注意选择宽松、简单的衣服，以使患者能够更容易、更快捷的学会穿衣的步骤，必要时可对现有的服装略加修改以易于患者穿脱。如将纽扣换成按扣或尼龙搭扣，将裤子的腰带改成松紧口，从而使更衣动作变得容易。用尼龙搭扣替换纽扣的功能，而纽扣仍缝在外面起装饰作用，这样既不影响服装的美观，又方便了患者的操作。在患者不能正确判断衣服的前后左右的时候，可以在衣服上做记号。辅助更衣的自助具有很多，作业疗法师不是单纯地为患者提供自助具，还要指导患者正确使用的方法。

A 穿开身上衣的方法和步骤：①患者取坐位，将衣服的内面向上平铺在双腿上。②将患手放入衣袖内，用健侧手抓住衣领及对侧肩部，将袖口自患侧上肢穿过，并将领口部分拉至肩部，让患手穿出袖口。③健侧手抓住最靠近健侧的衣领，身体前倾，将上衣从患侧经颈部后方拉到健侧。④将健侧上肢穿入衣袖中。⑤系好纽扣并整理妥当。

脱开身上衣的方法和步骤：①把扣子解开。②先将衣服自患侧肩部褪下，露出患侧肩部。③脱下健侧的衣袖。④再用健手将患侧衣袖脱下，完成脱衣动作。

B 穿脱套头衫（图4-4-51）：①将套头衫前面朝下平铺在双腿上，下摆朝向胸部，领子在远端。②用健手将套头衫后片底边向上卷起，露出患侧的袖孔。③患手放到袖孔内，将袖子向上拉过肘关节并使患手穿出袖口。④健侧手穿入另一只衣袖。⑤将套头衫从底部向领口收拢，身体前倾，低下头将套头衫从头套入。⑥将套头衫整理平整。脱衣时，在颈部后方将套头衫向上收拢，身体前倾，低下头把套头衫从头顶向前拉下，最后将袖子脱出。

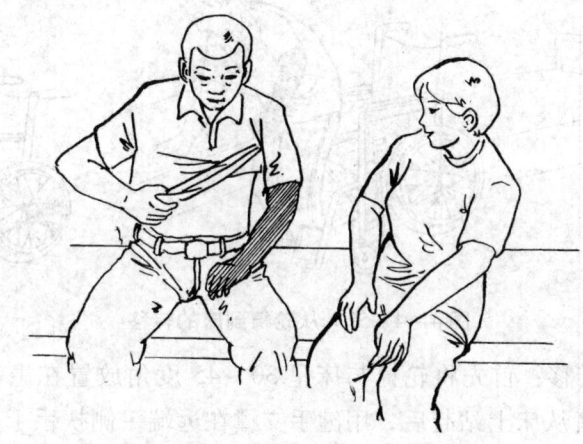

图4-4-51 穿脱套头衫的方法

C 坐位下穿脱裤子的方法：①患者取椅坐位。②患侧下肢交叉放在健侧膝上，用健侧手将裤腿穿过患足套到患侧腿上并向上拉至膝部，放下患侧下肢。③健侧下肢穿入另一侧裤腿。④站起后把裤子向上拉过髋部，系上扣子和拉锁。脱裤子时，先解开扣子和拉锁，把裤子尽可能向下拉，站起身后使裤子向下滑落过膝。然后坐下，脱下健侧裤腿，把患侧腿放到健侧腿上，脱下患侧裤腿，最后把患侧腿放下。

D 床上长坐位下穿脱裤子的方法：①患者取床上长坐位。②患侧腿屈髋屈膝放到健腿上，用健侧手先将患侧裤腿穿过患侧下肢。③健侧下肢穿入另一侧裤腿。④将裤腿尽量向上拉。⑤患者躺下取仰卧位，做桥式动作努力向上抬起骨盆，同时用健侧手向上提拉裤子至髋部。⑥臀部放下，系上扣子和拉锁。脱的顺序与穿的顺序相反。

E 穿脱袜子的方法：①患者取坐位。②抓住患侧腿的脚踝，抬起放到健侧腿上。如果患侧腿维持这种姿势有困难，可在患侧腿下放一个小凳子，用来增加髋关节屈曲的角度，以保持患侧腿的稳定。③用健侧手将袜口张开，向前倾斜身体把袜子套到脚上。④穿上健侧的袜子。脱袜子的姿势与穿袜子时相同，用健手把袜子脱下。

F 穿脱鞋的方法：把患脚伸入平放在地上的鞋里，用鞋拔可以使提鞋动作变得容易。患者也可以将患侧腿放到健侧腿上，使患侧脚更接近身体，然后用健侧手握住鞋跟部通过前后移动将鞋穿上。

5）床与轮椅间的转移：通过指导患者床与轮椅间的转移和轮椅的操作技巧扩大患者

活动的空间。整个转移过程中必须保持平衡，开始训练时，要由治疗师站在前方给予保护，根据患者的运动水平逐渐减少帮助，直至独立完成。学习独立转移的时机要适当，太早则患者因失败而失去信心，太晚则因依赖而失去兴趣。安全转移的关键是轮椅与床之间的正确位置、拉紧手闸和竖起脚踏板。

A 从轮椅到床的转移（图4-4-52）：首先患者驱动轮椅从健侧靠近床边，轮椅与床之间呈30~45度角，拉起手闸，竖起脚踏板。患者双足全脚掌着地，置于膝的稍后方，身体重心前移，健手扶在轮椅扶手上站起。然后，健侧腿向前迈出一步并以健侧腿为轴转身，使臀部转向床，用健手支撑床面，弯腰慢慢坐下。

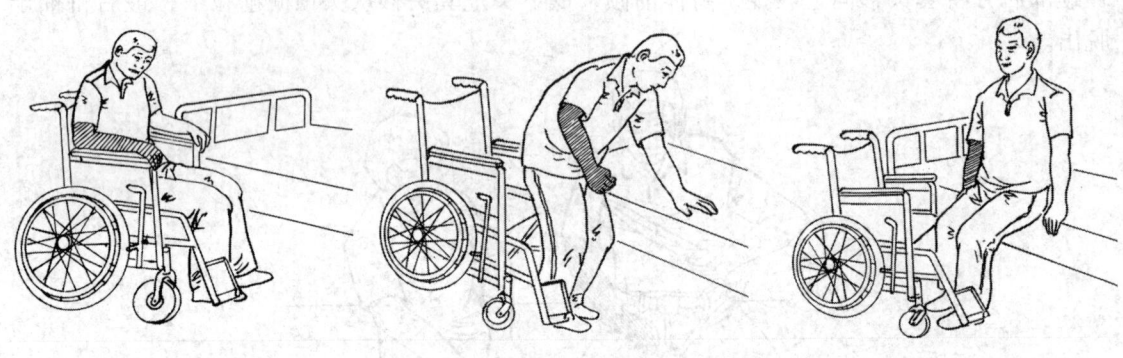

图4-4-52　从轮椅到床的转移

B 从床到轮椅的转移：首先将轮椅与床呈30~45度角放置在患者健手一侧，拉起手闸，竖起脚踏板。患者从床上站起后，用健手支撑在远端一侧扶手上，以健侧腿为轴转动身体使臀部正对椅子坐下。

6）进食动作：完成进食动作要求患者具备坐位平衡的保持和耐力，以及手眼协调性、上肢与手的运动和操作能力。在对患者进行进食训练前，治疗师应在患者实际的进餐过程中，仔细观察和分析影响患者正常进食的问题和原因，在治疗中有针对性的进行训练。同时可以考虑对客观环境进行改造，如制作、使用自助具，对餐具进行加工，最大限度的发挥患者自身的功能，帮助患者独立完成进食动作。常见的方法有：单手用勺进食时，可以使用一侧边缘加高的碗，或者在碟子的边缘安装特制的碟挡，防止食物被推出。为了防止在进食过程中碟和碗的移动，可以在下面垫上防滑垫或者湿毛巾。在进行进食的功能性活动训练时，注意和治疗小组中的语言治疗师、护士以及家属沟通和密切配合，以便取得最好的治疗效果。

7）洗漱动作：洗漱动作包括洗脸、刷牙、剪指甲等动作，治疗师可以指导患者如何利用健手来完成上述动作。如将毛巾套到水龙头上将其拧干（图4-4-53）；将背面带负压吸盘的刷子固定在洗手池的一侧，方便清洗健手；利用改造的指甲刀修剪健侧手的指甲等。如果是利用轮椅的患者，还要考虑洗手池的高度和洗手池下方的设计，保证患者的身体可以贴近洗手池，独立完成洗漱动作。

8）如厕动作：如厕动作包括从轮椅转移到座便器、穿脱裤子、擦拭等一系列动作。从轮椅到座便器转移的方法可以参照从轮椅到床转移的动作要领来完成。为了帮助患者独

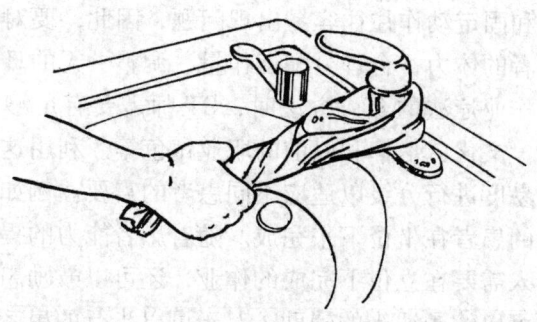

图 4-4-53　利用水龙头完成单手拧毛巾动作

立完成如厕动作，需要对卫生间的环境和设施进行调整和改造，例如便器最好选择坐式便器，如果条件有限不能将蹲式便器改为座便器，可以制作简易的金属或木制架子架在便器上方（图 4-4-54）；出于安全考虑，在需要的部位安装扶手等，还可以根据需要在椅子腿上安装轮子便于移动。

9）入浴动作：在浴室内的关键部位安装便于患者抓握的扶手，安装的位置根据浴室的结构和患者的需要而定；在浴室地面铺上防滑垫防止滑倒；可以利用浴缸上的洗浴板或淋浴间里的淋浴椅，使患者在坐位下完成洗浴动作；淋浴喷头可安装到墙上，但是应该能够自由拿取，方便患者根据需要冲洗身体的任何部位。另外对洗浴用具进行调整和改造，能够有效地提高患者入浴动作的独立性，如将普通的浴球或海绵球固定在一个长手柄上，可以帮助患者轻松地清洗后背和下肢等不易洗到的部位；或者将普通毛巾的一侧安装一个环套（图 4-4-55），洗浴时将环套在患侧手腕处，洗后背时，患侧手放置于后腰部，健侧手抓住毛巾的另一侧，在肩的后部上下拉动毛巾即可自主清洗背部，同样，套住毛巾套环的患侧手，也可以放置在身体前面，而健侧手绕到体后拉动毛巾。

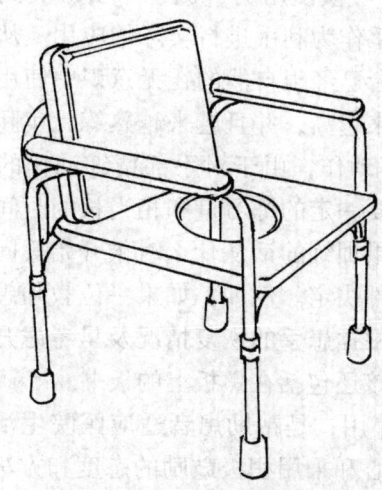
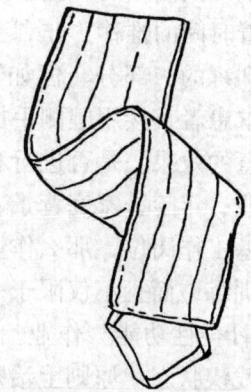

图 4-4-54　座便器框架　　　图 4-4-55　毛巾的一侧加装一个环套

（2）家务动作：根据患者的年龄、性别、生活环境等选择不同的活动内容。包括衣、食、住、行等实际性的作业和管理。完成家务动作时，需要有一定的移动能力、交流能力和管理、运营能力。有的患者可能只能完成家务活动中的一部分动作，但这时起就要让患者在家庭中承担一部分工作，起到一定的作用，这样非常有助于维持患者的活动性。各种动作当中，物体的搬运和固定动作往往容易出现问题，因此，要对患者基本的操作动作进行训练。并且，结合患者的体力，合理分配工作量，调整一天的日程表。

在考虑家庭环境中作业疗法的介入方法时，OT 师需要有足够的创造性，而且要充分考虑患者的爱好、目标、文化、信仰和以前的职业角色等。利用这些活动对患者进行治疗时，需要将活动根据难易度进行分级以适应不同患者的需要。例如在进行烹调活动时，可以安排立位平衡比较差的患者在坐位下来完成。随着患者能力的提高，应该相应地提高活动的难度，例如可以加入需要在立位下完成的作业，还可以鼓励患者自己去拿高处或低处橱柜中的东西。治疗师可以给予适当的辅助。对于可以步行的患者，活动中应该加入在厨房中移动和转移物品的要素。另外还需要在自助具的使用方面加以指导，例如为稳定物体所使用的防滑垫，在火炉上使用的锅柄固定器、经过改造的切菜板和刀具、固定在橱柜边的开瓶盖器、方便运送物品的推车或托盘等。

日常生活活动中的其他项目，比如上街购物、乘坐公共汽车等，需要治疗者带领患者在真实场所进行应用性训练。因为在医院内，虽然可以利用训练室的坡道、阶梯等设施进行训练，但是实际生活中的环境状况要复杂得多，比如：地面会有凹凸不平的情况，还会遇到交通信号灯、拥挤的人流等，所以待患者的情况允许到医院之外的实际生活环境进行适应性训练的时候，必须实施实地训练。目前在国际上，康复医学的目标已经不仅仅停留在最大限度地获得患者生活的独立，而是提高到了获得高质量生活的高度。高质量的生活就不仅仅满足于活着，而是要更有意义，更充实地活着，包括：患者在家庭中的地位；到社区参加一些社会、娱乐活动；休闲时间的合理安排，从事一些有兴趣的活动等等。这些工作都有待于康复工作者、作业治疗师共同去摸索、探讨，如何用他们的努力去帮助残疾人士充分享受作为人的权利，并从心理上及身体上，最大限度地获得最高质量的生活。

（3）利手交换：所谓利手就是人在日常生活中习惯使用的一侧手。当瘫痪侧是利手时，在很多情况下，功能恢复往往难以使瘫痪侧的手作为利手进行实际的应用。从发病初期开始，由于习惯使用的一侧手运动功能受限，患者已经很自然的在无意识中使用了非利手，而且随着时间的推移，非利手的使用频率会越来越高，并且越来越熟练，实际上这就是利手交换训练的一部分。但如写字和使用筷子等动作，由于对手部精细动作的要求较高，可以要求患者直接用健侧手加以练习，而且需要一定的练习量和相当长的时间的训练才能收到满意的效果。是否进行利手交换训练，如果训练的话从什么时候开始等问题，根据患者的职业、年龄、家庭背景、患者的需求等条件决定。例如：如果一位教师患者将来的目标是重返工作岗位，那么作业治疗师就有必要根据患手的恢复情况及早考虑开始利手交换的书写训练，而且不仅限于书本上的书写，应该还包括在黑板上的板书。

4. 心理社会性功能　作业治疗师一个重要的作用，是帮助患者适应医院生活，更重要的是适应残疾状态。原则上治疗师要有极大的耐心和采用积极鼓励的态度和方法。因为患者经历了一个毁灭性的和危及生命的疾病，并因此导致患者生活中的角色和表现的突然的戏剧性改变，需要一个接受、适应的阶段。治疗师必须认识到正常的调整过程，必须调整训练方法和对任务完成的预测，以适应患者调整的水平。患者常常直到残疾发生的数月后，才会全心全意地准备进行康复训练。许多患者希望能够完全恢复所有功能，所以需要让他认识到，有些功能障碍是可能永远存在的。治疗师应通过脑卒中患者功能恢复预后的客观情况,来讨论处理这种可能性的问题。家庭成员的教育在整个治疗过程中都是极其重要的。如果家庭成员了解有关的残疾知识,并懂得它的含义,那么家人就可以很好地配合,使患者尽快地进入到现实状态中来。

(1) 不安和抑郁状态:患者在接受了障碍的事实之后,会出现心理上的纠结、不安和持续抑郁的状态。治疗师要避免只进行语言上的鼓励和说明,而是要不断累积患者"能做到的事情"。作业疗法由于采用的是患者有兴趣的、能完成的作业活动,因此,患者通过努力完成某项作业活动,便获得一种满足感和成就感,这种治疗才是最有效的。还可以让患者参加小组训练,加强与其他患者的交流,促进患者的情感转换。

(2) 接受障碍阶段:功能障碍的恢复已经达到了极限,但患者还是无法接受障碍时,为了使患者能够接受障碍,在一定时间内,进行彻底的功能训练,并且让患者在现有的能力范围之内做一些力所能及的作业活动,从而让患者通过这些活动获得自信,这种训练这是非常有必要的。选择患者进行在病前已经养成的兴趣活动,使患者比较容易接受并能够自觉地完成,通过完成这种自发性的活动,对患者自信心的恢复和建立会产生很大帮助。

(3) 社会技能:存在情感障碍的患者以及人际关系出现问题的患者,在治疗和训练中容易出现问题,对回归家庭和社会生活产生不良影响。在急性期,患者大多能够接受日常生活活动的辅助,容易产生心理上的依赖,在训练场所中,随着与人接触的机会逐渐增多而开始担心。治疗师应尽量为患者营造能有效地融入集体、自我表现、发挥作用和与人合作等的机会。例如可以选择让患者进行和同伴一起进行的小组体操、共同制作作品、在同一张桌子上进行作业训练类活动,让患者逐渐与他人接触。为了提高患者与人交往的能力,游戏活动是比较好的选择。游戏需要遵循一定的规则,患者必须不断地调整和修正自己的行为,这样可以使患者获得改善人际关系和学习遵守规则等社会技能的机会。可以安排患者进行下象棋和跳棋等两个人便能决胜负的游戏或者套圈、扑克类需要多人参与决胜负的游戏,有利于提高患者的社会技能。(图4-4-56)

图 4-4-56 游戏
下棋:使用贴有尼龙搭扣的棋子和棋盘。也可进行患侧手的练习

(4) 职业前评价和训练：应该根据患者障碍的程度、年龄、社会经济背景和患者作为工作人员的基本特性，评定患者的功能状态以及改善的可能性。为了发挥患者的潜能进行训练是非常有必要的。脑血管障碍的患者在身体障碍程度上往往存在认知障碍、社会技能低下等问题，所以回归到发病之前的工作岗位是非常困难的。往往需要要调整工作岗位，作业疗法师要尽早与社会工作者、工作单位的相关人员等进行协商和探讨。

（三）维持期

据文献报道，即使发病一年以上的脑卒中患者，如果进行集中的康复训练也会出现身体功能和 ADL 的改善。另外出院以后，对于原有疾病或合并症有必要进行医学治疗的患者，可以根据需要进行门诊治疗。重要的是，无论是在家里，还是进入各种设施，都要在与患者的功能状态相适应的水平下进行日常生活活动。

1. 体力的维持　良好的体力是指患者具备愉快地进行闲暇活动、保留体力去处理各种不能预测的事情，并能够进行各种日常生活活动的能力。与健康相关的有：①全身的耐久性（呼吸循环系统），②肌力和肌肉耐久性，③身体组成（肥胖），④身体的柔软性。运动会增加能量的消耗，消耗的量可以用运动时的氧摄取总量和心率增加程度来进行测定。进行运动负荷量的判定时，需要有医生的指示，在没有指示的情况下，为了维持和提高运动耐受能力，可以将心率作为一项重要指标。最大的心率是以 {（200±20）－年龄}/min 的范围作为基准。为了预防全身耐久性的低下，将最大心率的 70～80% 作为一个目标，每天进行 20～50 分钟的身体锻炼，一周进行三天以上。为了维持身体的柔软性，要养成每天做偏瘫体操等的习惯。

2. ADL 自理的维持　出院时 ADL 的自理程度比较高时，维持起来相对比较容易，ADL 自理程度低的患者以及老年人，即使有相同程度的障碍，情况也是不一样的，有的能够独立完成一些 ADL 动作，也有的生活单调、经常睡在床上。为了维持 ADL 的自理，要让患者将自己能做到的活动作为一项任务来分配到一天的生活中，使生活有规律并有机会做运动和活动。总之，要要求患者：能完成的 ADL 动作就要自己独立完成。在必要的情况下，治疗师应就自助具的使用和环境改造等方面的问题进行详细的指导和帮助。

3. 社会参与　康复的基本理念不仅仅是单纯地使 ADL 自理，更高的目标是最大限度地提高患者的生活质量（QOL）。步行能力、性别、年龄等个体因素以及家庭构成、家庭内的角色（主妇、祖母等）等社会文化因素，对生活状况都会产生影响。一般来说，ADL 自理程度高、经济状况好、与他人接触频繁的患者对自己的生活满意度较高。为了增加患者进行闲暇活动和参与社会的机会，应从以下几点进行考虑并给予帮助：

(1) 了解和掌握患者发病前的兴趣和关注点。

(2) 避免仅根据性别来决定活动，可以让男性患者尝试着做刺绣、编织等手工艺活动，可能会意外地诱发出潜在能力。

(3) 活动时设定任务目标，建立家庭内的援助体制。无论多么简单的问题，都让患者有一种参与感、责任感，并通过完成活动而获得满足感。

(4) 积极参加交友以及有人际交往的活动（社区的日托、患者交流会、兴趣小组等）。

（四）常见并发症的处理

脑卒中发生后容易出现一些并发症，其中以肩关节半脱位和肩手综合征较多见。

1. 肩关节半脱位（Glenohumeral Subluxation）是脑血管病最常见的并发症之一，发病率高达60%~70%，好发于Bronnstrum Ⅰ-Ⅱ期肌张力低下的阶段。半脱位本身并不会造成肩关节疼痛，但它极易造成肩关节损伤进而引起疼痛，因此在治疗中应引起重视。

（1）病因及发病机制　肩关节是由肩胛骨的关节盂和肱骨头构成的球窝关节，肱骨头大，关节盂小而浅，有2/3的肱骨头位于关节盂之外，这虽然有利于肩关节进行各个方向大范围的活动，但却使肩关节的稳定性下降。缺失的稳定性可以由肩关节周围强壮的肌肉给予部分补偿。正常情况下，肩胛骨关节盂朝向上、前及外侧，这种向上倾斜的关节盂的结构在预防向下脱位中起着重要的作用，因为肱骨头向下移位时必须先向外侧移动。当上肢处于内收位时，关节囊上部及喙肱韧带紧张，被动地阻止了肱骨头的侧向移动，也就防止了向下脱位，被称为"肩关节的锁定机制"。当上肢负重时，冈上肌加强了关节囊的水平张力；当上肢外展时，该锁定机制不再发挥作用。由于上肢外展或前伸时，关节囊上部变得松弛，所以肩关节的稳定性必须由肌肉收缩来保障，维持关节的稳定几乎完全依赖于旋袖肌。

造成偏瘫患者肩关节半脱位的原因尚不十分清楚，目前认为有以下几个方面：

1）肩关节锁定机制的丧失：脑卒中软瘫期，由于肩胛骨上提肌、向上旋转的前锯肌及斜方肌等肌张力下降，在上肢自身重力的作用下，引起肩胛骨下移和向下旋转，关节盂向下倾斜，造成肱骨在体侧相对于改变了位置的肩胛骨而言处于外展位，破坏了正常的关节盂向上倾斜所提供的"肩关节的锁定机制"，使肱骨头向下滑动而产生半脱位。

2）肩周围固定肌功能低下：以三角肌，尤其是冈上肌为主的肩关节周围起稳定作用的肌肉瘫痪、肌张力低下被认为是造成肩关节半脱位的重要原因。这些肌肉瘫痪后在上肢重量的牵拉下可产生肩关节半脱位。

3）不恰当的护理：处于弛缓性瘫痪期的患者，在翻身、坐起、转移等的过程中，未给予肩关节适当的保护，甚至在辅助时牵拉患侧上肢，这也常常是造成肩关节半脱位的一个重要原因。

（2）临床表现　肩关节半脱位并非于偏瘫后马上出现，多于患者开始坐和站等活动后才发现。早期患者可无任何不适感，有些患者当患侧上肢在体侧垂放时间过久时可出现下坠的不舒服感或疼痛，这种疼痛可以在上肢被支持或被上举时得到缓解或消失。查体可见：三角肌、冈上肌、冈下肌明显肌肉萎缩，关节囊松弛，肱骨头向下移位，呈方肩畸形，关节盂处空虚，肩峰和肱骨头之间可触及明显的凹陷。从后面看，肩胛骨沿胸壁下移，向下旋转，靠近脊柱，肩胛下角内收明显并且比另一侧低。肩胛骨的内侧缘被拉离胸壁，成为"翼状"肩胛。

（3）检查方法

1）触诊检查：患者取端坐位，躯干保持稳定，双上肢自然下垂于身体的两侧。治疗师用食指触摸肩峰和肱骨头上方之间的凹陷，以横指宽为单位进行判定，记录为半横指、一横指、一横指半等。注意评价时应对双侧肩关节进行比较。

2) X线检查：

①检查体位：患者取坐位，双上肢自然下垂，掌心朝向体侧。

②投照方法：X线管中心高度与锁骨外侧端的上缘一致，中线与肱骨头中线一致，管球向足侧倾斜15°，距离为1m。在相同条件下分别投照双侧上肢，测量肩峰与肱骨头之间的间隙，双侧比较。

(4) 诊断标准

①肩峰下可触及凹陷；

②两侧肩关节正位片上病侧肩峰与肱骨头之间的间隙大于14mm，或病侧与健侧相比，病侧肩峰与肱骨头之间的间隙大于健侧10mm或以上。

(5) 治疗

1) 治疗目的：

①纠正肩胛骨的位置以恢复肩关节原有的锁定机制。

②刺激肩周围起稳定作用的肌肉的活动及张力。

③在不损伤关节及其周围结构的前提下保持肩关节无痛性的全范围的被动活动度。

④在治疗和护理的过程中保护易受伤的肩关节。

2) 治疗方法：

①纠正肩胛骨的位置：纠正肩胛骨的位置重点是抑制使肩胛骨下沉、后撤和向下旋转的肌肉的肌张力，增加肩胛骨的活动性。治疗师可以通过手法向需要的方向活动肩胛骨、向偏瘫侧翻身和肘伸展位负重向两侧转移重心等方法来解除肩胛骨的痉挛状态，纠正肩胛骨的位置。之后，要进行肩胛骨主动运动的训练，增强肩胛骨的活动性。例如：患者取仰卧位，肩关节90°屈曲，肘关节伸展，做上肢向上去够天花板和向下返回原位的动作，完成肩胛骨的内收、外展运动；或患者取坐位，双手十指交叉，双上肢在身体前面下垂，做双侧的耸肩动作，完成肩胛骨的上提与下制运动。

②刺激肩关节周围起稳定作用的肌肉：所有刺激上肢运动功能恢复的方法，如滚筒运动和桌面擦拭运动等均可用于激活肩关节周围起稳定作用的肌肉，通过患侧上肢负重对上肢关节的挤压，反射性地刺激肌肉的活动，是非常有效的方法。另外，治疗师可以利用手法进行关节挤压，刺激肩周肌肉的活动，具体方法是：患者取坐位，双上肢自然下垂，治疗师用双手环握住患者的上臂，向上进行关节挤压的同时使肩关节外旋，再使肩关节内旋恢复原位，反复数次后肱骨头就可能被拉回到关节盂内。

③维持肩关节无痛性的、全范围的被动活动度：肩关节半脱位的患者容易出现肩痛和关节活动受限，所以维持关节无痛的全范围的活动度十分重要。在治疗活动中治疗师要注意，一旦出现疼痛应立即减小活动度或改变支持的方法，矫正肩胛骨的位置并充分支持肩关节通常能使问题迎刃而解。

④保护易受伤的肩关节：在治疗和护理的过程中，应注意保护肩关节。不仅在被动活动上肢或进行其他治疗性活动时必须避免引起疼痛。而且在帮助患者在床上移动或转移到轮椅上时也要保护好肩关节，避免引起疼痛，坐位时应对患侧上肢给予支持，坐在轮椅中时多建议使用轮椅桌。对吊带的使用争议较大，不仅吊带的有效性值得怀疑，而且吊带的使用还可能会产生许多不利的影响，概括起来包括：

a. 加剧患者对患侧上肢的失认，使患侧上肢从全身运动中功能性分离。
b. 加重或强化了患侧上肢的痉挛模式。
c. 阻碍了因身体姿势或平衡受破坏时，患侧上肢所产生反应动作的能力。
d. 在步行中，妨碍了患侧上肢代偿性摆动。
e. 阻碍了正常感觉的输入。
f. 由于制动或压迫，不利于血液与淋巴液循环。

2. 肩手综合征（shoulder hand syndrome，SHS）又称"反射性交感神经性营养障碍"（rexflex sympathetic dystrophy，RSD），是脑血管病后常见的并发症，多见于脑卒中后1～3个月内，发病率约为12.5%～32.0%。其典型的表现是肩痛、患手浮肿和疼痛，皮温升高，消肿后手部肌肉萎缩，甚至挛缩畸形。

（1）病因及发病机制　肩手综合征的发病机理尚不十分清楚，目前认为有以下几种可能：

1）交感神经系统功能障碍学说：交感神经支配血管运动系统和皮肤腺体，当受到疼痛、脑部病灶、情绪变化等因素的刺激时会出现血管运动系统和皮肤腺体功能紊乱，从而导致局部瘀滞性充血、水肿。

2）肩-手泵功能障碍学说：Moberg认为肩手的血液回流有赖于肩泵和手泵，而肩泵和手泵的动力来自肌肉的收缩活动，瘫痪后肌肉活动减弱或消失，血液回流缺乏动力，因而造成上肢远端的水肿。

3）腕关节持续屈曲受压：患者卧床或坐在轮椅里时，可能未注意到腕关节处于过度掌屈位，血管造影证明，过度的屈腕可使血液回流受阻。当患者坐在轮椅中时，因为他的体重向患侧倾斜，会进一步压迫腕关节而使静脉回流更加受阻。

4）腕关节过度伸展：在治疗中，患者的腕关节可能被无意地超越了正常关节活动范围，因而损伤关节及周围组织。

5）静脉输液：急性期需静脉输液时，不少护士喜欢用患手背静脉输液以解放健手，如果输液时液体渗入到周围组织中，就会发生明显的水肿。

6）患手意外损伤：如向患侧跌倒时损伤患手、接触过热容器烫伤等均可导致患手水肿。

（2）临床表现及分期

Ⅰ期：患者的手突然出现肿胀，很快发生明显的运动受限，水肿以手的背部最为显著，通常向近端止于腕关节，皮肤皱褶消失，触及患手有柔软感及膨胀感；手的颜色发生改变，呈橘红色或紫色，特别是当患臂垂于体侧时更明显；患手皮温较健侧高，有时有潮湿感，指甲变得苍白不透明；患侧肩关节和腕关节疼痛，关节活动范围受限，特别是前臂旋后和腕关节背伸。掌指关节屈曲明显受限，看不到掌指关节处的骨突起，手指外展严重受限，近端指间关节僵硬膨胀，几乎不能屈曲，也不能完全伸展，远端指间关节伸展，不能或几乎不能屈曲。被动运动易引起剧烈疼痛是肩手综合征的一大特点，Ⅰ期一般持续3～6个月，这个阶段如积极治疗常常可以改善症状并控制其发展，未及时治疗的患者中，有些逐渐自愈，有些则很快转入第Ⅱ期。

Ⅱ期：肩痛和手的水肿减轻，患手皮肤和肌肉明显萎缩，常可出现类似Dupuytren挛缩样手掌腱膜肥厚，手指的关节活动受限越来越明显，X线透视可见患手骨质疏松样变化，肉眼可看到在背侧腕骨之间及与掌骨连接区域出现坚硬的隆起。

Ⅲ期：水肿和疼痛可完全消失，但关节的活动性则永久丧失，固定于一种典型的畸形状态，表现为：

①腕关节掌屈并偏向尺侧，背屈受限，腕骨上的隆起更加坚硬和明显。
②前臂旋后严重受限。
③掌指关节不能屈曲，拇指和食指间部分萎缩并且无弹性。
④近端和远端指间关节固定于轻度屈曲位，即使能做屈曲也是在很小的范围内。
⑤手掌变平，大、小鱼际肌明显萎缩。

（3）诊断　目前肩手综合征尚无统一公认的诊断标准。上田氏认为脑卒中患者如存在肩痛、上肢及手指肿胀，无论有无手指疼痛，即可诊断为肩手综合征。不过应排除局部外伤、感染、周围血管病等所引起的浮肿。

（4）预防　预防肩手综合征的重点在于避免所有引起水肿的原因。注意患者上肢和手的正确位置的摆放；当患侧上肢进行肘伸展位的负重训练时要格外小心，避免腕关节的过度背屈；尽量避免在患手上做静脉输液；避免患侧上肢尤其是手部的外伤。

（5）治疗　在肩手综合征的早期，刚刚出现水肿、疼痛和活动范围受限时就采取积极的治疗，能够获得最好的效果。即使在数月之后，如果仍有炎症反应、疼痛和水肿，治疗也可能是有效的。一旦发生了挛缩固定，各种方法几乎都没有任何效果。治疗的主要目的就是尽快地消除水肿，减轻疼痛和僵硬。

1）体位摆放：保持良好的卧和坐姿，卧位时可将患侧上肢适当抬高，坐位时，把患侧上肢放在身前的桌子上，当患者坐在轮椅里时，建议使用轮椅桌，避免患侧上肢和手悬垂在身体外侧甚至轮椅外侧。

2）避免腕关节屈曲：为了改善静脉回流，可佩戴小型腕上翘夹板支持腕关节，使腕关节24小时保持背屈位。夹板一直佩戴到水肿和疼痛消失、手的颜色正常为止。

3）主动运动：在治疗中应尽量要求患者进行主动运动，因为肌肉收缩可以起到泵的作用，促进静脉回流从而减轻水肿。可以刺激患侧手臂随意运动的活动都可以应用，但在疼痛和水肿消除之前，应避免进行肘伸展位的负重训练。

4）被动运动　患侧上肢和手指的被动运动对防治肩手综合征可以起到积极的作用。这些活动应非常轻柔的进行，避免引起疼痛，实际上，任何会引起疼痛的活动和体位都应避免。所有活动均可在患者仰卧位、患侧上肢抬高以利于静脉回流的状态下进行。

5）向心性加压缠绕手指（图4-4-57）是一种简单、安全、经济且非常有效的治疗方法。治疗师用一根直径1mm~2mm的长线绳从手指远端向近端缠绕。首先缠绕拇指，然后再缠绕其他手指，最后缠绕手掌直到腕关节以上。缠绕时先将绳子的一端对折做成一个小环，然后从远端快速有力、不留间隙地向近端缠绕至指根，缠完后，立即从指端绳环处拉开缠绕的线绳。

6）冰疗　治疗师将患者的手浸入加入冰块的冰水中，冰与水的理想比例为水占三分之一，冰占三分之二，这样的温度即便于手的浸入，而且冰的不断融化使水温保持冰冷。分3次泡手，两次浸泡之间有短暂的间隔，治疗师应与患者的手一同浸入，便于确定浸泡的耐受时间。

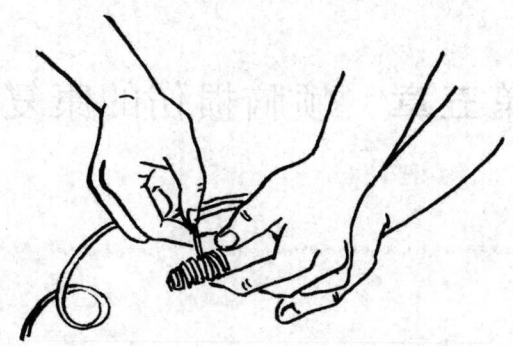

图4-4-57　向心性加压缠绕手指

7）皮质激素类口服治疗。

8）交感神经阻滞。

三、其他治疗措施

在恢复期，脑卒中患者的其他治疗措施，主要目的在于针对病因加以治疗以防复发，并通过各种有效的措施促进神经功能的恢复。

（一）药物治疗

以使用调整血压、治疗心律失常、心肌病变、稳定心脏功能、纠正血液指标异常等目的的药物为主，同时也可应用一些改善和促进神经功能恢复的药物。

（二）高压氧治疗

用2个大气压的高压氧舱治疗1.5~2小时，每日1次，10次为1疗程，对部分患者具有一定疗效。

（三）手术治疗

动脉瘤引起的出血性卒中，可根据动脉瘤的具体不同情况，选用瘤颈夹闭术、孤立术、瘤壁加固术、瘤内填塞或凝固术等。此外，亦可做间接手术结扎颈动脉。另外，对阻塞性脑积水必要时也可考虑行脑室引流术。除了以上治疗措施外，运动疗法也是患者功能康复中的一项重要的治疗措施；另外，也可采用我国传统的针灸、推拿、按摩，以及运用中药活血化瘀通经活络类药物进行治疗，必要时还可开展有针对性的物理治疗，具体可参见临床运动疗法学、中国传统康复治疗学和物理因子疗法。

（王刚　陈小梅　张冬）

思考题

1. 脑卒中急性期的正确体位摆放及体位摆放时的注意事项？
2. 肩手综合征的分期和表现？
3. 什么是手内操作技术？试根据其分类设计不同的作业活动。
4. 针对不同恢复阶段适合的作业活动？

第五章 颅脑损伤的康复

学习目标

一、了解颅脑损伤的概念
二、熟悉颅脑损伤的功能特点
三、掌握颅脑损伤的功能评定及作业治疗措施

第一节 概 述

颅脑损伤（head injury，HI）或脑外伤（traumatic brain injury，TBI）是一组因外因、火器造成脑组织损伤，常导致意识、认知、感知觉和肢体功能的障碍，在创伤中发病率仅次于四肢的损伤。其原因有多种，战争时期多由于火器、利器伤、爆炸形成的高压气浪冲击等；和平时期则多由于交通事故、工伤、运动损伤、坠落等所致。根据北京神经外科研究所的统计，在我国颅脑损伤发病率为55.4/万人口/年，患病率为783.3/万人口。男女比例大致为2：1。关于发病年龄，美国有些统计表明：10~29岁最高，占62%；其次为30~39岁，占12%；40~49岁，占8%。

颅脑损伤是一种严重的创伤性疾病，往往伤情复杂严重，死亡率高。经积极抢救治疗，大部分患者虽然幸存下来，但常遗留有不同程度的神经功能障碍。如意识、运动、感觉、言语、认知功能等方面的障碍。这些障碍都将影响到患者的生活和工作，给患者及家庭带来痛苦和困难，同时也给社会造成很大负担，而且在颅脑损伤患者中，再次脑损伤的几率达到15%~26%。

但是，如果颅脑损伤患者经过积极的康复训练，约有1/3的患者可以重新获得生活的能力。因此，对颅脑损伤病人进行早期和积极的康复治疗，使患者受损的功能得以最大限度的恢复和代偿是很重要的。

一、颅脑损伤的分类

1. **根据损伤的方式可分为闭合性和开放性两类** 直接和间接的暴力作用于头部而引起头皮、颅骨、硬脑膜破裂，脑组织均有损伤，而且脑组织与外界相通，称为"开放性颅脑损伤"（open head injury，OHI）；而没有脑组织与外界相通的称为"闭合性颅脑损伤"（closed head injury，CHI）。各类损伤又进一步分为若干亚类（见图5-1-1和图5-1-2）。

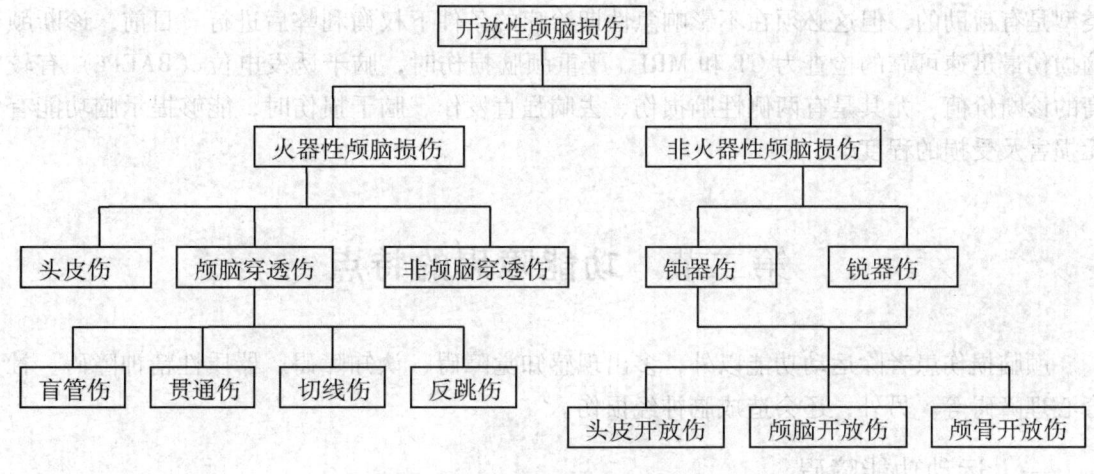

图 5-1-1 开放性颅脑损伤的分类

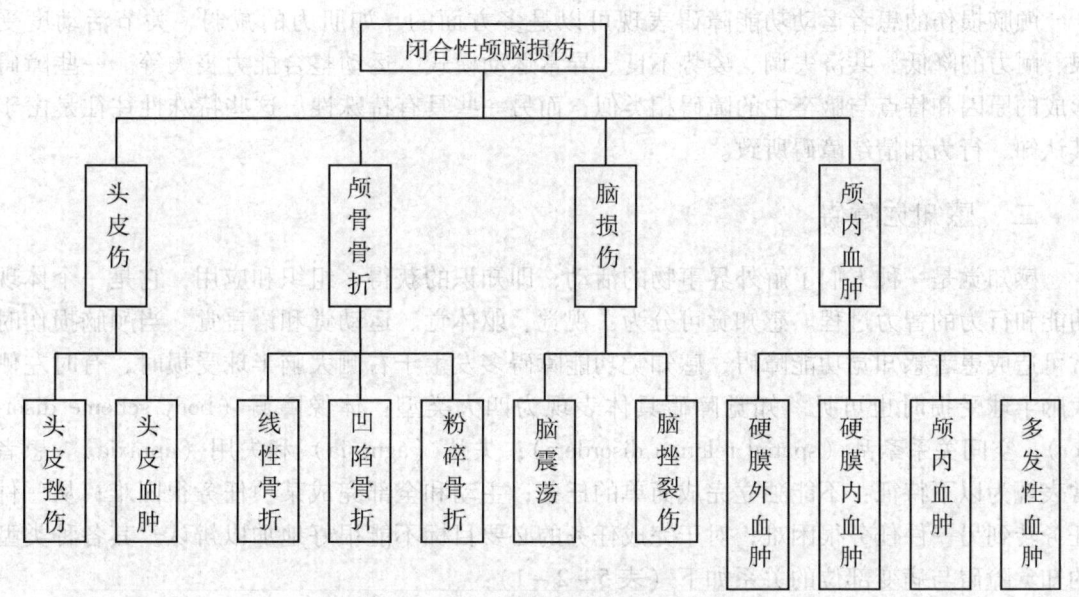

图 5-1-2 闭合性颅脑损伤的分类

2. 根据损伤机制和病理改变可分为原发性和继发性两类 前者系外力作用于头部后立即产生的脑组织损害，可引起的病变为脑震荡（concussion）、脑挫伤（contusion）和脑裂伤（laceration）；后者为在原发性损伤的基础上渐次出现的病变，常见的病变有脑水肿、出血和血肿等。继发性损伤主要是由脑水肿、脑缺氧等因素引起。

二、颅脑损伤的诊断

诊断颅脑损伤应明确损害的程度及类型，以便决定治疗对策。故在询问病史时，应重点明确事故的性质，发生的时间，暴力作用的情况，有无昏迷及昏迷所经历的时间，有无中间清醒期、恶心呕吐及抽搐情况。在体检时，应对头部受伤部位重点检查，并注意患者的呼吸、脉搏及血压情况。神经系统检查，重点检查患者意识状况，判断昏迷程度，瞳孔大小，对光反应，眼球的位置与活动及四肢活动情况。辅助检查对进一步明确颅脑损伤的类型是有帮助的，但这必须在不影响急性期治疗的条件下权衡利弊后进行。目前，诊断颅脑损伤最迅速可靠的检查为 CT 和 MRI。严重颅脑损伤时，脑干诱发电位（BAEPs）有较高的诊断价值，尤其是有两侧性脑损伤、去脑强直发作、脑干损伤时，能够提示脑功能有无损害及受损的程度。

第二节 功能障碍的特点

颅脑损伤患者除运动功能以外，多出现感知觉障碍、认知障碍、器质性精神障碍、社会心理障碍等。另外，还会造成脑神经损伤。

一、运动功能障碍

颅脑损伤的患者运动功能障碍表现可以是多方面的，如肌力的减弱、关节活动度受限、耐力的降低、共济失调、姿势不良、异常运动模式、运动整合能力丧失等。一些障碍形成的原因和特点与脑卒中的障碍相类似，而另一些具有特殊性。这些特殊性往往是由于其认知、行为和情绪障碍所致。

二、感知觉障碍

感知觉是一种人们了解外界事物的活动，即知识的获得、组织和应用，它是一个体现功能和行为的智力过程。感知觉可分为：视觉、躯体觉、运动觉和语言觉。当颅脑损伤时常可造成患者感知觉功能障碍，感知觉功能障碍多发生于右侧大脑半球受损时，有时左侧大脑半球受损时也可见。知觉障碍具体表现为四大类型：体像障碍（body scheme disorder）；空间关系紊乱（spatial relation disorders）；失认（agnosia）和失用（apraxia）。患者常表现为以下特征：不能独立完成简单的任务；主动和全部完成某项任务很困难；从一件任务转到另一件任务很困难；对于完成任务的必要目标不能很好地加以辨认。其各种类型的知觉障碍与病变部位的关系如下（表 5-2-1）：

表 5-2-1 知觉障碍的种类与病变部位的关系

种类	病变部位
1. 体像障碍（body scheme disorder）	
（1）躯体失认（somatagnosia）	主侧顶叶
（2）单侧忽视（unilateral neglect）	次侧顶叶
（3）左右分辨困难（difficulty in right and left discrimination）	主、次侧顶叶
（4）手指失认（finger agnosia）及 Gerstmann 综合征	主侧顶叶
（5）疾病失认（anosognosia）	次侧顶叶
2. 空间关系紊乱（spatial relation disorders）	
（1）对象与背景分辨困难（difficulty in figure ground discrimination）	次侧顶叶
（2）形状细节分辨困难（difficulty in form constancy）	次侧顶叶
（3）空间关系（disturbance of spatial relation）	次侧顶叶

续表

种类	病变部位
（4）空间位置紊乱（disorder of position space）	次侧顶叶
（5）地理定向障碍（topographical disorientation）	次侧顶叶　枕叶
（6）深度和距离感障碍（disorder of dept and distance perception）	次侧顶叶　枕叶　颞叶
（7）垂直定向障碍（vertical disorientation）	次侧顶叶
3. 失认（agnosia）	
（1）颜色失认（color agnosia）	主、次侧枕叶
（2）颜面失认（prosopagnosia）	主、次侧枕叶
（3）麻痹性凝视（simultagnosia or Balint's syndrome）	主侧枕叶
（4）听失认（auditory agnosia）	主侧枕叶
（5）触觉失认（astereognosis）	次侧顶叶
4. 失用（apraxia）	
（1）意念运动性失用（ideomotor apraxia）	主侧顶叶
（2）意念性失用（ideational apraxia）	主侧顶叶
（3）结构性失用（constructional apraxia）	主、次侧顶枕叶
（4）穿衣失用（dressing apraxia）	次侧顶叶或枕叶
（5）步行失用（walking apraxia）	次侧顶叶

在脑损伤疾患中较为常见的知觉障碍，包括在失认症中发病率较高的半侧视空间失认、疾病失认和 Gerstman 综合征，在失用症中发病率较高的结构性失用、运动失用和穿衣失用。

1. 半侧视空间失认（unilateral spatial agnosia）　也称之为半侧不注意、一侧空间忽视、单侧忽略等。在选择感觉信息阶段产生的半侧视空间失认，是知觉型半侧视空间失认；在选择运动阶段产生的半侧视空间失认，是运动型半侧视空间失认。从自身角度来看，可从躯体轴心划分左右，或从视野分左右，或从头的位置分左右，来确定自己的坐标系；若从视对象角度看，则能建立起将物体分为左右的坐标系。一般以左半侧视空间失认多见，这种失认不仅仅是局限于身体的左半侧，也会发生于所注视的空间左侧。临床表现为：脑损伤后部分患者虽然眼睛的视线可自由转动或者头部也可自由转动，但却不能感觉出由病灶对侧来的刺激，不能做出反应，也多不将眼睛转向这一方向，如当从左边呼唤患者时，患者会从右边寻找呼唤者；生活中仅穿一侧衣服，剃一侧胡须，读一页纸上的一半字，漏掉吃左侧的食物；患者多忽视轮椅左侧刹车，走动时碰到左侧物体等。半侧视空间失认程度重时，患者的视线多向右而向左注视困难。

半侧视空间失认主要是右半球的顶下小叶病损所致，也与左顶叶、丘脑、基底节、背外侧额叶、扣带回有关。

从注意障碍的范畴来看，将半侧视空间失认称为单侧忽略，对单侧身体的忽略可能是感觉处理、身体图像缺陷或注意障碍所致，而对对侧空间的忽略是注意障碍或向对侧空间、运动计划的精神再现障碍。这是注意障碍的特殊形式。

有半侧视空间失认时，可能伴有偏盲等视野缺失，但视野缺损并不会加重视空间失认症状。对于视野缺损患者，可通过转头等调整视野的办法来代偿。

2. Gerstman 综合征 主要是以"四失"，即手指失认、左右失定向、失写、失算为主。手指失认包括有相对手指名称的选出障碍及手指的称呼困难，无论对自己还是别人的手指辨认都会有困难，多为双侧性；左右失定向不仅对自体，且在辨认他人肢体时也不能分辨左右，但对周围环境的左右定向却不一定有影响；失写症主要表现为写字发生困难，但阅读或抄写时可以不出现障碍；失算症以笔算障碍为明显。四失症也不一定都出现，可部分或单独出现，其中以手指失认症最多见。病损部位主要涉及角回、缘上回以及顶叶移行至枕叶部位的病变。

3. 疾病失认 表现为在患病状态下，患者否认自身疾病的存在，并常捏造出病情所致障碍"理由"。病损部位多位于次侧顶叶。

4. 结构性失用 是一种结构活动（包括排列、建筑、绘画）障碍，特别是涉及空间关系部分的障碍。此症不是一种纯粹执行或失用方面的障碍，患者在感受或认识方面亦存在问题。其特点为：患者对各个构成部分有认识，对各个构成部分的相互位置关系也有所了解，但在构成整个完整体时空间的分析综合，尤其是综合的能力，处于失常的状态。

左右半球的颞、顶、枕及皮质下结构的病变均可产生结构失用症，非优势半球的顶叶更重要。左半球的结构失用时，整体的方向性好但描绘易出现问题。右半球的结构失用时，整体方向性差，局部描绘好。

5. 运动性失用 为最简单的失用现象，仅限于肢体，通常为上肢。表现为：对一般简单动作并无困难，但因患者对运动的记忆发生障碍，引起动作笨拙，失去精巧动作之能力，被动执行命令、模仿及主动运动均受影响，但患者对动作的观念是完整的。重症者往往不能做任何动作，对于治疗师要求做出的是毫无意义的若干运动。如让患者拿起杯子，他举起手来，而后伸开各指，或者停住不动。患者不能扣上纽扣，亦不能做擦燃火柴等精细动作。

运动失用症可以认为是一种感觉综合及运动表达性缺陷，见于缘上回后部受损，动作的分析与综合活动失调，但大部分患者的运动区（4 及 6 区），以及该区发出的神经纤维或者胼胝体前部出现病变。

6. 穿衣失用（dressing apraxia） 这是由 Brain 于 1941 年提出的，患者不能认知衣服与人体的空间关系、无法穿衣的现象。由次侧颞顶枕叶联合区损伤所致，与视空间定向障碍有关。穿衣时常弄错左右、里外、上下。自己不能将手穿过袖口，不能系领带，可出现将两脚均穿入一侧裤腿中，或仅穿右半侧衣服等现象。自己不能有目的地主动穿衣服。有部分穿衣失用患者合并有半侧视空间失认、结构失用、体像障碍等。表现出穿衣失用的情况有两种：①单侧性穿衣失用：见于左侧偏瘫，合并有左侧身体失认，仅穿右半侧，忽视左半侧。②两侧性穿衣失用：左右、表里混淆，可伴结构失用。也有研究者认为穿衣失用是从属于其他失认、失用的症状，或因其他失认、失用而出现的结果。

三、认知障碍

认知是知觉、注意、记忆、思维、言语等心理活动。当颅脑损伤时常可造成患者认知功能障碍，最常见的功能障碍包括：

（一）注意力降低

这时脑损伤的患者，常常失去了集中精力一段时间和从周围环境中去除干扰的能力。当患者进行谈话时，他会发现周围人的谈话（环境中的其他人）会合并到他自己说话的句子里去。精力的不够集中将影响工作学习能力和完成 ADL 的能力。尽管注意力降低可随着康复的进程而改善，但这种缺陷可能将以各种程度伴随患者一生。

（二）记忆减退

记忆受损是脑损伤患者认知功能损害最常见的一种，并可能伴随患者一生。记忆损伤包括：不能重复刚听到的几个词（瞬时记忆），忘记昨夜家里人来看他（短期记忆），忘记损伤前几年的事件（长期记忆）。尽管经过系统的康复，一般脑损伤患者仍然有短时记忆的障碍，但患者经常能回忆起几年前发生的事情。

（三）动作开始、终止能力受损

动作起始和终止能力受损影响动作的开始和结束。开始活动必须有人协助，这将严重影响患者的独立生活的能力。相类似地，患者可能存在动作终止障碍，表现为：在活动时动作的坚持不懈，有时这种坚持包括另一个思想的过程，患者不能集中思想，因为他正在坚持想另一件事情必须被完成。

（四）安全感降低和判断能力受损

额叶损伤易造成患者判断能力和动作结果的预见性的受损和丧失。例如，患者可能会尝试着从轮椅上站起来，但却没有锁上闸或没有挪起脚踏金属板，或者穿越马路时不注意交通信号灯等现象。

（五）反应迟钝

大多数脑损伤患者，都有不同程度的对外界环境信息的反应障碍。治疗师应认识到反应迟钝，并与功能缺失的反应延迟区分开来。外界环境信息的反应迟钝可以包括视觉、听觉、感觉和知觉等方面。

（六）执行功能困难和抽象思维能力障碍

执行功能包括：计划能力，确立目标，理解动作的结果和修改个人行为与环境相协调。抽象思维能力是用概念、判断、推理的形式，来反映事物的思维的能力。许多脑损伤患者存在思维混乱，他们只能在文字水平上去解决问题。例如，一个执行和抽象思维功能障碍的患者，只能够一步一步地按照所提供的东西准备一顿饭，如果调节做饭的温度的指示不明确，患者可能把饭做煳，因为他无法预见将锅一直放在炉子上的后果。

（七）概括归纳

将新学的东西加以归纳是学习新任务，并将其转化为完成任务所需的动作的能力。执行能力、抽象思维和短时记忆，对概括新学知识是非常重要的。例如，一个学习使用全自动洗衣机的患者，可能不能够将这个能力转向使用非家用自动洗衣机上。这常发生于具备具体思维而抽象思维丧失的情况。虽然全自动洗衣机的应用方式是固定的，但患者不能够认识到这一点，在环境改变时，患者不能够应用相似的非家用洗衣机。概括新知识能力的损害，是阻碍患者获得社会生活独立能力的一个重要问题。对于认知障碍的患者来说，这种障碍往往持续很长时间，不仅影响患者的日常生活和社会生活，还直接影响患者的康复治疗。故在其康复过程中尤其应引起重视。

四、性格、情绪和器质性精神障碍

(一)性格障碍

性格障碍在颅脑损伤患者的恢复期较为常见,其发生与脑损伤有着直接的关系。例如,在恢复期,患者经常是焦急、易怒的攻击状态,他们可以不知疲倦地大声尖叫,持续地口头和肢体攻击。这种激动既没有目的,也不持久,而更多的是由于患者不能够正确地理解身边环境中所发生的事情,发生过后很快就遗忘了。这种不受控制的行为,可能是由于额叶前部调节行为控制中枢受损所致。颅脑损伤患者常见的性格障碍如下(表5-2-2):

表5-2-2 颅脑损伤患者常见的性格障碍

反应性问题
焦虑、抑郁、神经过敏、不相信他人、绝望、无援、发怒、恐惧、不愿意参加社会活动
神经心理上引起的问题
易冲动、妄想、焦虑、情绪不安、不适应社会性议论活动、幼稚行为、对缺陷缺乏自知、误解他人、缺乏主动性、难以唤醒
性格方式问题
强迫性或超乎寻常的行为、不可靠、多疑、不愿意反省自己或讨论个人的问题、乐于使别人烦恼、乐于依赖他人、常表现抗议或挑战

(二)情绪障碍

情绪障碍也多由于脑损害所致,常表现为:沮丧、情绪不稳定、焦虑、抑郁、淡漠无感情、呆傻、神经过敏等。在患病的早期,由于事发突然,患者往往处于身体和精神的麻木之中,对如此巨大的打击多表现为沉默或无明显反应,在经过抢救脱离危险后,常有"死里逃生"的庆幸。但对于自己的病情和可能终生残疾的可怕后果却缺乏认识和心理准备,而是认为自己还能够完全恢复。患者常常否认肢体、认知、社会心理等方面的缺失,患者此时处于否认期。否认可能妨碍治疗的进行,患者可能拒绝接受治疗,认为那是无效的。否认会随着患者认识到生活活动时能力的不足而消退。愤怒或抑郁期随之而来,患者随着对自身缺欠的认识提高以及随着治疗和康复的进行,患者逐渐领悟到自己所受的创伤将造成长期或终生残疾,而变得沮丧、悲观和生气等。患者在充分认识到自身的残疾后,有时会出现心理和行为的倒退,表现为对他人过多的依赖,缺乏积极独立的谋取生活的心理和行为,不积极参与治疗,也不愿出院,这阶段称为"对抗独立阶段"。在患者可能真诚地接受现实,改变个性、技能和生活方式,并且开始重新建立新生之前,一般要用几年时间。在这期间,如果患者身体功能、生活环境改变,就会造成否认、沮丧等时期的重复出现。左侧大脑半球受损的患者,常出现沮丧和情绪不稳定;而右侧大脑半球受损的患者,常有一种奇怪的陶醉感并对损伤反应淡漠。

(三)精神症状

颅脑外伤性精神障碍是指颅脑受到外力的直接或间接作用,会引起脑器质性综合征,青壮年相对较多。

脑器质性综合征有两种,即急性脑器质性综合征和慢性脑器质性综合征。急性脑器质性综合征起病多急骤,病情发展较快,病程较短,损害范围较局限,预后多良好,其病变往往是可逆性的。慢性脑器质性综合征则起病多缓慢,病情发展较慢,有逐渐加重趋势,病程多持久，预后较差，病变常不可逆。不少脑器质性精神障碍既有器质性的临床特征，又伴有某些显而易见的器质性障碍的表现，两者之间有相互交织、相互重叠现象。

1. 急性脑器质性综合征表现：①意识障碍：见于闭合性脑外伤，可能是由于脑组织在颅腔内的较大幅度的旋转性移动的结果。脑震荡意识障碍程度较轻，可在伤后即发生，持续时间多在半小时以内。脑挫伤患者意识障碍程度严重持续时间可为数小时至数天不等，在清醒的过程中可发生定向不良，紧张、恐惧、兴奋不安、丰富的错觉与幻觉，称为"外伤性谵妄"。如脑外伤时的初期昏迷清醒后，经过数小时到数日的中间清醒期，再次出现意识障碍时，应考虑硬脑膜下血肿。②遗忘症：当患者意识恢复后常有记忆障碍。外伤后遗忘症的期间是指从受伤时起到正常记忆的恢复。以逆行性遗忘不常见（即指对受伤前的一段经历的遗忘），多在数周内恢复。部分患者可发生持久的近事遗忘、虚构和错构，称为"外伤后遗忘综合征"。

2. 慢性脑器质性综合征的表现：①脑外伤后综合征：多见。表现为头痛、头重、头昏、恶心、易疲乏、注意不易集中、记忆减退、情绪不稳、睡眠障碍等，通常称脑震荡后综合征，症状一般可持续数月。有的可能有器质性基础，若长期迁延不愈，往往与心理社会因素和易患病的素质有关。②脑外伤后神经症：可有疑病、焦虑、癔症等表现，如痉挛发生、聋哑症、偏瘫、截瘫等，起病可能与外伤时心理因素有关。③脑外伤性精神症：较少见。可有精神分裂症样状态，以幻觉妄想为主症，被害内容居多。也可呈现躁郁症样状态。④脑外伤性痴呆：部分严重脑外伤昏迷时间较久的患者，可后遗痴呆状态，表现为近记忆、理解和判断明显减退，思维迟钝。并常伴有人格改变，表现为主动性缺乏、情感迟钝或易激惹、欣快、羞耻感丧失等。⑤外伤性癫痫。⑥外伤后人格障碍：多发生于严重颅脑外伤，特别是额叶损伤时，常与痴呆并存。变得情绪不稳、易激怒、自我控制能力减退、性格乖戾、粗暴、固执、自私和丧失进取心。

五、脑神经损伤

颅脑损伤的患者经常造成第Ⅰ、Ⅱ、Ⅲ、Ⅵ、Ⅶ、Ⅷ脑神经损伤，其原因是由它们在颅骨中的位置所决定的，并造成相应的功能障碍。颅脑损伤后常见的视损害如下（表5-2-3）：

表5-2-3 颅脑损伤后常见的视损害

损害	机制	症状
复视	眼外肌控制减弱，如动眼神经损伤两眼不能同时视一物体	视物为复像
集合能力下降	集合调节反射不佳，内直肌收缩不良，睫状肌收缩不能使晶体变厚	近看物体时复视或视力模糊，深度感下降
视力模糊	聚焦肌支配受损	近看和远看均模糊
眼震	脑干以及小脑损伤	眼有异常震动以致视物模糊
视野丧失	右或左颞叶或视顶叶视神经、视辐射或视交叉损伤	偏盲或象限盲
视运动功能下降		
追视	有或没有脑干损伤的任一侧半球损伤	跟踪移动物体困难或不能
快速扫视缺陷	额叶8区损伤	快速阅读困难

六、社会心理障碍

研究发现，患者在受伤一年或多年后，最影响患者重新获得满意生活质量的因素是社会心理的损害。当其他损害不再进展时，患者和家属的社会心理观念，甚至比其他方面的障碍给患者造成的影响更大。通常包括以下几个方面：

（一）自我观念

自我观念是人对自身内在的印象，包括个人的身体印象，个人的力量和限制，个人在家庭中、在周围人群和社区中的位置等。颅脑损伤患者最困难的社会心理后遗症之一是患者自我观念的转变。颅脑损伤的患者虽然短时记忆受损，但往往长时记忆却保持完整，患者对他以前的生活有着清楚的记忆。所以，建立正确或现实的自我观，在颅脑损伤患者的治疗中有着重要的意义。

（二）独立生活状况

由于颅脑损伤造成患者的肢体、认知、社会心理等方面的后遗症，许多患者发现他们需要他人的帮助来安排自己的生活，或者需要同父母生活在一起。而独立生活能力的丧失，进一步加强了其依赖感和个人控制能力的下降。由于患者生活角色的缺失，他们常常感到精疲力竭，不能重新融入社会。颅脑损伤的患者尤其是 18~30 岁之间的患者，正处在由青春期向成年转变的过程，这个过程被中断常导致患者不能获得成熟稳定的性格。沮丧、冷漠、消极等情感障碍常常出现，这可能是由于自我观念尚不充分，渴望社会角色的欲望消失所致。

（三）社会角色

自我观念的获得，很大程度上取决于患者在家庭、周围人群和社区中所扮演的社会角色。

通常患者伤后会缺失大部分以前的角色，并失去支持此角色的能力。家属和朋友在患者受伤后的早中期治疗中是非常乐观的，但是随着病程的进一步发展，家属和朋友对患者越来越缺少包容，使患者觉得孤独并且被遗忘。许多患者指出：感到孤独和建立、维持社会关系的能力丧失，是困扰他们的主要问题。日常生活角色的缺失，常使患者不能重建新的生活；而工作角色的缺失往往与支持能力不足、情感依靠以及自控能力缺乏关系密切。

第三节 功能评定

针对颅脑损伤需要全面评定，包括对严重程度、感知觉障碍的评定，高级脑功能水平的评定，运动、情感、言语和吞咽障碍的评定，日常生活能力的评定等，还需要对预后进行预测。

一、颅脑损伤严重程度的分级

（一）急性期颅脑损伤严重程度的分级

急性颅脑损伤的病变类别虽有不同，但其临床表现大多类同。为了便于预测患者的预后，制定治疗措施，评定治疗效果，设定了判断颅脑损伤严重程度的统一标准。1974年英国Glasgow神科学研究所南方医院神经外科Teasdale和Jennett制定了一个昏迷计分表，用以测定脑损伤的程度并预测预后。并于1976年再次修订为格拉斯哥昏迷分级法（Glasgow Coma Scale，GCS），具有代表性，它是在睁眼、言语和运动三种不同反应中，共进行15项检查。（见表5-3-1）。

表5-3-1 格拉斯哥昏迷分级法

项目	试验	患者反应	评分
睁眼反应	自发	自己睁眼	4
	言语刺激	大声和患者说话睁眼	3
	疼痛刺激	遇疼痛时睁眼	2
	疼痛刺激	遇疼痛不能睁眼	1
运动反应	口令	能执行简单命令	5
	疼痛刺激	遇到疼痛拨开检查者的手	4
	疼痛刺激	遇到疼痛撤出自己的手，离开刺激源	3
	疼痛刺激	遇到疼痛呈去皮质强直（上肢屈曲、内收内旋，下肢伸直、内收内旋）	2
	疼痛刺激	遇到疼痛呈小脑去皮质强直（上肢伸展、内收内旋、指屈曲、下肢强直）	1
言语反应	言语	遇到疼痛没有反应	5
	言语	可正确会话，并能回答识别时间、地点、人物	4
	言语	言语错乱、定向障碍	3
	言语	说话内容能被理解，但无实际意义	2
	言语	能够发出声音，但不能被理解	1
		不能发出声音	

此表最高得分为15分，表示为正常状态。如颅脑损伤在伤后6小时的GCS计分低于5分，属严重颅脑损伤；低于8分，为重度损伤；9~12分，为中度损伤；13~15分，为轻度损伤。计分小于8分，预后不良；伤后6小时内"眼开启"项计分小于3分（除外面颌部及眼受损者），伤后6个月会有40%~50%的患者死亡或变为植物人；伤后72小时"最佳运动反应"项仅1~2分者，死亡或变为植物人的可能性很高。该量表主要用于急性损伤期，它能简洁、客观、定量地评定昏迷及深度，但它有一定的局限性。1982年Born等把GCS和脑干反射结合，提出了一种新的分级方法——Glasgow Liegecoma scale（GLCS）昏迷量表。

它在原有的基础上增加了眼轮匝肌反射（5分）、垂直性头眼反射（4分）、瞳孔对光反射（3分）、水平性头眼反射（2分）、眼心反射（1分）、无反射（0分）。从而在一定程度上提高了GCS的准确性，同时使无法判断率也有所下降。

（二）在颅脑损伤恢复期严重程度的分级

在颅脑损伤患者的恢复期，其伤情严重程度的分级，主要依据伤后遗忘（post-traumatic a mnesia，PTA）的时间、HRB神经心理学测试和LOTCA等方法来评定。

1. 伤后遗忘的时间　是指受伤后记忆丧失到连续记忆恢复所需的时间。对于患者是否仍处于PTA之中，还是已恢复了连续记忆，常用Levin提出的Galveston定向遗忘试验（Galveston orientation and amnesia test，GOAT）。该试验主要通过提问方式了解患者的记忆情况，患者回答不正确时按规定扣分，将100减去总扣分，即为GOAT分。100分为满分，

100~75分为正常，74~66分为异常边缘，低于66分为异常。一般认为，达到75分才能认为脱离了PTA（见表5-3-2）。

表5-3-2 GOAT内容及评分标准

问题	答错扣分
1. 你姓什么？叫什么名字？	-2（姓-1，名-1）
你何时出生？	-4
你住在哪里？	-4
2. 你现在在哪里？　答不出城市名	-5
答不出医院名	-5
3. 你是哪一天入院的？	-5
你是怎样到医院的？	-5
4. 伤后你记得的第一件事是什么？（如苏醒过来等）	-5
你能详细描述伤后记得的最后一件事吗？（如时间、地点、人等）	-5
5. 伤前你记得的最后一件事是什么？	-5
能详细描述一下你伤前记得的最后一件事吗？	-5
6. 现在是几点几分？　至多	-5（与正确时间每相差0.5　-1）
7. 现在是星期几？　至多	-5（与正确时期每相差1日-1）
8. 今天是几号？　至多	-5（与正确日期每相差1日-1）
9. 现在是几月份？　至多	-15（与正确月份每相差1月-5）
10. 今年是哪一年？　至多	-30（与正确年份每相差1年-10）

有证据表明，PTA持续时间的长短与患者的预后呈高度的相关性。根据Russell和Smith的研究，提出了依据PTA的严重性的分级标准，共分为四个级别：PTA少于1小时为轻度；1~24小时为中度；1~7天为重度；>7天为极重度。以后Jennett将之细化（表5-3-3）。

表5-3-3 伤后遗忘（PTA）时间与脑损伤严重性的关系

PTA	严重性	PTA	严重性
<5分钟	极轻度	1~7天	重
5~60分钟	轻度	1~4周	很重
1~24小时	中度	>4周	极重

2. Halstead-Reitan成套神经心理学测验（参见本书第二章第二节）

3. 认知功能的评定　由于认知功能涉及面较广，目前认知功能的检查评估的方法也较多。但是在颅脑损伤的认知评定过程中，应遵循以下一些原则：首先，不宜仅用IQ的评定来取代Halstead-Reitan成套神经心理学测验（Halstead-Reitan battery，HRB），因为前者不能真实地反映脑损伤的程度；其次，也不应使用MMSE等来代替思维的检查，因MMSE不能评定高水平的思维；另外，应注意在PTA没消退以前，不宜做与记忆有关的检查，更不宜做WAIS和HRB等成套的测验。

目前在作业疗法中，对于颅脑损伤、脑卒中以及中枢神经系统发育障碍等原因引起的认知功能障碍的评定，多采用 LOTCA 成套测验（详见本书第二章第二节）。在此，介绍另一种简易的认知功能标准量表 RANCHOS LOS AMIGOS 量表。

RANCHOS LOS AMIGOS 量表，是测量感知觉和认知功能的标准量表。它可以在损伤后的任何时候，用来评估患者的感知觉和认知功能水平，而且它不是一个预测量表，其简易量表如下（表5-3-4）：

表5-3-4 RANCHOS LOS AMIGOS 简易认知功能评定量表

1级：没有反应，对所有刺激都没有反应。
2级：基本反应，不能确定部位，不协调，无目的性反应，一般只对痛觉有反应。
3级：局部反应，可以对各种刺激发生相关的发应，但仍不协调并且反应迟缓。
4级：兴奋混乱，运动状况有所提高，但是混乱没有方位感，可以有积极的行为。兴奋是由于内在的功能混乱所致。
5级：适宜反应，表现出注意力，对简单命令做出反应，同时注意两件事，但不能集中注意力做一件任务。对外在刺激反应亢进，语言功能差，不能够学习新的信息。

认知能力的评估除了常用的一些检查表格外，也可以通过一些功能活动来了解。例如，治疗师可以让患者准备一餐午餐，这一系列动作要求患者应具备以下能力：①可以完成两步或三步口头或写出来的指示；②正确的顺序和步骤；③精力的集中；④有良好的安全感和判断能力。在评定时，治疗师可以通过：①计算正确和错误的次数；②给予帮助或暗示的次数；③活动完成的总量比。在评定一个患者认知功能的时候，充分考虑其他因素对评定的影响也很重要。这包括：语言障碍、视觉、感知觉不足、药物的影响、教育和文化水平背景、对这项任务的以往经验等。

二、感知觉障碍的评定

有关失认症、失用症的评定参见本书第二章第二节。

三、运动、情感、言语和吞咽障碍的评定

参见《临床运动疗法学》以及《康复疗法评定学》。

四、日常生活能力的评定

由于颅脑损伤患者多有认知障碍，故评定 BADL 时，宜选用含认知项目的评定量表（具体见本书第二章第二节）。

五、预后的预测

（一）依据症状、体征、检查和用药的预测

此方法的具体内容，见表5-3-5。

（二）Glasgow Liege coma scale（GLCS）昏迷量表

Glasgow Liege coma scale（GLCS）昏迷量表，不仅能用于评定损伤的严重程度，而且也能预测预后。通过前述得出 GLCS 分，再依据患者的年龄即可按下列公式推测患者6个月后的预后。

推测预后的公式：死亡（D）% = es × 0.724

持续植物状态和严重残疾% = es' × 0.724

表 5-3-5　依据症状、体征、检查和用药的预测

预后较佳	预后较差
昏迷少于 6 小时	昏迷多于 30 天
PTA 少于 24 小时	PTA 多于 30 天
GCS 大于 7	GCS 小于等于 5
局限性脑损伤	弥漫性脑损伤
颅内压正常	颅内压升高
无颅内血肿	有颅内血肿
脑室大小正常	有脑室扩大
无脑水肿	有脑水肿
无颅内感染	有颅内感染
无伤后癫痫	有伤后癫痫
无冲撞引起的凹陷性骨折	有冲撞引起的凹陷性骨折
无需应用抗惊厥药物	不能停用抗惊厥药物
无需应用影响精神的药物	不能停用影响精神药物
EEG 正常	EEG 异常
EVP 正常	EVP 异常

中度残疾和恢复良好% = 1/〔1 + es + es'〕求 s = 10.00 - （1.63 × GLCS 分）+ （0.16 × 年龄）s' = 6.30 - （1.00 × GLCS 分）+ （0.08 × 年龄）

六、颅脑损伤结局的评定

有关颅脑损伤结局的评定，至今仍用 Jennett 和 Bond 提出的著名的 Glasgow 结局量表（Glasgow outcome scale，GOS）（见表 5-3-6）。

表 5-3-6　Glasgow 结局量表（GOS）

结局	简称	特征
1. 死亡（death）	D	死亡
2. 持续性植物状态（persistent vegetation state）	PVS	无意识、无言语、无反应，有心跳呼吸，在睡眠觉醒周期的觉醒阶段偶睁眼，偶有呵欠、吸吮等无意识动作，从行为判断大脑皮质无功能。特点：无意识，但能存活
3. 严重残疾（severe disability）	SD	有意识，但由于精神、躯体残疾或由于精神残疾，躯体尚好而不能自理生活。记忆、注意、思维、言语均有严重残疾，24 小时均需他人照顾。特点：有意识，但不能独立
4. 中度残疾（moderate disability）	MD	仍有记忆、思维、言语障碍和性格障碍，以及轻偏瘫、共济失调等，可勉强利用交通工具，在日常生活中、家庭中尚能独立，可在庇护性工厂中参加一些工作。特点：残疾，但能独立
5. 恢复良好（good recovery）	GR	能重新进入正常社交生活，并能恢复工作，但可遗留有各种轻的神经学和病理学缺陷。特点：恢复良好，但仍有缺陷

值得注意的是，近年来有人认为认知和行为虽有严重缺陷，但日常生活活动（ADL）能自理，也应列入良好恢复的范畴。

第四节 作业治疗

颅脑损伤患者，在身体功能以及心理障碍方面大部分与脑卒中患者相似，但是，在智能水平、行为、性格和情感等方面的变化，其损害的程度明显严重。例如，在时间、地点的认识方面经常出现混乱，或者合并人格变化、健忘，甚至出现攻击性的情感反应。因此，颅脑损伤患者在临床上的表现非常复杂。针对颅脑损伤患者的康复，人们正在不断地摸索更适合、更有效的方法，但是有几点是肯定的，对于颅脑损伤的治疗，需要多学科、多种专业人员共同努力和配合，才能收到理想的效果。

一、治疗目的

作为治疗小组中的一员，作业疗法的目的，就是要系统、细致地评定患者在进行各种作业活动时的障碍，以及残存的功能，帮助患者最大限度地发挥、利用这些功能，提高和改善生活质量。

具体的目标是：
1. 提高随意运动的能力和耐受力。
2. 增强运动和感觉功能的统合。
3. 提高言语交流能力。
4. 提高注意力、思维、记忆力、解决问题等方面的能力。
5. 改善和提高日常生活自理能力。
6. 学习必要且合适的各种代偿方法。
7. 提高生活、职业技能，回归社会。

二、治疗方法

在制定作业治疗计划时，必须首先经过细致周到的评定，了解和掌握患者的全身状态，然后根据患者所处的阶段，制定不同的治疗方案，并选择相应的治疗手段。治疗师在治疗的过程中，应该随时密切观察患者各方面的变化，及时与小组其他专业人员沟通信息，随时调整治疗方案和手段。

对于颅脑损伤患者的作业治疗，一部分可以参照脑卒中的治疗方法。但是，由于颅脑损伤的患者有时并不仅仅是一侧肢体的瘫痪，而是出现双侧肢体都有功能障碍，加之高级脑功能障碍造成的理解能力下降、记忆力减弱、空间识别能力下降，以及情感障碍等多方面的因素，训练过程较之脑卒中患者会遇到更多的困难和更加复杂的状况。因此，治疗者必须具备高度的责任心、持久的耐心和必备的专业知识，并在治疗、评定的过程中，不断摸索最佳方案。

作业治疗根据颅脑损伤的临床特征大致可以分成以下几个阶段：

第一阶段：昏睡或对外界事物有意识和反应，但难以处理。
第二阶段：对自身变化难以接受，情绪波动大，对现实状态不适应。
第三阶段：逐渐接受，适应现实。

（一）第一阶段的治疗

1. 功能评定　第一阶段患者的评定，实际为早期介入作业治疗的评定。由于颅脑外伤患者的障碍特征变化比较快，需要作业治疗早期介入治疗。当患者处于昏迷状态时，早期作业治疗主要的评定内容为意识水平和肢体的功能。主要的目的是维持患者的肢体功能和认知能力，预防继发性的障碍。如果患者意识水平处于正常状态，具体的评定内容如下：

（1）认知：患者反应如何？能否响应简单的口头命令？如"握我的手"。患者能否用语言或眼神来交流？

（2）视觉：患者能否用眼睛注视某物或治疗师？能否在听到声音时睁开眼睛？

（3）感觉：患者能否对外界刺激做出反应？如对疼痛或寒冷做出反应。

（4）关节活动度：患者是否有关节活动度受限？如有，需要判断是由于去皮质或去大脑强直肌张力增高或痉挛所致，还是出现了关节挛缩。

（5）肌力：张力不变的情况下，患者肌群是否软弱无力？

（6）运动控制：患者是否有去皮质或去大脑强直？是否有张力增高、痉挛或是低张力状态？是单一肢体、单侧肢体或是双侧肢体受累？是否存在原始反射？

（7）吞咽状况：患者是否自己进食？是否有呛咳？患者是否能闭合嘴，而不外漏食物和流口水？

（8）社会心理和行为：患者是否安静或者情绪不稳定？

第一阶段患者的评定，一般借助量角器、徒手肌力检测法、传统神经系统检查法和临床观察来完成。GCS昏迷量表和RANCHOS LOS AMIGOS量表常用来评定这一时期患者的认知水平。

2. 作业治疗　一般情况下，第一阶段的患者作业治疗的目标是：提高患者的反应水平和对自身及环境的认识，如果患者的生命体征比较稳定，就应该让患者尽可能地进行在坐位下的各种训练和坐位进食，防止长期卧床，为下一步进入作业治疗室进行作业治疗做准备。

主要内容包括：良姿位、知觉刺激、正确的坐姿、矫形器的应用、吞咽困难的处理、行为情感的处理和家属陪护的教育。

（1）良姿位和关节活动度的维持：在患者处于发病初期昏睡状态的情况下，很可能会由于存在弛缓或痉挛、原始反射、异常姿势，或者由于骨折、医疗性处置以及一些人为的动作，如清洁卫生、做神经学检查等原因，使患者很难维持良好的姿势。不良姿势一方面可造成皮肤的受损形成溃疡，另一方面，由于肌肉紧张程度的不均衡，易造成关节挛缩、变形和异常姿势。基于以上原因，采取良好的卧位姿势，定时变换体位，被动和辅助的关节活动，都是行之有效的方法。（具体方式可参见本书第四章第四节脑卒中的治疗）

（2）知觉刺激：在颅脑损伤患者患病初期，作业治疗还有一个重要的工作，就是通过可控制的知觉刺激，提高和改善患者的意识水平。知觉刺激可以从患者早期半昏睡状态或昏睡状态下就开始实施。

知觉刺激的方式多种多样，一般可采用视觉、听觉、触觉等方面的刺激。

1）视觉：让患者靠坐在床上或者坐在轮椅上，这个动作本身就可以使患者脱离只看到天花板的视觉环境，对周围环境注视的本身，就是最基本的视觉功能的训练。在此基础上进一步指导患者注意观察周围环境的人、事、物。

2）听觉：利用铃铛、拨浪鼓等发声物体在各个方位发出声响，练习患者对听觉刺激的反应。一般情况下患者的反应是将头偏向发出声响的方向。有时视觉刺激和听觉刺激可同时进行。

3）触觉：以表浅感觉为例，利用粗糙或者细软等不同质地的布，在患者皮肤表面摩擦，指示患者指出摩擦的部位。在知觉刺激训练之前，治疗师应当了解患者受伤之前的生活、性格和兴趣爱好，这样可以给予他更有意义的感知觉刺激。一般情况下，患者对家人的语言要求、抚摸和气息易产生反应，而对专业人员则较难。所以，从治疗初期开始，治疗小组中就应该包括一名家庭成员，这对于提高治疗效果非常有帮助。随着训练的进展，应从单一刺激逐步过渡到多种复合刺激。对感觉刺激和口头命令有反应的患者，可以应用功能接近的感觉刺激加以训练。

（3）正确的坐姿：坐姿是非常重要的。因为不论是床上坐位还是轮椅坐位，都为患者提供了一个在身体向上的姿势下与周围环境直接接触的机会。正确的坐姿可以防止压疮和关节挛缩，促进肌张力，抑制原始反射，并且可以提高患者的认知功能。（具体要求和注意事项可参见本书第四章第四节脑卒中的治疗）

（4）夹板和矫形器的使用：夹板和矫形器在早期阶段的使用主要用于：①痉挛限制了患者功能活动并造成 ADL 的依赖；②存在关节活动受限；③潜在有发生软组织挛缩的可能。手和腕关节的夹板常用来在休息的时候维持其功能位和降低肌张力（具体可参见本书第四章第四节脑卒中的治疗）。正确使用夹板的方法是 2 小时交替穿戴。护理人员和陪护人员应掌握穿戴夹板的正确方法，并学会定期检查皮肤是否有受损的情况。

（5）吞咽困难：昏迷患者可利用胃管进食。一旦患者适应并能合作，医生可决定何时拔除胃管，并且吞咽障碍的评定同时开始。其训练往往在患者情况进一步好转后开始。

（6）行为和情绪的处置：当患者开始逐渐熟悉认识他周围的环境后，经常会有一种混乱、情绪不稳定或者淡漠的表现。对于初期的患者治疗师要从容耐心，再次向患者介绍治疗师的职责，患者目前的状况等。如果患者情绪不稳定，应给患者充足表达感情的时间，使患者感到他的需求在被治疗人员用心聆听。当患者的混乱状况减轻、合作能力提高后，应选择安静的环境开始治疗，而且至少要有一个家属在场。

（7）家属和陪护人员的指导：家属和陪护人员也参与到治疗小组中是一种有益的方式，能够有效地在康复过程中获得家属的配合和帮助。他们可以为治疗提供信息，并在感觉刺激过程中、维持适当的床上姿势过程中提供帮助，并且可以参与关节活动训练。当患者清醒并能活动时，他们可直接在患者保持轮椅上的正确姿势、进食动作和 ADL 训练等方面提供帮助。另外，由于家属和陪护人员也有可能出现恐惧、感情失控等情况，所以在对他们进行指导的同时，治疗师也应在心理方面给予支持。治疗师应尊重家属表达其感情的需要，让家属感到他们的忧虑被治疗师所理解，这是非常重要的。

（二）第二阶段的治疗

第二阶段患者是清醒的，但经常表现出混乱、动摇和不适宜的反应。对于此期患者的评定与第一阶段的患者相类似，要进行包括肢体情况、吞咽情况、感知觉、认知功能等各方面的评定。另外，还需要进行更广泛的 ADL、工作能力和回归社会能力的评定。评定过程中由于患者注意力不能持久，可能需要反复多次才能完成。

这一阶段的治疗手段主要包括两个方面：康复模式和代偿模式。前者是以神经可塑性理论为基础，后者通常通过合适的装备、环境的改造以及利用健侧代偿来完成。

1. 肢体情况　其评定包括关节活动度、感知觉、运动功能以及活动的控制能力等。正常运动的先决条件包括：正常的姿势张力、伸屈肌可控制的整体平衡、接近正常的稳定状态和实行选择性运动模式的能力。由于痉挛、软组织挛缩、原始反射的出现、姿势反射的减弱或消失、肌力的减退和感觉的损伤等，都将影响患者独立进行活动和正常的控制能力。

颅脑损伤患者肢体运动功能康复训练的一般原则包括：促进肌群从近端到末端的控制，促进姿势的对称保持，促进双侧肢体在活动中融为一体，并且获得正确的感觉体验。（其治疗方法参见本书第四章第四节脑卒中的治疗）

2. 吞咽状况　评定患者的吞咽状况，应包括临床观察和影像学检查两个方面。临床检查可以帮助检查者判断引起吞咽困难的原因是情绪冲动（患者是否狼吞虎咽，造成呼吸不畅，噎住了）还是口部运动受限引起（患者能够运动食物，还是用口兜住食物；患者是否能够处理进食时产生的唾液，还是明显流口水；患者是双侧都参与咀嚼，还是一侧代偿另一侧的功能）。临床检查还可以为治疗师提供患者认知功能情况（患者是否知道餐具的用途和食物的种类）、感知觉能力（是否有单侧忽略）以及语言功能（患者是否能说出餐具的名称，有无失语或构音障碍）。

影像学的检查是必要的。通过影像学的检查，可以确定是否有结构性或生理性的口、咽喉和食管的病变影响了吞咽功能，从而判断患者是否有处理固体、液体食物的能力，这些信息可用来设计饮食计划。

需要注意的是，不适当的姿势、行为混乱、认知和感知觉功能的损伤，都会影响到患者的吞咽功能。

针对上述吞咽方面的问题，治疗师需要与临床医师以及语言治疗专业人员配合，根据情况采取必要的措施。例如：在吸吮能力不足的情况下，可利用奶嘴等物品，轻轻刺激口唇周围以诱发吸吮动作；另外，在口腔中放入少量带有酸味的食物，有助于诱发吸吮反射的出现；舌的各个方向运动对于食物的嘴嚼、吞咽动作起至关重要的作用，没有舌的适当运动，食物无法被转移至口腔中利于咀嚼和吞咽的位置。在舌肌运动不良时，可利用冰糕或者在患者口角等部位涂抹果酱一类黏稠食物，指导患者做用舌头去舔这个动作，非常有利于促进舌部的运动功能；患者吞咽功能减弱时，可将食物准备成混合、湿润的小团块以便吞咽。

3. 知觉障碍的处理　包括一些常见的失认和失用症的治疗。

（1）半侧视空间失认：半侧视空间失认的作业治疗分两个阶段，即卧床期和离床期。

1）卧床期：首先采取床边作业治疗的方法。治疗半侧视空间失认的基本出发点，是如何使患者认识失认的空间。最简单的方法就是治疗师从患者的失认侧打招呼和做训练，也可让患者进行阅读，也可提示目标物体于视野内，令追踪视线向失认侧移动的物体，可在不转动头的情况下，用手指随视线追指目标物。可以对患者的失认侧，予以触觉、扣打、按摩、冷等感觉刺激，也可让患者自己活动瘫痪侧或刺激瘫痪侧，还可让患者活动肢体过中线到对侧去取故意放在患者失认侧的急需物品。可以利用颜色鲜艳的物体或手电筒光吸引、提醒患者对患侧的注意。

适合于床边展开的作业治疗内容有：
①所有治疗有关人员尽可能从失认侧与患者打招呼，交谈。
②听广播时将收音机放在失认侧，给患者以听觉刺激。
③可以让患者阅读书报，可就有关内容展开话题等。
④进行适度的关节活动范围训练。
⑤进食时旋转餐盘180°，以引起患者对失认侧食物的注意。
⑥指导家属及陪同人员，要从失认侧同患者打招呼，交谈。

2）离床期：如果患者能够在轮椅或者床边持续保持坐位30分钟以上，就可经医生允许后进入作业治疗室展开更加细致、更有针对性的作业治疗。

具体治疗内容如下：

A. 促进功能恢复及重组的方法：具体有通过视觉探寻桌面上或屏幕上对象的训练；向失认侧移动木棒的训练；绘图及拼图的训练；拿起并摆放纸牌的训练；推沙板磨的训练；关节活动范围训练；将投环从健侧移动到失认侧的训练；抛接海绵球训练，训练时有意将球抛向失认侧；转移训练，主要练习床至轮椅及轮椅至床的动作；有关躯干旋转运动的手法训练等。

存在半侧视空间失认的患者，在做转移动作时如果仍采用常用的健侧转移，常会出现仅靠健侧发挥作用，而失认的瘫痪侧无所作为的情况。如患者从轮椅转移到床时，患者的健侧肌力充分，即使患脚在踏板上、患侧不发挥作用，患者仅凭健侧发挥也可完成转移动作。但是如果患者从患侧开始做转移动作，则会由于患侧的问题而难以完成。所以通过让患者从患侧做转移训练，可以使患者注意到患侧，使患者认识到患侧不运动就不能完成转移。如果患侧肢体的运动功能在 Brunnstrum 分级3级以上状态时，患者就可以进行向患侧的转移动作训练。

B. 整合的方法：按照患者半侧视空间失认的程度，将多种训练方法整合至具体治疗阶段中，形成阶段性治疗，以实现分阶段治疗目标。治疗时最好选择单人间或安静地点，可让患者健侧靠墙，治疗师位于失认侧来选择刺激进行治疗。具体有如下几种方法：

a. 感觉间整合：这是通过利用各种感觉刺激来达到整合目的的方法。视觉分步训练：从狭窄范围的一条横线逐渐演变成平面课题，并将所探索的空间范围从健侧空间逐渐分步扩展到失认侧空间；通过控制探索空间内对象的大小及数量来分步进行；在寻找对象的训练中，通过控制寻找对象的难度分步进行；将在探索空间内按顺序连续追踪的治疗课题，逐步发展到在探索空间内追踪，且眼球向各个方向进行不连续并且大幅度运动的治疗课题。

听觉及躯体感觉的训练：同样也按程度逐渐进行强化训练，以提高对失认侧的认识。可通过向失认侧翻身及仰卧位下向左右方向的重心移动，使失认侧负荷体重来强调感觉，提高对身体的认识能力。通过坐在椅子上及站立时失认侧的负重来促进肌肉收缩，同时也可提高对身体的认识。

b. 不同种感觉间整合方法：通过强化感觉来扩大知觉空间的同时，也可联合不同种感觉来提高对失认侧空间的认识。

听觉与视觉：在做探索空间的积木训练时，可分步施加听觉刺激来促进失认侧空间的扩大，从失认侧发声有助于促进向失认侧的视觉探索。

躯体感觉与视觉：在向失认侧移动体重的同时，通过视觉探索来促进视觉；在视觉探索和手的够拿动作训练中，加入头部运动及上肢操作来促进向失认侧的视觉及视空间认识，并且通过姿势控制来诱导向失认侧的视觉认知。

通过视觉与躯体感觉的正确整合，来促进正常的姿势反应，再通过适当的强化听觉刺激来正确地反馈感觉，更能有效地改善半侧视空间失认。将各种感觉间整合的结果有效地泛化到PADL及IADL中，提高日常生活的完成能力。

C. 代偿方法：在患者的功能难以完全恢复时，可采用代偿的方法。

a. 利用提示促进失认侧的注意：在视觉探索对象的训练中，阅读训练时及进食的餐具和过道的失认侧加上红色提示物，来促进失认侧注视。

b. 难以促进失认侧注意时的方法：就患者可认识的健侧空间为中心设定日常活动的状况。如将电灯开关、电视、呼叫器均放在健侧，把胶带贴在地面上指示好回病房的路线，将门做好标志等。患者尚未完全恢复功能时可用此类代偿的方法。

D. 前庭刺激法：前庭的多种刺激方法都可以改善患者的症状，如左侧经皮神经电刺激、颈部肌肉的本体感觉性刺激——左颈后肌的振动、不同方向的转颈运动对前庭均有刺激作用，有助于改善症状。记忆障碍中的视觉意想技术也对本症状有效。

E. 日常生活活动方面：反复练习日常生活活动的项目，将患者的日常生活活动予以详细分解，同时让患者自述关键步骤，以此做提示方法来练习完成日常生活活动。让患者观看用摄像机拍下的患者日常生活活动的影像，清楚及时地反馈给患者自身动作的错误所在，并予以具体纠正。

视空间失认的患者所合并的运动障碍较轻时，其日常生活活动多可恢复到自理水平，而在运动障碍较重时，则通常只能恢复到部分日常生活活动自理的水平。

F. 环境方面：包括三个方面。

a. 用品及器械：穿衣时可选择前后左右标志明显的衣服，或缝上明显的标志；若患者常忘记拉轮椅手闸，可在脚踏板处做好标志，也可在轮椅应停放位置做好标志以便患者将轮椅停放在正确位置。

b. 生活环境及设备：对半侧视空间失认患者要入住的病房，要根据半侧视空间失认对患者的影响程度酌情调整床的位置、朝向、电灯开关与床的位置关系、电视的位置等。

c. 周围的人文环境：密切地同其他专业的治疗师、护士、护工、家属沟通，有利于评定和加深了解。根据评定结果确定患者所处的状态，与有关人员共同决定治疗方针及实施方法。

G. 家属及患者方面：对于家属要给予指导与援助。家属可经常陪伴患者，并随时予以刺激，这在治疗上有重要的辅助意义。要指导和帮助家属，首先要他们理解患者，并掌握最好的处理方法。治疗师也要注意对患者家属予以精神上的支持与疏导，对患者也要逐步促进其对自己疾病及障碍的正确掌握，尽可能使其在实际生活中能注意到自己存在的问题。

H. 游戏活动：可以利用拼图类、拼插类、棋类等游戏活动，进行有关半侧视空间失认的针对性训练。通过引导其注意力的方式，使患者逐步正确地完成游戏活动。

近年来有关半侧视空间失认症治疗的尝试有：①Caloric stimulation：1985 年 Rubens 首先报道了利用冷水刺激左耳或温水刺激右耳诱发出向右的眼震，同时也会诱发出向左的眼震慢相，以此改善了半侧视空间失认的症状。此后又有 Cappa、Vallar、Rode 等多名学者的有关报道。②刺激视运动：由视运动诱发眼震来改善半侧视空间失认。1990 年 Pizzamiglio L 报道：采用等距的并列线条向一个方向活动，可诱发出视运动性眼震，通过诱发出慢相的向左眼震，可改善半侧视空间失认。③配戴棱镜：棱镜的作用是将对侧视野移向中间，有患者配戴四周后，视知觉活动获得明显改善的报道。④眼罩：健侧配戴眼罩或同时予以失认侧刺激，可达到有益的效果。⑤录像反馈法：利用录像监测患者的作业活动，并将结果反馈给患者，患者通过观看自己的这些活动，可重新学习到完成这些作业活动的更多方法。由此，可建议在一些相对危险的工作地方（如厨房）安装一面镜子，将左侧失认的情况反射到右边，让患者注意到，避免烧伤、烫伤等情况的发生。

（2）Gerstman 综合征：包括 4 个方面：

1）左、右失认：治疗师在治疗时经常提供左右方向的暗示，以帮助患者辨认在他左或右方的物体；将衣服、鞋子等的两侧用不同的色带标记；在进行作业活动时，相应地喊出左或右的方向；在选定的一侧手上加以额外的触觉或本体感觉刺激，如在右腕上系上重量带等以帮助患者分辨，选定一侧后不宜变换。

2）手指失认：给患者手指以触觉刺激，同时呼出该手的名称，反复在不同的手指上进行。

3）失算：提供患者一些数的运算，可从单位数的笔算开始，然后逐步增加运算难度；之后可给患者能自动出现数目的作业，让他辨认和熟悉其中的数字，如玩扑克牌、投骰子等，以训练患者的数目知觉，提高心算能力，改善患者的数目失读。

4）失写：辅助患者书写，并告之写出材料的意义，若健肢有可能书写，应着重训练健肢在这方面的功能。

（3）疾病失认：治疗很困难，要经常加以提醒和监护，不过该症状多于 3～6 个月内自愈。

（4）结构性失用：对结构失用的患者，可采取让患者反复进行简单抄写或模仿的课题练习。对于左侧大脑半球损伤的患者，用带标记的抄写或模仿课题，从简单图形开始进展到标志逐渐减少的课题，再发展到复杂图形。可从平面图形发展到三维立体图形。对于右侧大脑半球损伤的患者，先用简单文字或图形的抄写或模仿训练，再逐渐发展到复杂图形的抄写训练。其他的治疗措施还有：

1）搭积木练习：可利用积木块做练习。按照治疗师给出的模式，模仿搭出图形，先从 2 至 3 块开始，逐渐增加数量，并从简单组合逐渐发展至复杂组合，也可从平面组合的水平逐渐达到立体组合的水平。

2）火柴杆的拼图训练：利用火柴杆，按照治疗师给出的图形模仿搭出。先从 2 至 3

根火柴杆的拼图开始，逐渐向复杂图形过渡。

3）搭木钉的训练：可利用木钉，按照治疗师给出的模型，模仿搭出图形。

4）将平面图案转换成立体结构的训练：这是将画在纸上的平面图案提示给患者，让患者利用木块或木钉等组合成立体结构的训练。

5）拼板训练：将画在板上的图案分割成几块，将搞乱的各分块组成图案的训练。

6）拼图训练：利用市场上出售的较简单的拼图来做训练。以内容简单且与日常生活关系密切的为好，过于复杂多会招致患者产生混乱。训练中应注意：只有患者能够较好地完成课题后，才可发展到更难课题的训练。

（5）运动性失用：由于该失用以精细动作完成困难，故应加强以精细动作练习为主，并在练习过程中大量给予暗示、提醒或治疗师手把手地指导患者。改善后再减少暗示、提醒等，同时增加活动的难度。

（6）穿衣失用：穿衣失用的训练是作业治疗中的重要训练项目。治疗师要对患者以往的穿衣习惯予以充分了解，尽量找出与患者发病前相似的穿衣方法，建立具体步骤，按确定步骤每天反复练习至患者掌握为止。治疗师要教患者识别服装的左右、前后、里外，必要时可将左右、前后、里外做上标志。若患者不能正确扣纽扣时，指导患者从最下方的纽扣开始扣起，直至最后一个纽扣。可将最下方的纽扣与扣眼染上特殊颜色，以便患者识别。扣纽扣动作困难时，指导患者用手指握住纽扣穿过扣眼，用手指体会扣纽扣的感觉。穿衣训练中可根据患者的具体情况，有效地使用语言命令。训练中也要注意环境因素对穿衣的影响，也可以借助录像带帮助训练。

穿衣失用患者多伴有半侧视空间失认、半侧身体失认、结构失用等。伴半侧视空间失认、结构失用的穿衣失用，可参照半侧视空间失认、结构失用的治疗。

4. 认知能力　认知障碍的表现是多方面的，在此主要介绍注意、记忆和思维障碍的治疗。

（1）注意障碍：注意障碍虽然只是认知障碍的一个方面，但其康复却是认知康复的中心问题，只有纠正了注意障碍，记忆、学习、交流、解决问题等认知障碍的康复才能有效地进行。

1）训练中应遵循的原则：

A. 每次训练前，在给予口令、建议、提供信息或改变活动时，应确信患者已注意，如果可能，要求患者复述刚才说过的话。

B. 多应用功能性活动治疗，在丰富多彩的生活活动中，提高注意能力与应变力。

C. 训练中应避免干扰。运用环境能影响活动执行这个概念，治疗应先在一个安静、不会引起注意力分散的环境下进行，逐渐转移到接近正常和正常的环境中进行。脑损伤患者工作时，干扰应严格限制到最低限度，如开始时只允许几个人和他在一起，在某个时间段，也可一个人进行治疗活动。如果可能，可将其活动安排在他自己的房间里，使环境变化最小。

D. 当患者注意改善时，逐渐增加治疗时间和任务难度。教会患者主动地观察周围环境，识别引起潜在的精神不集中的因素，并排除它们或改变它们的位置，如电视机/收音机位置或开着的门等。

E. 强调按活动顺序完成每个步骤，并准确地解释为什么这样做。

F. 与患者及家人一起制定目标，实施训练计划。鼓励家人、照顾者参与训练，使其了解患者的情况及照顾技巧，鼓励他们在非治疗时间，应用训练时所学到的技巧督促患者。

G. 在注意训练的同时，应兼顾并有效处理其他认知障碍的康复，如记忆力、定向力、判断力及执行功能等。

2) 训练方法：

A. 信息处理训练（information process training）：

a. 兴趣法：发现患者有趣的东西和用熟悉的活动刺激注意，如使用电脑游戏，画面开始，在一棵枝繁叶茂的大树下，猴子在戏耍，当患者注意并感兴趣时，逐步深入到新奇复杂的情景中。然后让患者自己操作，不要轻易扩大刺激量，直到掌握为止。训练中要注意观察有无精神疲劳。

b. 示范法：示范你想要患者做的活动，并用语言提示他们，以多种感觉方式展现要做的活动，这有助于使患者了解你想让他们集中注意的信息。如打太极拳，一边让患者看到刚柔相济、舒展流畅的动作，一边抑扬顿挫地讲解动作要领，使患者视觉、听觉都调动起来，加强注意。

c. 奖赏法：用词语称赞或其他强化刺激，增加所希望的注意行为出现的频率和持续的时间，当希望的注意反应出现之后，立即给予奖励。因此，在注意等认知训练时，治疗师可准备一些毛公仔、巧克力、各种卡通小贴片等作为小奖品，激发患者的热情。

d. 代币法：这也是一种奖赏方法。让训练者用简单的方法在 30 分钟的治疗中，每两分钟一次地记录患者是否注意治疗任务，连记 5 日作为行为基线。然后在治疗中应用代币法，每当患者能注意治疗时就给予代币，每次治疗中患者得到的代币数要达到给定值才能换取患者喜爱的食物，当注意改善后，训练者逐步提高上述的给定值。

e. 电话交谈：在电话中交谈比面对面谈话更易集中患者注意力，这是由于电话提供的刺激更有限。因此，应鼓励不同住的家人、亲友和朋友打电话给患者聊天，特别是他所感兴趣的问题，可以无话不谈，无所不包。

B. 以技术为基础的训练（skill – based training）：

a. 猜测游戏：取两个杯子和一个弹球，让患者注意看着由训练者将一杯反扣在弹球上，让其指出球在哪个杯里。反复数次。如无误差，改用两个以上的杯子和一个弹球，方法同前；成功后可改用多个杯子和多种颜色的球，扣上后让患者分别指出各颜色的球被扣在哪里。

b. 删除作业：在白纸上写汉字、拼音或图形等，让患者用笔删去指定的汉字、拼音或图形，反复多次无误差后，可增加汉字的行数或词组，训练患者。或在白纸中部写几个大写的汉语拼音字母（如 KBLZBOY 或汉字、图形、数字），让患者用笔删去训练者指定的字母如"B"。改换字母的顺序和规定要删除的字母，反复进行数次，成功后改用两行印得小些的字母，以同样的方式进行数次。随着治疗的进展，可进一步增加训练的难度，如改为三行或更多行的字母、纸上同时出现大写和小写字母、穿插加入以前没出现过的字母等。

c. 时间感：给患者秒表，要求患者按训练者指令开启秒表，并于10秒内自动按下停止秒表。以后延长至1分钟，当误差小于1~2秒时改为不让患者看表，开启后心算到10秒停止，然后时间可延长至2分钟。当每10秒钟误差不超过1.5秒时，改为一边与患者讲话，一边让患者进行上述训练，要求患者尽量不受讲话影响分散注意。

d. 数目顺序：让患者按顺序说出或写出0~10之间的数字，或看数字卡片，让他按顺序排好。反复数次，成功后改为按奇数、偶数或逢5的规律说出或写出一系列数字。数字可以从小到大，或从大到小反复训练，还可以训练加减法、乘除法，增强难度。如训练者提供一系列数字中的头四个数，从第五个数字起往后递增时每次加一个数目如"3"等，每次报出加后之和，反复数次，成功后改为每次递增时从原数上乘以另一数值或除以另一数值。

e. 电脑辅助法：电脑游戏等软件，对注意的改善有极大帮助。通过丰富多彩的画面、声音提示及主动参与（使用特制的键盘与鼠标），能够强烈吸引患者的注意。根据注意障碍的不同成分，可设计不同程序，让患者操作完成。如产品质量检验软件，即可训练注意、警觉性、视知觉等。

C. 特殊训练（specific process training）：其目的是提高患者不同难度的注意力。操作方式多以纸笔练习形式进行，要求患者按指示完成功课纸上的练习，或对录音带、电脑中的指示做出适当的反应。内容按照注意力的分类，可分为连续性、选择性、交替性及分别性注意力训练。在连续性注意治疗活动中，除删除作业外，还可以给予动听悦耳的音乐，予以声音刺激，需要大量精神控制和信息处理的竞赛性活动，如击鼓传球游戏；在选择性注意训练活动中，将引起注意力分散或无关信息合并，如在视觉删除活动中，用塑料遮盖住引起注意力分散的图样；播放有背景噪音的磁带，找出要听的内容；交替性注意训练中，可采用的方法也很多，如删除偶数后删除奇数，纸牌按不同颜色分类，正在看报纸时要求接电话，看电视时将频道间隔一定时间更换一次；分别注意训练时，让患者听写是一个好方法，在穿衣训练时同患者谈论时事。根据注意障碍成分的不同，分清轻重缓急，精心设计与安排，原则上每天进行。

D. 综合性训练（comprehensive process training）：这是借助日常生活活动的一种综合训练方法。要处理或代偿的策略，取决于脑损伤患者在日常生活中所面对的特殊挑战。例如，一个接待员需要学习在工作环境中，怎样消除分散注意力的技能，保持任务直到活动被完成为止，双向检查已收到信息的准确性并且改善组织技能；另外，对于一个在校学生，则需要学习上课期间如何改善记笔记和做指定作业策略，滤掉课堂背景噪音的同时集中听讲，组织和学习准备考试的材料，参加考试。由此可见，日常生活活动中的注意力训练因人而异。

E. 融入社会：注意康复的目的是透过有目的的活动、教导、辅助技巧和器材，以及环境配合，协助脑创伤患者重新获得所需之日常生活能力，从而使患者重新融入社会（CommunityIntegration）。其实经过长时间的训练，通过不断重复强化，及将步骤方法简化，配合环境辅助，患者将学习掌握到一定的技能。

家属应鼓励患者有恒心地接受长期性的康复治疗，在日常生活活动中继续训练并加以应用；另一方面，家属给予支持，但不应过分呵护，患者可照往常一样参与社交活动。例如，到酒楼饮茶、逛街或协助家人做一些简单家务，或帮忙买东西、跟家人一起去银行、乘搭交通工具等。患者及家属可以加入到本地的社区或互助组织中，在团体活动中互相支持，促进社交活动的参与，借此鼓励患者在日常生活中强化巩固注意能力及其他认知功能。通过扩大生活圈子，重拾信心，为今后重新工作或投入社会创造条件。家属也可从中认识及学习更多相关技巧，以便更好地照顾患者。

（2）记忆障碍：近年来，记忆康复的作业疗法分为3大类，即环境适应、新的技术和新的学习。从治疗观点看，前两类均是代偿性训练，也称之为"外在性训练策略"或"创新性方法"；后一类要求患者学习一些帮助记忆的方法，可称之为"内在性训练策略"或"传统方法"。

1）环境适应（environment adaptations）：适用于记忆系统失去了足够功能的患者。通过环境的重建，满足他们日常生活的需求。此外，若使用适当，对严重智力障碍者也是唯一的解决方法。例如：家用电器的安全，如通常使用的电水壶、电炊具、电灯等，设计隔一段时间可自动关闭装置，避免健忘者使用时带来的危险；避免常用物品遗失，把眼镜架系上线绳挂在脖子上，把手机、电子助记产品别在腰带上，可有效地预防把它们遗失在某处，而很快忘记掉；简化环境，物品放置井井有条，突出要记住的事物；在前门的旁边设立一个"记事栏"，安装一个壁柜，将你第二天需要记住带走的东西记在"记事栏"里，并在壁柜里专门放上这些物品；在生活中养成习惯，每天以同样的次序收集衣服和穿衣服，在同一个地方脱鞋子，这样就知道在哪里找到它们了。对于有记忆障碍的患者，通过有条理的物品放置可提高工作效率。

2）外在记忆辅助工具（external memory aid）：利用身体外在辅助物品或提示来帮助记忆障碍者的方法，对于功能性记忆障碍者这也许是最有用的策略。适用于年轻、记忆问题不太严重，并且其他认知障碍较少患者。常用的辅助工具有以下几种。

A. 记事本：这是一种最通用有效的方法。在日常生活中，建议参考及运用记事本，减轻因记忆力下降而带来的问题。患者通过问卷方式去学习有关记事本的目的、内容、名称、每一项目的使用方法等。在患者能阅读，最好也能写时应用，可以记下约会、地址、电话号码、交通路线，列出要做的事等。开始使用时要求患者能挑选出主要成分、关键词。开始每15分钟为一段做记事，记忆能力提高后酌情延长，并在实际生活中学会使用。治疗师每天应在不同的时间给予患者充分练习使用记事本的机会，以建立患者使用记事本的习惯和熟习使用方法、时间。例如，预约患者在某日开会，请他于某时会面，为他人庆祝生日等。注意要一人一本，适合装在衣袋里，随身携带，放在固定地点。

使用电子记事本等数码产品来代替传统的记事本，对于经济条件好的患者来说会有更大的帮助。对某些人而言，家中的挂历、台历也是很有用的记事本。特别在脑受伤前就习惯使用的那些患者，他们可以将一些特殊的活动、计划要做的重要事情记在上面，随时查阅。

B. 活动日程表：将有规律的每日活动，制成大而醒目的时间表贴在患者常在的场所，如床头边、卧房门上。开始时要求家人经常提醒患者看日程表，让他知道什么时间应做什么。若活动规律变化少，则较易掌握。

C. 学习并使用绘图：适用于伴有空间、时间定向障碍的患者。用大地图、大罗马字和鲜明的路线表明常去的地点和顺序，以便利用。

D. 记忆提示工具：包括清单、标签、记号、录音机提示等。

a. 清单：治疗师或家人为患者列出要记住的事情清单，患者按清单完成任务。

b. 标签：在厨柜、衣柜、抽屉及房门上用易粘贴纸条做标签，写上内置何种物品及其位置，补偿记忆丧失。对于那些忘记物品放在家中何处，不知道哪间房属于自己的记忆障碍者而言，则是一个有效的方法。

c. 记号：在日历牌上做记号，以刺激患者记住重要约会和事情。

d. 言语或视觉提示：口头提示有关的问题，同时让他看有关的图画等。

这些代偿方法需要额外的训练，这样患者才能记住去用它们，否则记忆障碍者很难记住去使用这些外在的记忆辅助工具；同时，还要纠正患者及其家人的错误观念，即使用这些辅助具会延缓记忆的自然恢复。内部和外部提示方法都需要用，在决定哪种提示用于哪个患者时，治疗师需要了解患者的兴趣、动机、情绪及情感、意志与决心等非智能因素；另外，患者的体能和文化程度也应充分考虑。

当患者需长期用这个系统时，确定使用哪种记忆帮助，患者及其家属都应在场，充分的协助非常重要。

3) 创新性技术（new technology）：向许多其他领域一样，新技术的发展正在给记忆康复带来益处。实际上这是环境适应和外在记忆辅助工具在高新技术方面的延续。举例如下：

A. 智能屋（smart house）：这是由计算机与显示器连接在一起的摄像机组成的装置。用来监控认知功能严重障碍患者的生活环境，目的是增加患者的生活独立性和活动性，进而提高生活质量。具有跌倒倾向、定向力障碍、需要急救、家务管理受限者均可利用此装置。还可通过下列一般家庭所拥有的设备，使智能屋更加完善。

a. 使用电话：在患者网络中，把10个重要成员的照片贴在电话按键上，每个按键编上程序，要打电话给其中的某人，按贴有照片的键即可，省却了记住电话号码；患者家中和照顾中心或主要帮助者之间提供可视电话连接；把一个大的红色帮助按键提供给患者，以便呼叫照顾中心或亲戚。

b. 进出住宅：在前门安装一盏泛光灯，当有人走进来时，灯会亮；一个运动探测器连接到词语信息器上，当某人正要进来时可以显示；提供远红外线钥匙供开门用；安装环境控制系统，可以做到远距离开关屋门。

c. 温度控制：一套适合控制淋浴和浴缸的系统，可以保证水温既不太热也不太冷；中央控制可用来调节室内温度。

d. 报警系统：当炊具或其他电子设备放在那里并且一段时间没有使用时，可发出警告声音；为了防止迷路，当某人离开屋内时，报警系统可发出声音；在着火或其他紧急情况下，报警系统或照顾中心的警铃会响，一个语音信息会转发给患者，告诉他由于紧急情况尽快离开这所房子。有人预计，随着技术的发展，智能屋在未来会变得更重要。

B. 神经传呼机（NeuroPage）：这种装置借用了今天广泛使用的寻呼机传呼系统，最初由美国加州一位工程师（一位脑外伤患者的父亲）与神经心理学家一起研制而成。这种装置简单，携带方便。它是记忆康复有效的替代工具。其工作原理大致如下：配有调制解调器（modem）的电脑、电话与传呼公司连接，给每个人的留言和提示的时序安排被输入到电脑中，在适当日期和时间，NeuroPage自动地把留言信息传送到传呼公司，传呼公司再把信息传到个人呼机上，典型的留言包括"现在该服药了"、"今天是……"、"确信您已戴了眼镜"、"检查煤气是否已关好"等。

这种装置的最大优点是，为记忆障碍者免除了使用代偿性辅助具和策略时面临的许多困难。例如，记忆障碍者有时会忘记使用辅助具，有些需要编程序的辅助具对他们来说可能太复杂或太难，甚至在公共场合下求助辅助具而显得很尴尬。NeuroPage 有一个很大的控制钮，即使有运动困难的人也能按下，携带在身上有语音和振动两种提示供用户选择，解释信息时刻陪伴着。像传呼机一样，它是高贵身份的象征，而不会显得尴尬。实践证明这种装置可明显改善脑损伤后的记忆障碍，同时也适用于正常老年人，以及有记忆问题的儿童、早发性痴呆。

C. 交互式活动指导系统（Interactive Task Guidance System）：这是正在开发的另一项新技术，这个系统利用电脑提供一套指令，指导患者按部就班地进行日常活动，如烹调、清洁等。电脑作为代偿装置提供分步指导，使用者要略懂电脑的操作。通过这个系统的使用，患者自我满足感增强，沮丧情绪下降。有人认为随着人机界面的改进，电脑在记忆康复中将越来越发挥重要作用。

4）新的学习（new learning）：尽管外在辅助工具和环境适应对记忆障碍者帮助很大，但这种方法不可能对日常生活需要的方方面面提供足够的支持。例如，虽然一个人的名字可记在笔记本上，当在社交场合下向某人问候时，不可能通过翻看笔记本寻求帮助。在这种场合下翻看笔记本，将严重影响自然交流并令人尴尬。因此，在某些情况下，记忆障碍者需要学习新的信息。

学习的基本原则是记忆康复不能从头开始，凭空而起。绝大多数患者并不是所有的记忆都丧失了，通常只是在某些时候记不住一些事情。在记忆重建过程中，帮助最大的是强化仍留在记忆中的东西，这是一个自然渐进过程，试图促进建立新的脑功能系统；另一个原则是在学习过程中要考虑特异性。一般说来，脑损伤后记忆缺损有两种类型：非特异性与特异性改变。后者是指脑局部损伤所发生的局限于某种感觉性记忆障碍，如左颞叶损伤后，可发生听－词语性记忆的改变，而记忆的非特异性变化基本上与边缘系统的损伤有关，涉及任意一种感觉性记忆的改变。

A. 无错性学习（errorless learning）：顾名思义，无错性学习就是在学习过程中没有错误的学习。我们大多数人可能从错误中学习或吸取教训，因为我们可以记住并在以后的努力学习中避免再犯错误。但是片段性记忆障碍者不能记住他们的错误，也难以纠正错误。如果行为是错误的，患者在从事这种行为活动中有可能会强化它。因此，应保证严重记忆障碍者要强化的行为是正确的。大量的研究表明，遗忘症患者能够正常或接近正常地学习一些东西，即使他们不会有意识地回想所学内容。例如，在词汇学习中，应给予正确的意思，避免猜测，以防出现错误。

B. 助记术（mnemonic devices）：助记术是有助于学习和回忆已学过知识的技术，它也是一个使人们更有效地组织、储存和提取信息的系统。

a. 常用方法：

● 图像法（imagery，也称之为"视觉意象"visual image）：指将要学习的字词或概念幻想成图像，这是如何记住姓名的好方法。将一个人的形象、独特的面容特征和他的名字结合起来有助于记住他的名字。对遗忘症者而言，这种方法优于其他方法。

•层叠法：将要学习的内容化成图像，然后层叠起来（visual structure）。如要记住雪茄、青蛙、苹果、酒这组单词，要求学习者去想象：在一只大青蛙的嘴里含着一支大雪茄，这只青蛙坐在一个又红又亮的苹果上，而苹果正好放在一瓶昂贵的法国酒上。要求学习者记住这幅图像而不是单词。

•联想法：当试图回忆一件事或一个事实时，想到有关的信息，或将新学的信息联系到已存在和熟悉的记忆中，在大脑里产生一个印象有助于记住它们，也称之为"关联法"。如别人介绍一位新朋友相识，这个新人与他以前熟悉的老友同名，一想到老友的音容笑貌，也就记住了新朋友的名字。要记住电话号码"87335100"，要求学习者想象8个73岁的老人，爬到3座山上去看5位100岁的老和尚。如要记住地址"工业大道北12号"，要求学习者想象一个小男孩向北朝工业大道走12步。

•故事法：将所要记忆的重点转化为故事，通过语义加工，让患者为了记忆而产生一个简单故事，在这个故事中包括所有要记住的内容。中国的成语一般都有典故，在开发儿童的学习与记忆力时，就是采用故事法。在此方面有大量素材可以利用。

•现场法：是通过创建一幅房子的视觉图像来帮助记忆。例如，一个人想记住买汽水、薯片和肥皂，他可以想象屋子里的每个房间，看见在厨房里汽水溢出来洒到地板上，在睡房里薯片撒落在床边，在浴室的浴缸里布满了肥皂泡泡。在百货商店里，他可以想象在屋子里漫步，并且看到了每个房间里物品的情景。

•倒叙法：倒回事件的各个步骤，找到遗漏的物品或回忆一件事。假如，不慎将购物清单留在家里，通过想象购物清单写在什么纸上，在纸上的具体位置，写清单当时的情景等，均有助于回忆起购物清单的具体内容，免除再回家里取购物清单之苦。

•关键词法（key words）：也称为"首字母组合法"，这是另一种助记术。如果需要记住某一活动的特殊顺序或同时有许多事要做，关键词法大有帮助。如某人买车时，要检查很多系统，按顺序记住每个英文单词的第一个字母，创造一个新的单词 litebrace，look and listen（看外观、听声音），ignition（点火装置），electrical（电机），brakes（刹车装置），rear end（车尾部），air condition（空调系统），cooltant（冷却润滑），exhaust（排气），依次检查时则不会遗漏。如要记住地方、大海、物理、博览这组词，可用地大物博这个词帮助记忆。

•自问法：当回忆一件事时，问自己一些问题，开始是一般性的问题，探索情景时，要多问一些特殊的问题。

•数字分段：这是一种有效记忆数字的基本方法，如门牌号码和电话号码的记忆等。例如，"87335100"也可以分为"8733、5100"或"87、33、51、00"等几组数字记忆。一个"天河路1132号"门牌号码，可以直接将它记为"1132"，也可以将数字组合成"11和32"。

b 注意事项：Wilson 认为，在记忆康复中，助记术是指所涉及学习材料的精神处理方法，如视觉意象等。这种通过创建一幅视觉图像，以及将其与思维定位相联系的认知行为，不仅是一种有效的助记术，也是一种高级而又精密的记忆编码过程。在临床实践中，让患者学会并应用这些方法并非易事，因为脑损伤者很难自发地使用它们。为了有效地应用助记术，下列几点也值得注意：

• 助记术的真正价值，是用来教记忆障碍者新信息，患者的家人、亲戚、照顾者以及治疗师，必须采用这种方法鼓励患者去学习。

• 记忆障碍者在采用视觉意象时，最好让他们看到纸上或卡片上的图画，而不单纯依靠精神想象。

• 双重编码，即用两种方法比单用一种方法学习更有效。

• 要学习的信息应该是现实的，并且与患者的日常需要有关。因此，最好教患者去想他们真正需要知道的东西，而不是来自操作手册中的材料。

• 个人风格、需要和爱好应当被组织，并非每一个人从同一个策略中受益。

• 泛化问题应被强调，不要以为有记忆障碍的人教过怎样使用助记术后，在一个新情况下他们就会使用它。因为脑损伤患者很难自发地使用助记术。

C. 书面材料的学习：

a. PQRST：PQRST 是预习（Previewing）、提问（Questioning）、评论（Reviewing）、陈述（Stating）和测试（Testing）的英文缩写，这是记忆书面材料的一种完整而理想的学习方法，即理解性记忆。实践证明，这种方法比单纯死记硬背效果好得多。

b. 信息检索法：下列是一些常用的策略与步骤：①主动地浏览要记住的材料，查看各个方面，确定整个背景或者主题。②自发地把注意焦点转移到不同的刺激点上，如认为是最重要的信息或要记住的细节上。③把注意力保持在要学习的材料上，然后对自己一遍又一遍地重复要学习的信息。④将新的事实与熟悉的东西联系起来，把类似的东西归类或组合在一起。⑤把一些事实变成押韵诗或悦耳的曲调，帮助记忆。

（3）思维障碍　思维障碍包括脑部疾患引起的推理、分析、综合、比较、抽象、概括等多种认知过程的障碍。后者常表现为解决问题的能力差，对于这些患者，训练其解决问题的能力，就是改善其思维障碍的有效方法。简易有效的方法如下。

1）提出信息：取一张当时的报纸，让患者找出尽可能多的不同种类的信息（见表5-4-1）。

表5-4-1　提取信息训练

信息内容	提取正确时的得分（%）
报纸名称	10
日期	10
头版头条新闻	10
天气预报	10
患者感兴趣的栏目	10
电视节目	10
体育节目	10
电影节目	10
保健或化妆品广告	10
家用电器广告	10

给患者报纸后，先让患者自己述说其内容，不完全时，再按表中的项目提问。提问时间稍加延长，以核实患者是否真正了解，对真正了解的项目给相应的分。再次训练时，如分数增加，即可看出进步。

2）排列顺序：让患者排列表5-4-2中的有序数列。

表5-4-2 排列顺序训练

序列	范围	排列正确时的得分（%）
数目	1~20	20
字母	A~Z	20
星期	1~7	20
月份	1~12	20
年份	1991~2001	20

将上述内容制成独立的卡片，每次一组，打乱后让患者重新排好，正确时给相应的得分。

3）物品分类：表5-4-3中有5大类物品的卡片，每类各有5种，打乱后让患者分类。每组内，如排列不完全对时，可按每对一小项给4分计算。

表5-4-3 物品分类训练

类别	内容	分类正确时的得分（%）
食物	胡萝卜、青椒、鸡蛋、土豆、香肠	20
家具	写字台、沙发、书柜、茶几、椅子	20
衣物	衬衣、长裤、上衣、背心、鞋子	20
家用电器	电视机、收音机、电扇、电冰箱、洗衣机	20
梳洗用品	牙刷、牙膏、肥皂、梳子、毛巾	20

4）从一般到特殊推理训练：方法是向患者提供一类事物的名称，让患者通过向治疗师提问的方式，推导出究竟为何物。如告诉患者为食物，患者可以问：是不是蔬菜？如回答是。患者可以再问：是叶子、茎类、还是根类？如回答是根类。患者可以再问：是长的还是圆的？如回答是长的。患者可以再问：是红的还是白的？如回答是红的。患者即可由此推导出是胡萝卜。患者提的问题越准确、提问的次数越少即可推导出，得分越高。事物的类别如下（表5-4-4）：

表5-4-4 从一般到特殊推理训练

类别	目标食物	推理正确时的得分（%）
食物	土豆	20
工具	钳子	20
植物	柳树	20
职业	医生	20
宠物	鸟	20

5) 解决问题能力训练：可以由浅入深地让患者解决设想中的问题，训练患者解决问题的能力。训练方法如下（表5-4-5）：

表5-4-5 解决问题能力的训练

问　题	操作或回答正确时的得分（%）
刷牙	20
煎鸡蛋	20
丢了钱包怎么办？	20
出门回来忘了带钥匙怎么办？	20
到新地方迷了路怎么办？	20

6) 计算和预算训练：让患者进行简单的计算，并做出一个家庭预算（表5-4-6）。

表5-4-6 计算和预算训练

项目	例	回答正确时的得分（%）
加法	54+47	10
减法	67-39	10
乘法	15×6	20
除法	90÷15	20
家庭预算	每月工资用在房租、水电、伙食、衣物、装饰、文化、娱乐、保健、医疗、预算外支出等方面的分配是否合理	40

在计算方面，可以先用笔算，每道题限时半分钟，以后可改为心算，最后即便心算也将规定的时间缩短。在家庭预算方面，视其合理性如何，所需时间是多少。为增加难度，可假设某月因故有较大的预算外开支，将余下的钱让患者重新分配，视其克服困难的能力如何等。

以上各种训练，均应得分达到80%或以上，方可增加难度或更换训练项目。上述所有训练并非要在一日之内做完，可以每日选择其中的两至三种进行训练，视患者的耐受和反应而定。

5. 日常生活动作训练　患者的意识状态和运动功能有所改善的时候，可以开始考虑进行日常生活动作的训练，为将来患者生活自理、回归家庭和社会打下基础。

日常生活动作训练并不是孤立的单项训练，它与患者的参与欲望（心理状态）、身体功能、认知水平、生活环境等方面，都具有密不可分的关系。因此，在设计日常生活动作的训练项目和过程的时候，必须充分考虑到各方面的因素，尽可能地做到利用残存的功能，开发新的代偿方法，讨论生活环境的调整和改造等，多方位地周全考虑，利用所有的资源为患者的生活自理创造条件。

(1) 进食动作：可以想象，依靠他人喂食和自己进食，其食物的味道一定是不同的。对于习惯了使用传统筷子进食与使用刀叉进食的感觉也是有区别的。作为作业治疗师，必须站在患者的角度来思考问题，一切为了患者着想。以进食动作为例，不能仅满足于有家属喂食能够满足生活所需，而是应该想尽一切办法，创造患者独立进食的条件，让患者能够享受到饮食这一乐趣。而且，尽可能地达到接近患者患病前的进食习惯，或接近健康人的进食方式。一般情况下，首先考虑改善患者上肢功能和手的抓握能力，尽量按照我国的传统习惯，使用筷子进食，在使用筷子受限的情况下再考虑用刀、叉、勺等替代。

在针对患者机体进行功能训练的同时，应该根据患者的功能状况，设法对进食工具、餐具等进行改良，使其能够适应患者的需求，便于患者使用。（详细介绍可参阅本书第三章第三节）

（2）更衣动作：可参照本书第四章第四节更衣动作训练。

值得注意的是，治疗师必须首先明确患者的全身功能和身体平衡的水平，并据此来选择和确定采取哪一种更衣办法。另外，从患者的认知水平、记忆力等方面考虑，有必要将更衣动作分解开来，分阶段地教给患者，一个动作反复练习直至掌握，再继续下一步动作的分解，否则会引起患者的混乱。

（3）移动动作：移动动作包括行走（独立步行、拐杖、支具、轮椅等方式）、转移（床上的移动、床轮椅、轮椅便器、浴缸、坐汽车等）动作。

当然在学习这些动作之前，必须做好充分的基本动作的训练，例如，床上起坐、搭桥动作、床上翻身、坐位保持等动作；另外，坐位平衡能力的获得是进行移动动作训练的先决条件。在移动动作训练过程中有以下几个方面值得注意：

1）实际训练之前和练习过程中，应不厌其烦地向患者解释动作要领和注意事项，按照一定的程序，反复多次地进行练习。

2）向浴缸的转移动作训练，可以利用作业治疗室的备用设备。实际在患者家庭中实施此动作并入浴时，必须提醒患者家属动作的顺序。首先，患者转移到浴缸之后再向浴缸内注水。洗浴结束后，将浴缸中的水放空并擦干患者身上的水之后，再从浴缸中转移到轮椅或椅子上，避免水迹造成湿滑，引起跌倒等危险。另外，患者家庭应选择有防滑装备的浴缸，或者在浴缸内外铺垫防滑垫，并且在专业人员的指导下，在需要的位置安装扶手。

3）向汽车座位上的移动动作，需要先在作业治疗室经过基本动作训练之后，再进行实际演练，根据患者的状况和汽车的车型，在实际训练的过程中，可以进一步考虑是否需制作辅助器具，而更加便于患者转移的可能性。（具体的移动技术和功能训练见本书第三章第二节以及《临床运动疗法学》）

（4）洗漱活动：参照本书第四章第四节洗漱活动动作训练部分。

值得注意的是，在针对日常生活动作进行指导时，应遵循一条原则，就是治疗小组的成员应该统一对患者功能水平的认识，统一指导思想，统一指导方法，使得患者在各个治疗部门接受治疗时，针对同一个问题能够得到同样说明，针对同一组动作能够获得一致的指导意见。这样一来，患者对这些动作的步骤和要领就比较容易接受和理解，不易引起混乱。同时，动作的目的及要领和方法也应向患者家属说清楚，使得家属能够按照正确的方法和要领对患者给予帮助，这一点对于患者掌握方法，提高能力也是十分重要的。

6. 针对交流困难可以采取的措施：部分颅脑损伤患者会出现严重的语言障碍，导致无法与他人交流与沟通，难以表达自己的要求和意愿。在这种情况下，作业治疗师不能轻易放弃与患者交流的机会，因为那样就意味着剥夺了患者作为一个人表达个人思想的权利。不仅如此，作业治疗师还应与语言治疗的专业人员沟通，了解可能采取的有效措施，积极做出各个方面的努力，设法尽快建立与患者沟通的方式。

首先，治疗者应端正态度，消除居高临下的思想，以尊重患者的姿态，平和、亲切和友善的语气，反复地尝试，最终探索出交流、沟通的方式。以下是治疗师和语言障碍者交流的基本原则：

(1) 治疗者使用的语言一定要简洁、易懂，句子结构和解释应简单。

(2) 一次仅一个人和患者对话，避免其他的声音干扰所产生的混乱。

(3) 使用简明的句子，最好用"是"和"不是"能够直接答复的提问方法。这种时候，就可以比较容易地利用皱眉、点头、摇头或抬起手等肢体语言来代替。

(4) 谈话时尽可能伴随使用视觉提示和手势帮助患者理解。

(5) 给患者回答的时间，决不要强求一种回答。

(6) 不要匆忙地进行交流，因为这会增加患者的沮丧情绪，降低交流效果。

另外，一些简单的交流方式也能够充分应用到患者的日常生活之中。例如，制作一些诸如喝水、上厕所等卡片，在患者需要这些日常需求的时候，利用他的残存功能，或者用手指出，或者由他人逐个摆在面前，利用点头等特定动作进行选择。

对手有部分功能的患者，还可以制作一种简单的电池驱动设备，在设备表盘上标示代表如厕、饮水、进食、开电视、开窗户等日常生活中常见的需求文字、符号或图标等，将连线开关置于手边，通过按动开关，光标按顺序移动，一直移动到患者所需求的位置，这种方式也可以容易地使患者表达自身的愿望。

7. 心理照顾　当患者逐步对外界事物产生反应，但是对于诸如强烈的光线、突发的噪音等刺激的适应能力还很差时，针对这一阶段的治疗，应尽量避开强烈的视觉、听觉等方面的刺激，随着患者对这些刺激的适应能力不断增加，再进一步训练患者在任何情况下都能集中精力的耐受力。而且尽量在一定的时期内，保持治疗时间、地点、方法等的"固定化"，帮助患者缓解对时间、空间认识的混乱。

患者的意识完全恢复以后，往往容易出现情绪波动等心理问题。从以往一个完全独立的人，突然变成一个生活完全依靠别人照顾的人这一事实，很难在短期内让患者顺利地认可。这种角色的转变，就连家属也一时难以接受，甚至造成家庭结构的变化。在这种情况下，作业疗法工作者必须注意配合心理医生，帮助患者树立信心，重新认识自身价值。

在与患者接触的时候，治疗师不能因患者接受、反应慢而不耐烦甚至轻视患者，而应用患者容易理解的词汇，采用患者容易接受的语气和声调，不厌其烦地反复、强调说明，消除患者紧张不安的情绪。

另外，获得家庭、朋友的理解和配合，也对能否达到预期的效果起着至关重要的作用。患者的康复程度如何，与患者本身对康复的信心和参与治疗的态度是密不可分的，但家庭和朋友的作用有时也是任何药物、治疗手段取代不了的。

(三) 第三阶段的治疗

这一阶段的患者反应适宜，适应现实。其治疗主要是针对患者尚存在的问题，使之进一步改善，并为出院做好准备。

1. 肢体运动功能　这一阶段的患者已经有了相当完整的运动控制能力，但是仔细观察可以发现，精细的躯干和四肢活动能力仍然欠缺，协调性和运动速度不足。故其治疗的目的在于：提高患者的运动速度时维持良好的协调性，同时加强功能的整合。可根据患者的具体情况，充分利用作业活动来改善其功能状况，如本书第四章第四节中所介绍的各种手工艺活动。

2. 认知功能　患者可能存在精细认知功能不足，如组织、计划顺序和短时记忆等方面。提高认知功能训练计划，可以通过 PADL 和 IADL 来进行。在选择治疗项目的时候，宜挑选具有挑战性、年龄适合，并且与患者实际生活需求所类似的活动。具体应从以下几个方面考虑：

（1）选择的治疗项目最好由患者自身确定制作作品的名称、用途，或者由患者本人设计图案，确定作品的颜色等，使得患者具有发表个人意见和主张的权利。

（2）选择的治疗项目最好具有时间、资金等方面的计划和预算，使患者通过训练，学会从事某项工作时所必须的策划能力。

（3）训练初期，为避免过于繁杂的作业程序给患者造成混乱和不安，甚至导致患者对康复信心的动摇，可以选择操作过程相对比较简单，或者操作方法简便易学的活动项目，使患者建立信心并产生兴趣，这是获得治疗效果的基本条件。还有一种方法，就是将具有复杂程序的作业活动分解开来，分成若干个阶段，指导患者分步骤地进行训练，也能够收到良好的效果。

（4）指导患者有选择地参加一些集体活动项目。作业疗法经常组织一些外出郊游或者散步一类的集体活动，让脑损伤患者参加这样的活动，使他们获得与其他病友以及外部现实社会接触的机会，有助于患者对空间、人物认识能力的改善，增加参加作业治疗的兴趣。

（5）指导患者单独或以小组活动的形式，到医院周边的超市、餐厅、茶馆等地，进行购物、进餐、喝茶等活动，这样既可以享受医院以外的社会生活，而且通过现实中的选择物品、点菜、交费等具体操作，有效地提高患者独立生活的能力，为回归家庭和社会打下良好的基础。

应用计算机进行认知功能训练，被许多神经心理学者和认知训练师所采用。计算机训练包括提高顺序能力、分类能力以及注意力等方面。但是这种训练在效果上并不确切，也没有显示出改善综合认知能力，提高 IADL 能力的优势。计算机治疗越来越多地应用在患者对计算机使用的需求时。

3. 生活能力的指导　随着患者自理能力、穿衣、自我进食和移动能力的改善，以及出院回归的临近，日常生活能力的指导训练可以逐步扩展到包括出院以后的家庭生活技能，如进餐准备、洗衣、清洁、财务管理、家庭修理、社区购物等方面。训练的地点可从医院扩展到其社区。在受保护的康复医院环境中取得独立能力的患者可能发现，社区重建具有更大的挑战性。为此，患者出院前应由治疗师（或者是家属）在自然环境中练习 IADL，进行社区旅行、从银行或 ATM 存取款、乘坐公共交通工具、列购物清单并在商店购买等，以为患者重建生活技能提供机会。这些活动都可以促进患者重返社会。

同时，孩子的照顾也应在治疗中加以考虑，如果父亲或母亲有效地发挥了其作为父母和夫妻的角色，这对家庭来说具有决定性的意义。如有可能可在医院为出院前患者建立家庭套间，可以让患者在出院前，练习家庭生活技能和当父母的角色，这也为家庭提供了一个机会，收获更多的爱和需求，共同经历从医院到家的转变。

4. 社会心理的支持　患者在颅脑损伤一年甚至几年后，社会心理的损伤是建立一个有意义的伤后生活体系最大的障碍。患者常会感到一种深深的孤独。生活角色的缺失，如伙伴、夫妻、工作者或学生、独立家庭的维护者、朋友、社会成员等，都会让患者感到迷失了自己。这一阶段帮助患者重建职业和社会角色是非常重要的。作业治疗师帮助患者通过适应、代偿、综合性再学习等手段接近这些目标，还应帮助患者提高人际关系、自我表达、社会适应、时间管理和自控等方面的技能。在再学习的过程中采用集体治疗是有益的，因为患者会遇到有同样问题的病友（这可使患者减少孤独），并可以通过与已解决同样或相似问题的病友交流，促进自身问题的解决。在群体中治疗过一段的患者又可以变成新成员的好顾问，帮助别人，分享经验，互相受益，可以使患者感到自己还有能力、还有用处，从而提高对生活的满意度。

5. 出院前计划　患者出院，离开系统作业治疗的计划从最初评定就已开始，并且持续到治疗的最后一天。出院计划的组成包括：家庭安全评估、装备评价和订购、家属和陪护人员的教育、职业再教育和工作技能的建议。

（1）家庭安全：如果患者出院回家，治疗师应进行家访，建议家庭环境所需改造的部分，以提高患者生活自理能力和安全性。例如，如果患者有平衡障碍，那么应该在卫生间、淋浴室、走廊，以及其他患者所需去的地方安装扶栏；低视力的患者家里还应提高房间的亮度，以防摔倒。针对患者的能力还应对以下问题提出建议：使用锋利的物品、火炉或燃气灶、水龙头等用具时的注意事项。

（2）装备的评估和订购：患者如果即将从康复医院出院，那么应该对下一步所需要的装备进行评估。因为，许多在初期和中期恢复中合适并有价值的东西，可能在现在或者患者出院后不合适，如患者最初由于缺乏站立平衡，可能需要一个淋浴凳来完成淋浴，现在这个患者在康复期间有了明显的进步，在站立淋浴时只需要一个扶手即可。

（3）家属和陪护人员的教育：由于家属和陪护人员从一开始就作为治疗小组的一员，全面参与了患者的治疗过程，出院前，可对家属和陪护人员布置家庭练习并建立信息联系，以便随患者的需求进行改变。

（4）职业训练和工作技能的建议：颅脑损伤的职业训练，是一个需要职业治疗师和职业顾问指导的延续过程。作业治疗师作为治疗小组的一员，除了治疗过程中开展一些有针对性的治疗外，应将患者整个治疗过程中的相关信息提供给他们，以供其参考。

三、其他治疗措施

颅脑损伤患者在急性期内挽救生命的治疗、手术治疗以及对各种合并症的内、外等科的治疗可参见相关的临床教科书，在康复期的其他治疗主要包括药物治疗、高压氧治疗和手术治疗。

（一）药物治疗

药物治疗主要针对两个方面：一方面，主要是促进神经细胞恢复药物的应用；另一方面，针对合并症的处理。

1. 促进神经细胞恢复药物　常用到一些能改善脑血液循环，促进其代谢，从而改善脑各方面的功能，有利于CNS细胞恢复的药物。传统的药物有：ATP、辅酶A、细胞色素C、谷氨酸、三磷酸胞苷（CPT）、胞二磷胆碱等。较新研制的药物有：氢化麦角碱、盐酸氟桂利嗪、活血素、脑活素、甲磺酸双氢麦角氨、神经生长因子等。

2. 针对并发症的药物　主要是针对外伤后癫痫的药物治疗。常用的药物有：苯巴比妥、苯妥英钠、卡马西平等。一般服用抗癫痫药物至少两年，完全控制后仍需再服两年，而后逐渐减量。在服药期间有效的药物血浓度监测，可以进一步提高疗效。定期检查血象、肝功能等，遇有过敏、中毒症状，应及时停药并进行相应的治疗。有关预防性药物治疗，只有在外伤后癫痫危险因素多的情况下才应用，使用时药物应达到有效剂量并长期服用。

（二）高压氧治疗

高压氧治疗的主要作用为：增加血氧含量，提高血氧张力；增加血氧弥散量及有效弥散距离；减轻脑水肿，控制脑缺氧—脑水肿恶性循环的发展；有促进昏迷觉醒和改善生命功能活动的作用。原则上，凡颅脑损伤无活动性颅内出血或血肿形成者，均可尽早实施高压氧治疗。

（三）手术治疗

在康复期，颅脑损伤患者最常涉及的手术是外伤性脑积水的分流术，以及颅骨缺损的颅骨成形术。

1. 外伤性脑积水的分流术　外伤性脑积水一般都属于蛛网膜腔阻塞性脑积水，约有10%的重型颅脑损伤患者发生。其临床表现为，在颅脑损伤的急性症状消退后，患者有逐渐加重的精神症状，表现为淡漠、呆滞、易激怒、语言单调、对外界刺激反应迟钝、步态不稳、共济失调、下肢僵硬、震颤麻痹样症状群。患者诉说头痛、头昏，到晚期可发生尿失禁和木僵。当患者出现上述症状，而不符合患者病情变化规律，或不能用局部脑损伤来解释时，应考虑有外伤性脑积水的可能性，应向其主管医师反映做进一步检查。手术后患者神经症状一般都会改善。

2. 颅骨成形术　开放性颅脑损伤，尤其是颅脑火器伤做清创术后，闭合性颅脑损伤或其他原因引起的脑水肿做大骨瓣减压术后，以及颅骨病变切除术后，均可遗留大小不同的颅骨缺损。当其缺损超过3cm以上时，头部由于产生了较大的软弱区，常可合并颅骨缺损综合征。主要表现为头痛、头昏、怕声响、怕震动、注意力不集中、易疲劳、焦虑、抑郁等。局部有胀痛、缺损边缘疼痛以及不能忍受的局部脑搏动。为此，原则上在原有伤口已经完全愈合后3个月，即可考虑行颅骨成形术。

（四）文娱治疗

针对颅脑损伤患者，当其认知水平达到一定程度时，可通过球类活动、扑克牌、电子游戏机或者规则简化的游戏来进行文娱治疗，以进一步提高、改善和巩固患者的肌力、耐久力、关节活动范围、协调能力以及认知等方面的能力。

（王　刚　窦祖林　陈立嘉　吴葵）

思考题

1. 颅脑损伤可能出现哪些感知觉障碍？
2. 颅脑损伤患者认知功能评定主要方法有哪些？
3. 颅脑损伤患者作业治疗的目的是什么？

第六章 发育障碍的作业疗法

学习目标

一、掌握脑瘫常见类型的特点和临床表现
二、掌握脑瘫基本的评定方法
三、掌握脑瘫常见类型的治疗重点
四、掌握自闭症的临床表现
五、掌握自闭症的基本评定方法
六、掌握肌疾患的各类型临床表现
七、掌握肌疾患的基本评定方法
八、掌握肌疾患的治疗原则
九、熟悉脑瘫的分类
十、熟悉脑瘫的高危因素
十一、熟悉正常小儿的运动发育
十二、熟悉自闭症的治疗方法
十三、了解作业疗法以外脑瘫的治疗方法
十四、了解自闭症治疗使用的各种器具

第一节 正常小儿的运动发育

一、姿势和移动的发育

1. 第一期 姿势保持基础形成时期（1~3月）。

出生后的最初3个月，变化最显著的是头可以直立，在俯卧位为了用前臂支撑，颈部要充分伸展，在正中位头可以抬起90度，姿势的对称性形成。在这个时期各个原始反射的发生学意义并不一定很明显，但是像营养的摄取和危险的回避等都是对生存直接的保护机制。

2. 第二期 移动的准备时期（4~6月）。

在第一期头部直立和姿势对称性的基础上，小儿要获得翻身和坐位能力。也就是获得最初的抗重力姿势。完成翻身和坐位必要的能力：

> 1. 头和颈部的控制
> 2. 头部的分离运动，四肢和躯干运动的独立
> 3. 髋关节多轴性运动，下肢的分离运动
> 4. 躯干和骨盆的控制
> 5. 上肢的支持性

3. 第三期　由坐位开始向膝位转换时期（6～9月）。

在这个时期通过坐位-卧位、坐位-起立位等各种中间姿势的变换经验，来获得必要的膝位保持的能力。这个时期移动的方法是爬行。爬行需要具备的能力：

> 1. 单手手掌的支撑性
> 2. 上肢的前方、侧方保护性伸展反应
> 3. 腹卧位向侧方的重心转移和爬行位的平衡反应
> 4. 骨盆和大腿的支持性
> 5. 下肢的交互运动，上下肢的协调性
> 6. 头和躯干的分离运动

4. 第四期　在膝位获得的能力被进一步提高的时期（9～10月）。

这个时期也可以说是立位步行能力的获得时期。在这个时期获得的姿势和移动手段是扶物站起和扶家具等步行。扶家具等扶物步行必要的能力：

> 1. 立位下的躯干完全伸展和躯干旋转
> 2. 立位下的髋关节外展、伸展和膝关节伸展
> 3. 立位下的重心向左右转移
> 4. 踝关节背屈和利用脚及脚趾的平衡反应
> 5. 脚的踏步反应
> 6. 膝位开始用手扶着站起

5. 第五期　作为移动手段的两足步行时期（12月）。

开始步行的前提条件在前几期的基础上变得更充实，对于自己姿势的调整不再依赖其他物体（如家具），独立的中心转移开始。以前在扶物站起阶段已经很从容的动作再一次变得困难。初期步行的特征：

> 1. 双上肢抬起
> 2. 骨盆的旋转欠佳
> 3. 步幅宽
> 4. 全脚掌接地
> 5. 指支撑期膝关节伸展
> 6. 步行速度快，指1分钟步行的步数高，重心移动欠佳

6. 第六期　步行后的移动能力。

随着两足步行的实际使用，步行的速度、稳定性也随之增加，到三四岁左右时对高低不平的地面也可以适应。在开始上楼梯时，就像步行初期那样要用手扶着，两脚一级，以后变得一脚一级。

二、手眼运动的发育

（一）视觉的发育

1. 第一期　视觉信息反射处理阶段（出生~2月）。

从出生到2个月这段时间，瞳孔反射、眼睑反射等防御机制都在工作。眼球的运动受头部运动的影响还不能充分独立。眼球的运动被头和上肢的运动所左右，手和脚一出现运动，眼球也会随之运动，眼球不能符合手的快捷的运动，追视的范围也很窄。非对称性紧张性颈反射的存在妨碍眼球的自由运动，但是，有助于对手伸展的注视。

2. 第二期　可辨别物品阶段（3~6月）。

在这个时期由于姿势变得相对比较对称，头可以保持在中线位。和头部的稳定程度相适应，眼球的控制能力也随之提高。这个时期眼开始可以区别、认识人。当双手能在正中线合拢时，可以用双眼注视。到了第4个月的时候，头部的旋转开始变得很自如，追视和注视点的移行也逐渐规律起来。

3. 第三期　对物品的辨别进一步提高的时期（7月以后）。

眼球的基本运动是从能翻身时开始出现的，再加上追视经验，眼球运动的灵巧性也有所增强，随着这些功能的发育，眼对物品的识别也变得确切起来。眼睛也能跟上肢体快速的动作，对于焦点距离不同的物品眼也能正确地移动。

（二）手的发育

1. 第一期　手指伸展，手和手相握时期（0~3月）。

在这个时期由于对称性紧张性颈反射的存在，上肢的运动受身体其他部分的影响尤其是头部运动的影响很大。随着全身生理性屈曲的缓解，在仰卧位，上肢能够伸展，手能够张开，但是，在腹卧位，头部的保持尚不充分时手会再一次握住。

2. 第二期　伸手抓握等手的功能开始发育的时期（4~6月）。

随着抗重力伸展活动从头部开始向肩胛带、躯干方向的移行，姿势对于上肢的影响逐渐减少，即使在仰卧位时手也能向前方伸展。在第一期，伸手是为了让躯干稳定，肩胛带是抵住床面的。而在第二期，由于躯干比较稳定，伸手时肩胛带抬起离开床面。在腹卧位，随着躯干伸展的增强，髋关节可以完全伸展，重心向臀部方向移动，伸手就变得比较容易了。

3. 第三期　眼睛诱导手的运动，手的功能多样化出现的时期（7~9月）。

在这个时期能够获得坐和爬行能力，这些能力的获得对探索环境是十分有利的，孩子在这些姿势下可以保持很多时间。但并不是在某一个固定的姿势下，小儿会从卧位到坐位、从坐位到膝位等频繁地变换姿势。

4. 第四期　手指的操作等上肢功能得到进一步发育的时期（10~12月）。

在坐位下，腕关节和手指已经可以无需伴随肩肘关节的运动而独立运动了，比如用食指拨拉东西等。尺侧的3个手指屈曲使手部尺侧稳定，对桡侧的活动有促进作用，这样食指就可以伸出指认东西。

（三）手眼协调发育小结

1. 从集团运动向分离运动　无论是眼球运动还是上肢运动，一旦获得稳定性，这个稳定性就作为运动的基础使运动灵巧化。也就是说躯干的稳定性增高了，手眼的运动才能不受姿势的影响，手指也才能从上肢整体运动中分离出来。

2. 握的方式向稳定点的远位移动　握的方式的发育过程（表6-1-1）：

表6-1-1　握的方式的发育过程

握的方式	前臂旋后全掌握	前臂旋前全掌握	前臂旋前手指握	3指握
年龄	1～2岁	2～3岁	3～4岁	4岁以上
活动中心	肩　肘关节	肘　前臂	前臂　腕关节	腕关节　手指
必要的稳定点	躯干　头稳定	肩的稳定	肩　肘的稳定	前臂的稳定

3. 手掌抓握到手指捏　在上肢运动不分化的阶段抓握的方式是手掌全体握，但是一旦稳定点移到了远位关节，就可以用手指捏了。

4. 尺侧抓握到桡侧抓握　当前臂的旋转很自如时，手-手指的功能就会逐渐发育，这个时候就可以用桡侧完成握或捏。

5. 从抓握到松开　新生儿出生时手是握着的，人首先学会的是握住东西，然后是能够放下东西。

6. 手从防御功能到促进功能　手从防御机制的手-感觉机制的手-工作机制的手向建立人际关系的手逐渐发育。

7. 利手的发育　利手的发育是身体正中线发育的基础。一旦获得姿势的对称性就可以进行双手活动了，用手搭积木是双手以同样角色被使用的方法，是左右手几乎同样频率使用的时期。之后，容易使用的手就被频繁使用，即使越过身体中线也使用容易使用的手。渐渐地左右手的功能角色即利手、非利手被确定，比如做剪纸的动作时，使用容易使用的手（利手）拿剪刀，而用对侧的手固定纸。

8. 手的运动发育和感情的分化　人的情感对运动容易产生影响，例如肩上举内收、手握紧等动作是紧张不安情绪的表现。但是，逐渐的姿势运动从感情分离出来不再有支配作用。

三、认知功能的发育

（一）认知功能的定义

认知功能是指能够认识并判断各种事物的性质和状态以及它们的关系性和法则性的能力。

（二）认知功能发育的阶段

1. 感觉运动阶段（0～2岁）（表6-1-2）

表6-1-2　感觉运动阶段

	知能	模仿	游戏
第一阶段（0～1月）	嘴一碰到奶瓶，反射性地找奶瓶并吸吮，手碰到东西就抓。反复多次后就对吸吮后乳汁可以出来理解了	没有自发的模仿	仅仅是反射性运动

续表

	知能	模仿	游戏
第二阶段（2~4月）	动作从生得性变为获得性，除吸吮以外，看、听、抓、发声等动作也逐渐发育。各个动作图式一旦协调起来手的动作就变得自觉，眼睛对视野以外的东西也能追视	孩子发声时大人一模仿孩子，孩子就持续发声，这被称为"循环模仿"	从偶然的活动开始得到了运动体验，孩子自身多次反复进行运动，由于成功动作的范型被习惯化，手脚等用手能摸到的身体部位也就容易成为游戏的对象
第三阶段（5~8月）	物品的一部分如果能看见的话就能类推全体。通过伸手抓物、姿势变换、移动等可理解自己周围的空间和距离	有意识地模仿别人的动作。如果是孩子已经很拿手的动作和声音，实际一做就能模仿	对偶然引起的变化能再生并维持。兴趣的对象从自己的身体开始向周围事物扩大
第四阶段（9~12月）	不仅可以使双手的动作协调起来，而且目的和手段被分化	自己不能看见的动作和表情也可模仿。可以模仿各种声音，像猫、狗的叫声	任何东西都可成为玩的对象
第五阶段（13~18月）	能够理解由于事物变化后结果的不同，因此对事物的特性也就容易知道了，想去探索能够得到更有意思的结果的方法	被提示后全新的动作和声音也可以模仿	用玩具替代一些用品的游戏，也叫作游戏
第六阶段（19~24月）	理解象征的意思	即使没有参照物也能模仿，被称为"延迟模仿"。短时间后还可记得并能再生	能使用象征的游戏

2. 前概念思考阶段（2~4岁）　根据以前的印象理解事物和语言的意义。这个时期的孩子由于场所和服装的不同，难以区分同一个人。象征性词汇量开始急剧增加，语言被孩子主观地使用，像把"馒馒"这个词语当作所有吃的东西的代名词。对概念和层次还不能理解，因此不能使用类似的语言。

3. 直感思考阶段（4~7岁）　对于有些事可以分类，建立关系，还可以从特殊状况中归纳出一般法则。但是操作的方法不能一贯性，经常被知觉体验所左右，是对知觉依赖的阶段，也称为"直感"。

四、游戏的发育

（一）概要

游戏可分为练习游戏、象征游戏、规则游戏，这些也是游戏发育的方向。感觉、表演、竞争这三个方面是游戏快乐程度的要素；也可以理解为练习游戏相当于感觉快乐，象征游戏相当于表演快乐，规则游戏相当于竞争快乐。作为心身功能综合的游戏，在游戏发育的方向性上有探索行动、自我实践行动、完成行动这三个概念作为指标。

1. 探索行动　被感觉刺激所诱导的行动，主导行动的诱因是自己以外的东西。
2. 自我实践行动　对于造成结果的那个原因感觉到快乐的行动。
3. 完成行动　为了某个目标进行的行动。

（二）游戏发育的发展阶段

1. 感觉－运动游戏　感觉－运动游戏是享受来自自身运动和环境中的感觉刺激的游戏。一开始是偶然进行了某一个游戏并从中得到了快乐，以后就反复进行，渐渐地对那个游戏的结果事先预想了才去进行。由于感觉刺激是能够快速被感觉到的，所以这些感觉刺激必须是中枢神经系统处理能力范围内的，然而中枢神经系统的处理能力与感觉－运动经验之间的关系是互补的，因此，通过进行感觉－运动游戏，有利于提高感觉处理能力。感觉－运动游戏的特征是反复多次地进行。

2. 构成游戏　感觉－运动游戏中的探索行动，不仅能够促进对事物的理解，也能帮助理解身体各部位的位置关系。能够获得身体对称姿势的时候，双手就可以做在身体中线位放到嘴里、频繁地翻身等动作。通过这些运动，身体的中心轴逐渐被记住。这个中心轴将身体分为两侧，小儿开始理解空间位置的关系，在头和身体摆动的过程中，前、后的概念也被理解，当手可以向前伸的时候，又可以理解更广范围中的上下左右的位置关系。慢慢地小儿就能够正确判断物体与自己的距离关系了。

只是敲打、扔、投等使用玩具时，是感觉运动游戏。玩具一旦成为语言和操作的手段时，就被叫作构成游戏。如果在构成游戏中得到的感觉刺激被选择性地抑制，就成为社会游戏。

3. 社会游戏　社会游戏是包含"人"的意识因素/感受与他人合作快乐的游戏。为了与他人和睦相处和合作，必须学习"与人共享"的思维和概念，语言的应用是这方面发育的重要手段。在社会游戏中，小儿会对引起自己和对象双方相互变化的原因感兴趣并感到很快乐。构成游戏并非就这样发展下去自然就会演变为社会游戏。

（三）游戏的种类和能力发育

1. 音乐节拍游戏　最初是听到声音就会感到很快乐。1岁左右开始对自己发出的声音感到愉悦，从使用打、推、吹等简单的动作而发出声音的现象开始对玩具产生兴趣。最初发出的声音韵律节拍不是一定的，渐渐地产生韵律感，对有韵律的声音尤其感兴趣。

2. 图画游戏　上肢功能从6个月开始变得非常活跃，看见东西就会伸手拿，很多事物用手触摸确认。从1岁左右开始能够认真地看图画书中的图画内容，初期孩子对照片和写生类图画比较容易理解，也容易理解食物和身边的日常用品等题材的内容。

3. 语言游戏　使用感觉比较温和的触觉刺激和印象比较强烈的玩具容易诱发发声。1岁左右开始可以玩耍能发出声音的娃娃或者一发出声音手和脚就能活动的娃娃等，有利于诱导语言的交流。

4. 造型游戏　1岁前用笔涂画还是比较困难的，多用手指进行涂抹；1岁过后，用手大把抓握蜡笔进行涂画。但是最初手的活动是瞬间性的，运动方向的控制也不好，画的时候多为点描。

5. 构成－创造游戏　6个月左右开始对手触及到的东西，无论是什么都会用手去抓、敲、摇。过了1岁以后，对东西和东西之间的位置开始有意识，对把东西排列起来或堆积起来很感兴趣。2岁半之后孩子可以根据自己的想象进行创造并由此获得快乐。

6. 探索－适应游戏　能够使孩子获得快乐的对象随着手的操作性的提高而发生变化。最初很喜欢对使用推、拉等简单动作而发生变化的东西，对单一的因果关系也比较容易理解。以后会因为引起变化的主体是自己而感到快乐。

7. 角色游戏　1岁前对以动物毛绒玩具作为题材的话题很感兴趣，以后对以动物之外的东西作为题材的话题也会感到很高兴。2岁过后就可以玩装扮游戏了。看见玩具汽车等也像实物那样去玩。渐渐地自己和家庭其他成员的生活动作也能反映在这个游戏中，例如给小娃娃喂牛奶喝，给小娃娃穿衣服等，孩子通过这些游戏学会了对小娃娃进行照顾。

8. 协作－竞争游戏　1岁之前只是使用共同的场地，几乎没有与其他小儿的相互交往和沟通。有了和其他小孩一起玩乘坐交通工具、摇晃玩具等的体验之后，就会开始注意其他孩子。与此同时，选择按动开关小盒子的盖子就能打开这样的有动作顺序的游戏玩具，有利于孩子理解玩具的组合。

9. 运动游戏　在6个月以前让孩子取俯卧位、坐位等对孩子的姿势变换有一定好处。从6个月起孩子获得了重心移动和在各种各样姿势下伸手的体验，一旦能够保持姿势平衡以后，孩子对能够向三元空间移动会感到很高兴。进一步，孩子能够从支持面不够稳定、比较狭窄、比较高等要求平衡和全身协调性更高的游戏中获得乐趣。

第二节　脑性瘫痪概述

脑性瘫痪（cerebral palsy，CP）是指出生前至出生后1个月由各种原因所致的一种非进行性脑损伤综合征，主要表现为中枢性运动障碍。本病过去被认为是不治之症，是继小儿麻痹症后，又一个以肢体运动功能障碍为主的致残性疾病。

一、流行病学

脑性瘫痪在世界上所有的国家和地区都有发现，其患病率与城市和乡村无关，男性略高于女性。脑性瘫痪与低出生体重的出生率、母亲的因素和产科的因素以及某一民族的血缘关系有关。脑性瘫痪是目前主要致小儿残疾的疾病之一，严重影响着人口素质，是目前康复医学的主要对象。

据最新统计报道的脑性瘫痪的患病率为：澳大利亚2.3‰，加拿大2.6‰，爱尔兰2.0‰，芬兰2.5‰，挪威2.1‰，瑞典2.4‰，英国2.0‰，美国2.1‰。1997～1999年我国调查的结果是：脑性瘫痪男性患病率为1.95‰，女性为1.22‰；1岁以下组患病率为2.15‰，6岁组为1.04‰。1985年美国统计有脑性瘫痪患者75万人，我国现有260万～300万，每年约增加6～7万人。

二、病因

多年来,一直认为脑性瘫痪的主要病因是早产、产伤、围生期窒息及核黄疸等,根据引起脑性瘫痪形成的时期分为:出生前因素、围产期因素和出生后因素。Vojta 博士经过多年研究,非常详细地总结了脑性瘫痪发生的原因。他把引起脑性瘫痪的原因称为"高危因素",共总结出 43 种。其中,认为最具代表性的高危因素是早产未熟儿、窒息、重症新生儿黄疸及低出生体重儿(分娩 1 小时内,体重小于 2500g 者)。此外,临床上也常见到其他原因引致的脑性瘫痪,如新生儿痉挛、妊娠早期用药不当等,也是不可忽视的重要高危因素。

近年来,一些学者认为,对脑性瘫痪病因学的研究,应转入胚胎发育生物学的领域,强调对受孕前后与孕母相关的环境、遗传因素与疾病,妊娠早期绒毛膜、羊膜及胎盘炎症,双胎等多种因素的探讨。认为这些胚胎早期发育中的异常很可能是造成早产、围产期缺血缺氧的重要原因,而且,是高危新生儿存活者以后发生脑性瘫痪的重要基础。

除上述生物学因素,还有一些社会因素,如社会经济条件差所致父母营养不良、母亲年龄小,父母滥用毒品、药品,家庭暴力等,也是不可忽视的相关因素。

三、脑性瘫痪的分类(表6-2-1)

表6-2-1 脑性瘫痪的分类

根据麻痹分布的分类	根据肌紧张状态的分布	临床的分类
四肢瘫	痉挛型	重度痉挛型(强直型)
双瘫	手足徐动型	中度痉挛型
		手足徐动型
		痉挛型手足徐动
偏瘫	弛缓型	伴间歇性紧张的手足徐动
		舞蹈样的手足徐动
		纯粹手足徐动
双重性偏瘫	失调型	失调型
三肢瘫		弛缓型
单瘫		
截瘫		

四、诊断与鉴别诊断

由于康复医学的发展,各国学者十分关注脑瘫的早期诊断,究竟什么时间诊断脑性瘫痪为早期诊断,学者们的意见尚未统一。有的学者认为,生后 6 个月或 9 个月内做出脑性瘫痪诊断为早期诊断。脑性瘫痪诊断时,必须遵守以下三大原则:

1. 有引起脑损伤的原因,指高危因素。
2. 有脑损伤时的神经发育异常,包括姿势异常、反射异常、肌紧张异常及 Vojta 反射异常。
3. 有脑损伤时的症状,包括早期症状及临床表现。

脑性瘫痪常需要与婴儿进行性脊髓性、肌萎缩症、GM 神经节脂病、异染性脑白质营养不良、三体综合征、先天性松弛症和孤独症相鉴别。

第三节　脑性瘫痪功能障碍的特点

脑性瘫痪的主要表现是中枢性运动功能障碍与姿势异常。功能障碍的特点表现为运动发育、反射、姿势、肌张力的异常等方面，但根据作业疗法的目的与任务，可将其功能障碍特点归纳为以下几个方面。

一、运动发育异常

发育异常主要表现为发育落后（delay）和解离（dissociation）。脑性瘫痪、智力低下、先天性神经和肌肉疾病等患儿，发育落后几乎是必然的症状，这些可以作为诊断参考条件之一。Vojta 认为，落后 3 个月以上则为异常。Cardwell 的资料显示了脑瘫患儿运动发育项目的平均出现年龄（见表 6-3-1）。

发育的解离，是指发育过程中各个领域的发育阶段有很大差距而言。脑性瘫痪患儿会有运动发育与精神发育之间的解离，如 1 岁 6 个月的患儿，智能发育正常，神经学上亦无异常，姿势反应发育也无明显落后，可是下肢抗重力肌的活动性和交替运动不发育，坐位时侧屈肌同时移动，两下肢瘫痪，只能坐着向前移行，这是步行发育迟缓儿的一种解离现象。

表 6-3-1　脑性瘫痪儿运动发育项目的平均出现月龄

正常发育（月龄）	发育项目	脑性瘫痪的发现月龄（均数）	研究对象数	和正常儿的平均月龄差
1~3	俯卧位抬头	12.4	74	9.4
3~5	伸手抓东西独坐	14.5	28	9.5
6~7	爬	20.4	73	10.4
7~8	抓握	26.4	21	18.4
9~11	说单词	17.2	16	6.2
9~12	独站	27.1	65	15.1
12~13	独步	27.5	43	14.1
12~18	说 2~3 个词短句	32.9	57	14.9
24~30		37.4	39	7.9

二、异常的运动模式

Bobath 认为，脑性瘫痪患儿不是不能运动，而是存在许多复杂和奇怪的姿势和运动。

1. 姿势和运动的特点：
（1）由于脑的发育障碍而引起的运动发育迟滞或停止，即未熟性。
（2）由于上位中枢控制的解除而出现的各种异常姿势和运动模式，即异常性。

(3) 相反神经支配紊乱。
2. 异常运动模式：
(1) 四肢、躯干的左右存在差异，呈非对称性。
(2) 只以某种固定的模式运动。
(3) 抗重力运动困难。
(4) 分离运动困难。
(5) 发育不均衡（上肢、下肢、仰卧位、俯卧位、左右）。
(6) 肌张力不恒定（异常姿势的肌紧张，姿势变化时肌张力升高、低下与不定）。
(7) 6个月以上患儿，原始反射残存。
(8) 正常感觉运动发育缺乏，异常感觉运动的存在。
(9) 有联合反应、代偿运动。

三、缺乏知觉、感觉运动体验

小儿脑性瘫痪由于运动障碍影响，大多处于活动少，对周围事物难以像正常儿童那样到处走走、看看、摸摸。如果合并智力低下时，更是对外界难以定位，想要的握不住，手拿不到口中，拿到手中的东西不会玩，这样具体的体验越少，对外界了解和物品的熟悉程度就越少。

脑性瘫痪患儿还常存在因视觉障碍所致的手眼协调、图和背影、形状的恒定性、空间的位置和空间关系障碍，还可能有类似的听觉、运动知觉、触觉、嗅觉等异常。因此，这些方面都是作业治疗师应该予以援助的领域。

四、智力低下

主要是由于种种原因所造成的脑的发育障碍，使其大脑皮质内在的功能联系减弱，形成条件联系的能力，特别是复杂的条件联系的能力差，条件联系的分化功能差，使得他们很难从相似的事物中区分出事物的不同点；由于保护抑制占优势，导致他们工作能力降低、极易疲劳、注意力不集中等现象。另外，智力低下的患儿还可表现为，在特定年龄段上，个体应该具备的适应行为或社会认可的行为出现较晚，缺陷行为较多。

五、言语、听力障碍

小儿的言语是随着发育和成长逐步完善的，如果2周岁的小儿还不会言语，应该引起注意，并密切观察。如确有言语障碍要分清楚是因为视觉、听觉，以至味觉、手的感觉异常等造成的所谓外部语言障碍，还是因为大脑思维异常所造成的内部语言障碍。

另外，由于种种原因小儿易发生听力障碍，有由于遗传原因或妊娠期病毒感染、产伤、难产等所致的先天性聋，也有因为接触了有毒物质（如链霉素等）所致的后天性聋。

六、视功能障碍

小儿患者常见的视功能障碍有眼肌障碍，如斜视、眼肌麻痹、眼睑下垂、先天性白内障、视神经萎缩、视网膜变性、角膜混浊等。

七、日常生活能力低下

儿童的生活自理能力是逐步获得的，最先得到基本自理能力的是大小便，其次是进食，然后是穿衣、睡眠，最后是个人卫生。当然，这几方面的能力是交叉发展的，在达到基本自理以后，自理能力仍在发展，即自理的水平是不断提高的。脑性瘫痪患儿日常生活能力低下，多由于患儿肢体运动能力的障碍、姿势的异常、智力的受损以及社会心理等方面所致，从而使其移动、生活自理能力明显受限或落后于正常儿童。

八、缺乏社会生活的体验

正常儿童2岁以后，能对人和周围事物具有一定的社会认识。而脑瘫患儿则由于发育障碍而和同年龄儿童接触、游戏的机会少，活动困难，不少事情依靠别人，或因治疗的影响等而缺乏社会生活体验。所以，绝大部分患儿存在人际关系不良，以及自立、意志表达或传达意见的能力差等问题。

第四节　脑性瘫痪的功能评定

一、作业疗法评定的一般项目

（一）患者的相关信息

1. 一般信息

（1）姓名　性别　出生年月日

（2）诊断名（尽量详细记录）

（3）生育史

妊娠中和出生时的状况：

①母亲在妊娠中的异常和健康状态

②出产时母亲的年龄

③出生的状态

④在胎周数

⑤出生体重

⑥假死、黄疸的有无

（4）家庭状况

2. 医学信息

（1）现病史

（2）既往史

（3）治疗史

3. 其他部门的信息

（1）医师（医疗处置　禁忌　服药情况等）

（2）护士（健康状态　护理、介助情况等）
（3）理学疗法师　作业疗法师　临床心理师（康复的治疗目标　治疗内容等）
（4）社会工作者（家庭状况　医疗费的负担等）
4. 整体印象
用最简短的语言将患者的功能状况归纳小结。
（二）作业疗法的评定
1. 功能评定
（1）运动功能
①日常姿势
②仰卧位　a 前额面的左右对称性
　　　　　b 在仰卧位姿势下的运动
　　　　　c 肌紧张
　　　　　d 关节活动度
　　　　　e 原始反射
　　　　　f 自律反射　平衡反应
　　　　　g 变形　挛缩　脱臼
　　　　　h 运动范型　分离运动　共同运动
③翻身　　a 从肩开始？从下肢开始？有无躯干的分节旋转？
　　　　　b 是否可见联合反应？
④俯卧位　a 前额面的左右对称性
　　　　　b 在仰卧位姿势下的运动
　　　　　c 肌紧张
　　　　　d 关节活动度
　　　　　e 原始反射
　　　　　f 自律反射　俯卧位平衡反应　前方保护性伸展反应等
　　　　　g 对于这个姿势的情绪反应
⑤俯卧位开始坐位，到爬行位
　　　　　a 使用手的支持
　　　　　b 联合反应
　　　　　c 代偿运动
⑥坐位　　a 坐位的种类
　　　　　b 稳定性　持续性
　　　　　c 前额面的左右对称性
　　　　　d 在坐位姿势下的运动
　　　　　e 从这个姿势开始的移动
　　　　　f 伴随着体重的移动上下肢的支持性
　　　　　g 肌紧张
　　　　　h 原始反射

i 自律反射　坐位平衡反应　侧方保护性伸展反应等
⑦从坐位站起
　　　　a 使用手的支持
　　　　b 联合反应
　　　　c 代偿运动
　　　　d 运动分析
⑧膝位　a 膝位的种类
　　　　b 稳定性
　　　　c 前额面的左右对称性
　　　　d 原始反射
　　　　e 自律反射　平衡反应等
　　　　f 立位开始站起
　　　　g 痉挛的分布
⑨爬行　a 运动分析
　　　　b 联合反应
　　　　c 代偿运动
⑩立位　a 左右对称性
　　　　b 矢状面的对线
　　　　c 水平面的对线
　　　　d 原始反射
　　　　e 自律反射　平衡反应等
　　　　f 立位开始站起
　　　　g 从这个姿势开始的运动
⑪步行
⑫上肢功能
　　　　a 上肢的分离
　　　　b 在各种姿势下的支持性
　　　　c 在各种姿势下拿够的能力和活动状态
　　　　d 两侧的统合
　　　　e 手眼的协调
　　　　f 抓握的种类
　　　　g 放下
　　　　h 在各种姿势下手的操作性
　　　　i 利手的确立
⑬其他的灵巧动作
　　　　a 眼球运动
　　　　b 舌的运动
　　　　c 口唇的运动

⑭其他姿势　运动功能
　　　　a 跪坐
　　　　b 蹲
　　　　c 单脚站
　　　　d 上下台阶
　　　　e 跑
　　　　f 跳远
　　　　g 原地跳起
　　　　h 跳绳
　　　　i 踢球
　　　　j 前滚翻
　　　　k 侧翻
　　　　l 倒立
　　　　m 反的非对称性紧张性颈反射姿势
　　　　n 仰卧位屈曲姿势
　　　　o 俯卧位伸展姿势
　　　　p 慢动作
　　　　q 投球
　　　　r 动作的敏捷
　　　　s 瞬间爆发力
　　　　t 拿起重物
　　　　u 平衡板上的平衡
　　　　v 上下肢的协调
（2）认知功能
①因果关系
②物品的识别和描画
③数和量的概念
④空间的概念
⑤时间的概念
⑥模仿
⑦视觉的记忆
⑧听觉的记忆
⑨对人的认知
⑩循环反应
⑪语言的理解，发语
（3）感觉
①视觉
②听觉

③触觉

④固有感觉

⑤前庭感觉

⑥嗅觉

⑦味觉（偏食）

（4）情绪

①感情的分化和种类

②感情应用的恰当性

③感情的持续

④对于不同的对象感情释放的妥当性

⑤积极感情和消极感情的阈值

⑥有无爱的行为

⑦微笑

⑧生气等表现方式

⑨ 感情的抑制

（5）社会性

①互相接触

②和人的关系

③对人的意识

④爱的行动　认生

⑤以自己为中心

2. 作为综合功能的作业评定

（1）基本的生活功能

①食事动作的口腔功能

a 进食的姿势

b 进食的动作

c 食器的使用

d 进食的形态

e 餐桌

（进食的问题是口腔功能的问题？是动作水平的问题？）

②排泄

a 短裤　纸尿裤

b 有无失禁后的不快感

c 尿意　便意的意识化

d 排泄动作主要在厕所进行

e 裤子的穿脱

f 便后处理

（排泄的问题是生理水平的问题？动作水平的问题？）

③衣服的穿脱
a 能穿脱衣服的种类
b 穿脱的方法
c 拉链的操作
d 挂钩的操作
e 扣子的操作
f 前后、里外、正反面的认识
④整容动作及其他
(2) 游戏的技能
①种类
②在游戏中和他人的关系
③持续性
④玩的方法
⑤能够得到的感觉刺激
(3) 生产活动的技能
①助手
a 有忍耐的成分？
b 种类
c 方法
②从书本上学习
(三) 问题点的选择
列举影响孩子生活质量的问题点。
(四) 考察（评定的小结）
分析问题点与主要功能的关系。

二、运动功能的评定

(一) 肌张力的评定

1. 肌张力的定义　肌肉组织在静止状态下的一种不随意的、持续的、微小的收缩。
2. 正常肌张力的特征
①主动肌和拮抗肌可以有效地同时收缩使关节固定。
②能够抵抗肢体重力和外来阻力。
③保持肢体在空间的姿势不变的能力。
④维持主动肌和拮抗肌之间的平衡。
⑤随意使肢体在固定和运动之间转换。
⑥完成肌肉的独立运动或协调运动。
⑦被动运动时存在一定的弹性和极轻度抵抗。
3. 肌张力评定的方法
(1) 姿势观察：超过3个月的正常婴儿，仰卧位时他会自然躺着，并不断对抗重力进行运动，自如地保持一定的体位和姿势。肌张力低下的患儿，如置于仰卧位，上下肢常屈曲、外展，缺乏主动运动；而肌张力增高的患儿，若处于仰卧位，往往出现不对称的异常姿势，肌张力越高，姿势就越异常，越不对称。

（2）触诊：上肢触诊肱二头肌，肱三头肌；下肢触诊腓肠肌，股四头肌。肌张力低下的患儿肌肉组织手感柔软、松弛，对手指的按压缺少抵抗；而肌张力高的患儿肌肉组织手感紧张、僵硬，对手指的按压有较大抵抗。

（3）被动运动：治疗师在对肌张力低下的肢体进行被动屈伸运动时，会感到沉重，无抵抗力，肢体缺乏控制能力；而对肌张力高的肢体进行被动屈伸运动时，会感到有明显抵抗感，这种抵抗力往往在运动开始时大于运动结束时。

（4）抱：治疗师通过抱患儿的感觉，可在一定程度上了解患儿肌张力的情况。肌张力低下的患儿，抱时会感到有下滑感、沉重感；而肌张力增高的患儿抱时会有强直感、抵抗感。

（5）ROM：检查肢体活动范围判断肌张力的大小（见表6-4-1，表中所列的数字为角度大小）。

1）内收肌角 检查时小儿呈仰卧位，扶住小儿膝部使下肢伸直，轻轻地尽量向两外侧展开大腿，观察两大腿之间的角度（图6-4-1）。大于表中所列度数为肌张力偏低，小于表中度数为肌张力偏高。

表6-4-1 同年龄小儿各关节活动范围

	1~3月	4~6月	7~9月	10~12月
内收肌角	40~80	70~110	100~140	130~150
窝角	80~100	90~120	110~160	150~170
足跟碰耳	80~100	90~130	120~150	140~170
足背屈角	60~70	60~70	60~70	60~70

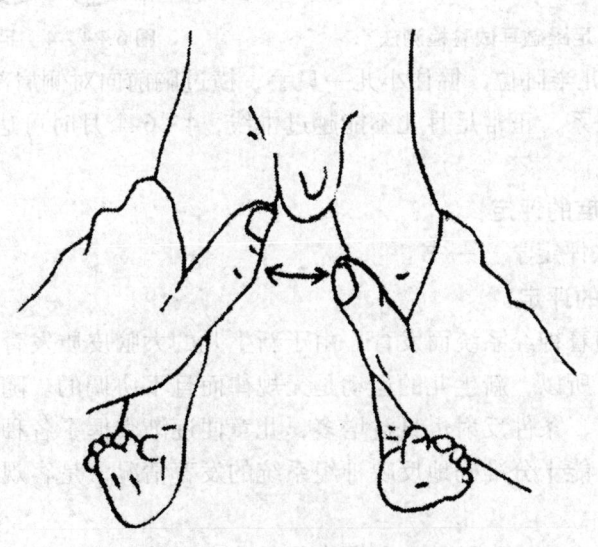

图6-4-1 内收肌角度检测法

2）腘窝角　小儿仰卧位，屈曲大腿至腹部，伸展下腿，观察小腿与大腿之间的角度（图6-4-2）。大于表中度数为肌张力偏低，小于表中度数为肌张力偏高。

图6-4-2　腘窝角的检测法

3）足跟碰耳试验　小儿仰卧位，握住其一侧足趾，尽量将足向同侧耳的方向牵拉，注意腰背部不得抬离桌面，观察足跟及臀部连线与桌面的角度（图6-4-3）。小于表中所列度数为肌张力偏低，大于表中度数为肌张力偏高。

4）足背屈角　伸直小腿，推足底，使足尽量背屈，观察足与小腿之间的角度（图6-4-4）。小于表中度数为肌张力偏低，大于表中度数为肌张力偏高。

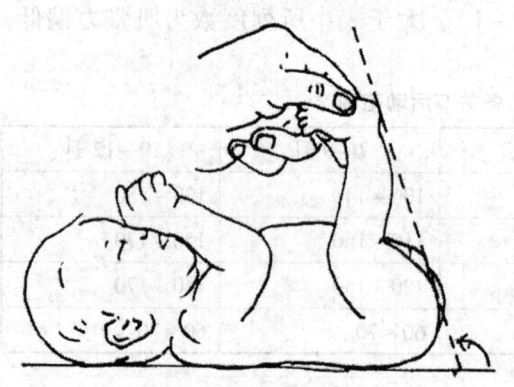
图6-4-3　足跟碰耳试验检测法

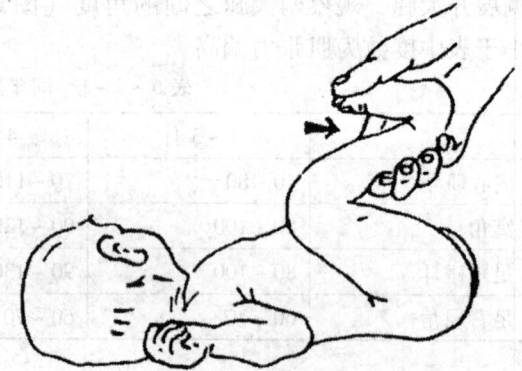
图6-4-4　足背屈角的检测法

5）围巾征　小儿半卧位，握住小儿一只手，横过胸前向对侧肩部尽量牵拉做围巾状，观察肘部与中线的关系，正常足月儿不能越过中线，4~6个月时可达中线，6个月以后超过中线。

（二）关节活动度的评定

参照《康复疗法评定学》一书。

（三）运动能力的评定

运动的发育是随着神经系统而发育。由于新生儿的大脑皮质发育不成熟，神经纤维髓鞘化没有完全形成，所以，新生儿的运动是无规律而且不协调的。随着年龄的增长，大脑皮质的功能逐渐完善，条件反射也日益增多，儿童便逐渐掌握了各种新的运动和技巧。所以儿童运动的发育，能十分准确地反映神经系统的发育情况，是客观评定中枢神经系统发育的依据。

运动的发育是以姿势为先导的。所谓姿势是非自觉的、稳定的、表现身体各部位之间所呈现的一定的位置关系，也就是机体在相对静止时，在克服地心引力情况下所呈现的自然位置。如仰卧、俯卧、坐位、立位等都是一种姿势。姿势是产生自发运动和随意运动的基础，是为运动做准备的，运动则为姿势变动的结果。只有保持正常的姿势，才能出现正常的运动，姿势和运动是相辅相成的，很难将两者分开。

1. 姿势、运动发育的一般规律　运动的发育包括粗大运动（gross motor）及精细运动（fine motor）的发育，前者主要是指头、躯干、上下肢的运动，后者指手的运动。儿童的姿势和运动，是在中枢神经系统的调节下保持正常状态的，其发育是随着神经系统的发育成熟，而呈现出一定的规律性。具体表现为：

（1）头尾方向发育的规律：头尾发育表现在脊柱的支持稳定性，是自颈椎向胸椎、腰椎、骨盆方向进行，即从头部开始，首先是头抬起与竖直，然后是胸部离床，上肢逐渐支撑胸椎与腰椎，最后才是坐位与立位的发育。

（2）近位到远位的发育规律：如俯卧位时，先有肩部的支持，然后是肘支撑，最后才是手支撑。爬行时也是如此，从腹部贴床的低位爬行，到膝手支撑的手膝位向膝立位、立位发展。

（3）联合运动到分离运动的规律：新生儿出生后神经功能不健全，髓鞘不完全，运动是由皮质下及脊髓功能控制，表现为刺激后产生总体运动。随着神经系统的不断发育，3个月以后的小儿，逐渐出现近位关节及远位关节的分离运动。

（4）由原始反射向随意运动发育的规律：新生儿最初是反射性的不随意运动，如放在右手掌中的物品，开始只是一种握持反射，以后随着神经系统的不断发育完善，才出现随意性的手抓握动作。

（5）由粗大运动向精细运动发育的规律：儿童手抓握动作的发育呈现为开始是全手掌的抓握，以后逐渐发展为拇指食指对指、能捏起米粒大小的东西的精细动作。

2. 头部控制能力的评定　在婴幼儿所有运动功能发育过程中，头部控制是一个重要的先决条件，只有在头部克服了重力的影响，建立了正确姿势之后，才能发展眼-手的控制，以及视觉的正确性和对抗重力的各种平衡。

（1）俯卧位：将患儿置于俯卧位，治疗师从患儿侧面观察头抬起的情况。患儿可表现为：①患儿很容易将头于身体正中线抬起，并保持这个姿势。②患儿可在垂直方向将头抬起，但不能保持这个姿势。③患儿可抬头，但头不能在身体正中线上。④患儿无法将头抬起。

（2）扶坐位：将患儿置于仰卧位，治疗师双手抓住患儿前臂将他拉成坐位，治疗师从患儿前面观察其头抬起情况。患儿可表现为：①在整个过程中，患儿的头由后仰变为前屈，下颌贴近前胸。②在整个过程中，患儿的头由后仰变为稍前屈，下颌不贴近前胸。③在整个过程中，患儿有时可保持头部与身体呈一直线。④患儿不能自我控制头部与身体呈一直线。

（3）站立位：将患儿置于立位，治疗师从患儿前面观察患儿头部空间保持的情况。患儿可表现为：①患儿可将头部与身体呈一条直线，并保持这个姿势。②患儿不能将头部与身体呈一条直线，但可以保持这个姿势。③患儿不能将头部与身体呈一条直线，突然后仰或前屈，摆动较大，很难维持一个固定姿势。

3. 翻身能力的评定　这项检查主要测试患儿独自完成翻身动作和获得体位变化的能

力。将患儿置于仰卧位，用玩具引诱他向身体一侧翻转至俯卧位，然后再返回到仰卧位，治疗师在患儿进行体位变化的过程中，观察其头部、躯干部、骨盆、下肢的旋转情况，以及身体翻转的程度。患儿可表现为：①患儿身体各部分可较协调地翻转至俯卧位。②患儿可翻至俯卧位，但不能翻回来。③患儿仅上半身或下半身翻转，可至半侧卧位，并保持这个姿势。④患儿有翻身的意识，但无法完成动作。

4. 坐位保持能力的评定　这项检查主要测试患儿保持坐位的能力及坐姿情况。检查可在各种坐位姿势下进行。患儿可表现为：①患儿可独自取坐位，整个背部伸展。②患儿可独自取坐位，但需双上肢支撑，背部稍弯曲。③患儿必须躯干前屈、双上肢支撑才能保持坐位，整个背部弧形弯曲呈"猿背"。④患儿不能保持坐位。

5. 坐位平衡能力的评定　这项检查主要测试患儿保持坐位后，在受到一定外力或双上肢抬起时的动态情况下的坐位维持情况。患儿取坐位，治疗师分别自患儿前、后、左、右推动患儿，或让患儿双上肢抬至身体不同高度进行观察。患儿可表现为：①患儿可承受治疗师施加的外力，或将双上肢充分伸展举过头顶。②患儿可承受治疗师施加的部分外力或部分方向的外力，或让患儿双上肢伸展，肩关节水平外展90°。③患儿不能承受治疗师施加的任何外力，但双上肢可在身体前参与作业活动。④患儿既不能承受外力，也不能使用双手参与作业活动，只能维持坐位姿势。

6. 爬行能力的评定　这项检查主要测试患儿独自获得爬行能力、爬行姿势的情况。将患儿置于俯卧位，用玩具在其前方诱导他，让他独自向前爬。患儿可表现为：①患儿可以手膝位，四肢交替爬行。②患儿可以手膝位，但行进时双下肢不能协调运动，而是同时运动。③患儿以腹部紧贴地面，双上肢和双下肢交替匍匐爬行。④患儿以腹部紧贴地面，双上肢交替运动，双下肢不运动，被托带爬行。⑤患儿以腹部为支点，原地打转。

7. 站立　正常情况下8个月的婴儿，可开始拉着栏杆尝试着使自己站起来，然后逐渐独立站稳。脑瘫患儿站起时间较正常儿晚，站立时主要观察患儿对抗重力和躯体的伸展能力。

8. 行走　通过和正常儿行走发育规律的对比，了解患儿的发育水平，同时注意观察：

（1）是否能两脚左右交替地轮流支持身体重量，而使身体向前移动。

（2）是扶行，还是独立行走。

（3）独立行走时采取的姿势如何，有无双腿交叉、双手高举、内旋、屈腕肘、双手屈曲、大腿内旋、膝过伸、步基过宽、用脚尖行走、无法直线行走、双手摆动异常等。

9. 上下楼梯　正常小儿18个月左右即可开始上下楼梯。脑瘫患儿何时可以上下楼梯，取决于他运动发育的水平。应观察患儿，在应上下楼梯时期是否能独立上下楼梯，是否需扶手，或虽能上下楼梯但姿势异常等现象。

10. 手功能的评定　从人体的发育角度来看，人从降生之日起，就逐渐开始对外界及自己身体各部分进行认识，而第一个被认识的，就是人的手。日常生活中人们会经常看到婴儿把自己的手放在口中吸吮，这是他们对手的最初的认识。之后，他们靠手去触摸自己的嘴巴、脸和腹部，抱着自己的脚往嘴里送。这些都是婴儿逐步学会用手去完成的一些日常生活中的基本动作。手的功能评定包括以下各项：

（1）JEBSEN – TAYLOR 手功能检查：
1）写一句话；
2）翻卡片，翻书；
3）捡拾细小物品；
4）搭积木；
5）拿起大而轻的东西；
6）模仿进食；
7）拿起大而重的东西。

（2）PURDUE PEGBOARD 测试：检查用品：有两列共 50 个小空的模板，细铁钉，垫圈，项圈。
1）左手在 30 秒内用最快的速度将铁钉插入模板小孔，并记录数量；
2）右手在 30 秒内用最快的速度将铁钉插入模板小孔，并记录数量；
3）左右手同时操作，在 30 秒内用最快的速度将铁钉插入摸板小孔，并记录数量；
4）被检者用最快的速度，按一个垫圈、一个项圈，再一个垫圈、一个项圈的顺序，在 1 分钟内依次套在铁柱上，并记录数量。

（3）转移物品能力的评定：这项检查主要测试患儿将一只手中的物品送到另一只手中去玩的情况。治疗师取一个 2cm~5cm 的方形积木，观察患儿玩积木的能力。患儿可表现为：①患儿可随意自如地将这只手中的积木传递到另一只手中去玩，而不会让积木掉到地上。②患儿可完成双手间积木传递动作，但不能用一只手将另一只手中的积木抽出来。③偶尔可将一只手中的积木递到另一只手中，有时积木会掉到地上。④患儿不能用双手传递积木。

（4）双手粗大协调性的评定：患儿取稳定体位，治疗师取两块大小相同的塑料智力拼插块，让患儿将它们拼插在一起。患儿可表现为：①患儿双手可在身体前正中线，自如地将两块拼插在一起。②患儿双手可完成拼插动作，但不能在体前进行，而是在体侧完成。③患儿先将一拼插块放在体前，再用另一只手抓住另一块拼插上去。④患儿不能完成拼插动作。

（5）双手精细协调性的评定：患儿取稳定体位，治疗师取一套直径 1cm 的训练用螺丝，让患儿将螺母拧上去或拧下来，观察患儿双手操作情况。患儿可表现为：①患儿双手可在身体前正中线将螺母拧下来。②患儿只能一只手固定，另一只手去拧，反过来就不能完成。③患儿在体侧完成拧螺丝动作。④患儿只会双手同时转来转去，不能将螺母拧下来。

（6）手眼协调性评定：这项检查主要测试患儿手和眼的配合能力。治疗师让患儿将带孔的圆木块插到木棍上，观察患儿操作情况。患儿可表现为：①患儿可准确将圆木块插到木棍上，头部始终保持在身体正中直立位。②患儿可完成插木块动作，但头转向一侧，用眼余光视物。③患儿可完成插木块动作，但头转向一侧，患儿用手去触摸木棍的位置，然后插上。④患儿无法完成这个动作。

（四）运动发育评定量表—KIDS（KINDER INFANT DEVELOPMENT SCALE，KIDS）
KIDS 是属于可以一次性进行大量检查的"筛查"，它采用"母亲记录"的方式，可以快速容易地实施检查。

因为婴幼儿的大部分生活都是在家庭中度过，而且母亲对婴幼儿的行为是最关心和留意的，因此我们从母亲和孩子的关系出发，以母亲的角度，来观察婴幼儿的行为和发育情况，在临床中比较有价值。

KIDS 具有以下特点：

①母亲记录式；

②不需要特定的检查场所，在任何地方都可以实施；

③可以评价所有的日常生活；

④记录的时间很短（约 15 分钟）；

⑤可以明确发育年龄、发育指数、大概范围等；

⑥因为检查项目依照婴幼儿发育顺序的结构，由母亲来记录，所以可以作为养育孩子的参考；

⑦该表于 1989 年由日本 38 个都道府县 6090 名孩子的数据标准化而来；

⑧该表中没有性别差异的项目，所以处理数据比较容易；

⑨该表中项目能通过表示与该发育年龄范围内 65%～69% 的婴幼儿发育情况相当

KIDS 分为以下四个量表：

1）A 表（红色）：适用于 1 个月～11 个月的婴幼儿。

2）B 表（蓝色）：适用于 1 岁～2 岁 11 个月的婴幼儿。

3）C 表（绿色）：适用于 3 岁～6 岁 11 个月的幼儿（上学儿童除外）。

4）D 表（黄色）：适用于 1 个月～6 岁 11 个月的婴幼儿（疑似发育障碍儿）。

三、反射的评定

反射是机体在神经系统的调节下，对各种刺激的不随意运动的应答反应。神经反射与神经系统成熟的程度以及髓鞘的形成有关。儿童反射的发育，随着神经系统的发育成熟，呈现一定的规律。

新生儿时期的反射：代表的是脊髓和脑干下部水平的神经发育。这时的反射称为原始反射。

生后 2 个月时的神经反射：代表的是桥脑水平的神经发育，表现为紧张性颈反射占优势。

生后 4 个月时的神经反射：神经纤维髓鞘化的程度达中脑水平，原始反射逐渐消失，出现中脑水平的翻正反射。

生后 10 个月时的神经反射：神经的发育达皮层水平，这时儿童出现皮层水平的平衡反射。

翻正反射和平衡反射是构成姿势反射的重要因素，是人类维持正常姿势和运动的基础。儿童反射的发育水平，反映了中枢神经系统发育的成熟程度，是衡量其神经系统发育的一把标尺，是脑损伤判断的一个客观依据。正常儿童原始反射的出现与消失如下（表 6-4-2）：

表 6-4-2 正常儿童原始反射的出现与消失

分类	反射名称	出现时间	存在时间
原始性反射	Moro 反射（拥抱反射）	出生时	6 个月
	Galant 反射（躯干侧弯反射）	出生时	2 个月
	交叉性伸肌反射	出生时	1～2 个月
	屈肌回撤反射	出生时	1～2 个月
	伸肌冲出反射	出生时	1～2 个月
	反射行走	出生时	6 个月
	手指抓握反射	出生时	6 个月
	足趾跖屈反射	出生时	9 个月
姿势性反射	紧张性迷路反射（TLR）	出生时	6 个月
	非对称性紧张性颈反射（ATNR）	出生后 2 个月	4 个月
	对称性紧张性颈反射（TNR）	生后 4 个月	10 个月
	阳性支持反射	出生时	2 个月
翻正与保护性反射	颈翻正反射	出生时 1～2 个月	4～6 个月
	迷路翻正反射	生后 2 个月	终生
	视觉翻正反射	7～12 个月	终生
	躯干对躯干的翻正反射	7～12 个月	终生
	躯干对头部的翻正反射	7～12 个月	5 年
	保护性伸展反射——向前方	6～9 个月	终生
	——向两侧	8 个月	终生
	——向后方	10 个月	终生
	Landau 反射（头、躯干、髋伸展反射）	3～6 个月	1～2 年
	平衡反射——俯卧位	6 个月	终生
	——仰卧和坐位	7～8 个月	终生
	——膝手位	9～12 个月	终生
	——站立位	12～21 个月	

四、感知觉的评定

感知是通过各种感觉器官，从环境中选择性地取得信息的能力。其发育对大脑其他功能区的发育，可起重要的促进作用。一般感觉的检查按临床方法进行，失认、失用等高级脑功能障碍，由于患儿年龄小，加之常伴有智力障碍，检查起来困难，准确性差，所以一般只做智力评定，不再详细检查。

1. 视觉的评定 正常新生儿已有视觉感应功能，其瞳孔有对光反射，只是感觉敏锐度差。由于对晶体的调节功能和眼外肌反馈系统发育不完善，新生儿视觉只有在 15cm～20cm 距离处最清晰。随着年龄的增长和大脑皮层的发育，儿童的视觉功能不断完善，到 6 岁时视深度已充分发育，儿童视觉能力的发育情况如下（表 6-4-3）：

表6-4-3　儿童视觉能力的发育

年龄	视觉能力	年龄	视觉能力
1个月	眼和头并动	5~6个月	触觉与视觉相结合
2~4个月	注视双手		用眼观察
	视线左右移动180°		不依赖转头而用双眼视物
	被鲜艳的颜色和明亮的光线所吸引	9~12个月	视线追随移动物体
	双眼视觉协调一致	12~18个月	视觉发育基本完成
		4岁	部分与整体关系的视觉概念形成

脑瘫患儿常见的视觉障碍为眼肌障碍，如斜视、眼肌麻痹、眼睑下垂等。

2. 听觉的评定　声音的刺激通过听觉器官的感受器传至中枢。出生时由于中耳鼓室未充盈空气，并有部分羊水潴留，妨碍了声音的传导，故听觉不太灵敏，但对强大的声音可有眨眼、震颤等反应。生后3~7日听觉能力明显改善，50~90db的声音可引起呼吸改变，能区别90db和104db的声音。随着听觉的发育，约4岁时已基本完善。儿童听觉的发育情况如下（表6-4-4）：

表6-4-4　正常儿童听觉的发育

年龄	听觉能力	年龄	听觉能力
2个月	跟随声源	6个月	对母亲的话音有反应
3~4个月	听声转头	8个月	当别人叫其名字时有反应
	对声音感兴趣	9~12个月	能确定声源
5~6个月	可区别父母的声音		能区别语言的意义
	唤其名有应答表示	4岁	听觉发育已基本完善

针对脑瘫患儿，首先进行听力测试，必要时可进一步做脑干听觉诱发电位检查。

五、游戏的评定

康复是从评定开始又以评定结束的，脑瘫的康复是以游戏作为载体开始又以游戏作为载体结束的。作为评定的游戏，首先在面接时孩子显示出的兴趣是什么？使用什么样的游戏方法？作为OT需要掌握以上信息。从这些信息可以推测孩子所处的游戏的阶段。通过游戏的评定，可以了解孩子的最高能力以及手的功能、认知功能、对人关系等。

（一）游戏的评定视点

1. 空间处理：是距离和方向理解的能力。
2. 物品的处理：包括对东西的理解和操作两方面的能力。
3. 模仿：是看见或者听到的事，用动作或语言再生的一系列的能力。
4. 对人关系：例如遇到困难时是否求助他人，是否一受到表扬态度就发生变化等。

（二）游戏的发育经过咨询表

孩子的主要活动就是游戏，通过了解孩子游戏能力的发育情况，可以掌握游戏和学习状态，进行有益的指导。

六、日常生活活动（ADL）评定

（一）进食活动的评定

1. 目的：

第一：通过对正在进行的进食活动进行观察，从独立性、安全性、灵巧性、协调性、耐久性、时间等观点出发，掌握构成进食活动的能力和自理程度以及阻碍自理度的主要原因。

第二：正在进行的进食活动，如果有自理度的问题，通过评定能够获得自理和使其尽可能自理方法的线索。为此需要对能够进行的进食活动进行评定。

第三：对能够进行的进食活动进行评定后，自理的可能性就被显示出来，在可能的前提下为治疗小组提供相关的危险因素信息。

2. 摄食机能的评定表（表6-4-5）：

表6-4-5 摄食机能的评定表

一天当中多以何种姿势度过？
喜欢什么样的游戏和玩具？
讨厌什么事？如擦脸、刷牙等
不高兴的时候做什么？
睡眠是否规律？
有吃手指的习惯吗？
把玩具放到嘴里吃吗？
有食欲吗？
大便的次数？怎样排便？
母亲以外的人喂食吃吗？
有喜欢吃的和不喜欢吃的东西吗？
对进食进行辅助时什么最困难？
对于进食目前最困难的事是什么？
过去的摄食经验
经口进食时期：
经管进食时期：
现在的摄食状态
营养摄取方法：经管　经口　哺乳
一次摄食量：（回/日）
水分的摄取：经管　奶瓶　滴管　吸管　杯子
食物形态：流食　软食　普通
摄食时的姿势
辅助方法

（二）更衣动作的评定

对于更衣动作的评定，由于个体问题性质的不同而不同。比如一个人不能完成穿衣动作，理由可能是运动功能的问题，也可能是认知功能的问题。究竟是哪方面的问题，作为OT必须明确。

1. 更衣动作评定的视点：

（1）运动功能低下：由于脑损伤引起运动障碍的孩子，不能完成更衣动作的原因并不是抓握、够等和更衣相关的单一动作的问题，而是以随意运动作为基础的自我姿势调节机制的问题。

（2）认知功能低下：对于脑性瘫痪患儿不能完成更衣动作，不单单是没有经验的问题，在学习困难的背景下，认知方面合并很多问题。例如，不能理解衣服的构造，错把脚放进了衣服袖子里，或把手放进了裤腿里。也有的孩子出现穿衣顺序的错误。

（3）发育性行为障碍：轻度脑瘫伴有学习障碍或自闭症的孩子，虽然没有运动和认知方面明显的迟滞，但是存在活动灵活性差，或者是动作的顺序混乱。

（4）触觉防御障碍：因为触觉刺激过敏，拒绝更衣或者衣服不能正常穿在应有的位置，如总是脱下袖子露着胳膊，冬天也不穿袜子等。触觉过敏严重者，对于他人的接近甚至他人站在身后都很讨厌，这是过度防御的倾向，是感觉处理过程不完善的表现。

（三）日常生活动作评定量表

1. 中国康复研究中心使用的评定量表：

主要是测试患儿生活自理的程度和完成质量的情况。测试包括以下几个方面：个人卫生动作、进食动作、更衣动作、排便动作、器具使用、认识交流动作、床上运动、移动动作、步行动作等，共50项，满分100分。具体评定内容和标准如下（表6-4-6、6-4-7）：

表6-4-6 ADL评定表

动作	得分			动作	得分		
	初期评定	中期评定	末期评定		初期评定	中期评定	末期评定
一、个人卫生动作				3. 穿上衣			
1. 洗脸、洗手				4. 穿裤子			
2. 刷牙				5. 穿脱袜子			
3. 梳头				6. 穿脱鞋			
4. 使用手绢				7. 系鞋带、扣子，拉拉链			
5. 洗脚				四、排便动作			
二、进食动作				1. 能控制大小便			
1. 奶瓶吸吮				2. 小便自我处理			
2. 用手进食				3. 大便自我处理			
3. 用吸管吸吮				五、电器使用			
4. 用勺叉进食				1. 电器插销使用			
5. 端碗				2. 电器开关使用			
6. 用茶杯饮水				3. 开、关水龙头			
7. 水果剥皮				4. 剪刀的使用			
三、更衣动作				六、认识交流动作（七岁前）			
1. 脱上衣							
2. 脱裤子				1. 大小便会示意			

续表

动作	得分			动作	得分		
	初期评定	中期评定	末期评定		初期评定	中期评定	末期评定
2. 会招手打招呼				八、移动动作			
3. 能简单回答问题				1. 床到轮椅、步行器			
4. 能表达意愿				2. 轮椅到椅子、便器			
（7岁后）				3. 乘轮椅开关门			
1. 书写				4. 移动前进轮椅			
2. 与人交流				5. 移动后退轮椅			
3. 翻书页				九、步行动作			
4. 注意力集中				1. 扶站			
七、床上运动				2. 扶物、步行器行走			
1. 翻动				3. 独站			
2. 仰卧位到座位				4. 单脚站			
3. 坐位到膝立位				5. 独行5m			
4. 独立坐位				6. 蹲起			
5. 爬				7. 能上下台阶			
6. 物品料理				8. 独行5m以上			

6-4-7 评定标准

动作完成情况	得分
各项内容均可独立完成	每项2分
各项内容均可独立完成，但时间过长	每项1.5分
动作能完成但需他人辅助	每项1分
两项中完成一项	每项1分
各项内容均不能完成	每项0分

2. 儿童日常生活动作评定量表（PEDI量表，表6-4-8）：

第一部分　功能技巧

自理方面：检查下面每个项目

项目分值：0＝不能完成；1＝能完成

表6-4-8　儿童日常生活动作评定量表

A 食品类别		
1. 能吃单一的/混合的/过滤的食物	0	1
2. 能吃米糊状/块状食物	0	1
3. 能吃切开的/切成丁的/切成片的食物	0	1
4. 能吃所有类型的食物	0	1

续表

B 进食器皿的使用		
5. 用手进食	0	1
6. 用勺子进食	0	1
7. 能熟练地使用勺子	0	1
8. 能熟练地使用叉子	0	1
9. 能熟练地切面包，切松软的食物	0	1
C 饮水器具的使用		
10. 能拿着瓶子或端着茶杯	0	1
11. 能端起茶杯喝水，茶杯可以倾斜	0	1
12. 能双手较好地举起打开盖子的茶杯	0	1
13. 能单手较好地举起打开盖子的杯子	0	1
14. 能从水壶里倒水	0	1
D 刷牙		
15. 能张开嘴让别人帮着刷牙	0	1
16. 能抓住牙刷	0	1
17. 能刷牙但不彻底	0	1
18. 能彻底地刷牙	0	1
19. 能把牙膏挤在牙刷上	0	1
E 梳头		
20. 他人辅助梳头时可将头控制在相应位置	0	1
21. 将梳子举到头部	0	1
22. 能用梳子梳头	0	1
23. 能梳理打结的头发	0	1
F 清理鼻子		
24. 允许别人擦鼻子	0	1
25. 可将鼻涕擤在纸里	0	1
26. 他人提醒时可以用纸擦鼻涕	0	1
27. 不需要提醒可以用纸擦鼻涕	0	1
28. 不需要提醒可以擤鼻涕	0	1

续表

G 洗手		
29. 能伸出手让他人帮忙清洗	0	1
30. 能双手轻柔洗手	0	1
31. 能打开和关上水龙头，使用肥皂	0	1
32. 能彻底地洗手	0	1
33. 能彻底地擦干手	0	1

H 洗身体和脸		
34. 试着洗身体的各部位	0	1
35. 能彻底地清洗身体，但不包括脸	0	1
36. 打肥皂（如果需要的话，打浴液）	0	1
37. 能彻底地擦干身体	0	1
38. 能彻底地洗脸和擦脸	0	1

I 套头衫/前面开襟外套		
39. 需要辅助，例如拉住上肢穿过袖口	0	1
40. 脱掉 T 恤衫、衣服或针织套衫（没有纽扣的套头衫）	0	1
41. 穿上 T 恤衫、衣服或针织套衫	0	1
42. 穿上或脱掉前面开襟衬衫，不包括纽扣	0	1
43. 穿上或脱掉前面开襟衬衫，包括纽扣	0	1

J 拉链		
44. 试着辅助系纽扣	0	1
45. 拉上和拉开拉链，不能分开或钩住拉链扣	0	1
46. 按上和打开按扣	0	1
47. 系上和解开纽扣	0	1
48. 拉开和拉上拉链，能分开和扣上拉链扣	0	1

K 裤子		
49. 需要辅助，例如帮助把腿放在裤腿里	0	1
50. 能脱带松紧带的裤子	0	1
51. 能穿上带松紧带的裤子	0	1
52. 能脱裤子，包括带纽扣的	0	1
53. 能穿上带纽扣的裤子	0	1

续表

L 鞋/袜子		
54. 能脱袜子和没有鞋带的鞋	0	1
55. 能穿上没有鞋带的鞋	0	1
56. 能穿上袜子	0	1
57. 能穿使用尼龙搭扣的鞋	0	1
58. 能系鞋带	0	1

M 如厕（衣服，便器清理，擦拭）		
59. 衣服的整理需要借助	0	1
60. 用厕后，试着自己擦拭	0	1
61. 自己拿卫生纸和冲厕所	0	1
62. 如厕前后能整理衣服	0	1
63. 大便之后可以彻底擦拭	0	1

N 小便的管理（分值=1，如果孩子掌握此技巧）		
64. 当尿裤或裤子湿的时候能表示	0	1
65. 当小便的时候偶尔可以表示（白天）	0	1
66. 有小便的时候能经常表示并且可以坚持到厕所（白天）	0	1
67. 自己可以去洗手间小便（白天）	0	1
68. 白天和晚上都可以去洗手间，保持干燥	0	1

O 大便的管理（分值=1，如果孩子已经掌握此技巧）		
69. 当拉裤子的时候可以表示	0	1
70. 当大便的时候偶尔可以表示（白天）	0	1
71. 当大便的时候可以表示并且可以坚持到厕所（白天）	0	1
72. 能够区分大小便	0	1
73. 可以自己去厕所大便，没有无法控制便的现象	0	1

运动能力

根据实际情况用对钩填写，0 不能完成，1 可以完成

A 卫生间内的转移		
1. 在人或器具的支持下，保持坐位	0	1
2. 无借助下坐在坐便器或坐便椅上	0	1
3. 可以上下低的坐便器或坐便椅	0	1
4. 上下成人规格的坐便器	0	1
5. 双手无借助下上下坐便器	0	1

续表

B. 椅子/轮椅的转移		
6. 倚靠人或器具保持坐位	0	1
7. 无借助下坐在椅子或凳子上	0	1
8. 可以坐上和离开低的椅子或家具	0	1
9. 可以坐进和离开成人规格的椅子、轮椅	0	1
10. 双手不借助下,坐进和离开椅子	0	1
C 汽车转移		
11. 移乘进汽车,双手支撑转移到座位上或坐进和离开座位	0	1
12. 少量借助或指示下,上下汽车	0	1
13. 无借助或指示上下汽车	0	1
14. 系上安全带	0	1
15. 上下汽车并且可以开关车门	0	1
D 床上运动和转移		
16. 从床上(包括四面有围栏的床)坐起	0	1
17. 到床边坐下,从床边的坐位转移到卧位	0	1
18. 上下自己的床	0	1
E 浴室的转移		
19. 靠人或器具支撑坐在浴盆里	0	1
20. 无支撑下坐在浴盆里	0	1
21. 进和出或双手支撑移进和移出浴盆	0	1
22. 在浴盆里坐下和站起	0	1
23. 走进和走出,转移进出成人规格的浴盆	0	1
F 室内移动方法(1 熟练完成)		
24. 在地板上翻身、蹭爬行、腹爬或手膝位爬行	0	1
25. 步行,但借助家具、墙壁、人或使用步行器	0	1
26. 无借助下步行	0	1

续表

G 室内移动：距离/速度（1 熟练完成）		
27. 在室内走动有困难（摔倒，与同龄儿相比速度慢）	0	1
28. 在室内走动没有困难	0	1
29. 在房间之间走动有困难（摔倒，与同龄儿相比速度慢）	0	1
30. 在房间之间走动无困难	0	1
31. 在室内步行 50 步，打开或关上房门和大门	0	1

H 室内活动：推/搬运物品		
32. 自如地变换身体的位置	0	1
33. 推物向前	0	1
34. 搬运一只手就能拿的物品	0	1
35. 搬运两只手才能拿的物品	0	1
36. 搬运易碎易坏的物品	0	1

I 室外移动：方式		
37. 步行但需要扶物、人或步行器	0	1
38. 无辅助下步行	0	1

J 室外移动：距离/速度（1 熟练完成）		
39. 步行 10~50 步（1~5 辆汽车的长度）	0	1
40. 步行 50~100 步（5~10 辆汽车的长度）	0	1
41. 步行 100~150 步（33~45 米）	0	1
42. 步行 150 步以上，但有困难，易绊倒，与同龄儿相比，速度慢	0	1
43. 步行 150 步以上无困难	0	1

K 室外移动（地面状况）		
44. 平整的地面	0	1
45. 轻微不平整的地面（有小裂缝的人行道）	0	1
46. 粗糙、不平整的地面（草地，砂石车道）	0	1
47. 上下缓坡和坡道	0	1
48. 上下坡时有控制能力	0	1

续表

L 上楼梯（1 如果孩子）		
49. 蹭爬或腹爬上部分台阶（1~11 级）	0	1
50. 蹭爬或腹爬上全部台阶（12~15 级）	0	1
51. 走上部分台阶	0	1
52. 走上全部台阶，但有困难（速度慢）	0	1
53. 无困难地走上全部台阶	0	1

M 下台阶		
54. 蹭爬或腹爬下部分台阶（1~11 级）	0	1
55. 蹭爬或腹爬下完整台阶（12~15 级）	0	1
56. 走下部分台阶	0	1
57. 走下全部台阶，但有困难（速度慢）	0	1
58. 无困难地下全部台阶	0	1

社会能力

根据实际情况用对钩填写，0 不能完成，1 可以完成

A 对词的理解能力		
1. 对声音感兴趣	0	1
2. 对"不"有反应，分辨出自己的名字和熟悉的人	0	1
3. 理解 10 个词的意思	0	1
4. 可以理解你谈论的人或事之间明显的关系	0	1
5. 可以理解你谈论的时间和事情的顺序	0	1

B 对复杂句子的理解		
6. 理解关于熟悉的人或物的短句	0	1
7. 理解形容人或事的单句	0	1
8. 理解描述事物所在的方向	0	1
9. 理解用了如果、接着、以前、以后、之后、首先、其次等词的复合句	0	1
10. 理解不同形式的关于同一事物的两个句子	0	1

C 交流能力		
11. 命名事物	0	1
12. 用特定的词或手势指导或要求别人做动作	0	1
13. 通过提问得到信息	0	1
14. 形容一个物体动作	0	1
15. 讲述自己的感觉或想法	0	1

续表

D 复杂的交流表达能力		
16. 使用有明确含义的手势	0	1
17. 使用有意义的单词	0	1
18. 使用两个有意义的词	0	1
19. 使用有 5 个词的句子	0	1
20. 连接两个或两个以上的句子讲一个简单的事	0	1

E 解决问题		
21. 试图让你看到问题或通过谈话告诉你什么问题需要你帮助解决	0	1
22. 如果孩子因为一个问题而不安,必须立刻得到帮助,否则对孩子的行为不利	0	1
23. 在被困扰的问题延期解决之前,孩子可以寻求帮助或等待	0	1
24. 一般情况下,孩子可以描述问题和形容自己的感受(这些问题通常没有表现出来)	0	1
25. 面对一个普通问题,孩子可以与成人一起找到解决方案	0	1

F 社会交流合作(与成人之间)		
26. 能意识到其他人,并对他们感兴趣	0	1
27. 按照惯例玩游戏	0	1
28. 可以按照提示进行一个简单的游戏	0	1
29. 在游戏过程中,试图模仿大人曾有的行为	0	1
30. 在游戏中,可以提出新的玩法或对大人的新建议做出反应		

G 同龄儿童之间的合作(年岁相近的孩子之间)		
31. 可以意识到其他孩子的存在,可能同他们说话或做手势	0	1
32. 与其他孩子交流的简短经历	0	1
33. 与其他孩子一起完成一个简单的游戏计划	0	1
34. 与其他孩子计划和合作完成一个连续的、复杂的游戏	0	1
35. 遵守行为和游戏的规范	0	1

H 对物的认识		
36. 有意识地熟练玩玩具,使用物品,控制自己的身体	0	1
37. 使用真的或替代物品在一个简单的假设场景游戏中	0	1
38. 把材料组合成一件物品	0	1
39. 把知道的事情延伸成一个假设的场景游戏	0	1
40. 通过想象变成一个复杂的假设场景游戏	0	1

续表

I 自我信息		
41. 可以说出自己的姓	0	1
42. 可以说出自己的全名	0	1
43. 可以提供家庭成员的名字和有描述性的信息	0	1
44. 可以说出家的完整地址，如果住在医院，可以说出医院名称和病房号	0	1
45. 可以提示他人帮助自己回家或病房	0	1

J 时间概念		
46. 可以意识到一天中吃饭和生活常规的时间	0	1
47. 知道一个星期里熟悉的事物发生的大致顺序	0	1
48. 有一个非常简单的时间概念	0	1
49. 可以把特定的时间和行为/时间联系起来	0	1
50. 为了完成日程表，经常看表或问时间	0	1

K 家务活		
51. 如果有持续性的指导，可以开始帮忙料理自己的物品	0	1
52. 如果有持续性的指导，可以帮忙做简单的家务	0	1
53. 偶尔会对自己的物品进行常规整理，可能需要体力上帮助或在提醒下完成	0	1
54. 偶尔会做简单的家务活，可能需要体力上的帮助或在提醒下完成	0	1
55. 经常完成最少一件家务事，这件家务事涉及几个步骤和决定，也许需要体力上的帮助	0	1

L 自我保护		
56. 在楼梯周围很小心	0	1
57. 可以注意高热的或锋利的物品	0	1
58. 与大人一起过马路时，不需要提醒注意交通规则	0	1
59. 知道不坐陌生人的车，不要生人的钱或食物	0	1
60. 没有大人的情况下也能安全横穿马路	0	1

M 社区功能		
61. 没有持续照管，也能安全在家玩耍	0	1
62. 可去外边熟悉的环境，只需要定期的安全监护	0	1
63. 可以按照学校的指导活动	0	1
64. 在没有照管的情况下，在自己熟悉的社区走动	0	1
65. 无借助下在临近的商店购物	0	1

七、脑性瘫痪严重程度的分级

目前，我国尚无统一的标准，国外常用下面介绍的标准进行分级（表6-4-9）。

表6-4-9 脑性瘫痪的严重程度的分级

	轻度	中度	重度
1. 日常活动功能	能独立生活	在辅助下生活	完全不能自理
2. 活动能力	能独立，可能需要辅助物	能自己驱动轮椅，行走不稳定	由他人推动轮椅
3. 手功能	不受限	受限	无有目的的活动
4. 智商	>70	70~50	<50
5. 言语	能说出完整句子	只能说短语、单词	无可听从的言语
6. 教育	能进普通学校	在辅助下能进普通学校	特殊教育设施
7. 工作	能充分受雇	在庇护或支持下受雇	不能受雇

八、智力障碍的评定

脑性瘫痪患儿的智力评定，一般从以下几个方面着手：进行智力测验（测智力年龄与智商分数）、调查家族史、母孕情况、个人既往史、作业评定、现场观察、家长和老师介绍情况等。脑性瘫痪患儿的智力障碍一般又称智力低下、智力缺陷、智力落后、智力发育迟缓、弱智等。

脑性瘫痪患儿智力障碍水平的评定如下（表6-4-10）：

表6-4-10 脑性瘫痪患儿智力障碍水平的评定

	轻度	中度	重度	深重度
智商				
斯坦福-比奈量表	52~67	36~51	20~35	<20
韦氏量表	55~69	60~54	25~39	<25
发育商				
格赛尔量表	52~65	36~51	20~35	<20
语言	无明显异常	语言简单	只会说少数单音节	基本听不懂话
生活自理能力	能自理	半自理	基本不能自理	完全不能自理

3岁以下患儿适用格赛尔量表（Gesell's developmental schedule），4~6岁适用韦氏学龄前期和学龄初期儿童智力量表（Wechsler preschool and primary scale of intelligence，WPPSI），6~16岁患儿通常用斯坦福－比奈量表（Stanford – Binet intelligence scale）和韦氏儿童智力量表及其修订版（Wechsler intelligence scale for children，WISC 或 WISC – R）。

九、其他方面的评定

如一般生长发育的评定、言语的评定等，参见《人体发育学》和《言语治疗学》。

第五节 脑性瘫痪的作业疗法

一、治疗目的

脑性瘫痪患儿作业疗法的目的：减轻致残因素所造成的残疾后果，通过专业化的训练、游戏、文娱活动、集体活动等，促进患儿感觉运动技巧的发展，掌握日常生活活动技能，提高言语、认知和社会生活能力，争取达到生活自理和能够接受正常的教育或特殊教育的目的，为将来参与社会活动、劳动和工作奠定基础。

二、治疗的基本理论

人的大脑约有140亿个神经细胞，新生儿和成人数量相同，平时参与活动的只有1/3。神经细胞虽然不能再生，但脑的可塑性可以再构成；并且年龄越小，再构成代偿能力越强，治疗效果越好。

神经元形成新的侧支使突触网编成，构成神经网新的反应回路。当娇嫩的神经轴突受损时，可见正常神经细胞生出新的轴索或树状突起，传导物质正肾上腺素增量，出现传递的促通现象。也有人认为，功能训练可促进髓鞘化，经常受刺激的神经，其纤维的髓鞘化作用加强，增加刺激可促进突触递质释放，增加突触电位等。

在中枢神经系统的可塑性中，最重要的是外界因素，无论是早期、中期还是后期都具有意义。功能恢复训练是通过重新学习以恢复原有功能的过程。通过与他人和环境的相互作用，练习在接受刺激时及时和适当地做出反应，以及练习适应环境，重新学习、生活、工作所需的技能。1917年Ogden和Framz就证明，中央回损伤的恒河猴的功能恢复是与功能恢复训练分不开的。其后Foevster多次强调在中枢神经系统损伤的恢复中功能恢复训练的重要性。著名的Luria的功能重组理论也正是因为强调功能恢复训练才被称为再训练理论的，1897~1991年Feeney和Sutton在研究对感觉运动皮层损伤动物的功能恢复时，再度证明功能训练的必要性。功能训练之所以重要，其原因大致为如下几点：①为提高过去相对无效的或新形成的通路和（或）突触的效率，重复的训练是必不可少的，即突触的效率取决于使用的频率，运用越多，效率越高。②要求原先不承担某种功能的结构去承担新的、不熟悉的任务，没有反复多次的训练是不可能的。③外周刺激和感觉反馈，在促进功能恢复和协助个体适应环境生存中有重要意义。

1990年Junkin等证实，反复刷拂指尖的皮肤数日，可使皮层中代表该区的范围明显扩大。这种改变周围刺激可以改变中枢神经系统中的感受群的事实，表明在功能恢复训练中，可以从周围应用不同的刺激以达到影响中枢的目的。因此，机体必须通过反复的学习和训练，学会如何善于接受和利用各种感觉反馈。故功能训练是康复中必不可少的，对发育中的婴幼儿尤其更有意义。

应当指出，尽管中枢神经系统损伤后有多种恢复的途径，但绝不意味着中枢神经系统中的任何损伤都能够恢复，能否恢复尚与许多已知和未知的因素有关。

（一）Bobath神经发育法治疗的理论

Bobath治疗法，是当前世界各国治疗脑瘫和成人脑卒中后偏瘫的主要方法之一。它是由英国学者Karel Bobath和Berta Bobath夫妇从50年代起密切合作，共同创造的治疗方法。

Bobath认为：运动功能的整合中枢包括脊髓、脑干、中脑、皮质4个水平，下位中枢受上位中枢控制（皮质锥体系起抑制作用，锥体外系起兴奋和抑制作用，小脑起兴奋作用）。脑损伤引起的症状，除运动发育迟缓外，必然出现上位中枢控制解除的释放症状，即种种原始反射亢进的异常姿势和运动，尤其是中脑和皮质损伤引起的立直反射和平衡反射障碍，在脑性瘫痪的发病过程中起重要作用。

Bobath法的基本原理，是通过仔细的评定，发现患儿的发育停止在何种水平上，然后再利用反射性抑制肢位（reflex inhibithing posture，RIP）抑制异常姿势和运动，利用反射性促通肢位，来促进正确的运动感觉和运动模式。

由此，而产生两种基本的治疗原则：

1. 异常姿势和运动模式的抑制，特别是对异常紧张性姿势反射的抑制。
2. 正常姿势和运动模式的促通，特别是对精细动作有高度综合能力的立直反射和平衡反射的促通。

Bobath强调，要想促进正常运动必须首先抑制异常姿势，如紧张性迷路反射、对称性和非对称性紧张性颈反射等引起的异常姿势。同时，也强调一定要按小儿神经发育的顺序及规律促进运动发育，如从头至尾和从近端到远端的发育顺序。因此，Bobath法又称为通过反射抑制和促通，而实现的神经发育学治疗法。

为此，对脑性瘫痪的治疗，必须要抑制原始反射支配的异常姿势，促进正常的自动反应和运动能力。在具体训练方法上，强调按正常婴幼儿运动发育的各个阶段来进行训练，如抬头→翻身→坐→爬→跪→站→走。

Bobath认为，脑性瘫痪患儿的临床症状至少在青春期以前是进行性的，并且多伴有视觉、听觉、感觉、智力、性格等各种症状。因此，Bobath也强调要从全人发育障碍的角度出发，进行广泛、多方面的长期治疗，包括语言训练、作业疗法及日常生活能力训练等，这也是很重要的。

（二）Vojta诱导疗法的治疗理论

Vojta法是西德学者Vojta博士在总结前人经验的基础上发展起来的。是通过对身体一定部位的压迫刺激，诱导产生全身性的反射性运动的一种疗法，所以又称"诱导疗法"。

Vojta认为：正常儿童对姿势的反应有一种天生的能力，他称这种现象为自动的主动反应。为了测试姿势反应的能力，他设计了一套包括7个运动姿势反射的测试系统。如果在测试中有 3 个反射出现异常反应，则应考虑这个孩子有异常的可能；如果在测试中有 5 个或 5 个以上的姿势反射异常，则这个孩子必须进行系统的治疗。

Vojta 认为其生理学机制有：

1. 脑的可塑性　神经组织虽然不能再生，但完全可以再构成，即神经元与神经元之间可通过轴突和树突建立新的联络，恢复兴奋传递，发挥代偿作用，并且年龄越小再构成的代偿能力越强，治愈的可能性也就越大。

2. 促进髓鞘化　经常受到刺激的神经，其纤维的髓鞘化作用加强。

3. 促进突触传递作用　增加刺激可促进突触递质释放，增加突触电位。

4. 正反馈回路机制　刺激引起的结果（运动反应模式），又作为第二刺激信号，经深部感觉传入中枢，如此反复刺激、反复强化（Vojta 诱导疗法），可使运动模式得到记忆和加强，进而达到治疗目的。

5. 促进皮层内运动代表区（神经核团）的形成和完善，如头、手、唇、足等。

6. 空间和时间性易化机制　当给予单个诱发带和短时间刺激不引起阈上兴奋时，给予多个（空间性）和长时间（时间性）刺激，即可引起阈上兴奋而出现相应反应。

7. 肌肉收缩方向的转换　脑性瘫痪患儿肌肉收缩的方向多为向心性，正常儿为离心性。

Vojta 法治疗可促进向心性收缩向离心性方向转换。Vojta 发现，反射性移动运动是在系统发生和个体发生过程中形成的，在正常新生儿和脑性瘫痪患儿中同样存在。新生儿在自然生长发育过程中，可以将反射性移动运动综合为协调的复合前进运动，即随意运动。脑性瘫痪患儿的这种综合能力发生障碍，但是，通过诱发带诱发的反射性多种运动的反复规则的出现，完全可以恢复和促进这种综合能力的发展。

Vojta 法的基本原理是利用诱发带的压迫刺激，诱导产生反射性移动运动。通过这种移动运动反复规则的出现，促进正常反射通路和运动，抑制异常反射通路和运动，达到治疗目的。

Vojta 治疗手法有两种：反射性腹爬运动（Beflek – Kxiecnhen，R – K）和反射性翻身运动（Refl – exumchr ehen，R – U1，R – U2）。进行训练时，先摆好始发肢位，然后由治疗师压迫刺激主诱发带（如额面侧、上肢的前臂、内侧髁、下肢股骨内侧髁等）和辅助诱发带的刺激点（如肩胛骨内缘、上下颚骨等），引起患儿局部肢体肌肉的活动，远隔应答反应在对侧肢体或躯干。各主诱发带的刺激数量增加会更有利于正常姿势的发展，反复刺激时间的延长，使应答运动更赋活化，从而使中枢性协调障碍和脑瘫患儿经治疗正常化和防止病情加重。

（三）Petö 疗法的治疗理论

Petö 疗法又称为"集团指导疗法"或"引导式教育法"，它是匈牙利学者 Petö Andras 教授创立的。Petö 教授认为：人类的正常功能是在种系发生中早就存在的，即使发生了脑损伤，这种功能也是潜在地存在的，可以通过引导教育，重新诱发出这种潜在的功能，重现正常化动作。这就是 Petö 教授认为运动障碍者可以复归社会、走向康复的神经生理学基础。

然而，由于各专业治疗师在各自的训练项目中所强调的重点和观念不同，对患儿的要求也不同，这样必然使患儿的心理造成某种混淆。为了避免这种混淆，Petö 与众不同地提出：一个患儿所需要的各种训练治疗和教育应由同一个人在同一个居住环境中进行，这个人被称为"引导者"（conductor）。

引导者应事先设计出许多课题，这些课题必须与患儿年龄相适应，与患儿障碍程度相适应。患儿通过引导者的引导帮助，经过教育学习与自己的主观努力，完成课题。通过反复的课题刺激，患儿将逐渐掌握正常的运动功能，其中最重要的是学会进食、排泄、移动、穿衣等人类生存的基本功能。

治疗时，按患儿疾病程度分成不同的组，分别进行训练，将训练的内容再分成多个单一动作，使患儿分别地掌握每个单一动作，然后再串联起来，完成整体动作。在训练单一动作时，引导者要用简洁的语言进行提示，让患儿边做动作，边学着说，这样对患儿来说又同时接受了语言训练。Petö还对患儿的生活用具包括桌、椅等都进行了特殊的改进，使患儿便于抓握，对进行日常生活功能训练十分有利。

Petö疗法受到世界各国学者的重视，逐渐被各国所采用并不断发展。

除上述的3种方法以外，用于脑瘫患儿的治疗还有Temple Fay法、Doman Delacato法和Bobeith法，他们都是在系统研究正常小儿神经生理发育的基础上，对脑性瘫痪所表现的各种异常现象进行了长期、细致的观察分析，分别做出了独特的解释，并各自创造了一套卓有成效的治疗方法。

三、治疗方法

脑性瘫痪的治疗原则为：综合性康复、早期发现、早期干预和全面康复。综合康复包括物理治疗、作业疗法、语言治疗、康复工程学、传统康复、康复护理、心理康复、社会康复等。在针对婴幼儿脑性瘫痪的现代康复治疗中，物理治疗师和作业治疗师常常并不严格区分，可相互代替。所以，作业治疗师既要掌握提高患儿生活自理能力的训练方法，也应和物理治疗师一样，掌握促进脑瘫患儿运动功能发育的训练方法。同时，在治疗中应充分发挥患儿父母的作用，重视应用各种矫形及辅助器具，重视作为治疗手段的玩具游戏的应用。在此，我们主要介绍Bobath神经发育学的治疗方法。

（一）临床常见脑瘫类型的治疗重点

1. 对痉挛型双瘫患儿的治疗训练

治疗的重点：①在游戏中尽量使下肢有意识地活动，提高其运动性。
②体验各种坐的姿势。
③促进在空间的姿势变换，使下肢体验重心转移的感觉。
④抑制上肢的代偿，尽量做协调动作。
⑤提高步行的平衡能力。

2. 对痉挛型偏瘫患儿的治疗训练

治疗的重点：①两侧性和对称性的体验。
②日常生活中要尽量使用双手。
③由两侧负荷体重，重心向左右移动。
④提高平衡能力和辅助下步行。
⑤对于多动的处理。

⑥对学校生活的援助。

3. 对痉挛型四肢瘫患儿的治疗训练

治疗的重点：①促进自发运动。
②促通姿势反应。
③促通随意运动。
④获得移动手段。

4. 对手足徐动型患儿的治疗训练

治疗的重点：①帮助获得稳定的姿势。
②提高平衡能力。
③促进手眼协调。
④促通分离运动和双手运动。

（二）促进运动功能的发育

1. 头的控制能力训练　正常小儿的发育顺序都是从头到足，因此，头部的控制能力是所有动作开始的基础。头部能抬起，并维持在身体的正中线上，才能使身体得到平衡，进一步控制躯干和腰部的伸展，再发展到四肢的活动能力。脑性瘫痪的儿童头、颈、躯干经常出现一些不正常的动作模式，只有将这些动作控制住，患儿的发育才有机会趋向正常。

（1）痉挛型：治疗师将患儿置于仰卧位，再将双手放在患儿头部的两侧，把患儿颈部向上方拉至水平位，并用双前臂将患儿的双肩向下压，以增加向上的拉力，然后用双手抓住患儿的肘关节，将患儿手臂抬高并外翻拉至坐位，这样可促进患儿头的抬起（图6-5-1）。

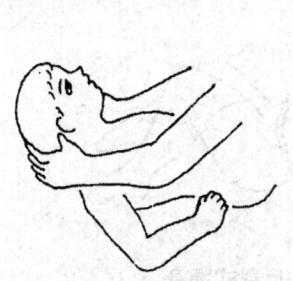 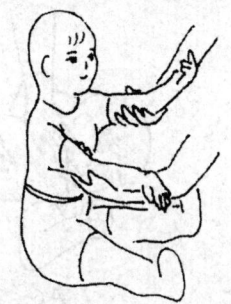

图6-5-1　痉挛型脑瘫患儿头部控制训练方法

（2）手足徐动型：治疗师将患儿置于仰卧位，再用双手抓住患儿的肘关节，将患儿双上肢伸展并内旋，然后稍稍往下压，以增加稳定性，再慢慢将患儿拉起成坐位，这样可促进患儿的头保持直立抬高，面向前方（图6-5-2）。

 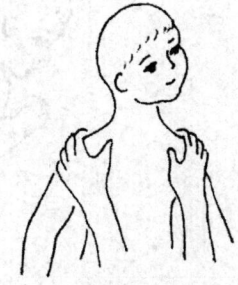

图6-5-2　手足徐动型脑瘫患儿头部控制训练方法　　图6-5-3　弛缓型脑瘫患儿头部控制训练方法

（3）弛缓型：治疗师用双手抓住患儿的双肩，并用双手拇指在患儿胸前施加压力用以增加支持力，同时其余四指将肩关节做内收动作，这样可以给患儿较大的稳定性以协助抬头，并保持在身体正中位（图6-5-3）。

（4）其他：若配合康复训练器械、音乐、玩具等，以听、看、玩的方式训练，效果更好。让患儿以手膝位趴在高度适合的滚筒上，用带声响的玩具在其前方逗引他，使患儿头部上下左右地看，还可让患儿趴在治疗球上，双手玩玩具，也能促进其头的抬起（图6-5-4）。

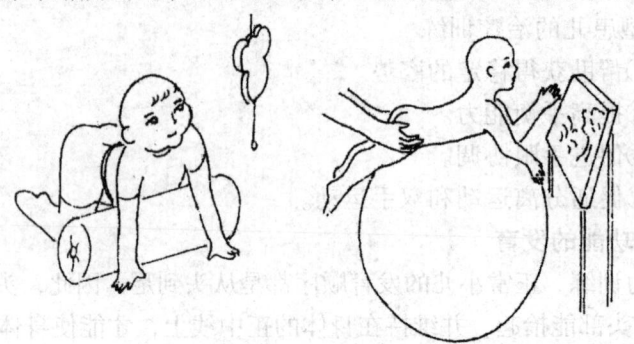

图6-5-4 其他头部控制训练方法

2. 翻身训练

（1）反射式翻身：先将患儿的头转向欲翻向的一侧，治疗师用一手紧紧固定患儿下颚，另一手在患儿胸骨中部往下压，同时双手用力给予推向胸前对侧的力，这样患儿的躯干旋转带动骨盆诱发出反射式的翻身动作（图6-5-5）。

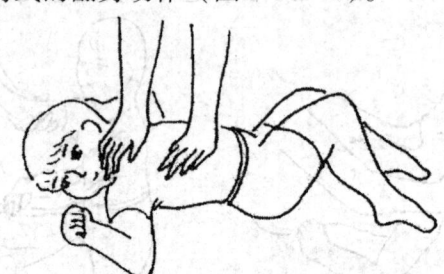

图6-5-5 反射式翻身

（2）腿部控制式翻身：治疗师双手分别握住患儿的踝关节，首先使欲翻向一侧的下肢伸展并外展，另一侧下肢屈曲并内收，内旋转到对侧。这样由于双下肢的旋转，带动上身翻转至对侧，就完成了腿部控制式翻身（图6-5-6）。

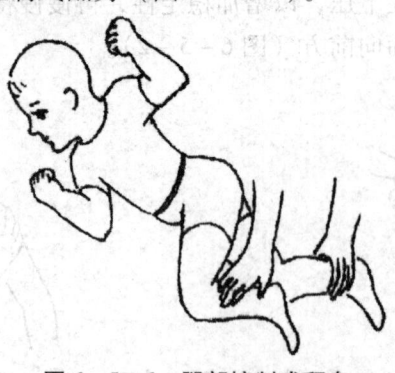

图6-5-6 腿部控制式翻身

(3) 手臂控制式翻身：治疗师用一手握住患儿一侧的腕关节，并使这侧上肢先伸展、外展，继而再内收、内旋横跨身体到对侧。治疗师可在患儿翻转过程中，用另一只手在肩部给予一定帮助。由于手臂的翻转，头、躯干、下肢就会自然随上肢的旋转而翻到对侧（图6-5-7）。

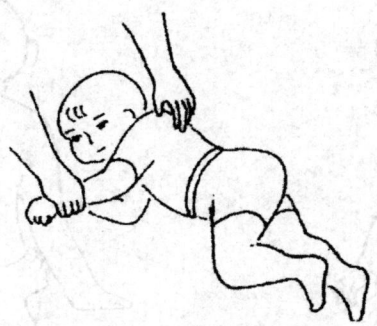

图6-5-7 手臂控制式翻身

(4) 头部控制式翻身：治疗师用双手将患儿头部抬高并前屈，然后向对侧轻轻转动。这样患儿的肩、躯干、下肢会自然被带动而翻转过去。在进行这个动作时，一定要小心，注意防止扭伤患儿颈部（图6-5-8）。

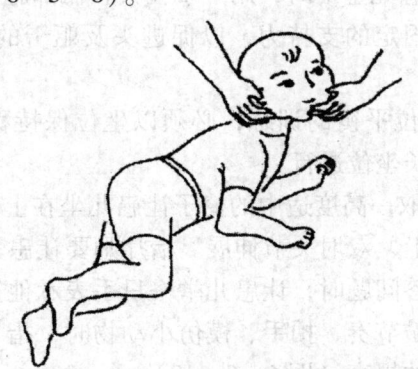

图6-5-8 头部控制式翻身

3. 坐位保持训练　当患儿的头部可以保持抬起，并在身体正中位，躯干的控制能力也较好时，就可以开始进行坐位保持的训练。

(1) 痉挛型：治疗师首先使患儿髋关节屈曲后再坐下，坐下后治疗师用双手将患儿双下肢外展，外旋，并使其躯干前屈以促进髋关节充分屈曲，最后再将患儿膝关节伸展。这时治疗师要不断用语言提示患儿学习独自向前弯腰，以保持坐位（图6-5-9）。

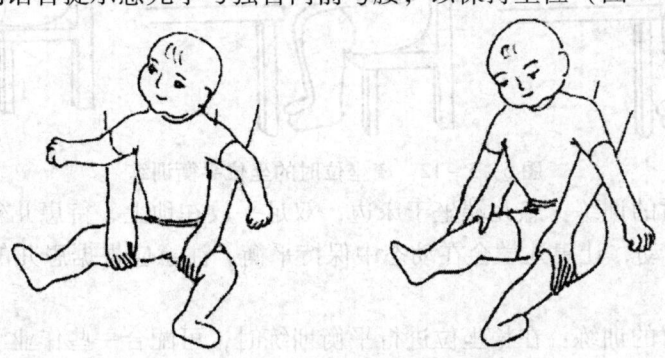

图6-5-9 痉挛型坐位保持训练

(2) 手足徐动型：治疗师必须先将患儿的双下肢并拢且屈曲于胸前，再用双手扶住患儿肩部，使其肩关节向前，向内侧做内收、内旋动作，这样可以使患儿双手能支撑在身体两侧维持坐位（图6-5-10）。

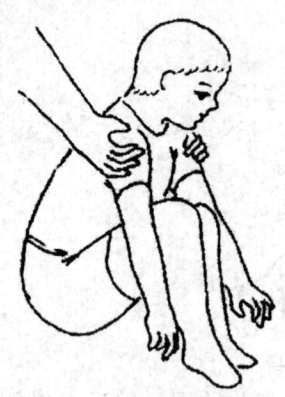 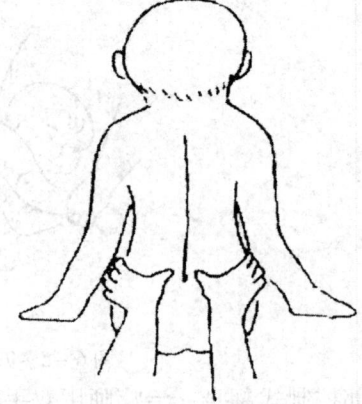

图6-5-10 手足徐动型坐位保持训练　　图6-5-11 弛缓型坐位保持训练

(3) 弛缓型：治疗师在患儿坐下时，用一手在其腰骶部施加向下的压力，并用双手大拇指压放在脊柱两旁，给予固定的支持力，以促进头及躯干的伸展，维持坐位（图6-5-11）。

4. 坐位平衡的训练　坐位平衡的训练，必须以坐位保持稳定为基础。坐位平衡的训练可选择椅坐位、端坐位或长坐位进行。

(1) 椅坐位时的训练：取一高度适中的椅子让患儿坐在上面，身体前放置高度适中的桌子。让患儿双手放在桌子上，双肘关节伸展。治疗师要让患儿学会不要躯干前倾以免跌倒。避免使用约束带。在回答问题时，让患儿举一只手表示他知道答案，另一只手则用来固定身体维持平衡。在唱歌敲节奏、拍手、模仿小动物时，指导患儿举起双手，这样有助于促进患儿的坐位平衡能力的提高（图6-5-12）。

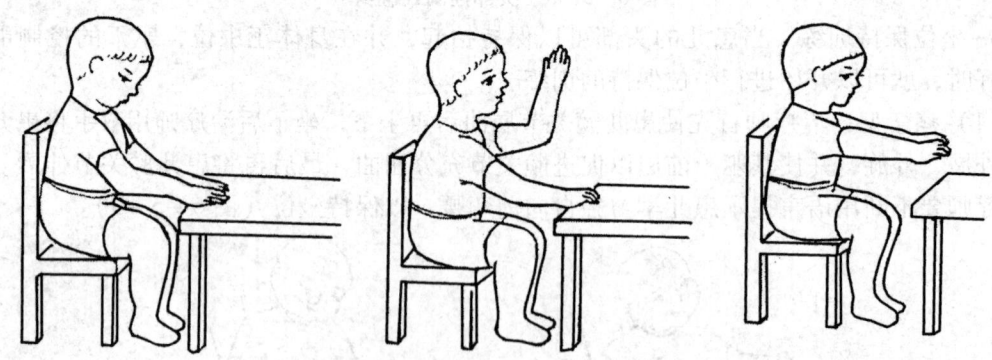

图6-5-12 椅坐位时的坐位平衡训练

(2) 端坐位时的训练：患儿端坐于床边，双足平放在地上，待患儿坐稳后，治疗师可将其向前后左右推动，让患儿学会在动态中保持平衡。注意应根据患儿的具体情况调节用力大小。

(3) 长坐位时的训练：在长坐位进行平衡训练时，可配合一些作业活动，以增加患儿的兴趣并获得良好的配合。待患儿在长坐位坐稳后，治疗师指示患儿用一只手持笔在身体前的调色盘中蘸上颜料，涂到身体侧方墙上的白纸上面。这样通过躯干旋转、重心的移动等活动，促进患儿学会维持平衡。这时患儿手的运动幅度较小，高度很低。随着平衡能力的提高，可适当增加作业活动的难度。治疗师可指示患儿将与身体不同方向、不同高度的玩具拿到身体的前或侧方。最好的方法，是与治疗师一起进行投接球游戏，最后是在平衡板上训练（图6-5-13）。

图6-5-13　长坐位时的坐位平衡训练

5. 爬行训练　爬行运动是直立运动的基础，脑性瘫痪患儿进行爬行训练，不仅能改善上下肢的运动功能，而且可使患儿的上下肢动作变得协调，运动和姿势显得更对称。爬行训练的基本条件，是患儿在俯卧位时能抬头和双上肢负重。爬行训练可分为以下4个阶段进行：

（1）手膝跪位保持阶段：让患儿取手膝跪位，注意其双上肢要充分伸展支撑在地面上。双下肢屈曲，头自然抬起，此时若用玩具在前面逗他，他的上身也会伸展而抬起，头跟着玩具的移动而左右转动。但是许多脑性瘫痪患儿不能独自保持这个姿势，需要治疗师给予不同程度的辅助。

对于双重性偏瘫的患儿，双上肢的支撑能力都较弱，此时，治疗师应在其双肘关节处给予向前、向下的压力，以增加其双上肢的支撑能力。单侧瘫的患儿，可用健侧承受大部分体重，而不会将重心移到患侧。治疗师应在适当支持患侧的同时，有意让患儿用健手跨过患侧，将置于患侧的玩具拿到健侧去玩。

双瘫的患儿常因髋、膝关节过度屈曲而习惯将臀部坐在小腿上，有时即使能保持手膝位，但是由于缺乏平衡能力，只要重心稍有变化，肌张力增高，患儿就无法维持平衡。此时，治疗师应用双手控制患儿骨盆并轻轻上提给予辅助。四肢瘫的患儿不能独自维持这个姿势的时候，治疗师应在患儿胸下垫筒状物给予辅助（图6-5-14）。

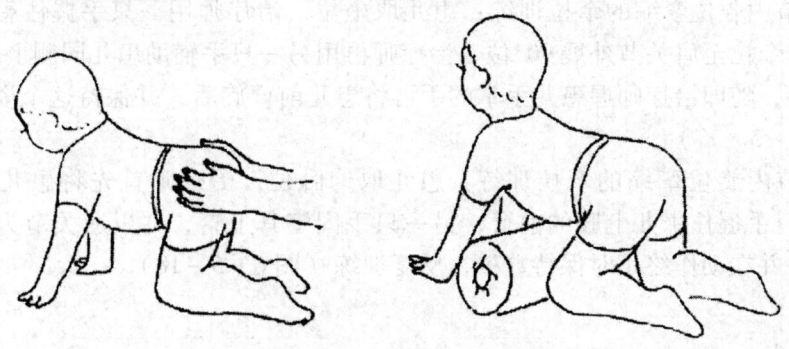

图6-5-14　手膝跪位保持训练

（2）重心转移的模拟爬行阶段：这一阶段治疗师可将小球左右交替地放在患儿左右手旁，以使患儿左右手交替抬起将手边小球掷出。待其双上肢交替运动非常协调后，再进行双下肢交替运动，最后进行四肢的交替协调运动（图6-5-15）。

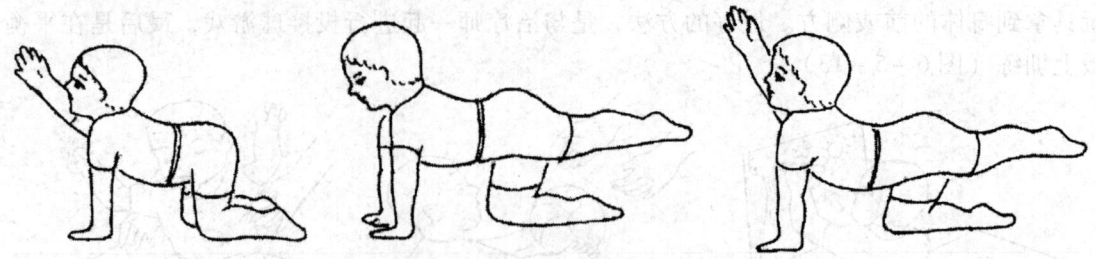

图6-5-15 模拟爬行训练

（3）辅助爬行阶段：治疗师用双手控制患儿骨盆，将腰部两侧交替轻轻上提并推进，这样有助于患儿爬行；用双手控制患儿踝关节，并在治疗师"左右，左右"的口令引导下向前推进；还可利用爬行训练器进行训练（图6-5-16）。

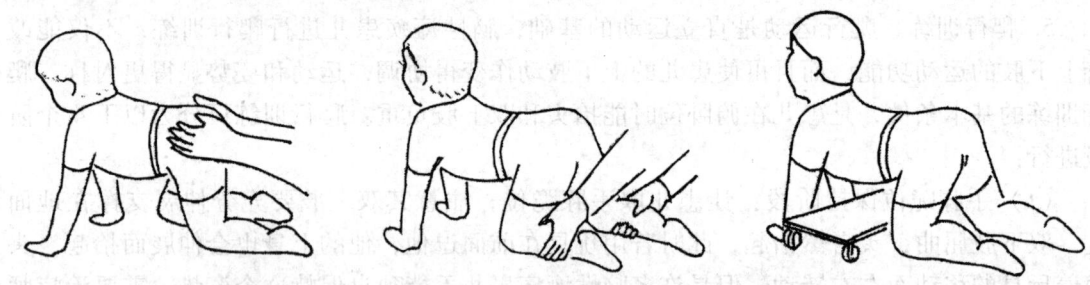

图6-5-16 辅助爬行训练

（4）独自爬行阶段：患儿刚开始独自爬行时，可能会以左手左脚、右手右脚的方式进行，渐渐地随着熟练程度的提高，就会变为左手右脚的交替方式，姿势也会更自然、更轻松。

6. 上肢的运动功能训练

（1）上肢关节挛缩的牵拉训练：痉挛型的患儿由于肌张力过强，主动运动受到限制，而且是痉挛越强，主动运动越少，所以，这些患儿极易出现关节挛缩、变形等问题。常见的上肢挛缩主要以肩关节为主，其次是肘关节和手。因此，必须注意防止出现上述问题。

1）徒手牵拉训练：

A. 肩关节内收位挛缩的牵拉训练：患儿取坐位，治疗师用一只手握住患儿手掌，然后将患儿上肢牵拉至肩关节外展90°位，治疗师再用另一只手辅助患儿同侧上肢的肘关节，使其充分伸展，随即治疗师握患儿手掌的手再将患儿前臂旋后，并保持这个姿势数秒，反复训练（图6-5-17）。

B. 肩关节内旋位挛缩的牵拉训练：患儿取仰卧位，治疗师首先将患儿肩关节外展90°，然后一只手握住患儿上肢的前臂，另一只手固定其上臂，并以肘关节为轴进行肩关节外旋动作，并在动作终了时保持数秒，反复训练（图6-5-18）。

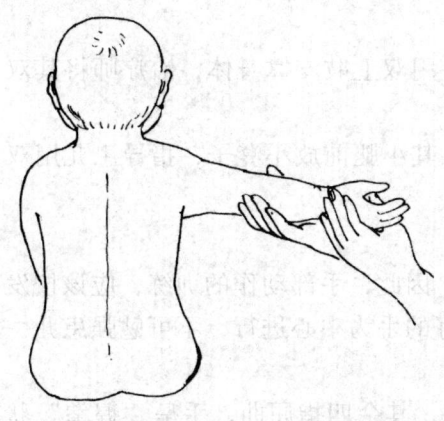 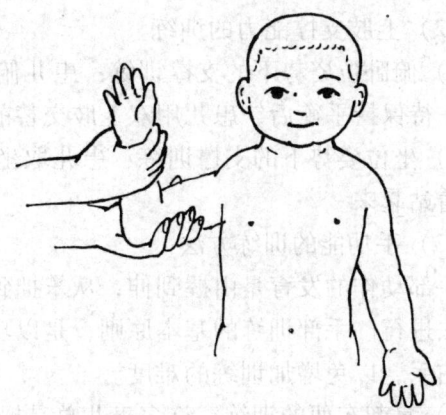

图 6-5-17　肩关节内收位挛缩的牵拉训练　　　　图 6-5-18　肩关节内旋位挛缩的牵拉训练

C. 肘关节屈曲位挛缩的牵拉训练：患儿取坐位，治疗师首先用一只手握住患儿手掌，将其肩关节牵拉至前屈 90°位，然后治疗师另一只手辅助其肘关节使之充分伸展，随即握患儿手掌的那只手将患儿腕关节背屈 90°，同时提示患儿向前推，并在这个姿势下保持数秒钟，反复训练。

D. 手屈曲挛缩的牵拉训练：治疗师首先对患儿手背部由尺侧向桡侧轻轻敲击，待手部张力稍缓解后，治疗师用一只手握住患儿拇指向外牵拉，另一只手握住其余四指，使其伸展（图 6-5-19）。

2）负重训练：

A. 对肩关节内收、肘关节屈曲位挛缩的负重训练：患儿取坐位，治疗师位于患儿体侧，用一只手握住患儿手掌心，将上肢牵拉至外展 45°位，用另一只手辅助患儿肘关节使其充分伸展；然后，用辅助肘关节的那只手，握住患儿同侧手的大拇指，使拇指伸展并外展；其余四指伸展平放在患儿体侧的台子上，最后将对侧上肢抬起，使重心移向支撑侧的上肢。

B. 对手屈曲、内收位挛缩的负重训练：治疗师辅助患儿取手膝跪位，将其大拇指外展，其余四指外展并伸展，肘关节充分伸展支撑在治疗垫上，若拇指内收较强，可在拇指、食指之间加一个大号木钉，在这个姿势下保持数分钟，对手部屈肌张力过强者，治疗师可考虑使用手指分指板辅助训练（图 6-5-20）。

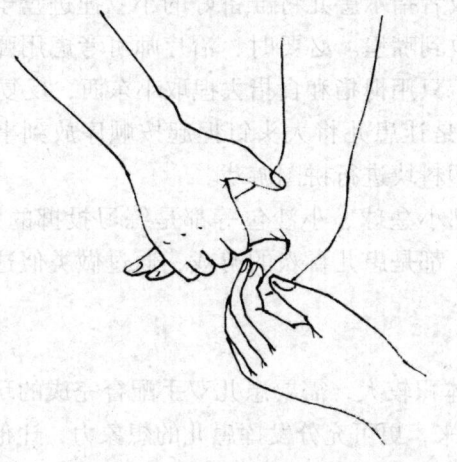 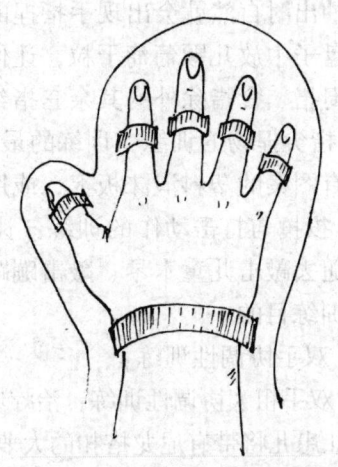

图 6-5-19　手屈曲挛缩的牵拉训练　　　　图 6-5-20　分指板辅助训练

(2) 上肢支撑能力的训练

1) 俯卧位姿势下的支撑训练：患儿俯卧位，用双上肢支撑身体，治疗师将其双下肢托起，待保持平衡后，患儿用双上肢交替前行。

2) 坐位姿势下的支撑训练：患儿取坐位，在其小腿前放小凳子，指导患儿用双上肢支撑着站起来。

(3) 手功能的训练方法

手部动作的发育是由握到伸，从笨拙到灵巧。因此，手部动作的训练，应该按发育的顺序去进行。手部训练的基本原则，是以功能较好的手为中心进行，不可勉强患儿一定要使用右手，以免增加训练的难度。

1) 拿起东西的训练：许多患儿总是拇指内收，其余四指屈曲，手呈"握拳"状。由于手指不能伸展，所以很难抓住东西，这时治疗师可做以下训练：

A. 将其拇指桡侧外展，其余四指就容易伸展了。

B. 用一只手握住患儿手掌，然后将腕关节背屈并施加一定压力，保持数秒钟。待患儿的手伸展后，治疗师可以把小玩具放到他手中，并稍用力握患儿的手，这样可促进患儿拿住玩具。当患儿学会握住东西后，治疗师可选择较轻、易抓握的东西放在手上，鼓励患儿主动去拿。

2) 放下东西的训练：许多患儿一旦抓住东西，就越抓越紧，很难放下，治疗师可先让患儿抓住东西，然后做以下训练：

A. 轻轻敲击其手臂指总伸肌腱，再由腕部向手指方向轻擦，同时配合"手打开，手打开"的语言提示。

B. 将患儿的手抬高至头以上，并使肘关节伸展，腕关节掌屈，利用"腱效应"也可促进手的伸展。当患儿学会放开手后，治疗师要常常用语言提示他练习张开。例如，让他将手中的东西放到治疗师手上。

3) 拿起并放下东西的训练：在前面训练的基础上，治疗师可安排一些拿起并放下东西的连续动作让患儿练习。例如，套圈游戏、投掷沙包等。

4) 手指动作训练：

A. 指腹捏物的训练：训练最好的方法是用彩色黏土，将患儿五个指头插入黏土中，当其手抽出时自然就会出现手指捏的动作。或者指示患儿将准备好的小豆捏进盘子中，甚至可在盘子中放几颗葡萄干粒，让他捏起来放到嘴里。必要时，治疗师可考虑用弹性绷带将患儿拇指、食指除外的其余三指约束起来，只用拇指和食指去捏取小东西，反复训练。

B. 指尖捏物的训练：训练的最好方法，是让患儿将大头钉捏起按顺序放到事先准备好的带有图案的塑料泡沫板上，或用彩色小塑料块进行拼图游戏。

5) 投掷与打击动作的训练：让患儿投掷小垒球、小沙包等都是练习投掷的好游戏。用小木槌去敲击儿童木琴、敲击蹦跳玩具等，都是患儿喜欢的游戏，通过做类似这样的游戏达到训练目的。

6) 双手协调性训练：

A. 双手粗大协调性训练：治疗师要选择体积较大，需要患儿双手配合完成的玩具或游戏。可让患儿将带有尼龙搭扣的大萝卜粘贴起来，更可充分发挥患儿的想象力，让他用大块塑料拼插块拼插出喜欢的东西。年龄较大的患儿还可以配合编织、铜板工艺进行训练。

B. 双手精细协调性训练：治疗师要选择体积小巧，需要患儿双手配合完成的玩具、游戏、作业活动等。可让患儿拆装小型变形金刚玩具，拧训练用塑料小螺丝，也可配合蛋壳、马赛克工艺进行训练。

7）手眼协调性训练：在进行这项训练时，必须以头部在空间保持直立为基础，治疗师要选择需要用眼和动手的玩具或游戏，可让患儿进行穿珠子、走迷宫、传递球类的游戏活动，或者指导患儿把混合在一起的红豆和绿豆分开，对年龄稍大一些的患儿可以进行钉纽扣的训练。

8）各种综合性手部动作训练：手部动作训练的最终目的，是可以做综合性、连续性、具有功能性的动作，达到用手做事的目的。使用拼插的组合性玩具、折纸、布贴工艺、弹琴等各种丰富多彩的游戏，可促进手部连贯动作的训练。

（三）日常生活动作的训练

脑瘫患儿的日常生活活动自理，是作业疗法的最终目的。上述促进运动发育和上肢功能、感觉、知觉和认知功能改善的训练，必须和日常生活活动训练结合进行。日常生活活动训练实际上从家长抚育小儿即已开始，如抱的方法，协助进食，衣服的穿、脱等都可以是重要的训练内容。因此，指导家长对脑性瘫痪患儿进行家庭教育，也是作业疗法的重要内容。

1. 正确的卧位姿势

（1）痉挛型：以侧卧位为主，侧卧位不仅有利于阻断原始反射，有利于痉挛状况的改善，还有利于患儿姿势和动作的对称。侧卧位时，在针对存在非对称的痉挛型患儿，应使患儿双上肢在身体前方，双下肢屈曲，还可以在患儿背部加放枕头稳定姿势，也可考虑给患儿使用"耳枕"以稳定头部。仰卧位的姿势使用较少，因为仰卧位时极易出现角弓反张现象。仰卧时可以用毛巾被等物品垫在肩下面，以使患儿肩部前倾和内旋，这样可以使患儿四肢的肌紧张得到缓解；也可用一个大围巾或宽布条，将患儿双肩往前拉，扣在胸前；还可以用一个特制的布套将患儿双手固定在胸前。对角弓反张表现异常强烈的患儿，上述仰卧位的措施效果不明显时，最好的办法是，让患儿睡在吊床上。宽松的床面中间凹陷的形状，使患儿过度伸展的躯干变成屈曲；同时悬吊床也能控制患儿头部背屈或向侧面旋转的倾向，促使患儿将头部保持在中线位置。如果在床的上方悬挂一些色彩鲜艳的玩具，将更有利于吸引患儿的头部保持在中线位置，并刺激他将手放到胸前中线位置。

在俯卧位时，不要垫枕头，让患儿的脸直接贴在床上，头转向一侧，双上肢屈曲、外展。采取这个姿势时，要经常观察患儿的呼吸是否通畅。此姿势有利于患儿抬头功能的发育，也有利于身体各部分的姿势对称（图6-5-21）。

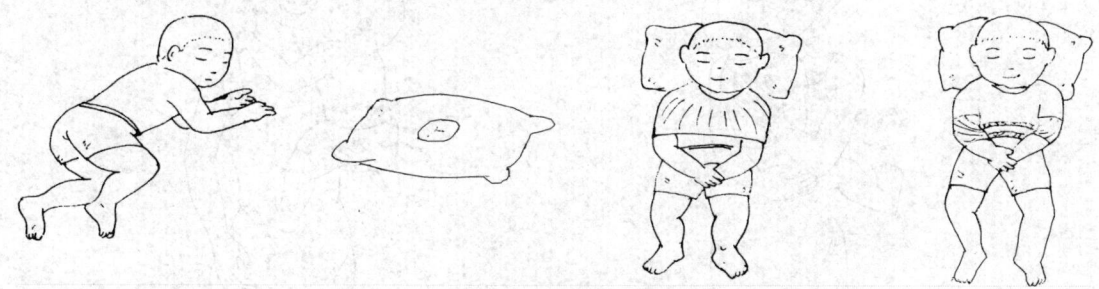

图6-5-21 痉挛型患儿的正确卧姿及"耳枕"

(2）弛缓型：弛缓型患儿肌张力过于低下，缺乏抗重力和姿势维持能力。因此，最好采用仰卧位睡姿，还可在患儿肩部、髋部加放枕头给予支撑。

（3）偏瘫型：偏瘫型患儿也可采取侧卧位，但是注意尽可能采用健侧卧位，避免长时间压迫患侧，在上方的患肢可自然屈曲，并在下面放一个枕头，有利于患肢血液循环和防止患儿肩关节过度内收。

2. 脑瘫患儿正确的抱法

（1）抱起的方法：目的是容易抱起并预防异常体位。方法为将他转向一侧并扶着他的头，弯腿，抱起他靠近你的身体，放下时要采用同样的方式（图6-5-22）。

（2）抱着：用可以纠正异常体位的方式抱患儿。方法为将患儿双上肢置于前方，尽量抱得直一些，头竖直以便眼看四周，所有类型都可以这样（如图6-5-23）抱着。

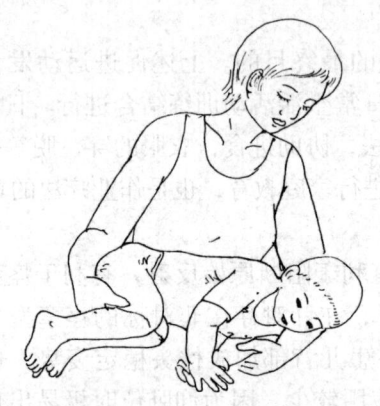 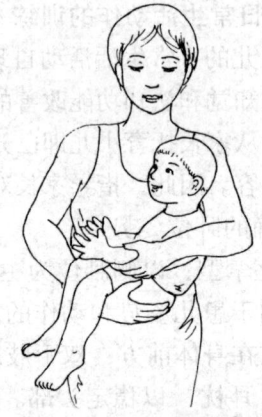

图6-5-22　脑性瘫痪患儿正确的抱起方法　　图6-5-23　脑性瘫痪患儿正确的抱法

（3）痉挛型患儿的抱法：躺着时经常呈现双臂屈曲、两腿处于伸直状态的患儿，抱的方法应是：让患儿双臂伸直，髋部和膝盖弯曲，将他转向一侧并扶着他的头，抱起靠近家长的身体，使患儿的双臂围着家长的颈部或伸向背部，把孩子的双腿分开放在自己的腰部两侧（图6-5-24）。

长期处于僵直状态的患儿，抱的方式应是：先把孩子蜷曲起来，也就是把患儿双腿先分开，再弯起来；双手分开，头略微下垂（也可以让孩子把头枕在家长肩上）。这样的姿势还有利于家长与患儿的感情交流（图6-5-25）。

图6-5-24　痉挛型脑性瘫痪患儿正确的抱法　　图6-5-25　长期僵直患儿正确的抱法

双下肢交叉的痉挛型儿童亦可用图6-5-26所示的方法抱着。图6-5-26a的抱法，可使患儿背部肌肉得到充分伸展；图6-5-26c方法，可使痉挛型儿童身体得以伸展。

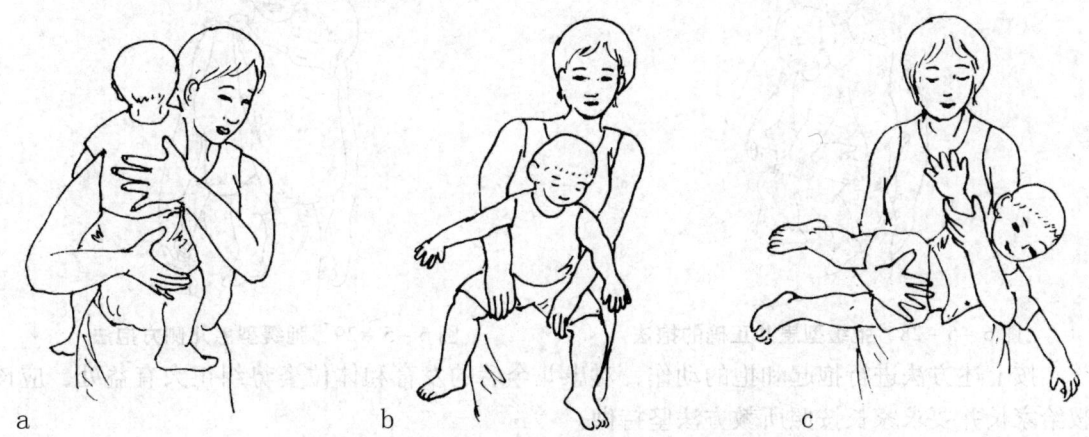

图6-5-26 双下肢交叉的痉挛型患儿正确的抱法

（4）手足徐动型患儿的抱法：此类型患儿抱法与痉挛型脑瘫患儿有很大不同。主要区别在于：将患儿抱起前，让患儿的双手不再是分开而是合在一起，双腿靠拢，关节屈曲，并尽量贴近胸部。做好这一姿势后，家长才把患儿抱在胸前，也可以抱在身体的某一侧（图6-5-27）。

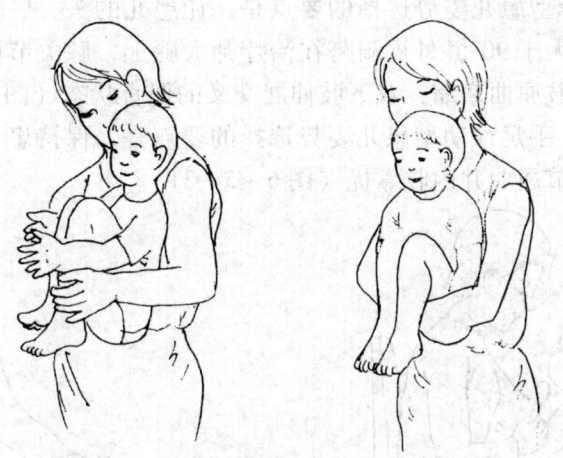

图6-5-27 手足徐动型患儿正确的抱法

（5）弛缓型患儿的抱法：此型患儿身体软弱无力，头颈部无自控能力，所以抱他时除了帮助他把双腿蜷起，头微微下垂外，最重要的是给他一个很好的依靠。亦可先用徐动型脑瘫患儿的抱法，家长也可以把手从患儿腋下穿过，手掌托住他的臀部（图6-5-28）。这种抱法不仅使患儿双手活动范围增大，同时还可以诱导患儿伸手取物的意识，达到便于患儿双手自主活动的目的，此外躯干的控制能力也会得到提高。如果将儿童背在家长背上，患儿头部需要更强有力的支撑；如果患儿的头部难以直立，可将患儿背在侧方（图6-5-29）。

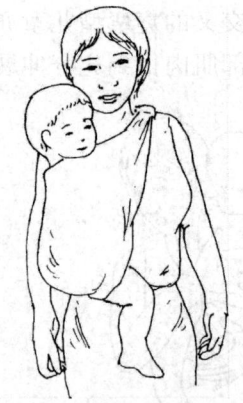

图6-5-28 弛缓型患儿正确的抱法　　　图6-5-29 弛缓型患儿侧方抱法

按上述方法进行抱起和抱的动作，对患儿今后的发育和体位姿势纠正大有益处，应该教给家长并要求家长按照所教方法坚持做。

3. 摄食训练　小儿的摄食训练应分阶段进行。

（1）喂食训练

第一，应选择适当的姿势，喂食训练时控制患儿的姿势十分重要。首先，让患儿坐稳，肩及手臂略向前，并控制其下颌和嘴唇。关键点是：让患儿的头、肩、手臂略向前倾，髋、膝关节屈曲。临床上需要根据患儿的类型和具体情况选择姿势。

1）痉挛型：痉挛型患儿姿势选择的要点是，让患儿的头、肩略向前倾，双手放在身体前方，髋关节屈曲大于90°并外展骑跨在治疗师大腿上，膝关节屈曲。这样可以有效缓解患儿头后仰，双上肢屈曲挛缩，双下肢伸展交叉的僵直状态（图6-5-30）。

2）手足徐动型：手足徐动型患儿姿势选择的要点是，保持患儿头、双肩、躯干的稳定，双下肢髋、膝关节屈曲并内收靠拢（图6-5-31）。

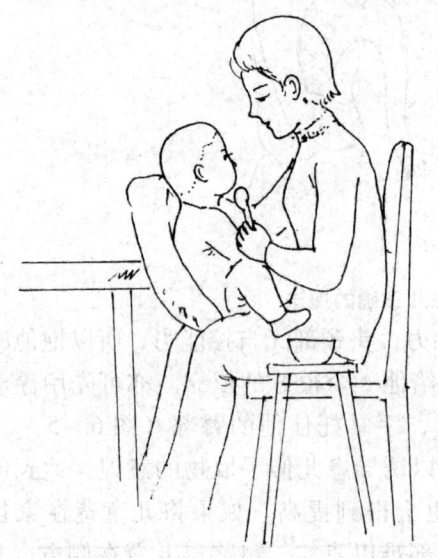

图6-5-30 痉挛型患儿的喂食方法　　　图6-5-31 手足徐动型患儿的喂食方法

3）弛缓型：弛缓型的患儿姿势选择的要点是，支撑患儿头部和躯干，使其保持直立状态，双下肢自然屈曲（图6-5-32）。

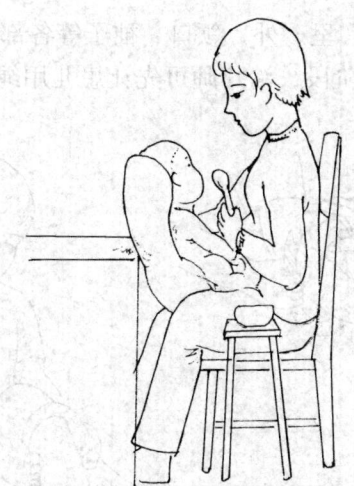

图 6-5-32 弛缓型患儿的喂食方法

第二，是嘴部控制方法的训练，对患儿嘴及其附近区域加以适当控制，可以改善患儿的吸吮吞咽反射，有利于患儿顺利进食。其方法是，利用大拇指压患儿耳前下颌关节，食指压在下嘴唇与下颏之间，中指放在下颏后面。这样给予嘴部稳定持续的压力。

第三，应进行喂食训练的实际操作，在选择好喂食姿势和掌握了嘴部控制法后，就可以喂食了。喂食时要用平浅的勺子，这样可以用勺子底部压患儿舌尖，以便将食物放入嘴中。取出勺子时，利用嘴部控制法，帮助患儿将嘴闭起，以促进吞咽。

（2）独自进食训练

第一步，进行进食前的准备工作。根据不同的年龄、身高选择大小适合的桌椅，使患儿坐上去之后，可伸直躯干，髋、膝、踝关节屈曲90°，双脚平放在地上。根据不同患儿手的抓握情况，选择适当的勺子。对于手粗大、抓握能力较差的患儿，可选用较长较粗把柄的勺子；对于前臂主动运动受限的患儿，可选用旋转方向的勺或把柄弯曲的勺子；对于手抓握十分困难、能力极低的患儿，可选用万能袖带。根据不同患儿双手的配合能力及控制能力，选择适合的盘子和碗。对于偏瘫型患儿，可选用带吸盘或防滑垫的盘子和碗，或将盘子和碗固定在桌子上，可协助患儿进食；对于手足徐动型患儿，可选用较大、较深的碗及边缘有挡板的盘子，即有助于舀食物，也可防止食物的遗撒。

第二步，应进行辅助进食的训练。开始进食时患儿往往需要他人的部分辅助，治疗师可站在患儿身体一侧，用一只手帮助控制肩部，另一只手协助患儿前臂旋转，将食物送入口中。

第三步，独自进食训练的实施。开始用勺子独自进食时，最好选用糊状、半流食状态的食物，以后再训练喝汤，最后是吃固体食物的训练。患儿在刚刚学会独自进食时，很可能漏洒很多，随着进食能力的提高，漏洒渐渐减少。此时，治疗师切不可心急，也不能让家长包办代替，否则患儿便失去了练习的机会。

4. 更衣训练　脑性瘫痪患儿要学习更衣，必须配合坐、立、手部动作等训练的进步，才能逐渐进行，而且需要患儿的理解和配合。更衣训练可分为以下三个阶段进行。

（1）认识阶段：更衣训练时要选择吸汗、不易起皱且富有弹性的衣服。颜色尽量单一，样式简单明了，这样衣服的领、袖、扣都十分清楚，便于患儿辨认。上衣的领口要宽大，尽量用拉链或尼龙搭扣代替扣子；裤子也要宽大，并采用松紧带式。治疗师要教会患儿区别衣服的上、下、前、后、里、外、领口、袖子等各部位。

（2）模仿穿衣阶段：这个阶段，治疗师可先让患儿用绳圈练习穿脱的动作，反复练习直到熟练（图6-5-33）。

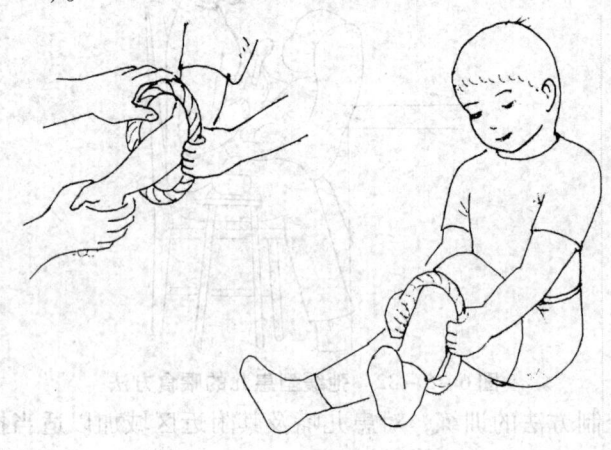

图6-5-33　模仿穿衣训练

（3）实际更衣练习阶段：患儿熟练掌握了穿脱动作后，可使用日常衣服进行实用性练习。更衣训练的体位可选择仰卧位、倚靠物体稳定坐位、独立坐位、立位等进行。训练的基本原则是根据患儿的能力选择姿势和方法。

1）仰卧位穿脱裤子：脱裤子时，治疗师指导患儿取仰卧位，双手抓住裤腰两端，再将双下肢屈曲，双足平放在床面上同时用力下蹬，将臀部抬起，此时双手将裤子脱至臀部以下，然后治疗师再指导患儿翻至侧卧位，下肢进一步屈曲，将其中一个裤管脱下，再翻至另一侧，脱下另一裤管。穿裤子时，治疗师指导患儿先取侧卧位，双下肢充分屈曲，用一只手抓住裤子一端的裤腰，将同侧下肢伸进裤管，再指导患儿翻至另一侧，将另一下肢伸进裤管，然后翻成仰卧位，双下肢屈曲，双足用力下蹬将臀部抬起后，双手抓住裤腰两端同时向上拉至腰部穿好。对于不能双足同时下蹬抬起臀部的患儿，治疗师可指导患儿用左右翻转身体方法，一步一步完成穿脱动作（图6-5-34）。

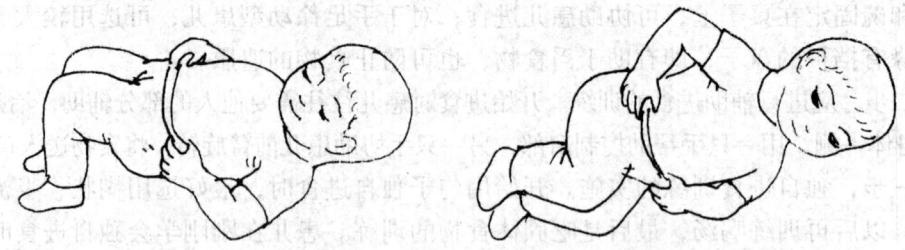

图6-5-34　仰卧位穿脱裤子的方法

2）倚靠物体稳定坐位穿脱套头衫：脱套头衫时，首先要让患儿依靠物体坐稳，治疗师指导患儿用双手抓住套头衫领子的两端，令患儿头部、躯干尽可能前屈，同时双手先向上拉动衣衫，继而双手同时向下将衣衫拉过头部，然后将左右上肢脱出。穿套头衫时，治疗师应指导患儿略微前倾头部和躯干，先将衣领套好，然后将左右上肢伸进左右袖子穿好。

3）独自坐位穿脱开衫：脱开衫时，治疗师让患儿取椅坐位，并协助患儿将扣子解开，指导患儿双上肢交叉，用一只手抓住对侧上衣的衣袖，向下拉，同时对侧上肢向上向后从衣袖中抽出，再指导患儿用同样的方法脱去另一袖子。穿开衫时，让患儿仍取椅坐位，治疗师指导患儿用双手抓住衣服领子的两端，双上肢肩关节前屈90°，肘关节伸展、双手用力向后，将衣服披在身上，然后再指导患儿用左手拉住衣服右侧前襟，将右上肢穿进袖子，再用右手拉住衣服左侧前襟，将左上肢穿进袖子。对于偏瘫型的患儿，治疗师应指导患儿脱衣服时，先脱健侧，再脱患侧。方法是，治疗师协助患儿将扣子解开，用健手将健侧衣服拉至肩下，再将健侧上肢从袖子中抽出。然后用健手将患侧衣袖脱下。穿衣服时，治疗师应指导患儿先穿患侧，再穿健侧。方法是，指导患儿先将衣袖套到患肢上，然后向上拉动衣袖至患肩以上，再用健手从颈后绕过抓住衣领，拉至对侧的健肩，最后将健肢穿好。对于偏瘫型患儿或手部精细动作较差，协调性不佳的患儿，治疗师应考虑用按扣、尼龙搭扣代替普通纽扣，也可考虑使用系扣自助具，以方便患儿穿脱，使他最大限度地达到生活自理。

4）立位穿脱裤子：治疗师让患儿扶物站稳后，指导他用一只手抓住裤腰的一端，将这侧下肢伸进裤管，再用这只手扶物，用另一只手抓住裤腰另一端，将另一下肢伸进裤管，然后左右手交替将裤子拉至腰部穿好（图6-5-35）。

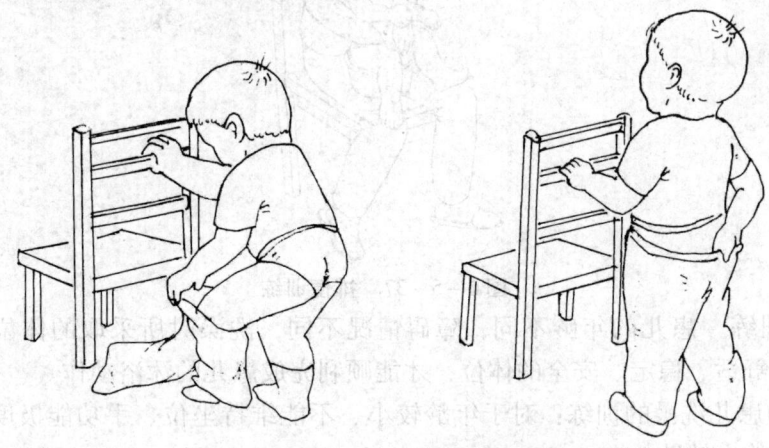

图6-5-35　立位穿脱裤子的方法

5. 如厕动作训练

（1）小便的训练

1）环境的选择：环境布置要简单，尽量不使患儿分心，周围要安静，但可以播放一些轻松的音乐。

2）便器的选择：最安全的便器是后面有靠背，前面有扶手，高度以患儿坐上去双足可平放在地板上为宜（图6-5-36）。

 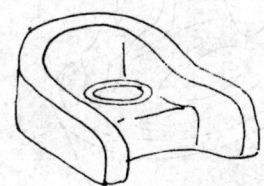 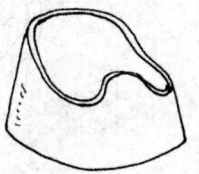 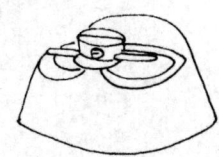

图6-5-36　各种形式的便器

3）小便训练的实施：训练的时间可根据患儿饮水量来进行调节，一般1~2小时让患儿解小便一次，尽量定时，同一患儿尽量使用同一个便器，排便时配合"嘘嘘"的声音，有利于促进排尿，有助于培养排尿习惯。另外应指导患儿有便意时主动示意他人。

（2）大便的训练

1）环境的选择：除与小便训练相同外，卫生纸应放在患儿伸手容易取到的地方。

2）便器的选择：与小便训练相同。

3）大便训练的实施：训练最好定时在进食后半小时进行，让患儿双下肢外展蹲坐在便器上，配合"嗯嗯"用力的声音促进排便。对于年龄较小的患儿，治疗师可指导母亲，由母亲抱着患儿采取蹲坐式以利于患儿解出大便（图6-5-37）。

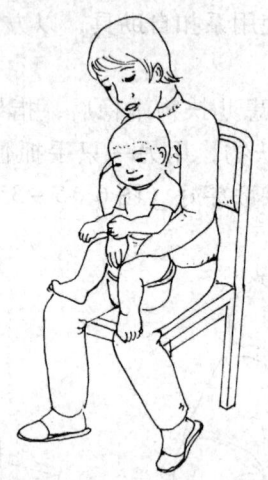

图6-5-37 排便训练

6. 沐浴训练　患儿的年龄不同，障碍情况不同，洗澡时所采取的体位也不尽相同。必须选择一个舒适、稳定、安全的体位，才能顺利完成患儿的沐浴动作。

（1）辅助患儿洗澡的训练：对于年龄较小、不能维持坐位、手功能极度低下的患儿，沐浴过程需要他人辅助。

1）痉挛型：痉挛型患儿在洗澡时应采取俯卧位，这样可抑制伸肌高度紧张，易化屈肌，有效抑制异常反射的出现。对于这类患儿最好选择盆浴，水温要适度，避免淋浴和水温不适给患儿带来的不良刺激（图6-5-38）。

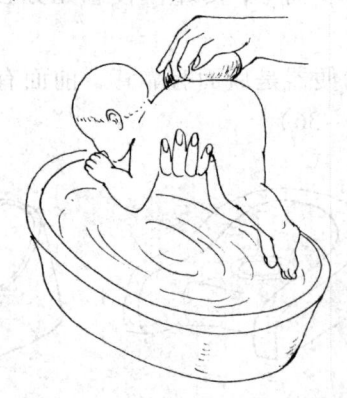

图6-5-38 痉挛型患儿的沐浴方法

2）弛缓型：弛缓型患儿在洗澡时应采取半坐位，可选择使用"沐浴床"进行训练，这样可给予其头部、颈部、躯干足够的支撑，有助于沐浴动作的完成。将"沐浴床"安装在配套使用的长圆形浴盆上，让患儿坐上后，以浴盆中的水浸泡到患儿胸部为宜（图6-5-39）。

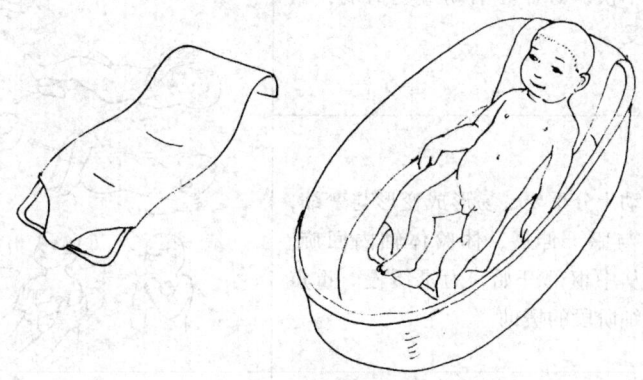

图6-5-39 弛缓型患儿的沐浴方法

3）手足徐动型：手足徐动型的患儿在洗澡时应尽可能采取坐位，并采取躯干加固定带的方法，这样有利于沐浴动作的顺利完成（图6-5-40）。

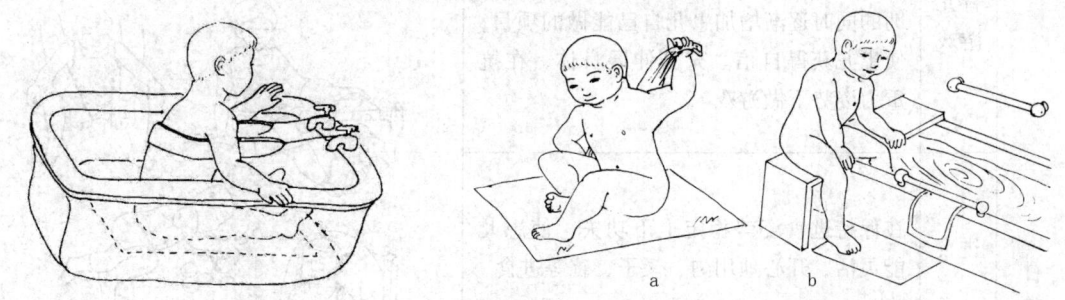

图6-5-40 手足徐动型患儿的沐浴方法　　图6-5-41 患儿独自沐浴方法
　　　　　　　　　　　　　　　　　　　　a. 独立沐浴；　　b. 沐浴时的安全装置

（2）独自沐浴的训练：对于平衡能力和手功能尚可的患儿，可练习患儿自己洗浴。从安全和提供方便的角度考虑，可在浴盆周围安装扶手等安全性特殊装置（图6-5-41）。

7. 书写动作　脑性瘫痪患儿学习时，可以考虑使用一些辅助器具，或者对学习用具进行改制，便于患儿使用。比如：为便于抓握，可选择笔杆相对粗大的铅笔，或者在笔杆上加套胶皮套；为避免移动可设法固定纸张或笔记本。训练过程中，需要同时考虑改善患儿的认知、识别功能。书写练习可从画纵线、横线、方块、四边形着手，然后再根据其具体情况，练习写大字，再写小字，并注意书写速度。最好利用配合图片的实物教学。对手足徐动型脑性瘫痪上肢功能明显障碍的患儿，选用电脑作为交际手段时，需要进行电脑的使用和操作练习。手指变形、无力者，可以将棒固定在头上、足趾间等利用代偿功能叩击键盘。

各型脑性瘫痪患儿一些日常生活动作的训练方法归纳，如图6-5-42、6-5-43、6-5-44、6-5-45等。

特征		手、足、肢体痉挛活动受限，对姿势变化感到不快，对外界活动应变力弱，只被动承受 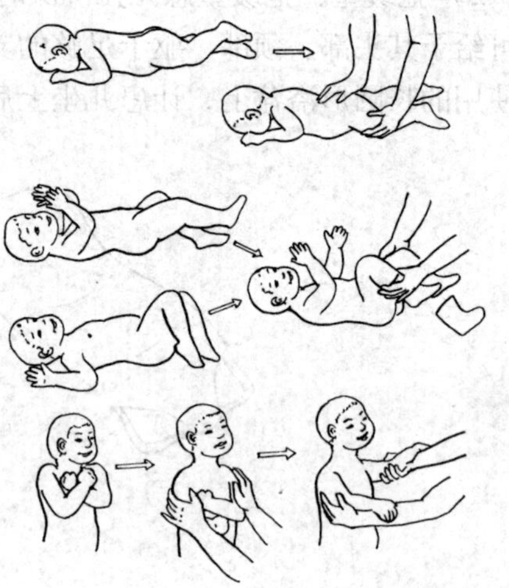
基本对策		协助活动十分重要，易形成变形与挛缩，使四肢与躯干伸展，体验体轴内回旋。活动要从中枢部开始，力求缓慢。重点在于精细阶段的援助
日常生活动作	育儿游戏	让患儿体验各种姿势，逐渐适应与人交往。游戏中要耐心地等待患儿反应，辅助的同时逐渐增加患儿自己能做的项目，使患儿获得自信。充分伸展身体，在抗重力姿势下做游戏 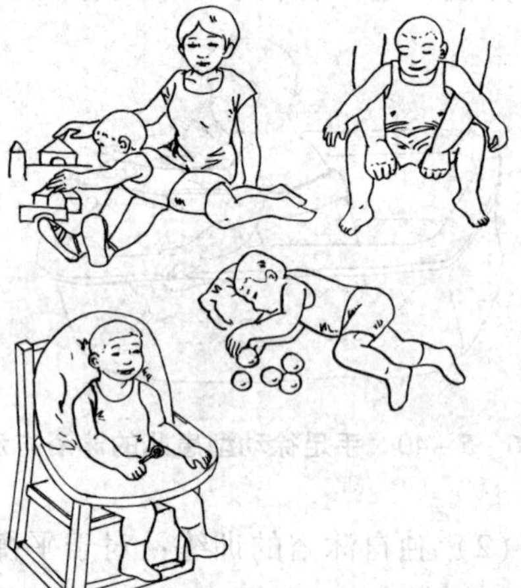
	进食	在保持进食姿势稳定上下功夫，使患儿能灵活、开心地用勺、叉子、碗等进食
	更衣	在穿衣的过程中，经常提示其动作中出现的不良姿势，训练伸展、外展、回旋、抗重力姿势。可用语言指导他从会穿即能完成的动作开始练习
	移动	提供自己移动的机会，如推三轮车、电动车、轮椅等 

图 6-5-42　痉挛型四肢瘫患儿日常生活中的训练方法

特征		无论是运动、感觉都表现左右非对称性,不注意瘫痪侧 非瘫痪侧可充分活动做游戏,呈过度运动倾向(多动)。	
基本对策		让患儿体验双侧对称运动的感觉,设法尽量使瘫痪侧肢体参加运动,避免增加联合反应。最好设定集体游戏环境与课题	
日常生活动作	育儿游戏	从正面用声音、语言呼唤,提示对称性姿势的双侧活动;要让瘫痪侧进入视野;控制非瘫痪侧的过度努力活动	
	进食	保持对称姿势(瘫痪侧手放桌上),使用比较重和易抓握的食具以防止滑动	
	更衣	穿脱衣服先从瘫痪侧开始,以不加强联合反应的程序、姿势为好	
	移动	患儿几乎都能独自步行。可考虑用三轮车、带辅助的自行车来训练对称性的移动	

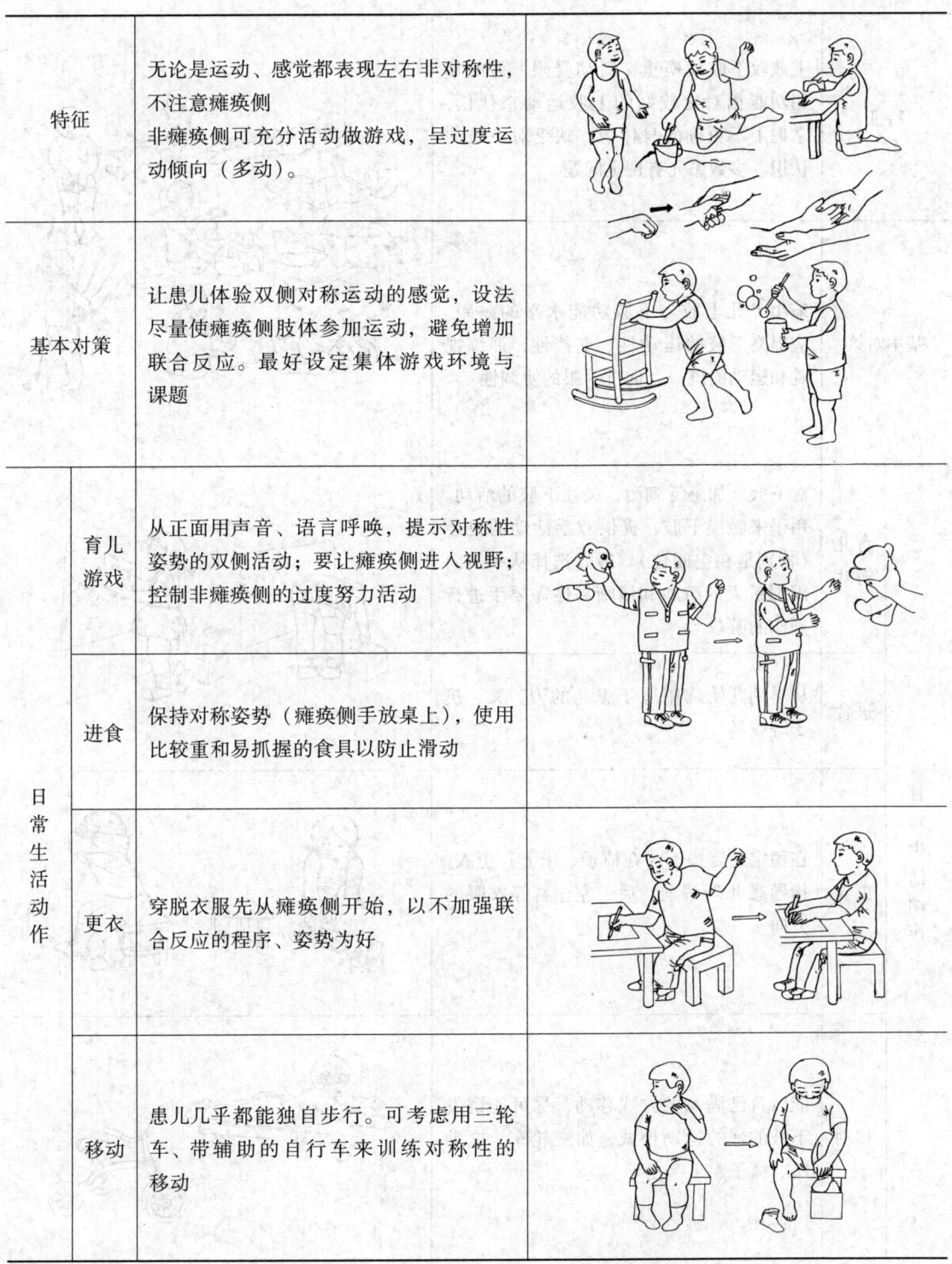

图6-5-43 痉挛型偏瘫患儿日常生活中的训练方法

特征	上肢较下肢瘫痪重,活动受限。为此常用功能相对比较好的上肢运动来代偿,掌握了不正确的身体像,缺乏对下肢的认识。多数患儿有视觉问题	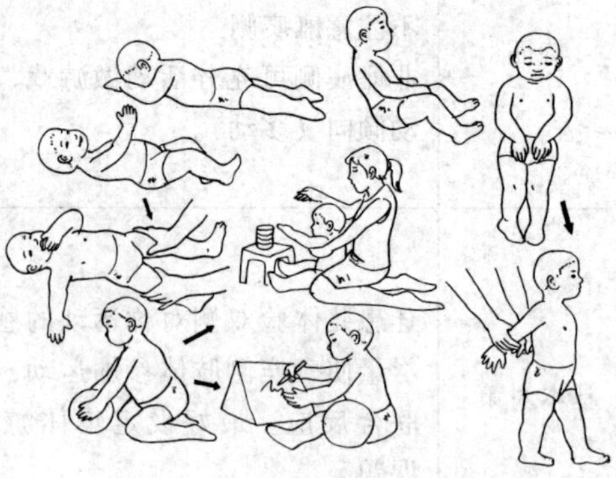
基本对策	缩小患儿上肢与下肢功能水平的差距。应提高下肢的运动性、支持性,训练视觉和运动的统一,促进手眼的协调性	
日常生活动作	育儿游戏	对下肢施加感觉刺激,关注下肢的活动。用手来触摸下肢,提供双手活动的机会(特别是在空间位)。最好选择从中间向周围扩大的游戏和清晰易懂需要手进行操作的游戏 
	进食	从早期开始选用适于患儿的刀、叉、筷子等餐具
	更衣	在稳定的姿势下(在椅子、床上)更衣。指导患儿理解前、后、左、右等衣服的方向 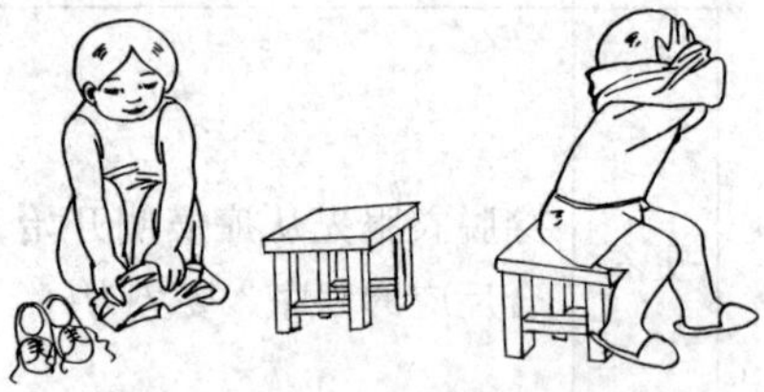
	移动	能以自己满意的方式移动,尽可能诱发下肢的好的运动模式,如三轮车、电动车、椅子、丁字拐等 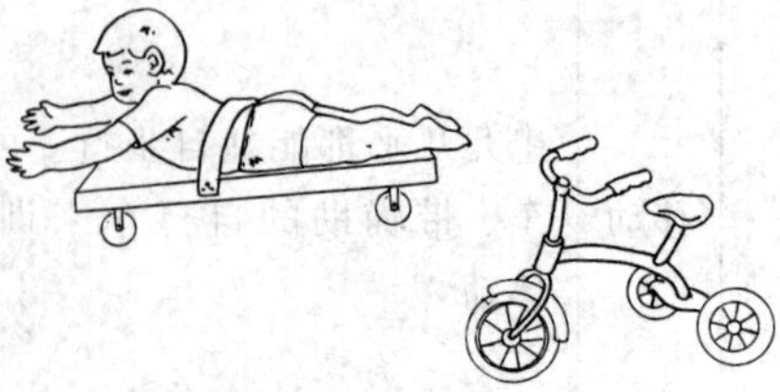

图 6-5-44　痉挛型双肢瘫患儿日常生活中的训练方法

特征		运动缺乏必要的稳定性，有不随意运动（上肢比下肢功能差），头难以保持正中位，注视困难。手和手、手和眼协调困难 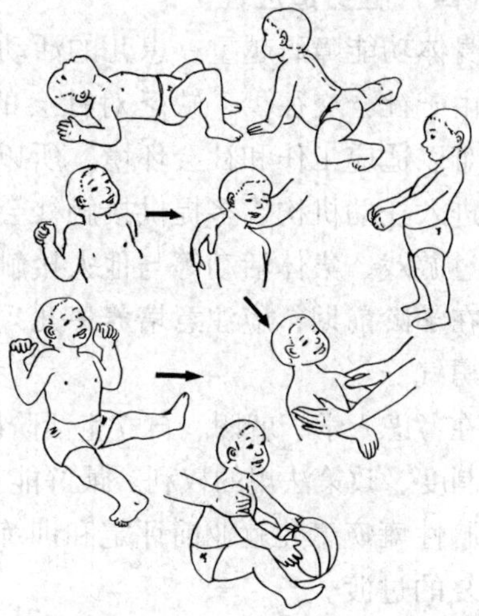
基本对策		保持对称的、持续的姿势，使头部、上肢指向正中位，重心置于前方（下方），促进持续的注视与抓握动作。对年长患儿应注意训练自我控制
日常生活动作	育儿游戏	从婴儿期起要反复多次地进行各种游戏和活动。尽量将玩具摆在视线的正中部。选择显眼的、需要大范围操作活动的玩具，促进注视 
	进食	注意采取重心向前的姿势。勺柄可加粗，可装胶皮，可设法固定餐具。若一侧上肢向后方伸展时，可使用固定带等 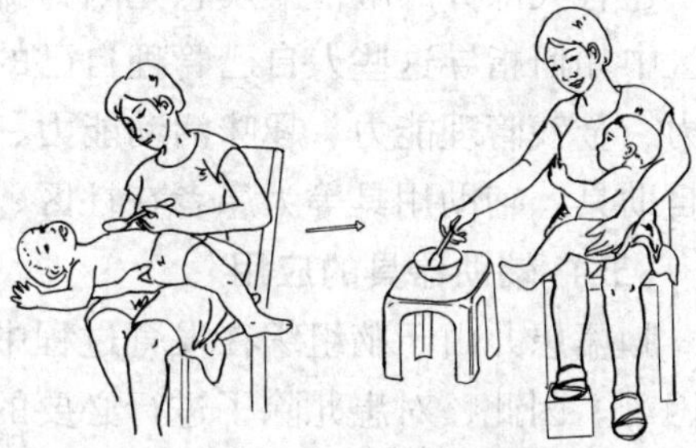
	更衣	注意避免诱发全身性伸展形态（角弓反张）。 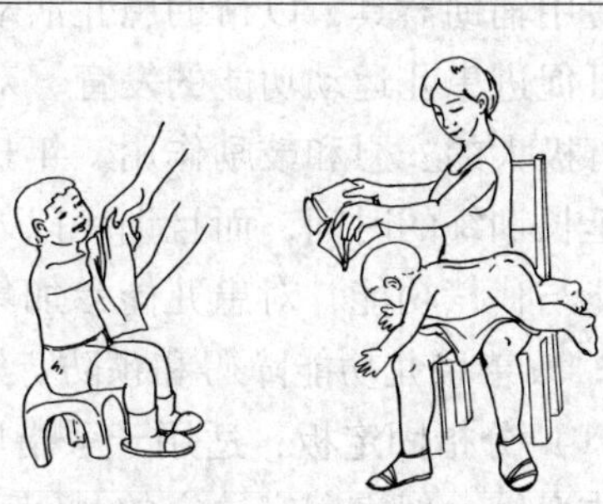
	移动	可利用电动车、椅子、步行器、拐杖。应最大限度地保持头、上肢的对称性，发挥现有的移动水平。

图 6-5-45　手足徐动型脑瘫患儿日常生活中的训练方法

(四) 社会适应性

身体功能障碍越重,患儿的活动范围越加受到限制,对参加社会活动的态度也十分消极,由于社会交往少,缺乏对社会的理解,使得脑性瘫痪患儿的生活状态多以自我为中心,难以适应工作和社会环境。所以,对脑性瘫痪患儿要自幼儿期起注意调整社会环境,争取进入托幼机构,多提供接触社会的机会。作业疗法过程中不仅侧重于个别指导,还需要通过游戏、集体活动等与他人接触、交往,有利于调整患儿情绪,提高社会性。

在学龄前期,应注意培养患儿兴趣爱好和生活乐趣,帮助患儿树立生活信心和克服困难的勇气。

在考虑入学、就职、自立生活阶段,应努力争取脑性瘫痪患儿享受义务教育和享受相关福利制度、政策法规的权利。最好能在普通学校就读,利用各种条件创造劳动就业机会。

脑性瘫痪患儿就业前评定和训练,也是作业治疗师工作的一部分,体现医学康复向职业康复的过渡。

作业治疗师在对职业相关的领域评定时主要侧重以下四个方面:①身体的能力:手的功能(粗大动作、精细动作、手眼的协调、双手或单手动作、握力等),灵敏性,身体的耐受性(疲劳度、作业的肢位等)以及感觉、知觉等情况。②作业能力:作业态度、作业习惯、作业的耐受性(躯体的、心理的耐受性)、作业技能等。③一般能力:知识能力、对指示的理解力、表现力、学习能力、注意力、集中力、解决问题能力和创造性等。④日常生活动作能力:通勤能力、移动能力(上台阶、登电梯等)、交际能力和日常身边事物处理能力等。

还有大部分的脑性瘫痪患儿因为就业困难,需要在家中或福利设施中生活。所以,在社区中如何指导这些人自己管理自己的生活,也是作业治疗师的责任。如应该在安全管理能力、金钱管理能力、趣味活动能力、余暇活动、家事活动等方面给予指导,以及通过制作自助具、辅助用具等为患者在社区、家庭中的生活提供方便,有利于提高生活质量。

(五) 辅助器具的应用

脑瘫患儿由于脑组织在发育过程中受损伤,造成移动运动功能障碍,给生活带来极大的困难。因此,对患儿除了进行必要的训练治疗外,还应该根据患儿的障碍情况,尽早制作、使用辅助器具,以帮助患儿活动身体或能自由行动,参与社会活动。辅助器具的使用不仅可促进患儿运动功能的发育,对身体起到稳定、支持和保护作用,而且对患儿的心理也具有极大的安慰和鼓励作用。年长儿童或学龄儿童使用辅助器具后,能够加大训练的力度,延长训练的时间,而且训练以外的时间活动量也会随之增加,有效地开发、训练了残存功能与代偿功能,对患儿能参加集体生活、走向社会十分有利。

1. 改善患儿功能障碍和预防、矫正畸形的辅助器具

(1) 分指固定板:适用于手指屈曲挛缩的患儿。将手指固定在伸展位,帮助改善手指的屈曲挛缩,但需固定一定的时间后,松开分指板进行手指的功能训练。

(2) 护腕矫形器:用金属或塑料板制成,可使腕关节固定在背屈 20°~30°,偏向尺侧 10°的功能位。

(3) 螺旋形腕关节矫形器:这种矫形器呈螺旋形,从手掌开始经过手背到前臂环绕呈螺旋状,固定腕关节在功能位(图 6-5-57)。

(4) 指间关节伸展矫形器：用金属条、钢丝或塑料板制成，可使指间关节伸展，用在指间关节挛缩的屈曲状态，使之伸展（图6-5-58）。

(5) 腕关节伸展矫形器：在螺旋式各种护腕的基础上增加一弹性橡皮筋，使腕关节伸展，矫正掌屈腕下垂（图6-5-59）。

(6) 腕关节外展矫形器：在前臂与手掌之间，用橡皮筋相连固定在手掌尺侧，可矫正腕关节内收及向桡侧偏斜（图6-5-60）。

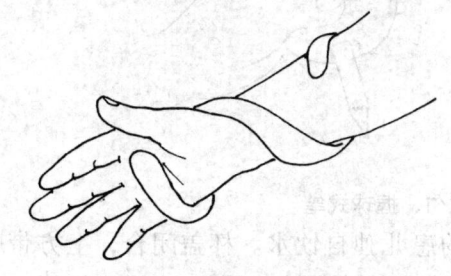 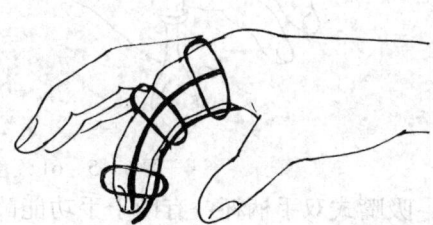

图6-5-57 螺旋形腕关节矫形器　　图6-5-58 指间关节伸展矫形器

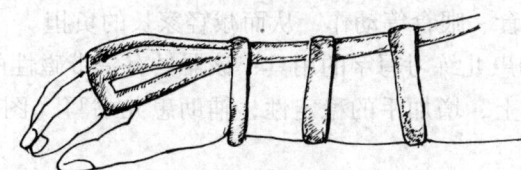 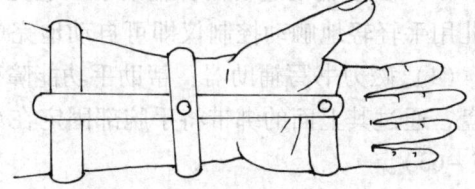

图6-5-59 腕关节伸展矫形器　　图6-5-60 腕关节外展矫形器

(7) 双髋内收畸形矫形器：若患儿双髋内收畸形、两腿交叉，行走时呈交叉步态，影响患儿站立、行走及会阴部护理。此时，可采用双下肢外展矫形器，分开双腿。

(8) 膝部畸形矫形器：膝屈曲畸形需采用能固定膝关节的膝、踝、足矫形器。其上部固定于髋部，超越膝关节，故可起到矫正膝部畸形的作用。患儿穿戴后可进行站立及行走训练。

(9) 尖足畸形矫形器：小腿三头肌肌紧张高所致垂足畸形，患儿入睡后畸形有可能自行消失，也可通过手法进行矫正，或者可以使用热塑性材料制作踝足矫形器。如足畸形较重，需较强的外固定才能维持矫正位时，则需应用金属及皮革等材料制作的能连带固定小腿的踝足矫形器。

(10) 外翻扁平足畸形矫形器：应用踝足矫形器时，在矫正鞋内的足底内侧部位放置长条的半月形软垫，以垫起内侧足弓，使足被动内翻、放平。

(11) 内翻足畸形矫形器：与外翻扁平足畸形矫形器类似，也应用踝足矫形器，但鞋内加垫方向相反，在矫正鞋内的足底外侧部位放置长条形软垫，以垫高足底外侧，使足被动外翻、放平。

2. 改善患儿日常生活能力的辅助器具　脑性瘫痪儿童由于存在着不同的功能障碍，使得日常生活（如进食、洗漱、如厕、读书、写字、外出、娱乐等）活动很难自理，为了提高、改善他们的生活自理能力，减少对他人的依赖，康复工作者设计了适合各类残疾患者使用的辅助器具。目前，有一部分辅助器具已经成型，可以直接购买使用，而大部分辅助器具需要"量体裁衣"，而且还需要适配、调整、学习使用的过程，需要不断地训练才能被有效利用。这类辅助器具通常是个人必备的代偿用具，必要时时使用。

（1）套掌式勺、握球式笔：这是一组适用于手指功能障碍的自助具，通过使用这些用具，帮助本不能握住东西的手能够发挥功能，帮助患儿像健全人一样进行刷牙、进食、写字、梳头等日常生活动作（图6-5-61）。

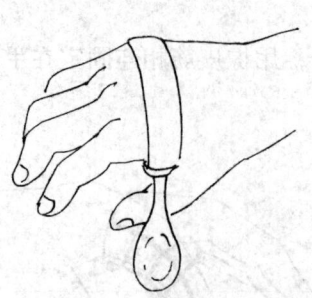 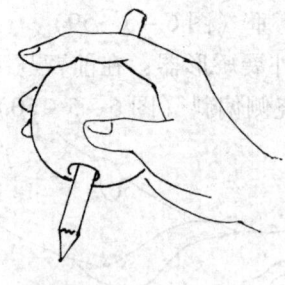

图6-5-61 套掌式勺、握球式笔

（2）吸嘴式双手柄杯：有助于手功能障碍的患儿独自饮水。杯盖闭合，上方带吸嘴，即防溢又方便饮用，杯上的双柄便于患儿双手持杯保持稳定性（图6-5-62）。

（3）自动辅助进食器：辅助手功能完全丧失的患儿进食。该器具由微电脑控制，只要患儿用手轻轻地触动控制仪即可自动地完成取食、喂食等动作，从而减轻家长的负担。

（4）磁力书写辅助器：帮助手功能障碍的患儿练习写字的用具；该器具有一带磁性的圆盘，通过其上面的绑带将手腕部固定在桌面上，增加手的稳定性，辅助患儿书写（图6-5-63）。

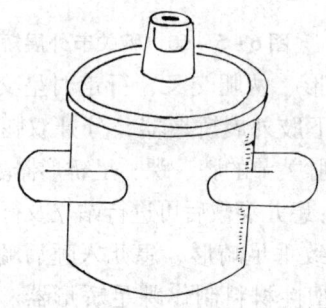 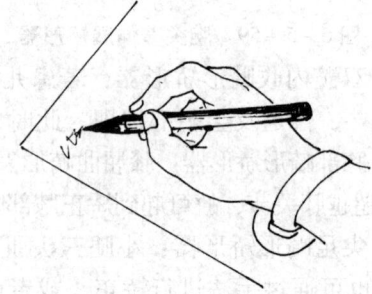

图6-5-62 有吸嘴式双手柄杯　　图6-5-63 磁力书写辅助器

（5）扑克牌辅助器：助于手指功能障碍的患儿进行扑克游戏，娱乐的同时达到训练思维能力的目的（图6-5-64）。

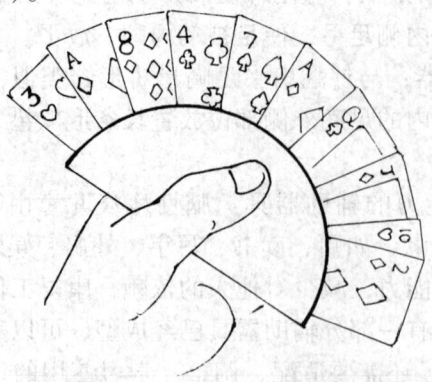

图6-5-64 扑克牌辅助器

此外，考虑到患儿的肢体残疾和平衡功能差、易摔跤的特点，家居环境也要作无障碍改造。如采用木地板或铺软垫板，在墙壁、柱子、地面以及所有有凸起棱角处均用软垫材料覆盖，防止二次创伤。

常用于脑瘫患儿的矫形器，如下（表6-5-1）：

表6-5-1 脑瘫患儿的常用矫形器

问 题	目 的	矫 形 器
撞头：有意或无意	保护头、脸	安全帽
张口：流涎，进食、言语困难	促进闭合	下颌托靠弹力带连接到轻质头带上
手握拳	维持功能位	二指长手套型板
腕手固定屈曲畸形	防止进一步畸形	支撑前臂腕手、手指掌侧于功能位的矫形器
固定肘屈曲畸形	同上	全臂长圆筒套
不能保持肘伸展	使肘支撑负重	全臂长圆筒绑套
不能主动伸腕影响手功能	促使腕伸展	抑制腕屈曲的矫形器
不能主动外展拇指影响手功能	促使拇指外展	使拇指保持于外展位的矫形器
意向性震颤影响手功能	减少震颤	加有重量的腕带
躯干控制不良和非对称性姿势	保持直立对称性坐位	可调式有肩带或腹股沟带的躯干矫形器
双髋内收	获得满意的姿势	可调的髋外展矫形器
膝固定屈曲畸形	支撑站立时膝伸展	长下肢矫形器
尖足步行	使足背屈足跟着地	短下肢矫形器（AFO）
足畸形	保持正常姿势	矫形鞋

（六）教育康复

脑性瘫痪患儿除了运动功能障碍外，智力水平亦多低于正常水平，且伴有社会适应行为缺陷。但随着年龄的增长和脑的发育，运动功能和智力有一定程度的提高。本着"用进废退"的生理原则，应对脑性瘫痪患儿进行早期干预，并运用有系统和有组织的教育和训练，起到补偿矫治作用，这是脑性瘫痪患儿的重要康复途径之一。

1. 脑性瘫痪患儿的教育目标　根据瘫痪的程度，患儿大致可分为3组。轻度：智力正常，瘫痪轻度。中度：智力不足，瘫痪较重。重度：智力不足，瘫痪严重。脑性瘫痪患儿教育的总目标是通过特殊的教育与训练方法，尽量使其成为自食其力的劳动者，即职业的适应、社会的适应和个人的适应（指个人生活自理）。其中职业适应是自立于社会的基础，是最终目标。但每个患儿的病情和残疾程度不同，具体的教育培养目标也有所不同。

（1）轻度脑性瘫痪的教育目标：可以培养成为有理想、有道德、有文化、有纪律的社会公民。具体目标要达到：第一，培养基本能力。一般可掌握与智力水平相适应的文化知识和技能，有一定的生活处理能力，注意个人卫生，并有一定的了解环境的能力。第二，培养良好的思想品德和个性。在学习和工作中，有克服困难的毅力，有集体主义精神和集体荣誉感，有较稳定的情绪。第三，培养适应社会的能力。学会自己管理自己，参与社会活动，能尊重别人并友好相处，有一定的社会责任感和经济观念，学会一定的劳动技能，为就业做准备。

（2）中度脑性瘫痪的教育目标：应着重体力和心理能力的康复与补偿，培养良好的思想品德、习惯、社会适应能力和劳动技术，尽量使其能达到生活自立。具体目标是：第一,培养良好的思想品德和个性,学会关心他人和集体,学会与他人友好相处。第二,发展与人交往的能力,在协助其他患儿与人交往的同时,及时指出交往过程中不适当的行为,逐渐发展社会交往能力。第三,培养独立生活和适应环境的能力,学会照顾个人起居饮食,培养处理日常生活中遇到的简单问题的能力,尽量减少他人的照顾程度。

(3) 重度脑性瘫痪的教育目标:加强护理,尽量减少他人的监护和照顾程度。

2. 脑性瘫痪患儿教育的基本原则 脑性瘫痪患儿的主要特征是无法与同龄儿一样灵活迅速地学习,必须配合其本身的发展速度,应用正确的原则与技术来协助他们进行有系统的学习。以下是使他们接受教育与训练更为有效的一些基本原则。

(1) 矫治缺陷,为教育与训练奠定基础:脑性瘫痪患儿常常伴有功能障碍、营养失调或其他疾病与缺陷,应当在教育训练之前,对他们进行矫治。如积极开展运动康复。伴有癫痫者,应当先控制癫痫发作,以便使他们的躯体在较为健康的状况下进行学习,取得更好的效果。

(2) 早期发现、早期干预:医疗和教育训练是否能够取得效果,关键在于早期发现与早期干预。

(3) 热爱儿童,严格要求:脑性瘫痪患儿在学习上会遇到许多困难,行为上往往有种种问题,情绪和个性方面也常出现一些不良表现,教师要以满腔热情去理解他们,耐心、细致地启发诱导,决不能表现出厌恶和嫌弃。凡是教学计划内应该学习的任务,都应严格要求,不能随意降低或减少。总之,通过教学与帮助,能够使他们体会到教师的热爱和关怀。

(4) 激发学习积极性,体验成功的喜悦:脑性瘫痪患儿缺乏学习的积极态度和主动性,他们在家庭、学校或同伴中往往是失败者,种种挫折使之失去信心,形成心理上的压抑,对任何事都没有兴趣,因此他们不会主动地努力学习。教育训练时,要明确学习目的性,安定其情绪,培养多方面的兴趣。在组织教材中,缩小回答的选择范围,使其比较容易地获得正确答案,体验到成功的喜悦,以激励其学习积极性。

(5) 从实际出发,因人而异地制定学习计划:脑性瘫痪患儿个体差异很大,接受能力很不相同。在确诊和评定临床等级之后,还必须对他们在感知、动作、语言和社会适应等各个方面做出评定,然后从实际出发,因人而异地制定教育训练计划,最大限度地以个别化原则来进行有针对性的教育,使每一个接受教育训练的患儿潜力都能得到充分的发挥。

(6) 教育内容要有系统性,循序渐进:脑性瘫痪患儿的教育训练内容不同于普通儿童,从整个学科到各章节乃至每堂课的教学内容,都应该有其系统性。也就是前后需有联系,循序渐进,才有利于理解、记忆和应用,有利于他们的智力进一步发展。

(7) 加强直观性教育,注意教学活动的变化:注意运用脑性瘫痪患儿的多种感官和已有的经验,通过各种形式的感知和富有变化的教学活动,不但使其学得生动活泼,有趣味性,而且有助于形成概念,获得知识,提高认识能力。具体做法如下:

1) 多利用活动和游戏方式,使教学趣味化,并能通过亲自尝试,从中获得实际经验。

2) 多利用形式多样化的教具和教学资源,如实物、图像、模型、幻灯、电视和电影等直观手段,留下深刻印象和记忆,加深对课文的理解。

3) 尽量利用实际事例,以及日常生活中的有关资料为教材,使之感到与自己相关,学会灵活运用,有所变通。

4）教师在教学中语言要形象、具体、生动和有趣，并可应用手势和身体动作示范，协助理解并掌握所学的内容。

（8）强调目标训练，学习步调不宜过快：这就是要把训练内容分解为若干个细小步骤，按预定的目标，一步一步有计划地进行训练，最后达到训练目标的实现。对轻度脑性瘫痪患儿，分解的步子可以粗一些，大一点，注意他们的接受程度，或采用"回归主流"的方式，在普通班与正常儿童一样接受教育；对中、重度患儿，分解的步子则要更细小一些，以便减少其混淆和失败感的产生。

（9）反复练习，不断巩固：脑性瘫痪患儿的心理特征之一，是记忆缓慢，遗忘快，保持不巩固。所以，在指导他们学习时，必须运用多种方法，使他们留下鲜明的印象，并且通过反复练习，不断巩固之后，他们才有可能加以运用。

（10）提供反馈，增强正确的反应：脑性瘫痪患儿亦应了解自己所做的反应是否正确，有助于学习。反馈形式包括：教师让他们知道自己学习结果的正误，如反应正确，给予正向增强后，此行为再度出现的频率将会有所提高。增强必须及时、明确，通过增强法，逐渐培养他们的良好行为并消除不良行为。

（11）鼓励家长的合作和参与：要提高教育训练效果，家长的合作与参与必不可少。参与教育训练的家长，首先要接受一定时间的有关指导方法与教材的讲习，让家长尽早参与指导自己的子女，并且协助患儿心理状态的健康教育。

3. 脑性瘫痪患儿教育的课程重点　脑性瘫痪患儿的学习能力与需求具有极大的个体差异性，很难列举一套适用的课程模式。但是可以按照轻、中、重度不同病情程度的脑性瘫痪，将其所需课程做出概括性归类。以下分别介绍一些轻、中、重度脑性瘫痪患儿所需课程的重点。

（1）轻度脑性瘫痪患儿的课程重点：轻度脑性瘫痪患儿必须学习的课程重点包括算术、社会沟通、安全、健康、职业、动作与课外活动等方面的技能。归纳起来，主要包括职业、社会与个人适应能力等几个方面，旨在培养其日后能在社会上有效地生活与工作的能力。学前教育的课程编制重点，应当放在语言发育、动作发育和感知训练等方面。教育训练前，应以不同年龄基线测试每一个儿童，再按其缺欠方面进行有计划的训练。如感知训练，包括视、听、触、味、嗅等。其基线为：

1）低基线（0~2岁）：①运用拇指、食指拾起细颗粒物体。②叠砌4块积木。③插桩钉。④撕纸。⑤逐页翻书……

2）中基线（2~4岁）：①剪直线。②对角、斜角折纸。③按模型、周界粘贴图案。④在图案范围内填色。⑤印画……

3）高基线（4~6岁）：①用纸粘贴成图案而不交叠。②填色时注意细微部分，避免出界。③画人像。④模仿写简单文字。⑤模仿组合图案及模型……

4）小学和中学阶段（6~14岁）：课程重点除小学读、写、算、自然、美术、劳动和体育等技能科目外，还应加强社会适应、语言、知觉、动作和自理等训练，要使患儿掌握说话和书写技能，并运用语言理解能力学习其他知识，应付生活所需。

（2）中度脑性瘫痪患儿的课程重点：学前及小学阶段的中度脑性瘫痪患儿的课程，应以生活自理和动作技能训练为主，兼以社会适应、沟通与实用技能训练等。在具有此等技能的相当程度基础之上，方能到中学阶段进行职业训练。

1）自理课：主要培养照顾自己生活需求的能力，如饮食、大小便、穿着、梳洗和安全等。

2）沟通课：培养与他人有效沟通的能力，包括运用语言、手势等和别人进行适当的沟通，不仅能听懂，也可以自我表达。

3）社会适应课：学习如何自我控制情绪，乐于助人，并且培养其热心和诚实等品质，以及对异性的适当态度。

4）实用技能课：就是将有限的读、写、算等技能，用于日常实际生活中，使之适应与满足日常生活的需求。

5）职业与经济技能课：在辅助器具的辅助下，尽量掌握一些就业技能，培养工作态度及兴趣爱好。

(3) 重度脑性瘫痪患儿的课程重点：重度脑性瘫痪患儿往往伴有多种障碍，对医疗服务的需求相当迫切。过去认为他们只需终生养护，不具备学习能力，如今一般认为只要教导得法，他们也能学习一些基本生活技能。其中，最需要学习的是饮食、穿着、梳洗与大小便等生活自理技能。由于许多重度脑性瘫痪迟滞儿童伴有明显的注意力、知觉、动作和头、手、脚的控制障碍，以及沟通障碍，需在实施训练之前，设计合理的训练方案，选择适当的辅助器材，如易拿握的餐具、沟通板、行动辅助器等，并采取必要的激励措施，矫治其身心缺陷，同时学习生活自理技能。

4. 脑性瘫痪患儿的教育与训练方法　教育与训练脑性瘫痪患儿，比简单的传授知识与技巧需要采用更多的方法。而且，单纯强调其中的任何一种方法都是有害的，应当根据具体情况，灵活掌握、综合运用。现简要介绍几种教育与训练方法。

(1) 循序渐进法：主要是把各种课程系列地划分为小型的、具有逻辑顺序的学习单元，然后循序渐进地教学。例如，课题是春天，可以划分为：春天的月份、春天的天气、春天的花朵和春天的蔬菜与水果等若干个小单元。通过学习唱春天的歌，在日历上找出春天的月份，到室外找春天的花草，尝春天的蔬菜及水果，充分运用视、听、味、嗅、触等各种感觉器官去体验春天。

(2) 诊疗教学法：是一种典型的个别教学，其主要目的是根据教学诊断资料，为个别脑性瘫痪儿童设计适合其独特需要的特殊教学方案。在诊疗教学过程中，教师不仅要了解患儿能做什么，不能做什么，还要了解其失败原因和如何才能取得成功的有关心理过程与发展线索。诊疗教学是"教学—测验—教学—测验"的交替过程，并由诊断、计划、实施教学、评估和修正等5个阶段，周而复始，循环不已地构成5个相同等分的诊疗循环图。诊疗教学形式多样，最常应用的形式有下列3种：

1）个别指导：一对一地个别指导。通常最能依照儿童的能力施教，保证其有效地学习，师生关系与相互沟通亦较密切。

2）小组教学：将学习问题相类似或学习程度相近的儿童，组合成一个小组进行教学。通常4～6名患儿为一组，由一个教师任教。

3）独立学习：这是一种自学活动，教师把教材内容按序编成细目，让学生循序渐进自学。这种教学的特点是，患儿对呈现的教材须主动做出反应，学习结果可及时反馈，并充分适应患儿的个体差异。

（3）任务分析法：所谓"任务分析"，即是运用行为分析技巧，把教学任务做详细的分析，重点放在分析学习的操作方面。具体说，就是把患儿学习的终结目标行为作为主题，然后将它分解为一连串的小步骤动作行为，让患儿逐个学习小步骤的动作行为，最终完成目标行为的学习。任务分析有各种不同的具体方法，较常用的有下列4种：

1）链锁法：大多用于学习自理技能。将一个目标行为分解成一串相连的小步骤，例如，教患儿喝水，可以分成以下5个环节的链锁行为（能力较差患儿，可分成更多环节）：右手（或左手）拿起杯子——把杯子送到嘴边——喝一口水——咽下水——把杯子放下。链锁法可分为整个链锁、前链锁和后链锁三种。整个链锁法，即练习从链的开端，一直到末尾，每次都要教完所有的步骤，并让其做完之后，再予以强化。用前链锁法时，最先教链锁行为中的第一个步骤或环节。后链锁法，则是最先教最后一个环节，亦可在患儿最喜欢的那一个环节教起。患儿依照选用的链锁法，逐步学习；教师协助的程度则逐渐减少，直至患儿能自己完成整个目标行为的要求为止。

2）塑形法：主要用于增加一些从未做过的行为。通过对近似目标的行为做出鼓励，正性强化，以及随需要变更教具，使患儿逐渐掌握目标行为。运用此法，分解成小步骤的不是目标行为，而是不断变更其接近目标行为的反应与教具。从开始到完成目标，患儿都学着同一个目标行为，只是学习行为不断改变，教具亦随之更易。例如学习穿珠，教师可以从大孔木珠和胶管开始，逐渐依照患儿表现更改所需的木珠和穿线，直至达到会穿珠的目标。

3）辨别学习法：多用于概念方面的学习，包括两个原则。第一，目标物与非目标物愈来愈近似；第二，非目标物的数目渐增。

4）渐消法：这是逐渐减低某个行为的协助程度，或改变提示形式，以及性质的更改，缓慢减少对协助的依赖，直至患儿自己能做出该项行为。如教患儿沿黑点线画圆，开始用较深色的黑点线画圆，逐渐变成很浅色的黑点线。教师可分6个步骤，从握着患儿的手沿点线画，直至只给口头指示，由患儿独自画圆。

（4）行为矫正法：脑性瘫痪患儿往往伴有某些行为问题，或特殊功能障碍。若按奖惩学习原则，对其进行行为矫正，常能取得较好的效果。一般可采用阳性强化法、阴性强化法、间歇强化和惩罚等行为矫正法。现代科技在脑性瘫痪患儿的教育与辅导上，贡献最大的要数电脑辅导教学。它可以让患儿按一个字键，或触摸荧光屏上展示内容的某一部分，即可完成应答，并立即获得答案对与错的反馈。这种辅助教学不但能按患儿各自程度进行学习，而且颇能维持患儿的学习兴趣。

另外，可应用语言合成声电动符号沟通板等，以增强其与别人沟通的能力。脑性瘫痪患儿伴有注意力缺陷时，可设计附带在他们衣服上的感应器，一旦分心，即将有关生理信息传送至电脑处理，并发出有关信号，提醒他们。对于他们的记忆力缺陷，也同样可以设计自动提醒装置，督促从事一些例行事项。为增进重度脑性瘫痪患儿的生活技能，已陆续设计出一些协助进食、排泄和沐浴等活动的器具。

四、其他治疗措施

（一）药物治疗

目前尚无治疗脑瘫的有效药物。但对肌紧张所致的肌肉痛，不眠、精神不稳定而造成肌紧张亢进的恶性循环，仍需要给予抗痉挛剂。对痉挛型可用氯苯氨丁酸（baclofen）、硝苯呋喃（dantrolene）等肌紧张松弛剂。但必须注意，癫痫患儿不能用此药。对于手足徐动型脑瘫常配合使用安坦（artane）、美多巴（madopar）等多巴胺类药物。合并癫痫者给予抗癫痫药物，也可使用促进脑代谢的药物。

（二）手术疗法

近年来除了传统的矫形手术，包括髋关节屈曲、内收、内旋畸形，髋关节内收合并膝关节屈曲畸形，膝关节、踝及足的畸形，肘关节屈曲畸形，前臂、腕关节和手畸形的矫正手术外，主要采用选择性脊神经后根切断术（selective posteri rnizotomy, SPR）。在此主要简单介绍选择性脊神经后根切断术。

1. 手术适应证　严重痉挛和僵直，影响日常生活和康复训练，而保守治疗无效的患儿。

其他条件还有：①单纯痉挛性脑瘫，肌张力在3级以上。②肌张力虽高，但固定挛缩较轻。③术前有一定的运动功能，仅因痉挛致步态异常者。④智力正常或接近正常，利于配合术后训练。⑤严重痉挛和僵直，影响日常生活、护理及康复训练者。⑥虽为混合型，但以痉挛为主，手术可使功能改善者。

2. 手术禁忌证

①智力低下，不能配合康复训练者。

②肌力低下，运动功能较差者。

③手足徐动型、共济失调、扭转痉挛及重度混合型脑瘫。

④重的肢体固定挛缩畸形和脊柱畸形、腰骶部不稳定者。

3. 治疗效果　所有接受腰骶段SPR术的患者，术后皆出现明显的肌张力及肌力下降，两周之内逐渐恢复至接近正常水平。肌力通常下降1级左右，但灵活性却明显提高；剪刀式步态消失，马蹄足畸形减轻或消失；下肢各关节活动范围增大；浅感觉及本体感觉无明显减退。随访8~24个月效果不变。颈段SPR术后上肢肌痉挛消失，肌力仅轻度下降，各关节活动范围明显增大，但手部精细动作功能改善不明显。本手术的关键在于"选择"，它有三种含义：其一，是病例的选择，即手术适应证选择。其二，是手术节段的选择，上肢痉挛选择颈段手术，下肢痉挛可选择胸腰段手术或腰骶段手术。胸腰段手术损伤小，对脊柱稳定性影响小，但操作困难；腰骶段显露充分，损伤大，操作相对容易。可根据患者情况及术者熟练程度来选择。其三，是术中进行电刺激选择，用电刺激仪测定各后根束阈值，选择阈值较低的神经束切断。这三者缺一不可，是手术疗效优劣的关键。

（三）物理治疗

水中运动是患儿在水中利用水的浮力进行的辅助运动、支托运动、抗阻运动等。通过水中运动，可以改善患儿平衡、步行、全身协调、肌力、体位变换、ROM等能力，还可帮助患儿发展身体形象和空间关系感知，使患儿了解身体和四肢的存在、位置及其关系。水重游戏尚有益于儿童的身心健康。另外，生物反馈疗法、功能性电刺激和痉挛肌电刺激有减低痉挛，增强肌力的作用。

（四）言语矫治

言语矫治也是脑瘫患儿重要的治疗内容，原因是在脑瘫患儿中言语障碍的发生率达

30%～70%。在脑瘫患儿中，最多见的言语障碍为构音障碍和言语发育迟缓，两者均需由专业的言语治疗师在言语治疗科室进行（具体治疗措施参见《言语治疗学》）。

（五）传统医学康复疗法

传统医学康复疗法主要包括针灸法、按摩法、中医中药、埋线法与穴位注射法（详见《中国传统康复治疗学》）。

第六节　广泛性发育障碍

一、精神发育迟滞（MR）

（一）定义

精神活动发育的停止或者不充分的状态，是认知、语言、运动、社会能力全部出现障碍。

（二）分类

临界	IQ 70～85	
轻度	IQ 50～69	精神年龄 8～12 岁
中度	IQ 35～49	精神年龄 3～7 岁
重度	IQ 20～34	精神年龄 3～7 岁
极重度	IQ 0～19	精神年龄 2 岁以下

（三）病因

1. 生理因素：由于遗传基因的组合变异而发生。
2. 病理因素：

感染：先天性风疹　先天性梅毒　各种脑炎、脑膜炎

中毒：酒精中毒　铅中毒　高胆红素血症

外伤：异常分娩引发的外伤　缺氧　颅内出血

代谢、发育、营养障碍：氨基酸代谢障碍　内分泌代谢障碍

脑气质性病变：脑血管畸形　脊髓小脑失调症　脑肿瘤

出生前因素：先天性脑缺损　先天性小头症　先天性脑积水

染色体异常：唐氏综合征

（四）特征

1. 认知障碍：立体的认知和抽象概念理解困难。
2. 学习困难：学习需要长时间的反复，很难养成学习习惯。
3. 感觉障碍：对特定的刺激过敏，但整体感觉迟钝。
4. 运动障碍：基本的运动能力低下，操作笨拙。
5. 交流障碍：吐字不清，语言的使用和会话技能幼稚不成熟。
6. 对人关系幼稚：过度的依赖、过度的防御、自闭。
7. 不安：因为对状况的把握和理解非常低下，很容易陷入不安状态。

（五）评定

1. 新版 S-M 社会生活能力检查：

（1）对象：精神发育迟滞儿。

（2）适用年龄：1~13 岁。

（3）所用时间：20 分。

（4）评定领域：身边自立动作、移动动作、作业能力、意志交换、集团参加、自我管理。共 6 个领域，130 个项目。

（5）实施方法：询问了解孩子的保护者的日常生活的问卷表方法。在 130 个项目中每个生活年龄被分成 7 个发育阶段指标，评定时从孩子相当的年龄阶段开始。

2. 发育评定表：

（1）目的：详细把握孩子的智能发育状况。

（2）对象：精神发育迟滞儿、身体障碍轻度伴智能发育落后儿、运动障碍儿。

（3）适用年龄：0~3 岁以下所有障碍儿。

（4）需用时间：60 分钟以内。

（5）评定领域：知觉：灵巧运动（40 项）认知（33 项）语言（34 项）

社会性：情绪（35 项）粗大运动（84 项）

身边处理：食事（29 项）更衣、卫生（12 项）排泄（7 项）共 6 个领域 274 个项目。

（6）实施方法：为了让孩子安心地完成检查，检查时可以由孩子的父母陪同。当孩子连续 6 个项目或 2 个月龄段的全部项目都失败时评定结束。按照评定项目评分标准用合格、失败、疑问进行记录。

（六）治疗

1. 原因疗法：例如对甲状腺功能低下进行药物的投入。

2. 运动疗法：精神发育迟滞儿多在乳幼儿时期呈现运动发育落后和肌紧张低下，因此，运动功能的改善是运动疗法的重要目标。

3. 个别疗法、集团疗法：首先选择进行与其智能年龄相适应的课题进行个别疗法，进一步在性质不同的集团中进行活动。

4. 作业疗法：中枢神经系统功能的成熟与感觉刺激有着密切的关系，但是对于伴有感觉运动统合功能障碍的精神发育迟滞的作业疗法而言，适当的感觉刺激的导入是必要的。对于正常小儿即使是普通的刺激，对于精神发育迟滞和多重障碍的小儿可能就是不快刺激或是过剩刺激，经常会出现防御反应的哭泣拒绝反应和多动。

小儿对于治疗室的环境和气氛比较敏感，所以，治疗师一定不能忘记给予的刺激应从最适宜刺激开始慢慢向强化刺激过渡。治疗师需要对小儿的潜在能力充分评定，同时根据小儿的发育阶段进行治疗也是十分重要的。

作业项目的选择：A. 作业内容简单

B. 使用的工具要少

C. 患儿有兴趣的内容

D. 分工明确的作业

E. 容易理解指导方法的作业

5. 生活指导：人的身体功能、精神功能是有一定规律的功能系统，确立每日的规律是非常重要的。身体适应每天像日出日落一样，外面环境周期性的变化的活动性规律是乳幼儿发育的基础。睡眠中枢存在于丘脑下部，意识水平重要的网状体赋活系统的活动通过从感觉神经路发出的侧枝输入感觉性刺激而被激活和维持。也就是说觉醒和睡眠，根据感觉刺激的量来决定。精神发育迟滞的小儿容易受到周围环境的影响，因此，在确立睡眠觉醒规律时要充分考虑这一点。

生活指导以生活规律的确立、日常动作自理等生活习惯的培养为重点。例如，新生儿期穿脱衣服虽然是在他人的辅助下完成的，但是这种活动能够有效地强化姿势反应和协调动作的相互作用。

7~9个月的阶段时，进食时要鼓励小儿用手抓，有助于促进小儿的自主性、精力集中性和动作灵巧性的发育。发育到18个月的阶段时要训练排泄动作，这个动作是不能完全依靠他人完成的。具体的训练方法是：在地上放置便器和小儿专用椅子，让小儿穿着衣服坐在便器上一段时间，这样的练习持续一周以上后，让小儿脱去裤子坐在便器上。这个顺序要逐步导入，小儿会产生新奇感且不担心排泄物排出。

二、孤独症（自闭症）

（一）定义

孤独症又称自闭症，被归类为一种由于神经系统失调导致的发育障碍。其病征包括不正常的社交能力、沟通能力、兴趣和行为模式。自闭症是一种广泛性发育障碍，以严重的、广泛的社会相互影响和沟通技能的损害以及刻板的行为、兴趣和活动为特征的精神疾病。1994年美国精神医学把自闭症列入广泛性发育障碍中，自闭症作为临床定义现在被广泛使用。

（二）临床特征

1968年Rutier将儿童孤独症主要特征归结为：

1. 缺乏社会兴趣和反应。
2. 语言障碍：从无言语至语言形式奇特。
3. 异乎寻常的动作行为：游戏形式僵硬、局限，动作具有刻板、重复、仪式性以及强迫性行为。
4. 起病于出生后30个月内。

（三）诊断标准

1. DSM-Ⅳ儿童孤独症的诊断标准：包括下述（1）、（2）、（3）中的六项以上，至少有两项是（1）中的，（2）、（3）中至少各一项。

（1）社会交往有质的缺损：至少具备下列两项表现。

1）非言语性交流行为的应用有显著缺损，如眼神交流、面部表情、躯体姿势、社交手势等方面。

2）与相似年龄儿童缺乏应有的同伴关系。

3）缺乏自发地寻求与分享乐趣或成绩的机会，如不会显示、携带或指出感兴趣的物品或对象。
　　4）缺乏社交或感情的相互交流。
　（2）言语交流有质的缺损：至少具备下列一项表现。
　　1）语言发育延迟或缺如，并不伴有以其他交流方式来代替或补偿的企图，如手势或姿势。
　　2）虽有足够的言语能力，但不能与他人开始或维持一段交谈。
　　3）刻板地重复一些言语或言语奇怪。
　　4）缺乏各种自发的儿童假扮游戏或社交性游戏活动。
　（3）重复刻板的有限的行为、兴趣和活动：至少具备下列一项表现。
　　1）沉湎于某一种或几种刻板的有限的兴趣，而其注意集中的程度却异乎寻常。
　　2）固执于某些特殊的没有实际价值的常规行为或仪式动作。
　　3）刻板重复的装相行为，如手指扑动或扭转、复杂的全身动作等。
　　4）持久地沉湎于物体的某个部件。
　2. 功能异常或延迟：至少表现下列一项，而且必须在 3 岁前出现。
　（1）社会交往。
　（2）社交语言的应用。
　（3）象征性或想象性游戏。
　3. 并非 Rett 病或儿童期互解性精神障碍。

（四）功能障碍的特点

孤独症患儿以缺乏社会交往、语言交流和游戏兴趣，想象力障碍，对感觉刺激的反应异常，运动协调障碍，强迫保持生活环境和方式为特征。

1. 感觉与运动功能障碍
（1）对感觉刺激的反应异常：主要表现为以下几个方面。
　1）感觉输入似乎无法印记在脑中，因此，常对周围漠然不注意，有时却又反应过度。
　2）前庭和触觉虽有作用，调节上则相当不良，大多有重力不稳和触觉防御过当现象。
　3）对新的或不同的事物，大脑的掌握特别困难，对有目的或需积极处理的事不感兴趣。

孤独症患儿对声音、视觉、触觉不敏感，对疼痛和外界刺激麻木。如一个突然的声响在正常小儿会引起惊跳，而孤独症患儿则若无其事。和他们讲话，他们像没有听到一样没反应，很多父母因此怀疑小儿"耳聋"而初次就诊。在患儿面前站个人，他好像没有看见，或只注意看对方的一双手或其他某一部位。患儿常以摩擦、拍打、撞头、咬硬东西、摇晃或旋转身体等动作以引起自身感觉。而在另一些情况下，患儿对某些刺激又会特别敏感，尤其对汽笛声、吸尘器声、狗吠声以及光线突然变化等异常过敏，常会引起惊恐或烦躁不安。有些患儿手指压伤了不会叫痛，而对轻微的瘙痒却忍受不了。感觉麻木和过敏可在一个患儿身上同时存在。

（2）运动协调性障碍：孤独症患儿的运动能力似乎非常差。他们只做最简单而熟悉的动作，可以记诵，也可做简单的推理，喜欢重复原有的动作，却很难去重新组合这种原有动作，自己的思考和行动似乎没有弹性可言。

孤独症患儿都坐不住，动个不停。常用脚尖走路或以跑代走，东张西望，眼神飘忽很难长时间集中注意力。还常伸颈、装腔作势、做出些怪异姿势，有的患儿还莫明其妙地笑。

2. 社会交往障碍　大部分孤独症患儿婴幼儿期就表现出对人缺乏兴趣，母亲将其抱着喂奶时，他们不会将身体与母亲贴近，不会望着妈妈微笑，平常不注视父母的走动。6～7个月时还分不清亲人和陌生人，不会像正常小儿一样发出咿呀学语声，只是哭叫或显得特别安静。有的患儿即使1～2岁发育正常或基本正常，但起病以后表现有饥饿、疼痛或不舒服时，不会跑到父母身边寻求食物或安慰，可能只是拉着父母的手去取东西，而不会以言语或姿势来表示。这种患儿往往对父母离开或返回无动于衷，即使父母站在身边也不会与之交往，更不会与父母对视，显得极其孤独。孤独症患儿也同样缺乏相互性社会交往，表现为不与周围小朋友交往，更不可能建立友谊。

Wing将具有社会交往障碍的孤独症患儿分为四种类型，即孤独型、被动型、异常积极型和过度依赖型。

3. 语言交流障碍　语言交流障碍在孤独症患儿中表现得较为显著，具体表现有以下几方面：

(1) 非语言交流障碍：孤独症患儿常以哭闹或尖叫表示他们的不舒适或需要。稍大的患儿可能会拉着大人的手，走向他们想要的东西。缺乏相应的面部表情，常显得表情漠然，很少用点头、摇头、摆手等方式表示他们的意愿。

(2) 语言发育延迟或不发育：患儿常常表现为语言发育较同龄儿晚，有些甚至不发育。有报道说，患儿中约有一半终身保持缄默，仅以手势或其他形式表达自己的要求。也有些患儿在2～3岁前语言功能出现以后，又逐渐减少甚至完全丧失。

(3) 语言内容、形式的异常：孤独症患儿语言功能即使存在，也同样出现许多问题。患儿往往不会主动与别人交谈，不会维持或提出话题，或者只会反复纠缠同一话题，而对别人的反应毫不在意。他们常常是在"对"人说话，而不是"与"人交谈，语言交流十分困难。刻板重复性语言及模仿性语言也较多见，和患儿谈话时他常只会重复你的讲话。也有的患儿会在当时或隔一段时间以后模仿电视、收音机或别人说过的话。有些患儿表现为自言自语或哼哼唧唧，自得其乐。另外，孤独症患儿还可有语音、语调、语速、语言节律及轻重音等方面的异常，讲出的话怪声怪气或平平淡淡，没有感情色彩。有的患儿对人称代词常错用，如把"你"说成"我"，或把"我"说成"他"等。

4. 想象力障碍　孤独症患儿最困难的事情，就是不能理解事物在时间与空间中的相互联系。因此，患儿不能进行模仿游戏和想象性活动，难于理解其他人的感情，不明白动作的顺序等，常常导致日常生活活动混乱。另外，患儿也难以理解过去、现在、未来等时间概念。

5. 兴趣狭窄、坚持同一格式和仪式性强迫性行为

(1) 兴趣狭窄和不寻常的依恋行为：孤独症患儿对一般儿童所喜爱的玩具和游戏缺乏兴趣，尤其不会玩需要想象力的游戏，而对一些通常不作为玩具的物品却特别感兴趣，如车轮、瓶盖等圆的可旋转的东西。他们常对物体的非主要特性感兴趣，如喜欢反复摸光滑的地面等。有些患儿还对塑料袋、门锁、某些水果等产生依恋行为，但是对有生命的东西产生依恋是少见的。

(2) 日常生活习惯不愿被改变：孤独症患儿对环境常常固执地要求一成不变，一旦发

生变化就会焦虑不安。对日常生活习惯也是如此，如有些患儿只吃固定的食物，有些吃饭时要求坐固定位置；有的还喜欢把玩具或物品排列成行，如被搞乱，就显得痛苦或大发脾气。几乎所有的儿童孤独症者都拒绝学习或从事新的活动。

（3）仪式性或强迫性行为：如扭曲或在面前弹弄手指，拍手。有些患儿花费很多时间沉湎于记忆天气预报、一些国家的首都、家庭成员的生日等。稍大的患儿常反复问同一个问题和不可克制地去触弄或嗅闻一些物体。这种仪式性或强迫性行为在智力正常的患儿中较多见。

6. 智能和认知障碍　孤独症患儿的智能约有50%处于中度和重度低下水平（IQ低于49），约25%为轻度低下水平（IQ为50~70），还有25%可保持正常。一般医院门诊所见的患儿多属于中度或重度，那些轻度或正常智力水平的患儿也许被认为只是脾气古怪，而不作为病态前往医院就诊。不论患儿的智商是低还是高，其表现的主要症状均相似，只是智商低的患儿在社会交往和社会反应、刻板行为和自伤行为的程度上更为严重，癫痫发作也较多见。

1967年Rutter和Lackyer在对孤独症患儿的智商研究中发现，孤独症患儿在应用操作、视觉-空间技能、即时记忆的测验上较优，而在那些象征性、抽象思维和逻辑程序的测验上较差。其他认知缺陷表现在模仿、对口述词和手势的理解、灵活性、创造性、制定和应用规则上，与智商相同的非孤独症儿童相比，则障碍要广泛和严重得多。此外，智力低下和智力正常的孤独症儿童相比，前者认知障碍则更为广泛。有部分孤独症患儿在智力低下的同时又出现"孤独性才能"，在音乐、计算、推算日期、机械记忆和背诵等方面呈现特异功能，被称为"白痴天才"。

7. 其他特征　孤独症儿童呈现情感平淡，或与境遇不相称的情感过分或不恰当。他们常出现无理由的哭泣、大声啼哭，并且难以通过安抚使之平息，也有的无故地咯咯笑，对汽车、高楼和有毛动物等一般孩子所害怕的东西无畏惧感。患儿常出现旋转而不头晕，自伤行为多见。癫痫发作可出现在儿童早期或少年期，以后者多见。

（五）功能评定

1. 孤独症儿童行为评定量表　孤独症儿童行为评定量表为国内孤独症行为评定常用量表（表6-6-1）。孤独症儿童的感觉、行为、情绪、语言等方面异常表现的项目，可归纳为5个因子：感觉、交往、躯体运动、语言、生活自理。每项的评分是按其在量表中的负荷大小，分别给评1、2、3、4分。如第十项分值是3分，只要患儿有该项表现，无论症状表现轻重都评3分。为方便使用，设计者在每项后标明了应有的得分。实得分数大于53分为异常。

表6-6-1　孤独症儿童行为量表（ABC量表）

项目	评分
1. 喜欢长时间的自身旋转	
2. 学会做一件简单的事，但是很快就"忘记"	
3. 经常没有接触环境或进行交往的要求	
4. 往往不能接受简单的指令（如坐下、来这儿等）	
5. 不会玩玩具（如没完没了地转动或乱扔、揉等）	
6. 视觉辨别能力差〔如对一种物体的特征（大小、颜色或位置等）的辨别能力差〕	

续表

项目	评分
7. 无交往性微笑（如无社交性微笑，即不会与人点头、招呼、微笑）	
8. 代词运用的颠倒或混乱（如把"你"说成"我"等）	
9. 长时间地拿着某件东西	
10. 似乎不在听人说话，以致怀疑他有听力问题	
11. 说话不合音调，无节奏	
12. 长时间地摇摆身体	
13. 要去拿什么东西，但又不是身体所能达到的地方（对自身与物体距离估计不足）	
14. 对环境和日常生活规律的改变产生强烈反应	
15. 当和其他人在一起时，呼唤他的名字，对自己的名字无反应	
16. 经常做出前冲、旋转、脚尖行走、手指轻掐轻弹等动作	
17. 对其他人的面部表情或感情没有反应	
18. 说话时很少用"是"或"我"等词	
19. 有某一方面的特殊能力，似乎与智力低下不相符合	
20. 不能执行简单的含有介词语句的指令（如把球放在盒子上或把球放在盒子里）	
21. 有时对很大的声音不产生吃惊的反应（可能让人感到该儿童是聋子）	
22. 经常拍打手	
23. 发大脾气或经常发点脾气	
24 主动回避与别人的眼光接触	
25. 拒绝与别人接触或拥抱	
26. 有时对很痛苦的刺激（如摔伤、割破或注射等）不引起反应	
27. 身体表现很僵硬，很难抱住	
28. 当被抱着时，让人感到肌肉松弛（不紧贴着抱他的人）	
29. 以姿势、手势表示所渴望得到的东西，而不倾向用语言表示	
30. 常用脚尖走路	
31. 用咬人、撞人、踢人等来伤害他人	
32. 不断地重复短句	
33. 游戏时不模仿其他儿童	
34. 当强光直接照射眼睛时，常常不眨眼	
35. 以撞头、咬手等行为以自伤	
36. 想要什么东西不能等待（一想要什么就马上要得到什么）	
37. 不能指出5个以上物体的名称	
38. 不能发展任何友谊（不会和小朋友来往交朋友）	
39. 有许多声音的时候常常盖着耳朵	
40. 经常旋转碰撞物体	
41. 在训练大小便方面有困难（不会控制大小便）	
42. 一日只能提出5个以内的要求	
43. 经常受到惊吓，或非常焦虑、不安	
44. 在正常光线下斜眼、闭眼、皱眉	
45. 若没有别人的经常帮助，就不会自己给自己穿衣	

项目	评分
46. 一遍一遍地重复一些声音或词	
47. 瞪着眼看人，好像要"看穿"似的	
48. 重复别人的问话和回答	
49. 经常不能意识所处的环境，并且可能对危险的情况不在意	
50. 特别喜欢摆弄某种单调的东西，或着迷于某种游戏、活动等（如来回走或跑，没完没了地蹦、跳、拍敲）	
51. 对周围的东西喜欢触摸、嗅和（或）尝	
52. 对生人常无视觉反应（对来人不看）	
53. 纠缠在一些复杂的仪式行为上，就像缠在魔圈内（如走路一定要走一定的路线，饭前或睡前或干什么以前一定要把什么东西摆在什么地方或做什么协作，否则就不睡、不吃等）	
54. 经常毁坏东西（如玩具、家里的一切用具很快就弄破了）	
55. 在两岁半以前就发现该儿童发育延迟	
56. 在日常生活中至少会用 15 个但又不超过 30 个短句来进行交往	
57. 长期凝视一个地方（呆呆地看一处）	

本量表在 1989 年引进后，经过国内学者的研究应用，表明其信度、效度均较好，比其他精神疾病的鉴别能力较强，问卷项目数量适中，评定只需 10~15 分钟便可完成，由患儿父母或与患儿共同生活达两周以上的人评定即可。原作者使用样本的年龄跨度从 8 个月到 28 岁，引进试用中还发现该量表在不同年龄、不同性别的使用上无差异。

2. 儿童孤独症评定量表　儿童孤独症评定量表（表 6-6-2），由评定者使用，包括 15 个评定项目。每一项都附加说明，指出检查要点，让评定者有统一的观察重点与操作方法。

本量表按 1、2、3、4 四级标准评分。每级评分意义依次为"与年龄相当的行为表现"、"轻度异常"、"中度异常"、"严重异常"。每一级评分又有具体的描述性说明，以期使不同评分者之间尽可能一致。

本量表最高分为 60 分。总分低于 30 分则评为非孤独症；总分等于或高于 36 分，并且至少有 5 项的评分高于 3 分，则评为重度孤独症；总分在 30~36 分之间，并且低于 3 分的项目不到 5 项，则评为轻至中度孤独症。

表 6-6-2　儿童期孤独症评定量表（CARS）评定

儿童期孤独症评定量表（CARS）评定
一、人际关系
1 分　与年龄相当：与年龄相符的害羞、自卫及表示不同意
2 分　轻度异常：缺乏一些眼光接触，不愿意、回避、过分害羞，对检查者反应有轻度缺陷
3 分　中度异常：回避人，要使劲打扰他才能得到反应
4 分　严重异常：强烈地回避，儿童对检查者很少反应，只有检查者强烈地干扰，才能产生反应
二、模仿（词和动作）
1 分　与年龄相当：与年龄相符的模仿
2 分　轻度异常：大部分时间都模仿，有时激动，有时延缓

儿童期孤独症评定量表（CARS）评定

3 分　中度异常：在检查者极大的要求下才有时模仿
4 分　重度异常：很少用语言或运动模仿别人

三、情感反应
1 分　与年龄相当：与年龄、情境相适应的情感反应（愉快、不愉快）和兴趣，通过面部表情、姿势的变化来表达
2 分　轻度异常：对不同的情感刺激有些缺乏相应的反应，情感可能受限或过分
3 分　中度异常：不适当的情感的示意，反应相当受限或过分，或往往与刺激无关
4 分　严重异常：极刻板的情感反应，对检查者坚持改变的情境很少产生适当的反应

四、躯体运用能力
1 分　与年龄相当：与年龄相适应的利用和意识
2 分　轻度异常：躯体运用方面有点特殊（如某些刻板运动、笨拙、缺乏协调性）
3 分　中度异常：有中度特殊的手指或身体姿势功能失调的征象，摇动旋转，手指摆动，脚尖行走
4 分　重度异常：如上所述的情况严重而广泛地发生

五、与非生命物体的关系
1 分　与年龄相当：适合年龄的兴趣运用和探索
2 分　轻度异常：轻度的对东西缺乏兴趣或不适当地使用物体，像婴儿一样咬东西，猛敲东西，或者迷恋于物体发出的吱吱叫声或不停地开灯、关灯
3 分　中度异常：对多数物体缺乏兴趣或表现有些特别，如重复转动某件物体，反复用手指尖捏起东西，旋转轮子或对某部分着迷
4 分　严重异常：严重的对物体的不适当的兴趣、使用和探究，如上边发生的情况频繁地发生，很难使其分心

六、对环境变化的适应
1 分　与年龄相当：对环境改变产生与年龄相适应的反应
2 分　轻度异常：对环境改变产生某些反应，倾向于维持某一物体活动或坚持相同的反应形式
3 分　中度异常：对环境改变出现烦躁、沮丧的征象，当干扰他时很难被吸引过来
4 分　严重异常：对改变产生严重的反应，假如坚持把环境的变化强加给他，该儿童可能逃跑

七、视觉反应
1 分　与年龄相当：适合年龄的视觉反应，可与其他感觉系统反应整合
2 分　轻度异常：有时必须提醒儿童去注意物体，有时全神贯注于"镜像"，有时回避眼光接触，有时凝视空间，有时着迷于灯光
3 分　中度异常：经常要提醒正在干什么，喜欢观看光亮的物体，即使强迫他，也只有很少的眼光接触，盯着看人或凝视空间
4 分　重度异常：对物体和人存在广泛严重的视觉回避，着迷于使用"余光"

八、听觉反应
1 分　与年龄相当：适合年龄的听觉反应
2 分　轻度异常：对听觉刺激或某些特殊声音缺乏一些反应，反应可能延迟，有时必须重复声音刺激，有时对大的声音敏感或对此声音分心
3 分　中度异常：对听觉不构成反应，或必须重复数次刺激才产生反应，或对某些声音敏感（如很容易受惊、捂上耳朵等）
4 分　重度异常：对声音全面回避，对声音类型不加注意或极度敏感

续表

儿童期孤独症评定量表（CARS）评定

九、近处感觉反应

1分　与年龄相当：对疼痛产生适当强度的反应，正常触觉和嗅觉

2分　轻度异常：对疼痛或轻度触碰、气味、味道等有点缺乏适当的反应，有时出现一些婴儿吸吮物体的表现

3分　中度异常：对疼痛或意外伤害缺乏反应，比较集中于触觉、嗅觉、味觉

4分　严重异常：过度地集中于触觉的探究感觉，而不是功能的作用（吸吮、舔或摩擦），完全忽视疼痛或过分地做出反应

十、焦虑反应

1分　与年龄相当：对情境产生与年龄相适应的反应，并且反应无延长

2分　轻度异常：轻度焦虑反应

3分　中度异常：中度焦虑反应

4分　严重异常：严重的焦虑反应，儿童在会见的一段时间内可能不能坐下，或很害怕，或退缩等

十一、语言交流

1分　与年龄相当：适合年龄的语言

2分　轻度异常：语言迟钝，多数语言有意义，但有一点模仿语言

3分　中度异常：缺乏语言，或有意义的语言与不适当的语言相混淆（模仿言语或莫名其妙的话）

4分　严重异常：严重的不正常言语，实质上缺乏可理解的语言或运用特殊的离奇的语言

十二、非语言交流

1分　与年龄相当：与年龄相符的非语言性交流

2分　轻度异常：非语言交流迟钝，交往仅为简单的或含糊的反应，如指出或去取他想要的东西

3分　中度异常：缺乏非语言交往，不会利用非语言交往，或不会对非语言交往做出反应

4分　严重异常：特别古怪的和不可理解的非语言的交往

十三、活动水平

1分　与年龄相当：正常活动水平，不多动亦不少动

2分　轻度异常：轻度不安静，或有轻度活动缓慢，但一般可控制

3分　中度异常：活动相当多，并且控制其活动量有困难，或者相当不活动或运动缓慢，检查者很频繁地控制或以极大努力才能得到反应

4分　严重异常：极不正常的活动水平，要么是不停，要么是冷淡的，对任何事件很难有反应，差不多不断地需要大人控制

十四、智力功能

1分　与年龄相当：正常智力功能，无迟钝的证据

2分　轻度异常：轻度智力低下，技能低下，表现在各个领域

3分　中度异常：中度智力低下，某些技能明显迟钝，其他的接近年龄水平

4分　严重异常：智力功能严重障碍，某些技能表现迟钝，另外一些在年龄水平以上或不寻常

十五、总的印象

1分　与年龄相当：不是自闭症

2分　轻度异常：轻微的或轻度自闭症

3分　中度异常：自闭症的中度征象

4分　重度异常：非常多的自闭症征象

3. 克氏孤独症行为量表 克氏孤独症行为量表（表6-6-3）为国内外使用比较多的孤独症筛查量表之一，由14个项目组成。克氏认为总分7分为划分点，可有效地区分孤独症儿童和对照组儿童（包括正常儿童、脑性瘫痪、听力障碍和精神发育迟滞的儿童）。

1983年台湾学者谢清芬等将克氏孤独症行为量表在门诊试用后将克氏的"二分法"（是1分、否0分）修改为"从不"、"偶而"、"经常"三种反应强度，从而成为0、1、2分的三分法，试用14分为划分点。发现该表对筛选孤独症和孤独倾向的敏感度高，但特异性不高。现规定14分以上、"从不"项目3项以下、"经常"项目6项以上，可作为诊断儿童孤独症的参考依据。

1996年南京学者陶国泰等试用后得出同样意见，即该量表的敏感度高，特异性不高。如用之于流行病学调查可作为筛选工具之一，但确定诊断仍需结合详细病史（包括家族史、发病经过和日常生活表现）及临床体征做综合分析。

4. 孤独儿的感觉问卷表 坂本龙生教授认为：孤独症患儿和一般触觉防御过强和迟钝的孩子不同，其认识必须透过更多成长过程的追踪。为此设计出感觉历质问表（表6-6-4）。可以由父母将孩子出生以来，成长过程的各种现象，做成记录，以这种方法进行追踪，或许可以让我们清楚地看到孤独儿的感觉统合问题。

表6-6-3 克氏孤独症行为量表

行为表现	反应强度	从不（0分）	偶而（1分）	经常（2分）
1. 不易与别人混在一起玩				
2. 听而不闻，好像是聋子				
3. 教他学什么都强烈反抗，如拒绝模仿、说话或做动作				
4. 不顾危险				
5. 不能接受日常习惯的变化				
6. 以手势表达需要				
7. 莫名其妙地笑				
8. 不喜欢被人拥抱				
9. 不停地动，坐不住，活动量过大				
10. 不看对方的脸，避免视线的接触				
11. 过度偏爱某些物品				
12. 喜欢旋转的东西				
13. 不断反复地做些怪异的动作或玩耍				
14. 对周围漠不关心				

表6-6-4 孤独儿的感觉历质问表

询问事项	评定	备注	触觉刺激反应
1. 不喜欢玩沙、涂抹、泥浆、黏土			□不常 □普通 □经常
2. 不喜欢别人拥抱或触摸他			□不常 □普通 □经常
3. 对某种感觉特别喜欢，如玩沙或毛巾擦拭，甚至显得固执			□不常 □普通 □经常
4. 不喜欢或特别喜欢特选质料的衣服			□不常 □普通 □经常
5. 经常自己打自己，甚至有自伤现象			□不常 □普通 □经常
6. 不喜欢洗脸、洗手、洗头发			□不常 □普通 □经常

续表

询问事项	评定	备注	触觉刺激反应
7. 不喜欢泥沙或黏土，很害怕脚沾到脏东西			□不常 □普通 □经常
8. 运用手做事时，常过度优柔寡断			□不常 □普通 □经常
9. 不喜欢穿鞋子，特别喜欢打赤脚			□不常 □普通 □经常
10. 对水特别敏感，即使衣服沾到水也会受不了			□不常 □普通 □经常
11. 强烈偏食			□不常 □普通 □经常
对前庭刺激方面的反应			
1. 非常喜欢玩回转性质的游乐设施			□不常 □普通 □经常
2. 很喜欢被抱着转，尤其是旋转			□不常 □普通 □经常
3. 自己也很喜欢做旋转游戏			□不常 □普通 □经常
4. 喜欢玩旋转的玩具，即使电唱机上的唱盘，都会让他着迷			□不常 □普通 □经常
5. 非常喜欢边走边跳，特别是两脚一起跳动			□不常 □普通 □经常
6. 常拿着绳子、纸张摇动，甚至他的手都会经常无意识地摇动			□不常 □普通 □经常
7. 整个身体或头部经常做无意识的摇动			□不常 □普通 □经常
8. 倒过来背向行动，一点也不害怕，也不讨厌			□不常 □普通 □经常
9. 常不在乎地爬到高处或很不稳定的高台上			□不常 □普通 □经常
10. 手和脚喜欢用力地挥动			□不常 □普通 □经常
11. 特别喜欢玩汽车或火车玩具，只要是车，便完全着迷			□不常 □普通 □经常
听觉刺激的反应			
1. 睡觉时经常会发出声音或无故哭泣			□不常 □普通 □经常
2. 目不转睛地盯着会发声的电视或录音机			□不常 □普通 □经常
3. 只要听到音乐，身体便会随着舞动起来			□不常 □普通 □经常
4. 对尖锐或拉高的声音一点也不讨厌			□不常 □普通 □经常
5. 有时候对很小的声音也非常敏感			□不常 □普通 □经常
6. 在房间时，对外面的声音非常敏感，并很讨厌杂音			□不常 □普通 □经常
7. 游玩的时候，经常会因为某种声音而发呆			□不常 □普通 □经常
8. 对会出声的玩具不感兴趣			□不常 □普通 □经常
9. 不在乎突然产生的巨大声音			□不常 □普通 □经常
10. 对某些特定声音常固执地喜好			□不常 □普通 □经常
视觉刺激反应			
1. 即使常常看到的东西，都会让他害怕			□不常 □普通 □经常
2. 经常对自己的手看得发呆			□不常 □普通 □经常
3. 不喜欢分辨模样或图形的游戏			□不常 □普通 □经常
4. 对特定的颜色、形状或文字常特别执着			□不常 □普通 □经常
5. 不喜欢强光			□不常 □普通 □经常
6. 喜欢霓虹灯或固定变化的光源			□不常 □普通 □经常
7. 经常喜欢斜眼看东西			□不常 □普通 □经常
8. 睡觉时非完全黑暗不可（有的则非点灯不可）			□不常 □普通 □经常
9. 喜欢坐车子或火车，对窗外景色变化非常着迷			□不常 □普通 □经常
10. 经常瞪眼注视电扇或换气扇的转动			□不常 □普通 □经常

5. 爱尔丝博士孤独儿 13 项检查

（1）轻度触觉：在孤独儿的头部后颈肌肉间轻轻吹气，不管有无反应都要做第二次。如果第一次有反应，第二次反而没反应，表示触觉感迟钝。

（2）触压：可以用大笼球或毛巾进行，如果发现孩子特别喜欢较强烈的压力时，表示触觉反应不足；如果只要求轻轻不断地压，表示一切正常。

（3）触觉防御：可以观察孩子在有人轻轻碰他时的情形，触觉防御敏感者会非常在意别人的接触并感到讨厌。这方面触觉迟钝儿不易检查出来，因为一般正常的儿童，也不会在意别人的接触。

（4）疼痛感觉：通常的孩子都会讨厌疼痛，但对小伤害则比较能容忍。对疼痛很紧张的，显然有触觉敏感的倾向；对疼痛毫无感觉、一点都不怕痛的，属触觉反应迟钝儿。

（5）关节的牵动：可以教幼儿用力伸展手指、手腕或脚，使他的固有感觉承受大量刺激。如果幼儿不断要求做此游戏而不讨厌，应属反应迟钝孤独儿。

（6）振动感觉：可以用按摩器振动他的脸部，或让他睡在会振动的按摩椅或床上，再观察其反应。不断要求强烈刺激的，属反应迟钝儿；不特别喜欢，但可接受 2~3 分钟，做完以后便不会再要求的，属正常儿童。

（7）运动：可以让孩子做直线运动或旋转运动。强力讨厌拒绝的，属反应敏感儿；不很喜欢但却不特别排斥的，属正常儿；不断强烈要求做这种运动的，属反应迟钝儿。

（8）重力：用突然改变姿势来观察孩子对重力的反应。强烈不安者，表示前庭刺激调节有困难的现象；正常的孩子虽会有惊恐现象，但大多能很快调整过来。

（9）回转：眼睛振动的持续时间，可以用回转后眼震检查（SCPNT）作为测定，指导孩子做 20 秒内 10 次旋转。眼震在 5 秒以下属反应迟钝，眼震在 15 秒以上属反应敏感。

（10）回转物注视测定：让孩子看转动中的回转盘，观察其注视的时间作为测定标准。需注视 9 秒以上才能看清楚回转盘的，代表感觉体系反应迟钝；3 秒钟以内为正常儿。

（11）钟声反应：在孩子见不到的地方做一次钟声测定，如果一次没有反应，再试一次；如果两次都没有反应，表示听觉反应有迟钝现象。

（12）臭味检查：观察孩子对特殊臭味的反应。

（13）味觉检查：日常生活中观察孩子偏食的程度。

6. 感觉统合发展评定记录（表 6-6-5）

表 6-6-5 感觉统合发展评定记录

	从不这样	很少这样	有时候	常常如此	总是如此
（一）					
1. 特别爱玩会旋转的凳椅或游乐设施，而不会晕	5	4	3	2	1
2. 喜欢旋转或绕圈子跑，而不晕不累	5	4	3	2	1
3. 虽看到了仍常碰撞桌椅、旁人、柱子、门墙	5	4	3	2	1
4. 行动、吃饭、敲鼓、画画时双手协调不良，常忘了另一边	5	4	3	2	1
5. 手脚笨拙，容易跌倒，拉他时仍显得笨重	5	4	3	2	1

续表

	从不这样	很少这样	有时候	常常如此	总是如此
6. 俯卧地板和床上，头、颈、胸无法抬高	5	4	3	2	1
7. 爬上爬下，跑进跑出，不听劝阻	5	4	3	2	1
8. 不安地乱动，东摸西扯，不听劝阻，处罚无效	5	4	3	2	1
9. 喜欢惹人，捣蛋，恶作剧	5	4	3	2	1
10. 经常自言自语，重复别人的话，并且喜欢背诵广告语言	5	4	3	2	1
11. 表面左撇子，其实左右手都能用，而且无固定使用哪只手	5	4	3	2	1
12. 分不清左右方向，鞋子衣服常常穿反	5	4	3	2	1
13. 对陌生地方的电梯或楼梯，不敢坐或动作缓慢	5	4	3	2	1
14. 组织力不佳，经常弄乱东西，不喜欢整理自己的环境	5	4	3	2	1
（二）					
15. 对亲人特别粗暴，强词夺理，到陌生环境则害怕	5	4	3	2	1
16. 害怕到新场合，常常不久便要求离开	5	4	3	2	1
17. 偏食，挑食，不吃青菜或软皮	5	4	3	2	1
18. 害羞，不安，喜欢孤独，不爱和别人玩	5	4	3	2	1
19. 容易黏妈妈或固定某个人，不喜欢陌生环境，喜欢被搂抱	5	4	3	2	1
20. 看电视或听故事，容易大受感动，大叫或大笑，害怕恐怖镜头	5	4	3	2	1
21. 严重怕黑，不喜欢在空屋，到处要人陪	5	4	3	2	1
22. 早上赖床，晚上睡不着，上学前常拒绝到学校，放学后又不想回家	5	4	3	2	1
23. 容易生小病，并且生病后便不想上学，常常没有原因地拒绝上学	5	4	3	2	1
24. 常吸吮手指或咬指甲，不喜欢别人帮忙剪指甲	5	4	3	2	1
25. 换床睡不着，不能换被或睡衣，出外常担心睡眠问题	5	4	3	2	1
26. 独占性强，别人碰他的东西，常会无缘无故发脾气	5	4	3	2	1
27. 不喜欢和别人谈天，不喜欢和别人玩碰触游戏，视洗脸和洗澡为痛苦	5	4	3	2	1
28. 过分保护自己的东西，尤其讨厌别人由后面接近他	5	4	3	2	1
29. 怕玩沙土、水，有洁癖倾向	5	4	3	2	1
30. 不喜欢直接视觉接触，常必须用手来表达其需要	5	4	3	2	1
31. 对危险和疼痛反应迟钝或过于激烈	5	4	3	2	1
32. 听而不见，过分安静，表情冷漠又无故嬉笑	5	4	3	2	1
33. 过度安静或坚持奇怪玩法	5	4	3	2	1
34. 喜欢咬人，并且常咬固定的友伴，并无故碰坏东西	5	4	3	2	1
35. 内向、软弱、爱哭又常会接触生殖器官	5	4	3	2	1
（三）					
36. 穿脱衣裤、纽扣、拉链、系鞋带动作缓慢、笨拙	5	4	3	2	1
37. 顽固、偏执、不合群、孤僻	5	4	3	2	1
38. 吃饭时常掉饭粒，口水控制不住	5	4	3	2	1
39. 语言不清、发音不佳，语言能力发展缓慢	5	4	3	2	1
40. 懒惰、行动慢、做事没有效率	5	4	3	2	1

续表

	从不这样	很少这样	有时候	常常如此	总是如此
41. 不喜欢翻跟头、打滚、爬高	5	4	3	2	1
42. 上幼儿园仍不会洗手、擦脸、剪纸及自己擦屁股	5	4	3	2	1
43. 上幼儿园（大、中班）仍无法用筷子，不会拿笔、攀爬或荡秋千	5	4	3	2	1
44. 对小伤特别敏感，过度依赖他人照料	5	4	3	2	1
45. 不善于玩积木、组合东西、排队、投球	5	4	3	2	1
46. 怕爬高，拒走平衡木	5	4	3	2	1
47. 到新的陌生环境很容易迷失方向	5	4	3	2	1
（四）					
48. 看来有正常的智慧，但学习阅读或做算术特别困难	5	4	3	2	1
49. 阅读常跳字，抄写常漏字、漏行，写字笔画常颠倒	5	4	3	2	1
50. 不专心，坐不住，上课常东张西望	5	4	3	2	1
51. 用蜡笔着色或用笔写字能力差，写字慢而且常写出格子外	5	4	3	2	1
52. 看书容易眼酸，特别害怕数学	5	4	3	2	1
53. 认字能力虽好，却不知其意义，而且无法组成较长的语句	5	4	3	2	1
54. 混淆背景中的特殊圆形，不易看出或认出	5	4	3	2	1
55. 对老师的要求及作业无法有效完成，常有严重挫折	5	4	3	2	1
（五）					
56. 对使用工具能力差，对劳作或家事均做不好	5	4	3	2	1
57. 自己的桌子或周围无法保持干净，收拾上很困难	5	4	3	2	1
58. 对事情反应过强，无法控制情绪，容易消极	5	4	3	2	1

根据儿童的情况在"从不 [5]"、"很少 [4]"、"有时候 [3]"、"常常 [2]"、"总是如此 [1]"画圈。题中所说的情况只要有一项符合就算。

将上述项目结果输入北京大学第六医院神经卫生研究所儿童感觉统合评定系统，计算机自动统计，输出儿童感觉统合失调的严重程度。

7. 感觉反应调查（长问卷，表6-6-6）

表6-6-6 感觉反应调查

评分标准

总是	1	当该情况出现时，你的儿童总是做出此等行为反应-100%的时间
常常	2	当该情况出现时，你的儿童常常做出此等反应-75%的时间
有时候	3	当该情况出现时，你的儿童有时候做出此等行为反应-50%的时间
很少	4	当该情况出现时，你的儿童很少做出此等反应-25%的时间
从不	5	当该情况出现时，你的儿童从不做出此等反应-0%的时间

感觉处理

		很少	从不	总是	常常	有时候
		1	2	3	4	5
1	对突然而来或嘈吵声有负面反应（例如：听到吸尘器声、狗吠声、风筒声时会哭泣或躲藏起来）					
2	用手掩耳逃避声音					
3	不能在收音机播放的情况下完成工作					
4	在声音影响下，会分心或不容易集中工作					
5	在有背景声音的情况下不能集中（例如：风扇）					
6	对于别人所说的话好像听不到（例如：未能适当地回应你的话、对你的话好像不予理会）					
7	叫他的名字时没有反应，但听觉正常					
8	喜欢不寻常的声响/为追求某些声响而刻意制造噪音					
	总分					

视觉处理

9	较喜爱身处于黑暗的环境中					
10	逃避强光或表示不适（例如：乘车时逃避窗外的阳光）					
11	在黑暗的环境中表现愉快					
12	在混杂的环境中寻找物件会感觉挫败（例如：凌乱的柜子）					
13	玩拼图游戏有困难（与同龄儿童比较）					
14	不容易适应强光（当其他人已适应下来时，儿童仍表现受困扰）					
15	喜欢遮眼或斜视以减低光的刺激					
16	小心及十分留神地注视物件或人（例如：定神凝视）					
17	在混杂的环境中寻找物件会有困难（例如：在混乱的房间中找鞋、在杂物柜内找玩具）					
	总分					

前庭感觉处理

18	双脚离地时会感到惶恐焦虑或苦恼无助（例如：在秋千上或被突然抱起至半空时）					
19	不喜欢头部倒置的活动（例如：翻筋斗、弯低身洗头）					
20	逃避游戏场设施或移动的玩具（例如：秋千）					
21	不喜欢乘车					
22	弯腰或斜靠时头仍笔直（例如：活动时姿势僵硬）					
23	靠着台面或洗脸盆向前倾时会想跌倒或感觉眩晕					

续表

		很少	从不	总是	常常	有时候
		1	2	3	4	5
24	喜欢不断运动以致影响生活常规（例如：不能安坐、烦躁不安）					
25	要求不同类型的大动作活动（例如：成人抱着转、游戏场设施、移动玩具）					
26	经常自转或快速转动（例如：喜欢眩晕感觉）					
27	不经意地摇晃身体（例如：一边看电视一边摇）					
28	坐在台上、椅子上或地上会摇晃身体					
	总分					

触觉处理

29	避免弄脏（例如：用糨糊、胶水、胶纸、玩沙子、手指画）					
30	梳洗时觉得苦恼（例如：剪头发、洗脸、剪指甲时会反抗或大哭）					
31	天气暖和时仍喜欢穿长袖，或天气冷时仍穿短袖					
32	刷牙或见牙医时表现十分不适（例如：会大哭或反抗）					
33	对某些布料（例如：某件衣服或床单）有敏感反应					
34	穿上鞋袜会令儿童感到恼怒					
35	避免赤脚，尤其抗拒赤脚在沙上或草地上行走					
36	别人触摸他时会引起情绪化或攻击性行为表现					
37	泼溅水时会退缩（例如：在泳池拍打玩水）					
38	不喜欢排队或靠近别人					
39	会擦或抓挠被触摸的身体部位，好像要把被触摸的感觉消减					
40	喜欢触摸别人及物件，甚至令人反感					
41	不寻常地触摸某些玩具、物件表面或质感物料（例如：不停地触摸该物件）					
42	不太察觉到疼痛感觉及改变了的温度					
43	好像不太留意别人触碰他的手或背（例如：完全不察觉）					
44	逃避穿鞋，喜欢赤脚					
45	常触摸别人及物件					
46	好像不察觉脸或手弄污了					
	总分					

续表

多种感觉处理	很少	从不	总是	常常	有时候
	1	2	3	4	5
47 容易迷路（即使是熟悉的地方）					
48 专注有困难					
49 工作时常转移视线，注视房内其他人的活动					
50 在活动中好像没注意到周围所发生的事（例如：未察觉活动进行的情况）					
51 在熟悉的地方仍要倚扶着成人、家具或物件					
52 用脚尖走路					
53 感觉不到身上扭卷一圈的衣服（例如：衫尾折叠了也不理会）					
总分					

口腔感觉处理

	很少	从不	总是	常常	有时候
54 食物的质感或食具会容易引起呕吐反射					
55 抗拒某些食物的味道或气味（这些食物一般是儿童常吃的）					
56 只吃某些味道的食物					
57 只接受某些食物的质感或温度					
58 择饮择食，特别介意食物的质感					
59 习惯性地嗅不能吃的物件					
60 强烈喜爱某些气味					
61 强烈喜爱某些味道					
62 强烈渴求某些食物					
63 寻求某些气味或味道					
64 咀嚼或舔不能吃的物件					
65 用口咬物件（例如：铅笔、手）					
总分					

感觉调整
与耐力及肌肉张力有关的感觉处理

	很少	从不	总是	常常	有时候
66 活动时动作较为僵硬					
67 容易疲倦，不能长时间站立或维持特定姿势					
68 紧缩关节（例如：手肘或膝盖）以稳定姿势					
69 肌肉乏力，表现柔弱					
70 抓握力弱，握持物件时好像没有力					
71 提举重物时，表现乏力（与相同年龄儿童的表现有明显差距）					
72 活动时会用手支撑自己（例如：从地上起来时要用手协助撑起）					
73 参与活动的持久力弱/容易疲倦					
74 好像疲乏无力（例如：无活力，动作缓慢）					
总分					

与身体位置及动作有关的感觉调整

续表

		很少	从不	总是	常常	有时候
		1	2	3	4	5
75	容易发生意外					
76	上楼梯时会犹豫（例如：表现得十分小心，移动前先停下来）					
77	很怕跌倒或位于高处					
78	逃避爬高、跳跃或行走于颠簸不平的路上					
79	喜欢靠着墙壁或抓着楼梯的扶手或栏杆					
80	游戏时会过于冒险（例如：爬到很高的树上，从家具的高处跳下来）					
81	游戏时会不顾安全的移动或攀爬					
82	扭转整个身体来看别人					
83	寻找机会摔下来，不顾安全					
84	喜欢摔倒的感觉					
	总分					

影响活跃程度的动作调整

85	整天大部分时间参与安坐的活动（例如：做安静的事务）					
86	较喜欢静态、安坐的活动（例如：看电视、看书、玩电脑）					
87	选择安坐的游戏					
88	较喜欢安坐的活动					
89	参与体能或大肌肉活动时表现过度兴奋					
90	十分活跃，动个不停					
91	逃避静态的游戏活动					
	总分					

影响情绪反应的感觉接受调整

92	比其他儿童需要更多保护（例如：体能上或情绪上不懂得保护自己）					
93	有顽固的个人卫生习惯					
94	对他人过度感情丰富					
95	未能察觉及明白别人的身体语言或面部表情					
	总分					

影响活动程度及情绪反应的视觉接受调整

96	逃避眼神接触					
97	定睛注视人或物件					
98	喜欢望着在房间内走动的人（喜欢所带来的视觉刺激）					
99	未能察觉有人走入房间					
	总分					

行为及情绪反应

情绪或社交反应

续表

		很少	从不	总是	常常	有时候
		1	2	3	4	5
100	好像不太喜欢自己（例如：自我形象较低）					
101	好像"长不大"（例如：面对处境时做出不成熟的反应）					
102	对批评十分之敏感					
103	有明确害怕的东西（例如：可预知他恐惧的是什么）					
104	好像十分焦虑					
105	做事不成功时会过分地情绪激动					
106	表现出失败的感觉					
107	固执及不合作					
108	会大发脾气					
109	未能忍受不如意的情况					
110	容易哭					
111	过度认真					
112	交朋友有困难（例如：不懂参与小组游戏）					
113	常做噩梦					
114	常感到恐惧，影响日常生活					
115	没有幽默感					
116	不懂得表达情绪					
	总分					

感觉处理引致的行为

117	一边做事一边自言自语					
118	字体难看（别人看不明白）					
119	写字或填色时常涂画出界					
120	做事没效率（例如：常浪费时间，动作缓慢）					
121	较难忍受计划或期望的改变					
122	较难忍受生活常规的改变					
	总分					

显示反应启动的项目

123	常由一个活动转至另一个活动，以致干扰游戏过程					
124	不断地嗅物件					
125	好像未能察觉强烈的气味					
	总分					

(六) 作业治疗

1. 治疗目的　儿童孤独症是目前被了解最少的一种脑功能失常症。作业治疗应尽可能在以下方面给予帮助：
1) 促进孤独症患儿的社会交往。
2) 培养孤独症患儿的兴趣，改善其仪式性或强迫性行为。
3) 改善孤独症患儿的认知障碍，提高智能水平。
4) 促进孤独症患儿的语言交流能力。
5) 改善孤独症患儿对感觉刺激的异常反应。
6) 改善孤独症患儿的运动协调能力。

2. 治疗方法　孤独症患儿的大脑可以接受感觉信息，所以他们中的大部分是具备学习能力的，只是大脑分辨信息的能力非常奇特，常常是接受其中一部分，另一部分则完全拒绝，显示脑干的前庭体系有很大的问题，过滤及选择的方法非常的奇特。信息输入大脑皮质的部分，孤独症患儿会学得比任何人都好；不能输入的部分，则似乎如何加强刺激都不起作用。

以下各种措施，是试图打破这种功能失调，改善患儿功能障碍的一些尝试。

(1) 感觉统合训练：感觉统合一词由美国南加州大学临床心理学博士爱尔丝 (AyresA. J) 于1969年首先提出。1970年，欧美、日本等先进国家，问题儿童日趋严重，经数百位专家共同研究，终于于1972年由美国南加州大学爱尔丝博士 (J. Ayres) 根据脑功能研究，提出感觉统合理论。爱尔丝博士认为感觉统合是指将人体器官各部分感觉信息输入组合起来，经大脑统合作用，完成对身体内外知觉做出正确反应。感觉统合的理论是由脑神经神经生理学基础发展而来的。

感觉统合的三大主要感觉系统：

1) 触觉系统：是最基本、影响力最大的系统。触觉是提供我们有关周围环境讯息的最主要来源，可以让患儿避开危险，探索世界。同时，它对于患儿心理安全感的发育也非常的重要。通过触觉系统，患儿在早期可以和治疗师建立信赖的关系，为以后发展良好的人际关系奠定基础。

在手部动作方面，触觉和辨别觉的建立，可以促进患儿对物体形状、大小、重量的认识，是今后认知发展、精细动作控制的重要基础。

2) 前庭系统：它能使患儿感受到地心引力的作用及身体各种形式的移动及运动，与眼外肌有密切的关连，视觉—动作的协调是前庭系统最重要的功能之一。如肌肉张力（尤其是对抗地心引力的肌肉群）、姿势维持，产生动作及发展正确的身体空间概念。它会告诉我们个体在环境中的空间关系，使人在身体与情绪上获得安全感，也有助于患儿的心理发育。

3) 本体感觉：本体感觉主要是经由肌肉、关节或骨骼等感受器获得的讯息，运动是促进感觉统合发展最主要的途径。

(2) 感觉统合的概念：感觉统合是将各神经系统传来的不同的感觉在脑干部分做适当的组织统合，如此中枢神经的各部位才能协调工作，使个体能顺利地与环境接触。例如剥橘子时视觉使我们知道它是黄色的（成熟时）、圆形的，触觉使我们知道它有粗糙的外皮和多汁的果肉，嗅觉告诉我们它有芬芳的气息，味觉告知我们它是酸酸甜甜的，以手掂它的重量时，运动觉告诉我们它重重的。综合了这些个客观的感觉，才能形成对橘子整体的主观知觉。

（3）感觉统合训练的概念：感觉统合训练是指基于儿童的神经需要，引导儿童对感觉刺激做适当反应的训练。此训练提供前庭（重力与运动）、本体感觉（肌肉与感觉）及触觉等刺激的全身运动。其主要目的不在于增强运动功能，而是改善脑处理感觉讯息与组织并构成感觉讯息的方法，正确的概念是"脑功能的神经功能"。

感觉统合训练的关键是同时给予儿童前庭、肌肉、关节、皮肤触摸、视、听、嗅等多种刺激，并将这些刺激与运动相结合。

感觉统合训练涉及心理、大脑和躯体三者之间的相互关系，而不只是一种生理上的功能训练，儿童在训练过程中获得熟练的感觉，增强自信心和自我控制的能力，并在指导下感觉到自己对躯体的控制，由原来的焦虑变为愉快的情绪，在积极积累经验的基础上，敢于对意志想象进行挑战。感觉统合训练就是要用耐心培养孩子的兴趣，建立孩子的自信心，让孩子在游戏中感到快乐。感觉统合训练因人而异，尽可能地让孩子每天都得到多样的感觉刺激。

（4）感觉统合训练的分类：感觉统合训练是人类最重要的感觉系统，包括触觉、前庭平衡训练、运动感觉等项目的训练。主要有以下几种：

1) 触觉训练：强化皮肤、大小肌肉关节神经感应，辨识感觉层次，调整大脑感觉神经的灵敏度。

训练器材：按摩球、波波池、平衡触觉板。

适应证：爱哭、胆小、情绪化、怕陌生、笨手笨脚、怕人触摸、发音不正确、偏食、挑食、注意力差、自闭、体弱多病等患儿。

2) 前庭平衡觉训练：调整前庭信息及平衡神经系统自动反应功能，促进语言组织神经健全、前庭平衡及视听能力完整程度。

训练器材：圆筒、平衡踩踏车、按摩大龙球、滑梯、平衡台、晃动独木桥、袋鼠袋、圆形滑车。

适应证：身体灵活度不足、姿势不正、双侧协调不佳、多动、语言发育迟缓、视觉空间不佳、阅读困难、自信心不足、注意力不集中、容易跌倒、方向感不明、学习能力不佳以及难以培养学习习惯的患儿。

3) 弹跳训练：调整固有平衡、前庭平衡感觉神经系统，强化触觉神经、关节信息，促进左右脑健全发展。

训练器材：羊角球、跳床。

适应证：站坐无相、姿势不正、情绪化、身体灵活度不够、多动、注意力不集中、语言发展迟缓、阅读困难、胆小、情绪化、笨手笨脚、视觉判断不良、触觉发育不佳、关节信息不足的患儿。

4) 固有平衡训练：调整脊髓中枢神经核对地心吸力的协调，强化中耳平衡体系，协调全身神经功能，奠定大脑发育基础。

训练器材：独脚椅、大陀螺、脚步器、竖抱筒。

适应症：多动不安、容易跌倒、脾气急躁、语言发育不佳、缺乏组织能力及推理能力、双侧协调不良、手脚不灵活、自信心不足的患儿。

5）本体感训练：强化固有平衡、触觉、大小肌肉双侧协调，灵活身体运动能力、健全左右脑均衡发育。

训练器材：跳床、平衡木、晃动独木桥、滑板、S型垂直平衡木、S型水平平衡木、圆形平衡板。

适应症：语言发育缓慢、笨手笨脚、注意力不集中、多动不安、情绪化、组织力及创造力不足的患儿。

（5）有助于语言发育的基础行动训练：培养孤独症患儿的沟通能力是很重要的。进行感觉统合治疗活动时，可以尝试加强和语言能力培养有关的感觉活动，特别是增加一些与生活相关的新体验，对孤独症患儿能力的改善十分有帮助。

1）练习注视物体：孤独症患儿不容易将注意力置于他不熟悉的或新的事物上，因此可以利用感觉运动训练患儿注视物体，有助于前庭感觉体系的觉醒。当孩子懂得注视物体时，可以要求他讲出物体的名字，这对孤独症患儿语言能力的提高也有直接帮助。

2）模仿行动：治疗师可以制定简单的游戏规则，要求孤独症患儿在做某种游戏时，需要事先经治疗师认可，治疗师可先行示范游戏动作，再指导孤独症患儿模仿，最初示范动作越简单越好。

3）按照指令进行活动：强化孤独症患儿按照他人指示进行活动的能力。一般而言，孤独症患儿不善于和外界沟通，平日生活中也很难执行他人对他的指示。所以，在游戏过程中可以增加一些需要集中注意力的因素，指导患儿练习听从他人的指示进行游戏活动。这样不但有助于学习、认识词汇，对患儿的语言沟通能力发展也会有很大的帮助。

4）象征性的游戏活动：进行象征性游戏活动，有利于强化孤独症患儿的抽象思考能力。抽象思考能力的培养是提高语言能力的最重要课题，而象征性的活动对此的改善效果最明显。例如，可以做模仿飞机在空中飞行的动作，模仿火车的声音或洗澡的动作等。做动作的同时要求患儿理解并说出正在做什么动作。

（6）运动协调的训练

1）多种游戏活动的组合：在实施一个由若干游戏活动组合成的教育、训练计划时，并非要求必须做完一个游戏才能进入下一个游戏，如果孤独症患儿对这些游戏已全部熟悉，不妨指导患儿主动连续地去操作，这有利于培养患儿的运动协调能力。像平衡台、吊床、蹦床、毛巾、球池等组合设备，学会游戏方法以后，可以刻意设计一段自由活动时间，完全让患儿自己选择，无论是一个人玩或者和其他人一起玩，指导者只需要在旁边观察，在出现争执时或发生困难时给予必要的帮助，还要注意安全。治疗师要注意了解孤独症患儿各种活动的掌握、平衡反应、双侧协调、本体感觉和身体形象的发育情况，并做好记录。

2）提高患儿的运动计划能力：在一种活动中最好能具备多种多样的感觉刺激。单一的刺激固然可以加强身体和大脑的直接反射，但是为了培养孤独症患儿最需要的运动计划能力，最好同时施加多种刺激。例如，滑板对前庭体系的刺激，结合垫上运动或拍球运动对触觉体系及视觉体系的刺激，能够收到感觉统合的效果。

3）增加室外活动项目：对于有多动现象的孤独症患儿，有些家长在安全方面有些担心和顾虑，刻意缩小患儿的活动空间，减小孩子的活动范围，这在一定程度上影响患儿的发育和发展，实际上，与其在较小的空间内限制患儿的活动，不如让他在更大范围内活动。因为孤独症患儿最困难的是运动计划能力，即多种运动的联结和组合能力，如果能找到孤独症患儿喜欢的各种游戏设施，就应该让他自由选择、主动活动。在允许的范围内，还可以将户外和室内的活动联结起来，让患儿自身感受情境的变化，从中学习适应的方法，从而达到培养他们运动计划能力的目的。

(7) 训练中的注意事项

1）孤独症患儿对任何新的事物、陌生的人，适应起来都比较慢，尤其是在初始阶段，任何的接触、教具、游戏方面都应注意，避免操之过急，以免因恐惧造成压力而出现排斥和拒绝。要让孩子慢慢熟悉、适应环境和周围的人。

2）结合孤独症患儿目前的情况，设计适当的训练内容和方法。训练前，应对孤独症患儿做细致的感觉统合检查及临床观察，全面细致地了解、掌握患儿当前的情况，以便在训练过程中，准确及时地观察反应情况，力求设计出最有效的活动方式。

3）治疗师在训练过程中，应同时顾及运动、语言、社会性及认知等各方面的发育，设计活动时不宜固定化，应随时根据孤独症患儿的反应和变化进行调整。

4）孤独症患儿训练的时间一般设定为一周1~2次，每次40~60分钟。时间太短，影响效果；时间过长，患儿难以适应和坚持，同样会影响治疗效果。训练周期大约需要2~4年。

3. 其他治疗措施　孤独症患儿的治疗应采取综合措施，除作业疗法外，还应采取心理干预、药物、行为矫治和训练教育等方法，更应注意对家长进行咨询和指导，并鼓励家长积极参与治疗和训练。

(1) 心理干预：对孤独症患儿的心理干预原则是早期进行。应具有针对性、渐进性、长期性，还需要家长积极配合等多种因素。

心理干预的具体方法主要有特殊教育干预和行为干预两种。

1）特殊教育干预：如日本的"日常生活疗法"、Karfman的"选择方法"、Lovaas的"强化早期干预项目"等等。这些方法的重点是提高患儿的社会交往技能、今后的工作技能及日常生活技能等正常生存、生活所必须的能力。所以，应该教育患儿认识、了解环境，即教导患儿认识生存环境的基本模式、其中的意义；指导患儿了解因果关系，如让患儿明白自己的某些行为会引起哪些特定的后果；指导患儿与人沟通，让患儿知道自己的表达、行为会影响他人；还要指导患儿学会各种技能，包括最基本的日常生活技能及如何寻求帮助、如何利用公共交通工具等等。沟通方式可根据患儿具体情况采用，如言语、肢体语言、文字、图形等。

开展特殊教育干预方法，与随意的一些指导教育有所不同，目前，提倡"结构化教学"（sructured teaching）。所谓结构化教学，就是根据患儿的具体情况，有目标、有组织、有系统地安排教学环境、教学材料和教学程序。该方法有助于患儿适应学习环境、方法，使其更容易掌握学习内容，从而提高效果。

2) 行为干预方法：在儿童孤独症的治疗中，行为干预方法是值得推崇的方法之一。早在上世纪 70 年代就有研究表明，孤独症患儿能够学会、掌握一些技能，如社会适应技能、认知技能、运动技能等等。本方法强调的是患儿与环境之间的功能分析。通过有效地控制环境操作因素，强化患儿的适应性行为，降低不适应性行为等获得效果。例如，选择恰当的强化物，在适应性行为（如社交行为）出现后给以奖励；对某些严重的不适应行为（如自伤、破坏行为），可以给予一定的短期惩罚。涉及伦理道德方面的因素时，对儿童应以奖励为主酌情惩罚。要有目的地采用各种行为疗法进行社会技能训练、职业技能训练、生活技能训练。在实施时要注意：患儿在某一种环境下学会的技能，到另外的环境中未必能很好地得以发挥，这是患儿疾病本身的缺陷所致。所以，在治疗设计中就要考虑这一因素，要鼓励和安排患儿在不同环境中行为的转化。也有理论主张应在不同的环境中分别进行训练。

（2）教育矫治：

1) 促进正常发育：孤独症儿童在人际关系、语言沟通、日常行为等方面都有明显的缺陷。如做进一步分析，可发现这些缺陷与认知能力有关。教育矫治应针对这些行为缺陷，采取弥补的措施。

2) 消除过分行为：所谓过分行为，是指同龄的正常儿童不该有的行为。如听、嗅、触等感官的自我刺激行为，莫明其妙的大笑，哭泣或恐惧，自伤和暴怒，等等。因这些过分行为常会干扰学习和正常发育，应予以消除。

3) 避免、消除固定僵化行为：固定的玩法、仪式性和其他刻板重复动作以及僵化的思维方法等，会对教育和日常生活构成障碍，所以应避免和消除这些行为。另外要重视的是应从教育策略入手，避免形成固定僵化行为。

根据教育原理以及儿童孤独症行为的特征，为达到上述三大目标，须遵循下列原则：①学习理论的应用原则。②密切结合现实生活的实用原则。③循序渐进的原则。④避免一成不变的学习过程。

（3）对家长的指导：家长得知小儿患有孤独症后，可能出现焦虑、恐慌、绝望和内疚等不良情绪，这将给患儿的治疗带来严重妨碍。所以，做好家长的工作也十分重要。一方面，应对家长宣讲儿童孤独症的有关知识，消除内疚等负面情绪；另一方面，指导和争取家长的配合，开始积极开展对患儿有针对性的医疗和矫治教育，从而使家长从消极被动转变为积极主动参与。

综上所述，儿童孤独症的治疗过程是非常复杂的，需要采取一系列的综合措施。因为孤独症的患儿在他们过去的记忆和感觉信息中，从未出现"我要做"这样的概念，他们只会做最简单的和重复的工作，即使有人示范一种新的或较复杂的工作，他们也不会跟着模仿。因此，不少研究儿童孤独症治疗的专家都认为，无论采用任何方法，只要能够有效地促进孤独症患儿产生"我要做"、"我必须做"的运动意念和能力，或许就会对孤独症患儿的矫正有所突破。

第七节 神经肌疾患

一、DUCHENNE 型进行性肌营养不良（DMD）

1. 病情发展过程和分级评定　初始症状为运动功能比普通小儿差、走路晚、容易摔倒、不会跳高等。到 3~5 岁时攀登性起立，由于腰椎前弯增强、下肢内旋立位姿势，导致动摇性步态、假性肥大、尖足位起立步行等常见特征。血清 CK 值异常增高，肌电图可见肌原性损伤，肌活检为肌营养不良，抗体欠缺是诊断依据。肌萎缩肌力低下从腰部肌群始发，从肩胛带、四肢近位肌群开始向末梢波及。以躯干、下肢功能为中心的障碍程度可以用 8 阶段功能障碍程度进行评定。上肢的运动功能可以用上肢 9 阶段功能障碍程度进行评定。通过这些动作功能情况可以了解障碍的阶段，障碍阶段与肌力、日常生活动作、年龄有相关性。

（1）进行性肌营养不良的整体功能障碍度分类

阶段Ⅰ　　可以上下楼梯　　　　　　可以步行
　　　　　　a. 不用手借助
　　　　　　b. 手扶在膝上
阶段Ⅱ　　可以上下楼梯　　　　　　可以步行
　　　　　　a. 单手扶楼梯
　　　　　　b. 一手扶楼梯，一手扶膝
　　　　　　c. 两手扶楼梯
阶段Ⅲ　　可以从椅子开始站起　　　可以步行
阶段Ⅳ　　可以步行　　　　　　　　可以步行
　　　　　　a. 独自步行 5 米以上
　　　　　　b. 一个人不能走，扶着东西可以步行 5 米以上
　　　　　　（1）步行器　（2）扶手　（3）扶着膝
阶段Ⅴ　　手膝跪位爬行　　　　　　不能步行
阶段Ⅵ　　匍匐蹭爬　　　　　　　　同上
阶段Ⅶ　　可保持坐位　　　　　　　同上
阶段Ⅷ　　不能保持坐位　　　　　　同上

（2）进行性肌营养不良上肢功能障碍程度分类

1）利手持 500 克以上重物，肩关节屈曲 180°。
2）利手持 500 克以上的重物，肩关节屈曲 90°。
3）无负重情况下利手屈曲 180°。
4）无负重情况下利手屈曲 90°。
5）无负重情况下利手的肘关节屈曲 90°以上。
6）固定躯干不动，利用利手肘关节的伸展，使利手在桌子上做水平前方移动。

7）利用躯干前屈、肘关节伸展，利手在桌子上水平前方移动。
8）利用躯干前屈、肘关节伸展位的利手在桌子上水平前方移动。
9）在桌子上仅仅是手的水平方向移动。

2. 功能评定

（1）肌力的评定：一般多使用徒手肌力检查法（MMT）进行肌力评定。还可通过CT影像的量化数值了解每一块肌肉的障碍程度。除此之外，通过MRI、超声波检查也可以对肌障碍的形态进行分析。MMT检查方法在小儿配合的情况下3岁左右就可以使用。肌力低于3级时，容易出现代偿运动，应确认检查肢位和方法。

研究表明，使用MMT检查肌力发现，伸展比屈曲更早出现低下。颈的前屈、肩的伸展、髋的内收等肌力也很早就出现低下。而颈的伸肌、胫骨前肌、手固有肌等肌力可以保持相对长的时间。对于握力的评定：手指集团肌力是比较有效的评定方法。还可以利用水银握力计、数码测力计。

（2）关节挛缩、变形的评定：关节挛缩是由于肌力减退造成肌腱、肌膜的短缩，肌肉在病理学、解剖学上发生变化引起的。关节挛缩的发生与肌力减弱、不均衡和重力影响、习惯姿势等多种因素有关。

最早容易出现的关节挛缩是髋关节的屈曲和外展，检查时如果骨盆固定不够充分很容易漏诊，所以最好两个人同时进行检查。除此之外踝关节的背伸受限也很明显。这些关节挛缩的判断是基本治疗手段的第一步，因此要正确检诊。腘窝韧带、胫腓韧带、大腿阔筋膜张肌等的短缩可以在步行时观察到。

关节挛缩将在很大程度上影响将来的步行能力，因此在初期运动功能评定时，要高度重视对造成关节挛缩的原因的评定。

对于上肢而言，因为肩和肘关节肌力的减弱，可以观察到关节的迟缓性动摇现象。肘关节从过度伸展开始转变屈曲挛缩。出现步行困难的阶段，容易出现前臂旋前挛缩、肘关节屈曲挛缩，而腕关节、手指关节的挛缩一般在接近后期时出现。

在手指方面，一般指浅屈肌的短缩、弱化最早出现，所以容易造成手指在伸展位的鹰爪变形。到后期可出现伴有手指屈曲或伸展的挛缩变形。虽然出现手指的变形，但是手指尤其是指尖部分，到发病最末期都是可能运动的。

（3）ADL的评定：ADL评定时可以使用FIM和BI指数等评定量表。ADL能力的丧失在初期以下肢和躯干功能为主，其次是上肢ADL能力的低下。ADL一般到阶段Ⅲ时，虽然肌力低下但仍能够比较好地维持生活自立。阶段Ⅴ以下时步行能力一旦丧失，ADL能力水平将急剧低下，此时将依靠矫形器或辅助具站立、步行，或以轮椅代步。匍匐爬行动作是多样的，患儿多利用躯干和上肢进行移动。由于上肢的运动障碍以致利用各种代偿动作，所以共同运动变得非常复杂。另外，智力、情绪等因素也会影响到ADL的能力。康复治疗首先要确定患儿的残存功能，应对残存能力进行评定，并进一步开发潜在的能力，努力扩大患儿的生活空间，尽可能丰富患儿的生活。

（4）心肺功能评定：进行性肌营养不良患儿由于呼吸肌力的低下而引起拘缩性换气障碍。肺功能一般到十四五岁时会有所提高，但是以后由于呼吸肌明显降低，逐渐转变为肺泡低换气性的慢性呼吸衰竭。据统计，因呼吸衰竭造成死亡的人数占进行性肌营养不良死亡人数的 80%。% 肺活量 VITAL CAPACITY（VC）指标可供参考，17 岁左右 % 肺活量（%VC）将降至 50% 以下。进一步 PAO_2 CO_2，特别是夜间睡眠时的 SAO_2 等数值也是重要的参考指标。

随着体重的增加，营养和体力方面也容易出现问题。一般到十三四岁可见体重增加，但是之后由于体力消耗增大，消瘦加速，体力的维持对 ADL 和康复训练是很重要的。过度肥胖对运动和 ADL 不利，也有造成脊柱变形的危险性，还会增加辅助人员的负担。血清 CK 值在初期异常增高，随着病情的发展逐渐变低。

3. 运动功能训练

（1）下肢的训练：一旦被确诊为进行性肌营养不良后，应设法得到父母的理解和协助，从初期开始进行在家庭中的自我康复，目的是维持起立、站立、步行能力。肌力低下一般是进行性的，容易发生废用性萎缩，治疗者对此应充分了解并及时指导。例如 stage Ⅳ级的患儿甚至仅仅因为感冒卧床，或者因外出而短时间中断训练，就有可能引起废用性萎缩，导致丧失步行能力。所以必须坚持训练。训练以维持肌力和预防关节挛缩为目的，起立、步行和牵张运动是最重要的训练方法。应对家长进行徒手牵张手法等方法的适当指导。骑自行车、游泳等运动和游戏对维持体力行之有效。起立、步行训练存在一定的发生外伤的危险性，应注意给予适当、有效的最小辅助，但要注意避免过度保护。在训练时要设法激发患儿自发训练的欲望，减少依赖心理，将每天的训练形成习惯。即使在起立动作需要辅助时，只要存在步行能力，就要尽量在给予辅助下继续坚持步行。

（2）上肢的训练：从患儿丧失步行能力的时期开始，就要考虑为患儿提供有效的辅助器具，而为了能够灵活使用这些器具，需要上肢的机能。因此，需要通过主动运动、被动运动、徒手牵张运动等预防肩、肘、前臂、腕等关节挛缩并维持肌力。上肢 ADL 动作的完成需要起立动作和坐位姿势的稳定性，应注意随着病情的发变化，对患儿使用的桌子、椅子、辅助具或与生活相关的康复器具、用具等进行调整。作业疗法的陶艺、木工、绘画、乐器、球类等作业项目，以及学习、运动、兴趣小组活动都可以作为训练内容和项目。手的运动以及手指的动作到病程的最终阶段都要坚持做好维持功能的训练。

（3）呼吸训练：在疾患的初期阶段，无需进行特别的呼吸训练，病情一旦有所发展，就必须积极进行维持横膈膜、肋间肌、腹肌等呼吸肌肌力的训练，以及维持、扩大胸廓活动动作的训练，并且需要根据定期的肺功能检查结果进行呼吸训练。主要项目有深呼吸、发声、噘嘴、吸气、腹式呼吸等内容。另外抵抗呼吸训练、徒手胸廓牵张法、舌咽呼吸法等也是有效的训练内容。由于可以预测到随着病程的进展必然发生呼吸功能低下，所以应在早期考虑制定适当的训练计划。

（4）其他：为了更好地便于自理生活和保护体力，应该考虑制作自助具以及辅助器械，或者对生活用品用具和生活环境进行调整改造。

随着症状的进展，必须制定包括营养状态的全身的管理、针对合并症的处理方法等的治疗方案。对于心肺功能低下、心功能不全应早期发现和利用药物疗法，同时可以利用针对呼吸衰竭的间歇性正压呼吸（IPPB）、体外式负压人工呼吸（CR）、经鼻的间歇正压人工呼吸（NIPPV）等辅助呼吸法、排痰法等肺理学疗法进行治疗。

4. 心理问题　本疾患多于幼儿期发病，进行性功能障碍伴随患儿整个学龄期，10 岁前后可能会丧失步行能力，对患儿产生巨大的精神打击，对患儿的精神发育也会产生不良影响。比如有些患儿学龄期厌倦学校，甚至反抗或消极对抗，导致越来越严重的心理问题。

治疗师对此应高度重视，进行必要的心理指导，包括对家长的指导，培养与他人的合作精神，积极地维持良好的精神心理和身体状态。

二、福山型先天性肌营养不良（F-CMD）

（一）临床特点
1. 发病早，未满1岁就可以发现异常。
2. 全身肌紧张低下，肌力低下。
3. 颜面部肌群常常受到侵害。
4. 关节挛缩容易在早期出现，常伴有假性肥大。
5. 伴有明显的智能障碍、痉挛、颅骨变形等神经症状。
6. 重度运动功能障碍，几乎无法获得起立、步行能力。
7. 没有男女差。

（二）遗传形式
遗传形式目前尚未完全被解明，但已证明遗传因子存在于9号染色体上。

（三）运动功能水平评定
评定方法如下表。

水平8——上下楼梯（辅助用具，可利用扶手，不可牵手或支撑躯干）
水平7——在平地上行走（可使用辅助用具）
水平6——在平地上扶物行走或牵手行走（可使用辅助用具）
水平5——扶物站立（不使用长下肢辅助用具，可使用短下肢或鞋型辅助用具）或膝手位爬行
水平4——蹭爬（任何方式）
水平3——在座位上转圈
水平2——坐位（用自己的力量维持坐位）
水平1——头保持直立位（不仅仅是头能否在空中保持直立，在直立位的稳定性更重要），不能独立保持坐位
水平0——头不能保持直立位

（四）康复训练
家庭中的训练：以预防关节挛缩为目的，指导家长进行关节活动度训练（被动训练）和促进运动发育的训练，并坚持定期到医院复诊。

翻身训练：首先促进头和上半身转向一侧，腰部随着旋转，返回时控制腰部，促进上半身旋转。

坐位训练：开始时需要辅助，让患儿将手放在身体前方，逐渐过渡到侧方支撑，改善坐位的稳定性，之后练习无需手部支撑下的坐位保持。

头的直立、拉着患儿的手坐起、俯卧位颈部伸展等动作训练能够有效地强化颈部肌肉的肌力。

(五) 矫形器、辅助用具

为预防挛缩，从早期开始使用夜间矫形器具。对于能够凭借自己的力量扶物站起的患儿，可使用长下肢矫形器，使用短下肢装具能够矫正足内翻。

（李林　王刚　顾越　曹丽辉）

思考题
1. 脑瘫双瘫型和四肢瘫型的特点和临床表现
2. 进行性肌营养不良障碍程度的分级

第七章 脊髓损伤的康复

学习目标
一、理解脊髓损伤的原因、分类,掌握不同损伤水平造成的临床症状
二、针对脊髓损伤的障碍特点,选择适合的作业疗法评定方法,制定适合患者损伤水平的训练方法
三、针对患者的功能障碍,合理使用支具和自助具

第一节 概 述

脊髓损伤(spinal cord injury,SCI)是由于各种因素引起的脊髓结构和功能损害,造成损伤水平及以下运动、感觉、自主功能的改变,是一种严重的致残性疾病。

脊髓损伤可分为外伤性和非外伤性两类。非外伤性脊髓损伤主要因脊柱、脊髓的病变(肿瘤、畸形、炎症等)引起,约占脊髓损伤的30%。外伤性脊髓损伤是由直接或间接暴力而造成的,多伴随脊柱骨折、脱位,致伤原因多为高处坠落、车祸、重物砸伤及运动损伤等。据调查,2002年北京地区脊髓损伤发病率为60人/百万,最常见的致伤原因是高处坠落,其次是车祸。据美国国家脊髓损伤资料研究中心统计,每个患者从入院到出院需耗资3.7万~3.8万美元,此后一生中要耗费23万(截瘫)至40(四肢瘫)万美元,全年耗资在脊髓损伤患者身上的金额达24亿美元。因此脊髓损伤是一种致残重、耗费大的伤残。

脊髓损伤的原因大部分可从X线平片的影像显示出来。在和平时期,屈曲型损伤所致的脊柱骨折、脱位是脊髓损伤的常见原因;而在战争年代,则以火器伤为脊髓损伤的常见原因。脊髓损伤多发生于年轻人,80%为40岁以下的男性,好发于颈椎下部,其次为脊柱胸腰段部位。根据致残部位的不同分为截瘫和四肢瘫。截瘫(paraplegia)是指脊髓胸段、腰段或骶段(不包括颈段)内脊髓损伤之后,造成相应节段的运动和(或)感觉等功能的损害,主要表现在两下肢或全部躯干。四肢瘫(tetraplegia)是指由于椎管内的颈段脊髓受损而造成损伤节段以下运动和(或)感觉等功能的损伤或丧失,四肢瘫导致上肢、躯干、下肢及盆腔器官的功能障碍。

一、脊髓损伤的分类

(一) 根据病理变化分类

不同脊髓损伤可分为原发性脊髓损伤和继发性脊髓损伤。原发性脊髓损伤包括机器损害、出血等，被动地发生在损伤后短时间内（一般认为4h内）且产生的神经损害是不可逆的。继发性脊髓损伤包括水肿、炎症反应、缺血、细胞因子、再灌注等对脊髓产生的毒害作用，是在原发性损伤后的数分钟到数天内逐渐形成的。

1. 原发性脊髓损伤

（1）脊髓休克：脊髓休克（spinal shock）是指患者受伤后，脊髓功能处于暂时性抑制状态，称为"脊髓休克"。是由于被横断的脊髓突然失去了高级中枢的调节作用，特别是大脑皮质、脑干网状结构和前庭核对脊髓的易化作用所引起。患者的临床表现为：受伤后损伤平面以下的感觉、运动、反射及括约肌功能丧失，可为不完全性，即使表现为完全性者，常在数小时至数天后，脊髓功能开始恢复，最后可完全恢复。

（2）脊髓挫伤：从脊髓的轻微挫伤到脊髓广泛的软化断裂都属于脊髓挫伤。轻度挫伤者可见于脊髓表面，中度挫伤者可见于脊髓中央，重度损伤者可见于脊髓整个横断面。其病理改变可随时间的推移而有所发展。

（3）脊髓断裂：脊髓断裂分为部分断裂和完全断裂。随着时间的推移，其受损实质发生病理性改变，这种变化在伤后72小时达到最大程度。

2. 继发性脊髓损伤

（1）脊髓水肿：脊髓水肿是指外力作用于脊髓，使之发生创伤性反应。脊髓缺氧以及脊髓受到的某种压力突然解除时，都可使脊髓出现不同程度的水肿。

（2）脊髓受压：脊髓受压是指脊柱损伤以后，移位的椎体及骨折片、破碎的椎间盘组织等可压迫脊髓，造成患者瘫痪。如果脊髓没有受到损伤，当压迫因素很快解除时，其功能可望全部或者大部分恢复。

（3）椎管内出血：椎管内出血是指人体受伤后，硬膜内或者硬膜外的小血管破裂出血，使椎管内压力升高而压迫脊髓，患者可出现不同程度的继发性脊髓受压损害的症状。

(二) 按脊髓损伤的程度

根据脊髓损伤的程度分为完全性脊髓损伤和不完全性脊髓损伤。

1. 完全性脊髓损伤（complete injury）：完全性脊髓损伤是指最低骶段（骶4~5）的感觉和运动功能完全消失。在损伤平面以下，所有运动、感觉和括约肌功能均消失，包括解剖的和生理的功能横断；后者如在恢复过程中出现某些功能的恢复，则应划为不完全性损伤。

2. 不完全性脊髓损伤（incomplete injury）：不完全性损伤是指在神经平面以下包括最低位的骶段（骶4~5）保留部分感觉和（或）运动功能。也就是在损伤平面以下，仍有部分运动、感觉和括约肌功能存在。

(三) 根据脊柱骨折部位分类

可分为上颈段脊柱骨折、下颈段脊柱骨折、胸段脊柱骨折、胸腰段脊柱骨折和腰骶段脊柱骨折。

1. 上颈段脊柱骨折（颈1~4）脊髓损伤亦为相同节段。
2. 下颈段脊柱骨折（颈5~7）脊髓损伤为颈5~8节段。
3. 胸段脊柱骨折（胸1~10）脊髓损伤为胸1至腰1节段。
4. 胸腰段脊柱骨折（胸11至腰2）脊髓损伤为腰2至骶1节段，以及马尾神经上部。
5. 腰骶段脊柱骨折（腰3至骶骨）为马尾神经下部损伤。

二、临床表现及诊断

脊髓损伤以后，应进行全面系统的神经检查，包括感觉、运动、反射、括约肌功能及自主神经功能检查，结合影像学以及其他必要的辅助检查。一般来说，脊髓损伤的诊断并不困难。脊髓损伤由于受伤部位、损伤原因和损伤程度的不同，可出现不同体征。如：脊髓半切综合征（又称为 Brown-Sequard syndrome）较常见，为脊髓损伤偏于一侧，损伤平面以下同侧肢体的运动和深感觉消失，对侧肢体表现为痛觉、温度觉消失；中央索综合征（central cord syndrome），由于皮质脊髓束的排列是从中央向外依次为颈、胸、腰、骶，故此综合征表现为上肢受累重而下肢受累轻的现象。其他综合征还有前索综合征、后索综合征、圆锥综合征等。早期应经常检查瘫痪平面有无改变，平面下降为恢复的表现，平面上升为椎管内有活动性出血的表现。所需注意的是，检查过程中应明确受损的部位、性质和程度（见表7-1-1、表7-1-2和表7-1-3）。正确判断脊髓损伤是完全性还是不完全性损伤（见表7-1-4），对于确定患者的预后具有重要的作用。

表7-1-1 脊髓损伤部位与截瘫部位的关系

损伤部位	脊柱损伤部位	截瘫上界（脊髓节段）
上颈段	C1~2	C1~3
下颈段	C3~7	C4~8
上胸段	T1~5	T1~4
下胸段	T6~12	T5~11
胸腰段	T12~L1	T12~L2
腰段	L2~S1	L2~S5
圆锥上型		L3~5
圆锥下型		S1~5

表7-1-2 上、下运动神经元瘫痪的鉴别诊断

瘫痪种类	瘫痪范围	肌张力	肌萎缩	皮肤营养障碍	腱反射	锥体征	电变性反应
上运动神经元瘫痪	以较完整的动作障碍为主	增高（折刀样）	轻微	多无	亢进	阳性	无变化
下运动神经元瘫痪	以个别肌肉或肌群瘫痪为主	降低	明显，早期即出现	常有	减退或消失	阴性	不完全或完全变性反应

表 7-1-3　脊髓各节段完全性横断的鉴别诊断

部位	损伤组织	感觉改变	瘫痪性质	受累肌肉	反射改变	膀胱功能	自发性疼痛	阴茎勃起及射精
颈段脊髓	脊髓	损伤平面以下完全丧失	先弛缓性后痉挛性	上肢以下全部肌肉	消失	早期丧失晚期建立反射性膀胱	多无	仍存在
胸段脊髓	脊髓	损伤平面以下	先弛缓性后痉挛性完全丧失	躯干及双下肢	多消失	早期消失晚期建立反射性膀胱	多无	仍存在
脊髓圆锥	脊髓圆锥	感觉分离痛温觉丧失，触觉存在性	痉挛性或弛缓性	双下肢	跟腱反射存在或消失	早期丧失晚期建立建立反射或自律性膀胱	多无或局限于会阴及臀部，经痛	保留或消失
马尾神经	周围神经	各种感觉均丧失	弛缓性	双下肢	膝腱及跟腱反射消失	自律性膀胱	双下肢剧痛	减退或消失

表 7-1-4　晚期脊髓完全性损伤与不完全性损伤的鉴别诊断

损伤情况	下肢畸形姿势	下肢位置	刺激足底反应	全部反射	肌张力	感觉改变
完全损伤	屈曲，恢复胚胎原始状态	稍屈曲	常为各趾跖曲	刺激下肢任何部位均可引起	大部分增高，少部分减退	完全消失
不完全损伤	伸直，如防御反射	伸直	常为各趾背伸，巴宾斯基征阳性	膝上不能引起	增高	部分消失

第二节　功能障碍的特点

脊髓损伤造成的功能障碍主要表现为运动功能障碍、感觉障碍、呼吸功能障碍、排尿障碍、性功能障碍、自主神经功能障碍、体温调节障碍及心理障碍等。

一、运动障碍

受损平面以下运动功能障碍在急性期呈弛缓性瘫痪，可持续 6 周以上或更长时间，然后进入痉挛期。但 L1 椎体下缘的损伤不会出现痉挛，表现为肌张力低下，肌肉萎缩。颈髓水平损伤，因四肢和躯干的肌肉麻痹造成四肢瘫痪，而胸椎或腰椎水平的脊髓损伤，因一部分躯干和下肢肌肉麻痹而造成截瘫。另外，麻痹的形式分为麻痹肌肉的紧张度高的痉挛性麻痹和麻痹肌肉的紧张度低的迟缓性麻痹。一般情况下，四肢麻痹上肢呈现迟缓性麻痹，下肢呈现痉挛性麻痹。脊髓不同平面损伤引起的运动障碍，如下（表7-2-1）：

表7-2-1　脊髓不同平面损伤引起的运动障碍

脊髓损伤平面	运动障碍
C4以上	正常肌肉：仅限于脑神经支配，诸如胸锁乳头肌、斜方肌、颈阔肌 减弱肌肉：膈肌（在C4平面损伤者） 瘫痪肌肉：膈以下，整个上、下肢及颈以下的躯干肌肉
C4~5	正常肌肉：膈肌、斜方肌、胸锁乳头肌 减弱肌肉：提肩胛肌、菱形肌、冈上肌 瘫痪肌肉：三角肌、肱二头肌以下上肢诸肌
C6	正常肌肉：提肩胛肌、菱形肌、冈上肌 减弱肌肉：三角肌、肱二头肌 瘫痪肌肉：肱三头肌、胸大肌、背阔肌、肩胛下肌及肘以下诸肌
C7	正常肌肉：提肩胛肌、菱形肌、冈上肌 减弱肌肉：三角肌、肱二头肌 瘫痪肌肉：肱三头肌、胸大肌、背阔肌、肩胛下肌及肘以下诸肌
C8	减弱肌肉：屈腕肌 瘫痪肌肉：手内在肌
T1	正常肌肉：伸腕、屈腕、伸指、伸拇、屈指、屈拇诸肌 减弱肌肉：手内在肌 瘫痪肌肉：肋间肌以下诸肌
T2	正常肌肉：上肢诸肌 瘫痪肌肉：肋间肌以下
T7	正常肌肉：上方1~6肋间肌 瘫痪肌肉：腹以下诸肌
T11	正常肌肉：上、中部肋间肌 减弱肌肉：下部腹直肌 瘫痪肌肉：髋以下诸肌
L1	正常肌肉：腹以上诸肌 减弱肌肉：腰方肌 瘫痪肌肉：髋以下诸肌
L2	正常肌肉：腹以上诸肌 减弱肌肉：髂腰肌、缝匠肌、股薄肌 瘫痪肌肉：膝以下诸肌
L3	正常肌肉：髂腰肌、缝匠肌以上诸肌 减弱肌肉：股四头肌和内收肌（1~3级） 瘫痪肌肉：膝以下诸肌

脊髓损伤平面	运动障碍
L4	正常肌肉：髂腰肌、缝匠肌以上诸肌 减弱肌肉：股四头肌和内收肌（3~4级） 瘫痪肌肉：膝以下诸肌
L5	正常肌肉：股四头肌 减弱肌肉：臀中肌与阔筋膜张肌（1~2级）、胫前肌、胫后肌 瘫痪肌肉：半腱肌、半膜肌、股二头肌、腓肠肌
S1	正常肌肉：股四头肌、胫前肌 减弱肌肉：臀中肌与阔筋膜张肌（3~4级）、胫后肌、半腱肌、半膜肌 瘫痪肌肉：股二头肌、屈趾、屈拇肌
S2（圆锥型）	正常肌肉：臀中肌、胫前肌、胫后肌 减弱肌肉：伸趾、伸拇、屈趾、屈拇肌 瘫痪肌肉：足内在肌、括约肌
S3	正常肌肉：下肢诸肌 减弱肌肉：括约肌 瘫痪肌肉：括约肌
马尾神经	正常肌肉：股四头肌以上诸肌 减弱或瘫痪肌肉：股四头肌以下诸肌及括约肌

二、感觉障碍

根据损害的部位和损伤的程度不同，损伤后感觉障碍的表现不一。在完全性损伤时，紧接损伤平面以上可有感觉过敏，而在损伤平面以下所有感觉完全消失。而在不完全性损伤时，损伤部位靠前，则受损平面以下的感觉障碍为痛觉、温度觉障碍；损伤部位靠后，则为触觉及本体感觉障碍；损伤部位在一侧，则为对侧的痛觉、温度觉，以及同侧的触觉和深部感觉障碍。脊髓不同平面损伤引起的感觉障碍如下（表7-2-2）：

表7-2-2 脊髓不同平面损伤引起的感觉障碍

脊髓损伤平面	感觉障碍
C4以上	除头、面、枕、颈部以外，感觉均消失
C4~5	感觉正常：颈及第二肋间以上 感觉减退：肩部 感觉消失：躯干第二肋间以下与肩部以下的整个上肢
C6	感觉正常：肩及上臂外侧 感觉减退：前臂外侧 感觉消失：前臂外侧中部以下
C7	感觉正常：肩上臂和前臂外侧 感觉减退：前臂中部、食指 感觉消失：前臂尺侧三个手指

续表

脊髓损伤平面	感觉障碍
C8	感觉正常：肩、上臂、前臂桡侧与 1～2 指
	感觉减退：前臂尺侧三个手指
	感觉消失：肘内侧以下
T1	感觉正常：肩上臂、前臂、桡侧与尺侧及手
	感觉减退：上臂内侧
	感觉消失：腋窝以下
T2	感觉正常：整个上肢肌肉
	感觉减退：腋窝以下
	感觉消失：乳头以下
T7	感觉正常：剑突以上
	感觉减退：剑突至肋弓
	感觉消失：肋弓以下
T11	感觉正常：肋弓以上
	感觉减退：肋弓至脐
	感觉消失：脐以下
L1	感觉正常：腹股沟以上
	感觉减退：腹股沟区
	感觉消失：大腿中、下 1/3 以下
L2	感觉正常：大腿上 1/3 以上
	感觉减退：大腿中 1/3
	感觉消失：大腿中 1/3 以下
L3	感觉正常：大腿中 1/3 以上
	感觉减退：大腿下 1/3
	感觉消失：膝以下
L4	感觉正常：膝以上
	感觉减退：小腿内侧
	感觉消失：小腿外侧以下
L5	感觉正常：小腿内侧以上
	感觉减退：小腿外侧
	感觉消失：小腿及鞍区
S1	感觉正常：小腿外侧
	感觉减退：小腿后侧、足底
	感觉消失：大腿后侧及鞍区
S2（圆锥型）	感觉正常：除大腿后方及鞍区以外均正常
	感觉减退：大腿后方
	感觉消失：鞍区
S3	感觉正常：除鞍区以外均正常
	感觉减退：鞍区
	感觉消失：鞍区
马尾神经	两侧对称或不对称，大腿后方、小腿后方、足部与鞍区感觉减退或消失

三、呼吸功能障碍

在正常情况下，延髓网状结构中的呼吸中枢控制呼吸的节律和深度，通过位于颈部脊髓腹外侧的网状脊髓束及脊髓前角细胞支配呼吸肌而产生呼吸运动。高位脊髓损伤后，不仅肋间肌麻痹，由颈 3~5 神经支配的膈肌及辅助呼吸肌，如胸锁乳头肌、斜角肌功能亦将减退。呼吸时，胸廓可呈反向运动，致胸腔负压下降，肺容积和气体交换受到影响。膈神经失去大部分或全部功能，使膈肌功能减退。又由于交感神经受累，使迷走神经占优势，从而导致气管、支气管内腔收缩变窄，同时由于咳痰能力减弱，支气管内分泌物不能排出，易发生肺部感染。一般而言，损伤平面愈高，对呼吸的影响愈重。损伤平面在颈 4 以上时，膈肌完全瘫痪，如不及时采用人工呼吸机常造成死亡。

四、排尿障碍

在脊髓损伤的不同时期，可出现不同类型的神经源性膀胱。在脊髓休克期，表现为无张力性膀胱；休克逐步恢复时，表现为反射性膀胱和间歇性尿失禁。前者见于胸 10~11 以上脊髓横断者，骶髓排尿中枢完好，逼尿肌反射恢复，膀胱充盈后可完成反射性排尿，又称"尿失禁"。后者则不能通过反射完成排尿动作，需通过加压耻骨上腹壁，完成排尿，为尿潴留。当脊髓恢复到出现反射时，刺激下肢皮肤即可产生不自主的反射性排尿。晚期则表现为挛缩性膀胱。当患者出现总体反射时，可表现为无抑制性膀胱。

五、性功能障碍

女性脊髓损伤的患者，不论节段平面和受损程度，除生殖器官的感觉丧失外，其卵巢功能很少发生长期紊乱，大部分患者伤后 6 周左右即恢复月经，可以正常怀孕和分娩。而男性截瘫患者大部分发生阳痿，在阴茎能勃起的患者中，约 1/3 能成功地进行性生活，只有 5%~7% 具有生育能力。尽管如此，患者的性欲和生理、心理性行为的需求并未因脊髓损伤而改变。但是移动障碍、功能依赖、性障碍以及其他合并的医疗问题和伴侣与社会的态度，将影响患者对性生活的态度、方法、兴趣、满意度。有些患者缺乏基本的性教育，也有患者因为机体存在残障和高度的自尊心，便对两性关系不感兴趣，脱离开同龄人。因为这些原因，性教育和建议必须满足患者和他或她的性伴侣的实际需求。作业治疗应设法提供相应的信息和场所，在处理这一项工作中起着重要的作用。

六、自主神经功能紊乱

高位脊髓损伤后，早期由于失去交感神经的控制，可出现心率减慢、血压偏低、体温不升、反应迟钝以及定向力差等现象，损伤平面以下发汗、寒战及竖毛反射均消失。四肢瘫痪的患者可出现自主神经反射亢进，常为身体内在或外在刺激所诱发，其中最常见的原因是空腔脏器的充盈胀满。临床表现为阵发性高血压、心动过缓、心律不齐、出汗、抽搐、视野缺损等症状。损伤平面以上可有血管扩张，以下则为血管收缩。当患者出现阵发性血压升高、心动过速、头痛、视力模糊、出汗、竖毛反应等症状时，应考虑是交感神经的全部反射（mass reflex），其原因为全身性交感素释放异常。

七、体温调节障碍

高位脊髓损伤后，体温常异常，多为体温升高。其原因为：体温调节中枢的传导通路受到破坏；机体产热量不受调节；皮肤汗腺失去交感神经支配；病态性肌肉收缩做功；一些合并症导致的感染性高热。而体温降低多由于肌肉瘫痪不能收缩，产热量减少；而交感神经功能丧失以后，肢体血管扩张，散热增多亦可引起。

八、心理障碍

突然而至的横祸，使一个健康、充满活力的正常人突然之间变成一个只能依靠他人生活的残疾人时，心理上受到的沉重打击是可想而知的。脊髓损伤患者的心理反应从受伤起同样也要经历休克期、否认期、愤怒期、悲痛期和承受期这样的心理历程。但近年来的研究表明，上述有关过程的分期理论并不是绝对的，脊髓损伤后的适应过程并没有固定的模式，每个人都以自己独有的方式完成这一过程。

第三节 功能评定

对于脊髓损伤患者的评定是一个持续的过程，从入院开始，持续到出院以后，并可作为门诊随诊的基础。无论患者是急性期入院并已接受康复训练，还是门诊患者或是家庭治疗，作业治疗师都应坚持定期评定患者功能进步的情况，了解治疗效果和辅助器具的使用情况。一个精确的、综合的、正规的初期评定，对于确定患者基本的神经科和临床上的功能状态，并由此制定切实的治疗计划是极为重要的。最初开始收集的资料来源于医疗表格，它提供了患者的个人资料、医学诊断和其他相关医疗信息。从多学科小组获得的信息有利于作业治疗师准确预测康复时机和最佳康复效果。

从最初的评定过程开始，就要考虑到今后的计划，应做全方位的、综合性的评定，并为患者将来出院后的计划做准备。因为对患者的社会背景和以往的职业状况以及过去和将来预期的生活情况等的全面评定，对制定一个能满足患者持续需求的治疗计划是十分重要的。

一、损伤水平的确定

神经损伤水平是指运动、感觉功能仍然完好的最低脊髓节段水平。例如：C6 损伤，是指颈 6 及其以上节段的脊髓功能完整，而颈 7 及其以下脊髓功能障碍的脊髓损伤。在不完全性损伤时，可能会出现损伤几个节段的情况，有些脊髓功能可能是部分或完全完整的。例如：C5~6 是指 C5 是功能完整的最低水平和 C6 是脊髓不完全性受损，以及 C6 以下神经功能丧失。临床上为了迅速地确定损伤水平，常常做一些关键肌肉和感觉点的检查。如果关键肌有多个节段支配，以其最头端的节段为它所代表的节段。例如：肱二头肌由 C5 和 C6 支配，则取 C5 为其代表节段（参见表 7-3-1 脊髓损伤平面与运动的关系和表 7-3-2 脊髓节段和皮肤感觉区的关系）。

表 7-3-1 脊髓损伤平面与运动的关系

损伤平面	代表性肌肉	运动
C1~3	头运动肌	转头运动
C4	膈肌	呼吸
	斜方肌	耸肩
C5	三角肌	外展上臂
	肱二头肌	屈肘
C6	腕伸肌	伸腕
C7	肱三头肌	伸肘
C8~T1	手指肌	握拳
L2	髂腰肌	屈髋
L3	股四头肌	伸膝
L4	胫前肌	踝背屈
L5	拇长伸肌	伸拇指
S1	腓肠肌	踝跖屈肌

表 7-3-2 脊髓节段和皮肤感觉区的关系

运动脊髓节段	皮肤感觉区
C2~3	枕、颈部
C4	肩胛部
C5~7	手、前臂、上臂桡侧
C8~T2	手前臂、上臂尺侧
T4~5	乳头水平
T7	肋弓水平
T10	脐水平
L1~5	下肢前后面
S4~5	会阴、肛门周围

颈髓损伤后上肢残存肌肉，根据 Zancolli 法将肘关节、腕关节和手指各关节的功能按髓节进行分类。因其对上肢运动功能进行精细、准确的评定，所以对 ADL 的预后判定具有重要的参考价值（见表 7-3-3）。

表 7-3-3 Zancolli 的颈髓损伤分类

最低脊髓节段	基本功能	残存肌肉	分类	亚型分类			手术后能获得的功能
C5	肘屈曲	肱二头肌 肱肌	I	A	肱桡肌（-）		
				B	肱桡肌（+）		侧方捏，弱
C6	腕背屈	桡侧腕长伸肌 桡侧腕短伸肌	II	A	腕背屈，弱		侧方捏，弱 抓握动作，弱
				B 腕背屈强	1	旋前圆肌（-） 桡侧腕屈肌（-）	有效的侧指捏 抓握动作强 （C6B3 的效果）
					2	旋前圆肌（+） 桡侧腕屈肌（-）	
					3	旋前圆肌（+） 桡侧腕屈肌（+） 肱三头肌（+）	
C7	手指伸展	指总伸肌 小指伸肌 尺侧腕伸肌	III	A	尺侧手指不能完全伸展 桡侧手指及拇指不能伸展		侧指捏 指腹捏
				B	手指可能完全伸展 拇指伸展弱		握力强 （C7B 的效果）
C8	手指屈曲 拇指伸展	指深屈肌 示指伸肌 拇指伸肌 尺侧腕伸肌	IV	A	尺侧手指可能完全伸展 桡侧手指及拇指不能屈曲 拇指可能完全伸展		强的捏和握 （C8B 的效果）
				B	桡侧及尺侧手指可能完全伸展 拇指屈曲弱 大鱼际肌弱　手内在肌麻痹 指浅屈肌（+）或（-）		

二、完全与不完全损伤的确定

完全或不完全性损伤的确定，对于脊髓损伤患者的诊治及预后有着重要的意义。完全性损伤的患者不存在骶残留，如有部分保留区也不超过三个节段。所需注意的是，完全性损伤的确定，必须在脊髓休克期消失后才可做出。至于脊髓休克的消失，可依靠球海绵体肌反射的恢复来评定，此反射的重新出现就意味着脊髓休克期已过，此时如仍无肛黏膜皮肤反射和/或肛诊反射，即可评定为完全性损伤。但必须指出，球海绵体肌反射在正常人中，也有 15% 左右不出现。此时损伤平面以下肌肉痉挛的出现，也可以作为评定脊髓休克消失的指征。至于不完全性损伤，在脊髓休克消失后，有明确的骶残留和部分保留区超过三个节段即可确定。

三、损伤完全程度的分类

现在已用美国脊髓损伤协会（ASIA）分类取代了过去的Frankel分类方法。ASIA分类法如下（见表7-3-4）：

表7-3-4 脊髓损伤程度分类（ASIA，1992年）

A. 完全性损伤：无感觉、运动功能，亦无骶残留
B. 不完全性损伤：损伤水平以下保留感觉功能，肛黏膜皮肤反射存在
C. 不完全性损伤：损伤水平以下保留运动功能，肛指诊反射存在，其关键肌的肌力小于Ⅲ级
D. 不完全性损伤：损伤水平以下保留运动功能，肛指诊反射存在，其关键肌的肌力大于Ⅲ级
E. 正常：是指运动、感觉功能正常

四、ADL评定

（一）截瘫患者的ADL评定方法

可用改良的Barthel指数（其评定内容及标准参见《康复评定学》的相关章节）。

（二）四肢瘫患者的ADL评定方法

对于四肢瘫患者，无论是用Barthel指数，还是用Kenny自理评定法进行评定，都欠敏感。现常用的是Gresham提出的四肢瘫痪功能指数（quadriplegic index of function，QIF）评定法（QIF的评定内容、评分标准分别参见表7-3-5和表7-3-6）。

表7-3-5 QIF的评定内容和评分

项目	具体动作	评分	折算法	评分范围
A. 转移	a. 床到轮椅	各0~4分	32÷2=	0~16分
	b. 轮椅到床	共		0~16分
	c. 轮椅到厕所/便桶（盆）	0~32分		
	d. 厕所/便桶（盆）到轮椅			
	e. 轮椅到交通工具			
	f. 交通工具到轮椅			
	g. 轮椅到淋浴/盆浴			
	h. 淋浴/盆浴到轮椅			
B. 整容	a. 刷牙	各0~4分		0~12分
	b. 梳头	共		
	c. 刮脸（女性用吹发器）	12分		
C. 入浴	a. 洗/擦干上身	各0~4分	16÷2=	0~8分
	b. 洗/擦干下身	共	0~8分	
	c. 洗/擦干足	16分		
	d. 洗/擦干头发			

续表

项目	具体动作	评分	折算法	评分范围
D. 进食	a. 用杯饮水	各0~4分	32×0.75=	0~24分
	b. 使用叉/匙	共	0~24分	
	c. 切开食物（肉）	32分		
	d. 倒出饮料			
	e. 开罐头/广口瓶			
	f. 面包上抹黄油等			
	g. 准备便饭			
	h. 使用适应性的厨房用具			
E. 更衣	a. 穿户内用上衣	各0~4分	a、b项分×1.5	0~20分
	b. 脱户内用上衣		=8×1.5=12分	
	c. 穿户内用裤裙		余7项×4=28分	
	d. 脱户内用裤裙		以上共	
	e. 穿户外用较重的上衣		0~40分	
	f. 脱户外用较重的上衣		再÷2	
	g. 穿脱袜子		=0~20分	
	h. 穿脱鞋			
	i. 扣纽扣			
F. 驱动轮椅	a. 转弯	各0~4分	0~28分	
	b. 后退	共28分		
	c. 操纵刹车装置			
	d. 在粗糙/不平地面上驱动			
	e. 驱动轮椅上斜坡			
	f. 在轮椅上移动和调整姿势			
	g. 保持坐位平衡			
G. 床上活动	a. 仰卧到俯卧	各0~4分		0~20分
	b. 仰卧到长坐位	共20分		
	c. 仰卧到侧卧			
	d. 侧卧到侧卧			
	e. 在长坐位保持平衡			
H. 膀胱功能	依下列不同情况评分			
	a. 随意排空膀胱	取所选用项的	最高为	
	(a) 在厕所	最高分乘以7	4×7=28分	0~28分
	(b) 在便桶（盆）中			

续表

项目	具体动作	评分	折算法	评分范围
	b. 间隙导尿			
	c. 自主膀胱的处理			
	d. 留置导尿			
	e. 回肠替代术后			
	f. 挤压排尿			
I. 直肠功能	依下列不同情况评分			
	a. 完全控制	取所选用项的	最高为	0~24分
	（a）在厕所	最高分乘以6	4×6=24分	
	（b）使用便盆			
	b. 使用肛门栓剂			
	（a）在厕所			
	（b）在便桶（盆）/床/垫上			
	c. 用手指清除大便			
	（a）在厕所			
	（b）在便桶（盆）中			
	d. 用手指或机械刺激			
	（a）在厕所			
	（b）在便桶（盆）中或床上			
J. 护理知识	a. 皮肤护理	各0~4分	40÷2=20分	0~20分
	b. 饮食与营养			
	c. 药物			
	d. 器械			
	e. ROM			
	f. 自主神经反射紊乱的控制			
	g. 上呼吸道感染			
	h. 泌尿道感染			
	i. 深静脉血栓			
	j. 取得服务机构的帮助			

表7-3-6 QIF 各项评分标准

A. A 至 G 项评分标准为
　　0分：完全依赖，患者完全不能活动
　　1分：需要一名看护人员抬起患者或患者身体的一部分
　　2分：只需要旁人看护，可以有或无身体接触；看护人员不必上举患者肢体
　　3分：借助器具可独立完成动作，不需旁人看护；患者能自己穿上辅助器具
　　4分：动作完全独立完成，不需要辅助器具
B. H 项的评分标准为
a. 随意排空膀胱
（a）在厕所中
　　4分：患者能完全独立完成，如转移、穿衣、便后处理等均不需任何帮助
　　3分：患者转移时不需帮助，但穿衣或便后处理需帮助
　　2分：患者转移时不需帮助，但穿衣和便后处理均需帮助
　　1分：患者转移时需帮助，且穿衣或便后处理也需帮助
　　0分：完全依赖，上述任何动作均不能完成
（b）在便桶（盆）内
　　3分：独立完成，如独立转移至便桶上，且穿衣和便后处理不需帮助
　　2分：穿衣和便后处理中的一项需帮助
　　1分：穿衣和便后处理均需帮助
　　0分：上述任何动作均不能完成
b. 间歇导尿
　　3分：可独立完成所需用具的准备、定位及操作，且能独立穿衣和做便后处理
　　2分：可独立穿衣，但下列之一需帮助：所需用具的准备、定位、处理、便后处理
　　1分：上述动作均需帮助，患者能提示辅助者如何进行辅助
　　0分：对膀胱的有关情况一无所知
c. 自主性膀胱
　　3分：可独立完成，如准备用具、穿衣、便后处理均能独立完成
　　2分：可独立穿衣，但下列之一需帮助：准备用具、便后处理
　　1分：上述动作均需帮助，患者能提示辅助者如何进行辅助
　　0分：上述情况均不能办到
d. 留置尿管
　　3分：独立完成穿衣、换尿袋和尿管、定位和便后处理
　　2分：下述动作最多有两项需帮助：穿衣、准备尿管、换尿袋、定位、便后处理
　　1分：上述动作中有3项或2项以上需帮助，能提示辅助者如何进行辅助
　　0分：不能完成上述动作，也不能提示他人
e. 回肠替代术
　　3分：独立完成穿衣、换尿袋和便后处理
　　2分：上述动作之一需帮助
　　1分：上述动作2项以上需帮助，能提示辅助者如何进行辅助
　　0分：上述各项均不能完成

f. 挤压排尿

　　3分：独立完成穿脱衣服、准备物品、操作及便后处理

　　2分：上述动作之一需帮助

　　1分：上述动作2项以上需帮助，能提示辅助者如何进行辅助

　　0分：不能指导他人

C. I项的评分标准

a. 完全控制

（a）在厕所中

　　4分：完全独立完成，如转移、穿衣及便后处理均能独立完成

　　3分：转移能独立完成，但穿衣或便后处理需帮助

　　2分：转移能独立完成，但穿衣和便后处理均需帮助

　　1分：转移需辅助，且穿衣或便后处理也需帮助

　　0分：上述动作均需帮助

（b）在便桶（盆）中

　　3分：完全独立，如穿衣、转移到便桶上、便后处理均能独立

　　2分：能转移到便桶上，但穿衣或便后处理中有一项需帮助

　　1分：能转移到便桶上，且穿衣和便后处理均需帮助

　　0分：完全依赖

b. 使用肛门栓剂

（a）在厕所中

　　4分：完全独立，如转移、穿衣、使用栓剂、便后处理均能独立完成

　　3分：能独立完成转移，但下述动作之一需帮助：穿衣、使用栓剂、便后处理

　　2分：转移能独立，但下述动作中有2项均需帮助：穿衣、使用栓剂、便后处理

　　1分：上述动作均需帮助，但能指导辅助者操作，或能转移但其余动作均需辅助

　　0分：完全依赖，如大便失禁

（b）在便桶（盆）上或在床上或垫子上

　　3分：能独立准备物品、使用栓剂和便后处理

　　2分：使用栓剂或便后处理需辅助

　　1分：使用栓剂及便后处理均需帮助，能提示辅助者如何进行辅助

　　0分：完全依赖

c. 用手指清除大便

（a）在厕所中

　　4分：能独立转移、穿衣、自己清除大便并做便后处理

　　3分：可独立转移，但下述动作之一需帮助：穿衣、自己清除大便、便后处理

　　2分：能独立转移，但下述动作之中有2项需帮助：穿衣、自己清除大便、便后处理

　　1分：全需帮助，但能指导辅助者操作；或独立转移，但其他动作全需帮助

　　0分：完全依赖

（b）在便桶（盆）或在床上

　　3分：能独立准备物品，清除大便、穿衣及做便后处理

　　2分：上述动作之一需帮助

续表

　　1分：上述动作之中有2项需帮助
　　0分：完全依赖
d. 用手指或机械刺激
（a）在厕所中
　　4分：完全独立，如转移、穿衣、刺激及便后处理
　　3分：能独立转移，但下述动作之一需帮助：穿衣、刺激、便后处理
　　2分：能独立转移，但下述动作之中有2项需帮助：穿衣、刺激、便后处理
　　1分：上述动作全需辅助，但能指导辅助者操作；或能转移，但其他动作全需帮助
　　0分：完全依赖
（b）在便桶（盆）或在床上
　　3分：完全独立，如完成刺激、穿衣、便后处理
　　2分：能独立完成刺激动作，但穿衣或便后处理需帮助
　　1分：上述动作均需帮助，能提示辅助者如何进行辅助
　　0分：完全依赖

D. J项的评分标准：在让患者接受充分的脊髓损伤后的护理知识教育后，让患者回答下列选择题，根据患者的答案正确情况评分

I. 选择题

i）皮肤护理

A. 经多长时间给皮肤减压一次
　　a. 轮椅上每隔15min，床上每隔2h　　b. 轮椅上或床上都需每隔2h
　　c. 轮椅上每隔2h，床上每隔4h　　　　d. 一日三次
B. 你不应用下述哪一种方法来减压
　　a. 空气垫　　　　　　　　　　　　　b. 轮椅垫
　　c. 像皮圈　　　　　　　　　　　　　d. 羊皮
C. 预防压疮不适宜的一种方法是
　　a. 定期减压　　　　　　　　　　　　b. 在皮肤发红的地方经常检查
　　c. 长期坐位　　　　　　　　　　　　d. 保持皮肤干燥和清洁
D. 检查皮肤、定期减压、加强皮肤护理的主要责任者是
　　a. 护理人员　　　　　　　　　　　　b. 家庭成员
　　c. 你的朋友　　　　　　　　　　　　d. 你自己

ii）饮食/营养

A. 合理的饮食/营养对脊髓损伤患者是很重要的，因为它能
　　a. 保证直肠功能　　　　　　　　　　b. 预防深静脉血栓
　　c. 预防上呼吸道感染　　　　　　　　d. 减轻皮肤压力
B. 下列食物中你不需要的是
　　a. 谷物、面包、面团　　　　　　　　b. 炸面饼、糕点、冰淇淋
　　c. 水果和蔬菜　　　　　　　　　　　d. 肉、鱼、家禽

iii）药物

A. 请举一例目前你正服用的药物的名称、用药目的、剂量、服法
　　名称：　　　　　　　　　　　　　　目的：
　　剂量：　　　　　　　　　　　　　　服法：

B. 按处方给的药已服完时怎么办
    a. 停止服药   b. 只要能找到的药就接着服用
    c. 告诉医生另开处方   d. 自己动手制作相似的药物来服用

iv) 矫形器

A. 矫形器用于
    a. 保护双手免受外伤   b. 防止肌肉挛缩
    c. 把关节、肌肉、韧带保持在功能位   d. b 和 c
    e. a 和 b

B. 取下矫形器后皮肤发红的部位说明已经受压，你应该过多长时间告诉 OT 重新调整夹板
    a. 1 h 以后   b. 1 日以后
    c. 20min 以后   d. 立刻

C. 可以用来清洗塑料夹板的是
    a. 温和的肥皂和凉的或微温的水   b. 热水和强力清洁剂
    c. 热水和温和的肥皂水   d. 开水

D. 如果夹板断裂或丢失怎么办
    a. 从药店里买一个相似的   b. 与 OT 联系
    c. 叫匠人重新做一个   d. 与地方安全部门联系

E. 轮椅修理的地方是
    a. 自己或在自己的监督下   b. 家庭成员或朋友
    c. 卖主   d. a、b、c 均可

F. 改装矫形器应通过
    a. 由医生处方，OT 推荐后购买   b. 卖主处直接购买
    c. 由医生处方，OT 制作   d. a 和 c

G. 夹板在热天遗留在汽车上会
    a. 裂开   b. 熔化
    c. 被偷   d. a、b、c 都不是

v) 关节活动

A. 关节活动的益处是
    a. 增强肌肉   b. 助于循环
    c. 预防感染   d. 保持软组织和肌肉的长度
    e. b 和 d

B. 关节活动的关键是
    a. 定期进行   b. 从手到脚趾都活动
    c. 出现问题及时找专业人员   d. 关节活动的每个动作终了时应轻轻用力
    e. a~d 均应遵守

C. 可能造成关节活动受限的原因是
    a. 高血压   b. 膀胱感染
    c. 上肢或下肢肿胀   d. 脊髓休克

D. 下肢痉挛时活动关节的方法
    a. 快速用力活动   b. 慢速、缓慢地用力活动
    c. 痉挛停止后再活动   d. 根本不能活动

续表

vi）自主神经反射过度的控制
A. 自主神经反射过度的意思是
 a. 活动亢进难以控制   b. 活动减退易于控制
 c. 通常发生在 T6 平面以下脊髓休克过后   d. a～c 的全部含义
B. 反射异常的原因是
 a. 膀胱过于扩张   b. 直肠过于扩张
 c. 痉挛、感染、膀胱结石   d. a～c 均可引起
C. 反射异常的表现
 a. 头部跳痛   b. 脉缓
 c. 血压上升   d. a～c 的全部症状
D. 反射异常发生时，应该
 a. 坐起来测一下血压   b. 检查膀胱是否排空
 c. 检查粪便排空情况   d. a～c 均应进行
 e. a～c 均无需进行

vii）上呼吸道感染
A. 上呼吸道感染的表现有
 a. 一般有病的感觉   b. 低热
 c. 可能肌肉酸痛   d. 心慌
 e. a～d 的全部症状
B. 深呼吸和辅助咳嗽为什么有预防作用，因为
 a. 增强胸肌   b. 增强腹肌
 c. 增加回心血量   d. 使气道开放和通畅
C. 截瘫为何诱发上呼吸道感染
 a. 肺活量下降，分泌物积聚   b. 增加膀胱结石
 c. 肺功能受损   d. 咳嗽无力
 e. a 和 d
D. 当怀疑有上呼吸道感染时何时去看医生
 a. 病情严重或长期经常发病时   b. 胸痛
 c. 咯血   d. 痰堵
 e. 高热   f. 出现 a～e 的症状均应去

viii）泌尿道感染
A. 泌尿道感染的表现是
 a. 发热   b. 寒战
 c. 尿混浊，有臭味   d. 痉挛加重
 e. a～d 的全部症状
B. 当怀疑有泌尿道感染时
 a. 留尿样送检   b. 增加活动量
 c. 停药   d. 增加饮食
C. 为预防泌尿道感染，不应该
 a. 每日在不同的时间插尿管以训练膀胱   b. 有规律饮食
 c. 定期服药   d. 全错

续表

ⅸ）深静脉血栓
A. 下肢肿胀时
    a. 卧床　　　　　　　　　　　　　　b. 叫医生
    c. 抬高患肢　　　　　　　　　　　　d. 全对
B. 深静脉血栓起因于
    a. 不活动　　　　　　　　　　　　　b. 吃得多
    c. 饮水少　　　　　　　　　　　　　d. 训练
C. 有预防意义的是
    a. 使用弹力袜　　　　　　　　　　　b. 下肢关节定期活动
    c. 合适体位　　　　　　　　　　　　d. a～c 的全部内容
    e. 全错

ⅹ）如何获得别人的帮助
A. 下述哪个问题可就近求助于脊髓损伤康复中心
    a. 各种矫形器　　　　　　　　　　　b. 抑郁感觉长期不好转
    c. 膀胱或直肠功能问题　　　　　　　d. a～c 的全部内容
B. 下述哪种情况不能为健康保险提供经费
    a. 医疗保险　　　　　　　　　　　　b. 保险公司
    c. 医疗技术　　　　　　　　　　　　d. 按规定需自费的项目
C. 当你突然患病但找不到主管医生时不应该
    a. 到最近的急诊室　　　　　　　　　b. 叫救护车送你上医院
    c. 到最近的康复中心急诊室　　　　　d. 强忍着，一直到找到原来的主管医生
D. 有助于四肢瘫患者社区生活的机构是
    a. 家庭护理机构　　　　　　　　　　b. 职业康复机构
    c. 社区保健机构　　　　　　　　　　d. a～c 的任何机构
    e. 全错
E. 购置矫形器付款时应得到有关部门的"事先批准"，以防止
    a. 被骗　　　　　　　　　　　　　　b. 医生的经济损失
    c. 购置的矫形器不适合用　　　　　　d. 自行其是地处理自己的事
F. 你遇到自己不能解决的问题时，应该
    a. 积极与合适的人或机构取得联系　　b. 不告诉任何人就放弃
    c. 想办法惩罚那些对你漠不关心的人　d. 不去想它，希望这件事自然会解决的

Ⅱ. 正确答案
   ⅰ）皮肤护理：A. a；B. c；C. c；D. d
   ⅱ）饮食/营养：A. a；B. b
   ⅲ）药物：A. 回答问题正确；B. c
   ⅳ）矫形器：A. d；B. c；C. a；D. b；E. d；F. d；G. b
   ⅴ）关节活动：A. e；B. e；C. c；D. b
   ⅵ）自主神经反射过度的控制：A. a；B. d；C. d；D. d
   ⅶ）上呼吸道感染：A. e；B. d；C. e；D. f
   ⅷ）泌尿道感染：A. e；B. a；C. a
   ⅸ）深静脉血栓：A. b；B. a；C. d
   ⅹ）如何获得别人的帮助：A. d；B. d；C. d；D. d；E. c；F. a

III. 评分方法和标准

i) "皮肤护理、关节活动、自主神经反射过度的控制、上呼吸道感染、如何获得别人的帮助"这 5 个项目，按回答正确的题目数量给分。如果 4 个题全对，给 4 分；如果只答对 3 个题，给 3 分。依次类推。

ii) 对于"泌尿道感染和深静脉血栓"这两个项目，计分方法如下：

3 道题回答正确 = 4 分

2 道题回答正确 = 3 分

1 道题回答正确 = 2 分

全错 = 0 分

iii) "矫形器"一项，计分方法如下：

7 道题回答正确 = 4 分

5~6 道题回答正确 = 3 分

3~4 道题回答正确 = 2 分

1~2 道题回答正确 = 1 分

全错 = 0 分

iv) "饮食"项目，2 题全对给 4 分，1 题对给 2 分

v) 对于"药物"这一项目，评分方法：

所有题都正确给 4 分

B 题正确，但 A 题部分正确给 3 分

A 题正确，但 B 题不正确给 2 分

B 题正确，A 题错误给 1 分

A 题和 B 题都错误给 0 分　评出总分后按下式算出 QIF 分：QIF = 总分 × 100 ÷ 200

五、神经源性膀胱的功能评定

随着尿流动力学检测技术的发展和完善，以及联合同步 X 线或 B 型超声电视摄像的应用，为了解逼尿肌，膀胱颈部，尿道内、外括约肌各自的功能和形态，及其在贮尿、排尿过程中的相互作用，提供了较全面的客观依据。1979 年 Krane 主要依据尿流动力学的检测结果，提出了有利于指导正确治疗方案的分类方法（见表 7-3-7）。

表 7-3-7　排尿障碍尿流动力学分类

逼尿肌反射亢进	逼尿肌无反射
括约肌协调正常	括约肌协调正常
外括约肌协同失调	外括约肌痉挛
内括约肌协同失调	内括约肌痉挛
	外括约肌去神经

新的分类方法主要是依据尿流动力学的检测结果而制定，不仅分别揭示了逼尿肌及尿道内、外括约肌功能障碍的情况，而且还反映了它们相互之间的协调关系，从而能提出更具有针对性的治疗方案。

六、运动、感觉、心肺等功能的评定

运动、感觉评分可采用 ASIA 的运动指数和感觉指数评定法，详见《康复疗法评定

学》；心肺功能的评定也可参见《康复疗法评定学》的有关章节。

七、脊髓损伤水平与预后的关系

脊髓损伤的预后与损伤的水平、损伤的程度、早期的处理情况、有无并发症等因素有关。不完全损伤时，差异很大，很难确定一个统一的预测标准。但对于完全性损伤，功能障碍较为恒定，可以根据损伤水平推断出预后。但由于预后涉及多方面因素的影响，故损伤水平也只能作为估计预后的一种参考（见表7-3-8）。

表7-3-8　不同节段完全性脊髓损伤与预后的关系

四肢瘫				ADL活动	截瘫			
C4	C5	C6	C7~8		T1~8	T9~12	L1~2	L3~5
				1. 进食				
			+	（1）独立进行	+	+	+	+
	±	+	+	（2）利用自助具进行				
				2. 穿衣				
			+	（1）独立进行	+	+	+	+
	±	+	+	（2）利用自助具和专门修改过的衣服能进行				
				3. 简单的个人卫生				
			+	（1）独立步行				
		+	+	（2）少部分需要帮助	+	+	+	+
	+			（3）大部分需要帮助				
+				（4）完全需要他人帮助				
				4. 阅读				
			+	（1）能独立翻书页				
		+		（2）用自助具翻书页	+	+	+	+
				5. 用手写字				
			+	（1）独立进行	+	+	+	+
			+	（2）独立进行，但速度和准确性均差				
		+		（3）用自助具能进行，速度和准确性均差				
				6. 咳嗽				
				（1）独自进行有功能的咳嗽	+	+	+	+
		±	+	（2）能自己用手帮助咳嗽				
			+	7. 独立给自身关节做ROM活动				
				8. 给皮肤减压				
			+	（1）能用双手做支撑减压	+	+	+	+
	±	+		（2）前额减压（借助系于轮椅背柱上的套索）				
+				（3）利用电动的斜靠背轮椅减压				
				9. 床上转移				
			+	（1）独立进行	+	+	+	+
		+	+	（2）利用头上方悬吊架能独立进行				
				10. 向厕所转移				

续表

四肢瘫				ADL 活动	截瘫			
C4	C5	C6	C7~8		T1~8	T9~12	L1~2	L3~5
+		+	+	11. 向浴盆转移 （1）移动到架在浴盆上方的凳上 （2）进入浴盆底部 12. 从轮椅转移到地板 13. 驱动轮椅 （1）用标准的手轮圈 （2）用表面有加大摩擦力材料的手轮圈 （3）用有突出手柄的手轮圈 （4）气控、手控电动轮椅 （5）颏控、舌控、颊控电动轮椅 14. 站力和步行 （1）治疗性站立和步行 （2）家中功能性步行 （3）社会功能性步行 15. 文体活动 （1）几乎所有轮椅上的文体活动 （2）选择性的适合于残留功能的文体活动	+	+	+	+

注：+表示能完成（+号右方各水平均能完成）；±表示有些患者能完成，主因年龄、性别、体格差异。

第四节 作业治疗

脊髓损伤的康复训练主要是粗大的基础性动作及以移动为主体的 ADL 训练，多以医疗机构内的 PT 为主。低位损伤造成的截瘫，OT 的工作几乎限定在与房屋等生活环境改造相关连的事宜和家务劳动训练方面，而对于使用手动轮椅的颈髓损伤患者，就是说对于 C6 以下损伤的患者，有可能实现 ADL 自理，这时 OT 的工作以 ADL 及生活关联动作训练为主。另外，还应该对外科处置方法（如肌腱移行术等的适应性进）行评定，对于完成 ADL 动作有困难的高位脊髓损伤患者，室内移动、移乘等活动可以通过利用包括升降机在内的各种环境控制装置，使日常生活更加合理化。不能操纵手动轮椅的四肢瘫痪患者，可以考虑使用电动轮椅。另外对辅助者的教育指导也属于 OT 的工作范畴。

OT 训练内容按照从基本动作到有目的的动作的顺序逐渐展开，遵循一定的规则（参照各训练部门的完成状况的过程如图 7-4-1 所示）。OT 对患者心理和精神上的治疗起着重要作用。

一、OT 的作用

在脊髓损伤的康复中，OT 主要的作用是：①维持、改善身体功能；②日常生活动作的评定、训练；③家务劳动等日常生活相关活动的评定、训练；④心理社会性的支持、帮

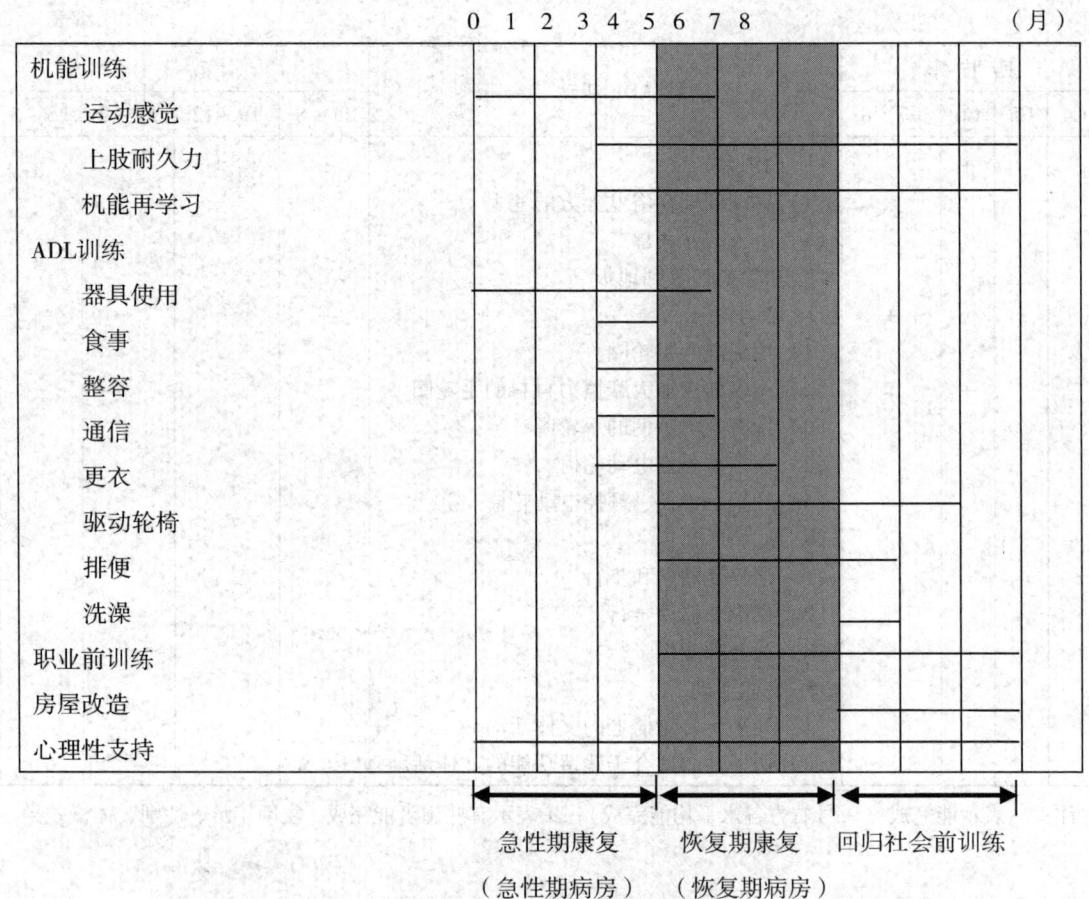

图 7-4-1 颈髓损伤训练过程

助;⑤上学或职业前的评定、训练;⑥其他,如以驾驶汽车为目标进行援助等。

胸髓以下损伤造成的截瘫,基本上不会引起上肢、手指的功能障碍,只要使用轮椅就能够比较容易地完成 ADL 动作。而颈髓损伤患者,双上肢也会出现功能障碍从而造成四肢瘫痪,在 ADL 动作和社会生活的很多情况下会出现困难。OT 主要是以颈髓损伤造成的四肢瘫痪为视点进行评定和治疗,下面就以完全损伤为例,对作业疗法的评定和治疗方法加以叙述。

二、评定

(一)评定的目的

评定的目的是设定治疗目标、预测预后、确定训练计划及判定治疗效果。为了达到以上的目的,需要进行以下各个方面、各个项目信息的收集,并进行分析。由于患者在身体功能方面存在严重的障碍,所以不仅要通过面谈、检查和测定进行详细的评定,还要在评定的过程中和今后的治疗过程中对患者进行密切的观察和细致的关注。

(二)收集相关信息

1. 身体一般状况 了解障碍的原因、有无手术(有,手术的方法)、颈部的活动性或者颈部的负重量、有无体位性低血压、坐位保持时间、排尿排便的方法、有无植物神经障碍、呼吸障碍、褥疮、异位骨化等合并症。

2. **身体功能方面** 肌力（徒手肌力检查）、关节活动度（ROM）、感觉障碍、有无疼痛或者麻木感、上肢功能、手的形态（是否是功能肢位）、有无痉挛及痉挛的程度、坐位平衡。

3. **心理方面** 障碍的接受、性格、心理的耐受性、家属成员之间的关系、欲望或者希望、期待、本人和家属的要求等。

4. **ADL** 日常生活动作的完成情况、各动作的完成方法、辅助具和矫形器的使用情况。

5. **社会方面** 职业背景、教育背景、经济状况、住宅房屋状况、家属成员、家庭内的角色、兴趣和爱好、特殊技能、有无驾照、社会地位和作用、医疗制度。

6. **职业能力** 包括智能水平、社会性、耐久性、职业环境、家务劳动能力、驾驶汽车的能力等。OT开始的时间和持续时间、地点等，根据患者每个人的具体情况，选取必要的项目。

（三）评定的内容

在作业疗法评定之前，应充分了解医学和护理上的注意事项、在病房里的日常生活活动（activities of daily living；ADL）情况，这些内容对确定评定计划具有非常重要的作用。评定包括面谈、观察、身体功能检查（ROM测定、肌力检查、感觉检查、腱反射、上肢功能检查）、ADL及关于社会性活动的信息收集等，评定内容归纳如下（表7-4-1）：

表7-4-1 脊髓损伤的作业疗法评定

（1）收集医学信息
（2）面谈
（3）观察
（4）身体功能检查（ROM测定、肌力检查、感觉检查、腱反射及肌紧张检查、上肢功能检查）
（5）ADL检查
（6）参加社会性活动的评定

初期评定一般在患者仍处于急性期的阶段，多在病床边进行，评定时要注意禁忌症和患者体力情况。另外，为了不增加患者的负担，各专业部门应该共享信息，避免多次做相同的检查。详细的检查最好在患者的身体状况恢复到允许离开病床到作业疗法室参加训练的阶段，再根据患者的体力情况酌情进行。下面就各检查在评定时的注意点分别加以叙述。

1. **收集医学及其他专业的相关信息** 外伤性脊髓损伤，需要收集事故的原因、伴随事故损伤的种类（CT或者MIR可见）、临床医疗的治疗情况（有无手术和颈部的固定方法）、脊髓以外的外伤、事故的经过等信息。从病例中收集有关诊断、现病史、现在的治疗情况（药物和手术等）、本次住院的目的等。在急性期优先考虑的是呼吸状态、排痰的状态、有无发烧及血压。另外，在开始床边训练之前，由于颈部的固定，首先确定运动范围和负重量、有无褥疮和预防方法、疼痛的部位，并掌握体位性低血压的状况（见表7-4-2）。在急性期的ADL几乎是全借助的，其借助方法可通过护士的记录了解。

表7-4-2 医学相关的信息

（1）事故的原因
（2）伴随事故损伤的种类（CT或者MIR可见）
（3）临床医疗的治疗情况（有无手术和颈部的固定方法）
（4）脊髓以外的外伤
（5）现病史
（6）呼吸管理

(7) 排痰方法
(8) 有无褥疮和在病房的预防方法
(9) 在病房内体位性低血压的状况
(10) 病房中的 ADL

2. 面谈 急性期初次面谈多在床边进行，这时首先要考虑患者的意识状态、耐久力等全身状况和心理的适应性。其次要了解患者在受伤前的一般状况，收集例如家庭构成、兴趣爱好及患者在家庭中的地位作用、目前最困惑的事情等信息，还要询问受伤时的状况和之后的治疗经过。面谈不仅要向患者进行提问，还要向患者及家属介绍作业疗法的作用、工作内容和治疗方法，使患者及家属能更多地了解作业疗法专业，同时这也是与患者建立信赖关系的良好开始。在面谈时可能涉及专业性的知识较多，作业疗法师应尽可能地用容易理解的语言进行讲解，当患者及家属有疑问时作业疗法师要反复、耐心地进行解释说明，同时也要耐心地倾听，尊重患者的意见。在这个阶段，患者容易疲劳，精力持续集中的时间受限，所以一次面谈的时间不宜过长。

关于受伤前的状况、家庭成员的构成、患者在家庭和社会中的作用、学历、职业经历、宗教、业余活动、对社会的关注程度等信息，均属患者的隐私，询问时避免过于勉强。特别是问到受伤前的生活时，有可能引起患者的情绪变化，所以在谈话时要加以注意（面谈的内容参照表 7-4-3）。

表 7-4-3 面谈内容

(1) 家庭成员的构成
(2) 学历
(3) 职业经历
(4) 家庭中的作用
(5) 工作性质和职业环境
(6) 社区中的活动
(7) 业余活动和兴趣爱好
(8) 对社会的关注程度
(9) 宗教
(10) 事故的原因和状况
(11) 需求等

3. 观察 观察可以在面谈和检查过程中等各种状态下进行。在急性期，血压和体温容易发生变化，一般通过表情、面色和呼吸等表现出来，所以在治疗、训练前要充分地加以注意。体位性低血压出现面色苍白、眩晕、恶心等症状；而通过观察说话的方式和音调，能够知道发音和呼吸的状况；说话的内容，能反映患者的态度。

4. 身体功能检查 脊髓损伤的障碍取决于脊髓损伤水平和程度，损伤的状况通过影像学的 CT 和 MRI 的结果加以诊断，另外也要参考肌力检查和感觉检查的结果。

(1) 关节活动度检查：关节活动度（range of motion；ROM）测定时应注意保护关节。特别是麻痹部位剧烈的、过度的运动容易造成关节周围的组织损伤。在急性期，因为颈椎需要固定，所以应禁止进行肩关节全活动范围的测定，屈曲、外展达到正常范围的 1/2 就要停止。在 ROM 受限的部位，要确认疼痛或痉挛、肌肉或肌腱短缩的原因。肘关节和腕关节的关节活动度受限，会对 ADL 动作的获得产生很大的影响。痉挛和由肌肉力量的不平衡造成的关节挛缩等也影响患者 ADL 动作的完成。

(2) 肌力检查：肌力检查是预后预测和确认训练指标的一项重要检查，需要根据脊髓节段按顺序检查主要神经支配的肌肉。颈髓即使是同一髓节，但上位和下位的不同对肌力恢复的影响也是不同的。检查方法遵从徒手肌力检查法，需在躯干稳定的姿势下进行，固定好需要固定的部位。虽然在一定程度上有些代偿难以避免，但是一定要注意尽量防止出现代偿动作。

在急性期，即使有微弱的肌力恢复，也要加以重视。特别是 1 级或者 2 级阶段，要针对有恢复可能性的肌肉确定治疗训练计划。肌力阶段在 1 或者 2 时，要使拮抗肌松弛，可以通过被动地牵拉拮抗肌来缓解肌紧张。进行肌力检查时应避免频繁变换体位，能够在同一体位下进行检查的所有项目全部完成后，再调整体位进行其他项目的检查。患者不能采取基本体位时，则需要根据检查原理通过触诊进行推断。

在还没有确认颈椎稳定性的早期阶段，要向医师进行确认颈部和肩胛骨的可负重量。

(3) 感觉检查：治疗师应根据神经分节性分布进行触觉和痛觉检查，在损伤水平附近沿着髓节的分界线，确定感觉迟钝或者消失的区域。对于不完全损伤的患者，在进行全身触觉和痛觉检查的同时，最好也检查温度觉，确认有无分离性感觉障碍。感觉检查需要足够的心理上的耐受性，检查过程中容易出现疲劳，所以尤其在急性期进行检查时，要注意患者的面部表情，情绪变化。出现感觉障碍时，要明确障碍的部位和程度，并对患者进行指导，在日常生活中如何预防烫伤和外伤。

(4) 腱反射及肌紧张的检查：痉挛或者腱反射亢进的部位，要通过触诊、腱反射及伸张反射等检查进行确认。要观察患者痉挛时肌紧张亢进的肢位和动作。肌紧张亢进的部位出现肌肉萎缩的情况不常见，但容易发生关节挛缩。由于痉挛，有时会突然出现下肢的内收，引起双下肢交叉，从而失去坐位平衡，临床上应引起注意。

(5) 上肢功能检查：上肢功能包括抓、握、够取物体等功能（够物的距离判断、操作物体）。标准化检查方法有简易上肢功能检查（STEF）。颈髓损伤患者手的功能低下，通常利用各种各样的代偿动作（利用腱鞘效应等）进行各种操作，评定时要注意观察并做好记录。

简易上肢功能检查是开始进行作业疗法时最基本的检查内容，与此同时还要进行智能水平或家务劳动能力、与职业相关的各种检查。另外，也要观察和了解患者的坐位平衡能力、Push up 的使用情况、起居移动动作等方面的内容。而且还应通过 PT 等其他相关专业人员了解患者的其他信息，并把相关资料进行整理、汇总。

5. ADL 检查　首先，要确认患者实际生活中哪些日常生活动作能够完成、完成的方法、速度及安全性。这些情况可向患者、家属或者护理人员进行询问，不能确定或者有疑问的时候，需要实际操作，确认是否能够完成和完成的方法。

其次是需要确认是否存在评定时"能做"的动作而在日常生活中"不做"的动作，如果发现有这种情况，就要找出"不做"的原因。例如花费时间长、存在安全隐患等。

检查过程中要注意观察患者完成动作的方法，同时对动作进行分析，尤其是不能完成动作时要分析其原因。

ADL 检查有各种各样的评定表，评定时不能仅仅是判断"能"和"不能"，还需要明确各种各样的条件和记录完成动作所需要的时间等内容。代表性的评定方法包括巴氏指数

（Barthel index，BI）和功能独立性评定（functional indepence measure，FIM）。

6. 参加社会性活动的评定　康复的最终目标之一是能够回归社会，参加社会性活动。所以出院前也应对这方面的能力进行评定。大部分颈髓损伤患者的移动方式是依靠轮椅，因此要对患者出院后的活动场所（自宅、工作单位、学校等）的房屋结构等状况进行评定，同时还要了解患者如何完成工作单位或者学校生活中必要的活动。

目前CHART（Craig Handicap Assessment and Reporting Technique）检查被广泛应用于患者的社会性活动能力的评定。CHART对于社会不利的评定，包括六个方面，即"确定方针"、"身体自理"、"移动性"、"作业"、"社会性的统合"、"经济自立"。除"确定方针"一项以外，对其他五个项目均要进行评定，并根据评定结果判断患者的社会参与能力。

颈髓损伤的作业疗法不仅限于在医院进行，也应该包括门诊治疗和对家属辅助方法的指导。

颈髓损伤不同髓节的功能水平和能完成的ADL情况如下（参见表7-4-4）：

表7-4-4　颈髓损伤不同髓节的功能水平和能完成的ADL情况

损伤水平	主要肌肉	可能的运动	ADL目标、状态	能完成的ADL情况
C4	颈部肌群斜方肌上部（呼吸）	颈部运动肩胛骨上举	利用口、下颌、头、呼吸操作器具装置。ADL基本介助	·利用环境控制装置 ·口棒动作：例如翻书页、文字处理器、计算机、电动打字机、画画 ·用下颌或者呼吸操作电动轮椅、呼叫器 ·用附有吸管的杯子喝水
C5	三角肌肱二头肌	肩部运动肘屈曲	利用保持腕关节伸展、手指对指的自助具（万能袖带）。因脊髓上位损伤，肌力低下时，可使用辅助肩、肘运动的器具。在桌子上的动作能自理	·能完成桌子上的ADL。例如：吃饭、刮脸、刷牙、梳头、使用文字处理机、使用计算机、使用电动打字机、写字、画画、用剪刀 ·操作电动或者手动轮椅 ·肩肘控制不好时使用肩肘保持矫形器（BFO） ·肩、肘控制好的情况下能穿脱上衣、手套、袜子等，能驱动轮椅
C6	桡侧腕长、腕短伸肌	腕关节背伸	利用腱效应抓握、捏，设定适合的环境，利用自助具。ADL大体上能自理	·起居动作（利用移动板进行前后移动）和相关的ADL能够自理。例如：排便、坐药使用、接尿器的使用和管理、穿脱裤子、系纽扣、入浴 ·驾驶汽车
C7	肱三头肌	抗重力位肘关节伸展腕关节屈曲	减少对环境改造和自助具的依赖	·容易完成起居动作（借助移乘板进行横向移动为主） ·排便（坐便）
C8 T1	手指屈肌群	手指屈曲	手指能握、捏、张开，ADL能自理	·同上 ·全部的动作能够快速容易地完成

三、治疗

(一) 治疗目的

脊髓损伤发生以后，常导致感觉、运动、呼吸、排尿、排便以及性功能障碍，而且，容易引起一些继发病症。例如：体位性低血压、体温调节功能下降、压疮、异位骨化、关节活动受限以及精神方面的不安、烦躁等不良的心理状态。

作业疗法的目的就是要将上述各种障碍抑制在最低限度，努力避免并发症的发生，并最大限度地发挥残存的功能，从而获得高质量的生活。

一般情况下，脊髓损伤患者作业疗法的长期目标是：促进患者尽快接受伤害现实；最大程度地恢复对身边事物的处理能力，最大限度地生活自理；恢复与家属、朋友的人际关系，重新独立地、充实地开始有意义的生活；重新开始教育和职业的活动和计划。

脊髓损伤（以颈髓损伤为例）作业疗法的主要目的如下：

1. 维持、增强残存肌力　首先对残存肌肉进行肌力评定，然后用恰当的方法进行肌力训练。肌力增强不单是增强最下位的残存肌力，同时也要增强上位髓节（C4，5）的肌力。

2. 维持、扩大关节活动度，预防短缩　急性期进行 ADL 训练时，经常可以见到肌肉短缩的现象，特别是肩关节和髋关节等大关节，因此需要进行关节活动度的维持训练。

3. 增强全身耐久力　颈髓损伤患者全身耐久性也降低，一定程度上影响 ADL 动作的自理，必须改善患者的身体功能和全身耐力。

4. 上肢功能再学习。

5. 维持、扩大 ADL 能力　根据各残存水平，从简单的动作（一般从进食动作开始）开始训练患者各个独立动作和与之相关的动作。移动、移乘动作是各种活动能力的基础，一般分为前方、侧方和后方移乘三种方式。

6. 调整居住环境　高位脊髓损伤患者几乎所有的时间都要在床上或轮椅上生活，只有对生活环境进行必要的调整、改造，患者才能自如地进行掌握了的 ADL 活动。当然，如果和其他家人共同居住，在进行环境改造时还需要考虑与他人的环境、用具的共用问题。

7. 职业和兴趣开发　在日本，很多企业配备 OA 装置（如颈髓损伤也能使用的电脑操作键盘等），因此大大扩大了脊髓损伤患者的就业范围。另外兴趣、爱好的开发，对活跃患者的业余生活和提高生活质量十分有益。

8. 心理社会性的适应　帮助患者缓解不安情绪和接受障碍现实。作业疗法利用作业活动及作业环境，特别是在小组活动中，让患者积极与他人交流，在结交朋友的同时促进互相理解（包括对疾病和障碍的程度的理解）。

(二) 治疗方法

由于脊髓损伤是不可逆的病变，故对于脊髓损伤患者而言，康复是一个终生的过程，它要求在生活中的每个方面都要重新调整。作业疗法师作为康复小组中的一员，在脊髓损伤患者的整个恢复过程中起着重要的作用，作业治疗通过各种手段帮助患者最大限度地获得最理想的生活状态。其重点领域是有效促进肌肉组织的生理性恢复，帮助患者学会独立生活的技巧，正确评估短期和长期辅助器具的需求以及教育、工作和休闲活动，并在整个治疗过程中，帮助患者进行社会适应性的心理方面的调整。

根据损伤的程度不同，一般情况下，完全损伤的患者由于其损伤是不可逆的，所以作业疗法是以强化残存功能、预防继发病变以及对生活环境、生活用具进行调整和改造为主。而不完全损伤的患者，在受伤以后的 6 个月以内，都具有身体功能恢复、改善的可能性，一般开始恢复的时间越晚，恢复的程度越小。所以，作业治疗早期的重点适合放在促进功能恢复，同时针对残存功能进行开发、强化，以及在适应现有功能状况下的生活及社会职业等方面。

为了达到上述目标，在针对脊髓损伤患者制定作业治疗计划时，尤其应注重以下几方面：①利用主动和被动的 ROM 训练、夹板固定或矫正、良好肢位的摆放等手段，维持和扩大关节活动度，预防关节挛缩和变形。②通过开展可完成的、有目的的活动，增强所有神经支配和部分神经支配肌肉的肌力。③通过功能性活动，增强身体承受力、耐久力。④训练患者尽可能独立完成自我护理、移动等动作，维持在家庭中的地位，并尽父母之责。⑤探索、开发兴趣活动和就业的潜能。⑥帮助患者尽快在心理上适应残疾现状。⑦准确评定、制定治疗方案、实施训练计划。⑧提出家庭房屋改造的建议，为患者安全、方便的生活提供基本条件，并向患者及家属宣传健康、安全等相关知识。

另外，在对脊髓损伤患者进行治疗的过程中，需要注意以下几个方面：

第一，要全面了解患者全身肌力的分布情况、痉挛程度以及容易引起痉挛的动作和活动，因为痉挛是造成关节活动范围受限的主要原因之一，而关节活动范围受限，在很大程度上影响患者未来生活的独立性。所以，应避免做引起痉挛的动作和活动。

第二，患者在运动能力受限的同时，损伤神经水平以下的身体部位还会出现感觉障碍，并且容易由此引起压疮。因此，在治疗、移动患者的过程中，必须注意对皮肤的保护，尤其是要注意防止剐伤、蹭伤患者的骨关节突出部位，如臀部、大转子和足跟等部位。

第三，部分患者伴有疼痛、异位骨化、排尿障碍等症状，所以在治疗的过程中，必须设法避免这些症状加重，并防止其他异常情况的发生。

作业疗法针对截瘫、四肢瘫患者进行的治疗活动，概括如下（表 7-4-5）：

表 7-4-5 对截瘫、四肢瘫痪 OT 进行的治疗活动内容

	截瘫	四肢瘫
1. 维持提高 ROM、肌力等基础的身体功能	△	◎
2. ADL 训练（包括自助具的制作、使用）	△	◎
3. 矫正器具和上肢支具的研讨、制作、适配和使用练习	X	○
4. 手功能的使用性训练	X	◎
5. 心理支持性训练	△	○
6. 提高全身耐久力训练	△	○
7. 家务劳动训练	△	△
8. 房屋改造的计划、指导（包括辅助器具）	○	◎
9. 开发职业能力和兴趣	△	○
10. 出院时的生活指导、家属指导	△	○

注：◎非常必要（大致全部需要）　○必要　△一般　X没有必要

（三）作业治疗阶段

脊髓损伤的作业治疗大致分为4个阶段：第一阶段（急性期）是受伤0~4周，以医疗管理为主的卧床阶段，此阶段以床边训练为主；第二阶段（训练前期）是受伤5~12周，本阶段以提高静态坐位保持的耐久性、恢复功能为主；第三阶段（训练中期）是受伤13~19周，本阶段以提高坐位平衡的耐久性、恢复功能、获得各种能力为主；第四阶段（训练后期）是受伤20周以后，该阶段训练患者应用所掌握的能力，学习如何适应家庭、适应社会，过有意义的生活，本阶段以回归家庭、回归社会的基础训练为主。以颈髓损伤为例，作业疗法从急性期到回归社会的训练过程如下（见表7-4-6）。

1. 第一阶段（急性期）——保持良好肢位和心理性的支持阶段。此阶段的患者处于受伤后的急性期，由于受伤的脊椎尚处于不稳定阶段，所以一般都禁止做损伤部位的关节运动、受伤部位负重或抗阻运动。例如：颈椎受损时，严禁做颈部的屈曲、伸展、旋转等动作。在此期间，作业治疗以关节挛缩、浮肿、变形等继发症状的预防及调整全身状况为主进行治疗。另外，此阶段的另一个主要目的是心理支持，帮助患者调整心理状态，以便尽快适应目前的生活。

表7-4-6 急性期到回归社会的OT训练经过

原因		受伤（发病）		
障碍		颈髓损伤（四肢麻痹）		
临床管理	临床治疗	全身状况及骨折的治愈、复位 合并症的预防等		卧床期
医学性的康复（作业疗法为主）	维持功能、预防合并症的训练	保持良好肢位 预防褥疮 全身状况的管理 被动关节活动度训练 维持残存肌力	心理支持	急性期
	基本动作训练	促进循环反射的恢复 增强身体耐久性 增强残存肌力训练	肌肉的伸张 预防因残存肌肉不稳定而产生的继发障碍 上肢功能的再学习	训练初期
		坐位平衡训练 确保柔韧性、可动性 床上动作训练 轮椅动作训练等等	初期ADL训练 （进食、床上动作等） （自助具的制作）	从床上到轮椅

续表

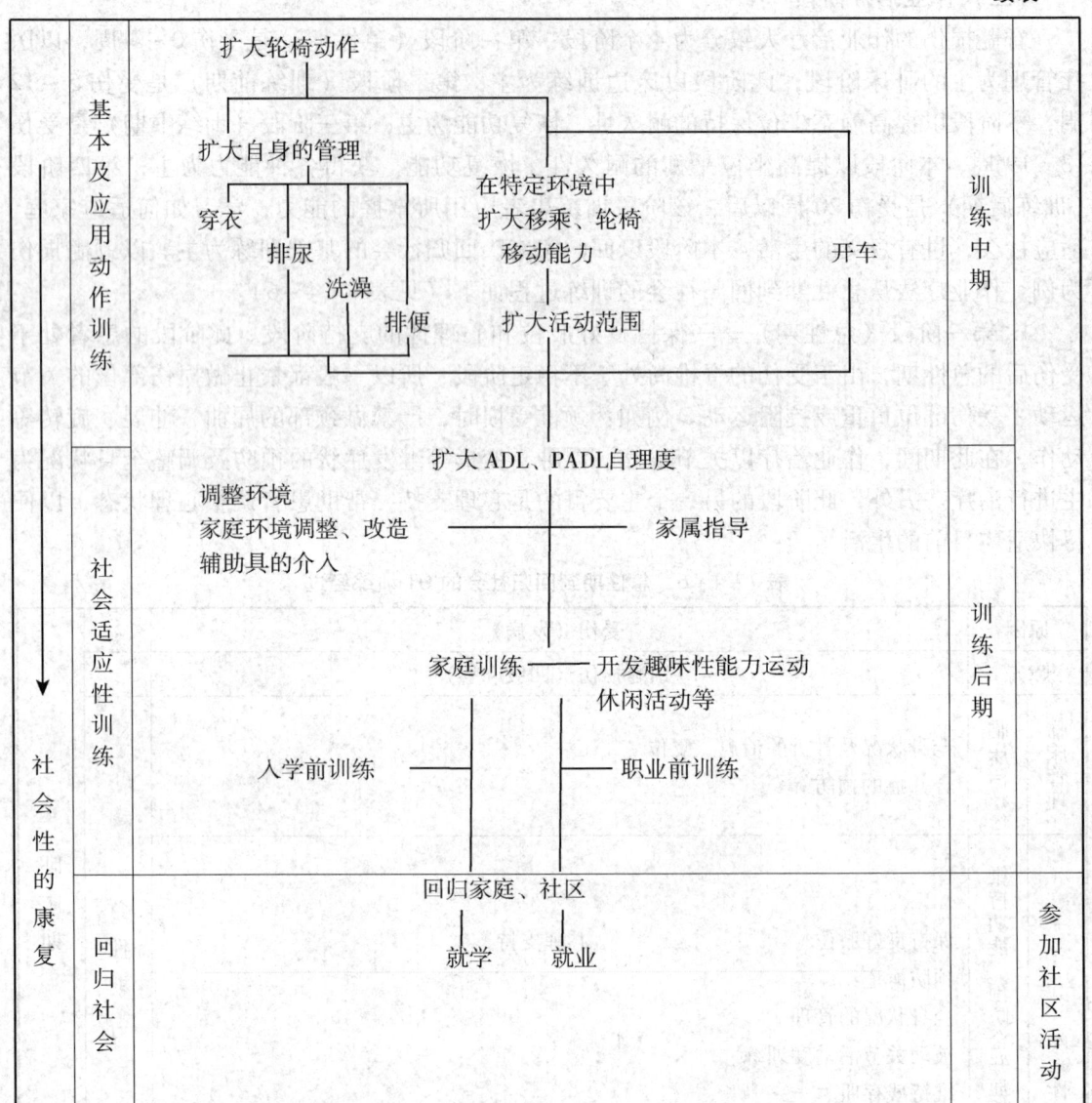

(1) 良姿位保持：在急性期，由于长时间保持同一体位，容易发生变形、短缩或者痉挛；四肢瘫痪由于肌力分布不平衡，容易产生变形，所以需要保持正确的良好肢位，良好肢位同时也能够有效预防褥疮的发生。良肢位的主要目的是：①骨折部位进行正骨；②预防变形短缩；③预防褥疮发生；④抑制痉挛。

患者在急性期，颈椎多需要固定。为了保持上肢的良肢位，可以利用自制的矫形器或者自助具进行以消遣为目的进行的作业活动（写字、绘画、进食动作的练习等）。

在急性期，就要判断是否需要夹板。四肢瘫痪的患者由于肩胛骨上抬、肘关节屈曲，容易导致潜在的疼痛和 ROM 受限。上肢间歇性置于外展 80°、外旋、肩向下、肘关节完全伸展的位置，有助于解决这个问题。前臂应置于旋前位，避免出现旋后挛缩。而下肢由于常出现髋关节屈曲、内收挛缩、膝关节屈曲挛缩和足下垂等问题，也应注意良肢位的摆放。作业治疗师在必要时应选择适当的夹板类型,并进行适当的组合,使夹板更适合患者的功能需求。

(2) 卧床期间的体位更换:脊髓损伤患者的皮肤感觉丧失,长期卧床容易造成骨隆突部位皮肤长时间受压,最终导致神经营养性改变使皮肤出现坏死,即临床上所谓的压疮,这是脊髓损伤患者最常见的并发症之一。最常发生的部位为骶部、跟结节后方、坐骨结节区等。预防的办法为每 2 小时翻身一次,翻身时应注意检查皮肤有无发红、破损等现象。保持皮肤干燥,可对局部皮肤进行按摩,促进血液循环,可使用气垫床、红外线灯烘烤等方法,防止压疮形成。

(3) 进行被动的 ROM 训练,维持、扩大关节活动度:受伤后,脊髓处于休克状态,受伤部位的 1~2 个髓节或者在受损的下位有出血、浮肿,反射活动低下,从而出现迟缓性麻痹。所以在关节活动度训练时尤其要注意避免引起关节损伤。

脊髓从休克状态开始恢复,脊髓反射通路和反射弧存在的肌肉,容易出现痉挛。痉挛是由于上位中枢的抑制机制消失,脊髓反射弧从中枢的抑制中被释放出来而产生的。痉挛肌肉即使受到很小的刺激,也会引起伸张反射。所谓的痉挛,是指以速度依赖性的张力牵张反射(肌张力)增强,伴随牵张反射兴奋性增高所致的腱反射亢进为特征的一种运动障碍,被认为是上运动神经元综合征(upper motor neuron syndrome)的一部分。

被动 ROM 训练是指针对禁忌活动部位以外的各个关节进行各个方向的被动运动。由于骨折导致的脊髓损伤患者,在骨折固定期内,应慎重进行被动 ROM 训练。被动 ROM 训练应先从远端逐步开始,然后逐渐转向近端损伤部位,活动量也应从小到大,循序渐进。

为避免关节挛缩,全身各关节的被动活动,1~2 次/天,每一关节在各轴向运动不少于 3 次。进行被动运动时要注意动作轻柔、缓慢、有节奏,活动范围应达到但不超过最大生理范围,以免拉伤肌肉或韧带。高位脊髓损伤患者为了防止肩关节半脱位,可以使用矫形器。肩胛骨和肩带肌的被动运动和训练对于恢复上肢功能意义重大,不可忽视。

其中需要特别注意的是,对于尚存在腕关节伸展能力的患者,必须注意确保手指的正常活动范围。因为,在利用腱效应获得抓握功能的时候,基本条件之一是手指的屈曲活动不受限。另外需要注意的是,保持腕关节伸展状态下的手指屈曲和腕关节屈曲状态下的手指伸展同等重要。

(4) 急性期功能维持训练:

1) 急性期腕关节和手指的管理:颈髓损伤患者从向医院搬运时就需要开始进行腕关节和手指的管理。麻痹的手放在桌上呈如图 7-4-2 所示的状态。手掌向上时,腕关节呈现中立位,掌指关节(MPJ)呈现伸展位,近端指间关节(PIPJ)和远端指间关节(DIPJ)呈现屈曲。另外,拇指由于重力的作用拉向床的方向,和手掌在同一平面,失去了拳的形状。手掌朝下放置,手掌失去了抓握而呈现平坦,拇指也在手掌的旁边。指浅屈肌、指深屈肌拉曳手指屈曲,使 PIPJ 和 DIPJ 出现屈曲,从指尖到 MPJ 呈现过伸展状态,拇指和手掌的距离渐渐变大了。这种肢位持续进行,常常发生关节挛缩。也就是说,关节的活动范围受限,MPJ 出现过伸展,导致屈曲受限。PIPJ、DIPJ 出现屈曲挛缩,导致不能伸展。手指屈曲不论拉长指浅屈肌还是指深屈肌,肌肉均丧失弹性。

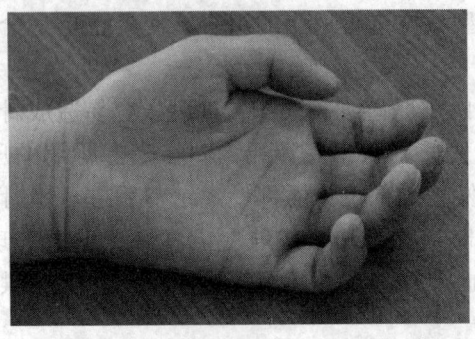
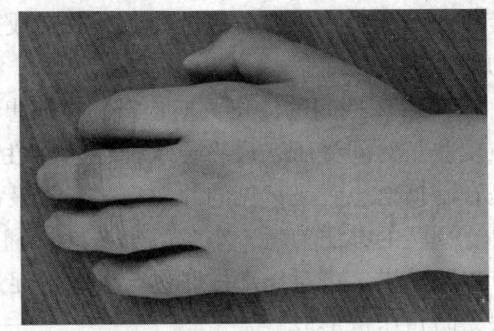

图 7-4-2　手部肌肉表现　左：手掌　右：手背

2）腕关节的腱效应作用：正常情况下，腕关节背伸时，手指自然屈曲，腕关节掌屈时，手指自然伸展，这个作用叫作腕关节的腱效应。（如图 7-4-3 所示）

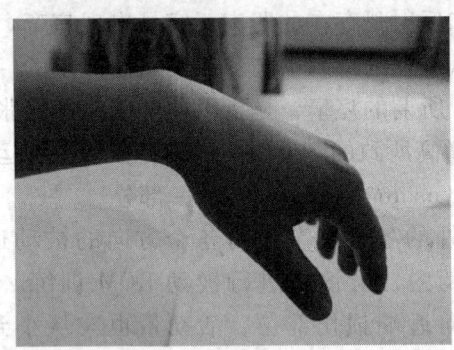
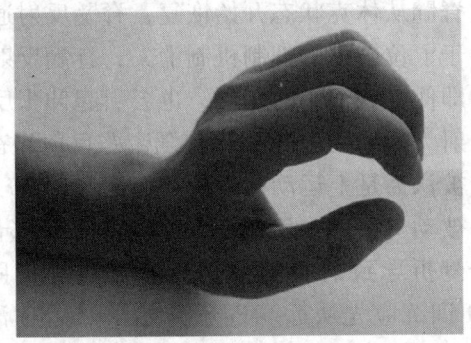

图 7-4-3　腕关节的腱效应

腕关节从掌屈过渡到背伸时，指浅屈肌和指深屈肌的距离变长，在此状态下牵拉指尖的肌肉，以及重力的作用，手指下垂，MPJ、PIPJ、DIPJ 共同屈曲，完成抓握物品的动作。拇指也是根据同样的原理，腕关节一屈曲，拇指向食指靠近，完成侧腹捏的动作。C6 颈髓损伤患者腕关节具备背屈功能，虽然手指不能活动，但是利用腱效应能够抓握瓶子、卡片等。总之从早期开始，就要注意进行手的管理，尽量保持关节不出现挛缩，肌腱保持适度长度、适当的紧张度，腕关节维持背屈功能等，这些对保持手指的实用性十分重要。

3）良肢位固定：在患病初期，利用绷带或支具，使腕关节处于稍稍背屈、MPJ 和 IPJ 屈曲的位置，手掌放一毛巾卷，避免手指屈肌肌腱和 MPJ 产生不必要的伸展（如图 7-4-4、7-4-5 所示）。手指 ROM 训练时也要引起注意。

图 7-4-4　良肢位的摆放（手掌内）　　　　图 7-4-5　良肢位的摆放（手背下方）

(5) 预防手部浮肿：在急性期，因肩关节产生疼痛性的挛缩，手部会出现浮肿，并产生挛缩，在掌指关节和指间关节易引起屈曲受限，从而影响手的抓握功能，所以必须从早期开始积极预防。预防的方法之一是卧床时利用枕头或悬吊装置将上肢托起，使上肢位置高于肩部。

(6) 肌力维持、强化训练：受伤后经过1~2周，从被动运动开始进行关节活动训练，经过主动辅助运动逐渐过渡到抗阻运动训练。患者的肌力水平，在很大程度上影响功能恢复的程度，所以必须从初期在不对损伤部位造成不良影响的前提下，在允许的范围内进行训练。对于任何一个有恢复可能的患者，都要进行肌肉功能的再训练，特别应注重强化上肢的肌力，为将来移动身体、使用轮椅或者使用拐杖步行做准备。出现自主运动的患者，可进行徒手辅助自主运动和自主运动。在确保脊椎稳定的前提下，要尽早利用铁哑铃、弹簧拉力器等进行抗阻自主运动；也可在仰卧位利用肌肉的等长收缩进行编织、捏黏土、叠纸玩具等动作。在恢复和训练的各个阶段，需要反复进行肌力检查，密切注意和掌握肌力变化情况，随时检测训练效果，必要时调整训练方法。

(7) 支具、自助具的制作：在急性期，为保持良肢位可使用长对指支具。患者卧床期间，应根据需要制作一些为患者提供方便的辅助用具，并对环境进行必要的调整。例如：呼唤铃的操作方法，需根据患者的功能水平进行改制，设法将其尽可能接近患者，并将开关设计为按动、呼吸等控制方式以便患者操作；另外，最好将电视、收音机、阅读台及阅读灯等的开关也设计成患者能够自行控制的形式。

(8) 心理支持：受伤之后，大部分患者都会经历休克→期望恢复→失望、苦恼和混乱→逐步接受现实并进行康复训练→适应生活环境等几个过程，而且在其中的几个过程容易出现反复。与通常认为的观点相反，损伤平面并不是最重要的因素，截瘫和四肢瘫痪患者都将经过同样的心理过程。初期，治疗者要特别注意观察和了解患者情绪的变化情况，接触患者之前，应首先与主管医生联系或者通过阅读病历，了解患者的一般状况，掌握患者对自身预后情况的理解程度，允许并鼓励患者表达沮丧、愤怒、恐惧和其他情感，使其压抑的心情得以宣泄。此期患者功能丧失感强，悲观情绪明显，所以在这个时期可尝试着让患者理解功能恢复的进展，同时选择患者能完成的作业活动使其获得成就感。总之这个时期对患者进行心理性支持，具有重要的治疗意义。除损伤部位的疼痛以外，突然出现的下肢或四肢的瘫痪，严重丧失生活自理能力，使患者产生剧烈的心理波动，大部分患者会产生心理障碍或出现绝望轻生的念头，缺乏或丧失治疗信心，对生活失去信心和勇气。因此，要耐心细致地观察患者的言语、情绪、行为并做好心理护理，尊重患者，细心呵护其自尊心，努力培养患者的自信心，使患者认识到使用合理的医疗技术和措施，可使自己的病情缓解和功能改善。

2. 第二阶段（训练前期）——提高静态坐位保持的耐久性，恢复功能阶段。这一时期的患者能够坐在轮椅上，开始承受自上而下的力。为此，这个时期最重要的是减轻坐位压力，以达到预防坐骨、股骨粗隆和骶骨骨性突起部位压疮的目的，并在此基础上安全地开展适当的各种功能和日常生活能力的训练。

(1) 从卧床到坐位的适应性训练：患者最初从长期卧床状态逐步过渡到半卧位或坐位，倾斜的高度应逐渐增加，以无头晕等低血压不适症状为度，循序渐进。下肢可使用弹力绷带，同时可使用腹带，以减少静脉血液瘀滞。从卧位到坐位需要1～3周的适应时间，适应时间长短与损伤平面有关。坐起时，通常会引起体位性低血压，一般表现是面色苍白、出冷汗、眩晕等。脊髓损伤患者良好的坐位姿势保持能力是移动和移乘的基础，因此能够安全、稳定地保持坐位对患者非常重要。可利用脊柱椎间关节的骨性锁定及韧带限制它的活动性（制动机制），利用非麻痹肢体（双上肢、头颈部、肩胛带）的位置，控制重心的移动以保持坐位。四肢麻痹及截瘫患者长坐位平衡的特征如下（表7-4-7和7-4-8）：

表7-4-7 四肢麻痹长坐位平衡的特征

1. 骨盆后倾，腰椎后弯，胸椎后弯增强，颈椎伸展，肩胛骨外展
2. 脊柱屈曲，利用骨性锁定关节
3. 头部、颈部直立少
4. 利用头颈部、肩胛带、上肢的重心控制，维持动态平衡
5. 两侧坐骨结节及尾骨三点支撑
6. 体重支撑向坐骨结节后方移动

表7-4-8 截瘫长坐位平衡的特征

胸髓上位损伤（T1～T4）
  1. 利用头颈部、上肢保持平衡
  2. 维持腹压的作用保持坐位平衡
  3. 利用背部上方残存肌及胸部上方残存肌的紧张作用保持平衡

胸髓中位损伤（T5～T8）
  1. 利用上腹部肌的作用保持坐位平衡
  2. 多个背肌肌力的作用
  3. 脊柱的活动性增大
  4. 躯干回旋力量增大
  5. 躯干前后平衡功能增大

胸髓下位损伤以下（T9以下）
  1. 改善骨盆后倾
  2. 改善腰椎后弯
  3. 增大躯干动态平衡能力
  4. 增大骨盆固定力量
  5. 重心位置向前方移动
  6. 上肢上举时体干向后方移动

坐位平衡的稳定性需要依靠非麻痹肢体的调节能力，脊柱的向后弯曲的姿势对维持坐位平衡非常重要。为此，有必要保持脊柱和下肢的柔韧性。坐位保持训练包括以下几项内容：首先进行利用双上肢支撑的保持坐位训练，然后进行双上肢支撑于膝上的保持坐位训练。具体训练内容举例如下：反复做双上肢肘关节伸展、向前方上举保持约5秒钟的动作练习；患者保持坐位时，治疗者轻轻推动患者躯干，诱发伸张反射出现，嘱患者保持坐位

平衡。通过反复进行类似上述动作的训练，使患者的坐位平衡能力逐步提高，最终达到能够自如地、安全地保持正确的坐姿。

进行站立训练的初期，应避免将起立台调整到过大的角度，并随时观察和询问患者的状况，遇到情况做到能够及时调节直立的角度。每次的训练时间需根据患者的适应情况逐渐增加，最初以30分钟一次为宜，每天有规律地进行1~2次。这样的训练也有利于预防压疮、泌尿系合并症等的发生。

高位颈髓损伤的患者，最好使用可调节靠背角度的轮椅，患者坐在轮椅上出现上述症状时能够立即调整靠背角度，如果使用的是普通轮椅，应采取将轮椅向后倾斜（借助支撑物，如床）使双下肢抬高的措施，如图7-4-6所示。

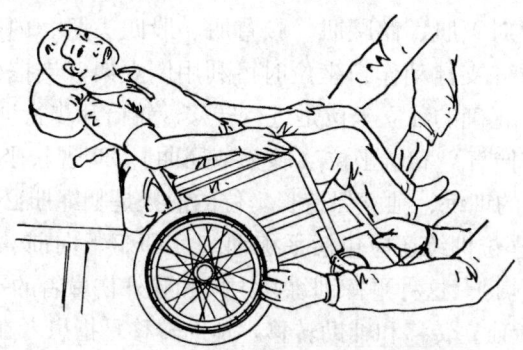

图7-4-6 体位性低血压的处置

（2）关节活动度的维持、扩大训练和肌力强化训练：关节运动情况和肌力恢复的水平，对脊髓损伤患者将来各种能力恢复的程度起决定性的作用。关节运动的受限或肌力的减弱，很大程度上影响患者独立进行日常生活活动。例如，肩关节运动范围的受限，影响更衣动作完成的质量；踝关节的挛缩或变形，影响鞋的正常穿着并妨碍正常的站立；肩部的内收、旋转、肘关节伸展等肌肉，是做上肢支撑并进行转移动作的关键，而且支撑是避免局部皮肤长时间受压、预防褥疮的基本动作；腕关节的伸展、指长屈肌的功能，以及手指屈曲的正常关节活动度对手的抓握能力起决定作用。因此，应指导患者坚持持续的进行维持关节活动度的基本练习，如双上肢上举，伸展躯干、双上肢支撑、抬高臀部的动作等，还应鼓励患者做自我主动辅助运动，如利用自己的双上肢做双下肢各关节的活动度训练。

另外，在这一阶段应根据患者的功能评定结果，开展有针对性的治疗。在站立台上的训练阶段，可开展一些手工艺和使用上肢的游戏动作；能坐到轮椅上之后，可开始学习一些工具的使用和操作，如锯子、锤子、编织针等；还可以开展一些简单的在桌面上可以完成的，例如棋牌类的游戏，当下肢出现恢复，可选择包含下肢动作的作业活动，例如，踏板式治疗器、脚踏式线锯或伴有大动作的立位木工作业（如锯开长板、推刨子动作等）。

（3）功能性训练：单纯的肌力增强或肌肉牵张都不会直接提高患者的肢体功能，而是需要通过训练，让脊髓损伤患者学会充分利用良好的关节活动度和肌肉力量，并掌握利用残存肌力的代偿和一些运动技巧，达到日常生活活动的自理及适应生活环境的目的。所以，功能性训练是康复训练计划中的重要内容。

功能性训练应尽早开始，而不应把它放在肌力和关节活动范围得到改善之后。早期的功能训练具有巨大的心理效果，受伤初期的患者自己独立完成一些实用动作后，可以体会到通过努力就确实能够获得进步,而当患者不断掌握及学会使用更多的技巧后,其活动水平的提高也有助于提高肌力和身体的柔软性。

3. 第三阶段(训练中期)——以提高坐位平衡的耐久性、获得各种能力为主要内容的功能恢复阶段。

(1) 肌力训练:肌力训练的重点是肌力 2~3 级的肌肉,可以采用渐进抗阻训练;肌力 2 级时可以采用滑板运动或主动运动;肌力 1 级时需要采用功能性电刺激的方式进行训练。肌力训练的目标是使肌力达到 3 级以上,恢复肌肉的实用功能。脊髓损伤者为了使用轮椅、拐杖或助行器,在卧位、坐位时均要重视锻炼肩胛带肌力,包括上肢支撑力训练、肱三头肌和肱二头肌训练和握力训练。对于采用低靠背轮椅者,还需要对腰背肌进行训练。步行训练的基础是要对腹肌、髂腰肌、腰背肌、股四头肌、内收肌、臀肌等肌肉进行训练。卧位时可采用举重、支撑动作,坐位时可利用倒立架、支撑架等工具进行训练。

(2) 坐位保持训练:正确的独立坐位是进行转移、轮椅和步行训练的前提条件。床上坐位可分为长坐位(膝关节伸直)和端坐位(膝关节屈曲)。实现长坐位的独立才能进行床上转移训练和穿裤、袜和鞋的训练,独立保持长坐位的前提是腘绳肌必须牵张度良好,髋关节屈曲活动范围超过 90°。坐位训练还应包括平衡训练(即躯干向前、后、左、右侧倾斜时的平衡以及旋转活动时的平衡)。这种平衡训练与中风和脑外伤患者的平衡训练相似。

(3) 转移训练:包括独立转移和辅助转移。辅助转移是指患者在他人的辅助下进行体位转移,可有两人辅助和一人辅助等方法。独立转移是指患者独立完成转移动作,包括从卧位到坐位转移、床上或垫上横向和纵向转移、床至轮椅和轮椅至床的转移、轮椅到凳或凳到轮椅的转移以及轮椅到地面和地面到轮椅的转移等。在转移时可以借助移乘板等辅助具。

(4) 轮椅操纵训练:①适当的姿势。可采用身体重心落在坐骨结节上方或后方(后倾坐姿)或相反的前倾坐姿。前倾坐姿的稳定性和平衡性更好,而后倾坐姿较省力和灵活,要注意防止出现骨盆倾斜和脊柱侧弯。②轮椅操纵。上肢力量及耐力是轮椅操纵的基本条件。在技术上包括前后轮操纵,左右转进退操纵,前轮翘起行走及旋转操纵,上一级楼梯训练以及下楼梯训练。乘坐轮椅期间,应注意每隔 30 分钟,必须用上肢撑起躯干,或前倾/侧倾躯干,以减轻臀部的压力,以免坐骨结节处发生压疮。

在进行功能训练时,掌握在各种姿势下的从简单到复杂的运动控制能力,是有效地进行良好的功能性活动的基本条件。很多功能性活动是由一个相当复杂的动作系列组成的。因此,在试图完成一个复杂活动之前,可先把这个动作分解成几个组成部分来分别学习、掌握,在患者分别掌握了各个环节的分解动作之后,再把这些环节组合起来,构成一个完整的功能性活动。

以轮椅乘坐训练为例,一般情况下脊髓损伤后 3~4 个月,非外伤性截瘫后一个月,当患者被动坐起能保持 15~30 分钟的时侯,即使不能完全保持坐位平衡也可以在辅助下进行轮椅乘坐练习。轮椅动作的训练大体上分为基本动作、移乘和应用动作几个步骤。

基本动作:轮椅坐位平衡;在轮椅上练习用双臂支撑身体;将下肢移到地面上的动作;驱动轮椅。

移乘动作:包括从轮椅到床、从轮椅到椅子、从轮椅到地面的移乘动作。

应用动作:坐在轮椅上出门、进门、开关门,从轮椅到卫生间坐便器的移乘,从轮椅到洗澡间的移乘，从轮椅坐位姿势起立等动作。

（5）辅助器的选用：颈髓损伤造成四肢瘫痪的患者，如果能够充分利用并合理地使用各种辅助器具，是能够达到维持正常的日常生活活动、有效减轻护理强度目的的，如何为患者设计和制作方便患者使用、对患者有帮助的辅助具是作业疗法训练中非常重要的课题之一。

4. 第四阶段——回归家庭、回归社会的准备阶段。患者经过治疗和训练，终有一天会离开医院，回归家庭或者重返工作岗位。因此，在医院治疗期间，必须针对每一个患者的功能水平、恢复情况和其他特点，进行综合评定，有的放矢地进行针对性训练。

（1）回归家庭：对于回归家庭的患者，为了保证他们能够尽可能多地独立完成日常生活动作，治疗师必须根据患者的功能水平、动作特点等，设法对患者的生活环境加以改造，或者对患者家属提出建议，为患者提供最大的便利。一般情况下，针对脊髓损伤患者的生活环境，需要做以下几方面的调整。

1）洗手池的下方，需要足以容纳坐在轮椅上的双下肢的空间，便于患者的身体更加接近洗手池。

2）水龙头需要进行相应的调整和更换。根据患者手的功能情况，选择便于使用的水龙头的类型。例如，市场上出售的有触摸式、感应式，以及各种形状的开关把手。

3）剪指甲以及梳头等动作，一般需要使用自助具。例如，将梳子或牙刷的把手加粗加长，便于患者抓握和使用。

（2）心理、社会支持：康复的目的是帮助患者在身体残存残疾的状态下回归社会、回归家庭，并最大限度享受高质量的生活。因此，作为作业疗法治疗师，不能仅满足于教会患者一些独立生活的一些身体动作和功能训练。因为这些仅仅是享受生活的基本条件，作业治疗更加关注患者精神层面的心理社会方面的适应，包括在患者自身心理心态方面的调整，提供必需的社会支持和帮助，在心里和精神方面帮助患者重塑自身形象，形成新的生活方式和对世界的重新认识，重新设计自身的未来，在社会中找到自己应有的位置。

同时，应该认识到脊髓损伤后的社会适应并不仅限于患者本人，患者的家庭成员也面临着很重要的适应问题。当家庭成员需要适应这些改变时，治疗师就应该为其家庭提供很好的帮助和支持。家庭成员如果能够很好地接受现实、积极面对现状，对患者适应残疾生活具有极大的帮助、支持作用。为此，为使患者能顺利地完成康复治疗并获得预期的效果，治疗师在初期制定治疗方案时，就应该将患者和其家属吸收为治疗小组中的一员，患者和家属积极参与，有利于发现问题并寻找解决问题的方法。在患者学习功能性活动、掌握日常生活自理的方法、选择各种辅助器具、确定各方面的护理问题时，都可以与患者及其家属共同协商。通过这样积极参与解决问题的过程，能有效地培养脊髓损伤患者独立解决问题的能力。这种做法对患者在康复过程中及以后独立生活习惯的形成都具有非常重要的作用。

（3）职业准备：如果患者出院后将重新就职，需要每天到单位上班，那么，作业治疗师必须从患者的角度出发，针对患者24小时的生活和工作进行全方位的分析，预测患者在哪些环节容易出现问题，必要时进行实地检测，力争在问题出现之前预先准备好对策。

一般来说，患者重新就职时面临的问题不仅仅限于身体方面的功能，还包括精神持久力、精力集中的程度、时间观念、心理状态、与他人交往合作的能力等多方面的因素，这些问题需要整个康复小组进行全面综合的调整。

以乘坐轮椅出勤为例，作业治疗师需要确认患者以下几方面的能力：

①日常生活完全自立　包括更衣动作、床和轮椅间的转移动作、洗漱动作（女性包括适当的化妆）、入厕动作、洗衣、做饭、吃饭、收拾、整理房间等。

②家与单位之间的移动　可能有多种形式，距离较近时可以选择直接驱动轮椅出勤，但是这种情况下需要进行实地训练，比如学习如何躲避实际状况中拥挤的人流、交通指示灯的运用、台阶处理等问题。而距离较远的需要驾驶汽车时，就必须经过驾驶培训获得有效资格。目前，在我国还没有明确的残疾人驾驶汽车的法规，今后随着残疾人参与社会的逐步普及，残疾人用车的配套工程的出现和完善，残疾人驾车上路将成为事实。这种情况下，作业治疗部门需要做的工作是，指导患者学习轮椅和汽车座位之间的转移动作以及如何将轮椅折叠并送入汽车内。

③基本的职业能力　包括与他人交流、计算、书写、打字、电脑操作等能力。

④单位内公共设施的利用能力　单位的公共设施指单位的茶水间、厕所、食堂等设施，患者必须能够运用自如。治疗师应前去观察了解，注意有无台阶、取餐柜台的高度、厕所的坐便器的样式等，是否会成为患者的障碍，必要时需要与单位的有关部门联系，进行安装扶手、改台阶为坡道等环境改造。

（4）社会的再适应：为了再次适应社会，具体设计每一个生活活动，以下从中期到后期分别叙述作业疗法的援助方法。

①家务劳动训练：在家务劳动中最重要的是做饭、烹调活动。C7 以上的颈髓损伤患者因手指没有抓握能力，使用菜刀等工具工具时会困难，解决的方法是利用残存功能，选择代偿固定和抓握的自助具，比如可以在刀柄上安装 U 型把手、菜板上安装钉子、板下铺垫防滑垫等，如图 7-4-7 所示。这些辅助器具和自助具在使用前，需要反复练习，才能获得良好的实用性。为了确保安全、提高效率，可以考虑使用万能搅拌器、切片器、微波炉、电磁炉、洗碗机、消毒器等器具，还有可以适当选择冷冻食品、半成品等。

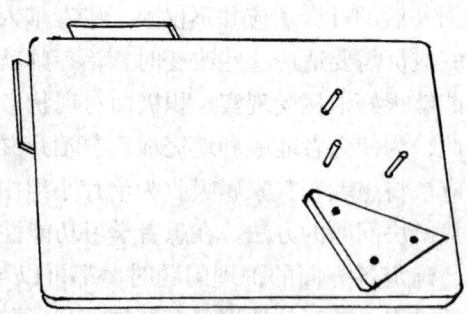

图 7-4-7　代偿固定功能的菜板

C8 以下的颈髓损伤患者因为残存抓握和捏的功能，如果将灶台、洗菜池、橱柜和冰箱等环境改造成乘坐轮椅时也便于操作的状态，患者几乎不需要使用辅助器具和自助具。

洗衣机的使用方面，需要考虑操作台的高度和从洗衣桶中拿取衣物时和晾晒时的需求，需要调整洗衣机的高度，选择具有横向开关门的洗衣机和可调高度的晒衣杆。

扫除时使用吸尘器，C7 以上的颈髓损伤患者因不能抓握，可把手柄改造成可卡在手部的自助具，C7 以下也要考虑衣柜的摆放等环境的调整要适合乘坐轮椅者。

②房屋改造：确定脊髓损伤者今后主要在轮椅上生活以后，住宅等生活环境改造就显得十分重要了。

作业疗法师应从早期就开始收集患者住宅的相关信息，结合训练的进展情况、患者本人的打算和家属的希望，就环境改造等事宜患者及其家属进行指导。

对于上肢功能障碍不明显、躯干平衡良好的截瘫患者，如果住宅房屋内没有台阶并且通行幅宽足够，一般无需改造。而四肢瘫的患者由于身体功能受限明显，必须精心设计、谨慎进行。

患者生活自立与否很大程度上取决于手否具备移乘能力。为了减轻介助量，可利用室内升降机或者电动床等器具，房间的摆设设计也应考虑实用性和合理性。C6－C7 损伤个体差异较大，必须根据每一位患者的具体情况具体设计。

一般情况下轮椅坐位高度与移乘物的高度一致，确保轮椅能与移乘物充分的接近。

排便时，多使用坐药。臀部如果没有感觉，在座便器上插入药物非常困难。另外，排便时间长，最理想的是在侧卧位插入坐药，进行排便，如图 7-4-8 和 7-4-9 所示。

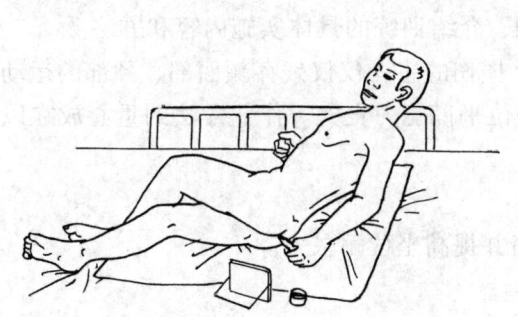 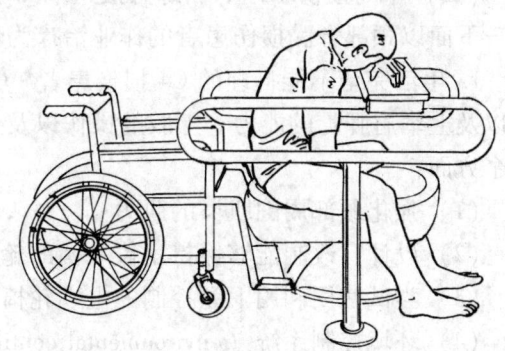

图 7-4-8　自理用厕所样式：侧卧位型　　　图 7-4-9　自理用厕所样式：前方移动型
　　　　　　采取背屈型插入栓剂器　　　　　　　　　采用掌屈、背屈型插入栓剂器

浴室：注意喷头的位置（手能拿到的地方）和形状（容易抓握的形状）。另外，为避免有感觉障碍的患者造成烫伤和皮肤损伤，需要使用带有恒温箱的沐浴器，地上要铺上有弹性的垫子。

浴缸要选择易于出入的，并且确保必要的扶手和确定扶手的位置等。

条件许可的话，可以考虑使用环境控制装置，C4－C5 的高位颈髓损伤也可以利用这样的装置独立操作各种电器制品和电脑、电话、对讲机等，方便患者生活和与他人交流。

脊髓损伤患者体温调节机制破坏的情况比较多，特别是在夏天闷热时，不要忘记冷气设备的安置与使用。

③职业前评定和训练：患者生活限制在轮椅上之后，就职、就学会出现很多障碍，需要全方位地收集患者功能水平、生活环境、就职就学环境等方面的信息。尤其是不能充分接受现实、功能恢复处于维持期的病例要认真分析、慎重判断，可以通过开展各种各样的作业活动，掌握患者的作业习惯、作业态度、作业耐性、人际关系、兴趣爱好等。

职业前评定的检查方法较多，多适用于上肢、手指障碍不明显的截瘫患者。通过职业前评定，可以了解职业的特性和所需能力、学历等。

职业能力方面，截瘫患者基本上可以从事在坐位工作的职业，如果能够确保轮椅的使用环境和上下班的交通工具，就业比例将会提高。未就业或恢复原职有困难的时候，可以选择适合患者的工作，并设计模拟工作的实际场所进行具体的指导训练。

一些患者不具备作业耐久性的基本能力，或者健康管理能力（褥疮的预防等）不充分的时候，需要通过职业前训练——从事各种各样的作业活动来逐渐适应。

四肢麻痹的患者即使是在坐位下也难以从事作业活动，一般多利用书写或键盘操作的自助具、辅助具等，进行书写和电脑操作的训练。可尝试从事程序编辑或者会计、计算机制图、美术印刷设计等的工作。

近年，随着网络的普及，在家工作的就业形式逐渐被社会认可，为出行困难的四肢麻痹患者，提供了良好的就业环境。

驾驶汽车的详细内容参照其他章节，作业疗法方面需要进行坐位平衡、上肢功能的评定和训练。另外还需要配合专业人员对包括方向盘的旋转、移乘时的移乘板、各种按钮、变速装置等自助具和辅助具进行改造。

（四）不同损伤水平的训练方法

下面以颈部脊髓损伤患者的作业治疗为例，介绍训练的具体实施内容和方法。

1. 生活完全不能自理的 C4 损伤患者　C4 损伤的患者仅仅残存颜面部、颈部的运动功能以及上举肩胛骨的能力。上肢的操作以及坐位平衡能力丧失。作业疗法的重心放在以下几个方面：

（1）强化颈部周围肌群的肌力。

（2）设计、改制能够保持坐位平衡的轮椅并提高坐位耐久力。

（3）尝试使用利用下颌控制的电动轮椅。

（4）环境控制系统（environmental control unite，ECU）的利用。

（5）利用口棒或者头棒，进行电脑键盘操作、调控电视遥控器、阅读翻页等（图7-4-10所示）。所谓"口棒"，就是制作一根15cm~20cm的小木棒，指导患者将其含在口中，对各种物品进行操作。如患者牙齿不佳或咬合功能不好，亦可用头棒代替。头棒就是将小木棒固定在一个头圈上，利用头颈部的运动进行操作（图7-4-11）。在木棒的顶端固定一个橡皮头，可以起到防滑的作用。

图 7-4-10　口棒的使用情形

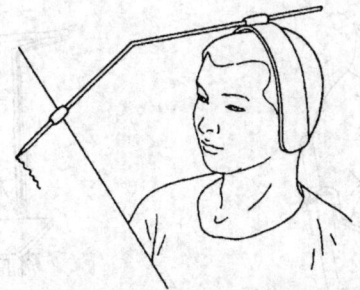

图 7 - 4 - 11 用头棒写字

2. 基本上不能生活自理的 C5 损伤患者 C5 损伤的患者,仍然具有肩关节外展、伸展、屈曲、内外旋,以及肘关节屈曲、前臂旋后的功能。作业疗法应注重在以下几方面进行练习。

(1) 强化残存的功能,为进一步获得更多的能力打下基础。

1) 肌力强化:以肱三头肌、肱二头肌等的训练为主,可用套袖套在前臂或上臂上,通过滑车重锤进行训练,亦可用重量套袖固定于上述部位进行抗阻或渐进性抗阻训练。

2) 提高坐位耐久力。

(2) 利用残存的功能,设计一些活动项目,进行坐位身体平衡、双手把持物体、驱动轮椅等能力的训练。

1) 由于患者的腕关节以及手指的各种功能受到损害,所以双手的把持动作十分重要,与日常生活动作的独立性有十分密切的关系。例如,患者可以通过双手把持口杯以及牙刷、剃须刀等物体,独立进行饮水、刷牙和刮胡子等动作。为此,可采用双手夹住塑料球或其他物体,并将其移动到另外的位置的训练,可根据患者恢复状况调整把持物体的重量及难度,以帮助提高腕部及手的功能。

2) 大部分患者能独立地完成臀部的减压动作。可指导患者学会使用固定在轮椅靠背上的套索进行前倾式臀部减压(图 7 - 4 - 12)。

3) 学习利用滑板做各种转移动作:利用滑板做床到轮椅的转移(图 7 - 4 - 13)。转移时轮椅与床平行,前轮尽量向前,锁住轮椅手刹,拆去靠床侧的扶手,架上滑板,放好双下肢,利用撑起动作将臀部移到滑板上,再利用撑起动作,将臀部从床移到椅子上,其他转移与之类似。

4) 在轮椅的手轮表面缠绕胶皮带或使用驱动圈上有凸出把手的轮椅,同时患者戴上胶皮防滑手套,进行驱动轮椅的训练。C5 损伤的患者通常只能限于在平地上驱动轮椅。一般患者还是需用有操纵杆式开关的手控电动轮椅,年老、体弱者甚至需要气控轮椅。

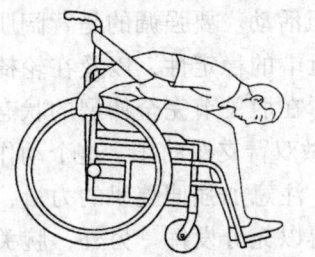

图 7 - 4 - 12 前倾式臀部减压

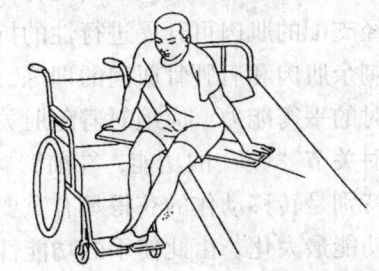

图 7 - 4 - 13 利用滑板做床到轮椅的转移

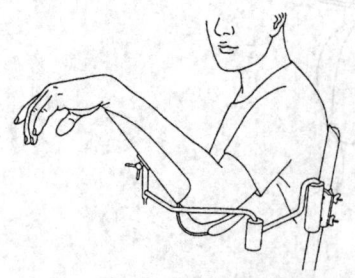 

图7-4-14 前臂平衡矫形器（BFO）　　图7-4-15 悬垂吊带前臂运动装置

C5损伤的患者通常利用前臂平衡矫形器（balanced forearm orthosis，BFO）和上肢悬吊装置（图7-4-14，图7-4-15），帮助患者对上肢和前臂的控制，使得手向口和头方向的移动变得容易，从而使患者有可能完成打字、进食、个人卫生、上衣穿脱动作，但穿裤子动作则较困难。为使BFO能充分发挥作用，评定C5患者时要充分注意：屈肩、屈肘有无Ⅱ和Ⅲ级肌力；躯干是否稳定，如不稳定要使用安全带固定躯干；为使前臂能充分做从桌面到口或头的动作，肩外展和屈曲的被动关节活动度应有0°~90°，肩内旋应达到0°~80°，肩外旋应达到0°~30°，肘屈曲应为0°~140°。同时制作腕关节固定支具，既可保持腕关节及手指的功能位置，还可以在支具上固定铅笔和勺、叉等进餐工具，做书写、键盘操作及进餐练习。

5）学习使用有齿轮结构的腕手矫形器（ratchet wrist hand orthosis，RWHO）：此矫形器的构造如图7-4-16。手指伸、屈肌均无力的患者，戴上此矫形器后，将手指的背部轻碰对侧手或附近的物品时，即能完成抓捏动作。需松开时用另一手碰"B"即可完成。训练初期先练习捡拾大块物品，控制自如后可练习拾取花生、钥匙等细小物品，最后可训练患者持笔写字。

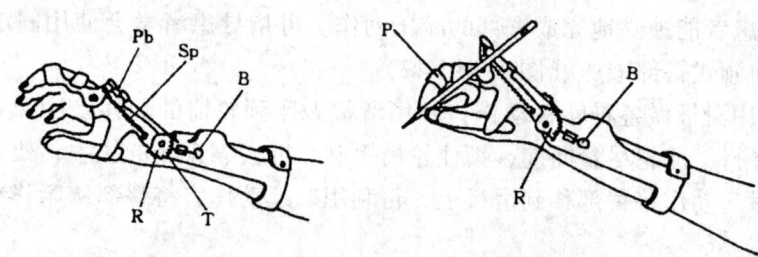

图7-4-16 齿轮结构的腕手矫形器

3. 能部分生活自理的C6损伤患者　C6水平损伤的患者，肩胛骨的固定能力有明显改善，肩关节出现内收功能，腕关节出现背伸功能。这个水平损伤的患者，针对有神经支配和部分有神经支配的肌肉可开展进行性的抗阻训练和抗阻活动。要强调的是背阔肌、三角肌、肌肩袖剩余肌肉和肩胛骨肌肉的训练，以提高上肢近端的稳定性，以及在轮椅上转移和变换重心时的平衡能力。应绝对避免肘关节出现挛缩。在肘关节完全伸展的状态下，患者可以利用肘关节"锁"的功能，在前臂旋后的状态下做双臂支撑动作，这个动作对于皮肤的保护，特别是转移动作的获得具有重要意义。同时，注意加强伸腕肌的力量，使自然的肌腱固定功能最大化，由此使手的功能性抓握和伸展得以充分发挥。另外，腕关节的背伸动作也可以在手指无屈曲功能的状态下，利用腱效应来完成对物体的抓握动作。

由于上述功能的出现，如果经过合理有效的强化训练，并配合一些辅助具并加以充分利用，患者日常生活动作的独立性将会有极大的提高。

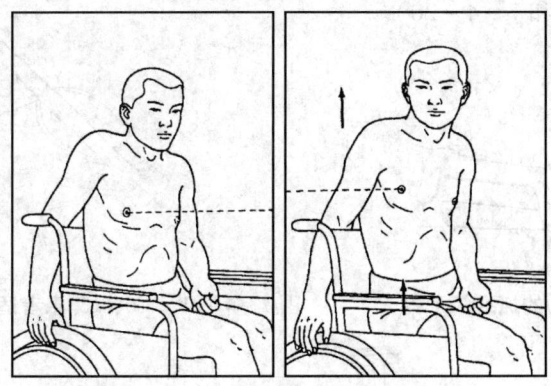

图7-4-17 C6损伤患者的右臀减压法

（1）练习单侧交替地给臀部减压：由于肩胛骨稳定性的提高，使患者在床上和垫上移动时抬起身体以及在轮椅上给臀部减压能力明显提高。在轮椅上给臀部减压时，可将一侧上肢后伸至轮椅靠背的后方，利用轮椅把手卡住上肢上抬同侧臀部（图7-4-17）。每15~20分钟进行一次，每次抬起持续的时间约15秒。

（2）坐位平衡训练：坐位平衡训练从长坐位→轮椅坐位→椅子坐位逐步过渡，从双手支撑→单手支撑再过渡到无须手部支撑。采取坐位的过程中，可以通过旋转躯干，做一些手部的操作等活动，来增加平衡的难度，使患者不断提高坐位平衡的能力。

（3）移动动作训练：通过训练，患者能够利用上肢的支撑做床上的移动以及床与轮椅间的移动。床和轮椅间的移动可用或不用移乘板进行同一平面上的独立转移，很多患者还可进行小幅度的不同平面上的转移。出现困难时，应分析造成困难的原因，针对原因加以处理。常见的问题有：患者本身支撑能力偏弱、床与轮椅间的高度不等或间隔过大。常用的处理方法是制作海绵垫，弥补过大的间隔和高度的差别；另外，在患者进行移动时，在移动部位铺垫一块质地非常爽滑的面料，能够有效地减少阻力，有助于患者的移动。

（4）轮椅驱动练习：C6损伤的患者利用胶皮缠绕轮椅手轮或者佩戴防滑手套中的任何一项，就能够独立完成驱动轮椅的动作。作业治疗师应该鼓励患者尽早开始进行驱动轮椅的练习，并积极应用于日常生活中。

（5）日常生活动作训练：C6损伤的患者通过训练大多能完成基本的日常生活和自我护理动作。这些动作包括：洗脸、洗手、刷牙、梳头、刮胡子、剪指甲、穿脱衣服、吃饭、自我导尿或运用外用集尿器。完成这些活动所必须的动作能力包括：移动能力、坐位或者立位平衡、上肢运动功能等。但总的来说，除吃饭和喝水外都需要一些适当的辅助设备。如坐位平衡能力有所改善以后，可开始进行更衣动作训练。对服装的要求：选择材料比较爽滑、轻便、样式简单、比较宽松的服装为宜（尤其是鞋子和袜子）。另外，在拉锁、袜口部位安装环扣以利于患者使用，裤子等使用松紧带最便于患者使用。

（6）辅助具：虽然利用腱效应能够获得初步的抓握，但是为了获得更加具有实用性的抓握功能，需要制作辅助具，最常用的是腕驱动的抓握矫形器（wrist-driven flexor hinge splint）（图 7-4-18）。也有患者利用万能袖带、书写辅助具等，就可以独立完成进食、刷牙、书写等动作。C6、C7 损伤患者还适用一些书写自助具、键盘操作自助具和剃须自助具等（图 7-4-19 和 7-4-20）。

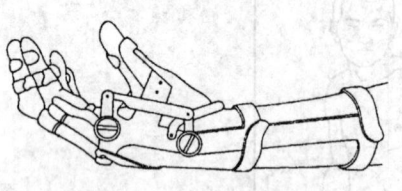

图 7-4-18　腕驱动的抓握矫形器

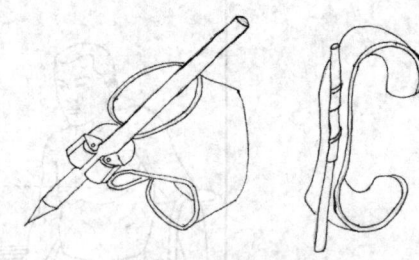

图 7-4-19　C6、C7 患者适用的书写和键盘操作用具

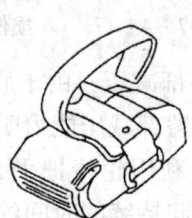

图 7-4-20　C6、C7 患者适用的剃须刀辅助器

4. **基本上能生活自理的 C7、C8 损伤患者**　这两个节段损伤的患者，肩部、上肢的运动能力和支持功能都比较充分，平衡能力也明显高于 C6 损伤的患者，其肌力训练的重点应放在三角肌、胸大肌、肱三头肌，特别是有重要意义的背阔肌上（图 7-4-21）。而且，C7 损伤的患者腕关节的伸展能力进一步加强，手指出现伸展功能，只要充分维持手指各个关节的屈曲运动范围，进行简单的抓握还是有可能的。而 C8 损伤的患者，手指的屈肌出现收缩，可以积极地进行抓握功能训练。抓握力弱的患者仍可学习用腕驱动抓握支具和进行耐力训练。

由于肱三头肌有部分神经支配，有可能完成伸肘功能，故可做撑起动作，为此，可通过如图 7-4-22 的方式给坐骨结节区减压。三头肌有功能使得患者能完成不同平面上很大距离的转移，而且很多患者能完成地板到轮椅的转移。

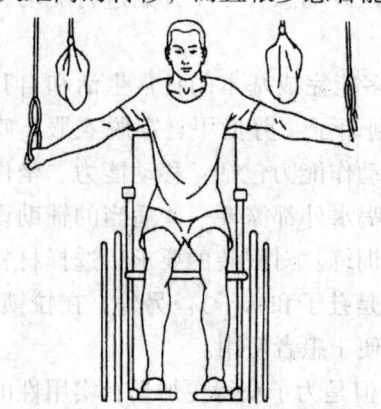

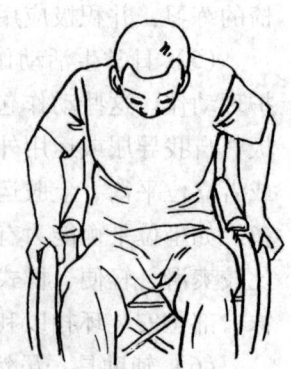

图 7-4-21　重锤滑车式背阔肌训练器　　图 7-4-22　C7、C8 损伤患者臀部减压方法

另外，由于 C7、C8 患者日常生活的独立性大幅度提高，外出参加社会活动的机会也随之增加，轮椅的操作能力就显得十分重要。因此，需要指导患者在各种环境和条件下进行轮椅操作训练，必要时到院外进行实地训练。例如：崎岖不平的路面、坡道、人员密集的街道、狭窄的路段等，甚至练习上下台阶。通过这样的训练，可以为患者提供接触社会、丰富生活的机会，是作业治疗的重要组成部分。

综上所述，经过合理的训练以及对生活环境的改造，C7、C8 损伤的患者可以实现在利用轮椅的条件下生活自理。患者在床上能自己翻身、坐起和在床上移动；能自己进食，检查容易产生压疮部位的皮肤；能独立穿衣和进行个人卫生动作（但不能自换导尿管）；能独立进行各种转移；能利用自己的上肢活动下肢做 ROM 活动。

四、注意事项

由于颈髓损伤患者其功能损伤涉及的范围较广，故在开展作业治疗时以下几个方面要尤为注意，主要包括以下内容：

1. 疼痛、出汗、烦躁、面色苍白、失神等症状，是过度劳累的表现。所以在训练过程中要注意患者的疲劳程度，避免过度疲劳。
2. 要避免瘫痪部位受压及摩擦，预防压疮发生。
3. 不适当的体位难以做动作，且容易产生疲劳，故在作业活动时应保持正常、舒适的体位。
4. 有导尿管的患者应避免作业活动时影响或阻塞导尿管。
5. 有呼吸功能障碍的患者为防止发生呼吸系统并发症，要避免和有呼吸道感染的患者接触，同时避开刺激性气体和尘埃。表 7-4-9 为日本学者米仓提出的颈髓损伤不同时期的作业治疗方案。

表 7-4-9 颈髓损伤的作业治疗方案

治疗阶段	重度障碍	轻度障碍及不全瘫
卧床期	1. 精神疗法：理解患者心理，精神鼓励 2. 支持疗法：会话、读书、朗读欣赏、听收音机、看电视 3. 支具：防止手变形支具，将肢体固定于功能位 4. 自助具及其装置：口棒、书架、镜子、特制呼叫器等 5. 功能训练：关节活动度的维持和增大，增强肌力，被动运动，呼吸训练	1. 同左 2. 同左 3. 支具：背屈位固定支具，功能性把持支具 4. 背位握器、吸烟器，其他同左 5. 自我辅助运动，呼吸训练，棋类游戏亦可利用呼气进行的简单游戏
离床前期	1. 精神疗法：根据需要进行 2. 支持疗法：同上 3. 防止手部变形支具：将肢体固定于功能位支具起支持作用的手部支具；背屈位固定支具	1. 精神疗法：根据需要进行 2. 支持疗法 3. 功能性手部支具：背屈位固定支具起支持作用的手部支具；功能性把持支具

续表

治疗阶段	重度障碍	轻度障碍及不全瘫
离床期	4. 口棒 5. 自我辅助运动 1. 同上 2. 同上 3. 功能性支具：功能性把持支具 4. 滚珠轴承输送机 5. 自我辅助运动：为达到调整全身的目的，利用倾斜台进行起立练习→用直立桌练习起立（躯干上部需要固定） 日常生活活动能力：吃饭动作、刷牙、写字、使用电话（利用手部支具） 作业项目：瓷砖工艺、打字、锯木头（固定手部，利用吊带）	4. 前臂吊带的使用，在没有功能性把持支具时用铅笔把持器 5. 自我辅助运动→逐渐增加抵抗运动，日常生活活动能力（吃饭基本动作训练、刷牙、刮脸、擦脸、梳头、写字）训练，必要时使用吊带 1. 同上 2. 同上 3. 功能性支具：功能性把持支具 4. 根据需要使用输送机 5. 肩关节屈曲、外展、外旋，肘关节屈曲，重点放在腕关节伸展上。逐步增加抵抗运动，练习起立（倾斜台→直立桌） 日常生活活动能力：吃饭动作几乎不需辅助即可进行，更衣动作、化妆、刮脸、打电话、操作轮椅、根据需要用轮椅做家务 作业项目：简单的手工艺（皮革工艺、马赛克砖镶嵌工艺、锯木头、铜板工艺）、针织、打乒乓球、台球、打字等
恢复期	依靠自己的力量不能移动轮椅，有时也可操纵轮椅。但徒手进行是困难的，有必要设法使用特制手套或在轮椅驱动轮上安装手柄之类。将来若不能操纵轮椅，有必要使用电动轮椅。有时在操作方法上需要设法改进	立位进行上述动作，反复练习，增加耐力，尽量使用下肢。可以步行。根据需要进行职业训练

五、脊髓损伤患者并发症的处理

1. **疼痛处理的心理治疗**　所有慢性疼痛均有一定的精神因素参与。放松技术、催眠术、暗示技术、生物反馈、教育均有助于治疗。

2. **皮肤破损或压疮**　脊髓损伤的患者由于运动感觉的缺失，长时间同一个肢位引起的压力，再加上有时使用夹板和其他矫形器，易引起皮肤有骨性突起的地方破损或形成压疮。治疗师必须每日检查患者的皮肤，并教会患者应用镜子或护理员帮助，检查是否有形成皮肤问题的征象。避免易受损的皮肤过度处于压力、潮湿和过热的环境中。同时有必要经常做重心转移、更换体位或用特制的床垫和轮椅坐垫保护骨性突起部位，以达到预防压疮的目的。

压疮处理方法的要点是保持皮肤清洁、干燥，保持良好的营养状态，避免皮肤长时间受压。对于已形成压疮者，采用生理盐水敷料创面覆盖（湿到半湿法）是有效和便宜的治疗方法。湿到半湿法是指将湿的生理盐水敷料覆盖在创面，通过水分蒸发的作用将创面的分泌物吸附在敷料上，并在敷料达到半湿程度的时候去除敷料，更换新的敷料。这样就可以把分泌物去除，而不损伤创面上新生的上皮组织。不主张在创面直接使用抗菌药物，以免出现耐药菌株。

3. 肺活量的降低　肺活量的降低，是颈部和胸部脊髓损伤患者常常遇到的一个问题。其原因在于：患者的膈肌、肋间肌和背阔肌的肌力减弱或麻痹。肺活量的降低会影响活动时患者的耐力。为此，增强胸锁乳头肌和膈肌的肌力，手工辅助咳嗽以及深呼吸，对于保持最佳肺活量是必要的。

4. 直立性低血压　由于患者腹部和下肢肌力的缺乏，可引起血液在这些地方滞留，从而导致血压的降低。治疗师在变换患者体位时，应循序渐进，避免直立性低血压的症状出现。也可利用腹带、腿部缠绷带、抗栓塞袜和药物治疗的办法，减轻其发生和症状。随着时间的推移，当坐位承受能力和活动水平提高时，这种问题就会减少了。

5. 自主反射障碍　是一种在T4～T6以上水平损伤患者中常常见到的现象。它是自主神经系统由一些刺激，如来自膀胱、直肠的刺激，热或疼痛的刺激等产生的反射活动所引起。症状是急发的撞击样头痛、焦虑、大汗、面部潮红、寒战、鼻塞、阵发性高血压和心动过缓。自主反射障碍是一个医疗急症并危及生命。应将患者立即置于直立位，去除任何限制性物品，如腹带、弹力袜，以降低血压。治疗这种情况应给予膀胱导尿或Legbad管检查寻找阻塞物，血压和其他症状应受到监测，直到恢复正常。作业治疗师必须认识这些症状和处理方法，因为反射障碍可在伤后任何时候发生。

6. 异位骨化　异位骨化也称"异位骨"，是在异常解剖位置形成的骨。脊髓损伤后异位骨化发生率为16%～53%，它最常见于髋关节，其次为膝、肩、肘关节以及脊柱，一般发生于伤后1～4个月，但可以早在伤后2周左右，晚至伤后数年。先期出现的症状有关节肿胀、皮温稍高和关节活动度下降。病理改变先发生在肌肉周围，以后逐渐与肌肉分开，可包裹部分萎缩的肌肉纤维。一般不累及关节囊。发展过程分为四期：Ⅰ期——软组织炎性反应，肢体肿胀、发热、局部触及较硬的肿块、疼痛、关节活动受限，碱性磷酸酶升高。出现症状的最初7～10天常规X线检查阴性，骨扫描有助于早期诊断。Ⅱ期——临床表现与Ⅰ期相似，但X线检查为阳性。Ⅲ期——疼痛逐渐减轻，但关节活动仍然明显受限。Ⅳ期——疼痛基本消失，病变组织硬化，骨扫描可为阴性，X线可见病变部位骨性改变。早期诊断、早期治疗可将这种并发症降至最低程度。治疗包括药物、手术、理疗。早期（Ⅰ～Ⅱ期）常用局部冷疗治疗包括药物和保持关节正常的活动度、保持在轮椅上良好的体位。Ⅲ～Ⅳ期时可采用温热疗法。如果异位骨化发展到髋关节屈曲严重受限的阶段，那么当保持坐位时，容易发生骨盆倾斜，从而导致躯干变形，伴有随之出现的坐骨结节、股骨粗隆和骶骨部位皮肤的破溃。异位骨化后运动训练不可以造成明显疼痛，否则可加重病情。为了预防异位骨化的发生，进行关节被动活动时要注意动作轻柔，不可采用暴力，以免损伤肌肉或关节，促使异位骨化的发生。

7. 痉挛　痉挛几乎是全部脊髓损伤患者的并发症。它是损伤平面以下肌肉不自主的收缩，是缺乏高位中枢抑制的结果。痉挛的模式在一年多的时间内都会有变化，通常肌肉痉挛一般在损伤后 3~6 周开始发生，6~12 个月左右达到高峰。伤后约一年达到稳定状态。中等程度的痉挛在脊髓损伤患者的整个康复中是有帮助的。它可帮助保持肌肉的体积，有利于关节活动，并且在轮椅和床的转移和活动中起到辅助作用。痉挛突然加重可提醒治疗人员患者可能出现了其他的医疗问题，常见诱因是膀胱充盈或感染、结石、尿路阻塞、压疮以及机体的其他感染或损伤。因此患者反复发生痉挛时要注意是否有并发症。严重的痉挛不利于患者的康复。除了积极的康复治疗措施以外，可以应用各种药物进行更有力的干预。在一些特别的病例，局部注射和外科手段（神经阻断或脊髓神经根切断术）是有效的。及时去除诱发因素是缓解痉挛最有效的治疗方法之一。康复治疗主要包括以下内容：

①去除诱发因素，如结石、感染等；
②牵张运动以及放松训练；
③抗痉挛药物应用；
④神经阻滞治疗；
⑤手术治疗；
⑥其他：水疗以及直肠电刺激治疗等均有一定效果。

8. 废用性骨质疏松症　因为长骨的废用，骨质疏松症很容易在脊髓损伤患者中发生。骨质疏松症可以继续发展，可在受伤后一年发生病理性骨折。病理性骨折最易发生在股骨髁上部、胫骨近端、胫骨远端、股骨髁间部位和股骨颈。每天安排一定的时间使患者处于站立位，可以减缓骨质疏松的发生。

9. 深静脉血栓　深静脉血栓在脊髓损伤患者中发生率较高，多发生于股静脉、髂股静脉或静脉，多由于患者缺乏运动所致。临床上，如瘫痪肢体出现肿胀，又伴有原因不明的发热及白细胞计数增高，应怀疑有深静脉血栓。通过 125I 纤维蛋白原扫描或肢体深静脉造影均可明确诊断。

深静脉血栓重在预防，应经常测量肢体周径，观察有无肿胀，及时进行 125I 纤维蛋白原扫描及血液流变学检查。平日多鼓励患者积极活动肢体。一旦血栓形成，应禁止剧烈活动，但还可以做少量被动活动，以防止血栓脱落引起肺栓塞而致猝死。

一般认为，在伤后 4~12 周为血栓形成活动期，血栓容易脱落。可适当应用抗凝药物预防血栓的形成。已有血栓形成者，可应用尿激酶、潘生丁、阿司匹林或右旋糖酐静脉点滴，肢体肿胀多可在 2~3 周消退。

10. 心血管问题及康复　T6 平面以上损伤导致交感神经完全失去高级控制，机体的应激能力和血管舒缩能力异常。T6 平面以下胸髓损伤导致部分交感神经失控，腰骶平面损伤不影响交感神经系统，但可以损害下肢血管控制能力。高位截瘫或四肢瘫的患者最常见的异常是低血压和心动过缓，与心输出量下降平行，与心脏的交感神经张力下降以及血管收缩机制障碍有关。脊髓休克恢复后，阶段性交感神经功能逐步恢复，心血管功能也逐步得到恢复，最终达到稳定平衡状态。老年性心脏功能减退在脊髓损伤后将进一步加剧。容易发生冠心病、高血压病以及心衰。自主神经过反射是较严重的心血管问题，表现为发作性高血压、头痛、面部潮红等，常见的诱因是膀胱充盈、直肠刺激、便秘、感染、痉挛、结石、器械操作、性冲动等。处理为：取坐位、口服钙拮抗剂、静脉注射交感神经阻滞剂或硝酸甘油类药物。如果血压持续超过 200/130mmHg，而药物效果不佳时，可以考虑采用硬膜外麻醉额方法阻断交感神经节，以控制血压。

11. 体温调节障碍与康复　脊髓损伤可以出现变温血症，即体温随环境温度而变化。因此要特别注意气温变化时采取适当的衣着。

六、其他治疗措施

（一）药物治疗

上世纪 90 年代后，明确治疗脊髓损伤的药物有甲基强的松龙（methyl prednisolone, MP）、TM（Tirilazad Mesylate）、神经节苷酯（ganglioside, Gg, 商品名为 GM-1）和神经生长因子（nerve growth factor, NGF）。这类药物的主要作用在于保护细胞膜，减轻组织水肿，减少其对神经细胞的毒性损伤和促进轴突生长。目前，早期实施药物治疗已成为大家的共识，其治疗的黄金时间是伤后 6~8 小时内。

（二）功能性电刺激治疗

将电刺激用于兴奋瘫痪肢体的神经或肌肉，不但起到了治疗作用，并且使之恢复功能，因而被称为"功能性电刺激"（functional electrical stimulation, FES）。近几年来有关这方面的研究颇多，有用硬膜外电刺激控制下肢肌肉痉挛，用神经肌肉电刺激改善括约肌压力，用硬膜外脉冲电刺激激活神经细胞的功能，促进轴突再生的报道。这表明，功能性电刺激对脊髓的修复有一定作用，可提高脊髓损伤的恢复率。但不是所有的脊髓损伤患者都适于功能性电刺激，其先决条件是上神经单位受累的广泛程度。另外，软瘫也不适于用功能性电刺激进行康复。

（三）减压和内固定

减压的时机，在 90 年代后趋向于早期采取措施，具体的减压方法：颈椎爆裂骨折行前减压，胸椎和腰椎段可有两种选择，从侧前或后方入路减压；对于骨折脱位，一般应行后入路，整复脱位进行减压及内固定。内固定与植骨融合在 90 年代发展迅速，出现了多种用于脊柱创伤骨折内固定的设计，并在脊柱不稳定、活动多的部位行植骨融合，从而加强了内固定的效能，有利于康复治疗及早和安全地开展。

（四）功能重建

90 年代后主要开展的功能重建有手功能和排尿功能的重建。在 C5 损伤后，前臂及手失去功能，亦无可转移的肌腱，可行前臂和手肌内置刺激和返回电极，由计算机控制，该手可有握物与放下功能。C6 损伤时，国外学者采用旋前圆肌或其他肌肉行拇指对掌功能的重建，获得了较好的效果。四肢瘫痪患者手功能重建的一般方法，见表 7-4-10。有关排尿功能的重建，我国学者对脊髓损伤患者行损伤平面以下神经根修复 S2 神经，重建膀胱排尿反射弧，以手抓搔该神经皮肤支配区，可引起排尿反射。

（五）文体治疗

文体治疗也是脊髓损伤患者康复的一个重要方面，它对进一步改善和巩固脊髓损伤患者的生理功能，使患者充分发挥残余功能的潜力，提高其反应速度、力量、耐力、灵敏性和协调性有着重要的作用。它不仅有利于提高患者日常生活和工作能力，使残疾人自身的能力和价值观得以体现，也可激发出自强不息、奋发向上的精神，同时通过参加文体活动也提高了生活的乐趣。

表 7-4-10　四肢瘫痪患者手功能重建的一般方法

损伤部位	手功能	方法
C5	伸肘	将三角肌后部肌腱固定到肱三头肌腱上
	侧捏（拇、食指持扁钥匙状）	将肱桡肌腱固定到腕伸肌上，并将拇长屈肌腱固定在桡骨掌面，同时固定拇指的指关节
C6	伸肘	同 C5
	侧捏	将拇长屈肌腱固定在桡骨掌面，固定拇指的指关节
	粗抓握	将桡侧腕长伸肌固定在指屈肌上
C7	粗抓握和伸腕	将指深屈肌腱固定在桡骨上
	粗释放和屈腕	将指总伸肌和拇长伸肌腱固定在桡骨上
	粗抓握	将桡侧腕长伸肌腱固定在指深屈肌上
	屈拇	将旋前圆肌固定到拇长屈肌上
	拇指对掌	将肱桡肌固定到拇指对掌肌上
C8	拇指对掌	将尺侧腕伸肌固定到尺侧腕屈肌上，再利用指浅屈肌腱，将它固定在拇指上
	屈掌指关节同时伸近端指关节	用掌长肌将桡侧腕长伸肌接到蚓状肌附着点上

英国著名的脊髓损伤专家 L. Guttmann 于 1948 年创立了国际轮椅运动联合会（International Stoke Mandeville Wheelchair Sports Federation，ISMWSF），主要是为因脊髓损伤而致残的人士开展体育竞赛。1948 年在英国伦敦附近的斯托克·曼德维尔（Stoke Mandeville）举办了首次轮椅运动比赛，以后世界轮椅运动会每年举办一次，是历史悠久、开展最好、影响最大的残疾人运动会。

除了以上治疗措施外，运动疗法、物理因子的应用以及我国传统的康复治疗方法，也是脊髓损伤患者的重要康复手段。其具体内容详见相关书籍。

（王刚　陈小梅　陆晓晰）

思考题

1. 颈髓损伤在急性期作业疗法治疗时应注意哪些问题，并加以说明。
2. 颈髓第几水平损伤的患者生活基本可以自理，并加以说明。
3. 试想给颈髓损伤患者设计一合理的自助具，使其能独自出行。
4. 恢复期的初期，颈髓损伤在作业疗法训练中优先考虑的训练项目是什么？

第八章 退行性神经病变的康复

学习目标：
一、掌握各种疾病的临床症状
二、掌握各种疾病的评价和治疗方法
三、了解各种疾病的病理机制

退行性神经病变（degenerative diseases）属于慢性进行性变性疾病，病变的发展及其并发症的出现会引起身体多功能的损害，导致残疾程度进行性加重，使患者丧失生活自理能力和工作能力。本章将重点介绍几种常见的退行性神经病变的作业评估和作业治疗方法。主要包括帕金森病（Parkinsons disease，PD）、多发性硬化症（multiple sclerosis，MS）、进行性肌营养不良症（progressive muscular dystrophy，PMD）、肌萎缩侧索硬化症（amyotrophic lateral sclerosis，ALS）、脊髓灰质炎后综合征（post polio syndrome，PPS）。肌无力是这些疾病的共有特征。通过定期的作业评估，可以了解患者功能损害的严重程度，分析作业活动中存在的问题，为明确作业治疗目标和制定作业治疗方案提供依据。这类患者作业治疗的主要目的是减缓退行性病变的发展速度，尽可能维持患者原有的功能水平，使患者的日常生活基本达到自理。因此，作业治疗主要针对减轻症状、防治并发症、预防和矫正畸形、实施功能补偿和替代，以维持患者在作业活动各个领域的独立性而展开。

第一节 帕金森病的康复

一、概述

帕金森病（PD）是包含震颤、肌肉强直、动作缓慢/少动、姿势异常4大主要特征的大脑基底节病变。因个体差异，每个患者的表现都有所不同。

帕金森病患者发病后，由于药物的作用较大，在发病初期日常生活动作方面不需要帮助，但是日常生活自理能力会逐渐出现下降，而且，到目前为止尚没有有效的根治方法。为此，康复是针对障碍各个发展阶段的特点和需求寻求处理、解决的方法。

初期症状多以一侧肢体静止性震颤为主，随后易发生"N"字形或逆"N"字形症状。从发病后开始逐渐出现运动功能障碍，但是多数患者虽然动作缓慢，但是经过努力基本上能够日常生活活动作自理。由于本疾患属于进行性的疾病，症状表现呈逐渐加重趋势，可逐渐出现如剪指甲、刷牙、解系小纽扣、书写等日常生活动作的困难，需要监视或者他人辅助的情况会有所增加。另外，由于姿势调整能力障碍，跌倒等危险性有所增加。

从发病后开始数年间，患者有可能出现卧床不起的情况。在此阶段，有必要在家庭生活方面给予照顾，同时进行房屋改造和使用辅助器具，维持身体功能和防止出现废用综合征。

（一）病因学与病理学

1. 主要病因及机制　根据病因不同帕金森病分为原发性帕金森病和继发性帕金森病两种，后者又称"帕金森综合征"。此病可以由脑血管病、感染、药物中毒以及其他神经系统变性疾病引发。其发病机制主要包括：①由于中脑黑质的多巴胺能神经元退化、变性，使通过黑质纹状体束，并作用于纹状体的神经递质多巴胺减少，从而造成纹状体内多巴胺储存明显减少。②纹状体中多巴胺受体病变和在基底节中的多巴胺破坏加速，也可造成纹状体内多巴胺储存减少。多巴胺是纹状体的抑制性神经递质，在正常状态下，与乙酰胆碱处于拮抗平衡状态，乙酰胆碱在短轴纹状体神经元间的活动受到多巴胺神经能系统的抑制，因此，当多巴胺减少而乙酰胆碱相对增加时，由于过度兴奋的输出，影响到皮质脊髓束、网状脊髓束、红核脊髓束径路，导致骨骼肌和梭形肌运动的活性普遍增高，其结果是患者可表现出肌强直和运动缓慢。震颤的产生则与基底节内的 5 - 羟色胺水平降低有关。

2. 病理生理学　帕金森病的主要病理改变在相对集中于脑干的某些含色素的神经元，如黑质的多巴胺神经元、蓝斑的去甲肾上腺素（NA）神经元、脑干的中缝核中含 5 - 羟色胺（5 - HT）的神经元，以及迷走神经背核、下丘脑、苍白球、尾状核等部位。其主要病理改变为神经细胞变性、空泡形成和缺失，细胞浆中出现嗜酸性玻璃样同心形的包涵体。其中以黑质破坏最严重，肉眼可见色素消退，镜下可见神经细胞缺失，黑色素细胞中的黑色素消失，伴不同程度的胶质增生，其中苍白球、尾状核的变性较强。

（二）诊断标准

凡中年发病，具有静止性震颤、肌强直、运动缓慢、姿势反应异常四大主征中两项以上，而找不到确切病因者，即可临床诊断为帕金森病。实验室检查无特异性，故无诊断价值，CT 无特异性，MRI 在少数病例中可见基底节、黑质部位有萎缩性改变，呈对称性低信号。有用的附加诊断标准为：①单侧发病。②在疾病程度方面持续地表现出不对称性。③对 L - dopa 反应良好。绝对除外的标准：①症状出现前的 1 年内服用过精神安定药或接触过这类药。②有小脑或皮质脊髓束征。③过去有嗜睡性脑炎或伴有球运动危象的病毒性脑炎的历史。④有逐步进展的多发性脑卒中的历史。⑤有交通性脑积水或幕上肿瘤。⑥有严重的早期的自主神经衰竭。⑦有严重的早老性痴呆。⑧对大剂量 L - dopa 呈负性反应。

二、功能障碍的特点

（一）肢体静止性震颤

典型的静止性震颤为非意向性，常在患者肢体不活动时出现，应激状态下加重，疲劳时减轻，睡眠中消失。开始发生在手和足，以后扩散到整个肢体，并随着肢体的运动而减少。有些患者在随意运动中虽伴随震颤，但其与脑性震颤不同。它并不造成功能受限，且可以在活动中被克服而不影响活动的完成，但它会影响动作的整体效果和美观。震颤使患者丧失双手的协调性、手操控物件的能力及手的灵活性。用抗胆碱能药和多巴胺类药物后震颤可以减轻。

（二）运动障碍

这类患者最主要的运动障碍就是运动缓慢及运动困难。患者因丧失与躯干肌肉功能相关的粗大运动功能，而出现躯干的旋转、分节转动的困难。由于丧失自主的运动顺序，患者在执行连续性运动时发生困难，并且不能随意控制运动速度。一般而言，基底节区的作用可以使身体原有的姿势反射逐渐完善，并自动处理已获取的运动计划。由于患者大脑皮质功能正常，所以这类患者能保留简单的运动方案及选择正确的运动反应，但对整个运动程序的自动处理则发生紊乱，表现出运动启动延迟、运动过程缓慢，整个活动不能按顺序平稳转换，不能集中注意力同时完成两个动作。运动缓慢的特征表现为活动启动慢、犹豫不决，动作一旦启动又不能立即停止，活动中的伴随动作减少，动作完成缓慢。患者在从坐位转换至站位的活动中可表现出动作缓慢，不会挪动下肢及将身体重心向前转移，一旦站起，身体呈向前弯曲状，类似于"猿人"站姿。身体的转动往往不伴随躯干的转动。面部运动的减少使患者表情刻板呈面具脸。患者还可表现出不能安静地躺与坐。

（三）肢体肌肉强直

主要出现在躯干和肢体的屈肌。患者表现为：头和躯干向前弯曲，肘、髋、膝关节屈曲，拇指向手掌屈曲，掌指关节屈曲、手指伸展。颈部、躯干、前臂因肌张力增高而出现僵硬，快速被动屈伸肘关节时，有"齿轮"样牵拉感，意味着牵拉过程中活动有多次细微停顿，是基底节病变肌肉强直的特有体征。由于肌肉强直的持续存在，限制了关节的活动，而引起关节、肌肉的挛缩。挛缩的进一步发展会影响患者的姿势维持、下肢负重行走和上肢功能活动能力，导致躯干、肢体的畸形，从而加重患者的功能障碍程度。

（四）其他症状

1. 行走异常　患者可出现拖行步态，并随着步行的持续而逐渐加剧。由于运动缓慢，患者表现出启动迈步困难、犹豫不决，而一旦启动，即呈现快速、小碎步的慌张步态，头和躯干前倾而不能自控，上肢摆动，下肢的髋、膝、踝关节的屈伸动作减少，足蹬地力量减弱，骨盆横向移动及骨盆与躯干之间的转动也明显减少，从而使步幅减小。此外，行走中很难突然停止，容易跌倒。随着病情的加重，步行障碍将进一步加重，最终，患者会丧失行走能力。

2. 平衡功能异常　主要表现为容易跌倒。患者由于运动缓慢、困难而表现出动作减少、身体重心转换困难及慌张步态；由于丧失调正反应而出现姿势不稳；由于平衡反应障碍而出现直立、行走、转身的稳定性降低，加之躯干、肢体屈肌、强直导致的"猿人"样站姿及姿势反射调整受损等，从而出现姿势不稳，甚至跌倒。跌倒常发生在患者体位转换和活动转换过程中。跌倒除以上主要原因外，还与本体感觉减退、痴呆、心脏病及服用抗高血压药物有关。总而言之，年龄偏大、病情偏重、病史较长、Schwab and England 评分较差、严重肌强直、手足灵活性差、不能从椅子上站起以及步态异常的 PD 患者更容易发生跌倒损伤。此外，有学者发现跌倒与使用左旋多巴类药物明显相关。

3. 高级脑功能异常　由于发音肌肉的强直、少动，帕金森病患者可出现以构音障碍为主的言语功能障碍。其主要表现为：说话音量低且含混不清，单音调，严重时可出现低声细语及缄默。此外，帕金森病患者还可以出现记忆力障碍、空间定向能力丧失、集中力和注意力缺乏、信息处理能力低下及心理障碍。患者的心理障碍主要表现为：丧失自信，无用感和无望感增加，以及因为逐渐增加的残疾而出现抑郁、对社会活动缺乏兴趣，甚至有自杀倾向。高级脑功能障碍是影响康复治疗效果的主要不利因素。

4. 吞咽功能障碍　患者因舌头回缩运动减少，食物在喉部停留时间延长，唾液分泌功能紊乱而出现吞咽功能障碍。因会厌软骨关闭减少而容易引起吸入性肺炎，甚至导致患者死亡。药物左旋多巴有可能加重吞咽困难。

5. 自主神经功能紊乱　可以表现为：多汗、皮肤油腻、皮肤发红及膀胱括约肌功能异常。患者还可出现体位性低血压、心动过速及便秘、失禁等自主神经功能障碍症状，很大程度上影响日常生活活动能力及生活质量。体位性低血压也是导致患者易跌倒的原因之一，严重的可导致患者终身卧床不起。

6. 活动受限和参与受限　PD 的早期，患者处在临床分级的 1~2 级期间，仅表现为手足震颤，姿势的改变，并不影响患者的日常生活活动能力。随着病情的发展，震颤、强直、运动迟缓、平衡功能异常等会不同程度地限制患者的日常活动。临床分级 3~4 级的患者可以出现活动受限，5 级的患者出现参与受限。在疾病的不同阶段，如果出现一系列并发症，将会导致患者活动受限和（或）参与受限。帕金森病运动障碍的一大特点是易产生疲劳，患者表现为难以持久性活动，活动时间略长就出现全身无力、无精神现象。如果是反复活动，开始时运动很有力，多次以后力量逐渐降低。易疲劳对康复治疗不利，使患者难以接受一定强度的训练，这种疲劳经过休息或睡眠可以得到恢复。帕金森病的运动功能障碍主要表现在组合的、复杂的运动方面，而单纯的运动常不受影响，这一运动障碍的特性是影响康复治疗效果的因素之一。

7. 继发性功能障碍　主要包括由于少动及强直所继发引起的一系列功能障碍。最常见的继发性功能障碍有：肌肉萎缩、无力、关节缺乏柔软性及出现挛缩。一般说来，这种情形首先发生在肢体的近端，然后是远端，先是单侧，后是双侧。挛缩常发生在旋转肌、腰、背、髋、膝、颈、肘、腕、手指及脚趾屈曲肌，髋外展肌，肩外展、内旋肌及前臂旋前肌。由于这些部位相应肌肉的运动受限，患者表现为进行性功能受限。驼背畸形是最常见的姿势畸形，有些患者可发生脊柱侧弯畸形，甚至有的在走路及坐位时呈"C"字形曲线。此外，有的患者还会出现骨质疏松、体位性低血压、压疮、营养不良、下肢静脉回流不畅、循环障碍、心输出量减少及心动过速、肺活量明显降低及运动时呼吸急促等情形。

三、评定

在对帕金森病患者进行作业治疗前，治疗师应了解患者用药前后的症状变化及该病的临床特点和分级；必须对患者全身状况做综合全面的评估，这对指导患者进行作业治疗十分重要。其目的，首先是确定患者现有的各种功能和能力，其次是阐明能力障碍的原因，最后是制定客观的康复治疗目标及措施。

（一）临床分级

1. 统一帕金森病分级指数　内容包括帕金森病体征、症状和药物相关波动状况。共包括3部分，即精神状态、日常生活能力、运动指数。每部分分为4级指数，即0~4级。0级是正常，4级是严重。统一分级指数，常用于评估患者的病情进展。

2. Hoehn分级法（1992年）共分5级。

1级——身体一侧震颤、强直、运动减缓或只表现为姿势异常。

2级——身体双侧震颤、强直、运动减缓或姿势异常。伴有或无中轴体征，如面具样面容、说话及吞咽异常。身体中轴部位尤其是颈部肌肉强直，躯干呈卷屈状，偶尔出现慌张步态及全身僵硬。

3级——类似于2级提到的所有症状和体征，只是程度加重。此外，患者开始出现平衡功能的减退，且不同程度地开始影响日常生活活动能力，但仍能完全独立。常用的平衡检查方法，是患者在静态站立位下突然被他人向后拉，正常人仍能在原地保持平衡或最多向后退1~2步，而此期患者不能保持原位，并向后退2步以上。

4级——患者的日常生活活动即使在其努力下也需要部分甚至全部的帮助。

5级——患者需借助轮椅或被限制在床上。

（二）作业能力的评定

从作业治疗的角度出发，1956年就有学者对这类患者进行ADL评定，以后又出现了许多类似的评定方法。如Schwab and England评分法、Northwestern University评分法、Columbia评分法、New York University评分法等。这里介绍几种反映患者活动能力和残疾状态的评定方法。

1. 韦氏帕金森病评定法　评分标准为0~3分，0为正常，1为轻度，2为中度，3为重度，总分为每项累加分。总分1~9分为早期，10~18分为中度残损，19~27为严重进展阶段（表8-1-1所示）。

表8-1-1　韦氏综合评定量表

临床表现	生活能力	记分
1. 手动作	不受影响	0
	精细动作减慢，取物、扣扣、书写不灵活	1
	动作中度减慢，单侧或双侧各动作中度障碍，书写明显受影响，有"小字症"	2
	动作严重减慢，不能书写，扣扣、取物显著困难	3
2. 强直	未出现	0
	颈、肩部有强直，"激发症"阳性，单或双侧腿有静止性强直	1
	颈、肩部中度强直，不服药有静止性强直	2
	颈、肩部严重强直，服药仍有静止性强直	3
3. 姿势	正常，头部前屈10cm	0
	脊柱开始出现强直，头屈曲达12cm	1
	臀部开始屈曲，头前屈达15cm，双侧手上抬，但低于腰部	2
	头前屈>15cm，单、双侧手上抬高于腰部，手显著屈曲，指关节伸直，膝开始屈曲	3

临床表现	生活能力	记分
4. 上肢协调	双侧摆动自如	0
	一侧摆动幅度减小	1
	一侧不能摆动	2
	双侧不能摆动	3
5. 步态	跨步正常	0
	步幅44cm～75cm，转弯慢，分几步才能完成，一侧足跟开始重踏	1
	步幅15cm～30cm，两侧足跟开始重踏	2
	步幅<7.5cm，出现顿挫步，靠足尖走路，转弯很慢	3
6. 震颤	未见	0
	震颤幅度<25cm，见于静止时的头部、肢体，行走或指鼻时手有震颤	1
	震颤幅度<10cm，明显不固定，手仍能保持一定控制能力	2
	震颤幅度>10cm，经常存在，醒时即有，不能自己进食和书写	3
7. 面容	表情丰富，无瞪眼	0
	表情有些刻板，口常闭，开始有焦虑、抑郁	1
	表情中度刻板，情绪动作时现，激动阈值显著增高，流涎，口唇有时分开，张开>0.6cm	2
	面具脸，口唇张开>0.6cm，有严重流涎	3
8. 言语	清晰，易懂，响亮	0
	轻度嘶哑，音调平，音量可，能听懂	1
	中度嘶哑，单调，音量小，乏力呐吃，口吃，不易听懂	2
	重度嘶哑，音量小，呐吃，口吃严重，很难听懂	3
9. 生活自理	能完全自理	0
	能独立自理，但穿衣速度明显减慢	1
	能部分自理，需部分帮助	2
	完全依赖照顾，不能自己穿衣、进食、洗漱和起立行走，只能卧床或坐轮椅	3

2. Yahr 分期评定法　这是目前国际上较通用的帕金森病病情程度分级评定法，它评定的是患者功能障碍和能力障碍的综合水平（见表8-1-2）。日本学者认为，该评定法仅对患者的运动功能及与移动能力有关的日常生活能力进行评定，没有对日常生活能力做全面评定。为此，他们在 Yahr 分级评定基础上，按日常生活能力的独立程度将疾病分为三

期：Yahr Ⅰ、Ⅱ级为日常生活能力一期，日常生活无需帮助；Yahr Ⅲ、Ⅳ级为日常生活能力二期，日常生活需部分帮助；Yahr Ⅴ级为日常生活能力三期，需全面帮助。

表 8-1-2 Yahr 分期评定法

分期	分级	日常生活能力	临床表现
一期	Ⅰ级	日常生活不需帮助	仅一侧障碍，障碍不明显，相当于韦氏表总评分 0 分
	Ⅱ级		两侧肢体或躯干障碍，但无平衡障碍，相当于韦氏量表总评分 1~9 分
二期	Ⅲ级	日常生活需部分帮助	出现姿势反射障碍的早期症状，身体功能稍受限，仍能从事某种程度工作，日常生活有轻中度障碍，相当于量表总评分 10~18 分
	Ⅳ级		病情全面发展，功能障碍严重，虽能勉强行走、站立，但日常生活有严重障碍，相当于量表总评分 19~26 分
三期	Ⅴ级	需全面帮助	障碍严重，不能穿衣、进食、站立、行走，无人帮助则长期卧床，或在轮椅上生活，相当于量表总评 27 分

3. 其他作业能力评定　包括认知功能（记忆与问题解决能力、自我认识、处理事物的能力等）、心理功能（精神状态、对疾病接受能力、焦虑及抑郁状态）、家庭与社会的支持、履行角色的能力、日常生活技巧、职业能力（工作经历、技能、兴趣和价值观）、娱乐兴趣、技能，建筑和环境的评定等（建筑和环境的评定方法可参照《康复疗法评定学》的相关章节）。

(三) 运动能力评定

运动能力评定包括肌肉的张力、力量（握力与捏力）、关节活动范围、随意运动的准确性和速度、精细的运动控制（双手协调、操控物件及手的灵活性）、粗大的运动控制（翻身、转弯、步行、登楼梯、坐站转换与转移）、运动速度、体能与耐力、姿势反射、平衡反应、感觉功能评定、步态分析等（具体可参见《康复疗法评定学》一书）。

四、作业治疗

康复基本上与药物同时进行，但是要注意药物的作用。帕金森患者因为在身体、心理方面有较大的变化，所以要详细地了解服药的种类和剂量的变化。对药物作用的理解是顺利完成作业疗法的关键。

帕金森病是慢性进行性疾病，一般情况下，不是所有的日常生活动作都不能完成，综合考虑患者的障碍程度和症状决定治疗的原则，作业疗法中的日常生活方面的评定更多着眼于患者生活的环境、ADL 训练和环境的调整、姿势调整障碍的探讨、上肢-手指粗大运动和灵巧性动作的训练等。另外还需要对精神、心理症状和智能低下等问题进行探讨（见表 8-1-3）。

表 8-1-3 作业疗法的方法

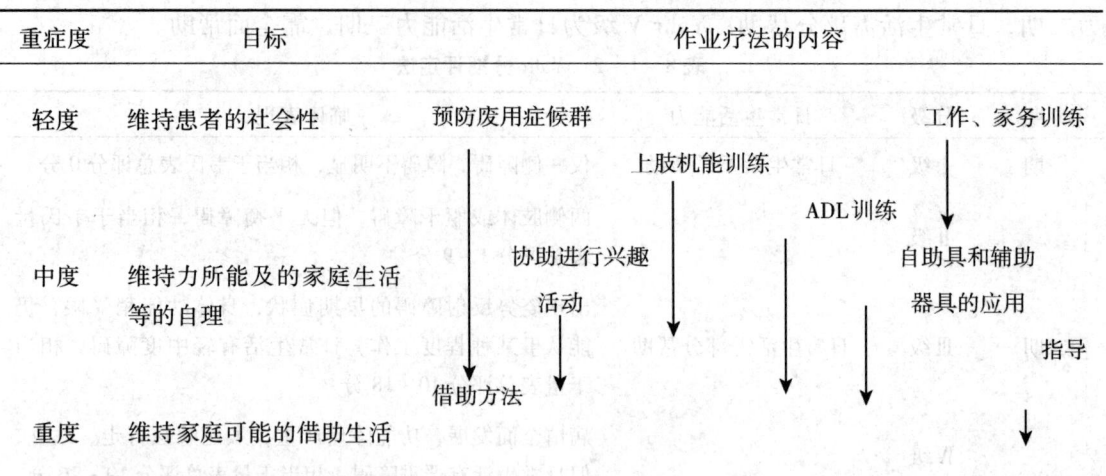

1. **轻度帕金森病的作业疗法** 轻度帕金森病患者的特征是出现动作缓慢,和病前相比,完成 ADL 需要更多的时间。以至于为了完成 ADL 动作,经常出现疲劳感和努力程度的增加。在手灵巧性动作方面,在做某些比较精细动作的时候出现困难。如不能系上和解开小纽扣,不能完成用笔书写、使用筷子进食,以及刷牙、剪指甲等动作完成困难。另外,由于帕金森患者一侧肢体出现症状,所以另一侧肢体的使用率相对增加,有些轻度症状的患者从这个阶段就开始出现废用综合征。

2. **中度帕金森病的作业疗法** 中度帕金森病患者的特征是两侧肢体出现症状,废用症状全面出现,平衡反应显著低下,跌倒的危险增高,单独乘坐公共汽车等行为也出现困难。为此,患者的行动范围变的狭窄,ADL 处于需要监视或者需要辅助的状态,长期患有此病的患者,会出现 wearing-off,on-off 现象。

3. **重度帕金森病的作业疗法** 重度帕金森病患者的特征是由于症状加重,患者的自发性活动受到限制,多见痴呆等精神症状加重、废用症状持续发展、ADL 能力低下、生活环境狭窄、与人交流继续减少,常见有不得已而卧床的患者。本阶段的目标是减轻辅助量和预防废用症状加重,尽可能地维持 ADL 活动及兴趣性活动,尽可能地维持现有的家庭生活等状态。

作业疗法的内容包括房屋改造以及辅助器具的应用,减轻辅助量的指导,确保从事兴趣活动和吃饭时的坐位时间。通过实施自我训练,防止废用综合征的进一步发展,促进正确有规律的生活,预防长期卧床。同时要让患者定期参加各种活动,尤其是应尽可能地参加社区帕金森病的讲座等活动。

(一) 治疗目的和作用

帕金森疾病是一种进行性病变,治疗只是减轻功能障碍的程度,但是很难改变疾病的进程。治疗的模式主要是感觉运动模式与感觉统合模式。治疗的目的:提高患者的活动能力,预防畸形的发生;改善运动的启动过程,增加持续运动的幅度和速度;改善患者的心理状况;改善或维持患者的独立生活能力和生活质量。治疗途径:主要包括教会患者适应疾病的症状;提供预防肌肉、骨骼损伤的指导;通过分级活动促进、维持患者的各项功能；对环境做出适应性的改变，以使环境能提供最大程度的帮助，利于患者最有效地发挥功能。通过作业治疗可以达到以下目的：

1. 改善关节活动度以满足功能性活动的需要，通过肌肉牵伸与放松、感觉刺激、治疗性活动，预防畸形的发生。

2. 改善患者躯干肌肉的运动、姿势控制、平衡、粗大的运动协调能力和手操作物体的能力与灵活性。

3. 提高患者的运动及运动计划能力，促进运动的启动过程，增加持续运动的幅度、速度和灵活性。

4. 改善患者心理状况，使其达到完成功能性活动所需要的体能和耐力水平。

5. 在功能受限的情况下，帮助患者建立完成自理性活动的惯常程序，教育和指导患者掌握独立、安全的生活技巧，增加安全意识，防止跌倒造成的继发性损伤。

6. 提供能够产生运动刺激的一系列适应性技术和具体实施办法，以使患者在疾病的现阶段，能最大程度地实现日常生活活动的独立。

7. 提供既能与患者的功能受限相适应，又能最大程度提供感觉刺激的适应性环境，改善或维持患者的独立生活能力和生活质量。

8. 使患者熟知能量节省和工作简化技术。

（二）治疗方法

治疗的手段主要为感觉运动性作业活动与感觉统合性作业活动。

1. 提高身体运动功能和姿势调整的措施

（1）针对关节活动度受限和手指抓握范围低下的措施：改善被动的关节活动度，尤其是伸展性关节活动度。活动方法有：

1）患者俯卧在垫上，在肘支撑的情况下，用另一只手做向前上方伸手取物的活动；

2）患者取坐位，嘱其外展肩部，屈肘用手掌触摸脑后部，再弯腰伸肘尽力触摸对侧足的足尖，左右交替进行；

3）患者采取站立位，面靠墙，身体紧贴墙壁，双上肢沿墙壁尽量摸高，用刻度标记，逐渐增加摸高高度，或双手平举，支撑于墙面上做前后方迈步的动作。

这些活动既有利于躯干和四肢的伸展，又有利于身体平衡功能的改善。

躯干和四肢屈肌频繁地强直性收缩容易导致挛缩的发生，因此，在注意关节活动的同时应注意加强紧张肌肉的牵伸。活动方法有：

4）患者取坐位，双上肢后伸，双手横握一根木棒，治疗师将木棒缓慢向后拉至有紧张感时保持10~20秒，重复20次左右，牵拉过程中要求患者保持躯干挺直并抬头；

5）患者取坐位，双上肢交叉并尽力前伸置放在大巴氏球上，然后，将双上肢顺着球面向球的两侧移动，并用双手抱球过头；

6）俯卧位下，由肘支撑过渡到手支撑，挺起上身而骨盆以下紧贴床面等。

作业疗法最直接的治疗目的是预防上肢、手指的挛缩和改善手指抓握范围。在无痛、允许的范围内缓慢地进行运动。早期容易出现手指内在肌优势，因此为了防止手指挛缩，有必要进行以维持、改善为目的的各种活动。在手指出现变形的情况下，选择适合的支具，并在指导下进行自我训练，并注意确认实际操作的方法和实施频率。也可以利用一些作业活动，如挂圈（见图8-1-1所示）、编制、挂毯等。注意避免反复进行单调的作业活动，休息和中途加入其他的趣味活动一起进行训练。改善肩关节的ROM及躯干伸展，旋转动作。

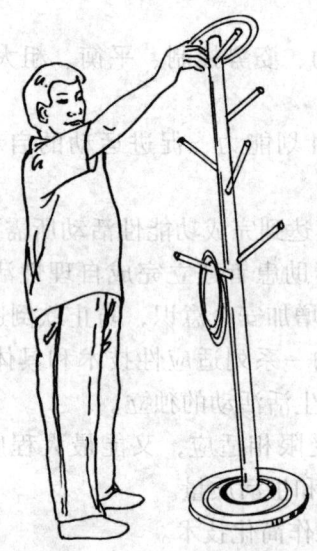

图8-1-1 挂圈动作

（2）针对肌力低下：维持及增强肌力的方法是采用粗大动作。要达到肌力增强的目的，需要较长时间的训练。作业疗法的目的之一是提高肌肉的爆发力，对此可利用木工（如刨木、拉锯、锤打）、磨砂板、投球运动、橡皮泥、自行车运动、上下楼梯（梯级较高）等作业活动，为患者提供抗阻、抗重力的主动运动机会，从而达到维持或增加肌肉力量的目的。

（3）针对反复动作或节奏的形成障碍：前臂的旋前、旋后或叩打等动作，出现节奏性地反复障碍。针对这种障碍，临床上经常使用声音、用手打拍子或节拍器等方法从外界给予刺激。利用节拍器，节奏容易控制，但患者很难与拍子合在一起，这时需要指导患者本人一起用口令来获得节奏感，动作要简单，并和其他能够完成的动作并用，随着口令可进行砂板磨或者挂圈、木钉上下翻转等训练，见图8-1-2和8-1-3所示。

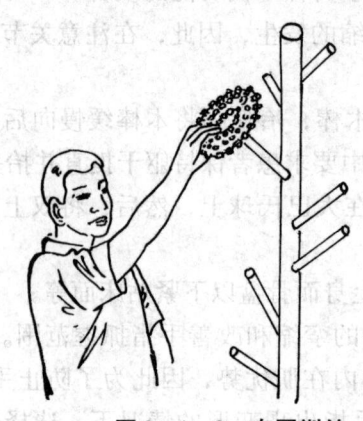
图8-1-2 套圈训练

图8-1-3 反转木钉训练

(4) 针对两侧同时操作和交替动作障碍：中枢神经系统疾病经常见到两侧同时操作障碍，帕金森病患者也经常出现这种症状。进行作业活动时两手能同时操作，但是难以形成肢体的交替动作。为此可利用双上肢的木钉活动、绳编、纸贴画活动等进行训练。

(5) 针对躯干、肢体运动的协调控制能力低下：通过治疗性活动，提高手的灵活性，控制和减少手颤抖，改善躯干的旋转和肢体的摆动。具体的活动有：

1) 患者坐在与胸平高的桌面前，在桌上一字排开地放上一些圆木块，利用拇指分别与其他各指的指腹对指夹住圆木块，分别从左向右或反方向取放（图8-1-4）；

2) 还可以让患者采用两手合夹的方式，将面朝下的纸牌一一翻起；

3) 让患者抛、接网球或用手抓住一根短棒的下端，通过握、放，将棒分几次、一段一段地从手中下滑落；

4) 捡拾不同大小与形状的物体，如玻璃球、蚕豆、黄豆、米粒、硬币、纽扣、回形针等；

5) 练习打字、弹琴、写字、折纸、双手穿珠等活动。

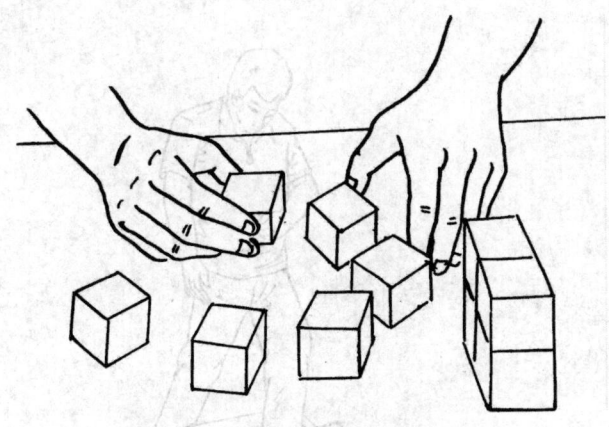

图8-1-4　患者坐位下移动木块

(6) 针对平衡低下：训练中注意增加患者对自身姿势与平衡方面所存在问题的意识，提出预防跌倒的具体建议和办法，如撤除地毯、爬楼梯时使用扶栏、穿平底鞋等措施。训练平衡的活动有：

1) 与患者手拉手，单腿站立，做身体前后摇动动作；

2) 走"一"字步；

3) 坐或站位下，让患者用单手或双手进行躯干双侧的木钉盘摆放作业；

4) 坐位下随着一定的节奏向左、右同向晃动双下肢；

5) 转动头颈和躯干向四周眺望等。

活动中可采用音乐或打拍子的方式以提供患者练习姿势与平衡性运动的节奏。在小组性训练活动中则要注意提供患者实践静态及动态平衡能力的机会。为了改善头部的位置控制，促进胸廓的伸展，应教会患者深呼吸的方法，体会躯干挺直的感觉，并在要求视觉跟踪和上身控制的动态性活动，如放风筝、抛接球等，反复练习和巩固这个运动模式。

(7) 针对步行能力低下：步行涉及患者身体的姿势、下肢的协调运动和平衡控制能力。治疗师应指导患者如何放松，保持一个良好的垂直体位以利于步行。步态中强调增加

步幅、支撑面,增加髋屈曲度,减轻慌张步态,促进交替的上肢摆动,改善动作的启动、停止与转身。活动方法有

1)让患者背靠墙站立,做向左、向右的侧向行走;
2)站立位下,指示患者双手平举,支撑于墙面上,做向前后方迈步的动作;

在治疗师指导与帮助下,进行实地步行练习。在步行练习过程中,治疗师不时发出停止步行、转身等口令,并利用让患者抓住治疗师前臂的方法,帮助患者恢复平衡,同时,治疗师要密切注意患者行走的姿势,及时纠正其"猿人"样站姿。患者手部和前臂所获得的本体觉暗示,可提供大脑足够的信息,从而促进姿势的直立与平衡。在患者的肩前部和下腰部适当加压,通过感觉反馈,促进患者胸廓的伸展,从而改善其姿势的控制。为了防止患者步行中突然发生冻结,可以用一根绳子,一端固定于鞋,另一端穿过裤子放于裤口袋中,当迈步困难时患者可以拉动绳子启动迈步。(语气坚定的"抬腿"、"大脚趾朝上"、"迈大步"、步行中配合节拍或口哨等)都有助于患者预防或打破冻结状态,向前迈大步。在地面上划线,通过视觉提示帮助患者克服步行中突然冻结,这样做还可以帮助患者增加步幅(图8-1-5)。

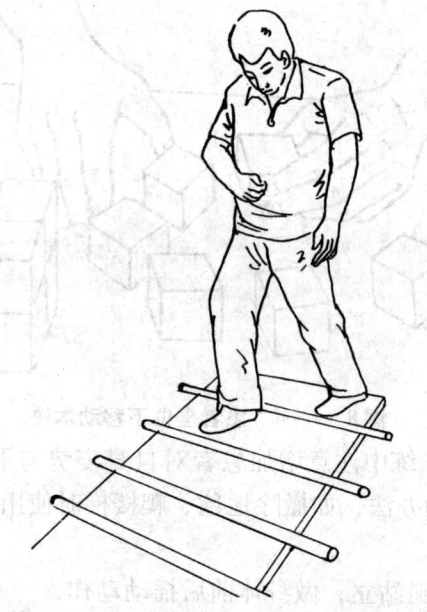

图8-1-5 地面上划线帮助患者步行

还可以通过韵律操、音乐、唱歌、跳舞启动运动以维持活动能力,减少患者在行走中身体肌肉的紧张性,改善行走的协调性。通过增加视觉提示:如看着他人或对着镜子,增加听觉提示:如喊口令、打拍子,或通过治疗师的口头建议和提示,来改善患者运动计划能力与运动速度,指导患者完成行走动作的启动、停止与转身。上下楼梯有时比在平面上行走更容易防止突然出现动作冻结。

患者到了疾病的晚期,步行会相当困难,这时要重视步行的安全性,尽可能保留患者活动的空间,让患者逐渐适应所处环境,加强照顾者和家人对患者的保护,必要时轮椅代步进行户外活动,尽量消除环境中妨碍步行或轮椅活动的障碍物。

(8) 作业时的姿势指导和注意事项：采用本体神经肌肉促进技术改善患者的运动模式，尤其是躯干的旋转能力。可以采用的活动有：

1) 坐位下，随着节奏向左、向右晃动双下肢，同时用一只手向对侧身体侧方的容器内递送物体；

2) 在坐位下，节奏缓慢地、反方向地同时转动双肩；

3) 在仰卧屈膝位下，用十指交叉的双手完成身体左右侧搬运物件或插积木的活动。但注意，当上部躯干向左侧转动时，双下肢需向右侧转动，当上部躯干向右侧转动时，双下肢则要向左侧转动（具体参考本章第二节）。教会患者通过深呼吸与想象促进身体放松。方法包括缓慢地摇动躯干、骨盆、肩胛带，被动翻转体位和其他能降低肌肉张力的抑制性技术。

长时间在同一姿势下进行作业活动时，姿势变换或者姿势调整容易出现困难，所以在进行作业活动时，让患者在坐位或者立位保持平衡的状态下，要缩短同一姿势下的作业活动时间，最好选择需要变换姿势的活动。另外，由于患者躯干旋转受到限制，在进行躯干旋转的作业活动时，要注意安全，防止跌倒。

2. 精神心理症状及智能低下的治疗方法 帕金森病患者易合并痴呆和抑郁。针对有抑郁的患者，不要过多地给予表扬。治疗时采用接受性的态度，要注意尊重患者的意愿进行训练。和患者建立良好的关系，可以帮助患者解除紧张和不安情绪，为了获得患者的信任，要注重逐渐地对患者加深了解。另外，要注意选择患者喜欢、辅助量较少的作业活动。痴呆和抑郁两方面都存在问题的患者，选择作业活动时要充分考虑患者的兴趣和患者现有的智能水平。首先，从能够得到成功体验的活动开始，再根据活动的特点，选择适当的小组休闲活动。

3. 日常生活的指导和帮助（自助具、辅助用具） 日常生活方面的治疗内容是以增强 ADL 自理和减轻辅助量为目的，提高各种动作的效率，活动过程中要充分确定安全性。经常见到一些患者在治疗场所能够完成某些 ADL，而在实际的生活环境中却不能完成，需要给予注意。

(1) 进食：进食动作最好能让患者长期地保持自理，但是如吃鱼时，用筷子取出骨头，吃肉需要咀嚼、吞咽等动作，很多患者发病初期就会出现困难。在适当的时候，应对使用勺子、刀子及叉子的方法进行指导，并对餐具如盘子和勺子、叉子等进行调整，比如选用粗把的勺子或者叉子，让患者尽可能自己进食。要鼓励患者慢慢地进餐，即使花费一定的时间也要让患者坚持独立进食，护理者不要过多地给予辅助。当患者出现疲劳时，可以适度地给予帮助，并在真实的场所进行具体的指导。自理程度。为了使患者能顺利地完成吞咽动作，也要对家属进行烹调的指导，进食困难者，注意调整食物的质地，选择易于咀嚼、温热的食品，少量多餐。教给患者适应性技术，以减少震颤的影响，即如何在上肢不靠身体的情况下使用双手端茶杯；如何以肘部作为活动轴，完成将勺子从盘子到放入口中的动作。餐具适当调整，要易于操作，配合必要的辅助具。与言语治疗师合作，帮助减轻患者早期的吞咽困难。

(2) 洗漱：因为有震颤和反复动作障碍、够拿远处物品受限及肌力低下等，造成刷牙、剪指甲等动作出现困难。由于震颤等原因造成刷牙困难时，指导患者双手操作，动作易于得到改善。由于反复动作困难造成刷牙困难时，可以尝试使用电动牙刷。为了确保安全，对剪指甲困难者，可以把指甲刀固定在桌子上，并进行使用方法的指导。进行洗漱动作指导时，应尽可能保留患者的卫生、修饰习惯，保持外观整洁。选择舒适、安全的体位洗澡。为了防止洗澡时因地面湿滑而跌倒，可以铺防滑地毯，在浴室周围安装扶手。

（3）穿脱衣服：帕金森病患者由于动作的灵巧性低下和关节挛缩造成够拿远处物品受限等原因，容易造成如系解纽扣、上衣的穿脱，提裤子、袜子的穿脱以及从地上捡起衣服等动作的障碍，为此在进行穿脱衣服指导时要注意以下几点：①确保安全；②在跌倒危险性少的体位状态下进行；③防止向后方跌倒，使用有椅背的椅子；④移乘时防止事故的发生，可以使用防滑的椅子或者把椅背紧靠墙边，指导患者增强稳定性；⑤在立位进行穿脱衣服动作时，指导患者背靠墙壁，或者利用扶手确保稳定性。在实施指导穿脱衣服动作的过程中，应注意以下几点：①使用易穿脱的、宽松的开衫；②使用大纽扣的衣服；③系、解纽扣困难的患者，使用系纽扣自助具或用尼龙搭扣替代纽扣；④可以将脚放在对侧大腿上完成穿脱袜子动作，穿脱袜子困难的患者可以使用穿脱袜子的自助具。

总之，要尽量鼓励患者自己完成穿脱衣服动作。当疾病影响到患者以往的穿衣习惯和能力时，应选择穿脱相对方便的衣服（如重量轻、舒适、保暖耐寒、易伸缩），穿衣服的层数以不影响关节活动范围、协调活动、坐站转移和精细活动为度，防止服饰太沉重造成患者的疲劳。鞋子应选择穿脱方便（如松紧鞋等）、舒适、支撑好、鞋底有弹性的。穿鞋底摩擦力大的鞋，以增加步行的稳定性。治疗中要指导患者选择安全、省力、舒适的体位（一般为坐位）和技巧动作完成衣服的穿脱动作。

（4）如厕：包括移动进入厕所、脱裤子、坐下、排泄、局部清洁、站起、整理衣裤、冲洗等过程。由于自律神经等障碍患者容易出现便秘和膀胱障碍等症状，所以要注意水分的摄取量，每天应保证3L饮水量。帕金森病患者如在从便器站起和排泄后的卫生纸使用等方面存在困难时，可用电动升降坐便器或在坐便器四周安装扶手，卫生纸、冲厕开关尽量置于患者容易够取的地方。

（5）入浴：因为浴室地面滑，洗澡时要选用带靠背的椅子。洗身体时可选一侧带环的毛巾或者长柄的刷子进入浴盆，因转换身体方向时有跌倒的危险，可使用移乘板或者利用扶手。全面需要帮助时可利用入浴升降机。

（6）起居

1）翻身、坐起：与步行相比，翻身和坐起动作更加困难，做坐起动作时需要在床边安装扶手，一般扶手安装在床头方向1/3处，首先下肢从床上移到床边用前臂和肘关节支撑后逐渐坐起。注意床垫应选择偏硬的材质，利用患者本人的肌力坐起来。

2）站起：从床或椅子上站起困难时，可以尝试把椅子的座高增加，便于起立。站起的方法是坐在座面的前部，膝关节屈曲，足部向后移动，踝关节位于膝关节后方，躯干充分地前倾后站起。注意避免向后跌倒。患者从床边站起的时候，可以抓住床栏杆、扶手或者稳定、牢固的家具后起立。

（7）移动和转移：步行、上下楼梯等移动能力训练的相关内容前面已经介绍。这里主要涉及转移技术。

1）座椅转移：座椅要选择最适合患者身体放松、进食、伏案工作的高度，有支撑比较好的底座，牢靠的椅背可以支撑头部，鼓励患者头部向后靠住椅背，带扶手便于支撑。座椅转移困难者，可以适当调高座椅后腿高度，使坐椅稍向前倾斜，便于患者站起。在椅子上坐下到站起的一系列动作训练，可参照图 8-1-6 所示练习步骤。

坐下：患者背对椅子，大腿后部触及坐椅前缘，双手支撑坐椅扶手支撑身体向后坐下；站起：将臀部移至坐椅前缘，头向前伸（使鼻尖超过足尖），两足稍分开，其中一足后移，膝屈曲向前，双手支撑推压扶手站起。

2）床上转移：患者床的高度要适当，床垫硬度适中，睡衣要轻便不影响身体的转动。

首先向翻身的方向转动头部，然后屈曲下肢用足底支撑床面，手伸向躯干对侧抓住床缘，随着骨盆的转动完成翻身动作。从卧位到坐位的转换，可按照图 8-1-7 所示完成动作，即一手抓住床缘；双下肢移向坐起侧床边；双小腿自然垂于床边；同侧肘用力撑起上身；对侧手用力拉住床边保持身体稳定坐起。从坐位到卧位的变换与上述动作相反即可。还可以抬高床头或在床尾结一根绳子供患者牵拉，以便减轻难度。

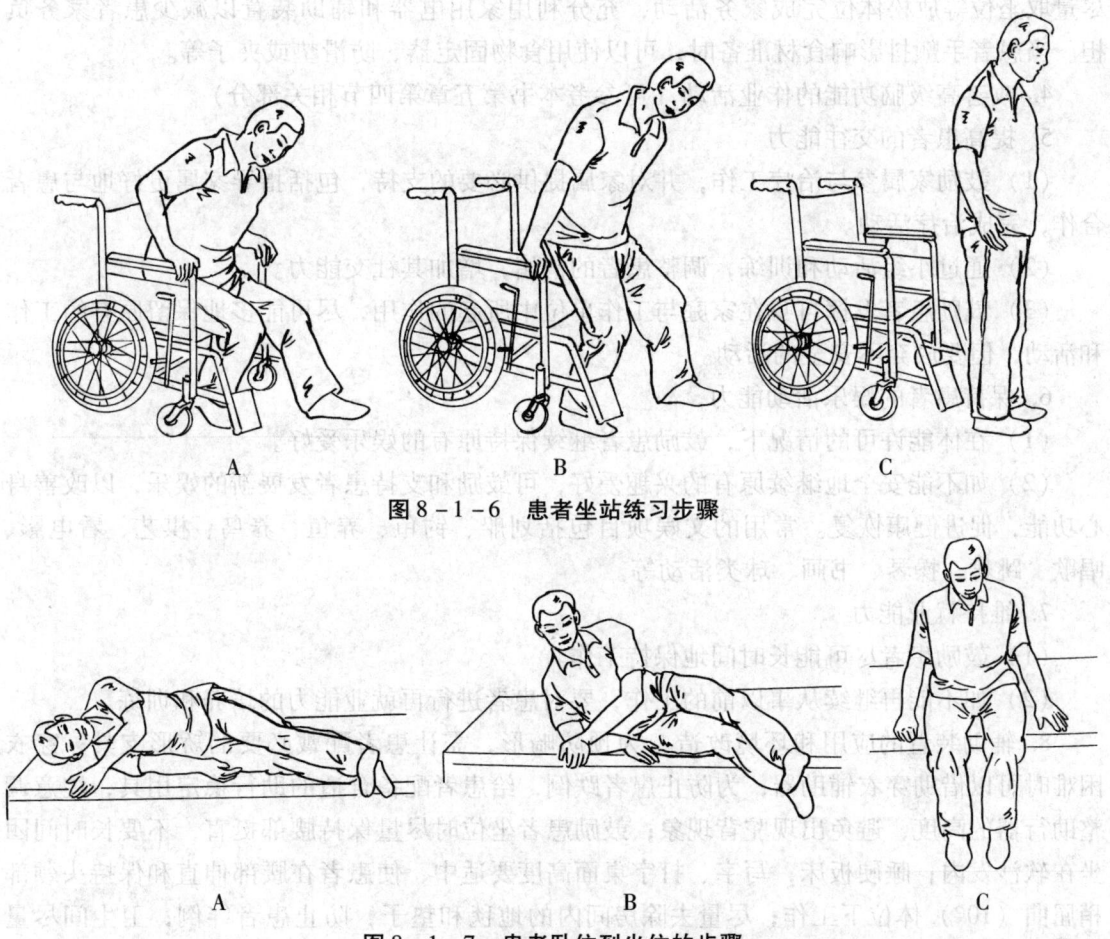

图 8-1-6　患者坐站练习步骤

图 8-1-7　患者卧位到坐位的步骤

另外，对居家环境和家具等进行适当的改造，能够有效地提高患者的自我照顾能力。例如，采用可调节床边扶架，可方便患者从床上转移。使用腿支撑架可方便患者保持舒适的坐位。用旋转盘为患者躯干旋转提供便利。加强对家人和照料者的宣传和指导，让他们与患者之间能够默契地合作,让患者尽可能在最小的辅助下生活自理。积极采取能量保存技术,减少患者的疲劳和功能损害,最大程度地保留患者原有的功能。

(8)交流:患者由于构音障碍容易表现出发声音量小,单调,说话快,不容易被听懂等特征。写字时易于出现震颤文字和小字症。发病早期速度工作就会出现困难,训练时要将速度与手指灵巧性的活动(如打字等)综合考虑。在训练中要注意增加与患者交流的机会,指导患者交流的方法。另外,患者由于长期患病少动,on-off现象急剧增加,在突然出现不能发出声音的情况时,可利用无线呼叫器等。如果患者是一人独自生活,要准备一部方便患者紧急使用的电话机。

(9)家务劳动:尽量按照患者自己的习惯安全地从事家务活动,合理安排和有计划地进行家务活动。在进行房间整理、烧菜做饭、洗衣、购物等活动的时候需要预先计划。确保厨房、卫生间、拐角、楼梯口等地方明亮,保持室内温暖、舒适,除去易绊倒的障碍物(地毯、脚垫等)。对会引起潜在危险的活动和装置,应予视觉告示。应用能量保存技术,尽量取坐位等放松体位完成家务活动,充分利用家用电器和辅助装置以减少患者家务负担。当患者手颤抖影响食材准备时,可以使用食物固定器、防滑垫或夹子等。

4. 改善高级脑功能的作业活动(可参考本书第五章第四节相关部分)

5. 提高患者的交往能力

(1)鼓励家属参与治疗工作,并对家属提供必要的支持,包括指导家属更好地与患者合作,完成治疗活动。

(2)通过小组活动和训练,调整患者的情绪,增加其社交能力。

(3)鼓励患者发挥自身在家庭与工作单位中所起的作用,尽可能多地保留原有的工作和活动,但要放弃不安全的活动。

6. 保持患者的娱乐活动能力

(1)在体能许可的情况下,鼓励患者继续保持原有的娱乐爱好。

(2)如不能安全地继续原有的兴趣爱好,可鼓励和支持患者发展新的娱乐,以改善身心功能,促进健康恢复。常用的文娱项目包括划船、钓鱼、养鱼、养鸟、棋艺、看电影、唱歌、跳舞、操琴、书画、球类活动等。

7. 维持就业能力

(1)鼓励患者尽可能长时间地保持工作。

(2)如不能再继续从事以前的工作,要对患者进行再就业能力的培养和训练。

8. 辅助装置的应用和环境改造 为预防畸形,需让患者配戴必要的矫形支具;穿衣困难时可以借助穿衣辅助器;为防止患者跌倒,给患者配备合适的助行稳定用具,注意调整助行器的高度,避免出现驼背现象;鼓励患者坐位时尽量保持腰部挺直,不要长时间团坐在软沙发内;睡硬板床;写字、打字桌面高度要适中,使患者在腰部伸直和保持头颈部稍屈曲(10°)体位下工作;尽量去除房间内的地毯和垫子,防止患者绊倒;卫生间尽量无障碍,墙壁上安装把手。

9. 注意事项

(1)让患者充分了解治疗目的,使其相信通过治疗,可以改善独立生活的能力。

(2)治疗环境要舒适,治疗过程中要让患者感觉安全,能耐受治疗所提供的感觉刺激。

（3）在遇到姿势不稳定的患者时，治疗师应预先告知患者任务与要求，以帮助其计划适当的运动反应，然后，治疗师通过刺激单关节周围功能相反的肌肉，或刺激身体对应端参与活动的肌肉（如颈伸肌和踝屈肌），以维持运动反应。

（4）通过强化性的特殊感觉刺激，促进反馈环的建立，或通过讨论患者的感觉期待和现实的感觉反应，提供认知刺激的输入。应在规划过的或熟悉的环境中，练习患者简单的姿势控制，以减少不利因素的干扰。

（5）患者的日常生活习惯应与固定的服药时间相结合，使在药物发挥最佳作用时，完成日常生活惯例性活动。

（6）观察患者有无药物副作用的迹象，有无严重的抑郁迹象。

五、其他治疗措施

药物左旋多巴（L-dopa）可以改善病情，其他一些药物也可起到对症处理和治疗并发症的作用。康复治疗必须在药物基本控制疾病的症状后开始。随着康复治疗效果的产生，药物治疗剂量可以逐渐减少。物理治疗参照《运动疗法技术学》一书中的肌力训练、关节活动范围训练、耐力训练、肌肉牵伸技术、医疗体操、平衡练习、步态训练、放松训练以及配合一些理疗及中医的中药、针灸和按摩治疗，可为保证患者完成作业治疗奠定基础。

（陆晓晰　王彤　戴玲）

第二节　运动神经元病的康复

一、概述

运动神经元病（Motor Neuron Disease，MND）是以损害脊髓前角、桥脑、延髓颅神经运动核和锥体束为主的一组慢性进行性变性疾病。临床以上或（和）下运动神经元损害引起的瘫痪为主要表现，其中临床上以上、下运动神经元合并受损者多见。运动神经元病与癌症、艾滋病齐名。只要患了这种病，先是肌肉萎缩，最后在病人有意识的情况下因无力呼吸而死。所以这种病人也叫"渐冻人"。

运动神经元病是指病变选择性侵犯脊髓前角细胞、脑干颅神经运动核、大脑运动皮质锥体细胞以及锥体束的一组进行性变性疾病。若病变以下级运动神经元为主，则称为"进行性脊髓性肌萎缩"；若病变以上级运动神经元为主，则称为"原发性侧索硬化"；若上、下级运动神经元损害同时存在，则称为"肌萎缩侧索硬化"；若病变以延髓运动神经核变性为主者，则称为"进行性延髓麻痹"。癌症和脑变性疾病（如帕金森病、痴呆等）可伴发运动神经元疾病。本病主要表现四肢远端进行性肌萎缩（约半数以上病例，早期呈一侧上肢手部大、小鱼际肌萎缩，以后扩展到前臂肌，甚至胸大肌，背部肌肉亦可萎缩，小腿部肌肉也可萎缩）、无力、肌张力高、肌束颤动、行动困难、呼吸和吞咽障碍等症状，大部分病例可见肌萎缩而无明显疼痛和感觉障碍。

（一）病因学和病理学

运动神经元病属神经内科疾病，是一组主要侵犯上、下两级运动神经元的慢性变性疾病。病变范围包括脊髓前角细胞、脑干运动神经元、大脑皮质锥体细胞以及皮质脊髓束、皮质延髓束。临床表现为下运动神经元损害所引起的肌萎缩、肢体无力和上运动神经元损害的体征。本病病因至今不明，一般认为与以下因素有关：①家族遗传因素。有家族发病倾向，提示本病与遗传有关，且有5%~10%呈常染色体显性遗传或隐性遗传。近年来，发现本病的某些生化缺陷与基因异常有关。②某些环境因素引起的中毒。如接触铅、砷、汞等有毒物，使局部地区的发病率明显增高。也有学者发现，与一些自主毒素如木薯中毒有关，中毒不同程度地影响了中枢神经元的正常代谢，从而引发退行性改变。③代谢因素。如糖利用异常。④病毒感染。以脊髓灰质炎病毒感染导致的发病率最高。⑤自身免疫功能导致迟发性疾病。⑥目前尚未确定的神经毒素在体内发生作用。多见于中年后起病，男性多于女性。起病隐袭，进展缓慢。患者常常伴有合并症。虽然经研究提出过慢病毒感染、免疫功能异常、遗传因素、重金属中毒、营养代谢障碍以及环境等因素致病的假设，但均未被证实。主要神经病理学改变是皮质中央回以及Brodmann的第3、第5层的大锥体细胞的变性和缺失。此外，在颅神经的运动核和脊髓前角运动神经元中也有神经元缺失，皮质脊髓束和皮质延髓束呈弥漫性变性，受累肌肉呈典型神经源性肌萎缩表现。

病理学所见脊髓改变不明显，有时可见脊髓变小，前根萎缩，在脊髓的切面上前角灰质部分比正常小。显微镜下观察可见前角细胞呈现严重的变性。细胞染色质溶解，最先开始于核的周围部；神经细胞总数减少，神经原纤维消失。前角各组均等地受到损害，在神经细胞变性的同时，伴有神经胶质轻度增生，血管周围间或有单核细胞浸润。脊髓白质变性以侧索为主，锥体束最为明显。脊髓小脑束也常显示变性。病变程度在各阶段常不一致，以颈段膨大最明显，下胸段和腰骶段次之，最轻是上胸段。延髓各运动核的神经细胞变性与脊髓前角细胞改变相似，尤以舌下神经核、迷走神经背核、疑核和三叉神经运动核为显著，面神经核则受损较少。中脑的动眼神经核和滑车神经核常不受损害。大脑半球病变以中央前回最显著，可见神经细胞和神经纤维变性，神经胶质增生。

（二）诊断标准

本病根据发病年龄，结合上、下运动神经元损害的特有表现，通过X光片CT、MRI、肌电图检查，在排除其他疾病的基础上可以做出诊断。在成人，若出现广泛的上运动神经元体征，尤其是出现巴氏征阳性和阵挛，几乎可以诊断为运动神经元病。即使缺乏这些明确的上运动神经元体征，如果上臂肌肉无力、萎缩、肌束震颤存在，同时腱反射亢进、霍夫曼征阳性，诊断仍然成立。本病无特征性诊断技术，表现有神经元性损害时肌电图检查有一定的诊断价值。肌电图的神经元性损害表现主要有：肌肉松弛时出现震颤、正相电位，并有显著的束颤电位，轻度随意收缩时运动单位电位时限增宽，电位升高，多相电位增多，重度收缩时运动单位电位数量减少。运动感觉神经传导速度大多正常。

（三）分类

运动神经元病包括肌萎缩侧索硬化、进行性脊肌萎缩症、原发性侧索硬化和进行性延髓麻痹。各种类型的运动神经元疾病的病变过程大都是相同的，主要差别在于病变部位的不同。可将肌萎缩侧索硬化症看作是本组疾病的代表，其他类型则为其变型。

1. 肌萎缩侧索硬化症　多于40~60岁隐袭发病，表现为单/双上肢/下肢无力、肌肉挛缩、肌束颤动以及萎缩。早期多为上肢无力。具有典型上、下神经元损害的特征，同时可影响颈、舌、咽、喉而出现延髓麻痹症状，最后躯干和呼吸肌受累，危及生命。而在即使病程很长、病情很重的情况下，患者始终无感觉障碍出现。

2. 进行性脊肌萎缩　大多数患者一侧或双侧手部肌群无力和萎缩，可见肌束颤动，肌张力减低，腱反射减弱或消失，严重者呈"爪形手"。肌萎缩和肌无力可向上发展，感觉神经不受累，少数患者下肢可出现症状。

3. 原发性侧索硬化症　成人起病，病程进展缓慢，常先侵犯下胸段的皮质脊髓束，出现双下肢无力、僵硬，行走时呈痉挛步态，逐渐累及双上肢。四肢肌肉张力增高，病理体征阳性。

4. 进行性延髓麻痹　以逐渐加重的延髓麻痹症状首发，表现为吞咽困难、饮水呛咳、言语含糊、咳嗽无力，甚至呼吸困难。同时或随后出现躯体运动神经元受损的症状和体征。

（四）临床表现

起病缓慢，病程也可呈亚急性，症状依受损部位而定。由于运动神经元疾病选择性侵犯脊髓前角细胞、脑干颅脑神经运动核以及大脑运动皮质锥体细胞、锥体束，因此：若病变以下级运动神经元为主，则称为进行性脊髓性肌萎缩症；若病变以上级运动神经元为主，则称为原发性侧索硬化；若上、下级运动神经元损害同时存在，则称为肌萎缩侧索硬化；若病变以延髓运动神经核变性为主，则称为进行性延髓麻痹。临床以进行性脊肌萎缩症、肌萎缩侧索硬化最常见。本病主要表现，最早症状多见于手部分，患者感手指运动无力、僵硬、笨拙，手部肌肉逐渐萎缩，可见肌束震颤。四肢远端呈进行性肌萎缩，约半数以上病例早期呈一侧上肢手部大小鱼际肌萎缩，以后扩展到前臂肌，甚至胸大肌、背部肌肉、小腿部肌肉也可出现萎缩，肌肉萎缩肢体无力，肌张力增高（牵拉感觉），肌束颤动，行动困难、呼吸和吞咽障碍等症状。如早期病变性双侧锥体束，则可先出现双下肢痉挛性截瘫。

体征：起病缓慢，病程也可呈亚急性。症状大多取决于早期受损部位。最早症状多见于手部，患者感手指运动无力、僵硬、笨拙，手部肌肉逐渐萎缩，可见肌束震颤。如早期病变位于延髓的运动神经核，则出现构音和吞咽困难，舌肌瘫痪萎缩，舌面可见肌束震颤。如早期病变性双侧锥体束，则可先出现双下肢痉挛性截瘫。运动神经元病包括肌萎缩侧束硬化、进行性脊髓肌萎缩、进行性延髓麻痹和原发性侧索硬化四种病型。

1. 肌萎缩侧索硬化　常发病于30~50岁。男性约为女性的2~3倍。起病隐袭。常从一侧上肢远端的前臂或手部肌肉跳动、无力、动作不灵、肌肉萎缩开始。逐步向近端和对侧发展。肌肉萎缩前常有受累肢体的疼痛，肌肉跳动，虫爬、蚁走或麻木感。肌肉萎缩后感觉症状消失。随着上肢肌肉萎缩的加重，出现"猿形手"和"方肩"等畸形，臂上举困难。逐步出现颈部、下肢肌肉和舌肌萎缩，抬头、吞咽、构音和步行困难。脑干运动神经核及传导束受累后出现舌肌颤动、萎缩，软腭麻痹，口周肌肉萎缩，表情怪异，强哭强笑等。整个病程中无肯定的感觉缺失和膀胱功能障碍。这种从上肢肌肉萎缩开始，逐步累及下肢、延髓肌的经典发展过程称为 charcot 型肌萎缩侧索硬化。神经系统检查可见肢体肌束颤动，肌肉萎缩，肌张力增高，腱反射亢进，锥体束征阳性。累及脑干时可见下颌反射亢进、掌颏反射阳性。肌电图检查可见静息震颤电位，运动单位电位减少，波幅增大，偶见巨型动作电位。部分病人脑脊液检查可有轻度蛋白质增高和单克隆抗体。肌萎缩侧索硬化分为以下 4 种类型：

1）上运动神经元型：表现为肢体无力、发紧、动作不灵。症状先从双下肢开始，以后波及双上肢，且以下肢为重。肢体力量弱，肌张力增高，步履困难，呈痉挛性剪刀步态，腱反射亢进，病理反射阳性。若病变累及双侧皮质脑干，则出现假性球麻痹症状，表现发音轻、吞咽障碍、下颌反射亢进等。本症临床上较少见，多在成年后起病，一般进展甚为缓慢。

2）下运动神经元型：多于 30 岁左右发病。通常以手部小肌肉无力和肌肉逐渐萎缩起病，可波及一侧或双侧，或从一侧开始以后再波及对侧。因大小鱼际肌萎缩而手掌平坦，骨间肌等萎缩而呈爪状手。肌萎缩向上扩延，逐渐侵犯前臂、上臂及肩带。肌束颤动常见，可局限于某些肌群或广泛存在，用手拍打，较易出现。少数肌萎缩从下肢的胫前肌和腓骨肌或从颈部的伸肌开始，个别也可从上下肢的近端肌肉开始。

3）球麻痹型：颅脑神经损害常以舌肌最早被侵袭，出现舌肌萎缩，伴有颤动，以后腭、咽、喉肌、咀嚼肌等亦逐渐萎缩无力，以致病人构音不清、吞咽困难、咀嚼无力等。球麻痹可为首发症状或继肢体萎缩之后出现。晚期全身肌肉均可萎缩，以致卧床不起，并因呼吸肌麻痹而引起呼吸功能不全。如病变主要累及脊髓前角者，称为进行性脊肌萎缩症，又因其起病于成年，又称成年型脊肌萎缩症，以有别于婴儿期或少年期发病的婴儿型和少年型脊肌萎缩症，后两者多有家族遗传因素，临床表现与病程也有所不同，此外不予详述。

4）上、下运动神经元混合型：通常以手肌无力、萎缩为首发症状，一般从一侧开始，以后再波及对侧，随病程发展出现上、下运动神经元混合损害症状，称为肌萎缩侧索硬化症。病程晚期，全身肌肉消瘦萎缩，以致抬头不能、呼吸困难、卧床不起。本病多在 40～60 岁间发病，约 5%～10% 有家族遗传史，病程进展快慢不一。

2. 进行性脊髓肌萎缩　按病因和发病年龄可分为：

（1）成年型进行性脊髓肌萎缩：常于 50 岁以下起病。男性多见。最常见的起病症状为一侧或两侧上肢远端（手或前臂）发麻、无力、肌肉跳动，称为远端型。随疾病发展逐步累及上臂、肩肌、下肢和颈部肌肉。受累区肌肉出现萎缩、肌张力降低，腱反射消失，但无锥体束征。部分病人可从下肢远端起病，出现足趾肌力减退、垂足等。逐步向小腿、大腿、躯干、上肢、颈肌发展，称为类末梢神经炎型。肌萎缩常伴有肌纤维颤动，重则瘫痪，无感觉和膀胱功能障碍。偶尔可有脑脊液蛋白质增高和血清酶活性增高。

（2）少年型进行性脊髓肌萎缩：亦称 Kugelberg – Welander 病。常染色体显性或隐性遗传。多为青少年起病。先有肩胛带或骨盆带肌肉无力、萎缩，又称近端型。抬头、举臂、起蹲困难。可有翼状肩、鸭步及腓肠肌假性肥大和血清酶活性的轻度增高等，极难与肢带型肌营养不良症鉴别。

（3）婴儿型进行性脊髓肌萎缩：亦称 Werdnig – Hoffmann 病。常染色体显性或隐性遗传。母体宫内或产后 6～12 月内发病。两性无差别。临床特征为婴儿哭声微弱，翻身、蹬脚等动作不能，全身肌肉张力降低，腱反射消失。常因呼吸麻痹和窒息而死亡。

3. 进行性延髓麻痹　病变仅限于脑干，特别是延髓各运动神经核。表现为舌肌颤动、萎缩，吞咽、构音困难。早期泪少、口周发麻、咽反射消失。随疾病发展亦可累及皮质延髓束而出现强哭、强笑，智力正常，可伴有四肢肌肉张力增高，腱反射亢进，锥体束征阳性。

4. 原发性侧索硬化　病损选择性累及脊髓侧束，而脊髓前角细胞不受累。男性 50 岁以上起病者居多。临床特征为缓慢进展的两下肢或四肢肌无力，肌张力增高，痉挛性剪刀步态，腱反射亢进，锥体束征阳性。根据本病临床表现为选择性运动神经元损害而无感觉、膀胱功能障碍等特征，诊断并不困难。辅助肌电图见有纤维颤电位、运动单位减少、巨大电位等可以确诊。

二、功能障碍的特点

（一）运动功能障碍

ALS 患者运动功能障碍进展缓慢，开始表现为肌肉沉重、易疲劳、关节活动度减低。远端肌群受累重于近端，如手部肌群的萎缩比肩部明显。经过一段时间之后，手、前臂和肩甲带肌出现对称性肌萎缩，但也有患者病情进展不对称。多数患者早期症状包括肌萎缩引起的肌无力、痉挛和自发性肌束震颤，不同程度地影响了患者肢体的功能活动，患者可表现为无法承受物体乃至肢体的重量，肌痉挛限制了患者的关节活动范围，肌束震颤影响了患者的随意控制和精细活动。病变部位最初可以累及手部肌肉、上肢和肩部肌肉，而出现相应肌肉的肌力减退和进行性肌肉萎缩。在手部可见大小鱼际肌、骨间肌萎缩，伸肌群肌力较屈肌群肌力差。大部分病例仅以手肌萎缩、力弱起病，然后病变逐渐扩展，波及上臂、前臂肌肉。中年人出现无痛性系纽扣困难或开锁困难，往往就是不祥之兆。在疾病的后期，可出现下肢活动能力受限，因大腿部肌肉痛性痉挛而导致跌倒。少数患者亦可从下肢波及上肢，或自近端肌肉波及远端肌肉，下肢可因小腿三头肌、股四头肌无力出现足下垂。

（二）言语和吞咽功能障碍

有些患者一开始的表现为颅神经运动核损害，出现构音障碍、舌肌萎缩、舌肌纤维颤动和悬雍垂运动障碍，也可见面肌无力和萎缩。具体表现在说话、咳嗽、吞咽及呼吸无力，呈进行性加重。延髓球麻痹表现为舌肌萎缩、纤维性颤动，可有声音嘶哑、吞咽困难、咀嚼肌无力。上运动神经元病变的患者，可表现为构音障碍、吞咽困难（假性球麻痹），且在悬雍垂运动时尤其明显。此外，还可出现吸吮反射阳性，及由于软腭反射和吞咽反射亢进导致的自主吞咽困难。

（三）呼吸功能障碍

晚期波及呼吸肌时，患者可出现呼吸困难、缺氧症状。由于吞咽困难导致的误吸和肺部感染。因为长期卧床引起的排痰不畅、肺不张及肺栓塞都会不同程度地影响呼吸功能。患者往往因窒息、吸入性肺炎、呼吸衰竭、制动引起的肺栓塞等因素导致死亡。

（四）活动和参与能力受限

不管肌肉累及的部位从何处开始，病变都会迅速向其他肌群蔓延，且肌肉无力的情形逐渐加重。随着身体更多部位受到影响，患者的生活依赖逐渐增加。早期主要影响以上肢、手部动作为主的日常活动，如系扣、刷牙、洗脸、梳头、穿衣、持物等，然后逐渐影响到写字、打字、打电话、做家务。此时，以上肢活动为主要工作的患者，会因此影响工作的速度和进度，甚至丧失工作能力。到了后期，待病变累及到下肢时，可因下肢肌力减退而出现足下垂，影响患者的步行能力。因为体能的限制，患者往往不能继续从事工作、不能参加体育活动和不能继续从事需精细运动功能参与的乐器弹奏等娱乐性活动，常常退出社会交往。

（五）心理障碍

长期的疾病缠身，使患者渐渐丧失生活自理能力、工作娱乐与社交能力，这种情形极易造成患者精神上的抑郁、无助，甚至绝望。

三、作业疗法的评定

作业疗法师在对脊髓侧索硬化症的患者进行评定之前，需要掌握重症度的特性，收集患者的情报，对当前所具有的能力进行评定。患者的重症度与日常生活自理情况如下表8-2-1所示。应在患者情绪较好的状态下进行评定，而且要注意防止过度疲劳。

表8-2-1 重症度

1度：有肌萎缩，但运动功能完全没有障碍
2度：不能完成灵巧性动作
3度：不需要帮助，日常生活能自理
4度：在帮助下，日常生活能自理
5度：即使帮助，日常生活也有障碍
6度：卧床，自己不能完成任何动作
7度：不能经口进食，或者不能自主呼吸

（一）观察、面接

有必要收集患者家属、周围社会情况、性格、对康复的期望、患者的心理状况等方面的信息。进行活动时，为了获得实用性的动作，要认真观察患者是否有代偿动作。

（二）ROM

ADL全辅助时，伴随挛缩出现疼痛，容易造成ROM受限。

（三）肌力、耐久性

患者为了完成必要的ADL动作，需要有效地利用各种姿势以便达到自立的目地，所以治疗师要掌握患者肌力的残存情况，并对其进展程度进行预测，在进行肌力评定的同时也要注意观察肌肉的耐久力。

（四）上肢功能

在对上肢功能进行检查的同时，还要了解患者的现状，包括可能拿取物体的重量、形状、大小等，还要注意观察患者上肢在空间的使用范围等情况。

（五）ADL

身边动作、移动、起居及交流动作等，随着疾病的进展，治疗师要随时掌握患者的变化情况并抓住问题点，在允许的范围内，对与患者的生活环境密切相关的事情进行评定，包括房屋的状况、辅助的程度和内容等。另外，也要评定和了解患者的生活经历、职业、兴趣、家庭情况及在家庭中的作用以及性格、经济情况等。这对制定正确的作业疗法计划，将起至关重要的作用。

1. 综合 ADL 评定（表 8-2-2）

表 8-2-2　运动神经元病功能障碍评定

ADL 活动	1 级	2 级	3 级	4 级
躯体向左右侧转				
卧位起坐				
躯体后伸				
弯腰并双手触地或触足部				
下床坐立				
下床如厕				
蹲位起立				
起坐站立				
步行				
登楼梯				
骑车				
家务活动				
工作				
购物				
其他如持物、系扣、穿衣等				

注：凡能独立进行上述活动的可判定为 4 级，需要扶持者为 3 级，需要他人帮助者为 2 级，很大程度上需要他人帮助的为 1 级。

2. 肢体 ADL 评定（表 8-2-3）。

表 8-2-3　肢体 ADL 评定

上肢 ADL（穿脱衣服及洗漱）	下肢 ADL（行走）	评　分
1. 正常功能阶段（10~9 分）	正常行走功能阶段（10~7 分）	
正常功能。病人否认上肢无力及疲劳感，无异常所见	正常步行。病人否认无力或疲劳，检查无异常	10 分
感觉疲劳。病人在做体操时有疲劳感，不能像正常人一样维持很长时间，但在检查时没有发现上肢萎缩	感觉疲劳，早期行走困难。病人有无力或疲劳感，特别是在下肢运动后	9 分
2. 独立和完全照料阶段（8~7 分）		
缓慢地自身照料。病人能穿脱衣服及洗漱，但动作比正常缓慢	在高低不平的地上行走困难。当病人长距离行走、登楼梯及在高低不平地上走时感到困难和疲劳	8 分
用很大努力才能自身照料。病人需要比正常双倍或更多时间和努力完成自身照料，检查时发现有肌无力	可看到步态变化。病人步态明显改变。当上楼时要用扶手或支柱	7 分

上肢 ADL（穿脱衣服及洗漱）	下肢 ADL（行走）	评分
3. 间断地协助阶段（6~5分）	协助下行走（6~5分）	
多半独立。病人穿脱衣服或洗漱动作笨拙，中间需要休息一下。不能做复杂的洗漱及穿脱动作，需在别人帮助下完成	在机械装置协助下行走。病人需要使用拐杖协助行走或在他人协助下行走，用轮椅代步	6分
	在拐杖和他人帮助下行走。没有他人帮助就不能行走，行走距离仅限在50m以内，不能上楼	5分
4. 他人照料下自己完成阶段（4~3分）	有限功能运动（4~3分）	
部分他人照料下进行。必须在他人照料下进行穿脱衣服及洗漱的每一个动作	能支持站立。在他人帮助下拖着移动几步	4分
全部在他人照料下进行。差不多病人的每一动作都要在他人照料下进行，包括进食	可随意移动下肢，病人不能迈步。但是在他人的帮助下可移动下肢的位置，在床上可随意移动下肢位置	3分
5. 全部依赖阶段（2~1分）	没有下肢运动（2~1分）	
仅能做微弱运动。病人仅自我感觉有微弱运动，不能移动上肢	微小运动。病人仅自我感觉有下肢运动。不能独立安置腿的位置	2分
全瘫。呈松弛性瘫痪，不能运动上肢	截瘫。松弛性截瘫，不能运动下肢	1分

四、作业疗法治疗

对于本疾病作业疗法的实施目的，主要是延缓疾病的进展，灵活应用残存功能，促进患者维持日常生活和度过有意义的生活。作业疗法的主要目标是：①维持功能（肌力、ROM、耐久力、预防废用及过度使用）；②确保日常生活活动（姿势的保持、支具、自助具）；③确保交流的方法；④对患者和家属的心理支持等。（见表8-2-4）

表8-2-4 ALS运动疗法、作业疗法的内容

病 期	临床类型	运动疗法、作业疗法的内容
ADL 自理期 （重症度 1~3 级）	上肢型	上肢的 ROM 训练、上肢的肌力维持训练、上肢支具的介绍
	下肢型	下肢的 ROM 训练、下肢的肌力维持训练、下肢支具的介绍
	球麻痹型	呼吸训练、交谈方式的准备（除上述以外，不论是哪类病型，进行以步行为中心的起居动作、移乘动作以及体操训练的指导）
ADL 介助期 （重症度 4~5 级）	上肢型	躯干支具（包括颈部）的介绍，腹肌、呼吸肌的肌力维持训练，自助具的介绍，根据上肢功能进行 ADL 的维持训练
	下肢型	步行器等的步行辅助器、轮椅的介绍，起居、移动动作训练
	球麻痹型	确定交谈的方法、呼吸训练、决定咽下方法
ADL 全介助期 （重症度 6~7 级）	混合型型	四肢（大关节为中心）与躯干的 ROM 训练、残存肌力的维持训练、呼吸训练、确保交谈方法、指导家属借助及介护方法

(一) 治疗目的和作用

康复训练虽然对由于运动神经元变性直接引起的肌肉萎缩、肌力减低、运动障碍等症状无明显效果，但对于由于四肢不活动造成的废用性运动功能低下有很好的效果。通过进行适当的康复治疗，多数患者可见运动功能的暂时好转，同时也能有效地延迟运动功能的减退。对这类患者作业治疗的目的在于：尽可能维持及延长患者日常生活活动自理的时间，延长生存期限。为此，作业治疗处方一定要根据每个患者的功能状况、个体差异来制定。应用一般康复手法，如果施行肌力增强训练、抗阻性活动等，可能反而会使症状加重。所以，所有的训练活动要缓和，以不引起疲劳为限，能达到防止挛缩，维持肌力的目的即可。还要尽量提供一些辅助用具及自助具，以保护患者残存的功能，代偿丧失的功能，使其尽可能维持日常生活活动。作业治疗的作用归纳如下：

1. 维持与疾病所处的水平相一致的肌肉力量、耐力及日常生活活动能力。
2. 通过适当的体位摆放和关节活动范围的练习，维持关节活动度，预防关节的挛缩和畸形。
3. 提供适应性器具和自助性辅助用具，并教会患者正确使用。
4. 教会患者适当地运用节省能量、简化工作和安全方面的知识，从而能最大限度地完成与所承担角色相关的活动。
5. 提出家居环境改良或改造的建议，以减少建筑及环境方面的障碍，利于患者更好地发挥现有的功能。

(二) 治疗方法

1. 根据 ALS 障碍程度分级，ADL 训练的基本内容如下：

(1) ADL 自理期（1～3级）　这个时期以预防废用性功能障碍为主，要求避免过用和误用两种倾向，选择适当的负荷进行运动练习，以运动后不产生肌痛与疲劳为度。根据临床类型权衡重点，进行关节活动度和肌力增强训练，预防因肌力不均衡而引起关节变形挛缩。各种类型的 ALS 患者都应以起立步行为中心进行起居移动练习。对于球型 ALS 患者应进行呼吸练习。因为 ALS 的病情进展较快，应估测预后并尽早采取对策，如配备矫形器和轮椅等。

(2) ADL 辅助期（4～5级）　对于上肢型 ALS 要进行维持饮食动作的训练。具体做法是可利用前臂平衡支具，根据个人的功能情况灵活使用。在 ADL 训练当中同时要进行其他自助具的训练。对于下肢型 ALS，由于下肢步行能力出现明显障碍，有必要使用步行辅助器（助行器）和下肢矫形器。根据其进展的预测情况，考虑配备斜倚式和能够安装人工呼吸器的轮椅。利用这种轮椅，患者可以进行坐、立、卧各种体位的变换。这种轮椅适合在家中生活的患者。各种类型的 ALS 患者都需要进行呼吸练习，尤其是球型患者，必须持续而积极地进行呼吸训练和学习新的沟通方法，并同时进行吞咽练习。另外，应该指导家属学会对患者 ADL 照顾的方法，并长期进行练习。

(3) ADL 全辅助期（6～7级）　在这一时期，所有类型的患者都需要进行持续的呼吸练习和交流沟通手段的学习。最好进行关节活动范围内的运动和维持残存肌力的练习。根据患者的残存功能，训练人员应设计并提供给患者可利用舌和下颚来操纵的各种具有文字信息处理和通信功能的复杂用具。

2. 根据发病时期进行训练

作业治疗按阶段分早期和后期。早期因患者的主要表现为手严重无力，肌力不平衡，易疲劳和功能性活动能力减低，患者可发生日常生活困难，甚至出现由于言语困难而导致的交流障碍。所以，此期的主要治疗目的是：定期回顾和评估患者困难的方面，满足患者家庭的需要，帮助患者应对每天和每周的功能变化，并与患者讨论其生活方式和环境方面的改善方式以及适应与调整的办法。后期主要表现为进行性肌肉无力和移动能力减退，主要治疗目的是尽可能地维持患者的功能独立。

（1）早期治疗

1）维持和改善运动能力、减轻疼痛　具体治疗方法是：存在肌肉痉挛和肌纤维不自主收缩的患者，应教会其如何采取能减轻痉挛的体位，如何经常更换体位，避免增加肌肉痉挛的体位；存在咀嚼和吞咽困难的患者，应注意进食量、进食速度、进食体位、食物的形状，因为这都会影响患者的进食功能。软食或糊状食物，可以减少患者咀嚼的次数并便于吞咽。叮嘱患者缓慢、小口地进食，选择小块食物，减少每餐进食量，增加每日进食次数，以及采取坐位姿势进食等。疾病的早期阶段，可通过游泳、骑自行车等运动，维持患者的体能与耐力。对于伴有疼痛的患者，可帮助其处理疼痛。适当的运动计划和活动方案，对维持患者关节活动范围、体能与耐力以及平衡能力十分重要。

2）日常活动能力的训练　对手部肌肉无力的患者，为保护肌肉，需要早期开始给予辅助和指导，尽可能维持患者的日常生活活动能力和习惯，并帮助患者计划未来。解决问题的途径包括：日常生活活动的完成方法和技术的改变；由照顾者提供帮助（何时、何处需要）；向患者提供必需的用具与设备。具体做法有：①穿衣。衣服宜宽大、轻便、保暖、舒适、易穿脱与易清洗。衣服应放在容易拿取、宽敞的地方。教会患者最容易穿脱的方法。②进食和饮水。可建议患者使用长柄、轻型的进餐用具。使用重量轻、带吸管或双把柄的广口杯饮水。随时观察患者的进食体位。如果患者上肢无力，需要双臂或单臂支撑在桌面上，就要选择有扶手的椅子，可使患者更安全、更稳定，有利于患者集中注意力进餐，而不必考虑平衡和身体的位置。③洗手。为维持独立洗手能力，可让患者在坐位姿势下，在洗手盆内洗手。④洗澡。可使用防滑垫、扶手及必要的洗澡自助具，给患者提供必要的支持与功能和安全方面的保证。⑤刷牙。为帮助患者独立刷牙，可向其提供把柄合适的牙刷，或建议患者使用电动牙刷。⑥如厕。如果患者下肢无力，可在座便器旁安装把手和使用加高的坐便器。⑦移动。如果症状影响下肢，作业治疗师应和物理治疗师一起共同评估患者的移动能力，讨论并提出最适用于患者移动的方式，推荐需要的移动设备和使用指导。初期可以使用手杖、腋杖，在室内可以用助行器，在室外使用轮椅。

3）家务料理方面　继续维持适合患者及其家庭的室内设置，鼓励患者继续承担以往的家务劳动。随着病情的进展，可以通过家庭重新装修和改造来适合患者的功能状况，尤其在家人无法提供帮助的情况下，教导患者注意避免过度疲劳。建议患者尽可能多地使用节省活动的家用电子器具。如食物加工器、电饭煲、冰箱、微波炉等。

4）娱乐和交流能力的训练　具体方法包括：①通过电脑游戏、手工艺活动、唱歌、跳舞等小组活动，提供患者成功展示自我的机会，以增强其自信心，减轻抑郁等不良情绪。②对娱乐活动进行改良，如使用辅助用具或改变活动规则等，以使患者能继续参与此类活动，并与患者一起探讨在体能许可范围内的新的娱乐活动。③交流能力的训练，当患者的言语交流能力受到影响时，应尽早请言语治疗师进行评估，并给予训练指导。有严重构音障碍者，可考虑变更交流的方式，如利用写有单词、图画或字母的语言交流板。④帮助患者选择交流性辅助用具并指导其使用方法。辅助用具包括不同类型的电话机、改良后的电脑控制装置等。与患者及家属共同参加自助小组，讨论并重新定位患者的家庭角色与责任。

5）心理和情绪调整　作业治疗师所提供的心理咨询和支持性技术对患者及其家庭都是十分必要的。治疗师需要耐心倾听患者的怨言、忧虑和担心，与患者及家人讨论患者的病情、功能现状及需求，鼓励患者以客观和积极的态度和方式面对因疾病可能带来或已经带来的生活改变。

6）矫形器与辅助具的应用　在患者疾病的各个时期均需要矫形器和辅助具。最经常使用的矫形器与辅助具有：手部功能位夹板、踝足矫形器、软颈围、踝支具、轮椅等。另外还有系纽扣辅助具器、拉链环、双把口杯、带有护边的盘子、可插入调羹的腕带及加长手柄的进食、洗漱等自助性用具。

7）环境调整与改造　培养患者足够的安全意识，提供减少环境限制的具体办法，如调整家具摆放的位置，安装扶手装置，沐浴时使用淋浴椅等。使用遥控装置，如灯、电视机、收音机的遥控器等。尽可能地对工作环境实施改良或改造，使患者尽可能地持续工作状态。

8）宣传与教育　向患者及家庭成员介绍疾病相关的知识，指导控制疾病进展的办法及工作简化与能量节省技术。

(2) 后期治疗　在早期治疗的基础上，保持患者最大程度地生活自理。治疗重点如下：

1）自我料理方面　①更衣：随着穿衣独立程度的逐渐降低，治疗师需要找出最合适的方法，使患者尽可能地独立或在最小帮助下完成更衣动作。②进食：尽可能延长患者具备独立进食能力的期限，利用长柄自助餐具和辅助具有助于患者独立进食；后期进食困难者，可采用鼻饲管进食，以维持患者的营养和防止误吸。进行性球麻痹的患者因伴有吞咽和梗阻问题，必须对其进行饮食调整，以维持平衡饮食。③洗澡：可应用适当的辅助用具及洗澡自助具。病情严重者，可利用室内升降机搬运患者至浴缸内洗澡。④如厕：随着病情的发展，患者如厕动作越来越困难，合适的坐便器与便纸夹持器对患者的如厕动作自理十分有帮助。⑤刷牙：抓握牙刷困难者，可以通过改变牙刷柄的粗细、长短和形态，减少抓握的困难。⑥体位转换与搬运：为了便于进行体位转换与搬运以及确保患者安全，可使用电控床和移动所需的升降装置。

2）家务料理方面　疾病后期，患者完成家务的能力逐渐降低，治疗师应鼓励患者尽可能地履行其在家中的角色义务，积极参与家庭活动，必要时请求社会或其他援助。

3）娱乐与交流能力的训练　由于进行性的肌肉无力和球麻痹，使患者言语交流的能力越来越有限，治疗师可以指导患者借助黑板、卡片、计算机表达自己的意愿。鼓励患者继续从事自己的娱乐爱好活动，建议患者经常通过听音乐和看电视，保持与社会的接触和精神上的享受。

4）矫形器与辅助具　由于轮椅常成为患者后期的主要移动工具，因此，很有必要为患者选择合适的、适用于室内或室外使用的轮椅。严重者可以考虑选择电动轮椅。

5）环境改造　住房和房屋的设置必须全面考虑患者病情的严重程度和预后。医生、治疗师、患者及其家属应在一起认真讨论和计划，以达到既能使患者感到舒适、方便，又最小程度地改变现有设施。一般常见的环境改造，包括扩宽出、入口通道，建造斜坡等。

（三）注意事项

1. 治疗过程中，通常不会采用渐进抗阻法来增加患者的肌力，因为这一训练方法并不能改变疾病的进程，反而会加重患者肌束的不自主收缩和疲劳。
2. 密切观察患者有无呼吸功能下降的征象。
3. 训练活动中要注意避免疲劳。
4. 在选择辅助用具时，要充分考虑其价格、外观，以及患者和家属的接受程度等因素。

五、其他治疗措施

一些试验性治疗表明，免疫抑制剂、免疫增强剂、血浆交换、淋巴结射线照射、谷氨酸拮抗剂、神经生长因子、抗病毒药均无效果。谷氨酸抑制剂利鲁唑（rilutek）是美国食品与药品管理局唯一批准的治疗 ALS 的药物，据称可以延长患者 3~6 个月的寿命，但无功能改善和提高生活质量的作用。药物治疗的主要作用在于对症处理和营养支持。除作业治疗外，对患者肌力下降、呼吸障碍及吞咽障碍有训练作用的医疗体操、太极拳、有氧步行训练、关节活动范围练习及呼吸训练等，都有利于患者的功能维持。

（王彤　戴玲　陆晓晰）

思考题

1. 简述帕金森病的功能障碍特点。
2. 运动神经元病的作业治疗作用有哪些？

第九章 周围神经病损的康复

> **学习目标：**
> 一、了解面神经炎的特点
> 二、熟悉面神经炎的功能评定方法
> 三、掌握面神经炎的作业疗法
> 四、了解格林-巴利综合征的障碍特点
> 五、掌握格林-巴利综合征的作业疗法

第一节 概　述

周围神经多为混合神经，包括运动神经、感觉神经和自主神经。周围神经病损是指因感染、缺血、外伤、代谢障碍、中毒、营养缺乏，以及一些先天性原因引起的周围神经结构改变和功能障碍。主要表现为运动、感觉和自主神经功能障碍。根据病因不同，分为周围神经损伤、神经炎、神经病等。近年来，随着显微外科技术的发展和神经营养因子的应用，周围神经病损的临床疗效大大提高。早期康复的介入，不仅能预防或减轻并发症，而且能促进神经的再生与修复，尽快地恢复实用功能，减少残疾的发生。

一、病理变化

无论是周围运动、感觉和植物神经元，都包含神经细胞体、突起（树突和轴突）和终末三部分。神经纤维通常指神经细胞轴突及其鞘状被膜，轴突位于神经纤维中央，多数神经纤维由髓鞘围绕，髓鞘由环绕轴突的雪旺细胞产生，髓鞘在轴突周围融合成一层绝缘的鞘膜；在无髓纤维，几个轴突可以裹入一个雪旺细胞，但没有环绕。

周围神经干是由许多平行的神经纤维束结合而成，外包一层较为疏松的结缔组织膜，称为神经外膜。各神经纤维束外又被一层较致密的结缔组织膜包裹，称为神经束膜。神经纤维束内含许多根神经纤维，每根神经纤维的髓鞘之外，由结缔组织细纤维网所构成的膜包裹，称为神经内膜，对神经纤维再生起着重要作用。

（一）原发性变化

1. 神经细胞体变化　周围神经损伤48h内，由于逆向作用可产生细胞体的变化，包括尼氏小体分解，染色体溶解等。15~20天后，分解达高峰，一小部分细胞在分解过程中死亡，其余大部分修复，一般至 80 天后可恢复其原来的状态。胞体的改变有下列特点：① 轴突损伤的部位愈接近胞体，胞体的反应愈重，甚至引起细胞死亡；② 损伤的轴突愈粗，胞质内尼氏等物质的崩溃也愈明显；③ 胞体变化的性质既是损伤性反应，又是为轴突再生做积极准备的过程。

2. 神经纤维变化　神经损伤后，迅速发生形态学改变，损伤区远端的神经纤维 24～48h 后即发生变性，三天后完全丧失传导功能，轴突自然分节，细胞浆逐渐消失，最后变成空管。髓鞘分裂，呈脂肪变性，最后消失。神经膜细胞（雪旺细胞）也同时发生核分裂。上述变化称为瓦勒变性或神经纤维脂肪变性。此变化在神经纤维切断后 3 周内完成。因此，在 3 周末进行电诊断检查，将得到确定的阳性结果。损伤区近端也发生变性，但变化只局限在断端附近短距离内（约 2 mm 处）。大约六天后，即有多数细小的神经元纤维自该处增生。远侧断端能分泌释放一种媒介物质（扩散因子），引导近端再生神经纤维定向生长。在适宜情况下，其中一部分即沿雪旺细胞长入神经膜管中。再生轴芽越过损伤区或缝合区，约需 4 周。传导功能恢复需等到新生纤维到达其支配的器官，再经过一个生长成熟期（完成神经纤维的髓鞘化）才会完成，约需 4 周。儿童的神经再生速度通常比成人快；另外，近端损伤比远端损伤再生速度快，单一神经比混合神经恢复速度快。

如果两断端相距较远，或被其他组织隔开，新生的神经轴突就会在近侧断端无规律地长入瘢痕中，形成外伤性神经纤维瘤，远侧断端形成较小的纤维瘤，其中不含神经纤维。这时神经无法自行恢复功能，必须手术切除两端的神经纤维瘤及纤维瘤，缝合两断端，方能逐渐愈合。

在神经再生过程中，近端的运动神经与感觉神经轴突必须分别长入远端的运动和感觉雪旺鞘管内，不能错长，否则无法恢复功能。

3. 运动终板变化　神经损伤后 3 个月内无明显变化，3 个月后渐成不规则形状，以后逐渐消失。一般在损伤后 3 年运动终板消失，此时即使神经再生，也无法再支配肌肉。

4. 肌肉变化　神经损伤后，受其支配的肌肉发生萎缩，细胞间纤维组织增生，肌肉瘫痪，最终完全丧失活动能力。

5. 感觉神经末梢变化　神经纤维损伤后，感觉末梢如感觉小体亦萎缩。若萎缩严重，将影响功能恢复。如神经在 3 年内未能恢复，则肌纤维和感觉末梢最后被纤维组织所代替，功能将难以恢复。

（二）继发性变化

1. 软组织变化　关节的表皮纤维化，腱鞘增厚和纤维粘连，特别是关节周围，导致关节活动范围减小；关节周围肌肉的瘫痪和/或无力导致关节不稳；水肿和失用导致关节囊和韧带无力，使关节产生过度活动、退变和脱位，从而损伤关节表面，破坏关节完整性。负重关节的异常生物力学与拮抗肌的反向牵拉，导致关节畸形。

2. 骨的变化　与无神经损伤制动时骨的变化相似，变化程度和发生率与失用的关系更直接。成人骨结构的变化，包括骨皮质和骨小梁厚度减小，脱钙，多孔和骨髓腔直径增大，导致骨强度过度减小，骨折发生率增加，特别是负重骨。此变化在神经移植术和松解术后部分可逆。儿童生长骨在神经损伤后有一个增生期，骨早熟，生长停止，导致骨长度、直径和骨突大小明显减小，造成成年后肢体不等长。

二、常见功能障碍

周围神经病损时常伴有多种组织损伤，如骨折、血管损害、肌肉撕裂、软组织肿胀、内脏器官损害、脑外伤和/或感染等。无论何种原因的损伤，均会产生相似的临床现象。

（一）运动障碍

表现为受损神经所支配的肌肉主动运动消失，呈弛缓性瘫痪，肌张力降低或消失，深肌腱反射减弱或消失，肌肉萎缩，关节挛缩和畸形。在严重的失神经支配的肌腹表面皮肤偶尔可看到瞬间肌肉收缩，叫作自发性收缩（肌束抽搐）。

（二）感觉障碍

感觉障碍因神经损伤的部位和程度不同而表现不同，表现为感觉异常（如局部麻刺感、麻木、冷热感、潮湿感、震动感、刺痛、灼痛、跳痛、刀割痛、牵拉痛、胀痛、触痛、撕裂痛、酸痛、钝痛等，特别是在夜晚）、感觉减退或消失（深浅感觉、复合觉、实体感消失）、感觉过敏（即感觉阈值降低，轻微刺激即可出现强烈反应，以痛觉过敏最多见，其次是温度觉过敏）。

（三）反射性交感神经营养失调综合征

反射性交感性营养不良是一个牵涉交感神经系统功能障碍的综合征，常伴发于周围神经损伤，特别是神经撕裂伤。包括：疼痛、水肿、僵直、骨质疏松、皮肤营养变化（如皮肤干燥、苍白、头发脱落、指甲脆裂、无疼痛皮肤溃疡和受累区域伤口愈合缓慢）。血管舒缩和出汗功能改变。患者常有：情感不稳、痛阈低、恐惧、敌意、依赖个性、歇斯底里。

（四）日常生活活动能力和社会生活能力下降

由于周围神经损伤造成肌肉弛缓、关节活动受限、感觉障碍，从而带来精细活动受限或完成动作困难，例如用筷子进食、系扣子、系鞋带等困难，在社会生活能力方面，学习、工作、参与娱乐活动方面受限，例如操作电脑、写字、开车等。

（五）心理问题

主要表现有急躁、焦虑、忧郁、躁狂等。担心神经损伤后不能恢复，承受不了长期就诊的医疗费用。常影响其与他人的正常交往，严重时可产生家庭和工作等方面的问题。

（六）继发障碍

1. 肿胀 周围神经损伤后肢体肿胀的原因往往是：伤及血管周围的交感神经，血管张力丧失；肌肉瘫痪，肌肉对内部及附近血管的交替挤压与放松停止，"肌肉泵"的作用消失，静脉与淋巴回流受阻；广泛瘢痕形成及挛缩，压迫静脉血管及淋巴管等。其后果是加重关节挛缩和组织粘连。另外，如果神经损伤是由创伤引起，水肿是一个突出的临床现象。

2. 挛缩 周围神经损伤后由于肿胀、疼痛、不良肢位、受累肌与拮抗肌之间失去平衡等因素的影响，常易出现肌肉、肌腱挛缩。其结果是影响运动，助长畸形发展。手的畸形要特别注意，可能会导致心理上的并发症。

3. 继发性外伤 周围神经损伤后，患者常有受损神经分布区感觉障碍和受损神经所支配的肌肉运动功能障碍，无疼痛保护机制，无力躲避外界刺激，其结果是造成新的创伤，且难以愈合。

其他并发症还包括骨质疏松和关节的表皮纤维化。

三、治疗

对这些病损的处理有药物治疗、手术治疗及康复治疗。一般药物治疗主要用于病损早期,手术治疗用于保守治疗无效而又适合或需要手术治疗的损伤,而康复治疗无论在周围神经病损的早期与恢复期还是在手术治疗前后均应进行。

康复治疗的目的是消除或减轻疼痛,预防与解除肌肉肌腱挛缩、关节僵硬,防止肌肉萎缩,增强肌力,恢复运动与感觉功能,最终恢复病人的生活和工作能力。

1. 预防与治疗合并症

(1) 浮肿:可用抬高患肢,弹力绷带压迫,患肢按摩与被动运动,热敷、温水浴、蜡浴、红外线、电光浴以及超短波、短波或微波等方法来改善局部血液循环,促进组织水肿或积液的吸收。

(2) 挛缩:预防极为重要。除采用预防浮肿的方法外,还应将受累肢体及关节保持在功能位置上,可使用三角巾、夹板、石膏托或其他支具做固定或支托,并应注意避免对感觉丧失部位的压迫,以免引起新的损伤。

(3) 继发性外伤:一旦发生创伤,由于创口常有营养障碍,治疗较难。对丧失感觉的部位等要经常保持清洁,并进行保护。对创口可采用超短波、微波、紫外线、激光等方法进行治疗,以促进创口愈合。

2. 促进神经再生 对保守治疗与神经修补术后病人早期应用理疗有利于受损神经的再生过程,同时,可应用促神经再生药物。

3. 保持肌肉质量,迎接神经再支配。可采用电针、电刺激疗法以及按摩、被动运动、传递神经冲动等方法,以防止、延缓、减轻失神经肌肉萎缩,保持肌肉质量。

4. 增强肌力,促进运动功能的恢复。一旦受累肌的肌电图检查出现较多的动作电位时,就应开始增强肌力训练,以促进运动功能的恢复。

5. 促进感觉功能的恢复。

6. 解除心理障碍 周围神经病损患者,往往伴有心理问题。可采用医学宣教、心理咨询、集体治疗、病人示范、作业治疗等方式来消除或减轻病人的心理障碍,使其发挥主观能动性,积极地进行康复治疗。

对保守治疗无效而又适合或需要手术治疗的周围神经损伤患者,应及时进行手术治疗。对受累肢体功能不能完全恢复或完全不能恢复,应视具体情况分别给其设计、配制辅助器具,进行代偿功能训练。

第二节 周围神经损伤的康复

一、概述

周围神经损伤(peripheral nerve injuries, PNI)是周围运动、感觉和植物神经,由于外伤、感染、受压、中毒、缺血和营养代谢障碍,而形成各种类型、各种程度的损伤和疾病。其最主要的病理变化，是神经受损造成断裂、远端轴索和髓鞘自近及远产生变性、碎裂，其后为雪旺细胞和巨噬细胞吞噬，2～3 周内变性过程完成，神经的兴奋和传导功能丧失。

如果神经膜未遭破坏，则逐渐形成空管，其后从近端轴索形成轴芽，逐渐向远端延伸，形成神经再生过程，速度为 1～2mm/天。神经再生完成后其功能将逐渐恢复，如果再生受阻，在半年后神经膜管会因周围组织的压迫而萎缩，再生无望。

各种不同原因所形成的变化，也可能只限于节段性脱髓鞘，而轴索保持完整。

周围神经损伤按 Seddon 的观点分为三类：① 神经失用（neurapraxia）；② 轴突断裂（axonotmesis）；③ 神经断裂（neurotmesis）。三者的特征如下（表 9-2-1）：

表 9-2-1　三种周围神经损伤的特征

		神经断裂	轴突断裂	神经失用症
原因		切伤和撕裂伤、枪弹伤、骨折、牵引、注射、手术、缺血等	同左，还有长期压迫、摩擦、冻伤等	枪弹伤、牵引、短暂的压迫、冻伤、手术、缺血等
病理	主要损害	完全解体	神经纤维断裂，雪旺鞘保持	较大纤维的选择性脱髓鞘，无轴突变性保持
症状	解剖的连续性	可丧失	保持	保持
	运动瘫痪	完全	完全	完全
	肌萎缩	进行性	进行性	很少
	感觉障碍	完全	完全	常无
	自主神经障碍	完全	完全	常无
电诊断	变性反应	有	有	无
	病灶远端神经传导	无	无	保存
	运动单位动作电位	无	无	无
	纤颤电位	有	有	偶见
恢复	手术恢复	主要	不需要	不需要
	恢复速度	修补后每日 1～2mm	每日 1～2mm	迅速、数日或数星期
	性质	不完全	完全	完全

二、功能评定

1. Tinal 征　即神经干叩击试验，是检查神经再生的一种简单方法。当神经轴突再生，尚未形成髓鞘之前，对外界的叩击可出现疼痛、放射痛和过电感等过敏现象。沿修复的神经干叩击，到达神经轴突再生前缘时，患者即有上述感觉。定期重复此项检查，可了解神经再生的进度。

2. 感觉恢复的测试　两点辨别觉测试和皱纹测试，是检测周围神经完全损伤后感觉恢复的好方法。

(1) 两点辨别觉测试：两点辨别觉测试提供了感觉恢复的定量测试方法。它是应用带有钝尖的卡钳测量，无疼痛感。卡钳在患者皮肤上随机轻轻使用，以帮助治疗师检测出皮肤神经支配和失神经的区域。远端手指辨别两点的正常距离是 2～4mm，两点辨别觉大于 15mm，表示触觉丧失（感觉缺失）。

(2) 皱纹测试：是另一项有临床意义的测试。它是将患者的手浸泡在 42.2℃ 的清水中 20～30 min，直到出现皱纹。此时，擦干患者的手，按 0°～3°分级，照相。0°表示缺乏皱纹，3°表示正常皱纹。皱纹测试为新近周围神经部分和完全损伤的手的神经支配，提供了一个客观的测试方法。引起皱纹的生理机制还不清楚。测试对外伤患者是不合适的。无论如何，测试能有助于确定感觉再生的速度，提供失神经的记录图形。

3. 电生理学评定　对判断周围神经损伤的部位、范围、性质、程度和预后等均有重要价值。在周围神经损伤后康复治疗的同时，定期进行电生理学评定，还可监测损伤神经的再生与功能恢复的情况。常用的电生理学检查方法有：

(1) 直流感应电检查法：通常在神经受损后 15～20 天即可获得阳性结果。观察指标有：兴奋阈值，收缩形态和极性反应等。其情况如表 9-2-2。

表 9-2-2　直流感应电刺激神经、肌肉的反应

	神经		肌肉	
	直流电流	感应电流	直流电流	感应电流
正常反应	在所支配肌肉中出现单个闪电样收缩，阈值低	在所支配肌肉中出现持续强直性收缩，阈值低	在该肌肉中出现单个闪电样收缩，阈值低 CCC > ACC	该肌肉出现持续强直性收缩，阈值低
部分变性反应	收缩弛缓、减弱，阈值提高	强直收缩减弱或是不全强直收缩，阈值提高	收缩弛缓、减弱，阈值提高 CCC ≥ ACC	强直收缩减弱或是不全强直收缩，阈值提高
完全变性反应	引不出收缩	引不出收缩	阈值大，收缩极弛缓，呈蠕动式，CCC ≤ ACC	引不出收缩
绝对变性反应	引不出	引不出	引不出	引不出

(2) 强度-时间曲线检查法：通常在神经受损三天后即可获得阳性结果。观察指标有：扭结，曲线的位置，时值和适应比值等。正常、部分失神经支配和完全失神经支配的 I/t 曲线形状，如图 9-2-1。

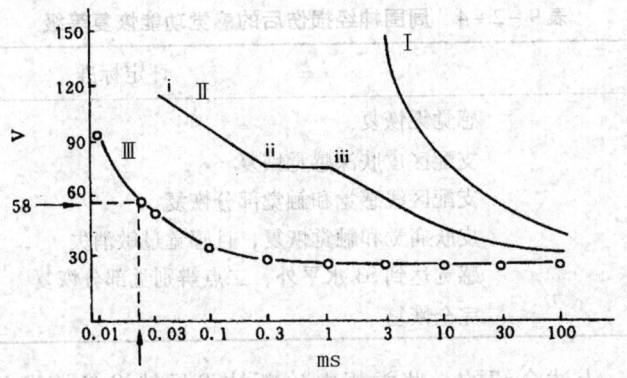

图 9-2-1　几种类型的 I/t 曲线

（3）肌电图检查法：将肌肉兴奋时发出的生物电变化引出放大，用图形记录出来。一般可比肉眼或手法检查早 1~2 个月发现肌肉重新获得神经支配。正常情况下，肌肉在松弛时，是静息状态，无波形出现。轻收缩时呈现单个及多个运动单位电位。肌肉最大收缩时，多个运动单位电位密集，互相干扰，呈干扰相。周围神经完全损伤早期，其所支配肌肉可完全无电位活动。2~4 周后，可出现失神经的纤颤电位和正向电位，试图做肌肉收缩时，亦无运动单位电位出现。神经再生后，失神经的纤颤电位和正向电位逐渐消失，恢复新生电位，少数单个运动单位电位，最后恢复运动相以至干扰相。若神经长期未获再生，随着肌纤维被纤维组织所代替，失神经的纤颤电位和正向电位亦消失。如果运动单位电位数量渐增，说明神经再生过程在继续；如果数量不增，则提示预后不佳，应考虑手术干预。

（4）神经传导速度的测定：利用肌电图测定神经在单位时间内传导神经冲动的距离。以此可以判断神经损伤的部位，神经再生及恢复的情况。既可用于运动神经也可用于感觉神经的功能评定。对于周围神经损伤是最有用的一项检查。正常情况下，四肢周围神经的传导速度一般为 40~70 m/s。神经部分受损时，传导速度减慢。神经完全断裂时，神经传导速度为 0。

（5）体感诱发电位（SEP）检查：当刺激沿周围神经上行至脊髓、脑干和大脑皮质感觉区时，在头皮记录的电位，具有灵敏度高、定量估计病变、定位测定传导通路、重复性好的优点（其具体用法参见《康复疗法评定学》）。

4. 运动和感觉功能恢复的评定

（1）运动功能恢复的评定（表 9-2-3）。

（2）感觉功能恢复的评定（表 9-2-4）。

表 9-2-3　周围神经损伤后的运动功能恢复等级

恢复等级	评定标准
0 级（M0）	肌肉无收缩
1 级（M1）	近端肌肉可见收缩
2 级（M2）	近、远端肌肉均可见收缩
3 级（M3）	所有重要肌肉能抗阻力收缩
4 级（M4）	能进行所有运动，包括独立或协同的
5 级（M5）	完全正常

表 9-2-4 周围神经损伤后的感觉功能恢复等级

恢复等级	评定标准
0 级（S0）	感觉无恢复
1 级（S1）	支配区皮肤深感觉恢复
2 级（S2）	支配区浅感觉和触觉部分恢复
3 级（S3）	皮肤痛觉和触觉恢复，且感觉过敏消失
4 级（S4）	感觉达到 S3 水平外，二点辨别觉部分恢复
5 级（S5）	完全恢复

5. 预后的预测　上述介绍的一些常规电诊断技术虽然设备技术并不复杂，但确能很好地估计预后。凡直流感应电诊断和强度－时间曲线检查时呈正常反应、正常曲线者，病损为神经失用症，多在 3 个月内恢复；如为部分变性、呈部分失神经曲线，多为轴索断裂，病程恢复一般在 3~6 个月或更长，视轴索断裂的部位高低而定。如检查结果为完全变性反应，呈完全失神经曲线则多为神经断裂或严重的轴索断裂，恢复多在 6 个月以上，甚至不能恢复。如常规电检查结果呈绝对变性反应，表明神经及其所支配的肌肉已完全丧失功能，恢复无望，手术也无能为力。但为了确诊，应在一个月内重复检查 2~3 次，以免因误差而造成误判。

另外，也可通过临床表现预测恢复过程。

（1）皮肤表现：随着水肿消退，侧支血管生长，循环系统逐渐恢复正常，皮肤的颜色和质地有所改善。

（2）出现原始的保护性感觉：对疼痛、温度、压力和触碰的总的认识。

（3）麻刺感（Tinal's 征）：沿着损伤神经由远至近地轻叩，以探查恢复。如果患者感觉麻刺远至假设的损伤部位，表示神经再生；如果在损伤处感觉疼痛，表示神经瘤形成。

（4）发汗：随着植物神经系统副交感神经的再生，汗腺恢复功能。

（5）辨别觉：更多精细感觉，如识别和定位触觉、本体感觉、立体觉、肌肉运动觉以及两点辨别觉，在此时应有所恢复。

（6）肌肉张力：随着神经再生至肌肉组织的运动终板，肌肉的软弱程度减轻，肌张力增加。

（7）随意运动功能：患者首先在消除重力的情况下活动肢体，随着肌力的增加，肢体可能进行关节全范围的活动。此时，可开始分级锻炼。

三、作业治疗

（一）康复的分期和作业治疗原则

1. I 期（伤后 0~3 周）康复目的是：消炎、消肿、镇痛、促进损伤愈合、保护修复后的神经。可行理疗（超短波、微波、红外线、紫外线等）、功能位固定，可利用支具来限制关节活动，以防突然牵伸而引起神经缝合口离断。炎症期间选择高能量饮食和复合维生素 B 治疗。注意：神经修复术后 3 周，运动疗法禁忌。

2. II 期（伤后 3~6 周）康复目的是：预防粘连、挛缩和继发畸形，提高神经的抗张力，改善感觉功能。可逐渐减少关节制动，开始关节活动，增加关节活动范围。可用中频电、超声波、蜡疗等软化瘢痕，松解粘连。按摩可降低皮肤、皮下组织粘连及瘢痕和神经瘤形成的机会，以防神经再生受阻。压力治疗有助于抑制瘢痕增生。进行感觉再训练，教育患者保护患肢。注意：伤肢仍然疼痛，或仍有开放性伤口，或肿胀和过敏，则要先探明原因，进行脱敏，药物如酒精注射、维生素 B12 和酚止痛，或手术治疗，再行感觉再训练。

3. Ⅲ期（6周以后）康复目的是：矫正畸形，增加关节活动范围、肌力、手的灵敏性和协调性，恢复手功能，提高生活质量。继续增加活动范围和增加肌力训练，系统地进行感觉再训练及功能性训练。

（二）治疗方法

1. 保持或恢复关节活动度　周围神经损伤后，正常拮抗肌过度牵拉已麻痹和萎缩的肌肉，引起神经再生出现时肌肉功能无效，或引起拮抗肌和一些活动不受对抗的关节挛缩。如正中神经麻痹时，第一指蹼间隙挛缩；尺神经麻痹时，固定爪形手；桡神经麻痹时，腕关节屈曲挛缩。故应早期使用矫形器将关节固定于功能位，维持肢体良好的肌肉平衡，在可能引起畸形期间应坚持使用。尽早进行被动或主动运动。如果已产生关节挛缩或畸形，则应采取主动、被动运动和关节功能牵引，矫形器亦可起到矫正挛缩畸形的作用。注意矫形器重量宜轻，尺寸要合适，避免压迫感觉丧失部位。

2. 改善局部浮肿　浮肿是周围神经损伤后常见症状之一。水肿引起的肿胀是创伤后必然出现的组织反应。积极消肿可减少纤维组织沉着，是预防组织粘连和挛缩的重要一环。体位性水肿可采取以下措施：①抬高患者；②用弹力绷带包扎压迫；③为患肢做被动运动或轻柔向心按摩。一般不采用冰袋冷却方法。悬吊带也不是一个好的消肿方法，反而会引起患者惰性而忽视康复训练。

3. 夹板的使用　夹板固定对周围神经损伤有一定的效果，但是必须了解每种夹板的作用。夹板的使用应达到三个目的：①防止畸形。它是一种外在力量，如夹板上的橡皮带可替代瘫痪的肌肉，直至功能恢复。②矫正畸形。若关节或肌腱有挛缩，动力性夹板可达到牵伸的目的。③协助功能。它可提供瘫痪肌肉已失去的肌力。由于神经损伤常伴有肌腱、血管和骨骼的损伤，故夹板应是多功能的。穿戴的夹板应合适，患者应懂得为什么要用夹板，如何正确处理使用夹板，何时使用，使用多久。应注意夹板的压迫区，特别是无感觉区。不是相同的神经损伤都用一种夹板，应按具体情况采用相应的最合适的夹板。

夹板使用的时间，通常是神经修复的部位至少需在术后固定 3 周，使吻合处消除张力。若存在张力，应延长固定时间至 6 周。

4. 促进感觉功能的恢复

（1）感觉再训练：随着神经损伤的修复和恢复，感觉皮层接受到的来自患手感觉神经的冲动刺激发生了改变。尽管感觉刺激被接受，但神经冲动的新模式不同，不能正确表达。感觉再训练的目的，是帮助患者重新正确表达接受到他意识中的不同的感觉脉冲。患者的潜在功能恢复，将通过感觉再训练计划得到促进。

感觉再训练是患者在神经修复后，通过注意、生物反馈、综合训练和回忆，提高感觉功能的训练。这种训练不是感觉的恢复，而是大脑对感觉的再学习、再认识过程。通过感觉再训练程序，可使大脑重新理解这些改变的信号。此方法强调康复要配合神经再生的时间。当触觉在手指的近节关节恢复时，即可开始感觉再训练程序。更确切地说，当移动轻触感恢复后，或有保护性感觉（深压觉和针刺觉）和触觉恢复时，或30Hz震动感恢复时，即可开始感觉再训练。但对于上肢近端神经损伤来说，等候期可能太长。故亦有建议提早进行感觉再训练，可在伤后3周即开始。Dellon描述的感觉再训练可分成早期和晚期，计划的改进基于恢复过程。可通过专门的感觉测试来决定神经恢复。感觉再训练的重点，是根据神经恢复的进程给予分级刺激。如触觉定位，移动性触觉，持续触觉，持续压力，震动，通过形状、质地、物体识别的触觉辨别来训练。要求患者一天中短时间训练几次。先用健侧，后用患侧，先睁眼，再闭眼。注意感觉过敏。感觉再训练计划的一个重要部分是通过视觉、听觉和触觉加强。

早期训练：当还未能分辨30Hz震动之前，即可以进行。早期训练集中在移动性触觉，持续触觉，压觉和触觉定位。① 移动性触觉：可用铅笔橡皮或指尖在治疗区域上下移动。嘱患者观察刺激，闭眼，将注意力集中在刺激上，然后睁眼，证实发生的一切，并口述感觉到什么，如"我感觉到一个柔软的物体在我的手掌上上下移动"。② 持续触压觉：用铅笔橡皮压在手指或手掌的一个地方，产生持续触压觉。训练程序同移动性触觉。③ 触觉定位：训练触觉定位，Wynn Parry建议通过下列程序：患者闭眼，治疗师触碰手掌的不同地方，要求患者用健手的食指指出每次触的部位。如果反应错误，患者可直接注视触碰的部位，要求患者叙述触碰部位的感觉。使用软胶棒（如铅笔的橡皮头）压于掌上，或来回移动，嘱患者注意压点，以视觉协助判断压点位置，然后闭眼感受压点的触感。如此反复练习。④ 触觉的灵敏：感觉减退或消失、实体感缺失者，往往很难完全恢复原来的感觉，需要采用感觉重建训练法进行训练，即训练大脑对新刺激重新认识。可让肢体触摸或抓捏各种不同大小、形状和质地的物品来进行反复训练。刺激强度逐渐从强到弱，来增加分辨能力。

训练可分为三个阶段进行：第一阶段，让患者睁眼看着治疗师用物品分别刺激其健侧和患侧肢体的皮肤，要求患者努力去体验和对照；第二阶段，让患者先睁眼看着治疗师用物品刺激其患侧肢体的皮肤，然后闭眼，治疗师继续在同一部位以同样物品去刺激，要求患者努力去比较和体会。或让患者先闭眼，治疗师用物品刺激其患侧肢体的皮肤，然后再睁眼看着治疗师继续重复刚才同样的刺激，要求患者努力去回忆和比较。第三阶段，让患者闭上眼睛，治疗师用物品同时刺激其健侧和患侧肢体的皮肤，要求患者去比较和体会。上述三个阶段的训练可依次进行，也可一天当中一起重复训练。鼓励患者一天四次，每次至少5分钟实施这些再教育技术，而不用其他东西刺激手掌，因为，这将给大脑两套感觉刺激。再训练活动有患者闭眼识别物体、形状和质地。如果反应错误允许患者睁眼看物体，用健手比较感觉，即允许触觉和视觉整合。如用质地不同的多米诺骨牌、棋子、图形和从大到小的普通物体，藏在米袋和装有豆子的容器中或许有帮助。一天训练3~4次，一次45分钟。训练中也可用双侧活动去变换，如陶土、和面和编织活动。鼓励患者在双侧活动时应用患手，并与健手比较对工具和材料的感觉。

后期训练：当触觉已能分辨30Hz震动，以及256Hz的震动时，或当移动性触觉和持续触觉在手指被感知时，即可开始后期感觉再教育。此期的目标是：促进实体觉的恢复，锻炼涉及一系列的触觉辨别任务。① 形状辨别：从辨别形状明显不同的大物体开始，逐渐过渡到形状只有细微差别的小物体。循序渐进地训练患者恢复精细感觉。可从熟悉的普通物体开始，先看着抓握物体，然后闭眼，将注意力集中在感知上，最后，再睁眼看物体，以加强感知。亦可嘱患者闭眼，一个木块放在患手，要求患者去感觉，并描述形状，一块木块放在健手，比较重量。如果给出不正确的反应，允许患者看木块，重新操纵，整合触觉和视觉信息。然后患者用正常的手去比较感觉体验，用不同形状的木块继续训练。② 质地辨别：形状辨别掌握后，可要求患者区别表面质地不同的木块，如羊皮、皮革、丝、帆布、橡皮、塑料、毛线、毛毯和砂纸等。最后，使用普通物体，要求患者闭眼识别。如果对物体或质地反应错误，允许患者看着物体操作，说出看到的物体感觉。物体从大到小分级，可以将物体藏在装着沙的碗里，让患者重新得到特殊的物体。用某种形状的木板放成特殊形状，或用木制的字母拼出单词。一天2~4次，每次10分钟。

在初次评定后一个月、三个月、六个月，分别进行再次评定和训练，评定再教育的效果。评定训练效果的标准，是定时记录识别的物体名称、质地、正确定位。为避免训练影响，可用不同的物体和新的物品测试并训练。

（2）脱敏治疗：皮肤感觉过敏是神经再生的常见现象。它可能是由于不成熟的神经末梢的敏感度增加，以及感觉器容易受刺激。患者常为皮肤敏感而感到困惑，不愿活动，若这种现象不克服，很难进一步做其他的康复治疗。

脱敏治疗包括两个教育措施：一是指导患者如何保护和使用敏感区，告诉患者这种敏感是神经再生过程中的必然现象和过程。待神经端修复后，敏感区会自然减轻，减少患者的恐惧心理。二是在敏感区逐渐增加刺激量。可先用无刺激的媒体，待脱敏后，可用不同的接触措施来刺激。例如，采用的方法包括震动、按摩、叩击、浸入疗法或使用冰水等。待患者能耐受触觉刺激后，可选用不同质地不同材料的物品，如棉球、棉布、毛巾、毛刷、豆子、米粒、沙子等刺激敏感区，刺激量逐渐加大，使之产生适应性和耐受力。或使用经皮神经电刺激疗法，或超声波疗法等。如疼痛剧烈，可注射酒精、维生素 B_{12} 和酚来减轻疼痛。

训练计划的实施需要患者的积极配合。

5. 感觉再教育　需要让患者了解感觉缺失的特殊性，教会患者在日常生活活动中的自我保护等安全知识。在存在潜在危险的双侧活动中避免使用患肢。

一般应在以下几方面引起注意：① 受累区域避免暴露，以及与热、冷和锐利的物体等接触。② 当抓握一个工具和物体时，有意识地避免用比需要更大的力。③ 应注意：物体的把柄越小，压力在抓握表面分布越小。所以可以设法加粗把柄，或选择其他工具。④ 避免要求长时间使用一种工具的工作，尤其是手不能通过改变抓握方式来适应。⑤ 在工作中通过频繁改变工具以使受压组织休息。⑥ 观察皮肤受压的症状，如是否因过分受力或重复受压后出现红斑、水肿、发热等情况，如果症状出现要及时休息。⑦ 如果发生水疱、破溃或其他创伤，应尽早治疗，以免皮肤进一步损伤和感染。⑧ 保持皮肤的柔润性，禁忌潮湿，要对皮肤进行日常护理，包括浸渍、油按摩。

由于认知功能未受损，周围神经损伤功能障碍的患者，也许比中枢神经损伤功能障碍患者更容易学会和掌握代偿技术。

6. 改善作业活动能力　在运动神经细胞修复的过程中，适当的治疗性作业不仅能增强肌力和耐力，同时还能改善患肢的血运和增加关节的活动范围，掌握实用性动作技巧。应根据患者的年龄、性别、文化程度、职业，神经损伤和功能障碍的部位、程度，治疗的目标和个人爱好等，选择适宜的作业活动。上肢常用的作业活动有：木工（拉锯、刨削、砂磨、锤打）、缠线、编织、刺绣、泥塑、修配仪器、组装、投掷、套圈、拧螺丝、插板、打字、书法、绘画、弹琴、珠算、下棋活动等。下肢常用的作业活动有：踏自行车、踏缝纫机、使用落地式织布机、使用万能木工机等。进行 ADL 训练，必要时可配制辅助器具。

7. 促进心理功能恢复　周围神经损伤的患者，往往伴有心理问题，可采用医学宣教、心理咨询、集体治疗、患者示范等方式，来消除或减轻患者的心理障碍，发挥其主观能动性，积极地配合康复治疗。也可通过作业治疗来改善、调整患者的心理状态。

四、其他治疗措施

1. 药物治疗　在损伤的早期，除肌注或静脉点滴神经生长因子制剂以促进再生外，尚可应用维生素 B1、B12、烟酸、ATP、辅酶 A 等神经营养药物以促进再生。

2. 神经肌肉电刺激疗法（neuromuscular electrical stimulation，NES）也是周围神经损伤后主要的康复手段之一。其主要作用是：延迟病变肌肉的萎缩；防止肌肉大量失水和发生电解质、酶系统和收缩物质的破坏；保留肌中结缔组织的正常功能，防止其挛缩和束间凝集；抑制肌肉的纤维化；改善动、静脉和淋巴循环。

NES 宜及早进行，在进行电刺激之前，均应判明肌肉是否有恢复神经支配的可能，因为，电刺激只是在肌肉仍有恢复神经支配的可能时才真正有用。

除此以外，还可应用肌电生物反馈、短波或分米波、水疗等治疗措施。

第三节　面神经炎的康复

一、概述

面神经为混合神经，主要有三种成分：运动神经纤维支配面部表情肌和镫骨肌；副交感纤维分布于泪腺、鼻腔、口腔黏膜、下颌下腺、舌下腺等腺体；味觉纤维分布于舌前 2/3 味蕾。面神经从脑干发出后经内耳门入内耳道，再穿过骨壁进入面神经管，经茎乳突孔出颅，弯向前行进入腮腺，并发出终支到达面部。

面神经瘫痪（facial palsy）是一种影响到第 VII 对颅神经（面神经）的急性炎症性疾病，又称贝尔（Bell）氏麻痹。是原因不明的一侧茎乳突孔内的急性非化脓性面神经损害。由于各种原因导致的面神经受损而引起的病症，分为中枢性和周围性。据有关资料介绍，可引起面瘫的疾病达 90 余种，常见的面瘫类型有：贝尔氏面瘫（占 50% 以上）、Hunt 综合征（占 20.4%）、外伤性面瘫（占 9.6%）、耳源性面瘫（占 6.8%）、肿瘤性面瘫（占 3.2%）、中枢性面瘫（占 3.2%）、其他（占 6.8%）。我们常说的面瘫就是指贝尔氏面瘫，它是一种茎乳孔内急性非化脓性面神经炎。病因至今仍不清楚，部分病人因局部受风吹或着凉后起病，故通常认为：可能是局部营养神经的血管因受风寒而发生痉挛，导致神经组织缺血、水肿、受压迫而致病；或因为茎乳孔内的骨膜发生风湿性骨膜炎累及面神经，使其受压、血循环障碍而致病。除了上述的血管痉挛学说、风湿学说之外，病毒学说、免疫学说，甚至家族遗传学说也得到越来越多的支持。

既然病因不明确，而且有85%的贝尔氏面瘫患者都没有受风吹或着凉等诱因，究竟能不能预防呢？我们认为避免过度疲劳，加强体育锻炼，避免头面部长时间吹冷风，预防感冒，及时治疗耳部感染性疾病，避免头面部外伤等，仍然可以明显降低面瘫的发生率。

临床表现 任何年龄均可发病，男多于女，常为单侧，很少双侧。每当盛夏季节，面瘫患者都会骤然增多。急性起病，部分病例在病前数日可有下颌角或耳后疼痛。症状于数小时或1~2天内达到高峰。临床表现为患侧面部表情肌瘫痪，额纹变浅或消失，不能皱额、蹙眉，眼裂增大，患侧眼睛会流泪，眼睑不能闭合或闭合不全，试闭眼时，瘫痪侧眼球向上外方转动，露出白色巩膜，称贝尔氏现象；患侧鼻唇沟变浅，口角下垂，露齿时口角歪向健侧，鼓气或吹口哨时，因患侧口唇不能闭合而漏气；由于颊肌瘫痪，进食时食物常滞留于患侧齿颊之间，漱口时，水常从患侧流出，患者可能吃饭和说话困难。

面神经受损部位不同，表现亦不同。病变如在茎乳突孔以上受损而影响鼓索的纤维时，有舌前2/3味觉障碍；如在镫骨肌分支以上受损时，产生味觉障碍和听觉过敏；如膝状神经节被侵犯时，除了面神经麻痹和听觉过敏外，还有乳头部的疼痛以及耳廓和外耳道的感觉迟钝，外耳道中出现疱疹、舌前2/3部位的味觉迟钝。

二、功能评定

1. 电诊断评定 参阅前文所述。
2. 电生理检查 面神经MCV减慢，面肌EMG动作电位波幅降低或消失。
3. 内听道X线片检查 外耳、听觉等五官科专科检查。
4. 面肌肌力检查 面部肌肉均为表情肌，肌肉小而不强，也不引起关节运动，不能对动作给予阻力或助力，以致达到最大面部表情肌的肌力。通常按肌力的大小，可分成下列6个级别。

0级（相当于正常肌力的0%）：让患者用力使面部表情肌收缩，检查者肉眼完全看不到收缩，手触表情肌也无紧张感，甚至收到健侧牵拉而致口眼歪斜。

Ⅰ级（相当于正常肌力的10%）：让患者主动用力时，肌肉微动。

Ⅱ级（相当于正常肌力的25%）：面部表情肌做各种运动时虽有困难，但主动运动时幅度可达健侧的1/4。

Ⅲ级（相当于正常肌力的50%）：活动时幅度约为健侧的1/2。

Ⅳ级（相当于正常肌力的75%）：收缩接近正常，但与健侧仍有差异。

Ⅴ级（相当于正常肌力的100%）：收缩正常，和健侧完全一致。

5. 严重程度的分级 国际上现行采用的严重程度分级为1984年所制订（见表9-3-

1)。

表9-3-1 面神经麻痹严重程度的分级

分级	VI	I	II	III	IV	V
	全瘫	正常	轻度功能障碍	轻、中度功能障碍明显	中、重度功能障碍	重度功能障碍
	(0%)	(100%)	(99%~75%)	(75%~50%)	(50%~25%)	(25%~1%)
一般描述	各方面面肌功能均正常	只有在仔细检查时才可现轻度无力	两侧有明显的但非毁容性的差别,无功能性残损,易见但不严重的联带运动、挛缩和(或)偏侧面部痉挛	明显的无力和(或)毁容性的不对称	只有仅可觉察到的运动	张力消失,不对称,无运动,无联带运动,挛缩或偏侧面部痉挛
休息时		对称性和肌张力正常	对称性和肌张力正常	对称性和肌张力正常	可能出现口角歪斜,两侧不对称,一侧鼻唇沟变浅或消失	
运动时		额运动部分正常或完全正常,不论力大小闭眼均正常	额运动轻微或无力,用力可闭眼但显然不对称	额运动轻微或无力用力也不能完全闭眼,用力时口角有不对称运动	额无运动,不能闭眼,或最大用力时只有轻微的眼睑运动,口角只有轻微的运动	
继发缺陷		仔细检查时可觉察到轻微的联带运动,无挛缩或偏侧面部痉挛	患者有明显的但非毁容性的联带运动,挛缩或偏侧面部痉挛,可定为3级,有随意运动能力则定为2级	患者出现联带运动、集团动作或偏侧面部痉挛,严重影响其功能的定为4级,不管其自主运动能力如何	通常无联带运动、挛缩、偏侧面部痉挛	

三、预后

临床可根据经验和肌电图来判定面神经炎的预后：不完全性面瘫起病后1～3周即可开始恢复，1～2个月内可望明显恢复并逐渐痊愈。年轻患者预后较好。较轻度的面瘫不论治疗与否，痊愈率可达到92%以上。有受凉史而起病者预后较好，面瘫4天后镫骨肌反射仍存在者预后较好。发病时伴有乳突疼痛，有糖尿病、高血压、动脉硬化、心绞痛或以往有心肌梗死病史者，老年患者均预后较差。发病早期即病后5～7天，检查面神经传导速度对完全性面瘫患者的预后判定有一定帮助。如患侧诱发的肌电动作电位 M 波波幅为健侧的30%或以上时，则2个月内可望恢复；如为10%～30%者，常需2～8个月恢复，并有可能出现合并症；如仅为10%或以下者，则需6～12个月才能恢复，并多伴有面肌痉挛及联带运动等合并症。如病后10天面神经出现失神经电位，恢复时间则将延长，平均需3个月。

四、鉴别

根据起病形式和临床特点，诊断多无困难。但需与下述疾病鉴别：

1. 中枢性面瘫　系由于对侧皮质脑干束受损所致。仅表现为病变对侧下组面肌瘫痪。
2. 与其他原因引起的周围性面瘫相鉴别

（1）急性感染性多发性神经根神经炎：可有周围性面神经麻痹。但常为双侧性。绝大多数伴有其他颅神经及肢体对称性瘫痪和脑脊液蛋白细胞分离现象等。

（2）桥脑损害：桥脑面神经核及其纤维损害可出现周围性面瘫，但常伴有桥脑内部邻近结构。如外展神经、三叉神经、锥体束、脊髓丘系等的损害。而出现同侧眼外直肌瘫痪。面部感觉障碍和对侧肢体瘫痪（交叉性瘫痪）见于该部肿瘤、炎症、血管病变等。

（3）小脑桥脑角损害：多同时损害三叉神经、位听神经、同侧小脑及延髓。故除周围性面瘫外，还可有同侧面部痛觉障碍、耳鸣、耳聋、眩晕、眼球震颤、肢体共济失调及对侧肢体瘫痪等症状，称"小脑桥脑角综合征"，多见于该部肿瘤、炎症等。

（4）面神经管邻近的结构病变：见于中耳炎、乳突炎、中耳乳突部手术及颅底骨折等。可有相应的病史及临床症状。

（5）茎乳孔以外的病变：见于腮腺炎、腮腺肿瘤、颌颈部及腮腺区手术等。除仅有周围性面瘫外，尚有相应疾病的病史及临床表现。

五、作业治疗

1. 治疗目的　预防和治疗面肌萎缩和无力，促进面部功能的恢复。
2. 治疗方法　Beals 认为：面部的肌肉组织是受双侧皮层和皮层下中枢控制的，面部表情反映了一个高度复杂的反射活动。治疗计划应该首先强调，皮层下面部的自发反应或自然反射。可通过高强度刺激来诱发肌肉活动，促进粗大表达模式。例如，用一小片柠檬刺激颊部。这种刺激通过三叉神经上颌支，传导到脑干，通过突触连结刺激面神经运动神经元。

另外，强烈的气味，如氨，引起三叉神经的感觉末梢放电，进入反射弧刺激鼻部和鼻降肌活动，通过间接突触连结经过三叉神经和嗅神经反射性地刺激面部肌肉。或通过朗读字母，阅读散文，或做各种形状的分级活动，来激活有意识的面部表情。

患者可还坐在镜前进行患侧表情肌训练。肌力达0～1级时，可用手指被动活动面部，肌力2～3级时，可做辅助主动活动或主动活动，肌力4级时，可用手指施加轻微阻力。

视觉应被强调以代偿视觉和感觉的暂时丧失。在进行正常的个人卫生时，如修面时，由于患者一侧面部感觉的缺乏，将要求患者修面时仔细地用视觉注意，必要时治疗师可给予帮助。因食物残渣聚集在患侧，故刷牙时要求用仔细视觉注意。

另外，若眼睛不能闭合，在睡眠、红外线治疗时或遇强风时应戴眼罩。

作业治疗师还可与矫形师一起制作一个临时的面部夹板，以防止病弱的肌肉组织被牵伸。患侧面肌也能从轻柔的、向上的按摩中获益，每天2～3次，每次5～10分钟，以增加循环和维持肌张力。

六、其他治疗

早期以改善局部血液循环，消除面神经的炎症和水肿为主，后期以促进神经功能恢复为其主要治疗原则。

1. 激素治疗　强的松（20～30mg）或地塞米松（1.5～3.0mg）1/d，口服，连续7～10天。

2. 改善微循环，减轻水肿　可用706代血浆或低分子右旋糖酐250～500ml，静滴1/d，连续7～10天，亦可加用脱水利尿剂。

3. 神经营养代谢药物的应用　维生素B1 50～100mg，维生素B12 100μg，胞二磷胆碱250mg，辅酶Q10 5～10mg等，肌注1/d。

4. 理疗　茎乳孔附近超短波透热疗法，红外线照射，直流电碘离子导入，以促进炎症消散。亦可用晶体管脉冲治疗机刺激面神经干，以防止面肌萎缩，减轻瘫痪侧肌受健侧肌的过度牵引。

5. 针刺治疗　取翳风、听会、太阳、地仓、下关、颊车、并配曲池、合谷等穴。

6. 心理护理　患者多为突然起病，难免会产生紧张、焦虑、恐惧的情绪。有的担心面容改变而羞于见人及治疗效果不好而留下后遗症。这时要根据患者不同的心理特征，耐心做好解释和安慰疏导工作，缓解其紧张情绪，使病人情绪稳定，身心处于最佳状态接受治疗及护理，以提高治疗效果。

7. 局部护理　热敷祛风，以生姜末局部敷于面瘫侧，每日1/2小时；温湿毛巾热敷面部，每日2～3次，并于早晚自行按摩患侧，按摩时力度要适宜，部位要准确。只要患侧面肌能运动就可自行对镜子做皱额、闭眼、吹口哨、示齿等动作。每个动作做2个八拍或4个八拍，每天2～3次。这些运动对于防止麻痹肌肉的萎缩及促进康复是非常重要的。此外，面瘫患者应注意不能用冷水洗脸，避免直接吹风，随时注意天气变化，及时添减衣物，防止感冒。寒冷季节注意颜面及耳后部位保暖，避免头朝风口窗隙久坐或睡眠，以防发病或复发。

此外，保护暴露的角膜，防止发生结、角膜炎，可采用眼罩、滴眼药水、涂眼药膏等方法。对长期不恢复者可考虑行神经移植治疗。一般取腓肠神经或邻近的耳大神经，连带血管肌肉，移植至面神经分支，有效率60%左右。

第四节 格林-巴利综合征的康复

一、概述

格林-巴利综合征（Guillain-Barre Syndrome，GBS）又称"急性感染性脱髓鞘性多发性神经炎"（acute infectious demyelinated polyneuritis，AIDP），是由体液和细胞共同介导的免疫性脱髓鞘性周围神经疾病，累及脊神经根、周围神经，某些病例伤及颅神经。特征是对称性弛缓性瘫痪，腱反射减弱或消失，脑神经麻痹，脑脊液中蛋白含量增多而白细胞数正常，重症者呼吸麻痹危及生命。确切的病因尚不清楚，可能是由病毒感染，产生免疫介导迟发超敏反应，导致下运动神经元通路斑片样脱髓鞘。一般不伤及轴突，所以通常能按预计的过程恢复。严重病例，轴突瓦勒氏变性导致恢复过程延缓。在任何年龄均可发病，男女均等。病理变化有脱髓鞘、轴索变性、炎症细胞浸润等。

临床上格林-巴利综合征起病急，初期无发热、疼痛、肌肉触痛、无力和腱反射减弱。随着病程进展，产生运动无力或肢体瘫痪，感觉丧失和肌肉萎缩。87.6%的患者症状高峰出现在2星期以内。预后因病情轻重而不同。严重病例，第7、9、10对颅神经受累，患者可能有言语、吞咽和呼吸困难。如果累及髓质生命中枢，患者可能丧失呼吸功能，需要气管切开或辅助呼吸。大多数患者在几周至几月内完全恢复，仅留有相对少的后遗症。

格林-巴利综合征病因与发病机制目前尚未完全阐明，目前一般认为与在发病前有非特异性感染史与疫苗接种史有关，上述原因而引起迟发性过敏反应性免疫疾病。但是，以下几点还是会成为格林-巴利综合征病因的：第一，当患有糖尿病、尿毒症、血卟啉病、痛风等疾病时，会出现代谢和内分泌障碍，从而成为格林-巴利综合征的病因。第二，当出现系统性红斑狼疮、结节性多动脉炎、硬皮病等结缔组织病的时候，也会引发格林-巴利综合征。第三，当患有感染性疾病，如麻风、布氏菌病、流感、麻疹、白喉等疾病时，也是格林-巴利综合征的病因。第四，一些化学药物及物品中毒，也会出现格林-巴利综合征症状，如：一氧化碳、二硫化碳、四氯化碳、苯、甲醇及某些重金属中毒。第五，当身体的营养缺乏，出现脚气病、糙皮病、维生素B_{12}缺乏或者慢性酒精中毒时，都会成为格林-巴利综合征的病因。第六，受到感染，遗传，出现进行性肥大性多发性神经根炎时，也会导致格林-巴利综合征。在中医学上，认为暑湿、湿热；病机乃湿热侵淫经脉，筋脉弛缓，日久伤及肝肾脾三脏，致使精血亏损，肌肉筋骨失常等都会成为格林-巴利综合征的病因。

在感染至发病之间有一段潜伏期。免疫反应作用于周围神经的雪旺细胞和髓鞘，产生局限性节段性脱髓鞘变，伴有血管周围及神经内膜的淋巴细胞、单核细胞及巨噬细胞的浸润。严重病例可见轴索变性、碎裂。髓鞘能再生，在同一神经纤维中可同时见到髓鞘脱失和再生。有时见脊膜炎症反应、脊髓点状出血、前角细胞及颅神经运动核退行性变。肌肉呈失神经性萎缩。其临床症状为起病前1~4周有上呼吸道或消化道感染病史，或有疫苗预防接种史。四季均可发病，夏秋季为多。

格林-巴利综合征的诊断，可根据我国1993年中华神经精神杂志编委会结合Asbury的资料和我国国情提出的标准（见如表9-4-1）。

表9-4-1 我国GBS诊断标准

I	进行性肢体力弱，基本对称，少数也可不对称，轻则下肢无力，重则四肢瘫，包括躯体瘫痪、球麻痹，面肌以至眼外肌麻痹。最严重的是呼吸肌麻痹
II	腱反射减弱或消失，尤其是远端常消失
III	起病迅速，病情呈进行性加重，常在数日至1、2个星期达到高峰，到第4个星期停止发展，稳定，进入恢复期
IV	感觉障碍主诉较多，客观检查相对较轻，可呈手套、袜子样感觉异常或无明显感觉障碍，少数有感觉过敏，神经干压痛
V	脑神经受损以吞咽、迷走、面神经多见，其他脑神经也可受损，但视神经、听神经几乎不受累
VI	可合并自主神经功能障碍，如心动过速、高血压、低血压、血管运动障碍、出汗多，可有一时性排尿困难等
VII	病情1~3星期约半数有呼吸道、肠道感染，不明原因发烧、水痘、带状疱疹、腮腺炎、支原体、疟疾、淋雨受凉、疲劳、创伤、手术等
VIII	发病后2~4星期进入恢复期，也可迁延至数月才开始恢复
IX	脑脊液检查，白细胞常少于$10 \times 10^6/L$，1~2星期蛋白质升高，呈蛋白质/细胞分离，如细胞超过$10 \times 10^6/L$，以多核为主，则需排除其他疾病。细胞学分类以淋巴、单核细胞为主，并可出现大量吞噬细胞
X	电生理检查，病后可出现神经传导速度明显减慢，F波反应近端神经干传导速度减慢

二、症状

其临床特点以感染性疾病后1~3周，突然出现剧烈的神经根疼痛（以颈、肩、腰和下肢为多），急性进行性对称性肢体软瘫，主观感觉障碍，腱反射减弱或消失为主症。其具体表现为：

1. 运动障碍 四肢和躯干肌瘫是本病的最主要症状。一般从下肢开始，逐渐波及躯干肌、双上肢和颅神经，可从一侧到另一侧。通常在1~2周内病情发展至高峰。瘫痪一般近端较远端重，肌张力低下。如呼吸、吞咽和发音受累时，可引起自主呼吸麻痹、吞咽和发音困难而危及生命。

2. 感觉障碍 一般较轻，多从四肢末端的麻木、针刺感开始。也可有袜套样感觉减退、消失或过敏，以及自发性疼痛，压痛以腓肠肌和前壁肌角明显。偶尔可见节段性或传导束性感觉障碍。

3. 反射障碍 四肢腱反射多是对称性减弱或消失，腹壁、提睾反射多正常。少数患者可因锥体束受累而出现病理反射征。

4. 植物神经功能障碍 初期或恢复期常有多汗、汗臭味较浓，可能是交感神经受刺激的结果。少数患者初期可有短期尿潴留，多由于支配膀胱的植物神经功能暂时失调或支配外扩约肌的脊神经受损所致；大便常秘结；部分患者可出现血压不稳、心动过速和心电图异常等。

5. 颅神经症状 半数患者有颅神经损害，以舌、咽、迷走神经和一侧或两侧面神经的外周瘫痪为多见。其次为动眼、滑车、外展神经。偶见视神经乳头水肿，可能为视神经本身炎症改变或脑水肿所致，也可能和脑脊液蛋白的显著增高，阻塞了蛛网膜绒毛，影响脑脊液吸收有关。诊断本病根据感染性疾病后突然出现对称性四肢远端感觉、运动及营养障碍和腱反射消失即可确诊。

三、功能评定

1. 临床分型　Asbury 将 GBS 分为三型：① 经典的 GBS；② 急性运动轴索性 GBS；③ 运动—感觉性轴索性 GBS。

2. 病情严重程度分级　由中华神经精神杂志编委会于 1993 年提出（表 9-4-2）。

表 9-4-2　病情严重程度的分级

Ⅰ	轻型：四肢肌力 3 级以上，可独立行走
Ⅱ	中型：四肢肌力 3 级以下，不能行走
Ⅲ	重型：Ⅸ、Ⅹ和其他颅神经麻痹，不能吞咽，同时四肢无力到瘫痪，活动时有轻度呼吸困难，但不需气管切开人工呼吸
Ⅳ	极重型：在数小时至 2 日，发展到四肢瘫、吞咽不能、呼吸肌麻痹，必须立即气管切开人工呼吸。伴严重心血管功能障碍或暴发型亦并入此型
Ⅴ	再发型：数月（4~6 月）至 10 多年可有多次再发，轻重如上述症状，应加倍注意，往往比首发重，可由轻型直到极重型症状
Ⅵ	慢性型或慢性炎症脱髓鞘多神经病：由 2 个月至数月乃至数年缓慢起病，经久不愈，脑神经受损少，四肢肌肉萎缩明显，脑脊液蛋白质持续增高
Ⅶ	变异型：纯运动型 GBS；感觉 GBS；多脑神经型 GBS；纯全自主神经功能不全型 GBS；其他还有 Fisher 综合征，少数 GBS 伴一过性锥体束征和 GBS 伴小脑共济失调等

除此临床评定以外，应对患者的功能水平进行全面的评定。作业治疗评定应包括肌力测试（徒手肌力测试），关节活动范围测量，感觉测试（轻触觉、压觉、实体觉、痛温觉、本体感觉、两点辨别觉和实体觉），身体耐力，粗大运动的控制能力，精细运动的协调能力、操作能力和灵敏性，疼痛，自我概念，日常生活技能，劳动史，技能、兴趣和价值，娱乐兴趣和技能等，应记录测试的结果。（具体方法可参见第二章第二节和/或《康复疗法评定学》相关部分）

3. 预后和结果　大约有 10%~20% 的患者死于呼吸肌瘫痪。幸存者中，大约有 95% 在 6 个月至 2 年内完全恢复。完全恢复的患者可重新获得 4 级至 5 级肌力，全范围或接近全范围的关节活动，能独立行走，恢复手的基本活动功能；触觉，前庭觉和本体感觉正常或接近正常；能独立进行日常生活活动、生产活动和娱乐活动。

四、作业治疗

（一）治疗目的

维持和扩大关节活动范围，预防关节挛缩、肌肉萎缩、畸形等合并症的发生，改善和提高日常生活自理能力，促进患者回归家庭和社会。

(二) 治疗方法

一旦患者病情稳定,即可开始康复治疗。作业治疗师应该与物理治疗师、护士和其他康复小组成员协调,执行一个全面的康复治疗计划。

为了早期判断患者的病程以及愈后,需要准确的把握电生理学检查以及愈后情况,在观察患者病程的同时,注意每一块肌肉力量的变化,根据恢复的情况来进行作业治疗。

1. 急性期　康复有必要从早期开始进行,但是急性期的康复应注意以下两点。第一点是,由于疲劳性的肌力低下(overuse weakness)、疲劳性的损伤(overuse damage)、过负荷(overwork)容易引起相应的神经症状复发,病情再度恶化。第二点是,由于呼吸肌麻痹、球麻痹、肺栓塞、肺感染以及自律神经障碍等存在引起心跳停止的危险性。

(1) 神经症状的复发及再度恶化:GBS 初期,患病部位的末梢神经周围出现浮肿,与康复引起的代谢亢进和血流增加相反,末梢神经的血流由于浮肿和神经内膜压力上升而出现阻碍;由于缺血性的变化而出现神经纤维障碍;由于过负荷引起病态末梢神经的功能过度,从而引起神经细胞和轴索的代谢功能,轴索输送能力障碍,可能对再生功能产生不良影响。

(2) 防止继发合并症:在 GBS 愈后不良的病例里面,有一部分是发病早期就进行了过大的肌力增强训练。一般是三到四周以后,神经症状平稳后才开始进行康复训练。但是,由于恢复期以后主要的功能障碍应是关节的挛缩,所以,应在早期进行 ROM 训练以防止关节挛缩。因此,在急性期,为了防止引起肌肉萎缩和关节挛缩,褥疮,压迫性末梢神经障碍等二次合并症,需要避免积极的肌力增强训练,注意禁止过量训练,应该进行保护性的被动 ROM 训练,以及良肢位的保持。在某些阶段,有必要等待神经的自然恢复,避免做以单纯肌力强化为目的的跑步训练。

(3) ROM 训练:ROM 训练,一天两次,各关节 3~5 次(这是最低标准),在注意关节对位对线的同时,要缓慢进行。特别是肩关节的后续问题比较多,更需要慎重(图 9 - 4 - 1)。肌肉由于迟缓会出现关节的不稳定。伸直的能量是力量×时间,所以没有必要施加很强的力量。必要时使用防止变形的夹板以及防止尖足的足底板、足托等是有效的。

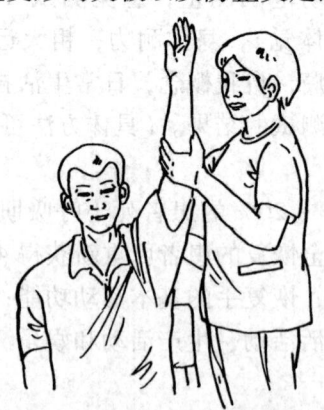

图 9 - 4 - 1　在固定肘关节,注意肩关节对位对线的同时,做肩关节的被动 ROM 训练,腕关节佩戴支具

(4) 风险管理:要注意血压、脉搏的变化。作为呼吸管理的一种,要进行以预防无气肺和感染为目的的腹式呼吸训练、体位排痰、咳嗽训练等。还有进行下肢的被动运动、体位变换、使用弹力袜等,预防下肢的静脉血栓。

(5)交流和心理支持:运动麻痹是全身性的,在佩戴呼吸机时,使用"交流版"等交流手段,防止患者出现妄想和抑郁症状等所谓的"ICU"综合征。由于患者身体不能动,比较痛苦。可以在护士呼叫器上做一些改良,便于患者使用。同时有必要评价患者哪个部位能够操作护士呼叫器。(图9-4-2)

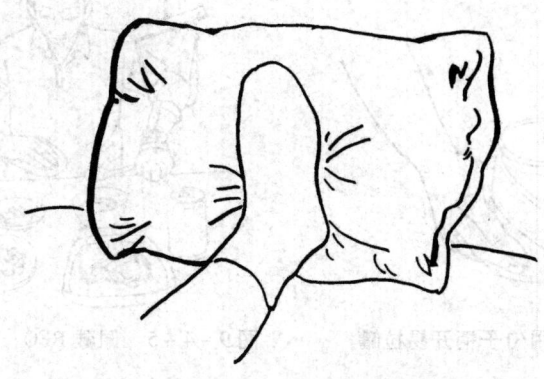

图9-4-2 用脚踩的护士呼叫器

2. 恢复期

(1)坐位训练:一般在神经症状稳定后2~4周内开始恢复。戴呼吸器的患者要进行改善肺活量的训练。治疗师通过评价观察患者呼吸的同时,再慢慢过渡,进行坐位训练。如果使患者脱离呼吸器和各种检测仪器,就可以进行各种积极的作业疗法。但必须要注意的是要防止体位性低血压和肩关节半脱位。由于肩关节周围肌肉迟缓,并且上肢在重力的作用下下垂,从而引起肩关节半脱位。在采取坐位时,必须将上肢放在桌上。在防止关节囊、韧带、肌腱等拉长的同时,保持关节的对位对线,从而促进肌肉的运动。让患者在正确的坐位下看杂志、看电视等,提高患者的耐力。(图9-4-3)而且,根据每块肌肉的恢复情况,让患者自己翻杂志,从基本上没有负荷的动作开始训练。

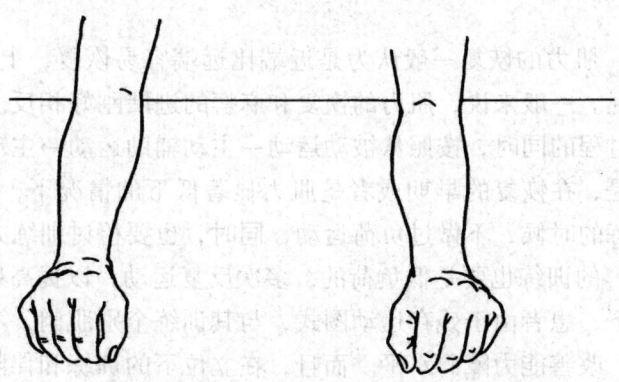

图9-4-3 坐位下的上肢良肢位保持

(2)ADL训练:这时要考虑进行肌肉力量和手指的灵巧性的训练,使用BFO(balanced forearm orthosis)、悬吊带、自助具等进行以食事动作、整容动作为中心的ADL能力(图9-4-4~5)。BFO和悬吊带可以减轻肌肉疲劳,使患者自立。使单侧扶手和桌子同高,支持前臂,取代BFO,这时肘关节屈曲肌肉在二级左右就可以在肩胛带的带动下做肘关节屈曲。但是,前臂由于自身的重量,会压迫单侧扶手,所以,在单侧扶手上要垫毛巾以避免患者疼痛（图9-4-6）。需要注意的是患者由于缺乏耐力，所以一次的训练时间要短，避免进行过量训练。

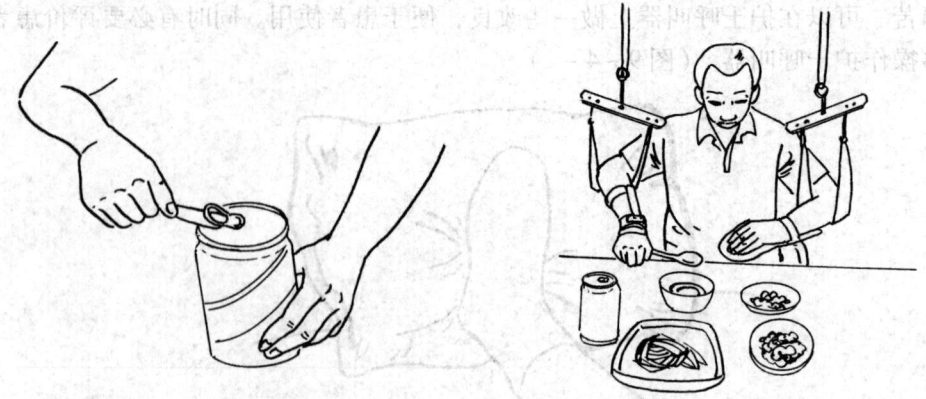

图9-4-4 利用勺子柄开易拉罐　　图9-4-5 佩戴BFO、支具进行的食事活动

图9-4-6 前臂支持在单侧扶手上的食事活动

右手持勺，左手持插。改变勺子柄的角度。

另外，卧室的物品放置要放在患者能够够到的位置，尽量使患者自己能够进行ADL动作。

（3）肌力增强：肌力的恢复一般认为是近端比远端容易恢复，上肢比下肢容易恢复，但是也有相反的情况。一般来说，肌力的恢复和麻痹的进展刚好相反。肌力增强训练的基本点是在评价恢复过程的同时，按照从被动运动→主动辅助运动→主动运动→抗阻运动的顺序进行训练。但是，在恢复的早期或者是肌力显著低下的情况下，患者往往缺乏耐力，容易疲劳。在做训练的时候，不做过负荷运动，同时，也要检讨训练方法。提高效率（单位时间内的工作量）的训练也要是低负荷的，多次反复运动，以提高患者的耐力。在没有深感觉障碍的情况下，患者由于残存运动图式，与其训练个别肌肉，不如做整体运动来强化肌肉力量，同时，改善能力障碍水平。而且，在立位下的训练和伴随步行的训练要注意不引起膝关节的反张。

脱髓鞘性GBS，一般在几周到几个月内就能治愈，并且不留后遗症。但是，轴索型GBS的恢复一般在两年左右趋于平稳。但是，每个案例都不一样，因此，要针对每个病例做相应的处理。GBS跟男女老幼没有关系。因此，对应各种状况（回归工作岗位、就业、回归学校、上学等）制定有效的作业训练项目是非常必要的。

3. 负荷　急性期和恢复期时，无论如何都要进行作业疗法训练，这时就要考虑负荷程度的问题。目前尚没有相应客观的指标作为参考，一般以患者自我感觉第二天残存的肌肉疲劳感以及肌肉的僵硬度、疼痛等主观信息为基础，再结合参考肌力和 CPK 的检查值，来随时调节训练的负荷。

4. 心理支持　GBS 临床症状起病急，特别是急性期患者心里会出现混乱和不安。还有，由于肌肉力量低下、肌肉的易疲劳性和耐力低下，使得康复不能照预想那样进行。患者可能会对康复产生不满和焦虑。时刻考虑 GBS 的特征、风险管理和患者每天的症状变化，以求改善患者的 ADL 和 APDL 能力，提高患者的主动性，使患者情绪稳定。这时，在患者周围的医疗工作人员有必要统一对愈后的认识。学龄期的患者，一定要考虑教育的问题和成长期的心理治疗项目。

5. 其他治疗措施　可根据电诊断的结果进行电刺激，以帮助恢复运动功能；如有面神经麻痹，可按周围性面神经麻痹的原则处理，吞咽障碍可参照相关的治疗措施。

（王刚　王蓓蓓　刘璇）

思考题
1. 周围神经病损的功能障碍特点是什么？
2. 什么是贝尔氏面瘫？
3. 格林－巴利综合征存在哪些功能障碍？
4. 格林－巴利综合征的作业疗法有哪些？

第十章 四肢骨折的康复

> **学习目标:**
> 一、掌握骨折作业治疗的目的与原则
> 二、熟练掌握作业活动选择指南
> 三、了解骨折的成因及分型
> 四、了解手外伤后的康复流程及手康复作业治疗史
> 五、熟悉手外伤的康复治疗原则及手外伤后职业的康复
> 六、掌握手外伤常用的 OT 评价方法及 OT 重要的治疗方法

第一节 骨折的康复

一、概述

骨或骨组织遭受暴力作用引起的骨组织部分或全部连续性中断者,称之为骨折。如果骨骼本身病变,在遭受外力时发生骨折者,则称之为病理性骨折。

1. 成因

1)直接暴力:暴力直接作用使受伤部位发生骨折,常伴有不同程度软组织损伤。如车轮撞击小腿,于撞击处发生胫腓骨骨干骨折。

2)间接暴力:暴力通过传导、杠杆、旋转和肌收缩使集体远处发生骨折。如跌倒时以手掌撑地,暴力向上传导,根据上肢与地面的角度不同,力的传导可致桡骨远端骨折或肱骨髁上骨折。

3)积累性劳损:长期、反复、轻微的直接或间接损伤可致使肢体某一特定部位骨折,如远距离行军易致第二、三跖骨及腓骨下 1/3 骨干骨折,成为疲劳性骨折。

2. 分类

(1)根据骨折处皮肤、黏膜的完整性分为:

1)闭合性骨折(closed fracture):骨折处皮肤或黏膜完整,骨折端不与外界相通。

2)开放性骨折(open fracture):骨折处皮肤或黏膜破裂,骨折端与外界相通。

(2)根据骨折的程度和形态分为:

1)不完全骨折:骨的完整性和连续性部分中断,按其形态分为两种。

①裂缝骨折：骨质发生裂缝，无移位，多见于颅骨、肩胛骨等。
②青枝骨折：多见于儿童，骨质和骨膜部分断裂，可有成角畸形。
2）完全骨折：骨的完整性和连续性全部中断，按骨折线的方向及其形态分为八种。
①横行骨折：骨折线与骨干纵轴接近垂直。
②斜形骨折：骨折线与骨干纵轴呈一定角度。
③螺旋形骨折：骨折线呈螺旋状。
④粉碎性骨折：骨折碎裂成三块以上。
⑤嵌插骨折：骨折片相互嵌插，多见于干骺端骨折。骨干的坚质骨嵌插入骺端的松质骨内。
⑥压缩性骨折：骨质因压缩而变形，多见于松质骨。
⑦凹陷性骨折：骨折片局部下陷，多见于颅骨。
⑧骨骺分离：经过骨骺的骨折，骨骺的断面可带有数量不等的骨组织。
（3）根据骨折端稳定程度分为：
1）稳定性骨折　骨折端不易移位或复位后不易再发生移位者，如裂缝骨折、青枝骨折、横行骨折、压缩性骨折、嵌插骨折等。
2）不稳定性骨折　骨折端易移位或复位后再移位者，如斜形骨折、螺旋形骨折、粉碎性骨折等。
（4）骨折段移位：大多数骨折的骨折段均有不同程度的移位，常见有以下几种。
1）成角移位：两骨折段的纵轴线交叉成角，以其顶角的方向为准有向前、后、内、外成角。
2）侧方移位：以近侧骨折段为准，远侧骨折段向前、后、内、外的侧方移位。
3）缩短移位：两骨折段相互重叠或嵌插，使其缩短。
4）分离移位：两骨折段在纵轴上相互分离，形成间隙。
5）旋转移位：远侧骨折段围绕骨的纵轴旋转。
造成各种不同移位的影响因素：外界暴力的性质、大小和作用方向；肌肉的牵拉，不同骨折部位，由于肌肉的起止点不同，肌肉牵拉造成不同方向移位；骨折远侧段肢体重量的牵拉，可使骨折分离移位；不恰当的搬运和治疗。

（一）骨折诊断
骨折的诊断主要依据外伤史、主诉、体征及 X 线检查。个别难以诊断之关节内骨折，波及椎管的骨折等，尚需依据 CT 扫描或磁共振（MRI）成像技术。
（二）骨折愈合
即骨折断端间的组织修复过程，大致分为两个阶段。前期为准备阶段，包括局部出血、炎性反应和坏死、修复组织及生骨细胞的增殖以及断端间纤维组织、软骨和新骨的形成；后期包括骨痂的成熟及重建。骨折修复开始时，其表现为一般软组织损伤，但随后则是由软骨痂演变为硬骨痂。从组织学及生理学变化上，骨折愈合可分为六个阶段：①撞击期。②诱导期。③炎症期。④软骨痂期。⑤硬骨痂期。⑥重建与改建期。骨折愈合需要牢靠的固定、充足的血液供应和有利的力学环境。临床骨折处理应在尽可能保持充足的血供条件下从最初的坚强固定逐步过渡到弹性固定，使骨折断端承受较多的生理应力，以避免应力遮挡。早期介入康复治疗，逐渐加大功能锻炼，以促进局部血液供应，防止骨质疏松和肌萎缩，有助于早期功能的恢复。骨折治疗应注意协调固定与运动之间的矛盾，使其有利于向骨折愈合发展。骨折愈合受到多种因素影响，除周身因素外，还取决于骨折部位血运的状况、骨折类型、原始的治疗，特别是骨折固定的可靠程度和有否感染等因素。

（三）骨折治疗原则

骨折治疗应遵循以下3个原则：①尽可能达到解剖复位，至少不能低于功能复位；②合适的固定，以维持已经整复的位置；③早期康复，恢复功能。

骨折治疗原则也是骨折康复应遵循的基本原则。

二、功能评定

（一）一般评定

评定应参考骨折复位的方法、骨折稳定程度和骨科医生的治疗方案。在作业治疗方面，除了关节活动度和肌力的一般性评定以外，重点是对骨折患者的日常生活活动（ADL）能力的评定。

（二）ADL评定

ADL评定的主要内容有：

1. 个人自理类　如穿衣、进食、梳洗、上厕所、沐浴，自理生活中的一些徒手操作。

1）室内活动，如家庭卫生、家务劳动、用电话、看电视、写信、操作电脑、打牌、娱乐休闲。

2）室外活动，如乘公共汽车、采购、旅游、社区活动和交际。

2. 躯体活动类　如床上活动、坐、站、转移（床到椅，椅到卫生间等）、步行、上下楼梯、驱动轮椅。

治疗师可以通过谈话、交流等形式，了解患者有关ADL的具体要求和目标。从而选择最恰当的治疗性作业活动，促进患者开展日常活动、工作和休闲活动。

（三）骨折预后的评定

1. 畸形：骨折后畸形可由畸形愈合造成，也可以是正常愈合后发育障碍的缘故。应该熟悉那些易出现畸形愈合的骨折部位及其移位方式。例如：①肱骨髁上骨折远端骨折片向内（尺）侧移位，引起肘内翻畸形。②股骨粗隆间骨折，远端内收移位引起髋内翻畸形。③胫骨平台骨折引起膝内（外）翻畸形愈合等。

2. 功能障碍：①关节内或近关节部位的骨折，容易引起关节内及关节周围粘连，影响关节运动。②骨折移位严重的，即使复位较满意，但因局部软组织损伤往往较严重，与骨折端粘连广泛，会限制肌肉运动及关节活动范围。

3. 骨缺血性坏死：由于创伤对骨骼某部分血运的破坏，使该部分因缺血而发生坏死。常见的部位有腕舟骨、腕月骨、股骨头、距骨。

4. 创伤性关节炎：创伤性关节炎是在关节发生创伤后的退行性变。凡是进入关节的骨折或脱位都应估计到这种后遗症的可能。

三、作业治疗

(一) 治疗原则

骨折患者康复治疗的基本原则为：整复、固定、功能训练。作业治疗的作用，主要在于加速骨与软组织的愈合，缩短疗程，并促进患者运动功能的恢复。

(二) 治疗目的

随着作业治疗专业的发展，现代作业疗法按其应用范围、治疗目标和主要作用途径，形成了几个流派。在骨科康复中应用最多的是功能性作业疗法。

其作用是：

1. 促进肿胀消退：骨折后局部肿胀是外伤性炎症反应，由于组织出血、体液渗出，加以疼痛反射造成的肌肉痉挛、唧筒作用消失、局部静脉及淋巴管淤滞、回流障碍所形成。同时因疼痛反射引起的交感性动脉痉挛而致损伤局部缺血，更加重了局部疼痛。如能在骨折复位及固定的基础上，逐步进行适度的肌肉收缩，恢复肌肉唧筒作用，有助于血液循环，促进肿胀的消退。

2. 减少肌肉萎缩的程度：功能性作业治疗可以减少骨折后废用性肌萎缩的程度，还可以保持大脑对相关肌肉的支配，无需等待石膏拆去后重新建立这种联系。

3. 防止关节粘连、僵硬：长时间不恰当地固定可造成关节僵硬。而且未经固定，但长期不运动的关节也会产生僵硬。关节僵硬原因是由于肌肉不运动，静脉和淋巴液淤滞，循环缓慢，组织水肿，渗出的浆液纤维蛋白在关节囊皱襞和滑膜反折处以及肌肉间而形成粘连。这种水肿不仅发生在骨折邻近部位的关节，也会发生在骨折以远的部位。如果早期开始进行未固定关节的充分的主动活动和固定范围内的肌肉等长收缩练习，是有可能避免关节的粘连和僵硬的。

4. 促进骨折愈合过程的正常进行：功能锻炼可以促进局部血液循环，使新生血管得以较快地生长。同时借助固定以保持骨折端的良好接触，并使骨折端产生纵向挤压，有利于骨折愈合和塑形。

5. 改善运动的协调性和灵活性，以及对运动的调整：使患者能完成日常生活活动和必需的劳动，有效提高生活质量，促进参与社会和重返社会。

(三) 治疗特点

骨折康复是以团队形式开展工作的，其成员包括骨科医生、物理治疗师、作业治疗师、矫形支具师、护士等，作业治疗是其中重要组成部分。作业治疗和物理治疗各有其侧重点。物理治疗着重于恢复运动功能，应用增强肌力、耐力、关节活动度、协调平衡和心肺功能活动进行训练，在康复治疗中介入较早。作业治疗侧重于恢复患者的认知、操作和生活自理能力。应用认知、自理生活、生产和文娱等经过选择和设计的作业进行训练。训练特点是认知和感知觉训练比重大，精细运动比重大，粗大运动比重小，与自理和生产技能的关系密切，注重操作和认知能力。常采用的训练工具有：有助于 ADL 自理的用品用具、生产性工具、文娱工具、认知训练用品、自行设计制作的矫形器支具等。

(四) 作业活动的选择

1. 骨折愈合过程的不同阶段，应选择与之相适应的作业治疗项目和强度。

2. 选择的作业活动应该符合患者的需求，具有趣味性，使患者乐于接受，并能积极主动地参加具体活动。

3. 选择的作业活动应和患者的日常生活、休闲活动和工作有关，有助于患者恢复维持基本生活和提高必要功能的技能，有助于提高生活质量。

4. 选择的作业活动量应该是可调节的，例如根据关节活动范围、肌力和协调性的评定情况，可从活动强度、难度和时间等方面调节，循序渐进地增加作业活动量。

5. 作业疗法的应用技术繁多，可以按照作业的功能分类，也可以按照所需的技能分类。单侧上肢骨折患者需要训练用单手梳洗、穿脱衣服或利用非优势手书写、掷球、开门等。人工髋关节患者需训练体位转移等技巧。对于感觉功能障碍者需要采取感觉替代等技巧。有些患者还需要使用辅助器具。

6. 上肢的主要功能是手的使用，上肢任何一个关节运动受限，都会影响到手机能的充分发挥。因此评定上肢的骨关节损伤时，除损伤局部所属关节的评定外，对其他未受伤的部位都应关注。例如前臂骨折患者除骨折部位评定外，还应对手、肘、肩关节做评定，这一点对老年患者尤其重要。

7. 下肢的主要功能是负重和行走，要求髋、膝、踝等关节充分的稳定性和强有力的肌肉，特别是股四头肌、臀大肌和小腿三头肌。

（五）骨折固定期的作业治疗

骨折整复固定后，待患者全身状况和局部伤口条件许可，骨折断端稳定，即可开始作业治疗，但作业治疗强度应在临床医生限制的范围内，也不能超过患者的耐受程度。运动初期阶段（主动运动或被动运动）患者会感到骨折局部疼痛，但随着运动的进展，这种感觉会逐渐消失。如果经锻炼后，疼痛时间持续超过 2 小时，则提示治疗强度过大，治疗量应减半。疼痛评定可采用视觉模拟评分法（VAS），即在白纸上画一条粗直线，长 10cm，在线的两端分别附注词汇，一端为"无痛"，另一端为"最痛"。患者根据自己所感受的疼痛程度，在直线上某一点做一记号，以表示疼痛的程度及心理上的冲击。从起点至记号处的距离的长度也就是疼痛的量。它的优点是简单明白，易行易评。

需要强调的是，必须在确保骨折断端固定的前提下做骨折邻近部位关节的活动，这样才能安全有效地达到预防关节僵硬和肌肉萎缩的目的。指导患者正确地活动患肢，并尽可能独立完成个人生活自理、休闲活动和相关的工作。例如上肢骨折患者可推荐使用进食类、梳洗修饰类、穿衣类、沐浴类等自助具（self help devices），或使用上肢悬吊架，从而减轻肢体和石膏重量，有利于关节的早期活动。对于下肢骨折患者需要采取保护性措施，如使用长柄的穿鞋器、洗澡刷、防滑椅等。

早期运动治疗方案涉及运动的类型、时间和运动量。一般控制下的运动练习是在重力助动或重力消除的平面进行，如利用滑板或悬吊系统装置进行锻炼。有主动助动的关节活动和主动关节活动。首先在关节活动度中间范围进行练习，逐渐进展到全范围的关节活动度。为了促进局部血液循环和骨折愈合，应鼓励患者进行超越骨折部位的肌肉等长收缩练习。对于有些患者，如肌力较弱、关节较僵硬者，首先由治疗师在允许的运动弧内进行被动运动，随后要求患者主动运动，以维持被动运动所能达到的运动范围。对于采用骨折外固定架或固定针固定骨折的患者，应经常使用碘伏或酒精清洁针孔，以预防感染发生。对于开放性骨折的伤口处理应遵循延迟伤口闭合原则。

（六）骨折愈合期的作业治疗

治疗性锻炼通常从主动运动开始，改善患肢肌肉的功能。例如，主动肌、拮抗肌和肌肉静态的协同收缩，重点是恢复患肢的关节活动度、稳定性、负重和活动技巧。假如患肢肿胀仍然存在，除了采取抬高患肢和主动肌肉收缩措施外，也可采用压力治疗，如压力手套、袖套以及向心性按摩。为改善关节僵硬或疼痛，治疗师可综合采取蜡疗、水疗、热疗与运动练习等各种措施。

对于骨折稳定而关节僵硬患者，可采用关节松动术，以改善关节附加运动，并结合被动牵张，以增加被动活动度。也可考虑采取夹板或持续被动运动机械来增加被动 ROM。手术切开复位及软组织修复术后的粘连或瘢痕增生也可能使活动度受限，疼痛增加，感觉改变。对此治疗师应指导患者进行深度按摩，连续加压治疗，另外使用高弹性绷带、硅胶等有利于瘢痕塑形。

（七）作业治疗的注意事项

1. 上肢是一个功能单位，主要是手的运用。治疗上肢骨折时，除针对损伤局部进行治疗以外，对其他未受伤的部位和关节都应给予适当训练，并提示患者进行主动锻炼，预防继发性关节僵硬和废用性肌萎缩。

2. 保持正常的步态和直立姿势需要力量（肌力）、协调和下肢的运动等主要因素，当其中任何一个因素受到损伤，进行基本功能动作时，例如步行、坐、站、跑、下蹲、爬等可能会受到严重干扰。因此，治疗下肢损伤，治疗目的不仅是恢复身体 ROM 和肌力，而且也应该进行恢复平衡、协调能力和控制能力的训练。对于下肢功能障碍患者，治疗师应着重于矫正步行方式，正确使用辅助器具及转移技巧，因为不良姿势和步态会影响功能最大程度地恢复。

3. 无论下肢怎样残疾，当治疗时，必须考虑以下几点：

（1）即使在下肢 ROM 尚未完全恢复的时候，也能够适当地进行下肢的活动。在治疗过程中，应把稳定性作为优先考虑治疗的项目。

（2）确定患肢负重程度（如全部负重、部分负重或不负重）时，取决于患肢的恢复程度，如处于骨折愈合过程中的时期。

（3）治疗时患者应穿合适、舒服的鞋，避免穿拖鞋和有鞋跟的鞋。

（4）治疗室应配备一面全身镜，让下肢损伤患者治疗训练时，通过镜子观察自己的姿势和步态。

（5）如同上肢一样，下肢应视为一个功能单位来治疗，重点在损伤关节。

（6）在关节固定期间，应当鼓励患者进行固定关节周围肌肉的等长收缩练习，同时应保持未被固定的关节的主动活动，以预防关节僵硬和废用性萎缩。被固定时，这些练习最好在治疗师的监督下进行。

（7）损伤以后，必须预计到运动练习和负重中可能会出现的疼痛。治疗师可以采用双侧肢体在有节奏、温和放松的气氛中，帮助患者减少疼痛。需要注意的是，有些患者为了减轻疼痛，采取跛行或其他不正确的姿势，这样做虽然可以暂时缓解疼痛，但是长期以往会对肢体功能的恢复产生不利影响。

(8) 当肌力有所提高后，可在中间活动范围内进行最大抗阻运动训练。

（八）常见部位骨折的作业治疗

1. 锁骨骨折

（1）骨折原因及类型：骨折位置表浅，易发生骨折。间接暴力造成骨折多见。跌倒时手或肘着地，外力自前臂或肘部沿上肢向近心端冲击；肩部着地更多见，撞击锁骨外端造成骨折，多发生于儿童及青壮年。

间接暴力造成的骨折多为斜型或横型，其部位多见于中段；直接暴力造成骨折因着力点不同而异，多为粉碎或横型。幼儿多为青枝骨折。

（2）临床症状及诊断：锁骨骨折后肿胀，压痛或有畸形，可能摸到骨折断端。伤肩下沉并向内倾斜，上臂贴胸不敢活动，健手托扶患侧肘部，以减轻上肢重量牵引起疼痛。

幼儿多为青枝骨折，皮下脂肪丰满，畸形不明显，因不能自述疼痛位置，只有啼哭表现，但病儿多向患侧偏斜，颌部转向健侧。

（3）治疗：幼儿青枝骨折用三角巾悬吊即可。有移位骨折用"8"字绷带固定1~2周。少年或成年人有移位骨折，手法复位"8"字石膏固定。固定后即可练习握拳，伸屈肘关节及双手叉腰后伸，卧木板床休息，肩胛区可稍垫高，保持肩部后伸，3~4周拆除外固定，骨折通常于4~6周后愈合。"8"字绷带去除后的第1周内，仍需以三角带悬吊保护。

第1至第2天，站立位，上身向患侧屈并稍向前倾，用健肢托住患侧前臂，放松患肢肌肉使之自然下垂，做肩部的前后左右摆动，逐渐努力增大运动幅度。

第3至第4天，将上述运动过渡到主动运动，依靠患肢肩带肌的力量活动，并开始在健肢的帮助下抬高患肢，做肩关节活动范围的被动活动。

第6至第7天，开始做肩关节各方向和各轴位的主动运动、助力运动和肩带肌的抗重力和抗阻力练习。

在去除固定的最初2周内，避免肩带过分用力和过多的前屈运动。至第3周以后再进行扩大肩带和肩关节各个方向的活动和肌力练习。

2. 肩部　肩部骨折固定会很快导致关节僵硬和疼痛，因此要求骨折处理后（包括手术的或非手术治疗），在控制的范围内由治疗师进行专业化的被动活动、主动助动活动或主动活动。重点是恢复患者的功能性活动，特别是日常生活活动（ADL）。相对稳定的肩部骨折，一但急性疼痛减轻，立即开始功能锻炼。可进行缓和的主动运动，改善肩关节的一般性活动范围，重点是肩关节的外展和前屈活动。

不稳定的肩部骨折需要切开复位钢板螺钉内固定。一般手术后2周才开始肩部活动。在保护下进行被动活动和主动助动运动练习。也可利用辅助器，如肩关节悬吊架或滑板进行练习。治疗过程中需定期拍摄X线片检查骨折愈合情况。在术后最初的6~8周内进行肌肉等长收缩练习和肩关节钟摆运动练习。要求健手托住患侧肘部，弯腰时上肢尽量放松和下垂，做钟摆运动和顺时针及逆时针的划圈运动，可逐渐增加钟摆活动范围及划圈大小。

当肩关节运动范围改善后，应扩大其活动范围，并且逐渐减少对患肩的支持。例如，肩关节悬吊架（或滑板）原先在腰部高度的活动平面，应该增加到胸部平面的活动。鼓励患者进行肩部平面的外展和前屈。也可以采用捻线机进行肩关节旋转练习。当石膏或夹板外固定去除后，可开始主动助动活动和主动活动，进行肩关节前屈、后伸、外展、内旋、外旋和等长肌肉收缩练习。应鼓励患者参与休闲娱乐活动，有助于肩关节功能恢复，例如，游泳、射箭、乒乓球、台球、日常家务劳动及园艺劳动。

3. 肘部和前臂　肘和前臂的功能主要是肘关节屈伸和前臂的旋前及旋后。对于肘部和前臂骨折的作业治疗，主要是解决因肘和前臂功能失衡引起的 ADL 存在的任何问题。开始阶段的治疗包括轻柔的活动，鼓励患者主动练习肘关节屈伸，前臂旋前和旋后，手的握持动作。重点是消除肿胀和改善关节活动范围，然后是肌力和协调性的练习。早期的作业治疗方法可利用绘画、制作糕点、沙粒作业、编织、陶器作业和治疗性游戏等作业活动，后期作业治疗应增加较大阻力及全范围的活动度练习。例如：直立姿势下的织布机作业、印刷机作业、捻线机作业、肩轮作业、金工作业、木工作业等。

肱骨髁上骨折一般采用石膏或夹板外固定，维持肘关节屈曲 90°~100°位，上肢用颈横带悬挂。2 周后，每天去除夹板，在保护下，采用重力消除体位（即治疗师托住患肢或将患肢放置于滑板面），患者进行轻柔的无阻力的主动运动。需要特别强调肘关节主动活动和肘关节屈曲的重要性。禁忌肘关节暴力下的被动活动和肘关节伸直牵拉，以避免或减少前臂肌肉发生缺血挛缩或骨化性肌炎的危险性。复杂的肘部骨折需要手术切开复位，坚固的内固定。一般手术后 3~5 天开始主动活动练习。

桡骨头骨折很少需要固定。无移位骨折或关节面完整的患者，仅需颈横带悬吊固定保护 2 周。鼓励患者每天主动进行旋前旋后活动，重点是旋后活动练习，因为旋后活动较难恢复到全范围的活动度。

前臂远端骨折是上肢最多见的骨折，绝大多数受伤机制是跌倒时上肢处于伸直位，这是一种保护性伸直反应。前臂远端骨折分为 Colles 骨折、Smith 骨折和 Barton 骨折。这些骨折累及到桡骨和（或）尺骨以及尺桡关节。通常需要经皮穿刺的钢针固定，或骨牵引架固定。如果是远端尺桡关节广泛损伤，则上肢需采取长臂石膏固定。固定范围自掌指关节至肱骨中部，以控制前臂旋前和旋后。大多数前臂骨折需采用短臂石膏固定 6~7 周，固定范围从掌指关节至上臂，然后改用静态夹板固定 2~4 周。短臂石膏允许近侧和远侧指间关节屈伸，因石膏远端覆盖掌横纹，所以掌指关节屈曲受限，但拇指和小指之间可进行侧方活动。

假如患者石膏固定的远端或近端关节不能充分活动，或者石膏拆除后活动受限，需要及时治疗。治疗从主动活动开始。对于稳定性骨折可采取被动牵伸和关节松动技术。鼓励患者在耐受范围内恢复功能性活动，如 ADL 活动、治疗性游戏、工艺作业等。外固定去除后 2 周开始力量练习。重点是恢复腕稳定性，可采用治疗泥、改锥、皮革冲压机具等进行手抓握练习。因为这些作业需要反复有力的握持和腕关节稳定。前臂骨折远端愈合后，鼓励患者进行上肢逐渐分级持重练习。

对于使用骨折外固定架的患者，应根据外科医生的医嘱，在骨折固定架的上下端的关节应早期开始主动活动。经主管医生许可后，主动运动可在漩涡池中进行，其优点是即可以清洁伤口，另外可利用水的振动有效改善血液循环，并且利用水的浮力可在减重环境中进行肢体活动。外科医生可能首先要求治疗师放松固定架，早期进行腕关节屈曲练习，然后待数周后再进行伸腕练习。腕关节活动范围必须在外科医生规定的范围内进行。当外固定架去除后，改换为夹板固定。此时的作业治疗方案应与夹板固定期治疗方案相一致。一般情况下，患者腕关节最大功能的恢复大约需要 9 个月的时间。

4. 髋　髋部骨折和下肢关节置换是两种骨科 conditions，发生率呈上升趋势。老年人更容易患骨科疾病，如骨质疏松症和骨关节退行性病变。医学的进步也使得对于髋部骨折和下肢骨关节疾病的治疗变得更安全、更容易。下肢关节疾病可导致暂时的或更长时间的残疾。一个载重受限的关节在一定时间内是不稳定的，在一定程度上会限制日常生活和活动能力。

老年人造成髋部骨折的风险最高。活动量的减少和骨质疏松是两个明确的风险因素。尤其是高龄女性骨质疏松的程度比男性高，因此当她们跌倒时更易发生髋部骨折。

因为灵活性降低、力量减弱、视野缩小、反应时间延长和使用一些辅助用具，例如手杖和步行器等，老年人的活动能力受到了限制。很多老年人在活动的时候变得更加小心而且恐惧摔倒。那些有关节炎或其他关节疾病病史的人是下肢关节置换术的主要候选人。那些选择做这个手术的人通常在之前的几个月或几年之内感觉到他们的关节越来越疼痛，已经限制了他们的日常生活活动。他们希望，通过置换那些疼痛的关节，恢复到更积极、更舒适的生活方式中。

5. 膝

（1）膝关节的稳定性，对于人体的直立姿势、正常步态、上下楼梯以及控制躯体升降、跪、蹲、跑、跳的动作是极其重要的。一旦膝关节软弱无力或者不稳定，上述动作就难以进行。应特别注意有否膝关节伸直滞迟（extensor lag，即膝关节主动伸直角度小于被动伸直角度）。如果存在膝关节伸直滞迟情况，在改善膝关节屈曲角度以前，首先增强股四头肌肌力，以纠正膝关节伸直滞迟。作业治疗可选用股四头肌练习器、木工车床、编织等作业。

（2）当膝关节伸直滞迟纠正后，患者应在临床医师允许的范围内进行膝关节屈曲练习。作业治疗可选用制陶旋盘工具、脚踏线锯、木制车床、编织机和治疗性游戏，如圈和叉的游戏。可以逐渐增加膝关节的屈曲角度，患者进行上述作业时下肢可以部分负重，当允许全部负重时，治疗方案可扩大到膝关节全范围的 ROM 练习，并可进行最大程度的抗阻练习。

（3）平衡、扭转、下蹲及倾斜训练。可选用平衡板、轮胎或治疗性游戏。应鼓励患者进行适度的体育活动，如游泳、骑自行车、爬山等运动项目。

（4）如果患膝仍呈现僵硬、肿胀状况时，治疗师采用的治疗量不宜过大，因为有可能加重症状。此时的主要治疗目标是，改善步态、改善平衡及提高工作耐力。如果膝关节屈曲能恢复到 90°，则可以满足患者大部分活动的需要。膝关节骨折的患者特别强调要纠正伸膝滞迟，尽可能保持膝关节稳定性，预防并纠正膝关节屈曲挛缩。

6. 踝和足　由于解剖结构的特点，踝和足是非常稳定而且灵活的功能单元。踝和足的任何骨折损伤所遗留的僵硬或无力，都将会影响到步态或平衡。一个无力的踝关节，特别在通过凹凸不平的路面、转弯或奔跑时都显得很困难，而且容易受到伤害。处理原则是：消除肿胀，改善踝关节和足的稳定性和活动范围。

作业疗法可选用坐位车床作业、制陶转轮、足治疗性游戏、足板迷宫、织布机、足踏板线锯作业等。当踝关节和足的活动改善后，可进行抗阻训练和增大关节 ROM 的练习。鼓励患者做主动踝关节内外翻练习和足趾屈伸活动。可继续选用足踏板线锯作业，足用圆柱体或用足绘图等练习。

对于平衡和协调训练，可利用平衡板、轮胎，鼓励患者做蹲坐活动、园艺作业、爬高、舞蹈和体操等，可以增加踝关节和足的功能。

7. 骨折病人的医疗管理　在治疗之前，作业治疗师必须对骨折病人的骨折部位、类型和原因有充分的了解，当然也需要具备骨折愈合和医疗管理的基本知识。

通常，在应力、压力或剪切力超过了骨头的承受（可吸收）能力时便发生骨折。骨折发生后即开始愈合进程。形成骨头的细胞-成骨细胞开始繁殖以修补骨折部位。为了给细胞供氧以利于愈合，需要良好的血液循环。另外还需要利用绷带、金属板和线在愈合期间固定、保护好骨折部位。必要时需要特殊保护，比如在髋部可利用 spica cast。Spica cast 围绕了骨盆并伸展到骨折的大腿处。其他类型的 cast 可在下肢其他部位的骨折中应用。骨折后经常需要数月才能完全愈合，痊愈所需时间根据患者年龄、身体健康程度、骨折的部位和外形、骨头的初始位移和骨折处的血供情况而不同。

髋部骨折患者大多数是老年人，早期作业治疗的主要内容是日常生活活动训练，例如指导患者掌握穿衣及转移动作的技巧，掌握辅助具的使用方法等。术后患侧髋关节屈曲不能超过 90°，不能做髋的旋转、内收动作。应保持髋关节外展伸直位，踝关节中立位。对于下肢不能负重的患者，可采用半卧位进行 ADL 训练。当患者下肢可以部分负重时，可教会患者在站立位及在安全保护的措施下进行。需经常提醒患者：手术侧髋关节不能被动屈曲，避免手术侧下肢内收超过中线。治疗师可提供常用的 ADL 辅助具，如长柄穿衣具、鞋钩等，从而避免手术侧下肢的髋关节过度屈曲或内收。待患者伤口拆线、组织愈合良好允许淋浴时，应提供防滑垫、洗澡凳、安全扶手等设施。教会患者正确进入淋浴盆的方法：

①患者的足与浴盆平行站立，手术侧下肢靠近浴盆。
②将身体重心转移至健侧下肢。
③抓住扶手，稳定重心。
④手术侧下肢伸髋、屈膝并且外展，使手术侧下肢跨越浴盆边缘。
⑤当手术侧下肢越过浴盆边缘后，伸直膝关节。
⑥把足放在防滑垫上面。
⑦当患者身体平衡后，将身体重心转移至手术侧下肢。
⑧抬起健腿越过浴盆边缘，把足放在防滑垫上面。

有些患者站立位淋浴，为确保安全需要扶手。有些患者需要使用洗澡凳，以便节约能量并有安全感。但是，洗澡凳应该有足够的高度，避免髋关节屈曲超过 80°~90°。

患者离开浴盆的方法：患者的足平行于浴盆边缘，以便能够引导手术侧下肢。采用进入浴盆同样的方法离开浴盆。动作始终应注意避免髋关节内收屈曲。

可以采取一些措施避免患者从坐位起立时发生髋关节的过度屈曲。如指导并教会患者使用增加高度后的厕所坐垫或床、椅；鼓励患者采取半卧位姿势；在椅子靠背和椅面之间加以枕头或卷起的大毛巾，使患者坐在椅子上时自然形成髋关节的半伸展位。

如果患者坐普通高度的有扶手的椅子，其正确的起立方法是：患者挪动臀部至椅子垫的前缘，保持手术侧髋关节伸直，然后双手向上支撑扶手，抬起身体。注意身体不能前倾。

如果患者坐普通高度没有扶手的椅子，其正确的起立方法是：患者挪动臀部至凳子侧方边缘，使手术侧大腿位于椅子边缘外面，足放在椅子中线的后面，这样使手术侧髋关节取外旋位，使足靠近身体重心，使患者无须过度屈曲髋关节就能站立起来。

患者需要多采取站立姿势和行走，而不是坐位。因为坐位造成髋关节屈曲，而站立和行走可以达到主动改善髋关节运动和提高力量的目的。当允许患者 PWB 时，患者可以在厨房、浴室或家务工作台旁，采取立位进行操作，建议患者调整工作台高度，以减少弯腰等动作，因为，这些动作会对手术侧髋关节施加较大的应力。

术后 6 周，大部分患者能利用腋拐或手杖行走，可以基本恢复他们以往的 ADL 方式。有少部分患者因骨折程度严重、全身健康状况较差等因素影响，骨折愈合进展缓慢，引起限制患侧髋关节活动范围的时间较长。

患者出院后，应进行家庭随访并进一步进行指导。关注重点是患者如厕、床与椅子之间的转移、上下楼梯等能力。必要时需要指导患者对生活环境进行调整和改造以预防再次滑倒导致骨折。指导患者保持正常步态和做 ADL 以及各种活动时的正确姿势。

四、作业治疗的辅助设备

（一）圆盘柱板（简称圆柱板）

1. 结构　木制底板，竖立三根高度不同的柱杆，与之相配的有直径 3.5cm～28cm 各异的圆盘。圆盘中央有孔，可以套入柱杆。

2. 治疗方法　将圆盘从柱杆移位至相邻柱杆，每次只能移动一个圆盘。一般将直径大的圆盘放置在下方，直径小的圆盘放置在上方。治疗师用秒表计时，评估患者每次训练时所花费的时间，以便治疗前后对照。

3. 作用

（1）伸展脊柱：把圆柱板放置在与患者眼睛同一水平面的高度进行练习，这样有助于患者的脊柱伸展。训练时，患者可采取站立位或坐位。对于老年颈椎病患者，应注意治疗强度不宜过大。（图 10-1-1）

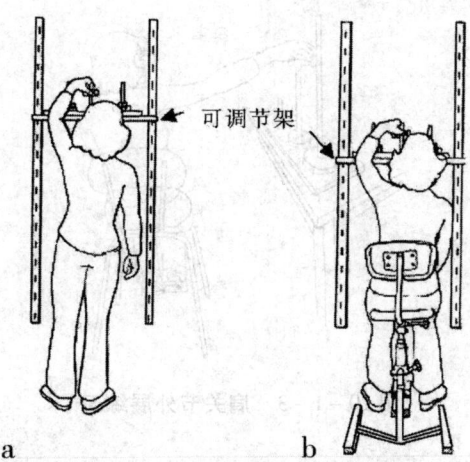

图 10 - 1 - 1　姿势与平衡
a. 站立位平衡，伸展背部；　b. 下肢治疗早期阶段的平衡练习。

（2）肩部运动：将游戏盘位置升高，或者增加木柱高度（图 10 - 1 - 2）。可以改善肩关节前屈 ROM。将游戏盘放置在患者身体侧方位置进行治疗时，可以改善肩关节外展功能（图 10 - 1 - 3）。

（3）肘部运动：将游戏盘木柱升高，或增大与患者间的距离，然后进行操作，有利于患者伸肘功能。

（4）前臂运动：让患者前臂旋前位或旋后位进行操作，有利于改善前臂旋转功能（图 10 - 1 - 4）。

（5）腕关节运动：将游戏盘升高位置或降低位置，将有利于伸腕或屈腕功能训练。

（6）拇指运动：当采用大圆盘时，患者的拇指腕掌关节和掌指关节伸直，指间关节屈曲位进行操作。若采用小圆盘，患者拇指应外展对掌位。

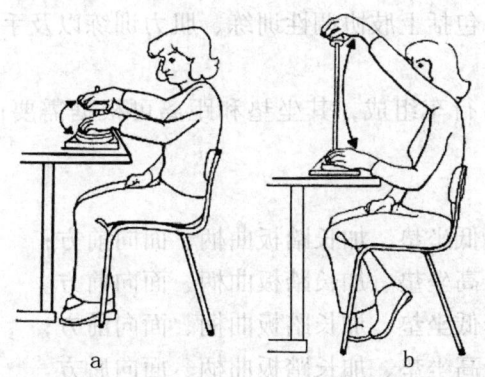

图 10 - 1 - 2　肩关节屈曲练习
a. 使用标准的圆盘柱板练习；
b. 增加柱杆高度，可改善肩关节前屈活动范围。

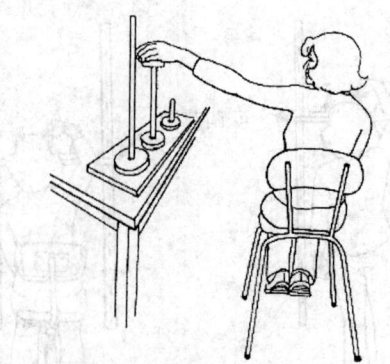

图10-1-3 肩关节外展练习

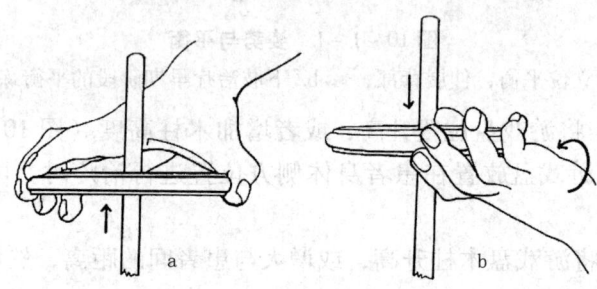

图10-1-4 前臂运动
a. 前臂旋前位，将盘子升高；
b. 前臂旋后位，将盘子降低。

（7）手指运动：当使用小圆盘训练时，患者的手掌指关节和指间关节应屈曲位。若使用大圆盘，掌指关节和近侧指间关节应伸直位，远侧指间关节屈曲位。该项治疗也可改善指蹼挛缩。

（8）其他治疗作用：包括上肢协调性训练、肌力训练以及手部感觉训练。

（二）固定式自行车

1. 结构　由固定式自行车组成，其坐垫和距离可根据需要而调节。坐垫倾斜度、扶手角度均可调节。

2. 训练方法

（1）髋关节屈曲：降低坐垫、加长踏板曲柄、面向前方；

（2）髋关节伸展：升高坐垫、加长踏板曲柄、面向前方。

（3）膝关节屈曲：降低坐垫、加长踏板曲柄、面向前方；

（4）膝关节伸展：升高坐垫、加长踏板曲柄、面向后方。

（5）踝关节跖屈练习：升高坐垫、加长踏板曲柄增长、面向后方；

（6）踝关节背屈练习：降低坐垫、加长踏板曲柄增长、面向前方。

3. 作用　应用此器具进行训练，能够起到改善下肢各关节关节活动度等作用，尤其在下列情况时的应用具有下列不同作用。

（1）骨折和其他骨科疾患（例如膝关节半月板切除术后）：如果患侧下肢可以部分负

重，具有增加关节 ROM 和肌力的作用。

（2）关节疾患（除类风湿性关节炎外）：例如，骨性关节炎，尤其适用于人工髋、膝关节置换术后，有助于维持或改善关节 ROM、预防畸形和肌肉短缩、刺激运动以及改善肌力。

（3）脊柱损伤合并不全下肢及躯干麻痹：有助于维持下肢关节全范围的 ROM、刺激运动、增强肌力、改善平衡、刺激协调和训练交替步态。也适用于部分腰背损伤患者。

（4）下肢截肢：装配假肢的患者，有助于维持截肢侧下肢关节的 ROM 和肌力、预防关节僵硬、促进协调和交互步态、改善肢体循环。

（5）进行性神经系统疾患：例如多发性硬化症、帕金森病以及全身肌无力等患者。有助于维持下肢关节 ROM 及肌力、刺激交替步态、维持或改善下肢平衡功能、改善本体感受器传入刺激、改善肢体循环。

（6）软组织损伤：例如肌腱损伤或烧伤患者，有利于改善和（或）增加固定期后的关节 ROM 和肌力、预防挛缩、改善循环。对于上肢软组织损伤的患者，随着震动刺激的传入，有利于感觉的恢复。

（三）作业治疗车床

1. 结构　是一种传统式的木工作坊用车床，由脚踏板、传送带、飞轮和工作台组成。工作台面有固定工作部件的装置及各种切削等刀具。

2. 使用　如同脚踏缝纫机一样，脚踏踏板，通过飞轮带动待加工的木料旋转，患者可持刀具对木料进行加工成圆盘、木锥等形状。该车床车速较低，根据不同治疗的需要，可以调节飞轮阻力的大小。

3. 作用　通过本器具的训练，有助于改善患者的关节活动度、肌力、耐久力、手眼协调性、噪音耐受力和对旋转物的耐受力等。训练时对不同的关节具有下列不同作用。

（1）髋关节：使患者依靠健腿站立，通过调整脚踏板的高度来调节髋关节的屈伸的角度。通过增加负载量可以强化髋关节伸肌训练。

（2）膝关节：如果患者出现膝关节伸肌松弛，患者坐在椅座上时，利用吊带悬吊患腿，由健侧下肢踏车，这样可以在患腿不负重的情况下产生静力性收缩。而患腿踏车时，可通过延伸踏板的长度达到练习膝关节的屈曲的目的。

（3）踝关节：将膝关节固定，双足置于踏板上，健腿用力登踏的同时就训练了患腿踝关节的屈曲、伸展活动范围。在足底内外侧加楔形垫则有助于训练踝关节内外翻功能。

（四）万能工作台

1. 结构　工作台底座带轮，可以方便移动，工作台面高度及倾斜度可根据治疗需要进行调节。

2. 作用　患者可在各种体位、姿势下利用工作台进行上、下肢及躯干的关节 ROM 和肌力等训练，同时不影响机体损伤部位的组织愈合。

（五）上肢悬吊架

1. 用法　治疗师用吊带悬吊患者的前臂于适当高度，调节臂的位置以固定或限制肩关节的活动范围，调节加载架上的砝码重量，以减轻臂的自重以利患者活动。利用吊架可以进行进食、洗脸、梳头的个人护理活动，可以进行写字、击键等书写交流活动,也可以进行砂板磨、治疗性游戏等上肢功能的全面锻炼以及进行阅读、绘画、工艺等文娱活动（图10-1-5）。

2. 作用　上肢骨折和脱位时,通过悬吊上臂,能够减轻肢体和石膏重量,有利于可动的关节及早活动。脊髓损伤、多发性硬化和神经元性疾病等上肢无力时,通过悬吊可减轻肢体重量,有利于肌力和协调力的早期训练。周围神经损伤时,减轻臂的自重使肢体能早期活动,可以有效防止关节挛缩和早期开展肌力训练。

图10-1-5　上肢悬吊架

（六）悬吊系统

利用轴心固定的悬吊方式进行关节主动运动。绳索固定于关节上方,肢体的运动地面平行。

1. 肩关节外展及内收运动（图10-1-6）

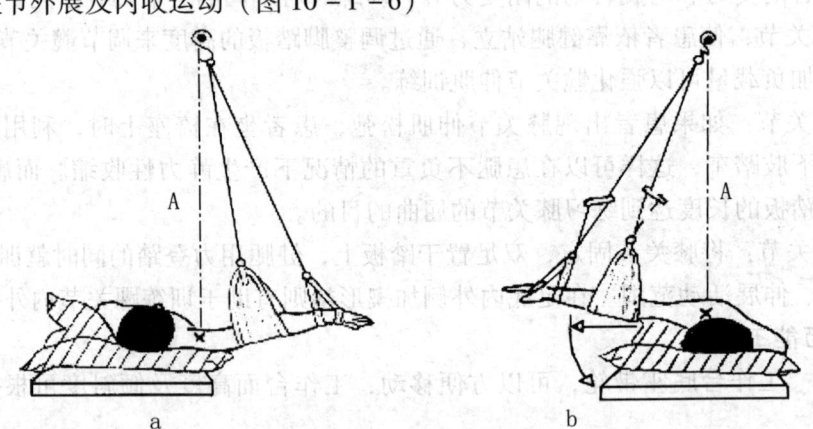

图10-1-6　轴心固定的肩关节外展及内收

2. 髋关节屈曲和伸展运动　髋关节在轴心固定下的屈曲及伸展。

（七）滑板（skate board; power board）

这类装置多用于髋关节术后的运动以增加关节活动度。使患者学会使用该装置,不但可以避免患者做出错误的动作,还可提高患者运动的积极性。方法是将滑板置于患肢下方。最好在足部系上滑轮鞋;若是没有滑轮,可在滑板上撒滑石粉,以降低肢体在滑板上的摩擦力。

1. 髋关节外展及内收　患者仰卧位，足尖朝上保持髋关节位于正中姿势。避免患者在做髋关节外展及内收的动作时产生外旋动作。

2. 髋关节屈曲及伸直　患者仰卧位，足部在滑板上、下滑动，膝关节也随之屈曲及伸直。髋关节不可旋转、外展及内收。替换姿势为患者患侧在上的侧卧位。滑板置于两下肢中间，其下以枕头支撑。另外，滑板也可置于一较高平台上。注意事项：若是术后侧卧位，要避免患侧髋关节呈内收的姿势。

（八）钉钉子作业

1. 结构　该作业是经典的作业治疗项目之一，由锤头、钉子和木材组成。

（1）锤子：锤子因锤头的大小、重量以及锤柄的形状和长度不同而具备不同的特点，应根据患者作业治疗的需要而进行分析、设计和选择。例如，锤子大而重，锤柄长时，由于惯性和杠杆的作用，可产生很强的叩击力。但是，为了举起这种锤子却需要较强的抓握和挥动力量。锤头小而轻，锤柄短时，虽然没有较强的叩击力，但是用较弱的肌力也能进行操作。锤柄的粗细也要适合患者手指的肌力和活动范围，使患者能够自然抓握锤柄。

因此，应该备有能自由更换的不同锤柄和海绵弹性绷带等材料，以便调整，在锤柄上包裹海绵和绷带有助于调节握力。

（2）钉子：钉子越大越长，就越要求用较强的肌力叩击。相反，钉子越小、越细、越短，较弱的叩击力就能完成，但此时却要求有较高的灵巧性，特别是双手的灵巧性和手眼之间的协调性配合。

（3）木材：木材质地越硬且厚，阻力就越大，要求有较强的叩击力。木材质地软而薄，弱的叩击力就能完成。

2. 作用

（1）有利于改善或增强上肢关节特别是肘关节、前臂、腕关节和手部的肌力以及关节活动度。

（2）有利于改善或增强上肢灵巧性和手眼协调性。

第二节　手外伤的康复

一、概述

手是人体上最有特色的器官之一。科学家认为，手是使人能够具有高度智慧的三大重要器官之一，其余两个器官是可以感受到三维空间的眼睛和能够处理手眼传来的信息的大脑。在400万年的进化史中，人类的手逐渐演变成了大自然所能创造出的最完美的工具。进食、更衣、工作等活动都需要通过手进行。手也是人与人沟通的重要讯号，研究指出身体语言在沟通上比口语更真实、准确。

手部的残缺时常带给患者很多心理上的障碍。很多手部烧伤的病人都将手放在衣袖或戴上手套,将瘢痕遮盖。在生活中他们也因为手部残缺而自卑,影响正常的社交生活。

手既然对人类那么重要,手创伤的处理也具有其特别之处。中国第一个手外科专业在 1959 年由王淑寰医生创建。康复医学在国外有超过 60 年的发展历史,在第二次大战期间,就曾以理疗、体疗、作业治疗为主要手段,为大量伤兵进行功能康复及治疗。60 年代,美国腊斯克教授等提出了康复医学的理论、基本原理和方法,使康复成为一门独立科学。近十年来,随着科学技术的发展,康复医学还产生了不同的专科,包括骨科康复学、神经康复学、老年康复学等等。

手康复是以患者为中心的多专业服务。以患者为中心就是除了要单纯对手给予处理以外,患者的其他如心理、情绪等问题,都需要康复团队关注和治疗/康复,康复治疗团队的成员包括手外科医生、作业治疗师、物理治疗师、假肢矫形师、心理学家、社会工作者、护士等。其最终目的是帮助患者重返社会,维持和提高以往的生活质量。

二、手康复治疗的程序

1. 手外伤患者多因意外受伤,如压砸、切割、烧伤等事故,一般均被送往急诊室,进行手术或紧急处理,手外伤患者基本都接受过急诊、住院或门诊治疗。

2. 手术后患者多需要留院一至两星期作为观察及早期康复阶段,手康复越早开展效果越好,因为术后水肿、疼痛及关节僵硬不及时处理会影响患者日后的手功能恢复,所以作业治疗师应参与手外科医生的查房,充分了解患者的情况,比如掌握组织的愈合情况等,并根据需要为患者提供及时的、恰当的治疗,如关节的被动运动、矫形器的制作、良好体位的摆放等。

3. 作业疗法的治疗目的　①减少疼痛和水肿;②增加关节活动幅度和手指灵巧性;③增强肌力及耐力;④ADL 治疗;⑤职业前康复治疗。

早期的复诊一般由手外科医生、作业治疗师及物理治疗师一同参与,这样有利于加强各专业的沟通,为患者做出最适当的治疗计划。

三、手康复作业治疗的历史

作业治疗应用于手康复的主要目的是通过有意义的活动使患者在生活自理、工作及业余生活上能够独立并获得较好的生活质量。手的存在和手的功能对于人的生活具有极其重要的意义,在手和手功能受到伤害出现障碍的时候,会对患者的生活方式、生活质量产生巨大影响,因此,手康复逐渐被大家重视起来。在美国于 1978 年专门成立了手治疗师协会,会员必须是从事手康复工作三年以上的作业治疗师或物理治疗师,专门从事手康复的研究,历任会长几乎全部由作业治疗师担任。美国手治疗协会的使命是通过沟通、教育、科研与制定标准来加强手康复治疗专业。他们为手部受伤或残疾的患者提供康复服务,主要工作内容包括:手术后的早期康复包括伤口处理、瘢痕控制、减轻水肿。中期及后期的康复包括减轻疼痛和过敏、扩大关节活动度、增强肌力及手协调能力。方法包括运动、矫形器、感觉再教育等。手治疗师还应提供关于工业安全与健康的意见,例如减少工业意外或肌肉劳损的发生而进行工作场所的环境改造。

作业治疗经常将手工艺活动作为治疗媒介,通过手的各种操作达到增强手部力量和改善手部协调性的目的，所以治疗师对于手的结构和功能必须有全面、细致的了解和认识，并且需要为患者提供全方位的康复服务，除针对手进行治疗和改善之外，必要时还需要根据每一位患者的手的具体情况，设计、制作矫形器或辅助具，另外还要根据需要对患者生活、工作环境进行改造。

虽然目前国内还没有手治疗师的专业组织，但是作业治疗师和物理治疗师积极从事着手康复工作。上世纪70年代，作业治疗师多利用金属和皮革为患者制作矫形，提高手功能康复的效果。随着低温可塑材料的发明，这种材料制作被广泛应用于作业治疗的矫形器制作方面。80年代以后，骨科医生和治疗师开展了大量包括瘢痕组织及压力对瘢痕的作用、不同矫形器对骨折的作用等方面的研究，科研结果令手的康复更加系统化、规范化，极大地提高了手的治疗、康复效果。

四、手康复作业治疗的原则

康复，有着"恢复健康"的意思。由受伤当日或手术后的第一天起，康复的程序就随之开始了。

作业治疗原则包括：①促进组织愈合及功能恢复；②辅助就业进行职业重建；③日常生活自理，重返社会。而其中的组织愈合及功能恢复两个步骤的成功与否，是整个康复过程的重要基础。

五、手功能的评估

（一）初步评估

1. 基本资料和病史　病人的个人资料、受伤资料。
2. 直接沟通　治疗师通过与病人直接的对话，了解病人目前在功能上的障碍及病征，包括受伤部位的感受、疼痛程度、活动度受限或僵硬、肿胀、功能丧失等。
3. 观察　治疗师对病人的整体观察是重要的，包括病人的心理状况、情绪、对患处的反应等。局部观察包括伤口愈合情况、发炎或感染的情况、骨骼或关节变形等。
4. 检查　包括患处的温度、出汗情况、肿胀程度、疤痕的紧绷度、软组织的粘连或挛缩、关节僵硬的位置及角度、关节的主动和被动活动等。

（二）关节活动度的测量

全主动活动度和全被动活动度测量：Kleinert于1973年提供了一个以指尖至手掌距离及远指、近指及掌指关节的被动伸展差活动度总和来评定手指功能的方法，即Kleinert评定方法，见表10-2-1。其功能比较如下：

表10-2-1　Kleinert评定法

指尖至手掌距离（cm）	远指、近指及掌指关节的被动伸展差幅度总和（°）	评定
0-1	0-15	非常好
1-1.5	16-30	良好
1.5-3.0	31-50	普通
>3.0	<50	差

(三) 肌腱的功能评定

有数种肌腱功能评定方法，但没有一种统一的、精确可靠的方法。下面介绍几种常用的方法：

A. 测量关节活动度方法。
B. 测量指腹至掌横纹距离的方法。
C. 测量关节总主动活动度的方法（total active movement，简称 TAM）。

该种方法能较全面地反映手指屈伸功能，实用价值大，缺点是测量及计算方法稍繁琐。

手指总主动活动度评价法：

测量掌指关节，近、远侧指间关节主动屈曲度，减去上述关节伸直受限角度之和。总主动屈曲度 - 总主动伸直受限度 = 总主动活动度

（MP + PIP + DIP）-（MP + PIP + DIP）= TAM

(四) 肌力测定

肌力可反映运动神经的功能，一般将肌力评定分为6级。本文主要用 Highet 单块肌肉方法。见表 10-2-2

表 10-2-2 Highet 单块肌肉分级评价

分级		内容
0	无	未触及肌肉收缩
1	微	可触及肌肉收缩
2	差	无重力作用下主动关节运动
3	中	抗重力作全幅关节运动
4	良	抗重力和一些阻力全幅关节运动
5	正常	抗强阻力全幅关节运动，肌肉正常

握力及捏力测定：治疗师可利用物品，如铅笔、纸张等来测试患者的握力及捏力。握力器及捏力器更可量化患者的能力。测量握力时肘关节应屈曲并紧贴躯干，手腕后伸。捏力检查应分别测掌侧捏、侧腹捏及三指捏。(见图 10-2-1、图 10-2-2)

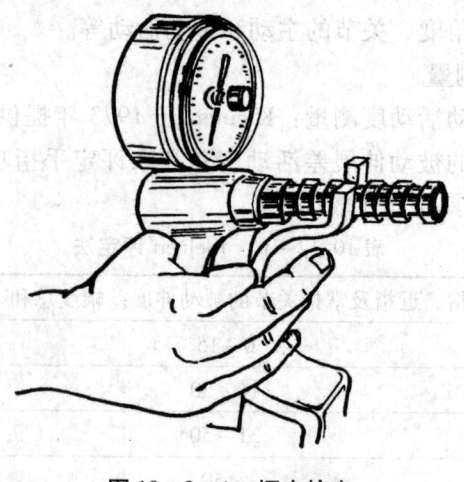

图 10-2-1 握力检查

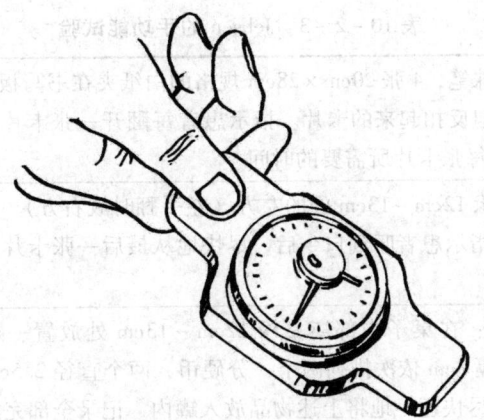

图 10-2-2 捏力检查

(五) 肿胀或肌肉萎缩程度评估

测量肿胀或肌肉萎缩程度，可使用软尺测量手指和手背圆周或采用排水法。

1. 排水法仪器　测量仪器包括一个带排水口的大容器和一个量杯。容器中有水平停止杆。

2. 方法　在容器中倒入500ml的水至出口平面，手朝前慢慢放入容器中，中环指间隙搁置在水平停止杆上，手一直保持到没有水流进量杯，取出手，将量杯水平放置，读出刻度，记录下数字。分别测量双上肢，进行对比，要求一天不同时间测量手容积，判定手休息位和活动后对肿胀的影响。（见图10-2-3）

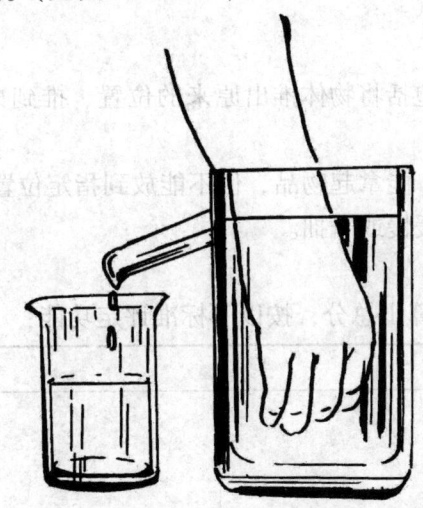

图 10-2-3　排水法

(六) 手功能的评价

手的综合功能有赖于感觉和运动的健全，也与视觉等其他感觉灵敏度有关。常用有Jebsen的手功能试验、Carroll上肢功能定量检查、简易上肢功能检查。

1. Jebsen的手功能试验　由7个分试验组成，具体内容如表10-2-3。

测出结果后，可根据患者的年龄、性别、利手和非利手参考值等，判断是否正常。

表 10-2-3　Jebsen 的手功能试验

Ⅰ．写字*：给患者一支圆珠笔，4 张 20cm×28cm 规格的白纸夹在书写板上，桌子左方书架上放有数张 13cm×20cm 的写有句子但反扣起来的卡片。指示患者每翻开一张卡片后，就要尽快抄写完成卡片上的句子，并记录抄写完成每张卡片所需要的时间
Ⅱ．翻卡片：在距离桌子边缘 12cm～13cm 处的左方（左手翻时放右方）一字排开 5 张 13cm×18cm 的卡片，每张卡片相距 5cm，指示患者听到口令后，尽快地从最后一张卡片开始翻转至另一面。记录翻完 5 张卡片所需时间
Ⅲ．拾起小物品放入容器内：在桌子中部离桌缘 12cm～13cm 处放置一个空罐（直径 8.5cm±，高 11.5cm±），在罐的左方每隔 5cm 依次排列两个一分硬币，两个直径 2.5cm 仰放着的瓶盖，两个回形针。指示患者听到命令后，尽快逐一地将上述物品放入罐内，记录全部完成所需要的时间
Ⅳ．模仿进食：在实验板立板上的左方每隔 5cm 靠立一个长 1.6cm 左右的花生，一共 5 个，桌子中央放一直径 8.5cm±，高 11.5cm± 空罐，交给患者一个不锈钢茶匙，指示他听到口令后尽快用茶匙——将上述物品舀起放入罐内，记录全部完成所需要的时间
Ⅴ．堆放棋子：在桌子上放置四个直径 3cm、厚 1cm 的木棋子，左、右各 2 个，指示患者听到口令后尽快将棋子在中线处堆成一堆，并记录时间
Ⅵ．移动大而轻的物体：在桌面上放 5 个直径 8cm±、高 10cm± 的空罐，开口超下，彼此相距 5cm，离桌缘一米左右处放上实验板。指示患者听到口令后迅速将罐——放在实验板的水平板上，记录时间
Ⅶ．移动大而重的物品：安排同Ⅵ，但罐口朝上，并每罐放入 450g 的物品，再指示患者操作

*写字项中所用的句子：1. 老人似乎疲倦了；2. 老张看见一辆红卡车驶过来；3. 鲸鱼生活在蓝色的海洋中；4 鱼跳出水面吸取空气。

评分标准：

0 分：全部不能完成，包括将物体推出原来的位置、推到桌外，或能拿起笔，但写不出可以辨别的字。

1 分：只能完成一部分，能拿起物品，但不能放到指定位置。

2 分：能完成，但动作缓慢或笨拙。

3 分：能正常完成。

以上各项评定分数相加算出总分，按以下标准评定功能：

功能级	分值（分）
微弱	0～25
很差	26～50
差	51～75
功能不完全	76～89
完全有功能	90～98
功能达最大	99（利手）96（非利手）

2. Carroll 的上肢功能定量检查　是衡量整只手臂和手在日常活动中的能力。它基于一个假设，在 ADL 中的由上肢完成的复杂活动，可以化简为抓握、前臂的旋前旋后、肘的屈曲伸展和上肢的上举。检查包括六部分：①抓握或举起四块不同体积的方块来评价抓

握。②抓握或举起两根大小不同的管状物检查柱状抓握。③抓握和放下球检查球形抓握。④抓握四个大小不同的弹球检查指间捏。⑤在钉子上放置小垫片或在架子上放置熨斗检查放置能力。⑥从大水罐里向水杯里倒水或从杯子向另一个杯子里倒水。另外为了评价旋前、旋后和上肢的上举能力，治疗师指示患者将手置于头顶、头后和靠近嘴以及写名字的项目。测试使用简单、便宜和容易获得的物品。

3. 简易上肢功能检查 是日本金子翼先生为了对上肢和手的能力，特别是运动速度、手的抓握等能力进行客观检查而设计的一种检查方法。在临床中常常通过得分结果对患者的治疗、训练、用药前后及自助具或辅助具佩戴的不同时期进行比较、对照，观察和判断疗效。此项检查共包括10种规定动作，让患者用尽快的速度准确完成并记录在相应的所需时间栏内。

（七）感觉评估

感觉神经的功能评估，一般可以测定该神经皮肤支配区的痛觉、触觉、温觉、两点辨别觉、实体觉等。

1. 痛觉评估 视觉模拟痛觉评定利用一条长10cm而无刻度的线，告诉患者线的一端代表没有疼痛，另一端则代表极度疼痛，患者将其当时之疼痛与两端的比较，然后点在线上。此评估虽然主观，但作为自己比较，仍有其作用。

视觉模拟痛觉评定

没有疼痛	极度疼痛

服药指征痛觉评定：依据患者服药及疼痛情况来评定疼痛。见表10-2-4

表10-2-4 服药指征痛觉评定

评 分	内 容
没有疼痛	
只需要疼痛时服药便可控制	
需要定时服药才可控制疼痛	
服药后仍无法控制疼痛	

Sunderland针刺感觉功能分级评价。见表10-2-5。

表10-2-5 Sunderland针刺感觉功能分级评价

分 级	内 容
P0	皮肤感觉消失
P1	能感到皮肤上有物接触，但不能区别是针尖还是针头在触及皮肤，感觉能或不能定位
P2	能区分是针尖还是针头触及皮肤，针尖刺皮肤引起钝痛感或不愉快感觉，有明显的放射和假性牵涉痛
P3	锐刺痛感伴有一些放射或假性牵涉痛，除手、手指、腿或足以外，不能具体定位
P4	锐感存在，伴或不伴有刺痛，无或仅有很轻的放射，能定位到2.0cm内
P5	对针刺正常感觉，能精确定位

2. 触觉评定 单线压力测试（Semmes Weinstein Monafilament Cutaneous Threshold Test）可测量皮肤对静止压力的反应和敏感程度。

检查时采用5种型号的Semmes – Weinstein尼龙单丝，简称SW单丝法。

方法：单丝一端游离，另一端装在手持塑料圆棒的一端上，单丝与棒成直角，指示患者闭眼，从最小的单丝开始检查，使单丝垂直作用在患者的手指掌面的皮肤上，事先告诉患者有感觉时告知，每号单丝进行3次，施加皮肤上1-1.5秒，提起1-1.5秒，为1次。当单丝已弯而患者无感觉时，换大一号的单丝再试，直到连续2次单丝刚弯患者有感觉时为止（见图10-2-4），记下单丝的型号对照下表查结果。（见表10-2-6）

表10-2-6 单丝压力测试结果

颜 色	单丝号	意 义
绿	>6.65	正常
蓝	3.22-3.61	轻触觉减退
紫	3.84-4.31	保护性感觉减退
红	4.56-6.65	保护性感觉丧失
红线	1.65-2.83	感觉完全丧失

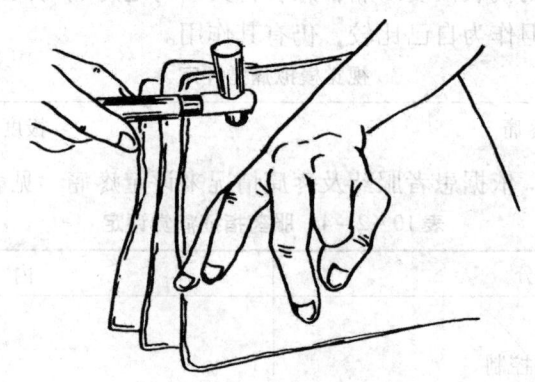

图10-2-4 单丝压力测试

3. "两点分辨"（Two – point Discrimination）感觉评定 两点分辨可测试皮肤分辨接触点之间距离的敏感程度。正常的手指尖可分辨二至六毫米的两点距离。常用工具为专用两点分辨器，也可用回形针和圆规（图10-2-5）。2PD正常值与手功能的关系如表10-2-7所示：

表10-2-7 2PD正常值与手功能的关系表

2PD值	临床意义	功能
2PD<6mm	正常	能做精细工作
2PD在6~10mm	尚可	可持小器件或物品
2PD在11~15mm	尚可	能持大器件
仅有一点感觉	保护性	持物有困难
无任何感觉	感觉缺失	不能持物

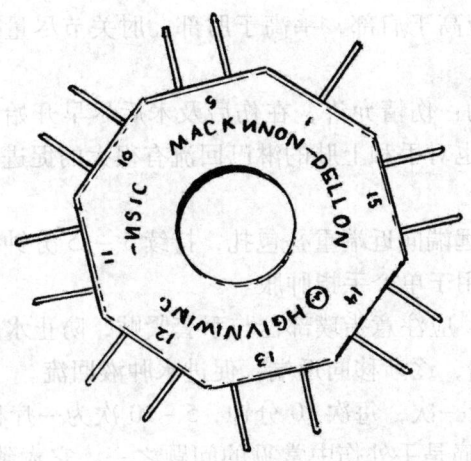

图 10-2-5 "两点分辨"觉检查工具

4. 温度觉评定　Sunderland 温度觉功能评价见表 10-2-8。

表 10-2-8　Sunderland 温度觉评价

分级	内容
T0	无温度感觉
T1	除高温或剧冷外，对一般冷热无感觉
T2	温度小于 15℃ 或大于 60℃ 时能分别正确感到冷或热，在此温度范围内，用测试管接触皮肤，有触觉或感到压力
T3	温度小于 20℃ 或 35℃ 时能分别正确感到冷或热，在此温度范围内，用测试管接触皮肤，有触觉或感到压力
T4	温度感觉正常

六、手外伤的治疗

(一) 手部骨折的康复

1. 治疗目标与原则　只在牢固的骨骼结构作支持的前提下，肌腱才能有正常的运动，关节才能够有正常的活动。

骨折必须准确的复位及很好的稳定性时才能开始早期活动。在设计手的矫形器之前，治疗师必须与医生及病人保持紧密的沟通，了解骨折的严重程度及稳定性，病人也需明白早期活动的重要性，力求避免可能出现的不正常现象，如关节持续肿胀、疼痛、僵硬、变形。手部骨折的康复原则为保持关节的稳定性促进愈合，尽快减轻水肿，防止关节僵硬及变形，渐进性恢复关节活动幅度、手指灵活度及手的握力。

2. 方法

(1) 根据不同部位的骨折和术后情况需要制作不同的矫形器。原则是尽量维持手的功能位，早期即可做未固定部位关节和手指的无阻力活动，有利于维持肌力和活动度。

(2) 控制水肿：水肿是手部外伤或术后的并发症，长期可导致关节、肌肉、血管和神经的纤维化，也容易引起感染，应特别注意预防和控制。措施：

1）抬高患肢：肘部应高于肩部，手高于肘部，肘关节尽量伸展。在术后有水肿时至少要抬高3至5天。

2）尽早开始主动运动：伤情允许，在伤后及术后尽早开始主动运动，因为即使是只有轻微的肌肉收缩活动，也对手和上肢的淋巴回流有很大的促进作用。

3）压力治疗

A 弹力绷带　有手指远端向近端重叠包扎，持续5－15分钟拆开，每天重复数次。

B 佩戴弹力指套　适用于单个手指肿胀。

C 穿戴等张压力手套　应注意指璞部位与手套紧贴，防止水肿液滞、留。

4）按摩：从远端开始，逐渐移向近端，促进水肿液回流。

5）超短波疗法：每天一次，每次10分钟，5－10次为一疗程。

（3）疼痛的处理：疼痛是手外伤中常见的问题之一，它大致分为3种：原发性疼痛、残留疼痛和慢性疼痛。

1）原发性疼痛：所有损伤和手术的患者都会感觉到疼痛，这是一种正常的反应。必要时使用止痛药治疗，一般在疼痛在伤后及术后2－3周内消除。也可发生在后期的被动牵拉中，这种疼痛作用短暂，病人一般都可接受。

2）残留疼痛：由于肢体固定时间过长，缺少正常的运动或持续遗留的水肿，患者在损伤及术后3－4周后仍感到疼痛。

3）慢性疼痛：损伤后疼痛长时间持续存在，是一种难以治疗的继发性疼痛。

疼痛治疗方法：①理疗：水疗、热疗、经皮神经点刺激。②作业疗法：选择患者感兴趣的作业活动，有助于转移注意力。如音乐疗法、绘画、皮革工艺等。③药物：神经阻滞和非甾体类抗炎药。

（4）肌力增强训练：根据治疗的早期、中期和后期不同的治疗目和治疗量，选用不同的治疗方法。如早期肌力的增强主要以患者在不抗阻力的状态下进行主动运动为主。中期和末期要逐渐增加抗阻运动，如握橡皮泥、木刻、铜板工艺、举沙袋等。

A 橡皮泥　中期可以选择稍软的橡皮泥，后期选择硬度高的橡皮泥。

a 握橡皮泥：将橡皮泥放在患侧手掌中，指示患者用力握手掌里的橡皮泥，尽量将橡皮泥从手心中挤出。反复多次训练患手指的握力。（图10－2－6）

图10－2－6　握橡皮泥

b 捏橡皮泥：用患侧拇指及食指指腹用力将橡皮泥捏扁，反复多次，增强指腹的捏力。

B 木刻工艺：利用雕刻刀等工具对木质材料进行雕刻，制成工艺品或日用品。在制作过程中，患者要一手持雕刻刀，一手扶住木板，根据雕刻的图案，用力一点一点的将图案在木板上刻出来。既能够有效地增强手指的肌力，同时也使患者获得成功感，有利于减轻疼痛。

C 铜板工艺：将图案绘制在铜板上或合金板上，用刮板等工具在铜板上进行刮、压、磨等加工活动，使图案显现出来。制作程序中的各种动作，能够有效地训练和提高上肢和手的肌力。

（5）辅助具的应用：其作用为保持骨折的稳定性，促进愈合。例如：掌骨底部骨折（如图10-2-7）手腕关节必须固定在背伸位约30°，用以固定骨折位，手指可自由活动。佩戴时间为4~6周。

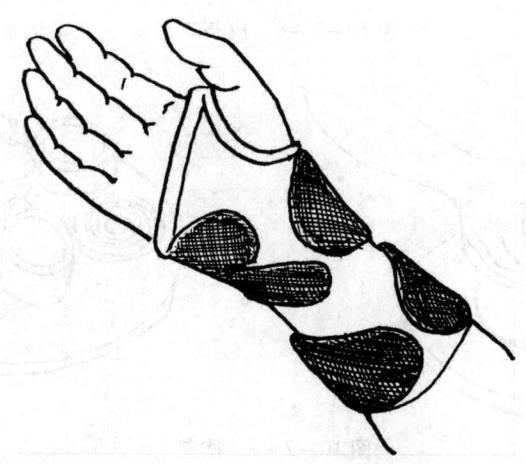

图 10-2-7 掌骨底部骨折支具

（二）肌腱损伤的康复

1. 治疗目的与原则　采用早期活动概念，包括主动活动及被动活动；减少肌腱粘连；减轻水肿；避免关节挛缩僵硬；促进肌腱愈合

2. 治疗方法

1) 指屈肌肌腱损伤的康复

A 制动期的康复：术后用石膏托制作 Kleinert 夹板固定患手，保持腕关节屈曲20~30度，MP关节屈曲45~60度，指间关节伸直位。术后2~3天拆去辅料及石膏，改戴手支架将手及手腕置于腕关节屈曲30度，掌指关节屈曲70度，受伤手指加上橡皮条牵引近端关节屈曲80度，末端关节屈曲40度，必须全日穿戴。可以开始早期活动，利用橡皮筋的弹性将手指带回屈曲位，每小时10次，治疗师进行指间关节的被动活动，防止关节僵硬。

B 主动活动期　术后4~6周，佩戴腕关节伸展矫形器，指示患者自由活动手指，包括手指的屈曲和握拳，配合压力衣控制瘢痕增生，预防关节挛缩。

C 手握力练习及功能训练期　术后7~12周，肌腱已基本愈合，可以进行抗阻力运动或活动，以增强肌力，做较大幅度的关节伸展，增加肌腱滑动，减少粘连。开始进行手指灵巧性训练。如皮革工艺、陶艺、弹琴、刺绣等（见图10-2-8、图10-2-9），

12周后大部分患者可以重返工作岗位，少部数患者需接受第二期重建手术，如肌腱松解术。

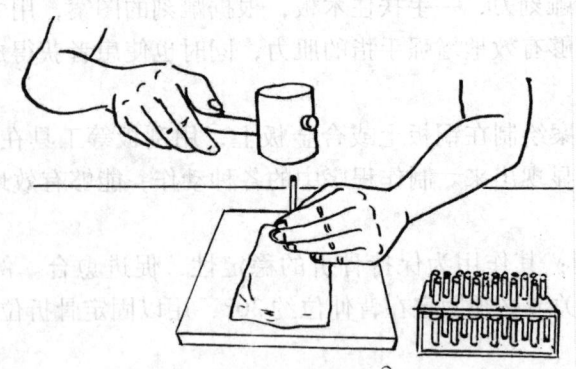

图 10-2-8　皮革工艺

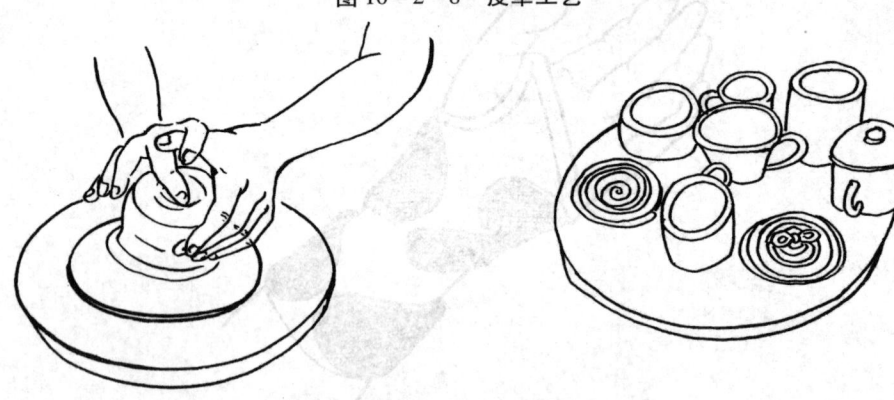

图 10-2-9　陶艺

2）指伸肌腱的康复：肌腱修复术后，需要将关节固定在伸展位。如 DIP 关节水平的肌腱损伤可引起杵状指畸形，将 DIP 关节固定在伸展位。制动期佩戴相应的矫形器，将手和腕关节处于适当位置，做主动屈指、被动伸指练习（图 10-2-10）。5~6 周练习腕关节主动伸展及屈曲。7 周后，开始渐进式抗阻力运动和练习。如做拼图、下棋、拍球等作业活动（图10-2-11）。

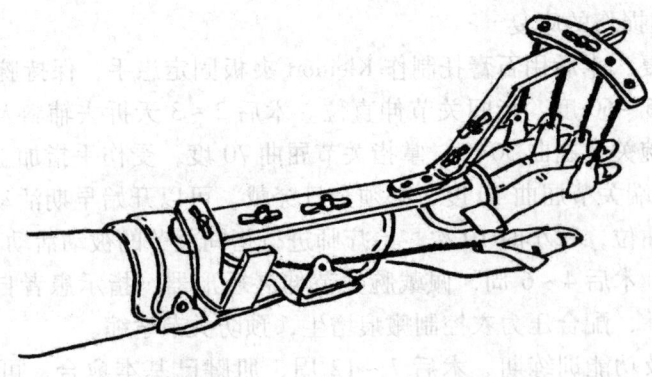

图 10-2-10　手指背伸矫形器

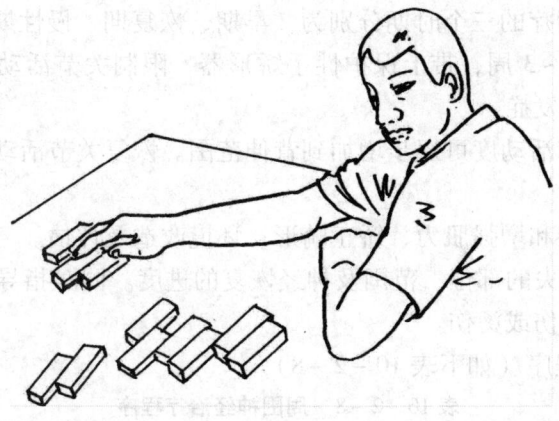

图 10-2-11 拼图

（三）周围神经损伤的康复

1. 周围神经损伤的原因　周围神经损伤多由直接损伤（烧伤、枪伤）、间接损伤（骨折）、急慢性疾患（关节炎）所致。

2. 周围神经损伤后手感觉的丧失区　正中神经局限于食指、中指末节皮肤。（图 10-2-12）

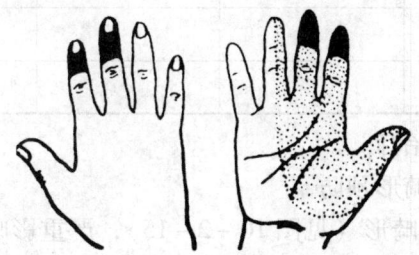

图 10-2-12　正中神经区域

尺神经：小指。（见图 10-2-13）

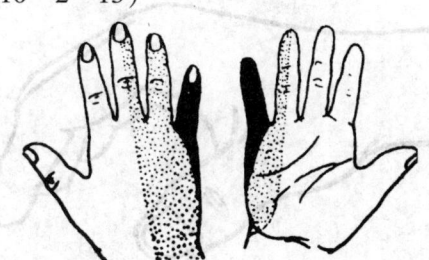

图 10-2-13　尺神经区域

桡神经：虎口背侧一小块区域。（见图 10-2-14）

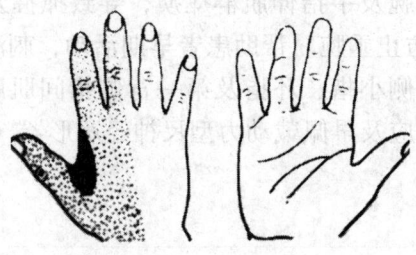

图 10-2-14　桡神经区域

3. 周围神经损伤治疗的三个时期分别为 早期、恢复期、慢性期。

（1）早期：术后1~3周，带上保护性手矫形器，限制关节活动，预防突然伸展引起的神经缝合口断裂的并发症

（2）恢复期：关节活动度可逐步增加到背伸范围。恢复关节活动幅度的辅助运动可循序进行。

（3）慢性期：维持和增强肌力、矫正畸形；环境改造及评估。

治疗师记录感觉丧失的部位、范围及神经恢复的进度。同时指导患者如何保护感觉丧失的部位，以免意外损伤或烫伤。

4. 周围神经治疗程序（如下表10-2-8）

表10-2-8 周围神经治疗程序

0	3周	6周	3个月	6个月	1年
	修复后的保护				
			预防继发畸形		
				增加活动范围	
					增强肌力
					感觉再训练

5. 周围神经损伤的作业治疗

（1）神经损伤的表现及畸形预防

1）正中神经损伤：猿手畸形（见图10-2-15），严重影响了手的精细动作，使得技巧性活动能力丧失。早期应佩戴动力型正中神经矫形器防止猿手的出现，尽早活动，刺激神经的生长。

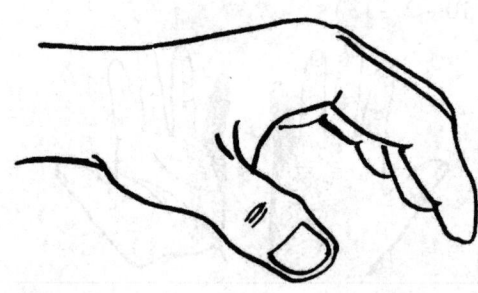

图10-2-15 正中神经损伤引起的猿形手

2）桡神经损伤：引起手腕及手指伸肌群瘫痪，导致抓握及伸展活动不协调。患者应佩戴动力型桡神经矫形器，防止垂腕。帮助患者早期活动，刺激神经生长。

3）尺神经损伤：引起尺侧小指、环指及第一背侧指间肌麻痹导致爪形手（图10-2-16），患者不能紧握物品，应及早佩戴动力型尺神经矫形器（图10-2-17），防止爪形手出现。

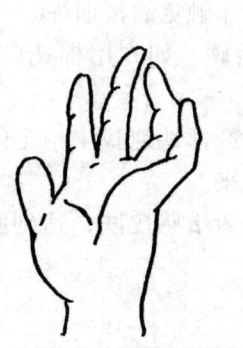
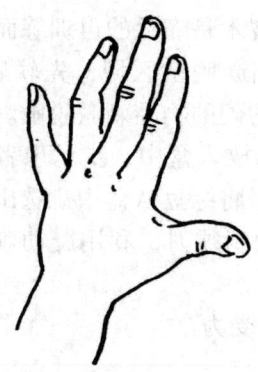
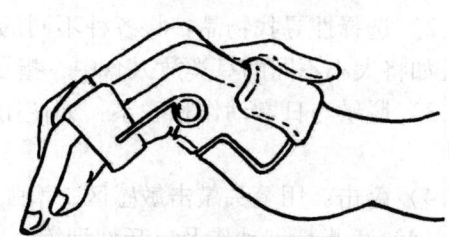

图 10-2-16　爪形手　　　　　图 10-2-17　动力型尺神经矫形器

（2）感觉再教育：感觉再教育是周围神经损伤康复重要的训练内容。再生的神经束在原有的神经束对接时发生部分错位，使得感觉中枢对于一个以往所熟悉的相同刺激产生了与受伤前不同的解译。

感觉再教育的目的就是促使大脑重新理解这些改变了的信号，促使感觉恢复正常。

1）基本原则

A 每一项活动都要在有和无视觉反馈两种情况下进行。

B 训练活动难易程度恰当，可从不同角度进行。

C 训练时间不易过长（10~15分钟）每日3次。

D 感觉训练及评估要求环境安静。

2）方法：手部感觉的恢复顺序为：痛觉和温度觉、30Hz振动觉、移动性触觉、恒定性触觉、256Hz振动觉、辨别觉。所以治疗分为早期和后期。早期主要是训练痛觉、温度觉、触觉、定位觉和定向觉。后期主要训练辨别觉。

A　触觉定位　使用铅笔橡皮头等软胶棒压在手掌上，来回移动，让患者注视压点，利用视觉协助判断压点的位置，然后闭眼感受压点的触觉，再利用不同质地的材料反复摩擦皮肤，增加分辨能力。如此反复练习直到患者能准确说出压点的位置。

B　辨别觉　当患者有了固定和移动触觉以及指尖定位恢复后，便可开始辨别觉训练。

a 形状辨别　让患者闭眼，治疗师从不同形状的积木中挑选出一个放在患者手中，让其描述物品的特征，然后让患者睁开眼，补充描述其特点。可先健手再患手反复进行。循序渐进地训练病人辨别不同大小和形状的物品，由大到小，由薄到厚，由粗糙到光滑。最后记录正确识别所需时间。

b 日常用品辨别　可选用患者日常常用的物品，如钥匙、勺子、笔等进行训练。方法：将日常物品分别放入暗盒中，指示患者将手伸进盒中感知并拾取物品，然后说出物品的名称，将物品拿出盒外确认，反复练习直到正确。

此阶段应增加识别速度。掌握从大到小、从易到难的原则进行练习。

C 感觉丧失区的安全再教育：用视觉保护感觉丧失区；避免直接接触冷热和锐利物品，防止冻伤、烫伤和划伤；避免使用短柄工具；经常检查手部皮肤有无红肿热等受压征象；注意皮肤护理，保持皮肤的柔软性及弹性；避免过度用力地抓握物品。

（3）脱敏治疗：当神经开始再生，大部分的病人可能会出现感觉过敏。脱敏疗法包括连续使用由软到硬的不同程度的刺激。脱敏技术是痛觉的再训练而非触觉的再训练。

1）用各种不同质地、不同形状的物品刺激脱敏区域，先软后硬。如先用棉花刺激，当能耐受后，再用海绵刺激，最后用有棱角的硬的物品刺激脱敏。

2）选择性寻找物品：将各种不同的物品放入盒中，指示患者选择性地找出指定的物品。如将大小不同的豆类放入盒中，指示患者将绿豆从盒中挑选出来。

3）脱敏与日常动作相联系：如使用电动剃须刀，利用震动刺激敏感皮肤，达到脱敏效果。

4）敲击：用笔头敲击敏感区，增强其耐受力。

（4）手指精细动作及灵巧性训练

1）手工制作的指导：针对患者上肢功能的情况，选择适当的手工活动项目。如手指恢复到能够指腹捏物的时候，可指导患者做折纸等手工艺活动。

2）治疗性作业活动：根据病人的兴趣爱好选择活动内容，动作最好由简单到复杂，活动负荷量和精确度逐渐增加。如陶艺制作可促进腕关节和手指的伸展。

木工用刨子打磨刨光木板可促进腕关节伸展。（见图10-2-18）

捏珠子和小木钉、编织可训练精细动作。（见图10-2-19、20、21）

揉面、计算机游戏可训练粗大动作。

书写可促进对掌功能。（见图10-2-22）

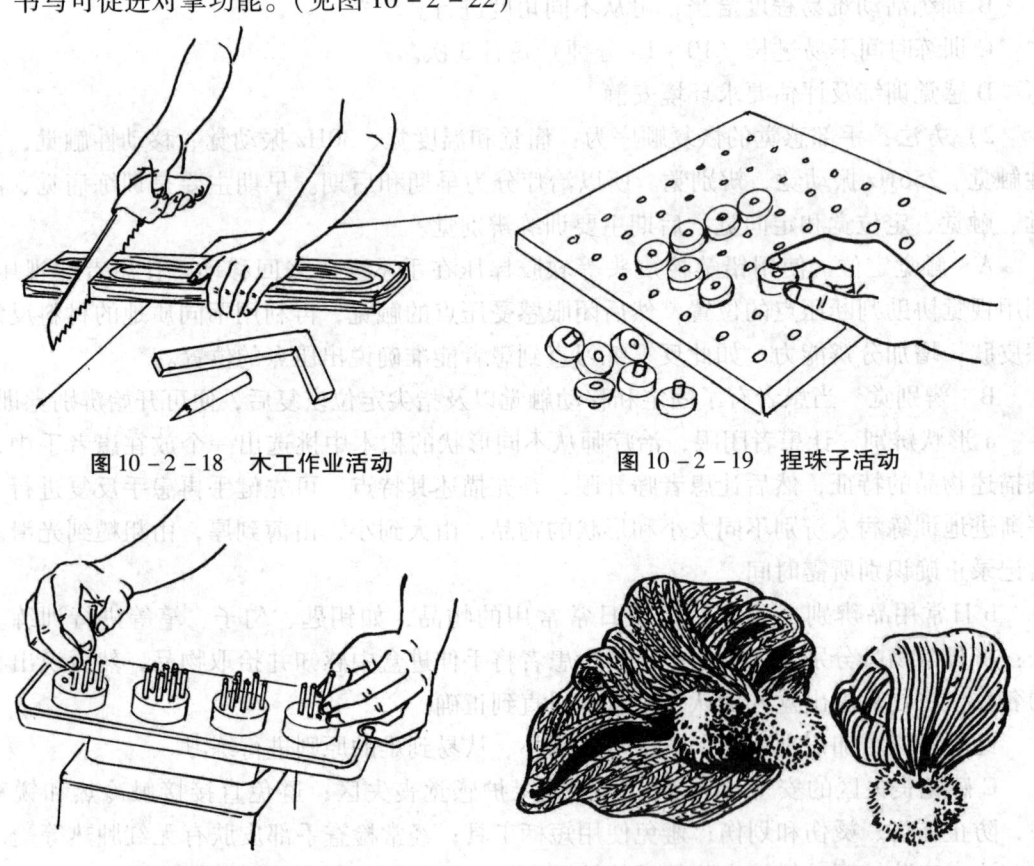

图10-2-18 木工作业活动　　　　图10-2-19 捏珠子活动

图10-2-20 捏小木钉　　　　图10-2-21 编织

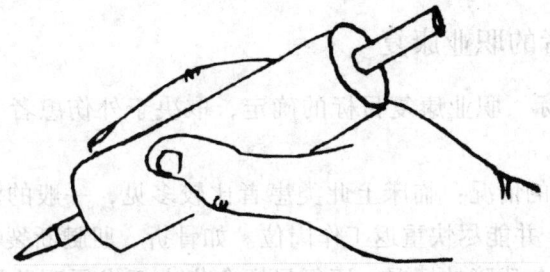

图 10-2-22 书写

（5）日常生活动作训练：根据手的功能，进行日常生活动作训练，最终达到生活自理、提高生活质量的目的。如对指功能差的患者，可以利用加粗了笔杆、勺把的笔和勺进行练习书写、进食训练。如果患者手功能尚可，就要开始练习使用筷子进食和学习系扣子、拉拉锁及系鞋带等日常生活动作。（见图10-2-23、24）

图 10-2-23 进食训练

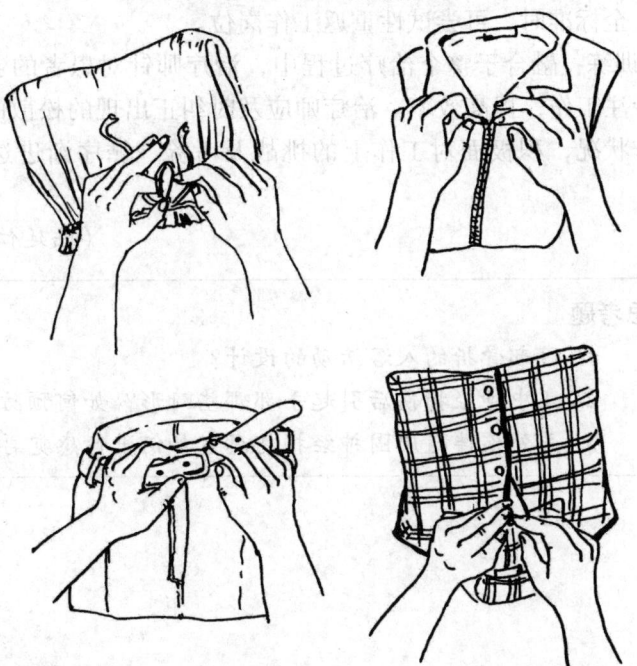

图 10-2-24 系扣子等日常生活动作训练

七、手外伤患者的职业康复

1. 职业康复的目标　职业康复目标的确定，取决于外伤患者手功能的康复情况，一般概括可分为三类：

1）没有永久残障的情况：临床上此类患者比较多见，一般的治疗目的是将患者的功能恢复至正常的情况，并能尽快重返工作岗位。如骨折、肌腱断裂等患者。

2）有若干程度永久残障的情况：康复目标会集中于发展现阶段的功能及工作能力方面，尽可能使患者重新就业，必要时可提供不同的辅助器具。

3）难以恢复的创伤，甚至完全丧失功能：康复目标不仅仅局限于提高病人残余的能力，还要根据患者具体情况和需要提供不同的辅助器具，尽可能达到独立、自我照顾的目的，为提高就职能力和重新就业创造有利条件。

2. 职业强化　是职业康复疗程内，训练就职能力的治疗性训练计划。按其工作上的需要，设计整个训练疗程。主要包括以下三个部分：

1）职业条件化：是重新就业的第一步，因为患者长期住院，体能及功能都有不同程度的衰退，肌肉也会有不同程度的萎缩，应根据患者本身的工作能力及工作意向，利用有氧运动不同程度的强化体能、增强肌力、耐力和心肺功能，从而提高患者的身体功能和自信心。

2）模拟工作：通过不同的模拟工作样本，模拟工作训练器、工厂作业评估等模拟出工作上不同的环境及所需的工作姿势、动作、工作平面高度、力量及耐力等作系统性的训练。通过反复模拟工序练习，治疗师可以纠正患者错误姿势，提升病人的适应能力，当耐力和表现均达到安全标准时，可尝试性重返工作岗位。

3）工作态度训练：融合于整个治疗过程中，治疗师针对患者的弱点给予提醒，并规范行为，使患者专注工作，提高效率。治疗师应及时纠正出现的松散的工作态度，让患者在实践中理解工作状况，积极面对工作上的挑战及考验，循序渐进达到重返工作岗位的目的。

（陆廷仁　邢亮　刘萍）

思考题

1. 髋部骨折的入浴活动的设计？
2. 正中神经损伤后引起手部哪些畸形？如何预防这类畸形的发生？
3. 手外伤伴随周围神经损伤患者如何进行感觉再教育？

第十一章 骨关节病的康复

> **学习目标：**
> 一、了解类风湿性关节炎的发病机制、临床分型
> 二、熟悉类风湿性关节炎的常见功能障碍的特点
> 三、掌握类风湿性关节炎常用的 OT 评价方法及治疗措施
> 四、了解颈椎病的其他治疗措施
> 五、掌握常见颈椎病功能障碍的特点、颈椎病的常用作业治疗方法、颈椎牵引的治疗作用
> 六、熟悉神经根型颈椎病的诊断依据、颈椎病作业治疗的目的

第一节 类风湿性关节炎的作业治疗

类风湿性关节炎，是一种以关节滑膜炎为特征的慢性全身性自身免疫性疾病。大多数患者发病年龄在 20~45 岁，女性高于男性，关节滑膜炎反复发作，使关节内软骨和骨遭到破坏，导致关节畸形及功能障碍。它是一种发病率高、死亡率低的疾病，需要作业治疗师早期给予干预的慢性骨关节疾病。

一、概述

1. **临床分类** 分为三型：渗出型、破坏型和强直型。
（1）渗出型：关节肿胀积液，后期骨质疏松。
（2）破坏型：滑膜炎症未及时恢复，滑膜血管伸向软骨形成血管翳，最后导致软骨破坏，关节腔变窄，骨质疏松和骨质破坏，亦可出现继发性骨关节炎。
（3）强直型：软骨破坏后，关节形成纤维性强直或骨性强直，此期关节活动受限。

2. **发病机理** 由于病原体抗原进入人体，被巨噬细胞吞噬、消化、浓缩，与 HLA-DR 结合成复合物，被 T 细胞受体识别，T 辅助淋巴细胞被激活，引起一系列的免疫反应。类风湿因子是免疫球蛋白 IgGFc 端的抗体，它能与自身的 IgG 结合（形成免疫复合物），

它是一种自身抗体，是引起关节慢性炎症和其他临床表现的重要因素。因此，它是一种自身免疫性疾病，病因不清，可能与自身免疫、遗传、感染以及精神过度紧张有关。

3. 诊断标准与鉴别诊断

（1）诊断标准：由美国类风湿协会提出的类风湿性关节炎的诊断标准：1）关节晨僵持续至少1小时。2）14个关节群中，至少有3个或3个以上的关节群有软组织肿胀，持续至少6周。3）腕掌关节、近端指间关节或腕关节软组织肿胀。4）在一个关节区域对称性关节肿胀。5）有类风湿性结节。6）腕关节或者手关节有关节的侵蚀和骨质疏松等X线改变。7）有类风湿因子。上述7项中，如果具备4项者，即可诊断为类风湿性关节炎。

（2）鉴别诊断：类风湿性关节炎需要和风湿性关节炎、骨关节炎和强直性脊柱炎相鉴别。风湿性关节炎发病前常有链球菌感染史，多见于儿童，常侵犯大关节。临床表现为游走性关节疼痛和肿胀，心脏常受累，血清抗链球菌溶血素O阳性，而类风湿因子阴性，关节肿痛消失后关节的形态和功能恢复正常。骨关节炎多见于中老年人，X线可见关节的退行性改变。强直性脊柱炎多见于青少年男性，以骶髂关节、腰椎病变为主，X线示骶髂关节炎，晚期腰椎呈竹节样改变，HLA-B27阳性而类风湿因子阴性。

二、功能障碍的特点

1. 晨僵　在发病开始时，先有晨起关节僵硬、肌肉酸痛，适度活动后僵硬现象减轻。晨僵关节僵硬的程度和持续时间常和疾病的活动程度一致。晨僵的时间常与关节炎的严重程度呈正比。病情减轻时，持续时间缩短，炎症程度缓解。它是类风湿性关节炎的典型特征之一。常在关节疼痛之前出现。

2. 关节疼痛及压痛　由于关节滑膜增厚、滑液增加、关节处软组织肿胀，受累关节逐渐肿大。出现了局部的压痛，由于在主动和被动活动时都导致疼痛，所以导致了其活动受限。在寒冷、潮湿、劳累后疼痛加重，由刚开始的一至两个关节，以后逐渐发展为慢性、固定性的、对称性的多发性关节炎，往往是游走性的。最常受累的部位是近端指间或趾间关节、掌指关节，其次为腕关节、肩关节、肘关节、踝关节、膝关节和髋关节等。

3. 受累关节　手部近端指间关节最常发病，其次为掌指关节和腕关节，远端指间关节受累少见。足部以趾间、跖趾关节最常受累，其次为跟距、舟骨和第五跖骨基底部。症状反复多次的发作，最终导致关节的畸形僵硬。

4. 类风湿手和类风湿足　类风湿手最多见的是手指天鹅颈畸形（掌指关节屈曲，近端指间关节过度伸展，远端指间关节过度屈曲，侧面看手指的形状就像鹅的颈部，所以称天鹅颈畸形）、掌指关节半脱位或尺侧偏斜（见图11-1-1）、纽扣花畸形（近端指间关节屈曲，远端指间关节过伸，手呈扣眼状），其他的有手指畸形、琴键征、槌状指等（见图11-1-2）。足部的畸形多发生于跖趾关节及其内缩肌腱鞘炎，特征为跖趾关节半脱位及趾关节外翻，向腓侧偏移。跖趾关节偏向于跖侧，导致强直性扁平足和外翻畸形。

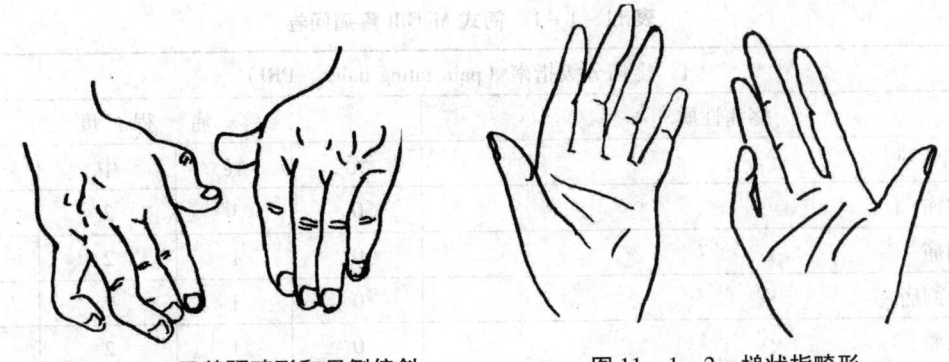

图 11-1-1　天鹅颈畸形和尺侧偏斜　　　　图 11-1-2　槌状指畸形

5. 其他　有些关节周围的病变使得肌肉萎缩和肌无力，出现一些皮下结节等关节外的表现。

三、评估

1. 个人中心点的评估　加拿大作业治疗的评价表格，从自理方面、生产活动和闲暇娱乐三大方面与病人交谈，找出病人最重要的和最需要解决的问题点。

2. 功能评估　①日常活动问卷的评估（EDAQ），此评估包括 102 项，共分为 11 个领域，一个星期内完成此项检查，多是在患者家中完成。②功能状况指数测量。③Backman 评价表，此评价表格缺乏可靠性和有效性，但对治疗计划有很大的帮助。④家庭中 ADL 的评估，包括别人的介助量、家庭和社区方面的环境。

3. 疼痛评定　可以用简式 McGill 疼痛问卷调查了解疼痛的性质，用目测视觉模拟评分法（VAS）了解疼痛的程度（表 11-1-1）。

（1）视觉模拟评分法：在白纸上画一条 10cm 长的粗直线，在线的一端写上"无痛"，另一端写上"最剧烈的疼痛"。患者根据自己所感受的疼痛程度，在直线上某一点作一记号，以表示疼痛的强度及心理上的冲击，从起点至记号处的距离长度也就是疼痛的量。使用前治疗师需要对其作详细的解释工作，让患者理解方法的概念，以及此法测痛和真正疼痛的关系，然后让患者在直线上标出自己的相应位置。目前多使用正面有在 0 和 10 之间游动的标尺，背面有 0 到 10 数字的视觉模拟评分尺，如果患者移动标尺，在自己疼痛的位置时，治疗师能够立即在标尺的背面看到具体数字，可以精确到毫米。

视觉模拟评分法，亦可用于评定疼痛的缓解情况，在线的一端标上"疼痛无缓解"，而另一端标上"疼痛完全缓解"，疼痛的缓解也就是初次疼痛评分减去治疗后的疼痛评分，此方法称为疼痛缓解的视觉模拟评分法（VAP）。与用视觉模拟评分法评定的疼痛强度相比，VAP 更具优势，如所有患者的基线相同，且和原来的疼痛程度无关。

视觉模拟评分法具有以下优点：①能有效测定疼痛强度。视觉模拟评分法与其他疼痛强度监测法之间的相关性良好。②大多数患者认为视觉模拟评分法易于理解和使用，甚至少儿（≥5 岁）亦能够使用。③评分分布均匀。④评分可随时重复进行。⑤与疼痛口述评分法相比，采用视觉模拟评分法评定疼痛治疗效果更为满意。⑥能对疼痛疾患的昼夜变化、疼痛疾患间的区别及治疗作用的时间、过程提供满意的结果。

表 11-1-1 简式 McGill 疼痛问卷

I. 疼痛分级指南 (pain rating index, PRI)				
疼痛性质	疼痛程度			
A 感觉项	无	轻	中	重
跳痛	0	1	2	3
刺痛	0	1	2	3
刀割痛	0	1	2	3
锐痛	0	1	2	3
痉挛牵扯痛	0	1	2	3
绞痛	0	1	2	3
热灼痛	0	1	2	3
持续固定痛	0	1	2	3
胀痛	0	1	2	3
触痛	0	1	2	3
撕裂痛	0	1	2	3
B 情感项				
软弱无力	0	1	2	3
厌烦	0	1	2	3
害怕	0	1	2	3
受罪，惩罚感	0	1	2	3
感觉项总分_____	情感项总分_____			

Ⅱ. 视觉模拟定级 (visual analogus scale, VAS) 评定法
　　无痛 (0) _____ 剧痛 (100)

Ⅲ. 现有痛强度 (present pain intensity, PPI) 评定评分级
　　0 _____ 无痛　　　　1 _____ 轻度不适
　　2 _____ 不适　　　　3 _____ 难受
　　4 _____ 可怕的痛　　5 _____ 极为痛苦

　　（2）口述描绘评分法 (verbal rating scales, VRS)：是另一种评定疼痛强度和变化的方法，特点是需列举一些词语，让患者从中选择形容自身疼痛程度的关键词，这些关键词易于被患者理解，故该法能被医患接受。口述描绘评分法包括 4 级评分、5 级评分、6 级评分、12 级评分、15 级评分，这些词通常按从疼痛最轻到最强的顺序排列，最轻程度疼痛的描述常被评定为 0 分，以后每级增加 1 分，因此每个形容疼痛的形容词都有相应的评分，以便于定量分析疼痛。这样，患者的总疼痛程度评分就是最合适其疼痛水平有关的形容词所代表的数字。

　　4 级评分：包括无痛，轻度痛，中度痛，严重痛。
　　5 级评分：包括无痛，轻度痛，中度痛，严重痛，剧烈痛。

6级评分：包括，无痛，轻度痛，中度痛，严重痛，剧烈痛，难以忍受的痛。

12级评分：包括不引人注意的痛，刚刚注意到的疼痛，很弱的痛，弱痛，轻度痛，中度痛，强痛，剧烈痛，很强烈的痛，严重痛，极剧烈痛，难以忍受的痛。

15级评分：包括无痛，极弱的痛，刚刚注意到的痛，很弱的痛，弱痛，轻度痛，中度痛，不适性痛，强痛，剧烈痛，很强烈的痛，极剧烈的痛，很剧烈的痛，不可忍受的痛，难以忍受的痛。

应用口述描述评分法进行疼痛评定具有许多优点：易于管理和评分；结果可靠和有效；评分结果与疼痛的强度密切相关，但与影响疼痛主观因素的相关性差；对疼痛病情的变化十分敏感；能较好地反映疼痛的多方面特性。目前，口述描绘评分法已成为定量测定疼痛感觉最为流行的方法。口述描绘评分法同样也可用于疼痛缓解的评分法。

4. 工作的评估　工作评估问卷表包括：工作前的准备、交通路线、工作的建立和中断、工作活动、工作者之间的联系。

5. 闲暇活动　包括过去感兴趣的活动和现在的娱乐方式，以及寻找能够给患者提供适合患者的新的娱乐方式的领域。

6. 上肢功能的评估　简易上肢功能检查（STEF），主要检查上肢及手粗大及精细动作，协调性、灵巧性和速度的检查，此检查共包括10个项目，为了减少误差，尽量是同一个治疗师在同一个治疗桌上给同一个病人进行检查，并给予详细的记录。

7. 脚的评估　提出简单的足部护理建议和有关联性的需要，观察患者的足部情况及行走情况。

8. 关节的防护支具和日常生活活动中的紧急保护措施的评估　包括关节防护支具及措施，帮助人们识别需要改变的降低关节压力的移动方式和评价教育结果。

9. 心理的评估　通常通过非正式的方式完成。

10. 关节活动度的测量　测量工具为量角器、电子角度计、皮尺、X线片、摄像机拍摄等，其中量角器及电子角度计较常用。如果是疾病的活动期，只检查主动的ROM。如果关节有变形，测量关节活动度时应记录开始时的肢位及角度，且关节活动度的训练应以日常生活动作训练为基础。

11. 肌力和耐力的评估　通常用0~5级徒手肌力评定法。

（1）握力：由于手指畸形一般握力计难以准确显示，目前普遍采用血压计预先充气测定，其方法是将水银血压计的袖带卷褶充气，使水银汞柱保持于4kPa处，让患者用力握充气之袖带，握测2~3次，取其平均值。也可以采用等速肌力测试仪检测，前者临床广泛应用，后者需要特殊的设备。

（2）捏力：主要测试拇指对指的肌力，约为握力的30%。测量工具为标准捏力计。分为掌捏、侧捏和三指捏。

12. ADL的评价　对患者的日常生活活动能力（ADL）和移动能力进行评价，有助于治疗师制定出具体的康复计划。当患者在做某些活动有困难时，为了更全面、更准确地了解患者的障碍情况，应进行活动分析，弄清在什么情况下活动时哪个具体动作有困难，以明确患者在生活中所需要的帮助，有针对性地提供生活辅助工具。主要使用Barthel指数。

四、作业治疗

(一) 作业治疗的目的
1. 缓解疼痛。
2. 预防关节的破坏，防止或延迟关节畸形，保持关节的功能。

(二) 作业治疗的方案
1. 提高家务工作和休闲能力　增强手指灵巧性与活动能力有关的力量和手指捏物的能力，如饭菜的准备、邮寄包裹、使用电脑等工具、书写，以及其他相关运动和休闲活动。

脚部的问题导致行走困难。如果手脚协调性差还会导致汽车驾驶困难，影响患者出行。当上肢和下肢关节受累严重时，自我护理、家务活动能力也会相应降低，治疗师应关注于病人最看重的问题，有些人可能认为厨房烹饪做家务最重要，另外有些人却认为它们不重要，可以买半成品或雇用小时工来做家务烹饪，他们更关注于休闲和工作，通过观察这些问题，确定患者的需求，并进行活动能力分析，找到导致问题的原因，从而选择相应的治疗措施，提高他们的功能活动能力。

1) 提供可转换的技术，给予修正运动步骤的建议、关节保护和体能保持的建议。

2) 提供或建议使用的辅助器具，最常用的是厨房自助具如电子瓶子启子、削皮刀、符合人体工程学的刀子、开瓶器；姿势转换器如浴室垫子、厕所升降设施、可升降的浴椅、助行器、穿鞋器、系扣器、尼龙搭扣、取物器；剪子、梳子、刮胡刀的改造（加长柄）；帮助手旋转的器具；驾驶的改造，如车钥匙的的改造、加粗的方向盘。使用这些自助具或支具可以提高他们的功能。

3) 当家具和工具需要更换时，治疗师应教会病人如何选择符合人体工程学的适合家庭、工作和休闲的工具和家具，这样可以帮助人们选择一种可以使用长期又可以使未来的生活变得容易的工具。

4) 环境改造：对浴室进行适当的改造、重新设计厨房、增加坡道、提供可以移动的椅子、使用辅助具等，能够有效地加大患者的活动空间，提高患者日常生活能力的水平。

需要调整风湿关节炎病人工作时的工作强度和工作场所的高度，工作应以坐位为主，使用电脑也许会导致手和上肢的疼痛，可以使用腕关节支具缓解疼痛，应给患者一些保持舒适、健康和安全的建议，并提供合适的器具，如支撑腕关节的垫子、符合人体工程学的键盘等。工作场所设计，应该符合人体工程学的标准，尽可能减轻颈部和上肢的紧张度。

如果患者不得不停止工作时，如何度过闲暇时间和休闲活动的方式就变得尤其重要，应该进行讨论分析。平时经常做的主动休闲运动，如打板球、高尔夫等早期就应该停止。应该鼓励患者进行游泳等相对柔和一些的运动。散步对健康、关节活动度及预防畸形起到很好的作用，还可以促进良好的心理状态，应该提倡。另外还有必要从以下几大方面发掘患者潜在的兴趣，如绘画、编织、猜谜、棋牌、社会交往（如访问朋友、去酒吧、电影院、参加其他感兴趣的组织）等，从而建立新的兴趣、爱好。休闲活动还取决于当地社区的设施，它可以帮助患者尝试去结识新的朋友，可以帮助他们做有意义的活动，减轻疾病造成的压力，促进家庭的和睦。

2. 关节的保护

（1）关节的保护原则和目的：减轻疼痛和炎症，减轻内部和外部的关节压力，以保持关节正常的组织结构，减少变形的危险性。

（2）关节的保护：可以通过改变活动模式及使用辅助器具对关节进行保护。保护方法包括：

1）关注疼痛信号：这是保护关节措施的第一步。如果治疗过程中忽视疼痛，有可能导致将来关节损害和疼痛的加剧。而对疼痛过于敏感，容易引起运动的减少、肌肉的萎缩、关节的不稳定，患者应该对疼痛的水平有一个认识，适当调整他们的活动，以减轻疼痛。如果采取减少活动措施后，疼痛仍然持续1小时以上，就需要进一步减少活动量，所以给患者设计的活动应该是舒缓的，需要让患者自己去调整。设计作业活动时应注意以下两点：

①当选择如烹饪、家务等活动时，让患者有意识地去感觉、检查疼痛。

②在一个星期内，包括周末，对病人运动时的疼痛情况建立记录。

2）多关节负重，用手尽可能大的接触面，或者是两只手举起重物：如①用两个手心托盘子、端碗、有柄的圆筒形杯子、托盘等，手指要保持伸展的位置；②通过把手用双手举起物体，如锅、茶壶、水壶。握住把手的腕关节应该维持在伸展位或中立位，另一手腕应负重。（图11-1-3、4）

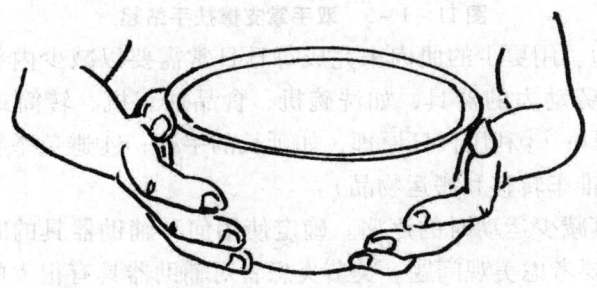

图 11-1-3 双手端碗

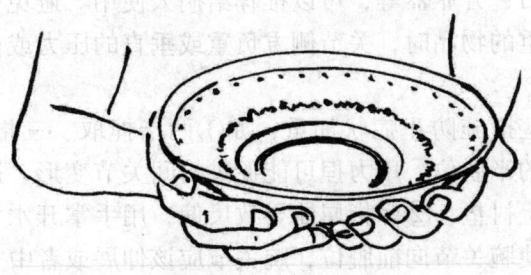

图 11-1-4 双手端盘

3）用相对强壮的、更大的关节负重。当关节更大时，它的负重能力就会越强。如①利用髋关节去关抽屉和门；②利用手掌或拳头的侧面去按压水龙头，而不是用手指去做这些工作；③当移动挎包或其他大的物体的时候，利用前臂或躯干去携带挎包或大的物品，使其靠近胸部；④用肩关节挎着或用前臂钩着挎包等。

4）应该使用关节最稳定和最有功能的位置去携带或移动大的物品。当运动的时候可以利用杠杆的功能,当屈曲或者运动时,屈曲或偏离的姿势可以产生旋转和力线的压力。如1)站立时,脚应放平,身子稍向前,病人应站直,防止膝关节扭曲;2)当举起或抓握时,腕关节应保持在伸展位,可以使关节的抓握力量最大;3)传授正确的转移技巧,如从坐位到立位,应用双手掌支撑椅子的扶手站起。避免用手指握住扶手站起。(见图11-1-5)

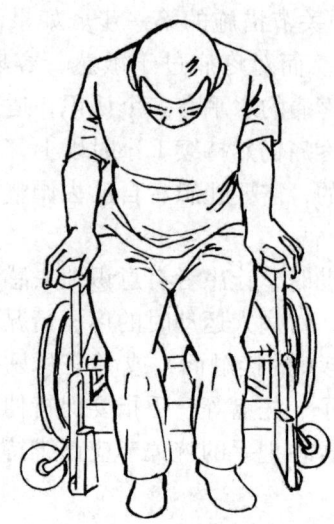

图11-1-5 双手掌支撑扶手站起

5)减少过度用力。用更少的肌肉来完成每日日常需要以减少内部压力。如①使用辅助器具;②使用减少劳动力的器具,如洗碗机、食品加工机、转筒式干燥机、洗衣烘干机、轻巧的动力型工具;③利用杠杆原理,如延长的手柄;④避免举物,用带轮子的工具转运(小型的家用手推车转移和搬运物品)。

6)利用辅助器具减少运动时的疼痛。确定使用何种辅助器具的时侯,应考虑病人对辅助器具的态度,也要考虑美观问题。关节炎患者对辅助器具有很大的需求,尤其是厨房常用器具,应该允许他们逐渐调整自己的生活方式,在商店可以买到各种方便使用的器具,如容易抓握的削皮刀、开瓶器等,可以推荐给病人使用。避免变形的姿势和导致变形的模式,比如当移动很重的物品时,关节侧方负重或垂直的压力或由于肌肉收缩会导致内部压力增高。

生活中可以采取一些措施防止症状加重,如①两指捏取、三指抓握、非常用力捏容易导致掌指关节向前方的半脱位,用力捏可能促进指间关节变形,避免的方法是将工具的手柄、笔等加长或者垫上衬垫;②手指屈曲导致尺偏,用手掌开水龙头和罐子,手指保持伸直;③屈腕举重物会使腕关节向前脱位,腕关节应该伸展或者中立位。

7)休息:除非医嘱要求,否则并不鼓励长期卧床,但应该每天在床上休息10小时,如果可能,白天也要休息1小时,这样有助于自然的恢复和提高整体功能的持久性。这应该伴随着一个长期固定的常规训练项目,应该认识到适当休息的好处,它是人们改变生活方式的一部分。

8)正常姿势的维持:应该给予患者在正常姿势下休息的建议,当坐位和卧位时,关节应该有很好的支持,为使下肢获得良好的支撑,椅子应该有一个合适的深度,保持髋膝踝90°。应该配备木制的椅背支撑架和支持头部的头托，椅子两侧应配备结实、稳定的扶手。床应该是平坦的，稍硬一些以便提供对身体的支持。当躺在床上时，身体应得到支持，使身体保持在一个正常的生理曲线上。应提供一个比较有支撑性的枕头，常规的枕头容易导致颈部后伸和紧张。平躺时保持髋膝关节伸展，膝关节处应避免用枕头支撑，因为这会导致严重受损关节产生屈曲挛缩。当有皮下结节时，配备羊皮的毯子和泡沫材料的靠垫有利于减轻对结节部位的压力。

3. 体能的保存　这可帮助降低疲劳和减少工作中的能量，节省体力，更合理地分配自身体能，使其用到更有意义的活动中去。主要的原则包括：①无论休息和工作，都不要长时间地保持在某一个姿势下，一般不超过20-30分钟。②运用正确的身体姿势和姿势平衡保持能量，这种好的姿势可以使头和体干的重量维持在骨骼的重力线上，因为重心将有助于维持正常的姿势（图11-1-6）。如果身体在一个不正确的姿势下活动，患者将用更多的能量来保持，因为他必须要对抗重力才能维持一个好的姿势，如耸起的肩部，前伸的颈部和屈曲的背部，将导致肌肉的张力增高、疼痛和劳累。站立时要比坐位时多耗费25%的体能，如果有可能应该尽量在坐位下进行工作。③避免在一个姿势下保持过长时间，以防止肌肉僵硬，要求每隔20-30分钟变换姿势，如定时地活动双手，避免连续不断地书写。④一个正常的工作高度将会使头和颈部得到伸展。当肩关节放松时工作台面应该比肘关节低2cm，可以这样通过调整高度来改变工作台面。⑤应该避免压力过大而又不能停止的活动，因为它会导致突然严重的疼痛，将会给那些脆弱的关节造成损伤。应该教会患者进行简单的动作分析，帮助他们知道在家里如何进行省力地进行正常的活动。

图11-1-6　正确的坐姿

4. 主动活动和训练

（1）肌力增强训练：慢性类风湿性关节炎患者由于疾病的缘故，大多不愿意活动，容易引起肌肉萎缩、活动能力和耐力下降以及心血管功能降低，进而导致身体健康状况的衰退。相比急性期，此时的活动显得更为重要。

1) 等长练习：常用在动态抗阻力练习和有氧锻炼之前或一起进行。等长练习在初期可以用于改善肌肉的张力和耐力，并为以后大强度的活动做准备。研究证实，类风湿性关节炎患者，每天保持70%最大等长收缩水平6秒，重复5~10次，可以明显增强肌肉的力量。在进行最大等长收缩练习时，每次不要超过6秒，避免用最大的力（100%），用力时呼气，放松时吸气，注意每次一组肌肉收缩，避免两组肌群同时收缩。

2) 动态练习：是最常用的增强肌肉力量的方式，可以增强肌力和耐力。动态练习的阻力可以是体重、肢体的重量或外部阻力如各类重物。抗阻力练习要防止加重关节不稳定和引起炎症。不论哪一种形式的练习，都应该在无疼痛范围内进行。在施加外界阻力前，抗阻力的关节至少可以完成8~10次的抗重力活动。如果关节肿胀或疼痛，应该降低关节活动的强度、频率和缩小活动范围。

(2) 关节活动范围的训练：可以通过训练来维持每日日常生活动作所需的关节活动度。训练性活动项目可以帮助患者保持全关节的活动范围，训练项目可以由PT执行，进行1周2~3次的有氧训练以提高肌肉的耐久性，如骑自行车、游泳等。也可以教患者做上肢体操，放松肩部，保持较好的姿势和全关节活动范围（见图11-1-7）。OT师应更关注详细的训练信息，如何时、提供何种的手部训练，关节活动度训练和手耐力训练结合在一起是最有效的一种方法。所选择的运动应该有一个缓慢平稳的节奏，要有适当的休息让肌肉得以恢复，防止疲劳。在宅的治疗性训练应考虑到手部的休闲活动，如园艺、烹饪。运动可以提高骨骼的强度和增强肌力；而且可以提高大脑内咖啡肽水平，产生愉悦的感觉，减轻疼痛。训练要注意尽量适合患者的生活方式，帮助人们进行社交活动。效果最佳的训练是在药效发生作用时、疼痛最轻时、痉挛和疲劳最小时，训练前应该进行热身锻炼，这样可以帮助减轻软组织拉伤。

5. 矫形器

(1) 手休息位矫形器：在急性红肿期持续佩戴，可以在短期内缓解炎症。在慢性期，通常有规律地在夜间佩戴，或者在白天佩戴数小时。大多数患者通过佩戴这种矫形器使疼痛减轻，但是对它们是否能缓解僵硬、活动受限或肿胀有争议。这些矫形器应该易于穿脱而且舒适。

(2) 腕功能位矫形器：佩戴这些固定的或部分活动的腕关节（取决于设计）矫形器，可以减少活动和用力抓取物体时关节的疼痛，但是它们限制了手的灵巧性、手掌的抓握功能，在一定程度上降低了手功能。一般需要1~2周的时间观察和调整。在许多病例中更倾向于使用有弹性的腕夹板。

(3) 掌指关节矫形器：多可以对于已有尺偏的患者减缓疼痛，促进功能，增加手指抓握的正确对线。

(4) 拇指矫形器（见图11-1-8）：可在稳定拇指的腕掌关节和掌指关节时使用。手掌外展时，拇指固定在对掌位。腕掌关节损伤的患者多需用腕-拇指矫形器。

(5) 天鹅颈支架（见图11-1-9）、槌状指支架、抗尺侧偏支架：保护关节，减轻疼痛，纠正畸形。

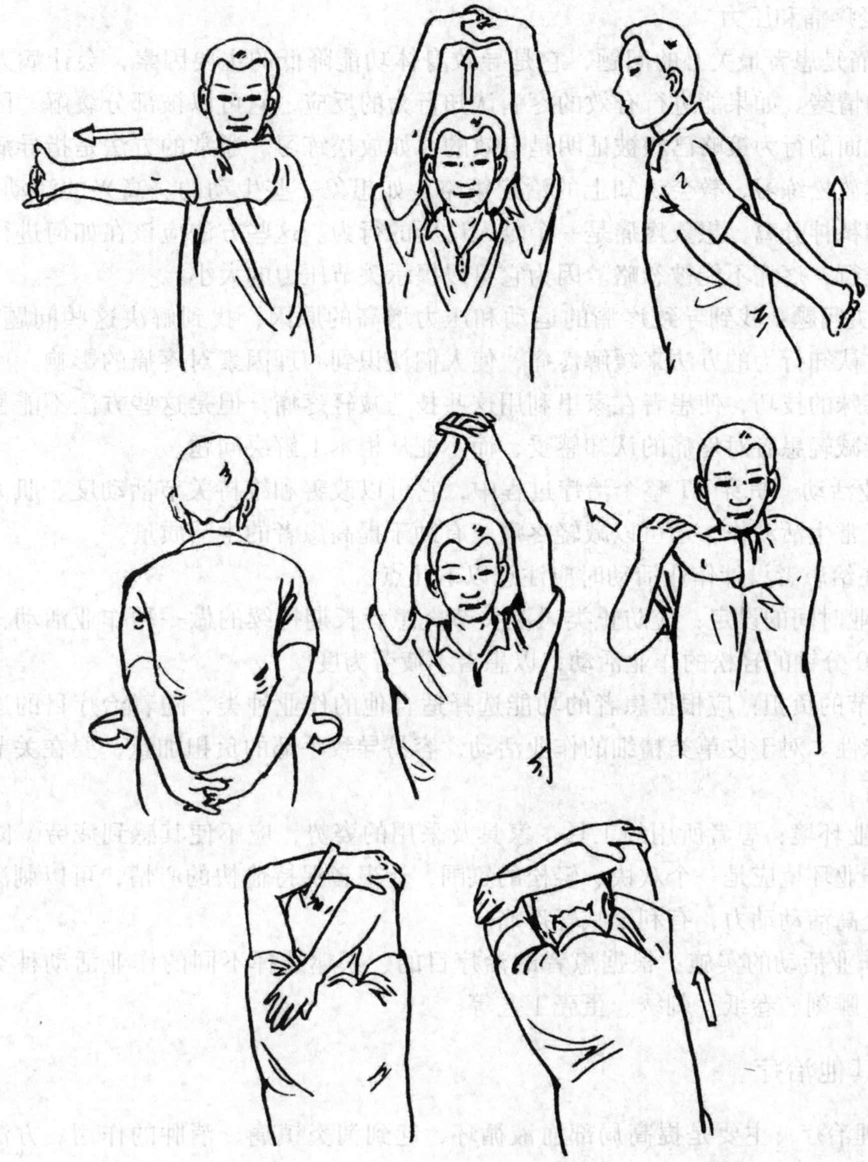

图 11-1-7 上肢体操

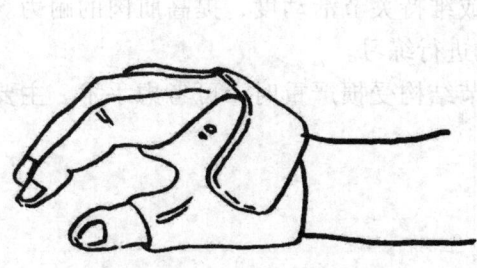

图 11-1-8 拇指矫形器

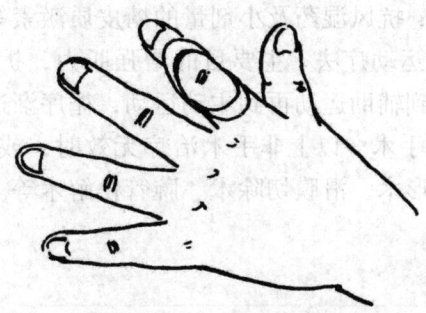

图 11-1-9 天鹅颈支架

6. 减轻疼痛和压力

1）疼痛是患者最关心的问题，它是导致身体功能降低的主要因素，会让病人产生无助、低落的情绪。如果能进行有效的疼痛认知行为的反应，它可以被部分缓解。因为各种关于认知方面的行为策略已经被证明是有效的，如放松练习。通常的方法是指导病人进行意念和持续放松练习，教会认知上的治疗策略，如想象一些生动的、高兴的活动和场所。进行肉体和精神分离，想象疼痛是一个令人讨厌的行为。这些方法应该在如何进行关节保护教育时进行，疼痛不能被忽略。因为它可以提示关节压力的大小。

2）解决问题：找到导致疼痛的运动和压力增高的原因，找到解决这些问题的方法。通常是通过认知行为的方法来缓解疼痛，使人们认识到心理因素对疼痛的影响。应该教会患者一些特殊的技巧，使患者在家里利用这些技巧减轻疼痛，但是这些方法不能替代药物治疗，只能减轻患者对疼痛的认知感受，而不能从根本上解决问题。

7. 作业活动　贯穿 OT 整个治疗过程中，它可以改善和维持关节活动度、肌力、手的灵巧性及日常生活动作，还可以减轻疼痛、有助于提高患者的生活质量。

（1）在给患者设计作业活动时应注意以下几点：

1）作业时间的设定：应防止类风湿关节炎患者长期持续的做一种作业活动，可以让其保持做 30 分钟的轻松的作业活动，以患者不疲劳为度。

2）关节的负担：应根据患者的功能选择适合他的作业种类，随着治疗目的逐渐增加治疗的趣味性。对于皮革类精细的作业活动，容易导致手部的负担加重，要在关节保护的措施下进行。

3）作业环境：患者所用的工具、家具及采用的姿势，应不使其感到疲劳\防止变形为目的。作业环境应是一个欢快、轻松的氛围，让患者保持愉快的心情，可以刺激交感神经兴奋，提高活动动力，有利于减轻疼痛。

（2）作业活动的实施：根据患者的治疗目的、兴趣选择不同的作业活动种类，如编织、贴纸、雕刻、卷纸、刺绣、蛋壳工艺等。

五、其他治疗

1. 物理治疗　主要是提高局部血液循环，起到消炎镇痛、消肿的作用。方法有：水疗、短波、超短波、微波、石蜡疗法等。

2. 药物疗法　主要是使用消炎镇痛、抗风湿药物。如类风湿早期服用的非类固醇类抗炎药、抗风湿药及小剂量的糖皮质激素等。

3. 运动疗法　主要目的增强肌力，扩大或维持关节活动度，提高肌肉的耐力。从主动运动到辅助运动再到主动运动，循序渐进的进行练习。

4. 手术　以上非手术治疗无效时，或关节结构受损严重时，可考虑手术。主要包括关节成形术、滑膜切除术、腕管松解术等。

第二节 颈椎病的康复

一、概述

颈椎病（cervical spondylosis）是指由于颈椎间盘退变及其继发椎间盘退变，而使周围重要组织如脊髓、神经根、交感神经及椎动脉不同程度受累，并有相应的临床表现的一组症候群。仅有颈椎的退变而无临床表现者，则称为"颈椎退行性改变"。

（一）流行病学

颈椎病是一种常见病、多发病，好发于 40~60 岁之间的成人。男性多于女性，男女之比为 6：1。据统计，50 岁左右的人群患病率为 25%，60 岁左右的人群患病率则达 50%，这是因为随着年龄的增长，颈椎会产生各种退行性变化。近年来发现，颈椎病的发病率有年轻化的趋势，这与工作姿势不当，尤其是长期低头工作有很大的关系。这些职业包括办公室工作人员、打字员、计算机操作人员、会计、刺绣女工、手术室护士、交通警察和教师等。虽然这些职业的强度并非很大，但由于工作姿势不当，长期低头，造成颈后肌群、韧带等组织劳损（低头时，椎间盘承受的压力较大），或头颈常偏于一侧引起局部劳损，因此患病率也较高。此外，慢性劳损如不良的睡眠、枕头的高度不当或垫的部位不妥，反复落枕者患病率也较高。

（二）病因

1. **颈椎间盘退行性变** 是颈椎病的发生和发展中最基本的原因。由于椎间盘退变而使椎间隙狭窄，关节囊、韧带松弛，脊柱活动时稳定性下降，进而引起椎体、关节突关节、钩椎关节、前后纵韧带、黄韧带及项韧带等变性、增生、钙化。这样形成颈段脊柱不稳定的恶性循环，最后发生脊髓、神经、血管受到刺激或压迫的表现。

2. **损伤** 急性损伤可使原已退变的颈椎和椎间盘损害加重而诱发颈椎病；慢性损伤对已退变颈椎加速其退变过程而提前出现症状。但暴力伤致颈椎骨折、脱位所并发的脊髓或神经根损害则不属颈椎病范畴。

3. **颈椎先天性椎管狭窄** 是指在胚胎或发育过程中椎弓根过短，使椎管矢状径小于正常（14~16mm）。在此基础上，即使退行性变比较轻，也可出现压迫症状而发病。

（三）临床分类

根据其临床表现可以分为：①神经根型，各型中最常见占 50%~60%。②脊髓型，占 10%~15%。③椎动脉型。④交感型。如果上述各型同时出现，表现程度不同，则称为"混合型"。

（四）诊断

各型颈椎病的诊断依据分别为：

1. **神经根型** 具有典型的根性症状（麻木、疼痛），且范围与颈脊神经支配的区域相一致。影像学所见与临床表现相符合。痛点封闭无显效（诊断明确者可不做此实验）。除外颈椎外病变（胸廓出口综合征、网球肘、腕管综合征、肘管综合征、肩周炎、肱二头肌腱鞘炎等）所致以上肢疼痛为主的疾患。

2. 脊髓型　临床上出现颈脊髓损害的表现。X线片显示椎体后缘骨质增生、椎管狭窄。影像学证实存在脊髓压迫。除外肌萎缩性脊髓侧索硬化症、脊髓肿瘤、脊髓损伤、继发性粘连性蛛网膜炎、多发性末梢神经炎。

3. 椎动脉型　曾有猝倒发作，并伴有颈型眩晕。旋颈试验阳性。X线片显示节段性不稳定或钩椎关节骨质增生。多伴有交感症状。除外眼源性，耳源性眩晕，除外颈动脉段（进入颈、横突孔以前的椎动脉段）受压所引起的基底动脉供血不全。

4. 交感神经型　临床变现为头晕、眼花、耳鸣、手麻、心动过速、心前区疼痛等一系列症状，X线片有失稳或退变，椎动脉造影阴性。

二、功能障碍

（一）功能障碍特点

颈椎病的临床表现　主要是由于脊髓、神经根、椎动脉和交感神经受到刺激或压迫所致，其功能障碍具有以下特点。

1. 缓慢发生　不论是哪一种类型的颈椎病，初期的功能障碍并不明显。大多在长时间低头（神经根型），或头部位置频繁发生变化（椎动脉型）时才出现功能障碍，由于对工作和生活的影响不大，大部分患者在这一阶段都没有引起注意，而任其缓慢发展。

2. 反复发作　如果症状出现早期患者没有注意或积极防治，功能障碍会因劳累或病情的变化而逐渐加重，反复发作，即患者在工作中（低头或在头部活动）出现症状，休息后好转，使患者不能耐受较长时间的低头工作。

3. 表现多样　如果神经根受压，患者以疼痛、肢体麻痹为主，其分布与神经根的分布一致；如果椎动脉受到刺激，患者以眩晕为主；如果是脊髓型颈椎病患者，可能出现肢体无力，行走不稳，有些还会出现大小便或性功能障碍。

（二）各型颈椎病功能障碍表现

不同类型的颈椎病有其自身特点：

1. 神经根型　颈椎病中神经根型发病率最高（50%～60%）。患者颈痛和颈部发僵是最早出现的症状，肩痛及肩胛骨内侧缘部疼痛，上肢放射痛，有时前胸后背部疼痛。患者在活动颈部、咳嗽、喷嚏用力及呼吸时，疼痛可以加重，有时活动颈部时感到有"轧轧"音。患侧上肢觉沉重，握力减退，有时持物坠落。可有血管运动神经的症状，如手肿胀等。晚期可有肌萎缩及肌束颤动。臂丛神经牵拉试验（Eaton试验）阳性：术者一手扶患侧颈部，一手握患腕，向相反方向牵拉。此时因臂丛神经被牵张，刺激已受压之神经根而出现放射痛（图11-2-1）。椎间孔压缩（压头）试验阳性：患者端坐，头后仰并偏向患侧，术者用手掌在其头顶加压，出现颈痛并向患手放射（图11-2-2）。

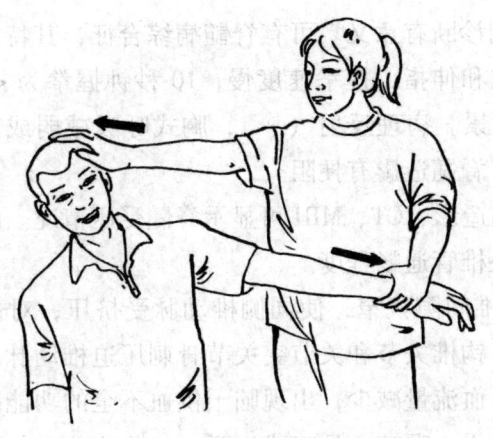
图 11-2-1 臂丛神经牵拉试验

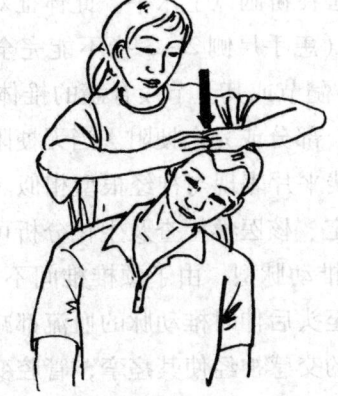
图 11-2-2 椎间孔压缩（压头）试验

X 线平片显示颈椎生理前凸消失，椎间隙变窄，椎体前、后缘骨质增生，钩椎关节、关节突关节增生及椎间孔狭窄等退行性改变征象。CT 或 MRI 可见椎间盘突出、椎管及神经根管狭窄及脊神经受压情况。

如果是 C5 神经根受累，疼痛在颈部、肩胛骨内缘、肩部、上臂外侧，很少到前臂；上臂外侧可有麻木及感觉减退区；三角肌，岗上、下肌肌力减退；肱二头肌腱反射减弱。当 C6 神经根受压时，疼痛在颈部、肩胛骨内缘、肩部、前胸部、上臂外侧及前臂桡侧；拇指麻木并感觉减退，示指亦可麻木但轻微；肱二头肌、肱桡肌及腕伸肌肌力减弱；肱桡肌腱反射减弱或消失。如果 C7 神经根受累，疼痛部位同 C6 神经根受累者，前臂疼痛在背侧，手指麻木并感觉减退。示指、中指麻木轻微，肱三头肌、桡侧腕屈肌及指伸肌肌力减弱；肱三头肌腱反射减弱或消失。C8 神经根受累的疼痛在颈部、肩部、肩胛骨内下缘。前胸部、前臂尺侧，小指及环指麻木并感觉减退，有时中指轻微麻木，肱三头肌、尺神经支配的屈指肌，尺侧屈腕肌、手内在肌肌力减弱，手及腕部功能障碍较重；一般无腱反射改变，偶见有肱三头肌腱反射减弱。

2. 脊髓型 约占颈椎病的 10%～15%。既有脊髓损害引起的功能障碍，又有神经根受损出现的功能障碍。一般起病缓慢，颈肩痛不明显。最初出现下肢软弱、行走困难，功能障碍下肢发紧、麻木或灼痛等。继之一侧或双侧手感觉障碍，如麻木，或运动障碍，手无力不灵活，持物易坠落。亦有症状先出现于上肢，后出现于下肢者。躯干部的感觉障碍常在腹部或胸部有束带感。少数患者出现括约肌功能改变，如排尿困难，大便秘结。严重者，下肢痉挛，卧床不起，生活不能自理。

检查时，颈部的肌张力常常无明显的紧张，压痛不明显，活动也无明显的限制。但如果脊髓受压明显，上、下肢可以呈痉挛性瘫痪，或上肢在病损节段水平出现肌张力降低。四肢肌张力增高时，折刀试验（+）、四肢腱反射亢进，可以有髌、踝阵挛（+）、浅反射消失。若上肢腱反射减弱或消失，则表示病损在该神经节段水平。第五颈髓节受损时，常常桡骨膜反射减弱或消失，反射性屈指活动增强，上肢肌腱反射仍亢进。四肢反射活跃，亢进，下颌反射正常者，提示颈髓损害在枕骨大孔水平以下。下颌反射亢进时，提示神经损害在桥脑以上水平。此体征对鉴别诊断有意义。可有脊髓病综合征，其特征为手指逃逸征（患手尺侧2~3指不能完全内收和伸指，握拳速度慢，10秒钟握拳为<20次）。提示C7髓节或其上节段脊髓的锥体束受累。病理反射（+），胸式呼吸减弱或消失。奎氏试验，部分或完全梗阻。当无梗阻者，脊髓造影有梗阻。

X线平片表现与神经根型相似。脊髓造影、CT、MRI可显示脊髓受压情况。脑脊液动力学测定、核医学检查及生化分析可反映椎管通畅程度。

3. 椎动脉型 由于颈椎椎间不稳及椎间隙狭窄，使同侧椎动脉受挤压，对侧受到牵张，甚至头后伸时椎动脉的血流都减少，钩椎关节和关节突关节骨刺压迫椎动脉，或刺激其周围的交感神经使其痉挛，管腔变细，血流量减少，出现脑干供血不全的功能障碍。包括发作性眩晕，复视伴有眼震。有时有恶心、呕吐、耳鸣或失听，这些症状多与颈部体位改变有关。下肢突然无力摔倒，但意识清醒，多在头颈处于某一体位时发生。肢体麻木，感觉异常，可出现一过性瘫痪，发作性昏迷。

4. 交感型 此型功能障碍最复杂。由于颈椎关节变性不但能刺激躯体神经，且能直接或反射性地刺激交感神经，所以，其他类型的颈椎病，多有交感神经功能紊乱的症状，因为为主观症状，常误认为神经官能症。

交感神经兴奋表现为：①头部症状：头痛或偏头疼、头沉、头昏、枕部痛或颈后痛。头转动与症状无关。②眼部症状：眼球后痛，眼干涩，视野内冒金星，视力改变，霍纳征（+）（瞳孔扩大，眼球下陷及眼睑下垂）。③周围血管症状：因血管痉挛，肢体发凉畏冷，局部温度下降，肢体遇冷有刺痒感，继而有红肿或疼痛加重。有头颈、面躯干或肢体麻木，其疼痛感觉减退不按神经节段分布，如指（趾）尖痛等。④心脏症状：心律紊乱，心动过速。心前区痛、血压升高。⑤发汗障碍：如半侧肢体，单一肢体，头、双手、双足及四肢远端等多汗。⑥其他：听力或声音改变。

交感神经抑制症状表现为：头昏眼花，心动过缓，血压偏低，胃肠蠕动加强或嗳气，流泪，眼睑下垂，鼻塞，霍纳征（+）。

X线、CT、MRI等检查结果与神经根型颈椎病相似。

三、功能评定

（一）躯体功能评定

根据病情可以进行下列评定：

1. 评定 可以用MacGill疼痛问卷调查了解疼痛的性质，用目测视觉模拟评分法（VAS）了解疼痛的程度（具体内容见本章第一节）。

2. 活动范围评定 可以用颈椎活动测角器，测量颈椎在不同方向的活动，了解有无活动受限及其程度。

3. 肌力评定 通常用0~5级徒手肌力评定法评定四肢肌力。如果想了解背部肌肉的力量，可以用拉力计测背肌力，结果以拉力指数判定。拉力指数＝拉力（kg）/体重（kg）×100。正常标准：男150~300，女100~150。如果想了解手部肌力，可以用握力计测定,结果以握力指数判定。握力指数=〔握力(kg)/体重(kg)〕×100,高于50为正常(男、女相同)。

4. 手功能测试 脊髓型颈椎病如果手功能明显受限,可以通过以下测试来了解手部功能。①钩状抓握:如提小箱,此时拇指不必参与。②圆筒状抓握:如抓握玻璃杯,拇指紧贴该物。③握拳样抓握:如抓握住一球棒或锤柄。④球状抓握:抓握圆球状物如苹果。⑤指尖抓握:如拾起或握持一小物体如钢笔。⑦侧面抓握:如用拇指与示指的外侧面抓握一张卡片。此外,也可以用9孔柱测试或Jebsen手功能测试(图11-2-4、5),这两种测试方法各自均有评分标准。

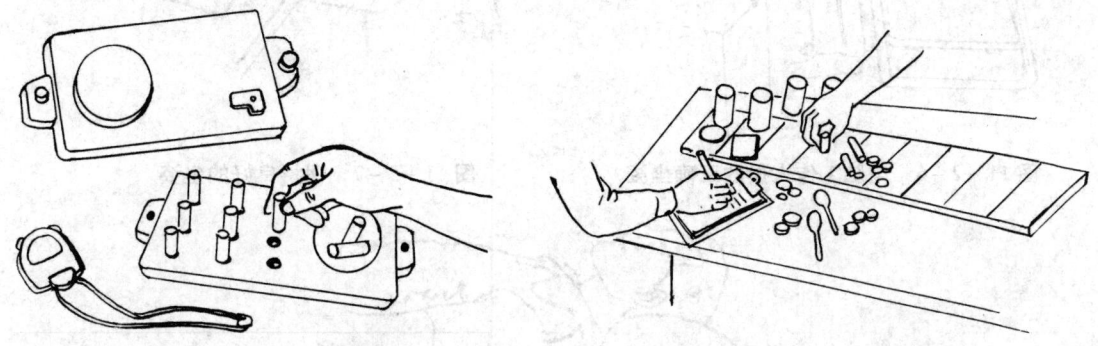

图11-2-4 9孔柱测试　　图11-2-5 Jebsen手功能测试

5. 痉挛评定 对脊髓型颈椎病患者,如果出现肢体痉挛,可以用Aschworth痉挛量表评定痉挛的程度。或用痉挛频率指数了解痉挛发生的次数。

(二) 活动能力评定

日常生活活动能力可以用Barthel指数,或功能独立性测量(FIM)来评定。

(三) 家庭居住环境和工作环境

脊髓型颈椎病患者,如果出现截瘫或四肢瘫痪,还需要对患者的家庭居住环境和工作环境进行评定,以了解是否需要借助于辅助系统,来适应环境或对环境进行改造。

四、作业治疗

(一) 治疗目的

颈椎病作业治疗的目的,主要是对患者进行宣传教育,避免颈部长期处于某种特殊的位置,预防颈椎病的发生,或一旦出现颈椎病的症状后,预防病情的进一步发展。

(二) 治疗方法

1. 经常保持颈部的正确姿势,减少颈痛的发生。坐姿宜选择高度适中、稳固及能支撑背部的椅子。如果长时间在电脑前工作,工作台和座椅的高度要适中,保持眼睛与显示屏在同一水平,避免颈部前倾(图11-2-6、7)。不要长时间低头工作,避免长时间阅读,以免过度劳累对颈部造成压力。在疲劳或痛楚出现之前,应定时转换姿势。避免长时间坐着和突然扭动颈部。

图11-2-6 电脑工作人员的正确坐姿　　图11-2-7 保持良好的坐姿

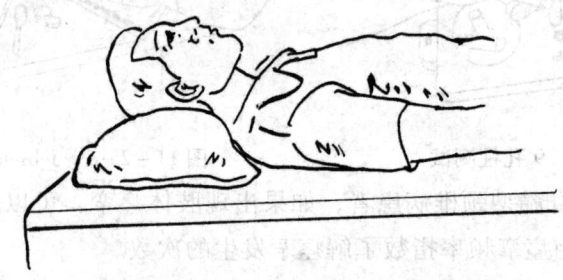

图11-2-8 枕头过高时颈部的位置

站姿：站立时，头部要保持水平位置，下颚向内收入，使颈部稳定及肌肉松弛。

卧姿：正常人仰卧位枕高应在12cm左右，侧卧与肩等高，枕头的高低因人而异，约与个人拳头等高。避免枕头过高，如枕头过高，颈椎始终处于前屈位置，颈部肌肉长时间得不到休息（图11-2-8），此外，避免长时间的俯卧或半俯卧，以免颈椎及颈部肌肉长时间扭向一边造成压力。

2．日常生活中保持良好的姿势

（1）梳洗：刷牙及洗脸时要保持颈部挺直，洗头时避免头低于洗面盆，如果可能，应利用淋浴冲洗头发。

（2）熨烫衣服：最好选用能调节高度的烫衣板，高度适中的烫衣板应能容许使用者在烫衫时保持头部在水平的位置，避免低头烫衫。

（3）枕头：理想的枕头应该能适应颈椎的弧度，使颈部的肌肉能够充分的放松。枕头的形状以中间低、两端高为佳，可利用中间凹陷部来维持颈椎的生理曲度，同时对头颈部可起到相对制动与固定作用。枕头的高度一般为12～15cm，枕芯最好用谷皮、荞麦皮、绿豆壳、草屑等充填，而不宜用海绵、棉絮、木棉等物，软硬适中，保持头部轻度后仰的姿势，以符合颈椎的生理曲度。

（4）家务劳动：做饭菜等家务劳动的时间不宜太长，要经常改变姿势。看电视的时间不宜太长，应将电视机放在与眼睛同一平面的位置上。

3. 保持良好的工作习惯

(1) 坐姿：尽可能保持自然端坐位，头部保持略微前倾。如果需要长时间伏案工作，应调整工作台的高度与倾斜度，使案台适于自身身材，尤其是有颈椎病症状者，避免过度低头屈颈，桌台宁高勿低，半坡式斜面桌更为有利。如果桌面或工作台面过高，则使头颈部呈仰伸状；过低，则呈屈颈状。这两种位置均不利于颈椎的内外平衡，尤其是后者在日常工作中最为多见。除了升高或降低桌面与椅子的高度外。某些需长期伏案的工作者，如描图、绘图等职业的工作人员，可通过调整工作台的倾斜度来达到目的，一般可倾斜10°~30°。这种倾斜的工作台板较调节座椅和台面的高度更为方便有效。

(2) 定期改变体位：由于职业需要，头颈部常向某一方向转动或相对固定（特别是前屈或左、右旋转），应当在工作一段时间后，一般在1~2小时后，让头颈部向另一方向转动。这样，既有利于颈椎保健，又可消除疲劳感。因为，这种相对固定和颈部常向某一方向的转动，不仅可以直接引起椎间盘压力的改变，还可以导致张力较大，一侧的肌肉疲劳。长时间近距离低头视物，既影响颈椎，又易引起视力疲劳，诱发屈光不正。因此，每当伏案过久后，应抬头远视半分钟左右，待眼睛疲劳消退后再继续工作，这时头颈部也可放松。长期低头工作，由于颈椎前屈，使椎间盘内的压力逐渐升高，一旦超过椎间盘本身代偿限度时，必然产生髓核后移，重者可后突，穿过后纵韧带进入椎管。因此，在屈颈一段时间后恢复自然体位一定时间，使内压恢复，如此可避免椎间隙内压持续升高。

(3) 安排好工作环境：工作中确保头部维持在良好位置，避免长时间低头工作。看书时头不要过低，尽量将书和眼睛保持同一水平。无论进行任何活动，要安排间歇休息，避免颈部过度疲倦，如感到颈部不适，应立刻停止活动，让颈部放松，或适当休息，避免加重局部损伤。

4. 预防复发　虽然绝大多数颈椎病患者经过系统的治疗后症状可以得到缓解或完全消失，但也有些患者反复发作。其原因主要有以下几个方面：

(1) 颈椎的结构：颈椎较胸椎和腰椎的活动度大，活动频率高，但其支持结构却较薄弱，因此，稳定性不如胸、腰椎。在颈部活动过度，或某些因素的诱发下，容易出现颈部失稳，引起复发。

(2) 颈椎的生物力学：当颈椎发生退变，并出现由骨质增生等原因造成制动后，其相邻椎体的生物力学负荷也会相应变化。例如：第4~5或第5~6颈椎产生骨质增生、韧带钙化等严重退变，活动度降低后。相应的第2~4、第6~7颈椎也会随之发生相应的改变。颈后伸时，颈椎的压力和扭曲力的最大承受部分，就会转移到第4椎体，或其上方颈前屈时，则降至第6~7椎体。这种随着退变而产生的生物力学方面的改变，使得颈椎病容易复发。

(3) 不良姿势和体位：劳累、头颈部扭伤等没有得到及时处理和治疗，或是治疗后症状改善不彻底、疗效不巩固，都会导致复发。在颈椎病的高发人群中，工作和睡眠中的不良姿势和体位，是颈椎病的诱发因素，如果在治疗后仍然没有改善工作条件、睡眠体位，那么，颈椎病复发也就不可避免。

(4) 患者对疾病的自我认识和重视程度：那些易于复发的颈椎病患者，多数是不能坚持正规治疗；治疗断断续续，没有规律；症状略有缓解就自动放弃治疗，疗效得不到巩固；不遵循医嘱，在疗程结束后，不能坚持进行自我锻炼或纠正不良习惯等，这些都无疑容易导致颈椎病的复发。

因此，避免和防止上述诱发因素，是预防颈椎病复发的关键。

应该做到以下几方面：每天坚持适当的颈部运动 通过颈部运动可松弛颈部肌肉，增加颈椎的灵活性以及强化肌肉，从而达到保护颈椎的效果。每天做数次颈部运动，有助减慢颈椎退化过程。在日常生活及工作时，应每隔1小时，将头向上下、左右各个方向活动，同时亦可把肩部提起向前及向后转动数分钟，以减轻颈部压力（图11-2-9）。如果有条件，应坚持早晚锻炼及做工间操，包括颈椎保健操，长时间固定在某一姿势下者，做短暂的颈部前屈、后伸、左右旋转及回环活动，可改善颈肌疲劳，恢复最佳应力。

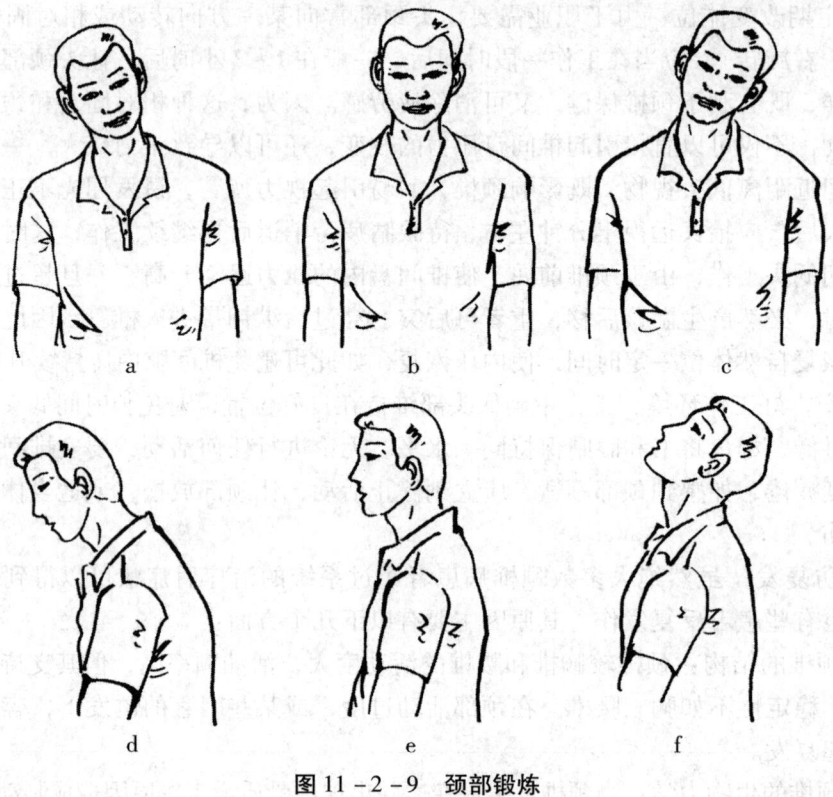

图11-2-9 颈部锻炼

五、其他治疗措施

（一）颈椎牵引

有许多物理因子对颈椎病均有良好的效果，其中以颈椎牵引最常用。

颈椎牵引的治疗作用 ①解除肌肉痉挛，缓解疼痛。卧位颈椎牵引时，颈部肌肉的肌电活动减少，肌肉的紧张降低。②改善局部血液循环，有利于损伤的软组织修复，促进水肿的吸收和炎症的消退。③松解软组织粘连，牵伸挛缩的关节囊和韧带，矫治脊柱后关节的微细异常改变，使脊柱后关节嵌顿的滑膜复位，或有助于关节突关节轻微错位的复位，改善或恢复脊柱的正常生理弯曲。④增大椎间隙和椎间孔，改变突出物（如椎间盘）或骨赘（骨质增生）与周围组织的相互关系，减轻神经根受压，改善临床症状。研究证实，当颈椎牵引的重量达到6~7kg时，椎间盘内部的压力减少70%，当重量达到10kg时，几乎测不到压力。

1. 坐位牵引　适用于病情较轻或经卧位牵引后，需要继续牵引的患者（图11-2-10）。牵引时一般头前屈20°~30°，以眩晕症状为主的患者可以保持头部中立位牵引。牵引重量由5kg（或体重的1/10）开始，每天牵引1~2次，以后每隔3~5天增加1~2kg，最大可达12~15kg。每次治疗时间15~20分钟，最长不超过30分钟。每周治疗3~5次，持续3~4周。

2. 卧位牵引　又称为床头牵引，适用于病情较重或不能坐位牵引的患者。由于需要24小时牵引，常在病房使用。牵引时颈部保持前屈30°~45°，持续性牵引时重量从2~3kg开始，逐渐增加到4~6kg，每2小时休息10~15分钟，2~3天或症状缓解后牵引重量再减少到2~3kg，并逐渐缩短牵引时间或改为坐位牵引。

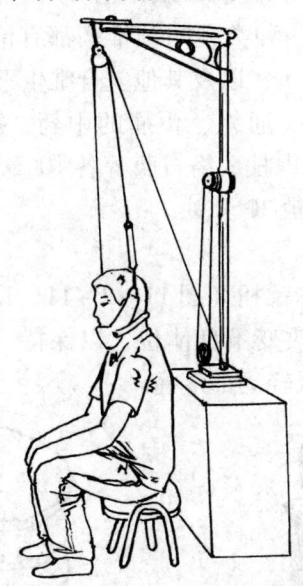

图11-2-10　坐位牵引

（二）其他物理治疗

其他常用治疗颈椎病的物理疗法包括：

1. 直流电离子导入治疗　利用直流电场作用和电荷同性相斥、异性相吸的特性，将各种中、西药物作用于颈部。

2. 间动电流治疗　将电极置于颈和肩、臂痛点处，使用间升或疏密波对症止痛；置于颈交感神经节处，使用密波，对椎动脉型及有交感神经症状的效果较好。

3. 感应电治疗　以脉冲方式或配以离子导入等方法，作用于颈背部肌肉，以提高肌张力，加强肌力，可使长期、反复发作所致颈背肌力减弱的患者得到恢复。

4. 超刺激治疗　以波宽2nls，频率约100Hz的方形波，用患者可耐受的最大电流作用于颈椎部位。作用类似间动电流，因电流强度刺激性大，故止痛效果明显而迅速。

5. 高频电治疗　常用的有超短波、短波、微波等方法。利用深部电热的作用改善椎管、椎间孔、横突孔内的脊髓、神经根、椎动脉等组织的血液供应，以利于受刺激、压迫的脊髓、神经根、椎动脉等组织恢复。对脊髓型和椎动脉型疗效较好。

6. 手法治疗　如颈椎关节松动、中医的手法按摩等，对改善颈椎病的症状均有良好的疗效。

（三）药物治疗

药物在颈椎病的治疗中，可以起到辅助的对症治疗作用，常用的药物有以下几类。

1. 非类固醇消炎镇痛药 这一类药物，主要是针对神经根受到刺激引起的损伤性炎症，起到消炎镇痛的作用，常用于颈痛、肩痛、上肢麻木的病人。主要药物有阿司匹林、吲哚美辛、奈普生、布洛芬、双氯芬酸等。

2. 使肌肉松弛的药物 这类药使肌肉的痉挛得到缓解，解除了对脊髓、神经、血管的刺激。如巴氯芬、乙哌立松等。

3. 镇静剂 能减轻神经的兴奋性，也能使肌肉的紧张得到缓解，适于精神兴奋、紧张、激动的病人。一般常用地西泮，睡前口服，也可用健脑安神的中成药。

4. 神经营养药 这是对任何一种类型的颈椎病都有治疗意义的药物。常见的药物有维生素 B_1 片，每次 10mg，每天 3 次，以及其他复合维生素。

5. 中药热敷 用祛风、活血、通络、止痛的中药，如当归、桂枝、红花、接骨木、路路通、川羌活各 50g，五加皮、虎杖、络石藤等各 100g，放在布袋内用蒸笼蒸，待水烧开 15 分钟后取出来，置于颈部热敷 30 分钟。

（四）矫形器的应用

颈椎病的治疗中常使用颈围和颈托（图 11-2-11、12）。颈围和颈托具有以下作用。

1. 固定颈椎于适当的位置，改变不良体位，以保持正常体位。通过支撑作用使颈部肌肉得以休息，缓解肌肉痉挛，减轻局部疼痛。

 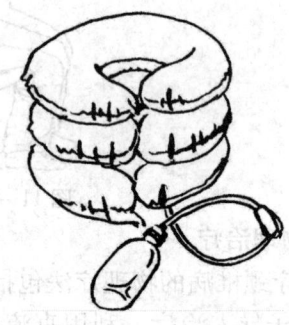

图 11-2-11 颈围　　　　图 11-2-12 充气颈托

2. 限制颈部过度活动以保持局部稳定，减少脊髓、神经根、血管及关节面之间的互相刺激、摩擦所产生的创伤性炎症反应，并促进其消散和吸收。

3. 缓解与改善椎间隙的压力状态，减少颈椎间盘的劳损、退变，有助于尽快康复，并可避免可能的外伤。

4. 纠正颈椎内外平衡失调，防止小关节紊乱、错位及脱位等，以保持颈椎序列及椎体间、关节间的稳定，加强颈部支撑作用。

5. 在施行手术前作为一种非手术治疗方式，为手术创造必要的条件，也为术后采取固定、制动措施做准备。术后则可减轻手术局部及邻近部位的创伤性反应，限制颈部活动以防止植骨块的压缩或脱出，促进骨融合和患部软组织愈合。

颈围和颈托可应用于各型颈椎病患者，对急性发作期患者，尤其对颈椎间盘突出症，交感神经型及椎动脉型颈椎病的患者更为合适。

需要注意的是：长期应用颈围和颈托，可以引起颈背部肌肉萎缩，关节僵硬，因此，穿戴时间不可过久，穿戴期间要经常进行颈椎医疗体操。当症状逐渐减轻后，要及时除去颈围及颈托，加强肌肉锻炼。

（五）手术疗法

颈椎病只有少数患者经过非手术的系统治疗，不能改善症状或症状进行性加重而需要手术。手术的适应证如下：颈椎间盘突出，经非手术治疗后根性疼痛未得到缓解或继续加重，严重影响生活及工作者；颈椎病有脊髓受累症状，经脊髓碘油造影有部分或完全梗阻者；颈椎病病人突然发生颈部外伤，或无明显外伤而发生急性肢体痉挛性瘫痪者；颈椎病引起多次颈性眩晕、晕厥或猝倒，经非手术治疗无效者；颈椎病有明确的交感神经症状，经非手术治疗无效，而严重影响工作者；颈椎病椎体前方骨赘，引起食道或喉返神经受压症状者。

根据手术途径不同，可分为前路手术、前外侧手术及后路手术三种：①前路及前外侧手术：适合于切除突出之椎间盘、椎体后方骨赘及钩椎关节骨赘，以解除对脊髓、神经根和椎动脉的压迫。同时需进行椎体间植骨融合术，以稳定脊柱。②后路手术：主要是通过椎板切除或椎板成形术达到对脊髓的减压。减压后应辅以后方脊柱融合术。

第三节 肩周炎的康复

一、概述

（一）流行病学

肩周炎（frozen shoulder）是肩关节周围炎的简称，是指肩关节及其周围软组织退行性改变所引起的肌肉、肌腱、滑囊、关节囊等肩关节周围软组织的广泛慢性炎症反应。过去多发生在50岁以上，50~60岁为发病高峰，40岁以下者很少患此病，故称为"五十肩"，但近几年来有年轻化趋势。由于发生肩周炎的肩关节僵硬，功能活动受限，好像被冻结了一样，故又称之为"冻结肩"或"肩凝症"。

据调查，国内45岁以上的人，50%~60%都患有不同程度的肩周炎病症，以50岁左右的女性多见，男女之比约为1:3。国外的统计资料表明，每年大约50人之中就有1人患肩周炎，肩周炎的发病率占总人口的2%~5%。多见于长期伏案工作者、计算机工作者、教师、家庭妇女、会计、长期手工业劳动者，办公室职员，上述职业已被认为高发职业病之一。此外，患糖尿病、营养不良、心脏病、偏瘫、颈椎病或精神病的人较易发生本病。

肩周炎的多数病例为慢性发病，一般无外伤因素，少数有轻微外伤，如有的患者在肩部或上臂开始有一个小的外伤，而后发展成为肩周炎。单侧发病比较多见，左肩多于右肩，双肩同时发病者约为8%~12%。大约40%的一侧肩周炎患者在5~7年内还会发生对侧的肩周炎。肩周炎的病理改变：主要发生在肩峰下滑囊，肩胛下肌下滑囊，肱二头肌长头腱滑液鞘，以及肩肱关节滑膜水肿、充血、绒毛肥大伴有渗出。后期的病理改变：滑膜腔粘连闭销，纤维素样物质沉积，病变软组织脆弱容易撕裂。

一般认为，肩周炎是种具有自愈倾向的自限性疾病。肩周炎的临床病程十分特殊，当肩关节的疼痛和活动受限，僵硬的情况缓慢增加到一定程度，疼痛可逐渐消失，各方向的活动功能可慢慢恢复，甚至可以完全恢复。不过，这种自然恢复的时间不能预计，一般要经过数月至2年左右的自然转归时间。因此，即使肩周炎有自我缓解的可能，也仍然应采取积极主动的治疗措施。

其他原因，如肩关节或肱骨近端骨折后，肢体长时间固定而缺少活动，脑损伤或周围神经损伤后，肢体偏瘫导致肩关节不能活动等，也可以引起肩周炎。这些继发于其他病因的肩周炎不在本节介绍范畴。

(二) 诊断

肩周炎的临床表现主要有，肩部疼痛、压痛，活动障碍。其诊断主要依据以下几点：40~50岁以上中老年人，有或无外伤史，肩部疼痛及活动痛，夜间加重，可放射到手，但无感觉异常，肩关节活动尤以上举，外展，内、外旋受限，肩周压痛，特别是肱二头肌长头腱沟，病程长者肩周肌肉可以出现痉挛或萎缩，X线检查一般无明显阳性所见，少数可以发现肩部骨质疏松或有钙化灶。

二、功能障碍的特点

肩关节功能性活动受限，是肩周炎功能障碍的最大特征，不同病期，肩关节活动障碍的程度也不一致，可由轻微的功能障碍到关节活动完全消失。按肩周炎的发生与发展，功能障碍大致可分为3期，即急性期、慢性期、恢复期。各期之间无明显界限，各期病程长短不一，因人而异，差别较大。

(一) 急性期

又称为疼痛期，是肩周炎的早期，持续时间可以是数周或数月。功能障碍的特点是肩部自发性疼痛，其疼痛常为持续性，表现不一。有的急性发作，疼痛剧烈，夜间加重，甚至因此而影响睡眠。多数是慢性疼痛，有的只感觉肩部不舒适及束缚的感觉。疼痛多局限于肩关节的前外侧，可延伸到三角肌的抵止点，常涉及肩胛区、上臂或前臂。局部压痛点多位于结节间沟、喙突、肩峰下滑囊或三角肌附着处、冈上肌附着处、肩胛内上角等处。

一般活动受限发生在疼痛症状明显后的3~4周，早期的功能活动限制因素主要是局部急骤而剧烈的疼痛反向性地引起肌肉痉挛。因此，肩关节本身还有一定范围的活动度，一般外展为45°~75°，后伸10°~30°，外旋30°，上举110°。穿上衣时耸肩或肩内旋时疼痛加重，不能梳头洗脸，患侧手不能够到后背。以后肩疼迅速加重，尤其夜间为重，患者不敢患侧卧位。由于肌肉痉挛和疼痛，逐渐出现肩关节活动范围减少，特别是外展和外旋受限最为显著。肩部外观正常。

(二) 慢性期

又称为中间期、冻结期或僵硬期，此期持续时间为数月至1年。虽然疼痛逐渐减轻，但压痛范围仍较为广泛。由疼痛期肌肉保护性痉挛造成的关节功能受限，已发展到关节挛缩性功能障碍，肩关节功能活动严重受限，肩关节周围软组织广泛粘连、挛缩，呈"冻结"状态。各方向的活动范围比正常者减少20%~50%，尤以外展、外旋、上举、后伸等最为显著，严重时肩肱关节活动完全消失，只有肩胛胸壁关节的活动。一旦关节囊粘连挛缩，患者肩关节外展时，可出现典型的"扛肩"的现象，即在胸背活动时，由肩胛骨产生代偿，扩大肩关节外展的程度。这样往往容易掩盖部分症状。发生"扛肩"现象时，日常生活明显受到影响。例如，梳头、穿衣、举手、摸兜、摸背、晾晒衣物等。日常活动都会发生困难，严重时，甚至会累及肘关节，屈肘时手不能摸背。

伴随着疼痛和肩关节活动障碍，患者肩关节可以出现三角肌，冈上肌，冈下肌等肩胛带肌，尤其是三角肌的废用性萎缩。三角肌萎缩，不仅可以使患侧肩部失去原有的丰满外观，出现肩峰突起现象；而且，还可由此加重肩关节运动障碍的程度，进一步产生臂不易上举、后伸困难等活动障碍。肩关节外展可能低于45°，后伸仅10°~20°，内旋低于10°，上举小于90°。

（三）恢复期

又称末期、解冻期或功能恢复期，持续时间为半年至两年多。此期肩痛基本消失，个别患者可有轻微的疼痛。肩关节周围关节囊等软组织的挛缩、粘连逐渐消除，关节慢慢松弛，关节活动逐渐增加，外旋活动首先恢复，继则为外展和内旋活动。恢复期的长短与急性期、慢性期的时间有关。慢性期越长，恢复期也越慢；病期短，恢复也快。整个病程短者1~2个月，长者可达数年。大多数患者的肩关节功能恢复到正常或接近正常。不过肌肉的萎缩，则需较长时间的锻炼才能恢复正常。

虽然肩周炎是自限性疾病，但其症状持续的时间可达1年至几年。由此表明，肩周炎即使可自行恢复，但这一过程需要相当长的时间。一般认为，疼痛期时间长短与恢复期时间长短相关，即疼痛期时间短者，其恢复期也相对较短，反之则长；症状的严重程度与恢复期时间长短没有相关性，即症状重者，不一定恢复期长，症状轻者，不一定恢复期短。恢复过程也并非呈直线型发展，肩关节功能运动的改善有时会出现起伏，甚至停滞。而且，大约有1/10的患者在恢复期后仍存在不愿参加娱乐活动，运动量相对较小等轻微的自我运动限制，被动运动检查也可发现轻微的被动运动受限的表现。这说明某些肩周炎患者的肩关节运动功能，可能在恢复期后也会遗留一些症状。

三、功能评定

（一）躯体功能评定

根据病情和病期，可以进行下列评定：

1. 疼痛评定　可以用MacGill疼痛问卷调查了解疼痛的性质，用目测视觉模拟评分法（VAS）了解疼痛的程度（具体内容见本章第一节）。

2. 关节活动范围评定　肩关节是人体活动范围最大的一个关节，其中立位0°是上肢自然下垂，肘窝向前，功能位是肩外展50°、前屈20°、内旋25°。也可以通过简单的日常生活活动，来确定肩关节活动受限的影响程度。例如，能否梳头、洗脸，能否自己穿脱衣裤等。一般采用通用关节量角器，测量肩关节的活动范围（具体方法可参见《康复疗法评定学》一书）。

3. 肌力评定　通常用0~5级徒手肌力评定法，评定肩关节周围肌群的肌力（具体方法见《康复疗法评定学》一书）。

（二）活动能力评定

日常生活活动能力可以用Barthel指数，或功能独立性测量来评定，（具体方法见本书

第二章第二节)。

四、作业治疗

(一) 治疗目的

根据肩周炎的不同病期,作业治疗的目的有所不同。

1. 急性期　此期患者以疼痛为主要表现,功能障碍主要是由于疼痛造成的肌肉痉挛所引起。因此,作业治疗是以缓解疼痛、维持肩关节的关节活动范围、预防关节功能障碍为目的。

2. 慢性期　此期患者表现出疼痛和关节活动受限,但往往以功能障碍为其主要问题,疼痛常常是由于关节活动障碍所引起。因此,作业治疗以恢复关节活动功能为目的。

3. 恢复期　此期患者以关节活动障碍为主要表现,疼痛轻微或不明显。因此,作业治疗的目的主要是继续加强功能锻炼,增强肌肉力量,恢复或改善已发生废用性萎缩的肩胛带肌肉,恢复三角肌等肌肉的正常弹性和收缩功能,以达到全面康复和预防复发的目的。

(二) 治疗方法

1. 急性期　采用的作业治疗,应该以缓解疼痛、使肩关节充分休息为主。

(1) 避免过多使用患侧肩关节:在工作或日常生活中,尽量减少反复使用患侧肩关节,如长时间用患侧手提举重物,应该与健侧肩关节交替使用,以减轻患侧肩关节的过度负荷,保证患侧肩关节有足够的休息时间。

(2) 日常生活活动:在日常生活活动中,应多用健侧上肢,以缓解患侧肩关节的过度疲劳。可以采取以下一些方法:梳头可用健侧手代替,或利用一些较长柄的梳子用患侧手梳头;洗头及洗脸可以用健侧手代替;穿衣可以先穿患侧手,然后穿健侧手;洗澡可用长毛巾擦背。

将健侧手放在肩部上执毛巾一端,患侧手伸到背后执毛巾另一端,然后健侧手用力向上拉起(图11-3-1);也可以用长柄刷代替毛巾去清洗背部;切食物时可用较轻的刀,以免因用重力加剧肩关节疼痛。

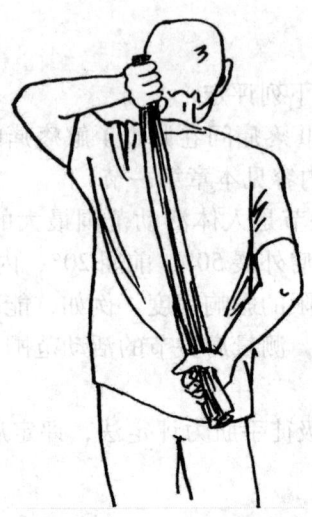

图11-3-1　健侧手(上方)带动患侧手(下方)

（3）维持肩关节活动范围：急性期仍然需要尽可能地保持肩关节的活动范围。应鼓励患者，在不加重肩关节疼痛的范围内活动肩关节，一般可采取一些自我主动练习，来保持肩关节的活动，或减轻关节活动受限的程度。如用患侧手爬墙（摸高）、患臂内收后伸练习或拉滑轮、练保健棒等动作或器械锻炼（图11-3-2~4）。此外，患者可以做"钟摆样运动（Codman）"。方法如下：两腿分开站立，患侧肩关节自然下垂，以肩关节为轴心，瞬时针或逆时针转动上臂（图11-3-5）。"钟摆样运动"可以增加局部血液循环、放松肌肉以及减少疼痛。活动时，应根据自己能够耐受的疼痛程度，手上不要握重物，且动作不需太大。

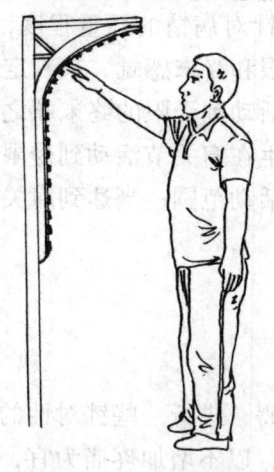

图11-3-2 肩梯练习

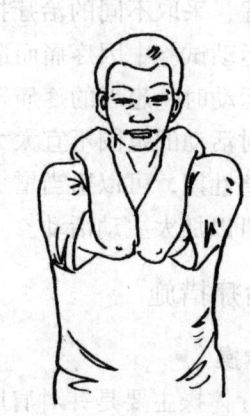

图11-3-3 患臂内收、后伸练习

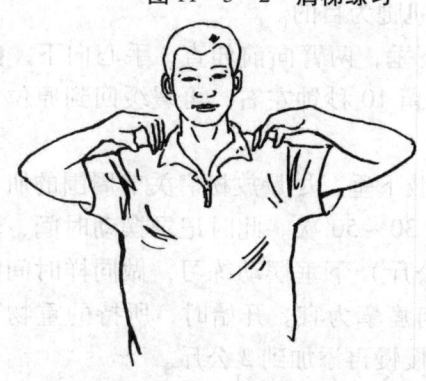

图11-3-4 滑轮练习

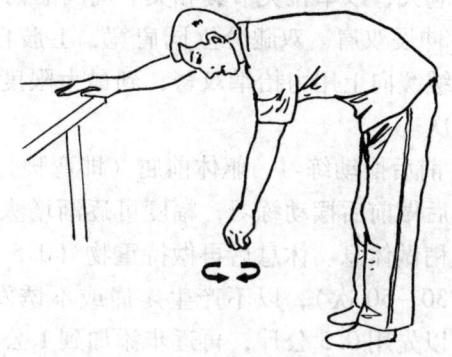

图11-3-5 Codman体操

2. 慢性期 采用的作业治疗应该以解除粘连，扩大肩关节运动范围，恢复正常关节活动功能为主。由于肩关节是全身最灵活的关节，活动范围最大。因此，动作也是多种多样。原则上，只要健侧肩关节能完成的动作，均可作为患侧肩关节的治疗内容。

（1）肩屈-伸作业治疗：例如，用砂纸板打磨木板、锯木、刨木、打锤、在台面上推动滚筒、擦拭桌面、在编织架上编织、打篮球、打保龄球，在肩梯上练习或爬墙动作练习等。

（2）肩内收-外展作业治疗：例如，粉刷、编织、绘图、拉琴、写大字等。

（3）肩旋转作业治疗：例如，打乒乓球、投球练习、木工（如刨木、拉锯）、砂磨等。

（4）整体作业治疗：例如，肩关节转轮练习，滑轮练习等。

上述操作时，尽可能将肩关节活动到最大范围或受限的终端，以达到牵拉的目的。

3. 恢复期　采用的作业治疗，应该以增加肩关节活动的练习为主，辅以肌力练习。尽可能恢复已经发生废用性萎缩的肩胛带肌和三角肌等肌肉的正常弹性和收缩功能，以达到全面康复和预防复发的目的。

关节活动练习可用木棒、木哑铃做摆动练习，使用体操棒、肩梯、肋木、高滑轮等做助力练习，也可进行肩内、外旋牵引。肌力练习以三角肌练习为主，可用哑铃、拉力器等器械进行抗阻练习或等速练习。日常生活应该充分使用患侧肩关节来完成。各种练习以不引起明显疼痛为度，特别要重视肩外展、外旋的活动范围和肩带肌、三角肌的肌力恢复。除了针对不同病程，采取不同的治疗措施外，还应针对病情的严重程度，考虑治疗措施。例如，根据被动运动试验中因疼痛而造成的运动局限和终末感觉，来判定其严重程度并指导治疗。如被动运动时，患者的疼痛发生在肩关节活动到受限的终末端之前，提示肩周炎是在急性期，此时活动的范围不宜太大；如疼痛发生在肩关节活动到受限的终末端，提示肩周炎已经过了急性期，可以适当增加主动活动及活动范围；当达到肩关节活动受限的终末端仍无疼痛，可以加大主动活动。

五、其他治疗措施

(一) 医疗体操

肩周炎的医疗体操主要是针对肩周炎的功能障碍，进行一些针对性的肩关节活动。在肩周炎的各个期均可以进行，但急性期的强度应小，以不增加疼痛为宜，慢性期和恢复期的强度应大，以牵拉关节囊和关节周围的韧带、肌腱为目的。

1. 伸展双肩　双腿分立同肩宽，上肢自然下垂，两臂向前伸直，手心向下，向两侧外展并缓缓向上用力抬举双臂，到最大限度后停留10秒钟左右，再缓缓回到原位，可以重复多次。

2. 前后摆动练习　躯体前屈（即弯腰），上肢下垂，尽量放松肩关节周围的肌肉和韧带，然后做前后摆动练习，幅度可逐渐增大，做30~50次。此时记录摆动时间，然后挺直腰，稍做休息。休息后再做持重物（0.5~2公斤）下垂摆动练习，做同样时间的前后摆动（30~50次），以不产生疼痛或不诱发肌肉痉挛为宜。开始时，所持的重物不宜太重。可以先用0.5公斤，再逐步添加到1公斤，慢慢再添加到2公斤。

3. 弯腰摆肩　也称为"Codman体操"。腰前屈90°，上肢自然下垂，肌肉放松，患侧肩作前后左右摆动和画圈动作，可以重复多次。

4. 摸墙　面对墙壁站立，保持躯干直立。患侧上肢伸肘，手指沿墙壁缓缓向上爬动，使上肢尽量举高，到最大限度后，再缓缓回到原处。可以重复多次，逐渐增加高度。

5. 肩内收及外展　患者仰卧位，两手十指交叉，掌心向上，放在头后部（枕部），先使两肘尽量内收，然后再尽量外展。

6. 梳头　站立或仰卧，患侧肘关节屈曲，前臂向前向上，掌心向下，患侧的手经额前、对侧耳部、枕部绕头一圈，即梳头动作。

7. 体后抬手　自然站立，患侧上肢后伸、内旋后内收，健侧手拉住患侧手或腕部，逐渐向健侧并向上牵拉。此动作是肩关节后伸、内收、内旋动作的组合，对改善肩关节的整体功能效果比较好。

8. 器械体操 可以借助于体操棒或滑轮进行患侧肩关节的活动,在健侧上肢的带动下,患侧肩关节进行被动活动或主动助力活动。

(二) 物理因子治疗

物理治疗中可以采用低中频电疗、超短波、微波、超声波治疗,或局部热敷,均可改善血运,具有止痛、缓解肌肉紧张、防止粘连的作用。此外,急性期冷疗可缓解疼痛,20℃以下的温度具有促进血液循环,改善营养的作用。近年来有报道,对疼痛或关节活动受限比较严重的患者,可以采用体外冲击波治疗,每次20分钟,一般治疗1~3次,也有比较明显的疗效,但由于体外冲击波治疗仪价格昂贵,国内目前还难以普及。

(三) 药物治疗

急性期或疼痛较重时,患者可服用消炎镇痛药物,如布洛芬、双氯芬酸等药物,或舒筋活血中成药物,如强力天麻杜仲丸、大活络丹、疏风定痛丸等,也可外用止痛喷雾剂、红花油等。

肩周炎患者大多由于肱二头肌长头肌腱的粘连、炎症而引起肩痛及活动受限。因此,对于关节间沟处局限性压痛的患者,可给以局部封闭。局封疗法可消除炎症、避免粘连、打断疼痛的恶性循环,对于肩周炎的康复很有帮助。

神经阻滞可阻断疼痛的恶性循环,解除疼痛,必要时可考虑使用。如果同时予以激素局部注射,可以改善局部血运,促进组织新陈代谢,缓解纤维、结缔组织的粘连和消除炎性反应,早期阻断病理改变,从而收到明显的效果。

(四) 推拿按摩

急性期一般不宜过早采用推拿、按摩方法,以防疼痛症状加重,使病程延长。急性期过后方可推拿、按摩,以达到改善血液循环,促进局部炎症消退的目的。按摩手法包括:对肩关节周围的肌肉、韧带等软组织按揉、捏、叩击、摩擦及震颤等,患者自己也可在痛点进行按摩以缓解疼痛。

(五) 手术

绝大多数肩周炎对保守治疗均有良好的反应,通过正规和系统的治疗,可以基本或完全恢复功能而无需手术治疗。极个别患者如果经长期保守治疗无效,且肩关节严重粘连僵硬者,方可考虑手术治疗,但手术后仍需要根据病情,参加不同程度的作业治疗,以避免关节再次粘连。

(六) 肩周炎的防治须知

1. 加强体育锻炼是预防和治疗肩周炎的有效方法,但贵在坚持。如果不坚持锻炼,不坚持做康复治疗,则肩关节的功能难以恢复正常。

2. 营养不良可导致体质虚弱,而体质虚弱又常导致肩周炎。如果营养补充得比较充分,加上适当锻炼,肩周炎常可不药而愈。

3. 受凉常是肩周炎的诱发因素,因此,为了预防肩周炎,中老年人应重视保暖防寒,勿使肩部受凉。一旦着凉也要及时治疗,切忌拖延不治。

4. 加强肩关节肌肉的锻炼可以预防和延缓肩周炎的发生和发展。据调查,肩关节肌肉发达,力量大的人群中,肩周炎发作的几率下降了很多,所以,肩关节周围韧带、肌肉的强大,对于肩周炎的治疗恢复有着重要的意义。

第四节 腰腿痛的康复

一、概述

腰腿痛不是一种病,是以腰或下背部疼痛(low back pain, LBP),以及腿痛为主要特征的一组综合征,由于腰痛常与腿痛同时存在,因此,习惯上称为腰腿痛。腰腿痛发病率很高,很多局部及系统性疾病均可出现腰腿痛,但临床上多见的是脊椎退行性变及急、慢性损伤所引起的腰腿痛。腰腿痛常引起患者腰部形态改变和功能障碍,给患者造成较大痛苦,影响其日常生活、工作和劳动。

(一) 流行病学

调查表明,超过80%的人在一生中有过腰腿痛的病史,多发生在30岁以后,随着年龄的增长,发生率亦逐渐增加。有人曾统计腰腿痛患者在40~49岁这一年龄组中患病率最高。美国30~60岁为腰腿痛的高发年龄组。据国内部分医院统计,腰腿痛患者占外科门诊就诊人数的20%,占骨科门诊的50%。有学者估计,平均每一个五口之家,就有一个腰腿痛患者。如果按病种统计,年轻人以急性腰扭伤、强直性脊柱炎多见,中年人以腰椎间盘突出症、慢性劳损及肌筋膜炎患者居多,而老年人则以骨关节炎较多,这可能与年轻人活动多,而老年人多有不同程度的脊柱退变等有关。

腰腿痛的发病率与职业及工作环境有明显的关系。重体力劳动者和经常使用腰腿部的劳动者易患病。据调查煤矿中井下工作人员腰腿痛的发病率为46%,而井上工作人员的发病率为31%,说明井下弯腰工作及潮湿的工作环境,易引起腰腿痛。工作姿势不良,如弯腰工作人员。经常搬运东西、机器震动等,使腰部结构处于力学上的不良条件,易致腰椎间盘退变及腰部肌肉韧带劳损,常是慢性腰痛的原因。排球、体操和举重,也是造成腰部损伤的常见运动。某些姿势,如长久站立、坐位、低头位工作,患腰腿痛多为慢性,是其姿势可引起腰肌慢性劳损之故。潮湿、阴冷可导致或诱发腰腿痛。夏秋季节阴雨天较多,易受寒湿,故发病率较高。

(二) 病因与分类

产生腰腿痛的原因很多,除了极少数患者为急性外伤引起外,大多因慢性劳损、退变、增生、椎间盘突出所致。另外,骨质疏松、脊髓肿瘤等疾病,也能引起腰腿痛。其病变部位常以软组织为多,骨关节病变次之,血管性病则少见。

根据引起腰腿痛的原因,可以将腰腿痛分为以下几类:

1. **腰部本身疾患** 包括:①损伤性:如脊椎骨折与脱位,韧带劳损,肌肉劳损,黄韧带增厚,后关节突紊乱综合征,腰椎间盘突出症,腰椎管狭窄症,脊柱滑脱症。②退行性:如椎体外缘及关节突关节边缘骨唇形成,腰椎间盘变性及骨质疏松等。③先天性畸形:如隐性脊椎裂、第5腰椎骶化、钩状棘突及半椎体等。④姿势性:如脊柱侧凸、腰前凸增加、驼背等。⑤炎症性:如脊柱结核属特异性炎症,脊柱化脓性骨髓炎属非特异性炎症,强直性脊柱炎亦属此类。

2. 内脏疾患　包括：消化系统疾患如消化性溃疡、胰腺癌、直肠癌等；泌尿系统疾患，如肾盂肾炎、肾周围脓肿等；妇科疾患，如子宫体炎、附件炎、子宫后倾、盆腔肿瘤、子宫脱垂等；神经系统疾患，如蛛网膜炎、脊髓灰质炎初期、蛛网膜下腔出血、脊髓瘤、神经纤维瘤、脊膜瘤等。

此外，根据起病急缓，可以将腰腿痛分为急性腰腿痛和慢性腰腿痛。急性腰腿痛发生突然，多较剧烈。据报道，95%的急性腰腿痛患者，经过积极的治疗后基本可以痊愈。但是如果早期治疗失误，或急性腰腿痛痊愈后没有注意预防，反复发作或慢性劳损缓慢发生，则可转化为慢性腰腿痛。慢性腰腿痛较急性腰腿痛在就诊病人中多见，病程时间长，一般在3个月以上，多有职业特点。例如，腰腿部肌肉长期处于紧张状态下的被迫体位，如汽车司机、特殊工种的工人等。慢性腰腿痛各个年龄段均可见，但以中老年人为多。

二、功能障碍的特点

腰腿痛功能障碍的最大特点是疼痛和活动受限。其中，急性腰腿痛和慢性腰腿痛的发生，具有不同的特点。

(一) 急性腰腿痛

疼痛突然发生，程度多比较剧烈，随活动而加重，但卧床休息后，可以有不同程度的缓解。患者自觉局部疼痛难忍，活动明显减少。严重者卧床不起，在床上不能翻身，呈被迫体位，此种体位是一种能减轻疼痛的姿势，如侧卧屈膝屈髋等。站立时活动受限，不能直腰或腰凸向一侧，如为急性腰椎间盘突出，则表现为"塌肩凸臀"体征，走路跛行。检查时常可以发现比较明确的压痛点，位置比较固定，也可以向大腿部放射，腰部肌肉张力增高或肌肉痉挛。腰椎活动甚至下肢的活动均可引起疼痛。"4"字试验可以阳性，直腿抬高受限，Lasegue试验阳性。

(二) 慢性腰腿痛

疼痛反复发作，多比较局限，体格检查可以发现局部有压痛、叩痛，如为腰椎间盘突出引起的慢性腰腿痛，局部压痛或叩痛时可以引起明显的放射痛，且放射痛的部位和神经根的分布一致。慢性腰腿痛根据疼痛的性质，可以分为钝痛、酸痛、胀痛、麻痛；根据疼痛是否影响其他部位，分为放射痛、牵涉痛、扩散痛；根据疼痛持续的时间，分为持续性痛、间歇性痛、阵发性痛等。慢性腰腿痛的活动受限多逐渐发生，缓慢发展，活动多或劳累后比较明显，减少活动或休息后常可以缓解。有些病程比较长的患者，腰部畸形比较明显。如果有腰椎管狭窄，可以出现间歇性跛行，即开始行走时出现。

三、功能评定

(一) 一般资料

对腰腿痛的作业疗法评定，应考虑以下几个方面：

1. 年龄　青壮年的腰腿痛多为急性、损伤性，常有明显的原因；老年人的腰腿痛多为反复发生的腰腿痛引起，没有明显的原因。

2. 职业　劳动者的腰腿痛多为急性损伤，伏案工作者或办公室人员的腰腿痛多为慢性劳损。

(二)观察

观察是评定腰腿痛患者有无功能障碍的基本方法。

1. 观察脊柱 有无畸形如后凸、前凸、侧弯,背肌是否痉挛。脊柱后凸分两种:弧形后凸亦称圆背,见于椎体骨骺炎、姿势性后凸、类风湿性脊柱炎等;角状后凸见于脊柱结核、椎体压缩性骨折等。

2. 观察步态 观察患者步态,双下肢活动是否对称,有无跛行,可估计病人疼痛程度。

3. 拾物试验 嘱患者拾取一件放在地上的物品。腰椎有病变时,拾物需屈曲双膝及髋关节而腰部挺直。

4. 作业活动的观察 作业的能力决定了腰腿痛患者在日常生活中的适应范围和任务完成的方法。可以观察患者实际的表现,也可以观察患者完成指定任务时的表现。这些表现可以反应出患者欠缺的功能,还可以帮助患者进行活动过程的安排。

(三)疼痛的评定

应注意以下几个方面:

1. 疼痛的部位 局部疼痛常反映病变所在,沿神经根的放射性疼痛,提示神经根受到压迫或有炎症。

2. 痛的性质 可以用 McGill 疼痛问卷调查了解疼痛的性质(见本章第一节)。锐痛常表明急性损伤或损伤程度比较重,钝痛提示慢性损伤或劳损。此外,还要注意疼痛与受伤或特定的体位(职业)有无关系。

3. 疼痛的程度 可以用目测视觉模拟评分法(VAS)来了解疼痛的程度(见本章第一节)。

4. 疼痛的发作次数 反复发作的腰腿痛说明病情较重或引起腰腿痛的因素仍然存在。

5. 寻找压痛点 局部压痛部位大多为病变所在的部位。确定压痛点的位置时,要注意疼痛的程度和范围,是否放射及放射的部位。腰椎间盘突出症患者,压痛点多在棘旁约 2cm 处,且常伴有向下肢后外侧的放射痛,可直达足跟或足趾。下腰部软组织损伤时,疼痛也可向下肢放射,但范围模糊,一般不超过膝关节。

6. 加重和缓解疼痛的因素 了解哪些因素可以加重疼痛,哪些因素可以缓解疼痛,对治疗疼痛和预防疼痛的进一步发展具有指导价值。

(四)肌肉力量的评定

包括腰背部和下肢肌肉力量的评定。

腰背部的肌力可用拉力计来测。检查时,嘱咐患者双脚站在拉力计上,双膝伸直,双手握住手柄两端,调整好手柄的高度(平膝),然后伸腰用力向上拉把手,结果以拉力指数判定。腰痛患者做拉力测定常可使症状加重,故有时不适用。此时,可以用背肌耐力测定来代替,方法为:病人俯卧位,双手放在头后部,上身抬起。计算能保持这一姿势的时间,60 秒以上为正常。

(五)活动评定

包括脊柱和下肢活动范围的测量。

1. 脊柱活动测量　先做脊柱自主活动范围评定，方法是：嘱咐患者做腰部前屈、后伸、侧弯及左右旋转活动，了解有无活动障碍。如为腰椎间盘突出时，常出现一或两个方向的活动受限。再做脊柱活动范围的测量，方法是：嘱患者双脚分开与肩同宽，分别向前弯腰、向后伸腰，以及向两侧屈曲，通过测量中指指尖与地面的距离，来评定脊柱的整体活动范围（以 cm 来表示）。也可以用背部活动范围测量计来测量，将测量计放在拟测量活动范围的脊柱节断的棘突上，随着背部向前屈曲，测量计上显示的度数，即为该节断的屈曲度数。

2. 直腿抬高试验　又称为"Lasegue 征"。检查者一手握患者的足跟部，一手保持膝关节伸直，将下肢抬高。正常人下肢一般能抬高至少 70°，没有任何疼痛或活动受限，如果直腿抬高小于 70°或一侧明显低于对侧，即为阳性。腰椎间盘突出症患者，常有患侧直腿抬高试验阳性，或同时出现疼痛，并沿大腿后侧放射到足趾。

（六）其他检查

一般软组织损伤的腰痛患者，不需常规拍摄 X 线片，如果疑似有骨性病变的患者，则应进行平片检查。腰椎 X 线摄片，是对骨性病变和先天性病变等的常规检查，可以发现有无骨质增生、骨折、椎弓峡部不连与脊柱滑脱等。CT 和 MRI 对判断腰椎间盘突出症、椎管狭窄症及椎管内占位性病变等疾病，具有诊断价值，并能明确病变的程度和节段。肌电图和神经传导速度检查，可以协助判定有无神经受损情况及表明病变所处的节段水平。人体平衡功能评定，可以了解腰腿痛是否影响到平衡的控制。

四、作业治疗

（一）治疗目的

1. 急性腰腿痛作业治疗的目的　主要是教育患者掌握一些减轻疼痛的方法，如适宜的体位，了解如何避免加重疼痛，以及如何防止急性腰腿痛转化为慢性腰腿痛。

2. 慢性腰腿痛作业治疗的目的　是预防疼痛的发生或发展，改善或保持功能。

（二）治疗方法

作业疗法师应帮助患者主动地参与其力所能及的活动，并且告知患者人体生物力学的知识以及如何确保活动的安全。

从人体生物力学原理的角度指出合理的静态、动态姿势以及转移的方式（表 11 - 4 - 1）。作业疗法师应向患者阐述在进行日常生活活动时的人体力学的原理，并且教会他们如何将这些原理应用到日常生活活动中。要强调的是，这是认知和运动两个层面的学习，要使患者真正地理解以及能自我规划日常活动动作来确保活动的安全性。

治疗教授过程可以包括游戏、工艺、ADLS、工作以及选择性的练习活动。通过治疗师的观察、指导、反馈，让患者能够安全的完成活动并且学会自我规划。

1. 保持正确姿势　保持脊柱的正常曲线，可以使脊柱和躯干肌肉处于平衡状态，对于防止腰腿痛的发生及复发具有重要作用，也是治疗的重要前提。例如，睡眠用的床要能支持身体重量，使身躯不致下坠。慢性腰腿痛患者仰卧时，可以用卷起的毛巾放在腰部下方，以保持腰部的生理弧度（图 11 - 4 - 1）。坐时腰挺直，双脚着地，小腿自然下垂，臀部后靠，可利用软垫保持腰的弧度。不要坐太软、太深或太高的椅子，避免背部过分弯曲。

表 11-4-1 从人体力学原理角度考虑的动作特点

1. 在坐位或站立位时要配合上骨盆的倾斜,以减轻关节面的负重,还可以降低下背部肌肉的张力
2. 将身体尽量贴近要完成的任务。这样取物时可以更接近中心以保持平衡。当要取的物体离你较远时需要使用更多的肌肉以及力量去拿起它们。离物体较近还可以避免脊柱的弯曲和旋转。
3. 避免旋转。旋转会引起脊柱韧带和小肌肉的紧张。因此,若要转身时,不可扭腰,应向适当方向踏步。
4. 可以用屈髋和伸髋来完成身体上和下的动作。这是应用髋部大块肌肉的力量来对抗负重。因为脊柱的关节和肌肉都较小,没有优势和力量。
5. 避免长时间重复性的活动或长时间处于一个姿势。每个小时要稍事休息,如进行小小的走动或伸展运动。
6. 要安排好活动和休息来保持耐力和安全。在一项活动中要安排休息或在连续的两项工作中要进行改变,这样可也使用不同的肌群以防疲劳。
7. 支撑面要宽。当搬、举物体时,双脚之间的距离至少要与臀部同宽。一只脚稍稍向前能提供更好的支撑。
8. 保持背部良好的对线,耳朵超过肩,肩超过臀部,臀部超过膝盖和脚来保持背部的生理弯曲。可以面对镜子进行练习。
9. 在搬、举一个物体之前要估量它的重量,来决定是否要改变搬运方法。变通的搬运方法:可以分多次搬运,或者把物体放在带轮子的车上。
10. 保持身体强健。强壮的肌肉和柔韧的关节是对抗损伤和防止复发最好的卫士。

图 11-4-1 腰腿痛患者的正确卧姿

已有腰腿痛的患者更应该重视维持正确的姿势,坐立时避免弯腰弓背,因为后者会使脊柱产生应力性损伤。座椅不宜太低,靠背应该垫于腰部,工作台高度要适当(图 11-4-2)。如需要长时间维持某一体姿,或重复某一动作时,要注意定时改变体姿及动作方式,或做放松运动。站立时要抬头,下颌稍内收,肩平直,胸部微向前倾,下腹内收,腰向后微凹,可以避免背部肌肉处于持续性的紧张状态。此外,女性下腰痛患者不宜穿高跟鞋,因穿高跟鞋会增加腰椎的前凸,使骨盆的前倾角增大,降低了腰椎的稳定性。

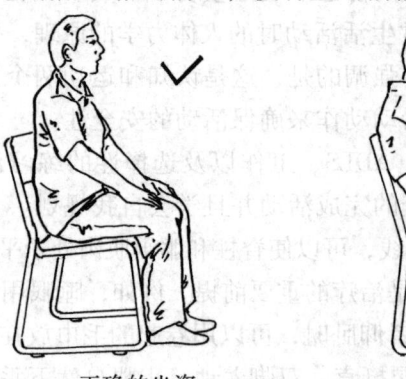
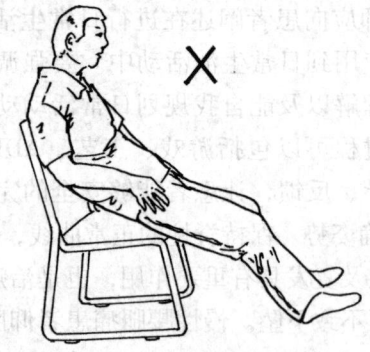

a. 正确的坐姿　　　　b. 错误的坐姿

图 11-4-2 腰腿痛患者的坐姿

2. 减少腰部受力　对急性腰腿痛的患者，上下床时不可只用腰力，上床时应先坐在床边再躺下，下床时也要先转身，将双脚放在床边，再利用手力把身体撑起来（图11-4-3）。日常生活中弯腰可以使脊柱处于高负荷状态，因此，有腰痛病史者应避免弯腰取物，而以屈膝下蹲动作代之。避免在弯腰或权腰时突然用力，处在这些体姿时用力应有思想准备，以便对脊柱施加"预应力"，增强其负荷能力。弯腰搬运物体时应尽量避免弯腰，可以通过屈髋、屈膝下蹲来完成，减少腰部的受力。提重物时，要注意避免损害背部。应将物体尽量贴于躯干，以减小脊柱负担，并利用腿部和肩部的力量，而且要量力而为。若要转身时，不可扭腰，应向适当方向踏步。

图11-4-3　腰腿痛患者的起床动作

3. 改善工作环境　如果所从事的职业是腰腿痛的高发职业，应从人体工程学的角度仔细分析工作环境，以及工作方式对脊柱的影响，设计出符合人体生物力学的工作环境，如工作的座椅与工作台，放松紧张的肌肉，改善脊柱及其周围的血液循环（图11-4-4）。

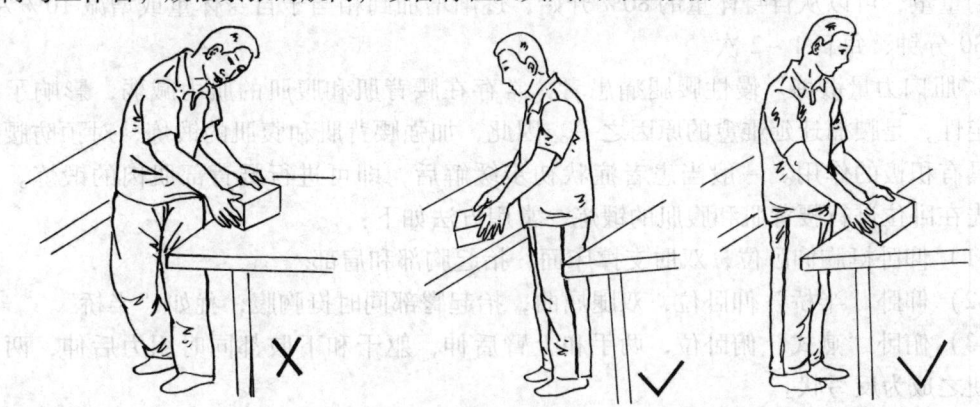

图11-4-4　腰腿痛患者站立搬运物体的正确动作

五、腰腿痛预防

（1）无论是在正式开始体力劳动或是各种体育运动之前，应该对脊椎及四肢进行一些准备活动，可以有效地预防急性腰腿痛的发生。

（2）日常生活中，当搬动较重物体时，将身体向前靠拢、屈膝、屈髋，由双手持物，并在抬起的同时，膝及髋关节逐渐伸直，以减轻腰部肌肉的负担。如果取放位置高过头部的物品时，应站在台或凳子上，避免伸腰踮脚去取放。

（3）在椅子上就坐时，应避免双足悬空，如果椅子偏高，可以在脚下垫一个小凳。不要坐太矮的椅子和低软的沙发。当较长时间站立干活时，可以把一只脚放在30cm左右高的高台儿上，并且不时地轮换两只脚。即重心在双下肢之间转移，可以避免腰部肌肉紧张

(图11-4-5)。

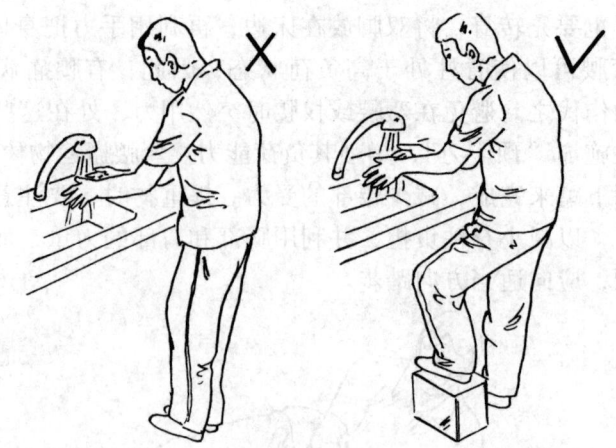

图11-4-5 腰腿痛患者长时间站立工作的姿势

六、其他治疗措施

(一) 物理治疗

1. **腰椎牵引** 腰椎牵引对腰椎间盘突出症、腰椎管狭窄引起的腰腿痛效果比较显著。其作用：主要是增大腰椎间隙，缓解神经根受压，使痉挛的肌肉放松，有助于缓解疼痛。牵引的重量，可以从自身体重的80%开始，逐渐增加到相当于自身体重或增减10%左右，每次30分钟，每日1~2次。

2. **肌肉力量锻炼** 慢性腰腿痛患者，常存在腰背肌和腹肌的肌力减弱，影响了腰椎的稳定性，是腰痛迁延难愈的原因之一。因此，加强腰背肌和腹肌的锻炼，对预防腰痛的复发具有积极的作用。一般当患者症状初步缓解后，即可进行腰背部肌肉的锻炼。开始时，先在卧位进行腰背肌和腹肌的锻炼，常用方法如下：

(1) 仰卧挺胸仰卧位，双肘支撑床面，抬起胸部和肩部。

(2) 仰卧"半桥"仰卧位，双腿屈曲，抬起臀部同时挺胸腹，犹如"半桥"。

(3) 俯卧"燕式"俯卧位，两手和上臂后伸，躯干和下肢都同时用力后伸，两膝伸直，使之成为反弓状。

以上每一个动作重复6~20次。开始时重复次数宜少，以后酌情渐增。

3. **其他物理因子治疗** 急性腰腿痛，可以采用局部冷敷或超短波（无热量）、超声波、调制中频电疗法等，每日1次，每次10~20分钟。慢性腰腿痛，可以局部热量如红外线、半导体激光，或采用短波、超短波（微热量）、超声波、调制中频电疗法、脉冲磁疗等方法，每日1~2次，每次10~20分钟。具有减轻突出部位炎症和水肿、松解粘连、缓解症状的作用。

(二) 手法治疗

可以采用西医的关节松动技术或中医的按摩，对治疗慢性腰腿痛的效果比较理想。治疗可以每日1次，每次20~30分钟。

(三) 药物治疗

1. **口服药** 常用药物包括：解热镇痛药、抗炎镇痛药等，例如萘普生、吲哚美辛等。

2. 封闭治疗 可用泼尼的松龙或氢化可的松 0.5~1ml,加 2% 普鲁卡因 2ml,做痛点局部注射,每周 1 次。药物必须注射到疼痛部位,否则无效。如果连续封闭 3 次效果不理想,则不宜继续封闭。

(四) 矫形器

腰围具有支持或保护经常负重工作者的腰部,加强腰部稳定,减轻腰椎间盘的压力 (图 11-4-6)。对急性腰腿痛或慢性腰腿痛的急性发作,具有良好的疗效,但腰围不宜长期佩带,在急性期后或急性发作期后,要逐渐减少佩带腰围的时间,同时增加腰背部肌肉的力量锻炼。长期佩带腰围容易出现肌肉萎缩和肌肉力量的减退。

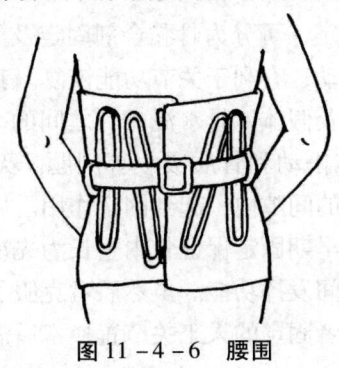

图 11-4-6 腰围

(五) 手术

绝大多数的腰腿痛患者经过积极、正规的非手术治疗,其症状和功能障碍均可以得到不同程度的改善甚至痊愈。只有极少数经过系统治疗的患者效果不理想,而需要手术治疗。无论何种手术,最重要的是要选择合适的手术适应症,并以最小的创伤达到最好的效果。手术后,仍然需要采取积极的措施,预防腰腿痛的复发。

第五节 髋、膝人工关节置换术后的康复

一、概述

(一) 人工关节的概念

人工关节置换术是一种新技术,国外 40 年前就有临床报道,我国自 20 世纪 70 年代以来开始应用于临床。人工关节置换是目前治疗关节强直、严重的骨性关节炎、因外伤或肿瘤切除后形成的大块骨缺损等的一种有效方法。人工关节是用一些生物材料或非生物材料制成关节假体,用以替代病变的关节结构,恢复关节功能。用于制造人工关节的材料,应具备良好的生物相容性、良好的机械性,并有良好的耐磨性、耐腐蚀及耐疲劳性等。

(二) 人工关节的类型

人工关节是以假体替换已损坏的关节,骨关节损坏的范围及程度不同,所采用的人工关节置换的范围和类型也不同。可分为:

1. 关节表面置换 多用于关节表面骨与软骨破坏,而关节骨组织无大缺损或破坏,

关节周围韧带基本完整的病例。

2. 半关节置换　多用于关节一侧骨损伤或破坏，而关节另一侧基本保持完整的病例，置换时只用人工假体替代骨损坏部分。

3. 全关节置换　将损坏的关节、两侧相对应的骨关节部分均予以假体置换。假体样式多样，不同关节的假体各异。全关节者根据关节的结构由两个不同材料的半关节组成。一般来说，关节的骨干端均采用金属杆髓腔插入式，而相对应关节面则采用超高分子聚乙烯假体，如人工全髋关节、人工全肩关节等。

（三）人工关节的固定

人工关节与骨组织的连接固定，可分为骨黏合剂固定及无骨黏合剂固定两类。用骨黏合剂固定附着牢固，病人可早期活动，有利于关节功能恢复。其缺点是骨黏合剂聚合后产生的单体毒性反应，聚合热损害，以及假体－骨水泥－骨之间的交接面弹性模量的差异和晚期黏合剂的老化问题，均可造成假体松动和骨质吸收等问题。无骨黏合剂固定，即生物力学固定，是使骨组织生长入假体表面的间隙内，起到固定作用。后者的固定是以骨内生长形成生物学固定为理论基础，以可靠的早期固定保证骨内生长为先决条件。理论上讲，无骨水泥固定符合生物学原则，可以较长时间发挥功能。虽然后者克服了前者的一些弊端，但其黏合牢固程度不如前者，因此，使用后者固定的人工关节置换术后病人不能早期活动。

（四）人工全髋关节

人工全髋关节的种类很多（图11-5-1）。按固定方法的不同，可分为用骨黏合剂固定及不用骨黏合剂固定两大类，而假体则按是否用骨黏合剂而有不同设计。用骨黏合剂固定的有 Charnley、Muller、TR-28 及 Harris 等类型。

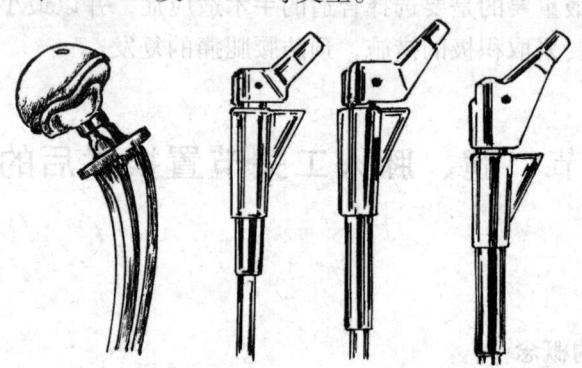

图11-5-1　人工全髋关节

1. 适应证　60岁以上髋关节病变所引起的髋关节疼痛，已不能应用其他手术治疗而只适用股骨头切除术的患者，是全髋关节置换术的主要适应证。对要求改进髋关节负重及活动功能的较年轻的患者也可考虑本手术。

（1）陈旧性股骨颈骨折　头、臼均已破坏并有疼痛而影响功能者。

（2）股骨头缺血性坏死　包括创伤性、特发性及可的松或酒精中毒引起的股骨头缺血性坏死。

（3）退行性骨关节炎　对50岁以上，髋臼已受累，有较重疼痛及功能障碍者可行全髋关节置换术。

（4）类风湿性关节炎及强直性脊柱炎　尤其是双髋及脊柱受累者，应放宽年龄限制，提早行全髋置换术。

（5）髋关节强直　单侧髋关节生理位置强直而无疼痛者，不是手术指征。

（6）慢性髋关节脱位　包括先天性髋关节脱位、髋臼发育不良，以及因创伤、感染导致的陈旧性脱位而致继发性骨关节炎者。

（7）关节成形术失败的病例。

2. 禁忌证

（1）年老，体弱，严重呼吸、循环系统功能障碍不能承受手术者。

（2）髋关节有化脓性感染史者。

（3）髋关节有结核病者。

（4）40岁以下髋关节骨性关节病患者。

（5）髋关节周围的皮肤、肌肉条件差者。

（五）人工膝关节

膝关节是全身最大、结构复杂的关节。运动功能要求较高。人工膝关节置换后，要求达到负重、伸屈、外展及旋转活动，稳定性好。人工膝关节的设计种类多样，大致可分为3型。

1. 髁型人工膝关节　髁型关节设计基础是膝关节的韧带基本正常，而股骨髁和胫骨平台假体之间并无任何连接（图11-5-2）。髁型人工膝关节适用于韧带基本正常的患者。在切除关节时可借提高胫骨平台或降低股骨髁来恢复侧副韧带的紧张度。术后作用于骨与人工关节间的主要是压力。髁型人工关节在骨质疏松、骨和韧带严重破坏以及明显畸形时均不适用。

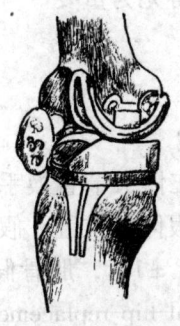

图11-5-2　膝关节表面置换示意图

2. 铰链式人工膝关节　结构简单，操作容易，易于矫正各种畸形，在严重骨和韧带破坏以及骨肿瘤切除的情况下，可以获得稳定、不痛、迅速恢复步行的功能。缺点是负载完全由轴承担，常可引致骨与人工关节间的松动或疲劳折断（图11-5-3）。

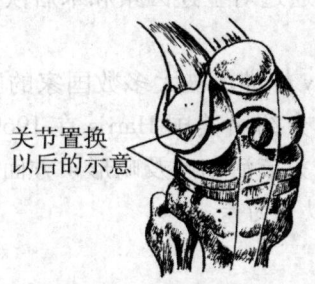

图11-5-3　铰链式人工膝关节（Guepar型）

3. 其他类型　这些设计企图结合髁型及铰链型的优点。如球臼型人工膝关节、Atten-borongh 型假体及 GSB 型假体等。

二、功能障碍的特点

人工关节置换术后常获得良好的疗效，但其术后的并发症不容忽视，因为这些并发症会严重影响患者术后的功能。人工关节术后特有的功能障碍因素，大致可分为 3 种情况：

（一）人工关节生物材料、生物力学的因素

例如，人工关节的磨损、假体折断、假体松动等。随着假体的制作工艺改进，关节面光滑度的提高，构建关节面材料耐磨性的增强，以及对不同患者选择匹配的假体，这些都使并发症较前有明显减少。

（二）医疗技术水平的因素

例如，感染、血栓和栓塞、松动、骨折等。随着医疗条件的改善、手术器械的改进及手术操作经验的积累，这些并发症也在减少。

（三）患者个体的因素

人工关节置换的患者大多数为老年人，全身体质较年轻人差。关节置换术前，因关节长时间的病变，关节活动减少，造成关节周围肌群萎缩、肌力下降及关节周围屈伸肌群的平衡失调，加之手术时的创伤以及术后的制动，都将加重关节肌肉的力量、耐力下降和关节囊、韧带、肌腱挛缩或粘连，致使关节活动度下降，最终将影响关节假体的功能。因此在术前、术后进行适宜的功能训练显得尤为重要。

三、功能评定

（一）人工髋关节置换术后的评定

除了一般内容的评定外，由于人工髋关节置换手术本身直接影响术后康复计划，康复治疗师还应了解手术的详细情况：①假体的位置：假体应按正常解剖位置放入。标准的髋臼假体位置是前倾 15°±10°，外翻 40°±10°，股骨假体旋前 5°~10°。②手术入路对关节稳定性的影响：全髋关节置换术（total hip replacement，THR）切口后入路很少出现髋关节伸展、内收外旋位的不稳。前入路较少引起髋关节屈曲不稳，正侧入路特别是关节囊完整者，在髋关节屈伸活动时最为稳定。③临床评定：人工髋关节置换术后的效果受手术病种、关节假体种类、固定方式、手术技术及术后康复等方面的因素影响。术后评定系统是衡量手术成功与否的重要依据，通过对上述因素和术后恢复情况的评定，形成一个手术效果的结论。

目前，Harris 标准和 Charnley 标准已被大多数国家的医生所接受，成为国际会议上普遍应用的评定标准。在此，我们介绍由美国 Harris 在 1969 年提出的评分法（表 11-5-1）。内容主要包括疼痛、功能、关节活动度及畸形 4 方面，得分 90~100 分为优，80~89 分为良，70~79 分为中，70 分以下为差。

表 11-5-1 人工全髋关节置换术 Harris 评分法（满分 100 分）

随访内容	分数	随访内容	分数
1. 疼痛		2. 无畸形，无下列畸形	4
无	44	固定性内收畸形 <10°	
活动后稍有疼痛，但不需服止痛药	40	固定性伸直位内旋畸形 <10°	
活动后轻度疼痛，偶尔需服止痛药	30	双下肢长度差异 ≤3.2cm	
活动后中度疼痛，需经常服止痛药	20	固定性屈曲畸形 <30°	
稍活动后明显疼痛，偶尔服强烈止痛药	10		
卧床不敢活动，经常服强烈止痛药	0		
3. 活动度（屈+外展+内收+外旋+内旋）		4. 行走时辅助	
210°~300°	5	不用	11
160°~209°	4	走长路时需用手杖	7
100°~159°	3	走路时总要用手杖	5
60°~99°	2	用单拐	4
30°~59°	1	用两根手杖	2
0°~29°	0	用双拐	0
		用双拐也能行走	0
5. 系鞋带，穿袜子		6. 坐椅子	
容易	4	任何高度的椅子 1 小时以上	5
困难	2	只能坐高椅子，0.5 小时以上	3
不能	0	坐椅不能超过 0.5 小时	坐
7. 上汽车		8. 跛行	
能	1	无	11
不能	0	轻	8
		中	5
		重	0
9. 行走		10. 爬楼梯	
不受限	11	自如	4
1km 以上	8	基本自如，但需扶栏杆	2
500m 左右	5	勉强能上楼	1
只能卧床，不能行走	0	不能	0

（二）人工膝关节置换术后的评定

详细了解患者原发疾病有关因素（包括病程及经过、既往治疗手段及效果、诊断等），局部膝关节情况，全身状态及并发症，精神心理智力状态，年龄、性别、经济能力及社会背景资料等。人工膝关节置换术的效果评定有多种方案，其中 HSS 膝关节评分系统最为常用（表 11-5-2）。

根据这一评分系统，将临床疗效分成优（>85）、良（70~84）、中（60~69）和差（<59）四级。

表 11-5-2 HSS 膝关节评分标准

疼痛（30 分）		肌力（10 分）	
任何时候均无疼痛	30	优：完全能对抗阻力	10
行走时无疼痛	15	良：部分对抗阻力	8
行走时轻微疼痛	10	中：能带动关节活动	4
行走时中度疼痛	5	差：不能带动关节活动	0
行走时严重疼痛	0	屈膝畸形（10 分）	
休息无疼痛	15	无畸形	10
休息时轻微疼痛	10	小于 5°	8
休息时中度疼痛	5	5°~10°	5
休息时重度疼痛	0	大于 10°	0
功能（22 分）		稳定性（10 分）	
行走、站立无限制	12	正常	10
行走 2500~5000m	10	轻微不稳 0°~5°	8
行走 500~2500m	8	中度不稳 5°~15°	5
行走少于 500m	4	严重不稳 >15°	0
不能行走	0	减分项目	
能上楼梯	5	单手杖	-1
能上楼梯，但需支具	2	单拐杖	-2
屋内行走，无需支具	5	双拐杖	-3
屋内行走，需要支具	2	伸直滞缺 5°	-2
活动度（18 分）		伸直滞缺 10°	-3
每活动 8°得 1 分，最高 18 分	18	伸直滞缺 15°	-5
		每 5°外翻扣 1 分	-1
		每 5°内翻扣 1 分	-1

（三）预后的评定

人工髋关节置换术的预后，与患者的年龄、性别、体重、活动强度以及并发症等因素有关。有关调查资料显示，年轻患者及活动较多的患者，其假体置换失败率较高，男性高于女性，有合并症的患者高于无合并症的患者。

关节置换术是人体矫形外科中较大的重建手术。术后容易发生多种局部和全身的并发症。早期并发症常见的有：伤口感染、血管神经组织损伤、血肿、血栓形成等。晚期并发症为术后数日至数年发生，如假体松动、骨溶解等。也有一些并发症可出现在术后任何时间，如骨折、脱位和感染等。人工关节远期失败的主要原因，可能与磨损碎屑有关，这些微粒引起假体周围的骨质吸收或炎症反应。

四、作业治疗

人工关节置换术可以缓解关节疼痛，矫正关节畸形，改善关节功能，从而提高患者的生活质量。术前、术后进行康复训练，可以最大限度地改善假体关节功能。围手术期的处理和术后康复是否正确直接影响手术效果的好坏。精湛的手术仅给人工关节置换术的病人创造功能恢复的条件，欲达到预期目的，则必须强调康复治疗。康复计划的制定必须遵循个体化、渐进性和全面性三大原则。

（一）治疗目的

作业治疗是整个康复治疗中的一个重要组成部分。其目的是：①训练患者体位安全转移的方法。②在保护人工关节的前提下，提高患者 ADL 的安全性和独立性。③为患者设计制作必需的辅助器。④人工关节的护理及安全教育。⑤改善功能性作业活动的能力，使患者的肌力、关节活动度、协调性等各方面得到提高。

（二）治疗方法

1. 人工髋关节置换术后的作业治疗

（1）ADL 练习：ADL 练习与骨折部位及其严重程度、手术方式、内固定物或人工关节承受应力状况、骨的完整性、患者的体重以及认知等因素有关。

1）治疗师应根据手术侧下肢允许负重的体重百分比，为患者选择并教会患者使用步行器或拐杖（表 11 - 5 - 3）。

表 11 - 5 - 3 髋部手术负重的进程

负重状况	手术侧下肢负重的体重（%）	助步器具
非负重	0	步行器（walker）
接触式负重	10 ~ 15	步行器具或拐杖
部分负重	30	步行器具或拐杖
50% 负重	50	手杖
全负重	75 ~ 100	手杖或不需要

2）治疗师应教会患者安全地进行 ADL 活动，该 ADL 应与医嘱以及术后允许负重体重相一致。当患者处在非负重或接触式负重阶段，为了保存能量和保证活动的安全性，患者应在坐位下完成一些 ADL。当患者处在部分负重阶段，可安全的在站立位完成个人卫生动作。对于存在人工关节脱位的危险因素的患者，ADL 活动需要在其他人的帮助下进行，如下肢穿裤、沐浴动作。

3）康复治疗组成员之间的密切交流，可以为患者提供最佳的治疗方案。对于出院前患者的作业疗法重点是：评估患者 BADL 和 IADL 的安全性和独立性的能力，以及所需要的辅助具或需要他人的帮助。

4）对于那些不能负重或接触式负重的患者，最好在采用坐位的姿势下进行 ADL。从能量守恒以及安全性角度考虑，一旦患者能部分负重，患者即可安全地站立进行洗漱。对于有些患者，在术后第一周即可开始上述活动；对于另外一些患者可能推迟到第三周或第四周进行；有些患者需要推迟到第六周。由于这些限制，使患者身体不能过度屈曲或将足靠近手，所以需要使用辅助具来解决沐浴、穿衣、功能性活动以及家务劳动等问题（表 11 - 5 - 4）。

表 11 - 5 - 4 人工髋关节置换术后需采用的辅助具

问题	辅助具
沐浴时足出入浴盆	长柄洗澡海绵，防滑垫，扶手，洗澡凳
穿脱袜子	穿袜器
穿脱鞋	伸展型柄鞋钩器
穿脱裤子	穿衣裤棒棍
厕所、椅、床之间转移	加高厕所底座，增高椅子和床的高度
起坐椅子	椅背加置楔形靠垫
开闭橱柜	经常搬近使用的物件以消除需要屈曲动作，使用持物具

患者必须记住：髋关节术后屈曲不能超过 90°；不能旋转髋关节；手术侧下肢不能交叉于健侧下肢或内收。手术侧髋关节不能主动或被动屈曲，或者下肢内收超越中线（表 11-5-5）。

给患者提供长柄穿衣器及修饰用自助具，治疗师教会患者使用自助具，进行身体手术侧的洗澡、穿衣动作，避免过度屈髋或下肢过度内收。假如允许患者洗澡，有些患者可进行站立位淋浴，为了安全考虑，应在浴室处安装扶手及防滑垫。为安全起见，一些患者必须采取坐位洗澡，洗澡椅子高度应适宜，髋关节屈曲不能超过 80°~90°，也需要安装扶手及防滑垫（具体方法参见本书第十章第一节）。

表 11-5-5　髋关节术后的运动限制

髋关节术后运动的限制
1. 髋关节屈曲不能超过 90°
2. 髋关节不能做旋转动作（手术方法如果是前入路，要避免内旋；后入路，避免外旋）
3. 手术侧下肢不能交叉于健侧下肢
4. 手术侧下肢不能内收超过中线

5）安全用厕方法：为了减少患者坐下和起立时的髋关节屈曲，应教育患者使用加高的厕所坐垫、床垫和椅垫，并应教会他们起立时不能过度屈曲手术侧髋关节。如果患者坐在有扶手的椅子上，患者将身体移动至椅子前缘，保持手术侧髋关节伸直位，双手支撑扶手，不要向前屈曲躯体。如果坐在无扶手椅子上，患者将身体移至椅子一侧边缘，使手术侧大腿超过椅子边缘，足放置于椅子的中线，保持手术侧髋关节伸直位，使足靠近身体重心，使患者瞬间起立，而不需要过度屈曲髋关节。健侧髋、膝和踝关节应置于适当位置负重。

在术后 6 周，几乎所有患者能使用手杖步行，大多数患者能恢复驾驶汽车、游泳及工作。在穿鞋袜时应限制患者身体屈曲及手术侧侧卧位睡眠。继续使用加高的坐垫至术后 8~12 周。

（2）预防教育

1）手杖的使用：手杖所提供的支持，特别是对侧手杖，可以减少手术侧髋关节外展肌力，据估计下降幅度在 40% 左右，因而关节负荷也大为减少。手杖使用时限应至无疼痛及跛行时，方可弃杖。最好终生使用单手杖，减少手术侧髋关节的磨损，尤其是外出旅行或长距离行走时。

2）控制体重：减轻体重是最有效的减少关节负荷的方法。体重减少 1kg，则髋关节的受力可减少约 3kg。

3）预防及控制感染：对拔牙、扁桃体摘除、插导尿管等有可能造成感染的任何手术或治疗措施都应及时预防，防止血运传播造成关节内感染。

4）术后 6~8 周内避免性生活，性生活时要防止手术侧下肢极度外展，并避免受压。

5）避免重体力活动及需要髋关节大范围剧烈活动的运动项目，以减少术后关节脱位、骨折、假体松动等问题。

6）避免将髋关节放置在易脱位的姿势：髋关节过度屈曲、内收、内旋位，手术侧髋关节伸直、内收、外旋位。

7）避免在不平整或光滑路面行走，以防跌倒。

8）保持患肢经常处于外展位或中立位。术后6~8周内屈髋不要超过90°。

9）出现手术侧髋关节任何异常情况，均应及时与手术医生联系。

(3) 其他康复治疗方法：

1) 术后第1~7天

A. 手术当天：仰卧位，在手术侧肢体外下方垫入适当厚度的软垫，使髋、膝关节稍屈曲，患者穿防旋转鞋（丁字鞋），避免下肢外旋，并减轻疼痛。

B. 手术后第一天：撤除软垫，尽量伸直手术侧下肢，以防屈髋畸形。根据引流量，术后24~48小时内拔除引流管，引流物作细菌培养及药敏试验。术后使用足底静脉泵，促进下肢血液循环。可适当服用镇静止痛药，减少疼痛刺激，保证好病人休息。

C. 手术后前3天：深呼吸练习；踝关节主动屈伸练习；股四头肌、腘绳肌和臀大肌、臀中肌的等长收缩练习。术后1~2天，拔除引流管，拍摄X光片，判断假体的位置，如无特殊问题，可开始下列练习。

D. 手术后4~7天：髋、膝关节屈伸练习。练习时臀部不能离开床面，可以在床上坐起至髋关节屈曲小于45°。逐渐由起初的被动运动向助动，再到完全主动练习过渡。髋关节伸直练习，可在仰卧位屈曲健侧髋、膝关节，手术侧髋关节主动伸直，充分伸展屈髋肌及关节囊前部，股四头肌等张练习，上肢肌力练习。

E. 注意点：①避免手术侧髋关节置于外旋伸直位。为防止患者向对侧翻身而髋外旋，床头柜应放在手术侧。②保持手术侧肢体的外展。或在双腿间置入三角垫，但须防止下肢外旋。③如有手术侧髋关节中度屈曲不稳定，在坐位进行髋关节练习时，应避免上身向手术侧倾斜。④手术后入路，应避免患侧下肢过度屈曲、内收、内旋，特别是屈曲、内收、内旋的联合动作。手术侧方入路和前侧入路，应避免患侧下肢的过度伸展、内收、外旋，特别是伸展、内收、外旋的联合动作。

2) 手术后第2~6周：使用骨水泥固定假体的患者可以进行下列练习，但必须在医生、PT师的直接指导下进行。

A. 床上练习：屈髋肌力量练习：髋关节半屈位的主动或主动抗阻屈髋练习。须注意：术后不宜主动早期进行直腿抬高练习，因为不仅对屈髋肌锻炼的意义不大，相反却经常引起髋臼承受过高压力，不利于非骨水泥固定的髋臼假体的骨组织长入。同时伤口区疼痛，影响患者锻炼，故术后早期不提倡这项练习。如无特殊情况，可允许患者翻身。正确的翻身姿势是：伸直手术侧髋关节，保持旋转中立位，伸直同侧上肢，手掌垫在大粗隆后面，向手术侧翻身，防止患肢外旋。俯卧位，有利于被动伸展髋关节。

B. 坐位练习：术后6~8周内，患者以躺、站、行走为主，坐的时间尽量缩短，每天4~6次，每次30分钟。因为坐位下髋关节最易出现脱位、半脱位，如果患者术中关节稳定性欠佳，不宜坐位练习。坐位练习的内容：伸髋，屈髋，屈髋位旋转。

C. 立位练习：髋关节伸展，骨盆左右摇摆，髋内外翻畸形矫正，屈髋练习，髋旋转。

D. 步行练习：若使用骨水泥固定型假体又是初次髋关节置换术，术中也没有植骨、骨折等情况，患者术后第3天即可步行练习。若用非骨水泥固定型假体者，则至少在术后

6周才能开始步行练习。有大粗隆截骨、术中股骨骨折的患者,行走练习更应根据X线片情况,推迟到术后至少2个月。先用步行器辅助行走,待重心稳定,改用双侧腋杖。步行练习时,手术侧下肢至少负重20~30kg。

E. 踏车练习:开始时间多在患者步行练习之后,一般在术后2~3周开始。也可以根据患者的具体情况适当调整。开始时,稍用力,保持车速25m/h左右,术后6~8周逐渐加快,以踏车10~15分钟后出现疲劳感为宜。双足踩板后,尽可能升高车坐垫以减少屈髋程度。能踏满圈后,逐渐调低坐垫以增加髋关节屈曲度。先练后跟蹬,熟练后改前掌蹬。身体前倾,可增加髋关节屈曲,双膝并拢或分开,可使髋关节内、外旋。

3) 手术后第7周:患侧下肢可以全负重,可以坐普通的椅子,但不可蹲下。

手术后6~8周进行第一次随访,根据复查髋关节的正侧位X线片结果及体检情况,提出下一步的康复计划。此阶段康复重点是提高肌肉的整体力量,指导患者恢复日常活动能力。对髋关节某些活动仍受限者,应加强针对性的功能锻炼。

手术后第二次随访时间为术后4个月。评定内容:①肌力恢复是否正常。②能否独立行走(无需支具辅助),无跛行,能行走较长距离。③关节活动度能否满足日常生活需要,如无疼痛、跛行,可弃拐。此阶段康复重点是提高肌肉的耐力,方法包括抗阻力的直腿抬高练习。侧卧位髋关节外展和俯卧伸髋练习等。

(4) 人工髋关节置换术术后患者注意事项

1) 手杖使用时限应至无疼痛及跛行时,方可弃杖。最好终生使用单手杖,减少手术侧髋关节的磨损,尤其是外出旅行或长距离行走时。

2) 预防及控制感染:对拔牙、扁桃体摘除、插导尿管等有可能造成感染的任何手术或治疗措施都应及时预防,防止血运传播造成关节内感染。

3) 手术后6~8周内避免性生活,性生活时要防止手术侧下肢极度外展,并避免受压。

4) 避免重体力活动及需要髋关节大范围剧烈活动的运动项目,以减少手术后关节脱位、骨折、假体松动等问题。

5) 避免将髋关节放置在易脱位的姿势:髋关节过度屈曲、内收、内旋位,手术侧髋关节伸直、内收外旋位。

6) 避免在不平整或光滑路面行走,以防跌倒。

7) 保持患肢经常处于外展位或中立位。术后6~8周内屈髋不要超过90°。

8) 出现手术侧髋关节任何异常情况,均应及时与手术医生联系。

9) 第三次复查在术后1年,以后每年复查一次。复查内容包括髋关节正侧位X线片、人工髋关节功能评分等。

2. 人工膝关节置换术后的作业治疗及其他方法

(1) 手术前:此期康复重点,是让患者了解术后康复的一般程序,恢复体力,尽可能增强股四头肌及腘绳肌肌力,增强关节活动范围。

(2) 手术当日至手术后第3天:

1) 注意患者有无心肺功能异常、休克、伤口出血过多等症状,必须待患者全身和局部状况平稳后方可开始功能训练。

2）深呼吸锻炼。

3）手术侧下肢肌肉等长收缩训练；伸直膝关节，主动或被动踝关节屈伸。

4）双上肢主动性活动训练。

5）手术后第 2~3 天拔引流管，引流管尖部及其管内凝血块做细菌培养及药敏试验，拍膝正侧位及屈膝 45°髌骨轴位 X 线片。

（3）手术后第 4 天~2 周：康复训练的主要目标是逐步恢复膝关节 ROM，至少 0°~90°。恢复股四头肌、绳肌肌力。每次训练强度应在病人耐受程度内进行，并且训练完毕后，不应加重肢体原有的疼痛、肿胀。

1）CPM 练习，开始运动范围 20°~70°。

2）主动膝关节运动（去掉 CPM 器械后训练）。

3）股四头肌、绳肌训练。

4）使用骨水泥者，一般情况下，术后第 4 天在医护人员的帮助下练习站立、行走。如关节不稳，可带膝支架。对术前有严重屈膝畸形者，在此期间夜间仍需用石膏托固定于伸膝位，一般应连续 4~6 周。

5）CPM 活动范围 0°~110°。

（4）手术后第 2~6 周：

1）继续关节活动度和肌力训练。

2）ADL 训练、作业治疗、理疗。

3）膝关节正侧位 X 线片。

（5）手术后第 6~12 周：膝关节 ROM 0°~125°，自行车、踏车、蹦床、缓步、游泳、手术侧下肢负重、斜板平衡训练。

（6）手术后第 12~20 周：散步、灵敏技巧训练、跨越障碍训练、侧向运动。

（三）病例示范

临床资料：患者女性，已婚，70 岁，3 天前外出时滑倒，致右股骨粗隆间骨折和右前臂桡骨远端骨折，急诊入院治疗。行右人工髋关节置换术（采用骨水泥固定）。桡骨远端手法复位及石膏外固定，固定时间需 6 周。术后患者要求回家和其丈夫在一起，恢复她的家庭主妇的角色。

因此，手术后 1 周患者被转入作业治疗，要求在保护髋关节前提下，学习体位转移，以及开始上肢活动练习和 ADL 练习。

经治疗组讨论，确定作业治疗目标是：

（1）在不影响髋关节和右上肢骨折愈合的前提下，让患者掌握在椅子、床和厕所之间的体位转移。

（2）患者能够应用关节保护、能量守恒原则以及髋关节置换术后的预防和骨折愈合原则，在厨房、浴室及卧室进行功能活动。

（3）患者能够进行右前臂石膏固定部分上下端关节的自我活动练习。

（4）对患者跌倒恐惧感的评定。

（5）根据患者的支持和监督情况的需要，制定出院治疗计划，重点是患者回归家庭后的安全。

治疗计划如下：

（1）OT 师和 PT 师教会患者在转移、坐位、站立和卧床时控制手术侧髋关节，以及屈曲活动范围；在 ADL 和 IADL 中掌握正确姿势和活动；教会患者使用长柄辅助具，例如持物器、穿鞋器和海绵等。

（2）治疗师应教会患者患侧上肢功能性活动练习，以及在 ADL 中的使用。训练患者单侧手使用辅助器。

（3）教会患者在 ADL 和 IADL 中能量保存的具体方法。

（4）预防跌倒。

（5）交给患者出院后有关 ADL 和上肢治疗计划的书面医嘱及图解手册。

（6）治疗师评估患者的家庭和家庭健康援助的情况，并在 ADL 和 IADL 方面提供必需的帮助。

（7）治疗师制订石膏拆除后的门诊 OT 治疗方案。

（陆廷仁　刘萍　张超）

思考题

1. 如何防止类风湿手畸形的发生？
2. 如何保持类风湿患者的体能？
3. 颈椎病临床表现和各型颈椎病的诊断？
4. 各型颈椎病功能障碍的表现？
5. 各型颈椎病的常用作业治疗方法？
6. 颈椎病牵引的治疗作用？
7. 颈椎病的作业治疗目的？

第十二章 截肢和假肢的康复

学习目标：
一、熟悉截肢的原因及截肢部位的名称
二、了解假肢的临床应用类型
三、了解截肢后康复的工作方式和程序
四、熟悉截肢后功能障碍的特点
五、掌握装配索控式上肢假肢前后作业治疗评定内容与方法
六、掌握装配索控式上肢假肢前后作业治疗的治疗目的与内容
七、掌握肌电假手功能训练方法
八、掌握下肢截肢作业治疗的内容

第一节 概 述

一、概念

截肢（amputation）是指肢体全部或部分切除，其通过关节者称为"关节离断"（disarticulation）。截肢的目的是：将已失去生存能力、危害生命安全或没有生理功能的肢体截除，以挽救患者的生命。并且通过残肢训练及安装假肢，以代偿失去肢体的部分功能，使患者早日回归社会。

假肢（prosthesis）是用于截肢者为弥补其肢体缺损，而制造装配的人工肢体。它可以代偿丧失肢体的部分功能，使截肢者恢复部分的生活自理和工作能力。

上肢假肢的目的：是为了在上肢截去后，用类似于上肢外观的假体，改善外观形象，并利用残存功能或借助外力，代替手部功能。

二、截肢

（一）截肢的常见原因及发生率
1. 创伤　例如：机器创伤、车祸等。
2. 疾病　例如：周围血管性疾病、糖尿病、肿瘤及感染等。

3. 先天性肢体发育不良　美国现有截肢者超过15万人，上下肢截肢比例约为1∶3。肘下截肢占上肢截肢的57%。创伤是成人上肢截肢的主要原因，接近75%，大多发生在15~45岁的男性，并且与工伤有关。上肢截肢其他原因尚有枪伤和电烧伤。下肢截肢主要原因是周围血管性疾病和糖尿病，并且是60岁以后老年人截肢的最常见原因。创伤占20%，肿瘤占5%。

我国截肢者约有100万人，其中因工伤、交通事故、战伤等创伤性截肢约占1/3。上肢截肢约占总截肢数的2/3，下肢截肢约占1/3。

（二）截肢部位名称

截肢部位的名称是依据解剖学来区分（图12-1-1，12-1-2）。例如：短肘上截肢（AE）、标准肘上截肢（AE）、极短肘下截肢（BE）和长肘下截肢（BE）。

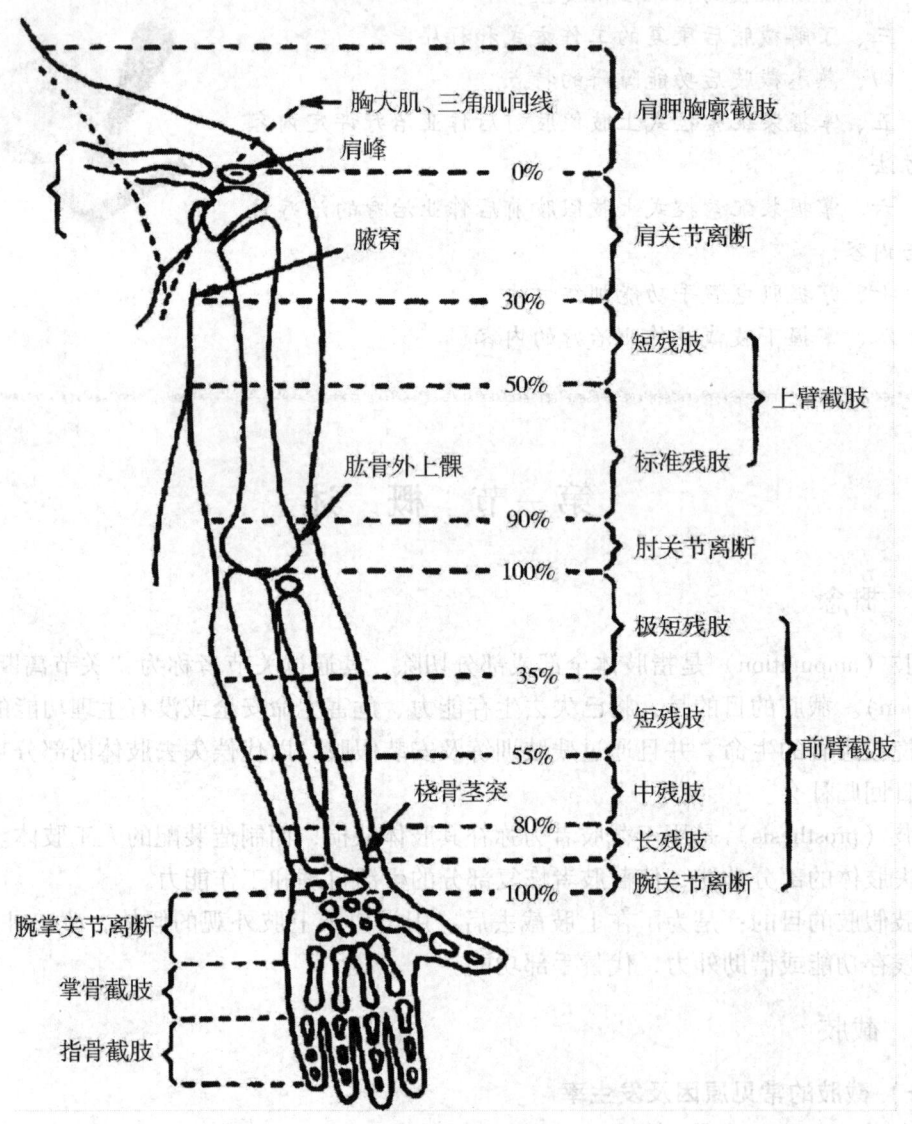

图12-1-1　上肢截肢各部位名称

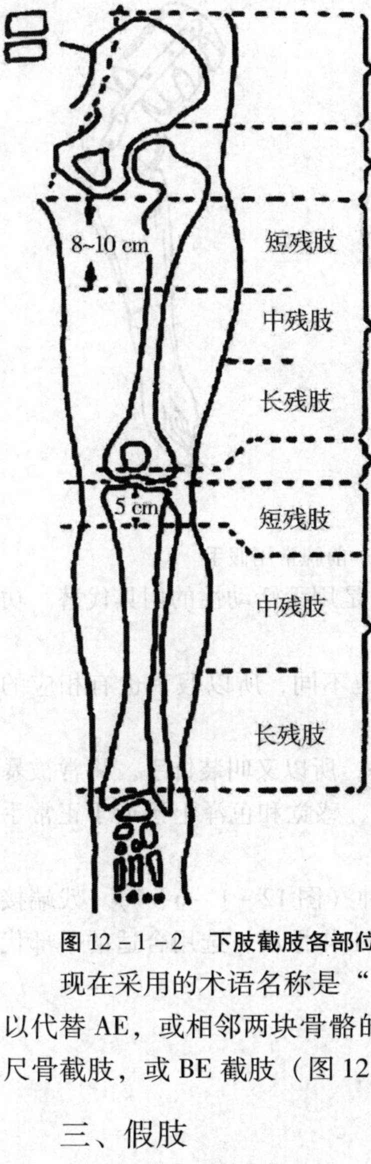

图 12-1-2 下肢截肢各部位名称 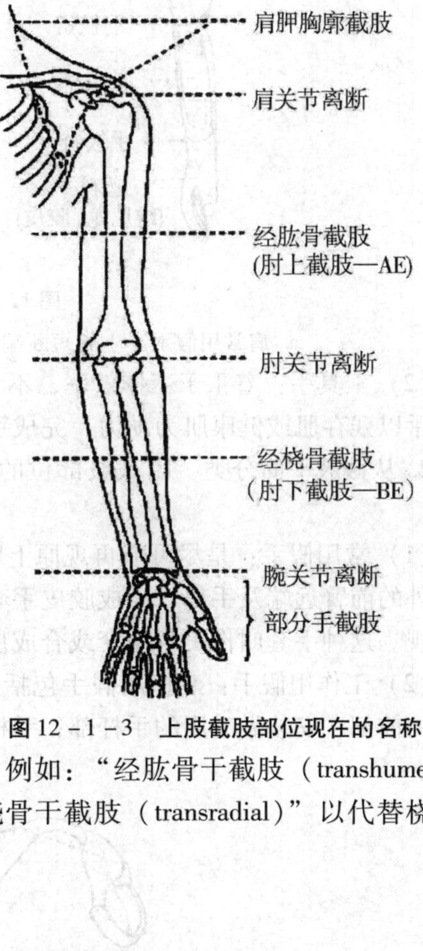　　图 12-1-3 上肢截肢部位现在的名称

现在采用的术语名称是"经长骨干的截肢"。例如："经肱骨干截肢（transhumeral）"以代替 AE，或相邻两块骨骼的长截肢，如"经桡骨干截肢（transradial）"以代替桡骨-尺骨截肢，或 BE 截肢（图 12-1-3）。

三、假肢

（一）上肢假肢分类

根据使用目的和动力来源及截肢平面，可分为以下几种类型。

1. 从使用目的分类

（1）常用假手或装饰假手：特点是着重于外观，但工作效率低（图 12-1-4，12-1-5）。

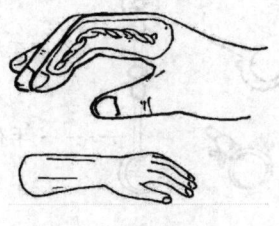

图 12-1-4　美容手

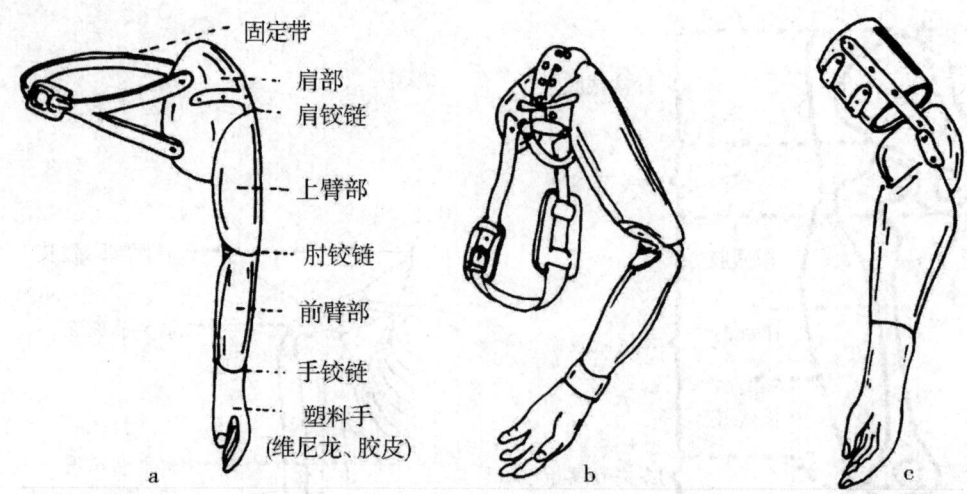

图 12-1-5 常用假手
a. 肩常用假手（上腕短断端）；b. 上腕常用假手；c. 前腕常用假手。

（2）工具手：着重于工作效率，不考虑外观。手的部分是用无活动性的用具代替。功能假手以残存肌或健康肌为动力，完成手的运动功能。

2. 从截肢平面分类　因截肢部位的不同，残存的功能也不同，所以假手也有相应的类型。

（1）常用假手：是尽可能再现原上肢外形为特点的假手，所以又叫装饰手。将常被暴露在外的前臂远端及手部，做成胶皮手套状，使其外部形状、感觉和色泽上接近于正常手的外观。这种手套叫作美容手套或合成皮肤手套。

（2）工作用假手：工作用假手包括上臂型和前臂型两种（图 12-1-6、7）。残端接受腔的前部，安装做工用的手杆部；手杆部的前端，可根据工作性质，选用合适的手部代用具。

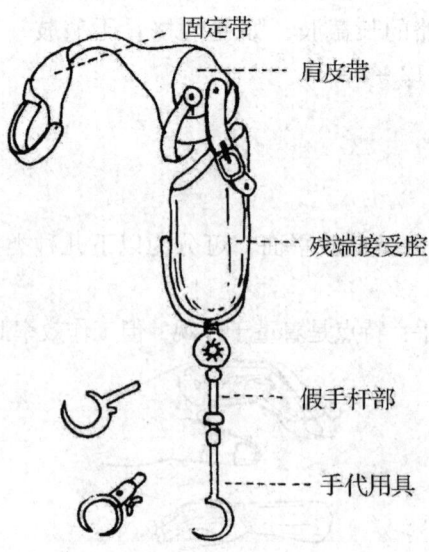

图 12-1-6　工作用上臂假手

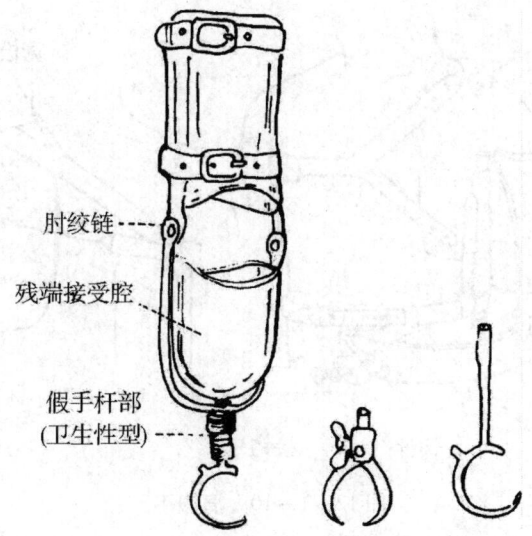

图 12 - 1 - 7 工作用前臂假手

（3）常用功能假手：手部形状非常接近正常的手外形，分为只有拇指可做对掌活动，其余四指固定的假手，和拇指与其他四指都可动的假手（图 12 - 1 - 8、9）。

图 12 - 1 - 8 Becker 拇指可动手随意开大式，只有拇指活动

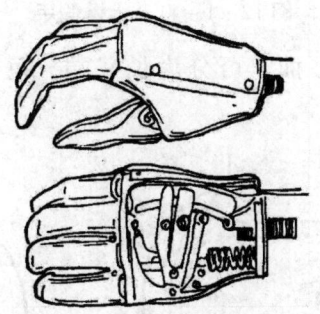

图 12 - 1 - 9 APRL - Sierra 44c 型人工手
（随意、闭合式）拇指与其他四指都能活动
上图是脱去美容手套后的情况

（4）工作用功能假手：假手的手部钩都是由两个钢钩做成。其中一个被固定，另一个为可动钩，可随着钢丝索的牵拉被打开，随着钢丝索的放松而闭合。

（5）肩假手：用于肩胛锁骨切除、肩关节离断、超短断端上臂截肢后的患者（图 12 - 1 - 10）。

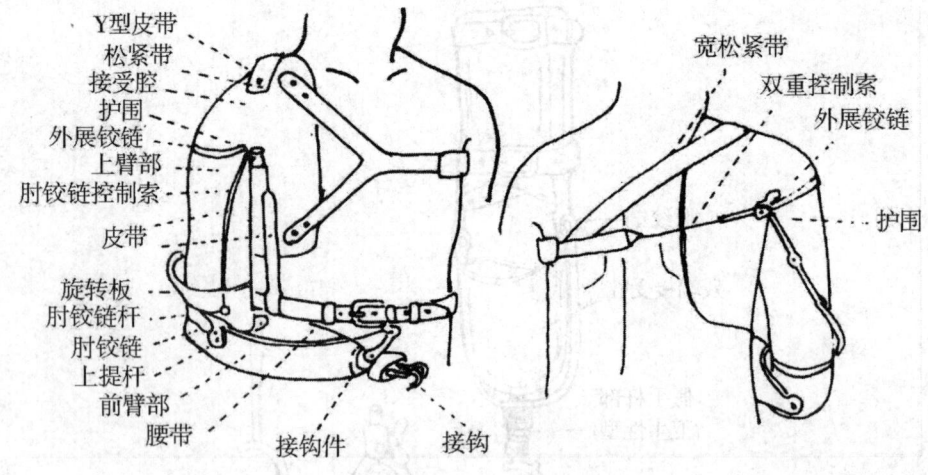

图 12-1-10 肩假手

(6) 上臂假手：上臂假手的肩关节以下部分和肩假手的结构相同（图 12-1-11）。

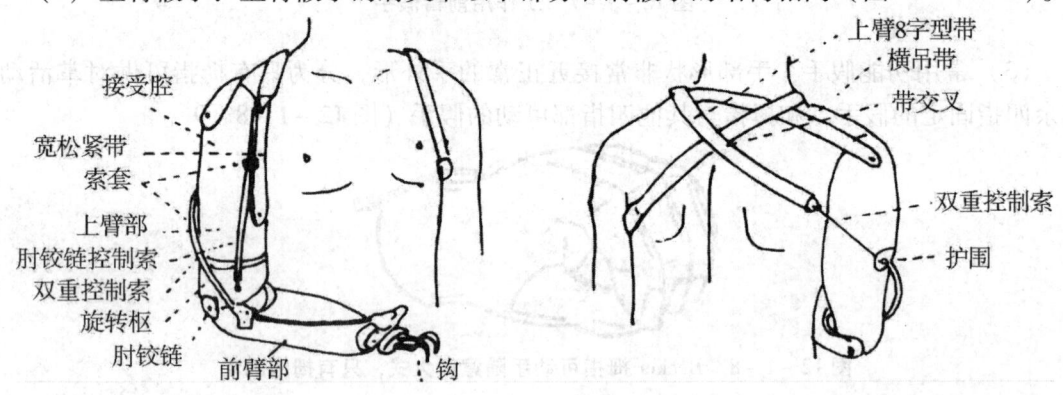

图 12-1-11 上臂假手

(7) 前臂假手：根据截肢平面，可分为长残端、短残端、超短残端前臂假手（图 12-1-12）。

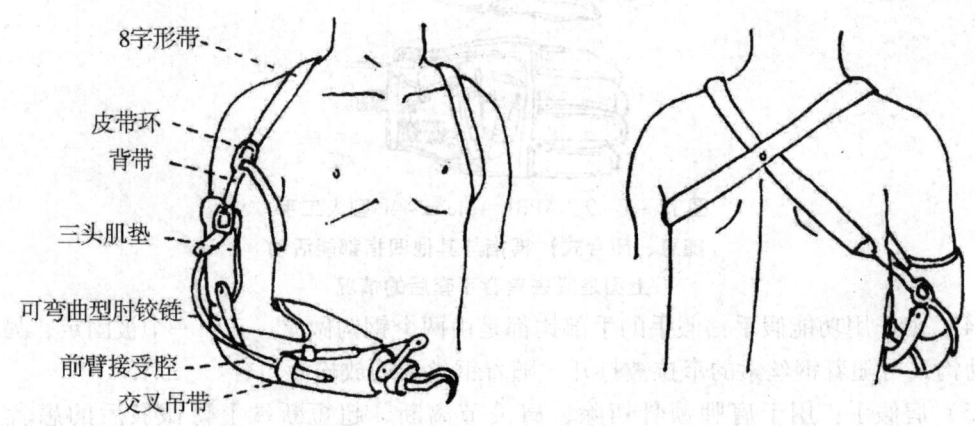

图 12-1-12 前臂假手

(二) 下肢假肢分类

使用假肢的目的：为了保持双下肢等长，支持体重和行走。下肢假肢是由残肢接受腔、仿生假脚与人工关节、连接部件、下肢假肢的对线装置和悬吊装置构成。假肢的类型很多，从使用目的和截肢部位，可分类如下：

1. 从使用目的分类

（1）训练用假肢：也叫作简易假肢、治疗用假肢或悬吊型假肢（pylon prosthesis）。此型以残端训练和假肢训练为目的，在装配正式假肢前，作为临时假肢使用（图12-1-13）。pylon式假肢是最早的一种假肢，由容纳残端的接受腔和保持肢体长度用的木棒组成，所以也叫作棒腿。目前仍在早期治疗和训练中常用。用残端接受腔或利用肩背带、腰带等进行固定。

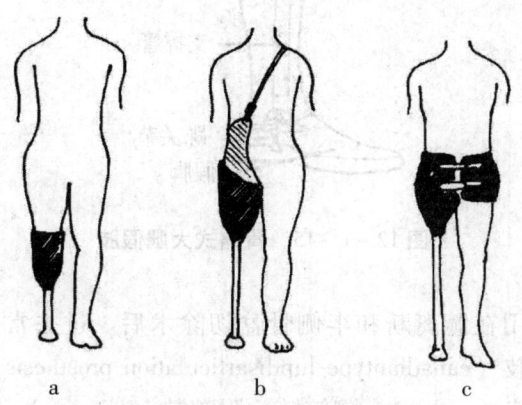

图 12-1-13 pylon 式假肢

a. 小腿 pylon 式；b. 大腿 pylon 式；c. 髋离断 pylon 式。

（2）常用假肢：此型为普遍使用的一种，可作为装饰和工作两用（详细内容将在后面从截肢部位分类项中介绍）。

2. 从结构上分类

（1）外骨架式：假肢表面相当于外壳的部分，具有支撑结构，也叫作"外壳型"（shell type）假肢。传统型假肢属于这一类型（图12-1-14）。

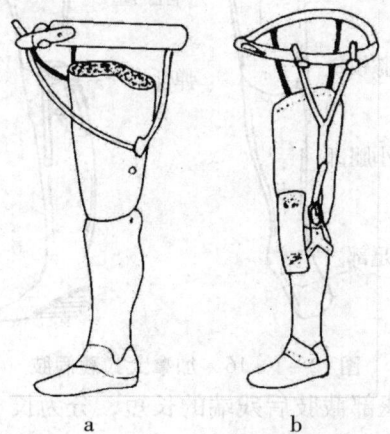

图 12-1-14 传统式大腿假肢

a. 铝大腿假肢；b. 上皮下铝大腿假肢

(2）内骨架式：假肢内部装有唧筒样支撑结构，也有与肢体外形结构相似的假肢（图 12-1-15）。

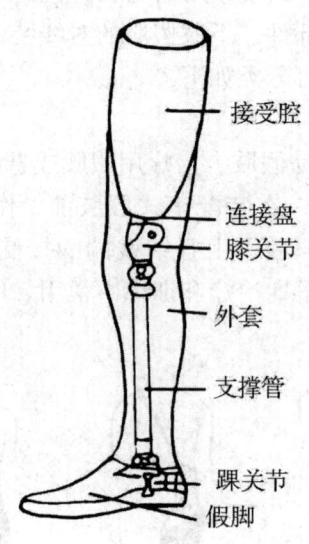

图 12-1-15　骨骼式大腿假肢

3. 从截肢平面分类

（1）髋假肢：一般用在髋离断和半侧骨盆切除术后。过去常用杵臼式和旋转式，目前，常用加拿大式髋假肢（canadiantype hipdisarticulation prosthesis）（图 12-1-16）。髋假肢基本结构有：接受腔（socket）、髋铰链、阻挡垫（bumper）、弹性带、大腿部、膝铰链、小腿部及足部。

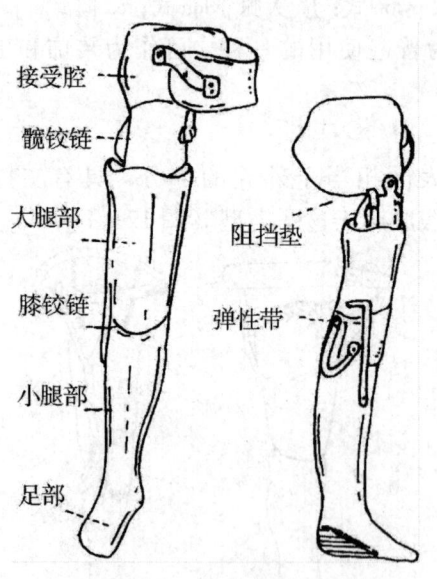

图 12-1-16　加拿大式髋假肢

（2）大腿假肢：根据大腿部截肢后残端的长短，分为长、中、短型（图 12-1-17）。基本结构有：接受腔、大腿部、膝铰链、小腿部和足部。

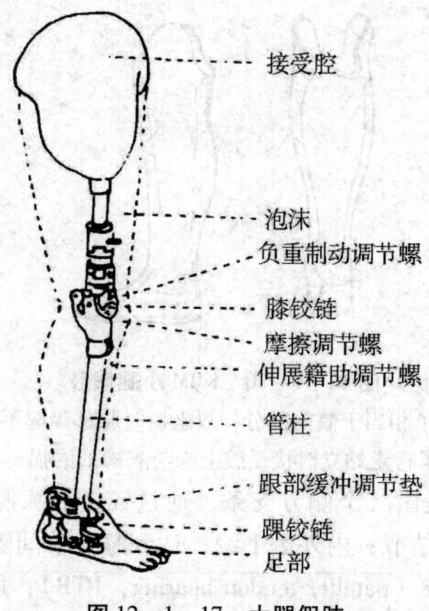

图 12-1-17 大腿假肢

（3）小腿假肢：根据小腿截肢后残端的长短，小腿假肢可分为短残端和标准残端假肢。标准残端假肢由接受腔和相连的小腿部、足部构成；短残端假肢除了以上这些外，还有大腿皮套和膝铰链（图 12-1-18，12-1-19，12-1-20）。接受腔：装配在小腿部并支持体重的接受腔，根据其结构可分为以下几种。

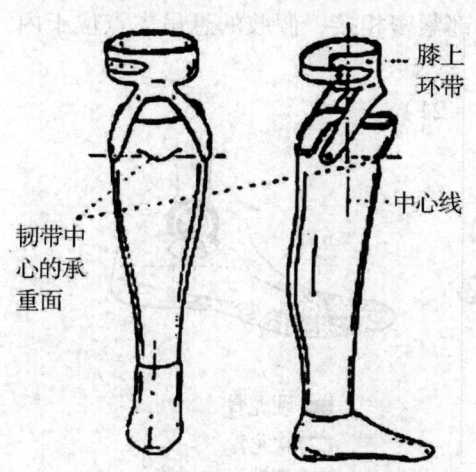

图 12-1-18 P.T.B 小腿假肢

膝上环带与接受腔的连接点在髌韧带中心的平面，并在前后径中线的后方。环带下缘和接受腔上缘正围绕髌骨，固定充分。

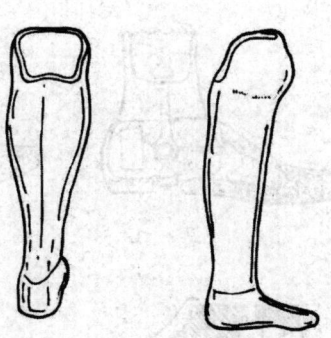

图 12-1-19 P.T.E.S 小腿假肢

特点是接受腔自身就起到悬吊假肢的作用，不另需膝上环带，侧方稳定性也好，使用简便。残端10cm以内者不适宜，但不能用 PTB 者往往用这一型。

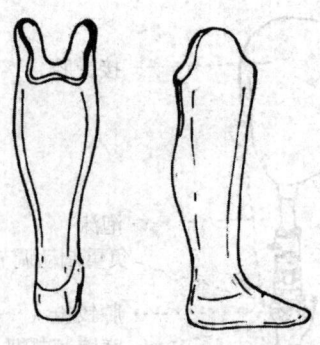

图 12-1-20 KBM 小腿假肢
因去掉了相当于髌前部分，故坐椅时膝部隆起不明显，
也避免了行走站立时接受腔上缘与衣裤的磨损

1) 常规型小腿假肢：是由二个侧方支条，通过铰链和大腿皮套与大腿部连接。接受腔的前上缘，仅能盖住胫骨结节；内外侧上缘，达到膝关节间隙；后上缘稍微削除。

2) 髌韧带承重小腿假肢（pateller tendon bearing，PTB）：用髌上环带把假肢固定于大腿。接受腔前缘位于髌骨中部的高度，承重平面在髌韧带中心的水平；内外侧缘达髌骨上端；后缘削除一部分，以防屈膝时压迫腘绳肌腱。

3) P.T.E.S 小腿假肢（prothese tibile aemboiatage upraconcylien）：这种类型的接受腔完全容纳髌骨和股骨内外侧髁部分，所以能够带动小腿假肢。

4) KBM 小腿假肢（kondylen-belatungs-munster）：这种类型的接受腔中，把前上缘相当于髌前的部分已去掉，内外侧壁与股骨内外侧髁部紧密相接，假肢的悬吊支点位于内外侧髁上方。

（4）足部和大腿假肢的足部基本相同（图 12-1-21）。

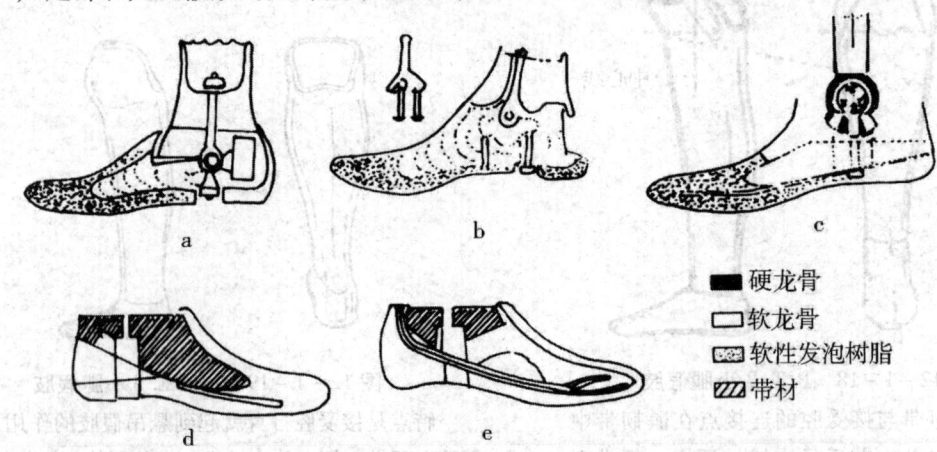

图 12-1-21 各种踝关节和假脚
a. 单轴脚，1 型 a；b. 多轴脚，2 型 a；c. 3 型 b；d. SACH 脚，2 型 b；e. SAFE 脚，3 型 b。

（三）理想的正式假肢的标准

1. 有较好的下肢代偿功能，能稳定、便利地支撑人体完成行走、站立、坐、蹲、转体、上下台阶等动作。

2. 假肢结构不能过重，要轻便灵活且经久耐用。主要部件应采用标准件，以便于维修和更换；关节要多功能，尽量接近人体生理关节；连接件要便于对线调节，且能紧固牢靠。

3. 接受腔设计制作合理，不仅与残肢适配好、无压痛等不适感，而且要保证截肢者稳定地控制假肢，还要穿脱方便、卫生、便于清洗。

4. 外形逼真，双腿长短一致，装饰外套的形状、质感、颜色要接近患者健肢。

5. 根据特殊需要（如洗澡或游泳用、田径运动用）制作的专用假肢，要符合患者要求。

四、假肢装配对截肢的要求

截肢与假肢装配的关系非常密切，良好的残肢为装配假肢，并发挥其功能创造了条件。假肢装配对残肢主要有以下要求：

1. 残肢应有适当的长度，以保证有足够的杠杆力。
2. 残存关节尽可能保留原有的生理功能，无挛缩畸形。
3. 残端应有良好的软组织覆盖，没有压痛、骨刺或神经瘤。
4. 残肢要有良好的皮肤条件，瘢痕粘连少、程度轻，无窦道溃疡。

五、截肢后康复的工作方式和程序

（一）工作方式

截肢康复是由多个专业组成，以康复治疗组（team work）的形式进行工作。其组成人员包括：①医师，具有专科训练，掌握截肢知识和技术的外科医师、康复医师。②护士，经过专科训练的护理人员。③物理治疗师、作业治疗师，主要负责患者术前、术后的锻炼，假肢穿用训练，职业康复训练。④假肢技师，负责假肢制作及装配。⑤心理医师。⑥社会工作者等。治疗组从患者确定截肢术时就开始工作，共同设计截肢手术方案。做好患者及家属的心理工作，进行有关问题的咨询；实施术前、术后的康复训练；社会工作者要为患者做好回归社会、回家生活和就业的准备工作。

（二）工作程序

工作程序如下（图12-1-22）：

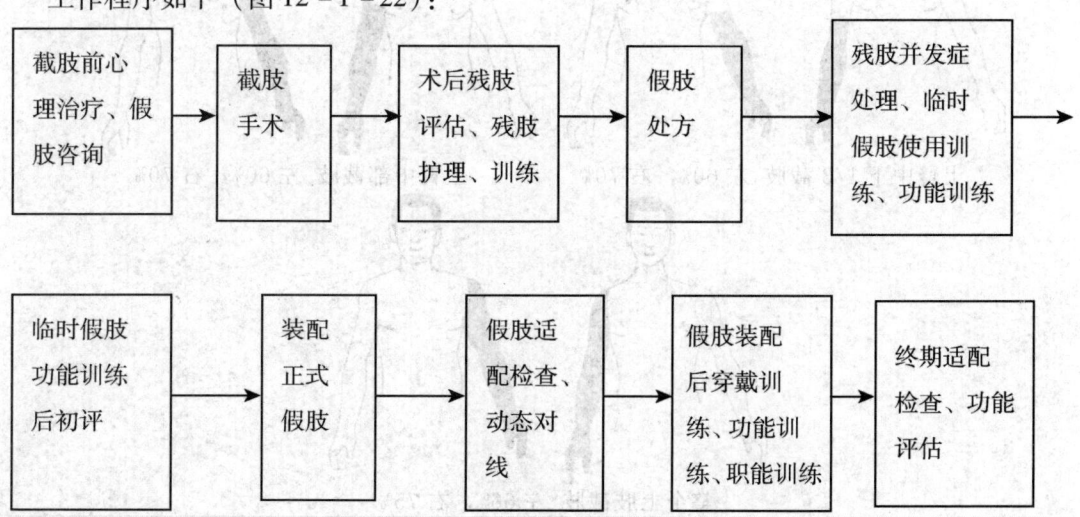

图 12-1-22　截肢后康复工作程序

第二节 功能障碍的特点

一、截肢平面愈高，致残率愈高

如图 12-2-1，12-2-2 示。

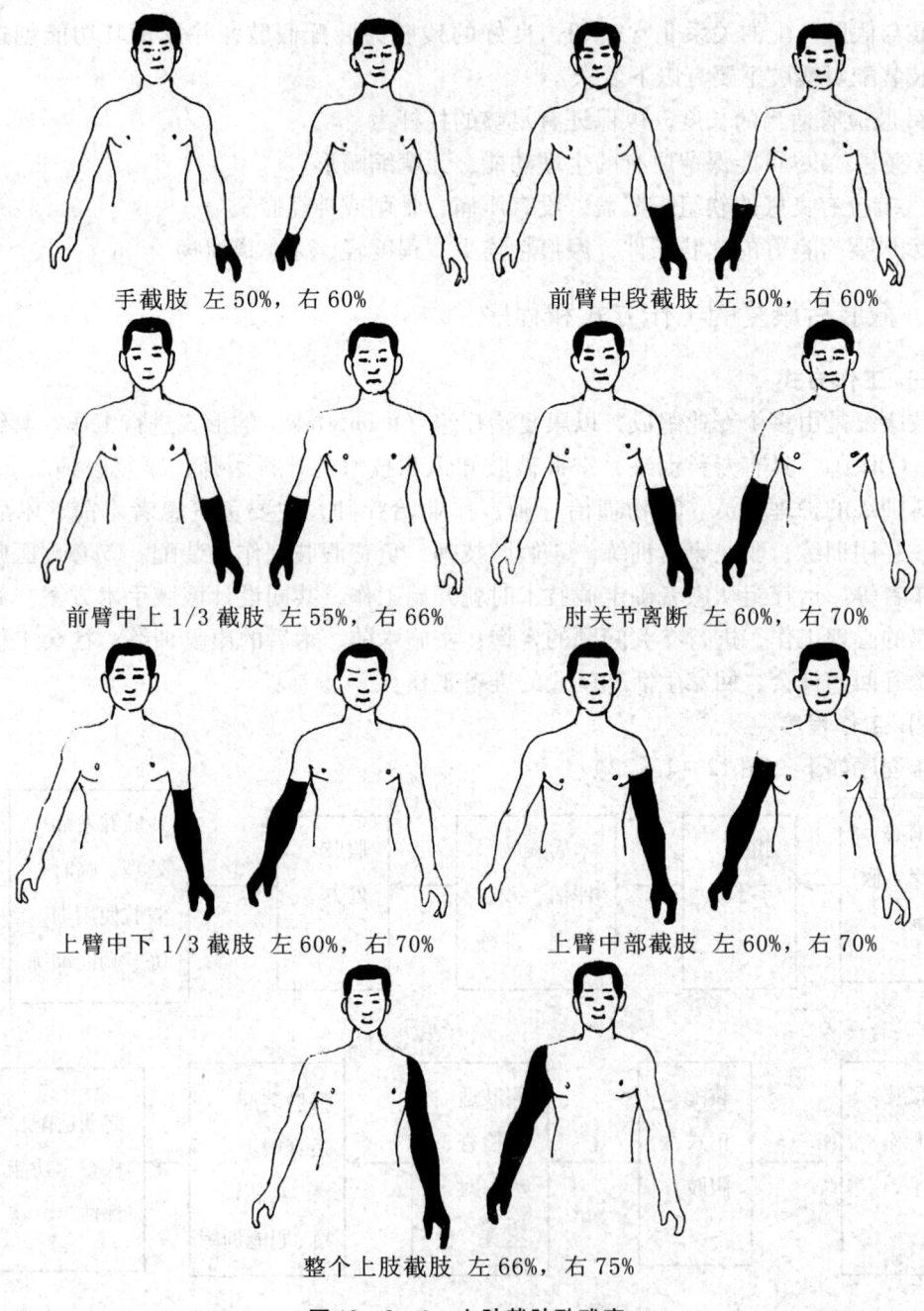

手截肢 左 50%，右 60% 　　前臂中段截肢 左 50%，右 60%

前臂中上 1/3 截肢 左 55%，右 66% 　　肘关节离断 左 60%，右 70%

上臂中下 1/3 截肢 左 60%，右 70% 　　上臂中部截肢 左 60%，右 70%

整个上肢截肢 左 66%，右 75%

图 12-2-1 上肢截肢致残率

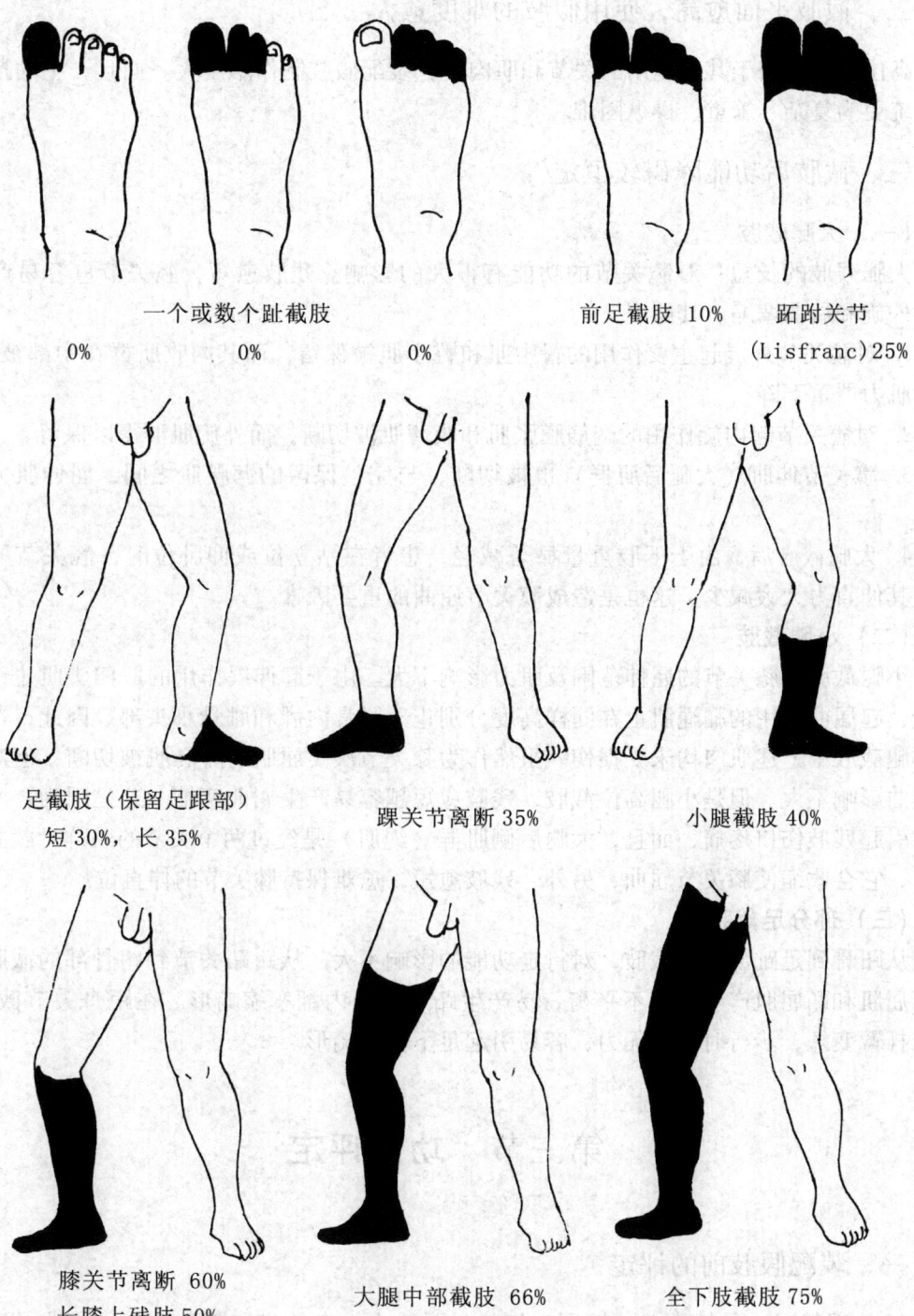

图 12-2-2 下肢截肢致残率

二、截肢平面愈高，使用假肢的难度愈大

高位截肢，由于其可利用的关节和肌肉少，装配假肢制作难度大。而且，主动控制假肢系统更为复杂、笨重、操纵困难。

三、截肢后功能障碍较恒定

（一）大腿截肢

大腿残肢的长短，对髋关节的功能有很大的影响。残肢愈短，髋关节愈容易产生外展、外旋和屈曲挛缩。其原因：

1. 对髋关节外展起主要作用的臀中肌和臀小肌被保留，而其内收肌群在中部被切断，导致肌力严重下降。
2. 对髋关节起内旋作用的阔筋膜张肌和股薄肌被切断，而外旋肌群得以保留。
3. 髋关节伸肌（大腿后肌群）也被切断，与完整保留的髂腰肌之间，屈伸肌力平衡失调。
4. 大腿截肢后，由于下肢重量显著减轻，患者在站立位或仰卧位时，髋关节所受到的使其伸直力大大减少，这也是造成髋关节屈曲的重要因素。

（二）小腿截肢

小腿截肢对膝关节的屈伸范围及肌力影响不大。由于起伸展作用的股四头肌止于胫骨粗隆，起屈曲作用的腘绳肌也在同样高度分别止于胫骨内髁和腓骨小头部。因此，在通常的小腿截肢中上述肌肉均未受损伤。虽然作为膝关节次要屈肌的腓肠肌被切断，但对膝关节屈曲影响不大。但是小腿高位截肢，残肢愈短越容易产生屈曲挛缩。这是因为，术后伸膝会引起残肢伤口疼痛，而且，大腿后侧肌群（绳肌）是经过两个关节的肌群，髋关节屈曲时，它会收缩使膝关节屈曲，另外，残肢愈短，愈难保持膝关节的伸直位。

（三）部分足截肢

从跖骨到足趾部位的截肢，对行走功能的影响不大。从跗跖关节到跗骨部的截肢，会使背屈肌和跖屈肌产生极度不平衡，易产生跖屈和足内翻挛缩畸形。在距舟关节截肢时，因杠杆臂变短，步行时背屈无力，容易引起足下垂等畸形。

第三节　功能评定

一、装配假肢前的评定

1. 一般情况　包括姓名、性别、年龄、既往史、合并症、截肢部位、职业及工作环境、住址及居住环境、生活方式、兴趣、习惯等。

2. 残端检查

（1）残肢长度：无论测定上肢或下肢，均采用与健肢长度相比的百分比（％）法表示。具体测定方法如下：

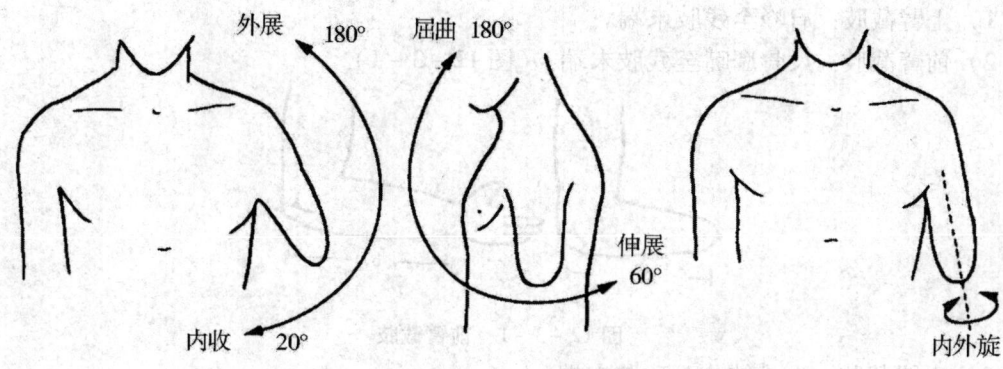

图 12-3-5 上臂截肢

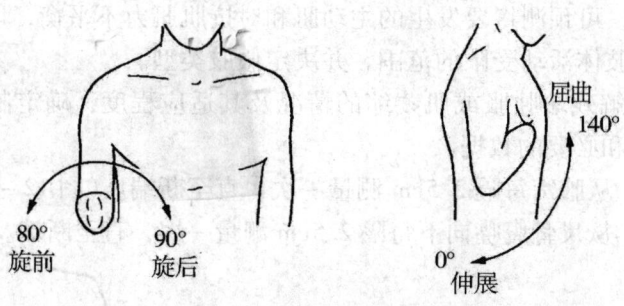

图 12-3-6 前臂截肢

（4）肌力：测量残存肌肉的部分肌力，最好是在残端创面完全愈合后，即截肢后第六周开始进行，可利用徒手肌力检查法测量。

3. 日常生活活动　如果失去的是利手，写字、点钱、吃饭等有关的工作会被影响。与两手有关的工作也会被影响，比如穿衣、装饰、洗澡等。如果失去的是非利手，必须两手配合才能完成的工作受到影响，比如移动物体、拉重物，或握着大的工具。

4. 不带假肢时的粗大和精细运动能力。

5. 认知　截肢不直接导致认知能力的变化。在截肢前就存在的认知能力受限会使治疗变复杂，比如学习新技巧和解决问题时会遇到困难。

6. 心理　患者在表现不如截肢以前时，表现出挫折感，失去自我价值和自信，并且感觉别人会评价自己是一个怪异的、残废的、不适应工作和社会的人。此时截肢者表现出愤怒或罪恶感，也可能因为无助和无望有一段时期会感觉绝望。因为害怕被拒绝，被关注或被认为不同，患者会避免社交。在公共场所会感觉自己很笨，特别是要做的事与截肢导致的功能下降有关，比如写字、手工操作和使用餐具等。

7. 生产性活动的历史、兴趣、能力和价值　生产性活动的问题与工作任务相关，但是常见的问题是失去利手能力和失去双手的协调和精巧性。评定个人的活动受限和优势是重新获得生产能力的前提。

8. 休闲活动和兴趣　截肢者也许会不能继续喜欢自己最喜欢的休闲活动，治疗师要根据其功能状况和兴趣，分析该活动特点并对此活动进行适应性改造，从而使那些被认为是不能完成的休闲活动成为可以完成的活动，或者与截肢者共同讨论和选择新的休闲娱乐活动。

1）上臂截肢：肩峰至残肢末端。
2）前臂截肢：尺骨鹰嘴至残肢末端。（图12-3-1）

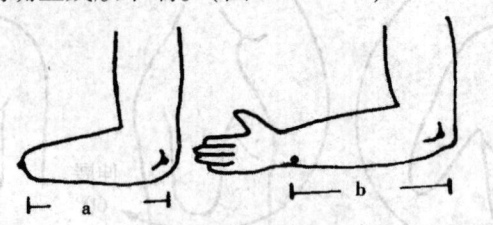

图12-3-1 前臂截肢

3）大腿截肢：坐骨结节至残肢末端。
4）小腿截肢：膝关节内侧间隙至残肢末端或胫骨结节至残肢末端。

根据上述测定，可预测将要发生的主动肌和对抗肌肌力不平衡，以及由此导致的肢位异常；预测和防止肢体活动受限的范围，并决定假肢类型。

（2）周径：了解残端肿胀或肌萎缩的情况及其适应程度，确定制作假肢的时间（周径相对稳定不变）和必要的数据。

1）上臂残端：从腋窝每隔2.5cm测量一次，直至断端。（图12-3-2）
2）前臂残端：从尺骨鹰嘴向下每隔2.5cm测量一次，直至断端。（图12-3-3）

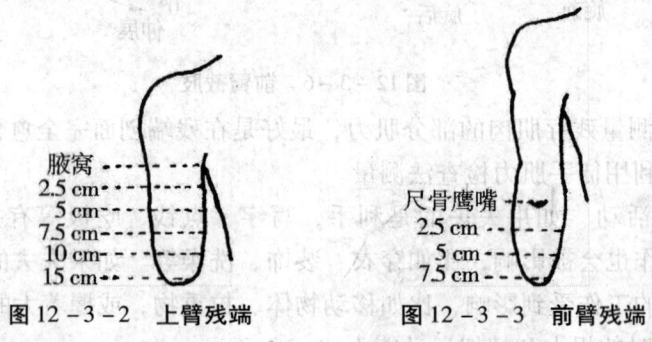

图12-3-2 上臂残端　　　图12-3-3 前臂残端

（3）关节活动度：截肢后近侧身体大关节的活动度。检查由于肌力不平衡导致的残端肢体活动受限的范围。（图12-3-4，12-3-5，12-3-6）

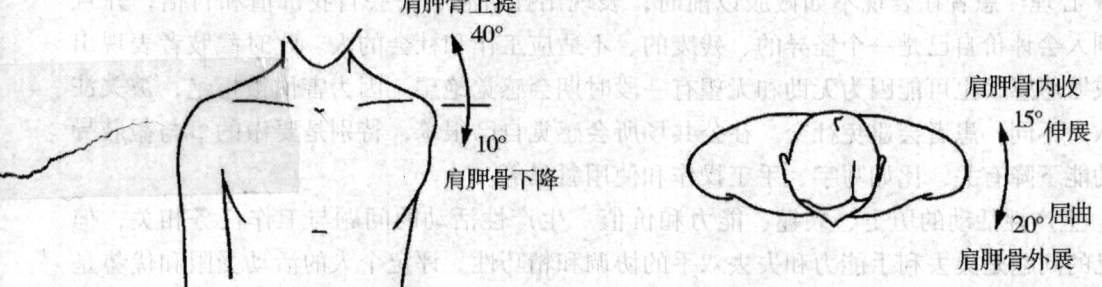

图12-3-4 肩关节离断

二、装配假肢后的评定

（一）上肢假肢装配后的适合性检查

上肢假肢装配后，作业治疗师与假肢制作师应共同检查其是否可以正常操作。假肢的功能和舒适程度受到年龄、全身状况、截肢原因和部位、残肢情况、假肢部件的型号和质量、装配时间和质量训练、患者使用环境和居住环境等因素影响。

1. 上臂机械假肢检查

（1）检查抗下拉、下垂拉力的稳定性：方法是让假肢处于臂伸直位置，在末端加上20kg的垂直牵引力，接受腔下移的量应小于2cm。（图12－3－7）

（2）检查拉扭转力的稳定性：将肘关节固定在90°位，在手腕处（距肘关节轴30cm处）挂上弹簧秤，用1kg的力向内侧或外侧拉动前臂部，患者抵抗该力面下转动。（图12－3－8）

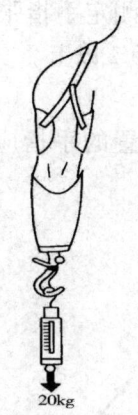 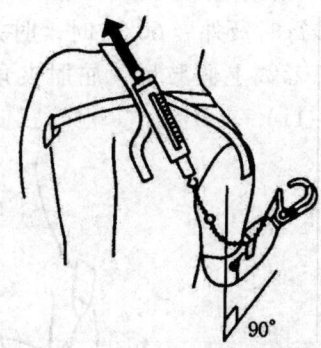

图12－3－7　上臂假肢抗下拉、下垂拉力　　图12－3－8　上臂假肢拉扭转力检查

（3）假肢长度：上臂假肢中，肘关节轴与肱骨外上髁的位置一致，而前臂残侧可比健侧短1cm～2cm。（图12－3－9）

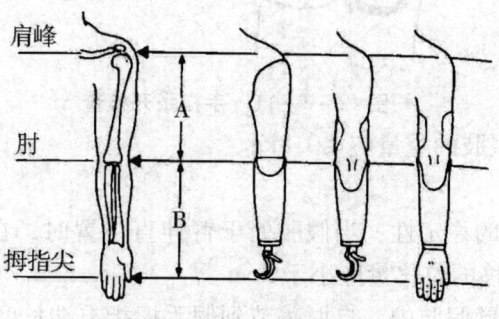

图12－3－9　假肢长度测量

（4）被动肘关节屈曲角度：假肢肘关节的屈曲应达到135°，继续做屈肘动作，测量由此施加在屈肘牵引索上的力不得超过4.5kg。

（5）主动肘关节屈曲角度：检查时让患者主动屈肘到最大屈曲角度时，测量该角度值，应达到135°。（图12－3－10）

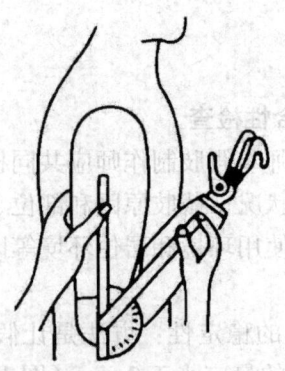

图 12 - 3 - 10　主动肘关节屈曲角度测量

（6）手指开闭时牵引索的传递效率应在 50% 以上。

（7）检查在嘴边和裤前纽扣位置手指的开大距离。方法是让患者把假手放在嘴边与裤子前面纽扣处，主动进行手指的开闭，当肘屈曲 90°时，测定手指张开的距离，再与手指被动张开的最大距离做比较，其主动完全开闭必须达到 50% 以上。

（8）步行时及外展 60°位时，肘关节不得锁定。

（9）患者戴上假肢后，屈肘夹角达 90°时，末端装置的手指应能完全张开和闭合。（图 12 - 3 - 11）

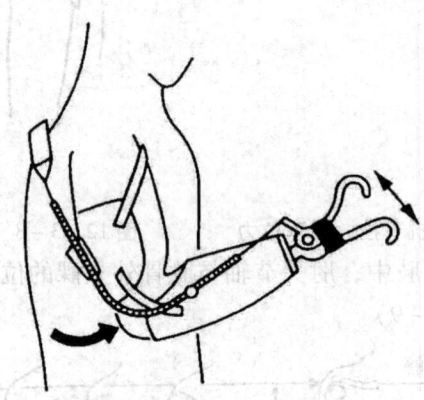

图 12 - 3 - 11　手指张开检查

（10）重量：上臂假肢的重量应≤0.8kg。

2. 前臂假肢检查

（1）检查下垂拉力的稳定性：当假肢处于臂伸直位置时，在末端装置上加上 20kg 的垂直牵引力，接受腔下移的位移量应小于 2cm。

（2）假肢长度：前臂假肢中，自肘关节到假手拇指末端长度可比健侧短 1cm。

（3）肘关节屈曲角度：戴上假肢后假肢侧的屈肘程度应与健侧相同。

（4）手指开闭时牵引索的传递效率应在 70% 以上。

（5）让患者把假手放在嘴边与裤子前面纽扣处，主动进行手指的开闭，当肘屈曲 90°时，测定手指的张开距离，再与手指被动张开的最大距离做比较，其主动完全开闭必须达到 70% 以上。

（6）患者戴上假肢后，屈肘至 90°时，手指应能完全张开。

（7）重量：前臂假肢的重量应≤0.5kg。

3. 外部动力假肢的适合性检查要点

（1）注意检查开手、闭手的随意性和误导动作的多少。

（2）指间压力应不小于4kg。

（3）拇指、中指张开手的距离应不小于8cm。

（4）开手、闭手噪音应不大于45分贝。

（二）假肢代偿功能评定的标准

因各个国家和地区的经济条件、工作环境及生活习惯和文化背景等差异，目前国内外尚无统一标准，现介绍我国民政部假肢技工学校采用的标准（1992），以供参考。

1. 假肢代偿功能评定

（1）上肢假肢操纵训练应达标准（表12-3-1）：

1）双臂截肢者应能按表所列时间完成规定动作。

2）操纵假肢时姿态自然。

3）操纵假手时能徐徐将手张开，且能在有效范围内随意控制假手的张开距离。

4）在连续完成一整套操纵假肢的动作中，不应出现相互干扰现象。

表12-3-1 上肢假肢操纵训练应达标准

规定动作	前臂假肢		上臂假肢	
	所需时间	完成次数	所需时间	完成次数
穿脱假肢	1	3min	1	5min
屈肘	1	1min	1	4min
开手	12	1min	4	1min
开锁			12	1min

2. 上肢假肢使用训练评定（表12-3-2）

（1）双手活动（一侧截肢）。如果为双侧截肢，健手一侧可用功能较好的一侧假肢代替。

（2）在拿起使用和放下物件时动作要自然。

（3）在使用物件的过程中，不得出现物件松脱或其他不安全的现象。

表12-3-2 上肢假肢使用训练评定表

项 目	工作名称	假肢使用	健手使用
一	使用火柴	握住火柴盒	擦
二	使用钥匙锁	握住锁	转动
三	开（上了门）门	握门	转动门球
四	捧端盘子	握住盘子一边	另一边
五	系鞋带	抓住鞋带短端	打结
六	使用铅笔刀	握住卷刀	转动铅笔
七	打开牙膏盖	握住牙膏	旋开盖子
八	使用电话机	拿听筒	拨号码
九	使用长柄用具	握住柄下部	挡住及推动用具

3. 下肢假肢的功能评定 经过一段时间训练，应对假肢进行功能评定，一般包括下列内容：

（1）每日穿戴假肢：每天从早到晚穿戴假肢的总时间。

（2）步行距离：一次连续步行的最远距离应有1公里以上。

（3）步行速度：走100米所需的时间，最长为1分30秒。

（4）上下台阶：阶梯每级高15cm、宽30cm，共25级，测量上下25级所需时间。

（5）是否用辅助器具：行走与上下阶梯时是否用拐杖和持手杖，单侧不用拐，双侧用拐。

（6）骑自行车能力：能否骑车，熟练程度。

（7）适应不同路面的能力：能否在斜坡、沙地和石子路上步行，能否跨越小的障碍物和上下公共汽车。

（8）步态：步幅是否一致、节律是否均匀、身体摆动是否对称、能否直线行走，两脚跟平行距离不大于10cm。

（9）体位转换：能否从立位、坐位、卧位互相转换。

第四节 作业治疗

截肢患者的作业治疗基本分为装配假肢前的训练和装配假肢后的训练两个部分，装配假肢前的程序开始于截肢术后到患者接受永久性假肢安装，需要对断端进行处理和肌力训练等，使断端和机体处于良好状态，这段时间是患者的情感和身体愈合的准备期。装配假肢后的训练以假肢适应性、皮肤护理、假肢使用方法等应用性的练习为主。

一、装配假肢前训练

（一）术后护理

手术以后需要得到手术医生、护士和治疗师的及时护理，包括手术伤口、皮肤的完整性、减少红肿、避免伤疤、疼痛控制、关节活动范围、良肢位的摆放等。

（二）幻肢觉和幻肢痛

1. 幻肢觉 指某部分肢体已截去后，截肢患者仍有该手或脚存在的感觉。患者可以感受到非正常的肌肉运动，如感觉肢体不在正常位置，也常感觉到肢体长度，大小和温度的变化。只要这种幻肢感觉没有不舒服和强烈疼痛，一般来说病人能够接受，不需要特殊治疗，也可以教会患者把患肢觉作为一种学习和利用肌电控制代替长期力量控制。

2. 幻肢痛 又称"肢幻觉痛"，系指患者感到被切断的肢体仍在，且在该处发生疼痛。疼痛多在断肢的远端出现，疼痛性质有多种，如电击样、切割样、撕裂样或烧伤样等。表现为持续性疼痛，且呈发作性加重。疼痛持续的时间可以是数秒，也可以是数小时。幻肢痛的病因仍在研究中，一般认为截肢后周围神经感知，不正常的交感神经功能和心理作用是主要因素。治疗幻肢痛可以尽早装配临时假肢和术后弹性绷带包扎。在心理上，建议治疗师结合患者的兴趣，引导其转移注意力，如进行体育活动、娱乐等，避免强调患者患肢的疼痛。物理治疗可用蜡疗、电疗、红外线治疗等。剧烈疼痛需要药物或手术治疗。

（三）提供情感支持

作业治疗师与患者及家属建立互相信任友好的关系，有利于咨询、讨论和治疗。可以把患者介绍给有同样手术经历、情况相似的其他患者，或者利用类似截肢病例进行现场示范、讲解和讨论，增强患者的信心。

（四）残肢卫生处理

残端皮肤应经常保持清洁和干燥。注意勿擦伤皮肤，预防水疱、汗疹和白癣菌、细菌的感染。常用以下方法处理残端：

1. 温水中放入消毒肥皂，待充分起泡沫后洗净残端。
2. 用洁净水将肥皂沫冲洗干净，并彻底地晾干。
3. 残端有伤口时，应每日换药，保持干燥，并时常观察伤口。

（五）残肢的皱缩和定型

截肢术后两周残肢伤口基本愈合，由于残肢的血液循环低下，出现残肢肿胀。为了改善远端的静脉回流，减轻肿胀及皱缩松弛的组织，减轻截肢术后疼痛，促进残肢保持定型，拆除缝合线后即用弹力绷带包扎。

作业治疗师应该教会病人自己包扎弹力绷带，如果患者有非生理或精神上的障碍，应该在整个过程中给予指导家属、朋友或护理人员。

弹性绷带包扎的步骤是先沿残肢长轴方向缠绕2~3次后，"8"字形从远端向近端缠绕，压力从远端向近端逐渐递减。建议病人一天松开两三次，检查皮肤避免过度的压迫和造成皮肤红肿。（图12-4-1）

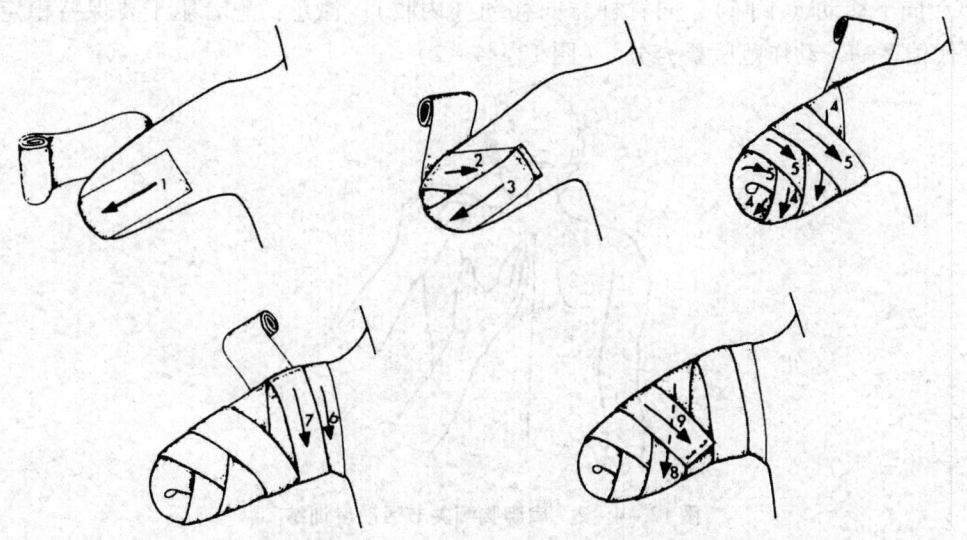

图12-4-1 上臂弹性绷带包扎法

弹性绷带每天必须清洗，清洗方法：① 温水中溶解中性洗涤剂。② 在水中轻轻拍洗，切勿揉搓。③ 冲掉全部洗涤剂。④ 压挤多余的水，避免拧挤。铺在平板上阴干。避免火烤和直射阳光，不宜搭杆晾晒，以免失掉弹性。

（六）残端脱敏

残端脱敏是为了消除残端感觉过敏，使残肢能适应外界的触摸和挤压，为安装假肢的接受腔做准备。

1. 作业治疗师应鼓励患者在残端愈合期间多用残端活动　当创口愈合后，对残端实施手法按摩，达到促进循环，防止瘢痕组织粘连，减少残端过敏和浮肿，克服畏惧残端接触的心理。

2. 残端在不同表面负重　残端应从柔软表面开始负重、摩擦，逐渐过渡到不同硬度和质地表面的物质，先从柔软的塑料、丝巾开始，逐渐过渡到毛巾、米粒、黏土等物质。嘱病人把残端肢体插入不同物质表面挤压5秒钟，反复多次练习后，增加感觉时间，逐渐增加到能够耐受为止。

3. 残肢拍打和橡皮摩擦，以及按摩震动器的使用，也是有效的方法。

4. 残肢的弹力带缠绕包扎。

（七）维持关节活动度和增强肌力训练

截肢后由于主动肌、拮抗肌的肌力不平衡，加之残端肢位不正确，易导致关节在非功能位上的挛缩，造成假肢佩戴和使用困难。为了防止关节的挛缩，应在手术后尽早进行良肢位摆放，维持关节活动范围及增强肌力训练。

1. 维持关节活动度训练

（1）肩胛胸廓关节活动度训练　训练方法：患者取坐位，治疗师一手固定截肢侧肩胛骨下角，另一手固定上臂残端，让患者主动完成肩胛骨的向上移动（耸肩）、向外移动（外展）、向下移动（下降）、向脊柱方向移动（内收）。注意：患者躯干要保持稳定，防止出现代偿运动，动作范围要充分。（图12-4-2）

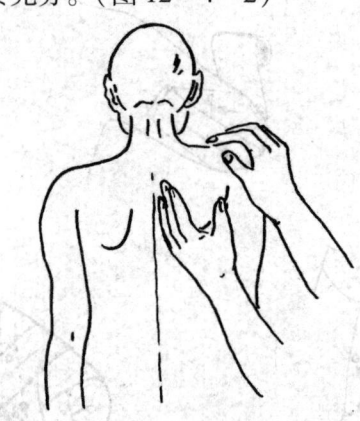

图12-4-2　肩胛胸廓关节活动度训练

（2）肩关节活动度训练：患者坐位，双侧上肢外展、上举，尽量靠近头部，然后返回原位再从前方上举，上臂触头部，返回原位置后，双侧完成后伸动作。（图12-4-3）

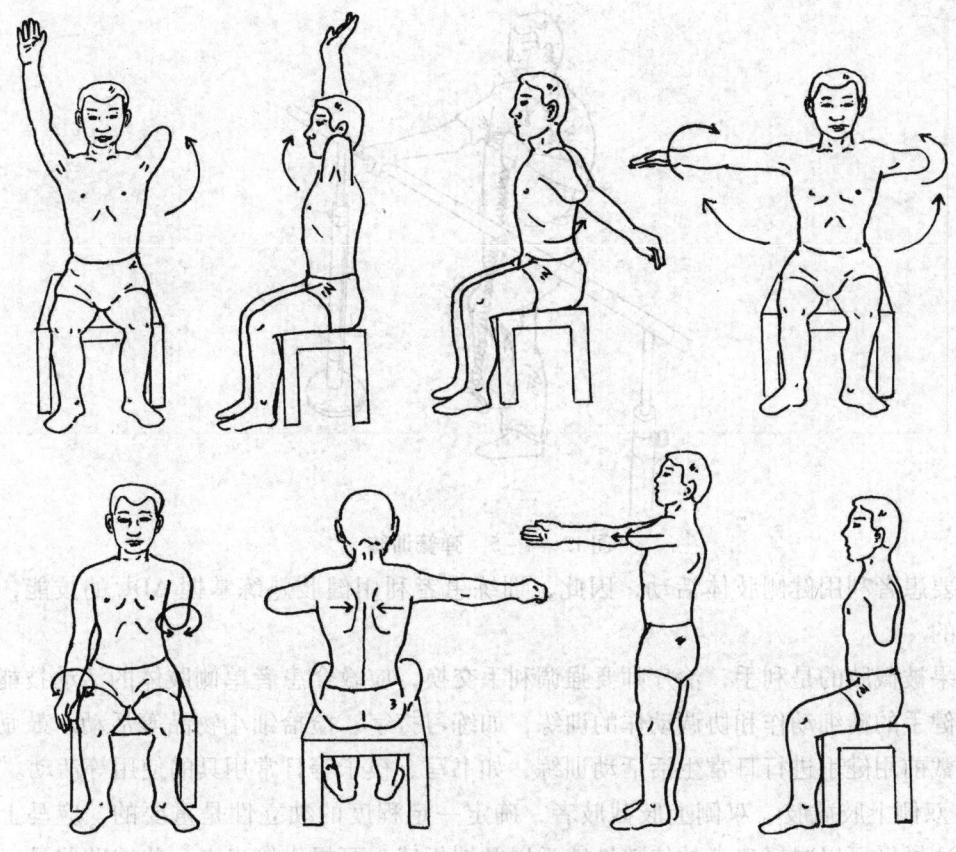

图 12-4-3 肩关节活动度训练

2. 增强肌力训练

（1）利用重锤进行肌力训练：（图 12-4-4）

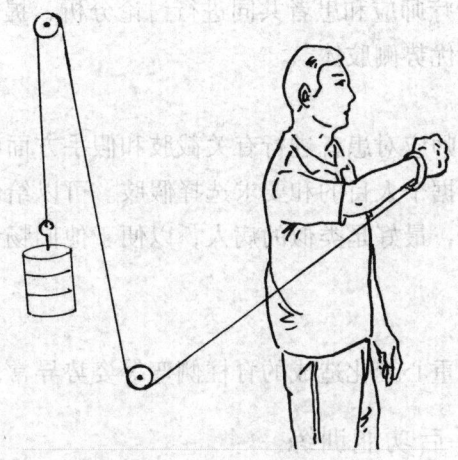

图 12-4-4 重锤训练

（2）利用弹簧进行肌力训练：（图 12-4-5）

（八）提高 ADL 独立性

1. 单侧上肢截肢　通常单侧截肢者只装备一副假肢，当假肢修理或患者不使用假肢

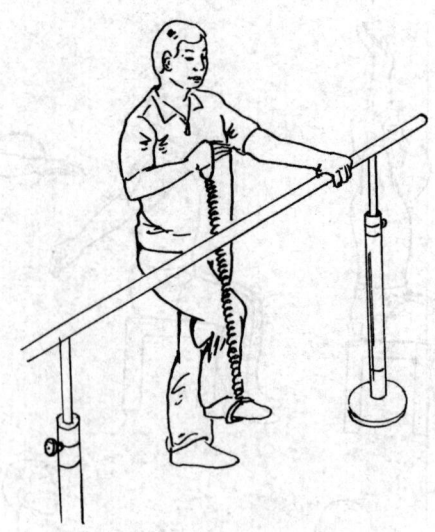

图 12-4-5 弹簧训练

时，需要患者利用健侧肢体活动，因此，训练患者利用健肢熟练掌握 ADL 的技能，是十分重要的。

如果被截肢的是利手，治疗师要强调利手交换，应教会患者单侧肢体的活动技能，进行提高健手的精细动作和协调动作的训练，如练习打字、捡拾细小物品等活动。鼓励其在假肢配戴前用健手进行日常生活活动训练，如书写、筷子等日常用具的使用等活动。

2. 双侧上肢截肢　双侧上肢截肢者，确定一定程度的独立性是重要的，应马上开始实施。这样做可以减轻患者的依赖性感觉以及挫折感。可提供给患者一些辅助器具（如万能袖带等），教会其完成牙刷、进餐、上厕、穿衣、修饰等日常活动。如有可能，应鼓励患者使用身体其他部分进行协助和代偿。例如，使用下颏部、膝部或者利用牙齿。对于ADL 中存在的问题，作业治疗师应和患者共同进行讨论分析，提出解决问题的方法。一般残肢较长的一侧肢体应作为优势侧肢体。

（九）知识宣教

作业治疗师和假肢治疗师应对患者进行有关截肢和假手方面的知识宣教，引导病人正确面对现实，并协助患者根据个人目的和要求选择假肢。可以给假肢患者介绍有同样经历并获得良好康复效果的患者，最好是类似的病人，以便于他们畅谈相关问题，包括对假肢症状的积极和消极认识。

（十）预防继发异常

防止和矫正由于截肢后重心变化造成的脊柱侧弯等姿势异常。

二、装配索控式假手后功能训练

确定训练时间需因人制宜。一般来说，装配假肢后的训练期限为：新截肢的单侧上臂患者需 10 小时；新截肢前臂（单侧）患者只需 3～5 小时；单侧肩关节离断 5～7 小时；双侧前臂截肢 10～12 小时；双侧上臂截肢最少需要 20 小时训练才能熟练。而对于操作上已养成不正确习惯的患者，为纠正不良习惯可能需要更多的时间。通过训练，可提高动作的灵巧性和加快活动速度。

（一）初期阶段的治疗训练

1. 假肢的穿脱训练

（1）单侧前臂假肢的穿脱训练：单侧前臂截肢者穿戴假肢时，先用健手将"8"字形肩带按试样时试好松紧度，一端连接于肘吊带上，另一端连接在牵引带上，再将残肢伸进臂筒，健肢伸入"8"字带的套环内，接着做几个耸肩动作，使"8"字带套于健侧腋下，且使"8"字带交叉点处于背部正中，系好皮带即可。脱假肢时，先将"8"字带脱下，然后将残肢从臂筒内抽出。

（2）双侧前臂假肢的穿脱：第一次穿脱假肢时，应由假肢技师或治疗师帮助。先将假肢的固定牵引装置按试样时调整好的松紧度连接好，然后放在便于截肢者穿戴的地方。穿戴时，截肢者背向假肢站立，双臂后伸，将两侧的残肢分别伸入左、右臂筒内，然后抬起双臂，像穿衣服一样，借助于假肢的固定牵引装置，将整个假肢悬挂在截肢者的双肩上，待检查各部分的位置适合后，系好皮带。脱假肢的顺序与穿戴时相反。

（3）单侧上臂假肢：单侧上臂假肢穿戴时，先用健手将假肢的固定牵引装置按试样时试好的松紧度连接好，然后将残肢伸入假肢的上臂筒内，将肩锁带置于残侧肩上，再将胸部带套在对侧腋下即可。脱假肢的顺序与穿戴时相反。

如果是穿着"8"字形肩带，则与前臂假肢的穿脱方法相同。

（4）双上臂截肢或一侧上臂一侧前臂截肢者：其穿脱方法同前臂截肢者的方法，但开始时应由假肢技师或作业治疗师帮助穿脱，以后除了胸围带和牵引带的松紧必要时需请他人帮助调节外，一般均可自行完成穿脱。

2. 穿戴假肢的时间　患者必须逐渐增加穿戴假肢的时间，来提高残端肢体对假肢接受腔和安全带的承受能力。最初，穿戴假肢的时间可以是15-30分钟，以后逐渐增加到一天。每次脱去假肢要检查残肢皮肤是否有被接受腔或安全带压迫的痕迹。如果持续出现红色痕迹20分钟没有消退，应嘱患者不应再佩戴假肢，需要立刻找假肢师对假肢进行调整。

3. 肢体卫生

（1）穿戴假肢时残肢被裹在接受腔里，汗水等使接受腔内经常呈潮湿状态，残端长时间处于这种环境下，对皮肤保护十分不利。所以应指导患者每天用温水、肥皂清洗残肢并拍干。如不用残端套，则早晨不宜冲洗残端。因为潮湿的皮肤容易粘住假肢，发生皮肤擦伤。因此，残端的冲洗通常在晚上进行。

（2）如发现残肢皮肤发红或肿胀时，应抬高残端，每隔3~4小时进行一次热敷，每次约30分钟，以待消肿。

（3）为防止断端被汗水浸泡，治疗师需要指导病人给残肢穿残端套。残端套应每日更换1次，出汗多时应每日更换2~3次。洗涤要用微温中性肥皂水，并将肥皂充分冲掉。为防止套的端部发生皱缩和变形，干燥时套内应放入皮球以保持原形。

（4）建议患者穿假肢前，上身穿短袖圆领T恤衫或较宽松的衬衣吸收汗水，避免假肢的悬吊装置与控制系统直接触及皮肤。

4. 假肢的护理

（1）每天用软布蘸上中性洗涤剂和温水清洗假肢接受腔的内侧，并且每隔几周要用酒精擦拭。

（2）装饰性手部装置在使用中易变脏，注意勿与油垢、油漆、墨水及油性彩笔等接触。附着污物后应立即用中性洗涤剂清洗。

（3）假肢不使用时应放在清洁、通风的地方保管。禁止放在日光直射、高温、低温及湿度较高的场所。

（二）中期阶段的治疗训练

上肢假肢的治疗程序包括两点：假肢的控制训练和假肢的使用训练。

1. 假肢控制训练　上肢假肢控制训练的目的是使截肢者能准确、熟练地使用假肢。治疗师首先指导患者进行每一个部件的单独操作练习，逐个做每一个动作的训练，之后再训练在各种不同固定装置组合中的协调使用，直到灵巧地操纵每一个部件，使患者高效地、熟练地运用和控制假肢，养成自然操纵假肢的习惯。

（1）前臂假肢的控制动作训练：

1）屈肘：前臂截肢者的肘关节还具有较强的屈曲能力，因此可由残肢做屈肘运动，通过肘关节铰链带动假肢的前臂屈曲。

2）腕关节的屈伸和旋转：前臂假肢腕关节的屈伸和旋转都是被动运动的，需要借助于另一只手或外界的帮助才能完成。

3）开手：根据日常生活活动和工作需要，截肢者的开手动作分为两种。一种是无需屈肘的开手，适于远离身体工作；另一种是屈肘开手，适于接近身体工作。无需屈肘的开手的方法是健侧肩静止不动，作为支点，截肢侧做肩胛骨前移、肩关节前屈和沉肩运动，肘关节伸展，用"8"字形肩带拉动开手牵引索，假手便可张开。屈肘开手时，先屈肘，然后做肩胛骨前移、肩关节前屈和下沉肩动作开手。

（2）上臂假肢控制动作训练：除上述前臂假肢操纵训练范围外，还有肘关节铰链的伸屈和开锁训练。上臂假肢前屈运动，是操纵假肢的主要能量来源，此时，肩部应保持相对静止，实现身体与手的差动位移。伸臂是锁住关节结构的动力源。上臂残肢做后伸运动，拉动屈肘牵引索，前臂可屈曲；放松牵引索，肘关节自锁机构便可自动锁住，也可用残肢摆动惯性使假肢屈肘；伸肘时，由残侧肩部上提、内收动作，拉动开锁牵引索，前臂靠自垂恢复到伸直位。

进行训练时，应向患者讲解耸肩控制的原理，健侧肩部的前屈运动，会使横跨背部的牵引索产生移动，从而将移动的距离和力传递到肢端机械结构上。先要求患者用上臂前屈运动屈肘至90°，并在肘部没有锁住的情况下，保持曲肘状态，然后耸肩来操纵肢端机构。训练时，应当在前臂曲肘于各个不同角度上重复进行。

（3）假手持物动作训练：假手持物动作分为接近和握持物体两步骤。其使用方法需根据握持物体的几何形状和所使用机械假手而定。使用机械假手去接近物体有两种方法，即两边接近法和一边接近法。两边接近法是指假手接近物体时拇指和四个手指从物体的两边同时接近，如握取玻璃杯等动作，是日常生活中经常使用的方法。一边接近法是指假手接近物体时，拇指或四个手指先接触物体的一边，然后另一组手指再接近物体的另一边，如在平面上拾起硬币等动作。

假手持物动作练习需要教病人触及、抓和放不同重量、质地的、规格大小的物体，应以大的、方的、硬的物体到小的、圆的、柔软的物品为顺序进行练习，如用方木块（4厘米左右）完成抓、放的动作，逐渐过渡到利用象棋、跳棋等游戏进行训练。随着动作的熟练，加大动作的难度如柔软物品、一次性纸杯等进行抓放训练，最后练习握持表面光滑、形状复杂的物品如玻璃杯、钢笔、皮夹、电话等。这些物体的分类取决于治疗师的灵活掌握和患者的兴趣。（图12-4-6）

训练持物时，先在桌子上拿物体练习，然后在房间内进行不断地转移到不同位置的练习。治疗师指导病人在抓物体和用腕关节转动前，找好最自然最有效的位置。最后，治疗师指导病人从不同角度做运动，如举过头顶、桌面、甚至地面。受控制带子的阻碍，举过头顶动作的难度是最大的，尤其对高位截肢患者几乎是不可能完成的。双上肢切除的患者，双侧都受其阻碍，因此病人在使用一侧假肢时，试着放松对侧的肢体。

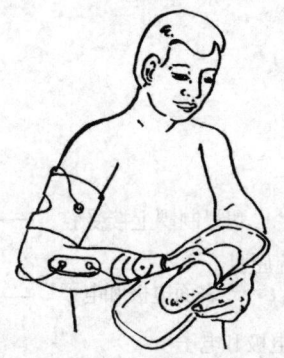

图12-4-6 钩状手持物训练

2. 假肢使用训练

假肢使用训练的首要目标是患者能够自如使用假肢，另外就是在最小幅度的运动和使用最小力量的同时，在合理时间内完成日常生活活动所需要的各种具体操作技术。治疗师鼓励患者分析和观察各个情形下的相同点，并提醒他们相关的原则。

1）主动手和辅助手的选择：双臂截肢者应考虑主动手和辅助手的选择问题。健全人的双手在使用上也是有主动手和辅助手之分。安装假肢后的双臂截肢者也是如此。主动手起主要作用，因此功能要多些，辅助手功能则稍差些。但主动手并不一定选为右手，需要根据残肢的条件和截肢者截肢前的习惯而定。选择主动手时，双侧残肢条件不同，选择条件优越手一侧；双手条件相同，尊重患者的既往习惯。

2）日常生活活动训练：日常生活活动训练可以使截肢者，尤其是双臂截肢者，掌握实际使用假肢的方法达到日常生活活动自理和从事一些简单的工作。

（三）治疗的最后阶段

在治疗的最后阶段，假肢功能应用技巧可以引入更多更需要的日常生活活动，包括工作、娱乐兴趣活动和公共交通工具的利用。

1. 家庭访问　提倡治疗师对患者生活的社区、家庭、学校、工作单位进行访问。这可以让治疗师置身于患者的真实生活环境。患者也可以参加自助小组活动，这些小组活动有利于患者设定生活目标，并为他们提供一个小论坛让其交流经验。

2. 生产性活动　鼓励截肢者实践，学会使用假肢完成自己需要的生活技能，如用假肢操作仪器、记课堂笔记或鼓励患者开拓新的职业活动。

3. **休闲活动** 开发截肢者兴趣和才能,拓展个人兴趣的空间,为选择各种休闲活动提供实践的机会,并考虑借助仪器去促进体育和娱乐休闲方面的活动。

4. **家庭环境改造和辅助器具应用** 对于截肢者,安装假肢后要着重进行安全教育和教会意外情况的防范措施,并对家庭环境进行适当的改造。例如:无障碍设计、地面防滑、卫生间应增设安全扶手、将手控开关改造为声控开关等措施。

三、装配肌电假手后功能训练

肌电假手的优点是根据截肢者的意念,由神经支配残端肌肉收缩产生肌电信号,然后由放置于该处的皮肤电极引出,经电子线路放大,用来控制直流电机的驱动,从而实现大脑的直接控制,使假手完成开闭和旋腕等功能(图12-4-7)。训练分为三个阶段:

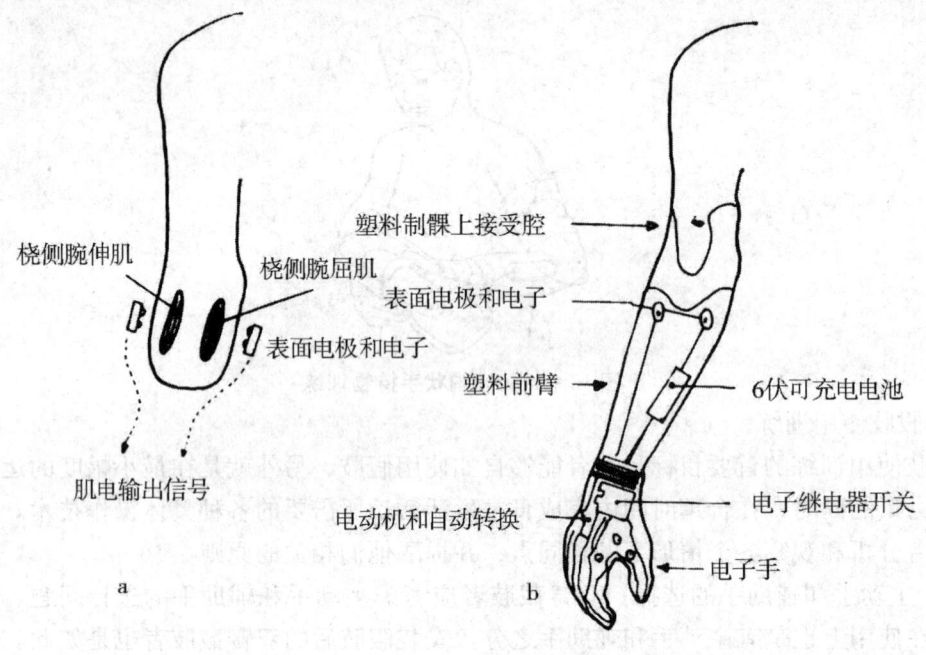

图12-4-7 肌电假手是由两组单独肌群操纵

a.①肌肉收缩并产生微弱(微毫伏)肌电信号,可由肌电仪器测定。②肌电信号是由表面电极测取。③肌电信号是由电子线路传播到肌电假手。 b.①当腕屈肌收缩,产生肌电信,经电子线路放大,用来控制直流电机(电池供电)的驱动,使假手闭合。②当腕伸肌收缩,产生肌电信号,经电子线路放大,用来控制直流电机(电池供电)的驱动,使假手开手。

(1)第一阶段:基础肌电信号训练。肌电测试仪的两个皮肤电极放置位置:前臂截肢者,电极放在前臂背侧的伸指肌群和掌侧的屈指肌群;上臂截肢者,电极放在前侧的肱二头肌和背侧的肱三头肌。测试仪的地极接触于患者任何部位的皮肤。前臂截肢者,先教会患者"意念"中的伸腕伸指,同时做"开手"的动作训练;上臂截肢者,进行"意念"中的伸肘、前臂旋后,同时做"开手"动作训练。上述训练合格后,可进行"意念"中的屈腕动作训练。前臂截肢者,教会患者做"意念"中的屈腕屈指,同时做"闭手"动作的练习。最后进行"意念"中的伸腕伸指开手和屈腕、屈指闭手动作的同步训练。

(2)第二阶段:是视觉反馈训练,即以患者的视觉代替肌电仪进行训练。患者坐于治疗桌旁，将肌电手的"手头"部件放在桌面，与患者相距30cm～40cm，把"手头"的两个电极分别放在肢体残端的背侧和掌侧（具体位置同上所述）。让患者用视觉反馈，来控制调整"伸腕"（即"开手"）和"屈腕"（即"闭手"）的动作。要求患者控制"闭手"动作，达到肌电手的拇指和示指的对指动作，是自然的闭合，而不是跳跃式；控制"开手"动作，达到自然的开手到预定位置。

（3）第三阶段：肌电假手的使用训练

1）穿戴：肌电假手穿戴时必须保证假肢接受腔内的皮肤表面电极与皮肤具有良好的接触。

2）使用训练：肌电假手使用主要是日常生活活动训练，如握持水杯、匙、门把手等握持动作，写字、拿钥匙开门等夹捏动作。在训练时需要加强截肢者在尽可能大的空间范围内应用假手。由于肌电假手控制随意性好，在使用训练时应注意提高肌电假手闭手取物与开手放物动作的速度，还应减少在使用中出现错误动作。某些错误动作可能引起电极的接触不良而不能引出正确的信号、不能开手或由于干扰信号过大引起错误动作。（图12-4-8、9）

图12-4-8、9　机电假手的使用训练

3）机电假手的保养与维护：①每天用湿毛巾或中性洗涤剂擦洗接受腔，晾干。②电极片与皮肤接触面易粘上污物和生锈，应注意保持电极片表面及周围的干燥、清洁。③穿戴假手时避免碰撞、跌落、挤压、高温、潮湿及与酸碱物质接触。④在使用时，不能以外力强制阻止运动。⑤不使用假肢时应关闭电源，每晚给专用电池充电。⑥假手不能过载，持重以不超过1千克为度。⑦假肢外部连接线如有脱落，可按原位焊接，切勿擅自拆修。

四、下肢截肢的作业治疗

对于下肢截肢者，作业治疗师应分析患者的职业性能、评估身体和精神状况以获取更多的治疗信息。其治疗程序需要物理治疗师与作业治疗师相互配合治疗，商讨下肢假肢的穿戴程序、日常生活活动中的辅助量、设备以及为站立和移动的准备工作。作业治疗师主要训练内容包括：

1. 增强肌力训练　可通过木工、铜板、雕刻等作业活动增强双上肢肌力。下肢肌力可通过打乒乓球、踏松土、脚踏式捣具等作业活动来完成。

2. 安全预防　下肢截肢者必须以安全为第一，特别是患有糖尿病、血管病、肾病、呼吸系统疾病及关节炎等疾病的老年人。对于老年人来说，由于视力受损、记忆力减退，也会影响日常生活的安全。

3. 日常生活活动及能量保存训练　据 Esquenazi 的研究表明，对于血管性的单肢膝下截肢的患者，能力消耗可能比常人高出 25%～40%。单肢大腿截肢的患者可能高于常人 68%～100%。双肢血管性膝下截肢患者可能高于常人的 40% 以上。双肢血管性膝下截肢患者可能高于常人的 100%。故作业治疗师应教会患者日常活动技巧及能量保存的原则。

下肢截肢者日常生活活动训练包括：床上转移、个人卫生、穿衣（包括穿脱假肢）、轮椅驱动和管理。患者不穿假肢时，作业治疗师应教会患者掌握在床、椅子和厕所之间的转移技巧，并在安全的情况下教会患者家属及陪护人员辅助患者转移的技巧。如果患者在厨房使用轮椅或用假肢活动时作业治疗师应强调能量、力量和移动技巧，还应指导患者家里清洁、床铺整理方面的技巧。

4. 辅助设备　作业治疗师应给患者提供一些家庭改造和设备使用方面的建议，包括传输器、浴盆、座椅和厕所安全扶手等。

（陆廷仁　王丽华）

思考题

1. 截肢常见的原因有哪些？
2. 截肢后康复的工作程序是什么？
3. 上肢截肢后功能障碍有哪些特点？
4. 上臂残端周径测量的目的和方法是什么？
5. 上臂机械假肢适应性检查的内容有哪些？
6. 前臂机械假肢适应性检查的内容有哪些？
7. 上肢截肢后有哪些方法可以形成良好断端？
8. 上肢机械假手持物动作训练的方法有哪些？
9. 上肢肌电假手训练三个阶段的主要内容有哪些？
10. 下肢截肢作业治疗的内容有哪些？

第十三章 心血管疾病的康复

> **学习目标：**
> 一、熟悉心血管疾病的临床与诊断
> 二、掌握心血管疾病常见功能障碍的特点
> 三、熟悉作业治疗的功能评定
> 四、掌握作业治疗的分期、目的和方法

心血管疾病一直是危害广大民众健康和生命的常见病和多发病。近年来其发病率又呈逐渐上升趋势。随着急救医学、临床医学水平的提高，许多以往无法挽救的重危心血管疾病患者起死回生，但遗留下不同程度的功能残疾。人们对心血管疾病康复的愿望比以往更加迫切，特别是冠心病、高血压、心力衰竭等疾病的康复，成为心血管疾病康复治疗的重点。

本章将简要介绍这些疾患的临床情况，重点介绍作业治疗内容。心血管疾病的作业治疗，就是通过作业治疗手段，帮助心血管疾病患者缓解症状，改善心血管功能，在生理、心理、社会、职业和娱乐方面，最大程度地获得康复效果，提高生活质量。并积极干预冠心病的各种危险因素，阻止或延缓疾病的发展，减轻残疾和减少再次发作的危险。作业治疗涵盖了心肌梗死、心绞痛、隐性冠心病、冠状动脉分流术（CABG）后和冠状动脉腔内成型术（PTCA）后，以及其他心血管疾病（高血压、心功能衰竭等）的康复内容。

第一节 概 述

一、冠心病

世界卫生组织（WHO）国际心脏联合会对冠心病的定义是：由于冠脉血液与因冠脉循环改变而引起的心肌供血之间的不平衡，所造成的心肌损伤，是最常见的心血管疾病之一。近年来，冠心病的发病率、死亡率均居前位。随着临床检测、急救、介入、手术等医疗水平的不断提高，许多患者的生命得到挽救，但因心肌供血不足、心肌损害导致心血管功能减退，严重限制患者的体力活动能力和生活质量，而体力活动能力降低，又加重心血管负荷和脂质代谢异常，使冠状动脉粥样硬化发展，病情恶化，形成恶性循环。在中国，冠心病已经成为主要致残原因之一。

(一) 病因和病理

冠状动脉粥样硬化性心脏病（冠心病）的发生受许多因素影响，其中主要是由于高血压、高血脂、高血糖、肥胖、高凝状态、低体力活动等冠心病危险因素的存在，导致血脂代谢异常、血液粘滞性发生改变、血管内损伤等，使脂质斑块在冠状动脉壁沉积，造成动脉管腔狭窄甚至闭塞，引起心肌供血不足（心绞痛）或心肌缺血坏死（心肌梗死）。冠心病患者出现的心绞痛和运动性呼吸困难，反映了心血管功能和心脏血流动力学异常的相互影响，心绞痛和缺血性左室功能不全是心肌供氧和需求不平衡所致。此外，运动中诱发的血流增加，由于受到动脉粥样硬化和血管内皮反应异常的限制，而引起血管收缩，导致心脏供血不足，心肌缺血、受损，心肌收缩功能减退。

(二) 临床表现和诊断标准

冠心病根据胸痛、心律失常、呼吸困难等临床表现，可分为6种基本类型：①隐性冠心病。②猝死（原发性心脏停顿）。③心绞痛。④心力衰竭。⑤心肌梗死。⑥心律失常。

冠心病诊断标准：按照1979年全国冠心病心律失常中西医结合座谈会上修订的标准。

(1) 有典型心绞痛发作或心肌梗死，而无重度主动脉瓣狭窄、关闭不全、主动脉炎，也无冠状动脉栓塞或心肌疾病等证据。

(2) 男性40岁、女性45岁以上患者，休息时，心电图有明显心肌缺血表现或心电运动试验阳性，无其他原因（各种心脏病、自主神经功能失调、显著贫血、阻塞性肺气肿、服用洋地黄、电解质紊乱）可查，并有下列3项中的2项：①高血压。②高胆固醇血症。③糖尿病。如无有关临床症状，可诊断无症状性冠心病。

(3) 40岁以上患者，有心脏增大、心力衰竭或乳头肌功能失调，伴有休息时心电图明显心肌缺血，而不能用心肌疾病或其他原因解释，并有下列3项中的2项者可诊断冠心病：①高血压。②高胆固醇血症。③糖尿病。

(4) 可疑心绞痛或严重心律失常，无其他原因可解释，并有下列3项中的2项，可诊断为可疑冠心病：①40岁以上。②高胆固醇血症。③休息时或运动后心电图可疑者。

二、高血压病

高血压是以体循环动脉血压升高为特征的临床综合征。高血压病是指由于动脉粥样硬化，以及血管运动中枢调节异常，所造成的动脉血压持续性增高的一种疾病，又称为"原发性高血压"，继发于其他疾病的血压升高不包括在内。高血压病是最常见的心血管疾病之一。我国成人患病率1991年全国抽样调查为11.88%，较以往的7.73%有明显升高。目前，国内约有八千万高血压患者，通过康复治疗可以有效地协助降压、减少药物使用量及控制对靶器官的损害，提高体力活动能力和生活质量。因此，康复治疗是高血压病治疗的重要辅助手段。对于轻症患者可以单纯用康复治疗控制血压。

(一) 病因和病理

影响心输出量和总外周血管阻力的因素，都能影响血压。这些影响因素很多，涉及神经系统交感神经功能亢进，肾素-血管紧张素-醛固酮系统对血容量的调节异常，肾脏对血压的调节异常，体内一些激素如儿茶酚胺、前列腺素系统、胰岛素、心房肽、激肽、加压素、内皮素、血清素等调节异常，以及身体和细胞内外一些电解质（如钾、钠、钙）含量和浓度的异常等。高血压的发生，可以是多种因素或机制综合作用的结果，也可以是单独因素或其相互作用，直接或间接影响外周血管阻力而影响血压。有些因素在高血压发生的始动机制中起重要作用，有些因素在瞬间的血压调节中比较重要，而有些则在长期的血压升高中起作用。总之，造成总外周血管阻力增加，是原发性高血压最主要的病理生理基础。如果正常人体升压系统与降压系统发挥正常功能，则血压处于平衡状态，虽然血压可随不同的情况而波动，但一定范围内波动仍能保持血压在正常范围。如果这种正常调节系统发生障碍，就会出现平衡失调。例如，升压系统功能亢进或降压系统功能减退，可引起血压升高，持续血压升高就会发展成高血压病。目前认为，原发性高血压病是在遗传和环境影响的综合作用下，使人体正常血压调节机制发生障碍，最后导致高血压病。长期高血压会增加心、脑、肾等多脏器的负担和损害。

（二）临床表现和诊断标准

一般高血压早期患者无任何临床表现，许多高血压患者都是因为高血压并发心、脑血管意外才被发现。高血压的临床表现无特异性，常表现为头昏、头痛，有时伴眩晕、视物模糊、失眠等。高血压的诊断标准考虑到心血管的危险因素，最理想的安静血压是收缩压 <16kPa（120mmHg）和舒张压 <10.7kPa（80 mmHg）。世界卫生组织1978年提出的高血压分类标准（表13-1-1），已经被各国采用。高血压病的发展可以导致心、脑、肾、血管等靶器官的损害和功能衰竭，其损害的发生率随血压的逐渐升高而上升。因此，还可根据血压升高的程度分级（表13-1-2）。

表13-1-1 世界卫生组织（1978年）高血压分类

分 类	收缩压 kPa（mmHg）	舒张压 kPa（mmHg）
正常血压	≤18.7（140）	≤12.0（90）
临界高血压	18.8~21.2（141~159）	12.1~12.5（91~94）
高血压	>21.3（160）	>12.6（95）

表13-1-2 按血压增高程度的高血压分级

分 类	收缩压 kPa（mmHg）	舒张压 kPa（mmHg）
正常血压	<17.3（130）	<11.3（85）
正常高限	17.3~18.5（130~139）	11.3~11.9（85~89）
高血压Ⅰ期	18.7~21.2（140~159）	12.0~13.2（90~99）
高血压Ⅱ期	21.3~23.9（160~179）	13.3~14.5（100~109）
高血压Ⅲ期	24.0~27.9（180~209）	14.7~15.9（110~119）
高血压Ⅳ期	>28.0（210）	>16.0（120）

三、充血性心力衰竭

充血性心力衰竭是指在静脉回流正常的情况下，由于原发的心脏损害，引起心输出量减少和心室充盈压升高，临床上以组织血液灌注不足，以及肺循环或体循环瘀血为主要特征的一种综合征。可以由多种心脏疾病引起，包括冠心病、高血压性心脏病、瓣膜性心脏病和心肌病以及先天性心脏病，是各种进行性心脏病变的晚期表现。

充血性心力衰竭是一种常见的心脏综合征。急性充血性心力衰竭来势凶猛，主要通过临床及时抢救治疗挽救生命。慢性充血性心力衰竭对患者的活动能力和日常生活影响较大。美国慢性充血性心力衰竭患者占总人口的1%（250万~300万），在75岁以上者达到10%，年龄越大发病率和死亡率越高。每年充血性心力衰竭患者数为40万，年病死率为28%~40%。由此造成的身体活动能力减退，是残疾的一种类型，而临床治疗并不能及时改善这种残疾状态，所以康复治疗的需求就显得十分必要，并随着治疗效果的体现而日益增大。在药物治疗的基础上应用康复治疗手段，可以进一步减轻症状，改善活动能力，提高生活质量，延长寿命，其作用在国际上已得到公认。作业治疗的介入，可以进一步提高这类患者物理治疗的效果，指导患者按照心功能和机体能够耐受的运动量，从事各种活动和工作，提高机体的耐受能力。

诊断主要是根据临床症状和体征判断。左心充血性心力衰竭主要是急性或慢性肺瘀血的表现，急性肺瘀血表现为突发性呼吸困难、发绀、大汗、窒息感、焦虑不安，被迫端坐呼吸，咯出大量粉红色泡沫痰，严重者影响意识，甚至出现休克；慢性肺瘀血早期表现为重体力活动后呼吸困难，休息后缓解，又称劳力性呼吸困难；随病情进展，在轻体力活动后也会出现呼吸困难，患者活动能力明显下降。有些患者表现为夜间睡眠中突然胸闷被憋醒，伴阵咳，咳出泡沫状痰，需取坐位片刻才能缓解症状，称阵发性夜间呼吸困难；有些患者平躺困难而被迫采取坐位，即端坐呼吸，平时常有咳嗽、咯痰和咯血、全身乏力、嗜睡等症状，结合体检左心室扩大，窦性心动过速，心尖区闻及舒张期奔马律、杂音，两肺底部湿音以及原有心脏病体征可以诊断。右心衰所致的体循环淤血主要表现为发绀、食欲不振、恶心、呕吐、腹泻等胃肠道症状，尿量减少，肝区胀痛，甚至出现黄疸，体检发现颈静脉充盈或怒张，肝脏肿大和压痛，双下肢胫踝部、骶部凹陷性水肿，甚至伴有胸水、腹水，结合心脏听诊心率增快、奔马律、杂音可以诊断。

第二节　功能障碍的特点

心血管疾病与脑血管病在功能影响方面表现不同，主要影响的不是肢体的功能，而是患者的体能。造成患者的残疾往往不像瘫痪、截肢这样直观，不容易引起患者的重视，但造成的后果同样会导致患者丧失生活能力、工作能力，值得临床医学和康复医学给予高度重视。特别是与残疾相关的因素，包括低水平的耗氧运动能力、高抑郁评分和肌力下降等。然而，临床上常有患者自我感觉的活动无力与实际体力不足不一定相符，有研究发现，四分之一以上冠心病患者在达到真正的最大生理性做功前，在没有冠脉缺血、心衰或心律紊乱的情况下，终止了运动负荷试验，表现出运动能力的减退，所以，我们必须认识这些功能障碍的特点。

一、症状限制患者活动能力

维持人体运动能力的心血管因素，主要包括心率储备、耐受肺毛细血管压增高的能力、心肌收缩力和心室扩张潜力、维持右心功能的能力和降低外周循环阻力的能力。外周因素包括外周血循环、肌肉的能量代谢和收缩能力等，近年来的研究提示，肺部因素是限制 CHF 患者运动能力的另一重要因素。

心血管疾病患者出现的胸闷、心慌、胸痛、气促、呼吸困难、头痛、下肢肿胀等症状和体征，会不同程度地限制他们的活动能力，加上疾病本身的作用，使维持人体运动能力的心血管和外周因素进一步受到损害，像冠心病患者在一定强度的体力活动后，心脏负荷增加，氧耗增加，冠状动脉粥样硬化导致的冠脉狭窄，造成心肌缺血，引起心绞痛发作（称"劳力性心绞痛"），影响了患者的活动能力。

根据活动能力受影响的程度心绞痛常分为 4 级：1 级——重体力活动后引起心绞痛；2 级——中等日常体力活动后引起心绞痛；3 级——较轻的日常体力活动后引起心绞痛；4 级——轻微体力活动后引起心绞痛。甚至有些心绞痛的发作可在安静状态下发生。心绞痛的发生限制了患者的活动，影响了患者的休息，患者往往害怕活动后引起心绞痛而不敢活动，这种恶性循环，导致患者外周循环系统和肌肉系统适应能力减退，活动能力进一步下降。

二、制动限制患者功能活动

以往冠心病急性心梗的患者需要绝对卧床休息 6~8 周，以防止出现室壁瘤、心脏破裂等并发症。长时间的制动，对全身各系统功能均有不同程度的影响，主要表现在：血容量减少，回心血量增加，心脏前负荷增大，心肌耗氧量相对增加，血流较缓慢，血液粘滞性相对增加；横膈活动降低，通气及换气功能障碍；运动能力和耐力降低；胰岛素受体敏感性降低，葡萄糖耐量降低。长时间卧床还会引起肌肉萎缩、关节活动受限、全身骨质疏松、皮肤压疮、感染等并发症，这些继发性的损害和功能障碍，进一步限制了患者的功能活动，有时比原发性损害更危险，可能会成为致残或死亡的重要原因。

三、容易疲劳

疲劳的主要原因为运动肌肉的血液供应减少，导致肌肉无氧代谢和乳酸堆积，能源出现障碍而影响肌肉收缩。血乳酸的增加，除了与肌肉局部血流降低有关外，还可能与运动时的血流再分配，导致肝脏血流量减少，从而使肝脏处理乳酸的能力下降有关。长期心衰后骨骼肌失健，肌纤维中 I 型纤维减少，肌细胞中氧化酶活性降低，这些也是肌肉容易发生疲劳的原因之一。心衰患者在心脏移植术后，即使心脏功能已基本恢复，但运动能力仍然需要数周甚至数月的训练，才能有所提高，说明外周机制与心衰患者运动能力受限的关系。

四、心功能减退

心血管疾病的发展会不同程度地造成心肌损害，由于心肌收缩力降低，使心脏每搏量减少,特别是心脏已经不能通过增加静脉回流和心室扩张,来增加每搏量时,机体为了代偿,只有通过增加心率来保证心输出量。因此,在心衰早期和中期,安静及定量运动时的心率均有明显增加,而心率储备下降;到晚期时,由于心脏变时性功能受损,运动中的心率反而可能不升,甚至会有所下降。由于循环不良,机体调用一切因素维持血压,血液中缩血管的活性物质明显增加,造成外周动脉血管收缩,从而增加外周阻力,心衰早期运动时尚可维持收缩压,但可有舒张压的升高。心衰晚期时血压不能随运动而增加,甚至有可能低于安静水平,表明心功能已经明显失代偿。急性心肌梗死可以引起急性心功能衰竭,陈旧性心肌梗死可引起慢性心功能不全。

按纽约心脏病学会心功能分级标准,心功能分为:1级——患有心脏病,体力活动不受限;2级——患有心脏病,体力活动稍受限;3级——患有心脏病,体力活动明显受限;4级——患有心脏病,体力活动完全丧失,严重患者休息、卧位时都感到呼吸困难。这种由于心功能减退引起的呼吸困难限制了患者的运动,妨碍了患者正常的生活、学习和工作。

五、心理障碍

心血管疾病对患者的打击很大,有时疾病来得突然,让患者和家人心理上难以承受。疾病早期患者常常回避、隐瞒病情,与家人和朋友的疏远会影响家庭和朋友的关系,导致患者孤僻、忧郁、无激情。由于患者经常出现心绞痛、运动性呼吸困难、心律失常等症状,同时伴有一些相关的危险因素存在,随时有发生心肌梗死的可能,这造成患者极大的心理压力和精神负担,出现情绪上的不稳定、生活、工作能力的减退、性生活的不和谐和担心疾病发作等焦虑和恐惧。此外,长期的卧床制动也增加患者恐惧、焦虑和消极情绪,不利于患者康复。

第三节 功能评定

心血管疾病对患者的运动、感觉系统没有直接的影响,主要是心肺耐力的减退,不同程度地影响患者的活动能力,造成日常活动能力和工作能力受限。因此,作业治疗师需要通过对心血管疾病患者残疾和残障水平进行评估,了解患者的功能状态,掌握患者对功能恢复的需求和愿望,以达到治疗师和患者在作业治疗目标上的一致。

一、临床各项检查和运动功能评定

(一) 临床检查

通过血常规、血沉、心肌酶谱、血压、安静心电图、24小时动态心电图、超声心动图、心向量图等检查,作业治疗师可以观察和了解患者的病情变化和心功能状况,进行心功能分级(表13-3-1)。此外,还要注意有关冠心病危险因素的监测(如血压、血糖、血脂等)。

表 13-3-1　心功能分级标准

心功能分级 纽约心脏协会功能分级 代谢当量分级（Goldman） Weber 运动功能分级
Ⅰ级
患有心脏病，体力活动不受限。一般的体力活动不引起疲劳、心悸、呼吸困难或心绞痛
代谢当量≥7
吸氧量 ml/（kg·min）>20，心指数 L/（min·m^2）>8
Ⅱ级
患有心脏病，体力活动稍受限。休息时正常，但一般的体力活动可引起疲劳、心悸、呼吸困难或心绞痛
代谢当量≥5，<7
吸氧量 16~20，心指数 6~8
Ⅲ级
患有心脏病，体力活动明显受限。休息时尚正常，但轻度体力活动可引起疲劳、心悸、呼吸困难或心绞痛
代谢当量≥2，<5
吸氧量 10~16，心指数 4~6
Ⅳ级
患有心脏病，体力活动完全丧失。休息时仍有心衰症状或心绞痛。任何体力活动均可使症状加重
代谢当量<2
吸氧量<10，心指数<4

（二）运动功能评定

随着患者活动能力的改善，可接受低水平心电运动试验，进入到Ⅱ-Ⅲ期康复期，应定期进行症状限制心电运动试验、代谢当量测定，作为作业能力评定、作业治疗方案制定、疗效观察的依据。由于运动强度和运动终点均以患者的能力为限，因此，运动试验本身的安全性良好，目前，还没有严重意外的报道。此外，还可以测定动力性运动的血流动力学反应、等长收缩运动的心肺反应（涉及这方面的具体方法参见《康复疗法评定学》）。

（三）心血管危险性分级

对急性心肌梗死等心血管疾病的危险性进行分级，可作为物理治疗、作业治疗和内外科治疗的基础。根据临床表现和检查等客观指标，分为低、中、高危患者。低危患者无需心电图（ECG）监测及密切运动监视，包括单纯冠状动脉再通后，能量消耗>7.5METs（缺血发作 3 周后），无心肌缺血、左心功能不全、严重心律失常；中危患者仅需间断性 ECG 监测，包括能量消耗<7.5METs（缺血发作 3 周后），心绞痛或运动时 ST 段压低 1~2mm，运动时再灌注或室壁运动障碍，充血性心衰病史，轻度但非严重心功能不全，心室晚电位阳性，非持续性室性心律失常，不能自我监测或遵守运动处方；对高危患者，为实施运动康复方案，必须进行连续性的监测与监视，包括严重左心功能不全，能量消耗<4.5METs（缺血发作 3 周后），运动诱发的低血压（血压降低>15mmHg）或缺血 ST 段压

低 >2mm，低量级运动诱发心肌缺血或运动后持续性缺血，持续性室性心律失常（自发的或诱发的）。

二、作业能力评定

（一）心血管疾病患者残疾水平的评定

心血管疾病导致患者个人整体综合生活能力异常，从患者个人的整体水平来评定心血管疾病所造成的功能残疾，重点是对患者的基本日常生活活动能力进行评定，即患者能否在个体上做到完全独立生活。如果患者稍一活动就心绞痛发作或心慌、气短、呼吸困难，就可能影响到患者穿衣、吃饭、日常梳洗、洗澡、到厕所去大小便等日常生活动作的顺利完成，需要借助他人帮助，更谈不上独立地外出购物，参加各种社交活动，以及需要一定活动能力的职业性活动。日常生活活动能力有很多种评定方法，通常采用巴氏指数和功能独立性测定。

应注意的是，心血管疾病本身造成的病理改变和心功能损害的程度，对不同个体日常活动能力的影响不相一致，即心室功能不全的程度和身体的工作能力之间缺乏密切的相关性。也就是说，即便都是心功能3级的患者，有可能ADL评定的得分有所差别，有些患者能达到生活自理，而有些患者生活需要依赖。

1. 活动能力的测定　ADL评定虽然可以作为判定心血管疾病患者身体活动能力的指标，但对于急性心梗的患者，不能让他们盲目去进行这些活动，必须实际地、客观地测定患者身体活动的潜力，测定某项活动实际所需要消耗的能量。在心脏康复中，这种方法主要是通过测定各种活动的代谢当量水平来实现的。能耗一般用代谢当量（metabolic equivalent of the task，MET）来表示，安静坐位时的能量消耗为1MET，相当于3.5ml（O_2）/（kg·min）。当患者起身、步行或做其他活动时，这种代谢性要求和氧耗增加。在日常生活中工作相关因素，如情感、使用小肌群、日常娱乐及自理活动中活动与能耗可呈非直线关系，可持续产生高心率的情况如炎热的环境，情绪应激，上肢的使用，等长活动，尤其在2~3METs的活动中，节奏、位置、肌群、等长技术及环境因素都可影响活动时的能耗，各种活动的代谢当量，可以从表13-3-2和表13-3-3获取。心电运动试验可以测得患者活动的最大代谢当量，作为制定作业治疗方案的依据，还可以采取主观劳累程度分级（具体评定方法参见《临床康复功能评定》）。

表13-3-2　各种作业的能量需求（美国心脏学会，1989年）

作业活动	能量需求		
	kJ/min	kcal/min	METs
面点店，一般活动	11.7	2.8	2.3
装订书籍	11.7	2.8	2.3
木工活，一般活动	15.9	3.8	3.2
负重物，如砖	36.8	8.8	7.3
中等负重上楼（16~40）	35.3	8.5	7.3
女侍者，保姆	11.7	2.8	2.3
采煤，掘进工	29.7	7.1	5.9
一般工	27.6	6.6	5.5
洗煤工	32.2	7.7	6.4

续表

作业活动	能量需求		
	kJ/min	kcal/min	METs
建筑工：室外	25.1	6.0	5.0
电工：铜管内铺线	15.9	3.8	3.2
农民：捆草，清扫谷仓	36.8	8.8	7.3
放牧家畜	15.9	3.8	3.2
驾驶收割机/拖拉机	11.7	2.8	2.3
饲养动物	18.4	4.4	3.7
用手挤奶	14.6	3.52.9	
用机器挤奶	7.1	1.7	1.4
铲扬谷物	25.1	6.0	5.0
救火队员	20.9	5.0	4.2
林业：用斧伐木（迅速地）	19.5	19.0	15.8
剥树皮	23.0	5.5	4.6
搬运木头	50.2	12.0	10.0
放平树木	36.8	8.8	7.3
锄草	23.0	5.5	4.6
用手种树	27.6	6.6	5.5
用手锯木 3	2.3	7.7	6.4
用电锯	20.9	5.0	4.2
整理木头	18.4	4.4	3.7
拔草	18.4	4.4	3.7
备马	27.6	6.6	5.5
骑马，快速奔跑	36.8	8.8	7.3
骑马，慢步	11.7	2.8	2.3
锁匠	16.3	3.9	3.3
机械加工：用机器加工金属板	11.7	2.8	2.3
操纵车床	14.6	3.5	2.9
操纵冲压机	23.0	5.5	4.6
敲击和钻孔	18.4	4.4	3.7
焊接	14.6	3.5	2.9
水泥工、混凝土	32.2	7.7	6.4
搬运工，推重物（>75kg）	32.2	7.7	6.4
操纵大功率设备	11.7	2.8	2.3
园林工	20.9	5.0	4.2
印刷工（站位）	10.5	2.5	2.1
养路工	27.6	6.6	5.5
修鞋匠	11.7	2.8	2.3
用铁锹挖沟	39.3	9.4	7.8
用铁锹铲物 >16kg/min	41.4	9.9	8.3
用铁锹铲物 <10kg/min	27.6	6.6	5.5

续表

作业活动	能量需求		
	kJ/min	kcal/min	METs
用铁锹铲物 5~10kg/min	32.2	7.7	6.4
坐位：轻工作（集会、准备；办公桌、接电话，驾驶汽车等）	7.1	1	
中度工作（重的操纵杆、叉车、超重等）	11.7	2.8	2.3
站位：轻工作（商店售货，酒吧服务员，集会，填料）	11.7	2.8	
中度工作（木工，水泥工，填料>50kg）	16.3	3.9	3.3
中、重度工作（木工，水泥工，填料>50kg）	18.4	4.4	3.7
钢铁工人：炼铁	25.1	6.0	5.0
手工包卷	36.8	8.8	7.3
运矿渣	50.2	12.0	10.0
炉前工	34.3	8.2	6.8
敲打模具	25.1	6.0	5.0
缝纫工作：一般	11.7	2.8	2.3
紧急的	18.4	4.4	3.7
打字	7.1	1.7	1.4
使用重型工具（空压机、气锤等）	27.6	6.6	5.5
使用笨重工具（铲、镐、隧道横木等）	36.8	8.8	7.3
修表	7.1	1.7	1.4
作业治疗性活动			
轻木工活，磨砂板、抛光			
编制篮筐	12.6	3.0	2.5
轻度机械性活动	11.7	2.8	2.3
园艺劳动			
用水龙头浇水	7.5	1.8	1.5
用水桶浇水	10.0	2.4	2.0
挖掘	7.5	1.8	1.5
耙地	8.8	2.1	1.8
种花，种菜	10.5	2.5	2.1
用尖镐挖花、挖菜	11.7	2.8	2.3
用2.5的锹轻轻松土	13.8	3.3	2.8
剪枝	13.8	3.3	2.8

表13-3-3 日常活动和娱乐所需的代谢当量

活 动	METs	活 动	METs
生活活动		手风琴	2.3
修面	1.0	小提琴	2.6
自己进食	1.4	排球（非竞赛性）	2.9
床上用便盆	4.0	羽毛球	5.5
坐厕	3.6	游泳（慢）	4.5
穿衣	2.0	游泳（快）	7.0
站立	1.0	移动性活动	
洗手	2.0	步行16公里/时	1.5~2.0
淋浴	3.5	步行24公里/时	2.0~2.5
坐床	1.2	步行40公里/时	3.0
坐床边	2.0	步行50公里/时	3.4
坐椅	1.2	步行65公里/时	5.6
自我护理		步行80公里/时	6.7
坐位自己吃饭	1.5	下楼	5.2
上下床	1.65	上楼	9.0
穿脱衣	2.5~3.5	骑车（慢速）	3.5
站立热水淋浴	3.5	骑车（中速）	5.7
挂衣	2.4	慢跑1英里/10分钟	10.2
娱乐活动		家务活动	
打牌	1.5~2.0	备饭	3.0
交谊舞（慢）	2.9	铺床	3.9
交谊舞（快）	5.5	扫地	4.5
有氧舞蹈	6.0	擦地（跪姿）	5.3
跳绳	12.0	擦窗	3.4
网球	6.0	拖地	7.7
乒乓球	4.5	织毛线	1.5~2.0
桌球	2.3	园艺工作	5.6
弹钢琴	2.5	劈木	6.7
长笛	2.0	缝纫（坐）	1.6
击鼓	3.8	写作（坐）	2.0

2. 心血管疾病患者残障水平的评定　心血管疾病患者作为社会中的一员，能否恢复其正常的社会活动，在家庭、社会中扮演好自己的角色，是评定心血管康复结果的主要指标。评定过程中需要了解包括患者在家中能否恢复正常的夫妻性生活，恢复与家人、亲朋好友的正常活动和交往，能否参加娱乐活动、恢复有报酬的工作，能否恢复到患者感到满意的社会角色，是否有积极、乐观的生活态度等一系列活动能力。这些将作为判断患者身体工作容量，能否适应其所在社会环境需要的指标，指导治疗师选择合适的作业治疗，帮助患者真正成为不仅对自身、家庭而且对社会有价值、有所作为角色的重要依据。

残障水平的评定，目前是以患者的生存质量（quality of life，QOL）、生活满意度（life satisfaction）、健康状态（well-being）等为主。表13-3-4列出了世界卫生组织（WHO）1995年后制定的有关生存质量的主要范围。但WHO QOL-100中所列的各范围的问题，是一种总体的综合性的QOL，对每一种特定的健康问题，如心血管疾病、脑血管疾病、癌症等，还应制定出具有特色的QOL量表，目前在这方面，国内外还没有形成比较公认的统一量表，不过WHO QOL-100中所列的具有共性的6个范围，以及每个范围中所涉及的问题，大多对心血管疾病患者是适用的（具体评价参照相关评定章节）。

表13-3-4　WHO QOL-100量表中的主要范围

范　围	具　体　内　容
（1）身体范围	疼痛和不适、精力或乏力、睡眠和休息
（2）心理范围	身体的安全性和防护积极享受生活的感觉思维、学习、记忆和注意力自尊、身体形象、消极的感受
（3）独立水平	运动能力、日常生活活动能力、对药物和治疗的依赖情况、工作能力
（4）社会关系	个人之间的关系、社会的支持、性活动
（5）环境	家庭环境、经济来源、健康和社会照顾的有效性和质量、获得新信息和技能的机会、参与娱乐和休闲活动机体所处环境（污秽不洁、噪音、交通情况、水土）、转送服务
（6）宗教、信仰	宗教及信仰情况

3. 心脏功能分级与恢复工作能力的关系　心血管疾病残损的类型和程度，对制定康复程序是十分重要的，但心脏的功能分级和临床情况与最大耗氧量和身体工作能力之间的相关性并不十分密切，由于耗氧量是一个较易实际测量的指标，所以，通常以MET作为特定工作时能量需求的客观标准。有临床症状的心功能Ⅲ级患者，代谢当量仍有可能达到4METs，这就意味着患者仍可以从事某些坐位，甚至站立位轻度或中度的工作。因此，需要很好地了解心脏功能分级、临床情况与最大耗氧量之间的关系（表13-3-5）。

4. 恢复就业能力的评定　恢复就业能力，对于大多数心血管疾病患者来说，是一件十分重要的事，心脏康复的最终目的，是提高心脏病患者的生活质量，让患者回归家庭、社会，重返工作岗位。对于是否恢复工作能力的评定，不仅取决于疾病的确切诊断和预计恢复的工作种类，而且与其他一些客观和主观因素有关，需要对不同工种的身体能量、容量及工作环境进行评测。

表 13-3-5 心脏功能分级、临床情况和最大耗氧量之间的关系

MET	1.6	2	3	4	5	6	7	8	9	10	11	12	13	14	15
mlO$_2$/kg·min	5.6			14		21		28		35		42		49	
临床情况	临床症状的患者														
		病态的或恢复状态的患者													
				坐位工作的患者或一般健康人											
							身体很有活动能力的患者和健康人								
功能分级	Ⅳ		Ⅲ			Ⅱ						Ⅰ和正常			

（1）不同工种的能量要求：表 13-3-6 列出了一些常见工作种类对身体能量的要求。

表 13-3-6 常见工作种类的身体能量要求

工作种类	身体能量需求	适合的患者
管理人员、办公室工作或秘书工作	没有很大的体力消耗，而且个人能控制工作速度，所以能量需求很少超过 3METs	所有具备适当技术的心脏病患者可以恢复这类工作
办公室的支持服务性工作，包括打扫卫生、搬运文件和移动办公用品	需要有人帮助并且有一定速度，在短暂时间内可能需要最大用力，但一般不会超过 5METs	除心功能Ⅳ级的患者外，大多数患者可能恢复这类工作
生产线上的工作	需要快速、重复移动手臂，精神高度集中。坐位只移动前臂的岗位，需要 2~4METs，在站位快速移动物体时，短时的能量消耗可达 4~5METs	除心脏严重致残者外，大多数心脏病患者能承受
工厂的工作	由于机械化程度不同，不同岗位对体力的要求极不相同。有的只需 3~5METs，但偶尔短时间的等长收缩性用力，可能会超过 10METs	不同心功能选择不同强度的工种。心功能最好在Ⅱ级以上
室外的重体力劳动，如建筑工人	没有使用机械和其他辅助设备时，可能是强体力消耗，有些用力只是间断性的，但在几分钟内其能量需求可高达 7~10METs	不适宜任何心脏功能有明显损害的患者
农业工作	不同种类的农活，不同的用力程度，不同完成工作的时间限制、机械和其他辅助设备的有无，不同的气象条件可以使能量消耗从 2~3METs 到超过 10METs	恢复农业劳动时，需要仔细地、实际地评定用力程度，再通过模拟工作试验，确定是否可以恢复某些特定工作

（2）对工作环境的评测：在评定某种工作所需的能量消耗和用力程度时，必须进一步考虑工作环境的影响，如在高温、高湿、高海拔（低气压）条件下，尽管某种工作的能量需求并不高，可患者所能承受的工作能力却大大降低，因此，康复程序应在与患者即将恢复工作的实际环境相似的情况下实施。例如，在有空调的康复机构中实施的康复程序，

就不适宜将来室外作业的患者。

(3) 工作容量的测定：患者恢复工作和社会生活能力的评定，必须综合下述因素：诊断分类，不同类型心脏病的工作能力有差别；患者及家属对恢复工作的态度和理解的程度；将恢复的工作性质和患者对该项工作的熟悉程度，患者能否有效地适应该项工作；能否与其上级主管人员很好的相处和协作。

(4) 工作模拟和试验：工作模拟和试验，是检验恢复工作时体力能力的最后手段。为评定患者恢复工作的体力，可以模拟该项工作的特殊环境，在准备恢复的工作场所中进行体力试验。通常是经过医院中康复程序的体力训练后，到有模拟工作环境的康复中心或附近的工厂、农村去实施。如果在患者生活的社区内进行心脏康复，应尽可能接近或直接试用该项工作所需要的设备。康复人员应根据模拟工作的结果，判定患者恢复该项特定工作的体力能力，要求行政管理人员，如经理、班组长及其同事都要了解该项工作模拟和试验的意义及其安全性，患者及其家属、康复人员和社区工作人员也必须了解同样的内容。

第四节　作业治疗

一、治疗的分期和目的

（一）Ⅰ期康复

此期康复主要针对住院的高危患者，如急性心肌梗死2周以内，CABG或PTCA术后早期，生命体征稳定，无明显心绞痛，安静心率 < 110次/分，无心衰、严重心律失常和心源性休克，血压基本正常，体温正常的冠心病患者。对于不稳定性心绞痛，血流动力学不稳定，包括高血压控制不好、血压波动幅度较大，严重心律失常，急性心衰或心源性休克，有严重合并症，包括体温超过38℃，急性心肌炎或心包炎，未控制的糖尿病、血栓或栓塞，新近发生的心电图心肌缺血改变，患者不理解或不合作者不适宜此期治疗。

此期的作业治疗目的：主要是通过适当活动，减少或消除患者绝对卧床休息所带来的不利影响，让患者逐渐适应和恢复日常功能活动。康复治疗的目标达到低水平运动试验阴性，或可以按正常节奏连续行走200m或上下1~2层楼而无症状和体征，运动能力达到2~3METs。

（二）Ⅱ期康复

从患者出院开始，至病情稳定性完全建立为止，时间为5~6周。主要为中、低危患者，如运动能力达到3METs以上、病情稳定的心肌梗死，冠状动脉分流术后和冠状动脉腔内成形术后，劳力性心绞痛，心律失常，心脏移植术后患者。禁忌证与Ⅰ期相似。Ⅱ期康复是基于心肌梗死瘢痕形成需要6周左右的时间，而在心肌瘢痕形成之前，患者病情仍然有恶化的可能性，进行较大强度的运动的危险性较大。因此，患者此期的作业治疗目的主要是要保持适当的体力活动，逐步适应家庭活动，等待病情完全稳定，准备进入Ⅲ期康复。康复治疗的目标为：逐步恢复一般日常生活活动的能力，包括轻度家务劳动、娱乐活动等，运动能力达到4~6METs，提高生活质量，对体力活动没有更高要求的患者可停留在此期。

(三) Ⅲ期康复

前2期的康复治疗，使患者的日常生活能力有了不同程度的提高，为此期康复奠定了基础。Ⅲ期康复主要是针对病情处于长期较稳定状态的冠心病患者，包括陈旧性心肌梗塞、稳定性心绞痛、隐性冠心病、冠状动脉分流术和腔内成型术后、心脏移植术后、安装起搏器后、高血压患者，过去被列为禁忌证的一些情况，如病情稳定的心功能衰竭、室壁瘤等，现正在被逐步列入适应证的范畴。

绝对禁忌证主要为：临床情况不稳定的患者，包括未控制的心力衰竭或急性心衰，血液动力学不稳定的严重心律失常，不稳定型或增剧型心绞痛，急性心包炎，心肌炎，心内膜炎，严重而未控制的高血压（安静血压 > 29/15 kPa），急性肺动脉栓塞或梗塞、肺水肿，全身急性炎症、发热、传染病和下肢功能障碍，确诊或怀疑主动脉瘤，严重主动脉瓣狭窄或主动脉瓣下狭窄（压力阶差 > 50 mmHg），血栓性脉管炎或心脏血栓，精神疾病发作期间或严重神经官能症。康复程序一般为2~3个月，自我康复锻炼应该持续终生。

此期康复治疗，以物理治疗的有氧运动训练为主，康复治疗机制一般认为是运动训练可以产生外周骨骼肌和自主神经系统的适应性改变，从而相对改善外周和中心血液动力学和心功能，提高人体的运动能力。此外，有氧运动可改善冠心病的危险因素，控制血压、血脂、血糖，改善糖耐量，改善前列腺素/血栓素的失衡，改善心理状态。患者通过训练后，临床症状明显改善，一定强度运动时的心率和血压相对降低，心输出量减少，心肌耗氧量降低，最大的运动能力相应提高。作业治疗的目标在于：巩固Ⅱ期康复成果，控制危险因素，改善或提高体力活动能力和心血管功能，恢复发病前的生活和工作状态。

作业治疗最终帮助患者选择合适的康复目标，充分认识自我身体和心理的健康状态，采取安全有效的健康行为模式，建立患者恢复正常活动功能的自信，克服疾病带来的痛苦和困惑，使患者以最佳状态适应疾病和预防疾病的复发，达到最大程度的生活自理。

二、Ⅰ期康复作业治疗方法

开始康复训练时，必须在专业治疗师监护下执行，配合心电和血压的监护。康复作业治疗的主要内容是：低水平的体力活动和教育，对患者和家属进行健康教育，心理治疗，控制危险因素，让患者逐渐从简单的床上、床边和床下活动、便盆转移到独立穿衣、洗澡。在此阶段，作业治疗的作用是：引导患者获得安全且最大水平的日常生活独立能力，包括患者及家属的教育、一些能量保存技术，避免应激损伤，促进心肌恢复，以及评估患者的日常生活活动能力，确定一些减低能耗的方法，使患者能够在无症状的前提下完成一些活动。

(一) 改善日常活动能力

在治疗师指导下，进行适当的肢体运动和日常活动对患者是有益的，在精神上也能产生很大的益处，可缓解患者的恐惧和焦虑心理。表13-4-1为南京医科大学制定的急性心肌梗死Ⅰ期康复治疗方案。表13-4-2为美国Santa Clara Valley医学中心心肌梗死和心外科Ⅰ期作业治疗方案。

在急性心梗、心脏手术后第一阶段，为避免不活动引起的功能障碍，保证治疗能安全、有效地进行，作业治疗程序应根据不同个体情况进行选择。以循序渐进增加活动量为原则，胸痛症状一旦消失，生命体征稳定，无合并症时即可开始。如果患者在训练过程中没有不良反应，运动心率增加<10次/分，次日训练可以进入下一阶段。运动中心率增加在20次/分左右，则需要继续同一级别的运动。心率增加超过20次/分，或出现任何不良反应，则应该退回到前一阶段运动，甚至暂时停止运动训练。第一阶段，患者所做的活动应<3.5METs，活动时间逐渐增加至5~20分钟，2~3次/日。当患者顺利完成第七步训练后，可以让患者进行低水平心电运动试验，或在心电监护下进行步行，确认患者可连续步行200m无症状和无心电图异常，可以安排出院。

表13-4-1　急性心肌梗死Ⅰ期康复治疗方案（南京医科大学）

活动	步骤						
	7	1	2	3	4	5	6
冠心病知识宣教	+	+	+	+	+	+	+
腹式呼吸	10分	20分	30分	30分×2	−	−	−
腕踝动（不抗阻）	10次	20次	30次	30次×2	−	−	−
腕踝动（抗阻）	−	10次	20次	30次	30次×2	−	−
膝肘动（不抗阻）	−	−	10次	20次	30次	30次×2	−
膝肘动（抗阻）	−	−	−	10次	20次	30次	30次×2
自己进食	−	−	帮助	独立	独立	独立	独立
自己洗漱	−	−	帮助	帮助	独立	独立	独立
坐厕	−	−	帮助	帮助	独立	独立	独立
床上靠坐	5分	10分	20分	30分	30分×2	−	−
床上不靠坐	−	5分	10分	20分	30分	30分×2	−
床边坐（有依托）	−	−	5分	10分	20分	30分	30分×2
床边坐（无依托）	−	−	−	5分	10分	20分	30分
站（有依托）	−	−	5分	10分	20分	30分	−
站（无依托）	−	−	−	5分	10分	20分	30分
床边行走	−	−	−	5分	10分	20分	30分
走廊行走	−	−	−	−	5分	10分	20分
下一层楼	−	−	−	−	−	1次	2次
上一层楼	−	−	−	−	−	−	1~2次

注：帮助：指在他人帮助下完成；独立：指患者独立完成。

表 13-4-2　Santa Clara Valley 医学中心　心肌梗死和心外科 I 期（住院）作业治疗方案

时间（阶段）	能量消耗	作业治疗内容
1. 监护室/病房	1.5METs	一般活动（床上移到便器/翻身），运用能量保存技术，活动较轻的手臂支撑的休闲活动（读书/写字，卡片）。作业治疗通常从第 3 阶段开始进行
2. 监护室/病房	1.5METs	继续第 1 阶段内容，重点在：无支持坐 5~30 分钟；站立几秒~2 分钟；半卧位下简单的个人卫生（洗漱）
3. 病房	1.5~2METs	无支持坐 30~60 分钟；站立 3~5 分钟；借助脚和背部支撑床边洗漱；特殊的洗澡间洗浴；轻微的休闲活动
4. 病房	2METs	站立 5~8 分钟；监护下持续活动 2~5 分钟；浴缸内洗澡
5. 病房	2METs	站立 8~12 分钟；监护下持续活动 5~30 分钟；全部的个人卫生，浴缸内洗澡、穿衣；间断性活动或站立 10~30 分钟
6. 病房	2METs	监护下活动 5~30 分钟；全身活动、小幅度弯腰的活动；中度的休闲活动；洗澡时的移动
7. 病房	3~3.5METs	综合的洗澡（洗头、洗体、擦干身体、穿衣）；简单的家务活动；运用能量保存技术完成 3.5 METs 的活动；合适的家庭日常生活活动指南和需求的设备

（二）康复教育

此期康复教育对患者十分重要，许多心血管疾病患者，在病变急性期担心早期活动会加重病情，认为自己无直接肢体功能障碍，而不重视身体能力的训练。作业治疗师需要对患者进行健康教育，早期涉及的内容较多，重点在于：认识早期活动的重要性，指导其如何进行安全有效的基本活动。一个基本的健康需要包括睡眠（sleep，S）、醒觉（arousal，A）、呼吸（breathing，B）、休息（rest，R）、用力（effort，E）、自尊（self-esteem，S），概括为 SABRES。具体指导如下：

1. 改善睡眠的质量　每个患者需要意识到自身所需睡眠的数量和质量。充足的睡眠可以减少体内过量的儿茶酚胺和皮质类固醇的分泌，减轻左心室超负荷和过度扩张，恢复心脏原来的功能状态，调整情绪，减低一般活动所需的用力程度。总的醒觉水平的减低，可以减少患者的疲劳，使其他基本需求和日常活动更容易完成。治疗师可以分 2 步帮助患者：首先，帮助患者认识好差睡眠的区别，充分理解睡眠对人体的好处；其次，提供患者各种促进睡眠的方法和技巧。例如，设置一个安静的睡眠环境，睡前 90 分钟内安排一些合适的活动，如采用听音乐、按摩等肌肉松弛技术，帮助患者进行自我催眠。睡前避免饮用含咖啡因、酒精等刺激性物质的饮料。

2. 调节醒觉状态　患者需要认识自己的醒觉水平，才能自我进行调整，保持醒觉在合适状态。治疗师通过帮助患者注意自己的肌肉张力和姿势（如磨牙、耸肩等）来增加醒觉意识，使患者可以自我调整亢奋和抑郁感觉，而不至于无奈地忍受，可以与治疗师或他人交流这种感觉和需要，而不至于压抑在心中。治疗师能够与患者交流是最基本的条件，然后指导患者如何调整醒觉状态。治疗师要帮助冠心病、高血压等心血管疾病患者学会如何降低整体醒觉水平。例如，采用肌肉松弛技术，诱导患者想象自己躺在舒适的沙滩或草坪上，沐浴着阳光，身体感到无比的轻松和自如，心情舒畅而安详。

在采用这类技术时可能会加重过度换气，引发心理不安，呼吸频率下降到一定水平会使患者感觉不适，有些过度紧张的患者在做放松努力时会出现双手冰凉，这是外周血管不自主收缩所致，还会出现压抑。这些患者非常需要作业治疗师给予大力支持，帮助他们用较小的努力和情绪波动达到放松的目的。也可以借助社会的支持，如成人授教、社区中心等支援，有些地方成立的冠心病俱乐部或冠心病自助小组，对患者有一定帮助。患者通过使用自我放松和呼吸调节技术后，总的醒觉水平降低，使患者更加轻松、自如地应付日常活动和计划，适应各种应激状态。

3. 有效的呼吸调节和控制　　患者对自己的呼吸状况要有充分的认识，认识到冠状血管的阻塞、痉挛和心肌硬化对呼吸的影响，非常有利于进行自我控制。为此，患者应在治疗师指导下，首先纠正不规则的呼吸类型，如过度换气，它与情绪波动有关而与体力需要不相匹配，也不同于心肺疾病中的喘息和歇斯底里时的过度呼吸。

增加患者对呼吸意识的方法是，首先让患者取坐位或卧位，鼓励其观察自我呼吸类型，注意呼吸位于上胸部还是上腹部，呼吸节律和深度是否规则，有无间断叹息，进行呼吸计数。可以通过镜子观察，双手分别放在胸部和腹部，或在腹部放置一个轻盒子，作为呼吸时腹部起伏的标记。许多未经训练的患者，对体内疾病引起的呼吸频率和深度的变化无法察觉，一些心律失常并有间断过度换气的患者，只有在特殊应激状态下才表现出来，患者必须意识到这种异常的呼吸模式，才能学会如何恢复有利于身体需要和协调的腹式呼吸，改变异常的呼吸类型。

患者在学会休息状态下控制呼吸后，还需继续反复练习，逐渐掌握日常活动中的有效呼吸方法，密切注意应激状态中情绪变化对呼吸的影响，及时调整呼吸节律。

4. 调整休息和用力之间的平衡　　患者需要学会用休息替代努力工作，学会调整休息与工作之间的平衡，以面对来自各种日常活动和工作中的强度和压力。为此，治疗师应帮助患者讨论和计划每天的工作。患者心脏功能损害的程度、生活中不测事件、环境带来的负担、家庭和财经问题、社会支持体系的强弱，都将不同程度地影响患者所承受的工作负荷，应考虑到这些工作负荷的大小，合理安排休息。

患者着手开始的作业活动水平，应考虑其以往最佳水平、现有水平和作业治疗后将获得的水平。治疗师要帮助患者明确他所希望达到的作业水平，与患者一起分析现有水平和需要达到水平之间的差距，共同努力实现患者希望达到的作业水平。这个作业水平需与患者实际能力相符，要求患者对疲劳有正常反应，能及时调整和增减作业活动量，注意保存能量，消除不必要的用力、过激行为、不良习惯和易动情感，避免懒散、拖延的工作。避免过度用力后出现症状，熟悉各种精神和体力负担将要付出的代价。

等长用力涉及拉、推、提、携带等作业活动，会干扰呼吸，增加左心室压力和血管收缩压，加大心肌耗氧量，因此，治疗师应向患者强调在活动出现疲劳之前自我松弛的重要性，让患者在做等长用力活动时吹口哨以防止屏气，主张等长用力期间交替短暂牵伸、休息和等张用力，可以安排患者在治疗室进行训练，区别等长和等张用力的不同，辨别活动能力，发展耐力活动。

5. 培养自尊 通过上面介绍的 SABRES 中各因素的健康教育，可以减少心血管疾病对患者生活的影响，使患者能更多地做他想做的事，实现他的目标和需求，采取更有利于健康的妥协方法，恢复和增加患者的自控、自信和价值观。当患者完全恢复了生活自理，才能勇于正视自己的疾病，重新找回自我，寻求更健康的生活方式和质量，使患病这件坏事转变成好事。

（三）能量保存技术

在心血管疾病早期，休息与低水平活动之间的平衡对心肌愈合很重要，对不同活动引起的不同心血管反应的了解，是能量保存技术的基础。如上肢活动较下肢活动可产生更强的心血管反应，站位比坐位心血管反应大，等长活动影响肌肉内的血流及较高的心血管能耗，温暖的环境使心率增加，能耗增加，同样饭后血流从肌肉回流至胃，饭后进行任何活动可产生更高的心率及氧耗。患者从发病开始，就应该重视和了解能量保存技术，配合治疗师在低能量消耗下完成各种活动，为以后的康复治疗做好准备。（具体方法见后）

（四）自我反馈和监测

1. 加强对身体外观变化的认识 教会患者及其家人，识别患者在处于耗竭和疾病状态时，身体外表和行为的变化，这样可使患者在体内心血管失常前被及时发觉，减少突如其来的病变给患者带来的焦虑，使其充分理解和估价自身未来承受负担的能力。患者触之温暖，皮肤红润，情绪欢快而无疲倦感，恢复最快，反之恢复最慢（触之发冷，皮肤灰暗，情绪低沉，疲倦）。

2. 监测心率和血压 了解心率和血压，可以帮助患者了解自身情绪和体力负荷的变化，学会血压计的使用和监测，指导患者克服这些指标的变化带来的血压大幅度波动。

3. 监测皮肤温度 患者在身体充分放松时，可使外周皮肤温度迅速升高，采用手指、足趾皮温反馈仪可以监测患者放松的程度。

注意心血管疾病的药物治疗（如钙离子拮抗剂等）会影响上述指标的监测。

三、Ⅱ期康复作业治疗方法

此期作业治疗的目的是保持适当的体力活动，逐步适应家庭活动，等待病情的稳定性完全建立，恢复正常的活动功能。作业治疗包括室内外散步、家庭卫生、厨房活动、园艺活动、附近购物等。一般活动不需监护，但此期活动不能有气喘和疲劳，出现任何不适均暂缓活动。

（一）逐渐改善日常活动能力

此期的作业治疗分为几个阶段：

第一阶段：①室内坐位活动，缓慢上下楼梯，避免任何疲劳，尽可能避免会客。②个人卫生没有限制，但要避免洗澡水过热，避免周围环境过冷或过热。③可洗碗，理菜，铺床，提2kg左右的重物，短时间园艺工作。④打扑克、下棋、看电视、阅读、针织、缝纫、短时间乘车。⑤需避免的活动：提举超过2kg的重物、过度弯腰、情绪沮丧、过度兴奋、应激。

第二阶段：①可外出理发。②洗小件衣服或使用洗衣机，晾晒衣服，坐位熨小件衣服，使用缝纫机，掸尘，擦桌子，梳头，简单烹调，提4kg左右的重物。③进行轻微的台上活动。④性生活，在上下二层楼或步行1km无任何不适时，恢复性生活，但要采取相对比较放松的方式，性生活之前可服用或备用硝酸甘油类药物。⑤连续步行1km，每次10~15分钟，1次/日。⑥避免长时间活动，烫发之类的高温环境，提举超过4kg的重物，避免参与涉及经济或法律问题的活动。

第三阶段：①可长时间熨烫衣服，铺床，提4.5kg左右的重物。②轻度园艺工作，家中练习打桌球，室内放松性游泳，坐短距离公交，短距离开车，探亲访友。③连续步行1km，10~15分钟/次，1~2次/日。④避免提举超重的物体和活动时间过长。

第四阶段：①与他人一起外出购物，正常烹饪，提5kg左右重物。②小型油画制作或木工制作，家庭小修理，室外打扫。③连续步行，每次20~25分钟，2次/日。④避免提举超重物体，使用电动工具，如电锯、电钻。

第五阶段：①独立外出购物（手推车搬运重物），短时间吸尘或拖地，提5.5kg重物。②家庭修理性活动，钓鱼，保龄球类活动。③连续步行25~30分钟，1次/日。④避免提举超重物体和过强等长收缩运动。

第六阶段：①清洗浴缸、窗户，提9kg左右重物（如没有任何不适）。②平静的跳舞，外出野炊，去影院、剧场。③步行列为日常生活活动，每次30分钟，2次/日。④避免剧烈运动，如举重、锯木、攀高，以及竞技性活动，如各种比赛。此期的治疗提倡小量、重复、多次活动，肢体活动交替，适当间隔休息。注意主观用力水平不可过高，主观劳累计分一般低于13。

注意事项：包括循序渐进，禁止过分用力，活动时不可有气喘和疲劳。此期活动强度为40%~50% HRmax，活动时主观劳累程度不超过13~15，一般活动无须医务监测。在进行较大强度活动时，可采用远程心电图监护系统监测，或由有经验的治疗师观察多次康复治疗过程，以确立安全性。无并发症的患者可在家属帮助下逐步过渡到无监护活动。冠心病患者可以参考Ⅱ期康复程序（表13-4-3）。所有上肢超过头顶的活动均为高强度运动，应该避免或减少。

慢性充血性心衰患者参照表13-4-4进行作业活动，注意训练时要保持一定的活动量。应根据患者的心功能状态安排合适的日常活动量（表13-4-5）。每周需要门诊随访一次，有任何不适均应暂停运动，及时就诊。

表13-4-3 冠心病Ⅱ期康复程序

活动内容	第一周	第二周	第三周	第四周
门诊宣教	1次	1次	1次	1次
散步	15分钟	20分钟	30分钟	30分钟×2次
厨房工作	5分钟	10分钟	10分钟×2次	10分钟×3次
看书或电视	15分钟×2次	20分钟×2次	30分钟×2次	30分钟×3次
降压舒心操	保健按摩学习	保健按摩×1次	保健按摩×2次	保健按摩×2次
缓慢上下楼	1层×2次	2层×2次	3层×1次	3层×2次

表 13-4-4　慢性充血性心力衰竭的活动安排和教育

心功能分级	代谢当量 METs	作业活动主要内容	对患者及家属的宣教及心理治疗
Ⅳ	1~2	病情稳定后立即开始做被动运动，活动肩、肘、膝关节，每次5~10min，1~2次/日，但不应有疲劳感，下床坐沙发或直背椅，开始时10~30min/次，1~2次/日，逐步增加时间，下床吃饭、洗澡、听收音机	解释某些心衰症状的原因，解除忧虑，帮助患者树立信心
Ⅲ	2~3	床边站立，室内步行	介绍心衰的康复
Ⅲ	3~4	走廊内步行100m，2次/日；自行更衣；步行250m，2次/日；上楼梯一段，2次/日；坐位大便、热水澡	结合其原发病，介绍心衰的发病机制、恢复过程及危险因素
Ⅱ	4~5	步行500m，2次/日，上一层二段楼梯，2次/日，热水澡	饮食治疗
Ⅱ	5~6	步行1000m，2次/日，或骑自行车10min，2次/日	出院注意事项（用药、防治上感、运动量、性生活）

表 13-4-5　依据心脏功能分级的日常生活安排原则

		功能分级 Ⅰ	Ⅱ	Ⅲ	Ⅳ
生活安排	A	走路　不限制 上楼　不限制 提物　不限制 站立　不限制			
	B	走路　不限制 上楼　四段楼梯 提物　18~27kg 站立　不限制	走路　1.6km 上楼　三段楼梯 提物　11~18kg 站立　不限制		
	C	走路　0.8km 上楼　二段楼梯 提物　6.5~11kg 站立　不限制	走路　1/2~1km 上楼　一段楼梯 提物　4.5~6.5kg 站立　不限制		
	D			走路　不超过1/2km 上楼　少于一段楼梯 提物　2.2~4.5kg 站立　限于一半时间	走路　少于100m 上楼　少于一段楼梯 提物　2.2kg 站立　3/4时间不得站立

（二）重返就业岗位

患者心肌梗死或心脏手术8~10周后可重新就业，开始工作每周安排3天，隔天休息比每天工作好。患者就业成功与否，取决于其工作努力的程度和他在娱乐、家庭和社会需求中的作用。重新就业还需考虑就业场所、交通工具、心理因素和心脏功能状态等诸多因素，如果患者的体力容量与该项特定工作的能量需求相差很多时，特别是处于在竞争性工作环境中，患者必须变更工作。工作的改变有时十分困难，如有的患者无其他专业能力（如文化水平低），只能从事某种体力性工作，但在可能条件下，即使只是简单地变更一下工作方式，有时也可以使患者恢复其岗位工作。从事搬运劳动时，分别举起两个25kg的重物，就比一次举起一个50kg的重物要好些；举一个重物到平胸的水平就比举过头顶好些。总之，要尽一切可能，使患者的体力工作容量适当地超过该项工作最大用力时的能量需求，只有这样，才能保证患者安全地重返工作岗位。

（三）采用能量保护技术

日常生活和工作时应采用能量节约策略，减少不必要的体力消耗。例如，制定合理的工作生活计划和程序，减少不必要的动作，工具的适当使用可尽可能提高体能和工作效率（详细内容参见Ⅲ期康复）。

（四）健康教育

此期健康教育是Ⅰ期基础上的继续（表13-4-6）。

（五）动态追踪

患者恢复正常活动后仍需定期自我评价"SABRES"的效果，如睡眠、呼吸是否适度，对自身状况的敏感程度，休息与用力之间是否平衡，活动量是否合适，成败与否对自尊的影响。从患者发病到完成作业治疗计划，治疗师应定期与患者保持联系，这不仅有利于患者评估和自我监督，而且有利于医院、医师、社区了解患者在家庭和社会中的各种活动。在治疗师的指导和教育下，患者学会如何恢复健康的功能，从而减少对药物和手术的需求。

表13-4-6 心血管疾病康复中对患者的宣传教育方案

Ⅰ．在冠心病监护室	（2）心脏病猝发的警告信号
1．冠心病监护室的目的	（3）治疗与体力活动的关系
2．病房守则（探视、吸烟）	4．身体对心肌梗塞的反应
3．心电图监护（声音及导联）	（1）集体讨论
4．静脉内给药	（2）同患者及家庭个别商讨
5．氧气	Ⅳ．出院后的保健计划
6．康复训练	1．饮食
7．心电图、血液及X光检查	（1）集体讨论
8．饮食	（2）同患者及家庭个别商讨
9．个人危机（如金钱、职业）	2．出院药物（每种药物及其剂量均列为对患者的指导项目）
Ⅱ．移出监护室前要讲清	3．活动
1．无需再进行连续观察	（1）日常生活活动
2．遵医嘱进行活动	（2）性生活
3．康复程序	（3）工作或劳动
Ⅲ．为适应疾病所需要的知识	4．应及时报告的症状
1．心脏的正常解剖与心功能	5．康复所需的体育运动和运动处方
2．冠心病的发展过程	6．门诊复查（动态追踪）
3．心脏病急性发作	Ⅴ．基本活动的教育：睡眠、醒觉、休息、用力、呼吸、自尊
（1）易患因素	Ⅵ．其他方面的教育（如高血压、糖尿病、起搏器等）
①一般讨论	Ⅶ．给患者的教材
②强调各个患者的具体易患因素	

注：对表中所列的每一条的训练日期及指导者的姓名都要进行记录。

四、Ⅲ期康复作业治疗方法

此期是心血管疾病康复治疗的重点,前二期的康复治疗使患者的日常生活能力有了不同程度的提高,为此期康复奠定了基础。此期强调,在运动处方的指导下,按靶心率或靶METs进行有氧训练。这方面的内容将在心血管疾病的运动疗法中重点介绍。这里主要是介绍作业治疗方法,它是Ⅱ期作业治疗的继续,强调模拟实际生活和工作活动的训练,使患者尽快适应日常生活活动和工作活动的需要。在帮助患者提高日常活动能力的过程中,治疗师需了解各种日常活动的能量消耗,根据患者的心功能状态和活动能力,恰当安排符合患者需要的作业活动,使其逐渐达到各项活动自理,同时保证各项活动的安全,防止疾病的复发。

(一) 实际日常活动能力训练和自理

根据患者情况,逐渐从轻度活动向重度活动过渡,最后恢复正常功能活动,达到日常活动自理,其中包括自我照料和家务料理。

1. **自我照料** 每个人对自我清洁卫生的要求和标准各不相同,应根据患者的愿望和目标决定确定治疗、训练的内容和程度。维持良好的个人外观,可以提高自我形象和自尊,促进活动能力的提高。自我照料内容主要包括:

(1) 洗脸:取坐位洗脸可以减少患者的不安和用力程度,用支架把脸盆放在床边,或在洗漱池旁放置高脚凳等,帮助患者坐位洗脸。

(2) 洗澡:消耗的能量较大,需要患者有一定的力量、平衡、协调和耐受温度的能力。浴室的温度应避免过高,鼓励患者自己洗澡和穿脱衣服,如果浴室里有椅凳,让患者取坐位洗澡、穿衣则更好。泡沫浴或液皂浴以及穿浴袍,可以节省患者体力。洗澡遇到的最大问题是浴缸内外转移,可以采用电动升降椅(图13-4-1),帮助患者进行浴缸(或坐厕),必要时对浴缸进行改建,如浴缸内安装有扶手的座椅、坐板和防滑垫便于洗澡,或不用浴缸,让患者在坐位下淋浴,没有洗澡条件或自己洗澡困难者可以请求帮助。

(3) 头发护理:建议患者选择一种便于清洗和护理的发型,必要时请理发师上门服务,还可以把它作为一项社交活动。

(4) 穿衣:尽量鼓励患者自己穿衣,选择的衣物要温暖、轻便、容易穿脱,如用穿毛衣取代穿马甲、衬衣和套头衫。取坐位穿衣可以节省体力,如果患者穿衣过程费力、耗时则需要帮助。

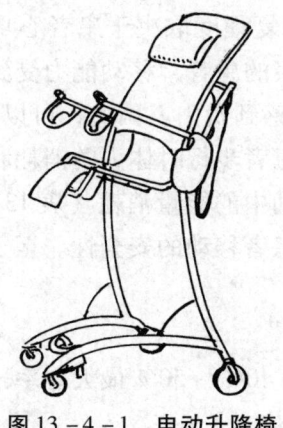

图13-4-1 电动升降椅

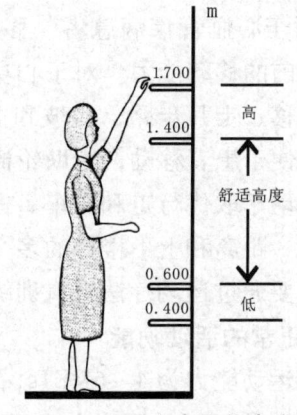

图13-4-2 患者取物高度

2. **家务劳动** 患者应根据自己的体力对家务活动进行调整，合理安排和计划，节省体力，减少能量消耗。例如厨房工作繁琐、耗时，有许多活动需多次重复，应对厨房进行合理设计和布局，厨房常用用具和物品尽量放在容易获取的地方，减少过多弯腰、下蹲、转身。合适的取物高度在 0.6～1.4m 之间（图 13-4-2）。常用的用具、物品尽量归放在一起，减少在厨房内的来回走动（图 13-4-3）。例如，在厨房内按顺序依次为水池，水池左边放置冰箱，冰箱上可以放水壶和茶具，右边为饭菜准备区，旁边为炉灶，炉灶旁边是烹饪调料和碗筷等物具储存柜，厨灶对面是餐桌。患者在厨房做事时，可以坐在可移动的高脚凳上，以易于移动和避免长时间站立，尽量使用省力、省时的加工用具，如食物加工器、微波炉、烤箱、电饭煲等。备足充分的食物成品和半成品（罐头、冷冻食品、方便面等），便于随时食用。外出购物应事先计划，尽量就近购物，也可在锻炼和上班途中购物，购物时用推车减少负重。电话、网上购物或请家政公司帮助送物上门，可以大大减少患者的体力消耗。尽量选择容易烫洗、烘干的衣物，集中在一起用洗衣机、烘干机处理，对一些沉重、难洗的衣物，可以送洗衣店或请专人帮忙。房间清洁如洗碗、铺床、布置房间、拖地、厨具清洁、浴缸清洁等，不要集中在一起进行，那样容易使患者疲劳，应分多次在不同时间进行。根据自己的能力参与户外庭院整理，包括在院内清扫、锄草、养花等，不要消耗过多体力，仅作为精神调节，不引起疲劳为宜。

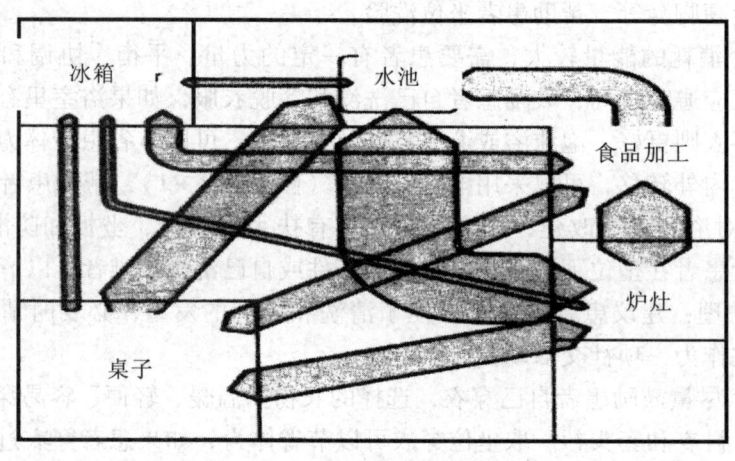

图 13-4-3　患者厨房内行走途径和频率

3. **移动** 对于心血管疾病患者，移动能力的恢复程度取决于患者心功能，有些患者可以恢复到患病前的移动能力。对于心功能Ⅱ～Ⅲ级的患者，移动能力受到不同程度的影响，甚至床椅转移、走几步路、爬坡和上楼梯都会感到费力。因此，可以在房间、厨房、厕所装置扶手，便于患者移动，借助轮椅可以减少患者步行时体力的消耗和心脏负荷的增加，用坐车或电动车取代行走和骑车。根据作业活动中的能量消耗（表 13-4-4），决定患者步行的速度、距离和上下楼梯的多少，以保证患者移动的安全性。至于如何提高患者的移动能力，主要通过运动疗法有氧训练实现。

（二）恢复正常的活动功能

需要达到的运动能力为 4～6METs，活动强度为 40%～50% 最大心率，主观劳累程度不超过 13～15。性生活活动强度在 5METs 左右。

1. 恢复性功能活动 与一些心脏病患者讨论有关性欲和性能力丧失的话题会使他们难堪,甚至会产生焦虑和恐惧,治疗师需要小心谨慎地采取对策使患者消除恐惧和不安而感到舒适。一般而言,性生活中身体用力的程度相当于上二层楼台阶。恢复性生活的时间在心肌梗塞或手术4周以后,这时患者需具备上二层楼梯的能力。性生活的舒适对患者是主要的,首先要避免过度等长用力的体位,身体的密切接触和抚摸有利于患者建立性生活的自信。利尿剂和β受体阻滞剂会妨碍性活动的恢复,患者需及时找医生进行药物的调整和观察。

2. 恢复驾车能力 心肌梗死或心脏手术后至少1个月才能恢复驾车能力,推荐在轻松、安全的车道上开车,避开闹市和交通高峰期,避免赛车。凭医生驾车许可证明到保险公司保险。如果身体恢复不完全,或驾车行驶中出现心绞痛最好不要开车。以往从事专业驾车的心梗患者应调换新的工作。

3. 度假和旅行 度假有利于患者的恢复,但需要选择好合适的地点和度假的方式。度假地带高度应低于海拔2000m,以避免高原过度换气和生理反应,气候不能太冷、太热。注意适量饮酒。患者适合乘火车或客车旅行,避免长距离旅行引起的疲劳,避免乘夜车。可以乘飞机旅行,但不要搞得太紧张引起过度换气。旅行前做好周密的计划,保证在不消耗过多体力,有宽裕的时间、轻松的心情下旅行。如果心肌梗死患者在8周内乘飞机,需要出示医师证明,机组人员应尽量给患者提供各种方便和代步工具(轮椅等),患者要进行旅行保险。

4. 恢复娱乐和体育活动 选择合适的娱乐和体育活动,有利于患者的健康复原,提高患者的体力和移动能力。步行是适合心血管疾病患者的理想运动,步行距离因人而异,目的是增加行走距离,改善体力,并不强调速度。运动中不应产生疲劳,一般采取人体最大活动量的60%~70%(可以通过症状来限制)进行运动,使患者有足够潜力应付紧急情况。患者遇到情绪不好、疲倦或恶劣气候时,应减少活动量甚至停留在家。饭后不宜运动,寒冷季节外出运动注意保暖和头面部防寒,戴上围巾和手套。运动前做好准备活动,心梗患者的运动可以用脉搏监控,即220 - (年龄+40),所得数为运动中达到的心率,又称"靶心率"。运动中需维持靶心率至少20分钟,坚持每周3次。患者应定期接受医师评测,通过心电运动平板或功率车试验,判断患者采用的靶心率是否安全有效而不引起心肌缺血。避免使左室压力突然增高,或需要等长用力的娱乐活动和运动。骤冷骤热的活动不提倡。桑拿浴会突然增加心率不可取

近年来,冠心病患者的活动计划应以患者的临床情况(包括危险因素、年龄和功能状态)为基础,制定个体化运动方案(表13-4-7),帮助患者提高运动能力。

表13-4-7 根据患者的特点制定活动方案

特点	训练方案	强度	活动类型	活动频率(次/周)	活动时间(分)/次
年龄<65岁,不超重	高强度耗氧训练	75%~85%最大心率	步行、慢跑、骑车、划船	3~4	30~45(连续或间断)
年龄≥65岁	低强度耗氧训练和抗阻力训练	65%~75%最大心率	步行、骑车、划船	3~4	30(可间断)

续表

特点	训练方案	强度	活动类型	活动频率（次/周）	活动时间（分）/次
超重	耗氧训练-高热卡消耗	65%~80%最大心率	步行	5~6	45~60
年龄>65岁,伴有残疾,从事体力劳动或超重	抗阻力训练	单次抬举最大重量的50%~75%	举重哑铃,重点在大腿、肩和上肢	2~3	10~20（练习5~7次,每次10下）

(三) 就业能力训练

就业使患者有机会接触社会,具有地位、自尊、经济收入和工作带来的满足感。治疗师根据患者的身体状况和工作需要,对患者工作能力、心理状态和时间需求进行分析与评估,提供给患者选择工作的建议,可能维持原来的工作,但工作强度要降低,从全天改为半天工作。如果原有的工作不适合患者,可以做适当调整或换新工作,再不行可以在家工作或提前退休。

患者就业前可采取的治疗方案为:①持续站立位上肢及手的简单活动。②间断性、一定节律的弯腰、伸臂。③身体固定持续站立,上肢不同方向、不同高度的活动。

此外,将作业活动分为轻度活动和重度活动,常见的轻度活动有:①室内单臂提篮步行2圈（第二圈换手）,共55m。②双手捧物步行55m,并将物体放在地上再拿起,反复4次。③桌上左右反复移动重物。④桌上、地上反复交替。⑤上下台阶。重度活动有:①单臂提篮并上下楼梯。②将重物在搁架内上下移动。例如,某人的职业为洗碗工人,他的工作情况是每天清洗集中堆积的盘子2小时（持续站立手的低强度活动）,一般性擦桌、拖地、收拾桌椅等清洁工作2小时（间断性的弯腰、伸臂）,洗盘子3小时（持续站立位频繁拿起和堆积5~10磅的餐具至规定的位置）。患者要完成这些工作,需要从轻度活动逐渐过渡到重度活动。这些模拟的活动动作,不仅帮助治疗师掌握活动时的心血管反应,有效地控制活动强度,而且在安全保证的前提下活动,有助于患者早日恢复工作体力和耐力。

(四) 心理和情绪的调整

治疗师要帮助患者及其家人度过这段时期,启发他们把自己的顾虑和担心说出来,倾听他们的表述,解决他们提出的各种问题,帮助他们正视自己的疾病,加强患者和家人之间的相互沟通和理解。鼓励患者参加各种社交活动,取得亲戚、朋友的理解和支持。医院和社会上可以开设心血管疾病心理咨询服务部、性生活咨询门诊、心血管疾病患者俱乐部和自助组织、家政服务中心等,充当调整医院、家庭、社会之间相互关系的桥梁。患者可以从中获取资料、建议和帮助。

(五) 生活方式和个人习惯的调整

作业治疗的目的就是要帮助患者尽可能地恢复和保持他原来的生活方式（如工作、习惯、社交和娱乐）。患者患病后活动能力可能受到不同程度的限制,治疗师要帮助患者适应,对生活方式做适当的调整。个人的爱好和习惯也要根据患病后身体的功能状况做相应调整,如种花、欣赏音乐、跳舞、养宠物、运动、散步、绘画、旅游等。选择用力强度少,应激程度低,安全可靠的活动,不增加心血管负担。如爱好打保龄球、乒乓球的患者可改为坐位下进行。从庭院种花改为种盆景，喜欢音乐可以从自己弹乐器改为欣赏音乐。长距离散步中间要安排休息，外出旅游需要有陪伴，为了节省体力可以轮椅代步。

（六）能量保存技术

能量保存技术涉及各种活动，如让患者坐高脚椅在厨房烧饭或熨烫衣服，在室内用推车（属于等张活动）运送物品取代托盘取物（属于等长收缩），沐浴椅可以减轻站位沐浴时患者的心血管反应。过头顶的上肢活动易产生较强的心血管反应。洗澡时的水温、室温不宜高，时间不要长。鼓励患者在洗衣、铺床、购物等活动中得到帮助，但给予帮助的量要恰当，既要节约能量又要避免过度依赖，让患者在非应激状态下逐渐恢复活动能力。合理的时间安排是能量节约技术的主要方法之一，能使患者充分安排活动，而不引起疲劳和能量过多消耗。

制定每周和每天合理的活动和休息时间表，定期进行调整，可以逐渐增强患者的活动耐力和精力。下面是一天的时间安排表（表13－4－8）。

表13－4－8 能量节约技术时间安排表

	内　容	需用时间（h）
早　上	洗脸或洗澡	1
	进早餐	1/2
	休息	1/2～1
	中等水平活动（散步、熨烫、洗碗）	1
	休息	1/2
	准备中、晚饭和进早中餐	1～2
下　午	休息	1～2
	活动（散步、购物、待客、拜访）	1～2
晚　上	简单的晚餐后跟随休闲活动，在疲劳产生前放松	自定

（七）患者及家属的教育

教育包括日常生活的指导和健康教育等内容。健康教育的具体内容包括：康复的目的、方法，疾病的相关因素，如何进行脉搏监测，生活中的注意事项，应急情况的处理，日常生活包括衣食住行方面的指导，纠正不良生活方式，改变不适当的饮食习惯以及康复治疗的价值等。

健康教育可使患者及其家人了解疾病的一般知识，获得有关如何处理症状、实施治疗（如放松技术）和防治心脏疾病危险因子的有关资料，解答他们提出的各种问题，帮助患者延缓病程，减少疾病复发的机会。同时增强患者的治疗信心，在家属的积极配合下发挥相应体能最大水平，减少对他人的依赖，实现日常生活的独立，获得较高的生活质量。并指导患者控制体重，培养良好的饮食习惯，合理营养，戒烟酒，合理及有规律地安排生活、学习和工作，适当进行有氧健身活动，消除紧张心理，以乐观的态度对待周围事物，定期到医院接受体格检查，学会自我监测血压，指导患者不要盲目求医、用药。

对于已患冠心病的患者，早期应注意控制病情的发展，积极参加康复治疗，与医护人员共同努力，战胜病魔，医务人员要帮助患者决定哪些活动可以继续，哪些必须放弃。对于那些工作忙碌的患者，让他减少活动量是十分困难的，治疗师需要与患者坦诚相论，说明其利害关系，得到患者积极的合作。教育应贯穿康复治疗的始终，不仅面对患者，家人也是教育的对象。

此期应注意遵循个体化原则、循序渐进原则、持之以恒原则、兴趣性原则和全面性原则。患者需要理解个人能力的限制，应定期检查和修正治疗方案，避免过度疲劳。药物治疗发生变化时，要注意相应地调整活动方案。活动时如发现上身不适（包括胸、臂、颈或下颌的酸痛、烧灼感、缩窄感或胀痛）、无力、气短、骨关节不适（关节痛或背痛）等症状，应停止活动，及时就医。

高血压、心衰的作业治疗主要集中在Ⅱ～Ⅲ期。高血压的康复治疗以运动疗法为主（有氧训练、放松训练、医疗体操），需要强调的是，高血压的作业治疗应在轻松、舒缓的环境中进行，活动内容的设计应避免大强度静力性活动。采用小强度、较长时间、大肌群的动力性活动（等张活动），活动量采用40%～60%的最大心率，活动时间30～60分钟。在对患者的健康教育中，应加强患者对应激的认识，注意自我情绪和心态的调节，改变日常不良行为方式，逐步学会适当的应激处理技术（学习各种放松技术），避免过分的情绪激动。运动训练和心理应激治疗均可以显著提高患者承受外界应激的能力，从而提高患者的社会适应能力和生活质量。此外，还要加强对高血压其他危险因素的控制，吸烟可以增加血管紧张度，增高血压，因此，戒烟也是行为纠正的内容。心衰患者由于心脏的储备功能差，治疗中强调运动强度的增加应小量、缓慢，治疗过程应包括间隙休息。一次治疗的时间应由5～10分钟开始，并按每次1～2分钟的进度增加，直到30～40分钟。避免出现呼吸困难、气喘和疲劳。

五、作业疗法实施风险管理

作为风险管理的指标，可以使用脉动血氧测定计（Pulse Oximeter）和血压计作为参考，必要时可以使用心电图监测，还可以参考运动疗法实施时的风险管理基准（Risk Manangement）。

表13-4-9 运动疗法实施时风险管理基准

不实施积极的运动疗法	1. 心源性休克状态 • 血压低下：收缩压80mmHg以下 • 尿量减少：时间尿20ml以下 • 冷和出汗，紫绀 • 意识障碍（精神错乱、嗜睡、昏睡等） • 代谢性酸中毒 2. 中枢神经兴奋类药物服用中（去甲肾上腺素、多巴胺等） 3. 安静时心跳120以上（包括瞬间加速） 4. 仅仅坐位就出现低血压症状时 5. 起坐呼吸等急性心功能不全症状 6. 脉搏不平稳，心律不齐 7. 新发生的新房颤动 8. 安静时胸痛（不安定性心绞痛）

续表

暂时中止运动疗法 （症状消失后再开始）	1. 收缩压 160~200mmHg 以上（根据病情程度） 2. 频繁呼吸（30 次以上），气喘（RPE > 17） 3. 心悸和胸痛出现 4. 头晕，冷和出汗，恶心等低血压症状 5. 运动时心律不齐增加（PVC10 次/分） 6. 运动时心电图变化（缺血性 ST 下降 1mm 以上） 7. 超过运动处方的处方心跳数，连续上升状态时 8. 没有运动处方运动时心跳数超过 150 以上
注意的情况（不用限制运动）	1. 胸廓幅度连续性增加 2. 尿量减少，体重增加 3. 痰增加 4. 疲惫感 5. 食欲不振 6. 睡眠不足 7. 下肢浮肿增加 8. 高龄者

六、其他治疗措施

心血管疾病的治疗涉及范围很广，主要包括：

（一）临床治疗

包括降压、调节和改善血循环，增强和保护心肌细胞的功能，全身支持疗法（维持全身水、电解质、营养的平衡），对症治疗（止痛、镇静、消肿等），呼吸支持疗法，并发症治疗（抗心律失常、抗感染等）、心血管疾病危险因素的纠正（降血脂、血糖等）。外科手术或介入治疗，如冠状动脉搭桥术、冠状动脉分流术（CABG）、冠状动脉腔内成型术（PTCA）、冠状动脉扩张术、瓣膜置换术等对部分缺血性心脏病、瓣膜狭窄和室壁瘤患者有效。晚期充血性心力衰竭患者可以采用心脏移植。

（二）其他康复治疗

物理治疗中的运动疗法，是心血管疾病康复治疗的主要手段。包括全身耐力训练（有氧运动）——主要是通过心肺功能试验，了解心肺功能状态及运动能力，并制定运动处方，在一定强度控制下，进行系统的运动锻炼（如跑步、踏车、划船等），提高患者的耐力和心血管功能。其他治疗包括：呼吸及其相关肌群训练、放松训练、医疗体操（如降压舒心操、太极拳等），气功（以静功为主），体外反搏、超声等物理疗法。现将心血管疾病作业治疗与物理治疗之间进行比较，归纳（表 13-4-10）。

表 13-4-10 心血管疾病 OT 和 PT 治疗比较

	OT	PT
目 标	改善日常活动能力，提高生活质量和就业能力	改善心肺功能，提高耐力，增强运动能力

续表

	OT	PT
观察指标	日常活动、生活质量、社交、工作能力评定	靶心率、血压、呼吸、关节活动范围、肌力、心肺功能、能量消耗评定
治疗方案	作业治疗计划	运动处方制定
治疗场所	早期医院，OT室，后期生活场所、就业场所	早期医院，后期PT室或运动场所
参与人员	OT，注重患者和家人共同参与	PT，注重患者积极参与
治疗内容	ADL训练、家务料理、娱乐活动、转移活动、职业训练、心理调整、能量保存技术、环境适应	有氧训练、关节活动、等张肌力练习、降压舒心操、放松练习、生物反馈、理疗、呼吸训练
健康教育	生活与行为方式的调整（睡眠、醒觉、活动与休息之间的平衡、自尊、呼吸）	危险因子的预防和控制
Ⅰ期康复重点	一般床上自我料理	一般床上关节和肌肉活动
Ⅱ期康复重点	适应和逐渐恢复正常日常活动，自我健康监督	恢复病前体力和活动能力。医疗体操、理疗、关节活动、肌力练习
Ⅲ期康复重点	恢复家务、娱乐、社交能力，心理调整、重新就业	实施有氧运动方案，改善全身耐力

（王彤　张勤　何斌）

思考题

1. 高血压病Ⅲ期康复作业疗法治疗时，患者风险管理注意事项？

第十四章 呼吸系统疾病的康复

学习目标：
一、熟悉呼吸系统疾病的临床表现与诊断
二、掌握常见功能障碍的特点
三、熟悉作业治疗的评定方法
四、掌握作业治疗的目标和方法

第一节 概 述

随着医学的发展和经济水平的日益提高，呼吸系统疾病的康复治疗已越来越受到人们的重视。医护人员的职责不仅是为患者治疗疾病，更重要的是帮助患者尽可能恢复身心健康，减少疾病对机体的影响，改善受损器官功能，减少疾病的复发。

1993年美国国家健康委员会——心、肺、血管专业委员会和新成立的国家医疗康复研究中心，对肺康复的定义进行了重新界定："肺康复是对肺疾病患者及家属多维服务的继续，通常由多学科专业医疗人员以团队形式服务，其目的在于使患者在社会中获得个人最大的独立自主生活能力和功能。"这里的肺康复就是指呼吸系统疾病的康复，它包含了多种康复治疗措施，如物理治疗中的运动疗法、吸氧治疗和气溶胶吸入治疗、呼吸训练、物理因子治疗、健康教育、心理及营养支持等。其中，呼吸系统疾病的作业治疗含义是：采用多种技巧性活动、娱乐活动、日常活动、家庭活动、职业活动等作业，改善患者的呼吸功能，学会能量保存技术，提高患者的生活质量和日常活动能力，使患者具有最大程度的生活自理能力和工作能力。

一、病因和病理基础

呼吸系统疾病已成为高患病率、高死亡率（1990年美国统计为第4位，2000年我国为第5位死因）、高致残率的主要疾病之一，其中，又以慢性阻塞性肺疾病最为多见。按年龄分55~74岁的慢性阻塞性肺疾病，在男性死因中占第3位，女性中为第4位。由于大气污染及吸烟人数增加等因素，慢性阻塞性肺疾病近十多年有逐渐增加的趋势。阻塞性肺疾病在呼吸系统疾病中十分常见，是指以气流阻塞为特征的慢性支气管炎、支气管扩张、支气管哮喘以及合并的肺气肿。慢性阻塞性肺疾病病程较长，肺功能已遭受不同程度的损害，是影响呼吸功能，限制患者活动能力的主要原因。

（一）慢性支气管炎

病理改变主要在支气管的分支部位，以小气道炎症最为突出，伴随杯状细胞大量增生，黏液分泌过多。其中，呼吸性细支气管及其黏膜结构的变化，在气道阻塞中起主要作用。炎症细胞的浸润，黏液腺肥大，同时支气管黏膜上皮纤毛数量减少，部分上皮增生，黏膜部分缺损、充血，黏膜下层弹力纤维断裂及平滑肌纤维肥大，可不同程度引起气道阻塞。

（二）支气管哮喘

在某种因素的作用下引起速发型哮喘反应，该反应主要为 IgE 介导的 I 型变态反应，表现以支气管平滑肌痉挛为主。迟发型哮喘反应主要为气道炎症，表现为炎性细胞浸润，黏膜血管渗出增加，黏膜水肿，黏液分泌增加，上皮损伤脱落。

（三）支气管扩张

是由于支气管的反复感染和阻塞，使支气管黏膜、弹力纤维、肌层及主要部分的软骨均有不同程度的损害，为纤维组织所替代，导致中等支气管的管腔扩张，腔内充满脓性分泌物，外周气道阻塞。支气管黏膜的肿胀、炎症、溃疡、坏死可刺激局部肉芽组织形成，表现为"息肉样"改变，加重气道的阻塞。气道受阻，导致呼气末大量气体残留，随着病变的进展，在支气管远端形成囊状扩张，呈蜂窝状。囊状支气管扩张，是由于支气管壁炎症过程扩展到外周肺组织及支持结构，引起破坏和纤维化。支气管黏膜"息肉样"形成，阻塞囊腔及支气管，妨碍引流，结果造成脓液积聚，囊腔进一步扩大。在扩张的囊状支气管较多见上皮化生，周围肺组织常有纤维化、小叶不张和肺气肿。

以上病变对呼吸道的损害，早期局限于细小气道，侵入大气道时，肺通气功能明显障碍，最大通气量降低。随着病情发展，远端肺泡膨大，丧失了肺回缩力，残气量及残气量占肺总量的百分比增加，肺气肿日益加重，致使肺毛细血管减少，肺泡周围毛细血管网大量破坏，此时肺区虽有通气，但肺泡壁无血流灌注，导致生理死腔增大。也有部分肺区虽有血流灌注，但肺泡通气不良，不能参与气体交换。因此，产生通气与血流比例失调，使换气功能发生障碍。通气和换气功能障碍可引起缺氧和二氧化碳潴留，发生不同程度的低氧血症和高碳酸血症，最终出现呼吸衰竭。呼气时气道过早闭塞和呼吸道阻塞，造成肺循环灌注和肺泡通气的严重失匹配，肺、右心功能减退，导致活动能力下降，生活质量降低。

二、临床表现和诊断标准

（一）支气管哮喘的诊断标准

1. 根据有无过敏原和发病年龄的不同，可分为外源性哮喘和内源性哮喘。外源性哮喘常在童年、青少年时发病，多有明显的季节性，并呈间歇性发作；内源性哮喘多有家庭过敏原，多在成年期发病，无明显季节性，多为持续发作，少有过敏史，可能由体内感染病灶引起，血液中嗜酸性粒细胞正常或稍增，IgE 正常或偏低。

2. 反复发作喘息，有带哮鸣音的呼吸困难、胸闷或咳嗽，多与接触过敏原、感染、运动或某些刺激有关，可自行缓解，或可用支气管解痉剂得以缓解。

3. 发作时双肺可闻及散在或弥漫性、以呼气为主的哮鸣音。

4. 排除可引起哮喘或呼吸困难的其他疾病，如心源性哮喘、喘息性支气管炎、支气管肺癌、变态反应性浸润等。

5. 对不典型或轻症哮喘者，应最少具备以下一项试验阳性：①可用支气管激发试验（或运动激发试验）以证实气道高反应性的存在。②用组胺或乙酰甲胆碱做雾化吸入，测定吸入前后通气功能的改变。在吸入 10 分钟时，$FEV_{1.0}$ 下降 > 20% 所需的组胺吸入量 < 7.8 μmol 为组胺激发试验阳性。但必须注意气道反应增高，并非都是哮喘。

（二）支气管扩张症的诊断标准

1. 长期咳嗽、咯脓性痰，痰量与体位改变有关，如晨起或晚间卧床时咯痰量增多，如合并有呼吸道感染急性发作，则痰量更多。痰量多少不等，多则数百毫升，少则几毫升。如有厌氧菌混合感染，则痰有臭味。收集痰液于玻璃瓶中可分离为四层：上层为泡沫，下层为脓性成分，中层为浑浊黏液，底层为坏死组织沉淀物。

2. 多数患者童年有麻疹、百日咳或支气管肺炎迁延不愈的病史，以后常有呼吸道感染反复发作。

3. 多数患者还有反复咯血，从小量血痰至大量咯血，咯血与病情严重程度有时并不一致，也有虽反复咯血，平时无咳嗽、脓痰等呼吸道症状，临床称为"干性支气管扩张"。其支气管扩张多位于引流良好的部位，且不易感染。

4. 典型 X 线表现为：肺野中有多个不规则环状透亮阴影，或沿支气管的卷发状阴影，感染时阴影内出现液平。体层摄片可发现：不张肺内变形的支气管充气征。CT 检查显示：管壁增厚的柱状扩张，或成串成簇的囊状病变。支气管造影能确诊，可明确支气管扩张的部位、性质和范围，以及病变的严重程度。但支气管造影必须在患者情况稳定和支气管大量排痰后进行，如支气管树内分泌物过多或有血液，或有急性支气管肺炎，可造成对支气管造影的错误判断。对碘敏感者或呼吸功能明显受损者，不应做支气管造影。

（三）慢性支气管炎的诊断标准

1. 主要依靠临床病史及症状，反复持续 2 年以上的经常咳嗽、咯痰或伴喘息，每年累计 3 个月，连续 2 年或以上。

2. 排除其他心、肺疾患（如肺结核、矽肺、哮喘、支气管扩张、肺癌、心脏病、心力衰竭等）所致的上述症状。

3. 如每年发病持续不足 3 个月，而有明确的下述客观依据亦可确诊：①X 线检查：可见因慢性炎症所致的管壁增厚、细支气管或肺泡间质炎症性细胞浸润或纤维化而致的两肺纹理增粗、紊乱、呈网状或条索状、斑点状阴影，尤以下肺野为明显。②呼吸功能检查：发现有小气道阻塞时，最大呼气流速—容积曲线在 75% 和 50% 肺容量时流量明显降低，它比第一秒用力呼气容积更为敏感，闭合容积可增加。发展到气道狭窄或阻塞时，即可有阻塞性通气功能障碍，如第一秒用力呼气量（FRV_1）占用力呼气总量的比值减少（< 70%），最大自主通气量（MVV）减少（< 预计值的 80%），流速—等容量线减低更为明显。

（四）慢性阻塞性肺疾病的诊断标准

1. 临床表现　这类疾病的主要特点为气流阻力增大及肺弹性回缩力降低所致的气流受限，影响了正常的呼吸功能。临床表现为：咳嗽咳痰，劳力性呼吸困难，严重时可出现呼吸衰竭症状。

2. 体检　可发现桶状胸，呼吸运动减弱，触诊语颤减弱或消失，胸部叩诊呈过清音，心浊音界缩小或不易叩出，肺下界及肝浊音界下降，听诊心音遥远，呼吸音普遍减弱，呼吸延长，并发感染时肺部可有湿啰音。

3. X 检查　胸廓扩张，肋间隙增宽，肋骨平行，活动减弱，横膈低且变平；两肺的透亮度增加，有时可见局限性透亮度增高，表现为局限性肺气肿或肺大泡；肺血管外带纹理纤细、稀疏和变直，内带血管纹理可增粗和紊乱，心脏常呈垂直位、心影狭长。

4. 有通气功能障碍　如第一秒用力呼气量占用力呼气量比值<60%，最大通气量低于预计值的80%，残气量>40%肺总量即可确诊阻塞性肺气肿。

5. 常规呼吸功能评定　多采用第一秒用力呼气量占用力呼气量的百分比，及最大自主通气量占预计值的百分比两项指标。根据其结果，可将慢性阻塞性肺疾病（chronic obstructive pulmonary disease，COPD）按程度划分（表14-1-1）。

表14-1-1　慢性阻塞性肺疾病分度参考标准

	正常	可疑	轻度	中度	重度
最大自主通气量占预计值（%）	≥90	80~90	60~79	40~59	<40
第一秒用力呼气量占用力呼气量（%）	70	60~69	50~59	40~49	40

第二节　功能障碍的特点

呼吸系统疾病中支气管哮喘、支气管扩张、慢性支气管炎都会不同程度地影响呼吸功能，妨碍患者的活动能力，最具有代表性的是慢性支气管炎等，导致的阻塞性肺疾病最终会引起心肺功能衰竭。以往的观点认为呼吸器官具有极大的代偿功能，一旦出现呼吸衰竭症状就意味着代偿潜力的完全丧失，肺功能已无恢复的可能。不少患者因呼吸困难等症状的困扰，对疾病产生恐惧、焦虑、忧郁，精神负担加重，患者主观上希望通过限制活动来减轻症状，造成患者体力和适应能力的进一步下降，日常活动不能自理。活动减少使疾病加重，疾病加重使活动进一步受限，导致恶性循环。使低氧血症、红细胞增多症、肺心病和充血性心力衰竭等并发症相继发生。因此，认识呼吸系统疾患对功能的影响十分重要。

一、有效呼吸减低

由于慢性阻塞性肺疾病等的病理生理变化，患者在呼吸过程中的有效通气量降低，呼气末残留在肺部的气体增加，影响了气体的吸入；长期慢性炎症，呼吸道分泌物的引流不畅，影响了肺部充分的气体交换；不少慢性支气管炎患者年龄偏大，有不同程度的驼背，支撑胸廓的肌肉、韧带松弛导致胸廓塌陷，加之肋软骨有不同程度的钙化，都会限制胸廓的活动，导致肺通气量下降。使患者出现缺氧症状，临床上表现为劳力性气短、气促、咳嗽、咳痰等，给患者带来极大的痛苦。

二、形成病理性呼吸模式

由于肺气肿的病理改变，限制了膈肌的活动范围，影响了患者平静呼吸过程中膈肌的上下移动，减少了肺通气量。患者为了弥补呼吸量的不足，往往在安静状态以胸式呼吸为主,甚至动用辅助呼吸肌(如胸大肌、斜角肌、斜方肌等),即形成了病理性呼吸模式,这种病理性呼吸模式造成正常的腹式呼吸模式无法建立,更限制了患者的有效呼吸。

三、呼吸肌无力

患者有效呼吸减少、呼吸困难及病理性呼吸模式的产生,活动量减少,造成运动能力的降低,均影响膈肌、肋间肌、腹肌等呼吸肌的运动,产生呼吸肌无力。

四、能耗增加和活动能力减退

由于患者病理性呼吸模式,使许多不该参与呼吸的肌群参与活动,气喘、气短、气促、咳血常使患者精神和颈背部乃至全身肌群紧张,增加体能消耗,呼吸本身所需消耗的氧量占机体总耗氧量从正常的2%增高到近50%,有效通气量减少的同时伴随体内氧耗增加,进一步造成患者的缺氧状态。同时,患者因心理因素惧怕出现劳力性气短,限制了患者的活动能力,迫使一些患者长期卧床,丧失了日常活动能力和工作能力。此外,患者在呼吸急促、气短时,会动用辅助呼吸肌参与呼吸,而一些辅助呼吸肌是上肢肩带肌的一部分(如胸大肌、胸小肌、斜方肌等),参与上肢的功能活动,患者活动上肢时就影响了辅助呼吸肌协助呼吸运动,易引起患者气短、气急,造成患者害怕进行上肢活动,使日常活动受到明显限制。

五、心理变化

患者由于长期处于供氧不足状态,精神紧张、烦躁不安、咳血、胸闷、气短、气促等症状,严重干扰患者的休息、睡眠,反过来又增加了患者体能的消耗,造成一种恶性循环,给患者带来极大的心理压力和精神负担。

呼吸系统以外的其他伴随疾病,如心脏病、高血压、胃肠道疾病、肾脏疾病等也需仔细了解,因为这也会影响患者的活动能力。如患有癌症、脑血管意外或其他器质性脑病、心力衰竭、严重呼吸衰竭、严重关节炎等,可限制患者活动,使其难以从肺康复中获益。

第三节 作业评定

一、医学评价

制定作业治疗方案之前,应首先对患者的情况进行全面的临床和康复功能评定。表14-3-1列举出呼吸疾病患者的一般医学评价。作为定性,定量-半定量评价的肺功能检查和 Medical Research Council(MRC)(表14-3-2),Fletcher-Hugh-Jones(HJ)分类等呼吸困难的评价,运动耐受能力评价和营养学评价也很重要。COPD中指出实测体重比标准体重低,其中原因是呼吸肌能量消耗增大的代谢亢进导致,安静时能量消耗增加到预测值的120%~140%。运动耐受能力的改善,不仅仅是运动疗法,还应该充分考虑到营养疗法。

表 14-3-1　关于呼吸疾病一般的医学评价

定性的评价	定量-半定量的评价
源疾患	呼吸困难感（MRC 等）
病历、治疗经历	动脉血氧饱和度（SpO_2）
临床症状	肺功能检查（肺容量测定、弥散功能等）
病理检查	最大吸气肌力（口腔内）
血液检查	运动耐受能力（6 分钟步行试验，功率车运动试验）
胸部 X 线检查	营养学评价（BMI，血液总蛋白等）
心电图	

表 14-3-2　Medical Research Council 气短

0 级	感觉不到气短
1 级	感觉到强力运动时气短
2 级	平地步行，登上平缓的坡道时感觉到气短
3 级	与同龄人相比平地步行稍慢
4 级	步行约 100 英尺后休息，稍后阶段步行后休息
5 级	气短时不能自己单独外出，穿脱衣服时也产生气短

二、信息收集

关于呼吸疾病的问诊，听取前面表述的特征性生活障碍是十分必要的，因为患者的疾病大部分是进行性的。关于疗养养状况，了解家族环境和环境、社会环境、利用社会保障制度情况等是十分必要的。而且，患者本身对于疾病的认识和治疗态度，是否存在妨碍疗养的心理社会因素以及是否希望获得康复的欲望也是实施作业疗法时的重要信息。

表 14-3-3　作业疗法评定

问诊
疗养状况（家庭环境、家族环境、社会环境、社会保障制度的利用等），疾病的病程，患者的环境变化、对疾病病程心理上和行动上的反应，对于疾病的认识和治疗态度，妨碍治疗的心理社会因素，取得康复的欲望
身体功能评定
四肢、胸廓的活动范围测定，肌力测定（含呼吸辅助肌力）
呼吸方式，呼吸生活障碍评定
ADL 评定（有无使用氧气疗法，动作方法，环境，活动时的 SpO_2，f，HR，BS 的综合评定）
IADL 评定（关于上面的 ADL 评价内容，含自己家里的工作）
认知、心理、QOL 评定
心理功能评定（不安，焦虑等）
认识功能评定（MMSE，记忆力检查等）
QOL 评价［健康关联 QOL（Short Form-36 等），疾病特异的 QOL（St. George's Respiratory Questionnaire，Chronic Respiratory Questionnaire 等）］

三、ADL 评定

ADL 评定中常用的方法包括功能独立性评定（FIM）、巴氏指数（Barthel Index）等，在使用这些评定方法进行评定时需要注意对患者的反应做认真、细致的观察，找到需要我们给予患者辅助的具体内容。如容易诱发呼吸困难的活动等。

表 14-3-4 易诱发呼吸困难的活动

易诱发呼吸困难的活动	原因	具体的事例
上举上肢的动作（特别的上举90°以上的双手动作）	引起呼吸辅助肌肉斜方肌、胸锁乳突肌等紧张，制约换气	双手洗头 上举上肢拧干洗濯物
上肢的反复动作	在空间内反复上肢导致呼吸辅助肌过度应用造成紧张，而且比较频繁的反复运动，扰乱呼吸节奏	洗身体 用抹布擦窗户和浴池清扫 使用吸尘器
压迫胸腹部的动作	比较压迫胸腹部，限制负担呼吸约 70% 的膈肌的活动	坐位弯曲躯干穿袜子和鞋，
停止喘气动作	停止喘气产生呼吸方式混乱	谈话和饮食（重病例）

四、生活质量（QOL）的评定

前面的章节对于 QOL 做了具体介绍，现在常见的包括 A（LSIA）（生活满意指数）、QOLI（生活质量指数）、QOL-BREF（世界卫生组织生存质量测定量表简表）和 SF-36（健康状况调查问卷）。

第四节 作业治疗

一、治疗目标

呼吸系统疾病作业治疗的对象，主要是患 COPD（如慢性阻塞性支气管炎、支气管哮喘、支气管扩张、阻塞性肺气肿）多年，并已伴有不同程度肺功能损害的患者，也包括某些肺囊性纤维化和限制性肺疾病患者。目前，已逐步扩展至其他处于病情稳定的限制性和阻塞性肺疾病、胸壁创伤后、胸腔手术后、神经麻痹所导致的呼吸功能障碍以及肺移植术后等病患，可根据不同情况选择应用。

患者应有参加康复的积极要求、必要的经济条件以及家庭其他成员的支持，因为患者是康复治疗的中心和关键，决定康复方案成败的是患者对疾病的了解、态度和个人需要达到的目标，康复过程自始至终都需要患者积极参与。制定康复方案最重要的，就是必须根据患者的具体情况和个体化原则，充分考虑患者肺疾病类型、严重程度、其他伴随疾病、社会背景、家庭情况、职业和教育水平等因素。

由于慢性阻塞性肺疾病是一个不可逆转的病理生理和精神病理学过程，治疗不能仅限于急性加重期的成功抢救和对症治疗，而应通过循序渐进的康复治疗来减轻病痛，改善功能和提高生活质量。对支气管哮喘、支气管扩张以及慢性阻塞性肺疾病的作业治疗目标基本一致，包括：减轻患者临床症状，改善机体运动能力，减轻心肺负担，提高呼吸功能，减轻精神压力，改善日常生活自理能力，恢复工作能力。通过日常活动能力训练、适合患者能力的职业训练、有效的能量保护技术及适当环境改建等来实现使患者减少住院天数，最终摆脱病痛的折磨，提高生活质量，早日重返家庭和社会，并延长患者寿命和降低死亡率。

二、治疗基础

作业治疗的主要作用是纠正患者日常生活活动中出现的病理性呼吸模式，通过呼吸功能再训练，重建生理性呼吸模式——腹式呼吸，提高患者活动、工作能力。这主要取决于：

（一）运动训练效应

运动训练只有通过一定运动量的刺激，才获得相应的运动效应，即运动能力的提高。因此，选择合适的运动强度、运动时间、运动频率十分重要。只有超过日常生活活动强度的运动，才能产生训练效应，一旦中止训练，效应即逐渐减退以至消失。对慢性阻塞性肺疾病患者进行运动训练，可以明显提高运动耐力，减少日常生活中产生的气短、气急症状，从而显著提高生活质量。过去认为，慢性阻塞性肺疾病患者稍动即产生呼吸急促，不适宜参加运动，因而习惯于少动甚至不动的生活，由此，导致全身失健，反而使症状加重，造成恶性循环。为了中止这个循环，应积极鼓励患者进行肢体耐力训练，对一些重症患者，则可鼓励在吸氧同时进行活动。

（二）肺功能潜力代偿

正常肺组织有很大的潜在功能，成人静息通气量只有 6 升，而最大每分钟通气量可以达到 100 升，相当于 17∶1，肺循环也有巨大的代偿能力，在全肺切除、血管床减少一半的安静情况下，肺动脉压仍可维持在正常范围。这说明呼吸系统疾病即使破坏了一部分的肺功能，但通过康复训练，可以调动其潜在功能进行代偿，以维持人体正常功能活动的需要。

（三）呼吸运动节律可以受意识调节

正常人的呼吸节律运动受多种因素的调节，延脑呼吸中枢通过肺牵张感受器、CO_2、O_2 张力的变化，影响调节呼吸的兴奋性和节律性，同时大脑皮层可以有意识地控制呼吸。因此，呼吸可以在一定程度上受意识支配，可以进行人为干预，使得呼吸功能再训练成为可能。

（四）呼吸运动的动力

呼吸需要膈肌、肋间肌、腹肌的参与，通过这些肌肉运动，改变胸腔容积，促进气体交换。由于吸气是主动相，呼气是被动相，因此，可以通过训练呼吸肌，达到重新建立呼吸模式。

三、治疗选择

（一）适应证和禁忌证

1. 适应证　为病情稳定的 COPD 患者。康复治疗的指征在于：顽固和持续的功能障碍，包括呼吸困难、运动耐量下降以及活动受限，而不在于肺本身病理损害的严重程度。

2. 禁忌证　包括严重肺动脉高压，不稳定心绞痛及近期心梗，认知功能障碍，充血性心衰，明显肝功能异常，癌转移，残疾性脑卒中，近期脊柱损伤、肋骨骨折、咯血及严重骨质疏松患者禁忌做胸部叩击及震颤。

（二）康复方案的选择

为实现康复目标，应根据患者情况，制定相应的康复计划。一般每期康复疗程安排8周，每周3天。

1. 慢性阻塞性肺疾病　患者应选择能提高全身和肢体耐力的作业活动进行训练，增强心功能，提高机体运动能力，恢复活动能力。在获得正常、轻松的呼吸方式、形成有效呼吸模式、改善呼吸协调控制（呼吸频率和呼吸模式）的同时，促进呼吸与日常活动相协调，并在改善呼吸功能的同时提高患者ADL能力。如果呼吸功能改善有限，应指导患者学会能量保存技术。建立"控制呼吸的能力"的自信心，有助于精神放松。

2. 支气管哮喘和支气管扩张　指导患者进行正确而有效的呼吸练习，配合体位引流、胸壁按摩和有效的叩击、震颤技术促进咳嗽及排痰。帮助相关呼吸肌群放松，提高呼吸效率，减少身体不必要的能量消耗，保持ADL和一般活动的自理。提高机体抵抗力和对环境的适应能力，减少疾病的反复发作。

3. 肺部手术前后　主要防止各种并发症。术前学会正确的呼吸方法，鼓励患者术后咳嗽排痰和早期主动活动。加强呼吸运动和上肢关节活动，尽早下床活动。

四、治疗方法

呼吸系统疾病的作业治疗，在许多方面与心血管疾病的作业治疗相似，如提高日常活动能力、能量保存技术、就业能力训练等，可以作为参考。

（一）提高运动能力的作业治疗

有针对性地选择能提高全身耐力和肌肉耐力的作业活动，改善心肺功能，恢复活动能力。这是作业治疗和物理治疗都必须涉及的部分。

1. 选择提高耐力的作业活动　可以促进阻塞性肺疾病患者心功能的增强，增加活动能力，减轻呼吸困难症状，改善精神状态。常见的提高耐力的作业活动包括：一些中等强度的文体、娱乐和职业活动。如文体活动中的快走、划船、骑车、游泳、打乒乓等；文娱治疗中的游戏、登山、跳健身舞等；职业治疗中的木工活、家务劳动、陶瓷工艺制作等。每项活动开始进行5分钟，休息适应后逐渐增加活动时间。当患者能耐受20分/次的活动后，即可以增加运动强度。每次运动后心率至少增加20%~30%，并在停止运动后5~10分钟恢复至安静值，或活动至出现轻微呼吸急促为止。每次训练前和训练后，将肢体的牵伸活动或柔韧体操作为准备和结束活动。对于严重的慢性阻塞性肺疾病患者（稍动即出现呼吸急促者），可以边吸氧边活动，以增强活动信心。可以进行每周3~5次，每次1~1.5小时（逐渐延长时间）的快走、慢跑、下肢功率车、活动平板等训练，强度除采用心率（按年龄计亚极量，再取其50%~70%的心率）控制外，再加上有无出现轻度呼吸急促症状。这些训练可以参照心血管疾病运动疗法中的有氧训练，先进行活动平板或功率车运动试验，得到实际最大心率及最大MET值，然后根据下表确定运动强度（表14-4-1）。

表 14-4-1 运动强度的选择

运动试验终止原因	靶心率（最大心率%）	靶 MET 值（最大 MET%）
呼吸急促，最大心率未达到	75%~85%	70%~85%
达到最大心率	65%~75%	50%~70%
心血管原因	60%~65%	40%~60%

除心率控制外，还应增加呼吸症状控制，即运动后不应出现明显气短、气促（即以仅有轻度至中度气短、气急为宜）或剧烈咳嗽。训练频率可从每天 1 次至每周 2 次不等，达到靶强度的时间为 10~45 分钟，一个训练计划所持续的时间通常为 4~10 周，当然时间越长效果越明显。以后为保持训练效果，患者应在家继续训练。一次运动训练宜分准备活动、训练活动、结束活动三部分进行，准备活动及结束活动以缓慢散步及体操为宜，时间为 5~10 分钟，在活动中注意呼气时必须放松，不应用力呼气。

2. 选择提高上肢活动能力的作业活动　由于上肢肩背部很多肌群既是上肢活动肌，又为辅助呼吸肌群，如胸大肌、胸小肌、背阔肌、前锯肌、斜方肌等均起自肩带，止于胸背部。当躯干固定时，辅助肩带和肩关节活动；而上肢固定时，这些肌群又可作为辅助呼吸肌群参与呼吸活动。慢性阻塞性肺疾病患者在上肢活动时，由于这些肌群减少了对胸廓的辅助活动，容易产生气短、气促，对上肢活动不能耐受。反之呼吸困难的患者由于上肢辅助呼吸肌参与呼吸，而影响上肢的活动。

日常生活中的很多活动如做饭、洗衣、清扫等都离不开上肢活动，为了加强患者上肢的活动能力，可以多设计一些上肢的作业活动，包括在无支持下做上肢高于肩水平的各种活动，如投球、高处取物。可以用体操棒做高度超过肩部水平的各个方向的练习或高过头的上肢套圈练习，还可手持重物（0.5~3kg）做高于肩部的活动，以后渐增重量至 2~3kg，每活动 1~2 分钟，休息 2~3 分钟，一天二次。还可以练习手摇车，以无阻力开始，5W 增量，运动时间为 20~30 分钟，速度为 50rpm，以运动时出现轻度气急、气促为宜。患者可以根据自己的情况选择合适的活动，如划船、游泳、跳绳、打保龄球等以上肢抗阻为主的文体活动。活动量以出现轻微的呼吸急促及上臂疲劳为度。

美国胸科医师学会认为，上肢训练可在提高上肢肌肉耐力的同时也提高全身耐力，使单侧上肢活动时身体代谢需求及呼吸需求下降，从而缓解呼吸困难症状。训练需遵循循序渐进的原则，活动量由小到大，运动时间逐渐过渡到 20~30 分，每周至少 3 次，随着患者运动能力的提高，对呼吸困难的耐受性也随之增强，生活和工作质量均有不同程度改善。

3. 提高有效呼吸的作业活动　运动疗法中指导患者进行腹式呼吸、缩唇呼吸，加强呼吸肌力量。作业治疗可以选择一些同样可以提高呼吸功能效果的方法，如练习吹气球、口琴、口哨、笛子，让患者用直径、长度不同的吸管插入深度不同的水杯用力吹泡泡，此外，吹不同距离的乒乓球、点燃的蜡烛等既可以缩唇呼吸，又锻炼了呼吸肌。

(二) 提高日常生活活动能力的练习

患者往往因呼吸问题和精神紧张，而不能独立完成日常生活自理。日常生活能力的训练正是为此而设计的。

1. 学会日常活动中的有效呼吸　练习主要是教会患者，如何将正常呼吸模式即腹式呼吸与日常生活协调起来，如何正确运用呼吸，增加呼吸的信心，避免生活中的呼吸困难。练习要求：身体屈曲时呼气，伸展时吸气；用力时呼气而放松时吸气；上楼梯或爬坡时，先吸气再迈步，以"吸—呼—呼"对应"停—走—走"；如果要将物品放在较高的地方，则先拿好物品同时吸气，后边呼气边将物品放在所需位置。一些一次吸呼无法完成的活动，则可分多次进行，必须牢记吸气时肢体相对静止，边呼气边活动。例如，让患者模拟开/关门动作，要求患者站在门边，先吸气并握住门把，后边呼气边将门拉开/推上，练习多次至自然为止。

2. 学会日常活动中的自我放松　多数患者由于长期呼吸功能障碍和精神紧张导致全身肌肉紧张。放松训练有助于阻断精神紧张和肌肉紧张所致的呼吸短促的恶性循环，减少机体能量的消耗，改善缺氧状态，提高呼吸效率。

放松治疗有两个含义：一个是指导患者学会在进行各项日常活动时，身体无关肌群的放松；另一个是，选择可以让患者全身肌肉放松的作业治疗活动。常用的方法：

（1）传统医疗性静松功　要求患者置于舒服的体位，坐位或卧位均可。松开衣领、袖口、裤带等束缚身体的东西，双眼微闭，思想集中在"静——松"上。可默念"头颈松—肩膀松—手臂松—胸腹松—背部松—大腿松—小腿松"七步放松，如果身体有不舒服的地方，可随默念顺序调整至舒适为止，如此反复，直至完全放松。

（2）坐位或立位放松法　患者取舒适坐位，躯干和头前倾依靠在身体前桌上被子或枕头上，两手放在被子或枕头下，让肩背部肌肉充分放松；患者也应学会站位下的放松，即双脚离墙根或家具少许，腰背部依靠坚实的墙或家具，双手自然下垂，含胸塌背，使肩背部肌肉完全放松。

（3）对于不容易掌握松弛的患者，可先教其充分收缩待放松的肌肉，然后，让紧张的肌肉松弛，以达到放松的目的。头颈、躯干、肢体的缓慢摆动，轻缓的按摩、牵拉也有助于肌肉的放松。

（4）坐位或行进中双上肢前后自然摆动，有利于上肢和躯干肌肉的放松。

（5）缓慢、深长的呼吸练习本身就是一种放松（参见《临床运动疗法学》）。

（6）选择一些可以调节精神紧张、转移注意力，促进全身肌肉放松的治疗，如园艺治疗中的养植花草，在树林、草地上休闲漫步，弄球疗法，养鱼、养鸟等活动以及音乐疗法都可以起到调整情绪、放松肌肉的作用。

（7）学会在各种活动中的放松，教会患者在日常活动、家务劳动、职业劳动、社交活动中的放松方法，注意选择合适、舒适的体位，让患者头、颈、肩背部、肢体位置恰当、有依托，减少这些肌肉长时间紧张。在日常活动中可以一边听音乐一边进行活动，活动安排有计划，保证充裕的时间。在完成某项作业活动时，要充分放松那些无用肌，以保存自己的体力和能力（见能量节约技术）。

3. 学会日常活动中能量保存　强调节能技术的运用，可以减少日常生活中的能耗，使体能运用更有效，增强患者的生活独立性，以减少对他人的依赖。先对活动进行计划安排，包括活动节奏的快慢程度，活动强度的轻重交替，活动中的间隙休息等，这些都是节省体力、避免不必要氧耗的有效手段。像坐着比站着省力，经常用的东西放在随手可拿到的地方，避免不必要的弯腰、转身、举臂、前伸，如果有必要可借助棍子、叉子等辅助用具拿取物品，提较重的东西尽量用推车，而推比拉省力，活动时动作要连贯缓慢，有一定的休息间隙。具体原则如下：

(1) 活动或做事前先将准备工作做好，所需物品和资料放在开始就要用的地方，如有可能尽量选择左右活动，避免前后活动。

(2) 坐位比站位省力，尽量选择坐位处理事情。

(3) 日常生活用品应放在随手可及的地方，避免不必要的弯腰、伸手。

(4) 移动物品时用双手且靠近身体，搬动笨重物体用推车，用手推比拉省力。

(5) 活动要连贯并缓慢进行，活动中要经常休息，轻重事情交替进行。

(6) 动作过程中缩唇并缓慢呼气。如坐位穿鞋，应先将鞋拿起，再把同侧的脚放在另一侧大腿上，穿鞋系带，（另一只脚同对侧）而不要弯腰低头在地上穿鞋。

4. 注意日常活动中的身体姿势　长期的呼吸肌以及辅助呼吸肌的紧张、胸廓钙化使患者含胸驼背，不仅姿势不良，且影响正常呼吸。纠正不良姿势的练习如下：

(1) 增加胸廓活动：患者中立坐位，双手叉腰，吸气，躯干向一侧屈，同时呼气，还原吸气，躯干再向另一侧屈并呼气，再还原。如躯干向一侧屈时另侧的上肢能同时上举，则效果更好。

(2) 挺胸、牵张胸大肌：吸气挺胸，呼气含胸耸背。

(3) 肩带活动：坐位或立位，吸气并两臂上举，呼气同时弯腰屈髋双手下伸触地。

(4) 纠正驼背：立于墙角，面向墙壁，两臂外展90°、屈肘90°，双手分别置于两侧墙上，双脚静止而身体向前移动并挺胸。也可双手持体操棒置于颈后部，双手与肩同宽以牵伸胸大肌、挺胸。以上练习每个持续5~10秒或更长些，每组5~10个，每天2~3次。

5. 列举 ADL 训练策略相关要点（表 14-4-2）

表 14-4-2　ADL 训练策略相关要点表

方　法	原　因	具体活动
调整动作速度	减少单位时间内的工作量	洗澡动作，用吸尘器等的上肢的动作
活动过程中适当的休息	减轻要求一定时间内连续活动带给心肺的负担	入浴时一连串动作，做饭
改正动作方法	避免容易诱发呼吸困难的动作，学习高效率的动作方法	
进行有节奏呼吸动作	呼吸频率的维持，换气的效率化	洗澡动作，排便
动作简单化	消耗能量的节约	一次脱下裤子和内衣
改造环境	消耗能量的节约	洗澡架和床的介入，家务时使用椅子
确认返回到安静状态需要多长时间	制定恰当的休息时间	探讨入浴和家务等所必要的时间
反馈 ADL 训练结果	根据 ADL 训练呼吸困难感和 SpO_2，正确认识 HR 的改善，设法做到可以自己管理	进行 ADL 训练活动

6. 相关 ADL 动作指导（代表性活动）

（1）鞋和袜子穿脱、剪指甲：到达足部的相关活动影响髋关节和脊柱的活动性，容易导致腹部的压迫产生呼吸困难。通常紧抱下肢造成髋关节过度被屈曲的情况较多，外展、外旋髋关节可以避免腹部的压迫，可以减轻呼吸困难。穿鞋、剪指甲等动作也存在同样的问题。

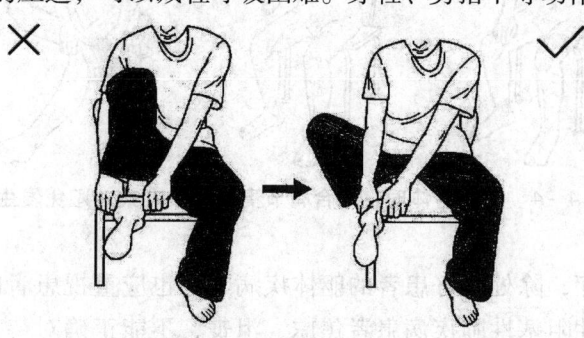

图 14-4-1　变换下肢动作，避免腹部压迫

（2）饮食：热的、刺激性强的食物容易打乱呼吸方式。而且一口气吃完也诱发呼吸方式变乱，所以不时的休息比较好。

食物形态为水分和面类的容易造成 SpO_2 低下。而且，还要注意热气和酸性等造成呛、噎的食物。

（3）排泄：蹲着排便压迫腹部容易造成 SpO_2 低下。利用坐便方式排便会减少腹部压迫，而且做动作时站起的能量消耗也较少。

排便时，如果做不到直接排出，可一边慢慢呼吸一边感觉便意比较好。排便后不要马上移动，稍事休息一下再做下一个动作。

（4）理容：洗脸动作为了不在憋气的情况下进行，前后中间要加入休息，调整呼吸方式，然后再进行下一个动作。

刮胡子、化妆和刷牙是反复的动作，特别是刷牙时口腔内用力，容易扰乱呼吸方式，应注意加入休息来调节。另外使用电动牙刷也是很有必要的。

（5）入浴：呼吸疾病患者 ADL 中训练最多的项目是入浴。首先，开始入浴前，需要患者做到浴室的移动→脱衣→浴室内的移动→洗身体（图 14-4-2）→洗头发（图 14-4-3）→出入浴池→擦身体→穿衣等一系列动作，由很多步骤构成（图 14-4-4）。特别是在泡在浴缸里时，血压会发生变化，心肺功能也受到很大的影响，尤其需要注意。

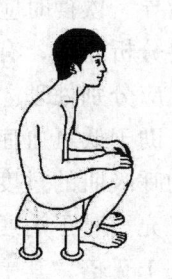

图 14-4-2　选择适合的座椅，避免不必要的压迫

图 14-4-3　选用洗头罩，避免浴泡和水流造成呼吸压迫

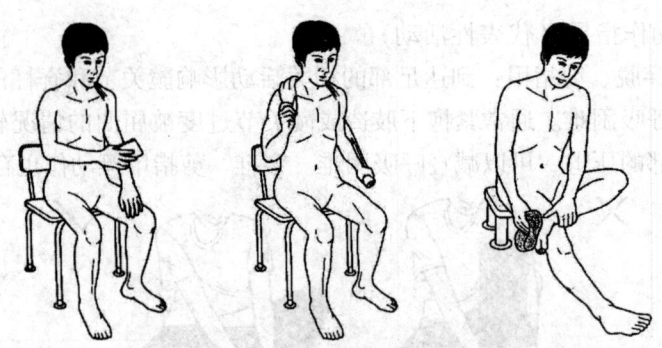

图 14-4-4 擦洗身体时，配合有节奏的呼吸方式，避免发生憋气

(三) 心理治疗

成功的肺康复治疗，除处理好患者的躯体疾病外，也应重视患者的心理障碍问题。长期的慢性过程常使慢性阻塞性肺疾病患者焦虑、沮丧、不能正确对待疾病，有可能进一步加重患者的残障程度。因此，心理及行为干预非常必要。

指导患者学会放松肌肉、减压及控制惊慌，有助于减轻呼吸困难及焦虑。关心、同情、帮助患者，鼓励患者树立与疾病做斗争的勇气，增强和疾病做斗争的信心，通过耐心细致的说服和解释工作，消除各种不必要的顾虑，支持其力所能及的各种社会活动和交往，并动员患者的家属、朋友一起做工作。

(四) 职业治疗

康复治疗的最终目的，是让患者回归家庭，回归社会。职业治疗就是患者重返工作岗位的前期准备。可以模拟患者从前的工作岗位和工作环境，在治疗师的指导下进行工作操作。如果患者已经不适合以前的职业，治疗师可以根据患者的兴趣，选择一些患者可以胜任的工作加以练习，并向有关部门提出建议（详细内容参见心血管疾病的作业治疗章节）。

(五) 饮食疗法

营养状态是慢性阻塞性肺疾病患者症状、残疾及预后的重要决定因素，包括肥胖及消瘦两种情况。消瘦原因包括：不充分的食物摄入，食物产热作用不足，休息时能量消耗增加等，大约 25% 的慢性阻塞性肺疾病患者有体重指数下降，而体重指数下降是慢性阻塞性肺疾病患者死亡的独立危险因素。在肺康复中改善营养状态，可增强呼吸肌力量，最大限度地改善患者的整体健康状态。肥胖会增加呼吸系统做功，尤其在那些需要承载身体重量的活动中，如爬坡、上下楼、走路等。因此，应当鼓励患者减肥。COPD 患者一般给予低脂、复合碳水化合物饮食，伴高碳酸血症者，应给予必要的饮食指导。饮食时应避免过多的液体量引起水肿和加重心脏负担。因呼吸困难引起食欲减退时要分析原因，有时可能是不自主的吞咽气体过多引起腹胀，有时可能是药物引起胃部不适，应分别处理。食欲未恢复前可少食多餐，食欲很差的患者应注意补充营养。就餐时吸氧有助于低氧血症患者吃得舒适。肥胖患者应设法降低体重以减少呼吸做功。呼吸困难、辅助呼吸肌的过度用力，都会增加患者热能消耗，致体重进行性下降，必须增加适当的营养补充。对于消瘦的患者来说，应当增加热卡的摄入，每天摄入的热卡应是休息时能量消耗的 1.7 倍，其中蛋白质应当每天至少摄入 1.7g/kg 体重。如果患者病情较重，进食时出现呼吸困难，应强调少量多次进食。注意维持患者正常的血钾、镁、磷水平，以保证肌肉的强度和耐力。

(六) 房屋及家庭环境的改建

为了增强患者生活独立的信心，减少对他人的依赖，治疗师应该提供有关患者功能状况的信息，必要时通过家庭、周围环境的改造，使患者可以发挥最大潜能，完成生活的独立。

(七) 健康教育

在治疗的同时让患者了解有关疾病的知识，是控制疾病、延缓疾病发展的重要手段。患者应该了解所患疾病的基本知识，包括药物的治疗作用和用法及副作用，以便患者自我管理和照顾。花粉、飞沫、灰尘、清洁剂、烟雾、寒冷等，都是不良刺激因素，会影响病情。教会患者如何保存体能，用最省力的方法独立完成日常生活活动。指导患者养成良好的日常生活姿势习惯，运用适当的躯体力学原理完成诸如举、搬、接、推、拉、梳头、洗澡等基本生活动作；必要时学会利用各种辅助设备帮助完成生活活动。合理安排活动的时间、频率及程序，保证既完成活动又不过分疲劳。指导患者掌握正常的呼吸方式和养成良好的呼吸习惯，管理好自己的呼吸道。呼吸系统疾患的患者由于呼吸道抵抗力很弱，极易患感冒，而继发感染会导致支气管症状加重，可采用防感冒按摩、冷水洗脸、食醋熏蒸、体质训练等方法预防感冒，减少发病的可能。保持所处环境的空气清新和通畅，每天开窗、开门，保持空气流通，减少呼吸道感染的机会，另外强调戒烟和避免被动吸烟，也有助于减少呼吸道分泌物，降低感染的危险性。积极治疗呼吸系统疾病，控制炎症，减少疾病的反复发作。在康复健康教育中，患者需要掌握以下基本知识，这是预防和控制这类疾病的重要环节。包括：

1) 认识正常呼吸道的解剖结构和呼吸肌的功能。
2) 认识呼吸在人体生命中的重要作用。
3) 掌握正常的呼吸方式和呼吸节律，注意保持呼吸道清洁卫生。
4) 氧气的正确及安全使用　长期低流量吸氧（<5 L/min），可提高患者生活质量，使慢性阻塞性肺疾病患者的生存率提高2倍。在氧气使用过程中主要应防止火灾及爆炸，在吸氧过程中应禁止吸烟。
5) 认识吸烟的危害。

五、其他治疗措施

(一) 临床治疗

主要包括病因治疗，采取抗感染治疗，尤其是COPD急性加重多与病毒感染和细菌感染有关。

使用抗感染药物是治疗细菌感染急性加重的主要措施。呼吸道分泌物中致病菌的培养对选用敏感抗生素有一定的指导作用，针对感染的病原体选择药物，是抗感染治疗的原则。一旦感染得到控制应及时停药，采用支气管舒张剂，以缓解支气管平滑肌痉挛，使支气管舒张，缓解气流阻塞，使患者症状缓解；采用黏液溶解剂和祛痰剂，以促进气道黏膜纤毛上皮运动，加速痰液的排除，或降低痰液黏稠度，以利于咳出；使用呼吸兴奋剂对COPD伴呼吸衰竭者有增加通气和减轻CO_2蓄积的作用；糖皮质激素主要用于呼吸系统过敏性疾病和支气管哮喘；神经精神药物在控制患者心理障碍和神经症状方面具有调节作用。

其他一般措施包括：对症处理和维持全身水、电解质平衡；保持呼吸道通畅；预防感冒，应用免疫治疗，进行预防疫苗注射等；适当的营养，包括饮食习惯的调整，控制体重。

（二）吸氧和雾化治疗

患者因缺氧而惧怕运动，不恰当运动却又加重缺氧症状。因此，常常限制了整体的活动。事实上这种选择并不能改变缺氧状态，反而使病情恶化，特别对重症患者更是如此。鼓励患者每天吸氧 15 小时（包括睡眠中吸氧），可以明显延长生存率。COPD 急性加重期可通过鼻导管、Venturi 面罩或通过机械通气给氧。吸氧浓度应从低流量开始，一般鼻导管吸氧的氧流量应为 1~2L/min，然后视缺氧情况予以调整。若患者在清醒状态下出现低氧血症，那么在睡眠时同样也可存在，因此，宜在晚间继续吸氧。在吸氧治疗中应注意防止出现氧中毒，注意二氧化碳蓄积和氧容器在存放、转移和使用中的安全。雾化疗法可湿化呼吸道，稀释痰液使之易于排出，目前以超声雾化法效果尤佳。常用药物有 4% 碳酸氢钠 20ml，α-糜蛋白酶 5mg，加生理盐水 20ml；或用 10% N-乙酰半胱氨酸 3ml，雾化吸入，必要时可重复使用。

（三）病因治疗

吸烟是引起呼吸系疾患的主要危险因素，应采取各种方法，使患者终止吸烟。实践证明，一旦停止吸烟，呼吸道阻塞的速度明显减慢，早期患者的病变可得到控制。此外，控制职业性或环境污染，避免或防止粉尘、烟雾及有害气体吸入，在病因治疗中亦至关重要。

（四）物理治疗

其他康复措施还包括：物理治疗中运动疗法，包括建立正常的腹式呼吸模式、缩唇呼吸；加强胸部扩张运动和呼吸肌的力量；采取有效咳嗽、体位引流促进排痰，保持和改善呼吸道的通畅；放松训练有助于阻断气短、气急所致的精神紧张和肌肉紧张，减少体内能量消耗，提高通气效率。采用超短波、超声雾化等理疗有助于消炎、抗痉挛，利于排痰，保护黏膜和纤毛功能；呼吸反馈训练是帮助患者进行腹式呼吸或较慢频率的胸式呼吸的有效方法。还可以采用膈肌起搏/电刺激呼吸等改善呼吸功能。

（王彤　张勤　何斌）

思考题

1. 慢性阻塞性肺疾病患者 ADL 训练相关要点是什么？

第十五章 精神疾病的康复

> **学习目标：**
> 一、理解中国精神障碍的分类及特征。
> 二、理解精神障碍作业疗法的历史以及精神障碍作业疗法理论
> 三、理解作业疗法的构造和要素
> 四、掌握精神障碍作业疗法中常用的作业活动
> 五、掌握各种精神障碍的作业疗法

精神疾病（mental illness）是指在内、外各种致病因素的影响下，大脑功能发生紊乱，导致认识、情感、意志、行为等精神活动不同程度障碍的疾病。世界卫生组织（WHO）的数据指出：中国患有精神疾病的人数占总人口的 7% 以上。患有精神疾病的人数已经超过了心脏病和癌症患者的人数，已经成为当前社会的一个大问题。

我国制定了《残疾人保障法（1990）》，残疾人的福利政策有了法律依据。从 1991 年开始，作为残疾人事业的重要一环，《全国精神病预防·治疗·康复政策"八·五"实施法案》开始实施。实施法案的主要内容有：

1. 向精神病患者提供康复服务。
2 针对贫困患者的医疗救助。
3. 培养人才资源。
4. 普及和宣传精神保健知识等。

根据 2007 年中国残疾人联合会的统计，由于这个政策的实施，全国 1555 个市、县的约 440 万重度精神病患者获得了治疗和康复服务，对约 33.7 万的贫困患者实行了医疗救助。精神病患者回归社会的比例达到了 56.07%，有 10，781 名入院患者出院。

此外，中国政府为了促进精神医疗、保健福利的发展，制定了《中国精神卫生事业计划（2002－2010）》。该精神卫生计划规定：

1. 制定精神卫生法以及相关政策。
2. 形成精神卫生服务体系。
3. 改善精神医疗以及康复服务。
4. 配备精神卫生关联机构。
5. 培养人才
6. 普及精神保健知识等。

第一节 概 述

一、精神障碍的分类

中国在2001年制定了中国精神障碍分类与诊断标准（第三版），根据该标准，精神疾患可分为以下几类：

（0）器质性精神障碍
（1）精神活性物质或非成瘾物质所致精神障碍
（2）精神分裂症（分裂症）和其他精神病性障碍
（3）心境障碍（情感性精神障碍）
（4）癔症、应激相关障碍、神经症
（5）心理因素相关生理障碍
（6）人格障碍、习惯与冲动控制障碍、性心理障碍
（7）精神发育迟滞、童年和少年期心理发育障碍
（8）童年和少年期的多动障碍、品行障碍、情绪障碍
（9）其他精神障碍和心理卫生障碍

二、精神障碍的特征

（一）疾患和障碍共存

"右侧偏瘫"使日常生活中写字和进食等动作不能顺利完成，这是由于"脑梗塞"这种疾病产生的后遗症，使身体功能和日常生活方面的活动出现了障碍。此外，由于有幻听、被害妄想等症状，导致患者不能外出购物，不能正常利用公共交通设施，所以不得不离开学校或工作岗位，这是精神分裂症被诊断出来后的症状所引起的障碍。"疾患和障碍共存"就是指类似我们通常看到的"慢性类风湿性关节炎"所造成的身体疾患和障碍那种情况，精神障碍大多也是如此。

（二）相对独立性

即使有幻听和被害妄想等症状，如果患者本人对此并不介意的话，那么他是可以外出进行购物的。因为对于这个人来说，在日常生活方面的活动并未存在太多障碍（能力障碍）。不过，即使当幻听和被害妄想消失后（功能障碍消失），患者能够去购物和利用公共交通设施（日常生活中的障碍减少），还是常发生学校或工作单位以得过精神分裂症为由，要求其退学或辞职的情况（社会的不利）。如上所说，它们之间相互因果关系虽然存在，然而3种障碍却是独立存在的。

（三）障碍相互影响

如果得了"偏瘫"这种病后，患者会有感到写字和进食等不自如的情况，这是由于运动麻痹所造成的，并不会让人感到多么严重和恐怖，只要条件允许，换一个工作岗位就可以了。但是，由于幻听和被害妄想症的存在，如禁止外出、被监视等行为会使患者的被害

感越来越强烈。如果再出现要求退学、被炒等情况，那么患者的幻听症状就会变得更为严重。因此，对于精神障碍中的各个障碍来说，它们之间是相互有影响的。在障碍相互的影响中，有些会起到负面作用，有些起到正面作用，这样的话，如何使正面的影响在康复中发挥作用就显得非常重要了。

（四）障碍的可逆性

患者在比较踏实、放松的情况下（如在不使其紧张的地点或与朋友在一起时），幻听现象几乎不出现。例如：患者因为爱好而在认真作画时，被害妄想就变得很少。因此，如果学校或工作单位能充分理解和照顾，精神障碍患者就学和就职就会变为现实。以上所举的例子说明，障碍的程度可以因环境的改变而改变。环境对身体障碍影响是存在的，而对精神障碍的影响更大，特别是人的环境所造成的影响更为突出。另外，对于身体障碍而言，通常观察不到因环境的影响使功能障碍产生的变化，但对于精神障碍而言，因环境的影响会使功能障碍程度产生很大的变化。

（五）二次障碍的可能性

青春期正是获得各种各样社会经验的时期。然而，在这个年龄段患有精神分裂症的病人，却不得不在病房中度过。于是，他们丧失了适应、经历社会的机会，在没有任何步入社会所必需经验的情况下，就懵懵懂懂地进入社会，以至于当他们在社会生活中遇到特殊情况时，不能恰当地应对，以致造成二次障碍。

（六）差别、偏见的存在

目前，社会对于精神障碍的理解还不是很充分，偏见、不同对待等不平等的事情时有发生。因此，精神障碍者们不仅要忍受疾病本身所带来的痛苦，同时还要承受歧视、偏见等社会性的负担。

第二节 精神障碍作业疗法

一、精神障碍作业疗法的历史

作业疗法的历史可以追溯到古希腊时代。那时，对患有精神疾患的人，在生活中通过设法使其形成生产性作业活动和偶尔的余暇活动的生活秩序，来达到治疗效果。

西方医学之父希波克拉底（Hippocrates）更着重躯体与心理的相互影响，他推荐精神疾病患者去做一些诸如摔跤、骑马、劳动等体力活动。盖伦（Galen）利用当时普通人的职业，如打渔、耕种等作为治疗媒介。在18世纪和19世纪，西欧已有很多医院都利用各种活动和工作，来对精神疾患进行治疗。由此可见，作业疗法是在早期通过对精神疾病治疗的认识和应对，而逐渐发展和完善的。

1952年设立了世界作业疗法师联盟，作业疗法逐渐在世界范围内推广。作业疗法的对象有：发育障碍、身体障碍、精神障碍等领域中从婴幼儿到老年人的广范围的、一切具有残疾的人。主要方法是运用医学的、社会的、职业的手段来进行治疗。

精神障碍作业疗法的主要目的是：协助、训练及支持精神功能障碍者恢复生活、工作的信心和能力，参与有意义的活动以及积极地适应和融入生活环境，从而回归家庭和社会。开始治疗前，治疗师需要利用测试来评定患者的问题，根据患者存在的问题，来制定治疗目标并计划具体的治疗方法。治疗时，根据患者的功能障碍的具体情况，经作业治疗师分析后，运用各种作业和治疗工具，如通过开展手工艺、园艺、烹饪、文书工作和文娱活动，达到治疗及训练的目标。在作业疗法专业的信念中，尤其注重和尊重个体在评定及治疗过程中的愿望、选择及需要。

精神障碍的作业疗法基于各种理论，通过个别训练以及集体活动，向患者提供日常的作业活动，使其精神功能实现恢复，提高其社会适应能力和与人交往的能力。

二、精神障碍作业疗法的理论

Mosey 提出的作业疗法专业的结构，包括了六种基本元素：①哲理性的假设；②专业道德原则；③丰富的知识系统；④特定的专业操作范畴；⑤治疗内容；⑥专业常用的器具。前两项反映了作业疗法的治疗哲学，第③项是治疗的科学表达，第④、⑤、⑥项则是作业疗法的实践应用。为什么需要理论做基础？因为理论不但可以指引实践，更可以提高治疗的科学意义，增加治疗的可信性及可依赖性。在专业道德原则中，作业治疗师相信：①躯体和心理相互影响；②每一个患者都享有有意义生存的权利；③患者与社会文化环境之间具有紧密的联系；④每一个体都具有有目的及有意义活动的需要；⑤个体活动上的独立功能，是影响其健康地在文化环境中的主要因素。

以上的信念，正是作业疗法与患者配合达到独立及自信表现行为的基础。患者积极地参与治疗过程，也有权利拒绝或接纳治疗。因此，在治疗的过程中需要引导，或让患者就其参与程度决定其行动。作业治疗师需要相信患者是一个完整的个体，情况许可下他们会积极地面对现实状况。作业疗法的过程，是为患者提供一个积极的机会，在互相配合下，患者可以有机会自己选择并积极参与一些有意义、符合个人能力和程度以及环境需求的活动。整个过程的目的，是患者重新适应于其社会文化环境中的生活。关心和支持有助于患者达到"自我实现（self actualization）"的境界。

作业疗法最终的目的及独特的贡献在于，选择"适当"的作业及活动功能。特别是相信实践是促使活动功能建立、独立及满足的重要因素。有目的的活动，使生命有意义。

作业治疗报有这样的信念：首先，生活的素质是取决于每一个人能否在其能力范围内，在容许的机会及丰富的经验下，适应生活劳动及环境的要求，展示自己的实力及拥有的才干。在现有的作业治疗专业的研究及教科书中，常出现多个理论或治疗模型，而以上所提及的治疗理论及原则体现在所有 OT 理论及治疗模式中。第二是精神疾病作业疗法理论的历史演变精神（心理卫生）科中的作业疗法，在美国始于上世纪 20 年代。当时作业疗法的始创人之一 Adolph Meyer 引用了"道德运动"（moral movement）的精粹及 Eleanor Clark Slagle 的"习惯训练的模式"（habit training model），建立了早期的作业治疗理论。此理论在 30 年代至 50 年代中期被"疾病与活动有直接关系"的理论所取代。当时活动治疗的目的，在于减少或消除疾病。50 年代后期，精神疾病作业疗法有了突破性的改变，作业疗法受到心理分析理论的影响，代表性的人物为 Hail 和 Jay Fidler 两人，他们的书成为作业疗法的主要理论基础，这种状况一直维持到 20 世纪 70 年代。社会和医学在发展和改变的同时，精神科中的作业疗法也相应地发展出不同的治疗理论，其中较有代表性的是 Marry Reilly 的作业行为理论（occupational behavior）和 Anne Mosey 的"三个治疗参照模型"（three frames of reference）。此"三个治疗参照模型"包括：分析性（analytical）、习得性（acquisitional）以及发展性（developmental）。

此外，Mosey 更发展出另一个学习性的治疗理论——"活动治疗"（activity therapy）。此理论来源于：学习理论（learning theories）、发展理论（developmental theories）及小组互动理论（group dynamics）。在同一时代中，Kings 将 Ayers 的"感觉整合"（sensory integration）理论融合于精神分裂症患者的治疗中。20 世纪 80 年代，精神科作业疗法有两个主要的治疗理论，一个是 Gary Kielhofner 的"人类作业模式"（the model of human occupation），另一个是 Claudia Allen 的"认知障碍模式"（cognitive disability model）。前者是由 Reilly 的作业行为理论演变而成，同时融合了社会心理学、人类学理论及"普遍系统理论"（general system theory）。后者则是基于 Piaget 的认知理论及神经科学（neuroscience），再加上作业疗法中的活动分析法，其目的主要是了解认知功能的失调或障碍所引起的活动，以及表现出的异常行为。在 20 世纪 80 年代后期，"作业表现模式"（occupational performance model）逐渐形成。此模型的特点是反映及解释作业疗法专业的操作，或针对的治疗对象、目标与范畴，而发展产生的。

到了上世纪 90 年代，因感到作业疗法仍缺乏独特的专业理论，美国和澳大利亚分别发展了"作业科学"（occupational science）。此项并不是操作或治疗理论，但作业疗法学者希望从"作业的科学"研究中，能更肯定活动在治疗上的效率与效能。此外在加拿大、澳大利亚更强调以"患者为本"的服务指引，发展整个治疗策划理论，并重新强调患者的参与性及对治疗计划的参与尤为重要。应该强调是，精神疾病作业疗法，除了采用自我专业发展的治疗理论，同时也引用了心理学及精神医学上的治疗理论及疗法，融会于作业疗法的疗程设计、实践及评定中，其中包括行为疗法、认知行为疗法、社交技能训练和专业咨询辅导方法等。

加拿大作业执行模式（Canadian Model of Occupational performance model）是从加拿大的作业执行测定（Canadian Occupational Performance Measure：COPM）演变而来的。

COPM 的主要内容有：第 1 阶段，决定问题；第 2 阶段，决定重要性；第 3 阶段，决定目标→一定时期内的作业疗法目标；第 4 阶段，判定效果。根据这些过程作业疗法将患者的问题焦点化，让患者自己加深对自己以及需求的认识。

最常用的是加拿大作业执行测定量表（Canadian occupational performance measure, COPM）。此评定采用半规划的问题作为面谈指引，测量患者对作业/活动操控的自我感知概念。可以在治疗过程中任何一个时段进行测量，通常是在不同的治疗时期评定，了解患者治疗前、中和后的改变。

三、精神疾病治疗中经常采用的治疗模式与治疗构造模式

（一）对象关系治疗模式

发展这一治疗模式的代表者包括：Azima，Fider 和 Mosey。此模式是一个理论性的专业引导。它将个体，媒体及活动均视为有相互的关系。而这种对象都拥有心灵能量，相信

个人的需要获得满足，并依赖于这些对象的互动。当基本需要得到满足时，个体就能获得能量，帮助其达到个人能自我表达及平衡的目标。而活动或作业的目的是：促进人与人的沟通、协助健康的情绪和帮助我们更多地了解患者的需要、冲突、感受及行为。

对象关系治疗模式是从心理分析学及作业疗法中的沟通过程取向发展出来的。Mosey 将此更进一步地完善化，主张采用"折衷取向"，融合了 Jungian，Freudian 的存在主义等理论。

1. 基本成分及理论
（1）个体与行为。
（2）互相能量系统。
（3）对象的选择与关系。
（4）自我完善的过程。
（5）心理性失效，失调。

2. 作业治疗师的角色
（1）与患者的平等互动，互相合作关系。
（2）利用活动增加患者及治疗师对行为的了解。
（3）做一个参与及观察者。

3. 作业或活动的功能
（1）协助宣泄和感受。
（2）活动过程产生的小组互动与疗效。
（3）重新建立自我掌控的感觉。
（4）改善（自我）防卫能力。
（5）提供选择的机会。
（6）重新审视自我／新的角色充满信心。

4. 作业疗法中在对象关系模式中活动的功能
（1）提供一个合适的空间。
（2）提供机会改善"自我防卫能力"。
（3）提供一个建立或重建自我操控感觉的方法。
（4）提供一个学习新技能、改善技能或增加对现有技能的信心。
（5）提供机会尝试新角色，或对现有的角色充满信心。
（6）提供渠道，学习了解自己与别人的关系。
（7）提供接纳自我的方法。
（8）协助成长，使之更有弹性地面向生活上的事情。

（二）行为治疗模式

此治疗模式建立于临床型的研究及认知性、社交性和制约性学习等理论原则的基础上。在治疗范畴方面，这些原则有系统地被应用于建立行为技巧、改变行为的程序及建立功能性技术方面，使个体能成功地生活于所处的环境中。

治疗的目的在于：确定及消除问题行为、发展必须的功能性技巧。不注重过往的感觉、历史或自身的发展。通常，人类中的适应问题被认为是不良学习所致。行为性的技术及程序，是利用行为主导的经验，用以教授、塑造及增强适应的行为。治疗师与患者针对发展需要的技能，积极地参与一个学习的过程，以应付日常生活操作、工作及余暇等作业活动。这些技能皆包含外显性行为，而治疗师则可借此在患者的环境中做观察。

1. 基本成分及理论
   (1) 典型制约、刺激类化、反应类化及学习类化。
   (2) 操作式制约、辨别刺激、辨别行为（行为消减）。
   (3) 行为强化，正、负强化，强化媒体（酬赏物）。
   (4) 惩罚。
   (5) 塑造、行为链的建立、后退式行为链。
   (6) 模仿对象。
   (7) 象征式酬赏制。
   (8) 系统性敏感消减。
   (9) 生理反馈训练及压力管理。

2. 作业疗法师的角色
   (1) 鼓励动机及强化机构。
   (2) 教师、重新修正学习的技术/技巧。
   (3) 模仿对象、行为预演、角色预演、通过角色扮演来学习解决问题的方法。
   (4) 生活顾问。

3. 作业或活动的功能
   (1) 建立技能。
   (2) 学习特别技能。
   (3) 活动成分、组合成分。
   (4) 生产成品。
   (5) 活动作为强化剂。

4. 评定方法行为评价，通过客观及可测量的行为来观察及统计，以达到以下目的。
   (1) 确定问题及需要达到的目的、行为及学习技巧。
   (2) 帮助制定确实可行的治疗方法。
   (3) 作为评定治疗进度的基础线。

（三）人类作业模式

此作业治疗模式是由 Mary Reilly 的"作业行为理论"演变而来的。它是一个高度折中性的治疗模式，引用了作业疗法的"专业理论"及"普遍系统"理论。其中更融合了存在主义、生物学及社会心理学等理论。它强调人类的作业秉性：一个系统及环境的角色，如何促进及提供人类作业的范围。发展这种治疗参照标准模式的代表者为 Gary Kielhofner。

1. 基本成分及理论
(1) 个体是一个开放式的系统，通过一个循环式的过程：注入过程、收获（成果）及响应（回馈）等程序，与外界互动。

1) 注入：包括环境里的人物、物质及气氛或个人需要的内在压力。个体在这种开放式的系统里，积极地寻求及摄取信息。

2) 所摄取的信息在过程中被演变：催化此演变的是个体的兴趣、目标及信仰，系统地去评定刺激。最后，个体利用此注入作为个人技能及习惯的响应。

3) 新的技能随着演变而产生：并由此产生新的信息及行为。

4) 成果回到系统中形成反馈或新的注入。

（2）作业行为：包括工作、游戏及自我照顾。

（3）一个有层次的系统。在开放式的个体中有三个有层次的亚系统：意志（愿）系统、习惯系统及行为系统。这三个亚系统互动，可以决定整个开放系统在环境中的功能。

1) 意志系统成分：价值观、个人掌控信念及兴趣。

2) 习惯系统成分：包括习惯及生活角色。

3) 行为系统成分：包括作业行为的技巧。

（4）功能及功能障碍的判断：在疾病及残障的情况下，个体开放系统会尝试保持作业平衡及维持良好的系统。个体要以个体的信息（如知识、技能及习惯）去适应，达到可以应付从社会而来的要求、维持个体尊严、参与社会文化活动及贡献社会。个体的适应能力，取决于他作业的表现。功能失调或障碍发生时，个体未能成功地应付日常生活中的要求。如缺乏工作、余暇、对自我表现不满，或失去了"良好"及有效的感觉：均代表身体功能失调或障碍发生。

2. 作业疗法师的角色　作业疗法师主要负责评定患者作业的表现及计划治疗方案，提供各种机会给个体，使其能成功地存在于环境中，增强其需要的技能，促进自我操控的感觉及恢复各作业元素间的平衡。

3. 作业或活动的功能　活动主要用来产生成果或达到表现目的。活动过程可提供响应以改善作业的质量。作业活动表现包括：日常生活事物、体操活动、美劳、时间管理、社交技能训练、创意表达媒体、工序项目等。

4. 评定　评定的目的是更完整地了解个体作业的功能，包括工作、自理、余暇等。评定器具是多元化的，而其中如何选择取决于以下因素：

（1）可用作评定的时间。

（2）需要的资料。

（3）评定器具的存在。

（4）评定器具的科学性和准确性。

国际上常用的评定方法有：Bay area functional performance education; occupational care analysis interview and raying scale (OCAIRS); the occupational role hisyory; the interest checklist; occupational performance hisyory interview 等，但在中国还没有开始实施。

（四）认知行为治疗模式

此治疗模式与行为取向模式有所区别。行为模式主要着重于强化方法，改变行为。而认知行为模式则主要确定导致或改变行为的思维，及发展一套知识基础以解决问题。此治疗模式认为：个体的认知功能可影响或引导个人的情绪与行为。提供一个评定的方法以评审个体的认知功能、情绪状况及提出治疗方法包括：改变患者思维、言语及行为的技巧，从而带动行为的改变或功能的改善。在此模式下运作，作业治疗师会采用层次式的活动作为引导方法，以提供渐进式挑战及成功的经验，最终帮助患者发展认知功能，扩大知识及技巧领域，增加控制生活环境、增强自我认识及解决问题的能力，以应付人生的各项挑战。

作业治疗师将认知行为治疗模式的基本元素运用在精神病治疗方面，名为心理教育模式。当中融合了认知行为模式的基本元素理论、社会学习理论、认知理论及行为理论。

1. 基本成分及理论

（1）人是一个认知及社会心理性个体，只是在其一生中不断地发展及改变。知识是以结构化的形式寄存，提取及重新组织以产生自我概念、对别人的观念、与人相处的行为及技巧守则。

（2）知识的发展迟钝或被干扰，是产生问题行为的原因。而认知或思维问题是精神病症的基本因素。功能障碍是由于知识匮乏，或缺乏弹性及产生偏差的知识所致。

（3）认知功能障碍（失调）可以从个体行为中观察得到。如淡漠的态度、对环境缺乏探索、失败的自我认同机制、错误地评定现实环境及缺乏积极处理问题的能力。

（4）安全感觉：儿童在安全及受鼓励的环境下，学习到掌控环境及勇于探索。成长后也以此建立、发展实用的基础知识，以致能塑造其世界及自我概念，引导将来的学习及知识增长，及建立解决问题的取向。但负面的成长经验或缺乏探索的机会，可导致个体产生对环境的恐惧，错误的认识，更有可能造成一个僵硬的自卫性的态度和缺乏解决问题的技巧。

（5）胜任力与不胜任力：当个体的认知功能无法与成长发展的要求接轨时，就会产生不胜任力的感觉。个体就会觉得不能独立、缺乏自我概念或感到事事被制约。

（6）非理性的原因解释：由于偏差的知识的存在，个体往往容易采用一些非理性的思维或不切实际的想法来引导行为或解释原因，以致出现事项、行为的障碍或失调。

2. 作业疗法师的角色

（1）教导、促进者：设计学习课程，确定患者的学习需要，提供可以在家庭实习的治疗内容。治疗士更要设计适合患者程度的学习经验及环境。

（2）以身作则：作为一个科学，理性态度的学习模仿对象。

（3）指出及挑战患者的偏差观念及自我概念。

（4）参与者、观察者：从与患者一起活动的过程中，深入地了解患者的认知能力、学习态度，认知不同的学习经验。

3. 作业或活动的功能

（1）评定知识及技巧程度。

（2）增强知识及增进胜任力。①学习单元的内容。②家庭实习活动的内容。

4. 评定方法

（1）主动性思维方式。

（2）思想解释程序。

（3）思维架构模式。如逻辑、知识领域、记忆及感知功能等。

（4）个人的人生观。

（5）评定个人能力与环境的接轨。

(6) 评定器具。如 Hewitt's task checklist；Beck depression inventory。

(五) 作业表现治疗模式

此治疗模式是作业疗法的基础理论。不只是一个单一的概念，更是整个作业疗法专业的操作指引和向导。

作业表现治疗模式确认了"生命时空"对作业活动的影响。这种"时空"包括文化背景、人性及非人性的环境。当中包括社会性、物质性及文化性的环境。这样的环境正是作业能力、活动能力表现的场所，及对作业、活动产生影响。

1. 基本成分及理论

(1) 作业表现领域或范畴：日常自理、游戏、教育、生产性及余暇等，都是作业操作范围。

(2) 作业表现成分：这些成分是个体功能的元素，直接影响个体活动的操作或表现技巧的能力。这些成分更影响个人作业经验的意义和强度。这些成分可做更深的分类，包括：心理性——价值观、兴趣、自我概念；社会性——角色表现、社会操作、人际关系；自理性——应付压力的技巧、时间管理及自我控制。

(3) 作业疗法师集中针对"实践"性的生活。但是在明白"实践"前，个体一定要被了解、探索其思维及感觉。

2. 作业疗法师的角色　除了传统的治疗角色，没有特别明显的角色分类。

3. 作业性操作模式的特色　此治疗模式没有限制治疗师采用别的操作模式和评定取向。

该模式的优点是：不会限制治疗师采用别的模式或理论取向。应用时，要求治疗师在集中针对作业领域前，更应考虑患者的整体状态及其生活情况。

4. 评定　最常用的是"Canadian occupational performance measure, COPM"。此评定采用半规划的问题作为面谈指引，测量患者对作业/活动操控的自我感知概念。可以在治疗过程中任何一个时段进行测量，通常是在不同的治疗时期评定，了解患者治疗前、中和后的改变。

四、作业疗法的作用和治疗原则

虽然"Occupational Therapy"一词，是于1914年首先在美国被采用的，但活动的治疗价值早在公元前就已被认识。公元前600年，希腊的 Aescupapius 就利用音乐及谐剧等来镇定神志混乱的患者。西方医学之父希波克拉底（Hippocrates）更着重躯体与心理的相互影响，他推荐精神疾病患者去做一些诸如摔跤、骑马及劳动等体力活动。盖伦（Galen）更利用当时普通人的职业，如打鱼、耕种等为作为治疗媒介。在18及19世纪，西欧已有很多医院都利用各种活动和工作，来对精神疾患进行治疗。由此可见，作业疗法是在早期通过对精神疾病治疗的认识，而逐渐发展和完善的。

(一) 作业疗法的作用

作业治疗所选择的活动，是可以帮助患者有目的地利用时间、精力、兴趣和专注，使患者能加强体能、适应能力和生产力。更改善态度、情绪和社交能力，从而减少病征及促进痊愈及健康。

(二）作业疗法的治疗原则

治疗的原则是：根据患者的背景及状况，利用适当的活动，和治疗师与患者之间的关系，帮助患者去解决在康复期间所遇到的难题，阻止或减少伤残所带来的影响，以便重返家庭、社会，面对工作，尽量过独立的生活。

五、作业疗法的主要目的

作业疗法的主要目的是：协助、训练及支持精神功能障碍者恢复生活、工作和信心，参与有意义的活动以及积极地适应和融入生活环境，从而回归家庭和社会。

治疗前，治疗师需要利用测试来评定患者存在的问题，根据患者存在的问题，来制定治疗目标并计划具体的治疗方法。治疗时，根据患者的功能障碍的具体情况，经作业治疗师分析后，通过运用各种作业和治疗工具，如手工艺、园艺、烹饪、文书工作和文娱活动，达到治疗及训练的目标。在作业疗法专业的信念中，尤其注重及尊重个体在评定及治疗过程中的愿望、选择及需要。具体来说，作业疗法对精神疾病患者具有以下目的：

1. 减轻病情。
2. 恢复或改善心理与躯体的功能。
3. 帮助学习和掌握如何适应生活及工作的技巧。
4. 促进及维持全身健康状况。
5. 回归、适应及融入社会。

六、作业疗法采用的技术方法

在针对精神疾患患者的作业治疗中，治疗师经常采用以下方法：

1. 建立良好的患者与治疗师的关系。
2. 创造适当的接纳及支持环境和气氛。
3. 活动分析和合成。
4. 各种类型的活动，如：自我照顾活动、家务、生产活动、文娱活动、手工艺及各种劳动等等。
5. 小组治疗及活动。
6. 适应环境及人际关系。
7. 教学方法。
8. 行为治疗。
9. 咨询/辅导。

七、精神障碍作业疗法中常用的作业活动

（一）作业活动

音乐欣赏、合唱、编织、绘画、书法、运动、外出散步、园艺、围棋、皮革工艺、卡拉OK、烹饪、聊天、跳舞、木工、电脑、麻将等。

（二）作业活动的特征、意义

提高反省现实的能力、改善精神功能、提升与人交往的能力、改进对自己的评价、增

强自尊心、增强耐久力和集中力。

(三) 导入方法

作业疗法的导入要根据患者的病情来决定是否适用。针对患者的情况,在考虑目的、难易度、时间、空间、与人关系等方面因素的同时,提供多种作业活动。

八、作业疗法流程

医生的处方→评价→治疗计划→治疗实施→再评价→结束。在这个流程中的重点是评价和治疗计划,一定要切实落实。

(一) 评价

来自其他部门的信息:医生、护士、家属、社会

观察:外表、表情、对话、生活能力、与人关系

面谈:现在做不到的事情、今后的希望、对作业疗法的希望

检查:兴趣列表、日常生活行为评价、职业相关评价

(二) 治疗计划

长期目标 6 个月~1 年

短期目标 2~3 个月

作业活动选择

治疗频度

九、作业治疗师的期待目标

1. 帮助患者掌握有效地料理自己日常生活的方法。
2. 协助精神科医生治疗疾病。
3. 学习社交技巧,建立良好的人际关系。
4. 教会患者如何减低压力,以及适当地处理情绪。
5. 增加患者的群体或个人的活动参与经验。
6. 改善患者的工作耐力、工作能力及维持其在职业上所需要的特殊技能。
7. 提供就业或转业前的评定及必要的咨询,包括评定患者身体与心理能力、社会适应能力、兴趣、工作习惯、技能及潜能。
8. 充分高效地利用住院时间,提高康复疗效。
9. 合理平衡地分配工作、娱乐及休息的时间。
10. 出院后积极随访及协助患者适应和融入社区,降低病情复发的几率。

另外需要情调的是,精神疾病的各种诊断及分类,给作业治疗师提供了很重要的参考资料。掌握这些知识,对作业治疗的治疗计划制定及执行,有着积极、重要的影响。但作业治疗是采取"以患者为本"的方法,主要是针对患者的需要,考虑患者的能力、生活环境及社区文化等来策划治疗目标、治疗内容及评定方法。所以常出现"同病异治、异病同治"的情况。

第三节 精神障碍作业疗法的构造和形态

一、精神障碍作业疗法的构造和要素

本节介绍根据作业疗法的构造、构成要素（对象者、作业活动、作业疗法师、集团、场所、时间）和作业疗法的流程等对象关系的变化，开展作业疗法的形态和作业疗法实施的场所（表15-3-1）。

表15-3-1 作业疗法构成要素表

作业疗法构成要素	
对象者为主体	个别性，主体性，主观
作业活动	意义，行为，结果
作业疗法师	知识，作业技术，对象关系
集团	单个和集团的关系
场所	物理性构造，场的意义
时间	时间，频度，时机

作业疗法通过作业使对象者和作业疗法师之间产生治疗和援助关系。同时，根据所要达到的目的和对象者的状态不同，所利用的场所也各种各样。如从病房到居室等。当然在不同场所的治疗所收到的治疗效果也不一样。对象者通过从事作业活动，通过与作业疗法师及其他人员进行各种交流和沟通，就能够获得主体性的经验（身体的经验、精神方面的经验、心理社会的经验）。

二、对象者——主体

作业疗法并不是一般人所说的给予什么特效的治疗，而是让患者以本人为主体去主动对待或致力于某种事情，即以对象者的理解和主体性为前提，构成一种提供者和利用者之间相互协作服务的关系。另外，对于作业疗法的效果来说，虽然可见功能障碍有减轻等客观性效果，然而更为重要的是对象者自身如何理解怎样做才能得到满足，只有对象者通过自身的行动所认识到的主观性的效果才具有更大的意义。

对于对象者来说虽然作业疗法所提供的服务是非常必要的，但并不是仅限于让所有的对象者自己都主动地要求作业疗法提供服务。这是因为多数患有精神方面疾病的人在不同的阶段会出现痛苦、不安和混乱等情况，使他们感到非常困惑，于是将自己从现实世界拉向另一个封闭的内心世界来逃避与他人的接触。这时让对象者主动提出一些要求是不现实的。

作业疗法给予的援助与支持就是尽可能的要让那些已经失去了主体性、自主性的对象，安静地、渐渐地找到自我，无忧无虑地、专心致志地重新展望自己的人生，重返自己的生活，这才是作业疗法的意义所在。

1. 以前的生活　对年少就已经发病并反复出入院、社会经验还不够充分的人,已没有出院机会只能长期入院生活的人,学校毕业后在工作单位或生活中发病的人,独身生活的人,已有家庭的人以及 20 岁左右和 50 岁以上的有精神障碍的人来说,要充分利用各种不同的治疗机构和社会资源,开展不同的生活援助,他们各自的康复目标有所不同。

即使从表面上看疾病和障碍是一样的,不管他们在家庭和社会中起到什么作用、具有什么样的社会经验、现在到了什么年龄段,但对于他们以后的生活也都会有自己期待想要去做的事情和不可能办到的事情。

如果从那个人的生活类型方面去考虑,虽然针对疾患和功能障碍等方面的临床治疗是一样的,但以能力障碍、社会性不利为重点的康复的目标和内容是不同的。

2. 现在的生活　针对治疗对象者的目前状况,要了解以下内容：
（1）身体和精神功能的状态如何,在生活中存在的什么障碍以及存在什么功能问题？
（2）日常生活活动的自理程度如何,如果有问题需要什么样的援助？
（3）在参加社会性活动时是怎样的状态,如有问题,问题出在什么地方？

根据以上内容,给予的援助是不同的,这就是我们经常用到的 ICF 中的三要素。

3. 今后的生活　针对患者对不同时期、不同阶段病症和障碍的不同认识,指导他们从一开始就要认真地考虑在何地、何人、如何生活等问题。并且作业疗法师要根据患者本人对生活的希望、意志、意欲等个人的主体性的要求,来制定不同的目标和援助的内容,这样最后所达到的效果也将是不同的。

4. 生活环境和资源　针对每个患者有可能出现的问题,都要设法帮助解决。例如,如果是一个必须要独身生活的患者,购物和做饭等基本技能出现问题的话,那么他出院以后,在生活上将出现很多麻烦。因此就要设法解决这些问题,比如：通过请保姆、小时工或护工这样的人提供帮助,或者回父母家吃饭,或者家属帮助做饭等方法,就有可能解决上述问题。还有的情况是,虽然患者可能对生活缺乏信心,但在生活环境中有好朋友一起互助生活,或者周围存在一些热心助人的人,那么,这个患者出院生活的可能性就会增大。此外,因恐怖他人视线而不敢出门的人、上班高峰时不能利用公共交通设施出行上班的人,可以帮助他们选择去离家较近的地方工作,或者在具备骑自行车的能力并确保安全的情况下,骑车上班等。这些都是作业疗法师需要考虑的内容。

我们所说的生活环境和资源所包含的内容是物质、人和制度。作业疗法要根据患者所处的生活环境、生活的艰难程度等提供不同的援助。

5. 个人能力　所谓的个人能力是指个人基本的作业活动能力,拥有包括生活体力和防卫体力等在内的基础方面解决身心压力的能力,有无特殊技能和兴趣等。

例如,对于只能待在家中或因对乘坐公共设施产生恐惧而不能去上班的人来说,由于幻听和被害妄想症状的影响,使其精神功能出现了障碍,生活方面的活动也就受到了限制。不过,即便是不能利用公共交通设施、不能外出的人,只要能够在家庭生活中发挥一定的作用的话,在生活方面的障碍和困难就会比那些在家庭生活中也不能发挥任何作用的人要少得多。另外,拥有生活体力和方位体力等基础体力的人来说,对身心疲劳的耐性是较高的,对解决压力的能力也是较高的。

6. 自我的认知度和接受度　多数有精神障碍的人,通常通过对自己清醒状态、吃药的情况等方面来认识以及能够接受自己是精神障碍者得事实。他们能够认识到自己的疾病和障碍是真实存在的，自己需要与社会保持适度的距离，才能在新的生活中游刃有余。

三、作业、作业活动

人为了经营自己的生活要进行各种各样的作业。通过具体的行为和体验，才能感受到自己以外的世界，学习到与他人的关系，掌握生活中必要的技术，并且能表达自己的情绪，满足对成功感、有用感及各种欲望的需求。作业疗法就是利用人和作业活动的关系，成为过渡到现实生活的桥梁，让身心功能低下的人和丧失自信的人得到恢复，成为那些愿意迎接新生活而学习新技能的人的有力助手。

（一）作业、作业活动的基本要素（表 15-3-2）

表 15-3-2 作业、作业活动的要素

项目	内容
基础项目	作业活动名称 必要的工具、器具、材料 到完成所需要的时间、次数 患者年龄、性别 费用
环境	必要的空间等物理性环境 人的环境 社会化的环境
运动功能	运动的粗大程度、精细程度 运动的部位、作业时的肢体变化 运动的速度 运动时的抵抗 节奏的有无和内容 运动的对称性 主动关节和可动范围 主动肌群、肌的作用、肌力
感觉、知觉、认知功能	必要的感觉 必要的知觉-认知功能 注意、集中、持续的程度 必要的理解、判断、新知识的学习承受度 必要的计划能达到的程度
道具、材料	道具所象征的东西 道具操作难易度 材料所象征的东西 材料的可塑性、抵抗

续表

项目	内容
作业活动、作品	表现的自由度、独创性 根据作业活动容易诱发出的感情 作业活动的难易度 预测作业活动的结果 作业活动结果的种类和再生产性 作业活动以及作品对社会、文化的意义
交流、表达	对人交流的特性 必要的交流和形态
危险性	身体方面出危险的可能性和内容 心理方面出危险的可能性和内容

1. **必要的时间** 作业的适应与否，要根据患者身心的持久力、耐性、适应水准和目标、一次活动的时间、一周活动的次数，到最终完成所需要的大概时间等来决定。如果患者在关于时间的约定方面还有问题，作业活动的项目就要进行变更，作业活动所需要的时间要一点点地延长才能使对象者对时间的约定慢慢地适应。

比如，对进入导入初期紧张状态非常高或处于抑郁状态的人，应尽可能地为患者提供不受时间约束，但要在短时间内就能完成的活动，如做一些简单的皮革小手工艺品等。还有，像陶艺这样的活动，其成形、塑烧等各个阶段所用的时间是严格规定的。一般情况下，从起始到完成作品是以周为单位的，需要具备长期持续作业活动能力的患者才能完成。而这样的活动对于刚刚进入导入初期的对象者来说是不合适的。

2. **工程数量和顺序** 作业活动中的工程数量，各工程中的作业内容，下一步工程对时间限制要求的理解，把握工程顺序可能发生变化的能力，对患者的适应水平和反应能力高低都是非常必要的。如果对工程中的内容不能充分的理解，往往会使作业失败，从而导致失败体验的产生，对以后的治疗产生不良影响。

如果工程内容比较复杂，就会对患者的心里产生负担。这时需要作业疗法师频繁地与患者进行交流沟通，要充分地让患者的依赖欲望得到满足，使之心理负担减轻后一起完成。

3. **必要的知识、技术** 在进行作业活动时，要了解对象者的知识水平、拥有的技术水平以及有无经验，作业疗法师在治疗和给予援助的同时，教给患者必要的新知识和技术，使患者在其依赖欲望得到满足的同时，也达到训练知觉、思考、运动、学习、创作等自我功能的目的。

但是，必要的知识和技术难度超过患者所承受的范围时，作业过程中患者经常处于对作业内容不理解的状态时，就容易造成失败。如果经常出现这种情况，患者就会降低对自己的评价，自信心逐渐丧失。相反，如果作业活动所需知识和技术大大低于患者的水平，简单到没有一点的成就感，患者的积极性和动力也将逐渐地消失。

而对于容易造成功能下降的患者来说，还是选择一些难度小一些的作业活动为好，但如果过分容易又会使社会性价值变得很低，需要注意的是，甚至还有损伤患者自尊，从而引起危险的可能性。

4. 运动功能　进行作业活动时，身体在有意识、有目的的进行着运动，同时消耗身体的能量，这就构成了作业疗法对精神障碍进行治疗时的几点要素：

（1）改善和恢复身体的图式。
（2）确立和恢复身体的自我认识。
（3）获得和恢复生活体力及防卫体力等基础体力。
（4）发散被压抑过剩的精力和能量。
（5）适度的运动对情绪和身心调节起到一定的复活作用。
（6）缓慢的节奏和反复动作起到镇静作用。

以上述要素内容为目的的作业疗法能否被充分、灵活地利用是非常重要的。

由于有精神疾病，患者虽然也能意识到因自律神经异常所造成的身体异常，但多数人还是感到自己和身体是分离的。因此，对患者来说要正确意识、接纳自己的身体，和自己是一体的真实感觉是非常必要的。特别是患有精神分裂症的病人，要分清自己和他人、改善和恢复身体图式以及认识自我身体。伴随着作业活动时的身体运动，要让患者有意识地使用自己的身体，同时要自觉地感受他人和自己以外的世界的事物，只有这样才能慢慢地了解到身体是自己的一部分。

另外，有时会出现在处于过度兴奋状态的时候，不能合理地处理被压抑后的不满等因素，从而转化成冲动行为的情况。这时通过从事一些合理的作业活动，能够有效地使被压抑的情绪、歪曲的心灵及冲动的行为得到解放和发散。例如，患者因一点小事儿被刺激后，在病房中不能控制冲动时，作业疗法师可以引导其一起到室外散步等。在散步的过程中随着情绪不断地冷静下来，慢慢地让他倾诉，排解消极情绪。有时作业疗法师通过简单的评定后，选择类似投垒球、打乒乓球等相对激烈、运动量大的运动也是可行的。

总之，伴随着作业活动而产生的身体运动，是要让患有精神方面疾病的人，达到能够感觉自己的身体体验，获得基本的体力，通过利用身体的活动得到情绪的发散和转换，并恢复到镇静状态的效用。

5. 感觉、知觉、认知功能　进行作业活动的过程中，什么样的感觉能通过环境、所使用的道具以及材料被感受到？这个活动进行过程中所必须具备什么样的感觉等，这些就是作业疗法针对精神障碍患者进行治疗时需要关注的，针对精神障碍方面的作业疗法应注重以下两点：① 促进在发育初期就已经获得并已经开始出现退步的各种身体感觉经验。② 通过眼、鼻、耳、舌、皮肤这五官感觉到的，在生理上是有共通性的。只有这样才能使患者充分体会在作业活动中的各种身体感觉的特征。

与经常处于沉默寡言或自闭症状态的人一起进行播种、查看发出芽的菜田等园艺活动时，当绿叶摇动的时候仿佛看到了风，两人对目而视，相互点点头等动作都是各种感觉、知觉的过程。这时还要让患者了解，通过土地、空气、植物等自然的环境，体会在这个世界里自己身体的感觉体验，特别是从五官得到的感知和所有人是相同的。

6. 道具　通过使用各种各样的道具使自己身体功能得到一定程度的增长，在得到了有能力的感受的同时，自信心也得到加强，又多掌握了一种学习生活技能的手段。这对患者自身低下了的功能起到了辅助作用，使之减轻了在生活中表现出来的能力障碍的程度。

道具的功能是：① 身体功能的增长或者是代理。② 身体功能的辅助性。③ 身体功能的拮抗功能（训练器具等）。④ 对感觉功能的刺激功能。⑤ 对智力性及思考功能的代理性的功能。⑥ 对智力性及思考功能的刺激性的功能。

（二）作业的分类和一般性的特征

1. 与维持生活相关联的作业活动　进食、排泄、睡眠等基本的生理性需求方面的活动；整容、卫生、更衣等基本生活活动，金钱和时间、物品、服药等相关联的自我管理工作构成了维持自身基本生活的作业活动。如果这些与生活直接相关的、最基本的作业活动，需要他人帮助的话，那么，回归社会及参与社会就将面临巨大的困难和挑战。

2. 与工作相关联的作业活动　与工作相关联的作业活动是指为自己、他人必需的物品进行生产性的劳作，或者是提供给他人各项服务，为社会生活的正常运转发挥作用。这种作业都带有收益、报酬、义务、作用等目的。

3. 与余暇相关联的作业活动　娱乐、休闲等活动在人的发育过程中具有促进作用。消遣性的娱乐、游戏、体育活动等即使之快乐，又使其身体得到了运动，通过游戏与各种人接触是最基本、最容易获得人际关系的方式。

第四节　精神障碍作业疗法各论

一、精神分裂症

精神分裂症（schizophrenia）是作业疗法中经常遇到的一种疾病。精神分裂症主要分为：青春型、紧张型、妄想型三种。流行病学统计发病率为 0.3% ~ 1%。精神分裂症是一组病因未明的精神病，包括遗传、环境及成长压力、躯体功能障碍等。虽然可以发病于任何年龄段，但多起病于青壮年，其典型症状是思维、情感和行为互不协调，以及可能出现妄想和幻觉。表现为思维散漫、情感淡漠、言行怪异、脱离现实。一般无意识障碍和智能障碍，病程多迁延。是所有精神疾病中最严重、最影响功能的病症。随着精神疾病药物的发展及应用，加上近期以社区为本的康复干预，即使一些严重的慢性病患者，也能够获得在社区环境独立生活的机会。其中作业治疗师担当了重要的康复角色。

（一）病理和病因

1. 遗传因素　在到目前为止的研究中发现，同卵双胎的精神分裂症发病率为 50%。

2. 神经科学的研究　从抗精神病药物的作用机制以及服用安非他明可使多巴胺（神经遗传物质中的一种）增加，从而使精神分裂症病情恶化等方面可以看出，精神分裂症的原因是多巴胺过剩，从而出现幻觉和妄想，这是最为广泛接受的精神分裂症的病因假说。

3. 组织病理学及影像学研究　脑组织的病理学研究、影像学研究（PET、SPECT）发现，精神分裂症患者有侧脑室及第三脑室的轻度扩大，额叶萎缩，海马、杏仁核的体积减小。

4. 精神生理学研究　脑电波的研究发现，精神分裂症患者的大脑有过觉醒（hyper - arousal）倾向。

5. 应激反应研究

Zubin 等人的应激反应模式研究发现,精神分裂症患者有生物学上比较弱的应激反应。

(二) 诊断要点

1. 症状标准 下列症状至少有两项确定存在,或至少有三项可疑存在或不典型存在即可诊断:

(1) 联想障碍:包括破裂性思维或明显的思维松弛或逻辑倒错,或象征性思维,或思维内容贫乏。

(2) 妄想:指具有特征性意义的原发性妄想,或妄想内容自相矛盾,或毫无联系的两个或多个妄想,或妄想内容变化不定,或妄想内容荒谬离奇。

(3) 情感障碍:主要指情感淡漠或情感倒错,或自笑。

(4) 幻听:评论性幻听,或争议性幻听,或命令性幻听,或思维鸣响,或持续几周以上的言语性幻听。

(5) 行为障碍:包括紧张症状群,或幼稚愚蠢行为。

(6) 被动体验或被控制体验。

(7) 内心被揭露体验(被洞悉感),或思维播散。

(8) 思维插入,或思维被撤走,或思维中断。

2. 严重程度标准 精神障碍至少造成下述情况之一:

(1) 丧失工作(包括家务)和学习能力。

(2) 生活不能自理。

(3) 无法与他人进行有效的交谈。

(4) 丧失自制力。

3. 病程标准 精神障碍症状至少持续 3 个月。

4. 排除标准

(1) 排除脑器质性与躯体疾病所致的精神障碍,或精神活动性物质所致的精神障碍,或情感性精神障碍。

(2) 不符合躁狂发作或抑郁发作的诊断标准,或虽符合躁狂或抑郁发作的诊断标准,但分裂症症状持续时间明显长于情感症状的持续时间。

(三) 临床分型

1. 青春型 以明显情感不适切,或破裂性思维,或幼稚愚蠢行为,即以思维、情感和行为的不协调或解体为主要临床表现;妄想幻觉等症状内容片断且短暂。

2. 紧张型 以紧张症状群为主要临床表现。

3. 偏执型 以持久存在的妄想,或同一内容的经常性幻听为主要临床表现。

4. 单纯型 这是一类起病隐袭,缓慢发展,以社会性退缩、情感淡漠、意志缺乏等阴性症状为主要表现,并逐渐趋向精神衰退的精神障碍。主要表现:以缓慢发病的社会性退缩,或情感迟钝或淡漠,或意志缺乏为主要临床表现;从无明显的精神病性症状;起病隐袭,病程至少 2 年;符合精神分裂症的严重程度标准和排除标准。

5. 未分化型(未定型、混合型)

6. 不典型精神分裂症

7. **分裂样精神病** 具有典型精神分裂症的症状表现，但病程不到3个月，又名精神分裂样发作或急性精神分裂症。有时作为过渡诊断，随着病程延长，可能确诊为精神分裂症，并做出分型；三个月内痊愈的维持此诊断不变。

8. **精神分裂症后抑郁** 在精神分裂症残留期出现抑郁症状，这种症状可能是异源的，包括抗精神病药物所致。

9. **残留型** 符合精神分裂症的诊断标准且至少三年一直未完全缓解；阳性症状完全消失或仅残留个别阳性症状；有个别阴性症状，如言语内容贫乏，或情感淡漠，或社会性退缩，或精神活动减少，或神经症样症状，或人格个别特点有所改变；相对静止，长期不好转也无明显恶化。

10. **衰退型** 过去曾符合精神分裂症的诊断标准，且至少三年一直未完全缓解；缓慢加剧的以阴性症状为主要临床相；社会功能完全受损，成为丧失劳动能力的精神残疾。

（四）功能障碍的特点

精神分裂症的病情发展可分为3个阶段。第一阶段是先兆期，此时患者的生活技能及精神状态逐渐衰退。患者开始远离亲友，工作能力及自理技能退步。更可能出现与同事或同学间相处交往冲突，不注意个人卫生和浪费很多时间独坐思想。当进入发病期，更出现妄想、幻觉及思维紊乱等症状。最后进入后遗症阶段，明显的是生活不能恢复到以往最佳的状态。大多数患者仍有着情感冷漠、言行怪异的表现，朋友和兴趣减少，忽略个人卫生和缺乏工作的专注力。

1. **早期症状多种多样** 缓慢起病者居多，以时隐时现、内容不固定的性格改变和类神经症症状最为常见，还可表现为强迫状态或人格解体。亚急性起病时常呈抑郁、强迫状态或疑病观念，继之产生妄想性体验。急性起病者往往突然出现兴奋躁动、冲动毁物、行为反常、恐惧不安、困惑迷茫或伴有意识障碍。

2. **特征性症状** 以精神活动脱离现实，与周围环境不协调，思维、情感、意志活动之间互不配合为特征。

（1）思维联想过程缺乏连贯性和逻辑性 这是最具有特征性的表现。在意识清楚的情况下，患者的语句、概念或上下文之间缺乏内在意义上的联系，即联想松弛或联想散漫，重者呈破裂性思维。逻辑推理荒谬离奇（逻辑倒错性思维），或用一些普通的词句、名词或动作表达某些特殊的、旁人无法理解的意义（病理性象征性思维），或对一些符号、自创或拼凑的"字"赋予特殊意义（语词新作）。患者的思维活动在无外界因素影响的情况下突然中断（思维中断），或涌现大量的强制思维（思维云集）。

（2）思维异己体验 患者认为自己的思想被外力夺走（思维被夺）或一些思想是由外力插入自己脑中的（思维被插入），感到自己内心体验已被人知晓（思维被洞悉）或被传播出去（思维播散）。

（3）情感迟钝淡漠 情感反应不能与思维内容以及外界刺激产生共鸣或联系。患者对外界事物及与切身利益相关的事件缺乏内心体验（情感淡漠），遇上痛苦或遭遇不幸而嘻笑（情感倒错），同时有两种对立的情感体验（矛盾情感），无故独自发笑、悲啼或暴怒。

（4）孤独退缩、活动减少、行动被动 此症状常与情感淡漠相伴随。对一些事物产生对立意向（矛盾意向），吃一些不能吃的东西或伤害自己（意向倒错），拒绝执行一切要求（违拗）或机械地执行任何要求（被动服从）。

（五）常见症状

1. 幻觉　以言语性幻听最常见，患者听见两个或几个声音在谈论自己或以第三人称评论自己（争议性或评论性幻听），对患者发出指令（命令性幻听），声音讲出了患者当时的想法（思维鸣响）。

2. 妄想　以被害、关系和影响妄想最常见。发生于已有精神障碍背景上的称继发性妄想；妄想知觉、妄想心境、妄想回忆等均为原发性妄想，常突然发生，找不到心理上的原因，一旦出现即深信不移。

3. 其他常见症状　有感知综合障碍或人格解体、紧张性木僵、腊样屈曲、模仿言语、模仿行为或精神运动性兴奋。

（六）常用治疗方法

精神分裂症常用的治疗方法有以下几种：

1. 药物疗法：常用的抗精神分裂症的药物包括：氯丙嗪、奋乃静、氟奋乃静、氟哌啶醇等，而选择抗精神分裂症药物，往往是以对个体产生最小副作用为首要前提。
2. 电痉挛治疗（electroconvulsive therapy：ECT）
3. 心理治疗：分为个人心理治疗和团体心理治疗两种方法。
4. 生活技能训练
5. 艺术疗法
6. 作业疗法

（七）作业疗法能够提供的援助

1. 早期的作业疗法

（1）安心、安全的保障：处于急性期的障碍者需要长时间保持安静状态，稍微受到一点刺激就会招致不安定的情绪变化和混乱，还可观察到活动性低下、没有任何反应等状态。这个时期作业疗法师和患者要保持"1对1"的关系，利用安静且不经常被打扰的房间，给予患者安心、安全的环境。

相对让患者去做什么，更好的方法是让患者听一听自己喜欢的音乐，或者尝试着寻找作为消遣的事情去做，甚至可以提供一个没有任何强迫性质的场所让患者独自待上一段时间。如果他们感到有一种说不出来的不安的感觉，作业疗法师要适时地进行参与，并为其提供自己观察自己的时间，且要告诉他们作业疗法师就在身边，可以与他们一起解决问题，使他们感受到作业疗法师对他们的关心和关怀，特别要做到不着急、无焦虑感。

对于作业疗法师来说，不要突然闯入对方的内心世界，当判断出他们不能很好地表达自己的心情、胆小、害羞的时候，作业疗法师在给提供一些帮助的同时，要像亲人那样协助其做出一些必要的判断。让他们渐渐地在现实生活中懂得自我补助（或者说是自我充实）。

另外，处于急性期的时候，患者往往对于离开病房这件事有较大的心理负担，作业疗法师可以到床边去面谈，并注意谈话时声音要小、语气要柔和。

（2）身体感觉的恢复：当身体的各种感觉受到封闭后，患者为了使身体不受到伤害而经常把自己封闭起来。当开始意识到要主动感受现实世界的时候，体内储备足够的能量就显得比较重要了。这时，作业疗法师就要介绍一些合适的作业活动，通过这些活动让他们自觉地、一点一点地感受身体各种感觉的恢复过程。

2. 恢复前期的作业疗法

（1）接纳、接受的体验：与他人共同使用一个公共场所，并对其观察到的活动表示出关心，这些对于患者来说是调整基本的生活节奏，并通过具体的活动接纳来自周围的体验以及获得集体所属感等是非常重要的。

最好从与作业疗法师共同进行一个活动开始，让患者渐渐产生和他人之间相互信任、相互依赖的感觉。当患者与他人的关系或对某事物出现过错或解释不当的时候，作业疗法师要在表现出委婉接纳情绪的同时马上给予纠正。也就是说，要让患者者逐渐接受以下几点内容：

1）不能勉强去做做不到的事，但能去寻找、发现可以发挥自己作用的事。

2）体验与他人共同进行活动时所共有的经验（共有体验）和共同的感情是非常重要的。

3）无论是为了谁，尝试着为他人做点什么（关心他人的体验）。

通过上述三点，让患者更多地通过自己正在做或已经做过的事情，体会与他人的关系之间接纳、接受、被接纳或被接受的各种感觉。更重要的是在自己无能为力的时候，学会体会从他人那里是能够得到对自己的理解、接纳等情感。另外，让患者在体验上述内容时，能够与体验自我接纳或者说自我尊重自然地结合起来，也是非常必要的课题。

3. 恢复后期的作业疗法

（1）开始自我认识——探索：这个阶段一般情况下患者已经处于情绪相对稳定和安心的状态，并能自然地存在于人与人之间。这时要通过具体的活动，使患者了解到自己的能力和能力界限（自己能力的自我检讨），伴随自信心恢复的同时适当地给予一点儿受到挫折的体验，使他们会经常注意到自己现实的疾病和障碍的存在，从而能主动地寻找应对方法。

他人给予帮助和支持，对于帮助患者了解自己的能力以及接纳、接受目前的现状是非常重要的。作业疗法师在和患者一起进行具体的作业活动的同时，要做到：①与本人共同评价和讨论作业完成能力。②通过从别人那里得到的承认、注意、激励等来明确"自己"的概念。还要与对象者一起对上述两项内容进行评价和讨论，一起考虑在获得实践经验的过程中本人不喜欢的过程，在即将失败时，通过学习哪些新的方法和手段、在考虑方法上做了哪些改变，才获得了目前的收获等，这些都是非常重要的。

对于作业疗法师来说，与患者共同进行现实检讨的同时，要提供宽松的期限和场所，以帮助患者恢复丧失掉的作业能力。这个时期经常会感到患者对自己的现实生活和将来就职前景等缺乏认识等，这主要是由于对自己评价过低而产生的焦虑情绪所致。另外，治疗者以及家属的期待也是造成患者焦虑的原因之一。所以，这个时期对患者情绪的整理和准备是非常关键的。

（2）针对自律的准备：为了使患者能尽快再次回归社会，需要让他们一边学习、掌握一些适合的技术，一边对目前的思维方式和工作方式尝试性地进行一些调整，尽可能充分地、灵活地利用一些可利用的社会资源和人的资源。

作业疗法师要设法使患者通过具体的作业体验来学习生活技能,尤其要关注以下几方面:

1)在日常生活中与人交往时,要自然得体,不感觉到困难。如与他人打招呼、问候等。

2)自己的健康管理(包含正确服用药物)。

3)重要物品的管理。如银行卡的保管、使用、存取款等。

4)有效利用社会资源。如生活保障、医疗保险等制度的利用;街道、社区、职业介绍机构、居委会等政府机关的利用;由政府为精神障碍开设的作业所、街道小作坊等设施的利用;公园、大型百货商场、超市、公共交通设施的利用等。

5)良好的饮食生活。

6)遇到困难时懂得如何寻求援助。

通过具体的体验和学习,使患者认识到不能过于追求很快的变化,治疗者也要注意随着对象者的进步,避免对他们的期望、期待变得越来越大。各种具体性的体验和作业的难度,掌握在不使他们感到负担和较大压力的程度为好。指导他们养成各种良好的生活习惯,掌握各种技能则更为重要。

(3)自律生活:当真正开始参与社会的时候,要能够保持良好的心态;遇到一些小事的时候,要能做到不紧张、不恐惧,并能主动地找到一些相关的设施,如社区俱乐部、好朋友家、门诊中的社区精神工作人员办公室等,就自己的苦闷、烦恼、困难与他们进行沟通和交流,使自己的紧张感和压力得以缓解。

生活中最重要的是遇事不急躁,不做勉强的、无能为力的事,适当控制办事效率,一天内能完成的事最好一天完成。

4. **维持期的作业疗法** 到了维持期症状通常变化不大。这个时期要在防止再次发病的同时,努力维持和提高生活质量。另外应寻求社区医疗机构的帮助。

在社区生活中,可根据患者个人的能力和状态,适当利用政府部门开设的设施(如作业小作坊、福祉性的工厂),并有效利用精神障碍患者的相关福利制度。只有有效的利用各种设施和制度,才能使患者感到无论何时、何地、做何事都有所依赖,使他们对生活能够有安全感、安定感、安心感。

对于那些生活在医疗机构、没有明显的症状,但活动性非常匮乏的患者来说,由于长时间缺乏与外面世界的接触,经常会出现逃避或者说是害怕与外界接触的情况。长此以往的话,他们会变得自我封闭。这时,作业疗法师要给他们提供一些非语言特性、关怀关心较多并能维持与现实有关系的作业活动。

(八)作业疗法治疗要点

1. 作业活动使患者与现实生活联系起来。
2. 不断增加患者关心和感兴趣的事情。
3. 让患者积累成功的体验。
4. 利用团体作业活动使患者保持和其他人的联系。

(九)治疗态度

1. 安全、安全的保障。

2. 接受性姿态。
3. 利用团体活动（从并行团体活动到课题遂行团体活动的转变）。
4. 要注意没有艺术框架的作业活动会促进幻听和妄想。

（十）病例（精神分裂症）

25岁的女性患者，在工厂上班，出现"上司说自己坏话"、"电视中也在说自己坏话"等幻觉和妄想，被父母送至精神病医院就诊并入院。入院一个月后，以"稳定症状"、"稳定生活节律"、"改善与人关系"等为目的进行作业疗法。主要的作业活动为：皮革工艺和卡拉OK。刚开始时患者没有自信心，一个人进行作业活动，逐渐开始出现与其他患者交流的情况。皮革工艺可以使患者做一些高难度的活动，卡拉OK可以让患者大声歌唱，建立自信心。6个月后，患者症状改善，出院，回归工作岗位。

二、抑郁症

抑郁症包括只有抑郁症状的单向障碍和抑郁和躁狂反复交替的双向障碍两种。发病率为5%~10%，复发率50%。

（一）病理和病因

抑郁症是一种常见的心境障碍，可由各种原因引起，但以遗传性因素和环境因素多见，以显著而持久的心境低落为主要临床特征，且心境低落与其处境不相称，严重者可出现自杀念头和行为。患者多集中在中年期到老年早期。大部分患者病前对工作热心，做事严谨，有完美主义倾向等性格特点。常合并癌症、糖尿病、认知障碍、脑卒中等。

（二）特征性行为

悲哀、绝望、自责、自虐性妄想、有自杀倾向、失眠、早醒。

（三）治疗

1. 药物治疗：主要以SSRI（Selective Serotonin Reuptake Inhibitor）和S.RI（Serotonin & Norepinephrine Reuptake Inhibitors）为主。
2. 认知行为疗法（Cognitive behavioural therapy：CBT）
3. 作业疗法

（四）作业疗法治疗要点

急性期患者：以休养为主。

恢复期：修正患者的情绪，转换心情，防止复发。

（五）治疗态度

1. 要避免随意鼓励。
2. 要有耐心，避免着急情绪。
3. 注意患者的自杀倾向。

（六）病例（抑郁症）

45岁的男性患者，大学毕业以后认真工作了20年，晋升为科长之后开始失眠，食欲减少。大量服用安眠药，自杀未遂入院。诊断为抑郁病后转入精神病医院。以"减少焦虑感"、"稳定生活节律"为目的进行作业疗法。主要的作业活动为绘画。最初患者急于在一天内完成绘画，作业治疗师指导患者一点一点的去完成绘画作业活动。慢慢地，患者就不那么着急了，边休息边做作业活动。3个月后出院，回归到压力相对较小的工作岗位。

三、躁抑综合征

躁狂型抑郁症归属于情感性疾病之中，是以显著而持久的情感变化为主要特征的一种疾病。引起情感障碍的原因尚不十分清楚，可能与遗传、神经生化、神经内分泌以及社会心理等多种因素有关。这些因素互相交织，错综复杂，很难用单一因素来解释整个疾病。然而，在正常的成年人中，在其一生中的某一时期出现过抑郁症状者，估计约占15%~30%，但多不完全是病态。一般来说，只有症状严重，持续时间较长，影响日常生活、工作和生活自理者才属于病态。

可经常观察到躁狂状态和抑郁状态两种症状反复交替出现的，称为"两极性"；只出现抑郁症状反复交替的称为"单极性"。发病年龄较精神分裂症晚，一般20~30岁发病，有的可在中年期或更晚，如40~50岁发病。有些研究认为，容易出现抑郁性症状的人，是由于先天遗传因素和一部分能够成为诱因的社会因素所引起的，并且与发病之前的性格、家庭等环境因素相关。

躁狂型抑郁症的特点是工作高涨的热情、超常的认真、强烈的正义感和责任感等。有这种特征的人被称为"执着性气质性格"。另外，Tellenbach（1961）将具有单极性抑郁症病前性格（如良心性的、为他人而存在的、义务责任感、病态的认真、细心等）的人称为"抑郁亲和型性格"。

从心理、社会状况等因素来看，死别、搬迁、结婚、离婚、退休、晋升等环境变化为诱因所引起发病的病例较多。主要的躁狂症状是自我情感亢进、有万能感、易受刺激、易被激怒、观念奔逸、散漫、浅薄等表面的思维障碍，以及夸大妄想、自我感觉良好、自我评价过高等，甚至随着理智的消失还可经常观察到奔逸、怪异的行为。另外，睡眠欲望也会减少，造成食欲和性欲亢进。相反的抑郁症状是悲观、空虚、焦躁、苦闷等为主要症状，同时还伴有抑制、记忆力降低等思维障碍，有罪感、贫困等抑郁性的妄想等。身体方面造成无法入睡、早醒等睡眠障碍，食欲、性欲减退，症状在一天中可观察到变动的情况。

（一）病理和病因

发病年龄：20~30岁。

原因：遗传性因素。

病前的性格：好交际的、循环型人格。

（二）障碍特点

1. 关于身心基本功能　与精神分裂症一样，躁狂症患者的身心功能也处于严重受损的状态。这使其判断能力降低，运动技能没有改变，但过度活跃的行为则经常出现，工作、学习和家务劳动能力受损，给别人造成危险或不良后果。发病期间情感的亢奋或低迷，给自己的生活带来极大的影响，特别是给身体功能造成的二次性影响的情况比较常见。

2. 生活方面的活动受到限制　躁狂型抑郁症中的躁狂症状和抑郁症状对生活产生的障碍是有所不同的。

(1) 躁狂症的特征是：

1）终日沉浸在喜悦之中，易受到刺激，遇到一些很小的事就会暴怒或变得非常兴奋。

2）以自己为中心，表面性的行动很多，非常容易引起摩擦和纠纷。

3）夸张的言语较多，不能约束自己，缺乏总结归纳性。

4）由于亢奋行动时显得性急，因此关心的事情很广、很散，但很难持续集中。

5）很少睡觉，在身体变得非常虚弱之前总是在动。

6）大量的饮酒，性欲亢进和穿着醒目、鲜艳的服装，特别是在消费方面比较浪费等。

7）刚开始的时候还有精力去做一些事情，之后很快变得即独断又夸张，却什么事情都干不了。

8）经常出现新的想法和主意，但几乎不能完成工作。

(2) 抑郁症状与躁狂症相反，意欲和行动被终止。特征是：

1）几乎没有与他人接触交往的欲望。

2）睡眠很浅，很早就醒了，上午较多时间处于抑郁状态。

3）非常容易的事（如洗脸、洗澡，甚至起床）都懒得做。

4）不想进行任何思考，决断力和集中力急剧下降，任何事情都不想做。

5）不能胜任新的工作。

可以看出，抑郁症状几乎使患者的整个生活处于停顿状态。抑郁症状的高峰期会使体力和精力全部下降，要特别注意的是在初期和恢复期，经常出现自杀倾向。

3. 参与社会受到限制　由于个人因素与躁狂、抑郁所占比例程度的不同，因此躁狂型抑郁症给生活造成障碍的程度也就不同。由于经常出现脱离社会言语以及理念等行为，使患者产生在人际关系和工作两方面的障碍，特别是当躁狂状态为主要状态时，经常会牵连到别人。处于抑郁状态时几乎所有的生活功能处于停顿状态，在家庭和社会中所应发挥的作用也几乎全部丧失。

(三) 特征性行为

1. 抑郁状态：同抑郁症。

2. 躁狂状态：能说会道、浪费、多辩、性欲亢进。躁狂症的典型表现是情绪高涨、思维澎湃、言语增多、主动性增强、活动增多，其特点是协调性精神运动兴奋，起病一般较急，可有烦躁、失眠等前期症状，接着产生持续的情感高涨、患者终日沉浸于喜悦之中；患者自我感觉良好，对自己的评价往往过高，有时出现夸大妄想；有时也产生与情绪相一致的幻觉。此类妄想、幻觉常常随情感高涨等基本症状好转而相继消失。情绪高涨，感觉自己很有钱，从而买一些不必要的东西，形成浪费现象。沉迷于赌博游戏，债台高筑。刚开始的时候精神爽快，精力充沛，渐渐地好发脾气，频繁地与人发生冲突，给周围人带来麻烦。

(四) 治疗

药物疗法：可应用氯丙嗪或氟哌啶醇等抗精神病药物以迅速控制症状，也可将锂盐制剂和氟哌啶醇合用。单用锂盐制剂可预防复发。

(五) 作业疗法

对于躁狂症状、抑郁症状的治疗通常以药物治疗和精神治疗为主。其中，通过药物治疗得到恢复的情况较多。以前，在这个领域用作业疗法治疗的机会并不多。但是，随着社会结构以及影响的不断改变，他们需要根据自己的身体状况去工作和生活，这使得他们感觉越来越困难，从而导致慢性化倾向加剧，此时作业疗法的作用就变得非常重要了。

作业疗法的作用在于运用、接受、支持精神疗法的同时，通过作业活动等手段，尽可能少运用语言，并在减轻精神负担的情况下适应环境。也就是说要在现实生活的框架中，使病人尽量安定下来，体验新的、恰当的人际关系，还要在让病人回归到以往的生活状态和社会地位等方面进行援助。

1. 早期的作业疗法

(1) 休息（身体疗法的导入）

在运用身体疗法进行治疗的初期，对于躁狂症、抑郁症的病人来说，要让患者充分地了解自己的症状，这样才能做到自觉地、专心地进行休息治疗。身体疗法进行一段时间后，部分患有躁狂症的患者在活动中会出现兴趣扩散、急躁行为被诱出等情况。而部分患有抑郁症的患者，由于活动的负荷较大，经常会与病前的能力比较，容易产生自卑的情绪。

在这个阶段，作业疗法师要给予他们明确的指示和判断，让他们离开所有的社会性责任，并尽可能自觉地了解目前的状态是由于病症所造成的。特别注意的是，不要在这个阶段对患有抑郁症的人做出生活方面的决定。

(2) 保护性（身体疗法导入后）

休息的阶段过后，患者就会多多少少产生想尝试着具体干点儿什么的想法。但是，对于有躁狂症状的人来说，症状还没有完全消失，如果听任患者本人的希望，就容易引起兴趣的再次扩散；而对于有抑郁症状的人来说，如果让他们自己做决定而不能做出决定时，会很容易使他们产生自卑感。由于这个时期可以经常观察到病人有强烈的从别人那里得到评价的意识和依存感，如果这时作业疗法师对病人提出积极的、带有期待性的要求，往往很容易使病人做出非常无理、根本完成不了的事情。因此，让他们慢慢地休息，从容的对待一些问题是非常重要的工作。比如"好不容易症状好到现在这个样子了，要让自己的生活试着再从容一些怎么样？"等。使病人懂得培养这样情绪的关键性。

对于有躁狂症状的患者，这个阶段作业疗法师在理解、接受病人情绪的同时，还要给予患者指示性的支持或援助，使患者能在作业活动过程中正确对待、对应现实，并能减轻或消除由于症状引起的不安，这是非常重要的。患者对于一些具有现实性的限制和规定（如创作性的东西和必要的完成时间等）的作业活动比较有难度，以失败告终的情况很多见。这时的作业疗法要注意做到以下几点：①提出清晰的指示和准确地预测。②选择简单、不容易失败的活动。③通过努力后的作品应该是比较漂亮的，而且是有价值的。

④活动的次数要多，但每次的时间要短。⑤要在患者自己做决定感到困难的时候及时给予援助。⑥作业疗法师要注意指导语言简短，但要不断反复。⑦一旦做出决定，尽可能坚持到底。⑧明确地指出时间、作业量、禁止事项以及限制事项。在和他人共同利用同一个场地时，要选择言语少的活动，以防病人向他人使用躁狂性语言后，造成对他人自尊心的伤害。

对于有抑郁症状的人来说，这个阶段在进行作业活动的过程中，会经常出现以现在的状态与过去所拥有的经验、能力、技术等进行比较的情况，从而很容易产生自责感、劣等感、自我低下等情绪。这时的作业疗法要注意做到以下几点：①与其让他们做以前熟悉的东西，不如选择做从来没做过的东西为好。②选择简单的、反复进行的活动。③有组织性的、实用的活动。④在短期活动中，要保持时间的连续性。⑤聊天的内容要简单，且容易理解。⑥告诉他们不做超过自身能力范围的事情。⑦不要强迫其做决定。另外作业疗法师要对已经陷入悲观、打不开心结的抑郁症病人，做出发送放松、安心的姿态。

2. 恢复前期的作业疗法

对于患有躁狂症的人来说，这个阶段作业疗法师要在认可患者本人能力的同时，给予患者带有肯定性、能够强化行动的作业援助，并使患者要在活动能力的范围中获得完成的体验。但是要注意避免竞争性质的活动和在团组内中承担某个较为重要角色或作用的活动，并且要注意不能无原因地表扬、夸奖等。

对于患有抑郁症的人来说，这个阶段作业疗法师还是根据患者在实际的活动中的状态，选择进行一些比较浅显的活动为好。要通过患者自然地完成简单课题的过程，来提高活动的水平，然后再慢慢地向患病前的生活相关活动转移，有利于患者自信心的恢复。但是，不能让患者做自己不能完成的事，也不要引起患者不必要的焦虑情绪。另外，要让患者家属充分地理解。

3. 恢复后期的作业疗法

随着症状的改善，患者会逐渐地开始考虑自己今后的生活方式，也变得非常愿意接受从作业疗法师那里提到的关于自己生活方面的各种建议。因此，进入这一阶段以后，作业疗法师要指导他们认识自己的行动模式，在可能的情况下，尝试着用新的方式调整现实生活。在此阶段，家属要尽可能地对患者回归社会提供帮助，但是要注意避免强迫性的行为。

在躁狂症患者重新认识生活方式的过程中，需要完成以下几点内容：①体验新的人际关系。②要在集体生活中体会与他人共享的经验。③被分配担当以及需要发挥作用时，要体验普通性的接纳等感受。④体验其本人所拥有的能力。

在抑郁症患者重新认识生活方式的过程中，需要完成以下几点内容：①学习如何取得休养的方法。②寻找工作以外的兴趣。③理解因有固执己见等情绪所造成的强迫、无理等感受。

在考虑患者的生活、年龄、经历、知识水平等的同时，还要注意不能伤害其自尊心。也就是说在考虑题材的选择和在活动中投入的精力的同时，既要保护他的自尊心又要确保以完成活动为目的。

（六）作业疗法治疗要点

1. 抑郁状态　与抑郁症相同。
2. 躁狂状态

（1）急性期：控制行动，掌握活动和休息的平衡。利用运动消耗患者的精力。设定患者的活动。（例如：在同一时间内不让患者进进出出，一次完成一个作品。）获得患者同意。

（2）恢复期：这个时期，在治疗的时候，不要卷入到患者的言行当中。利用作业活动，调整患者的生活节奏。要认识到这种状态会交替变换。要患者学习自己疾病的相关知识。

（七）治疗的态度

要时刻注意在治疗的时候，抑郁状态和缓解状态会发生变化。

对躁狂病人要避免使用命令的口吻，不要卷入患者的言行当中，不要陷入到焦虑当中。

四、人格障碍

境界型人格障碍是人格障碍的一个类型。与神经症的病人相比，人格障碍患者在临床上似乎表现为功能受损较少，但实际上刚好相反。这类病人在表面上多似情绪稳定、平和、有较稳定的工作，能够适应生活中的各种压力，但他们往往存在着更深的适应不良的行为及应付压力的方法。他们通常更容易拒绝康复治疗和寻求援助，以至病情变得更趋严重。

境界型人格障碍的病人多在10岁后半段至20岁前半段发病，20岁后半段至30岁左右发病的情况较少。临床诊断较难，一般有妄想性精神分裂型、演技型、不稳定的境界型、自恋型、回避倾向型和有较强的被害倾向型等分类。作业疗法对其进行的分类为情动不稳定型人格障碍的冲动型和境界型。其情感可能表达不恰当，如缺乏对愤怒的自我控制能力、出现自残、自杀的情绪、做事较冲动、缺乏深思熟虑及恐惧自己被遗弃等。自我形象问题常反映于性取向、长远计划及价值观当中，病人也容易染上抑郁症及滥用药物等行为，更易出现类似精神症或难解神经官能症的症状。

（一）病理和病因

原因不明。

（二）障碍特点

这类病人既依赖又充满敌意。他们相当依赖周围亲近的人，但当其依赖无法得到满足时，则表现出强烈的愤怒。因此，难以维持较深的亲密关系。他们对人的态度陷入全好或全坏两种极端之中：别人在给予他关心注意，使之有安全感时，他可以将这个人理想化；当别人的付出不能符合其需求时，便马上对这个人充满愤怒，并进行厌恶及刻薄的批评。同时，他们极怕被依赖的人所背叛。因此，他们往往激起对方的愤怒或率先背叛对方，以考察对方的忍耐程度。当对方果真背离了他时，自己则陷入极大的情绪混乱之中，并强化这个世界已无人可信，表现出自己空虚、孤独存在的观念。另外，他们缺乏自我认识，所以无法忍受独处的孤独，有长期的空虚感。为了避免空虚寂寞，他们会很随意地与人发生关系，或以自残、自伤（如割腕）来排解内心的空虚与无望。其生活模式非常的混乱，社会职业功能也受到极大的影响，往往是成就低于能力。

1. 关于身心功能的障碍　能够观察到由于广泛的神经症的症状和不稳定的情绪导致对人关系的极端和双重性、"多彩"的冲动行为、缺少情感控制能力、自我伤害行为、不能认同自我的统一性等问题，使之容易引起人格构造上的障碍，从而使身心的基本功能出现障碍。

2. 关于生活活动所受到的制约　一部分人感觉能力较高，但通常并不能保持与他人的关系，也无法长时间保持工作状态。在日常生活和社会生活中，经常感到自己有要崩溃的情绪出现。不只是本人有这种感受，同时也让其家属感到日常生活处于崩溃的边缘，并且影响到周围邻居的生活。

3. 对于参与社会参加所受到的限制　由于经常出现社会性的脱逸行为以及极端、激烈的情感变化和冲动性，所以总是出现被周围拒绝等不利的情况。即使能够就职，也会因不能做到持续稳定，出现经常转职或换工作等情况。

（三）特征性行为

由于性格偏执，患者和周围的人都能感受到患者不能适应生活的痛苦，被诊断为人格障碍，需要进行治疗。可分3类。

A群　Shizoido人格障碍（不关心、不感动、自闭）、妄想型人格障碍（不相信别人、被害感觉强烈）、分裂样人格障碍（有奇怪的思想和行动）。

B群　表演型人格障碍（利用他人，以自我为中心）、反社会型人格障碍（有攻击性、没有良心的谴责、有犯罪性行为）、自恋型人格障碍（自我夸大）、边缘型人格障碍（情感不稳定、容易冲动、反复出现自杀未遂）。

C群　回避型人格障碍（回避和社会的接触）、依赖型人格障碍（强烈依赖其他人）、强迫型人格障碍（有洁癖、死板）。

（四）治疗

药物治疗：镇静药、抗精神病药。

家属教育：让家属理解患者的病情。

（五）作业疗法给予的援助

对于患有境界型人格障碍的患者来说，通常可以利用个人精神疗法、集团疗法、药物疗法、家族疗法、环境调整等治疗和康复内容，并不是说病人只要选其中一项认为比较有效的项目进行治疗就可以了，而是有必要进行所有项目的治疗。因此，对于作为精神疗法法对其他治疗进行辅助项目的作业疗法来说，参与治疗境界型人格障碍的机会就变得多了起来。

作为其他治疗的辅助治疗，功能是作业疗法具体性、现实功能、活动效果的体现，通过作业活动达到保持心理稳定等。（见表15-4-1）

表 15-4-1　针对境界型人格障碍作业疗法的作用

1. 现实治疗的组成（作业疗法的具体性、意义性、目的性）。
2. 保持心理的距离（作业的具体性和物理的距离）。
3. 对自己能力的现实检讨，自我评价（结果的具体性）。
4. 适当的发散（身体能量的变动、身体性）。
5. 充足的自我关爱及有能感（作业的结果、道具的使用）。
6. 确定了解自己的身体（通过作业获得身体感觉的经验、身体性）。
7. 满足依赖性的欲望（教予作业、共有制）。
8. 给予满足症状减轻欲望的要求保障（作业的具体性、投影性）。
9. 接受、接纳的体验，集体所属感的体验（作业的共有性）。

1. 建立各种相互关系的时期　开始治疗前要明确地向患者传达各项计划和参加时的相关约束事项等基本的规定。这个时期最基本的是在作业活动中与患者保持适当的心理距离，因为如果在开始时就出现较为含糊不清的指导，将难以建立良好的治疗关系。

最初，患者会经常出现针对个别面谈和治疗上的约束，于是便找各式各样的理由不参加，或是迟到。他们根据自己所考虑到的东西，不与治疗者商量就很随意地去利用治疗场所，并发表一些对场地不满意的言论等。

对于治疗者来说，经常可以观察到患者混乱的言语和行为。由于存在不成熟、不稳定的人际关系，所以在实际生活中常常表现出幼稚的一面。作业疗法师要利用现实生活中的内容，为其设计作业活动。同时，在保持一定位置关系的前提下，让病人感觉到治疗者的存在。

2. 密切关系的时期　这一时期能够观察患者对信赖感缺乏基本的体验，还存在分离、不安等原因所造成强烈的依赖感等现象。在与作业疗法相关的场合，因为患者很难接受像精神疗法那样明确的治疗构造，所以作业疗法的工作目的还是在不引起倒退的情况下，适度地保持现有的关系体系为好。即使患者对作业活动的目的有了充分的了解，也几乎不能持续地做到结束，而是在进行作业活动的过程中做情绪的各种转换、发散以及维持各种关系。

作业疗法师要在不伤害自尊心的同时，既让他们能够适度地发散和尽可能做到关爱自己，又做到在作业活动中形成适当的行动规范化。只有这样，才能使对象者保持通过作业来维持健康的关系体系不会半途而废。因此，需要作业疗法师做出清晰、准确的指示。

（六）作业疗法的治疗要点

1. 利用作业活动发散患者的冲动、情感转换
2. 不断积累成功的经验，让患者获得自尊
3. 利用团体作业活动稳定与其他人的关系
4. 缓和与人的紧张关系

（七）治疗态度

1. 促使患者自己决定事情。
2. 周围的人应接受患者。

（八）病例（境界型人格障碍）

25 岁的女性患者，离开老家，一个人生活的大学生。因为失恋，在学校的厕所里面

多次割腕，满身是血地去上课，老师带其去精神科就诊并入院。入院后，马上开始进行作业疗法，作业治疗师让患者参加书法和拉卡OK活动。但是，稍不留意，患者马上就会发怒，对护士和作业疗法师多次谩骂，经过治疗慢慢地就冷静了。3个月后患者出院，回到老家静养，随后回归学校。

五、摄食障碍

摄食障碍分神经性无食欲症和神经性过食欲症两种。上世纪60年代发达国家拒食和过食等的摄食行为障碍急剧增加，一部分男性也出现摄食障碍，但多数为女性，特别是青春期的女性居多。病因不明并有多种见解出现。

多数摄食障碍是由本人意志造成食欲受到制约或进食困难等现象引起的。虽然拒食和过食表面上看相反的是两种现象，但基本的原理却很相似。在病程发展过程中，两种症状可同时存在。摄食障碍的诊断标准（DSM-IV-TR）如下（表15-4-2）：

表15-4-2 摄食障碍的诊断标准（DSM-IV-TR）

神经性无食欲症
A. 年龄和身高在正常体重的最低限，并拒绝维持以上体重。 B. 体重已经不在正常范围内，对于增加体重，肥胖感到强烈的恐惧。 C. 对自己的体重以及体形存在认识障碍，自我评价体重过重影响体形，或者不承认现实中的低体重。 D. 初潮后的女性有的出现无月经或月经周期不稳定。
神经性过食欲症
A. 反复、过度地大量进食，有两种特征： 　1）和他人一样在相同的时间、相同的场所进食，但摄取食物的量比他人要多很多。 　2）进食没有停下来的感觉。 B. 为了防止体重的增加，常反复采取不恰当的行为，如诱发性的呕吐、泻药、利尿剂、灌肠、绝食、过度运动等。 C. 过度地进食以及不恰当的行为，平均每周出现两次左右。 D. 自我评价体重过重影响体形。

（一）病理及病因

病因：十几岁的高中生，生长在父母努力工作的家族中，本人做事严谨、有完美主义，常以遭受细微的挫折为起因，患者对自己的能力和容貌比较讲究，往往从节食开始。饮食习惯异常之后，对肥胖的恐惧增强，不适度地减肥。

生物学：有遗传体质。

社会性：以瘦为美的潮流。

心理上：有母子关系的纠纷。

（二）障碍特点

1. 关于身心基本功能　对于患有神经性无食欲症的患者来说，持续不稳定的进食状态，会导致中枢性摄食调整机制发生异常、体重减轻、无月经、便秘、低血压、徐脉、皮肤粗糙、低体温、出现由于饥饿产生的营养失调状态等生理变化。并且，通常能观察到体毛变得越来越密。如消瘦状态继续下去的话，内脏可出现萎缩和脑容量的缩小等，使身心诸功能低下的情况。如果营养状况继续处于失调状态的话，将对生命带来威胁。

对于患有神经性过食症的患者来说，其症状不是出于生理性空腹感，而是心理性的欲望高造成自己不能控制大量进食的欲望。进食后受到其满足感、罪恶感和绝望感等情绪的影响，再次让吃下去的东西全部吐出来，有的是用大量的泻药（净化行动），只有当自己感到全都空了，才能使情绪稳定下来。然而，随着空虚感渐渐变强，便再一次大量的进食，这种状况往往反复出现。因此，可以经常观察到由于大量的盐分和水分摄取所造成的浮肿症状，又能看到由于其经常采取呕吐的方式，导致胃酸的腐蚀性所造成的对牙齿的损害。

2. 关于日常生活　对于患有神经性无食欲症的患者来说，虽然其看到自己消瘦的状态已经发展到皮包骨了，但仍能有过剩的活动性。因此，其并不会感受到自己的身体已处于深刻的停顿状态。双亲，特别是母亲，往往会感觉自己的孩子好像正处在反抗和依存两种态度的交织中，并且由于孩子的矛盾心理，经常造成各种问题、行动的出现，以及进食行动的异常，也使他们（家属）感到非常困惑。

对于患有神经性过食症的患者来说，由于进食的不安定性和异常的出现，也使其家属被卷入其中，导致其家庭气氛变成阴郁的状态，直到有一天日常生活发生崩溃。

3. 关于社会参加　在某种意义上，摄食障碍也可以说是由于强迫性表现的存在，所导致的自己完善性的生活障碍。但是，随着神经症、境界型人格障碍，以及精神病水平的范围越来越广，根据个人情况的不同，或多或少都能看到不稳定的人际关系和行为，使社会生活出现障碍。

（三）特征性行为

1. 神经性无食欲症（厌食症）：危及生命。
2. 神经性过食欲症（过食症）：病人常常有食欲的异常，对自己的体型过度讲究障碍，经常出现自残行为。

（四）治疗

1. 身体管理，改善营养。
2. 认知行为疗法。
3. 家属疗法。
4. 作业疗法。

（五）作业疗法给予的援助

1. 早期的作业疗法　早期由于身体方面的医学管理和生活管理较严格，所以在多数情况下行动是受到限制的。原则上讲，作业疗法的工作是以个别治疗和在作业疗法室中公用的场所开始的。通过具体性的作业在管理和行动制约上进行治疗，使之紧张和压力得到缓解。

治疗期间不能给予患者模糊不清的约束是很重要的。在明确设定时间和场所的情况下，不管做什么事情，都要保证患者集中注意力的时间。刚开始的时候，通常让患者自己选择做什么是比较困难的一件事，需要作业疗法师给予帮助，并一起进行活动。最好选择短时间内就能完成的、具有较强结构性的活动，以减少他们的负担。逐渐习惯后再选择一些复杂的项目，并尽可能地让患者自己选择。初期最好避免与吃东西相关联的作业项目，待其症状确实稳定,并能够自己对进食情况有正确认识时,才能将与吃相关的作业活动运用到治疗中。

患者出现对作业疗法师漠不关心的表现之后,紧接着就能观察到理想化、暧昧、反抗、放肆等双重性言语和行为的出现;这可以考虑为患者通过异常的言行或表现出不安来为其脆弱的自我进行强劲的防卫。这时,作业疗法师要对患者的健康状况进行评定,继续保持以往的对应方法,使患者逐渐地产生信赖感。

关于作业活动,可以观察到患者开始时做事时出现混乱状况,几乎所有的事情都想让他人代劳。随着时间的推移,患者主动性的提高,如果作业疗法师不过多地去干预,不设过多的限制,患者又会出现恐惧、反复的确认和强迫性行为;这可以考虑为患者自身所表现出对完美主义的不安和缺乏自信。当他们出现逃避作业活动的现象时,作业疗法师要给予其适度的关心;当他们出现过度的活动和恐惧以及强迫行为时,作业疗法师要与患者共同进行一些快乐的活动。但不能去做其能力达不到的事情,并在不伤害其自尊心的情况下,让他们面对现实的生活。

2. 恢复期的作业疗法　随着患者症状的减轻及各种能力的提高,可以让患者与他人在同一个场所进行活动,并且逐渐增加这种体验的机会。在活动过程中,尽可能让他们懂得自己做各种准备和主动打扫卫生等工作的重要性。当各种关系有所好转的时候,可以观察到患者不时会出现放肆的言行。此时,作业疗法师要再次对初期的各种限制进行确认,对于不能接受的事情要做出明确的指示,否则相互之间依赖关系将难以维系。

在作业疗法室中,可以观察到患者对别人作品的关心和非常自然的赞赏。这个阶段作业疗法师选择的作业活动,最好能够满足以下需求:使患者愿意通过活动去关爱自己,使自己能够从中得到满足以及接受接纳自己的机会。另外,还要让他们去体会通过活动,了解别人对自己行为和结果的认识,以及失败时那种恐惧、强迫行为较以前明显减少的感觉和体验,使患者能够了解自己的价值观,寻找适合的生活方式及建立良好的人际关系。

(六) 作业疗法治疗要点

1. 利用作业活动让患者摆脱增减饮食行为和体重的意识。
2. 改善与人关系、构筑信赖关系。
3. 让同一病种的患者之间进行谈话,促进患者对疾病的接受。

(七) 治疗态度

1. 采取一种不让患者自我放纵的态度。
2. 回避烹饪活动。

六、惊恐症 (panic disorder)

(一) 病理及病因

原因:紧张状态,遗传因素和环境因素共同影响。

发病率:为1.5%~3%,女性较多。

发病年龄:青春后期至30多岁。

病前的性格:做事严谨。

(二) 特征性行为

常见在睡觉的时候、在汽车内突然发作,没有前兆。

（三）治疗
药物疗法：镇静剂。
（四）作业疗法治疗要点
1. 让患者把注意力集中到活动当中，尽量不让患者接受不安的影响。
2. 要考虑恐惧发生时的处理方法。
3. 学习放松训练方法。
（五）治疗态度
要注意不要对患者过度保护，避免增加患者的依赖性。

七、酒精依赖性精神障碍

（一）病理及病因
原因：不明。
年龄层：发生在各个年龄段。
发病率：不明。
（二）特征性行为
在白天也大量喝酒。否认（不承认自己喝酒）。从精神依赖转移到身体依赖、引起家属关系破裂、不工作、出现金钱等经济问题、交通事故、犯罪等各种社会问题。
（三）治疗
入院戒酒。
（四）作业疗法治疗要点
改善体力、改善生活节律、交朋友。
（五）治疗态度
在团体活动中，要帮助患者与人交往，注意避免患者喧哗。

八、认知症

（一）病理及病因
由于脑部的器质性损伤引起的后天性疾病。
发病率：65岁以上8%，85岁以上25%。
分型：脑血管性痴呆和阿尔兹海默型痴呆（老年痴呆）。
（二）特征性行为
核心症状：记忆障碍，自我认知障碍，思维、判断障碍，失用，失认。
次要症状：幻觉、妄想，焦燥，多动。
（三）治疗
药物疗法：镇静药、安眠药、抗抑郁药。
其他：回顾法和作业疗法。
（四）作业疗法治疗要点
（1）稳定情绪。
（2）建立信任关系。

(3) 维持体能。

(4) 提高反应能力。

(5) 形成生活节律。

(五) 治疗态度

(1) 不抱有成见、耐心等待。

(2) 尊重患者的价值观。

(六) 病例（脑血管性认知症）

80岁的女性患者，长期独居。健忘，常常丢失钥匙或者钱包，日常生活困难被送入医院。让患者参加编织和合唱等作业活动。因为和自己同龄的女性患者一起生活，慢慢出现笑容，会说"我很高兴"，一直住院至今。

（陈彤红　邱贵生　黄富表　山路博文）

思考题

1. 中国精神障碍的特征有哪些？
2. 精神障碍作业疗法中常用的作业活动有哪些？
3. 作业疗法的构造包括哪些内容？
4. 精神分裂症的作业治疗要点有哪些方面？

第十六章 烧伤的康复

学习目标：
一、掌握烧伤的概念、烧伤的三度四分法、烧伤急救期、急性期、康复期的作业疗法工作重点、加压治疗的概念。
二、熟悉烧伤面积的计算方法、烧伤后瘢痕的分期、压力衣制作的注意事项。
三、了解各度烧伤的临床鉴别、职业前评定与训练。

第一节 概　述

烧伤泛指由热力、电流、化学物质、激光、放射线等所致的组织损害。主要是指皮肤和/或黏膜，严重者也可伤及皮下或黏膜下组织，如肌肉、骨、关节甚至内脏。根据致伤原因的不同，可将烧伤分为热力烧伤、电烧伤、化学烧伤、放射性烧伤、复合性烧伤五类，热力烧伤最为多见，约占各类烧伤原因的85%~90%。狭义的烧伤即指热力烧伤，如热液（水、汤、油等）、蒸汽、高温气体、火焰、炽热金属液体或固体（钢水、钢锭等）所造成的烧伤，其中人们习惯上将热液、蒸汽所致的烧伤称之为烫伤。从理论上说，由于烫伤所致的深度坏死组织中含水量高，故更利于细菌滋生，感染发生较早。一般在45℃温度下接触1小时，70℃温度下接触1秒钟，即可形成烧伤。

烧伤造成的伤害主要表现在身心伤害、医疗费用的支出、误工误学时间的损失。青少年和老年人的烧伤一般为生活烧伤，以轻、中度为主。受伤部位以四肢和头面部为主。电流接触伤和火药爆炸伤造成的致残率很高。据估计，我国约有5%的烧伤者需住院治疗，95%轻伤者可在家庭和门诊治疗。每年大约有500万~1000万人烧伤患者需住院治疗。住院烧伤患者约有10%发生不同程度的残疾，每年新增烧伤患者约10万人。美国每年大约有125万烧伤患者，其中5500名患者死于烧伤及其并发症，几乎80%的烧伤发生在家庭，儿童大部分烧伤是烫伤。

一、烧伤的临床鉴别

各度烧伤的临床鉴别，如下（表16-1-1）：

表 16-1-1　各度烧伤的临床鉴别

深度		损伤程度	临床表现	感觉	创面愈合过程
Ⅰ度（红斑性）		伤及角质层、透明层、颗粒层、棘状层等，基底层健在。	局部似红斑。轻度红肿、热、痛，无水疱，干燥，无感染。	微过敏，常为烧灼感。	2～3天内症状消退，3～5天痊愈，脱屑、无瘢痕。
Ⅱ度（水疱性）	浅Ⅱ度	可伤及基底层，甚至真皮乳头层。	水疱较大，去表皮后创面湿润，创底鲜红、水肿。	剧痛、感觉过敏。	如无感染1～2周痊愈，不留瘢痕。
	深Ⅱ度	伤及真皮网状层	表皮下积薄液，或水疱较小，去表皮后创面微湿，发白，有时可见许多红色小点点或细小血管支，水肿明显。	疼痛、感觉迟钝。	一般3～4周后痊愈，可遗留瘢痕。
Ⅲ度		伤及全皮层，甚至皮下脂肪、肌肉、骨骼。	创面苍白或焦黄呈炭化，干燥、皮革样，多数部位可见粗大栓塞静脉支。	疼痛消失、感觉迟钝。	3～4周后焦痂脱落，需植皮后愈合，遗留瘢痕或畸形。

二、功能障碍的特点

严重烧伤患者，大多伴有肢体缺损、关节僵硬和毁容性瘢痕挛缩等，烧伤患者存活后，造成功能障碍的原因，主要是挛缩、增生性瘢痕和组织坏死。使康复治疗成为烧伤患者处理中的重要组成部分。

（一）挛缩

挛缩是跨越或围绕关节的支持结构，如关节囊、韧带、肌肉、肌腱等结缔组织缩短的结果。如果让关节的位置固定不变，上述缩短持续存在，结果导致关节僵硬。造成烧伤患者的挛缩的原因，有下列几种：

1. **医源性**　因医护人员图方便或工作中疏忽所造成的挛缩。将未烧伤的部位放置在不适当位置，以适应器械或治疗，或忽略了放在抗重力的位置，多见于抢救患者生命的重症监护室。然而，这些可能造成永久性挛缩，或需在烧伤治愈后，长时间进行矫治。又如，为了减轻水肿而抬高肢体于不适当的位置，会引起髋关节屈曲挛缩。因病床狭窄，静脉输液时，将患者两上肢紧靠躯干，可造成患者肩关节内收挛缩。如忽略了将踝关节保持于中立位，会造成踝关节跖屈挛缩。

2. **因舒适体位所致的挛缩**　烧伤后的组织愈合过程，往往伴有疼痛和不适感觉。如果患者所处体位能避免创面或植皮部位的紧张，就可以减少疼痛和不舒服感觉，由此会形成关节挛缩。舒适体位是容易产生挛缩的体位，应引起重视。患者为了减少这种痛苦，很自然地将身体放置于最舒适的体位，以避免或减少创面或植皮部位的紧张。殊不知这种舒适的体位是最容易导致挛缩的体位。

3. 继发于烧伤创面和皮片植皮收缩的挛缩　植皮和皮肤的收缩可形成永久性挛缩。最多见于颈前部位的烧伤瘢痕和皮片植皮所致。如处理不当，可造成颈前部屈曲挛缩。手背和手指烧伤可造成腕部和掌指关节过伸，以及指间关节屈曲挛缩畸形。

4. 继发于增生性瘢痕的挛缩　增生性瘢痕是大关节活动范围丧失及口部、颈部毁容的主要原因。

(二) 增生性瘢痕

深达皮肤真皮层的烧伤，会在烧伤部位遗留增生性瘢痕。增生性瘢痕具有毁容和丧失功能的特性。当增生性瘢痕跨越关节面牵拉时，会严重影响关节活动范围。发生在面部和颈部的增生性瘢痕，会造成脸、颏部和口角的歪斜畸形。

第二节　功能评定

一、烧伤深度

皮肤烧伤的病理学分度，目前常采用三度四分法（图16-3-1）。

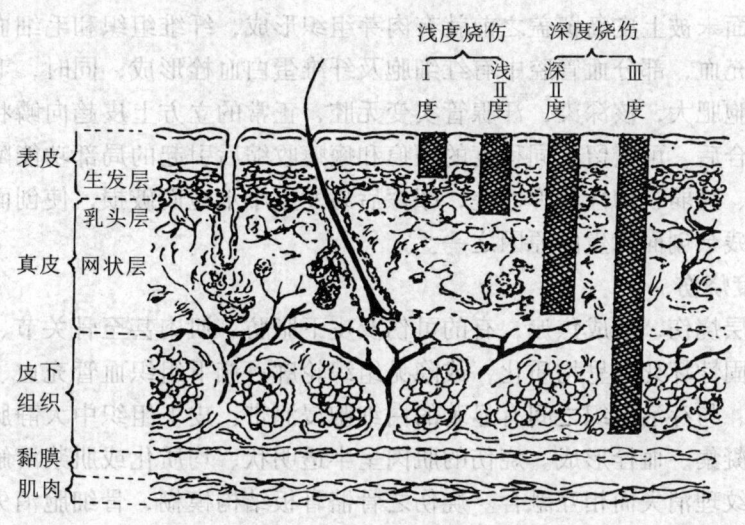

图16-3-1　三度四分法的组织学划分

(一) Ⅰ度烧伤

一般包括表皮角质层、透明层和颗粒层的损伤，偶可伤及棘状层，但生发层健在。镜下见各损伤层之间相互融合、结构不清，表皮细胞核淡染、核固缩或溶解，胞质凝固或空泡样变；真皮浅层毛细血管扩张充血，轻度水肿或有少量白细胞浸润。多于3~5天内由生发层增殖再生，脱屑愈合，不留瘢痕。

(二) Ⅱ度烧伤

根据伤及皮肤的深浅又可分为：

1. 浅Ⅱ度烧伤　伤及全层表皮和真皮乳头层，可残存部分基底细胞。镜下见表皮全层变性坏死，胞核固缩、碎裂或溶解，胞浆肿胀、空泡样变或融合成片；表皮乳头层明显充血、水肿、白细胞浸润，胶原纤维肿胀、离散；表皮下水疱（疱顶为凝固坏死表皮层，疱底为真皮乳头层）或表皮内水疱（顶为角质层，底为基底层）形成，疱液富含血浆蛋白和一些白细胞。若无继发感染，水疱内容物渐被吸收或蒸发、流失，残留基底细胞和皮肤附件（主要是毛囊）上皮以及创面四周表皮再生，经 1~2 周形成被覆表皮而使创面愈合，亦无瘢痕形成。

2. 深Ⅱ度烧伤　伤及真皮深层，但仍残存部分真皮网状层和皮肤附件，坏死表皮与真皮形成痂皮。因不同部位皮肤厚度不一，故深Ⅱ度烧伤变异较多，浅的接近浅Ⅱ度，深的则临界Ⅲ度，可有或无水疱形成。镜下见损伤组织发生凝固坏死，真皮胶原纤维肿胀、融合，胶原纤维结构消失，有时尚可辨认皮肤附件轮廓；痂下组织充血、水肿，有时可见小血管内血栓形成和血管周围灶状出血；在坏死层与存活组织之间有"白细胞浸润带"，多于伤后 12 小时出现，病程愈久愈明显。以后痂皮可沿"白细胞浸润带"分离脱落，新生上皮亦沿此带增长延伸。

创面修复由残存皮肤附件上皮再生为上皮小岛，而后上皮岛扩大、融合，创周表皮细胞亦爬行生长。若无感染，一般 3~4 周创面可自行愈合，有时痂皮未脱落即发生痂下愈合。若发生感染破坏附件和上皮岛，即致全层皮肤坏死，创面需植皮方能愈合，其后果与Ⅲ度烧伤相同。

深Ⅱ度创面未被上皮岛覆盖之前就有肉芽组织形成，纤维组织和毛细血管增生，炎细胞浸润，血管充血，部分血管腔中有红细胞及纤维蛋白血栓形成；同时，毛囊和汗腺上皮增生活跃，细胞肥大，核深染，汗腺管实变无腔，正常的立方上皮趋向鳞状上皮。故深Ⅱ度创面自行愈合后，可遗留不同程度的瘢痕和瘢痕收缩后引起的局部功能障碍，且被覆盖上皮多较菲薄、脆弱，韧性和弹性差，摩擦后易发生小水疱而破损，使创面再现或继发感染，成为烧伤残余创面发生的原因之一。

（三）Ⅲ度烧伤

为皮肤全层烧伤，形成焦痂，有的可伤及皮下脂肪、肌肉甚至骨关节、内脏等。镜下见全层皮肤凝固性坏死而呈均质化，或隐见组织轮廓；痂下组织血管充血、瘀滞或血栓形成，水肿明显，与存活组织之间有显著的白细胞浸润带；皮下组织中大静脉壁坏死，管腔内细胞崩解、凝集、血栓形成。烧伤的肌肉呈半透明状、均质化或肌浆溶解，肌核固缩或溶解，肌纤维纹理消失而相互融合。烧伤之骨骼骨板结构模糊，骨细胞消失，只留下嗜苏木精的卵圆形空隙。

Ⅲ度烧伤的创面已无上皮再生的来源，直径 1 厘米以下的小创面可由创缘上皮增生爬行覆盖，一般不影响局部功能。较大创面的修复必须植皮，多形成大量瘢痕，可发生局部挛缩、畸形、功能障碍。

二、烧伤面积

烧伤面积是指皮肤烧伤区域占全身体表面积的百分数（TBSA）。国外，多用 Wallace 九分法和用于小儿的 Lund－Browder 法等，我国通过实测，创立了适合我国人体表面积的中国九分法。

(一) 九分法

目前,应用的中国九分法于1970年全国烧伤会议讨论通过而命名,适用于成人。计算方法:头部体表面积为9%(1个9%),双上肢为18%(2个9%),躯干(含会阴1%)为27%(3个9%),双下肢(含臀部)为46%(5个9%+1,共为11×9%+1%=100%)。(见表16-3-1,图16-3-2)。

表16-3-1 烧伤面积估计的九分法

部位		占成人体表%		占儿童体表格%
头部	发部	3%		
	面部	3%	9%(1×9)	9+(12-年龄)
	颈部	3%		
双上肢	双上臂	7%		
	双前臂	6%	18%(2×9)	9×2
	双手	5%		
躯干	躯干前面	13%		
	躯干后面	13%	27%(3×9)	9×3
	会阴	1%		
双下肢、臀部	双臀	5%		
	双大腿	21%		
	双下腿	13%	46%(5×9+1)	9×5+1(12-年龄)
	双足	7%		

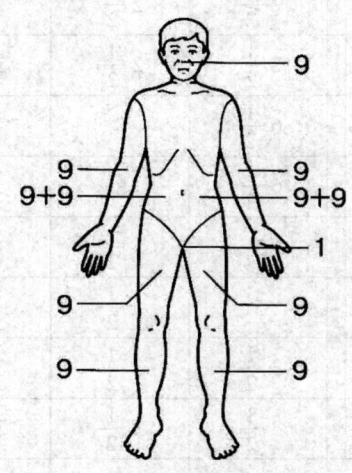

图16-3-2 九分法示意图

(二) 手掌法

无论年龄和性别,将患者自己的手五指并拢,手掌加手指的表面积约为体表面积的1%。

(三) 小儿体表面积估计

双上肢和躯干同九分法,头、面、颈体表面积(%)=9+(12-年龄),双下肢(含臀部)面积(%)=46-(12-年龄)。

(四) Lund – Browder 法

Lund – Browder 法可根据不同年龄正确计算出烧伤面积，是一种更加细化的测量方法，现在多以此种计算方法为主（见表16 – 3 – 2）。

表16 – 3 – 2　受伤范围的计算方法（Lund – Browder 法）

部位	未满1岁	1~4岁	5~9岁	10~14岁	15岁	成人
头部	19	17	13	11	9	7
颈部	2	2	2	2	2	2
躯干前面	13	13	13	13	13	13
躯干后面	13	13	13	13	13	13
右臀部	$2\frac{1}{2}$	$2\frac{1}{2}$	$2\frac{1}{2}$	$2\frac{1}{2}$	$2\frac{1}{2}$	$2\frac{1}{2}$
左臀部	$2\frac{1}{2}$	$2\frac{1}{2}$	$2\frac{1}{2}$	$2\frac{1}{2}$	$2\frac{1}{2}$	$2\frac{1}{2}$
阴部	1	1	1	1	1	1
右上臂	4	4	4	4	4	4
左上臂	4	4	4	4	4	4
右前臂	3	3	3	3	3	3
左前臂	3	3	3	3	3	3
右手掌、手腕	$2\frac{1}{2}$	$2\frac{1}{2}$	$2\frac{1}{2}$	$2\frac{1}{2}$	$2\frac{1}{2}$	$2\frac{1}{2}$
左手掌、手腕	$2\frac{1}{2}$	$2\frac{1}{2}$	$2\frac{1}{2}$	$2\frac{1}{2}$	$2\frac{1}{2}$	$2\frac{1}{2}$
右大腿	$5\frac{1}{2}$	$6\frac{1}{2}$	8	8	9	$9\frac{1}{2}$
左大腿	$5\frac{1}{2}$	$6\frac{1}{2}$	8	8	9	$9\frac{1}{2}$
右小腿	5	5	$5\frac{1}{2}$	6	$6\frac{1}{2}$	7
左小腿	5	5	$5\frac{1}{2}$	6	$6\frac{1}{2}$	7
右足（脚踝、足底）	$3\frac{1}{2}$	$3\frac{1}{2}$	$3\frac{1}{2}$	$3\frac{1}{2}$	$3\frac{1}{2}$	$3\frac{1}{2}$
左足（脚踝、足底）	$3\frac{1}{2}$	$3\frac{1}{2}$	$3\frac{1}{2}$	$3\frac{1}{2}$	$3\frac{1}{2}$	$3\frac{1}{2}$
合计						

(五) 计算机技术

采用图像自动扫描法，根据烧伤部位面积与总体表面积的相对关系，计算出烧伤总面积，显示于屏幕上并自动记录。

估计烧伤面积的注意事项：Ⅰ度烧伤面积不计入 TBSA，在总面积之后要分别注明浅Ⅱ度、深Ⅱ度和Ⅲ度烧伤各自的面积。

国外，用 Wallace 九分法。中国九分法与 Wallace 九分法的主要不同点在于，躯干和下肢的差异。在躯干，中国九分法只占体表面积的27%，而 Wallace 九分法占36%，前者包括会阴1%，不包括臀部5%，后者则包括臀部不包括会阴；在下肢则相反。臀部划入下肢计算的优点，除更符合解剖部位的划分外，同时女性的臀部较大，足较小，而男性恰好相反，便于加减。

三、烧伤严重程度

1. 轻度烧伤：Ⅱ度烧伤面积9%以下。
2. 中度烧伤：Ⅱ度烧伤面积10%~29%，或Ⅲ度烧伤不足10%。
3. 重度烧伤：总面积在30%~49%，或Ⅲ度烧伤10%~19%，或烧伤面积虽小于上述百分比，但已发生休克等合并症，或有呼吸道烧伤或较重的复合伤。
4. 特重烧伤：总面积50%以上，或Ⅲ度烧伤20%以上，或已有严重合并症。

评定烧伤程度的目的：是为了计算烧伤患者的营养及补液量的需要，决定相应的医学处理对策，预测患者需住院时间的长短及其预后转归。

四、ADL 的评定

可参见《康复疗法评定学》。

第三节 作业治疗

烧伤的处理可分为急救期、急性期和康复期三个阶段。在烧伤的不同阶段，作业疗法的目标和方法是不同的。

一、急救期

（一）临床处理

一般认为，从烧伤发生到烧伤后72小时是烧伤急救期，此期临床处理的重点：是预防或治疗休克。危重烧伤患者休克发生率高，发生时间也早，如果延误病情，会因休克时间长，缺血缺氧严重，爆发全身性感染，引发各种内脏并发症，甚至多器官功能衰竭而死亡。

（二）作业评定

全面评定应推迟到患者伤情稳定后进行。此阶段治疗师做一般的了解，例如烧伤的部位、程度和临床治疗的需要，患者伤前的功能状况、个人兴趣爱好、经济状况以及社会关系等。

（三）作业治疗的方法

1. 夹板的使用　烧伤后24~48小时胶原合成和挛缩开始，因此，应尽早预防挛缩的发生。一般累及关节的浅Ⅱ度以上的烧伤，必须使用夹板，并正确摆放体位。夹板佩戴的时间视患者的耐受能力而异。如果患者主动活动能力下降，则佩戴夹板时间应增加。对于使用镇静剂不能主动活动的患者,除了治疗及敷料更换外,需要全天使用夹板。如果患者能使用患肢进行功能性活动(如自我进餐或治疗性锻炼),患者仅需要夜间使用夹板,维持抗挛缩体位。夹板放置在敷料外面,用绷带或尼龙搭扣固定夹板。

2. 体位摆放　大面积烧伤患者卧床时间长,关节经常处于非功能位,以致创面尚未痊愈即出现了功能异常,造成难以纠正的挛缩畸形。根据深度烧伤愈合后瘢痕挛缩的好发部位,从早期开始使体位保持在功能位和对抗挛缩位,以预防瘢痕挛缩导致的畸形或功能障碍。具体做法是:

(1) 伤后48h之内应平卧,休克期后如果头面部有烧伤,床头抬高30°左右,有利于头面部消肿,1周后恢复平卧。

(2) 颈部:颈前烧伤时,去枕保持头部充分后仰(可在颈肩部放一个小长枕)防止颈前瘢痕挛缩,颈后或两侧烧伤,保持颈部中立位,预防颈两侧瘢痕挛缩畸形。

(3) 腋部、胸、背部、侧胸壁、上臂烧伤时,上肢充分外展位(最好呈90°),预防上臂与腋部及侧胸壁创面粘连和瘢痕挛缩。

(4) 肘部:如上肢屈侧烧伤或环形烧伤,肘关节应置于伸直位。烧伤以背侧为主,一般保持肘关节屈曲70°~90°,前臂保持中立位。

(5) 手部烧伤:手的小关节多,活动强度大,患者伤后因怕痛而造成腕关节屈曲,指间关节屈曲和拇指内收畸形。手背烧伤,宜将腕关节置于掌屈位,手掌或环形烧伤,以背屈为主。全手烧伤,将腕关节微背屈,各指间用无菌纱布隔开,掌指关节自然屈曲40°~50°,指间关节伸直,拇指持外展对掌位,必要时采用塑料夹板做功能位固定(晚间夹板固定,白天取下活动)。

(6) 臀部、会阴部烧伤:保持髋关节伸直位,双下肢充分外展。

(7) 下肢烧伤:若只有前侧烧伤,膝部微屈10°~20°,也可在膝关节后侧垫高15°~30°。若膝关节后侧烧伤,膝关节保持伸直位,必要时用夹板做伸直位固定。

(8) 小腿伴踝部烧伤:踝关节保持中立位,对无自控能力的可在床尾放置海绵垫或弹簧板装置,让患者脚蹬在垫或板上,尽量保持踝关节背屈位。患者仰卧位时用支撑板顶在足底部,防止跟腱短缩形成足下垂。

3. 抬高肢体,减少肢体肿胀　可使用泡沫塑料垫或枕头抬高上肢。同时应注意观察,预防臂丛神经牵拉损伤发生。

二、急性期(acute phase)

自急救期以后到伤口创面愈合的阶段为急性期。根据烧伤程度,创面愈合是否需要植皮等因素,急性期可能从数日延续至数月不等。

(一) 烧伤创面的处理

无休克的中小面积烧伤者,争取在伤后6h内进行早期清创。已休克或可能休克的烧伤者,一般应待休克控制,妥善处理合并症后,再行清创。

浅度烧伤创面的处理:主要是止痛和保护创面,勿再受损伤,防止感染、促进愈合。

Ⅰ度烧伤可予暴露，浅Ⅱ度烧伤可酌情选用包扎或暴露疗法。大水疱应引流，无污染破损的水疱皮尽量保留。水疱液混浊、积脓则应去除。若创面感染，可采用浸洗、湿敷等方法清洁创面，必要时全身使用抗菌药物。深度烧伤均宜采取暴露疗法，若包扎不应超过3～5天。尽早切、削痂植皮并严密覆盖创面。

（二）作业评定

1. 了解病史　详细询问烧伤处理的整个过程，既往史中重点了解患者有否糖尿病、肺部疾患和精神性疾患等。因为，上述这些疾患可能会影响到作业治疗。

由于大多数烧伤患者全身耐久性及精神耐久性明显低下，可采用表16-3-1所示的烧伤评定表，在短时间内对患者进行评定。治疗师与患者面对面接触之前，必须充分收集患者相关信息。收集的资料不仅局限于病历所记录的内容，还应该与医生、护士、理学疗法师（PT）相互沟通，了解各个专业针对患者的治疗目标和康复训练方案。

（1）受伤部位、范围、深度及治疗：烧伤深度可根据图示在人体图上标出受伤范围，还可以标出减张切开及植皮术的部位。

（2）有无气管烧伤、使用人工呼吸机情况。

（3）受伤原因：由于有自杀动机或事件、事故、过失等原因导致精神功能低下，因此了解受伤时的状况就显得尤为重要。

（4）合并症：要了解全身脏器的情况，有无感染及其他外伤（骨折、神经损伤、肌腱损伤等），是否合并精神疾患等相关资料。

（5）临床检查数据：它是掌握患者全身状态的重要信息，要了解检查项目及数据的正常值。若异常会预示什么问题，关注这些数据将来会逐渐接近正常，还是会进一步恶化。

2. ADL能力　要把握在医生允许范围内的日常生活动作的完成程度。包括床上活动、用手的活动、行走活动、站立和坐下、个人清洁卫生及进餐、穿衣等方面。

3. 行为和交流能力。

4. 认知-感悟状况（cognitive-perceptual status）。

5. 肌肉神经状况　包括关节活动度、肌力和感觉测定。

6. 活动耐受度。

7. 精神功能　精神功能是指除了合并精神疾患，还包括因受伤导致的心理性休克、不安、抑郁等，以及镇痛治疗所使用的镇静剂、精神安定剂的影响，由于特殊环境可能会造成患者谵妄等。治疗师要判断有无这些因素，并对其程度进行相应的分析。

8. 相关的治疗及日程安排　要确认对烧伤局部的处置内容及水疗、更换绷带等日程安排。还要了解外科清创治疗和手术预定、检查预定等情况。

9. 禁忌及注意事项　特殊的运动及动作禁忌是资料收集的重要项目之一。要事先与医生沟通，了解相关信息。这对于康复小组能有效的协同工作至关重要。

10. 社会状况　要确认家属构成、房屋结构、照顾者、职业、经济状况等相关信息。

表 16-3-1 烧伤评价表

诊断:	意识水平:
	危险因素:
合并症:	气管烧伤（ +　 -），人工呼吸机（ +　 -）
主诉:	受伤原因:
受伤范围、深度　%	临床检查结果

受伤范围、深度　%	临床检查结果
（人体正面、背面图） Ⅰ ○ Ⅰ ◎(斜线) Ⅱ ◎(网格) Ⅱ ●(黑) Ⅲ 红 G 减张切开（ +　 -）	血常规：　　　血气： 　WBC　　　　　PH 　RBC　　　　　PaO2 　血小板　　　　PaCO2 血液生化学： 　总蛋白　　LDH　　　钾 　血糖　　　GOT　　　钠 　BUN　　　GPT　　　肌酸酐 浮肿： 肌紧张：U/E　　L/E 手术预定：

关节活动范围

	R	L		R	L			R	L		R	L
肩关节	屈曲	:	外展	:		颈	前屈	:	后屈	:		
	内旋	:	外旋	:			侧屈	:				
肘	屈曲	:	伸展	:		髋关节	屈曲	:	外展	:		
前臂	旋前	:	旋后	:			内旋	:	外旋	:		
腕	掌屈	:	背屈	:			SLR	:				
手指受限	R（强　弱　没有）					膝	屈曲	:	伸展	:		
	L（强　弱　没有）					踝	背屈	:	跖屈	:		

精神状态

失眠　　不安　　谵妄　　幻视　　幻听　　抑郁　　被害妄想
其他（ICU 症候群）

续表

日常生活动作
进食：鼻饲　　　　　全借助　　　　　部分借助　　　　自立
洗漱：全借助　　　　部分借助　　　　自立
更衣：全借助　　　　部分借助　　　　自立
排泄：尿意（＋　－?）便意（＋　－?）
导尿　　　　　　尿布湿　　　　　床上便盆
厕所　　　　　　自立　　　　　　部分借助
翻身：
起坐：
坐位保持：扶坐（/分）不能
独坐（/分）不能
步行：借助　　　　　要监视　　　　　自立　　　　　没有体验
交流：
其他：

注：此表适用于烧伤急性期相关资料的收集

（三）作业治疗的方法

作业治疗目的：主要是改善患者 ADL 的能力和技巧。

1. 适应性措施　例如，针对有些烧伤患者，因气管插管或口唇周缘烧伤，语言交流有困难，作业治疗师可采用交流板、手势或眼神变化等形式，与患者进行交流。

2. 夹板和体位的摆放　继续维持在急救期的姿势和体位，并且根据每个患者参与活动的能力给予调整。

3. 运动练习　夹板和体位摆放应该结合运动练习。运动对于烧伤患者控制肿胀、防止肌肉萎缩、肌腱粘连、关节僵硬和关节囊短缩显得尤其重要。烧伤患者的典型的运动练习，应遵循持续的被动运动；另一方面，是将患者的活动能力贯彻落实到日常生活活动中去。连续运动练习的方案是：① 被动 ROM；② 主动-助动 ROM；③ 主动 ROM；④ 功能性活动。如果患者不能积极主动参与运动，则可以更换为被动 ROM。总之，只要条件许可，应尽可能鼓励患者做主动运动练习。治疗师的作用，是指导患者恢复功能，定期检查伤口愈合情况和皮肤对运动的反应情况。

运动练习禁忌证：① 存在裸露的肌腱；② 新近植皮（植皮手术后的 10 天内）；③ 骨折。

4. 围手术期治疗（perioperative care）植皮手术后的 5~10 天是围手术期。一个大面积烧伤患者，可能需要多次植皮手术。每次植皮手术，是一个新的围手术期开始。例如，一个烧伤患者需要躯干、上肢和下肢三次植皮手术。每次植皮成活后，需要正确的围手术期治疗。OT 师在围手术期中的作用：是制作夹板，以固定身体植皮部位。理想的夹板，应在手术前或术中制作，并在手术结束时使用。一般，夹板与手术后敷料一起使用 5~10 天。在此期间，为了使植皮成活，ROM 练习是禁忌的。当手术后首次打开敷料时，烧伤协作组评定植皮成活情况，并且制订恢复练习方案。

5. 疼痛处理（pain management） 作业治疗师必须重视疼痛问题。有许多严重烧伤患者无法口头表达主观感受到的疼痛。例如，更换敷料或治疗性锻炼时。治疗师应观察及掌握患者对疼痛的客观反应指标，例如，血压、心率、呼吸、表情变化。并且根据这些客观反应，及时调整治疗强度或时间。其他疼痛处理技术还有牵引（distraction）、想象（visualization）。鼓励患者主动参与运动及更换敷料。

6. 环境适应（environmental adaptation） 从急性期开始至整个恢复期，作业治疗师可针对患者所处的环境及其需要，对有些设施进行改良，以提高患者 ADL 能力和独立性。

7. 宣传教育 治疗师可鼓励患者及其家庭成员、亲戚朋友、同事等之间进行联络，他们可以通过电话、信件、录音磁带、礼品等形式进行交流。他们可能需要学习新的方法，来接触或安慰患者，治疗师可以提供这方面的指导。另外，还可以积极地提供患者职业、业余爱好等相关方面的信息。

8. 出院计划 因经济状况等诸多因素，烧伤患者不可能长时间住院治疗，所以，在出院前期，应做好患者的出院计划。出院计划需考虑的因素有：患者所在社区的（或乡村）可利用资源、家庭环境的改造、出院后的继续治疗等。作业治疗师应与患者所在社区建立联系，以保证患者出院后能继续受到治疗。

9. 治疗协作组之间的交流 协作组成员之间交流、互通信息是非常重要的。作业治疗师可以提醒各成员注意患者的体位摆位、夹板正确使用、预防挛缩以及改造环境等方面的知识和经验。

10. 急性期的支持和心理社会的调整 所有烧伤患者，无论年龄大小，都会不同程度地反映出一些心理反应，包括害怕死亡、退缩、焦虑和抑郁。

烧伤患者的即刻反应是欣慰，庆幸自己死里逃生。随着产生自恋性退缩，表现为拒食、嗜睡，这些是为了集中精力，求得生存而采取的对应机制。倒退儿童行为似婴儿，口吃、遗尿、弄污自己、不合作。成人表现为不合作、要求多、住院稍久即进入哀伤状态。由于感到了烧伤给自己带来的损失，因而产生忧伤、讷滞、淡漠。以上是正常的适应性防御反应，工作人员和家属不必惊慌，不要人为阻止此过程，以免以后真正陷于深度的病理性抑郁。

适应不良反应包括否认、脱离、分裂。否认反应是患者拒绝承认自己创伤的严重性，实际是心理上无法接受创伤的现实。脱离则是明知创伤的存在，但心理上难以接受，因而将毁容等创伤部位从整体中分裂出去，如更换敷料时将头转过去或闭眼。医护人员应使患者了解问题产生的根源，洞察面对的现实，必要时采用行为矫正疗法，或辅以药物治疗，改变其脱离反应，以及噩梦、惊恐、厌食等心理障碍。

最后是患者害怕出院，担心出院后家庭、学校、朋友、同事如何对待自己，自己在体能上和才能上是否仍有竞争力。出院后则不愿返回原工作岗位，不愿参与社会活动，甚至不愿上街购物，主要原因仍在于美容和自尊。此外，还有一些客观的心理障碍，如注意力减退、对日常生活的兴趣减退、容易激动、抑郁、性功能减退等等。

在疏导患者的情绪反应时，也应做好家属的工作。使家属了解病情，克服其震惊与焦虑。解释治疗措施的必要性和正确性，帮助患者渡过困难的兴奋期和倒退期。召开已出院和将出院患者的家属座谈会，解除家属顾虑，从而使家属愿意将患者接回家中。

三、康复期（rehabilitation phase）

康复期是指继急性期以后直至瘢痕成熟。瘢痕成熟时间需 6 个月至 2 年。当瘢痕颜色成苍白色，而且胶原合成停止，即可认为瘢痕稳定、成熟。

（一）作业评定

1. 继续评定烧伤患者的潜能（capacities）和能力（abilities）。例如，关节活动度和肌力。

2. 功能评定：自我照料、家务劳动。有条件的康复部门可采用标准评定，例如，FIM 量表或 Valpar Work Samples 量表。其优点是，这些标准测试提供了客观的资料。

（二）瘢痕的处理（scar management）

1. 瘢痕的分期　烧伤后瘢痕可分为增生型和非增生型，后者仅占极少数，其增生时间短，仅数周至数月，增生程度轻；烧伤后瘢痕多数为增生型，增生时间长且程度严重。无论是增生型还是非增生型，从瘢痕形成至成熟都经历两个时期，即增生期和成熟期。

（1）增生期：深Ⅱ度或Ⅲ度烧伤创面愈合后 1~3 个月，开始瘢痕增生。初期由淡红色转为鲜红色，表面变粗糙，继而出现硬结，轻度瘙痒。随之逐渐加重，创面愈合后 6 个月左右瘢痕增生达到高峰，颜色由鲜红色转为深红色或紫红色；表面可见粗细不均匀的毛细血管网；表皮菲薄，角质层增厚，干燥易破裂；瘢痕厚度可增至数毫米，由于瘢痕增生厚度不一致，表面呈高低不平，但增厚的边缘不超过深度烧伤的边界；瘢痕坚硬无弹性，瘙痒加剧，刺痛，触之疼痛加剧并有灼热及紧缩感，关节活动部分或全部受限制，瘢痕挛缩可造成关节脱位和畸形。总之，增生性瘢痕的特点可概括为 3R：Red（红）、Raised（凸）、Rigid（硬）。

（2）成熟期：增生性瘢痕增生达高峰后，增生开始减退并逐渐成熟而软化，但由于瘢痕增生所造成的关节脱位和畸形的后遗症，并不随着瘢痕成熟而复位或矫正。瘢痕成熟过程缓慢，通常需经历 6~24 个月，少数病例可延长 3~4 年或更长。同一个体不同部位瘢痕的成熟时间也不一致。瘢痕开始成熟的标志，是颜色由深红色或紫红色逐渐转为紫色或褐色，最后与周围皮肤颜色相似；瘢痕表面毛细血管消失；厚度逐渐变薄，完全成熟的瘢痕与周围皮肤在同一水平，表面高低不平变为不明显或消失，但瘢痕表面角质层仍增厚和干燥；质地逐渐变软，但仍较周围正常皮肤为硬；皮下脂肪未烧伤或切痂手术时保留皮下脂肪的区域，瘢痕成熟后仍有一定程度的弹性；在瘢痕成熟过程中疼痛最先消失，而瘙痒可持续至瘢痕完全成熟，紧缩及灼热的感觉随着瘢痕的成熟而逐渐消失。总之，成熟瘢痕的特点可概括为 3P：Pale（苍白）、Planar（平坦）、Pliable（柔软）。

2. 瘢痕评价　烧伤瘢痕指数（the Burn Scar Index, Vancouver Scar Scale）是根据瘢痕的柔顺性、血管化程度、厚度及色素沉着情况来判断。瘢痕指数有助于指导作业治疗师评估瘢痕成熟阶段，及其瘢痕处理的效果。瘢痕的大小（长度、幅度、隆起高度）、色泽以及给予压迫后的色泽、硬度等相关评价（见表 16-3-2）。经过植皮手术的病例，还要对植皮片的形状、边缘的瘢痕状况进行评价。

表 16-3-2 瘢痕的评价

指数	柔软性	隆起高度	血液循环	色素沉着
0	正常	正常	正常	正常
1	虽柔软，但感觉有少许抵抗	1~2mm	粉红	轻度
2	所有活动都有抵抗感	3~4mm	红色	中度
3	没有柔软性，为整体运动	5~6mm	紫色	重度
4	有收缩、变形以及受限	>6mm		

注：Vancouver scar scale 是标准的瘢痕评价量表，被广泛应用于临床。

上述量表来源于 Baryza MJ（1995）。

3. 瘢痕的压力治疗　压力治疗是作业治疗常用的重要技术之一。早在1607年，Fabricine 就提出持续对手部瘢痕加压可促进手功能恢复。1835年，Rayer 成功应用压力疗法治疗瘢痕疙瘩。1881年 Unna 将压力治疗用于烧伤后瘢痕的治疗。1971年，Silverstein 及 Larson 发现压力衣及压力性支架会减低瘢痕产生。同年，JOBST 工业展开研究压力治疗控制增生瘢痕的疗效而其后发展成压力衣工业，压力衣开始广泛应用并逐渐成为防治增生性瘢痕的重要手段。国内最早于20世纪80年代开始应用压力治疗控制烧伤后瘢痕并取得显著疗效。

（1）压力治疗的概念：压力治疗（pressure therapy，compression Therapy），又称"加压疗法"，是指通过对人体体表施加适当的压力，以预防或抑制皮肤瘢痕增生，防治肢体肿胀的治疗方法。是经循证医学证实的防治增生性瘢痕最为有效的方法之一，常用于控制瘢痕增生、防治水肿和促进截肢残端塑形。

（2）压力治疗的种类：常用的压力治疗方法包括绷带加压法和压力衣加压法，一般在使用压力衣加压前，通常使用绷带进行加压治疗。在工作中常需配合压力垫和支架等附件以保证加压效果。

1）绷带（bandage）加压法：指通过使用绷带进行加压的方法，根据使用材料和方法的不同，绷带加压法包括弹力绷带加压法、自粘绷带加压法、筒状绷带加压法等方法。

①弹力绷带加压法（图16-3-1）：用于早期因存在部分创面而不宜使用压力衣者。作用在于控制水肿、促进静脉及淋巴回流，对新愈合创面及移植物提供血管保护。弹力绷带为含有橡皮筋的纤维织物，可按患者需要做成各种样式。使用时根据松紧情况和肢体运动情况往往需4~6小时更换一次。开始时压力不要过大，待患者适应后再加压力，至患者可耐受为限。治疗初愈创面时，内层要敷1~2层纱布，以减轻对皮肤的损伤。优点为价格低廉，清洗方便，易于使用。缺点为压力大小难以准确控制，可能会导致水肿、影响血液循环、引起疼痛和神经变性。

使用方法：对肢体包扎时，由远端向近端缠绕，均匀地做螺旋形或"8"字形包扎，近端压力不应超过远端压力，每圈间相互重叠1/3~1/2，末端避免环状缠绕。压力以绷带下刚好能放入两指较为合适。Parks 研究指出，每层缠绕在四肢可产生10~15mmHg 压力，而在胸部只能达到2~5mmHg。

②自粘绷带加压法（图16-3-2）：用于衣服外面或不能耐受较大压力的脆弱组织，可在开放性伤口上加一层薄纱布后使用。在手部或脚部早期伤口愈合过程中适用。作用在

于控制水肿、提供血管支持和减轻瘢痕。对于2岁以下儿童的手部或脚部，自粘绷带能够提出安全有效的压力。

使用方法：与弹力绷带加压法基本相同，以手为例，先从各指指尖分别向指根缠绕，然后再缠手掌部及腕部，中间不留裸区以免造成局部肿胀，指尖部露出以便观察血运情况。

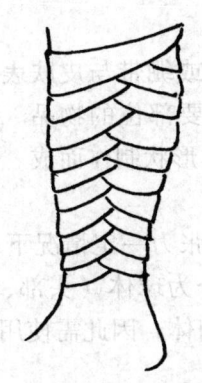 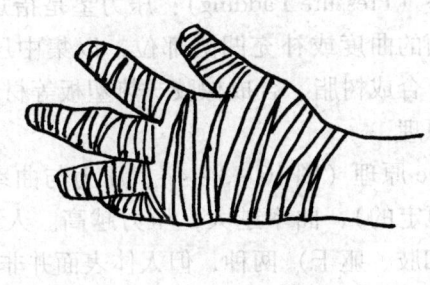

图16-3-1　弹力绷带加压法　　　　　图16-3-2　自粘绷带加压法

③筒状绷带加压法（图16-3-3）：用于伤口表面可承受一定压力时，弹力绷带和压力衣之间的过渡时期。3岁以下生长发育迅速的儿童尤为适用。这种绷带为长筒状，有各种规格，可直接剪下使用，根据选择尺寸不同，压力分为低压力（5~10mmHg），中等压力（10~20mmHg）和高压力（20~30mmHg）。

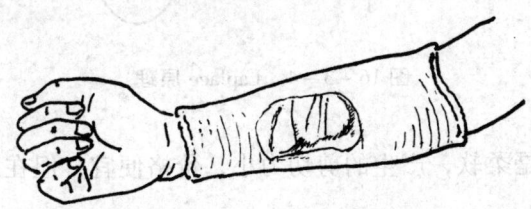

图16-3-3　筒状绷带加压法

④硅酮弹力绷带法：硅酮和压力治疗是目前公认的治疗烧伤后增生性瘢痕的有效方法。因此，有人将两者结合使用。Perkins采用弹力套治疗瘢痕增生，将硅凝胶膜置于弹力套与瘢痕之间，偶然发现其有软化瘢痕的作用。现已有成品销售，使用更加方便。国内学者报道弹力套与硅凝胶合用，较二者任一种都有更好效果，疗程明显缩短，使用更方便，而且对不宜长期使用加压疗法者更显其优越性。而香港及国外一些研究未发现两者结合使用优于单一疗法的证据。

2）压力衣（Pressure Garment，PG）加压法：通过制作压力服饰进行加压的方法，包括成品压力衣加压法和量身定做压力衣加压法。

①成品压力衣加压法：可通过使用购买的成品压力衣进行压力治疗。如选择合适，作用同量身定做的压力衣。特点为做工良好，外形美观，使用方便及时，不需量身定做，适合不具备制作压力衣条件的单位使用。缺点为选少，合身性差，尤其是严重烧伤肢体变形者难以选择适合的压力衣。

②量身定做压力衣加压法：利用有一定弹力和张力的尼龙类织物，使用双苯二甲酸、

乙二酯纤维及含有聚氨甲酸乙酯的长链聚合体纤维组成的珠罗纱立体织物，根据患者需加压的位置和肢体形态，通过准确测量和计算，制成头套、压力上衣、压力手套、压力肢套、压力裤等。优点为压力控制良好、穿戴舒适、合身。缺点为因制作程序较复杂、需时长，外形不如成品压力衣美观。

3）附件：在进行压力治疗时往往需要配合使用一些附件以保证加压效果，同时尽量减少压力治疗的不良反应。

①压力垫（Pressure Padding）：压力垫是指加于压力衣或绷带与皮肤表面之间，用于改变瘢痕表面的曲度或补充凹陷部位，以集中压力在所需要部位的物品。常用海绵、泡沫、塑性胶、合成树脂、合成橡胶、热塑板等材料根据肢体形状制作而成。

• 应用原理

按 Laplace 原理（图 16-3-4），压力与曲率有关。在张力一定情况下（不同弹力纤维其张力时恒定的），曲率越大，压力越高。人体大致划分为球体（头部、臀部、乳房）与柱状体（四肢、躯干）两种，但人体表面并非标准的几何体，因此需使用压力垫来改变局部的曲率，以增加或减小局部的压力。

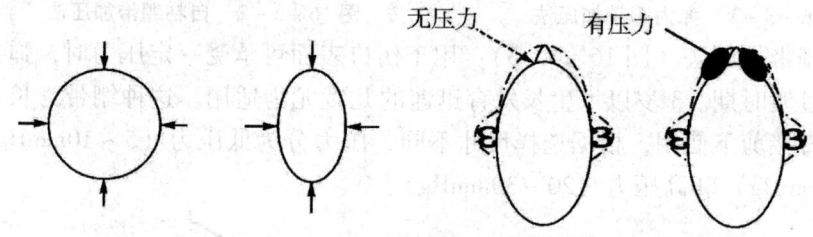

图 16-3-4　Laplace 原理

• 制作材料

（a）海绵：其特点是柔软，产生的剪切力小，价格便宜，但在压力下易变扁平，不能提供足够的局部压力。

（b）塑料海绵：其特点是富有弹性，能增加局部压力。缺点是质地硬，易增加剪切力，且价格昂贵，偶尔会产生过敏。但因其易于在高温下塑形，并能根据瘢痕进展改变外形而在临床上得到广泛使用。

（c）弱力胶：其特点是极易塑形。但因其价格昂贵，当瘢痕进展时，不能做出适应性的改变，且不能调节或加以改制，临床上较少使用。

（d）硅酮啫喱：许多临床研究证实，硅酮啫喱能较好地抑制或预防瘢痕的增生，促进瘢痕的成熟。因其伸展性与皮肤接近，覆盖在瘢痕处不会影响关节的活动。另外，该物成分稳定，细菌不易通过，如保养得当可持续使用半月以上。但切忌将其覆盖在未愈合的创面上。

• 制作步骤

（a）根据需加压的部位和形状，确定所需压力垫；

（b）用透明塑料画出瘢痕的形状并确定压力垫的大小和形状；

（c）将确定好的形状画于压力垫材料上；

（d）通过加热塑形或打磨出所需形状；

（e）如用于关节部位，则需在表面用刀割出缺口以保证关节的正常活动。

- 注意事项

压力垫的大小与形状要视瘢痕的情况而定，既要能覆盖瘢痕表面，同时要考虑活动等因素的影响，不宜太大，也不能太小。太大使压力减低，太小在活动时不能完全覆盖住瘢痕。压力点的外部最好加用棉质套，以减少过敏。次外，压力垫最好有自己的固定系统。在制作过程中，下述几个问题应值得注意。

◎ 压力垫必须完整地覆盖整个瘢痕：对于大瘢痕区，使用整块垫；对于相隔较远的散在瘢痕，可使用碎片；对于增生性瘢痕，要盖住边缘外 3~4 mm；对于瘢痕疙瘩，为了避免向外生长应盖住边缘 5~6mm。

◎ 身体凸、凹面问题：曲率半径很小的骨性突起应避免太大的压力，如尺骨、桡骨茎突。对于凹面应将其充填并确信压力垫完全与瘢痕接触。按常规在其顶部放上垫子，使瘢痕真正受压（图 16-3-5）。

a. 填充门面　　b. 建立曲度

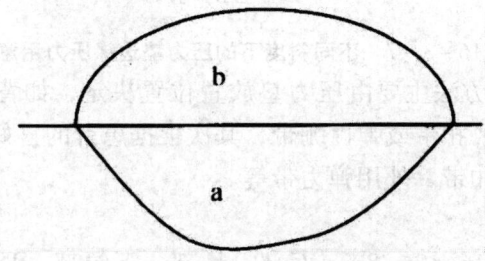

图 16-3-5　凸、凹原则

◎ 适合度与韧度：压力垫与体表维持完整接触的能力称为"适合度"，而韧度是指维持形状与抵抗疲劳的能力，后者是压力垫的重要特点，并被认为是能否对瘢痕产生足够压力的标志。两者是对立统一体，不同材料在此方面各有所长，应综合应用，柔软的材料有较好的适合度，多用于快速反应，位于关节附近、活动较多部位的增生性瘢痕。质韧材料对于远离运动区的瘢痕疙瘩效果较好。

◎ 动力因素：对于跨越活动关节的压力垫应考虑不妨碍关节活动。例如在肘关节屈侧放置压力垫，应剪一个"V"字形切口，以便屈曲时不受阻，在伸侧应垂直剪开，以便牵拉伸肘时不受限（图 16-3-6）。

a. 肘关节屈侧　　b. 肘关节伸侧

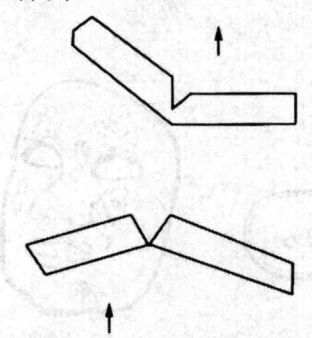

图 16-3-6　跨关节压力垫制作示意

◎ 边缘斜度：采用斜度不同的边缘对瘢痕压迫的效果不同（图16-3-7）。斜度小的边缘处压力最大（图16-3-7a），适用于放置压力衣开口处，因为在该处压力衣产生的压力较弱，衣、垫有互补作用。边缘斜度大的垫下压力是均匀的，由于边缘处压力衣接触不到皮肤，避免了正常皮肤组织受压（图16-3-7b）。

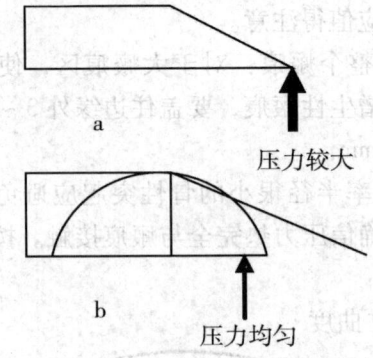

图16-3-7　不同斜度下的压力垫边缘压力示意

◎ 固定：用何种固定方法主要由压力垫放置位置决定，如背部用尼龙搭扣，而在需要活动的关节周围，则需要扣带或弹性绷带，其次根据患者的喜好及接受水平决定。常用的固定方法有尼龙搭扣、扣带、外用弹力带等。

● 常用压力垫：

◎头面部压力垫（图16-3-8）：面部、鼻部、下颌部、耳部、压力面罩、颈部压力垫

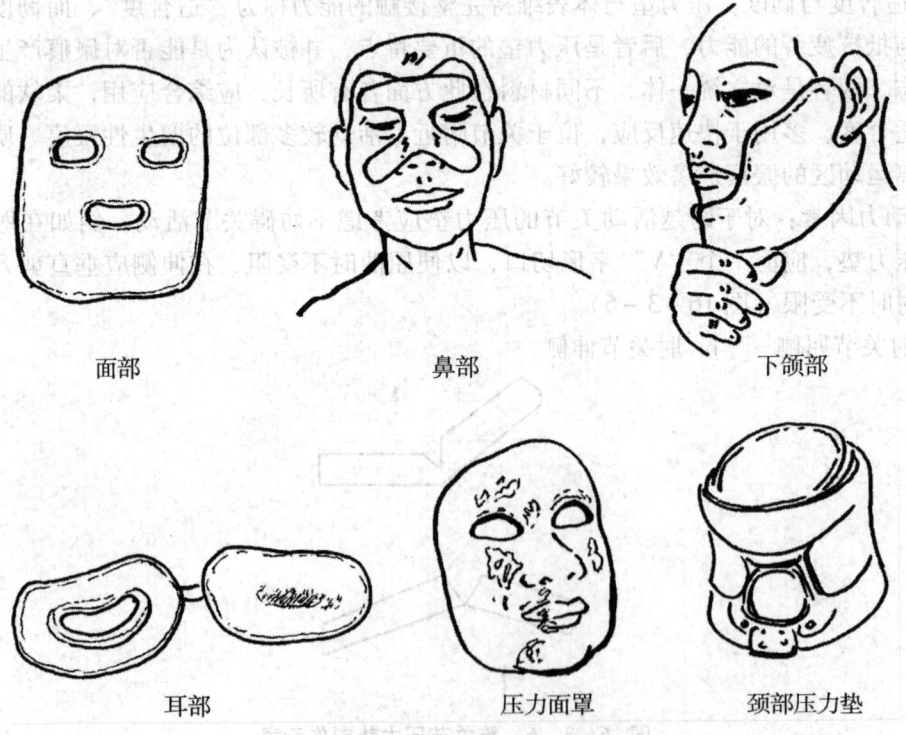

图16-3-8　头面部压力垫

◎躯干压力垫（图16-3-9）：胸部、腹部、背部、腋部、臀部、会阴。

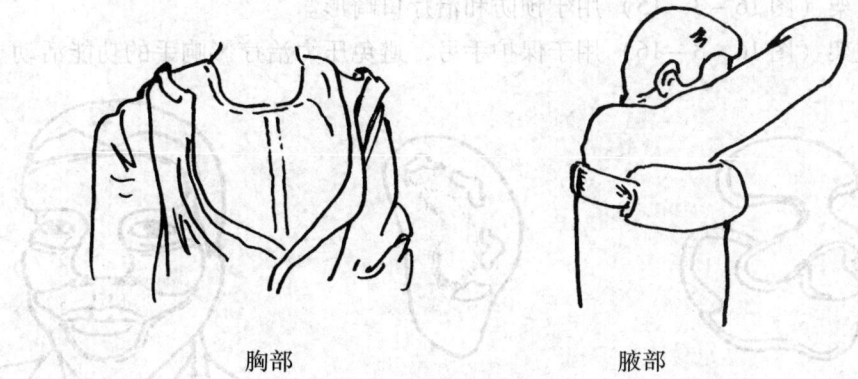

胸部　　　　　　腋部

图16-3-9　躯干压力垫

◎上肢压力垫（图16-3-10）：臂部、肘部、腕部、手部

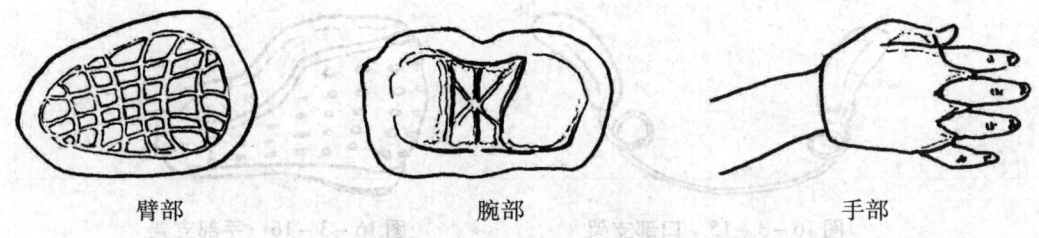

臂部　　　　　　腕部　　　　　　手部

图16-3-10　上肢压力垫

◎下肢压力垫（图16-3-11）：腿部、膝部、踝部、足背

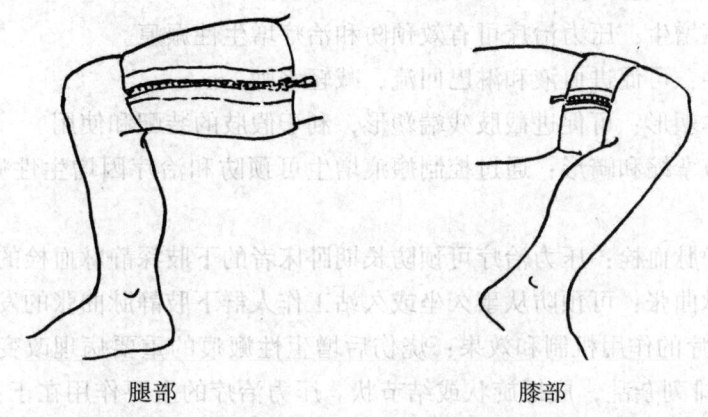

腿部　　　　　　膝部

图16-3-11　下肢压力垫

②支架（Splintage）：

支架是用硬的热塑材料或其他材料制成的支托架，置于压力衣下面，用于保持肢体的正常形态以预防使用压力衣引起的畸形。常用于保护鼻部、前额、双颊、耳廓、鼻孔、颈部、掌弓等易受损伤或易变形的部位，避免因压力作用而使上述部位发生畸形或影响正常功能。支架常用较硬的热塑材料制成，制作方法和过程同矫形器一致。

• 鼻部支架（图16-3-12）用于保护鼻部，避免因局部过大压力而塌陷。
• 耳部支架（图16-3-13）用于防止耳部变形，避免耳廓粘连于头部。

- 下颌部支架（图16-3-14）用于保护下颌部，避免因局部过大压力而变形。
- 口部支架（图16-3-15）用于预防和治疗口畸形。
- 手部支架（图16-3-16）用于保护手弓，避免压力治疗影响手的功能活动。

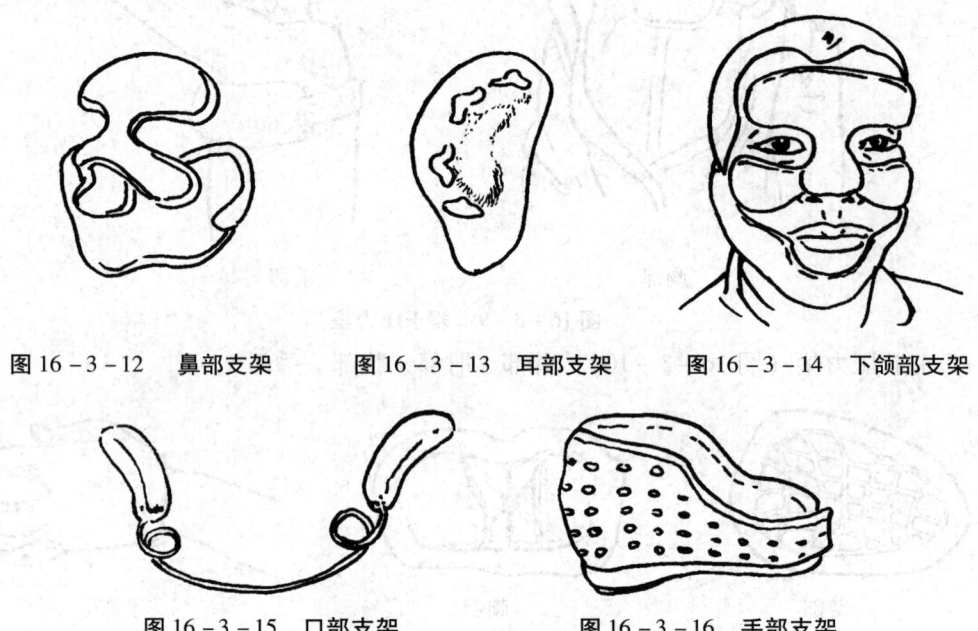

图16-3-12　鼻部支架　　　图16-3-13　耳部支架　　　图16-3-14　下颌部支架

图16-3-15　口部支架　　　　　　图16-3-16　手部支架

（3）压力治疗的作用

压力治疗的作用主要有以下几个方面：

1）控制瘢痕增生：压力治疗可有效预防和治疗增生性瘢痕。

2）控制水肿：可促进血液和淋巴回流，减轻水肿。

3）促进肢体塑形：可促进截肢残端塑形，利于假肢的装配和使用。

4）预防关节挛缩和畸形：通过控制瘢痕增生可预防和治疗因增生性瘢痕所致的挛缩和畸形。

5）预防深静脉血栓：压力治疗可预防长期卧床者的下肢深静脉血栓的形成。

6）下肢静脉曲张：可预防从事久坐或久站工作人群下肢静脉曲张的发生。

（4）压力治疗的作用机制和效果：烧伤后增生性瘢痕的重要病理改变：为血管扩张，胶原纤维增生，排列杂乱，成螺旋状或结节状。压力治疗的主要作用在于：当局部压力达到1.33~2.0kPa（10~15mmHg）时即会造成组织缺血，使螺旋状胶原重新排列，组织二氧化碳分压上升，氧分压下降，血管数量减少，管腔变窄，内皮细胞变性，核破碎等，造成组织缺血，限制了瘢痕增生；缺氧状态下承担细胞生物氧化功能的线粒体肿胀、空泡化，使成纤维细胞增生受阻，生成胶原纤维的能力大减；缺血后α-M球蛋白减少有利于胶原酶的出现，从而破坏胶原纤维；缺血后合成粘多糖的酶减少，水肿减轻，减少了粘多糖的沉积与合成，使胶原生成减少，瘢痕减轻。取加压与未加压的瘢痕组织进行光镜与电镜观察，效果截然不同（见表16-3-3）。

表 16-3-3　增生性瘢痕加压与未加压组织学比较

	未加压	加压
瘢痕厚度	10~20mm	3~4mm
光镜检查：		
表皮细胞层次	30~50层，最厚处90余层	5~8层
胶原纤维	高度增生，粗大，呈结节状分布，玻璃样变性	明显减少，纤维变细，排列规则，无玻璃样变性
弹力纤维	极少见	明显恢复
血管	数量多，管腔充盈良好	数量少，管腔狭窄，甚至关闭，腔内少见或不见红细胞
透射电镜检查：		
成纤维细胞	数量增多，粗面内质网丰富，腔扩大，线粒体清晰，增生活跃	数量减少，粗面内质网减少，腔狭窄，线粒体扩张，空泡化
胶原纤维	增粗，呈漩涡状排列	粗细均匀，细束状，排列规则
内皮细胞	结构清晰	变性，线粒体肿胀，空泡化，粗面内质网扩张，核碎裂
扫描电镜检查：		
胶原纤维	增生，结节状结构	减少，结节消失

（5）压力治疗的不良反应及处理

1）皮肤损伤：压力衣可对瘢痕造成摩擦，导致皮肤损伤，还会出现水疱和局部溃烂，尤其是新鲜瘢痕。处理方法：可在压力衣下加一层纱垫，四肢可用尼龙袜做衬，减少压力衣和皮肤之间的摩擦，出现水疱后，抽出其中液体，涂以龙胆紫。只有在破损严重或创面感染时才解除压力。

2）过敏：一小部分人可能对织物过敏，发生皮疹或接触性皮炎。可加一层棉纱布进行预防，过敏严重者可考虑其他方法加压。

3）瘙痒加重：尤其在起始的1~2周。可能与织物的透气不良、皮肤出汗、潮湿、化学纤维的刺激有关。一般无需特殊处理，瘙痒可在压力作用下减轻。

4）肢端水肿：主要因近端使用压力而导致肢体远端血液回流障碍，造成远端肢体水肿，如压力臂套可导致手部肿胀。处理方法：如近端压力较大，远端亦应加压治疗，如穿戴压力手套或压力袜子。

5）发育障碍：见于儿童，国外及我国香港均有压力治疗影响儿童发育的报告，如颌颈套引起下颌骨发育不良而后缩。此外，如压力使用不当（如未使用支架保护）可引起手部掌弓的破坏、鼻部塌陷、胸廓横径受损出现桶状胸等。处理方法：预防为主，使用压力垫和支架保护易损坏部位，如鼻部、耳部、手部等。有专家建议儿童头部压力不应过大，且以每天穿戴不超过12小时，以免下颌骨发育不良而造成"鸟面"。

（6）压力治疗的适应证与禁忌证

适应证：

1）增生性瘢痕：适用于各种原因所致的瘢痕，包括外科手术后的瘢痕和烧伤后的增生性瘢痕。

2）水肿：适用于各种原因所致肢体水肿，如偏瘫肢体的肿胀、淋巴回流障碍的肢体肿胀、下肢静脉性曲张性水肿、手术后的下肢肿胀等。

3）截肢：用于截肢残端塑形，防止残端肥大皮瓣对假肢应用的影响。

4）预防性治疗：a. 烧伤：预防烧伤后21天以上愈合的创面发展成增生性瘢痕及预防瘢痕所致的关节挛缩和畸形。b. 长期卧床者：预防下肢深静脉血栓的形成。c. 久坐或久站工作者：预防下肢深静脉曲张的发生。

禁忌证：

1）治疗部位有感染性创面：此时加压不利于创面的愈合，甚至会导致感染扩散。

2）脉管炎急性发作：因加压加重了局部缺血，使症状加重，甚至造成坏死。

3）下肢深静脉血栓：加压有使血栓脱落的危险，脱落栓子可能导致肺栓塞或脑栓塞，造成严重后果。

（7）压力治疗的应用原则

1）早期应用的原则：压力疗法应在烧伤创面愈合后尚未形成瘢痕之前就开始。有研究指出，加压治疗开始时间越早，其治疗和预防效果越好。一般10天内愈合的烧伤不用压力疗法，10～21天愈合的烧伤应预防性加压包扎，21天以上愈合的烧伤必须预防性加压包扎，已削痂植皮的深Ⅱ度、Ⅲ度烧伤应预防性加压包扎。

2）合适的压力/有效压力：压力应保持在24～25mmHg，接近皮肤微血管末端之压力（有效压力10～40mmHg），若压力过大，皮肤会缺血而溃疡。四肢压力可大一些，躯干压力过大会抑制肺扩张，影响呼吸。头面部压力过大会使人头晕脑涨，有不舒服的感觉。

有效的压力是指在不同体位或姿势下，压力始终保持在有效范围，如腋下为最易发生瘢痕严重增生的区域，当肩关节活动时，腋部压力衣的压力会明显下降，因此需要应用"8"字带来保证活动时有足够的压力（图16-3-17）。一般单层压力衣只能达到20mmHg左右压力，要达到足够的压力必须用双层或加压力垫。文献指于一个月后，压力衣内的压力会下降50%，所以应定期向治疗师复诊，再评定压力衣的弹性并做出调整。

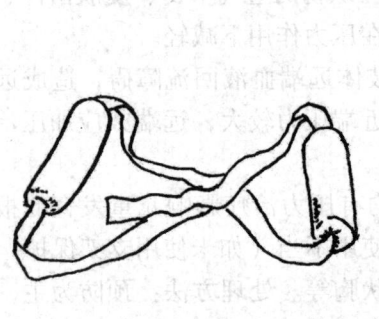 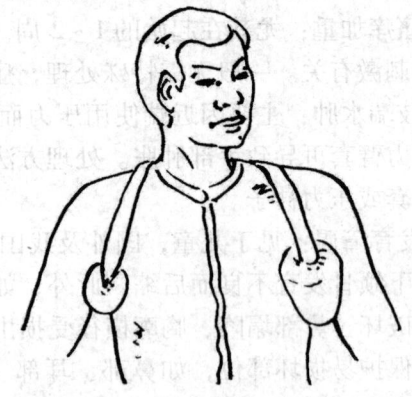

a. "8"字带　　　　　　　　b. 应用

图16-3-17　"8"字带及应用

3）长期使用：对于可能增生的瘢痕，从创面基本愈合开始，持续加压至瘢痕成熟，一般需1～2年，甚至3～4年。另外，长期使用也指每天应用的时间长，每天应保证23h

以上有效压力，只有在洗澡时才能解除压力，每次解除压力时间不超过30~60min。

（8）弹力材料的选择及应用：

1）弹力绷带：适用于身体各部位，包扎时由肢体的远端缠向近端，开始应用时压力不宜过大，待患者适应后再逐渐增加压力。

2）弹力布：由含有橡筋的纤维织物织成布料，裁剪后制成套状应用，具有较强的弹性，而且弹性持续时间较长，耐用。但纤维织品较厚，表面粗糙，欠柔软，初愈的创面表面垫一层纱布为宜，避免蹭破初愈的上皮。

3）弹力服：利用具有一定弹力和张力的尼龙类织物，使用双苯二甲酸、乙二脂纤维及含有88%以上聚氨甲酸乙酯的长链聚合体纤维组成的珠罗纱立体织物，制成的Jobst弹力服、面罩、背心、短裤等，由于纤维细，薄而软，穿着既合体又轻便，但弹性不如弹力布大。

4）弹力套的戴法：初愈的创面皮肤较嫩，内层敷1~2层纱布再戴弹力套，平铺后尼龙搭扣黏合加压。原则上实行24h连续加压，切勿在睡觉时解开，这样会把白天加压的效果抵消。为使体表凹陷部位亦能均匀受压，需在弹力套下放置压力垫，例如，聚乙烯树脂海绵、硅酮胶泡沫或纱垫等软垫或硅酮硬垫、硅酮弹性垫等。

为了获得加压治疗的良好效果，应在瘢痕未隆起之前开始加压；压力一般为3.3kPa（25mmHg）；加压应持续，除漱洗以外不要解开，压迫6~12个月。

头面部：头面部瘢痕的加压治疗，是采用透明塑料面罩或弹力头套。在眼、鼻、口部开窗，若眼睑不能闭合，需加眼罩，以湿润角膜。弹力头套是用尼龙织物裁制而成，套紧整个头部，在眼、耳、鼻处开窗。于凹凸不均空隙处加垫。（如图16-4-18）

颈部：颈矫形器，可采用由垫棉花纱块的石膏颈围，最好用热塑夹板制成颈前矫形器，上达颏部和下颌内缘，依颈部的角变塑形，至颈下方呈凸向前的边缘。用宽带在夹板后方扣紧固定于颈部。（如图16-3-19）

腋部：将肩关节固定于约90°~110°外展、外旋的位置。腋部矫形器（飞机架）可用热塑全接触夹板，对腋部也施加压力，用带子固定。（如图16-3-20）

肘关节：肘窝瘢痕挛缩，易发生肘屈曲和前臂旋前畸形。宜使用掌侧肘夹板，将肘关节固定于伸直及旋后位，外加人字形绷带包扎。夹板只于夜间睡眠时应用，白天可解除夹板做功能锻炼。（如图16-3-21、16-3-22）

躯干：用弹性包扎、压力衣均可很好地控制瘢痕，但肩胛间区和臀皱褶处例外。应用压力衣时，应加入弹性垫子，用缝线固定，增加局部体表压力，以控制和治疗肥厚瘢痕。

臂和腿：肢体呈圆柱状，穿裁制的压力衣可控制瘢痕。髋部可于压力衣下加穿紧身三角裤。关节屈侧有瘢痕挛缩倾向者，应使用矫形器。

髋关节：髋关节固定在伸直并外展15°~20°位置。俯卧位可帮助减轻屈曲挛缩。

膝关节：使用膝后全接触伸展夹板，加弹性包扎，将膝部固定于伸直位。只需在夜间固定，但若膝部不能全伸直，应全日应用，只于锻炼期间除去夹板。（图16-3-23）

踝关节：使用长（包括膝）或短（达膝远段）背侧夹板。用绷带包扎固定。于夜间或加上白天制动期间使用。锻炼时，需做踝关节背伸、跖屈、足内外翻运动。（图16-3-24）

足部：足底烧伤很少形成肥厚瘢痕。足背烧伤瘢痕，可致足背屈或拇过伸畸形，宜夜间使用足背全接触夹板。足底瘢痕可引起拇趾屈曲畸形。全足有烧伤瘢痕需用小腿-足全接触前后夹板，加压力包扎，夜间或非锻炼期间予以固定。

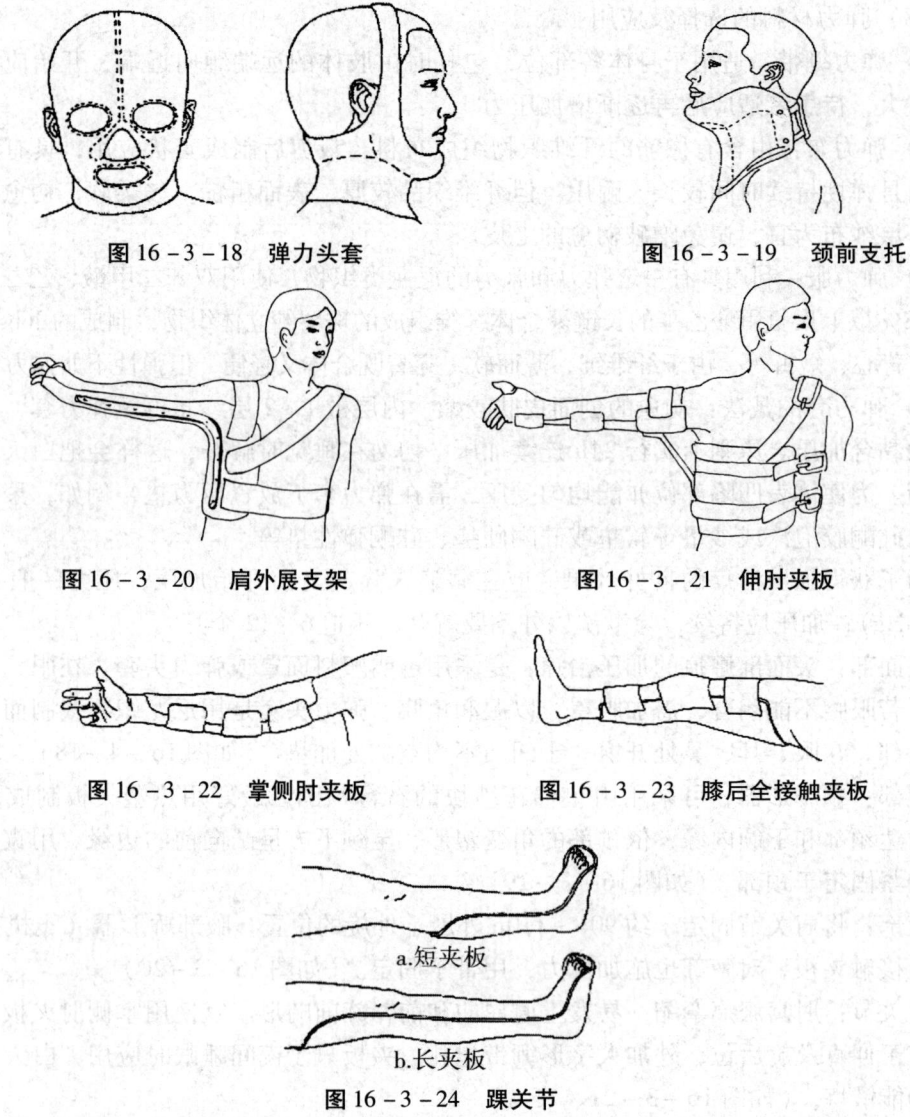

图 16-3-18　弹力头套　　　　　　　　图 16-3-19　颈前支托

图 16-3-20　肩外展支架　　　　　　　图 16-3-21　伸肘夹板

图 16-3-22　掌侧肘夹板　　　　　　　图 16-3-23　膝后全接触夹板

a. 短夹板

b. 长夹板

图 16-3-24　踝关节

4. 其他处理方法

（1）按摩：开始阶段应以被动活动为主，例如按摩、牵拉等方法，可改善瘢痕的柔软度，增加血液循环，松解粘连，使关节恢复一定的活动度，为主动活动做准备。新愈合的上皮较娇嫩，易碰破和起水疱，开始按摩时需用轻手法的按压、摩、揉等，随着瘢痕组织的不断老化，不断加重按摩力，可增加推、搬、提、拿、捏、叩击等手法。按摩频率要慢，手法要柔和，施术要准确，开始按摩时勤换部位，切勿在一个部位长时间按摩，以免发生水疱和损伤新生的上皮，并于按摩前局部涂擦液状石蜡。

（2）水疗：浸浴的水温通常不超过40℃，初浴时15min左右，适应后可逐渐延长至半小时，每1~2天1次。在温热水中浸浴，能清洁瘢痕表面的污物，改善血液循环，增强皮肤弹性，瘢痕较柔软，体疗按摩较省力，且各关节活动幅度大，还能减轻活动时的疼痛。出浴后利用瘢痕尚未硬结之前继续行按摩体疗，其效果远优于一般体疗，可收到事半功倍之效。为防止出浴后的瘢痕干裂，应涂用滋润瘢痕皮肤的康复奶液或尿素霜、硅酮霜等。

（3）主动活动：卧床期间练习闭眼、张口，双臂上举、外展，屈伸肘、腕，前臂旋前旋后，握拳，伸指，双下肢练习静力肌肉收缩，外展，直腿抬高，屈伸髋、膝、踝，尤其注意练习足背屈。主动活动既增加肌力，促进血液循环，又可防止关节粘连和异位钙化。各个部位循序活动，每日2次，每次15~30min。即使是手术后肢体被固定，也要行等长肌肉收缩。长期卧床患者下地之前先坐在床边，双下肢下垂，每天2~3次，每次20~30min，能下地时下肢戴弹力套，首先练习站立，继而走路，弯腰转体，下蹲，爬楼梯，或利用康复器械进行锻炼。

（4）超声波及音频电疗法。

四、手部烧伤的特殊性

手背的皮肤薄而柔软、松动、富有弹性，在指间关节有许多横纹和环状隆起，便于手指活动；手背皮下组织少，只有一薄层疏松结缔组织将皮肤和下面的伸肌腱、关节囊和关节韧带隔开。因此，深度烧伤较多，易波及深部肌腱、关节、骨骼；截肢机会多，愈合后常伴有挛缩畸形和功能障碍。典型表现为：指间关节过度屈曲，掌指关节过度背伸，手掌向前突出，拇指内收，掌弓消失或指粘连。手掌皮肤坚韧并有很厚的角化层，皮下脂肪多且被许多细小的结缔组织隔开，分为脂肪小叶的结缔组织，将掌腱膜和屈肌腱紧密地连接在一起，使手掌在抓捏时不致移动，故手掌烧伤机会比手背少，烧伤深度波及肌腱、骨者少。愈合后典型的表现为：指屈曲，指掌粘连呈握拳状，失去功能。

（一）手部烧伤的处理原则

1. **改善局部循环** 由于手指的静脉回流，主要依靠指背皮下的浅静脉，很少依靠深静脉，以及手指两条固有动脉为小的终支，容易受影响。因此，上肢和手部深度烧伤，尤其是环状烧伤，受焦痂的束缚以及组织水肿，都会使组织压力增大，妨碍血液循环，造成组织进一步坏死。故应适时行手指侧方焦痂切开减张术充分减张，以改进血运状况，使伤手保留较大的长度和较多的功能。

2. **预防继发感染** 创面感染会加重烧伤深度，深Ⅱ度者可转变为Ⅲ度，严重者可毁损肌腱或并发关节炎症，拖延愈合时间，使手丧失更多的功能。预防感染的措施重点应放在局部，如尽早彻底清创，清除坏死组织，外用抗感染药物，及时植皮等。

3. **控制水肿** 水肿是烧伤后毛细血管通透性增强、渗出物增加，以及组织缺氧、血液循环、淋巴管回流发生障碍的结果。水肿液中含有的蛋白质，常顺肌腱延伸，沉积在肌肉、关节囊和关节周围，日久机化（纤维化）则会发生组织挛缩、关节强直、活动障碍，而形成"冻结手"。减轻水肿的主要措施是抬高患肢。如果前臂或腕部环形焦痂，组织间囊内压过高，需及时切开减压。

4. **保持功能位置** 除深度烧伤造成患肢功能障碍外，患者早期怕痛，常将腕关节屈曲，掌指关节过伸，近节指间关节屈曲，拇指内收。另外，由于治疗不当，如创面紧贴五指粘连、不正常包扎，都可造成畸形愈合。及早纠正的方法：是采取夹板或指端牵引法，保持伤手的功能位置。若烧伤涉及腕关节，则单纯手背烧伤者宜保持掌屈，手掌烧伤者宜保持背屈，全手烧伤者应保持中立；若烧伤涉及掌指关节，则手背烧伤者的掌指关节应屈曲 80°~90°，使侧副韧带保持最长位置，手指背烧伤者应取伸直位，全手烧伤者一般手背为重，宜取半屈曲位，指间关节应伸直或屈曲 5°~10°，拇指宜保持外展、对掌位。(如图 16-3-25、16-3-26、16-3-27、16-3-28)

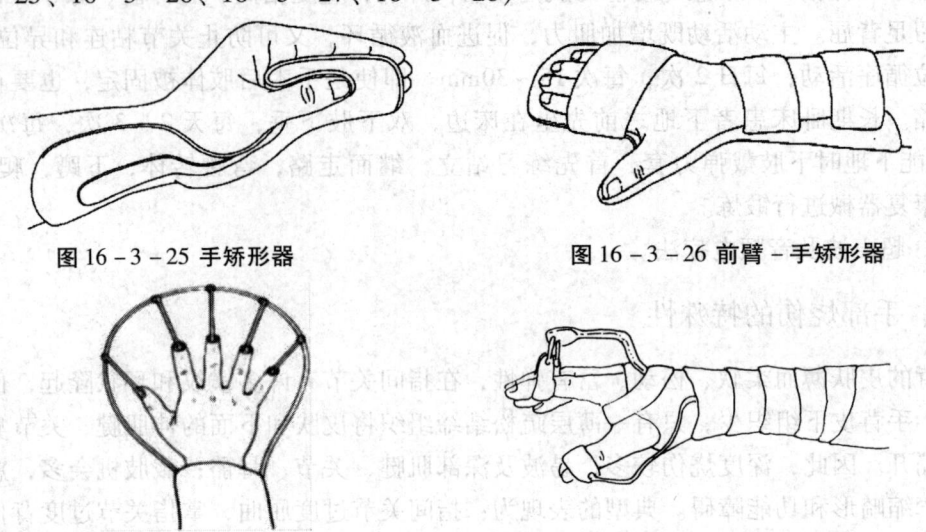

图 16-3-25 手矫形器　　　　　　图 16-3-26 前臂-手矫形器

图 16-3-27 琵琶手架、指动力牵引　　图 16-3-28 前臂-掌夹板及手指动力牵引

5. 尽快消灭创面，早期活动　尽快消灭创面，早期活动是最大限度地保存手部功能的根本措施，否则，创面长期裸露，坏死组织不能及时清除，就会加重感染。另外，创面加深的同时，也会限制手部的关节活动，使肌肉萎缩，关节僵硬，故应抓紧时机及早消灭创面，进行理疗和功能锻炼。

五、职业前评定与训练

烧伤患者职业前评定的目的：是判断其能否工作，以及适合何种工作。因为评定涉及到患者代偿训练适应性设施的使用、手术和其他治疗措施。

(一) 评定内容

主要是评定患者的能力、技能、兴趣和体力等四个方面。

1. 能力　能力是指与各种活动熟练程度有关的天生的行为模式，应该与技能区别开来。技能是通过训练或实践而表现出来的动作熟练程度。能力代表活动发展的潜力，可以确定最后成就的极限，但是它主要与掌握新技能的速度有关。因而，在一个特定领域中能力高的人学习新技能的速度，通常比能力低的人要快些，同时熟练程度也可能更高些。

能力的衡量是为了预测在需要掌握新技能的训练或职业中成功的可能性。由美国政府劳工部所研究制定的一种被广泛采用的衡量能力的系统，有9个基本才能与职业训练和工作表现有重要关系。按此制定出测试计划，称"普通才能测验表"（General Aptitude Test Battery，GATB）。该表包括了工作能力必不可少的主要部分，例如：学习能力、语言能力、计算能力、空间能力、分辨能力、动作协调能力、手灵活性、手指灵活性等。

2. 技能　技能是通过学习而产生的行为熟练水准，是人们所有职业行为的主要部分。才能是基础，对技能的发展具有影响，但技能则代表已完成的水平。

3. 兴趣　职业兴趣的意义，主要在于职业选择及任职期限的关系。凡是与职业兴趣相符的工作，人们往往愿意进取，并尽可能长久地干下去，而与其兴趣不符的工作，他们则往往辞去，即兴趣有满足长期职业行为的作用。因而，在准确评定兴趣指导下的职业计划，就可以帮助残疾者做出，既保持职业稳定又自我满意的抉择。

4. 体能　躯体能力应该从功能的角度，而不应该从医学或诊断的角度去评定。

（1）上肢功能：伸手、触摸、抓握、提举、推动等。

（2）下肢功能：爬高、平衡、俯身、跪腿、站立等。

（二）评定方法

职业评定大多采用的是标准化测试，其测试种类繁多，常用的约有 10～12 种，其中有：

1. JEVS 系统　是美国劳工部制定的，其设计集合了构成工作技能的各种工作特点。测试工种范围有 26 种，包括操纵、分拣、手控、检验和绘图等，并在实际的工作环境中测试。JEVS 系统优点是高度标准化，所做的观察和收集的资料要求高度精确，对被测试者的潜力的评估全面。其缺点是花费时间长，需 6～7 天才能完成测试。

2. Valpar 系统　是 Valpar 公司建立，旨在评定工业界受伤患者的能力。Valpar 系统有 12 种范例测试，每一种范例都自成体系。测试者可以从中选择一种或几种范例来测试，例如，小工具、难题处理和焊接等。其缺点：没有一个统一的分析报告系统，行为观察带有一定的主观性，因而分级可靠性差。其优点是测试速度快，每种范例测试只需 1 小时左右时间。

（三）训练

严重烧伤致残者在重返工作的过程中，也需采取几个中间步骤，包括社交技能训练或其他促进重返社会的步骤。登记入学可以达到这一目的，而且可以进一步接受普通教育或特殊职业训练。此外，工作调整训练或在有庇护的环境中工作，也可促进就业的准备。

工作调整训练，是为了有明显智力障碍或行为问题的残障者，准备就业的一个步骤。目的是：让没有工作经验的人，或者由于残疾而使能力发生改变，以至于过去的工作经历基本上丧失的人，重新面向工作，并获得与工作有关的一般技能。例如，工作调整训练的目的，可以是培养整洁、守时和持久等工作习惯，教会与同事及上司相处必不可少的社交技能，或者培养全日工作所必需的躯体和精神耐力。对于以往没有就业经验，但如果其行为问题或技能障碍，可在适应工作环境中得到改善后，而有工作潜力的人来说，这可以认为是一种治疗形式。

庇护性就业是在受控制的环境中进行，以适应患者的特殊需要和限制，由经过康复训练的工作人员管理。庇护性车间的工作通常包括：通过与工业界订合同得来的制造、装配、分选或包装工作。有些车间制造自己的产品并有自己的零售点和销售渠道。

庇护性车间主要提供三种康复服务：① 工作评价，包括实际工作或模拟性的工作任务，用以评定工作习惯和基本的工作技能；② 工作调整训练，常是领取报酬的实际工作，但目的与上述相同；③ 庇护性就业，通常旨在为加入竞争性劳动市场做准备工作，但有时是为那些因残疾不能参加竞争性职业的人，提供长期职业。

六、病例分析

（一）基本资料

1. 患者：男性，50 岁，餐馆经营者。

2. 诊断：全身烧伤 20%~29%。

3. 现病史：患者当时在餐馆厨房的里面休息，由于煤气爆炸而受伤，很快被救护车送至急救中心。面部的 9% 及双侧前臂 9% 为Ⅲ度烧伤，双侧大腿、膝部、颈部的 5% 为深Ⅱ度烧伤。因鼻毛烧焦，怀疑有气管烧伤，但经气管镜检查声门、气管等处，未见浮肿、煤粉附着。因此，确认无气道烧伤。因患者面部和颈部的烧伤，可能会出现浮肿问题。所以，为患者装配人工呼吸机送至急救中心治疗。早期治疗以输液（点滴抗生素、静脉营养）为主，并使用镇痛药抑制疼痛。翌日，出现血压下降等休克症状，随后体液循环又呈现稳定状态。第 9 天，浮肿开始消退。解除人工呼吸机，给予吸氧，稳定呼吸状态。第 11 天，开始经口进食。第 12 天，开始 PT、OT。第 13 天，转入普通病房。

（二）初期评价结果及问题点

1. 初期评价　患者意识清醒，能进行交流。面部和颈部采用封闭疗法。双侧前臂从肘下部至 MP 关节，双下肢大腿前面烧伤。面部及双侧上肢浮肿。因疼痛出现肌张力升高，明显的 ROM 受限。从 ADL 方面观察患者，进食时可在床上保持 90°直立坐位，其余动作需要全面帮助。

（1）来自医生的报告：面部、颈部、下肢要等待新生上皮组织的生长。双上肢可实施植皮术。因疼痛引起血压升高，采用口服药治疗。发热时给予抗生素处置。能进行四肢运动，保持轮椅坐位、立位及步行。

（2）来自护士的报告：白天患者意思表达尚可，但夜间有时会出现情绪不稳定、不安倾向，有时边说"我不想死"，边哭哭啼啼。请精神科医生会诊，给予镇静药治疗。护士每天都与其妻子交流患者的情况。

2. 问题点　患者的全身症状以发热、血压升高为主，局部主要是面部、上肢烧伤严重。预计需要长时间治疗。下肢、躯干运动功能良好，能在床上保持坐位，很快就会恢复移动能力。现在的主要问题有两点：一是上肢运动时要保持烧伤创面尽量不动，二是疼痛比较严重。此外，为获得把持功能，需要制作自助具。

（三）初期评价后的治疗和结果

1. 与医生商量疼痛的控制，开始口服镇痛药。经过一段时间的治疗，产生了一定的镇痛效果，患者能进行手部的各种运动。

2. 上肢以自主运动为主，保持良好的肢体位置。上肢植皮部位的血流不畅，要除去坏死组织，等待新生上皮的生长。手背出现烧伤性瘢痕，要优先改善血流，保持良好的肢体位置。

3. 根据进食需使用自助具（万能袖带、长柄勺子）的处方，进行了相应的练习。能自己独立进食。

4. 下肢运动以及移乘动作过程中没有出现尖足问题，进行了相关的一系列检查。同时，与 PT 一起进行立位、步行训练。可独立步行，但更衣、如厕动作需要一部分辅助。

（四）两侧前臂植皮术前的治疗经过

原定受伤第 42 天实施两侧前臂植皮术，由于心电图检查出现问题，手术被迫延期。为利于两侧前臂新生上皮的生长，采用同种培养皮肤移植方案（保守治疗）。在这期间，移植部位必须保持安静状态。因此，上肢的作业治疗暂时中断。经过大约 2 个月的保守治疗，上皮生长仍很困难，又加上关节挛缩等功能障碍，伤后第104日，实施了网状植皮，但所植皮肤未成活。于第152日再次实施植皮术。第159日，继续进行作业治疗。

（五）植皮术后的评价和问题点

1. 两侧前臂被绷带包裹，保持植皮部位安静状态。约1周后，能进行压迫、伸张训练。

2. 从上肢运动功能来看，肩关节在运动终末时会感到疼痛，可能是肌力低下造成的。肘关节存在轻度伸展受限，但烧伤性瘢痕未波及到关节，受限的原因可能是关节周围软组织挛缩引起。前臂、腕关节、手指有明显的主动运动受限，特别是左手指出现明显的变形、挛缩（图16-3-29）。

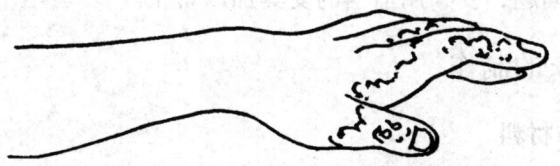

图16-3-29 病例：左手指变形挛缩

3. 在ADL方面，患者可以在院内独自步行，洗澡需要全辅助，洗漱、更衣需要部分辅助，其他活动均可独立完成。

（六）植皮术后的治疗和结果

1. 让患者穿着压力衣，以对应烧伤性瘢痕。烧伤性瘢痕逐渐成熟，未出现水泡等二次损伤。

2. 针对左侧手指挛缩问题，为患者制作、配戴MP关节屈曲支具，IP关节伸展支具（图16-3-30）。从而改善了关节的挛缩，但左腕关节、手指因功能损伤，导致主动ROM受限，制作并配戴了腕关节背屈、MP关节屈曲支具（图16-3-31），患者可以做出捏物的动作。

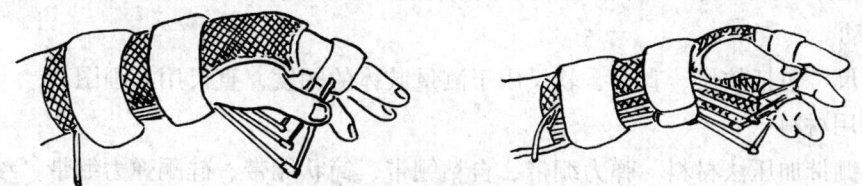

a. MP关节屈曲支具

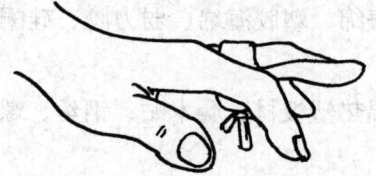

b. IP关节伸展支具

图16-3-30 病例：支具1

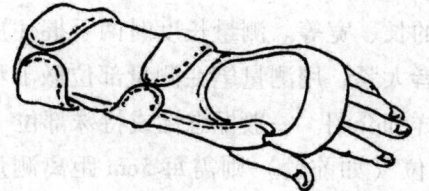 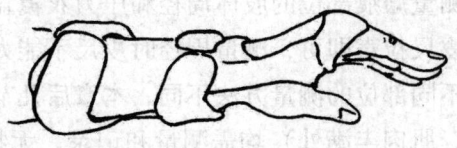

图16-3-31 病例：支具2

3. 针对肩关节的问题，进行钟摆样运动、肩周肌力强化训练。而针对肘关节则利用上肢自身重量进行伸张训练。从而改善了疼痛问题，消除了功能使用方面的障碍。

4. 大约 2 个月后，患者出院回家。之后继续来医院门诊治疗。

（七）注意事项

1. 在急性期治疗期间，收集情报及总体把握治疗过程是非常重要的。要遵循烧伤创面的治疗方针，以减少负荷为原则。

2. 植皮术后，对于烧伤性瘢痕要采用压迫伸张措施。

3. 对于关节挛缩问题，要采用适当的支具加以矫正。

七、常用压力衣的制作

（一）常用工具与材料

1. 常用工具设备

压力治疗常用工具和设备包括缝纫机、加热炉、剪刀、裁纸片、直尺、软尺、记号笔、恒温水箱、热风枪等。

（1）缝纫机　用于缝制压力衣和固定带，常用直线和"之"字形缝线的缝纫机，普通和电动均可。

（2）加热炉　用于压力垫和加热塑形，温度可达 140°C 左右，如无加热炉也可用电熨斗或热风枪代替。

（3）刀　包括剪刀、裁纸刀、剪线刀。剪线刀主要用于剪压力布、魔术贴、弹力带和低温热塑板材等；剪线刀用于剪缝线；裁纸刀主要用于在压力垫上割出缺口以保证合身和不影响活动。

（4）尺　包括软尺、直尺，软尺用于测量肢体的围度，直尺用来画图。

2. 常用材料

（1）绷带加压法材料　弹力绷带、自粘绷带、筒状绷带、硅酮弹力绷带、纱布等。

（2）压力衣制作材料　压力布、拉链、魔术贴、线等。

（3）压力垫制作材料　海绵、塑胶海绵、弱力胶、硅酮啫喱、透明塑料、弹力带、胶水等。

（4）支架制作材料　低温热塑板材、魔术贴、钢丝、螺丝等。

（二）制作步骤

压力衣的制作包括测量、计算、画图、裁剪、缝制、试穿、调整、随访等步骤。

1. 测量　压力衣需要量身定做才能保证最合适的压力，因此测量十分重要。用皮尺准确测量瘢痕部位的肢体周径和压力衣覆盖部位的长、宽等。测量长度时两手握住皮尺两端将皮尺拉直即可，测量周径时皮尺不能太松或者太紧，用测量笔在测量部位做出相应标记。不同部位的测量方法不同，本章后几节将做详细介绍。一般标志性或特殊部位（如关节处、肌肉丰满处）均需测量和记录，无特殊部位（如前臂）则需每 5cm 距离测量一组数据以确保压力衣的适合度。

2. 计算及画图 根据所需压力衣的样式和压力大小,计算出压力材料所需的尺寸,并画出纸样(图纸)。临床的压力衣的尺寸通常通过控制缩率来实现,缩率为实测尺寸与所需尺寸只差与所需尺寸的比值,以 L1 代表实际测量的长度,以 L 代表裁剪时所采用的长度,以 △L 代表要缩减去的部分(即 △L = L1 − L),以 n% 代表缩率,三者之间的关系式为:n% = △L/L 或 L = L1/(1 + n%)。如前臂套中某一点测得前臂周径为 22.0cm,拟采用缩率为 10% 的压力,则压力布的尺寸为 L = L1(1 + n%) = 22.0/(1 + 10%) = 20cm,因前臂套分两片组成,则每片尺寸为 10cm。(常用缩率的表格见表 16 − 3 − 4)在计算需要的布料尺寸时,应考虑边距的尺寸,初学者因缝制技术欠佳应多留些余地,边距大概需 3~5mm,而熟练治疗师则可控制在 2~3mm 左右。

表 16 − 3 − 4 缩率的选择与临床应用

采用的缩率	产生的实际压力	适用范围
0 ~ 5%	非常低的压力	适用于婴儿
5% ~ 10%	低压力	适用于儿童
15% ~ 20%	中等压力	适用于成年人
15%(双层)	高压力	适用于活跃、增生的瘢痕

3. 裁剪 将画好的纸样裁剪后固定于压力布上,按纸样尺寸裁出布料。此过程应注意在往压力布上画图及裁剪布料时避免牵拉布料以免影响尺寸的准确性;另外应注意布料弹力的方向应与所加压部位长轴垂直。

4. 缝制 材料取舍适当后,紧接着是缝制及锁边,根据技术熟练程度和单位条件可选择使用家用缝纫机、电动缝纫机或工业用电动缝纫机、锁边机等。缝制时注意针距、边距均匀合理,尤其是转角处和转弯处。

5. 试穿、测压及调整 压力做好后,应让患者试穿,检查是否合身及压力是否足够,达不到理想压力需进行调整。如需精确压力(如科研)则要用专门仪器进行测量,再根据测量结果进行调整,如加用压力垫、收紧或放松。试穿时应询问受试者有无受压感,观察压力衣是否影响关节活动及局部皮肤组织的血运情况。应教会患者正确穿戴方法。

6. 交付使用 患者学会自行穿戴后可将压力衣交付患者使用,并交回患者使用及保养方法和注意事项。最好有小册子给患者,以便真正了解正确的应用方法。为了保持良好压力,避免布料疲劳,应每日清洗,所以同一规格压力衣至少做两套,供交替使用。

7. 随访 压力衣交给患者后应定期随访,时间应根据患者情况确定,如开始使用应至少每两个星期随访一次,瘢痕稳定后可一个月随访一次,对于静脉曲张和淋巴回流障碍者可 1~3 个月回访并重新制作压力衣。

(四)常用压力衣的制作

1. 压力头套 头面部瘢痕增生是影响烧伤者容貌和心理的重要因素,因此瘢痕的控制和压力治疗的有效实施是头面部烧伤康复治疗的重要部分。因头面部是人体最不规则的部位，应用弹力绷带难以有效地实施压力治疗，而量身定做的压力头套可提供有效的压力，是目前最为常用的头部加压方法。

（1）测量 患者取坐位，头直立，两眼平视前方，测量者用一把软尺固定于鼻尖—眉心—头顶—枕后的正中线，另一把软尺固定于眉毛水平环线（a线），测量并记录以下数值（图16-3-32）：

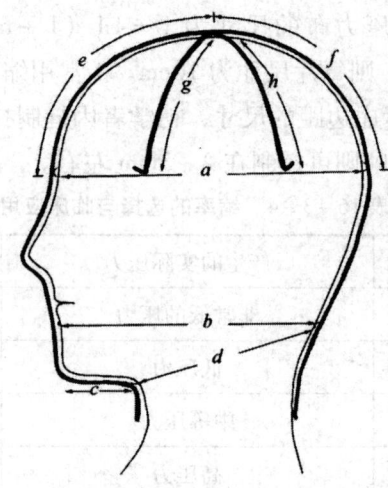

a线：眉毛-枕后水平环线；b线：唇线-枕后水平环线；c线：下颌至颈部距离；
d线：颈线；e线：头前线；f：头后线；g线：前侧线；h：后侧线

图16-3-32 压力头套制作的测量

（2）画纸样：如图16-3-33。画纸样时需注意在计算c、e、f、g、h线时缩率为0，其余线缩率为5%~10%。

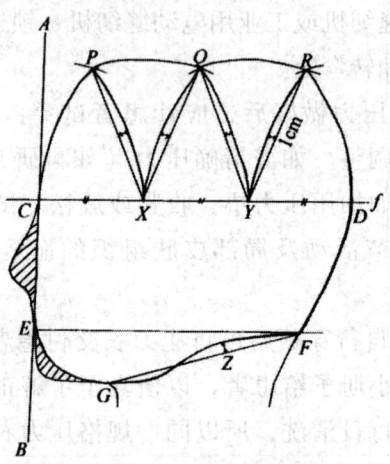

$|CD|=1/2a$；$|CX|=|XY|=|YD|$；$|XQ|=g-1cm$；
$|QY|=h-1cm$；$|CP|=E-1cm$；$|RD|=f-1cm$；$|EF|=1/2b$

图16-3-33 压力头套制作

3. 裁剪及缝制 将所画纸样固定于压力布上并裁出两片布料（注意弹力方向与CD方向一致），先分别缝合PX、QX及QY、RY，然后将两片缝合，仅留出GZF以利于穿戴。这样完整的压力头套就完成了（图16-3-34，图16-3-35）。

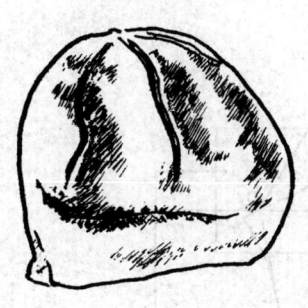 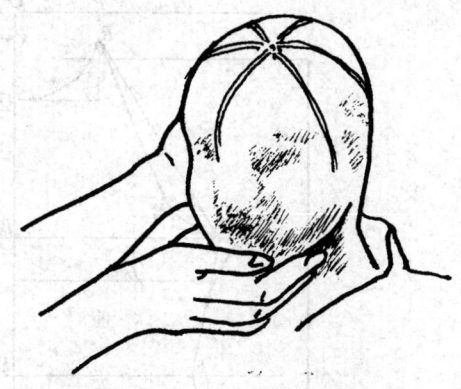

图 16-3-34 压力头套应用　　　　图 16-3-35 压力头套完成

2. 压力上衣

(1) 测量　患者取站立位，抬头挺胸，两眼目视前方。治疗师固定一把软尺在患者的后正中线（从C7开始，即软尺的零刻度对应于C7）测量以下资料并记录（图16-3-36）：①颈围a；②肩宽：左右肩宽b、前肩宽c、后肩宽d；③躯干的第一围长e；④每5CM以下的躯干围长f；⑤腰围g；⑥髋围h；⑦上肢的第一围长i；⑧每5CM以下的臂围j；⑨从C7（A）到躯干第一围长（e）的距离K；⑩肩峰到第一臂围（i）的长度l。

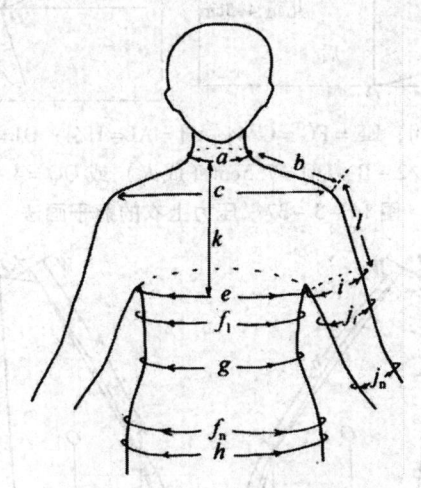

图 16-3-36　压力上衣测量

(2) 画纸样　压力上衣的纸样包括两部分：躯干，袖子。

1) 躯干部分：注意：①K线缩率为0；②C线缩率为0；③余线缩率为5%~10%。（图16-3-37）

2) 袖子部分：如图16-3-38，注意：①I线缩率为0；②余线缩率为10%~15%。

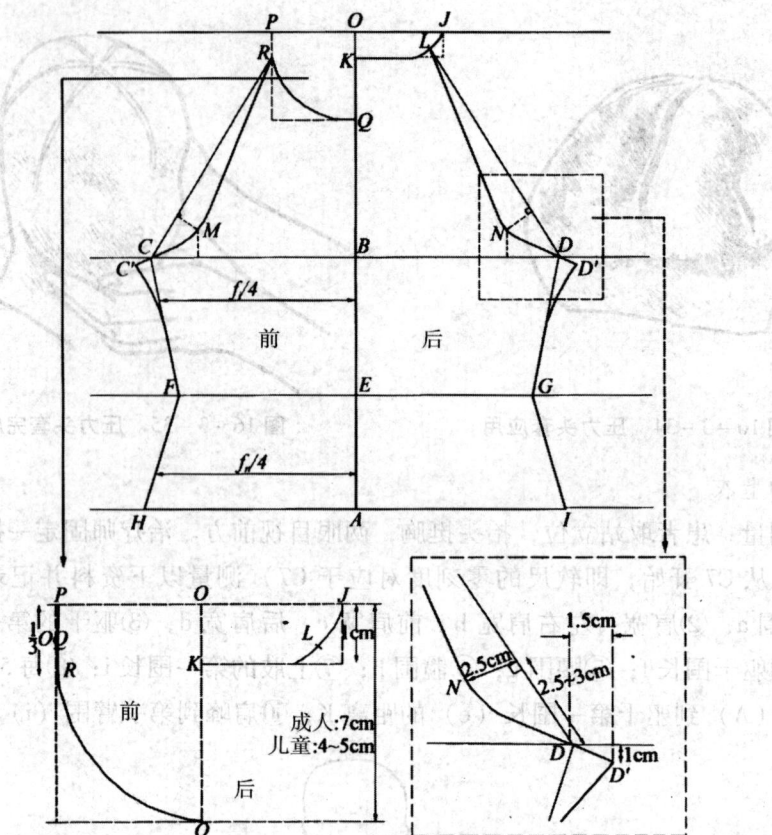

OB = K； BC = BD = E/4； EF = FG = G/4； AH = AI = H/4； OJ = D/2 − B； OK = 1CM；
KLJ + PRQ = 1/2A； OP = C/2 − B； OQ = 7.5cm（成人）或 QQ = 4 − 5CM（儿童）；pr = 1/3oq

图 16 − 3 − 37 压力上衣的躯干画法

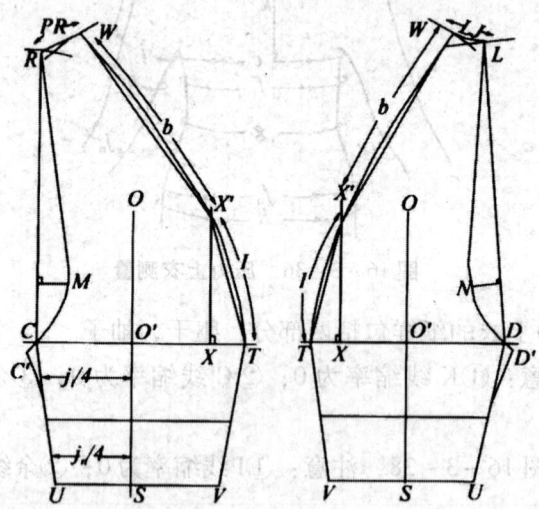

| O′C | = | O′T | = | O′D | = I/4； | TX | = 1/3 | O′T |； | TX′ | = L；
| X′W | = B； | RW | = | PR |； | WL | = ^LJ； | CC′ | = | DD′ | = 1.5cm；
M、N 分别距 CR、DL2.5cm

图 16 − 3 − 38 压力上衣的袖子画法

(3) 裁剪和缝制：把纸样固定在压力布上，分别裁出躯干的前片和后片（注意纸样中的前后片均只画出一半，裁布时注意裁出完整的前后片）。

根据患者的情况确定安装拉链的部位及位置，先缝好拉链，再把前、后片袖子分别缝在前、后片躯干上，然后把躯干的前后及袖子的前后片缝好，最好对衣领进行包边，这样整个压力上衣就完成了（图16-3-39）。

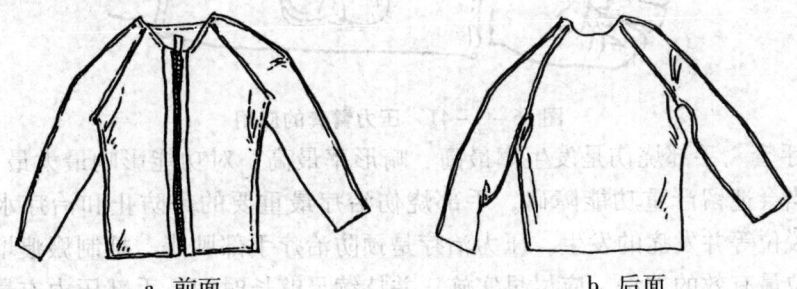

a. 前面　　b. 后面

图16-3-39　压力上衣完成

(4) 试穿及修改。

3. 压力臂套　上肢是较易遭受烧烫伤的部位，上臂和前臂因形状较规则，压力易于实施且效果较好，压力衣制作较为容易。压力臂套是最易制作的压力衣，其基本方法如下：

(1) 测量　每隔5cm测量上肢的周长，如跨越肘关节，则应测量关节部位的周长，压力衣应超出瘢痕区上下各5cm。

(2) 画图　先画一条竖直线AB，在AB上由上至下每隔5CM确定一点（C、D、E、F……），由每一点作与AB垂直的线段，使｜LC｜=｜CM｜=第一围周长÷(1+缩率)÷4，

｜ND｜=｜DO｜=第二围周长÷(1+缩率)÷4，圆滑地连接线段各端点（图16-3-40）。

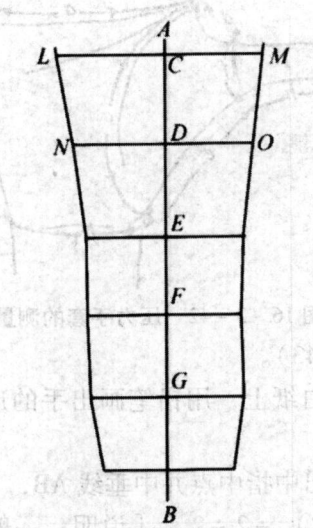

图16-3-40　压力臂套的画法

（3）剪裁及缝制 将画好的纸样固定于压力布上，裁出相同的两片并缝和，完成压力臂套的初步制作，再进行试穿与调整，就可以交付患者使用了（图16-3-41）。

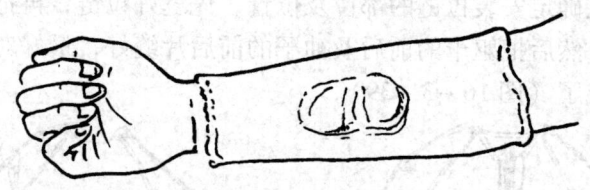

图16-3-41 压力臂套的应用

4. 压力手套 手部烧伤是发生率最高、畸形率最高、对功能影响最大最直接的烧伤，早期处理不当会遗留严重功能障碍，手部烧伤治疗最重要的是防止和治疗水肿、瘢痕增生、挛缩、脱位等并发症的发生。压力治疗是预防治疗手部肿胀、抑制瘢痕增生、预防关节挛缩和脱位最有效的方法，应尽早实施，并持续足够长时间。手部压力衣最为常用，但制作过程较为复杂。

（1）测量 取手指伸展位，各指伸直并外展（图16-3-42），用软尺测量并记录以下数值：①掌横纹、腕横纹处的周长（a、b）；②鱼际周围的长度（c）；③拇指根部至掌横纹的距离（d）及距腕横纹的距离（e）；④各指指根、指尖处的周长（f、g）及指根至指尖的距离（h）；⑤腕横纹以上5cm处的周长。

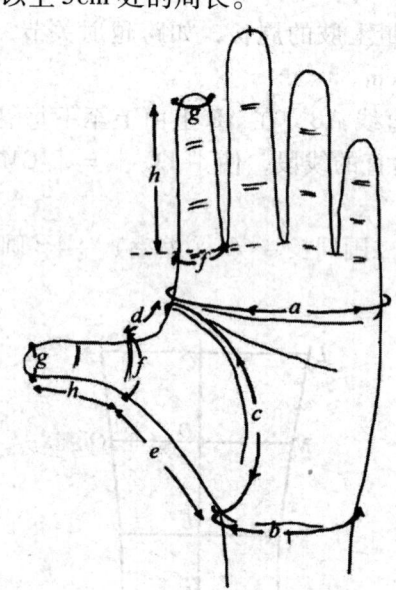

图16-3-42 压力手套的测量

（2）画纸样（见图16-3-43）。

1）手伸直，手掌向下置于白纸上，用铅笔画出手的形状并标出鱼际、掌横纹、腕横纹的位置。

2）从中指向两侧画起，找出中指中点并中垂线AB，|CE|＝|CF|＝(f-2)÷2÷2，|DG|＝|DH|＝(g-2)÷2÷2 ［说明：一般情况下，手指因接缝较多，不需另外加压力，故缩率为0，中、环指由四片组成，分别为前后两片和两个分别为1cm宽的贴组成，计算前后两片时需用周长f减去两个贴的宽度（f-2）再除以2为|EF|的距

离，|CE|=|CF|=1/2|EF|，下同]。

3）同样方法由中指向两侧分别画出食指、环指和小指。[注意食指和小指仅需加一个贴，故计算时应为|CE|=|CF|=(f-1)÷2÷2，|DG|=|DH|=(g-1)÷2÷2]。

4）取食指和小指外侧垂线距离的中点 M，作一垂线 MN 并与掌横纹交与 M 点。以 M 点为中点沿掌横纹向两侧作线段，线段的长度等于 a÷2÷(1+10%)（10%为缩率）。

5）在垂线 MN 上对应于腕，腕上 5cm 的水平上分别作线段，使之分别等于 b÷2÷(1+10%)，i÷2÷(1+10%)。

6）在食指桡侧 1/3 处作垂线与掌横纹相交于点 X。

7）腕横纹往上 1cm（成人）或 0.5cm（小孩）作平行于腕横纹的直线，并与中指的中轴线交于点 Y。

8）以 XY 为中轴线如图所示画出一类似水滴形状，此形状的一半长度等于 C÷(1+10%)（注意：水滴的内侧半部分不得超过整个手掌的中轴线）。

9）大拇指的纸样画法（图 16-3-44）。

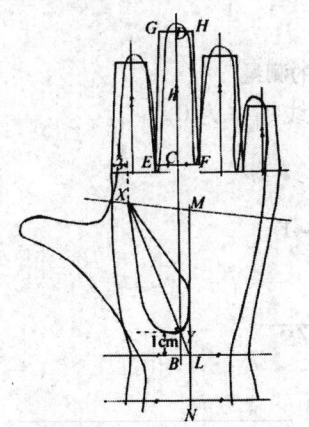 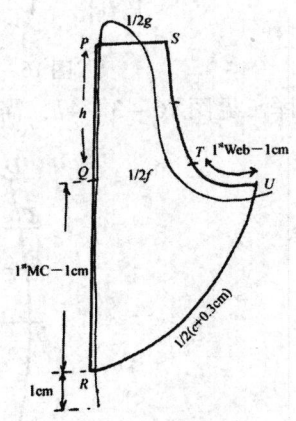

图 16-3-43 压力手套的纸样　　图 16-3-44 拇指的纸样画法

（3）裁剪及缝制　分别裁剪出手掌和手背的部分（注意手掌部开拇指根部水滴形缺口，而手背部无开口）及拇指部分。缝制时注意中指和食指由 4 片组成（两个贴），而食指和小指由 3 片组成（一个贴），拇指部分是以 PR 为中线的对称图形。有时为了使手套更适合手型，更有利于指蹼部位加压，指蹼部位的贴常需"V"字缝合。

（4）试穿及修改　与前述方法相同，修改合适的手套就可以交付使用了（图 16-3-45）。

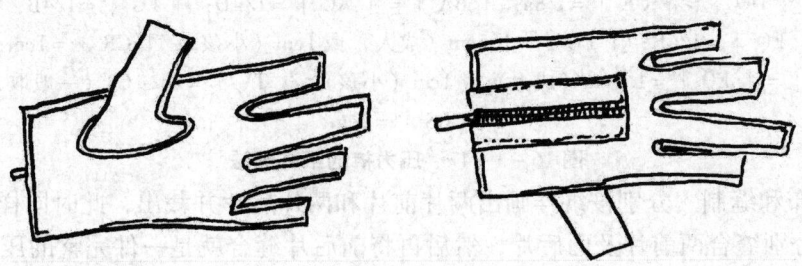

图 16-3-45 压力手套完成图

5. 压力裤

（1）测量 患者取站立位，抬头挺胸，两眼目视前方。治疗师在患者侧方用软尺测量并记录如下资料：①腰围 a；②臀围 b；③腰围到臀围的距离 C1、C2（C1 为腰围至臀围的侧面长度，C2 为背侧长度）；④第一大腿围 d；⑤第一大腿围以下每 5cm 的围度 e；⑥膝围度 f（图 16-3-46）。

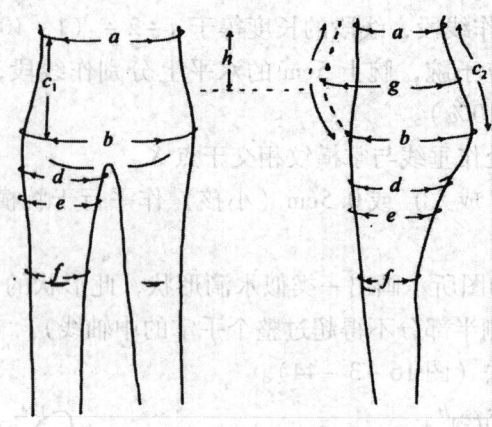

图 16-3-46 压力裤的测量

（2）画纸样 见图 16-3-47，需注意 C1、C2 线缩率为 0。

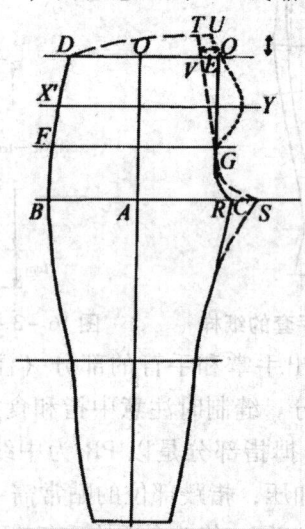

|DO| = |OE| = 1/8a；|BA| = |AC| = 1/4D；|FG| = 1/4B；
|EQ| = 1/4B；|EQ| = 1.5cm（成人）或 1cm（小孩）；|CR| = 1cm；
|VE| = |EQ| = 1.5cm（成人）或 1cm（小孩）；|TV| = C1 - C2（一般取 2cm）；
|CS| = 2cm

图 16-3-47 压力裤的纸样画法

（3）剪布和缝制 分别按纸样画出两片前片和两片后片并裁出，此时同样注意弹性方向，缝合时分别缝合两前片及两后片，然后再将前后片缝合就是一件完整的压力裤了（图 16-3-48）。

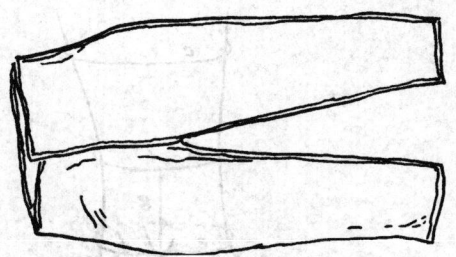

图16-3-48 压力裤的完成图

6. 压力腿套

（1）测量 患者暴露测量部位，一般取超出瘢痕两端各5cm的长度。量出这个长度中每5cm的肌围度并记录。

（2）画纸样（图16-3-49）

1）作一条线OA作为腿部的中线。

2）在OA上对应于每5cm的水平作线段，使线段的长度等于对应的肌围度除以2.2。

3）圆滑的连接线段的同侧各点。

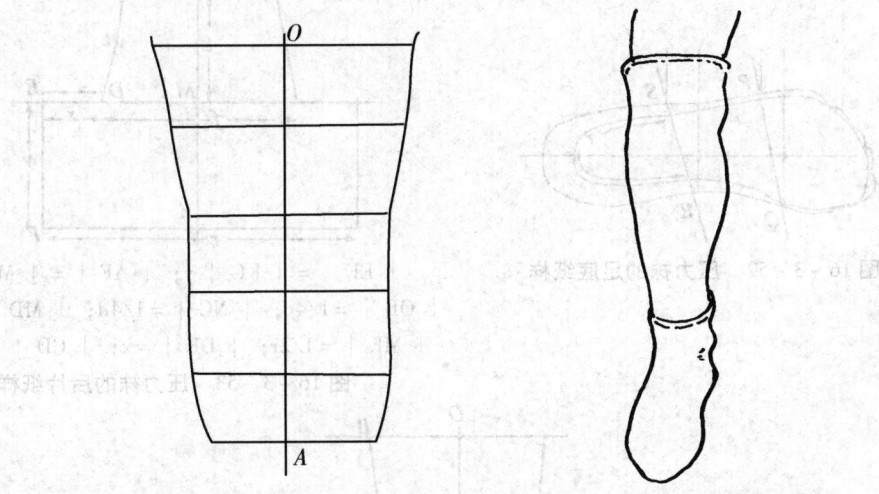

图16-3-49 压力腿套的纸样　　图16-3-50 压力腿套的完成

（3）剪布和缝制

按与压力臂套相同的做法就可完成压力腿套的制作（图16-3-50）。

7. 压力袜

（1）测量 （见图16-3-51）患者取坐位或者站立位，脚板踩在一张白纸上，用笔垂直于白纸画出脚的轮廓。标出跖趾关节和脚弓的位置。测量以下资料并记录：① 跖趾关节处脚面的宽度a；② 脚弓的围度b；③ 由最细处每往上5cm的小腿的围度c；④ 踝往上最细处的围度d；⑤ 踝关节的围度（前踝e，后踝f）；⑥ 踝与最细处的距离g；⑦ 踝到地面的距离h。

2. 画纸样 压力袜纸样由足底（图16-3-52）、后片（图16-3-53）和前片（图16-3-54）3部分组成，画纸样时需要注意纵行线（g线）不加压力。

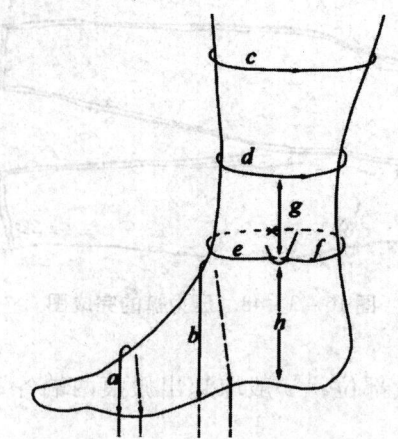

图 16-3-51 压力袜的测量

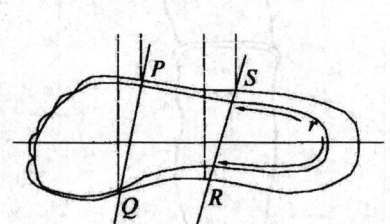

图 16-3-52 压力袜的足底纸样

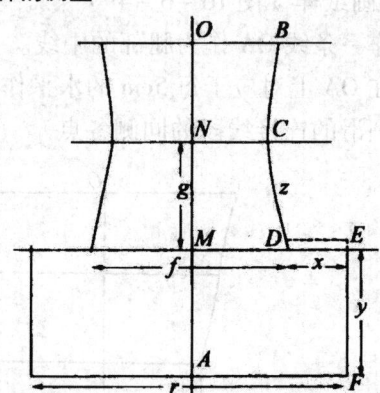

|EF| = |KG| y; |AF| = |ME|
|OB| = 1/4c; |NC| = 1/4d; |MD| = 1/2f;
|ME| = 1/2r; |DE| = x; |CD| = z

图 16-3-53 压力袜的后片纸样

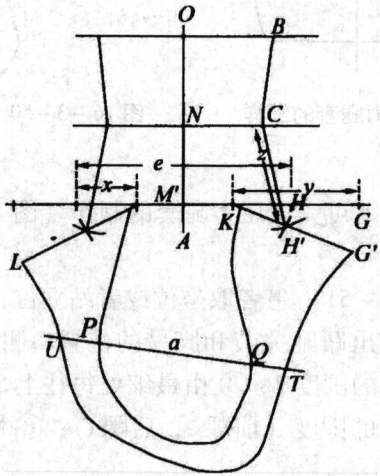

|NM'| = g - 1cm（成人）; |NM'| = g - 0.5cm（儿童）; |NM'| = g（婴儿）;
|OB| = 1/4c; |M'KH| = 1/2e; |M'K| = 1/2e - x; |CH'| = |CD| = z;
|KG| = |KG'| = y; |M'G| = 1/2b; |UT| = a

图 16-3-54 压力袜的前片纸样

（3）裁剪及缝制 缝合时先缝前后两片，最后再与底片缝合，成品如图16-3-55、16-3-56。

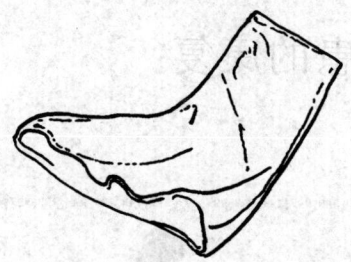

图16-3-55 压力袜的完成

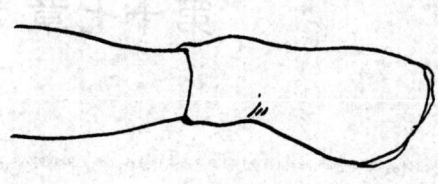

图16-3-56 压力袜的应用

（陆廷仁 闫晓梅 李奎成 冯亚男）

思考题

1. 弹力绷带加压法的使用方法是什么？
2. 使用压力垫的注意事项有哪些？
3. 手部烧伤如何保持功能位置？

第十七章 其他疾患的康复

学习目标:
一、理解骨质疏松症的康复治疗方法
二、理解艾滋病的康复治疗方法
三、掌握肿瘤的康复治疗方法

第一节 肿瘤的康复

一、概述

肿瘤（Tumor，neoplasm）是以细胞异常增殖为特点的一大类疾病，常在机体局部形成肿块（mass）。肿瘤的种类繁多，具有不同的生物学行为和临床表现。有些肿瘤生长缓慢，没有侵袭性或者侵袭性弱，不从原发部位播散到身体其他部位，对人体的危害小，医学上称为良性肿瘤（benign tumor）。有些肿瘤生长迅速，侵袭性强，可以从原发部位播散到身体其他部位，对人体危害大，医学上称为恶性肿瘤（malignant tumor）。平常所说的癌症（cancer），即指这些严重危害人类健康的恶性肿瘤。

2005年统计资料显示，在我国城市居民疾病死因列居第一位的便是恶性肿瘤。2005年我国城市居民的恶性肿瘤死亡率约为124.86/10万，其中肺癌（31.44/10万）、肝癌（25.17/10万）、胃癌（18.12/10万）、食道癌（10.57/10万）、结直肠癌（8.31/10万）、乳腺癌（3.09/10万）、白血病（3.07/10万）、子宫颈癌（1.82/10万）、膀胱癌（1.59/10万）、鼻咽癌（1.27/10万）等。在农村地区，恶性肿瘤也列居疾病死因的第3位，死亡率约为105.99/10万。全世界每年约有700万人死于恶性肿瘤。

恶性肿瘤可以发生在各个年龄段。上皮组织恶性肿瘤（癌，carcinoma）的发病率，一般随着年龄的增加而增加，尤其是在40岁以上的人群中，癌的发病率显著增加。有一些肿瘤则好发于儿童或青年人。

恶性肿瘤对人类的危害，不仅是威胁患者的生命，还在于它给患者带来的躯体痛苦、精神压力和经济负担。

（一）肿瘤性增生与非肿瘤性增生的区别

大量医学观察和研究工作表明，肿瘤的形成，是机体的细胞异常增殖的结果，也与细胞的死亡机制发生障碍有关。这种导致肿瘤形成的细胞增殖称为肿瘤性增生（neoplastic proliferation）。

与肿瘤性增生相对的概念的是非肿瘤性增生（non - neoplastic proliferation）。例如，在炎症时，可以有血管内皮细胞、纤维母细胞等的增殖，然而它们并非肿瘤。区分这两种细胞的增殖状况，具有重要意义。

肿瘤细胞增生一般是单克隆性的。瘤细胞具有异常的形态、代谢和功能，并在不同程度上失去了分化成熟的能力。肿瘤生长旺盛，并具有相对的自主性，即使致瘤因素已不存在，仍能持续性生长，提示肿瘤细胞的遗传异常可以传给子代细胞。每个肿瘤细胞都含有引起其异常生长的基因组的改变。肿瘤性增生不仅与机体不协调，而且有害。

非肿瘤性增生一般是多克隆性的。增生的细胞具有正常的形态、代谢和功能，能分化成熟，并在一定程度上能恢复原来正常组织的结构和功能。非肿瘤性增生有一点的限度，增生的原因一旦消除后就不再继续。非肿瘤性增生或者反应性增生有的属于正常新陈代谢所需的细胞更新，有的是针对一定刺激或损伤的防御性、修复性反应，对机体有利。

（二）肿瘤的一般形态与结构

1. 肿瘤的肉眼观形态　肉眼观肿瘤的形态多种多样，并可在一定程度上反映肿瘤的良恶性。

（1）肿瘤的数目和大小：肿瘤的数目、大小不一。多为一个，有时也可为多个。肿瘤的大小与肿瘤的性质（良性、恶性）、生长时间和发生部位有一定关系。生长于体表或较大体腔内的肿瘤有时可生长得很大，而生长于密闭的狭小腔道内的肿瘤一般较小。肿瘤极大者，通常生长缓慢，多为良性；恶性肿瘤生长迅速，短期内即可带来不良后果，因此常长不大。

（2）肿瘤的形状：肿瘤的形状多种多样，有息肉状（外生性生长）、乳头状（外生性生长）、结节状（膨胀性生长）、分叶状（膨胀性生长）、囊状（膨胀性生长）、浸润性包块状（浸润性生长）、弥漫性肥厚状（外生伴浸润性生长）、溃疡状伴浸润性生长。形状上的差异与其发生部位、组织来源、生长方式和肿瘤的良恶性密切相关。

（3）肿瘤的颜色：一般肿瘤的切面呈灰白或灰红色，视其含血量的多寡、有无出血、变性、坏死等而定。有些肿瘤会因其含有色素而呈现不同的颜色。因此可以根据肿瘤的颜色推断为何种肿瘤。如脂肪瘤呈黄色，恶性黑色素瘤呈黑色，血管瘤呈红色或暗红色。

（4）肿瘤的硬度：与肿瘤的种类、肿瘤的实质与间质的比例及有无变性、坏死有关。实质多于间质的肿瘤一般较软；相反，间质多于实质的肿瘤一般较硬。瘤组织发生坏死时较软，发生钙化或骨化时则较硬。脂肪瘤很软，骨瘤很硬。

2. 肿瘤的镜下组织结构　肿瘤的组织结构多种多样，但所有的肿瘤的组织成分都可分为实质和间质两部分。

（1）肿瘤的实质：肿瘤实质是肿瘤细胞的总称，是肿瘤的主要成分。它决定肿瘤的生物学特点以及每种肿瘤的特殊性。通常根据肿瘤的实质形态来识别各种肿瘤的组织来源，进行肿瘤的分类、命名和组织学诊断，并根据其分化成熟程度和异型性大小来确定肿瘤的良恶性和肿瘤的恶性程度。

（2）肿瘤的间质：肿瘤的间质成分不具特异性，起着支持和营养肿瘤实质的作用。一般由结缔组织和血管组成，间质有时还具有淋巴管。通常生长比较快的肿瘤，其间质血管一般较丰富而结缔组织较少；生长缓慢的肿瘤，其间质血管通常较少。此外，肿瘤往往有淋巴细胞等单核细胞浸润，这是机体对肿瘤组织的免疫反应。此外，在肿瘤结缔组织中还可以见到纤维母细胞和肌纤维母细胞。肌纤维母细胞具有纤维母细胞和平滑肌细胞的双重特点，这种细胞即能产生胶原纤维，又具有收缩功能，可能对肿瘤细胞的浸润有所限制，这种细胞的增生可以解释乳腺癌的乳头回缩，食管癌和肠癌所导致的肠管僵硬和狭窄。

（三）肿瘤的异型性

肿瘤组织在细胞形态和组织结构上，都与其发源的正常组织有不同程度的差异，这种差异称为异型性。异型性是肿瘤异常分化在形态上的表现。异型性小，说明分化程度高，异型性大，说明分化程度低。区别这种异型性的大小是诊断肿瘤，确定其良、恶性的主要组织学依据。良性肿瘤细胞的异型性不明显，一般与其来源组织相似。恶性肿瘤常具有明显的异型性。

由未分化细胞构成的恶性肿瘤也称为间变性肿瘤，间变是指恶性肿瘤细胞缺乏分化，异型性显著。间变性肿瘤具有明显的多形性，瘤细胞彼此在大小和形状上有很大的变异，因此往往不能确定其组织来源。间变性肿瘤一般具有高度恶性。

1. **肿瘤的细胞异型性**　良性肿瘤瘤细胞的异型性小，一般与其来源的正常细胞相似。恶性肿瘤瘤细胞常具有高度的异型性，表现为以下特点：

（1）肿瘤细胞的多形性：即肿瘤细胞形态和大小不一致。恶性肿瘤细胞一般比正常细胞较大，有时可见瘤巨细胞。但少数分化很差的肿瘤其肿瘤细胞较小，圆形，大小也比较一致。

（2）瘤细胞核的多形性：瘤细胞核比正常细胞核增大，核大小、形状和染色不一。并可出现双核、巨核、多核、奇异核、核着色深（由于核内 DNA 增多）。染色质呈粗颗粒状，分布不均匀，常堆积于核膜下，使核膜显得肥厚。核分裂像增多，特别是出现不对称性、多极性及顿挫性等病理性核分裂时，对恶性肿瘤具有诊断意义。恶性肿瘤细胞的核异常改变多与染色体呈多倍体或非整数倍体有关。

（3）瘤细胞胞浆的改变：由于胞浆内核蛋白体增多而多呈嗜碱性。瘤细胞产生异常分泌物或代谢产物（如激素、粘液、蛋白、色素等），因此具有不同特点。

（4）肿瘤细胞超微结构的改变：一般来说，良性肿瘤的超微结构与其起源的组织基本相似。恶性肿瘤细胞根据其分化的程度表现出不同的异型性。总的来说，恶性肿瘤细胞通常绝对或相对明显增大，核膜可有内陷或外凸，使核形不规则甚至形成奇异型核。胞浆内的细胞器常有数目减少、发育不良或形态异常。细胞连接常有减少，有利于肿瘤浸润生长。

2. **肿瘤的组织结构异型性**　肿瘤的组织结构的异型性是指肿瘤组织在空间排列方式上（包括极向、器官样结构及其与间质的关系等方面）与其来源的正常组织的差异。良性肿瘤瘤细胞的异型性不明显，但排列与正常组织不同，诊断有赖于组织结构的异型性，如子宫平滑肌瘤。恶性肿瘤的组织结构异型性明显，瘤细胞排列更为紊乱，失去正常的排列结构、层次或极向，如纤维肉瘤、腺癌。

（四）肿瘤的生长方式和扩散

1. **肿瘤生长的生物学**　具有局部浸润和远处转移是恶性肿瘤最重要的特点，是恶性肿瘤致人死亡的主要原因。

2. 肿瘤是由一个转化细胞不断增生繁衍形成的 一个典型的恶性肿瘤的自然生长史可以分为几个阶段：一个细胞的恶性转化→转化细胞的克隆性增生→局部浸润→远处转移。在此过程中，恶性转化细胞的内在特点（如肿瘤的生长分数）和宿主对肿瘤细胞及其产物的反应（如肿瘤血管形成）共同影响肿瘤的生长和演进。

(1) 肿瘤生长的动力学：肿瘤的生长速度与以下三个因素有关：

1) 肿瘤细胞倍增时间：肿瘤群体的细胞周期也分为 G_0、G_1、S、G_2 和 M 期。多数恶性肿瘤细胞的倍增时间并不比正常细胞更快，而是与正常细胞相似或比正常细胞更慢。

2) 生长分数：指肿瘤细胞群体中处于增殖阶段（S期 + G_2期）的细胞的比例。恶性转化初期，生长分数较高，但是随着肿瘤的持续增长，多数肿瘤细胞处于 G_0 期，即使是生长迅速的肿瘤生长分数也只有 20%。

3) 瘤细胞的生长与丢失：营养供应不足、坏死脱落、机体抗肿瘤反应等因素会使肿瘤细胞丢失，肿瘤细胞的生成与丢失共同影响着肿瘤能否进行性长大及其长大速度。

肿瘤的生长速度决定于生长分数和肿瘤细胞的生成与丢失之比，而与倍增时间关系不大。目前化疗药物几乎均针对处于增殖期细胞。因此生长分数高的肿瘤（如高度恶性淋巴瘤）对于化疗特别敏感。常见的实体瘤（如结肠癌）生长分数低，故对化疗不敏感。

(2) 肿瘤血管形成：诱导血管的生成能力是恶性肿瘤的生长、浸润与转移的前提之一。肿瘤细胞本身和浸润到肿瘤组织内及其周围的炎细胞（主要是巨噬细胞）能产生一类血管生成因子，如血管内皮细胞生长因子（VEGF）和碱性成纤维细胞生长因子（b-FGF）。这些血管生成因子促进血管内皮细胞分裂和毛细血管出芽生长。新生的毛细血管既为肿瘤生长提供营养，又为肿瘤转移提供了有利条件。

(3) 肿瘤的演进和异质化：恶性肿瘤在生长过程中变得越来越有侵袭性的现象称为肿瘤的演进，包括生长加快、浸润周围组织和远处转移等。这些生物学现象的出现与肿瘤的异质化有关。肿瘤的异质化是指一个克隆来源的肿瘤细胞在生长过程中形成在侵袭能力、生长速度、对激素的反应、对抗癌药的敏感性等方面有所不同的亚克隆的过程。由于这些不同，肿瘤在生长过程中得以保留那些适应存活、生长、浸润与转移的亚克隆。

3. 肿瘤的生长方式 肿瘤可以呈膨胀性生长、外生性生长和浸润性生长。

(1) 膨胀性生长：是大多数良性肿瘤所表现的生长方式，肿瘤生长缓慢，不侵袭周围组织，往往呈结节状，有完整的包膜，与周围组织分界明显，对周围的器官、组织主要是挤压或阻塞的作用。一般均不明显破坏器官的结构和功能。因为其与周围组织分界清楚，手术容易摘除，摘除后不易复发。

(2) 外生性生长：发生在体表、体腔表面或管道器官（如消化道、泌尿生殖道）表面的肿瘤，常向表面生长，形成突起的乳头状、息肉状、菜花状的肿物，良性、恶性肿瘤都可外生性生长。但恶性肿瘤在外生性生长的同时，其基底部也呈浸润性生长，且外生性生长的恶性肿瘤由于生长迅速、血供不足，容易发生坏死脱落而形成底部高低不平、边缘隆起的恶性溃疡。

(3) 浸润性生长：为大多数恶性肿瘤的生长方式。由于肿瘤生长迅速，侵入周围组织间隙、淋巴管、血管，如树根之长入泥土，浸润并破坏周围组织，肿瘤往往没有包膜或包膜不完整，与周围组织分界不明显。临床触诊时，肿瘤固定不活动，手术切除这种肿瘤时，为防止复发，切除范围应该比肉眼所见范围大，因为这些部位也可能有肿瘤细胞的浸润。

4. 肿瘤的扩散　是恶性肿瘤的主要特征。具有浸润性生长的恶性肿瘤，不仅可以在原发部位生长、蔓延（直接蔓延），而且可以通过各种途径扩散到身体其他部位（转移）。

（1）直接蔓延：瘤细胞沿组织间隙、淋巴管、血管或神经束浸润，破坏临近正常组织、器官，并继续生长，称为直接蔓延。例如晚期子宫颈癌可蔓延至直肠和膀胱，晚期乳腺癌可以穿过胸肌和胸腔甚至达肺。

（2）转移：瘤细胞从原发部位侵入淋巴管、血管、体腔，迁移到他处而继续生长，形成与原发瘤同样类型的肿瘤，这个过程称为转移。良性肿瘤不转移，只有恶性肿瘤才转移，常见的转移途径有以下几种：

1）淋巴道转移：上皮组织的恶性肿瘤多经淋巴道转移；

2）血道转移：各种恶性肿瘤均可发生，尤多见于肉瘤、肾癌、肝癌、甲状腺滤泡性癌及绒毛膜癌；

3）种植性转移：常见于腹腔器官的癌瘤。

5. 恶性肿瘤的浸润和转移机制

（1）局部浸润：浸润能力强的瘤细胞亚克隆的出现和肿瘤内血管形成对肿瘤的局部浸润都起重要作用。局部浸润的步骤：

1）由细胞黏附分子介导的肿瘤细胞之间的黏附力减少；

2）瘤细胞与基底膜紧密附着；

3）细胞外基质降解：在癌细胞和基底膜紧密接触4~8小时后，细胞外基质的主要成分如 LN、FN、蛋白多糖和胶原纤维可被癌细胞分泌的蛋白溶解酶溶解，使基底膜产生局部的缺损。

4）癌细胞以阿米巴运动通过溶解的基底膜缺损处：癌细胞穿过基底膜后重复上述步骤溶解间质性的结缔组织，在间质中移动。到达血管壁时，再以同样的方式穿过血管的基底膜进入血管。

（2）血行播散：单个癌细胞进入血管后，一般绝大多数被机体的免疫细胞所消灭，但被血小板凝集成团的瘤细胞团则不易被消灭，可以通过上述途径穿过血管内皮和基底膜，形成新的转移灶。

转移的发生并不是随机的，而是具有明显的器官倾向性。血行转移的位置和器官分布，在某些肿瘤具有特殊的亲和性，如肺癌易转移到肾上腺和脑，甲状腺癌、肾癌和前列腺癌易转移到骨，乳腺癌常转移到肝、肺、骨。产生这种现象的原因还不清楚，可能是这些器官的血管内皮上有能与进入血循环的癌细胞表面的黏附分子特异性结合的配体，或由于这些器官能够释放吸引癌细胞的化学物质。

（五）肿瘤对机体的影响

良性肿瘤对机体的影响较小，主要表现为局部压迫和阻塞症状，其影响主要与发生部位和继发变化有关。若发生在重要器官也可产生严重后果。如消化道良性肿瘤可引起肠套叠、肠梗阻。颅内的良性肿瘤如脑膜瘤、星形细胞胶质瘤可压迫脑组织、阻塞脑室系统而引起颅内压升高和相应的神经症状。良性肿瘤的继发性改变，也可对机体造成不同程度的影响。肠的腺癌性息肉、膀胱乳头状瘤等表面可发生溃疡而引起出血和感染。

恶性肿瘤由于分化不成熟、生长较快，浸润破坏器官的结构和功能，并可发生转移，因而对机体影响严重。恶性肿瘤除可引起与上述良性肿瘤相似的局部压迫和阻塞症状外，还可有发热、顽固性疼痛，晚期可出现严重消瘦、乏力、贫血和全身衰竭的状态。

异位内分泌综合征：一些非内分泌腺肿瘤能产生和分泌激素或激素类物质，引起内分泌紊乱的临床症状，这种肿瘤称为异位内分泌性肿瘤，其所引起的临床症状称为异位内分泌综合征。此类肿瘤多为恶性肿瘤，以癌居多，如胃癌、肝癌、结肠癌，也可见于肉瘤如纤维肉瘤、平滑肌肉瘤等。此外 APUD 系统（弥散性神经内分泌系统）的肿瘤，也可产生生物胺或多肽激素，如类癌、嗜铬细胞瘤等。

由于肿瘤的产物（包括异位激素产生）或异常免疫反应（包括交叉免疫、自身免疫和免疫复合物沉积等）引起内分泌、神经、造血、消化、骨关节、肾脏、皮肤等系统发生病变，引起相应的临床症状，称为"副肿瘤综合征"。

（六）**肿瘤的分级和分期**

一般只用于恶性肿瘤。

肿瘤的分级：I 级为分化良好，属低度恶性；II 级为分化中等，属中度恶性；III 级为分化很差，属高度恶性。

肿瘤的分期：根据原发肿瘤的大小、浸润深度、范围以及是否累及邻近器官、有无淋巴结转移、有无血源性或其他远处转移确定肿瘤发展的程期或早晚。国际上广泛采用 T. M 分期系统。T 是指肿瘤的原发灶，随着肿瘤的增大依次用 T1—T4 来表示；N 指局部淋巴结受累及，淋巴结未累及是用 N0 表示，随着淋巴结受累及的程度和范围的扩大，依次用 N1—N3 表示；M 指远处转移，无远处转移者用 M0 表示，有远处转移用 M1 表示。

原发肿瘤（T）分期：

Tx：原发肿瘤大小无法测量；或痰脱落细胞、或支气管冲洗液中找到癌细胞，但影像学检查和支气管镜检查未发现原发肿瘤

T0：没有原发肿瘤的证据

T1：单个肿瘤结节，无血管浸润

T2：单个肿瘤结节，并伴血管浸润；或多个肿瘤结节，最大径均≤5cm

T3：多个肿瘤结节，最大径>5cm；或肿瘤侵犯门静脉或肝静脉的主要分支

T4：肿瘤直接侵犯除胆囊以外的附近脏器；或穿破内脏腹膜

（七）**良性肿瘤与恶性肿瘤**

"肿瘤"一词在医学专著中定义为："肿瘤是人体器官组织的细胞，在外来和内在有害因素的长期作用下所产生的一种以细胞过度增殖为主要特点的新生物。这种新生物与受累器官的生理需要无关，不按正常器官的规律生长，丧失正常细胞的功能，破坏了原来器官结构，有的可以转移到其他部位，危及生命。"肿瘤可以分为良性肿瘤和恶性肿瘤两大类，而癌症则是一类恶性肿瘤。由于良性肿瘤对人体健康影响较小，所以下面着重介绍恶性肿瘤，特别是癌症。

恶性肿瘤从组织学上可以分为两类：一类由上皮细胞发生恶变的称为癌，如肺上皮细胞发生恶变就形成肺癌，胃上皮细胞发生恶变就形成胃癌等等；另一类由间叶组织发生恶变的称为肉瘤，如平滑肌肉瘤，纤维肉瘤等。人们对癌听得较多，而对肉瘤听得较少，这与癌症病人远比肉瘤病人为多有关。临床上癌与肉瘤之比大约为9∶1。

那么，癌到底是怎么回事呢？

癌作为一类恶性肿瘤，是由人体内正常细胞演变而来的。正常细胞变为癌细胞后，就像一匹脱缰的野马，人体无法约束它，产生所谓的"异常增长"。异常增长是相对于细胞的正常增生而言的。人体细胞有一个生长、繁殖、衰老、死亡的过程。老化的细胞死亡后就会有新生的细胞取代它，以维持机体组织和器官的正常功能。可见，人体绝大部分细胞都可以增生。但是这种正常细胞的增生是有限度的，而癌细胞的增生则是无止境的。正是由于这种恶性增生，使人体大量营养物质被消耗。同时，癌细胞还能释放出多种毒素，使人体产生一系列症状。如果发现和治疗不及时，癌细胞还可以转移到全身各处生长繁殖，最后导致人体消瘦、无力、贫血、食欲不振、发热及脏器功能受损等，其后果极为严重。

良性肿瘤与恶性肿瘤的区别：良性肿瘤和恶性肿瘤的生物学特点明显不同，因而对机体的影响也不同。区别良性肿瘤与恶性肿瘤对于肿瘤的诊断与治疗具有重要意义。

（1）组织分化程度：良性肿瘤分化好，异型性小，与原有组织的形态相似；恶性肿瘤分化不好，异型性大，与原有组织的形态差别大。

（2）核分裂像：良性肿瘤核分裂像无或稀少，不见病理核分裂像；恶性肿瘤核分裂像多见，并可见病理核分裂像。

（3）生长速度：良性肿瘤缓慢，恶性肿瘤较快。

（4）生长方式：良性肿瘤多见膨胀性和外生性生长，前者常有包膜形成，与周围组织一般分界清楚，故通常可推动；恶性肿瘤为浸润性和外生性生长，前者无包膜形成，与周围组织一般分界不清楚，故通常不能推动，后者伴有浸润性生长。

（5）继发改变：良性肿瘤很少发生坏死和出血，恶性肿瘤常发生坏死、出血和溃疡形成。

（6）转移：良性肿瘤不转移，恶性肿瘤常有转移。

（7）复发：良性肿瘤手术后很少复发，恶性肿瘤手术等治疗后经常复发。

（8）对机体影响：良性肿瘤较小，主要引起局部压迫或阻塞，如发生在重要器官也可引起严重后果；恶性肿瘤较大，除压迫，阻塞外，还可以破坏原发处和转移处的组织，引起坏死出血合并感染，甚至造成恶病质。

良性肿瘤与恶性肿瘤之间有时并无绝对的界限，某些肿瘤的组织形态介于两者之间，称为交界性肿瘤。如卵巢交界性浆液性乳头状囊腺瘤和粘液性囊腺瘤。即使是恶性肿瘤其恶性程度亦各不相同。有些良性肿瘤可发生恶性变化，个别恶性肿瘤也可停止生长甚至消退。如结肠息肉状腺瘤可恶变为腺癌，个别的恶性肿瘤如恶性黑色素瘤也可由于机体的免疫力增强等原因，可以停止生长甚至完全消退。又如见于少年儿童的神经母细胞瘤的瘤细胞有时能发育为成熟的神经细胞，有时甚至转移灶的瘤细胞也能发育成熟，使肿瘤停止生长而自愈。但这种情况十分罕见。

(八) 常见肿瘤举例

1. 上皮性肿瘤

(1) 良性上皮性肿瘤

1) 乳头状瘤：肿瘤向表面外生性生长形成乳头状突起，并可呈菜花状或绒毛状外观，由覆盖上皮发生。肿瘤的根部较狭窄形成蒂与正常组织相连。镜下每一乳头都由具有血管的分支状间质组成轴心，其表面覆盖的增生上皮因其起源部位不同，可为鳞状上皮、柱状上皮或移行上皮。在外耳道、阴茎及膀胱和结肠的乳头状瘤较易转变为乳头状癌。

2) 腺瘤：由腺上皮发生的良性肿瘤，黏膜腺的腺瘤多呈息肉状，腺器官内腺瘤呈结节状，且常有包膜，与周围正常组织分界清晰，结构与起始腺体十分相似，常具有一定的分泌功能，能分泌浆液和黏液，常见于甲状腺、涎腺、卵巢、乳腺等处。

根据腺瘤的组成成分或形态特点，可将腺瘤分为囊腺瘤、纤维腺瘤、多形性腺瘤和息肉状腺瘤等类型。

①囊腺瘤是由于腺瘤组织中的腺体分泌物淤积，腺腔逐渐扩张并互相融合成大小不等的囊腔，因而得名。主要见于卵巢，偶见于甲状腺及胰腺，卵巢囊腺瘤有两种类型：一种是黏液性囊腺瘤，常为多房性，囊壁光滑，少有乳头状增生。另一种是浆液性乳头状囊腺瘤，腺上皮向囊腔内呈乳头状增生，并分泌浆液，所以称为浆液性乳头状囊腺瘤。

②纤维腺瘤是女性乳腺最常见的良性肿瘤，除腺上皮细胞增生外，同时还伴有纤维结缔组织增生。这种肿瘤是女性常见的良性肿瘤。

③多形性腺瘤好发于涎腺，特别是腮腺，过去常称为混合瘤。由腺组织、黏液样及软骨样组织等多种成分混合而成。本瘤生长缓慢，但切除后常易复发。

④息肉状腺瘤发生于黏膜，呈息肉状，有蒂与黏膜相连，多见于直肠。其中表面呈乳头状或绒毛状的恶变率较高。结肠多发性腺癌性息肉病常有家族遗传性，不但癌变率较高，并易早期发生癌变。

(2) 恶性上皮组织肿瘤：恶性上皮组织肿瘤统称为癌，多见于40岁以上的人群，常以浸润性生长为主，与周围组织分界不清。发生于皮肤、黏膜表面者呈息肉状或菜花状，表面常有坏死及溃疡形成，发生在器官内者为不规则的结节状。癌早期一般经淋巴道转移，到晚期才发生血道转移。这与间叶组织恶性肿瘤有区别，恶性间叶组织肿瘤主要先经血道转移。癌的常见类型有以下几种：

1) 鳞状细胞癌：常发生于原有鳞状上皮覆盖部位，如皮肤、口腔、唇、子宫颈、阴道、食管、阴茎等，也可发生于鳞状上皮化生的部位如支气管、胆囊、肾盂等处，正常时虽不由鳞状上皮覆盖，但可通过鳞状化生而发生鳞状细胞癌。肉眼呈菜花状，可向深层浸润生长。分化好的鳞状细胞癌可在镜下观察，层状角化物称为"癌珠"，分化较差的鳞癌无角化珠形成，甚至也无细胞间桥，瘤细胞呈明显的异型性并见较多的核分裂像。

2) 基底细胞癌：多见于老年人面部，如眼睑、颊及鼻翼等处，由该处的原始上皮细胞或基底细胞发生。癌巢主要由浓染的基底细胞样的癌细胞构成。基底细胞癌生长缓慢，表面常形成溃疡，并可浸润破坏局部的深层组织，但很少发生转移。基底细胞癌对放射治疗敏感，临床呈低度恶性经过。

3) 移行上皮癌：膀胱、肾盂等处移行上皮易发生，呈乳头状、多发性，可溃破形成溃疡或广泛浸润膀胱壁。镜下，癌细胞似移形上皮，呈多层排列，异型性明显。

4）腺上皮癌：较多见于胃肠、胆囊、子宫体等。是腺上皮发生的恶性肿瘤，分化较好的具有腺样结构的称为腺癌，分化差的常形成实体性癌巢，不形成腺腔的称为实体癌。分泌黏液较多的称为黏液癌，又称胶体癌，常见于胃和大肠。镜下可见黏液聚集于癌细胞内，将核挤向一侧，使该细胞呈印戒状，称为印戒细胞。

5）癌前病变、非典型性增生及原位癌

癌前病变：是指某些具有癌变的潜在可能性的病变，如长期存在不及时治疗就有可能转变为癌。常见的癌前病变有：

①黏膜白斑：常见于口腔、外阴等处黏膜。由于鳞状上皮的过度增生和过度角化并有一定异型性，长期不愈可转变为鳞状细胞癌。

②慢性子宫颈炎伴宫颈糜烂：这是妇科常见疾患，是在慢性宫颈炎基础上，宫颈阴道部的鳞状上皮被来自子宫颈管内膜的单层柱状上皮取代，可以转变为宫颈鳞状细胞癌。

③直肠、结肠的腺瘤性息肉：单发、多发均可发生癌变，有家族史的多发者，更易发生癌变。

④乳腺增生性纤维囊性变：常因内分泌失调引起，伴有导管内乳头状增生者易发生癌变。

⑤慢性萎缩性胃炎及胃溃疡：慢性萎缩性胃炎的胃黏膜上皮的肠上皮化生可发生癌变。慢性胃溃疡长期不愈，也可发生癌变，其癌变率大约为1%。

⑥慢性溃疡性结肠炎：在反复溃疡和黏膜增生的基础上可发生结肠腺癌。

⑦皮肤慢性溃疡：经久不愈的皮肤溃疡和瘘管特别是小腿慢性溃疡可发生鳞状上皮增生，易癌变。

⑧肝硬化：慢性病毒性肝炎进展为肝硬化，相当一部分可进一步进展为肝细胞性肝癌。

非典型性增生：非典型性增生是上皮细胞异乎常态的增生，形态呈现一定程度的异型性，但不足以诊断为癌，多发生于皮肤或黏膜表面的鳞状上皮，也可发生于腺上皮。这种非典型性增生如累及2/3以上尚未达到全层的为重度非典型性增生，很难逆转而发生癌变。癌前病变常通过这种形式转变为癌。

原位癌：原位癌指黏膜鳞状上皮层内或皮肤表皮内的重度非典型增生几乎累及或累及上皮的全层，但尚未侵破基底膜而向下浸润生长者称为原位癌。如子宫颈、食管及皮肤的原位癌。

2. 间叶组织肿瘤

（1）良性间叶组织肿瘤：这类肿瘤的分化成熟程度高，其组织结构、细胞形态、硬度、颜色等均与其发源的正常组织相似。肿瘤生长慢，一般具有包膜。常见的类型有以下几种：

1）纤维瘤：瘤组织内的胶原纤维排成束状，互相编织，纤维间含有纤维细胞，外观呈结节状，与周围组织分界明显，有包膜，切面呈灰白色。常见于四肢及躯干的皮下。此瘤生长缓慢，手术摘除后不再复发。

2）脂肪瘤：好发于背、肩、颈及四肢近端的皮下组织，外观为扁圆形或分叶状，有包膜，质地柔软，色淡黄，有正常的脂肪组织的油腻感。镜下结构与正常脂肪组织的区别在于脂肪瘤有包膜。瘤组织分叶大小不规则，并有不均等的纤维组织间隔存在。脂肪瘤一般无明显症状，但也有引起局部疼痛症状者，很少恶变，手术易切除。

3）脉管瘤：可分为血管瘤、淋巴管瘤。其中以血管瘤最为常见。多为先天性发生，所以常见于儿童。血管瘤全身都可发生，但以皮肤最为常见。血管瘤可分为毛细血管瘤（由增生的毛细血管构成）、海绵状血管瘤（由扩张的血窦构成）及混合性血管瘤（即两种改变并存）。海绵状血管瘤肉眼观为地图状边界清楚的无包膜紫红色病损，呈浸润性生长。在皮肤或黏膜可呈突起的鲜红肿块，或呈暗红色或紫红色肿块，压之退色。淋巴管瘤由增生的淋巴管构成，内含淋巴液。淋巴管呈囊性扩张并互相融合，内含大量淋巴液，称为囊性水瘤，此瘤多见于小儿。

4）平滑肌瘤：常见于子宫、胃肠。瘤组织由形态比较一致的梭形平滑肌细胞组成。细胞排列成束状、互相编织，核呈长杆状，两端钝圆，核分裂像少见。

5）骨瘤：常见于头面骨及下颌骨，也可累及四肢骨。镜下可见骨瘤由成熟的骨质组成，但失去其正常的骨质结构和排列方向。

6）软骨瘤：分为外生性软骨瘤和内生性软骨瘤。镜下可见肿瘤由成熟的透明软骨组成，呈不规则的分叶状。切面呈淡蓝色或银白色，半透明，可有钙化和囊性变。

(2) 恶性间叶组织肿瘤：恶性间叶组织肿瘤统称为肉瘤。

癌与肉瘤的区别如下：

1）癌的组织来源为上皮组织，肉瘤的组织来源为间叶组织。

2）发病率：癌较常见，约为肉瘤的9倍，多见于40岁以上的成年人；肉瘤较少见，大多见于青少年。

3）大体特点：癌质较硬、色灰白、较干燥，肉瘤质软、色灰红、湿润、鱼肉状。

4）组织学特点：癌多形成癌巢，实质与间质分界清楚，纤维组织有增生；肉瘤细胞多弥漫分布，实质与间质分界不清，间质内血管丰富，纤维组织少。

5）网状纤维：癌细胞间多无网状纤维，肉瘤细胞间多有网状纤维。

6）免疫组织化学：癌细胞表达上皮标记（如细胞角蛋白），肉瘤细胞表达间叶标记（如波形蛋白）。

7）转移：癌多经淋巴道转移，肉瘤多经血道转移。

常见恶性间叶组织肿瘤：

1）纤维肉瘤：是肉瘤中常见的一种。发生部位与纤维瘤相似，好发于四肢皮下组织。分化好的纤维肉瘤瘤细胞呈梭形，异型性小，与纤维瘤有些相似。分化不好的纤维肉瘤则有明显的异型性。纤维肉瘤分化好者生长较慢，转移和复发较少见，分化不好者生长较快，易发生转移，切除后较易复发。

2）恶性纤维组织细胞瘤：好发于下肢，其次是上肢深部软组织及腹膜后，这是老年人最常见的软组织肉瘤。电镜下，主要见成纤维细胞和组织细胞样细胞。此外还可见原始间叶细胞、肌纤维母细胞、黄色瘤细胞、多核瘤巨细胞。异型性非常明显，核分裂像常见。大多数肿瘤中可见中等量或多量的慢性炎性细胞浸润。有的区域可见纤维母细胞呈车辐状，被认为有一定的诊断意义。

3) 脂肪肉瘤：好发于大腿及腹膜后的软组织深部，来自原始间叶组织，很少由皮下脂肪层发生。多见于40岁以上的成人，极少见于青少年。肉眼观呈结节状或分叶状，表面常有一层假包膜，可似一般的脂肪瘤，切面可呈黏液样外观，或均匀一致呈鱼肉状。本瘤的瘤细胞形态多种多样，可见分化较差的星形、梭形、小圆形或呈明显的异型性或多型性脂肪母细胞，胞浆内可见多少和大小不等的脂滴空泡，也可见分化成熟的脂肪细胞。

4) 横纹肌肉瘤：常见于10岁以下儿童，好发于头、颈、泌尿生殖道及腹膜后。镜下由不同阶段的横纹肌母细胞瘤组成。根据瘤细胞的分化程度、排列结构和大体特点可分为三种类型：胚胎性横纹肌肉瘤、腺泡状横纹肌肉瘤、多型性横纹肌肉瘤。

5) 平滑肌肉瘤：较多见于子宫和胃肠，患者多为中老年人。镜下见瘤细胞有不同程度异型性。核分裂像的多少对判断预后有重要意义。

6) 血管肉瘤：血管起源于血管内皮细胞，可发生于全身各器官和软组织，尤以头面部多见。发生于软组织的多见于皮肤，肿瘤内部易有坏死出血，有扩张的血管时，切面可呈海绵状。镜下，分化较好者，瘤组织内血管形成明显，大小不一，形状不规则，血管腔内皮细胞有不同程度的异型性，可见核分裂像。分化差的血管肉瘤，细胞常呈片团状增生，形成不明显的、不典型的血管腔或仅呈裂隙状，瘤细胞异型性明显，核分裂像多见。

7) 骨肉瘤：起源于骨母细胞，常见于青少年，好发于四肢长骨，尤其是股骨下端和胫骨上端。X线可见特征性的Codman三角和日光放射状影像。

8) 软骨肉瘤：起源于软骨母细胞，好发于盆骨，年龄多在40~70岁。镜下见软骨基质中散布有异型性的软骨细胞出现较多的双核、巨核和多核瘤巨细胞。

(3) 神经外胚叶源性肿瘤

1) 视网膜母细胞瘤：起源于视网膜胚基的恶性肿瘤，常见于3岁以下的婴幼儿，是一种常染色体性遗传病，并有家族史。大多数发生在单侧眼，但也可双眼发生，肉眼观呈黄白色或黄色的结节状肿物，切面有明显的出血和坏死，并可见钙化点。镜下可见肿瘤由小圆细胞构成，常只见核而胞浆不明显，瘤细胞有时围绕一空腔呈放射状排列，形成菊形团。转移一般不常见。

2) 色素痣与黑色素瘤：色素痣为良性错构瘤性畸形的增生性病变，按其在皮肤组织内发生部位的不同，可分为交界痣、皮内痣、混合痣三种。黑色素瘤是一种能产生黑色素的高度恶性肿瘤。大多见于30岁以上成人。可由交界痣恶变而来，也可以一开始就是恶性。镜下可见瘤细胞呈巢状、条索状、或腺泡样排列。

(4) 多种组织构成的恶性肿瘤：肿瘤的实质由两种以上不同类型的组织构成，称为混合瘤。常见的有畸胎瘤、肾胚胎瘤、癌肉瘤。

1) 畸胎瘤：根据组织分化成熟程度不同可分为良性畸胎瘤和恶性畸胎瘤。根据外观可分为囊性和实性。良性畸胎瘤又称为皮样囊肿，多见于卵巢，呈囊状。恶性畸胎瘤多为实性，在睾丸比卵巢多见。容易发生转移，可转移到盆腔及远处器官。畸胎瘤还可见于纵隔、骶尾部、腹膜后、松果体等处。

2) 肾胚胎瘤：又称为肾母细胞瘤或Wilms瘤，由肾内残留的未成熟胚胎组织发展而来，多见于5岁以下的儿童，肿瘤成分多样，除见由瘤细胞呈巢团状排列，类似幼稚的肾小球、肾小管样结构。此外，还可见到黏液组织、横纹肌、软骨等。

3）癌肉瘤：同一种肿瘤中既有癌的成分又有肉瘤的成分。

二、肿瘤的治疗

随着对肿瘤本质认识的不断深入，更由于肿瘤局部治疗方法的停滞不前，恶性肿瘤逐渐地被看成一种全身性疾病。由此而来，肿瘤（以下如没有特殊说明，均指恶性肿瘤）治疗观念便发生了明显的转向，肿瘤综合治疗观应运而生。

纵观恶性肿瘤治疗方法的历史发展与衍变，不难看出，肿瘤外科学、肿瘤放射治疗学、肿瘤化学治疗学构成了现代肿瘤治疗学的三大支柱。三种手段互有特点，互为补充。

从治疗效应看，外科手术和放射治疗都为局部治疗的方法。因此，肿瘤外科学家和放射肿瘤学家对肿瘤概念结构认识极为相似，两者都认为恶性肿瘤发生在局部，侵犯周围组织、经淋巴管、血管或通过自然腔隙转移他处。这样，治疗的重点自然放在局部上，也即是控制局部生长和局部扩散特别是淋巴结的转移上。药物治疗属于全身效应的方法。因此肿瘤化学治疗专家除了重视局部肿瘤外，更多地把着眼点放在恶性肿瘤的扩散和转移上。他们对于肿瘤治疗的观点为细胞指数杀灭的观点，故强调了多疗程、足剂量的用药方法，以期能彻底杀灭绝大部分的肿瘤细胞。

肿瘤治疗历经手术、放疗、化疗及生物治疗，近年，众多学者又提出肿瘤综合治疗的概念。所谓肿瘤综合治疗，是指根据病人的机体状况、肿瘤的病理类型、侵犯范围（病期）和发展趋势，有计划地、合理地应用现有的治疗手段，以期大幅度地提高治愈率。可以说，肿瘤治疗学研究显示出多学科的合作与补充，肿瘤的治疗也已进入综合治疗的时代。在肿瘤综合治疗中的根本思想是系统论中各组分相加的和大于各组分的代数和作为肿瘤综合治疗的组分，手术、化疗、放疗及生物治疗，依照不同病例特点，进行有机组合，以期达到最佳的治疗效果。人们在综合治疗癌瘤时，大多先切除原发病灶，再辅以化疗，这不仅有利于病情分期，同时又可防止那些对化疗不敏感肿瘤手术切除的时机。但对睾丸、肛门、喉咽等部位的肿瘤，人们尝试做过术前化疗，显示出化疗的效果。辅助化疗是指在采取有效的局部治疗后，针对微转移癌灶，为防止复发转移而进行的化疗。

20世纪80年代以来，以美国和日本为首的科学家对舞茸（Maitake，又名灰树花）的研究取得了突破性进展，给癌症患者带来了全新的治疗手段，取得了较为理想的效果。舞茸中含有以 β-（1-6）结合为主链以 β-（1-3）结合为侧链的葡聚糖和以 β-（1-3）结合为主链以 β-（1-6）结合为侧链的活性葡聚糖，实验证明这些活性葡聚糖可通过活化免疫功能而显著抑制肿瘤的生长；同时还发现纯化的活性葡聚糖只有通过注射才能显效，而舞茸 D-fraction（活性葡聚糖和蛋白的结合物）通过口服便可得到理想的效果。舞茸 D-fraction 无论是化学结构和组成成分或是分子量都有别于从香菇、云芝、灵芝等其他菇类中提取的同类物质，其生物活性也是这些同类物质所无法比拟的。

三、肿瘤的康复治疗

(一) 概况

肿瘤康复是协助肿瘤患者，在现有疾病和治疗限度内，获得最佳躯体、社会和职业功能的过程。无论已经治愈或是正在治疗中，或甚至无治愈希望的癌症患者，均在不同程度上需要康复服务。康复专业人员已提出了肿瘤患者康复干预的若干总体原则。另外，由于肿瘤患者可能出现多种潜在问题，因此，康复需要一种学科间小组的工作方式，患者的需求决定所需的小组人数。康复治疗小组应在患者疾病的各个阶段均给予治疗；治疗小组应根据患者病情、环境及可获得的社会支持而制定康复目标；治疗计划应高度个体化，以便解决患者特有的具体问题；康复目标应客观、现实且在一定时间内可以达到，这有助于患者保持努力；患者及其家属或其他重要的相关人员应积极参与康复过程，共同的参与有助于设定康复目标。

1. 肿瘤康复的4个层次

针对疾病过程与范围，Dietz 指出肿瘤康复的4个层次：

（1）预防性　预防措施减轻预期的残疾的影响，强调对患者的教育。预防措施还包括改善患者躯体功能与全身状况的方法。此外，治疗前的心理咨询有助于早期识别患者调整方面的问题，有助于立即进行干预。

（2）恢复性　恢复性干预是使患者恢复至先前的身、心、社交与职业能力水平的措施。乳腺切除和头、颈部肿瘤患者重建术后的 ROM 训练，就是这类干预的典型范例。

（3）支持性　只要是为了指导患者适应残疾，并减少疾病引起的功能影响。包括指导患者使用假肢（截肢后）及其他工具，以及协助自我管理、自理能力与独立行使功能的方法。其他支持性干预包括在患者应付生活方式改变过程中，提供与调整问题有关的情况支持。

（4）姑息性　在姑息治疗阶段，由于残疾和病情严重，干预目标应围绕减轻或消除并发症，并提供抚慰与支持。姑息性康复目标包括：疼痛控制，预防挛缩与压疮，防止不活动所致的不必要的病情加重，患者与家庭的心理支持。

2. 肿瘤患者不同阶段的心理特点

（1）诊断前阶段：患者对真实症状感到害怕和恐惧，对身体变化过于敏感和警觉。

（2）诊断阶段：患者否认癌症的诊断，回避谈论自己的病情，此时的心理表现为焦虑、悲伤、郁闷和受伤害感。

（3）治疗阶段：此时患者接受手术或化疗等治疗，可能出现回避、术后反应性抑郁、化疗引起期待焦虑、恶心、甚至幻觉、妄想等精神症状。

（4）复发阶段：此阶段患者的心理反应类似诊断前阶段，容易对治疗失去信心，而寻找非医学的治疗方法。

（5）终极阶段：此时患者的反应为恐惧、绝望和屈服。

3. 癌症康复期的注意事项

肿瘤患者最首要的任务是树立与疾病做斗争的信心。在肿瘤患者康复治疗中，乐观的心态、科学的治疗、合理的膳食、适当的锻炼都很重要，而乐观的心态应该排在第一位。

癌症康复期应注意以下五点：

（1）要精神饱满、情绪乐观，生活安排得丰富多彩。这样有利于获得与癌症斗争的胜利，如果精神上高度紧张，情感上过于脆弱，情绪易于波动等都会引起食寝不安、身体抗癌能力下降，导致病情恶化。

（2）要生活有规律，既不要卧床大养，也不要过度劳累，更不要随意、任性。规律的生活可使机体处于正常的工作状态，这样，肿瘤的复发、转移也就无机可乘。

（3）要注意调节饮食。癌症病人在康复期要设法增进食欲，饭菜要清口，荤素搭配，粗精搭配，粗精兼食，既不能单调乏味又不可以过于油腻，以易消化吸收为宜。进食时要环境轻松、心情愉快、不偏食、不过多忌食，更不要暴饮暴食。

（4）要积极治疗其他并发症，由于癌症病人一般体质较弱，往往伴有并发疾病，如上呼吸道感染、肺炎、肠炎、糖尿病、心脑血管疾病等，在康复期要进行积极治疗。

（5）要进行适当的体育锻炼。体质增强了也就自然增强了抗癌能力。病人可根据自身体质情况，选择散步、慢跑、打太极拳、习剑等活动项目，运动量以不感到疲劳为度。

4. 肿瘤病人康复期的营养与膳食调理

如今，在对肿瘤患者的治疗中，支持疗法已经变得越来越重要。现代肿瘤学家已将治疗对生活质量和营养状态产生的正性影响视为与生存率同等重要的预后指标。因此，对多数伴有营养不良的肿瘤患者而言，抗肿瘤治疗期间及治疗后的康复期营养干预和治疗已成为不可缺少的综合治疗措施。

如何进行饮食调理，应根据病人的不同情况，进行适宜的饮食调配，增进食欲，改善营养状态，是进行康复，提高生存率与生活质量的重要组成部分。合理的营养，适当增加各种必需营养品，能有效地阻止病人体重减轻，增强机体抗病能力，加快体质恢复，巩固治疗效果均有重要作用，所以说"药补不如食补"，就是说营养饮食调理决不应忽视。膳食总的要求是供给充足的热量与优质蛋白，维持机体氮平衡，富含维生素的食品（即高蛋白、高热量、高维生素），以清淡可口，富营养易消化为原则。

（1）经化疗或放疗后的肿瘤病人，可出现厌食、恶心、呕吐等，故饮食要增加调料，做成适合自己口味的食品。进易消化的食物，不宜食用粗糙及硬韧或油炸食物，要细嚼慢咽，少量多餐。交替调配，可适量食用牛肉、羊肉、猪肉及禽、鱼、蛋、牛奶等食品。

（2）头颈部肿瘤手术或放射治疗后，在饮食调配上，以滋润清淡、甘寒生津的食物为宜。进餐时会出现吞咽困难或呛咳，应进流质或半流质饮食：如肉汤粥、龙须面、薄馄饨皮、蒸水蛋、豆腐、芝麻玉米粉糊、水果泥等。宜少量多餐，以易吞咽、易消化为原则，能使吞咽顺利或逐渐克服呛咳。

（3）针对某些病人在化学药物治疗或放射治疗期间出现的反应症状，除软食、半流质或全流质饮食外，必要时需要静脉输注高营养的化学配膳或服用营养素齐全的能全素等。手术切除的肿瘤病人，如胃癌、食管癌、咽喉癌手术后，常发生消化或吸收困难，引起营养缺乏。此时，要针对性采取不同的膳食，补充所缺的营养。胃切除术后，宜采用少量多餐的低渗食品，以防止进食后腹痛、心悸、拒食等症状发生。不宜进生冷和刺激性及不易消化的食物，如生拌冷菜及酸辣食品。忌烟、烈性酒。

（4）营养专家指出：低葡萄糖（甜食）、钠（食盐）、脂肪和富含钾（香蕉、水果、蔬菜和豆类以及所有的谷类食物都富含钾）、维生素、纤维素、无机物的食物对辅助肿瘤病人的治疗和康复都非常有利，这些食物容易消化，并可减少化疗的副反应。

（5）根据实际情况有条件者适当服用人参来辅助放疗或化疗后气血两虚。人参、黄芪、枸杞等都能改善机体免疫功能，增强体质，有益于身体康复。对于年老的患者，原本身体虚弱，营养不够，不需忌口，以顺其自然为宜。

提倡肿瘤患者比常人在饮食中更多地摄入一些高质量的蛋白质，增加维生素和纤维素也是必要的。饮绿茶是个好习惯，多进食木耳、蘑菇、西洋参、西红柿、胡萝卜、芦笋、绿叶蔬菜等，这些都是肿瘤患者"食疗"的重要内容。

5. 作业治疗与肿瘤康复

作业治疗师在肿瘤康复中起着重要的作用。一般而言，作业治疗师的工作包括：评估肿瘤患者进行自理活动（如穿衣、洗澡、准备食物和做家务等）的能力；协助患者提高ADL活动能力，包括使用代偿性技术或辅助器具。此外，作业治疗师还要对患者的家庭居住环境进行评定，以便必要时给予适当改造；根据需要可以对患者提供学习驾车指导，采取措施改善其上肢ROM、肌力、耐力和协调性。

有关癌症患者康复治疗的疗效报道较少。Dietz曾经报道过一项协作性康复项目的结果，显示：57%的患者虽然遗留有躯体残疾，但获得中度到显著性功能改善；另有11%的患者完全独立，没有遗留任何残疾。

（二）功能障碍的特点和康复需求

1. 功能障碍特点

肿瘤对患者的影响，表现在以下几个方面：

（1）直接效应（direct effect）：系由于肿瘤的占位效应所致。例如：颅内肿瘤可直接压迫脑组织，肿瘤病灶周围的水肿及合并出血，可进一步加重对脑组织的压迫，由此导致单侧身体运动和感觉障碍、失语和吞咽障碍等。脊柱髓管内肿瘤可致脊髓损伤而引起相应的功能损伤，如截瘫、四肢瘫。骨瘤可致疼痛和病理性骨折等。

（2）远隔效应（remote effect）：除直接破坏作用外，肿瘤还可影响到身体其他部位。例如：小脑退行性病变是某些肿瘤（如小细胞肺癌、妇科肿瘤和何杰金病）患者常见的表现之一，由此导致的共济失调性步态，可进展至严重的肢体及躯干运动的不协调，有些甚至需要轮椅代步。癌症性多发神经病常常为混合性运动感觉轴突退变，最常见于肺癌。多发性肌炎和皮肌炎可见于乳腺、卵巢、肺部、胃部和前列腺等部位的癌症。恶性淋巴瘤可致运动性神经病变，而引起下肢疼痛性肌无力。

（3）肿瘤治疗的不良效应：各种肿瘤治疗措施的副作用，也常给患者带来诸多不良影响，包括化疗所致的黏膜炎、神经毒性作用、心肺毒性作用等，放疗所致的神经损害、关节挛缩等，手术治疗所致的器官组织切除等。

根据世界卫生组织最新出版的国际功能、残疾与健康分类，不同癌症患者的问题和引起的功能影响汇总如下（见表17-1-1）：

表 17-1-1 不同部位肿瘤对患者的影响分类

肿瘤部位	损伤	问题	参与问题
大脑	运动	运动	社会活动障碍；适应性降低。
	感觉	安全性；疼痛	安全：需监护或帮助；疼痛：不能耐受导致疼痛严重增加的活动；止痛药：导致感觉模糊、不能驾驶或操作重型机械
	认知	计划；先后秩序；记忆；内省力；安全性	缺乏计划性与随机应变能力；社交举止或行为不当；丧失职业角色：工作、家庭、参与闲暇与运动活动的能力
	神经行为学损伤视觉受损：偏盲、忽视、低视力、皮质盲、空间觉丧失、运动计划能力受损	妨碍ADL/自我照料和使用器具的活动	不能独立地参与日常活动
	交流	言语、阅读、书写	社会化与分享主义的丧失或重大改变；参与受限的严重性，取决于个人兴趣与角色
骨骼	丧失运动；疼痛；运动受损；受累部位再受损	ADL（基本和器具性）	穿衣沐浴和如厕能力降低；需要改造环境或有照料者在场；四周活动（离开家庭在社区内活动）的能力降低；对就业的可能影响；参与受限的严重程度取决于个人兴趣与角色
乳房	运动丧失；疼痛；活动受限；受累部位再受伤的危险	ADL；肩部运动受限	做家务、工作、闲暇能力暂时或长久中断；由于淋巴回流受阻而致的受伤危险；对性活动的影响
肺	肩部运动受损；呼吸受损；疲劳	ADL；肩部运动受限；呼吸耐力下降	与呼吸耐力相关的运动问题和活动距离问题；做家务、工作、闲暇能力暂时或长久中断；因呼吸受累致受伤危险；需要吸氧或雾化吸入装置
大肠	身体清洗；方式变化；潜在的化疗致神经病变；疲劳	ADL；疲劳；社交不利（不良气味、粪袋破裂）；化疗相关的精细运动受损	在社区关系中处于社交性不利状态
前列腺	尿失禁、性活动不能	ADL活动	丧失作为性伴侣的自我感觉与失禁有关的劣势
头、颈部	不能吞咽或进食；嗓音丧失，颈肩ROM下降、肩胛稳定性丧失	ADL（进食、吞咽）；呼吸：口腔分泌的管理；双手过顶的活动；亲密行为问题	需改变习惯（如吸烟）

2. 癌症患者的康复需求

Lehman 等人筛查了 805 名肿瘤患者，包括白血病、头颈部肿瘤、乳腺癌、神经系统肿瘤等，发现 50% 以上有与物理医学相关的问题，且相当一部分有与其他康复患者相似的问题。在这些患者中，相当一部分有心理问题，此与躯体问题密切相关，50% 以上有躯体问题者和 29% 无躯体问题者有心理问题。神经系统肿瘤患者比其他肿瘤患者的心理问题比例较高。所以，这些患者能从康复中受益，因为他们的问题与其他康复患者相似。

Ganz 调查了 500 名直肠、肺和前列腺肿瘤患者，平均病程超过 3 年，80% 以上报告有行走问题，且 50% 以上的问题比较严重。此外，还主述有 ADL 困难、躯体功能障碍，40% 以上处于病情稳定状态，但是存在多种形式的心理社会问题等。

Van Harten 根据他们对非转移性乳腺和大肠肿瘤患者的调查，提出了社区肿瘤康复的几个要素，包括：

（1）健身与运动性活动。
（2）放松训练。
（3）患者教育，特别是与疾病有关的事项。
（4）指导和咨询患者及亲属，如何发展和采用应对策略，特别是如何进行危机和恐惧处理。
（5）社会与文化治疗，帮助形成新的、现实的生活目标。
（6）饮食指导。

这些要素实际上正是患者所最需要得到帮助的内容。

改善肿瘤患者的生活质量，也是亟待解决的问题。有人提出 QOL 干预应从以下方面的问题着手：①躯体问题。②功能能力。③家庭幸福。④情感与精神。⑤对治疗的满意度。⑥性与亲密。⑦社交能力。⑧职业功能。

（三）作业治疗

作业疗法一直被描述为功能性的治疗手段，特别是在上肢使用和 ADL、职业（职业前评估治疗或工作调整）和支持（心理学的和娱乐的）方面。

1. 治疗目的

（1）作业疗法的目的是通过康复治疗使肿瘤患者达到 4 个目标：

1) 达到躯体功能的最佳化（包括：协助改善受累关节的 ROM，协助增强肌力，增强运动的协调性、运动技能和工作耐力等）。
2) 获得足够的心理社会支持。
3) 获得职业咨询。
4) 达到社会功能的最佳化。

（2）着眼于职业的作业治疗的目的是：

1) 对从无职业或者职业目标者进行职业前评估。
2) 对于因残疾而可能需要考虑变换职业者，利用现有身体能力做职业探索。
3) 对需要或丧失工作技能、习惯及耐力者进行工作调整。
4) 对考虑将来的学术生涯的患者，强化其交流技能。

（3）ADL 项目的训练目的：患者能从事该类活动的程度将决定其自理能力。所需的三种功能能力是：自理、活动能力和交流能力。训练的目的是使患者最大限度自行 ADL，包括：

1）床上运动。
2）轮椅活动。
3）自我照料活动。
4）各种手工活动。
5）行走和上举活动。
6）旅行。
7）厨房和家务活动等。

（4）ADL 具体的训练内容

1）ADL 独立，包括做家务技能，和姑息治疗患者所需的适应性活动。
2）上肢 ROM 和功能训练。
3）单手活动以增进独立性、书写能力和灵巧性。
4）肌力训练，协调性、易化技术，特别是前臂和手。
5）制作静力性和动力性夹板、悬吊带、肘和后跟保护垫、座/床垫和一些假体。
6）若装配上肢假体，则需要进行假体装配前的上肢训练。
7）工艺、游戏和文娱活动。
8）功能、耐力和工作习惯的职业前评估与训练。

2. 常见问题的作业治疗方法

（1）预防：作业疗法可在多个层面对肿瘤患者进行干预。其中，可能最重要，也最常被忽略的，就是治疗师在预防层面上的干预。例如：影响一个人的行为选择和改变对健康产生负面影响的行为与习惯的能力，可能就是一个很好的切入点。治疗师可向其接触的所有人传递正面康复信息。青少年在听到吸烟预防方面的正面信息后，可能就不会去学习吸烟。治疗师还可帮助吸烟者戒烟。其他预防措施可着眼于自检和定期进行肿瘤检查。因为治疗师关注的焦点是帮助人们达到平衡的生活方式，也就是自我照料、工作、娱乐、休息保持平衡。因此，治疗师自然就成为肿瘤预防团队中的一员。

（2）确诊后的早期治疗：肿瘤初期治疗可包括手术、化疗、放疗或免疫治疗，它们均存在副作用。在手术治疗前，治疗师即可参与教育与训练，使患者了解术后会出现的问题。一般认为，术前训练可以改善患者的功能结局，有利于术后康复。

作业治疗师在手术、化疗、放疗后的恢复治疗过程中也有重要作用。该层次的干预可在医院、家庭或社区卫生机构中实施。肿瘤患者因功能上的改变可能有 ADL 活动困难，如自理、工作、娱乐活动或其他方面的困难，作业疗法的介入均可使之受益。治疗师的干预还有助于预防长期的残疾和正常功能的恢复。可通过康复方法或姑息疗法对患者的功能给予支持。

（3）术后治疗：术后的早期阶段，治疗师即可鼓励和帮助患者安全地进行日常的或有目标指向的活动。患者可能害怕运动，因而，需要指导其安全运动的方式和运动幅度，并告诉患者在伤口愈合前应该避免的运动。患者在做身体运动时可能牵扯到伤口，这可使患者产生恐惧感，治疗师应与外科医生配合就此问题进行指导。

有些患者可能因肿瘤而截肢，这可使患者身体外观发生改变，对这类患者的治疗与外伤性截肢所不同的是，除了传统的伤口护理和佩戴假肢训练外，还需要进一步的医学处理。对这类患者，治疗师应训练他们正确使用假肢进行功能代偿。

（4）化疗：使用化疗药物杀死癌细胞的同时会产生一些副作用。常见的副作用有脱发、周围神经病、血小板减少和凝血时间延长、疲劳（与肝功能受损有关）、RBC 组份改变（贫血）和影响功能的焦虑与恐惧。

化疗所致的神经病变常可导致暂时性的垂腕、垂足，也可致灼痛、麻刺痛。可严重影响功能，因患者可能由此而不愿抓持物品或因疼痛而不愿站立。化疗也可因免疫抑制而致感染，脑病毒感染可致盲和肝炎。

在进行化疗的急性阶段，住院患者可因长期卧床或停止自我照料，而需作业治疗。另外，疲劳也可限制其参与活动的程度，因为一些患者不能或懒于参加日常活动。

周围神经病变可导致手和足的无力和感觉变化。此时患者常不能抓住物体随意使用，感觉异常（麻利、麻木或烧灼感）以及抓握与精细运动丧失，可妨碍患者的日常活动能力。因患者在使用日常用具（如梳子或牙刷）时，可能会掉落地上或出现疼痛。

血小板减少的患者，可能易于出血，而不得不暂时放弃做一些正常的日常活动，直至血小板计数得到改善。

在以上情况下，作业治疗师应针对每个患者的需求，分别给予不同的帮助。

（5）放疗：放疗也是肿瘤急性期干预方法的一种。某些情况下治疗师可与放疗人员协调工作，如用热塑板材制作体位摆放器具（夹板）、帮助患者在放疗过程中保持体位不变。

放疗可能的副作用之一是灼伤，从作业治疗的角度而言，应避免烧伤区域的运动或牵扯。必要时可能需协助做 ROM 运动，以预防肩周炎等并发症的发生。

（6）康复阶段：治疗师急性期治疗的目的通常是使患者能达到出院或转至住院康复机构、亚急性中心、长期护理中心或临床关怀机构。在急性期治疗过后，患者应能从事强度较大的康复治疗活动。肿瘤患者康复的目标是以健康模式恢复和支持其功能，即学习带残生活。

总之，几乎所有的肿瘤患者均可从作业治疗中受益。作业治疗师可在医院住院部、门诊、患者家中、社区以及患者工作场所，对肿瘤患者进行干预工作。作业治疗师对肿瘤患者进行治疗的根本所在，超越肿瘤所致残疾的损伤水平而对患者进行治疗，帮助其克服作业能力的活动与参与层面上的障碍。可以预见，随着越来越多的创造性的和有效的作业治疗措施的不断开发，作业治疗师将会在肿瘤患者的功能康复和生活质量的全面改善中，发挥越来越大的作用。

第二节　骨质疏松症的康复

一、概述

骨质疏松症是一类伴随增龄衰老或医学原因引起的，以骨量丢失、骨组织显微结构破坏、骨脆性增加、骨强度下降、骨折危险频度增大，以骨痛、骨密度降低、易于发生骨折为主要临床特征的代谢性、全身性骨骼疾病。骨折是骨质疏松症最严重的后果。

骨质疏松症（osteoporosis）是一种系统性骨病，其特征是骨量下降和骨骼的微细结构破坏，表现为骨的脆性增加，因而骨折的危险性大为增加，即使是轻微的创伤或无外伤的情况下也容易发生骨折。骨质疏松症是一种多因素所致的慢性疾病。在骨折发生之前，通常无特殊临床表现。该病女性多于男性，常见于绝经后妇女和老年人。随着我国老年人口的增加，骨质疏松症发病率处于上升趋势，在我国乃至全球都是一个值得关注的健康问题。

骨质疏松是 Pornmer 在 1885 年提出来的，但人们对骨质疏松的认识是随着历史的发展和技术的进步逐渐深化的。早年一般认为全身骨质减少即为骨质疏松，美国则认为老年骨折为骨质疏松。直到 1990 年在丹麦举行的第三届国际骨质疏松研讨会，以及 1993 年在香港举行的第四届国际骨质疏松研讨会上，骨质疏松才有一个明确的定义，并得到世界的公认。

世界卫生组织（WHO）关于骨质疏松症的定义是：原发性骨质疏松是以骨量减少、骨的微观结构退化为特征的，致使骨的脆性增加以及易于发生骨折的一种全身性骨骼疾病。每年的 10 月 20 日为"国际骨质疏松日"。该定义中：①骨量减少：骨矿物质和基质等比例的减少；②骨微结构退变：由骨组织吸收和形成失衡等原因所致，表现为骨小梁结构破坏、变细和断裂；③骨的脆性增高、骨力学强度下降、骨折危险性增加，对载荷承受力降低而易于发生微细骨折或完全骨折。可悄然发生腰椎压迫性骨折，或在不大的外力下发生桡骨远端、股骨近端和肱骨上端骨折等。

二、发病原因

骨质疏松症的具体病因尚未完全明确，一般认为与以下因素有关：

1. 内分泌因素　女性病人由于雌激素缺乏造成骨质疏松，男性则为性功能减退所致睾酮水平下降引起的。骨质疏松症在绝经后妇女特别多见，卵巢早衰则使骨质疏松提前出现，提示雌激素减少是发生骨质疏松重要因素。绝经后 5 年内会有一个突然显著的骨量丢失加速阶段，每年骨量丢失 2%～5% 是常见的，约 20%～30% 的绝经早期妇女骨量丢失 >3%/年，称为快速骨量丢失者，而 70%～80% 妇女骨量丢失 <3%/年，称为正常骨量丢失者。瘦型妇女较胖型妇女容易出现骨质疏松症并易骨折，这是后者脂肪组织中雄激素转换为雌激素的结果。与年龄相仿的正常妇女相比，骨质疏松症患者血雌激素水平未见有明显差异，说明雌激素减少并非是引起骨质疏松的唯一因素。

一般来说，老年人存在肾功能生理性减退，表现为 $1,25-(OH)_2D_3$ 生成减少，血钙降低，进而刺激甲状旁腺激素分泌，故多数学者报道血中甲状旁腺激素浓度常随年龄增加而增加，增加幅度可达 30% 甚至更高。对绝经后骨质疏松妇女的甲状旁腺功能研究结果显示，功能低下、正常和亢进皆有。一般认为老年人的骨质疏松和甲状旁腺功能亢进有关。

有研究显示，各年龄组女性的血降钙素水平较男性低，绝经妇女的血降钙素水平比绝经期妇女低，因此认为血降钙素水平的降低可能是女性易患骨质疏松的原因之一。静脉滴注钙剂后女性血降钙素的增高值明显低于男性，血降钙素的基础值与增高值均与年龄呈负相关。北京协和医院内分泌科报告，对绝经前和绝经后的健康志愿者进行静脉滴注降钙素兴奋试验，未见降钙素储备功能有显著差别。而骨量减少和骨质疏松症患者的降钙素储备功能则都降低，后者更为明显，这提示降钙素储备功能的降低可能参与了骨质疏松症的发生。对绝经后骨质疏松妇女的血降钙素水平报道多数是降低，但也有正常和轻度升高的报道。

成骨细胞功能、肾的 $1-\alpha-$ 羟化酶活性随老龄化而受损，与此有关的 $1,25-(OH_2)D_3$ 浓度降低，亦参与骨质疏松的形成。其他内分泌失调性疾病，例如库欣综合征（Cushing 综合征）产生过多的内源性皮质激素或慢性甲状腺毒症，导致骨的吸收或排泄增加，这些都与骨质疏松症形成有关。

2. 遗传因素　骨质疏松症以白人尤其是北欧人种多见，其次为亚洲人，而黑人少见。骨密度为诊断骨质疏松症的重要指标，骨密度值主要决定于遗传因素，其次受环境因素的影响。有报道青年双卵孪生子之间的骨密度差异是单卵孪生子之间差异的 4 倍，而在成年双卵孪生子之间骨密度差异是单卵孪生子的 19 倍。近期研究指出，骨密度与维生素 D 受体基因型的多态性密切相关。1994 年 Morrison 等报道维生素 D 受体基因型可以预测骨密度的不同，可占整个遗传影响的 75%，经过对各种环境因素调整后，bb 基因型者的骨密度可较 BB 基因型高出 15% 左右；在椎体骨折的发生率方面，bb 基因型者可比 BB 型晚 10 年左右，而在髋部骨折的发生率上，bb 基因行者仅为 BB 型的 1/4。此项研究结果初步显示在各人种和各国家间存在很大的差异，最终结果仍有待进一步深入研究。其他如胶原基因和雌激素受体基因等与骨质疏松的关系的研究也有报道，但目前尚无肯定结论。

3. 营养因素　已经发现青少年时钙的摄入与成年时的骨量直接相关。钙的缺乏导致 PTH 分泌和骨吸收增加，低钙饮食者易发生骨质疏松。维生素 D 的缺乏导致骨基质的矿化受损，可出现骨质软化症。长期蛋白质缺乏导致新骨生成落后，如同时有钙缺乏，骨质疏松则加快出现。维生素 C 是骨基质羟脯氨酸合成中不可缺少的，能保持骨基质的正常生长和维持骨细胞产生足量的碱性磷酸酶，如缺乏维生素 C 则可使骨基质合成减少。

4. 废用因素　肌肉对骨组织产生机械力的影响，肌肉发达骨骼强壮，则骨密度值高。由于老年人活动减少，使肌肉强度减弱、机械刺激少、骨量减少，同时肌肉强度的减弱和协调障碍使老年人较易摔跤，伴有骨量减少时则易发生骨折。老年人患有脑卒中等疾病后长期卧床不活动，因废用因素导致骨量丢失，容易出现骨质疏松。

5. 药物及疾病　抗惊厥药，如苯妥英钠、苯巴比妥以及卡马西平，引起治疗相关的维生素 D 缺乏，以及肠道钙的吸收障碍，并且继发甲状旁腺功能亢进。过度使用包括铝制剂在内的制酸剂，能抑制磷酸盐的吸收以及导致骨矿物质的分解。糖皮质激素能直接抑制骨形成，降低肠道对钙的吸收，增加肾脏对钙的排泄，继发甲状旁腺功能障碍，以及性激素的产生。长期使用肝素会出现骨质疏松，具体机制未明。化疗药，如环孢素 A，已证明能增加啮齿类动物的骨更新。

肿瘤，尤其是多发性骨髓瘤的肿瘤细胞产生的细胞因子能激活破骨细胞，以及儿童或青少年的白血病和淋巴瘤，后者的骨质疏松常是局限性的。胃肠道疾病，例如炎性肠病导致吸收不良和进食障碍；神经性厌食症导致快速的体重下降以及营养不良，并与无月经有关。珠蛋白生成障碍性贫血，源于骨髓过度增生以及骨小梁连接处变薄，这类患者中还会出现继发性性腺功能减退症。

6. 其他因素　酗酒对骨骼有直接毒性作用。吸烟能增加肝脏对雌激素的代谢以及对骨的直接作用，另外还能造成体重下降并致提前绝经。长期的大强度运动可导致特发性骨质疏松症。

三、分类

骨质疏松症可分为三大类：

第一类为原发性骨质疏松症，它是随着年龄的增长必然发生的一种生理性退行性病变。该型又分2型：Ⅰ型为绝经后骨质疏松，见于绝经不久的妇女；Ⅱ型为老年性骨质疏松，多在65岁后发生。

第二类为继发性骨质疏松症，它是由其他疾病（如肾衰竭，过量甲状腺激素或白血病），或药物（如类固醇）等一些因素所诱发的骨质疏松症。

第三类为特发性骨质疏松症，多见于8~14岁的青少年或成人，多半有遗传家庭史，女性多于男性。妇女妊娠及哺乳期所发生的骨质疏松也可列入特发性骨质疏松。

四、发病机制

骨质疏松症是在遗传因素和环境因素的共同作用下，影响高峰骨量以及骨量丢失并最终发展至骨质疏松。这些因素包括药物、饮食、种族、性别以及生活方式。骨质疏松症可以是原发性的也可以是继发性的。原发的骨质疏松症可以分为Ⅰ型和Ⅱ型，本节仅对原发性骨质疏松症进行介绍。

1. Ⅰ型，或称为绝经后骨质疏松症

一般认为其主要原因是性腺（雌激素和睾酮）功能的缺陷，发生在任何年龄段的雌激素和睾酮缺乏都将加速骨量丢失。骨量丢失的确切机制尚不完全明确，原因是多方面的，其中最主要的原因是破骨细胞前期细胞的募集和敏感性增加，以及骨吸收的速度超过骨形成。在绝经后的妇女，第一个5~7年中骨的丢失以每年1%~5%的速度递增，结果是导致骨小梁的减少，容易出现科勒斯骨折（Colles' fracture）和椎体骨折。

雌激素缺乏使骨骼对甲状旁腺激素（PTH）的作用敏感性增加，导致钙从骨中丢失增加、肾脏排泄钙降低、$1,25-(OH)_2D_3$生成增加。$1,25-(OH)_2D_3$的增加促进肠道和肾脏对钙的吸收，并通过增加破骨细胞的活性和数量促进骨吸收。PTH的分泌通过负反馈机制而下降，引起同上述相反的作用。破骨细胞也受细胞因子的影响，如$TNF-\alpha$、$IL-1$以及$IL-6$，上述细胞因子由单核细胞产生，在性激素缺乏时产生增加。

2. Ⅱ型，或称老年性骨质疏松症

见于高龄男性和女性，源于骨形成下降和老年人肾脏形成$1,25-(OH)_2D_3$降低。上述生理变化的结果是引起骨皮质以及骨小梁的丢失，增加了髋骨、长骨以及椎骨的骨折发生危险性。

3. Ⅲ型骨质疏松症

Ⅲ型骨质疏松症由于药物尤其是糖皮质激素，或是其他各种能增加骨量丢失的病变引起。

在 Ⅰ 型和 Ⅱ 型骨质疏松症中,以妇女为多见,男女比例分别为 6:2（Ⅰ 型）和 2:1（Ⅱ 型），Ⅲ 型骨质疏松症中,男女发病比例几乎无差异。Ⅰ 型骨质疏松症的发病高峰年龄为 50~70 岁,Ⅱ 型骨质疏松症的高发年龄为 70 岁以上,Ⅲ 型骨质疏松症发病与年龄关系不大,可见于任何年龄。

五、临床表现

1. 疼痛

疼痛是原发性骨质疏松症最常见的症状,以腰背痛多见,占疼痛患者中的 70%~80%。疼痛沿脊柱向两侧扩散,仰卧或坐位时疼痛减轻,直立时后伸或久立、久坐时疼痛加剧,日间疼痛轻,夜间和清晨醒来时加重,弯腰、肌肉运动、咳嗽、大便用力时加重。一般骨量丢失 12% 以上时即可出现骨痛。老年骨质疏松症时,椎体骨小梁萎缩,数量减少,椎体压缩变形,脊柱前屈,腰背部肌肉为了纠正脊柱前屈,加倍收缩,肌肉疲劳甚至痉挛,产生疼痛。新近胸腰椎压缩性骨折,亦可产生急性疼痛,相应部位的脊柱棘突可有强烈压痛及叩击痛,一般 2~3 周后可逐渐减轻,部分患者可呈慢性腰痛。若压迫相应的脊神经可产生四肢放射痛、双下肢感觉运动障碍、肋间神经痛、胸骨后疼痛（类似心绞痛）,也可出现上腹痛（类似急腹症）。若压迫脊髓、马尾还会影响膀胱、直肠功能。

2. 身长缩短、驼背

多在出现疼痛后发生。脊椎椎体前部几乎多为松质骨组成,而且此部位是身体的支柱,负重量大,尤其第 11、12 胸椎及第 3 腰椎,负荷量更大,容易压缩变形,使脊椎前倾,背曲加剧,形成驼背,随着年龄增长,骨质疏松加重,驼背曲度加大,致使膝关节拘缩显著。每人有 24 节椎体,正常人每一椎体高度 2cm 左右,老年人骨质疏松时椎体压缩,每椎体缩短 2mm 左右,身长平均缩短 3cm~6cm。

3. 骨折

这是退行性骨质疏松症最常见和最严重的并发症,它不仅增加病人的痛苦,加重经济负担,而且严重限制患者活动,甚至缩短寿命。据我国统计,老年人骨折发生率为 6.3%~24.4%,尤以高龄（80 岁以上）女性老人为甚。骨质疏松症所致骨折在老年前期以桡骨远端骨折（Colles 骨折）多见,老年期以后腰椎和股骨上端骨折多见。一般骨量丢失 20% 以上时即发生骨折。BMD 每减少 1.0DS,脊椎骨折发生率增加 1.5~2 倍。脊椎压缩性骨折约有 20%~50% 的病人无明显症状。

4. 呼吸功能下降

胸、腰椎压缩性骨折发生后,脊椎后弯,胸廓畸形,可造成肺活量和最大换气量显著减少,肺上叶前区小叶型肺气肿发生率可高达 40%。老年人多数有不同程度肺气肿,肺功能随着增龄而下降,若再加骨质疏松症所致胸廓畸形,患者往往可出现胸闷、气短、呼吸困难等症状。

一旦骨质疏松症症状产生,造成体型改变,对爱美的人是一种打击,加上疼痛、行动不便、骨折手术的医疗费支付等,对个人、家庭及社会都是极大的负担。目前医学界还未有安全而有效的方法,帮助已疏松的骨骼恢复原状,因此,预防保健很重要,从年轻时就应该开始"护骨"。

六、临床治疗

治疗骨质疏松症的药物有下列五种:

1. 荷尔蒙补充疗法　雌激素加上黄体素,可以预防与治疗骨质疏松症。如果没有子宫,则不需要黄体素。
2. 阿伦膦酸盐(alendronate)商品名 Fosamax　抑制破骨细胞的作用,同时具有预防与治疗骨质疏松症的效果。
3. 降钙素(calcitonin)　借着皮下、肌肉注射或鼻孔吸收,对于停经五年以上的骨质疏松症妇女有效。副作用包括食欲减退、脸潮红、起疹子、恶心与头昏。

只要停止药物治疗,骨质流失速度就会加快,因此必须长期治疗。
4. 钙剂和维生素D　联合用药效果较好。
5. 骨肽制剂,是目前临床新出现的用来治疗风湿类风湿的药品,对骨质疏松有特效。

绝经后骨质疏松症是绝经后妇女的高发病症,国外有统计资料表明,在60岁以上妇女发生的危险率为58%。它与卵巢合成的激素水平降低有关,由此造成骨痛、骨折,严重地影响了妇女的生活质量,增加了妇女的残疾率和死亡率。由于其发病机理尚未完全阐明,因而药物的治疗都有一定的局限性,且长期服用西药容易给患者带来许多副作用。

一项中老年人保健针灸的科研成果发现,艾灸可以提高健康老年人血清中雌激素的含量。受此启发,研究人员根据祖国传统医学理论,并结合现代医学对绝经后骨质疏松症研究成果,认为绝经后骨质疏松症的根本原因是"肾虚",再加上后天失调等原因而发生骨质疏松,治疗以补肾为主,结合健脾法。采用双能 X 线骨密度测量仪(DEXA)和有关生化检测指标观察临床效果,并设药物对照组进行疗效对比。经治疗,病人骨痛等症首先得到了缓解或消失,生化指标明显改善,6个月后骨密度检测有不同程度的提高,第 2 至第 4 腰椎及股骨上端骨密度明显增加。

七、康复评定

应该从以下几方面进行判断和评定。

1. 自身内在的危险因素　由于老年人的整体功能衰老,往往伴有意识或认知功能的障碍,应对能力差,视力下降,体重超重,吸烟、酗酒等不良嗜好,类风湿性关节炎等慢性疾病。
2. 步态分析　包括步行节律、稳定性、流畅性、对称性、重心偏移、手臂摆动,矫形器、助行器的作用等。
3. 周围环境的安全因素　例如,公共场所及居家环境的人行道、过道、楼梯、厕所、厨房等,是否具备无障碍措施及预防其他意外事故发生的安全措施。

八、作业治疗

(一)居家环境的改造和辅助器具的使用

跌跤是老年人骨折的最主要诱因。绝大多数老年人跌跤可归咎于所处环境,例如,不适合的台阶、门槛、瓜果皮、结冰路面、居室光线昏暗及交通事故。通过居家环境的改造，可以有效降低老年人跌跤的可能性，使其较顺利地完成各种居家日常生活。例如，在过道、楼梯和浴室墙上安装扶手，在浴室使用浴椅、防滑垫等。这样能够有效地提高老年人老人在家庭内活动的稳定性安全性。外出时穿防滑软底鞋和使用手杖，可减少在不平整路面或光滑路面的跌跤机会。另外，教会老年人使用一些日常生活活动的辅助用具，如长柄取物器、穿鞋器等，这些用具能够减轻活动的负担和难度。

（二）适度的运动和劳动

劳动与运动是预防衰老、延年益寿的有效方法之一。虽然老年人的机体结构与功能随年龄的增长发生一系列的生理性的退行性变化，但仍存在提高和改善的可能性。科学的适度运动和劳动，可减低静止和运动时的心率，增加心脏的效率，增加体内"有益胆固醇（高密度胆固醇）"，使心理上有健康的形象及增强自信心，松弛心理紧张的情绪，以及控制体重，使老年人的机体功能得到改善和增强，可减慢、减轻老年退行性病变的进程。

老年人运动的注意事项：

（1）穿着舒适的衣服和运动鞋。

（2）不能在饥饿或过饱的情况下运动，进餐一小时后方可运动。

（3）不能在太热或太冷的环境中，以及情绪过怒或忧虑时运动。

（4）不能在身体疲劳的情况下，或患有急性病的时候运动。例如：感冒、肺炎、急性肠炎等。

（5）最好在空气流通的地方运动。

（6）运动时保持畅顺均匀的呼吸。

（7）运动前应做数分钟热身运动，运动后应做数分钟放松运动。

（8）运动以活动大肌肉和关节为原则，如步行、缓慢跑、游泳、骑自行车等。避免过度剧烈或有竞争性的活动。

（9）运动强度和时间应该每个人根据自己的体质情况，循序渐进地安排运动量。每次运动以感觉轻度疲劳为宜，或者在医生指导下进行锻炼。

（10）如在运动中出现身体不适，如胸闷、气促、恶心、眩晕等情况，应立即停止运动及时坐下休息，必要时请医生会诊。

（三）平衡膳食，合理营养

中国营养学会建议中国居民的膳食原则是（1997年4月）：

1. 食物多样，谷物为主。
2. 多吃蔬菜，水谷和薯类。
3. 常吃奶类，豆类或其制品。
4. 经常吃适量鱼、禽、蛋、瘦肉，少吃肥肉和荤油。
5. 食量与体力活动要平衡，保持适宜体重。
6. 吃清淡少盐的膳食。
7. 如饮酒应限量。
8. 吃清洁卫生、未变质的食物。

由于老年人胃肠功能减退，应强调选择易消化的食物，以利于吸收利用。但食物不宜过精，应强调粗细搭配，谷物加工过精会使膳食纤维丢失，并将谷粒胚乳中含有的维生素和矿物质丢失。老年人必须从膳食中获得足够的各种营养素，尤其是钙等微量元素，老年人和绝经前的妇女每天钙需要量大约为 1000mg。每杯牛奶（210ml）中含钙为 252mg。有些人误以为猪骨或牛羊骨汤中有丰富的钙质，但由于猪牛羊骨的钙质不易溶解，其实骨汤内的钙质只是很微量的。

（四）矫形器的应用

脊柱骨质疏松者常可出现胸椎的多发性骨折，并进而引起胸椎进行性后凸和疼痛，同时可伴有步态异常和平衡障碍。这时可为患者配制和使用胸围、腰围之类的矫形器，以改善患者姿势，缓解症状。

（五）疼痛的处理

骨质疏松症患者常因椎体压缩性骨折和姿势异常等而导致疼痛，可相应给予治疗。例如：

1. 矫形器可在椎体压缩性骨折和姿势异常所致疼痛的治疗中起到重要作用；
2. 指导患者穿着低跟且鞋底柔软的鞋具，以减少从脚跟传递到脊柱的振动力；
3. 使用手杖等助行器有助于减轻背痛；
4. 必要时可使用镇痛药物和抗抑郁药物帮助缓解疼痛，物理治疗（如湿热袋、TENS、超声、短波等）也可起到良好的止痛作用。

（六）心理社会问题的对应处理

骨质疏松对患者心理健康及生活质量均可产生不良影响。患者常可出现抑郁、焦虑，特别是在需要根据病情对生活方式进行较大调整时较为明显。由于相关残疾可限制患者参与工作和娱乐活动，经常会产生与朋友和家人隔离的感觉，对于跌倒的恐惧感也常使患者自行减少活动，进一步导致对他人的依赖和焦虑。

骨质疏松所致的脊柱畸形，可使患者产生躯体形象方面的担忧，使用支具和矫形器可被患者认为是无能的表现，加重对患者自我形象的负面影响。对此，应予以关注和处理。例如，通过做一些相关的心理咨询、向患者及其家人提供适当的支持、鼓励患者积极参加社会活动等，帮助患者缓解心理和社交方面的压力。

九、其他治疗措施

主要包括激素疗法、补钙和运动疗法。

（一）预防和治疗骨质疏松的药物

1. 抗骨吸收药。如雌激素、降钙药、二磷酸盐等。
2. 促进骨形成药物。如氟化物，促进合成代谢的类固醇等。
3. 矿化作用药物。如钙制剂、维生素 D 等。

药物治疗可以减轻骨质疏松的疼痛，增加骨量，预防骨折。

（二）运动疗法

提高患者的日常生活活动量，可在短期内获得确切的疗效。据文献报告，每天运动 25 分钟，比不做此运动的人全身骨盐 1 年间增加 5%。Frost 认为，在神经系统调控下的肌肉质量是决定骨强度的重要因素。这种由肌肉产生的作用力（机械性因素），对骨强度的控制作用远远大于非机械因素（包括各种骨相关激素、维生素、钙以及其他矿物质、氨基酸、脂肪、骨相关的细胞因子等）。两者的效应可以相互强化，但不能相互取代。例如，骨相关激素、钙和维生素 D 可以决定 3%～10% 的骨强度，而肌肉产生的牵张力的影响可高达 40%。另外，骨结构中的胶原组织在应力的作用下，根据其物理性能产生压电效应，这些带负电的电荷与带正电的钙离子形成钙盐，在骨中沉积。由此可见，运动锻炼对于增强肌力、耐力，维持和改善关节活动，促进骨质代谢，改善症状都具有重要作用。并且运动可以改善老年人的步态和平衡能力，有效减少跌倒的危险。

运动疗法的内容可根据病情，有针对性地选择治疗部位、运动幅度、运动速度和肌肉收缩的强度。

运动疗法应由医生根据患者的健康情况、心血管或运动器官的功能状态、年龄、性别及运动爱好等特点，从疾病特殊需要来规定适当的运动方法和运动量。

第三节 获得性免疫缺陷综合征康复

一、概述

艾滋病的全称为"获得性免疫缺陷综合征"（acquired immunodeficiency syndrome, AIDS），它是由艾滋病病毒，即人类免疫缺陷病毒（human immunodeficiency virus, HIV）感染引起的传染病。

HIV 是一种能攻击人体免疫系统的病毒。它把人体免疫系统中最重要的 T4 淋巴组织作为攻击目标，大量破坏 T4 淋巴组织，产生高致命性的内衰竭。这种病毒终生传染，破坏人的免疫平衡，使人体成为各种疾病的载体。HIV 本身并不会引发任何疾病，而是当免疫系统被 HIV 破坏后，人体由于抵抗能力过低，丧失复制免疫细胞的机会，从而感染其他的疾病导致各种复合感染而死亡。当人体处于正常状态时，体内免疫系统可以有效抵抗各种病毒的侵袭。一旦艾滋病病毒侵入人体体内，这种防御体系便会瓦解，各种病毒趁机通过血液、破损伤口进入机体，发生各种难以治愈的感染。此外，人体内一些像癌细胞之类的不正常细胞，也会迅速生长、繁殖，最终发展成各类恶性肿瘤。艾滋病病毒通过破坏人的免疫系统和机体抵抗能力，导致患者出现各种严重的综合征，而给人以致命的打击。艾滋病病毒在人体内的潜伏期平均为 9 年至 10 年，在发展成艾滋病病人以前，病人外表看上去正常，他们可以没有任何症状地生活和工作很多年。

艾滋病是人类历史上危害最深广、灾难最严重的传染病之一。自美国 1981 年诊断出首例艾滋病患者以来，艾滋病病毒在全球范围内的传播速度惊人，目前，已有 200 余个国家和地区受到艾滋病的严重威胁。

联合国艾滋病规划署 2006 年 5 月 30 日宣布自 1981 年 6 月首次确认艾滋病以来，25 年间全球累计有 6500 万人感染艾滋病毒，其中 250 万人死亡。到 2005 年底，全球共有 3860 万名艾滋病病毒感染者，当年新增艾滋病病毒感染者 410 万人，另有 280 万人死于艾滋病。2008 年 7 月 29 日联合国艾滋病规划署发布了《2008 艾滋病流行状况报告》。报告指出，2007 年，全球防治艾滋病的努力取得了显著进展，艾滋病流行首次呈现缓和局势，新增艾滋病毒感染者的数量以及因艾滋病死亡的人数都出现下降；不过，各国的情况并不均衡，全球艾滋病患者的总数也仍然居高不下。2007年全球新增艾滋病毒感染者270万，比2001年下降了30万；艾滋病死亡的人数为200万，比2001年下降20万。

截至2010年10月底，我国累计报告艾滋病病毒感染者和病人37万余例，其中死亡6.8万余例。局部地区和特定人群疫情严重，云南、广西、河南、四川、新疆和广东6省区累计报告感染者和病人数占全国的77.1%。

据专家介绍，艾滋病病毒感染者从感染初期算起，要经过数年，甚至长达10年或更长的潜伏期后才会发展成艾滋病病人。艾滋病病人因抵抗能力极度下降会出现多种感染，如带状疱疹、口腔霉菌感染、肺结核，特殊病原微生物引起的肠炎、肺炎、脑炎等，后期常常发生恶性肿瘤，直至因长期消耗，全身衰竭而死亡。

虽然全世界众多医学研究人员付出了巨大的努力，但至今尚未研制出根治艾滋病的特效药物，也没有可用于预防的有效疫苗。目前，这种病死率几乎高达100%的"超级癌症""超级绝症"已被我国列入乙类法定传染病，并被列为国家卫生监测传染病之一。

二、临床表现

艾滋病的临床症状多种多样，一般初期的症状类似伤风、流感，全身疲劳无力、食欲减退、发热、体重减少，随着病情的加重，症状日见增多，如皮肤、黏膜出现白色念球菌感染、单纯疱疹、带状疱疹、紫斑、血肿、血疱、滞血斑、皮肤容易损伤、伤后出血不止等；以后逐渐侵犯内脏器官，不断出现原因不明的持续性发热，可长达3~4个月；还可出现咳嗽、气短、持续性腹泻便血、肝脾肿大，并发恶性肿瘤、呼吸困难等。由于症状复杂多变，每个患者并非上述所有症状全都出现。一般常见一两种以上的症状。按受损器官来说，侵犯肺部时常出现呼吸困难、胸痛、咳嗽等，如侵犯胃肠可引起持续性腹泻、腹痛、消瘦无力等，如侵犯血管而引起血管性血栓性心内膜炎，血小板减少性脑出血等。

1. **一般性症状** 持续发烧、虚弱、盗汗、全身浅表淋巴结肿大，体重下降在三个月之内可达10%以上，最多可降低40%，病人消瘦特别明显。
2. **呼吸道症状** 长期咳嗽、胸痛、呼吸困难、严重时痰中带血。
3. **消化道症状** 食欲下降、厌食、恶心、呕吐、腹泻、严重时可便血。通常用于治疗消化道感染的药物对这种腹泻无效。
4. **神经系统症状** 头晕、头痛、反应迟钝、智力减退、精神异常、抽风、偏瘫、痴呆等。
5. **皮肤和黏膜损害** 弥漫性丘疹、带状疱疹、口腔和咽部黏膜炎症及溃烂。
6. **肿瘤** 可出现多种恶性肿瘤，位于体表的卡波希氏肉瘤可见红色或紫红色的斑疹、丘疹和浸润性肿块。

三、临床症状的特点

1. 发病以青壮年较多，发病年龄80%在18~45岁，即性生活较活跃的年龄段。

2. 在感染艾滋病后往往患有一些罕见的疾病如肺孢子虫肺炎、弓形体病、非典型性分枝杆菌与真菌感染等。

3. 持续广泛性全身淋巴结肿大。特别是颈部、腋窝和腹股沟淋巴结肿大更明显。淋巴结直径在 1 厘米以上，质地坚实，可活动，无疼痛。

4. 并发恶性肿瘤。如卡波西氏肉瘤、淋巴瘤等恶性肿瘤等。

5. 中枢神经系统症状。约 30% 艾滋病例出现此症状，出现头痛、意识障碍、痴呆、抽搐等，常导致严重后果。

四、四期症状

从感染艾滋病病毒到发病有一个完整的自然过程，临床上将这个过程分为四期：急性感染期、潜伏期、艾滋病前期、典型艾滋病期。不是每个感染者都会完整的出现四期表现，但每个疾病阶段的患者在临床上都可以见到。四个时期不同的临床表现是一个渐进的和连贯的病程发展过程。

1. 急性感染期　窗口期也在这个时间。HIV 侵袭人体后对机体的刺激所引起的反应。病人发热、皮疹、淋巴结肿大，还会发生乏力、出汗、恶心、呕吐、腹泻、咽炎等。有的还出现急性无菌性脑膜炎，表现为头痛、神经性症状和脑膜刺激症。末梢血检查，白细胞总数正常，或淋巴细胞减少，单核细胞增加。急性感染期时，症状常较轻微，容易被忽略。当这种发热等周身不适症状出现后 5 周左右，血清 HIV 抗体可呈现阳性反应。此后，临床上出现一个长短不等的、相对健康的、无症状的潜伏期。

2. 潜伏期　感染者可以没有任何临床症状，但潜伏期不是静止期，更不是安全期，病毒在持续繁殖，具有强烈的破坏作用。潜伏期指的是从感染 HIV 开始，到出现艾滋病临床症状和体征的时间。艾滋病的平均潜伏期，现在认为是 2～10 年。这对早期发现病人及预防都造成很大困难。

3. 艾滋病前期　潜伏期后开始出现与艾滋病有关的症状和体征，直至发展成典型的艾滋病的一段时间。这个时期，有很多命名，包括"艾滋病相关综合征""淋巴结病相关综合征""持续性泛发性淋巴结病""艾滋病前综合征"等。这时，病人已具备了艾滋病的最基本特点，即细胞免疫缺陷，只是症状较轻而已。主要的临床表现有：

（1）淋巴结肿大：此期最主要的临床表现之一。主要是浅表淋巴结肿大。发生的部位多见于头颈部、腋窝、腹股沟、颈后、耳前、耳后、股淋巴结、颌下淋巴结等。一般至少有两处以上的部位，有的多达十几处。肿大的淋巴结对一般治疗无反应，常持续肿大超过半年以上。约 30% 的病人临床上只有浅表淋巴结肿大，而无其他全身症状。

（2）全身症状：病人常有病毒性疾病的全身不适，肌肉疼痛等症状。约 50% 的病人有疲倦无力及周期性低热，常持续数月。夜间盗汗，1 月内多于 5 次。约 1/3 的病人体重减轻 10% 以上，这种体重减轻不能单纯用发热解释，补充足够的热量也不能控制这种体重减轻。有的病人头痛、抑郁或焦虑，有的出现感觉神经末梢病变，可能与病毒侵犯神经系统有关，有的可出现反应性精神紊乱。3/4 的病人可出现脾肿大。

（3）各种感染：此期除了上述的浅表淋巴结肿大和全身症状外，患者经常出现各种特殊性或复发性的非致命性感染。反复感染会加速病情的发展，使疾病进入典型的艾滋病期。约有半数病人有比较严重的脚癣，通常是单侧的，对局部治疗缺乏有效的反应，病人的腋窝和腹股沟部位常发生葡萄球菌感染大疱性脓疱疮，病人的肛周、生殖器、负重部位和口腔黏膜常发生尖锐湿疣和寻常疣病毒感染。口唇单纯疱疹和胸部带状疱疹的发生率也较正常人群明显增加。口腔白色念珠菌也相当常见，主要表现为口腔黏膜糜烂、充血、有乳酪状覆盖物。

其他常见的感染有非链球菌性咽炎、急性和慢性鼻窦炎和肠道寄生虫感染。许多病人排便次数增多，变稀、带有黏液。可能与直肠炎及多种病原微生物对肠道的侵袭有关。此外，口腔可出现毛状白斑，毛状白斑的存在是早期诊断艾滋病的重要线索。

4. 典型的艾滋病期　有的学者称其为致死性艾滋病，是艾滋病病毒感染的最终阶段。此期具有三个基本特点：严重的细胞免疫缺陷；发生各种致命性机会性感染；发生各种恶性肿瘤。

艾滋病的终期，免疫功能全面崩溃，病人出现各种严重的综合病症，直至死亡。

确诊艾滋病不能仅靠临床表现，最重要的根据是检查者的血液检测是否为阳性结果，所以怀疑自身感染 HIV 后应当及时到当地的卫生检疫部门做检查，万不可自己妄下结论，以免延误治疗或造成其他不必要的影响。

五、艾滋病的特殊性

艾滋病有以下几方面的特殊性：

（1）获得性：艾滋病在病因方面是后天获得，而不是先天具有的（母婴传播是后来发现的）。

（2）免疫缺陷：艾滋病在发病机制方面，主要是造成人体免疫系统损伤，而导致免疫系统的防护功能减低、丧失。免疫缺陷的共同特点是：①对感染的易感性明显增加。②易发生恶性肿瘤。③临床及病理表现多样化。

（3）综合征：艾滋病在临床症状方面，由于免疫缺陷，导致各个系统的感染、肿瘤而出现复杂症候群。

艾滋病之所以猖狂于全球，就在于艾滋病病毒 HIV 侵入人体后，直接侵犯人体免疫系统，攻击和杀伤的是人体免疫系统中最重要、最具有进攻性的 T4 淋巴细胞，使机体一开始就处于丧失防御能力的境地。艾滋病病毒一旦进入人体，就寄生于 T4 淋巴细胞内的最核心部位，并与细胞核的遗传物质 DNA 整合为一体，人体自身没有能力使其分开，更没有力量杀灭它，因此艾滋病就成为一种"病入基因"的痼疾。艾滋病病毒随免疫细胞的 DNA 复制而复制，病毒的繁殖和复制使免疫细胞遭到破坏和毁灭，并释放出更多的病毒，新增殖病毒再感染更多的细胞。就这样，病毒一代一代地复制、繁殖，免疫细胞不断受到破坏，最终导致全身免疫力的渐渐丧失，造成众多合并症而死亡。

（4）缺乏特效药和疫苗：艾滋病病毒是一种不同于一般病毒的逆转录病毒，具有极强的迅速变异能力，而人体产生相应的抗体总落后于病毒的变异，因而无法阻止艾滋病病毒的繁殖和扩散，加之人体免疫系统产生的抗艾滋病病毒抗体，是毫无抗病能力的非保护性抗体。艾滋病病毒的迅速变异能力也给目前特效药和疫苗研制工作造成了极大困难。

(5) 艾滋病病毒在人体外存活率低：艾滋病病毒主要存在于人的体液中，如血液、精液、阴道分泌物、乳汁、唾液、泪液、尿液、汗液和痰液等，但具有传染性的只有前四种体液，至于其他体液，因病毒含量甚低，不足以构成传染。艾滋病病毒对外界环境的抵抗力弱，离开人体后，常温下在血液或分泌物内只能生存数小时至数天，在自然条件下则不能存活。高温、干燥以及常用消毒物品都可以杀灭这种病毒。

(6) 艾滋病的"窗口"期：从受到艾滋病感染，到出现症状这段时间称为"艾滋病的潜伏期"，一般艾滋病的平均潜伏期为 7~10 年，处于潜伏期而毫无症状的患者是具有传染性的。近年来发现，当人体被艾滋病病毒感染后，必须经过一段时间，才能测出体内的抗艾滋病病毒抗体。身体内已有艾滋病病毒，而且具有传染性，但又毫无症状，血中又检测不到艾滋病病毒抗体，这段时期被称为"窗口"期，"窗口"期大约为 2 周至 3 个月，是隐匿而且最危险的传播期。

(7) 传播途径不同：艾滋病主要通过性接触、血液和母婴三种途径传播。不同地区感染艾滋病的主要途径不同。美国艾滋病病毒感染者 70% 以上是通过性接触感染的，而我国 70% 左右感染者为静脉吸毒者。

六、康复评定

在很多情况下，HIV 阳性患者常于感染病毒数年后才来进行作业治疗评定。此时，其病情可能变化较快，因而可能需要频繁进行评定和修订治疗目标。应从基本的 ADL 和工具性 ADL 开始进行评定，包括工作角色和闲暇活动的评定。另外，根据情况，还需进行如下评定：

(一) 身体状况

评定肌力、肌张力、耐力、ROM、平衡、协调性、感觉、进食与吞咽等及各项 ADL 活动能力、疼痛等，还应检查视力，以了解有否影响功能性活动的视觉缺陷。

(二) 认知

应考虑 HIV 对各种活动时的认知功能的影响，特别应注意记忆力下降、痴呆和神经错乱 (confusion)。

(三) 对家属和主要生活照顾者的评定

应考虑家属和主要给予生活照顾者受到的压力和社会偏见，以及因害怕受到 HIV 感染的恐惧心理。

(四) 心理社会评定

由于 HIV 病的严重性和致死性，故应采用整体化措施。要鼓励患者尽可能控制自己的生活，应对患者的自尊心、对生活的控制能力、成就感和保持生活质量的能动性等进行评定并给予支持。此外，对于患者习惯、个人目标、价值观、兴趣和感受的了解，有助于更好地帮助患者最大限度地自主掌握自己的整个治疗过程。

(五) 了解是否有睡眠障碍，程度如何

(六) 了解既往有否药物使用史和药物成瘾问题

(七) 了解既往工作、职业史

(八) 患者的家庭角色与职责，如与家人之间的关系、是否照顾孩子或其他家人等

七、作业治疗

(一)治疗策略

1. 健康教育和咨询　目前,预防艾滋病最现实、最有效的方法是针对其传播途径,通过健康教育和咨询来规范和改变人们的行为。通过规范行为,阻断艾滋病病毒经血、性和母婴传播。其中,安全套是预防艾滋病和性传播疾病传染的关键。

2. 规范各项医疗操作　在医疗卫生保健机构规范各项有关操作,防止医院性传播,并做好自身保护。

3. 消除偏见和惧怕心理　对已感染艾滋病病毒或已发病的艾滋病患者,要给予积极治疗和关怀,消除人们对艾滋病的偏见和惧怕心理,制定对艾滋病患者的不歧视政策,使他们能够积极地生活,既关爱自己又不传染给他人。

(二)治疗目标

协助患者最大限度地提高身体功能和独立生活水平,改善生活质量(QOL)。具体说来,就是解决与QOL有关的各种问题。如缓解患者的疼痛和紧张情绪;保持肌力、柔韧性、运动性和耐力;维持和提高ADL自理能力;通过教育咨询,改善患者生活方式,提高应对与疾病相关的各种问题的能力;对患者家庭提供支持与教育;协助患者因病情进行各方面的调整等。

(三)治疗方法

1. 家访　了解患者家居情况,向患者提供居家独立生活的建议;定期家访并给予必要的支持,提供家庭环境与设施改造的建议。

2. 设备　提供适当的治疗设备、辅助用具和与这些设备及用具相关的信息资料,使患者能较容易且安全地进行居家生活。

3. 日常活动　指导和建议患者以有效的方式进行日常活动,如淋浴、穿衣和烹调。

4. 紧张情绪处理与放松　指导患者不同的放松技术,帮助患者制定紧张处理方案,必要时联系其他专业人员或机构协助处理。

5. 疲劳处理　向患者传授简化日常生活、工作和家务劳动的知识,以便保存体能,必要时向患者提供所需的一切器具,使其生活更容易、更方便,并减少体能消耗。

6. 闲暇活动　指导患者根据生活方式的改变而选择适合于自己的闲暇活动。

7. 工作　指导患者合理地安排工作任务,调整工作负荷,并且通过有效措施,最大限度地提高其体能水平和工作效率。

8. 教育与信息　向患者家属和照顾其生活的人员以及提供有关本疾病的预防与治疗方面信息和资料,消除他们的顾虑,使他们能更好地协助患者进行康复过程。

9. 转介　必要时将患者转介至其他人员或有关的社区资源。如物理治疗师,可针对患者的躯体症状(如疼痛)和功能障碍(如ROM减小)给予相应的治疗,包括TENS、按摩以及主、被动运动训练等;社会工作者,可协助患者解决有关的社会心理问题,包括工作调整、环境改造等。还有护理人员、营养师等。

(四)各期患者的作业治疗

1. 感染前期　作业治疗师在其临床实践中,与许多高危人群均有接触,此期的作业治疗目的是通过有关传授 AIDS 传播与性安全方面的知识，帮助 HIV 阴性者消除对 AIDS 病的恐惧心理，并确保自身不被感染。在改变行为方面，应着眼于教会人们有关安全套的使用技巧，和如何与性伴侣就性活动的安全方式进行讨论，这远比单纯强调高危险性的性活动可导致 HIV 感染会更为有效。

2. HIV 阳性/AIDS 病前期　据报道，无症状的 HIV 阳性者可能会有被社会排斥、被隔离的恐惧感；同时因不知道本病的进程，无形中又加重这种恐惧心理。此外，还会产生因需要改变生活方式所致的压抑、愤怒和焦虑。此时，应有意识地帮助患者安排一些活动，使之有机会来建设性地表达自己的感受。借此机会，应教育患者尽早就医，在保持与他人良好关系的同时不传播 HIV，支持患者告诉身边的亲友自己已经感染 HIV 的事实；还要帮助患者保持和发展职业与休闲技能，以改善其健康与舒适状态，降低紧张情绪。

3. AIDS 病早、中期　此期患者可有力量和耐力的下降，可针对性地进行 ADL 训练。由于免疫功能下降，应特别注意患者牙齿、皮肤、指甲和头发护理，同时关注其营养摄入、饮食和烹调以及房间清洁等。

此外，还应注意指导患者根据自己的身体状况和功能能力，及时、适当地进行职业计划和调整，确保其有能力继续从事适当的工作。

4. AIDS 病晚期　此期主要应使患者在有限的生命时限里，能在家中接受到支持性护理。在与患者谈论死亡的问题时，一定要注意选择合适的措辞。

（郭铁成　陆廷仁　黄富表）

思考题

1. 恶性肿瘤分哪几期？
2. 如何鉴别良性肿瘤和恶性肿瘤？
3. 试叙述肿瘤患者不同阶段的心理特点？

主要参考文献

1. 王刚，王彤编著．临床作业疗法学．北京：华夏出版社，2005
2. 燕铁斌，窦祖林主编．实用瘫痪康复．北京：人民卫生出版社，1999
3. 陆廷仁主编．骨科康复学习册．北京：人民卫生出版社，2007
4. 吴在德主编．外科学．第五版．北京：人民卫生出版社，2002
5. 张通主编．脑卒中的功能障碍与康复．北京：科学技术文献出版社，2006
6. 缪鸿石．康复理论与实践．第1版．上海：上海科学技术出版社，2000
7. 南登昆．康复医学．第2版．北京：北京人民卫生出版社，2001
8. 励建安，王彤主编．康复医学．北京：中国科技出版社，2002
9. 朱庸连，张皓，何静杰主编．神经康复学．第2版．北京：人民军医出版社出版，2010
10. 唐丹，李奎成主编．作业疗法．广东：广东科技出版社，2009
11. 窦祖林，敖丽娟主编．作业治疗学．北京：人民卫生出版社，2008
12. 顾越主编．作业疗法学．北京：求真出版社，2010
13. 周天健主译．康复技术全书．海南：海南出版社，2006
14. 纪树荣主编．康复疗法学．北京：华夏出版社，2003
15. 关骅主编．临床康复学．北京：华夏出版社，2005
16. 恽晓平主编．康复疗法评定学．北京：华夏出版社，2005
17. 恽晓平主编．康复评定学．北京：华夏出版社，2004
18. 陶泉编著．手部损伤康复．上海：上海交通大学出版社，2006
19. 杉原素子编集．作業療法学全書，作業療法概論．改訂第3版第1卷．日本：協同医書出版社，2010
20. 澤田雄二编集．作業療法学全書，基礎作業学．改訂第3版第2卷．日本：協同医書出版社，2009
21. 生田宗博编集．作業療法学全書，作業療法評価学．改訂第3版第3卷．日本：協同医書出版社，2009
22. 菅原洋子编集．作業療法学全書，作業治療学1身体障碍．改訂第3版第4卷．日本：協同医書出版社，2008
23. 冨岡詔子，小林正義编集．作業療法学全書，作業治療学2精神障害．改訂第3版第5卷．日本：協同医書出版社，2010
24. 田村良子编集．作業療法学全書，作業治療学3発達障害．改訂第3版第6卷．日本：協同医書出版社，2010
25. 村田和香编集．作業療法学全書，作業治療学4老年期．改訂第3版第7卷．日

本：協同医書出版社，2008

26. 渕雅子編集．作業療法学全書，作業治療学 5 高次脳機能障害．改訂第 3 版第 8 卷．日本：協同医書出版社，2011

27. 古川宏編集．作業療法学全書，作業療法技術学 1 義肢装具学．改訂第 3 版第 9 卷．日本：協同医書出版社，2009

28. 木之瀬隆編集．作業療法学全書，作業療法技術学 2 福祉用具の使い方，住環境整備．改訂第 3 版第 10 卷．日本：協同医書出版社，2009

29. 酒井ひとみ編集．作業療法学全書，作業療法技術学 3 日常生活活動．改訂第 3 版第 11 卷．日本：協同医書出版社，2009

30. 平賀昭信，岩瀬義昭編集．作業療法学全書，作業治療学 4 職業関連活動．改訂第 3 版第 12 卷．日本：協同医書出版社，2009

31. 太田睦美編集．作業療法学全書，作業治療学 1 地域作業療法学．改訂第 3 版第 13 卷．日本：協同医書出版社，2009

32. 石川齊，古川宏編集．作業療法技術ガイド．第 2 版．日本：文光堂出版，2003

33. 岩﨑テル子，小川惠子，小林夏子，福田惠美子，松房利憲編集．標準作業療法学．日本：医学書院出版，2010

34. 金子冀編集．作業治療学全書，第 4 卷，作業治療学 1 身体障害．日本：協同医書出版社，1999

35. 早川宏子編集．作業治療学全書，第 10 卷，作業療法技術論 2 日常生活活動．日本：協同医書出版社，1999

36. Gail A. Occupational therapy with older people. London：WHURR Publishers London and Philoderphia，2005

37. Catherine A，Trombly，Mary Vining Radomski. Occupational Therapy for Physical Dysfunction. Baltimore：Lippincott Williams & Wilkins，2007

38. Annie Turner，Mary Foster，Sybil E，Johnson. Occupational Therapy and Physical Dysfunction fifth Edition. Edinburgh：Churchill Livingstone，2002

39. Glen Gillen，Ann Burkhardt. Stroke Rehabilitation：A Function – Based Approach，second Edition. USA：Mosby，2004

40. Radomski，M. V& Trombly，C. A. Occupational therapy for physical dysfunction. 6th，ed. American：Williams & Wilkins，2008

41. Goldstein，T. S. Geriatric orthopaedic：Rehabilitative management of common problems. 3rd，ed. Gaitthersburg，MD：Aspen Pub，1999

42. Salter，R. B. Textbook of disorders and injuries of the musculoskeletal system. Baltimore：Williams & Wilkins，1999

43. Kisner，C.，& Colby，L. A.. Therapeutic exercise：Foundations and techniques. 4th，ed. Philadelphia：Davis，2002

44. Salter，M.，& Chesshire，L.（Eds）. Hand therapy：Principles and practice. Oxford：Butterworth Heinemann，2000

45. Judi Edans. Occupational Therapy and Stroke. Wiley – Blackwell, 2010

46. Mary . Mental health concepts and techniques for the occupational therapy assistant. Baltimore: Lippincott Williams Wilkins, 2008

47. L. Diane Parham, Linda S. Fazio. Play in occupational therapy for children. USA: Mosby, 1996

48. Jane Case – Smith. Occupational therapy for children. USA: Mosby, 2004

49. Jennifer Creek, Lesley Lougher. Occupational therapy and mental health, Edinburgh: Churchill living stone, 2008

50. Catherine A. Trombly, Mary Vining Radomski. Occupational Therapy for Physical Dysfunction. Baltimore: Lippincott Williams & Wilkins, 2007

51. Diana M. Bailey. Sharan L. Schwartzbery, Ethical and legal dilemmas in occupational therapy, Second edition, F. A. DAVIS Company, 2003

52. Paula Kramer . Jim Hinojosa. Charlotle Brasic Royeen, Perspectives in human occupation: Participation in Life, Baltimore: Lippincott Williams Wilkins, 2003

53. Drake, C. , Ace, M. , & Maale, G. E. . Revision total hip arthroplasty. AORN Journal, 2002, 76: 414 – 428.

54. Healy, W. L. , Iorio, R. , & Lemos, M. Athletic activity after joint replacement. American Journal of Sports Medicine, 2001, 29,: 377 – 388.

图书在版编目(CIP)数据

临床作业疗法学/陈小梅主编. —2版. —北京:华夏出版社,2013.10(2022.8重印)
高等医学院校康复治疗学专业教材
ISBN 978-7-5080-7740-6

Ⅰ.①临… Ⅱ.①陈… Ⅲ.①康复训练-综合疗法-医学院校-教材
Ⅳ.①R493

中国版本图书馆 CIP 数据核字(2013)第 157207 号

临床作业疗法学

陈小梅　主编

出版发行	华夏出版社
	（北京市东直门外香河园北里4号　邮编:100028）
经　　销	新华书店
印　　刷	三河市少明印务有限公司
装　　订	三河市少明印务有限公司
版　　次	2013年10月北京第2版
	2022年8月北京第5次印刷
开　　本	787×1092　1/16 开
印　　张	41.5
字　　数	981千字
定　　价	75.00 元

本版图书凡有印刷、装订错误,可及时向我社发行部调换。